研究生教学用书

# 高等桥梁结构理论

## Advanced Theory of Bridge Structures

（第二版）

项海帆　等　编著

范立础　主审

人民交通出版社

## 内 容 提 要

新版《高等桥梁结构理论》共5篇19章，着重介绍桥梁规范条文的理论依据、桥梁设计计算公式的由来，以及桥梁电算的理论基础和方法。本书可使读者从原理和问题的本质上认识桥梁结构的受力特性，既掌握扎实的桥梁分析理论，又有现代的计算和分析能力，为更好地从事桥梁研究工作和桥梁设计打下理论基础。

本书可作为土木工程专业桥梁方向研究生的教材，也可供从事桥梁科研、设计的工程技术人员参考使用。

**图书在版编目(CIP)数据**

高等桥梁结构理论/项海帆等编著.—2版.—北京:人民交通出版社,2013.9

ISBN 978-7-114-10874-7

Ⅰ.①高… Ⅱ.①项… Ⅲ.①桥梁结构 Ⅳ.①U443

中国版本图书馆CIP数据核字(2013)第210028号

Gaodeng Qiaoliang Jiegou Lilun

研究生教学用书

**书　　名**:高等桥梁结构理论(第二版)
**著 作 者**:项海帆　等
**责任编辑**:曲　乐　王文华
**出版发行**:人民交通出版社
**地　　址**:(100011)北京市朝阳区安定门外外馆斜街3号
**网　　址**:http://www.ccpress.com.cn
**销售电话**:(010)59757973
**总 经 销**:人民交通出版社发行部
**经　　销**:各地新华书店
**印　　刷**:北京虎彩文化传播有限公司
**开　　本**:787×1092　1/16
**印　　张**:32.25
**字　　数**:825千
**版　　次**:2001年4月　第1版　2013年9月　第2版
**印　　次**:2023年1月　第2版　第4次印刷　总第9次印刷
**书　　号**:ISBN 978-7-114-10874-7
**定　　价**:70.00元

# 第二版前言

《高等桥梁结构理论》是1981年由同济大学肖振群、张士铎和范立础三位教授为改革开放后的第一批硕士研究生所开设的专业课。1984年肖振群教授去世后,由留学回国的项海帆教授接下钢桥计算理论部分,并根据当时国外现代桥梁理论发展和国内桥梁建设的新形势增加了包括几何非线性、桥梁稳定、结合梁等新内容,将钢桥计算理论扩展成钢桥和结合梁桥计算理论以及大跨度桥梁(斜拉桥和悬索桥)计算理论两个部分。

经过近20年的教学积累,于2001年由人民交通出版社正式出版教材,供全国高校桥梁专业的硕士生课程参考使用。1997年,杜国华和陈忠延教授先后退休后,由肖汝诚、陈艾荣和李国平三位年轻教授先后承担起这门课程的教学工作,以后又有石雪飞、吴定俊、陈惟珍、徐栋等教授陆续加入,共同讲授这门硕士生的重要专业课程。

进入21世纪后,讲授内容有了很多修改和补充,以适应桥梁计算分析理论和软件的不断向前发展。一些在计算机前时代的古典近似理论虽然仍具有理论的魅力,但毕竟有限元法和数值计算已成为主要的分析手段,因此,如何培养研究生既有扎实的理论基础,又有现代的计算和分析能力,并把两者结合起来成为他们理论分析水平和创造力的源泉,同时又能对现行规范条文的理论意义有正确和深入的认识,都是我们在本课程的教学中经常考虑的问题。

最近热议中的"钱学森之问"使我们深感教育改革的迫切性,而更新教材内容,改变教学方法不仅是大学教师的职责,也是培养创新人才的重要环节。2012年是同济大学桥梁学科建立60周年,为了纪念已故的李国豪、周念先、钱钟毅和陈超四位教授对同济大学桥梁专业所做的奠基性贡献,以及对他们在前30年的辛勤教学工作表达后辈的感恩之情,我决定组织同济大学桥梁工程系的年轻一代教授们共同努力,对《高等桥梁结构理论》进行改写,新版对章节内容做了较大的更新,同时还增加了一些新的篇章。

第1章绪论由项海帆撰写。第1篇桥梁空间分析理论,包括薄壁箱梁、斜梁桥和曲线桥以及新增补的城市空间异型桥梁的内容,由吴定俊、石雪飞分工撰写。第2篇混凝土桥梁分析设计理论,包括徐变、收缩、温度、裂缝控制、强度、耐久性计算,以及新增补的三维体内和体外配索理论等内容,由李国平、徐栋分工撰写。第3篇钢桥和组合桥梁分析理论,包括稳定、正交异性桥面板、疲劳和各类组合桥梁计算等内容,由吴冲、陈惟珍、刘玉擎分工撰写。第4篇大跨度桥梁结构分析理论,包括几何非线性、稳定分析和各类大跨度桥梁的计算等内容,由肖汝诚、贾丽君分工撰写。第5篇新增加的桥梁施工控制理论,包括控制原理、算法和各类桥梁的施工控制特点等内容,由石雪飞、陈德伟分工撰写。全书最后总结性的一章为21世纪桥梁结构理论的发展展望,包括①高性能材料的发展和应用;②各类组合结构、混合体系和创新构造的发展;③桥梁防灾控制技术的发展等前瞻性内容,由葛耀君撰写。全书由项海帆负责统稿,范立础主审。

本书也是同济大学桥梁工程系各有关研究室近10年来在培养研究生、理论联系实践方面的研究总结,包括在软件开发和参加规范研究中的一些成果。全书共5篇19章,80余万字,希望能对全国桥梁专业的研究生教育改革发挥重要作用,并为培养新一代有创造力的领军人才,解答"钱学森之问"贡献一点力量。错误和不当之处望国内同仁批评指正。

**项海帆**

**2013年1月**

# 第一版前言

《高等桥梁结构理论》是同济大学在80年代初为桥梁工程硕士研究生开设的专业课。本课程是在桥梁专业本科《桥梁工程》的基础上对内容进行深化，着重介绍一些设计公式和规范条文的理论依据，使研究生能从原理上和问题的本质上去认识桥梁结构的受力性能，为今后从事研究工作打下理论基础，并掌握基本的研究方法。

《高等桥梁结构理论》最早由肖振群、张士铎和范立础教授讲授，分别担当空间分析理论、钢筋混凝土桥梁和预应力混凝土桥梁计算理论以及钢桥计算理论三大部分内容的教学工作。1984年肖振群教授去世后，由项海帆教授接下钢桥计算理论部分，并根据当时斜拉桥的发展形势增加了包括几何非线性、桥梁稳定等内容的大跨度桥梁计算理论，即第四部分内容。在近20年的教学过程中，内容多有增删，但基本骨架保持不变。1990年后，陈忠延教授和杜国华研究员经常替代工作日渐繁忙的项海帆和范立础教授分担有关部分的教学工作。

1997年起，两位年轻的教授陈艾荣和肖汝诚接下了这门课程。为了将我们的教学经验留给后人，特编写此教材，希望能对今后桥梁专业的研究生培养有所裨益。

本书共分四篇。第一篇：桥梁空间分析理论，由张士铎教授编写；第二篇：钢筋混凝土和预应力混凝土桥梁计算理论，由杜国华研究员和张士铎教授合编，并请李国平教授作了补充；第三篇：钢桥和结合梁桥计算理论，由陈忠延教授编写，从德国学成回国的陈惟珍教授作了补充；第四篇：大跨度桥梁的计算理论，由肖汝诚教授编写。全书约50万字。

在编写过程中，我们还约请了原上海城建学院院长金成棣教授对第一篇和第二篇，上海铁道大学胡匡璋教授对第三篇，项海帆教授对第四篇作了初步审阅，并统一了全书的符号系统。编者根据初审意见又作了一次认真的修改，形成了送审稿。全书最后由同济大学姚玲森教授进行主审。

项海帆　张士铎　杜国华
陈忠延　肖汝诚　李国平
2000年7月28日

# 目　录

# 第2篇　混凝土桥梁分析设计理论

# 第3篇 钢桥和组合桥梁分析理论

## 第4篇 大跨度桥梁结构分析理论

## 第5篇 桥梁施工控制理论

# 第1章 绪论

“高等桥梁结构理论”是一门在本科“桥梁工程”专业课基础上,针对硕士研究生教学的加深课程,故称为“高等(Advanced)”,旨在从理论上加强硕士生在桥梁设计中进行分析和计算的能力,加深对桥梁结构的力学性能和桥梁病害的理解,提高对桥梁设计规范中条文的认识和把握。同时,在这门重要课程中会启发硕士研究生进一步从事桥梁结构理论研究的志趣,激励他们继续攻读博士学位,增加在学科前沿攀登高峰的动力。

本课程只涉及桥梁结构的静力学理论,包括桥梁空间分析、钢筋混凝土和预应力混凝土桥梁分析、钢桥和组合桥梁分析、大跨度桥梁分析以及桥梁施工控制分析等理论。关于桥梁结构的动力学理论将在另一门课程中讲授。

## 1.1 近代桥梁结构理论的回顾

### 1.1.1 拱桥和悬索桥的古典计算理论

近代土木工程从17世纪中叶至20世纪中叶的约300年间,经历了最初100余年的“理论奠基时期”(1660~1765年)。意大利学者伽利略(G. Galilei, 1564~1642年)于1638年出版的著作《关于两门新科学的对话》中论述了材料的力学性质和强度概念;随后,1660年英国学者胡克(R. Hooke, 1635~1703年)建立了材料的应力和应变关系的胡克定律;以及1687年英国学者牛顿(I. Newton, 1642~1727年)关于力学的三人定律,共同奠定了土木工程的理论基础。

法国政府于1715年率先成立了路桥部,并于1747年建立了世界第一所工科大学——法国巴黎桥路学校。在1765年英国工业革命发生前,由法国工程师佩罗内(J. R. Perronet, 1708~1794年)领导的巴黎桥路学校研究了石拱桥的压力线,并用力学和材料强度理论对拱圈和桥墩的尺寸进行了计算,建造了许多坦拱桥(图1-1),使欧洲的石拱桥设计达到了很高水平。虽然欧洲坦拱桥的出现比中国隋朝的赵州桥晚了一千多年,但却是建立在理论基础上的科学设计。

图1-1 法国巴黎的协和桥

近代桥梁发展的第二个时期是从18世纪英国工业革命到19世纪后半叶的“进步时期”(1765~1874年),金属材料逐渐替代天然的石料和木料,成为桥梁的主要建筑材料。1779年,英国工程师Abraham Darby Ⅲ(1750~1790年)设计建造了世界第一座跨度30.65m的铸铁拱桥——Coalbrookdale 桥,该桥也被称为是古代桥梁的终结和近代第一桥。

受中国游记小说的启发,英国于 18 世纪后半叶开始了建造近代悬索桥的尝试。跨度从最初的 70ft(21.34m)起逐渐增大,到 19 世纪初,英国工程师 John & William Smith 兄弟设计建造了主跨 260ft(79.25m)的苏格兰 Dryburgh Abbey 桥,该桥用熟铁眼杆做主缆取得了成功。1825 年,法国工程师塞昆(M. Seguin)用锻铁丝代替眼杆建成了第一座主跨 85m 的柔性主缆公路悬索桥。

从历史上看,悬索的古典理论应该早于拱的理论。1586 年,英国的 Stvin 通过悬挂一个集中荷载的绳索试验就已建立起悬索内力的三角形法则。1638 年,伽利略在他的著作《关于两门新科学的对话》中提出了"悬挂的链条形状可能为抛物线"的猜想。1675 年,英国的 Hooke 提出"拱的形状可以从倒过来悬索中找出。"由此可见,拱的古典理论是从悬索的古典理论中探究出来的。1690 ~ 1691 年间,数学家伯努里(Bernoulis)兄弟、Leibnitz 和 Hugens 几乎同时发现了悬链线的数学公式并不是抛物线。随后,1695 年,法国学者 De La Hire 在他的著作中发表了关于拱的静力学的最早研究。以上这些发现和研究,成为后来法国工程师佩罗内在法国巴黎桥路学校中研究拱桥压力线的基础。

图 1-2　Britannia 桥

### 1.1.2　桥梁稳定理论

1850 年,英国工程师斯蒂芬逊(R. Stephenson)用熟铁板建成了跨度达 141m 的巨型箱梁桥 Britannia 桥(图 1-2)。设计过程中做了模型试验,研究了梁的受力性能、梁高对刚度的影响。试验中还发现了上弦受压翼缘的压屈失稳和腹板的翘曲失稳等现象。虽然当时梁的设计理论尚未成熟,但他已尝试通过加劲防止失稳,从而推动了稳定理论的发展。

与桥梁结构相关的稳定理论起源于 1744 年瑞士学者欧拉(L. Euler)的中心受压杆的屈曲理论。1889 年德国恩格塞(Fr. Engesser)给出了塑性稳定的理论解。1891 年英国布莱恩(G. H. Bryan)首先进行了单向均匀受压简支矩形板的稳定分析,此后欧美许多学者都对稳定理论做了深入的研究。其中,著名的学者有:英国 L. Prandte,法国 J. H. Michell,德国 H. Zimmermann 和俄国的 A. N. Dinnik、F. S. Jasinsky、S. Timoshenko 等。到第一次世界大战前,桥梁稳定理论(压杆、薄板、梁的侧倾、拱的稳定)已基本建立起来了。1940 年前后,李国豪在帮助其博士导师 K. Klöppel 教授主持编写德国 DIN 规范中的稳定部分条文时,对前人的工作做了全面的总结。

### 1.1.3　桁架分析理论

桁架分析的研究可以追溯到 15 世纪文艺复兴时期伟大的意大利美术家、建筑家和工程师达·芬奇(Leonardo Da Vinci,1452 ~ 1519 年)的构思。此后,在房屋建筑的木屋架设计中开始运用伽利略(1638 年)关于材料的力学性质和强度概念。在牛顿力学(1687 年)问世后,桁架设计和拱一样走上了科学计算的道路。

1570 年,文艺复兴时期的意大利建筑师帕拉地奥(Palladio)在他的著作中就描述了用于房屋建筑的四种桁架形式。但由于西欧缺乏大的木料,木桁架很少在桥梁上应用。第一座木桁架桥是德国移民万伐格(L. Wernwag)在美国修建的,他还发展了许多桁架形式,并开始用锻铁做拉杆。

1847 年,美国工程师惠普尔(S. Whipple)发表了一部著作《桥梁建筑研究》,把桁架设计从经验时代推进到科学时代,书中分析了桁架中各杆件的受力性质,他建议用铸铁做压杆,而用锻铁做拉杆,由此形成了金属桁架桥。

由于英国的锻铁箱梁桥过于笨重,德国工程师盖尔勃(H. Gerber)在木屋桁架的启发下,于 1857 年首先建造了 6 跨 131m 的多腹杆格子桁架桥。1864 年又建成了世界第一座带挂孔的悬臂桁梁桥,分跨为(23.9 + 37.9 + 23.9)m。这种静定的悬臂桁架带挂孔的体系被称为盖尔勃式桁架,因其受力分析简单清楚,重量较轻,在欧美各国很快流行开来,成为当时大跨度铁路桥梁的主要桥型。1859 年,英国学者蓝金(W. J. M. Rankine)编写了《应用力学》一书,成为 19 世纪中叶结构分析方法的经典著作,他的理论指导了许多桁架桥的设计。

1856 年,英国的贝塞麦 (H. Besemer) 发明了转炉炼钢法;1856 ~ 1864 年间,德国西门子 (K. W. Siemens) 和法国的马丁 (P. E. Martin)相继发明了平炉炼钢法。19 世纪 70 年代,美国有 40 余座采用锻铁做拉杆的木桁架铁路桥发生了坍塌事故,这些事故促成了工程师放弃锻铁拉杆,开始使用当时已发明的比锻铁更强的钢材,从而进入了真正的钢桥时代。从 19 世纪下半叶起(1850 ~ 1914 年),桁架分析理论在实践的推动下,得到了蓬勃发展。理论的日趋成熟和钢材的问世推动了钢桁架桥建设高潮的出现,建成了许多大跨度钢桁架梁桥、桁架拱桥以及用桁架做加劲梁的悬索桥,使 19 世纪成为钢桁架桥的世纪。

1874 年,美国工程师艾兹(J. Eads)首先用钢材代替锻铁建造了世界第一座 3 跨(155.1 + 158.6 + 153.1)m 钢桁拱桥。该桥用悬臂法施工,是近代钢拱桥的先驱,也使近代桥梁由此进入了第三个发展时期——“成熟时期”(1874 ~ 1945 年)。1890 年,英国也用钢材建成了跨度达 521.2m 的英格兰福斯桥(图 1-3),该桥基础采用气压沉箱,由贝克(B. Baker)和福勒(J. Fowler)合作设计,采用盖尔勃式悬臂带挂孔的静定桁架体系,是 19 世纪钢桥的代表作。

图 1-3　英格兰福斯桥

## 1.1.4　混凝土结构设计理论

1824 年,英国一位泥瓦工出身的建筑企业家 J. Aspdin(1779 ~ 1855 年)发明了波特兰水泥,开始了混凝土结构的历史。1861 年,法国工程师 F. Coignet 首先发现加入过量的水会导致混凝土强度降低。1867 年,法国花匠莫尼埃(J. Monier)发现,在水泥砂浆花盆中放置铁丝网可把花盆做得很薄而且牢固,他申请了钢筋混凝土的专利,并首先在房屋结构中得到应用。可以说,J. Monier 是混凝土结构的创始人,1875 年,他建造了世界第一座跨度 13.8m 的钢筋混凝土人行桥(Chazelet Bridge)。1898 年,法国工程师赫尼波柯(F. Hennebique)已设计建成了跨度达到 52.46m 的钢筋混凝土拱桥——夏特罗桥(Chatellerault Bridge)。

为了探索钢筋混凝土结构的受力性质,1884 ~ 1891 年,德国工程师 G. A. Wayss 和 J. Bauschinger教授以及俄国 H. A. Велелюбский 教授进行了大量的研究、试验工作。1900 年,德国 E. Mörsch 教授建立了按容许应力法计算的经典理论,有力地推动了钢筋混凝土结构的发展,尤其在第一次世界大战之后,百废待兴,钢筋混凝土结构在法国、德国、前苏联以及美国等国都得到很大发展。

1907 年德国成立钢筋混凝土委员会(Deutschen Ausschusses für Eisenbeton)后,研究和发展了钢筋混凝土结构分析和设计理论,许多工作都是由斯图加特工业大学(TH Stultgart)的 O. Graf 教授(1881 ~ 1956 年)和 E. Mörsch 教授(1872 ~ 1950 年)以及柏林工业大学(TH Berlin)的 F. Dischinger 教授领导下研究完成的。

与此同时,法国桥路大学的居易翁(Y. Guyon)教授、瑞士苏黎世高工的 R. Maillart 教授(1872 ~ 1940 年)、奥地利的 Fritz von Emperger 教授(1862 ~ 1942 年)、比利时的 A. Vierendeel 教授以及捷克的 A. Hawranek 教授,都对早期钢筋混凝土结构理论作出了重要贡献。以上这些国际知名的教授也都是 1929 年发起成立国际桥梁与结构工程协会(IABSE)的积极推动者。

1931 年,前苏联 A. Ф. Лолеит 教授提出了按破坏内力法计算理论的建议,1938 年,在 A. A. Гвоздев 教授领导下编制了采用这种新理论的钢筋混凝土结构设计规范,使计算理论前进了一步。1943 年发布的德国 DIN 1045、DIN1047 和 DIN1048 规范中反映了上述各位学者在 20 世纪上半叶对钢筋混凝土结构设计理论的研究成果,也是 1970 年前欧美各国大学钢筋混凝土结构教材的主要内容。1955 年,前苏联首先颁布了按极限状态法设计的《混凝土与钢筋混凝土设计标准技术规范》(иту123—55);1958 年颁布了《预应力钢筋混凝土结构设计规范》(CH10—57);1962 年又首次颁布了桥涵结构按极限状态法设计的《苏联铁路、公路、城市道路桥涵设计技术规范》(CH200—62)。按极限状态法设计的理论问世后,即受到国际上的重视。1970 年欧洲混凝土委员会与国际预应力混凝土协会在第六届国际预应力混凝土会议上提出了《混凝土结构设计与施工建议》,接着于 1978 年制定出《混凝土结构模式规范》(Model Code for Concrete Structures),将按极限状态法设计理论提高到可实施的、有指导意义的新水平上,于是又促进了前苏联 СИиП 2. 03. 01—84、英国 BS5400(1978 ~ 1982 年)、美国 ACI318—83 等混凝土结构设计规范的改革;在此基础上,各国开始致力于更高水平的半概率极限状态设计的研究。一直到有限元法创立后,钢筋混凝土结构的分析方法和设计理论才发生了重大变化。

### 1.1.5 悬索桥的挠度理论和非线性分析

图 1-4 纽约布鲁克林桥

1869 年,移居美国的德国工程师罗布林(J. A. Röbling)一家三人(父、子、媳)开始建造主跨 486m 的纽约布鲁克林桥(图 1-4)。他们历尽艰辛,于 14 年后的 1883 年将该桥建成通车。他们所创造的许多主缆和吊索的构造及其锚固形式和空中纺缆工法至今仍被沿用,是近代钢悬索桥的代表作。由于当时悬索桥的计算理论尚未形成,他们只得通过模型试验探索悬索桥的力学性能和设计方法。

1888 年,奥地利工程师米兰(J. Melan)创立了悬索桥的挠度理论,导出了考虑缆索在荷载下变形的平衡方程。求解这一非线性微分方程成为在之后 50 余年中许多力学家不断探索的难题。德国的 Fr. Bleich、俄国的 S. Timoshenko 和其他许多学者都提出过各种近似解法。1912 年,移居美国的立陶宛工程师莫西夫(L. S. Moisseif)第一次用挠度理论设计了纽约曼哈顿桥,获得了显著的经济效果。此后,挠度理论得到很快推广,美国在 1926 ~ 1940 年间,由莫西夫和另一位瑞士工程师阿曼(O. H. Ammann)设计或咨询,建成了 10 余座悬索桥,形成了近代悬索桥的建设热潮,其中,包括1937年建成的主跨达1 280m的旧金山金门大桥(图1-5)。

图1-5 旧金山金门大桥

1938年,留学德国的李国豪在导师K. Klöppel教授指导下,以规划中的汉堡易北河大桥为背景,对悬索桥挠度理论的非线性分析方法进行了研究。他悟出了悬索桥的力学性能中包含了拉弯杆件的二阶效应,并创造性地提出了一种从概念到方法都十分新颖的"悬索桥按二阶理论的实用方法"。他的博士论文在德国《钢结构》杂志发表后引起了国际桥梁界的极大反响,被誉为悬索桥非线性分析的最有效方法,并被编入各国教材。李国豪也以"悬索桥李"的称号而闻名。1987年,李国豪被国际桥协(IABSE)授予"结构工程国际大奖",他是第13位获得这一终身成就荣誉的世界级土木工程学者。

### 1.1.6 梁排计算理论(荷载横向分布问题)

20世纪30年代,由多根纵梁组成的梁排桥面结构体系得到推广,梁排间通过横梁、桥面板或者铰接缝连成整体,如果仍然按照杠杆原理分配活载,不能体现梁排的协同作用,造成浪费。受木梁桥启发,丹麦的A. Ostenfeld于1924年就提出用梁格求解桥面结构的方法,为避免高次超静定求解困难,忽略抗扭刚度。1938年,F. Leonhardt通过梁格试验,研究了考虑主梁抗扭的活载横向分布,并编制了设计用的数表,进一步节省了材料。此后,H. Homberg通过巧妙的力学方法求解了考虑抗扭刚度的梁格,在1949年编制了考虑抗扭的梁格影响面数表,成为梁格法计算横向分布系数的基础。与此同时,另外一些学者试图用两边支承弹性板来模拟由纵梁和横梁组成的桥面结构,但是在任意荷载作用下弹性板的求解非常复杂。1946年,法国的Y. Guyon把荷载离散成一列正弦级数,提出了计算各向异性板荷载横向分布系数的方法。此后比利时的C. Massonet在1950年把主梁的抗扭刚度折算到正交异性板中,将Y. Guyon的方法进行了推广,成为弹性板法计算横向分布系数的基础。然而G-M法不能直接计算铰接板,1960年,美国Illinois大学的N. Khachaturian教授提出了假设铰缝里只传递剪力的铰接板模型,仍然将活载离散为正弦级数,利用板缝间的变形协调求解荷载横向分布,并编制了数表,成为后来铰接板法的基础。

### 1.1.7 钢结构疲劳理论

1852~1869年,Woehler发现车轴在循环荷载作用下,其强度大大低于静载强度,并开始对疲劳破坏进行系统的研究。他首次用*S-N*曲线来描述疲劳行为,并提出了疲劳"耐久极限"的概念。1945年,M. A. Miner在J. V. Palmgren工作的基础上提出了著名的疲劳线性累积损伤理论。20世纪20年代,A. A. Griffith对带裂纹玻璃平板的断裂研究标志着现代断裂理论的开始,但一直没有可进行定量处理有关疲劳破坏模型的数学框架,直到1957年G. R. Irwin提出了应力强度因子来描述裂纹尖端应力奇异性的大小,此后人们一直试图采用应力强度因子来描述疲劳裂纹的扩展。P. C. Paris 于 1963 年指出：疲劳裂纹在每个应力循环中的扩展量 $da/dN$ 与应力强度因子幅值 $\Delta K$ 有关，并给出了它们之间的关系，这就是著名的 Paris 公式。1968 年对非线性断裂力学的研究带来了理论新起点：J. R. Rice 提出了与路径无关的 J-积分，J. W. Hutchinson、J. R. Rice 和 G. F. Rosengren 发表了著名的 HRR 弹塑性静止裂纹尖端奇异解，这标志着弹塑性断裂力学理论开始走向成熟。基于断裂力学，逐渐发展起损伤容限方法，它假定材料内部在冶炼加工、安装和使用过程中不可避免地存在缺陷或裂纹，它将在循环荷载下扩展至临界尺寸而断裂。20 世纪 60 年代，美国对焊接桥梁结构进行了系统地试验与断裂力学调查，发展了一个能对结构细节寿命进行分级的方法，并成为各国制定新规范的依据。现在世界上发达国家如美国、欧洲、日本等都建立了自己的抗疲劳设计规范。

目前，西方发达国家普遍面临着早期建造的钢桥怎样继续利用的问题。尽管在设计一座新钢桥时遵守有效的规范能保证一个足够的安全度，但它不适用于很久以前建造的老钢桥。因为这些桥梁有些经历过两次世界大战，运营历史无法知晓，其材料也与今天有很大差异，况且它们的承载安全已被已有损伤（锈蚀与裂纹，甚至弹孔）削弱，其真实的工作性能难以精确描述。实桥调查和足尺构件试验表明：维护得好的铆接钢桥仍具有不少的剩余寿命，而这些桥梁按设计已经破坏，这说明采用韦勒曲线的设计模型低估了桥梁疲劳寿命。目前，德国、美国与日本等国家，都在对过去未做疲劳设计的旧钢桥加紧开展研究，以确保这些桥梁继续使用的安全性。

### 1.1.8　其他桥梁结构分析和设计理论

除了上述七个方面最重要的近代桥梁结构理论外，在 20 世纪上半叶近代桥梁的发展期中还有以下各种桥梁结构理论的发展及主要贡献者应当提及：

（1）薄板弯曲理论（法 St. Venan，俄 S. Timoshenko，德 Fr. Bleich）；

（2）梁的剪力滞理论（德 T. von Karman，E. Reissner）；

（3）箱梁扭转和畸变理论（俄 V. Z. Vlasov，A. A. Umansky）；

（4）土力学理论（法 J. Boussinesq，奥 K. von Terzaghi）。

这些理论都是计算机问世前各种桥梁结构设计原理的基础，其中所采用的解析方法闪耀着智慧的魅力，而理论的奠基者永远值得后人学习和怀念。

## 1.2　现代桥梁结构理论的发展

### 1.2.1　有限元法分析软件

1946 年，世界上第一台电子计算机“埃尼亚克”（ENIAC）的诞生标志着以 IT 技术和计算机应用为特征的现代桥梁工程的开始。在第二次世界大战结束后的最初年代，桥梁结构设计仍沿用战前的规范和理论，一直到 1960 年美国 Clough 教授提出“有限元法”的名称以前，在土木工程界采用电子计算机进行结构分析还处于探索阶段。

20 世纪 60 年代起，欧美各国进入了战后高速公路和城市基础设施建设的高潮期。一大批数学家、力学家和工程师对有限元法的形成和推广做了大量工作，其中，最著名的有 R. Courant、M. J. Turner、R. W. Clough、冯康、O. C. Zienkiewicz 等。其中，R. Courant 在1943 年首先发表了用最小势能原理研究 St. Venant 的扭转问题的论文；M. J. Turner、R. W. Clough 等在 1956 年共同发表了用有限元技术计算机翼的论文，被认为是工程学界有限元法的开端。1960 年，R. W. Clough 在平面弹性论文中第一次采用了“有限元法”的名称，并扩展应用到土木工程中；1965 年，冯康发表了论文《基于变分原理的差分格式》，这篇论文是国际学术界承认我国独立发展有限元方法的主要依据；1967 年，O. C. Zienkiewicz 出版了国际有限元领域最早的出版物——《有限单元法》。由此以后，有限元法的理论迅速发展起来，从而使结构理论从战前的解析和半解析方法逐步向应用计算机和有限元法进行数值矩阵分析转变。到了 20 世纪 90 年代，随着有限元法的日趋成熟和计算机效率的不断提高，为结构分析的日益精细化创造了条件。今天，各种先进的结构分析和桥梁设计商品化软件（如 Ansys, SAP, Midas, TDV 等）都已具备了较完备的功能，而一些品牌设计公司的内部专用软件（Inhouse Software）则往往具有更高效和精细化的功能，成为它们展示竞争力的秘密手段。在静力分析方面，商品软件主要包括以下功能：

（1）自动加载和荷载组合方法（Load optimization and combination）；

（2）斜桥、曲线梁和异形空间桥梁分析（Skew、curved girder analysis, influence surface）；

（3）混凝土徐变、收缩和抗裂性分析（Concrete creep and shrinkage）；

（4）体内、体外预应力配索方法（Post-tensioning, External Prestressing, 3D tendons）；

（5）逐段拼装施工和缆索承重桥梁施工控制方法（Incremental staged construction control）；

（6）基础沉降计算和控制方法（Settlement analysis）；

（7）非线性和稳定（一类、二类）分析（Non-linear and buckling analysis）；

（8）钢桥疲劳分析和剩余寿命估算（Fatigue analysis）；

（9）桩、土、结构相互作用分析（Soil-structure interaction）；

（10）组合结构及界面的设计（Composite structure）。

尽管上述软件都是基于有限元法的数值分析，但近代桥梁工程中所创立的各种古典解析理论和近似方法仍具有定性的功能，对于工程师在概念设计阶段进行估计和掌握结构的基本力学性能，正确理解规范条文，以及帮助分析桥梁病害的原因等都具有重要的意义。因此，21 世纪的桥梁工程师不但要具备熟练运用现代计算机进行数值分析的能力，也要掌握古典解析理论中的一些重要的基本概念和有效的近似分析手段，这也正是我们编写这本《高等桥梁结构理论》的初衷。在本书的各篇和各章中，我们将保留少量古典解析理论的精华，同时介绍 20 世纪 70 年代以来各种基于有限元法的新理论和数值分析方法的发展成果，以便于读者进行相互比较，达到融会贯通的境界。

### 1.2.2 预应力混凝土技术

预应力概念在古代最初的应用是以绳索或铁箍缠绕桶板做桶。这一原理直到 1886 年才被用于混凝土，当时，加利福尼亚州旧金山的一位工程师 P. H. Jackson 获得了在混凝土拱内张紧钢拉杆做楼板用的专利。1888 年前后，德国的 C. E. W. Doehring 独立地获得了在楼板受荷载前用已施加拉力的钢筋来加强的专利。这些应用都是基于这样的概念：即混凝土虽然抗压能力很强，但抗拉能力很弱，而在混凝土中预拉钢筋就会使混凝土产生压应力，这就可用来抵消由恒载或活载在混凝土内所产生的拉应力。但这些最初获得专利的方法并不成功，因为那时在钢筋中所造成的低值预应力很快由于混凝土的收缩和徐变而损失掉。

图 1-6 Worms 桥的挂篮悬浇工法

在现代桥梁 65 年(1945 ~ 2010 年)的发展进程中,预应力混凝土技术占有特别重要的地位。预应力混凝土的现代发展应归功于法国的 E. Freyssinet。他在 1928 年提出必须采用高强钢筋和高强混凝土的主张,并率先申请了预应力混凝土的发明专利。1939 年,E. Freyssinet 发明了端部锚固用的锥形锚具和双作用千斤顶。1940 年,比利时的 G. Magnel 教授研制出 Magnel 体系,这种体系是一次张拉两根钢丝并在每端用一钢楔锚固。此时预应力混凝土已开始受到重视。第二次世界大战期间,欧洲钢材短缺也促进了预应力混凝土的发展。但直到 1956 年,德国 F. Dischinger 教授才设计建成了世界第一座主跨 69m 的体外预应力混凝土连续梁桥。由于欧战爆发的影响,预应力混凝土桥梁的发展和推广被推迟到战后的 20 世纪 50 ~ 60 年代。1950 年,德国 K. Finsterwalder 建造了第一座采用悬臂挂篮施工,主跨 62m 的预应力混凝土桥——Lahn 河桥,随后,1952 年他又建成了主跨为 114. 2m 的 Worms 桥(图 1-6)以及 1965 年主跨达 208m 的 Bendorf 桥,开创了混凝土桥梁无支架施工的先声。

1960 年,德国 Strabag 公司的 H. Wittfoht 首创移动托架法施工,陆续建造了两座预应力混凝土连续梁桥——Kettiger Hang 桥和 Krahnenberg 桥。1964 年,德国 F. Leonhardt 教授首创顶推法施工,建造了全长 500m 的委内瑞拉的 Rio Caroni 桥,以及奥地利主跨 102m、全长 450m 的 Kufsein 桥。1964 年,法国 J. Müller 首创预制节段架桥机拼装工法,建造了 Oleron 高架桥。以上几种无支架新工法所显示的先进性大大推动了预应力桥梁技术的发展。

部分预应力概念,首先于 1939 年由奥地利工程师 F. Empeger 提出,他主张在钢筋混凝土中加入少量预应力,以提高结构的抗裂度和刚度,这一设计思想后来为英国 P. W. Ables 所实现。

现代预应力混凝土结构设计概念的另一重要发展为体外预应力技术。对现代体外预应力桥梁产生重大影响的首座桥是 1979 年法国 J. Müller 设计的在美国佛罗里达州的 Long Key 桥。1981 年,法国在 M. Virlogeux 领导的 SETRA 桥梁部门进行了大量研究和应用,使现代体外预应力桥梁得到快速广泛的发展和运用,并迅速遍及全球。

20 世纪 90 年代后,预应力混凝土桥向采用体外索和高性能、轻质混凝土方向发展。同时,工地现浇也被工厂预制装配所替代,出现了大型造桥机的施工装备,对提高混凝土桥梁的耐久性起了重要的作用。

### 1.2.3 各向异性桥面和结合梁

现代桥梁技术的另一项重要发明是各向异性钢桥面板,它取代了战前钢桥中的木桥面,形成了现代钢箱梁桥。

1948 年,为修复德国战时破坏的桥梁,F. Leonhardt 教授将轮船的甲板移植到桥梁中,并加以改进以适应车辆荷载,创造了各向异性钢桥面板的新形式。在 20 世纪 50 ~ 60 年代,许多德国大学的钢结构和力学教授都在研究各向异性钢桥面板的分析理论和设计方法,发表了许多论文。其中,W. Pelikan 和 M. Esslinger 两人于 1957 年建立的方法(简称 P-E 法)被公认为各向异性桥面分析的最实用方法,并被引入日、美两国的教材中,在全世界得到广泛应用。20 世纪 70 年代以后,P-E 法逐渐被更为精确的有限元法所替代,但改用计算机软件进行的 P-E 法近似分析结果仍可在概念设计阶段使用，并可对有限元法的精确结果进行定性的校核。

20 世纪初，随着钢筋混凝土桥梁的出现，原来钢桥上的木桥面也逐渐用更耐久的钢筋混凝土板来代替。1930 年后，德国工程师们想到了在钢筋混凝土桥面板和钢梁之间用剪力器组合起来共同受力可以取得经济效果，发明了结合梁（Verbundträger）。这种组合结构在战后的 20 世纪 60 年代得到广泛应用。到 1971 年，由欧洲混凝土委员会（CEB）、欧洲钢结构大会（CECS）、国际预应力联盟（FIP）和国际桥协（IABSE）组成了组合结构联合委员会，编制了组合结构的模范准则（Model Code），大大促进了组合结构桥梁在欧洲的发展。近 20 年来，由于对各向异性桥面在重载下的抗疲劳性能存在质疑，组合结构桥梁在世界各国得到了更快的推广。

### 1.2.4 斜拉桥的复兴

斜拉桥是一种古老的桥型。世界第一座斜拉桥可追溯到 1784 年意大利木匠 C. J. Löscher 在威尼斯完全用木材建造的斜拉桥。1818 年，两座英国人行斜拉桥的倒塌引起了欧洲工程师的质疑。法国著名工程师纳维埃（M. Navier）在讨论这两起事故时，强烈否定了斜拉桥的概念。于是，欧洲工程师又回到了悬索桥的设计中，从而使斜拉桥被埋没了 100 多年。

然而，用斜拉索支撑桥面的想法在悬索桥的设计中并没有完全被遗忘。J. Röbling 在 19 世纪后半叶设计美国几座悬索桥时，如匹茨堡的 Old St. Clair 桥，Nigara Falls 桥，跨越 Ohio 河的 Cincinnati 桥以及著名的纽约 Brooklyn 桥，都用斜拉索来辅助吊索支撑桥面，以提高桥梁的刚度。

1938 年，德国 F. Dischinger 教授又重新发现了斜拉桥。他认为：由于材料的强度不足和非线性分析理论的缺乏，导致了当时斜拉桥的应力缺陷而坍塌。1955 年，他用先进的高强度钢丝和非线性计算理论成功地建造了主跨 183m 的瑞典 Strömsund 桥（图 1-7），并由此开辟了现代斜拉桥复兴的新纪元。半个世纪以来，斜拉桥以其经济性、施工便利和美学价值以及与悬索桥相比在刚度、抗风稳定性和拉索可更换等方面的突出优点，已发展成为现代大跨度桥梁的主流桥型，在从 200m 到 1 200m 的跨度范围内成为最有竞争力的首选桥型，呈现出遍地开花之势。

图 1-7 瑞典 Strömsund 桥

斜拉桥的计算理论现已十分成熟可靠。它的施工控制理论在 1958 年 F. Leonhardt 所创立的“倒退分析法”基础上也日益精细化。可以预期，随着斜拉桥跨越能力的进一步提高以及连续多跨斜拉桥的实践和不断改进，斜拉桥在未来人类征服海峡的进军中将会发挥最主要的作用。

## 本章参考文献

[1] 铁摩辛柯. 弹性稳定理论[M]. 北京：科学出版社，1958.
[2] ECCS. Composite structures[M]. The Construction Press，1971.

[3] Podolny W Jr. ,Scalzi J B. Construction & design of cable-stayed bridges[M]. John Wiley & Sons, 1976.

[4] Irwin H M. Cable structures[M]. The MIT Press, 1981.

[5] Heins C P, Firmage D A. 现代公路钢桥设计[M]. 胡春农,译. 北京:人民交通出版社,1982.

[6] 查杰斯 A. 结构稳定性理论原理[M]. 唐家祥,译. 兰州:甘肃人民出版社,1982.

[7] 李国豪. 桁梁稳定与振动[M]. 北京:中国铁道出版社,1996.

[8] Selected Papers of T. Y. Lin[M]. 2nd ed. Science Press, 1998.

[9] Tue N V, Dehn F. Erfahrung und Znkunft des Bauens. U. Leigzig, 2004.

[10] 项海帆,等. 土木工程概论[M]. 北京:人民交通出版社, 2007.

[11] 项海帆,等. 桥梁概念设计[M]. 北京:人民交通出版社, 2011.

# 第1篇　桥梁空间分析理论

# 第2章

# 薄壁箱梁弯曲、扭转、畸变分析

## 2.1 概　　述

箱形截面是梁桥当中应用最为广泛的一种截面。箱形梁桥在承受偏心荷载作用下，将产生纵向弯曲、扭转、畸变及横向挠曲四种变形。其中，纵向弯曲将在截面上产生正应力 $\sigma_m$ 和剪应力 $\tau_m$，由于剪力滞后的现象存在，箱梁顶、底板正应力不是均匀分布，会出现应力峰值。箱梁扭转指的是箱形截面刚性扭转，即周边不变形的扭转，视梁的纵向约束情况又可分为自由扭转和约束扭转。自由扭转仅在截面产生扭转剪应力 $\tau_k$，而约束扭转除产生剪应力 $\tau_k$ 之外，还在截面产生翘曲正应力 $\sigma_\omega$ 以及由翘曲正应力引起的约束扭转剪应力 $\tau_\omega$。畸变考虑的是扭转时周边变形的情况。畸变产生畸变翘曲正应力 $\sigma_{d\omega}$ 和畸变剪应力 $\tau_{d\omega}$，同时畸变还引起箱形截面横向弯曲在箱梁板块产生横向弯曲应力 $\sigma_{dt}$。

箱梁在承受偏心荷载作用下，除了按弯扭杆件进行整体分析外，还应考虑局部荷载的影响。车辆荷载作用于顶板，除直接受荷载部分产生横向弯曲外，还引起其他部分也产生横向弯曲，从而产生横向弯曲正应力 $\sigma_c$ 及相应的剪应力。

综上所述，箱梁在偏心荷载作用下在横截面和纵截面上均产生应力，在横截面上，有纵向正应力 $\sigma_z=\sigma_m+\sigma_\omega+\sigma_{d\omega}$，剪应力 $\tau=\tau_k+\tau_m+\tau_\omega+\tau_{d\omega}$；在纵截面上，有横向弯曲正应力 $\sigma_s=\sigma_{dt}+\sigma_c$。

箱梁截面剪力滞的现象，最先是在飞机机翼设计中发现的，1924年卡曼(T. K. Kaman)在讨论T梁有效宽度时首先进行了剪力滞问题的研究。早期剪力滞研究主是在航空领域，土木工程结构领域的研究则是近二三十年的事。目前土木工程结构分析剪力滞的主要方法有“加劲板”理论、比拟杆法以及 Eleissnen 的根据能量原理分析的方法等。

箱梁扭转计算，前苏联学者作出了重要贡献。1939年乌曼斯基和符拉索夫分别系统建立了箱梁刚性扭转分析理论。乌曼斯基为提高计算精度，又对原有的理论进行改进，形成所谓的乌氏第二计算理论。此外箱梁扭转分析还有詹涅里杰和巴诺夫柯理论。目前箱梁分析采用较多的是乌氏第二理论。

箱梁畸变分析是近年开始重视的一项工作。随着高强轻质材料日益广泛采用，箱梁尺寸愈趋轻薄，畸变产生的应力所占的比例增大，计算分析畸变应力愈显得重要。畸变应力分析方法主要有广义坐标法、等代梁法、Kupfer 法等。对于等截面箱形梁的畸变分析，弹性地基梁比拟法是近年来相对比较精确实用、完善的一种方法。

本章主要介绍箱梁受扭状况下强度计算理论，主要讲述解析解。在剪力滞分析中，讲述了应用能量法原理推导的剪力滞微分方程和求解过程，并对影响剪力滞效应的主要因素和剪力滞变化规律进行了分析。扭转分析中讲述乌曼斯基刚性扭转分析的第二理论。畸变应力分析介绍比较精确、适用的弹性地基梁挠曲微分方程比拟法。本章也简要介绍有限元法在箱梁结构分析中的应用,关于有限元法基本原理,读者可参考有关有限元法的书籍。

## 2.2 薄壁箱梁弯曲的剪力滞分析

### 2.2.1 薄壁箱梁剪力滞的基本概念与变分解法

1)薄壁箱梁剪力滞的基本概念

按照初等梁理论,箱梁弯曲时翼缘板和底板正应力均匀分布,但实际上,薄壁箱梁弯曲时,翼缘板的正应力沿宽度分布并非如此,通常情况下是靠近腹板的翼缘板正应力要大些,而远离腹板的翼缘板正应力逐渐减小[图 2-1a)]。

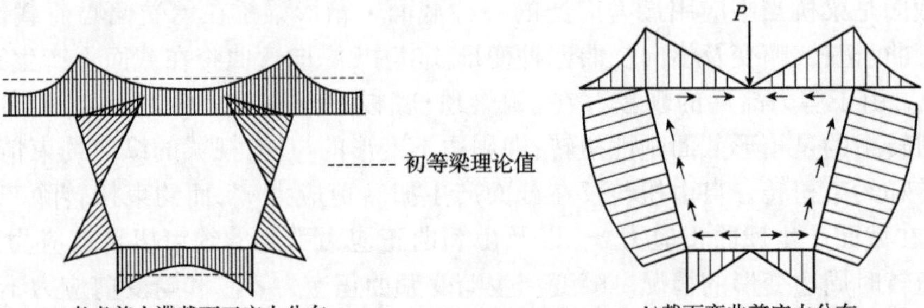

a)考虑剪力滞截面正应力分布　b)截面弯曲剪应力分布

图 2-1　截面应力分布

造成这种不相符合的原因是翼缘板上剪应力分布的不均匀。箱梁弯曲剪应力沿翼缘板的分布见图 2-1b),可以看出,肋板处翼缘剪应力最大,远离肋板的翼缘剪应力逐渐减小,剪应力沿翼缘板分布的不均匀引起翼缘板纵向的剪切变形也是不均匀的,通常远离腹板的翼缘板其纵向位移滞后于靠近肋板翼缘板的纵向位移,由此造成翼缘板弯曲正应力分布呈曲线形状。这种由于翼缘板的剪切变形不均匀,造成弯曲正应力沿梁宽方向不均匀分布的现象称为剪力滞。

剪力滞大小程度可用剪力滞系数来表示,如果按初等梁理论算出的翼缘板的应力用 $\sigma$ 表示,实际翼缘板的应力用 $\overline{\sigma}$ 表示,则剪力滞系数 $\lambda$ 表示为:

$$\lambda = \frac{\sigma}{\overline{\sigma}} \tag{2-1}$$

可见,剪力滞系数沿翼缘板宽度是个变化的量。通常状况下,肋板处翼缘板出现正应力峰值,该处的剪力滞系数用 $\lambda^{e}$ 来表示,即

$$\lambda^{e} = \frac{\sigma^{e}}{\overline{\sigma}} \tag{2-2}$$

一般情况下,总是 $\lambda^{e} \geq 1$,称之为正剪力滞,但有的情况下,腹板处的实际应力 $\sigma^{e}$ 也有小于初等梁理论计算出来的应力 $\overline{\sigma}$(图 2-2),这种现象称为负剪力滞。产生负剪力滞现象与结构边界约束状况以及外荷载作用形式有关,这将在后面章节予以讨论。

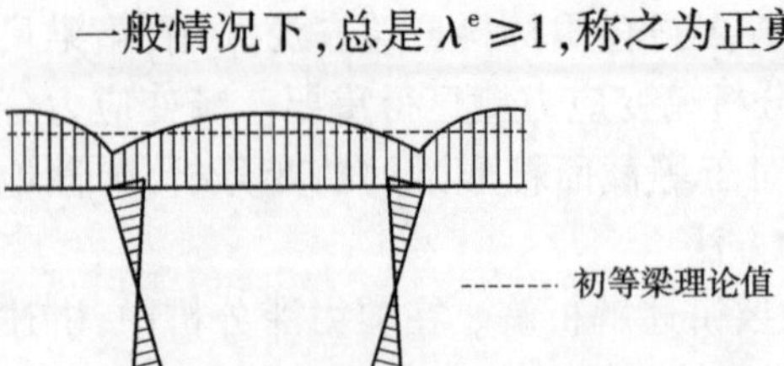

图 2-2　箱梁负剪力滞

2)剪力滞效应的变分解法

用变分法分析剪力滞是较早采用的一种方法。单箱单室箱形截面是箱梁中常采用的截面,

对于矩形箱形薄壁截面，可以应用变分法的最小势能原理来分析其剪力滞效应。考虑到箱梁弯曲时上、下翼缘板剪切变形的影响，箱梁弯曲已经不服从初等梁理论的平截面假定。在描述箱梁翼缘板的弯曲位移时，只用一个广义位移梁的挠度 $w(x)$ 是不够的，必须再引入翼缘板的纵向位移函数 $u(x,y)$，两个位移函数分别为：

$$w = w(x) \tag{2-3}$$

$$u(x,y) = h_i\left[\frac{\mathrm{d}w}{\mathrm{d}x} + \left(1 - \frac{y^3}{b^3}\right)u(x)\right] \tag{2-4}$$

式中：$u(x,y)$ ——梁的纵向位移；

$u(x)$ ——翼缘板剪切转角的最大差值；

$b$——箱室净宽的一半；

$h_i$ ——截面形心到顶、底板的距离，见图 2-3。

式(2-4)假定翼板的纵向位移沿横向为三次抛物线分布，此假定与实测结果相符。式(2-3)和式(2-4)均能满足变形协调条件。式(2-4)还满足在腹板与上翼板交界处($y = \pm b$)的变形连续条件。

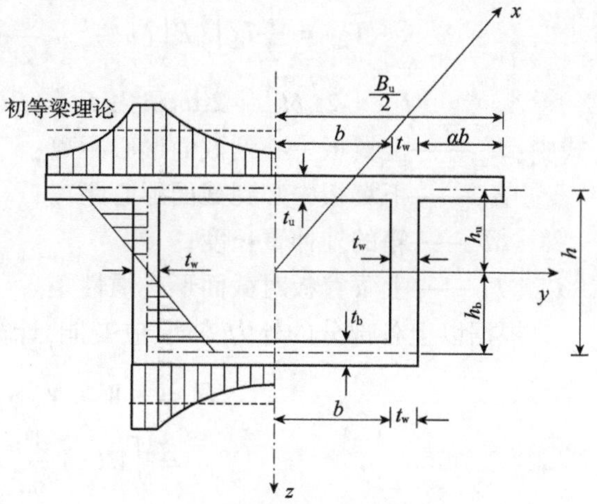

图 2-3　箱梁截面尺寸及坐标位置

在应变能的计算中，腹板仍采用初等梁理论的平面假定，不考虑其剪切变形，上下翼板假定竖向纤维无挤压，板平面外的剪切变形 $\gamma_{xz}$ 与 $\gamma_{yz}$ 及横向应变 $\varepsilon_y$ 均很小，可忽略不计。

根据最小势能原理，当结构处于平衡状态，任何容许的虚位移发生时，体系总势能的一阶变分为零，即

$$\delta\Pi = \delta(\overline{V} - \overline{W}) = 0 \tag{2-5}$$

式中：$\overline{V}$ ——体系的应变能；

$\overline{W}$ ——外力势能。

梁受弯曲时的外力势能：

$$\overline{W} = -\int M(x)\frac{\mathrm{d}^2w}{\mathrm{d}x^2}\mathrm{d}x \tag{2-6}$$

梁的应变能包括腹板，上、下翼板的应变能。

腹板：

$$\overline{V}_w = \frac{1}{2}\int EI_w\left(\frac{\mathrm{d}^2w}{\mathrm{d}x^2}\right)^2\mathrm{d}x \tag{2-7}$$

上、下翼板应变能：

$$\overline{V}_{su} = \frac{1}{2}\iint t_u(E\varepsilon_{xu}^2 + G\gamma_u^2)\mathrm{d}x\mathrm{d}y \tag{2-8}$$

$$\overline{V}_{sb} = \frac{1}{2}\iint t_b(E\varepsilon_{xb}^2 + G\gamma_b^2)\mathrm{d}x\mathrm{d}y \tag{2-9}$$

其中：

$$\left.\begin{aligned}\varepsilon_{xu}&=\frac{\partial u_u(x,y)}{\partial x};\quad \gamma_u=\frac{\partial u_u(x,y)}{\partial y}\\ \varepsilon_{xb}&=\frac{\partial u_b(x,y)}{\partial x};\quad \gamma_b=\frac{\partial u_b(x,y)}{\partial y}\end{aligned}\right\}\tag{2-10}$$

式中：$E$——弹性模量；

$G$——剪切模量；

$t_u$——上翼板厚度；

$t_b$——下翼板厚度。

将式(2-4)代入式(2-10)后，再代入式(2-8)和式(2-9)，得到：

$$\left.\begin{aligned}\overline{V}_{su}&=\frac{1}{2}I_{su}\int\left\{E\left[(w'')^2+\frac{3}{2}w''u'+\frac{9}{14}(u')^2\right]+\frac{9G}{5b^2}u^2\right\}dx\\ \overline{V}_{sb}&=\frac{1}{2}I_{sb}\int\left\{E\left[(w'')^2+\frac{3}{2}w''u'+\frac{9}{14}(u')^2\right]+\frac{9G}{5b^2}u^2\right\}dx\end{aligned}\right\}\tag{2-11}$$

$$I_{su}=2t_ubh_u^2+2\alpha bt_uh_u^2;\ I_{sb}=2t_bbh_b^2;\ I_s=I_{su}+I_{sb};\ I=I_w+I_s$$

式中：$h_u$——上翼板中心到截面形心距离；

$h_b$——下翼板中心到截面形心距离；

$\alpha b$——箱的外伸臂长度；

$I_{su}$、$I_{sb}$——上下翼板对截面形心惯性矩。

根据以上各部分的外力势能、应变能，计算体系总势能：

$$\begin{aligned}\Pi&=-\overline{W}+\overline{V}_w+\overline{V}_{sb}+\overline{V}_{su}\\ &=\int M(x)\frac{d^2w}{dx^2}dx+\frac{1}{2}\int EI_w\left(\frac{d^2w}{d^2x}\right)^2dx+\\ &\quad\frac{1}{2}I_s\int\left\{E\left[(w'')^2+\frac{3}{2}w''u'+\frac{9}{14}(u')^2\right]+\frac{9G}{5b^2}u^2\right\}dx\end{aligned}\tag{2-12}$$

对式(2-12)变分，并令 $\delta\Pi=0$，得到下列微分方程及边界条件：

$$\left.\begin{aligned}&EIw''+M(x)+\frac{3}{4}EI_su'=0\\ &EI_s\left(-\frac{9}{14}u''-\frac{3}{4}w'''+\frac{9}{5}\frac{Gu}{Eb^2}\right)=0\\ &EI_s\left(\frac{9}{14}u'+\frac{3}{4}w''\right)\delta u\Big|_{x_1}^{x_2}=0\end{aligned}\right\}\tag{2-13}$$

上式中第三式为边界条件，整理式(2-13)，并令：

$$\left.\begin{aligned}n&=\frac{1}{1-\frac{7}{8}\frac{I_s}{I}}\\ k&=\frac{1}{b}\sqrt{\frac{14Gn}{5E}}\end{aligned}\right\}\tag{2-14}$$

得到：

$$u''-k^2u=\frac{7nQ(x)}{6EI}\tag{2-15}$$

$$w'''' - k^2 w'' = \frac{k^2 M(x)}{EI} - \frac{nM''}{EI} \tag{2-16}$$

式中：$n$、$k$——瑞斯纳参数。

求解上述微分方程，可求得函数 $u(x)$、$w(x)$，从而求得 $u(x,y)$，其中，微分方程(2-15)的一般解形式为：

$$u(x) = \frac{7n}{6EI}(C_1 \mathrm{sh}kx + C_2 \mathrm{ch}kx + u^*)$$

式中：$u^*$——与方程右端项有关的特解；

$C_1$、$C_2$——通解中的系数，应由梁的边界条件确定：

当板固结时，$$u = 0, \delta u = 0$$

当板非固结时，$$\left(\frac{9}{14}u' + \frac{3}{4}w''\right)\Big|_{x_1}^{x_2} = 0$$

从式(2-13)中的第一式可以得到：

$$w'' = -\left[\frac{M(x)}{EI} + \frac{3I_s}{4I}u'\right] = -\frac{1}{EI}[M(x) + M_F] \tag{2-17}$$

式中，$M_F = \frac{3}{4}EI_s u'$。

式(2-17)右边括号中第一项即为初等理论中梁弯曲时的曲率表达式。第二项是由剪力滞效应产生的附加挠曲，它是箱梁剪切转角的最大差值 $u(x)$ 导数的函数，并且与上下翼板弯曲刚度成正比。由于考虑剪力滞效应后有 $w''$ 与弯矩关系中第二项 $M_F$ 的存在，所以当 $M(x)$ 与 $M_F$ 同号时，箱梁的挠度增大，翼板的有效刚度降低。

考虑剪力滞影响后翼板的弯曲正应力为：

$$\sigma_x = E\frac{\partial u(x,y)}{\partial x} = \pm Eh_i\left[\frac{M(x)}{EI} - \left(1 - \frac{y^3}{b^3} - \frac{3}{4}\frac{I_s}{I}\right)u'\right] \tag{2-18}$$

式中：$h_i$——翼板中心至截面形心的距离。

可见，纵向应力 $\sigma_x$ 沿横向按三次抛物线分布，在翼板与腹板交接处的应力达到最大值，而腹板上正应力沿高度方向仍是线性分布的。

3)几种桥型剪力滞效应的求解

(1)简支梁承受均布荷载

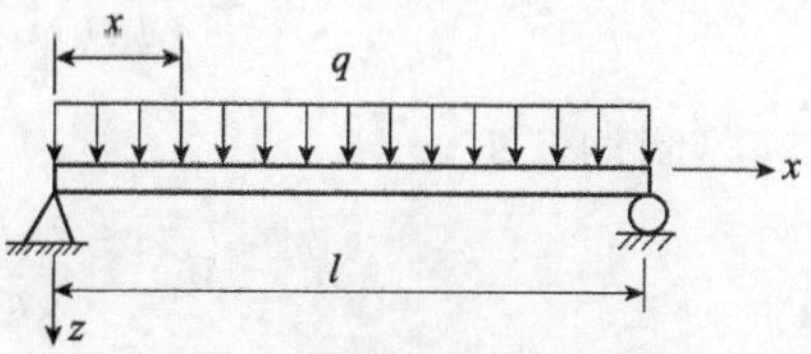

图 2-4　简支梁承受均布荷载

如图 2-4 所示承受均布荷载的简支梁，跨中任意截面剪力：

$$Q(x) = \frac{q}{2}(l - 2x)$$

将其代入式(2-15)得：

$$u'' - k^2 u = \frac{7nq}{12EI}(l - 2x)$$

上式的全解为：

$$u = \frac{7nq}{6EI}\left(-\frac{l - 2x}{2k^2} + C_1 \mathrm{sh}kx + C_2 \mathrm{ch}kx\right)$$

由边界条件：$u'|_{x=0} = 0, u'|_{x=l} = 0$，求得：

$$C_1 = -\frac{1}{k^3}, C_2 = \frac{\mathrm{ch}kl - 1}{k^3 \mathrm{sh}kl}$$

则

$$u = \frac{7nq}{6EIk^2}\left[-\frac{1}{2}(l-2x) - \frac{1}{k}\mathrm{sh}kx + \frac{\mathrm{ch}kl - 1}{k\mathrm{sh}kl}\mathrm{ch}kx\right]$$

$$M_{\mathrm{F}} = \frac{7}{8}\frac{I_{\mathrm{s}}nq}{Ik^2}\left[1 - \mathrm{ch}kx + (\mathrm{ch}kl - 1)\frac{\mathrm{sh}kx}{\mathrm{sh}kl}\right]$$

$$\sigma_x = \pm\frac{h_{\mathrm{i}}}{I}\left[M(x) - \frac{7nq}{6k^2}\left(1 - \frac{y^3}{b^3} - \frac{3I_{\mathrm{s}}}{4I}\right)\left(1 - \mathrm{ch}kx + \frac{\mathrm{ch}kx - 1}{\mathrm{sh}kl}\mathrm{sh}kx\right)\right]$$

跨中截面剪力滞系数：

$$\lambda = 1 - \frac{28n}{3k^3l^2}\left(1 - \frac{y^3}{b^3} - \frac{3I_{\mathrm{s}}}{4I}\right)\left[1 - \mathrm{ch}\frac{kl}{2} + \frac{\mathrm{ch}kl - 1}{2\mathrm{ch}(kl/2)}\right]$$

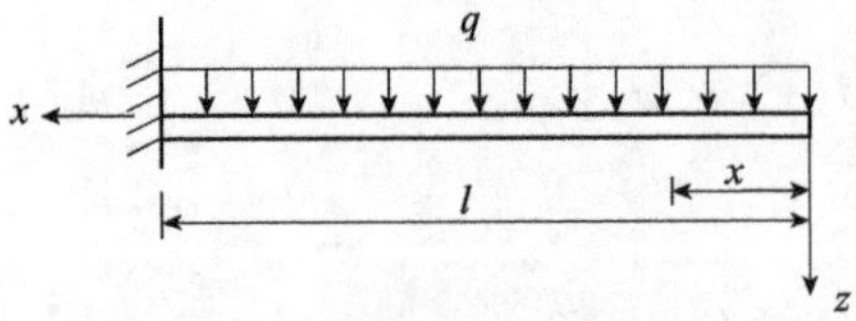

图 2-5　悬臂梁承受均布荷载

(2)等截面悬臂梁承受均布荷载

悬臂梁承受均布荷载如图 2-5 所示，则：

$$M(x) = -\frac{1}{2}qx^2, Q(x) = -qx$$

其微分方程表达式为：

$$u'' - k^2u = -\frac{7nqx}{6EI}$$

上式通解：

$$u = \frac{7nq}{6EI}\left(C_1\mathrm{sh}kx + C_2\mathrm{ch}kx + \frac{x}{k^2}\right)$$

由边界条件：$u'|_{x=0} = 0$，$u|_{x=l} = 0$，得 $C_1 = -\frac{1}{k^3}$，　$C_2 = \frac{\mathrm{sh}kl - kl}{k^3\mathrm{ch}kl}$，则：

$$u = \frac{7nq}{6EIk^2}\left[-\frac{1}{k}\mathrm{sh}kx + \left(\frac{1}{k}\mathrm{th}kl - \frac{1}{\mathrm{ch}kl}\right)\mathrm{ch}kx + x\right]$$

附加弯矩：

$$M_{\mathrm{F}} = \frac{7nI_{\mathrm{s}}q}{8k^2I}\left[1 - \mathrm{ch}kx + \left(thkl - \frac{kl}{\mathrm{ch}kl}\right)\mathrm{sh}kx\right]$$

翼板上正应力：

$$\sigma_x = \pm\frac{qh_{\mathrm{i}}}{I}\left[-\frac{1}{2}x^2 - \left(1 - \frac{y^3}{b^3} - 4\frac{3I_{\mathrm{s}}}{I}\right)\frac{7n}{6k^2}\left(1 - \frac{\mathrm{ch}k(l-x) + kl\mathrm{sh}kx}{\mathrm{ch}kl}\right)\right]$$

固端截面腹板与翼板交界处剪力滞系数为：

$$\lambda = 1 - \frac{7}{4}\frac{I_{\mathrm{s}}n}{Ik^2l^2}\left(1 - \frac{1 + kl\mathrm{sh}kl}{\mathrm{ch}kl}\right)$$

(3)悬臂梁在自由端作用一集中力 $P$

如图 2-6 所示悬臂梁段作用集中力，则：

$$M(x) = -Px, Q(x) = -P$$

微分方程为：

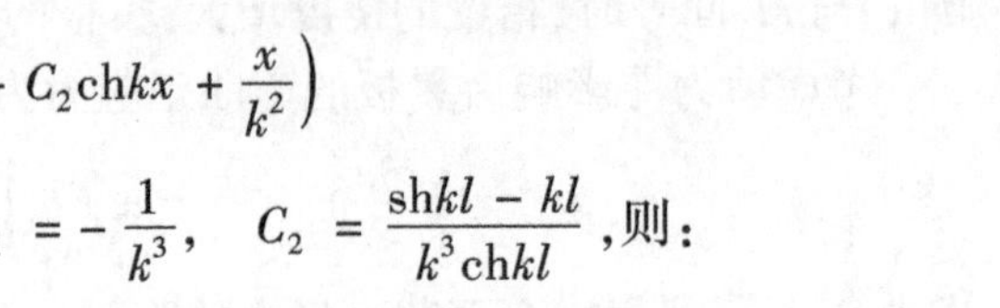

图 2-6　悬臂梁自由端作用集中竖向力

$$u'' - k^2 u = -\frac{7nP}{6EI}$$

$$u = \frac{7nP}{6EI}\left(C_1\text{sh}kx + C_2\text{ch}kx + \frac{1}{k^2}\right)$$

边界条件：$u'|_{x=0} = 0$，$u|_{x=l} = 0$，

$$u' = \frac{7nP}{6EI}(kC_1\text{ch}kx + kC_2\text{sh}kx)$$

当 $x = 0, C_1 = 0$，

$$x = l, u = \frac{7nP}{6EI}\left(C_2\text{ch}kl + \frac{1}{k^2}\right)$$

$\therefore$

$$C_2 = -\frac{1}{k^2\text{ch}kl}$$

$\therefore$

$$u = \frac{7nP}{6EIk^2}\left(1 - \frac{\text{ch}kx}{\text{ch}kl}\right)$$

$$\sigma_x = \frac{h_i}{I}\left[M(x) + \frac{7nP}{6k}\left(1 - \frac{y^3}{b^3} - \frac{3I_s}{4I}\right)\frac{\text{sh}kx}{\text{ch}kl}\right]$$

固端截面：

$$\sigma_1 = \pm\frac{Plh_i}{I}\left[1 - \left(1 - \frac{y^3}{b^3} - \frac{3I_s}{4I}\right)\frac{7n}{6kl}\text{th}kl\right]$$

固端截面处剪力滞系数为：

$$\lambda = 1 - \left(1 - \frac{y^3}{b^3} - \frac{3I_s}{4I}\right)\frac{7n\text{th}kl}{6kl}$$

### 2.2.2 影响剪力滞效应的主要因素和剪力滞变化规律

结构体系、荷载形式以及箱梁截面的几何特征，都是影响剪力滞效应大小的主要因素。下面讨论不同截面几何参数、不同荷载形式对简支梁、连续梁结构剪力滞效应的影响。

1）剪力滞沿梁跨长方向的纵向效应

（1）简支梁承受集中荷载

图 2-7 为计算跨径 80m 等截面简支梁承受系列集中荷载的剪力滞系数沿跨度方向的分布规律。显然，集中荷载愈接近支点作用时，$\lambda^e$ 值越大，但每个集中荷载作用下剪力滞效应的纵向影响区域比较小。

（2）简支梁承受均布荷载

图 2-8 表示满跨均布荷载作用下剪力滞系数沿跨度方向分布规律，从跨中到支座方向剪力滞系数是逐渐增大的，均布荷载剪力滞系数与集中荷载明显不同。虽然支点剪力滞效应比跨中严重，但支点弯矩小，考虑剪力滞效应下的正应力量值还是非常小的。

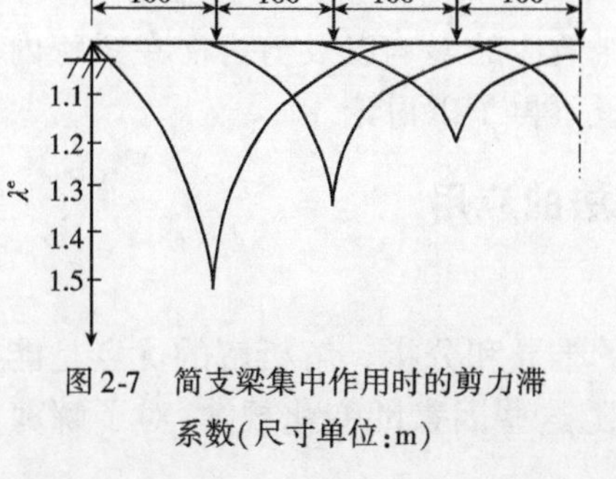


图 2-7 简支梁集中作用时的剪力滞系数（尺寸单位：m）

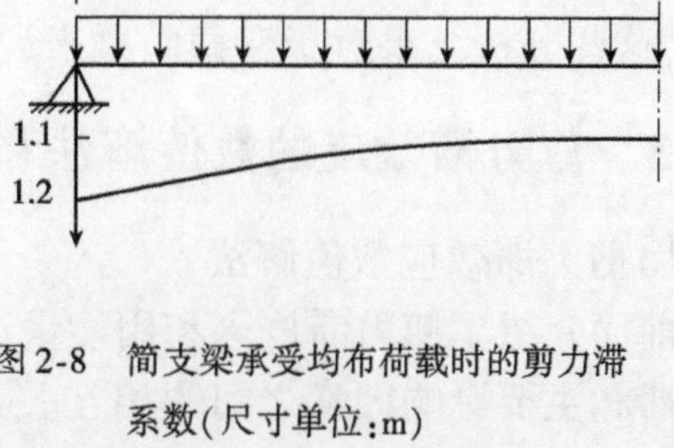


图 2-8 简支梁承受均布荷载时的剪力滞系数（尺寸单位：m）

(3)连续梁承受均布荷载

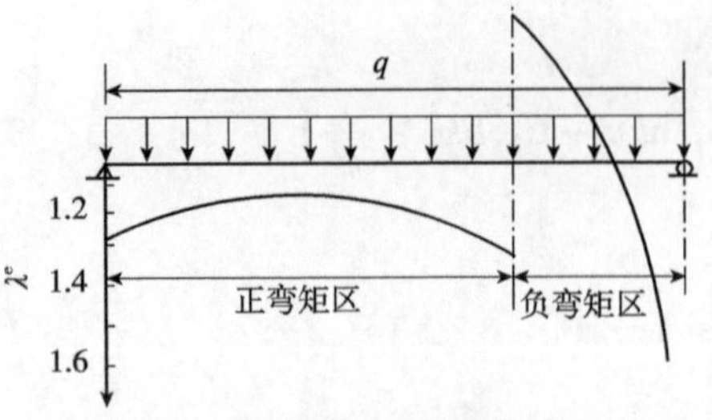


图 2-9 两跨连续梁均布荷载时的剪力滞系数

图 2-9 表示等截面两跨(80m + 80m)连续梁中的一跨在均布荷载作用下的剪力滞沿纵向变化的情况。值得注意的是,在负弯矩区中接近支座处截面剪力滞的影响非常突出,可见连续梁中支座附近区段设计时要十分重视剪力滞的影响,此外在正负弯矩变化的交界处,即弯矩零点区域出现了负剪力滞。关于负剪力滞现象将在后面章节予以分析。

2)剪力滞效应与箱梁跨宽比的关系

一般来说,细长梁(跨宽比大)剪力滞现象不大明显,反之则比较突出。图 2-10 和图 2-11分别表示简支梁在跨中作用集中力时跨中截面和两等跨连续梁受满跨均布荷载时中支座截面的剪力滞系数与箱梁跨宽比的关系[$l/(2b)$]的变化规律。

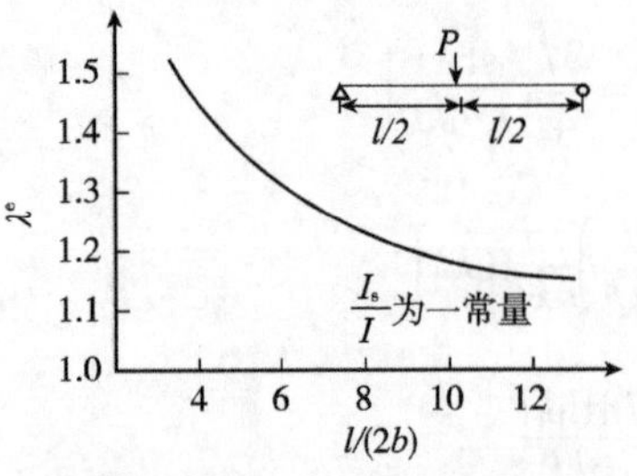


图 2-10 简支梁跨中剪力滞系数随宽跨比变化曲线

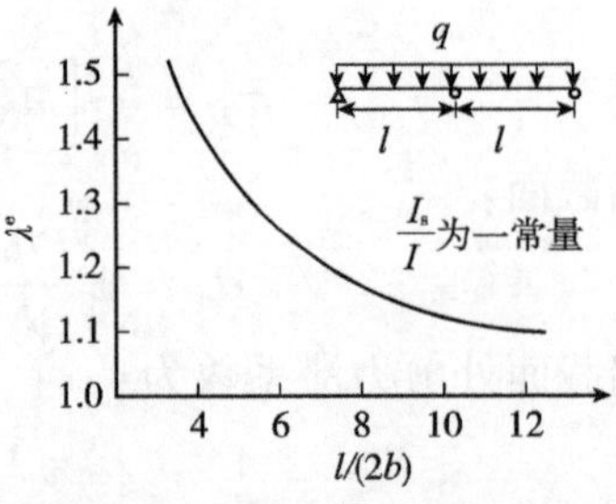


图 2-11 连续梁中支座剪力滞系数随宽跨比变化曲线

3)剪力滞系数与箱梁刚度比($I_s/I$)的关系

箱梁刚度比 $I_s/I$ 中 $I_s$ 为上下板对截面形心的惯矩之和,$I$ 为截面总的惯矩。图 2-12 和图 2-13分别表示简支跨中截面和两等跨连续梁中支座截面的剪力滞系数 $\lambda^e$ 与箱梁截面刚度比的关系变化曲线。可以看出,翼缘板的刚度占梁总刚度的比例愈大,剪力滞影响愈严重。

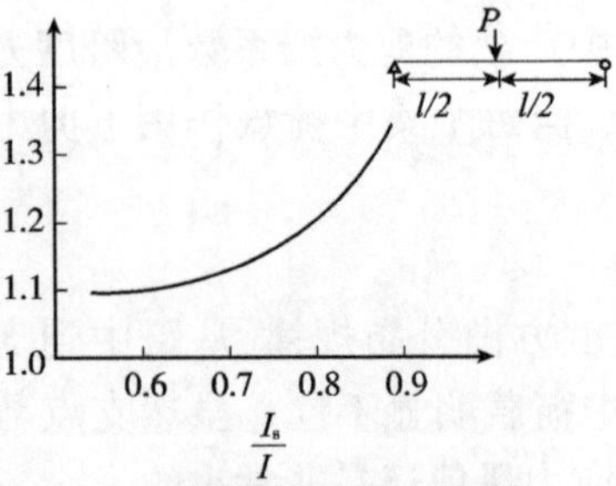


图 2-12 简支梁跨中剪力滞系数随刚度比变化曲线

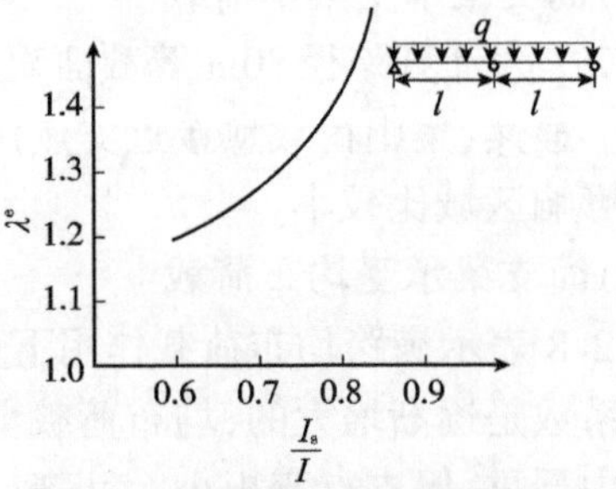


图 2-13 两等跨连续梁中支座剪力滞系数随刚度比变化曲线

以上讨论的均是常截面梁几种主要参数对剪力滞效应的影响以及剪力滞在梁跨内变化规律,这些分析结果对于变截面梁来说并不一致,这里不再予以讨论。

## 2.2.3 剪力滞效应的数值解法和有效宽度方法的应用

1)剪力滞效应数值解法

前面介绍了剪力滞概念和用能量法进行解析解的推导和分析。解析解的优点是能揭示剪力滞和主要影响因素之间的相互关系以及剪力滞随这些因素的变化规律,对了解剪力滞的产生和变化规律有着重要作用,但是解析解在工程应用上有较大的局限性,它的分析主要解决承受弯剪荷载的等截面梁桥的问题,对结构体系较为复杂的斜拉桥、拱桥等就很困难,主要问题是很难建立剪力滞微分方程以及对微分方程的求解。

数值解是近20年来广泛采用的一种方法,它的最主要优点是适用性好,对大多数结构都能很好的应用。数值解中应用最广泛的是有限元法和有限条法。有限条法是以板条为单元进行箱梁结构内力分析的一种方法,主要优点是节点数相对较少,分析计算时要求计算机内存和需要计算的机时较少,但适应性比有限元差。随着计算机硬件技术的飞快发展,有限元商业化计算软件的普遍应用,这些优势已不再被人所重视,现在,采用有限元进行结构分析是桥梁设计过程中的主要手段。

箱梁剪力滞的有限元分析主要采用的单元有板单元和不同形状的实体元。这两类单元都可以模拟箱梁结构的实际形状,其中,实体元更为逼真,因此更能反映结构实际受力状态,但就单元特点来说,一般板单元的计算精度较高,此外,板单元分析得到的是节点上的内力(即板块上的弯矩和剪力等)和应力,实体单元得到的只是节点上的应力,这对剪力滞现象分析时没有影响,但在截面配筋时有些不方便。图2-14和图2-15为箱梁有限元分析时单元划分示意图。

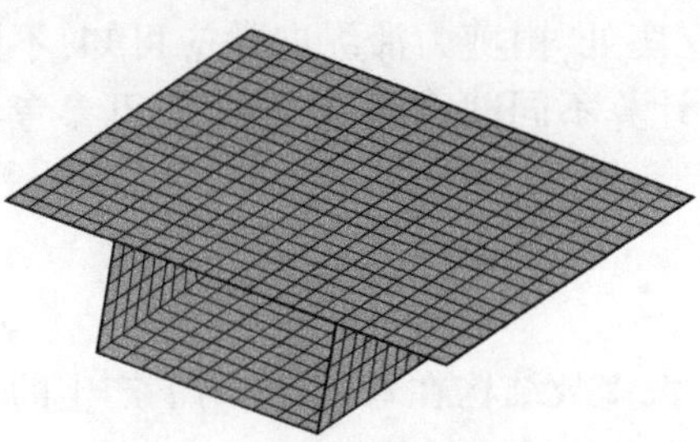

图2-14　板单元箱梁模型图

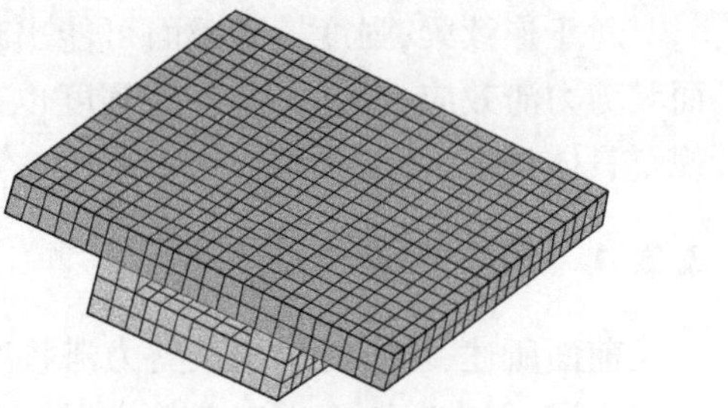

图2-15　实体元箱梁模型图

尽管有限元分析有很好的适应性,但对结构复杂的主梁进行有限元建模及计算分析还是一项很繁琐的工作。大型结构主梁剪力滞分析时,可以在关注截面附近把单元划分细一些,而在远离关注截面区域把单元划分粗一些,以减小计算机内存需求量、计算机时和建模工作量。

2)T梁截面翼缘的有效宽度

有效宽度是处理剪力滞对工程结构影响的一个简便、实用的方法,它主要应用于基于简单梁理论计算的杆系结构模型设计计算时的修正。有效宽度主要思路是根据翼缘板实际正应力变化的规律,在箱梁或T梁的翼缘板的实际几何宽度上选取其中一部分作为有效工作截面参与截面几何特征(惯性矩)的计算,然后按简单梁理论计算翼缘板的弯曲应力。这是以合理减小箱梁截面,提高计算弯曲应力,达到考虑剪力滞应力放大作用的目的。

有效宽度确定可按以下简单方法进行,图2-16所示为T梁或箱梁翼缘板的实际应力 $\sigma_x$ 分布,最大应力为 $\sigma_{max}$。假定 $\sigma_x$ 沿翼缘板厚度方向没有变化,则翼板上正应力合力为 $t\int\sigma_x \mathrm{d}y$。有效宽度 $B$ 区域内应力按简单梁理论分布,其值为 $\sigma_{max}$,所产生的合力为 $\sigma_{max}\cdot B\cdot t$。

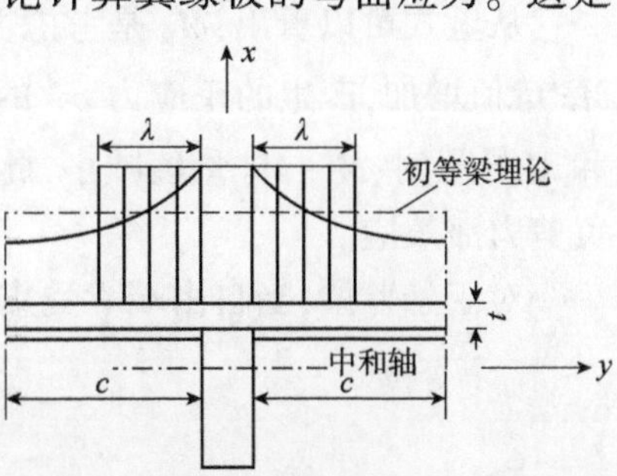


图2-16　T梁或箱梁翼缘板有效分布宽度

令

$$\sigma_{\max} \cdot B \cdot t = t\int \sigma_x \mathrm{d}y$$

得

$$B = \frac{t\int \sigma_x \mathrm{d}y}{\sigma_{\max} t} \tag{2-19}$$

世界各国桥梁设计规范对T梁和箱梁的有效宽度均有明确规定。表2-1列出了欧美几个国家以及日本对简支T梁跨中截面有效宽度的规定。

**各国规范简支T梁跨中截面有效宽度规定** 表2-1

| 国家 | 有效宽度 $B$ 的规定 | 符号说明 |
| --- | --- | --- |
| 英国 BS 5400 | $12t + b_0$ 或 $\frac{l}{3}$ | $t$ 为板厚，$b_0$ 为肋宽，$l$ 为梁的跨度 |
| 美国 ASSHTO | $16t + b_0$ 或 $\frac{l}{4}$ | |
| 中国 JTG D62 | $12t + b_0 + 2c_1$ 或 $\frac{l}{3}$ 或 $a$ | $c_1$ 为梗肋宽度，$a$ 为主梁间距 |
| 德国 DIN | $12t + b_0$ 或 $\frac{l}{2}$ | |
| 日本国铁设计规范 | $b_0 + 2\left(c_1 + \frac{l}{8}\right)$ | $l$ 为简支梁的跨度 |

对于连续梁，强度控制截面可能出现在跨中或支座处，由剪力滞纵向效应可知，不同截面其剪力滞效应也不同，其有效宽度也有差别，如何计算不同截面的有效宽度，可参考各国规范具体规定。

## 2.2.4 箱梁负剪力滞效应

前面所述，均是对结构正剪力滞状况进行分析。大多数结构在弯、剪作用下产生的都是正剪力滞，但有时也会出现负剪力滞情况，如2.2.2节中两跨连续梁承受均布荷载时，正负弯矩变化区域就出现了负剪力滞现象，只是该处截面上内力较小，不被人们所关注。负剪力滞现象的研究在最近十几年来正逐渐受到工程技术人员的重视，其中，最为常见的就是悬臂梁承受均布荷载出现的负剪力滞问题，连续梁悬臂施工过程的悬臂结构，高层建筑中的筒体结构均属于这种情况。因此，结构设计和预应力筋配置必须注意负剪力滞效应。下面讨论负剪力滞产生和变化的规律。

1）箱形悬臂梁剪力滞效应的变分解

前面已经分析，箱梁弯曲时，腹板与翼板交界处的弯曲正应力：

$$\sigma^{\mathrm{e}} = \pm \frac{h_{\mathrm{i}}}{I}(M + M_{\mathrm{F}}) \tag{2-20}$$

从上式可以看出，$M_{\mathrm{F}}$ 是考虑剪力滞效应时的弯矩的增量部分，当 $M_{\mathrm{F}}$ 和 $M$ 同号时，$M + M_{\mathrm{F}}$ 量值增加，产生的正应力 $\sigma^{\mathrm{e}}$ 的量值比初等梁理论大，此时 $\lambda^{\mathrm{e}} \geqslant 1$，为正剪力滞；而当 $M_{\mathrm{F}}$ 和 $M$ 异号时，$M + M_{\mathrm{F}}$ 量值减小，此时 $\lambda^{\mathrm{e}} < 1$，为负剪力滞，可见 $M_{\mathrm{F}}$ 的符号决定了正剪力滞与负剪力滞效应。

对于悬臂梁，当自由端承受集中荷载 $P$ 时，

$$M_{\mathrm{F}} = -\frac{7I_{\mathrm{s}}nP}{8Ik} \cdot \frac{\mathrm{sh}kx}{\mathrm{ch}kl} \tag{2-21}$$

弯曲正应力：

$$\sigma_x = \pm \frac{h_i}{I}\left[-px + \frac{7nP}{6k}\left(1 - y^3 - \frac{3I_s}{4I}\right)\cdot\frac{\text{sh}kx}{\text{ch}kl}\right] \tag{2-22}$$

当承受满跨均布荷载 $q$ 时，

$$M_F = \frac{7nI_sq}{8k^2I}\left[\frac{\text{ch}k(l-x)+kl\text{sh}kx}{\text{ch}kl} - 1\right] \tag{2-23}$$

弯曲正应力：

$$\sigma_x = \pm \frac{qh_i}{I}\left\{-\frac{1}{2}x^2 + \left(1 - y^3 - \frac{3I_s}{4I}\right)\frac{7n}{6k^2}\cdot\left[\frac{\text{ch}k(l-x)+kl\text{sh}kx}{\text{ch}kl} - 1\right]\right\} \tag{2-24}$$

分析式(2-21)，可以看出，当悬臂梁自由端承受一集中力时，附加弯矩 $M_F$ 始终不改变符号，而且和外力引起的弯矩 $M$ 同符号，都是负弯矩，因此，不会产生负剪力滞。但在均布荷载作用下，附加弯矩 $M_F$[式(2-22)]沿纵向分布时，符号发生了改变(图 2-17，图 2-18)，与外力荷载引起的弯矩 $M$ 时而同号、时而异号，当同号时产生正剪力滞现象，而异号时就产生负剪力滞现象。令式(2-23)等于零，可以求出 $M_F$ 变号的位置 $x_1$：

$$\frac{\text{ch}k(l-x)+kl\text{sh}kx}{\text{ch}kl} - 1 = 0$$

$$x_1 = \frac{1}{k}\text{sh}^{-1}\left[\frac{2kl\text{ch}kl - \text{sh}2kl}{(kl)^2 - 2kl\text{sh}kl - 1}\right]$$

此位置大约在靠近固定端的 $l/4$ 以内，即在离固端约 $l/4$ 以内的区段时($x < x_1$)，发生正剪力滞，而在悬臂端至离固定端 $l/4$ 区段内($x_1 < x < l$)发生的是负剪力滞。

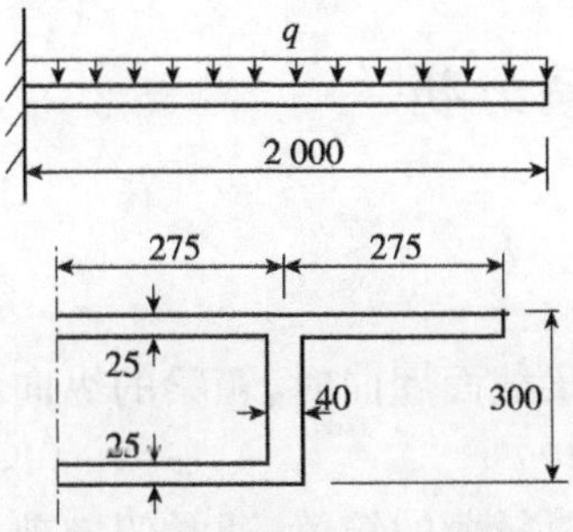


图 2-17　1/2 单箱截面(尺寸单位：cm)

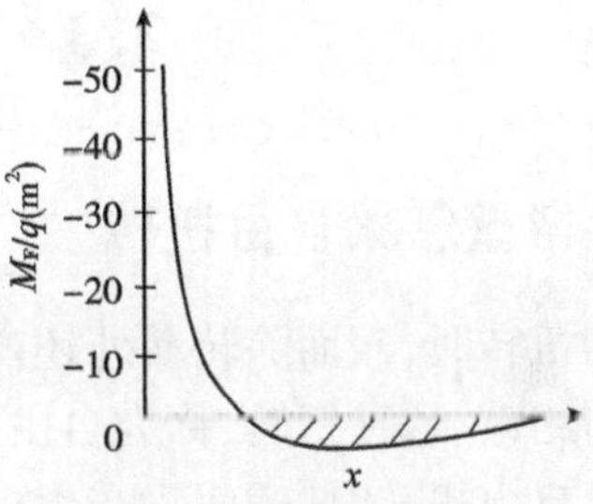


图 2-18　$M_F$ 沿跨度的分布

2)负剪力滞效应的影响因素

负剪力滞现象与正剪力滞现象一样，都是由于同一横截面上各点的剪切变形的不同而产生的。在固定端处，板被完全约束，而从肋板与翼板交接处往板中心的剪力传递总是滞后的。因此，无论是哪一种荷载，在该截面上总要发生剪力滞后现象。离固定端一定距离处(如离固定端 $l/4$ 处)，剪力流强度按线性减小，而板的约束条件与固定端截面相比却有很大的变化，因此，这时开始出现负剪力滞现象。可以认为：边界的约束条件是发生负剪力滞的内在因素，而外荷载的形式是发生负剪力滞的外部条件。

负剪力滞影响的程度主要反映在附加挠曲力矩 $M_F$ 上。式(2-21)包含两个参数 $k$ 与 $n$，参数 $n$ 是翼板刚度与梁的总刚度之比，参数 $k$ 则是当 $n$ 值一定时与翼板净跨$(2b)e$ 有关的参数，因此，$kl$ 反映了箱梁的跨宽比。在箱形截面应用最广泛的桥梁结构中，箱的翼板刚度与梁的总刚度之比($I_s/I$)变化幅度不是很大(一般为 0.7 ~ 0.8)，因此，仅比较附加挠曲力矩 $M_F$ 随跨宽比变化的情况。图 2-19 为当 $I_s/I$ =0.75 时，箱梁的跨宽比分别等于 3、4、5 时，翼

板中挠曲力矩 $M_F$ 随跨长的分布情况。

从图 2-19 可以看出:当箱的跨宽比越小时,不仅在固定端附近受剪力滞的影响严重,而且在负剪力滞区域受负剪力的影响也较严重。随着跨宽比的增大,受剪力滞与负剪力滞的影响都会逐渐减小。因此,负剪力滞效应随跨宽比变化的情况类似于剪力滞效应的参数分析。

图 2-20 是中井博和村山泰男进行的箱形悬臂梁的试验结果,箱的刚度比 $I_s/I = 0.821$,在均布荷载作用下,其翼板与肋板交界处的弯曲正应力与截面平均应力比值的实测值与理论值的比较。

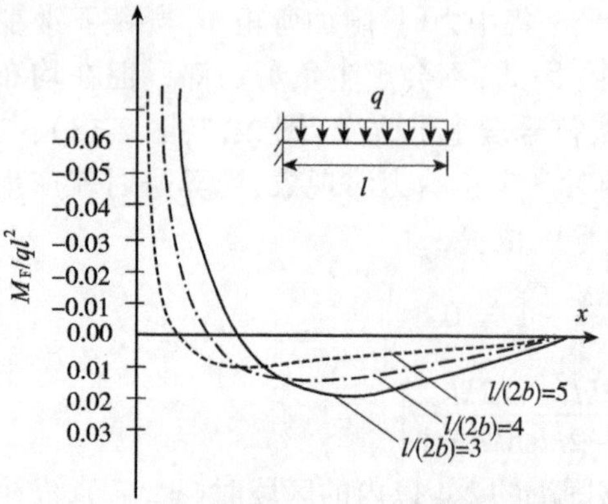


图 2-19　不同跨宽比时 $M_F$ 沿跨度分布

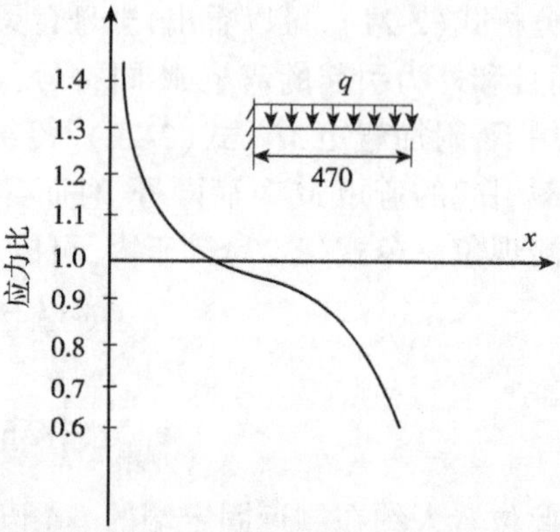


图 2-20　翼板边缘应力与截面平均应力之比(尺寸单位:mm)

## 2.3　薄壁箱梁的扭转分析

### 2.3.1　薄壁箱梁自由扭转

箱梁扭转时,截面除转动外还产生纵向翘曲。当箱梁截面翘曲时,箱梁的纵向纤维伸缩没有受到约束,这种扭转,称为自由扭转,也称圣维南扭转。

箱梁自由扭转时,截面只产生扭转剪应力。对于壁厚较薄的箱梁,通常假定剪应力沿壁厚方向均匀分布,所以经常用剪力流 $q$ 来表示薄壁单位长度上剪力大小,$q = \tau_k \cdot t$,$t$ 为板的厚度。

现在分析箱梁自由扭转时,截面上剪应力 $\tau_k$、截面的扭转角 $\theta$ 以及翘曲时截面纵向变形的计算。

1)单室箱梁截面自由扭转的剪应力

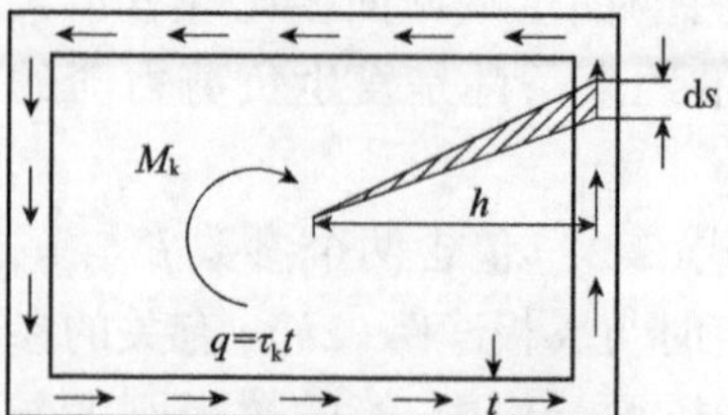


图 2-21　单室箱梁受力图

如图 2-21 所示单箱单室箱梁,ds 微段上剪力对扭转中心产生的扭矩为 $hq\mathrm{d}s$,根据内外扭矩平衡,得:

$$M_k = \oint hq\mathrm{d}s = q\Omega \tag{2-25}$$

$$\tau_k = \frac{q}{t} = \frac{M_k}{\Omega t} \tag{2-26}$$

式中:$\Omega$——箱梁薄壁中线所围成的面积的 2 倍;

$h$——截面扭转中心至箱壁任一点切线的垂直距离;

$M_k$ ——截面扭矩。

2)箱梁截面扭转角 $\theta$ 和外扭矩之间关系

图 2-22 为箱梁自由扭转时,截面纵向位移变形图,呈反对称形状。设直线坐标 $z$ 为梁轴方向,用于确定箱梁各截面位置;$s$ 为曲线坐标,用于确定截面上各点的位置;则 $u(z, s)$ 为梁截面上各点的纵向位移,$v(z, s)$ 为各点沿箱梁周边切线方向的位移。箱梁上任意点 $A$(图 2-22)的剪应变,根据图 2-23 可以表示为:

$$\gamma = \frac{\tau_k}{G} = \frac{\partial u}{\partial s} + \frac{\partial v}{\partial z} \tag{2-27}$$

$$v = h\theta(z) \tag{2-28}$$

式中:$\theta(z)$ ——截面扭转角。

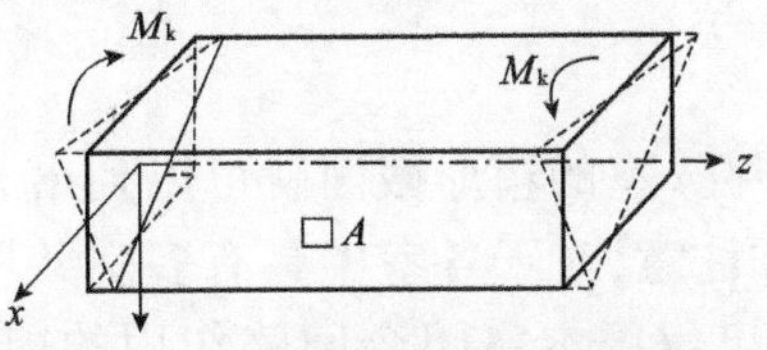

图 2-22 箱梁承受扭矩荷载后翘曲变形

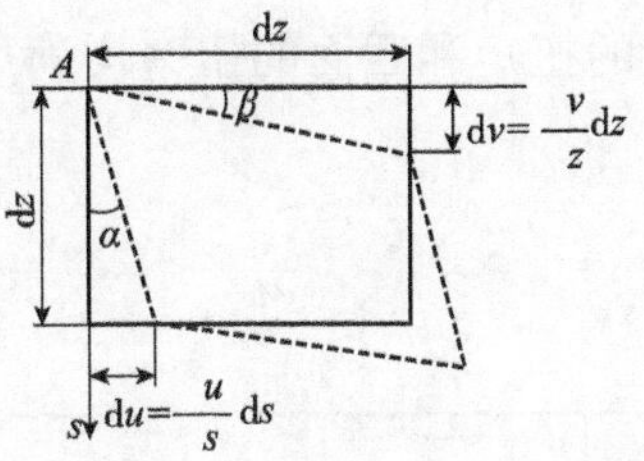

图 2-23 箱梁剪切变形

对式(2-27)积分,可得截面纵向位移计算式:

$$\begin{aligned} u(z,s) &= \int_0^s \left(\gamma - \frac{\partial v}{\partial z}\right) \mathrm{d}s \\ &= u_0(z,0) + \int_0^s \frac{\tau_k}{G} \mathrm{d}s - \theta'(z) \int_0^s h \mathrm{d}s \end{aligned} \tag{2-29}$$

式中:$u_0(z,0)$——积分常数,即起始点纵向位移值。

如果积分路径沿着箱梁周边一周,由于始点与终点的位移 $u$ 是相同的,则式(2-29)可写为:

$$\oint_s \frac{\tau_k}{G} \mathrm{d}s = \theta'(z) \oint_s h \mathrm{d}s = \theta'(z)\Omega \tag{2-30}$$

式(2-30)表示箱壁剪切变形与截面扭率 $\theta'(z)$ 的关系。

将式(2-26)代入式(2-30)可求得箱梁截面扭率 $\theta'(z)$ 与扭矩的关系式。

$$\oint \frac{M_k}{\Omega t G} \mathrm{d}s = \theta'(z)\Omega$$

$$\theta'(z) = \frac{M_k}{\Omega^2 G} \oint \frac{1}{t} \mathrm{d}s = \frac{M_k}{GI_d} \tag{2-31}$$

上式中的 $GI_d = G\Omega^2 / \oint \frac{\mathrm{d}s}{t}$,称为箱梁自由扭转时的抗扭刚度,其大小与箱梁剪切模量、箱壁中线所围的面积以及壁厚大小有关。

3)箱梁截面的纵向位移

式(2-29)已导出箱梁截面纵向位移的表达式。现将式(2-26)、式(2-31)代入,消去剪应力 $\tau$,整理后得:

$$u(z,s) = u_0(z,0) - \theta'(z)\overline{\omega} \tag{2-32}$$

式中：$\overline{\omega}$——广义扇性坐标，$\overline{\omega} = \int_0^s h\mathrm{d}s - \dfrac{\Omega \int_0^s \dfrac{\mathrm{d}s}{t}}{\oint \dfrac{\mathrm{d}s}{t}}$。

式(2-32)表明箱梁截面纵向位移和积分初始点位移 $u_0$、扭率 $\theta'(z)$ 以及广义扇性坐标有关。广义扇性坐标是反应箱梁截面的一个几何特征的物理量，其单位为 $m^2$。它是计算截面纵向位移的关键，其大小与截面扭转中心位置、积分起始点位置的选择等有关，关于其计算过程，可参阅有关薄壁杆件结构力学书籍。

4）多室箱梁的自由扭转

多室箱梁自由扭转的剪应力求解属于超静定问题，需要找出各室剪应力和扭矩之间的关系，联立方程进行求解。根据刚周边假定，多室箱梁自由扭转时，各室具有相同的扭率 $\theta'$，各室承担的扭矩和截面的扭率均满足式(2-30)，即对于每个室，均有：

$$\oint \frac{\tau_{ki}}{G}\mathrm{d}s = \theta'\Omega_i$$

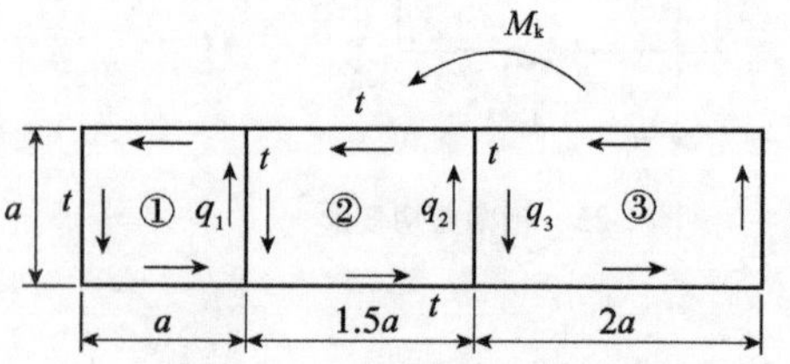

图 2-24　多室箱梁自由扭转剪力

于是，一箱 $n$ 室的箱形截面就可以列出 $n$ 个方程。这里必须注意，对于各室中具有多室共用的腹板，该腹板不仅作用本室闭合回路作用的剪力流，同时还作用相邻室作用的剪力流，如图 2-24 所示。因此，对于一箱多室的截面，每一室剪力流与扭矩的关系应为：

$$\left.\begin{aligned} &\text{第 1 室：} \quad q_1\oint\frac{\mathrm{d}s}{t} - q_2\oint_{1,2}\frac{\mathrm{d}s}{t} = G\theta'\Omega_1 \\ &\text{第 } i \text{ 室：} \quad q_i\oint\frac{\mathrm{d}s}{t} - \left[q_{i-1}\int_{i,i-1}\frac{\mathrm{d}s}{t} + q_{i+1}\int_{i,i+1}\frac{\mathrm{d}s}{t}\right] = G\theta'\Omega_i \end{aligned}\right\} \tag{2-33}$$

式中：$\oint_i$——绕 $i$ 室积分一周；

$\int_{i,i-1}$——第 $i$ 室和第 $i-1$ 室共用腹板范围内积分。

每一个室均有一个未知量，$n$ 室具有 $n$ 个未知量，此外，还有一个扭率 $\theta'$ 未知量，因此需要再增加一个方程，才能求解。这个方程可由各室剪力流产生的扭矩之和和截面总扭矩相等获得：

$$\sum_{i=1}^{n} q_i\Omega_i = M_k \tag{2-34}$$

联立式(2-33)和式(2-34)就可以求出一箱多室各室的剪力流 $q_i$ 和扭率 $\theta'$。根据扭矩和截面扭率的关系式：

$$\sum_{i=1}^{n} q_i\Omega_i = GI_d\theta'$$

可以求出箱梁截面总抗扭惯矩 $I_d$，即

$$I_d = \sum_{i=1}^{n} q_i\Omega_i / (G\theta') \tag{2-35}$$

### 2.3.2 箱梁的约束扭转

如果箱梁扭转时，纵向变形受到约束，则称为约束扭转。约束扭转除在箱梁截面产生剪应力 $\tau$ 外，同时产生所谓翘曲正应力 $\sigma_\omega$。箱梁纵向约束与端部支承约束情况以及横隔板强弱有关。通常情况下箱梁的扭转均为约束扭转。

闭口截面发生自由扭转时，轴向位移为：

$$u(z,s)=u_0(z,0)-\overline{\omega}(s)\theta'(z)$$

如果按上式表示约束扭转时的截面翘曲位移，将产生较大的计算精度误差，因此，乌曼斯基假定约束扭转情况截面翘曲位移为：

$$u(z,s)=u_0(z,0)-\overline{\omega}(s)\beta'(z) \tag{2-36}$$

式中，$\beta$ 不等于 $\theta$，而是一个关于 $z$ 的待求函数。

1）约束扭转正应力

对截面轴向位移式(2-36)求导，求得约束扭转截面各点轴向应变和翘曲应力：

$$\begin{aligned}\varepsilon(z,s)&=u'(z,0)-\beta''(z)\overline{\omega}(s)\\ \sigma_\omega&=E[u'_0(z,0)-\beta''(z)\overline{\omega}(s)]\end{aligned} \tag{2-37}$$

根据力的平衡条件，截面上的翘曲产生的轴向内力及弯矩是自相平衡的，因而有：

$$\left.\begin{aligned}\sum N&=\oint\sigma_\omega t\mathrm{d}s=0\\ \sum M_x&=\oint\sigma_\omega yt\mathrm{d}s=0\\ \sum M_y&=\oint\sigma_\omega xt\mathrm{d}s=0\end{aligned}\right\} \tag{2-38}$$

式中：$N$——截面上轴力；

$M_x$——截面翘曲正应力绕 $y$ 轴产生的弯矩；

$M_y$——截面翘曲正应力绕 $x$ 轴产生的弯矩。

将式(2-37)代入式(2-38)，得：

$$\left.\begin{aligned}u_0'(z,0)\oint t\mathrm{d}s-\beta''(z)\oint\overline{\omega}(s)t\mathrm{d}s&=0\\ u_0'(z,0)\oint yt\mathrm{d}s-\beta''(z)\oint\overline{\omega}(s)yt\mathrm{d}s&=0\\ u_0'(z,0)\oint xt\mathrm{d}s-\beta''(z)\oint\overline{\omega}(s)xt\mathrm{d}s&=0\end{aligned}\right\} \tag{2-39}$$

式中：$\oint\overline{\omega}(s)t\mathrm{d}s$——广义扇性静矩，它表示截面的几何特征。

根据薄壁杆件结构力学分析：当扭转极点为截面扭转中心，曲线坐标积分起点为广义扇性坐标零点时，广义扇性静矩等于零，则从式(2-39)中可得 $u_0'(z)=0$，从而：

$$\sigma_\omega=-E\overline{\omega}(s)\beta''(z) \tag{2-40}$$

式(2-40)表明截面上约束扭转正应力的分布是和广义扇性坐标 $\overline{\omega}(s)$ 成正比的。扇性零点表示该点上广义扇性坐标为零，正应力亦为零。令：

$$B_l=\oint\sigma_\omega\overline{\omega}(s)t\mathrm{d}s$$

$$= - E\beta''(z)\oint\overline{\omega}^2(s)t\mathrm{d}s = - EI_{\overline{\omega}}\beta''(z) \tag{2-41}$$

式中：$I_{\overline{\omega}}(s)$——$I_{\overline{\omega}}(s) = \oint\overline{\omega^2}(s)t\mathrm{d}s$，广义扇性惯矩；

$B_l$——约束扭转双力矩。

将式(2-40)代入式(2-41)，则翘曲应力 $\sigma_\omega$ 可写成：

$$\sigma_\omega = \frac{B_l\overline{\omega}(s)}{I_{\overline{\omega}}(s)} \tag{2-42}$$

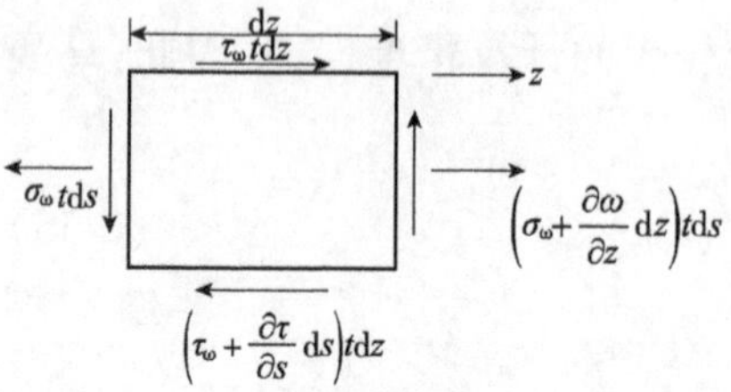


图 2-25　箱壁单元体应力状态

可见翘曲应力可写成与平面弯曲应力($\sigma = \frac{My}{I}$)相同的表达形式。

2)约束扭转剪应力

考察图 2-25 箱壁单元 $A$(图 2-22)应力状态，根据力的平衡条件 $\sum F_z = 0$，建立平衡方程：

$$\left.\begin{aligned}\frac{\partial\sigma_\omega}{\partial z}t\mathrm{d}z\mathrm{d}s + \frac{\partial\tau}{\partial s}t\mathrm{d}z\mathrm{d}s = 0\\ \frac{\partial\sigma_\omega}{\partial z} + \frac{\partial\tau}{\partial s} = 0\end{aligned}\right\} \tag{2-43}$$

$$\tau = -\int_0^s\frac{\partial\sigma_\omega}{\partial z}\mathrm{d}s + \tau_0 \tag{2-44}$$

式中：$\tau_0$——积分常数，表示积分初始点的剪应力。

将式(2-40)代入式(2-44)得：

$$\tau = \tau_0 + \int_0^s E\overline{\omega}(s)\beta'''(z)\mathrm{d}s \tag{2-45}$$

$$\tau t = \tau_0 t + E\beta'''(z)\int_0^s\overline{\omega}(s)t\mathrm{d}s \tag{2-46}$$

$$\tau t = \tau_0 t + E\beta'''(z)S_{\overline{\omega}} \tag{2-47}$$

式中：$S_{\overline{\omega}}$——广义扇性静矩，$S_{\overline{\omega}} = \int_0^s\overline{\omega}(s)t\mathrm{d}s$。

为了确定积分起始点剪力流 $\tau_0 t$，根据内外力矩平衡条件得：

$$M_\mathrm{k} = \oint\tau ht\mathrm{d}s = \oint[\tau_0 t + E\beta'''(z)S_{\overline{\omega}}]h\mathrm{d}s = \oint\tau_0 th\mathrm{d}s + \oint E\beta'''(z)S_{\overline{\omega}}h\mathrm{d}s \tag{2-48}$$

$$\tau_0 t = \frac{M_\mathrm{k}}{\oint h\mathrm{d}s} - \frac{E\beta'''(z)}{\oint h\mathrm{d}s}\oint S_{\overline{\omega}}h\mathrm{d}s = \frac{M_\mathrm{k}}{\Omega} - \frac{E\beta'''(z)}{\Omega}\oint S_{\overline{\omega}}h\mathrm{d}s \tag{2-49}$$

将 $\tau_0 t$ 表达式(2-49)代回式(2-47)得：

$$\begin{aligned}\tau t &= \frac{M_\mathrm{k}}{\Omega} - \frac{E\beta'''(z)}{\Omega}\oint S_{\overline{\omega}}h\mathrm{d}s + E\beta'''(z)S_{\overline{\omega}}\\ &= \frac{M_\mathrm{k}}{\Omega} + E\beta'''(z)\left[S_{\overline{\omega}} - \frac{\oint S_{\overline{\omega}}h\mathrm{d}s}{\Omega}\right] = \frac{M_\mathrm{k}}{\Omega} + E\beta'''(z)\overline{S}_{\overline{\omega}}\end{aligned} \tag{2-50}$$

式中：

$$\overline{S}_{\overline{\omega}} = S_{\overline{\omega}} - \frac{\oint S_{\overline{\omega}} h \mathrm{d}s}{\Omega} \tag{2-51}$$

约束扭转剪应力：

$$\tau = \frac{M_{\mathrm{k}}}{\Omega t} + E\frac{\beta'''(z)}{t}\overline{S}_{\overline{\omega}} \tag{2-52}$$

从式(2-52)可以看出，约束扭转剪应力为两项剪应力之和，第一项为自由扭转剪应力，第二项为由约束扭转正应力变化所产生的剪应力。第二项也可以写成与一般梁的弯曲剪应力 $\tau = \frac{QS}{Ib}$ 相同的表达形式。对扭转双力矩 $B_l$ 进行求导：

$$\frac{\mathrm{d}B_l}{\mathrm{d}z} = -EI_{\overline{\omega}}\beta'''(z) \tag{2-53}$$

将式(2-53)代入式(2-52)得：

$$\tau = \frac{M_{\mathrm{k}}}{t\Omega} - \frac{B_l{}'\overline{S}_{\overline{\omega}}}{I_{\overline{\omega}}t} \tag{2-54}$$

3)约束扭转微分方程及其求解方法

前面所讲的约束扭转剪应力和正应力都是在假定翘曲函数 $\beta(z)$ 为已知的情况下推导出来的。实际上，$\beta(z)$ 是一个待求函数，因此在约束扭转应力分析中，首先必须确定函数 $\beta(z)$。下面推导关于 $\beta(z)$ 函数微分方程的建立及其求解方法。

从式(2-27)扭转时剪应变方程 $\gamma = \frac{\partial u}{\partial s} + \frac{\partial v}{\partial z}$ 和切线位移方程 $v = h\theta(z)$ 得：

$$\frac{\partial u}{\partial s} = \frac{\tau_{\omega}}{G} - \frac{\partial v}{\partial z} = \frac{M_{\mathrm{k}}}{Gt\Omega} + \frac{E\beta'''(z)}{Gt}\overline{S}_{\overline{\omega}} - h\theta'(z) \tag{2-55}$$

对上式沿曲线坐标 $s$ 进行积分，得：

$$u = u_0 + \int_0^s \frac{M_{\mathrm{k}}}{Gt\Omega}\mathrm{d}s + \frac{E\beta'''(z)}{G}\int_0^s \overline{S}_{\overline{\omega}}\frac{\mathrm{d}s}{t} - \theta'(z)\int_0^s h\mathrm{d}s \tag{2-56}$$

式中：$u_0$——积分起始点位移；如果沿周边积分一周，则 $u = u_0$，则式(2-56)变为：

$$\frac{M_{\mathrm{k}}}{G\Omega}\oint\frac{\mathrm{d}s}{t} + \frac{E\beta'''(z)}{G}\oint\overline{S}_{\overline{\omega}}\frac{\mathrm{d}s}{t} - \theta'(z)\oint h\mathrm{d}s = 0 \tag{2-57}$$

将式(2-57)对 $z$ 微分后，经整理得：

$$\frac{\mathrm{d}M_{\mathrm{k}}}{\mathrm{d}z} + E\beta''''(z)\frac{\Omega}{\oint\frac{\mathrm{d}s}{t}}\oint\overline{S}_{\overline{\omega}}\frac{\mathrm{d}s}{t} - G\theta''(z)\frac{\Omega^2}{\oint\frac{\mathrm{d}s}{t}} = 0 \tag{2-58}$$

令 $m_{\mathrm{t}} = \frac{\mathrm{d}M_{\mathrm{k}}}{\mathrm{d}z}$，$I_{\mathrm{d}} = \frac{\Omega^2}{\oint\frac{\mathrm{d}s}{t}}$，$I_{\overline{\omega}} = \frac{\Omega}{\oint\frac{\mathrm{d}s}{t}}\oint\overline{S}_{\overline{\omega}}\frac{\mathrm{d}s}{t}$（称为扇性惯矩），则式(2-58)可写成：

$$EI_{\overline{\omega}}\beta''''(z) - GI_{\mathrm{d}}\theta''(z) = -m_{\mathrm{t}} \tag{2-59}$$

式(2-59)同时含有两个未知函数 $\beta(z)$、$\theta(z)$，需要再建立一个微分方程才能求解。第二个微分方程根据内外力矩平衡条件建立。首先根据轴向位移表达式 $u$ 求出截面：

$$u(z) = u_0(z) - \beta'(z)\overline{\omega} = u_0(z) + \beta'(z)\left(\frac{I_{\mathrm{d}}}{\Omega}\int_0^s\frac{\mathrm{d}s}{t} - \int_0^s h\mathrm{d}s\right) \tag{2-60}$$

将式(2-60)对 $s$ 微分,得到:

$$\frac{\partial u}{\partial s}=\beta'(z)\left(\frac{I_{\mathrm{d}}}{\Omega}\cdot\frac{1}{t}-h\right) \tag{2-61}$$

已知$\frac{\partial v}{\partial z}=h\theta'(z)$,将$\frac{\partial u}{\partial s}$、$\frac{\partial v}{\partial z}$表达式代入 $\tau=G\gamma$,则

$$\tau=G\left(\frac{\partial u}{\partial s}+\frac{\partial v}{\partial z}\right)=G\left[\beta'(z)\left(\frac{I_{\mathrm{d}}}{\Omega}\cdot\frac{1}{t}-h\right)+h\theta'(z)\right] \tag{2-62}$$

根据内外扭矩平衡,即 $M_{\mathrm{k}}=\oint\tau th\mathrm{d}s$,

$$M_{\mathrm{k}}=G\oint\left[\beta'(z)\left(\frac{I_{\mathrm{d}}}{\Omega}\cdot\frac{1}{t}-h\right)+h\theta'(z)\right]th\mathrm{d}s=G[\beta'(z)(I_{\mathrm{d}}-I_{\rho})+\theta'(z)I_{\rho}] \tag{2-63}$$

即

$$\frac{M_{\mathrm{k}}}{GI_{\rho}}=\theta'(z)-\beta'(z)\left(1-\frac{I_{\mathrm{d}}}{I_{\rho}}\right)=\theta'(z)-\beta'(z)\mu \tag{2-64}$$

$$I_{\rho}=\oint h^2t\mathrm{d}s$$

式中:$I_{\mathrm{d}}$——截面自由扭转惯矩,$I_{\mathrm{d}}=\Omega^2/\oint\frac{\mathrm{d}s}{t}$;

$\mu$——截面约束系数,$\mu=1-I_{\mathrm{d}}/I_{\rho}$,$\mu$ 的大小反映了截面受约束的程度。

对于圆形截面,$I_{\mathrm{d}}=I_{\rho}$,$\mu=0$,式(2-64)转化为自由扭转方程,即圆形截面只产生自由扭转。事实上,任何正多边形等厚度闭口截面扭转时也都不发生翘曲;对箱形截面,箱梁的高宽比较大时,$I_{\mathrm{d}}$ 与 $I_{\rho}$ 差别越大,$\mu$ 值也越大,截面上约束扭转应力也相应要大一些。

联立方程(2-59)和方程(2-64),可求得翘曲函数 $\beta(z)$ 和扭转角函数 $\theta(z)$。如将式(2-64)求导三次后代入式(2-59)即得仅含 $\theta(z)$ 的四阶常微分方程:

$$\theta''''(z)-k^2\theta''(z)=-\frac{\mu}{EI_{\bar{\omega}}}m_{\mathrm{t}} \tag{2-65}$$

$$k^2=\mu\frac{GI_{\mathrm{d}}}{EI_{\bar{\omega}}}$$

该常微分方程通解是:

$$\theta(z)=C_1+C_2z+C_3\mathrm{ch}kz+C_4\mathrm{sh}kz-\frac{\mu m}{2k^2EI_{\bar{\omega}}}z^2 \tag{2-66}$$

为确定式(2-66)积分常数 $C_1$、$C_2$、$C_3$、$C_4$,可对 $\theta(z)$ 求各阶导数,再根据箱梁边界条件得联立方程,求解确定。箱梁两端常见约束状况相对方程的边界条件为:

固端:$\theta=0$(截面无扭转变形),$\beta'=0$(截面无翘曲产生);

铰端:$\theta=0$(截面无扭转变形),$B_l=0$(截面可自由翘曲);

自由端:$B_l=0$(可自由翘曲),$\beta''=0$(无约束剪切)。

显然求出 $\theta(z)$ 后,$\beta(z)$ 也随之解出。一般将梁分成各段为常截面的箱梁求解,或者采用差分法求解。

箱梁约束扭转正应力通常是由活载偏载引起扭转产生的,在常用对称预应力混凝土箱梁截面中,由偏载产生的约束扭转正应力占活载弯曲正应力的 15% 左右。在大跨

度预应力混凝土桥梁中，由于恒载引起的弯曲正应力占总应力的比例增大，因而在大跨度桥梁中，约束扭转正应力在总应力中所占比值较小，在一般设计中可不予考虑，但对于钢结构或单边挑出较长悬臂板的箱梁，该项应力所占比值可能增加，设计中应予以重视。

### 2.3.3 箱梁约束扭转算例

**【例题】** 已知某预应力混凝土简支箱梁，计算跨径为40m，沿梁长等截面。截面尺寸如图2-26所示。采用C40混凝土，剪切模量 $G=1.445\times10^4$MPa，弹性模量 $E=3.40\times10^4$MPa。荷载为跨中作用一偏心荷载 $P=451.0$kN，偏心距 $e=2.35$m（计算约束扭转时，可以简化为集中力矩 $M_k=1\ 060.0$kN·m）。

1）截面几何特性计算

为方便计算，对箱形截面进行区间与节点划分，如图2-27所示。

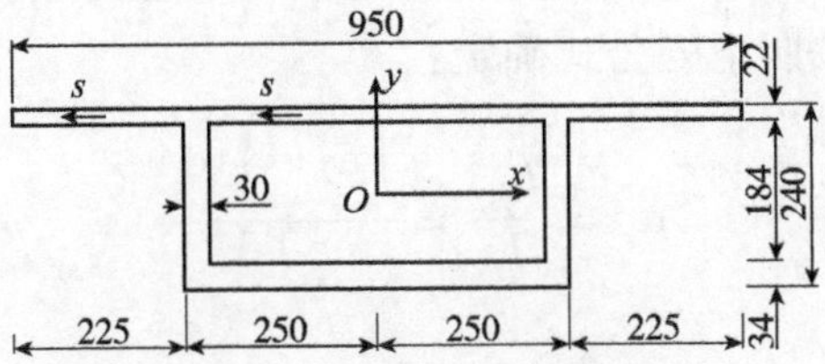


图2-26 箱梁截面尺寸（尺寸单位：cm）

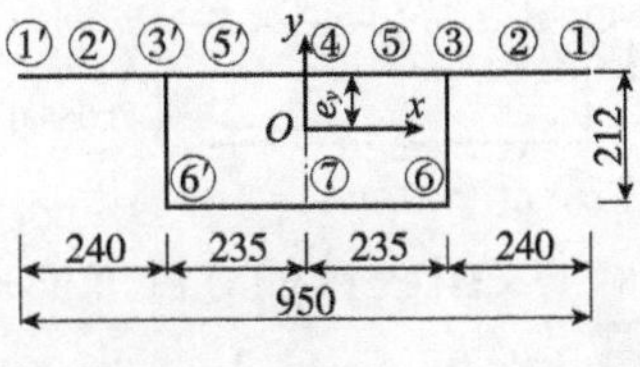


图2-27 截面划分及计算尺寸（尺寸单位：cm）

（1）截面重心

对顶板中心线求面积矩：$S=4.736\text{m}^3$；箱梁断面面积：$A=4.96\text{m}^2$。

截面重心距离顶板中线的距离：$e_y=S/A=0.955$m。

（2）惯性矩

对截面的 $x$、$y$ 轴取二次矩得：$I_x=4.556\text{m}^4$，$I_y=25.365\text{m}^4$。

（3）广义扇性坐标

记以形心 $c$ 为极点的扇性坐标为 $\overline{\omega}_c$，以扭转中心为极点的主扇性坐标为 $\overline{\omega}_A$。扇性坐标原点（极点）取在形心 $c$ 处（$e_x=0$m，$e_y=0.955$m），则广义扇性坐标：

$$\overline{\omega}_c(s)=\omega_c-\rho\bar{s}=\int_0^s h\mathrm{d}s-\frac{\Omega}{\oint\frac{\mathrm{d}s}{t}}\int_0^s\frac{\mathrm{d}s}{t}$$

计算 $\rho$ 得：$\rho=\Omega/\oint\frac{\mathrm{d}s}{t}=0.404\ 1$，则广义扇性坐标 $\overline{\omega}_c(s)$ 计算分别如下。

①箱梁顶板、底板和腹板环绕的闭口矩形部分有：

$$\overline{\omega}_c(s)=\int_0^s h\mathrm{d}s-0.404\ 05\int_0^s\frac{\mathrm{d}s}{t}$$

②顶板悬臂部分有：

$$\overline{\omega}_c(s)=\overline{\omega}_{c,3'}(s)+\int_{2.35}^s h\mathrm{d}s$$

广义扇性坐标 $\overline{\omega}_c(s)$ 计算结果如表2-2所示。

**广义扇性坐标 $\overline{\omega}_c(s)$ 计算** 表 2-2

| 点号 | 区间 | $h$(m) | $t$(m) | 积分 1 | 积分 2 | $\overline{\omega}_c(s)$ |
|---|---|---|---|---|---|---|
| ④ | | | | | | 0 |
| | ④～③′ | 0.955 | 0.22 | 2.244 3 | 10.681 8 | |
| ③′ | | | | | | −2.071 7 |
| | ③′～⑥′ | 2.350 | 0.30 | 4.982 0 | 7.066 7 | |
| ⑥′ | | | | | | 0.055 0 |
| | ⑥′～⑦′ | 1.165 | 0.34 | 2.737 8 | 6.911 8 | |
| ⑦′ | | | | | | 0.000 1≈0 |
| ①′ | ①′～③′ | 0.955 | 0.34 | $\overline{\omega}_{c,3}(s)=-2.0717$ | | 0.220 3 |

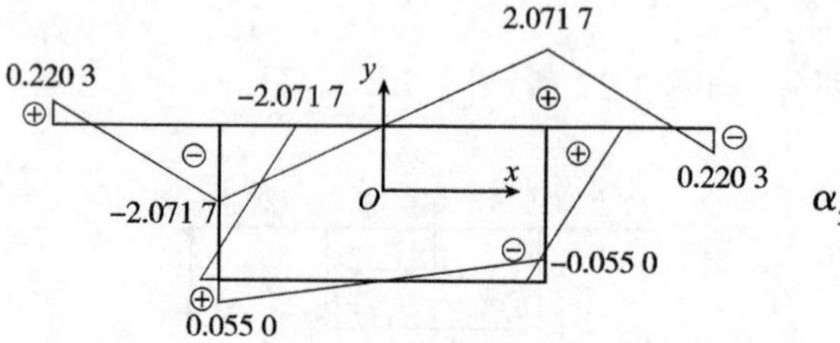


图 2-28 广义扇性坐标 $\overline{\omega}_c(s)$ 图(单位:m²)

绘制广义扇性坐标 $\overline{\omega}_c(s)$ 图,如图 2-28 所示。

(4)扭转中心(剪心)确定

$x$、$y$ 轴为形心主轴,则扭转中心的坐标 $\alpha_x$、$\alpha_y$ 按照下列公式确定:

$$\alpha_x = \frac{I_{\overline{\omega}_{cx}}}{I_x} = \frac{\int_A \overline{\omega}_c(s)y\mathrm{d}A}{I_x}$$

$$\alpha_y = -\frac{I_{\overline{\omega}_{cy}}}{I_y} = \frac{-\int_A \overline{\omega}_c(s)x\mathrm{d}A}{I_y}$$

因 $y$ 轴为一对称轴,则扭转中心必位于对称轴 $y$ 上,故 $\alpha_x=0$,仅需求解 $\alpha_y$。

由于壁厚中心线 $s$ 由直线段组成,且各个直线区间的壁厚相等,$\overline{\omega}_c(s)$ 为 $s$ 的一次函数,由图乘法可得扇性惯性积 $I_{\overline{\omega}_{cy}}$ 为:

$$I_{\overline{\omega}_{cy}} = \int_A \overline{\omega}_c(s)x\mathrm{d}A = \sum \frac{\Delta S_{ij}t_{ij}}{6}[\overline{\omega}_i(2x_i+x_j)+\overline{\omega}_j(x_i+2x_j)]$$

扇性惯性积 $I_{\overline{\omega}_{cy}}$ 的计算结果(1/2)如表 2-3 所示。

**扇性惯性积 $I_{\overline{\omega}_{cy}}$ 的计算** 表 2-3

| 区间 | $\Delta S_{ij}$ | $t_{ij}$ | $\overline{\omega}_i$ | $\overline{\omega}_j$ | $x_i$ | $x_j$ | $I_{\overline{\omega}_{cy}}$ |
|---|---|---|---|---|---|---|---|
| 3～4 | 2.35 | 0.22 | 2.071 7 | 0 | 0 | 2.35 | 0.419 5 |
| 3～6 | 2.12 | 0.30 | 2.071 7 | −0.55 | 2.35 | 2.35 | 1.137 2 |
| 6～7 | 2.35 | 0.34 | −0.055 0 | 0 | 2.35 | 0 | −0.034 4 |
| 3～1 | 2.40 | 0.22 | −0.220 3 | 2.071 7 | 2.35 | 4.75 | 1.977 2 |
| 1/2 截面各个区间扇性惯性积之和 | | | | | | | 3.499 4 |

由此得扭心的 $y$ 坐标值:

$$\alpha_y = \frac{-2\times 3.4994}{25.365} = -0.2759(\mathrm{m})$$

即扭转中心坐标为(0, −0.275 9),在形心的下方。

(5)主扇性坐标 $\overline{\omega}_A(s)$ 计算

将扇性坐标极点从形心 $c$ 移到剪心 $s$ 处,按下式计算主扇性坐标:

$$\overline{\omega}_A = \overline{\omega}_c + \alpha_y x - \alpha_x y + C$$

式中：$C$——积分常数，与扇性静矩 $S_{\overline{\omega}_c}$ 有关。

依图截面对称性，可知：

$$C = \frac{S_{\overline{\omega}_c}}{A} = \frac{\int_0^s \overline{\omega}_c(s)t\mathrm{d}s}{A} = 0$$

所以：$\overline{\omega}_A = \overline{\omega}_c - 0.275\ 9x$，计算得到各个节点的主扇性坐标，如表 2-4 所示。

**主扇性坐标 $\overline{\omega}_A(s)$ 的计算** 表 2-4

| 箱梁节点 | ds(m) | $\overline{\omega}_c(s)$ (m²) | $\overline{\omega}_A(s)$ (m²) |
|---|---|---|---|
| 4 | 0 | 0 | 0 |
| 3 | 2.35 | 2.071 7 | 1.423 3 |
| 1 | 4.75 | −0.220 3 | −1.530 8 |
| 6 | 2.35 | −0.055 | −0.703 4 |
| 7 | 0 | 0 | 0 |

绘制主扇性坐标 $\overline{\omega}_A(s)$ 图，如图 2-29 所示。

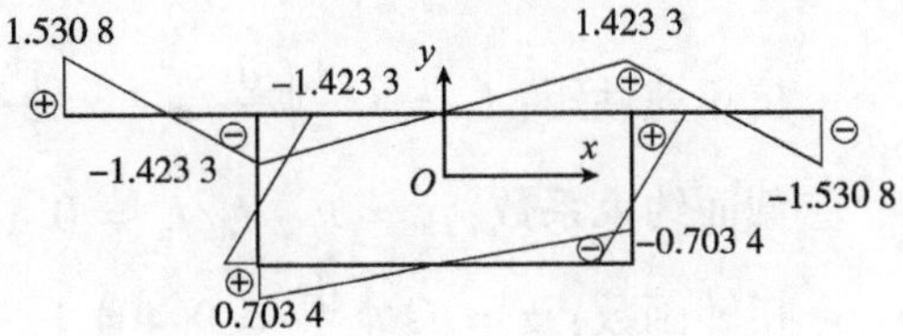


图 2-29 主扇性坐标 $\overline{\omega}_A(s)$ 图(单位:m²)

(6)广义扇性静矩计算

计算约束扭转的翘曲剪流时，定义闭口截面广义扇性静矩为：

$$\overline{S}_{\overline{\omega}} = S_{\overline{\omega}} - \oint S_{\overline{\omega}} \frac{\mathrm{d}s}{t} \Big/ \oint \frac{\mathrm{d}s}{t}$$

计算总剪流时，定义公式换算扇性静矩为：

$$\tilde{S}_{\overline{\omega}} = S_{\overline{\omega}} - \frac{1}{\Omega}\oint S_{\overline{\omega}} h\mathrm{d}s$$

广义扇性静矩 $S_{\overline{\omega}}$ 的计算步骤如下：

①计算主扇性坐标下的扇性静矩 $S_{\overline{\omega}}$（按开口截面计算），且

$$S_{\overline{\omega}} = \int_0^s \overline{\omega}_A t\mathrm{d}s$$

对于本算例，各区段等厚度，可以按下式计算主扇性静矩：

$$S_{\overline{\omega}} = \int_0^s \overline{\omega}_A(s)\mathrm{d}A = \frac{\Delta S_{ij}}{2}(\overline{\omega}_i - \overline{\omega}_j)$$

计算主扇性静矩，结果如图 2-30 所示。

②分段计算积分 $\oint S_{\overline{\omega}} \frac{\mathrm{d}s}{t}$ 和 $\oint \frac{\mathrm{d}s}{t}$，本算例中分别计算得到：

$$\oint S_{\overline{\omega}} \frac{\mathrm{d}s}{t} = 17.056\ 8\ ,\ \oint \frac{\mathrm{d}s}{t} = 49.320\ 5$$

其比值为：17.056 8/49.320 5 = 0.345 8。

③求和，即 $\overline{S}_{\overline{\omega}} = S_{\overline{\omega}} - \oint S_{\overline{\omega}} \frac{\mathrm{d}s}{t} \Big/ \oint \frac{\mathrm{d}s}{t} = S_{\overline{\omega}} - 0.345\ 8$。

截面换算静矩 $\tilde{S}_{\overline{\omega}}$ 计算由下式得出：

$$\tilde{S}_{\overline{\omega}} = S_{\overline{\omega}} - \frac{1}{\Omega}\oint S_{\overline{\omega}}\mathrm{d}\omega = S_{\overline{\omega}} - \frac{1}{\Omega}\oint S_{\overline{\omega}} h\mathrm{d}s$$

其中计算得到：

$$\oint S_{\overline{\omega}} h\mathrm{d}s = 2.6072\ ;\ \Omega = \oint h(s)\mathrm{d}s = 19.928$$

所以：$\tilde{S}_{\overline{\omega}} = S_{\overline{\omega}} - 0.1308$。

截面的广义扇性静矩 $\overline{S}_{\overline{\omega}}$ 如图 2-31 所示。

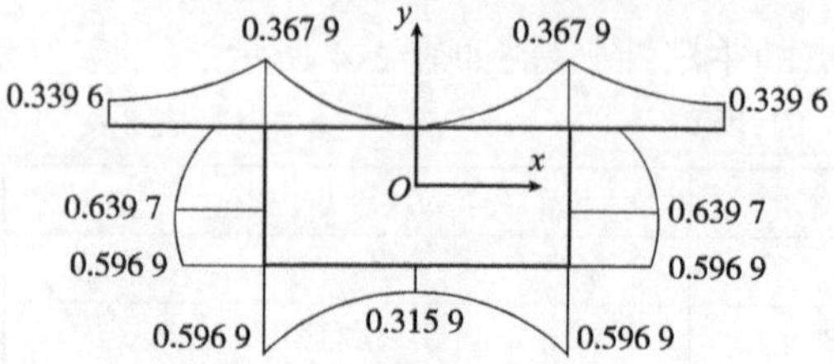


图 2-30　主扇性静矩(单位：$m^4$)

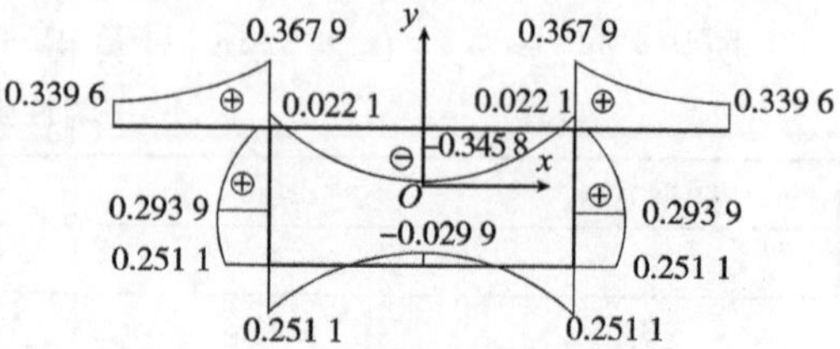


图 2-31　广义扇性静矩 $\overline{S}_{\overline{\omega}}$ 图(单位：$m^4$)

(7)主扇性惯性矩、极惯性矩、抗扭惯性矩几何特征计算

极惯性矩：$I_\rho = \oint h^2 \mathrm{d}A = 9.8377\mathrm{m}^4$；

抗扭惯性矩：$I_\mathrm{d} = \Omega^2 / \oint \frac{\mathrm{d}s}{t} + 2 \times \frac{1}{3} \times (2.4 \times 0.22^3) = 8.069\mathrm{m}^4$；

截面约束系数：$\mu = 1 - I_\mathrm{d}/I_\rho = 0.1798$；

扭转函数：$\psi = \Omega / \oint \frac{\mathrm{d}s}{t} = 0.4041$；

主扇性惯性矩：$I_\omega = \oint \omega^2 t\mathrm{d}s$。采用图乘法可得到 $I_\omega = 2.377\mathrm{m}^6$。

2)约束扭转内力及应力计算

箱梁一端两腹板下设置两个固定铰支座，另一端两腹板下设置活动铰支座。简支箱梁受力简图如图 2-32 所示，跨中偏心荷载简化为集中扭矩 $M_\mathrm{k} = 1060.0\mathrm{kN \cdot m}$。

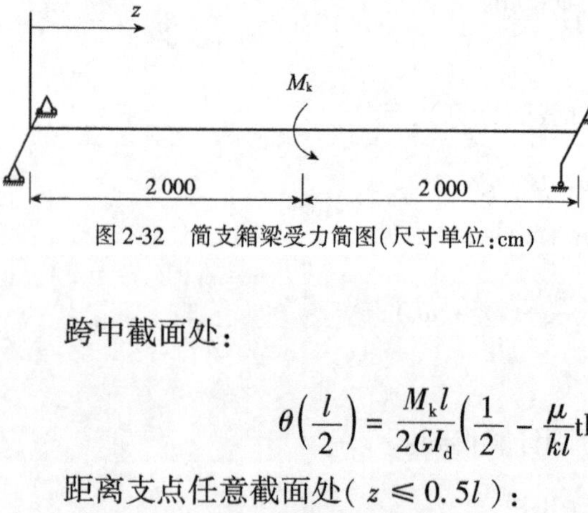


图 2-32　简支箱梁受力简图(尺寸单位：cm)

由方程(2-66)，代入本算例的边界条件得转角与翘曲双力矩计算公式如下。

跨中截面处：

$$\theta\left(\frac{l}{2}\right) = \frac{M_\mathrm{k} l}{2GI_\mathrm{d}}\left(\frac{1}{2} - \frac{\mu}{kl}\mathrm{th}\,\frac{kl}{2}\right),\ B\left(\frac{l}{2}\right) = \frac{M_\mathrm{k}}{2}\,\frac{k}{\mu}\mathrm{th}\,\frac{kl}{2}$$

距离支点任意截面处($z \leqslant 0.5l$)：

$$\theta(z) = \frac{M_\mathrm{k}}{2GI_\mathrm{d}}\left[\frac{l}{2} - \frac{\mu}{k}\,\frac{\mathrm{sh}(kz)}{\mathrm{ch}\,\frac{kl}{2}}\right],\ B(z) = \frac{M_\mathrm{k}}{2}\,\frac{\mu}{k}\,\frac{\mathrm{sh}(kz)}{\mathrm{ch}\,\frac{kl}{2}}$$

(1)跨中截面翘曲双力矩与扇性正应力计算

翘曲扭转角：$\theta(0.5l) = 8.9307 \times 10^{-5}\mathrm{rad}$；

翘曲双力矩：$B(0.5l) = 187.108\mathrm{kN \cdot m}$；

各节点扇性正应力计算公式为：$\sigma_{\overline{\omega}} = -\frac{B_{l/2}}{I_{\overline{\omega}}}\overline{\omega}_A$。

跨中截面的翘曲正应力,如图 2-33 所示。

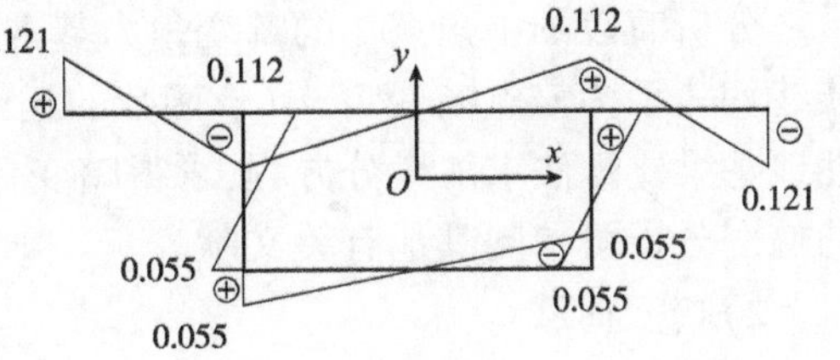


图 2-33　跨中截面约束扭转翘曲正应力(单位:MPa)

(2)二次扭矩与扇性剪应力计算

二次扭矩计算公式为:

$$M_{\omega} = -\frac{\mathrm{d}B}{\mathrm{d}z} = -EI\theta'' = \beta'_0 \mu GI_{\mathrm{d}} \mathrm{ch}kz - M_0 \mu \mathrm{ch}kz -$$

$\|_b \mu M_{\mathrm{k}} \mathrm{ch}k(z-b)$ ($z > b$ 时,计入 $\|_b$ 项)

跨中二次扭矩为:

$M_{\omega}(0.5l) = -\beta'_0 \mu GI_{\mathrm{d}} \mathrm{ch}kz + M_0 \mu \mathrm{ch}kz = 203.5\mathrm{kN \cdot m}$

二次剪流计算式为:

$$q_{\omega} = \frac{M_{\bar{\omega}}}{I_{\bar{\omega}}} \bar{S}_{\bar{\omega}} = 85\ 612.116 \bar{S}_{\bar{\omega}}$$

计算跨中截面约束扭转剪应力、总剪应力,如图 2-34 和图 2-35 所示。

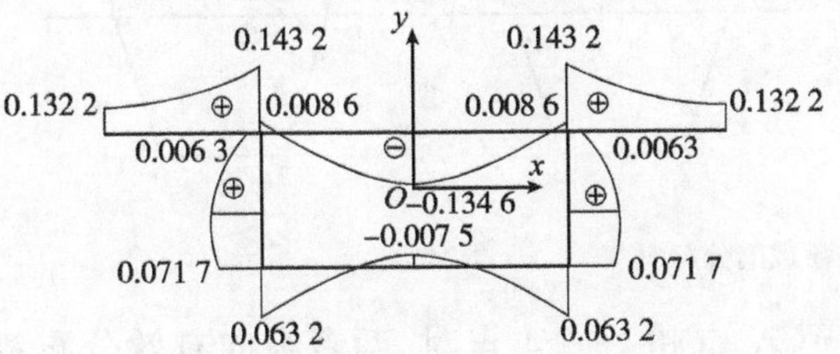


图 2-34　跨中截面约束扭转剪应力(单位:MPa)

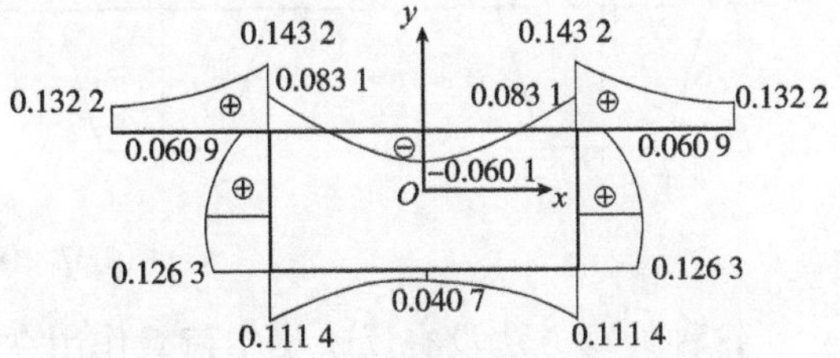


图 2-35　跨中截面约束扭转总剪应力图(单位:MPa)

# 2.4　薄壁箱梁畸变分析

## 2.4.1　畸变基本概念和畸变荷载

1)畸变的基本概念

箱形梁截面在扭转荷载作用下,除了产生刚周边扭转变形外,还产生截面畸变,即周边变形。箱梁畸变产生变形和内力都是反对称的。对无横隔板的薄壁箱梁,这种变形是比较明显的。畸变使箱梁产生横向弯曲应力 $\sigma_{\mathrm{dt}}$,同时畸变还导致箱梁截面沿纵向翘曲,产生纵向翘曲应力 $\sigma_{\mathrm{d}\omega}$ 和翘曲剪应力 $\tau_{\mathrm{d}\omega}$,而且应力分布也是反对称的。据有关资料介绍,当跨径为 30m,箱壁厚度与梁高之比为 0.1 时,由刚性扭转和截面畸变产生的纵向翘曲应力可达到活载和恒载共同作用的纵向弯曲应力的 24% ~26%,而由截面畸变产生的横向弯曲应力可达到与纵向弯曲应力同一数量级水平,但随着跨度增大,恒载所占比例增加,它与恒活载正应力比值就降至 10% 以内,可见畸变的应力分析是非常重要的,必须引起足够的重视。

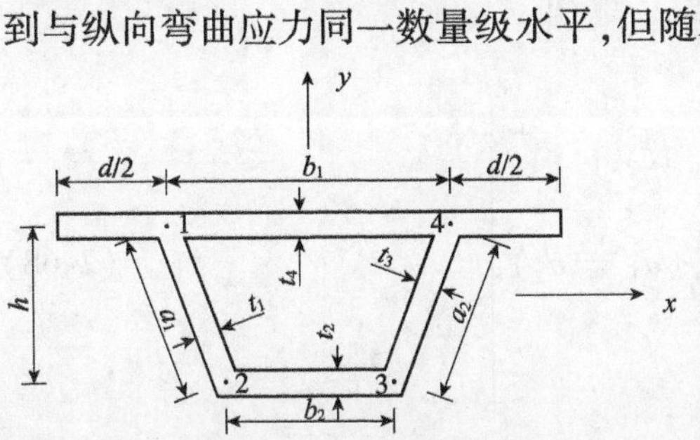


图 2-36　梯形单室箱梁截面尺寸及坐标规定

畸变应力分析有多种方法。解析法有广义坐标法、弹性地基梁比拟法;数值法有有限元法、有限条法等。考虑箱梁截面一般性,本节主要介绍能量法分析斜腹板箱梁截面的畸变产生翘曲应力和横向弯曲应力(直腹板箱可作为斜腹板箱梁的特例),箱梁截面及各部分尺寸符号如图 2-36 所示。分析时以图中角点 2 的畸变角为基本未知量，畸变产生的内力、变形以及结构的总势能最终均表示为该点畸变角 $\gamma_2(z)$ 函数的泛函，然后，对畸变角变分获得畸变微分方程，应用弹性地基梁比拟法求解微分方程，求得畸变角后，计算畸变产生各项应力。至于一箱多室箱梁的畸变分析可参阅其他有关文献。

2）畸变荷载

能产生箱梁畸变的主要荷载有：偏心竖向荷载、横向偏心水平荷载以及支点侧倾（三条腿现象）这三种荷载。每一种荷载均可分解成正对称荷载和一个力偶作用，而力偶作用又可转换为作用于角点的反对称荷载。图 2-37 为偏心竖向荷载作用下分解成对称与反对称荷载的示意图。

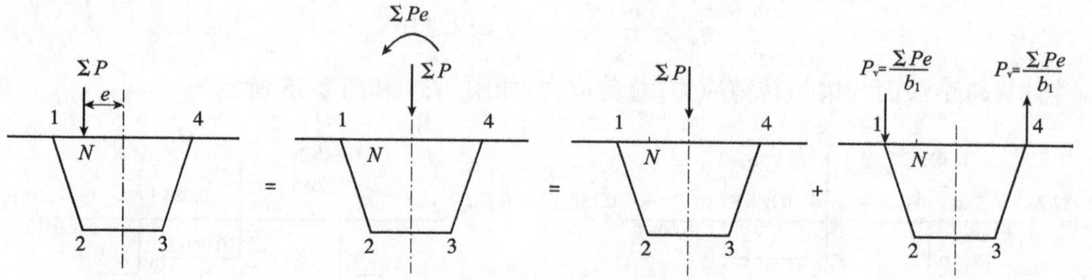


图 2-37　偏心荷载的分解

这种处理方法没有反映集中荷载作用在箱梁 $N$ 点和 1 或 4 点时，两者纵向有效分布宽度的差异，会给计算结果带来一定误差，严格说来，是一种近似处理方法。

图 2-37 所示的斜腹板箱梁上承受的反对称角点荷载，经分解后可得到刚性扭转荷载和畸变荷载。如图 2-38 所示。

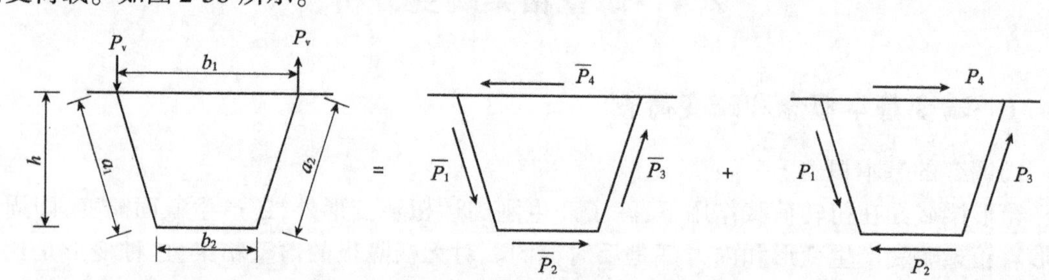


图 2-38　扭转荷载的分解

假定剪应力沿板厚均匀分布，箱梁中剪力流：

$$q(\tau,t)=\frac{M_k}{\Omega}=\frac{P_v b_1}{(b_2+b_1)h} \tag{2-67}$$

箱梁各板元的刚性扭转荷载：

$$\left.\begin{aligned}\overline{P}_4&=\frac{P_v b_1^2}{(b_2+b_1)h}\\ \overline{P}_1&=\overline{P}_3=\frac{P_v b_1 a_1}{(b_2+b_1)h}(a_1=a_2)\\ \overline{P}_2&=\frac{P_v b_1 b_2}{(b_2+b_1)h}\end{aligned}\right\} \tag{2-68}$$

根据力的平衡原理确定箱梁各板元的畸变荷载：

$$\left.\begin{aligned} P_4 &= \frac{P_v b_2^2}{(b_2 + b_1)h} \\ P_1 &= P_3 = \frac{P_v a_1 b_2}{(b_2 + b_1)h} \\ P_2 &= \frac{P_v b_1 b_2}{(b_2 + b_1)h} \end{aligned}\right\} \tag{2-69}$$

以上式中：$a_1$、$a_2$、$b_1$、$b_2$—— 板块宽度(参见图 2-36)；

$M_k$ ——外扭矩；

$\overline{P}_1$、$\overline{P}_2$、$\overline{P}_3$、$\overline{P}_4$——刚性扭转轴力；

$P_1$、$P_2$、$P_3$、$P_4$——畸变轴力。

箱梁的偏心水平荷载及支点侧倾均可以按上述方法分解成作用在箱梁截面上的对称荷载和作用在箱梁角点的反对称荷载，从作用在角点的反对称荷载同样均可以求得箱梁刚性扭转荷载和畸变荷载。值得指出的是，畸变荷载是自相平衡的，这是箱梁畸变应力分析中需要注意的概念。

## 2.4.2 畸变的应变能与控制微分方程

箱梁截面发生畸变时，箱梁各板块在自身平面内发生翘曲，产生畸变翘曲应变能，同时截面还产生横向弯曲，产生框架畸变应变能。在建立控制微分方程之前，首先要计算出箱梁畸变的应变能，下面分别计算框架畸变应变能和畸变翘曲应变能。

1）框架畸变应变能

按图 2-36 斜腹板单室箱梁截面及各部分尺寸的符号，沿跨径方向取单位长度一段箱梁形成的框架进行分析。箱梁产生畸变时产生的是反对称变形，其横向弯矩也是反对称的，如图 2-39 所示。框架由于畸变产生的应变能计算的思路是将应变能写成含有畸变角 $\gamma_2(z)$ 表达式。从图 2-39a) 中可以看出，畸变角 $\gamma_2(z)$ 所产生的应变能与梁翼板发生水平位移 $\gamma_2 a_1 \sin\theta$ 是等同的。

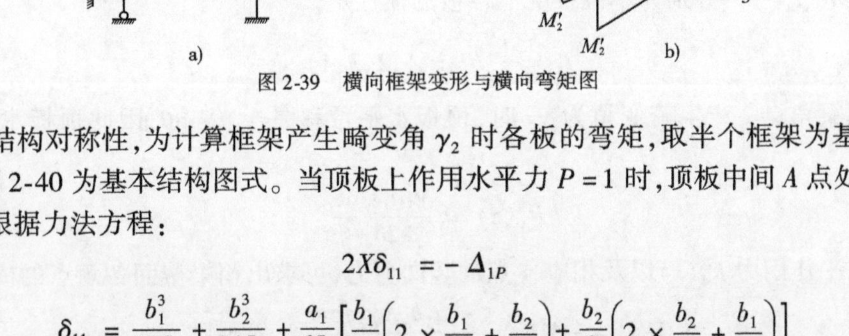


图 2-39　横向框架变形与横向弯矩图

由于结构对称性，为计算框架产生畸变角 $\gamma_2$ 时各板的弯矩，取半个框架为基本结构进行计算，图 2-40 为基本结构图式。当顶板上作用水平力 $P=1$ 时，顶板中间 $A$ 点处未知竖向力为 $2X$，根据力法方程：

$$2X\delta_{11} = -\Delta_{1P}$$

$$\delta_{11} = \frac{b_1^3}{24I_4} + \frac{b_2^3}{24I_2} + \frac{a_1}{6I_1}\left[\frac{b_1}{2}\left(2 \times \frac{b_1}{2} + \frac{b_2}{2}\right) + \frac{b_2}{2}\left(2 \times \frac{b_2}{2} + \frac{b_1}{2}\right)\right]$$

$$\Delta_{1P} = -a_1\sin\theta\frac{a_1}{2}\frac{b_1}{2} - \left(\frac{b_1}{2} - \frac{b_2}{2}\right)\frac{a_1}{2I_2}\sin\theta \times \frac{1}{3} - b_2\frac{b_2}{2}\frac{1}{2}a_1\sin\theta \times \frac{1}{3I_1}$$

所以

$$2X = \frac{-\Delta_{1P}}{\delta_{11}} = \frac{2\left[\dfrac{b_2^2 a_1\sin\theta}{24I_2} + \dfrac{a_1^2(2b_2 + b_1)\sin\theta}{24I_1}\right]}{\dfrac{b_1^3}{24I_4} + \dfrac{b_2^3}{24I_2} + \dfrac{2a_1}{24I_1}(b_1^2 + b_2^2 + b_1b_2)}$$

$$= \frac{\dfrac{2b_2^2 a_1\sin\theta}{I_2} + \dfrac{2a_1^2(2b_2 + b_1)\sin\theta}{I_1}}{\dfrac{b_1^3}{I_4} + \dfrac{b_2^3}{I_2} + \dfrac{2a_1}{I_1}(b_1^2 + b_2^2 + b_1b_2)} \tag{2-70}$$

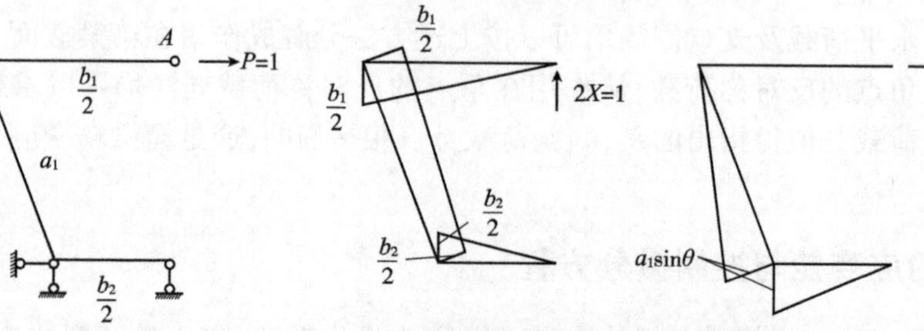


图 2-40　半个横向框架为基本结构求解框架内力

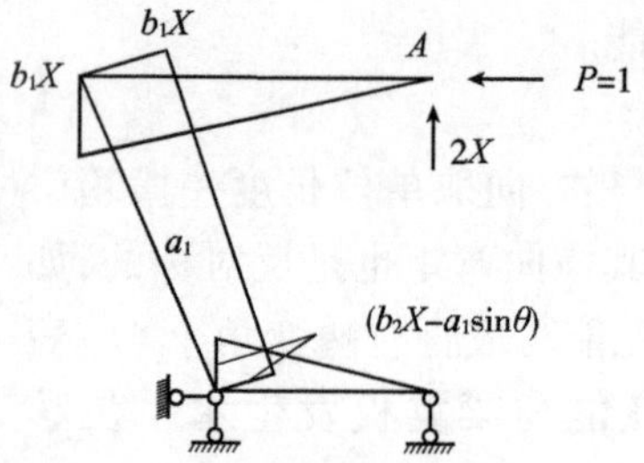


图 2-41　顶板单位力 $P=1$ 时，框架横向弯矩图

其中，$P=1$ 作用时，框架横向弯矩图如图 2-41 所示。$A$ 点水平位移 $\delta_h$ 为 $\delta_h = \int \dfrac{\overline{M}M}{2EI}ds$。

$$\delta_h = \frac{1}{6E}\left\{\frac{b_1^3}{I_4}X^2 + \frac{(b_2X - a_1\sin\theta)^2}{I_2}b_2 + \frac{2a_1}{I_1}\left[b_1^2X^2 + (b_2X - a_1\sin\theta)^2 + b_1X(b_2X - a_1\sin\theta)\right]\right\} = 2\delta_v \tag{2-71}$$

则

$$\delta_v = \frac{1}{12E}\left\{\frac{b_1^3X^2}{I_4} + \frac{b_2\,(b_2X - a_1\sin\theta)^2}{I_2} + \frac{2a_1}{I_1}\left[b_1^2X^2 + (b_2X - a_1\sin\theta)^2 + b_1X(b_2X - a_1\sin\theta)\right]\right\} \tag{2-72}$$

式中：$I_1$、$I_2$、$I_3$、$I_4$ ——分别为单位长度上各板的惯性矩。

$$I_i = \frac{t_i^3}{12}(i = 1,2,3,4)$$

由于箱梁角点 2 产生畸变角为 $\gamma_2$ 时，顶板水平位移是 $\gamma_2 a_1\sin\theta$，因此顶板水平作用力 $P_4(z)$ 为：

$$P_4(z) = \frac{\gamma_2 a_1\sin\theta}{2\delta_v} \tag{2-73}$$

根据水平作用力 $P_4(z)$ 以及相应 $A$ 点的竖向剪力，可求出箱梁截面各角点的横向弯矩：

$$M'_1 = -M'_4 = \frac{-a_1b_1X\gamma_2\sin\theta}{2\delta_v} = K_1\gamma_2 \tag{2-74}$$

$$M'_2 = -M'_3 = -(b_2X - a_1\sin\theta)\frac{a_1\sin\theta}{2\delta_v}\gamma_2 = K_2\gamma_2 \tag{2-75}$$

其中，$K_1 = \dfrac{-a_1b_1X\sin\theta}{2\delta_v}$，$K_2 = -(b_2X - a_1\sin\theta)\dfrac{a_1\sin\theta}{2\delta_v}$。

因此，框架横向弯曲应变能：

$$U_1 = \int_0^l\int_s \frac{M^2}{2EI}\mathrm{d}z\mathrm{d}s = K_3\int_0^l \gamma_2^2\mathrm{d}z \tag{2-76}$$

$$K_3 = \frac{1}{6E}\left[K_1^2\frac{b_1}{I_4} + K_2^2\frac{b_2}{I_2} + \frac{2a_1(K_1^2 + K_2^2 + K_1K_2)}{I_1}\right] \tag{2-77}$$

2)畸变翘曲应变能

畸变翘曲应变能分析时，基于以下三个基本假定：

(1)各板件组成箱形截面各周边长度不变。

(2)各板件翘曲时，横截面沿自身平面的变形满足平面变形假定。

(3)不考虑应力沿壁厚方向变化，认为翘曲正应力和剪应力沿壁厚均匀分布。

由于畸变产生翘曲应力是自相平衡的，则：

$$\int_A \sigma_{\mathrm{dw}}\mathrm{d}A = 0, \int_A \sigma_{\mathrm{dw}}x\mathrm{d}A = 0, \int_A \sigma_{\mathrm{dw}}y\mathrm{d}A = 0 \tag{2-78}$$

设角点 1 和角点 2 正应力比为 $\beta = \dfrac{\sigma_{\mathrm{d1}}}{\sigma_{\mathrm{d2}}}$，根据图 2-42得：

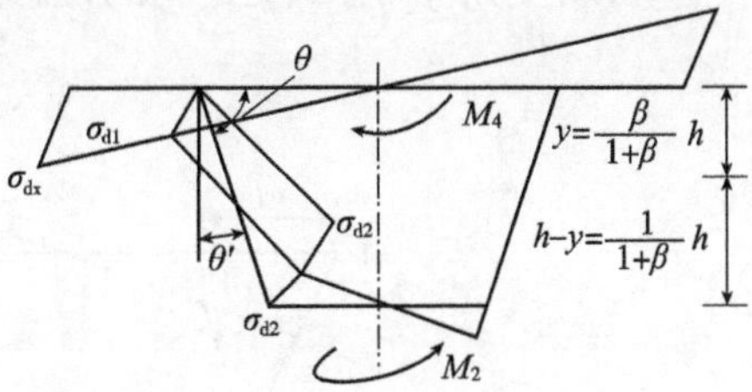

图 2-42　翘曲应力 $\sigma_{\mathrm{d1}}$、$\sigma_{\mathrm{d2}}$

$$\beta = \frac{\sigma_{\mathrm{d2}}}{y} = \frac{\sigma_{\mathrm{d2}}}{h-y}, y = \frac{\beta}{1+\beta}h, h - y = \frac{1}{1+\beta}h$$

$$M_4 = \frac{\sigma_{\mathrm{dx}}}{2}\frac{b_1+d}{2}t_4(b_1+d)\times\frac{2}{3} = \sigma_{\mathrm{dx}}t_4\frac{(b_1+d)^2}{6}$$

式中：$d$——两边悬臂长度之和。

已知：

$$\frac{\sigma_{\mathrm{dx}}}{\dfrac{b_1+d}{2}} = \frac{\sigma_{\mathrm{d1}}}{\dfrac{b_1}{2}}$$

$$\therefore \sigma_{\mathrm{dx}} = \sigma_{\mathrm{d1}}\frac{b_1+d}{b_1}$$

$$M_4 = \sigma_{\mathrm{d1}}(b_1+d)^3\frac{t_4}{6b_1} \tag{2-79}$$

同理：

$$M_2 = \frac{\sigma_{\mathrm{d2}}}{2}\frac{b_2}{2}t_2\frac{2}{3}b_2 = \sigma_{\mathrm{d2}}\frac{b_2^2t_2}{6} \tag{2-80}$$

$$M_1 + M_3 = \frac{\sigma_{\mathrm{d1}}+\sigma_{\mathrm{d2}}}{2}a_1t_1\left(\frac{b_2}{2}+\frac{h}{3}\tan\theta'\right)\times 2 - \sigma_{\mathrm{d1}}a_1t_1\frac{b_2+b_1}{2}$$

$$= (\sigma_{\mathrm{d1}}+\sigma_{\mathrm{d2}})\frac{a_1t_1}{6}(2b_2+b_1) - 3\sigma_{\mathrm{d1}}a_1t_1\frac{b_2+b_1}{6}$$

根据$\sum M = 0$，即 $M_1 + M_2 + M_3 + M_4 = 0$，将 $M_1 \sim M_4$ 的表达式代入，经整理得：

$$\beta = \frac{\sigma_{\mathrm{d1}}}{\sigma_{\mathrm{d2}}} = \frac{b_2^2t_2 + a_1t_1(2b_2+b_1)}{\dfrac{(b_1+d)^3t_4}{b_1} + a_1t_1(b_2+2b_1)} \tag{2-81}$$

可见角点 1 和角点 2 的正应力比值只与截面几何尺寸有关。根据两者之间的比例关系,箱梁截面各板件的翘曲弯矩都可用 $\sigma_{d2}$ 来表示。

由于 $\sigma_{d1}=\frac{M_4}{I_4}\cdot\frac{b_1}{2}$,则

$$M_4=\frac{2I_4}{b_1}\beta\sigma_{d2}$$

同理:$M_2=\frac{2I_2}{b_2}\sigma_{d2}$,$M_1=M_3=\frac{2I_1}{a_1}\frac{1+\beta}{2}\sigma_{d2}$。

式中:$I_1\sim I_4$——各板块在平面内弯曲的惯矩。

如果各板块纵向变位为 $v_1$、$v_2$、$v_3$、$v_4$,按照初等梁的弯曲理论:

$$\left.\begin{aligned}v''_1=v''_3&=\frac{-M_1}{EI_1}=-(1+\beta)\frac{\sigma_{d2}}{Ea_1}\\v''_2&=\frac{-M_2}{EI_2}=\frac{-2\sigma_{d2}}{Eb_2}\\v''_4&=\frac{-M_4}{EI_4}=-2\beta\frac{\sigma_{d2}}{Eb_1}\end{aligned}\right\}\tag{2-82}$$

将畸变角 $\gamma_2$ 用 $x$、$y$ 方向的位移表示,见图 2-43。

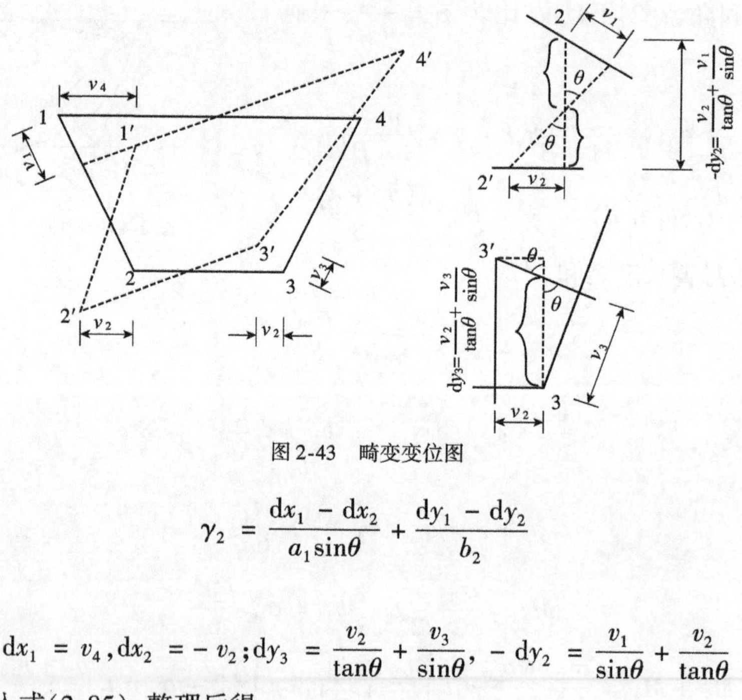


图 2-43 畸变变位图

$$\gamma_2=\frac{dx_1-dx_2}{a_1\sin\theta}+\frac{dy_1-dy_2}{b_2}\tag{2-83}$$

由

$$dx_1=v_4,dx_2=-v_2;dy_3=\frac{v_2}{\tan\theta}+\frac{v_3}{\sin\theta},-dy_2=\frac{v_1}{\sin\theta}+\frac{v_2}{\tan\theta}\tag{2-84}$$

将式(2-84)代入式(2-85),整理后得:

$$\gamma_2=\frac{v_2+v_4}{a_1\sin\theta}+\frac{v_1+v_3+2v_2\cos\theta}{a_2\sin\theta}\tag{2-85}$$

对上式求二次导数,并将式(2-82)代入,有:

$$\gamma''_2=\frac{-2\sigma_{d2}[b_2^2\beta+(2+\beta)b_2b_1+2a_1b_1\cos\theta]}{Eb_1a_1b_2^2\sin\theta}$$

整理得:

$$\sigma_{d2} = -EK_4\gamma''_2$$

其中，$K_4 = \dfrac{a_1 b_1 b_2^2 \sin\theta}{2[b_2^2\beta + (2+\beta)b_2 b_1 + 2a_1 b_1\cos\theta]}$。

箱梁梁跨翘曲应变能：

$$U_2 = \int_0^l \int_A \frac{\sigma_x{}^2(z,s)}{2E}\mathrm{d}z\mathrm{d}A \tag{2-86}$$

$$\sigma_x = \sigma_{d1}\left(1+\frac{d}{a_4}\right) = \beta\sigma_{d2}\left(1+\frac{d}{a_4}\right) = -EK_4\beta\gamma''_2\left(1+\frac{d}{b_1}\right)$$

式中：$\sigma_x$——箱梁截面各点翘曲应力。

现在将 $\sigma_x$ 代入式(2-86)，分别求各板块翘曲应变能。

顶板：$U_{21} = E^2K_4^2\beta^2\gamma''^2_2\left(1+\dfrac{d}{b_1}\right)^2 t_4\dfrac{b_1+d}{2}\dfrac{1}{3E} = E\dfrac{K_4^2}{6}\gamma''^2_2\left[\beta^2(b_1+d)\left(1+\dfrac{d}{b_1}\right)^2 t_4\right]$

底板：$U_{22} = (EK_4\gamma''_2)^2\dfrac{b_2}{2}\dfrac{t_2}{3E} = EK_4^2\dfrac{\gamma''^2_2}{6}b_2t_2$

腹板：$U_{23} = \displaystyle\int_0^{a_1}\left(\frac{\sigma_{d1}+\sigma_{d2}}{a_1}x - \sigma_{d1}\right)^2\mathrm{d}x$

$$= 2t_1E^2K_4^2\gamma''^2_2\left[\frac{1}{3}(1+\beta)^2a_1 - \beta(1+\beta)a_1 + \beta^2a_1\right]\frac{1}{2E}$$

整梁的翘曲应变能：$U_2 = U_{21} + U_{22} + U_{23} = H\displaystyle\int_0^l(\gamma''_2)^2\mathrm{d}z$

其中，$H = \dfrac{EK_4^2}{6}\left[(b_1+d)\left(1+\dfrac{d}{b_1}\right)^2\beta^2t_4 + b_2t_2 + 2a_1t_1(\beta^2-\beta+1)\right]$。

3）外荷载势能

$$V = -\int_0^l P_4(z)\gamma_2a_1\sin\theta\mathrm{d}z = -h\int_0^l P_4(z)\gamma_2\mathrm{d}z = -\int_0^l\frac{b_2^2}{b_2+b_1}\gamma_2P_4(z)\mathrm{d}z \tag{2-87}$$

4）结构畸变总势能 $\Pi$ 及畸变微分方程推导

在不计剪切变形的应变能时，箱梁在畸变荷载作用下的总势能可由箱梁横向弯曲的应变能 $U_1$、翘曲应变能 $U_2$ 以及荷载势能 $V$ 三个部分组成，即

$$\Pi = U_1 + U_2 + V$$

总势能：$\Pi = \displaystyle\int_0^l K_3\gamma_2^2\mathrm{d}z + \int_0^l H(\gamma''_2)^2\mathrm{d}z - \frac{b_2^2}{b_2+b_1}\int_0^l\gamma_2P_4(z)\mathrm{d}z$

$$= \int_0^l F(z,\gamma_2,\gamma'_2,\gamma''_2)\mathrm{d}F$$

根据欧拉—拉格朗日(Euler-Lagrange)条件式，$\Pi$ 取得极值的必要条件为：

$$\frac{\partial F}{\partial\gamma_2} - \frac{\mathrm{d}}{\mathrm{d}z}\left(\frac{\partial F}{\partial\gamma'_2}\right) + \frac{\mathrm{d}^2}{\mathrm{d}z^2}\left(\frac{\partial F}{\partial\gamma''_2}\right) = 0 \tag{2-88}$$

式中：$K_3$、$H$、$P(z)$、$\gamma_2$——均为跨径方向 $z$ 的函数。

常截面控制微分方程的推导。

$$\frac{\partial F}{\partial\gamma_2} = 2K_3\gamma_2 - \frac{b_2^2}{b_2+b_1}P_v(z)$$

$$\frac{\mathrm{d}}{\mathrm{d}z}\left(\frac{\partial F}{\partial\gamma'_2}\right) = 0$$

$$\frac{\mathrm{d}^2}{\mathrm{d}z^2}\left(\frac{\partial F}{\partial \gamma''_2}\right) = 2H\gamma''''_2$$

将以上各式代入欧拉——拉格朗日条件中得到：

$$2H\gamma''''_2 + 2K_3\gamma_2 = \frac{b_2^2}{b_2 + b_1}P_{\mathrm{v}}(z) \tag{2-89}$$

式中：$2H = EI_{\mathrm{D}} = \frac{EK_4^2}{3}\left[(b_1 + d)\left(1 + \frac{d}{b_1}\right)^2\beta^2 t_4 + b_2 t_2 + 2a_1 t_1(\beta^2 - \beta + 1)\right]$；

$2K_3 = EI_{\mathrm{R}} = \frac{1}{3E}\left[K_1^2\frac{b_1}{I_4} + K_2^2\frac{b_2}{I_2} + \frac{2a_1(K_1^2 + K_2^2 + K_1K_2)}{I_1}\right]$。

令 $V_{\mathrm{d}} = P_{\mathrm{v}}(z)\frac{b_2}{b_2 + b_1}$，则式(2-89)又可写为：

$$EI_{\mathrm{D}}\gamma''''_2 + EI_{\mathrm{R}}\gamma_2 = V_{\mathrm{d}}b_2 \tag{2-90}$$

如果引入畸变双力矩的概念，即

$$B_{\mathrm{D}} = -EI_{\mathrm{D}}\gamma''_2 \tag{2-91}$$

则

$$\sigma_{\mathrm{d2}} = \frac{B_{\mathrm{D}}}{I_{\mathrm{D}}}K_4 \tag{2-92}$$

式中：$B_{\mathrm{D}}$ ——畸变双力矩($\mathrm{kN \cdot m^2}$)，与畸变角以及畸变刚度有关；

$I_{\mathrm{D}}$ ——箱形畸变翘曲惯矩($\mathrm{m^6}$)；

$K_4$ ——与箱形截面尺寸以及 $\theta$ 角有关的常数。

如果箱形是变截面的，则 $\gamma_2$ 和 $H$ 都是 $z$ 的函数，则：

$$\frac{\partial F}{\partial \gamma_2} = 2K_3\gamma_2 - \frac{b_2^2}{b_2 + b_1}P_{\mathrm{v}}(z)$$

$$\frac{\mathrm{d}}{\mathrm{d}z}\left(\frac{\partial F}{\partial \gamma'_2}\right) = 0$$

$$\frac{\mathrm{d}^2}{\mathrm{d}z^2}\left(\frac{\partial F}{\partial \gamma''_2}\right) = 2H''\gamma''_2 + 4H'\gamma'''_2 + 2H\gamma''''_2$$

则变截面畸变控制微分方程可写为：

$$H\gamma''''_2 + 2H'\gamma'''_2 + H''\gamma''_2 + K_3\gamma_2 = \frac{b_2^2}{2(b_1 + b_2)}P_{\mathrm{v}}(z) \tag{2-93}$$

### 2.4.3 畸变微分方程边界条件及求解方法

1)边界条件

常见工程结构的边界条件为：

支点为刚性固定支承，则 $\gamma_2 = 0, \gamma'_2 = 0$。

简支梁端部设置刚性横隔梁时，则 $\gamma_2 = 0, \gamma''_2 = 0$。

自由悬臂端且无横隔梁时，则 $\gamma''_2 = 0, \gamma'''_2 = 0$。

畸变应力可用弹性基础梁比拟法求解，对于变截面箱梁，用比拟法求解时，相对应地基弹簧刚度是变化的，求解比较困难，这时可用加权残值法的配点原理以获得近似解。具体求解过程可参考有关文献。下面介绍等截面箱梁畸变应力弹性地基梁比拟法求解方法。

2)等截面箱梁畸变应力求解方法

等截面箱梁畸变微分方程：$EI_D\gamma''''_2 + EI_R\gamma_2 = V_d b$

弹性地基梁挠曲的微分方程：$EI''''_y + ky = q$

具有完全相似的表达式,因此,解弹性地基梁的挠度 $y$ 就等于解箱梁的畸变角 $\gamma_2$。比拟法在工程计算问题经常采用。下面考察两种微分方程之间各量的比拟关系,见表2-5。

**弹性地基梁弯曲和箱形梁畸变的相似关系** 表2-5

| 弹性地基梁弯曲 | 箱形梁畸变 |
|---|---|
| 微分方程 | |
| $EIy'''' + ky = q$ | $EI_D\gamma''''_2 + EI_R\gamma_2 = V_d b$ |
| 相似的物理量 | |
| $I$——弹性地基梁抗弯惯矩($m^4$)；<br>$EI$——弹性地基梁抗弯刚度($kN \cdot m^2$)；<br>$k$——弹性地基梁地基弹性系数($kN/m^2$)；<br>$q$——弹性地基梁的分布荷载($kN \cdot m$)；<br>$y$——弹性地基梁的挠度(m)；<br>$M$——弹性地基梁的弯矩 $M = -EIy''$($kN \cdot m$) | $I_D$——箱形梁抗畸变翘曲惯矩($m^6$)；<br>$EI_D$——箱形梁抗畸变翘曲刚度($kN \cdot m^4$)；<br>$EI_R$——箱形梁抗畸变框架刚度($kN \cdot m^4$)；<br>$V_d \cdot b$——箱形梁上分布的畸变垂直分力的力偶($kN \cdot m/m$)；<br>$\gamma_2$——箱形梁的畸变角(rad)；<br>$B_D$——箱形梁的畸变双力矩 $B_D = -EI_D\gamma''_D$($kN \cdot m^2$) |

箱形梁的横隔板或对角斜撑相应于弹性地基梁的中间支承。剪力刚性,但可自由翘曲的横隔板,相应于弹性连续梁中的简支支座。剪力柔性,又可自由翘曲的横隔板,相应于弹性连续梁中的弹性支座。剪力刚性,翘曲亦刚性的横隔板,相应于弹性连续梁中的固定支座。

畸变微分方程求解,可采用解弹性地基梁的方法,如初参数法。

设 $\lambda = \sqrt[4]{\dfrac{EI_R}{EI_D}}$,则当 $\lambda l \geqslant 4$ 时,跨中区域作用一畸变荷载时,该截面畸变双力矩力和畸变角相当于无限长弹性地基梁在相应荷载作用下的弯矩和挠度。根据结构力学功能互等定理,其畸变双力矩和畸变角沿梁跨变化曲线分别可视为荷载作用点截面畸变双力矩和畸变角影响线,可直接施加其他位置的荷载计算。当 $\lambda l < 4$ 时,根据不同边界条件,由初参数法解微分方程,确定计算截面畸变双力矩和畸变角的影响线(已有制订好的图表供查用),然后确定梁跨各截面的畸变荷载利用影响线和畸变荷载,求出截面畸变角。

求出畸变角 $\gamma$ 后,可由式(2-91)求得畸变双力矩,并由式(2-92)求得畸变翘曲正应力。并由式(2-74)、式(2-75)求得横向弯矩,进一步可求得横向弯曲应力。而畸变翘曲剪应力 $\tau_d$ 的计算如下。

从箱壁取出微元体进行分析,可得平衡方程:

$$\frac{\partial q_d}{\partial s} + \frac{\partial \sigma_{d\omega}}{\partial z}t = 0$$

则畸变翘曲剪流:

$$q_d = q_{d0} - \frac{B'_d}{I_d}S_{d\omega} \tag{2-94}$$

式中:$q_{d0}$——截面周边坐标 $s$ 原点的翘曲剪流;

$S_{d\omega}$——畸变翘曲净面矩,

$$S_{d\omega} = \int_0^s \omega_d t \mathrm{d}s$$

式中：$\omega_d$——畸变翘曲曲率，且有

$$\omega_{d1} = \frac{b_1 h}{4} \frac{\beta}{1+\beta}, \omega_{d2} = \frac{bh}{4} \frac{1}{1+\beta}$$（见张元海《桥梁结构分析理论》）

根据畸变剪切变形的协调条件，有：

$$\oint q_d h \mathrm{d}s = 0$$

代入式(2-94)，可得：

$$q_{d0} = \frac{1}{\Omega} \cdot \frac{B'_d}{I_d} \oint S_{d\omega} h \mathrm{d}s$$

式中：$\Omega$——箱壁周边所围面积两倍。

注意到 $q_{d\omega} = \tau_{d\omega} t$，可得畸变翘曲剪应力计算公式为：

$$\tau_{d\omega} = -\frac{B'_d}{tI_d} \overline{S}_{d\omega}$$

其中，定义$\overline{S}_{d\omega}$为广义畸变翘曲净面，且

$$\overline{S}_{d\omega} = S_{d\omega} - \frac{1}{\Omega} \oint S_{d\omega} h \mathrm{d}s$$

### 2.4.4 畸变弹性地基梁法计算算例

仍取2.3.3节【例题】所示的简支箱梁为例，并将跨中截面的集中扭矩分解为图2-44所示的畸变荷载，则

$$V_d = \frac{P_v}{2} = 112.766\text{kN}, H_d = \frac{P_v b}{2h} = 500.0\text{kN}$$

1）畸变相关几何特征参数计算

（1）腹板在自身平面内的惯性矩

$$I_1 = tb^3/12 = 0.238\,2\text{m}^4$$

（2）相关常数

经计算，角点1和角点2的应力比$\beta$以及常数$K_3$、$K_4$：

$$\beta = 0.335\,6, K_3 = 0.013\,955E, K_4 = 1.865\,1$$

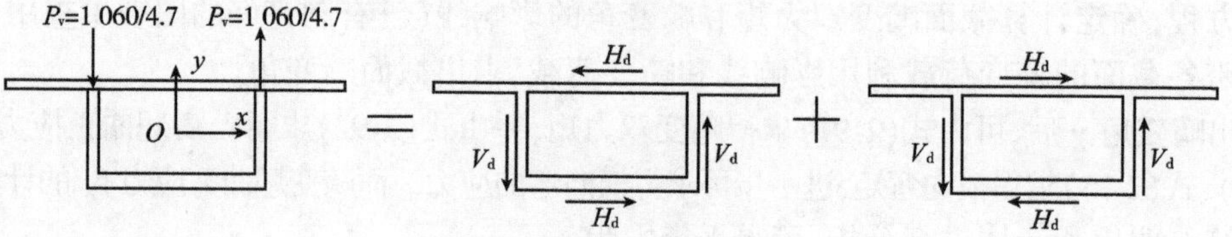


图2-44 箱梁畸变荷载示意图

（3）畸变翘曲刚度

$$EI_D = \frac{EK_4^2}{3}\left[(b_1+d)\left(1+\frac{d}{b_1}\right)^2\beta^2 t_4 + b_2 t_2 + 2a_1 t_1(\beta^2-\beta+1)\right] = 4.114\,0E(\text{m}^6)$$

（4）箱梁畸变框架刚度

单位梁长各板元的横向抗弯惯性矩为（取泊松比为0.3）：

$$EI_R = 2K_3 = 0.027\,918E(\text{m}^4)$$

（5）广义畸变翘曲静面矩

$$\overline{S}_{d\omega} = S_{d\omega} - \frac{1}{\Omega}\oint S_{d\omega} t \mathrm{d}s$$

其中，$\frac{1}{\Omega}\oint S_{\mathrm{d}\omega}t\mathrm{d}s = 0.140\,5$，$S_{\mathrm{d}\omega} = \int_0^s \omega_{\mathrm{d}} t\mathrm{d}s$，$\omega_{\mathrm{d}}$ 为畸变翘曲率。

节点 3 和节点 6 畸变翘曲率：

$$\omega_3 = \frac{bh}{4}\frac{\beta}{1+\beta} = 0.625\,9$$

$$\omega_6 = \frac{bh}{4}\frac{1}{1+\beta} = 1.865\,1$$

畸变翘曲率如图 2-45 所示。

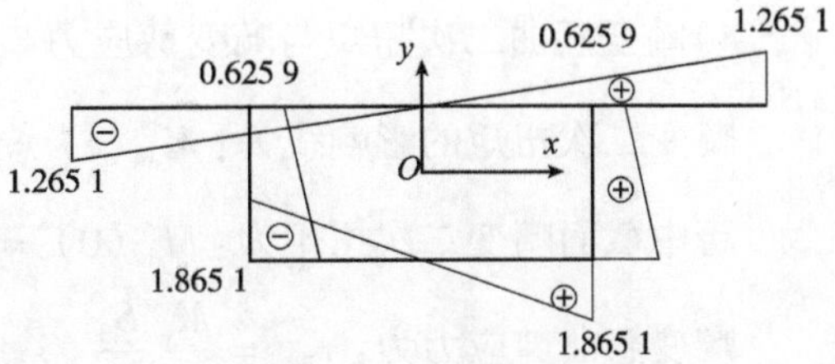


图 2-45　畸变翘曲率图

经计算，畸变静面矩 $S_{\mathrm{d}\omega}$ 如图 2-46 所示，广义畸变翘曲静面矩如图 2-47 所示。

2）弹性地基梁比拟法（BEF 法）求解箱梁畸变

箱梁畸变的微分方程如下：

$$\gamma'''' + 4\lambda^4\gamma = \frac{V_{\mathrm{d}}b}{EI_{11}}$$

其中，$\lambda = \sqrt[4]{\frac{EI_{\mathrm{R}}}{4EI_{\mathrm{D}}}} = 0.202\,9$，$EI_{\mathrm{D}} = 1.398\,76 \times 10^{11}\mathrm{N \cdot m^4}$，$V_{\mathrm{d}}b = 530.0\mathrm{kN \cdot m}$。

因 $\lambda l = 0.202\,9 \times 40 = 8.116 \geqslant 4$，可按照无限长梁计算。

采用初参数法，可得出沿箱梁截面畸变角和畸变双力矩影响线表达式为：

$$\gamma = \frac{\lambda}{2EI_{\mathrm{D}}}\mathrm{e}^{-\lambda z}(\cos\lambda z + \sin\lambda z) = 7.252\,9 \times 10^{-13} \times \mathrm{e}^{-0.202\,9z}[\cos(0.202\,9z) + \sin(0.202\,9z)]$$

$$B_{\mathrm{d}\omega} = \frac{1}{4\lambda}\mathrm{e}^{-\lambda z}(\cos\lambda z - \sin\lambda z) = 1.232\,1 \times \mathrm{e}^{-0.202\,9z}[\cos(0.202\,9z) - \sin(0.202\,9z)]$$

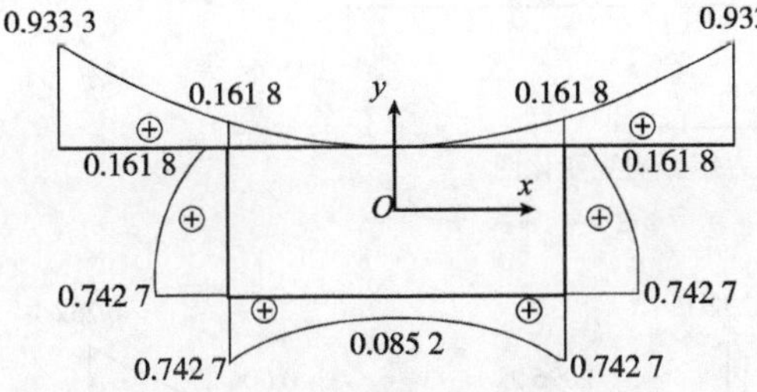


图 2-46　畸变静面矩图

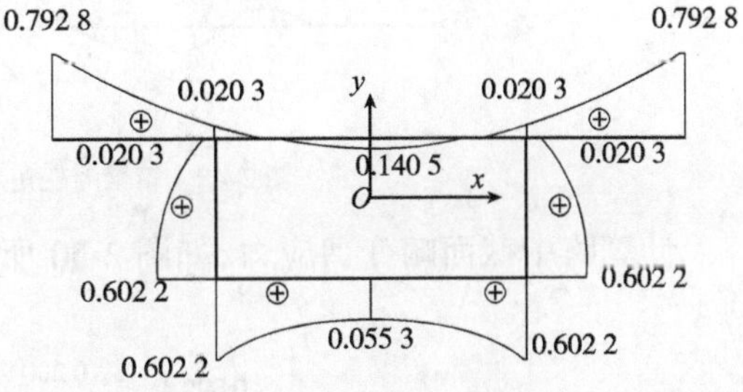


图 2-47　广义畸变静面矩图

沿梁长箱梁截面畸变角和畸变双力矩的影响线计算如表 2-6 所示。

**双力矩和畸变角影响线计算**　　表 2-6

| $\lambda z = k \cdot 0.202\,9 \cdot l$ | | 双力矩影响线 | 畸变角影响线（$\times 10^{-11}$） |
|---|---|---|---|
| 0 | 0.000 0 | 1.232 1 | 0.072 5 |
| $0.1\lambda l$ | 0.811 6 | 0.941 5 | 0.055 4 |
| $0.2\lambda l$ | 1.623 2 | 0.480 9 | 0.028 3 |
| $0.3\lambda l$ | 2.434 8 | 0.173 2 | 0.010 2 |
| $0.4\lambda l$ | 3.246 4 | 0.039 1 | 0.002 3 |
| | 4.058 0 | 0.001 8 | 0.000 1 |

绘制其沿梁长影响线，如图 2-48 所示。

3)跨中截面畸变翘曲正应力

依据影响线计算结果,可得:

$$\gamma = 3.842\,5 \times 10^{-7}\text{rad}, B_{d\omega} = 1.232\,1 \times 530 = 653.013\text{kN} \cdot \text{m}^2$$

故节点3和节点6的畸变翘曲正应力为:

$$\sigma_{\omega_3} = \frac{B_{d\omega}}{I_D}\omega_3 = 0.099\,4\text{MPa}, \sigma_{\omega_6} = \frac{B_{d\omega}}{I_D}\omega_6 = 0.296\,0\text{MPa}$$

畸变正应力反对称分布,畸变正应力如图2-49所示。

4)畸变翘曲二次扭矩与畸变剪应力

畸变二次扭矩的影响线为:$M_{dw}(z) = -\frac{dB_{dw}}{dz} = -\frac{1}{2} \times e^{-\lambda z}\cos\lambda z$。

跨中截面畸变二次扭矩为:$M_{dw}(0) = -0.5 \times 530 = -265.0(\text{kN} \cdot \text{m})$。

畸变翘曲剪应力为:$\tau_{d\omega} = \frac{M_{d\omega}\bar{S}_{d\omega}}{I_D}/t$。

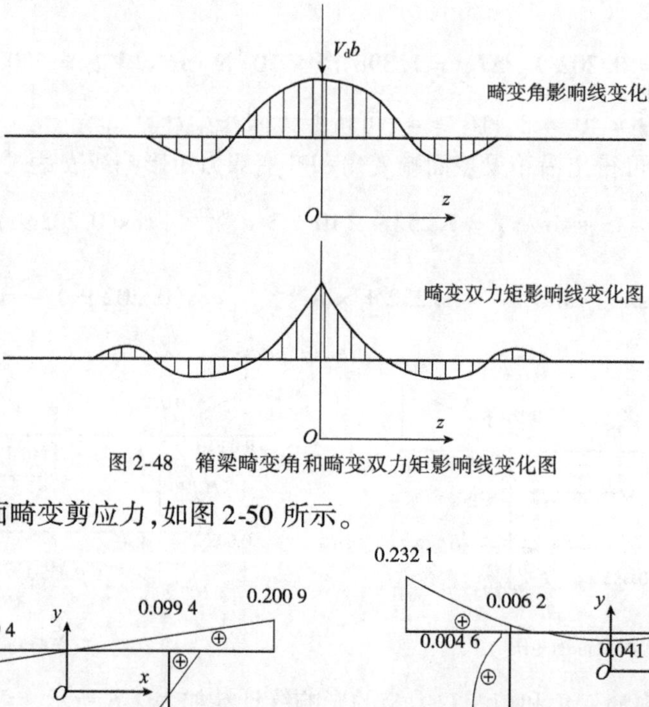


图2-48 箱梁畸变角和畸变双力矩影响线变化图

计算跨中截面畸变剪应力,如图2-50所示。

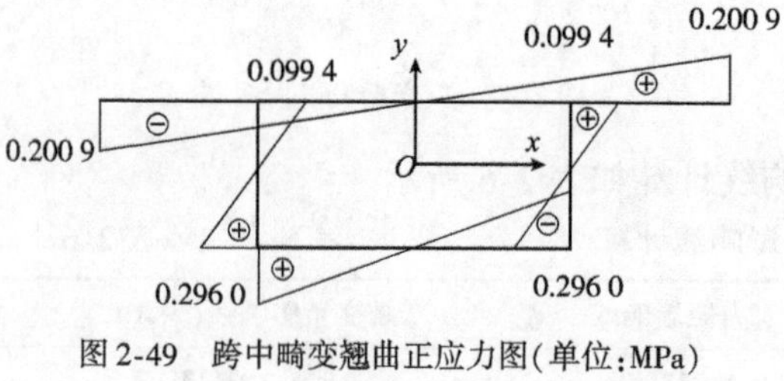


图2-49 跨中畸变翘曲正应力图(单位:MPa)

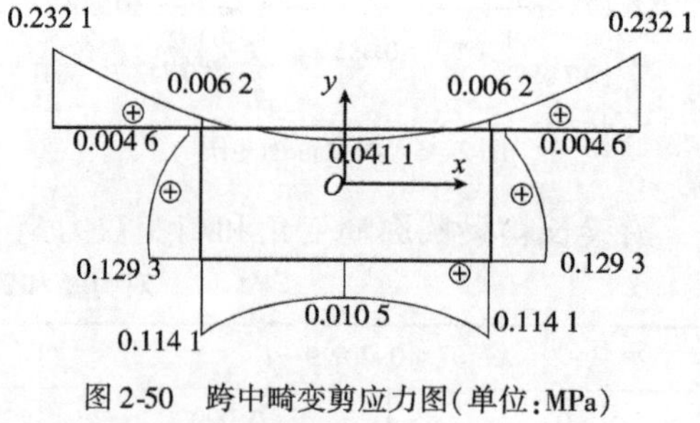


图2-50 跨中畸变剪应力图(单位:MPa)

# 2.5 扭转、畸变解析解和有限元解的比较

## 2.5.1 有限元计算模型

采用2.3.3节【例题】所给定的简支箱梁结构和荷载进行扭转、畸变解析解和有限元解计算结果的比较分析。用实体单元建立简支箱梁的空间计算模型,结构边界条件按照每端

布置两个支座所产生的约束施加,结构承受的跨中扭转荷载通过在跨中腹板位置施加一对反对称集中力来实现,见图 2-51。计算软件采用 ANSYS,有限元应力提取点在箱梁板件厚度的中心线上。

## 2.5.2 扭转、畸变产生的正应力比较

有限元计算得到是约束扭转与畸变应力的总和,而解析解是对约束扭转和畸变分别计算,因此在比较时,解析解首先要对扭转产生的正应力和畸变产生的正应力进行迭加。此外,在荷载作用点和边界约束处,存在应力集中现象,计算结果比较截面选择离跨中 2m 处,以减小跨中处荷载作用点处应力集中的影响。图 2-52 和图 2-53分别是有限元解和经过迭加后解析解的箱梁截面正应力图。

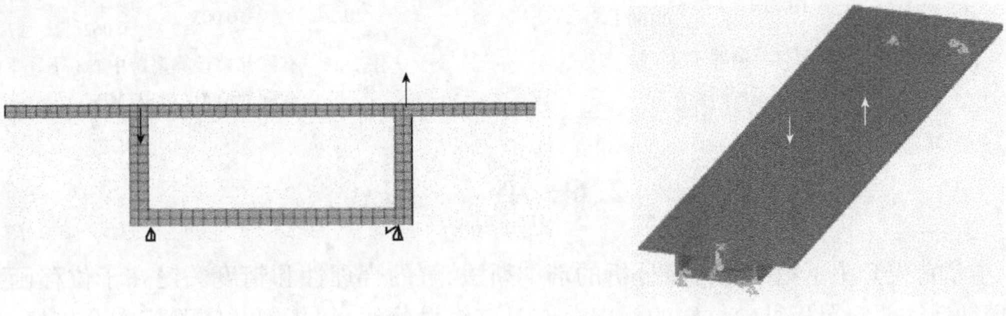

图 2-51 ANSYS 有限元模型

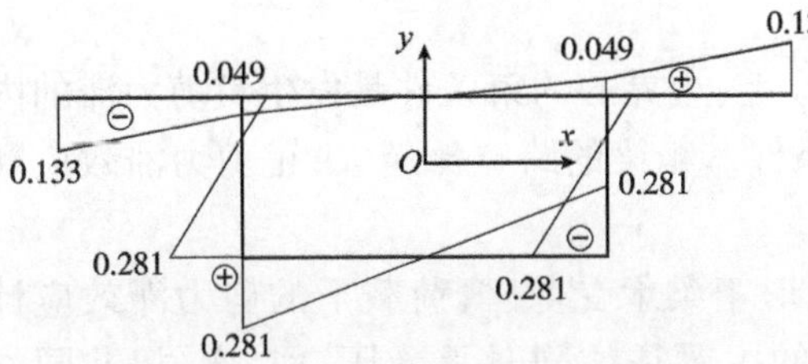


图 2-52 解析解计算离跨中 2m 处截面正应力(单位:MPa)

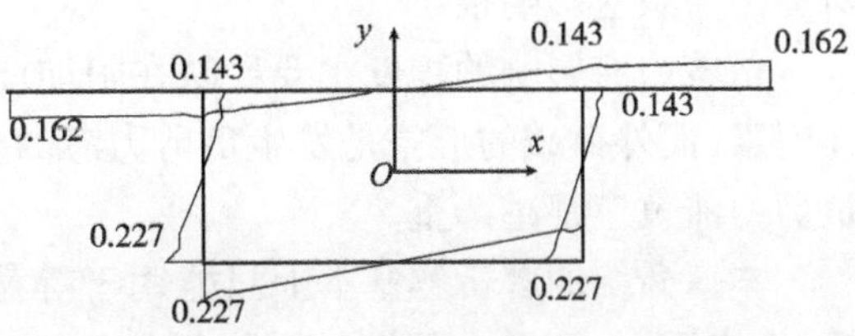


图 2-53 有限元计算离跨中 2m 处截面正应力(单位:MPa)

从图 2-53 中可以看出,解析解得到的翘曲正应力与有限元计算所得到正应力变化趋势基本一致,均呈反对称分布,底板的应力大小比较接近,但顶板的应力相差较大,如与腹板相交处,有限元计算结果为 0.143MPa,解析解计算结果为 0.049MPa。

## 2.5.3 扭转、畸变产生的剪应力比较

同样,将约束扭转剪应力和畸变应力相加,得解析解的截面剪应力,如图 2-54 所示。有限元计算截面剪力图,如图 2-55 所示。

和正应力比较一样,解析解和有限元解计算得到的截面剪应力变化趋势基本一致,均呈对称分布,但解析解计算值均大于有限元计算值,特别是底板上的剪应力,有较明显差别。

一般来说,解析法可以方便分析问题本质以及变化规律,但在应用上有很大的局限性,如对变截面箱梁和复杂的桥梁、支座处和集中力作用点处应力分析,均非常困难。有限元法尽管是一种近似分析方法,但它的适用性广,只要计算机内存、计算速度许可,它可以适合各

类结构的应力分析计算,不同类型的单元和组合可以对各种结构形状进行精确的模拟,以提高计算精度。但有限元是数值解,在分析结构受力的规律性分析方面不如解析解方便,此外,有限元的应用还依赖于计算软件的可靠性与适用性。我们在学习解析解的古典理论时,应着重掌握它所阐述的概念和它所揭示问题的变化规律,在计算分析上要重视掌握有限元这个强有力的计算工具,已解决各类工程结构力学计算。

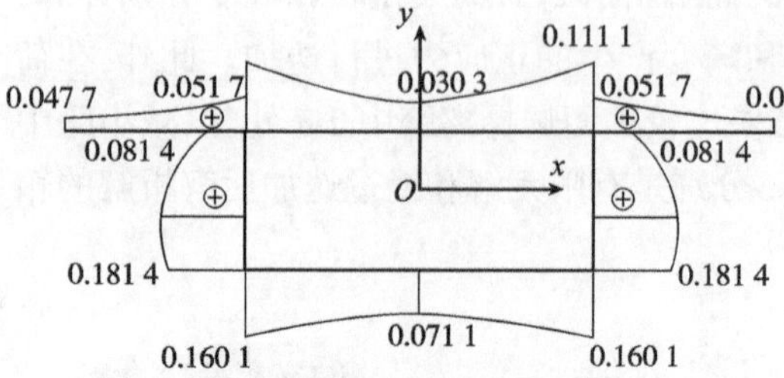

图 2-54　解析解计算离跨中 2m 处截面剪应力(单位:MPa)

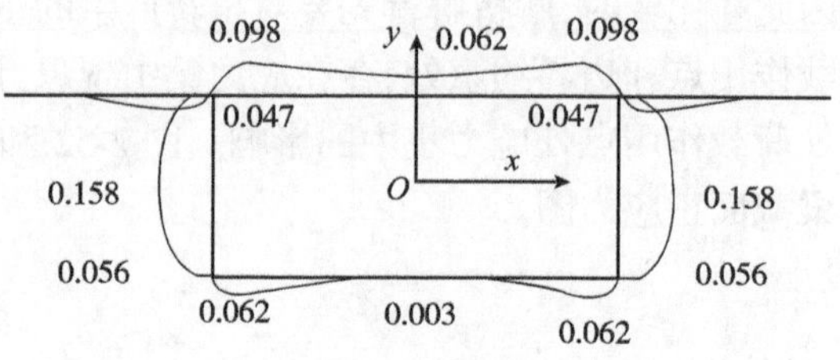

图 2-55　有限元解计算离跨中 2m 处截面剪应力(单位:MPa)

## 2.6　小　　结

本章首先介绍了箱梁剪力滞分析的瑞纳斯法,解的合理性和精度关键在于位移函数选取,瑞纳斯法假定翼板纵向位移的横向分布是三次抛物线,解析解和实测值吻合较好,也有学者曾采用二次或四次抛物线的纵向位移模式,结果表明,取高次抛物线的纵向位移模式,对剪力滞效应影响很小。

负剪力滞影响的程度主要反映在附加挠曲 $M_F$ 上,边界的约束条件是发生负剪力滞的内在因素,而外荷载的形式是发生负剪力滞的外部条件。箱梁的跨宽比越大,正剪力滞效应和负剪力滞效应都越严重。

本章介绍的解析解基本上只能用于等截面矩形箱梁承受剪、弯荷载下的剪力滞效应计算,而实际上,预应力梁桥、拱桥、斜拉桥、悬索桥的主梁往往同时承受压、剪、弯、扭共同作用,截面和边界条件都不规则,因此在学习解析法的同时,要重视掌握数值解的方法和应用,才能解决工程设计问题。

扭转和畸变均在截面上产生翘曲应力和剪应力,两种状况下截面上应力合成的内力都是自相平衡的,并且应力与变形都是反对称分布的。箱梁刚性扭转分析,涉及截面几何特征的计算,如主扇性面积、主扇性静矩和惯矩等,这些内容的计算是扭转分析的基础,在薄壁杆件结构力学有详尽的论述,本章限于篇幅,安排在算例中介绍,学习中不可忽视。

采用能量法推导常截面箱梁的畸变角微分方程,畸变应力最终均可采用畸变角来表示。畸变分析关键是求出畸变角,然后就可求出截面畸变翘曲应力和横向弯曲应力。对常截面的畸变应力可采用弹性地基梁比拟法求解,对变截面箱梁畸变方程的推导和求解可参考有关书籍。如果采用有限元方法分析,则计算结果包括了刚性扭转、畸变等产生的所有应力。

## 思　考　题

1. 承受纯弯曲荷载或者压弯荷载作用下的箱梁截面,是否也存在剪力滞现象?材料进入塑性状态后，箱梁截面剪力滞将如何变化？

2. 箱梁扭转中心和截面形心在什么情况下重合，什么情况下不重合？

3. 箱梁约束扭转产生的剪应力在截面上是自相平衡的，试用本章的分析理论从解析的角度证明该结论的正确性。

4. 箱梁畸变产生的横向弯矩和翘曲应力是如何最终转换成畸变角的函数？

## 本章参考文献


[1] 李明昭，周竞欧．薄壁杆件计算[M]．北京：高等教育出版社，1992.

[2] 张士铎．箱形薄壁梁剪力滞效应[M]．北京：人民交通出版社，1998.

[3] 郭金琼，房贞政，罗孝登．箱形梁桥剪滞效应分析[J]．土木工程学报，1983(3).

[4] 郭金琼，房贞政，郑振．箱形梁设计理论[M]．2版．北京：人民交通出版社，2008.

[5] 张士铎．变高度梯形单室箱梁畸变计算[J]．土木工程学报，1987(12).

[6] 中华人民共和国交通运输部标准．JTG D62—2004　公路钢筋混凝土及预应力混凝土桥涵设计规范[S]．北京：人民交通出版社，2004.

[7] 张士铎，王文川．桥梁工程结构中的负剪力滞效应[M]．北京：人民交通出版社，2004.

[8] 包世华，等．薄壁杆件结构力学[M]．北京：中国建筑出版社，2006.

# 第3章

# 斜梁桥及曲线梁桥分析

## 3.1 概　　述

随着交通运输事业的发展,尤其是近年来高速公路、城市立交和高架道路的日益增多,以往道路设计服从桥梁的设计理念逐渐改变为一般桥梁设计服从道路要求的理念,因此,斜桥和曲线桥的建造需求就变得越来越多。

斜桥和曲线桥与正交直桥相比,明显表现出空间受力的特点,不充分考虑其空间受力特点,会使斜桥、曲线桥在使用过程中出现严重的病害。斜桥常出现锐角支座脱空、钝角主梁开裂、平面内转动等病害,而曲线桥常出现支座脱空、侧向位移等病害,甚至出现侧倾的严重事故。

斜桥、曲线桥不规则的空间形状,使得设计不太容易像正交直线桥一样简化为结构力学的单梁来进行,而必须按照空间结构求解,这使得分析的难度大大增加。因此,斜桥、曲线桥的分析需要在理解结构空间受力特点的基础上进行简化。目前斜桥的简化计算一般利用基于弹性力学分析后得到的图表进行,或者利用简化后的斜梁格进行空间杆系结构力学求解。曲线桥一般简化为空间弯梁进行分析。随着有限元软件出现,特别是计算机可视化技术的发展,目前斜桥、曲线桥分析大多数采用有限元软件进行,而梁格是最常用的单元形式。然而,判断有限元法计算结果的正确性仍然需要对斜桥、曲线桥空间受力特点深入理解。本章从斜桥、曲线桥受力特点出发,介绍各种简化分析方法的形成过程、斜弯桥中常见病害出现的原因和设计对策。

早期由于计算手段的限制,斜桥及曲线桥仅限于在梁式桥上采用,随着计算机的应用,空间计算手段越来越普及,使得拱、索支承体系桥梁也越来越多地采用空间异型结构,这将在下一章讨论。

## 3.2　斜梁桥分析

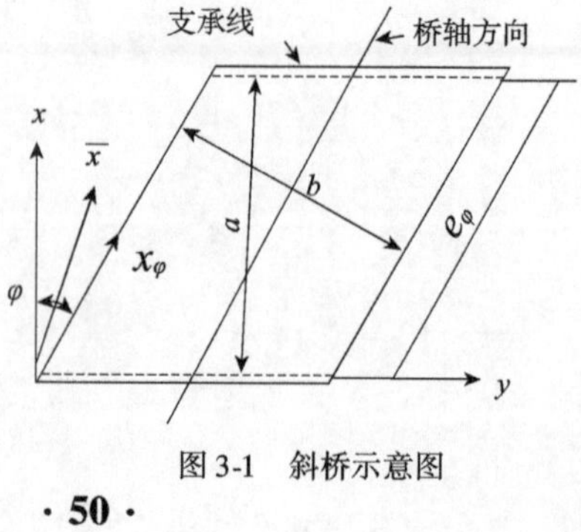


图 3-1　斜桥示意图

斜桥是指桥梁的支承边与梁的轴线不垂直的桥梁,如图 3-1 所示。$x$、$y$ 分别为河流垂直和平行方向,$\bar{x}$ 为主弯矩方向。

### 3.2.1　斜梁桥的受力特点

1)斜桥的空间受力效应

由于支承边与梁的轴线不垂直,支承扭转约束反力作用分解为弯矩和扭矩作用在梁端,这将使斜桥不能简化为平面杆系结构求解,即使是简支梁也必须简化为空间杆系结构求解。

图 3-2 所示的简支单斜梁,由于受支承斜角的影响,是一次超静定结构,需要通过力法或位移法来求解。在距离 $A$ 端 $x$ 的集中力 $P$ 和集中扭矩 $T$ 作用下距离 $A$ 端 $x_z$ 处截面的内力为:

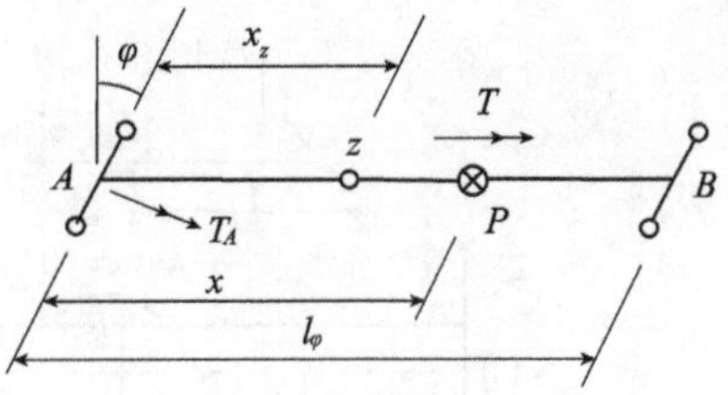


图 3-2 简支斜梁计算示意图

当 $0 \leqslant x_z \leqslant x$ 时,

$$\left.\begin{aligned} Q_x &= P\frac{l_\varphi - x}{l_\varphi} - \frac{T}{l_\varphi}\cdot\tan\varphi \\ T_x &= -P\frac{l_\varphi - x}{l_\varphi}D\cdot x\cdot\cot\varphi + T\left[1 - D\left(1 + \frac{2kx}{l_\varphi}\cdot\cot^2\varphi\right)\right] \\ M_x &= P\frac{l_\varphi - x}{l_\varphi}(x_z - Dx) + \frac{T}{l_\varphi}[l_\varphi - x_z - D(l_\varphi + 2kx\cdot\cot^2\varphi)]\cdot\tan\varphi \end{aligned}\right\} \tag{3-1a}$$

当 $x \leqslant x_z \leqslant l_\varphi$ 时,

$$\left.\begin{aligned} Q_x &= P\frac{x}{l_\varphi} - \frac{T}{l_\varphi}\cdot\tan\varphi \\ T_x &= -P\frac{l_\varphi - x}{l_\varphi}D\cdot x\cdot\cot\varphi - TD\left(1 + \frac{2kx}{l_\varphi}\cot^2\varphi\right) \\ M_x &= P\frac{x}{l_\varphi}[l_\varphi - x_z - D(l_\varphi - x)] + \frac{T}{l_\varphi}[l_\varphi - x_z - D(l_\varphi + 2kx\cdot\cot^2\varphi)]\tan\varphi \end{aligned}\right\} \tag{3-1b}$$

$$D = \frac{1}{2(1 + k\cdot\cot^2\varphi)} \tag{3-2}$$

其中
$$k = \frac{EI}{GI_d}$$

式中:$E$、$G$——弹性模量和剪切弹性模量;

$I$、$I_d$——抗弯惯矩和抗扭惯矩。

可以看出,支承与梁轴的夹角影响截面的内力,如果斜角 $\varphi = 0°$,上述公式中扭矩项为 0,弯矩、剪力与普通简支梁相同。在上述公式中,令集中荷载 $P = 1$,并沿梁纵向移动,即可得到斜梁的内力影响线。图 3-3 为跨径为 20m 的单斜梁跨中截面的扭矩和弯矩影响线,从图中可以看出:

(1)弯矩影响线值随 $\varphi$ 的减小(斜交程度增大)而减小,并随 $k$ 的减小而减小。

(2)扭矩影响线值随 $\varphi$ 的减小(斜交程度增大)而增大,并随 $k$ 的增大而减小。

从上述的影响线规律中可以看出,斜桥的内力还与梁的弯扭刚度比 $k$ 有关。$k$ 从某种程度上体现了梁总体刚度与截面自身刚度的关系。由于斜桥设计的复杂性,一般在桥梁总体设计时,工程师一般将斜桥限制在较小的跨度,这就使得桥梁的相对宽度较大,截面不变形、平截面等杆系结构力学中的基本假定很难满足,所以,除了上述斜交支承对截面内力的影响外,全桥显示明显的应力分布空间性。

对于如图 3-1 所示的斜板桥,如果将主梁按照斜交支承的板来分析,可以得到以下空间受力规律。

(1)斜板的荷载,一般有向支承边的最短距离传递分配的趋势。在宽跨比较小的情况

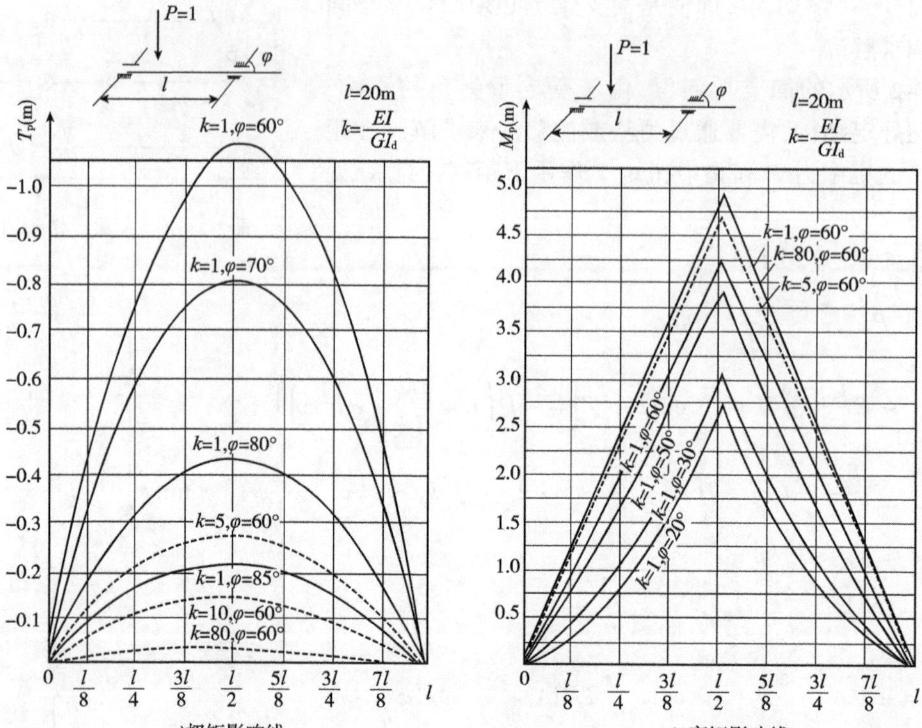


a)扭矩影响线　　b)弯矩影响线

图 3-3　斜梁影响线随斜角的变化

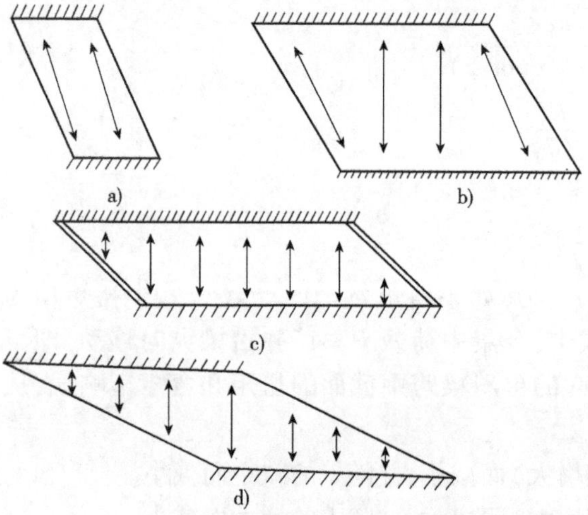


图 3-4　斜桥的主弯矩方向

下,主弯矩方向朝支承边的垂直方向偏转;在宽跨比较大的情况下,板中央的主弯矩几乎垂直于支承边,边缘的主弯矩平行于自由边(图 3-4)。

(2)简支斜板的纵向主弯矩比跨径为斜跨长$l_\varphi$(图 3-1)、宽度为 $b$ 的矩形板要小,并随斜交角的增大而减小。图 3-5 显示了简支斜板在均布荷载作用下的弯矩与矩形板的弯矩的比值随 $\varphi$ 的变化规律。斜板的横向弯矩却比正板大得多,尤其是跨中部分的横向弯矩。横向弯矩的增加量大致上可以认为等于纵向弯矩的减少量。

(3)纵向最大弯矩的位置,随 $\varphi$ 角的增大从跨中向钝角部位移动,如图 3-6 所示。图中板面上的实线,表示 $\varphi=50°$时的最大弯矩位置,图中还示意出 $\varphi$ 为 30°和 70°时的相应位置。

(4)斜板在支承边上的反力很不均匀。钝角角隅处的反力可能比正板大数倍,而锐角处的反力却有所减小,甚至出现负反力。对于正板,支座的个数越多,每个支座分得的反力就越小;但对于斜板,支座的个数越多,反力却在钝角集中的比例越高。

(5)斜板在均布荷载作用下的变形类似于马鞍形。由于钝角反力大,在钝角部位的角平分线垂直方向上,产生接近于跨中弯矩值的相当大的负弯矩(图3-6),其值随$\varphi$的增大而增加,但分布范围较小,并迅速削减。由于反力大,在钝角底板处的局部产生平行于角平分线的局部正弯矩,其数值亦相当大。

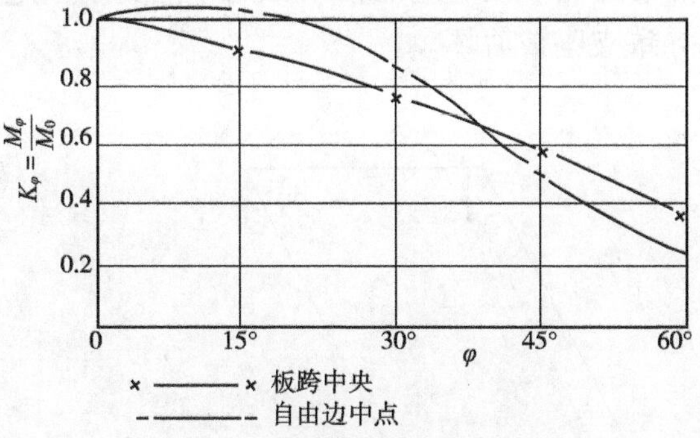


图3-5　斜板桥与矩形板桥弯矩比较

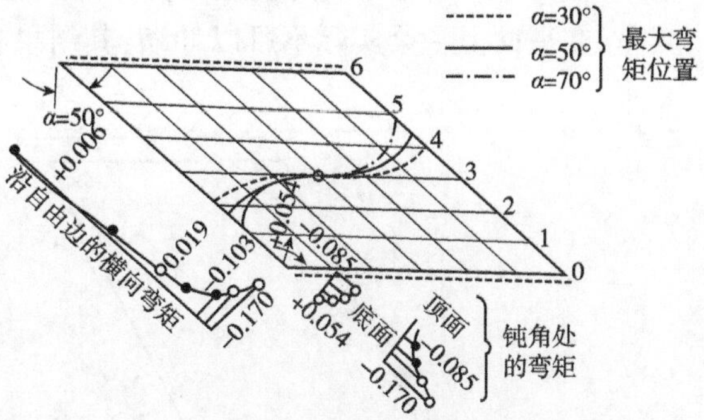


图3-6　斜板的弯矩分布

对于中小跨度的梁桥,纵向分成多个梁肋进行预制吊装是经常采用的施工方法,多片梁肋吊装到位后,在现场连成整体,斜梁桥也可以采用这种方法。预制吊装的单片梁肋非常细长,在自重作用下,除斜交对支承局部应力分布有影响外,内力基本与正交梁相同。单片主梁通过横梁或者桥面连成整体后转变为斜桥,在此后施加的荷载产生类似于上述整体斜板的空间效应。横梁和桥面的刚度越大,斜交的影响就越大,斜桥的特征就越明显。

图3-7为斜桥横梁的不同布置方式。从横向传力效率角度看,正交形式好于斜交形式。但是,正交的横梁在主梁上的纵向位置每根梁上都不相同,给主梁的模板制作带来困难,而斜交的横梁在所有主梁上的纵向位置相同,制作方便。在斜交程度较小时,采用斜交的横梁总体经济效益较高,斜交程度高时,则应采用正交横梁。

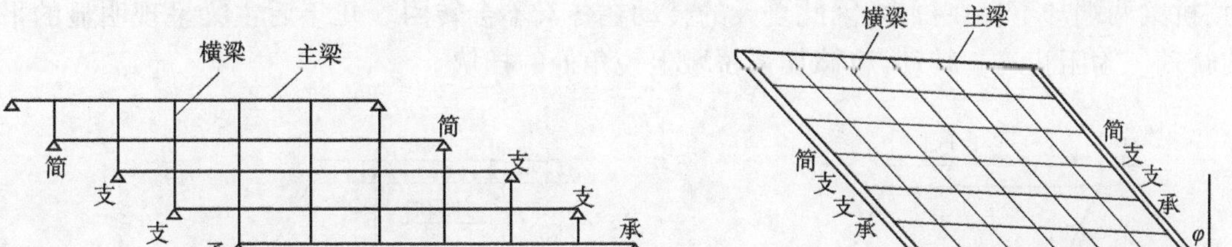


图3-7　正交斜梁格与斜交斜梁格

2)斜桥的变形及合理支承形式

如前所述,整体斜桥的支承反力沿某一支承边的分布很不均匀,钝角处的反力大,这一反力还会引起钝角处主梁顶面和底面的局部弯矩,但是理论和试验研究发现,采用弹性支承可以使斜板的支承反力分布趋于均匀,且钝角上缘的负弯矩也有所减少。因此,斜桥上采用橡胶支座是比较好的选择。在支座吨位选择时,应注意钝角支座反力增大效应。

斜桥的平面内变形主要是长年温差产生的,由于平行四边形的平面形状,其支承活动方向比正交桥梁复杂。如果某一端点布置成固定支座,则全桥可以看成围绕这一点缩放的圆板中的一部分。要使斜桥能自由变形,每个支承的活动方向必须通过该点,而每个支承固定的方向必须垂直于支承点与该点的连线。图3-8a)为简支斜桥的一种活动与固定支承布置方向(单箭头代表单向活动支座的活动方向,十字箭头代表多向活动支座,圆圈代表固定支座)。图3-8b)则为错误的支座布置方向,因为桥梁两端活动支座的活动方向不能交于固定支座,在平面上主梁实际不可以伸缩,其结果将导致支座被剪坏。

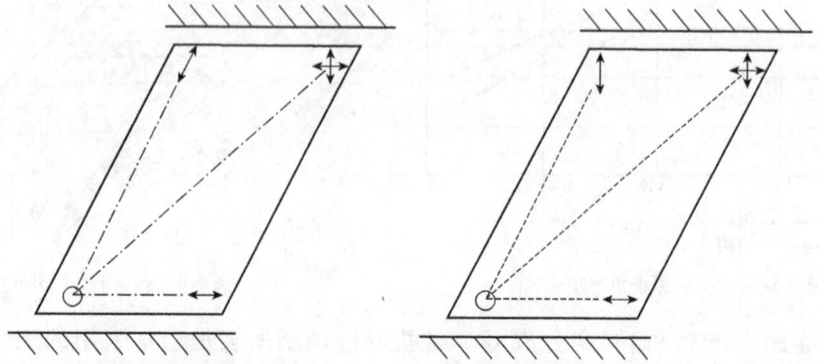

a)正确的支座布置方向　　b)错误的支座布置方向

图3-8　斜桥的支座布置方向

橡胶支座的弹性使斜桥支承反力不均匀的问题有所缓解。但是实践中发现,采用橡胶支座的斜桥,在运营几年后普遍存在平面内的转动现象,两个锐角分别向外侧移动,甚至横桥向剪坏伸缩缝、挤裂锐角两侧的挡块。有两种效应导致主梁的这种转动,一是汽车的制动力,二是常年温差效应。当汽车在桥上制动时(图3-9),主梁将产生箭头所示的斜向运动趋势,而桥台给予主梁垂直于河岸的反作用力,这将使主梁产生向锐角方向的转动。当夏天主梁膨胀时,由于伸缩缝内可能存在垃圾等填充物,桥台将给主梁施加垂直于河岸的阻力,桥梁两端的阻力由于斜交而不在一条线上,力矩同样使主梁向锐角方向转动;冬天桥梁收缩时,桥梁两端却不存在拉力,因此夏天的转动在冬天不会转回。几年后主梁呈现明显的平面内转动。为阻止这一转动,应该加强桥墩上锐角处的挡块。

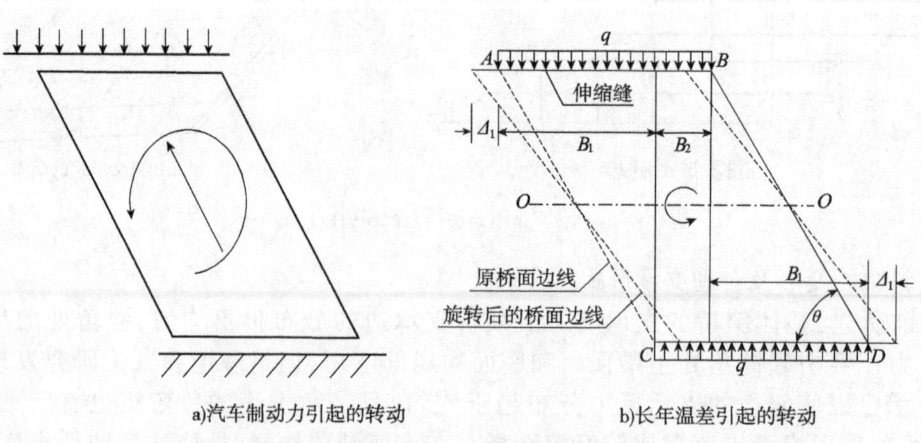


a)汽车制动力引起的转动　　b)长年温差引起的转动

图3-9　引起斜桥平面内转动的因素

3)斜桥分析要求与求解思路

如本节前述,斜桥,尤其是小跨度的相对宽度较大的斜桥,主梁受力表现出明显的空间特性，不满足平截面及截面形状不变形假定，如果仍然按照结构力学的单梁来计算分析，将产生较大的误差。因此，理论上斜桥的分析必须基于空间分析方法。

将主梁按照空间结构求解有两种思路，一是采用弹性力学的方法按照斜板来求解；二是将主梁离散为平面梁格来求解，这特别适用于多肋截面梁桥。

早期学者对于各向同性斜板和比拟正交或斜交斜板，均类似于正交板，研究过基于挠曲微分方程的求解方法。但是，斜交的形状和边界条件使得微分方程的求解过程非常复杂，不便于工程应用，也有学者将微分方程通过差分法进行数值求解，但计算工作量很大，还有学者利用试验的方法实测到斜板的挠曲变形，避免斜板微分方程的求解。为便于应用，基于此类求解思路的方法，一般均在系列化求解斜板后，将结果总结成数表，供工程师在设计时查用，从而避免复杂的弹性力学求解过程，通称实用简化计算方法。

将主梁离散为平面梁格是一种近似逼近计算方法。对于通过横梁联系的多肋式桥梁，在每根纵梁和横梁处建立梁格可以比较准确地模拟真实桥梁的受力。对于板式截面主梁，也可以想象为由多道横梁联系成的板条，从而采用梁格法求解。梁格采用杆系结构力学的力法或位移法就可以求解，但是随纵梁、横梁数量的增加，超静定次数急剧膨胀，实际求解的工作量也非常大，在没有计算机的时代，无法直接求解。为解决这一问题，必须将梁格简化。简化从两个方面进行：一是根据桥面的受力分布特点，减少梁格构件的数量，典型的是将全桥简化为只有跨中一根横梁联系众多主梁组成梁格。另一方面是简化每个梁格的自由度，例如：不考虑每根主梁或横梁的抗扭刚度、横梁抗弯刚度无穷大等。很多情况下，两种简化同时进行。经过上述的简化后，梁格的超静定次数大大降低，可以很容易地求解出来，正交桥梁求解横向分布系数的刚性横梁法就是其中的一个特例。

随着计算机的出现，有限元方法成为超静定结构最有力的工具。各种无法用传统微分方程求解的复杂结构，都可以用有限元法求得数值解。早期由于计算机容量小与速度慢，还不能充分发挥有限元法单元受力简单的优势，必须在单元上增加一些特殊的变形协调条件形成特殊单元，来降低对单元划分细度的要求。在斜桥的有限元单元法计算发展过程中，出现过有线条法、斜交板壳单元、不同自由度的梁格单元等。随着计算机技术的发展，计算机的容量与速度在结构计算方面已逐渐不是瓶颈，可视化技术的发展，使有限元分析的建模与成果表现工作难度大大降低。目前，斜桥的有限元分析基本不需要采用特殊单元，根据不同的分析要求，采用梁单元、壳单元与实体单元成为主流。

### 3.2.2 斜桥简化计算方法

斜桥主要使用在中小跨度桥梁，根据施工方法的不同，主要有两种结构形式：对于小跨度混凝土斜梁桥，一般采用满堂支架整体现浇，因此较多采用整体截面梁，主要是整体实心板或空心板；对于较大跨度的斜梁桥，一般采用预置安装方法施工，因此较多采用多肋式截面梁，单根主梁吊装到桥位后再通过横梁或者桥面制板连成整体。前者称为整体斜板桥，后者称为装配式斜梁桥或者斜梁排。

1）整体斜板桥简化计算方法

整体斜板桥采用满堂支架施工，脱架后主梁就是一块斜支承的板，因此斜交对恒载和活载作用下的内力均有影响，求解时全部要考虑斜交的空间作用。如前所述，斜交板的弹性力学求解过程非常复杂，不适合于设计应用，往往是研究者进行系列计算后将结果列成图表供设计查用,类似于正桥中的比拟正交异性板法计算荷载横向分布的做法。这些简化计算图表有些简单,有些较复杂,精度也不同,这里简单介绍两种。

(1)Olsen 方法

Olsen 根据斜板桥有限元系列计算的结果,提出了如下简单方法,其特点是将斜桥根据不同情况转化为相应的正桥计算,不分恒载和活载,适用于整体浇筑斜板计算。对于如图3-1所示斜板桥:

①当 $l_\varphi \geq 1.3b$,$\varphi \leq 30°$时,作为宽度 $b$、计算跨径 $l_\varphi$ 的矩形板桥来计,$M_x$配筋平行于板边方向,$M_y$配筋平行于支承边方向。

②当 $l_\varphi = 1.3b \sim 0.7b$ 时,如果 $\varphi \leq 15°$,作为宽度 $b$、计算跨径 $a$ 的矩形板桥来计算;如果 $15° \leq \varphi \leq 30°$,作为宽度 $b$、计算跨径$(a+l_\varphi)/2$ 的矩形板桥来计算。

$M_x$配筋在中央垂直于支承边方向,在边缘平行与板边,$M_y$配筋平行于支承边方向。

③当 $l_\varphi < 0.7b$,$\varphi \leq 30°$时,作为宽度 $b$、计算跨径 $a$ 的矩形板桥来计算,$M_x$配筋平行与板边,$M_y$配筋平行于支承边方向。

④不论哪种情况,在钝角边缘端部,距自由端 $b/5$ 的宽度范围内,均假定产生与跨中正弯矩同等大小的负弯矩,必须配置负弯矩钢筋。

我国《公路钢筋混凝土及预应力混凝土桥涵设计规范》(JTG D62—2004)对于斜板桥简化计算,就推荐了该方法,并规定如果 $\varphi \leq 15°$,可以不考虑斜交的影响。矩形板桥可以利用G-M 法表格查表计算。经验算,该方法对于纵向弯矩的计算精度较高,而对于横向弯矩的计算精度较低。日本公路桥梁规范《道路桥示方书》也推荐了类似的斜板桥计算方法,其纵向配筋计算方法与我国类似,但是横向配筋直接从纵向配筋乘以折算系数得到,经算例验证,精度较高。

(2)图表法

上述简化计算虽然简单,但非常粗糙。如果将斜板系列分析结果直接列成数表,查表计算的精度比上述简化方法高。

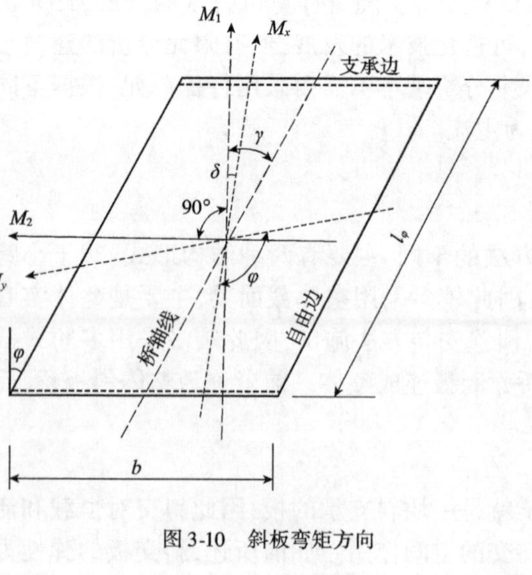

图 3-10　斜板弯矩方向

对于恒载,这里介绍尼尔森(Nielsen)提出的计算均布荷载作用下斜板主弯矩的图表。如图 3-10 所示的斜板桥,根据斜板差分法系列分析结果,两个正交方向单位板宽上的主弯矩 $M_1$ 和 $M_2$ 可按下式计算:

$$M_1 = K_1 q\, l_\varphi^2 \tag{3-3a}$$

$$M_2 = K_2 q\, l_\varphi^2 \tag{3-3b}$$

式中:$q$——斜板在单位面积上的荷载集度;

$l_\varphi$——斜板的斜跨径长度;

$K_1$、$K_2$——分别为 $M_1$、$M_2$ 方向的弯矩系数,由斜交角 $\varphi$ 和斜跨比$\dfrac{b}{l_\varphi}$查表 3-1 得到。

斜板桥均布荷载弯矩系数表 表 3-1

| 位置 | $b/i_\varphi$ | 弯矩系数 | 斜交角 $\varphi$ 0° | 15° | 30° | 45° | 60° |
|---|---|---|---|---|---|---|---|
| 板跨中央 | 0.5 | $K_1$ | 0.125 | 0.118 | 0.096 | 0.068 | 0.040 |
| | | $K_2$ | 0 | -0.003 | -0.011 | -0.015 | -0.009 |
| | 1.0 | $K_1$ | 0.125 | 0.118 | 0.095 | 0.067 | 0.039 |
| | | $K_2$ | 0 | -0.002 | -0.004 | -0.006 | -0.003 |
| | 2.0 | $K_1$ | 0.125 | 0.117 | 0.094 | 0.065 | 0.036 |
| | | $K_2$ | 0 | 0 | -0.001 | -0.001 | -0.001 |
| 自由边中央 | 0.5~2.0 | $K_1$ | 0.125 | 0.118 | 0.095 | 0.067 | 0.035 |
| | | $K_2$ | 0 | -0.006 | -0.018 | -0.024 | -0.019 |
| 钝角部分 | 0.5 | $K_1$ | 0.016 | 0.029 | 0.034 | 0.028 | 0.018 |
| | | $K_2$ | -0.016 | -0.049 | -0.101 | -0.159 | -0.249 |
| | 1.0 | $K_1$ | 0.031 | 0.040 | 0.040 | 0.031 | 0.019 |
| | | $K_2$ | -0.031 | -0.067 | -0.120 | -0.173 | -0.250 |
| | 2.0 | $K_1$ | 0.063 | 0.063 | 0.053 | 0.038 | 0.021 |
| | | $K_2$ | -0.063 | -0.105 | -0.160 | -0.214 | -0.268 |

主弯矩 $M_1$ 的方向角 $\gamma$ 随斜交角 $\varphi$ 的变化而异，它可以从图 3-11 中查得。钝角部分的 $M_1$，其方向用 $\gamma = 90° - \varphi/2$ 来表示。

在钢筋混凝土板中，最好尽量使钢筋方向与主弯矩方向相一致，否则就须按下式求出钢筋方向的弯矩 $M_x$ 和 $M_y$，并用此弯矩进行设计。

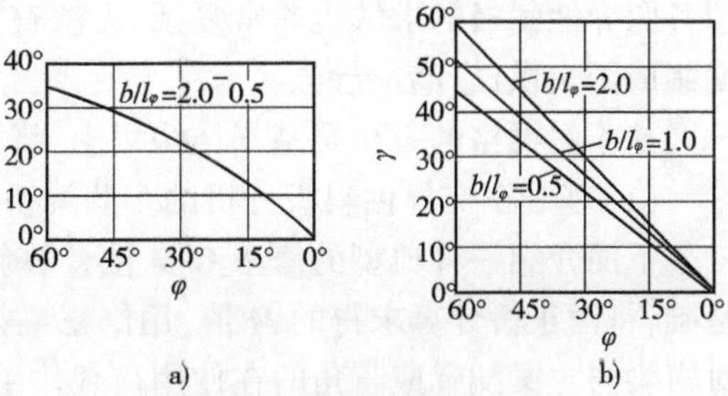


图 3-11 斜板主弯矩方向角计算图

$$M_x = \frac{1}{\sin\varphi}\{M_1\cos\delta\sin(\varphi-\delta) + M_2\cos^2(\varphi-\delta) + [M_1\sin\delta\cos\delta - M_2\cos\delta\cos(\varphi-\delta)]\} \tag{3-4a}$$

$$M_y = \frac{1}{\sin\varphi}\{M_1\sin^2\delta + M_2\cos\delta\sin(\varphi-\delta) + [M_1\sin\delta\sin(\varphi-\delta) - M_2\sin(\varphi-\delta)\cos(\varphi-\delta)]\} \tag{3-4b}$$

当 $\varphi = 90°$，即将纵横向钢筋配置成直角时：

$$M_x = M_1\cos^2\delta + M_2\sin^2\delta + (M_1 - M_2)\sin\delta\cos\delta \tag{3-5a}$$

$$M_y = M_1\sin^2\delta + M_2\cos^2\delta + (M_1 - M_2)\sin\delta\cos\delta \tag{3-5b}$$

上式中，方括号内一项为扭矩的影响部分，式中各符号的意义见图 3-10。

表 3-1 在我国桥梁设计手册中长期应用，经过不同尺寸整体斜板桥算例的验证发现，精度高达 97%。

活载从原理上应该采用影响面加载方法求得在最不利工况下的内力，但是，影响面加载工作量大,不方便,在实用计算中也是将系列计算的结果列成表格供设计时查用。各国规范对于活载形式的规定不完全相同,因此表格不同。根据我国规范规定荷载编制的简化计算表,要求先按照正交板计算在不同荷载作用下的纵、横向弯矩,然后根据斜交角、宽跨比、荷载形式再查响应的修正系数,通过正交桥梁内力值的折算得到斜板桥的纵、横向弯矩及扭矩。

2)装配式斜梁桥(斜梁排)简化计算方法

多肋式斜梁桥(斜梁排)多采用预制拼装方法施工,主梁恒载作用在单根梁肋上,因而没有斜交的问题,可以直接按正桥计算。活载作用在连成整体的桥面上,必须考虑内力在各片梁之间的空间分布。

在正桥中计算跨中截面内力横向分布的方法,可以推广到斜桥,从而得到斜梁桥跨中截面在活载作用下的内力。但这与正梁桥中乘以横向分布系数的方法在本质上是不同的。正桥中将荷载只作用在跨中截面或者按照正弦分布在全桥,计算跨中截面各梁的内力,这里假定不作用在跨中截面的荷载对跨中截面各梁内力的贡献与荷载正好作用在跨中时相同,也就是所谓影响面横截面形状相似的假定。这一假定在斜桥中误差很大,因此,必须将实际荷载作用在全桥计算各片主梁跨中截面的内力。

多肋式斜梁桥(斜梁排)活载内力的简化计算方法有基于斜板与斜梁格求解两种思路。

基于斜板的方法与正桥计算相同,多肋斜梁也可以模拟成比拟各向异性板求解。横梁与主梁正交称为正交异性斜板,横梁与主梁斜交称为斜交异性斜板。与整体斜板桥相同,比拟各向异性斜板的求解也非常复杂,无法直接在设计中应用,因此,研究者经过系列计算后,编制成图表供设计者查询。

基于斜梁格的方法是基于结构概念,将梁格简化后直接利用结构力学方法求解。

(1)基于正交异性斜板分析的多肋梁桥(梁排)活载内力计算

下面介绍一种典型的修正 G-M 法计算斜梁桥的图表,该法的基本思想是以正桥计算为基础,将由正桥计算求得的 $M$ 值,用修正系数进行修正,从而得到斜桥的 $M$。该图表是根据对横梁与主梁配置成直角的在使用荷载作用下的内力与正桥内力的差别得到的。正交异性斜板分析时考虑了车道均布荷载与集中荷载同时作用。

具体应用方法是:

①以斜跨长为正桥的计算跨径,用 G-M 法计算中梁和边梁的弯矩 $M$ 以及横梁弯矩 $M_c$。

②假定斜梁桥为正交异性平行四边形板,可算出:

抗弯刚度比:

$$\sqrt{\alpha} = \sqrt[4]{\frac{J_y}{J_x}} \tag{3-6}$$

扭弯参数 $\kappa$(相当与正桥 G-M 法中的 $\alpha$):

$$\kappa = \frac{G(J_{Tx} + J_{Ty})}{2E\sqrt{J_x \cdot J_y}} \tag{3-7}$$

宽度与跨径之比 $b/a$ 及参数:

$$\beta = \frac{b}{a}\sqrt{\alpha} \tag{3-8}$$

式中：$J_x$、$J_y$——纵桥向和横桥向单位宽度的抗弯刚度；

$J_{Tx}$、$J_{Ty}$——纵桥向和横桥向单位宽度的抗扭刚度；

$E$、$G$——弹性模量和剪切弹性模量；

$a$、$b$——斜跨长及垂直自由边方向的桥宽。

③根据以上的$\sqrt{\alpha}$、$\kappa$、$\beta$及斜交角$\varphi$(这里用桥梁轴线和支承线的夹角表示)值，由图3-12算出修正系数$K$，用$K$乘以正桥的$M$值即可得到斜梁桥的弯矩值。图中的差分节点⑧点代表边梁，⑱点代表中梁。

图3-12中的$K$值除了与$\sqrt{\alpha}$、$\kappa$有关外，还与$\beta$有关，因此，图表的绘制是比较复杂的。图中$\beta$值的间距很大，幸好大多数情况下$\beta$值的影响较小，因此，对于$\sqrt{\alpha}$、$\kappa$与$\beta$的中间值，均采用内插值，$K$仍可得到足够的精度。

日本学者直接根据具有五根纵梁的正交斜梁格模型试验结果，拟合出的计算$K$值的图表(图3-13)，该表以$\sqrt{\alpha}$、$\varphi$和$b/L$为参数，这里：$b$为纵梁的间距，$L$为斜跨长。与根据半理论半经验公式得到的图表(图3-12)相比，本表中未考虑主梁的扭弯参数$\kappa$。一般情况下，如果把按图3-13所求得的斜桥弯矩与按图3-12中$\kappa=0$时所求得的弯矩相比，前者所得各主梁的弯矩较均匀。

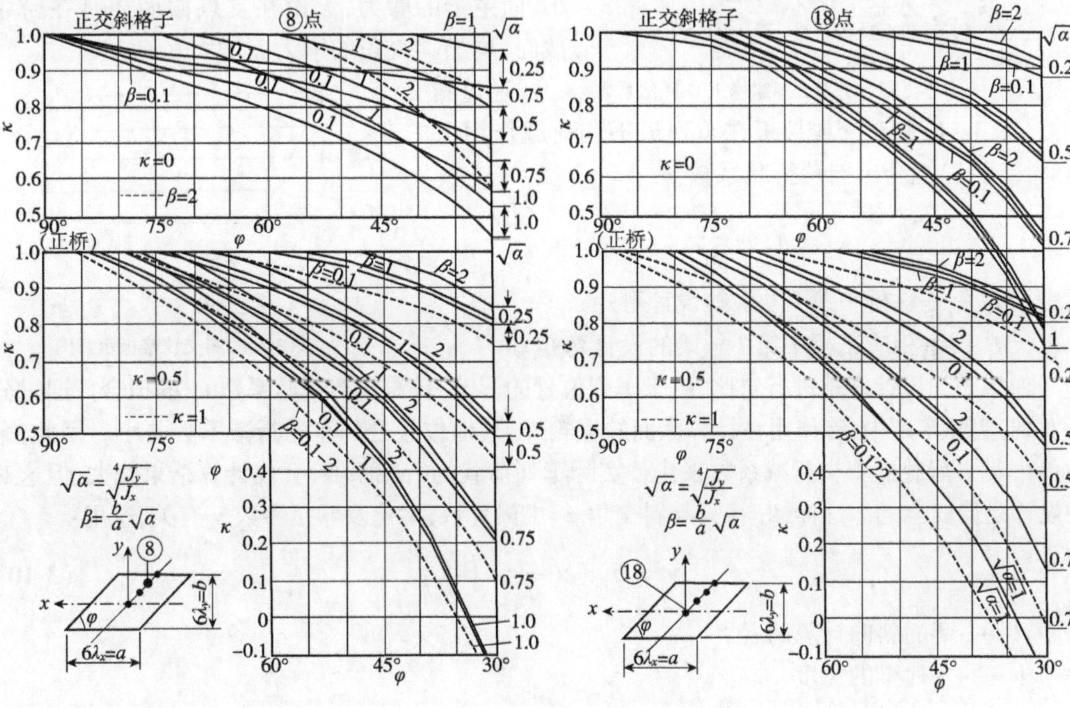


图3-12　正交斜梁修正G-M法系数

④用按正桥求得的横梁弯矩$M_c$乘以系数，即可近似地得到斜梁桥横梁的弯矩，这里$K$值为中梁和边梁的平均值。

这样做是因为考虑到，随着斜交程度的增加，各主梁的弯矩减少，而横梁的弯矩增加，大致上主梁弯矩减少的比例与横梁弯矩增加的比例相近。

上述图表是在实际荷载作用在斜桥上计算得到的，因此保证了斜桥的空间特性。为简化图表,只计算跨中截面弯矩,其他截面的弯矩按二次抛物线在跨内内插,只计算中梁和边梁的弯矩,其他梁的弯矩可以按直线内插。这一简化给非跨中截面内力带来误差,但是,对于简支梁桥,跨中截面是设计的关键,其他截面采用保守估计。

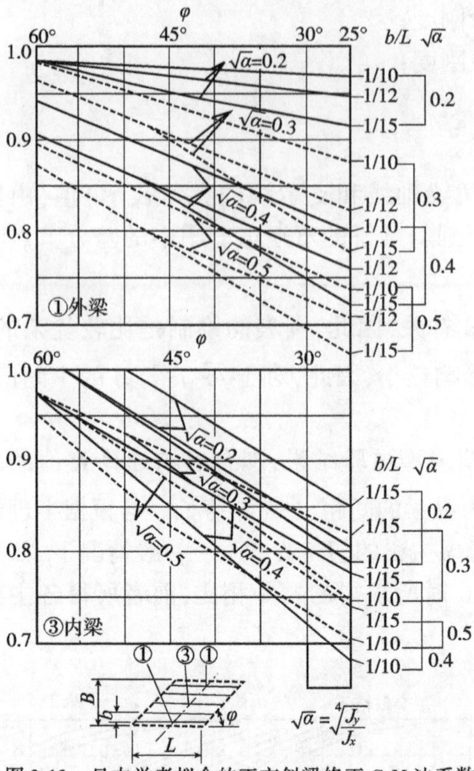


图 3-13 日本学者拟合的正交斜梁修正 G-M 法系数

(2)斜交铰接板桥的计算

铰接板梁桥在小跨度桥梁中是一种非常经济的桥型,安装也很方便。在正桥中,可以将半波正弦荷载作用在铰接板上,很容易地计算出跨中截面各片梁的内力分布。因为斜交铰接板不满足荷载比、挠度比及内力比均相等的条件,所以无法直接将铰接板法应用在斜向铰接板上。国内学者用有限元法计算横向铰接斜板桥在实际车道荷载作用下跨中截面各片主梁的内力。结果显示,铰接斜板的弯矩无论在车列荷载还是在单位集中荷载作用下,均随斜交角的增大而减小;而主梁的剪力,无论在支点截面还是在跨中截面,均随斜交角的增大而增大。

通过斜交铰接板(图 3-14)和正交铰接板在车列最不利荷载作用下的弯矩对比,可以拟合出斜角折减系数:

$$k_a = \frac{M_i^a}{M_i^0} \tag{3-9}$$

式中:$M_i^a$ ——斜桥中第 $i$ 号梁的设计弯矩;

$M_i^0$ ——相应正桥中第 $i$ 号梁的设计弯矩。

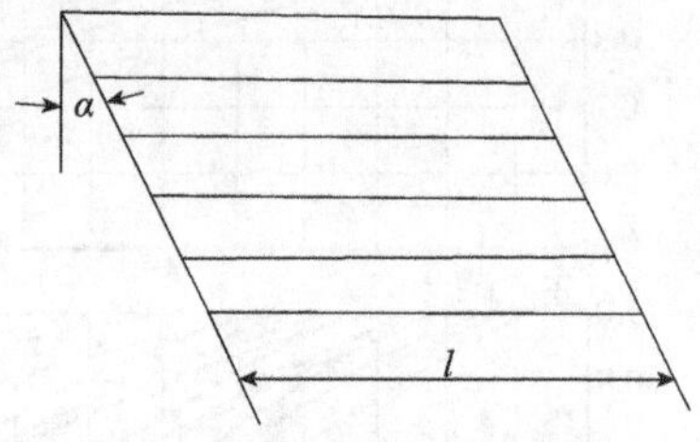


图 3-14 斜交铰接板示意图

如果采用设计弯矩进行对比,由于车列位置的影响,较难进行折减系数 $k_a$ 的拟合。通过分析发现,实际车列中,除作用在计算截面的重轮外,其他位置处的车轮折减系数更小。因此,采用单个集中荷载的斜交折减系数来代替实际车列荷载的折减系数,会使计算结果偏大,但这对于设计是偏安全的。这样,$k_a$ 将只与斜交角 $\varphi$、主梁片数、梁位及弯扭参数 $\gamma$ 有关,这里:

$$\gamma = 5.8 \times \frac{I}{J} \times \left(\frac{b}{l}\right)^2 \tag{3-10}$$

式中:$l$——梁的斜向计算跨径;

$b$——一片梁的宽度;

$I$——一片梁的竖向抗弯惯矩;

$J$——一片梁的抗扭惯矩。

折减系数 $k_a$ 在《横向铰接斜梁(板)桥的实用计算法》一书中可以查到。此法与上述的正交异性斜板图表编制的原理相同,由于铰接斜板是在实际荷载作用下计算的,因此,折减系数体现了斜桥的空间受力特性。

(3)基于梁格分析的简化计算方法

刚性横梁法计算正交梁桥内力横向分布是基于梁格法分析的特例,在那里只计算了荷载作用在跨中截面的情况，荷载作用在非跨中截面时，认为其对各根主梁跨中截面内力的贡献与作用在跨中时相同。斜桥梁格的简化与正桥类似，假定全桥只有一根横梁将各主梁连接起来，这将使梁格的超静定次数大大降低，同时计算结果也偏于安全。由于斜桥跨径小，相对宽度宽，因此不能假设这根横梁是刚性的。上述梁格的求解理论上很简单，但是由于超静定次数仍然很高，必须进一步简化。以下介绍的 Leonhardt-Homberg 梁格法即忽略了主梁和横梁的刚度，且假定横梁与梁排正交。

Leonhardt-Homberg 梁格法的基本思路是，在并列斜交主梁中间插入一根与主梁垂直的分配横梁，将此作为梁排来求出荷载分配系数 $k_{ik}$，再由 $k_{ik}$ 算出截面的内力。

①横向分配系数的计算公式

对如图 3-15 所示的正交斜梁格，取横梁为脱离体，将纵梁作为横梁的弹性支承考虑（图 3-16），通过结构力学求解，可求得单位竖向力作用在某一片梁与横梁交点处时，各片梁分得的荷载。

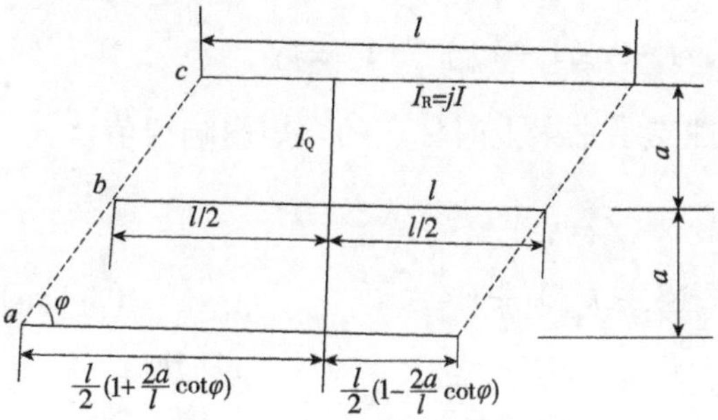


图 3-15　正交斜梁格计算图式

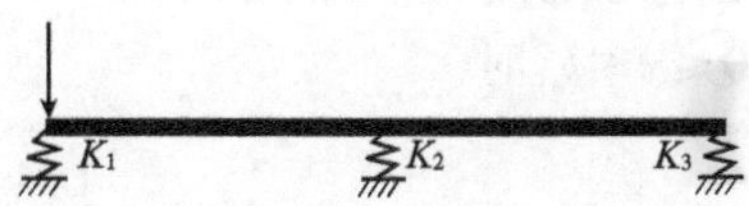


图 3-16　跨中横梁力法求解图式

$$
\left.\begin{aligned}
\alpha &= \left(1+\frac{2a}{l}\cot\varphi\right)^2\left(1-\frac{2a}{l}\cot\varphi\right)^2\\
Z &= \frac{I_Q}{I}\left(\frac{l}{2a}\right)^3, j=\frac{I_R}{I}\\
N_1 &= (\alpha+2j)Z+2j
\end{aligned}\right\}\tag{3-11}
$$

$$
\left.\begin{aligned}
k_{aa} &= \frac{j+jZ}{N_1}+\frac{1}{2}\\
k_{ba} &= \frac{\alpha Z}{N_1}=k_{bc}\\
k_{ca} &= \frac{j+jZ}{N_1}-\frac{1}{2}=k_{ac}\\
k_{bb} &= \frac{2j+\alpha Z}{N_1}\\
k_{ab} &= \frac{jZ}{N_1}=k_{cb}
\end{aligned}\right\}\tag{3-12}
$$

$k_{ik}$ 为荷载 $P=1$ 作用在梁格系上第 $k$ 号梁的交叉点处时，梁格点 $i$ 的反力影响系数，即第 $i$ 号梁分配到的荷载。

斜梁桥的横向分配系数 $k_{ik}$ 与正桥的不同，由于横梁安装位置的不同，$k_{ik}j_k=k_{ki}j_i$ 不一定成立，应予注意。再有，$\sum k_{ia}=\sum k_{ib}=\sum k_{ic}=1$，该式与正桥一样，可用于验算。依此类推，可以推得更多片梁时的公式。

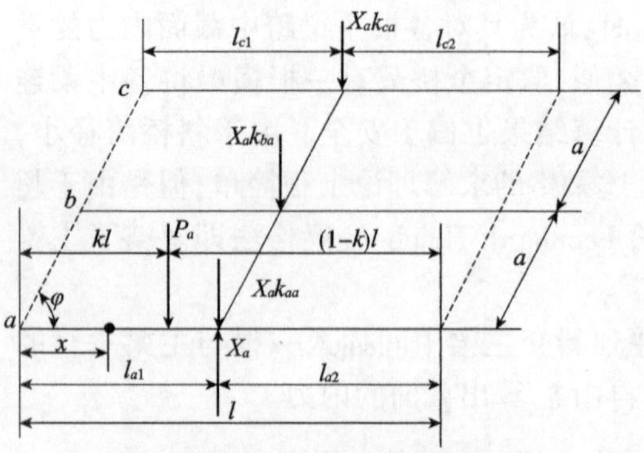


图 3-17 斜梁格影响面计算示意图

②主梁的弯矩影响面

主梁任意位置的弯矩、剪力、挠度等截面内力和变形影响线，可以利用没有横梁的简支梁的影响线和在横梁格点处弹性支承的不等跨连续梁的反力影响线的叠加来求解。

现用图 3-17 所示的三根主梁斜梁格中 $a$ 主梁上 $x$ 点的弯矩影响线的求解来加以说明。

$P_a=1$ 作用于 $a$ 主梁的 $kl$ 点时，$a$ 梁 $x$ 点的弯矩，作为计算跨径为 $l$ 的简支梁计算，$kl>x$ 时，为 $(1-k)x$，$kl<x$ 时，为 $k(l-x)$。

计算跨径为 $l_{a1}$ 和 $l_{a2}$ 的连续梁，设 $P_a=1$ 引起的中间支点反力为 $X_a$，因梁格点为弹性支承，所以 $X_a$ 还需被分配，梁格点上的实际反力为 $X_a(1-k_{aa})$。该反力在 x 点产生的弯矩，当 $0\leqslant x\leqslant l_{a1}$ 时，为 $-X_a(1-k_{aa})\dfrac{l_{a2}}{l}x$，当 $l_{a1}\leqslant x\leqslant l$ 时，为 $-X_a(1-k_{aa})\dfrac{l_{a1}}{l}(l-x)$。

将上述弯矩叠加后，就得到 $P_a=1$ 作用在弹性支承主梁上时 $x$ 点的弯矩影响线值：

当 $0\leqslant x\leqslant l_{a1}$ 时，

$$M_{aa}=\begin{cases}(1-k)x\\k(l-x)\end{cases}-X_a(1-k_{aa})\frac{l_{a2}}{l}x \tag{3-13a}$$

当 $l_{a1}\leqslant x\leqslant l$ 时，

$$M_{aa}=\begin{cases}(1-k)x\\k(l-x)\end{cases}-X_a(1-k_{aa})\frac{l_{a1}}{l}(l-x) \tag{3-13b}$$

此时，在 $b$、$c$ 梁上，只在梁格点处作用有 $X_ak_{ba}$、$X_ak_{ca}$ 的力。同样，若 $P_a=1$ 作用在 $b$、$c$ 梁上，则只通过荷载的横向分配传至 $a$ 梁格点处，所以荷载在 $b$、$c$ 梁上时，$a$ 梁 $x$ 点的弯矩影响线值为：

当 $0\leqslant x\leqslant l_{a1}$ 时，

荷载在 $b$ 梁：
$$M_{ab}=X_bk_{ab}\frac{l_{a2}}{l}x \tag{3-14}$$

荷载在 $c$ 梁：
$$M_{ac}=X_ck_{ac}\frac{l_{a2}}{l}x \tag{3-15}$$

当 $l_{a1}\leqslant x\leqslant l$ 时，

荷载在 $b$ 梁：
$$M_{ab}=X_bk_{ab}\frac{l_{a1}}{l}(l-x) \tag{3-16}$$

荷载在 $c$ 梁：
$$M_{ac}=X_ck_{ac}\frac{l_{a1}}{l}(l-x) \tag{3-17}$$

这样，可以画出梁格上任何点的弯矩影响面。同样，也可以计算剪力、挠度的影响面。

现在，剩下的问题是求解 $P=1$ 作用在两跨连续梁上时，中间支点处的反力。对如图 3-18 所示的两跨连续梁，其支点反力

图 3-18 支点反力计算示意图

$X_B$ 为：

$$X_B = P\left[k' + \frac{k'(1-k'^2)l_1}{2l}\right] \tag{3-18}$$

③横梁的弯矩影响线

由于横向分配系数 $k_{ik}$ 实际上就是梁格点的反力影响线，所以也可以用 $k_{ik}$ 来求横梁的弯矩影响线。

如图 3-19 所示，在四根主梁结构的横梁上，$a$ 梁格点处作用有 $P=1$，此时横梁 $y$ 点的弯矩为：

$$M_{ya} = \eta_{ya} = (k_{aa}-1)a + k_{ba}\cdot b \tag{3-19}$$

同样，在 $b$ 梁格点处作用有 $P=1$ 时，有：

$$M_{yb} = \eta_{yb} = k_{ab}\cdot a + (k_{bb}-1)b \tag{3-20}$$

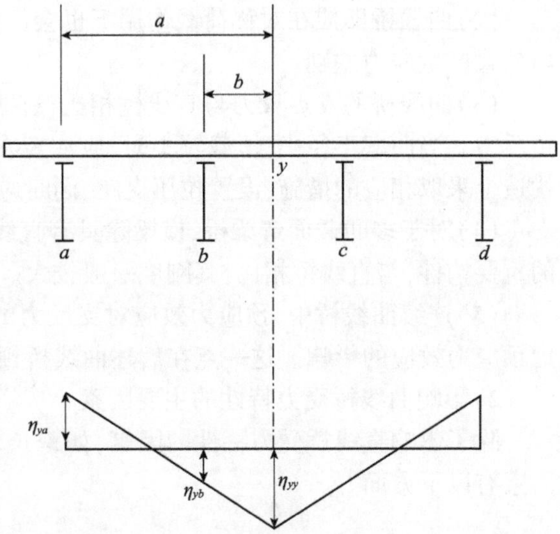

图 3-19　横梁计算示意图

当 $P=1$ 不作用在梁格点上时，可以足够精确地用 $P=1$ 作用在各梁格点上的值的内插或外插值来计算。

从以上的推导过程可以看出，利用梁斜格计算多肋式斜桥完全体现了斜桥的空间特点，与直桥计算单梁内力然后乘以横向分布系数有本质的区别。

## 3.3　曲线梁桥的分析

曲线梁桥是指主梁自身是曲线形的桥梁（图 3-20），有些桥梁位于曲线上，通过折线形成曲线，只是在内外侧边缘通过悬臂板形成曲线，不是曲线桥，如图 3-21 所示。曲线桥由于承担较大的扭矩，所以大部分采用抗扭惯矩较大的箱梁，板梁和梁排使用得比较少。

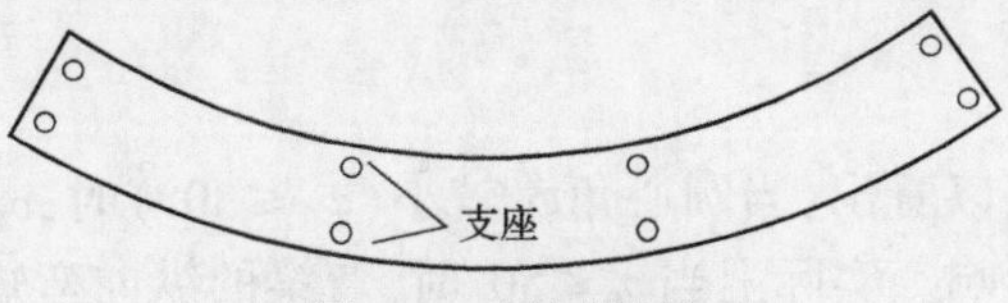

图 3-20　连续曲线桥

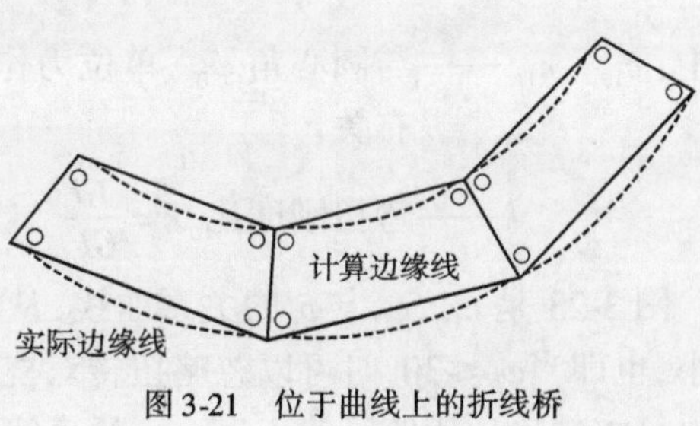

图 3-21　位于曲线上的折线桥

### 3.3.1　曲线梁桥的受力特点

1）曲线梁桥的受力特点

由于受曲率的影响，曲线梁截面在发生竖向弯曲时，必然产生扭转，而这种扭转作用又将导致梁的挠曲变形，这被称之为“弯—扭”耦合作用。这一作用使曲线桥具有以下各项受力特点，也使得结构分析不能像直桥一样简化成平面杆系结构。

(1)由于弯扭耦合，曲线桥的变形比同样跨径直线桥要大，简支曲线桥外边缘的挠度大于内边缘，而且曲率半径越小、桥越宽，这一趋势越明显。

(2)曲线桥即使在对称荷载作用下也会产生较大的扭转，通常会使外梁超载，内梁卸载，内外梁产生应力差别。

(3)曲线桥的支点反力与直线桥相比，有曲线外侧变大、内侧变小的倾向，内侧甚至产生负反力。当曲率半径小，恒载较小时，应注意在设计上控制内侧支点的负反力，必要时应在构造上采取相应的措施，设置拉压支座，同时应防止外侧支座超载。

(4)对于多肋截面弯梁桥，横梁除具有直线桥中传递活载的功能外，还是保持全桥稳定的重要构件，与直线桥相比，其刚度一般较大。

(5)连续曲线桥中，预应力效应对支反力的分配有较大影响。计算支座反力时，必须考虑预应力效应的影响。这一点在后述曲线桥预应力初内力部分讨论。

2)影响曲线桥受力特性的主要因素

除了影响直线桥受力特性的因素，如跨长、抗弯刚度外，与曲线桥受力特性有关的主要因素有以下方面。

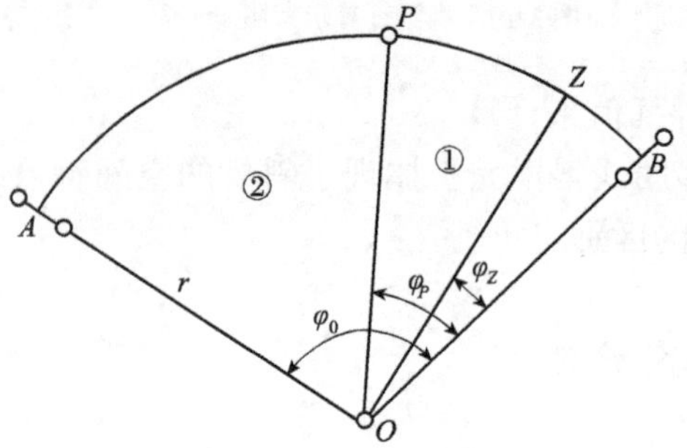


图 3-22 简支超静定曲梁

(1)圆心角$\varphi_0$

主梁的弯曲程度是影响曲线桥受力特性最重要的因素，但是曲率半径并不能全面地反映弯曲程度，曲率半径相同时，跨径越大，弯曲程度越大。能全面反映主梁弯曲程度的参数是圆心角，它是跨长与半径的比值，反映了与跨径有关的相对弯曲关系。如果桥梁跨长一定，主梁圆心角的大小就代表了梁的曲率，圆心角越大，曲率半径就越小，所显示的曲线桥的受力特点就越明显。如图 3-22所示的简支超静定曲梁，其跨中挠度影响线为：

$$\eta_{CP}^{W} = w\left(\varphi_Z = \frac{\varphi_0}{2}, P = 1, \varphi_P\right) = \frac{r^3}{EI}(c_{10} + kc_{11}) \tag{3-21}$$

式中：$c_{10}$ 、$c_{11}$ ——与圆心角 $\varphi_0$ 、单位力作用位置 $\varphi_P$ 有关的系数，$c_{10}$与扭转无关，$c_{11}$与扭转有关；

$k$——弯扭刚度比，$k=\dfrac{EI}{GI_d}$。

图 3-23 是 $c_{10}$、$c_{11}$与$\varphi_0$的关系曲线，从图中可以看出：当圆心角$\varphi_0$较小($\varphi_0 \leqslant 30°$)时，$c_{11}$极小，也即当$\varphi_0 \leqslant 30°$时可以忽略扭转对挠度的影响。实际上当$\varphi_0 \leqslant 50°$时，弯梁的纵向弯矩可以足够精确地用跨径为 $l = r \cdot \varphi_0$的直线梁来计算。

图 3-24 是两跨连续弯梁在均布荷载作用下的内力图，从图中可以看出，弯矩和剪力图的形状和直桥相似，且圆心角$\varphi_0$较小时数值也较接近，但是扭矩比直桥大得多；随着$\varphi_0$的增大，各项内力均增大，说明在相同跨径下，曲线桥的内力要比直桥大。虽然扭矩比直桥大，但是扭矩影响线的标值比扭矩小一个数量级，所以在通常情况下，曲线桥的扭矩并不控制主梁截面的设计。

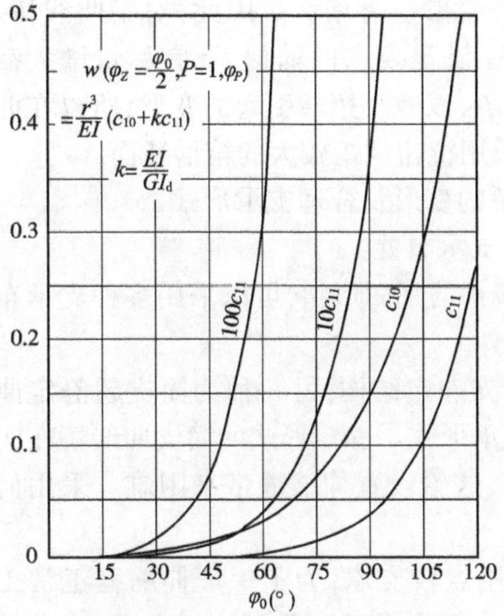


图 3-23　$c_{10}$、$c_{11}$ 与 $\varphi_0$ 的关系曲线

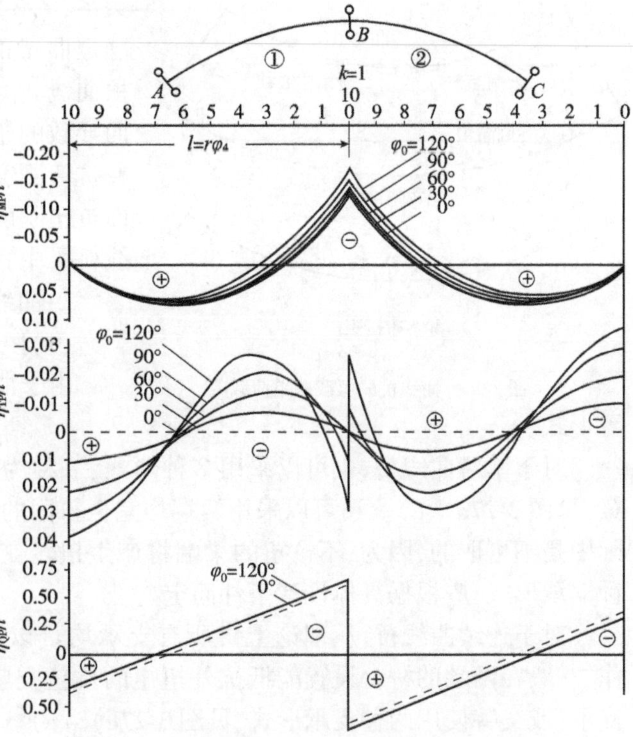


图 3-24　两跨连续弯梁在均布荷载作用下的内力图

(2)桥梁宽度与曲率半径之比

偏心布置在桥面上的汽车荷载将产生扭矩,这与直桥相同,但是由于弯扭耦合作用,扭矩又将产生弯矩。图 3-25 是两跨连续弯梁在均布扭矩作用下的内力图,除剪力外,弯矩比直桥大得多,说明偏心荷载对曲线桥的内力有较大影响,单是均布扭矩产生的弯矩比均布竖向荷载作用产生的弯矩小一个数量级。

当桥宽较大、曲率半径较小时,还应注意到曲梁内外弧长相差较大,因此外侧恒载比内侧大得多,即使是对称截面,恒载也会产生向曲线外侧翻转的均布力矩(图 3-26)。因此,在进行曲线桥计算时,除考虑 $\varphi_0$ 外,还应充分考虑桥梁宽度的因素。

(3)弯扭刚度比 $k=EI/(GI_d)$

在曲线桥中,主梁的弯扭刚度比与结构的受力和变形状态有直接的

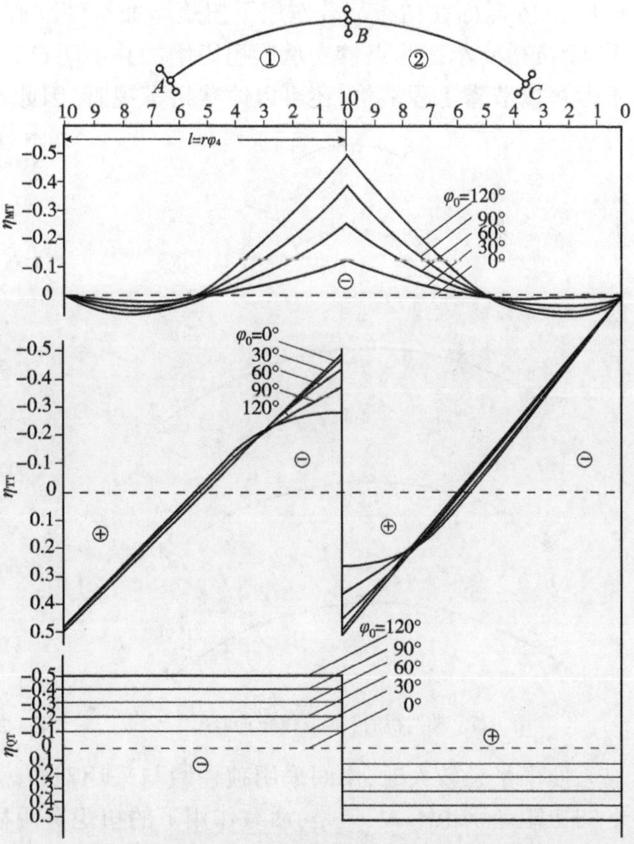


图 3-25　两跨连续弯梁在均布扭矩作用下的内力图

关系，图 3-23 显示了，集中荷载$P=1$作用下简支超静定曲梁的跨中挠度系数，在$k=1$、10、100时的三根曲线 $c_{11}$、$10c_{11}$、$100c_{11}$随 $k$ 值增大，由于曲率因素而导致的扭转变形显著增大。因此，对于曲线桥，在抗弯刚度 $EI$ 满足要求的前提下，宜尽量增大截面抗扭刚度 $GI_d$，以减小扭转引起的变形，所以在曲线桥梁中宜采用抗扭惯矩较大的箱形断面。

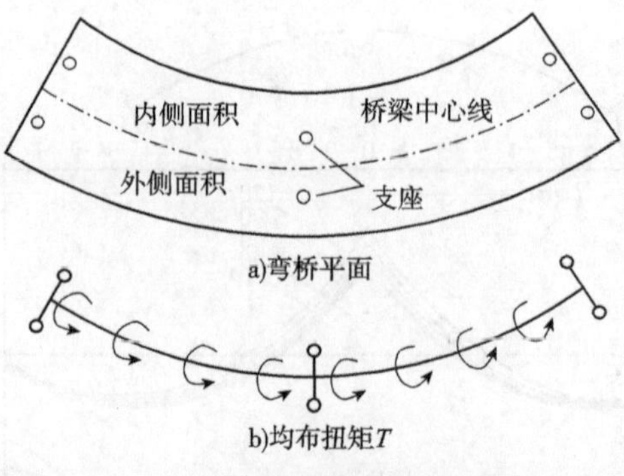


图 3-26　曲线桥的恒载扭矩荷载

3）曲线桥的变形及合理支承形式

（1）竖向支承布置

由于曲线桥的平面形状，可以采用多种支承布置形式。

对于单跨曲线桥，也可以采用多种形式，一种为简支静定结构，另一种为简支超静定曲梁，见图 3-27a）、b）。还可以采用两端均完全箝固的支承形式。静定形式的简支曲线桥在实际中是不可取的，因为，不抗扭的梁端将产生扭转变形，这给设置伸缩缝带来困难。采用何种支承形式，应根据具体设计条件而定。

对于连续曲线桥，从理论上讲所有支承均可以采用点铰支承，为了保证伸缩缝正常工作，一般在两端的桥台设置能抵抗外扭矩的抗扭支座，中间支承可以采用抗扭支承，或点铰支承，或交替使用两种支承形式，见图 3-27c）～e）。分析表明，连续曲梁弯矩和剪力几乎不受是否采用抗扭支承的影响。图 3-28 显示了三跨连续曲梁中间支承从全抗扭改为点铰支承后，$a$、$b$ 截面在均布荷载作用下扭矩增加量随圆心角变化的情况。从图中看，在恒载作用下，全抗扭支承改为点铰支承后扭矩增加并不明显。由于连续曲线桥中间支承采用独柱墩，不但可以节省工程造价，还可以改善桥下视野，因此在城市立交的匝道中被广泛采用。

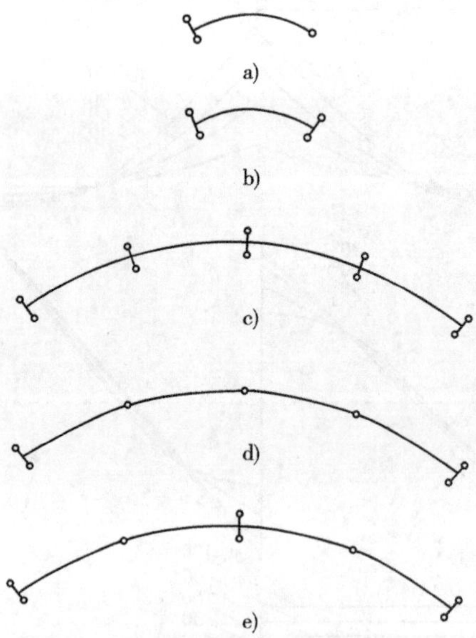


图 3-27　曲线桥的竖向支撑布置形式

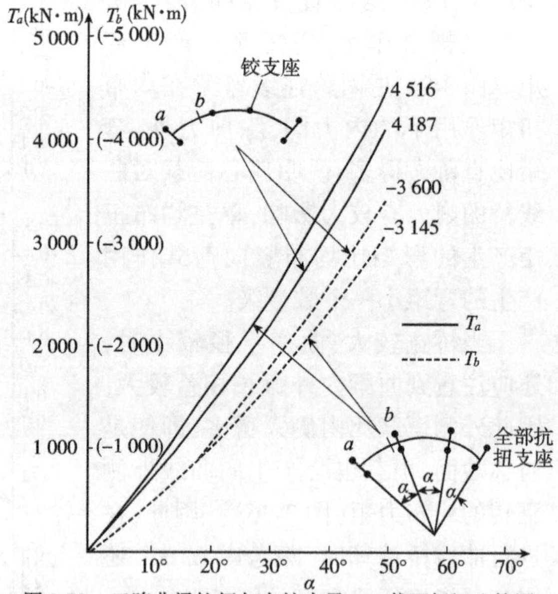


图 3-28　三跨曲梁抗扭与点铰支承 $a$、$b$ 截面扭矩比较图

曲率半径较大时，中间采用独柱墩与采用双柱墩，虽然弯矩与剪力差别不大，恒载作用下的扭矩差别也不大，但是，活载作用下的扭矩有明显区别。曲率半径较大时弯扭耦合作用减小，如果中间均设独柱墩，活载偏心所产生的扭矩大部分传递到相邻孔，所有中间孔的扭

矩最终累积到梁端的抗扭支承上，图 3-29 为均布力矩作用在直梁与弯梁上的扭矩图的对比，曲率半径越小传递到端支承的扭矩越小。而匝道桥的宽度一般较小，端支座的间距不大，较大的扭矩将使某一侧的端支座产生上拔力，如没有特殊措施，将使支座脱空，同时，靠近端支承的梁体也要承受较大的扭矩。因此，在曲率半径较大时，不宜设计中间独柱墩的多跨连续梁，尤其是在较宽的直桥上不应设置多跨中间独柱墩。

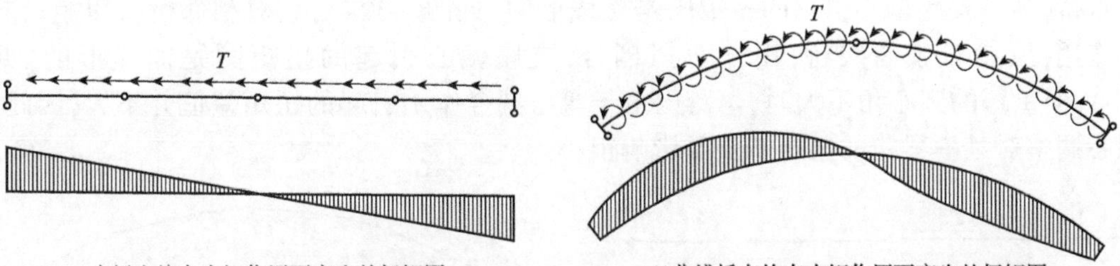


a)直桥在均布力矩作用下产生的扭矩图　　b)曲线桥在均布力矩作用下产生的扭矩图

图 3-29　均布力矩作用在直桥与曲线桥上产生的扭矩比较

近年来，采用独柱支承曲线桥屡有发生侧倾事故，其主要原因就是中间的独柱不能约束扭矩，扭矩全部转移到梁端造成内弧侧端支座脱空。按照小位移假定，只要整个梁的重心没有跑出任意两个外围支座间的连线，支座脱空并不会造成梁的侧倾。但是，在偏心荷载作用下，主梁发生扭转，当转角大到一定程度时，支反力的下滑分力将超过支座侧向的约束能力，此时主梁将下滑，同时水平分力还会将墩柱侧向推倒，如图 3-30 所示。

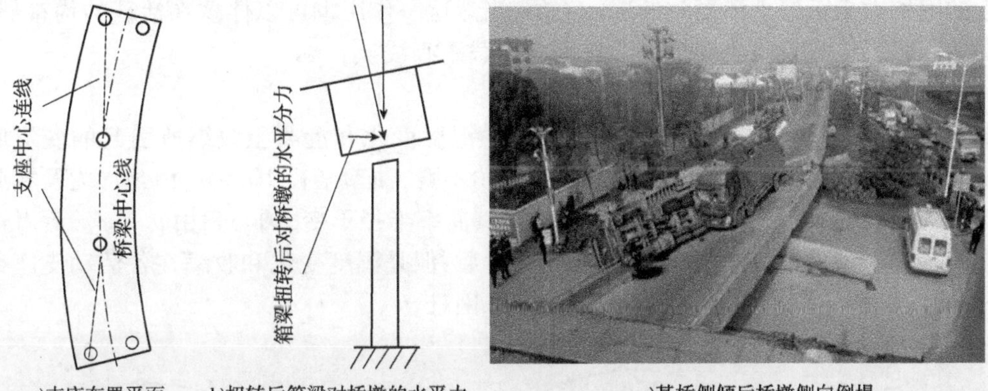


a)支座布置平面　　b)扭转后箱梁对桥墩的水平力　　c)某桥侧倾后桥墩侧向倒塌

图 3-30　箱梁侧倾发生原因

在独柱墩较高的情况下，可以采用“墩—梁”固结的构造，充分利用桥墩的柔性来适应上部结构的变形要求，省去价格昂贵的支座，同时简化了墩梁连接处的施工，从而获得较好的经济效益。但是在设计墩—梁固结桥梁时，必须考虑上部结构对桥墩受力的影响，保证桥墩有足够的强度。

在中间独柱墩点铰支承连续弯梁中，上部结构的扭矩不能通过这些点铰支承传递到基础中去，但是如果给予中间点铰支承以横向偏心，就可以达到调整扭矩分布的目的。这可以从图 3-31 看出，由于中间支座的偏心，支承反力在截面上就会产生附加集中力矩 $\Delta T_k = e_{ck}X_k$，点偏心的组合就可以在

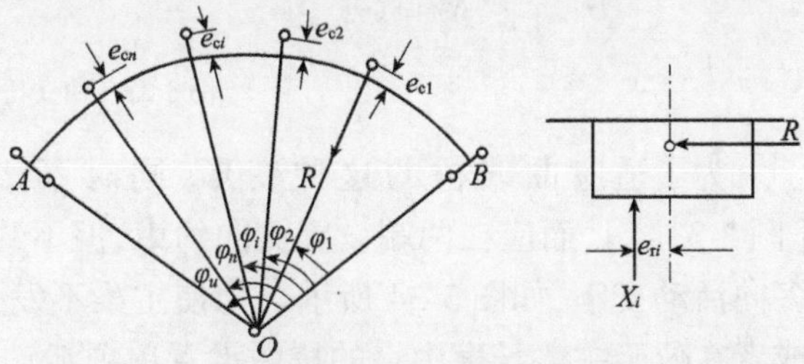


图 3-31　独柱偏心支承

曲梁上作用一组扭矩，从而调整扭矩的分布。经过推导分析，在偏心距相对于曲率半径较小时($e_{ck}/R<0.04$)，因支座偏心而产生的附加力矩$\Delta T_k$与偏心距$e_{ck}$大致呈线性关系：

$$\Delta T_k \approx C_1(e_{ck}/R) \tag{3-22}$$

式中：$C_1$——与结构形状、荷载种类、第$k$个支承所在的位置有关的系数。

支座偏心调整只能调整整跨扭矩图的分布，对某一梁跨的扭矩峰值差影响很小。因为，对于直桥，某一支座偏心引起的扭矩图是直线形的，见图3-32a)，它对相邻桥跨扭矩只起到平移作用；虽然对于曲线桥，由于弯扭耦合，支座偏心引起的扭矩图是曲线形的，见图3-32b)，但每跨的圆心角不大时，每跨内由于弯扭耦合作用引起的扭矩差值并不大，因此，支座偏心调整对某一梁跨的扭矩峰值差影响很小。

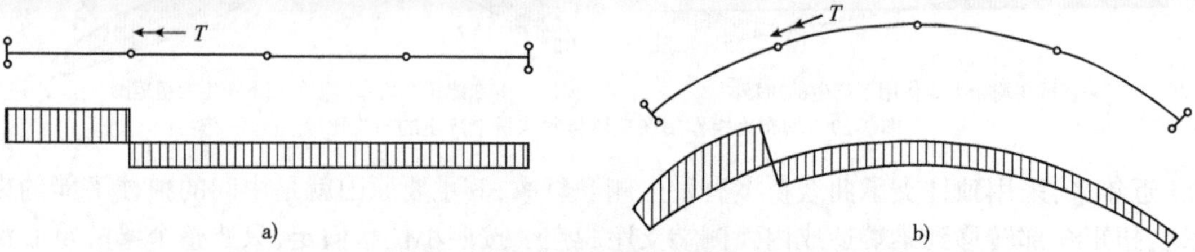

图3-32　集中力矩对直梁和弯梁的作用

支座偏心调整扭矩分布的作用，也可以直观地从恒载的偏心分布看出。如前所述，曲线桥由于形状影响，恒载分布外弧半桥大于内弧半桥，因此产生扭转荷载(图3-26)。偏心支承所产生的附加力矩正好抵消恒载的这一作用，当然这一作用也可以体现在活载的均布部分。支座的偏心相当于将支座放在了主梁的实际荷载重心线上。

(2)水平约束布置

曲线桥的平面内变形可以分为两种性质：由温度变化和混凝土收缩所引起的变形属于弧段膨胀或缩短性质[图3-33a)]，变形后圆心角不变，曲率半径由$r_0 \to r$；由预加力及相应的混凝土徐变引起的属于切向变形[图3-33b)]，其曲率半径不变，圆心角由$\varphi_0 \to \varphi$。后者没有横桥向的变形，与通常的支座和伸缩缝布置不矛盾；但是温度变化和收缩在各活动支座处引起纵桥向和横桥向的变形，给伸缩缝的活动带来困难。

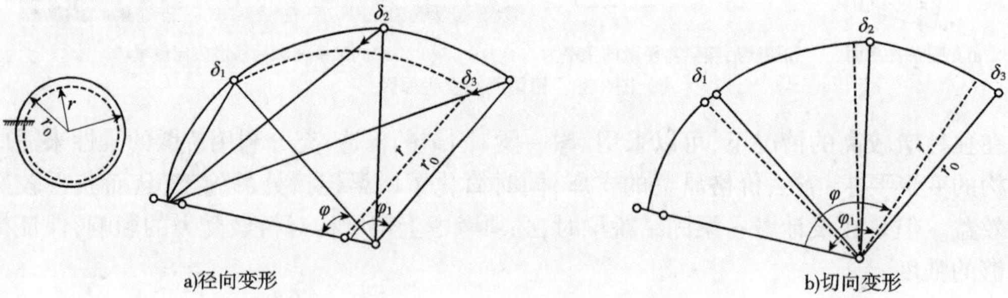

图3-33　曲线桥的平面内变形

为了适应曲线桥的这种变形，同时不影响伸缩缝的工作，不应将一端完全固定[图3-33a)]，而应在两端设置侧向约束，但不约束梁端的伸缩和平面转动，中间支座则设置多向活动支座，如图3-34所示。为使主梁不发生纵向飘移，可以在一端设置一个固定支座，或者在位于主梁长度中点的桥墩设置单项活动支座，活动方向应设在曲线的径向。

保证曲线桥的纵向自由伸缩变形非常重要，因为，一旦纵向伸缩被限制，弯桥将类似于平面内的拱桥,产生很大的水平推力,同时产生较大的侧向水平位移,造成桥梁损坏。因此,必须在设计中预留足够的伸缩缝变形量及支座允许变形量,在施工和使用过程中保证伸缩缝及支座的正常工作。

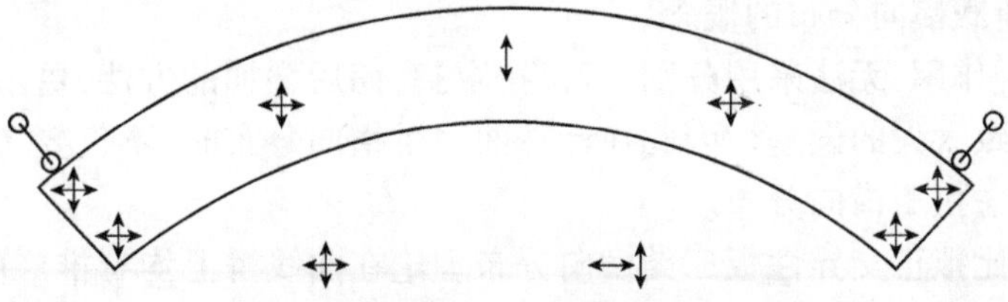

图 3-34　多跨连续曲线桥水平约束布置示例

曲梁桥的侧向爬行是常见的病害,尤其是独柱支承的弯桥,造成该病害主要有两个原因,一是汽车,二是常年温差。

汽车离心力使桥梁承受向曲线外侧的径向力,此外,汽车在桥上制动时的制动力分量也使主梁承受向曲线外侧的径向力。

如果桥梁两端设挡块,中间桥墩设多向活动支座,按照上述分析,热胀冷缩时主梁将产生径向位移。伸缩缝良好工作时,在夏天主梁向曲线内侧移动,冬天向外侧移动;伸缩缝不能很好工作时,则相反。理论上热胀冷缩是反复过程,主梁应来回侧向移动。但是主梁有向曲线外侧扭转的趋势,使墩顶截面有向外侧的转角,采用橡胶支座时,外侧支座压缩较多,内侧支座压缩较少,这就造成截面两侧的高差。在重力作用下,向下移动容易,向上回复困难,与汽车荷载的径向力叠加,长期运营后就造成向曲线外侧的爬行,如图 3-35 所示。因此,曲线桥在两端应设计强大的挡块,而中间桥墩应设计侧向移动限位装置。

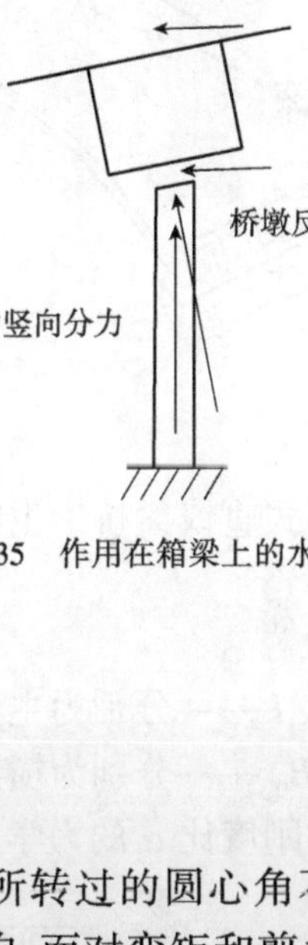

图 3-35　作用在箱梁上的水平力

## 3.3.2　曲线梁桥的计算方法

1)曲线梁桥的分析要求

曲线梁桥的特点是空间受力,主要是弯扭耦合,但是在一跨所转过的圆心角不很大时(圆心角小于 10°),弯曲的影响不大。弯曲主要对扭矩有较大影响,而对弯矩和剪力影响并不大。圆心角较大的弯桥,一般都位于较大跨度的匝道桥上,相对宽度较小,因此,可以简化为空间梁来分析。对于箱形截面梁可以简单地采用单曲梁计算,对于多肋梁可以简化为梁格计算。

空间曲梁可以类似于直桥通过结构力学方法求解,但是由于曲线的形状,计算非常繁琐,而且只能分析等截面、圆曲线曲梁,在有限元法得到推广运用后,已经很少应用,但是其理论有助于理解曲线桥的受力特点。在有限元分析中,早期受制于计算机的容量,研究了很多特殊单元,例如曲梁单元、曲线有线条等。随着计算机容量的突破,目前主要采用梁单元、板壳单元模型用于验证。

2)曲线梁桥的横向分布计算方法

在直线桥梁中,横向分布理论是分析桥梁荷载横向分配的有效方法。理论分析和试验结果证实,曲线桥控制截面的控制内力与变形的精确影响面一般在纵、横方向均具有各自相似的变化规律,因此可以仿照直线桥的做法,采用横向分布方法进行曲线桥设计计算。由于弯扭耦合作用,严格来说曲线桥的内力及位移横向分布与荷载的横向分布是不同的,但本计算方法仍沿用了荷载横向分布的概念。

由于弯扭耦合作用,无法采用分别对弯、扭求解,而后叠加的方法,更不能忽略主梁的抗扭作用,否则会导致太大的误差。因此在计算曲线桥横向分布时,不仅要考虑竖向力横向分布,而且应同时考虑扭矩横向分布。

梁格、梁系和比拟正交异性板三类横向分布理论在曲线桥上均有推广应用,但是随着有限元软件的进步,利用横向分布理论计算曲线桥空间内力的方法已经越来越少应用。这里仅介绍梁格理论的特例——刚性横梁法,从中深入了解梁格法的精华。

对如图 3-36 所示的简支曲线桥,曲率半径为 $r_i$,圆心角为 $\theta_0$,因此各梁的计算跨径为$l_i = r_i \cdot \theta_0$。

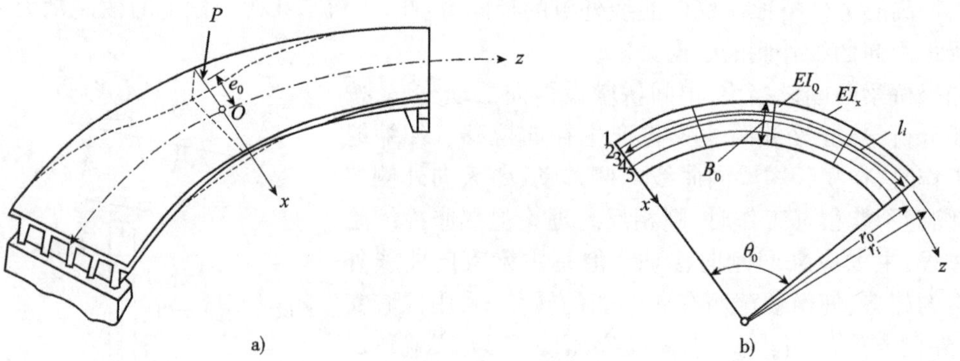


图 3-36　多梁式简支曲线桥

并列式直线梁桥中主梁和横梁相对刚度比值为:

$$\alpha = \frac{I_Q}{I_x}\left(\frac{l}{B_0}\right)^3 \tag{3-23}$$

式中:$I_x$ 、$l$ ——分别为主梁的抗弯惯矩和计算跨径;

$I_Q$ 、$B_0$ ——分别为横梁的抗弯惯矩和长度。

相对刚度比 $\alpha$ 的力学定义为:

$$\alpha = \frac{\text{主梁跨中作用单位集中荷载时的跨中挠度}}{\text{长度为 } B_0 \text{ 的横梁跨中作用单位集中荷载时的跨中挠度}}$$

对于直线梁桥,如果横梁的抗弯刚度相当大时,可假设 $EI_Q = 1$,即视横梁为不变形的刚性梁。这对于长宽比较大的桥梁(通常 $l/B > 2$,$B$ 为桥梁承重结构的宽度)能充分反映梁的工作情况。对于曲线桥不仅具有相同的性质,而且曲线桥由于存在弯扭耦合作用,由竖向荷载引起的主梁挠度比相应的直桥大,$\alpha$ 值可达直桥的 100 倍。因此,对于曲线桥,刚性横梁假定的适用范围要比直桥大得多。

取曲线桥内任意横梁为脱离体,建立如图 3-37a)所示的坐标,有集中力 $P$ 作用在距坐标原点 $O$ 任意距离 $e_0$处,则将产生如图 3-37b)所示的位移与转角,各主梁对它的反作用为竖向力 $R_i$和力矩 $T_i$。由于弯扭耦合,即使 $P$ 作用于曲线桥截面重心线上,截面也要产生扭转,但是,可以设想截面上总有一点 $D$,当集中力作用于此点时,截面只沿着力的方向作平移,某些文献称之为转动中心。将 $P$ 分解为作用于 $D$ 点的力 $P$ 和扭矩 $P \cdot e$,则横梁的位移也可以分

解为竖向平移和纯转动两种状态,如图 3-37c)和图 3-37d)所示。$R_i$和 $T_i$可分解为:

$$R_i = R'_i + R''_i \tag{3-24a}$$

$$T_i = T'_i + T''_i \tag{3-24b}$$

式中:$R_i$、$T_i$——竖向荷载 $P$ 作用下,主梁 $i$ 分配到的竖向荷载和扭矩;

$R'_i$、$T'_i$——$P$ 作用于 $D$ 点时,主梁 $i$ 分配到的竖向荷载和扭矩;

$R''_i$、$T''_i$——$P \cdot e$ 作用于 $D$ 点时,主梁 $i$ 分配到的竖向荷载和扭矩。

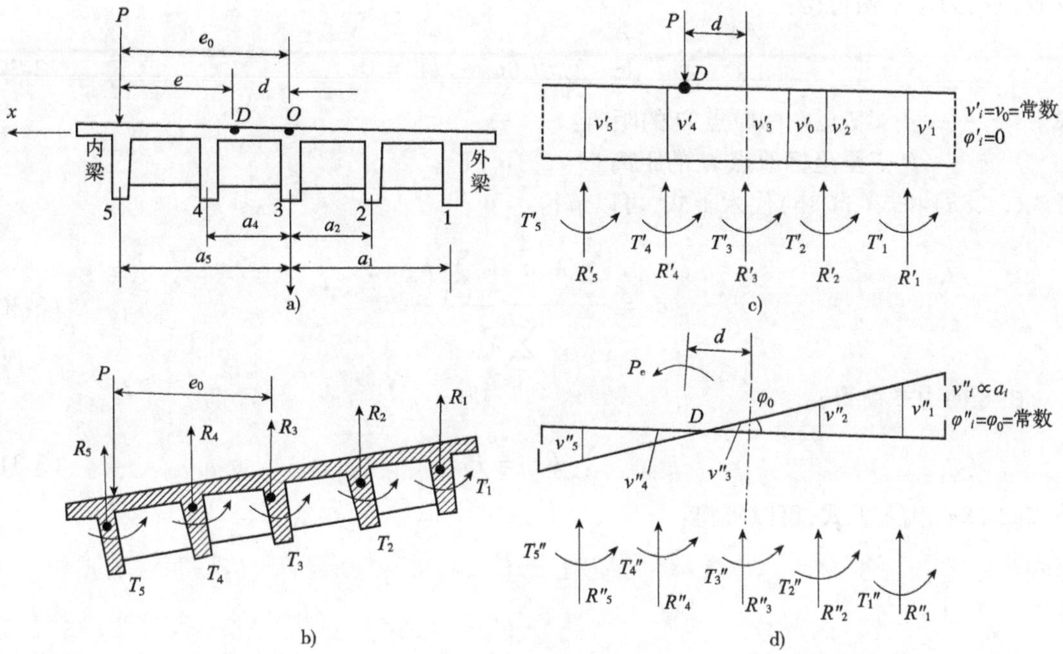


图 3-37　跨中横梁的变形分解

任意主梁 $i$ 的挠度 $v_i$ 和扭角 $\varphi_i$ 可表示为:

$$v_i = R_i C_{vRi} + T_i C_{vTi} \tag{3-25a}$$

$$\varphi_i = R_i C_{\varphi Ri} + T_i C_{\varphi Ti} \tag{3-25b}$$

式中:$C_{vRi}$、$C_{\varphi Ri}$——分别表示 $P=1$ 作用于主梁 $i$ 某点上时在该点所引起的挠度和扭角;

$C_{vTi}$、$C_{\varphi Ti}$——分别表示 $T=1$ 作用于主梁 $i$ 某点上时在该点所引起的挠度和扭角。

以上单位荷载作用下的位移均可由简支超静定曲梁的位移公式求得,它们是圆心角 $\theta_0$、曲率半径 $r_i$、主梁刚度特性以及单位荷载作用点位置的函数。根据位移互等定理有 $C_{vTi} = C_{\varphi Ri}$。

(1)竖向平移的平衡

由图 3-37c)可知,竖向平移时有:

$$v'_i = R'_i \cdot C_{vRi} + T'_i \cdot C_{vTi} = v_0 = \text{常数} \tag{3-26a}$$

$$\varphi'_i = R'_i \cdot C_{\varphi Ri} + T'_i \cdot C_{\varphi Ti} = 0 \tag{3-26b}$$

将上列两式联立求解可得:

$$R'_i = v_0 \frac{C_{\varphi Ti}}{C_{vRi} C_{\varphi Ti} - C_{\varphi Ri}^2} \tag{3-27a}$$

$$T'_i = -v_0 \frac{C_{vTi}}{C_{vRi} C_{\varphi Ti} - C_{\varphi Ri}^2} \tag{3-27b}$$

令:

$$\lambda_{ai} = C_{\varphi Ti}/(C_{vRi}C_{\varphi Ti} - C_{\varphi Ri}^2) \tag{3-28a}$$

$$\lambda_{bi} = C_{vTi}/(C_{vRi}C_{\varphi Ti} - C_{\varphi Ri}^2) = C_{\varphi Ri}/(C_{vRi}C_{\varphi Ti} - C_{\varphi Ri}^2) \tag{3-28b}$$

$$\lambda_{ci} = C_{vRi}/(C_{vRi}C_{\varphi Ti} - C_{\varphi Ri}^2) \tag{3-28c}$$

式中：$\lambda_{ai}$ ——主梁 $i$ 上某点产生单位挠度所需的竖向集中荷载值；

$\lambda_{bi}$ ——主梁 $i$ 上某点产生单位挠度（或扭角）所需的集中扭矩（或竖向集中荷载）值；

$\lambda_{ci}$ ——主梁 $i$ 上某点产生单位扭角所需的集中扭矩值。

由 $D$ 点的力矩平衡可得：

$$\sum_{i=1}^{n} T'_i - \sum_{i=1}^{n} R'_i(a_i - d) = 0 \tag{3-29}$$

式中：$a_i$ ——主梁 $i$ 至坐标原点 $O$ 的距离；

$d$——$D$ 点至坐标原点 $O$ 的距离。

将式(3-28a)和式(3-28b)代入上式，可以解得：

$$d = \frac{\sum_{i=1}^{n} \lambda_{ai}a_i + \sum_{i=1}^{n} \lambda_{bi}}{\sum_{i=1}^{n} \lambda_{ai}} \tag{3-30}$$

由竖向力平衡得：

$$\sum_{i=1}^{n} R'_i = P \tag{3-31}$$

将式(3-28a)代入上式，可以解得：

$$v_0 = \frac{P}{\sum_{i=1}^{n} \lambda_{ai}}$$

于是，$R'_i$、$T'_i$ 可以表示为：

$$R'_i = \frac{\lambda_{ai}}{\sum_{i=1}^{n} \lambda_{ai}} \cdot P \tag{3-32a}$$

$$T'_i = \frac{-\lambda_{bi}}{\sum_{i=1}^{n} \lambda_{ai}} \cdot P \tag{3-32b}$$

(2)纯转动的平衡

由图 3-37d)可知，纯转动时有：

$$v''_i = R''_i \cdot C_{vRi} + T''_i \cdot C_{vTi} = -\varphi_0(a_i - d) \tag{3-33a}$$

$$\varphi''_i = R''_i \cdot C_{\varphi Ri} + T''_i \cdot C_{\varphi Ti} = \varphi_0 \tag{3-33b}$$

将上列两式联立求解可得：

$$R''_i = \frac{-(a_i - d)C_{\varphi Ti} - C_{vTi}}{C_{vRi}C_{\varphi Ti} - C_{\varphi Ri}^2}\varphi_0 = [-(a_i - d)\lambda_{ai} - \lambda_{bi}]\varphi_0 \tag{3-34a}$$

$$T''_i = \frac{C_{vRi} + (a_i - d)C_{\varphi Ri}}{C_{vRi}C_{\varphi Ti} - C_{\varphi Ri}^2}\varphi_0 = [\lambda_{ci} + (a_i - d)\lambda_{bi}]\varphi_0 \tag{3-34b}$$

由 $D$ 点的力矩平衡可得：

$$\sum_{i=1}^{n} T''_i - \sum_{i=1}^{n} R''_i \cdot (a_i - d) = -Pe \tag{3-35}$$

将式(3-34a)、式(3-34b)代入上式，可以解得：

$$\varphi_0 = \frac{-Pe}{\sum_{i=1}^{n}(a_i - d)^2\lambda_{ai} + 2\sum_{i=1}^{n}(a_i - d)\lambda_{bi} + \sum_{i=1}^{n}\lambda_{ci}} \tag{3-36}$$

于是，$R''_i$、$T''_i$ 可以表示为：

$$R''_i = \frac{(a_i - d)\lambda_{ai} + \lambda_{bi}}{\sum_{i=1}^{n}(a_i - d)^2\lambda_{ai} + 2\sum_{i=1}^{n}(a_i - d)\lambda_{bi} + \sum_{i=1}^{n}\lambda_{ci}}Pe \tag{3-37a}$$

$$T''_i = \frac{-\lambda_{ci} - (a_i - d)\lambda_{bi}}{\sum_{i=1}^{n}(a_i - d)^2\lambda_{ai} + 2\sum_{i=1}^{n}(a_i - d)\lambda_{bi} + \sum_{i=1}^{n}\lambda_{ci}}Pe \tag{3-37b}$$

式中，$e = e_0 - d$。

(3)荷载横向分布计算公式

将式(3-32)和式(3-37)代入式(3-24)，经整理后得：

$$R_i = \frac{\lambda_{ai}}{\alpha}P + \frac{h_{1i}}{\beta}Pe \tag{3-38a}$$

$$T_i = \frac{-\lambda_{bi}}{\alpha}P + \frac{h_{2i}}{\beta}Pe \tag{3-38b}$$

式中，

$$\alpha = \sum_{i=1}^{n}\lambda_{ai} \tag{3-39a}$$

$$\beta = \sum_{i=1}^{n}(a_i - d)^2\lambda_{ai} + 2\sum_{i=1}^{n}(a_i - d)\lambda_{bi} + \sum_{i=1}^{n}\lambda_{ci} \tag{3-39b}$$

$$h_{1i} = (a_i - d)\lambda_{ai} + \lambda_{bi} \tag{3-39c}$$

$$h_{2i} = -\lambda_{ci} - (a_i - d)\lambda_{bi} \tag{3-39d}$$

上式令 $P=1$，并随 $e$ 的变化在不同的主梁上作用，即可求得第 $i$ 根主梁的横向分布影响线。

可以证明：如果计算点取在跨中断面，令 $\theta_0 \to 0$，$r_i = l_i/\theta_0$，上式即可简化为直线桥考虑主梁抗扭刚度的刚性横梁法横向分布影响线计算公式。

3)曲线梁中的预应力效应分析

施加预应力是增加桥梁跨越能力、提高结构刚度和减小结构尺寸的有效方法。由于弯扭耦合，施加在弯梁上的预应力效应也是弯扭耦合的，预应力效应的分析比直桥复杂很多，不借助于计算机，非常困难。但是，借助简单的推导分析，能深刻理解曲线桥中的预应力效应。

(1)曲线梁中的预应力初内力及等效荷载

图3-38所示的曲梁微段上作用有六个方向的预应力等效均布荷载，每端的截面上有六个方向的内力。根据微段上力的平衡，可得曲线梁在预加力荷载作用下的平衡微分方程：

$$V'_N + W_N R = 0 \tag{3-40a}$$

$$-M'_M + T - V'_N R + Q_M R = 0 \tag{3-40b}$$

$$-T' - M_M + Q_L R = 0 \tag{3-40c}$$

$$V'_M - N - W_M R = 0 \tag{3-40d}$$

$$N' + V_M + W_L R = 0 \tag{3-40e}$$

$$M'_N - V_M R + Q_N R = 0 \tag{3-40f}$$

式中：$M$、$N$、$V$、$T$——端部截面的弯矩、轴向力、剪力和扭矩，其导数指对 $\theta$ 的导数；

$W$、$Q$——预加力等效均布力和均布扭矩；

脚标 L、M、N——指曲梁的切向、径向和竖直向。

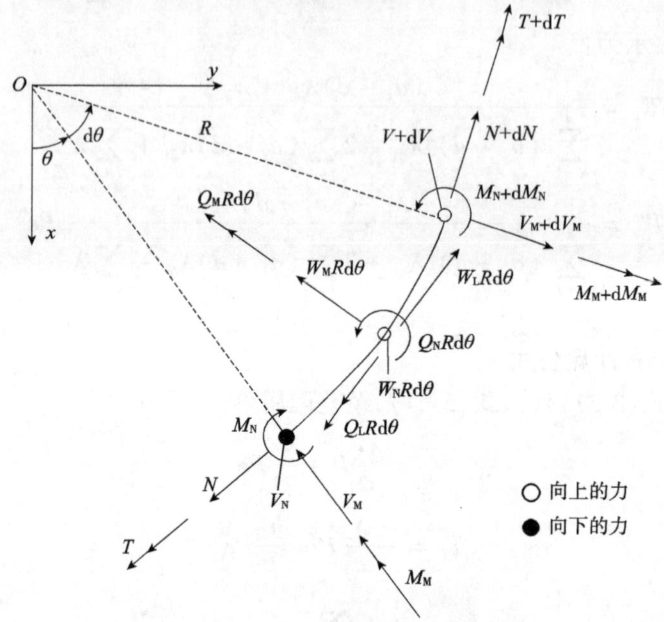


图 3-38　曲梁微段上的等效荷载与内力的平衡

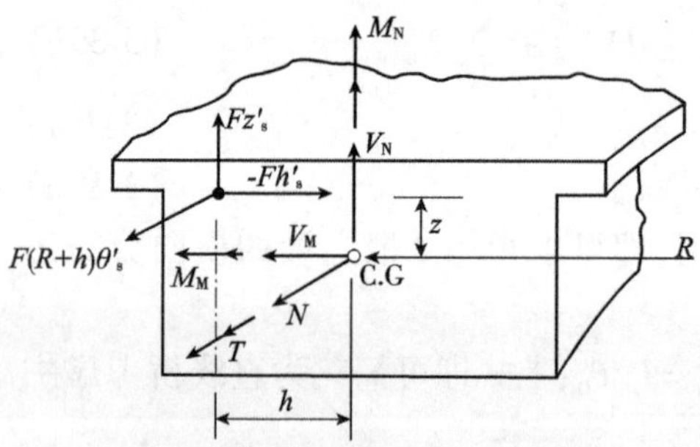


图 3-39　预应力在截面上的分量

经过几何转换，端部截面上预加力合力 $F$ 在竖向、径向和切向的分力分别为 $Fz'_s$、$-Fh'_s$ 和 $F(R+H)\theta'_s$，如图 3-39 所示。其中：$z'_s = dz/ds$，$h'_s = dh/ds$，$\theta'_s = d\theta/ds$；$ds$ 为预应力索弧长微段，通常情况下 $ds \approx (R+h)d\theta$。根据截面上内外力平衡可得曲线梁预应力初内力为：

$$V_N = -Fz'/(R+h) \tag{3-41a}$$

$$M_M = Fz \tag{3-41b}$$

$$T = F(z'h - h'z)/(R+h) \tag{3-41c}$$

$$N = -F \tag{3-41d}$$

$$V_M = -Fh'/(R+h) \tag{3-41e}$$

$$M_N = -Fh \tag{3-41f}$$

从式(3-41)可以看出，作用在弯梁段上的预应力在梁段端部产生六个方向的力，尤其是还要产生扭矩，而作用在直梁段上的预应力只在梁段端部产生轴力、剪力和弯矩。

如果截面对称，且预应力束在横截面上左右对称布置，则有 $h = h' = 0$，因而初扭矩 $T$、水平剪力 $V_M$、水平弯矩 $M_N$ 均等于 0。这可以想像为先对一根直梁施加预应力，然后再将它弯曲成曲梁，梁内不会产生扭矩。

这是一个非常重要的特性，这说明在对称截面曲线桥中，预应力不会使曲梁的半径改变，只会使曲梁沿着切线方向缩短，由此预应力引起的混凝土徐变也不会改变曲梁的半径，这对水平约束条件的设置有影响。

同时这也是容易引起误解的一个特性，对称截面梁中布置的预应力不产生主梁扭转，但是要产生与直梁相同的挠曲变形，这在简支超静定曲梁中不会产生问题。但是，在连续梁中预应力产生的挠曲变形将在赘余约束桥墩处产生竖向次反力，而这一次反力作用在曲梁上将使梁体产生扭转，同时使一个桥墩上两个支座的反力分布发生变化，如图 3-40 所示。因此，这就得到前述的连续曲线桥支反力计算必须考虑预应力效应的结论。一些满堂支架浇筑的预应力混凝土曲线桥，在预应力张拉后出现支座脱空现象原因就在于此。

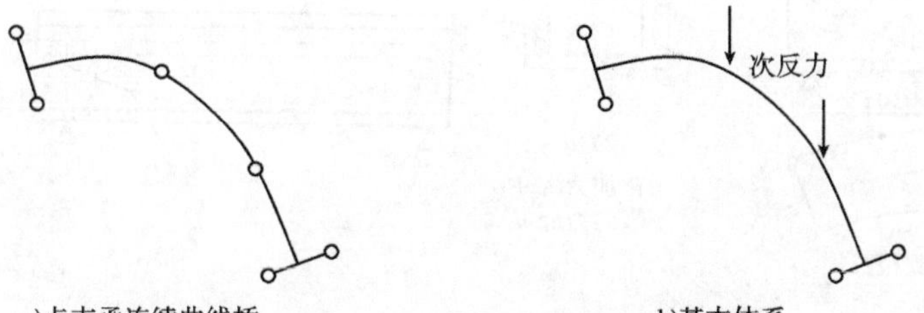


图 3-40　预应力次反力的扭转作用

把上述初内力代入平衡微分方程，经整理后可得曲梁预应力等效荷载为：

$$W_N = Fz''/R(R+h) \tag{3-42a}$$

$$W_M = F/R - Fh''/R(R+h) \tag{3-42b}$$

$$W_L = Fh'/R(R+h) \tag{3-42c}$$

$$Q_N = Fhh'/R(R+h) \tag{3-42d}$$

$$Q_M = Fh'z/R(R+h) \tag{3-42e}$$

$$Q_L = Fz/R + F(z''h - h''z)/R(R+h) \tag{3-42f}$$

从式(3-42)可以看出，作用在曲梁上的预应力除了给梁端施加六个方向的端部力外，在梁体上还施加六个方向的均布力，端部集中力与梁体上的均布力使整个梁段受力平衡。在曲梁预应力效应分析过程中，必须全面考虑。如果缺少某一个力，梁段受力就不平衡了，分析结果将导致计算错误，很多曲线桥的病害均是由于计算错误造成的，而没有全面考虑预应力的作用是其中的主要原因之一。

通过上述分析还可以得到检验曲线桥计算软件正确性的判断方法，即在简支超静定曲线桥上施加横向对称的预应力，如果梁内出现了横向弯矩和扭矩，则计算存在问题。

(2)曲线桥预应力索的配置对策

对于曲线桥，除了利用预应力抵抗弯矩外，显然也希望利用预应力抵消外荷载产生的扭矩。但是，由于曲线桥预应力效应的复杂性以及对称配置预应力的特点，一般采用如下对策：

①确定外荷载引起的弯矩、扭矩和剪力。

②按照抵抗弯矩的要求计算所需预应力钢筋的数量和线形，在截面上对称布置。

③移动抗弯预应力钢筋，使之在截面上不对称，尽量抵消外扭矩。

理论上，可采用下列几种方法来利用预应力抵消扭矩：

a. 内外侧腹板采用不同线形的预应力筋[图 3-41a)]。

b. 内外腹板上预应力筋线形对称，但张拉力不同[图 3-41b)]。

c. 在顶底板中布置弯曲方向相反的预应力筋[图 3-41c)]。

但是，有些措施将降低预应力的抗弯效应，因此，是否采用预应力来抵消扭矩要从实际情况出发。

④计算剩余扭矩和剩余剪力,必要时配置专门的抗扭和抗剪预应力筋或普通钢筋。

⑤全桥预应力效应校核。

预应力在连续梁中引起的扭矩在详细计算之前很难估计,为了避免次扭矩过大,为抵抗弯矩与剪力配置的预应力,应尽量接近吻合束形状。

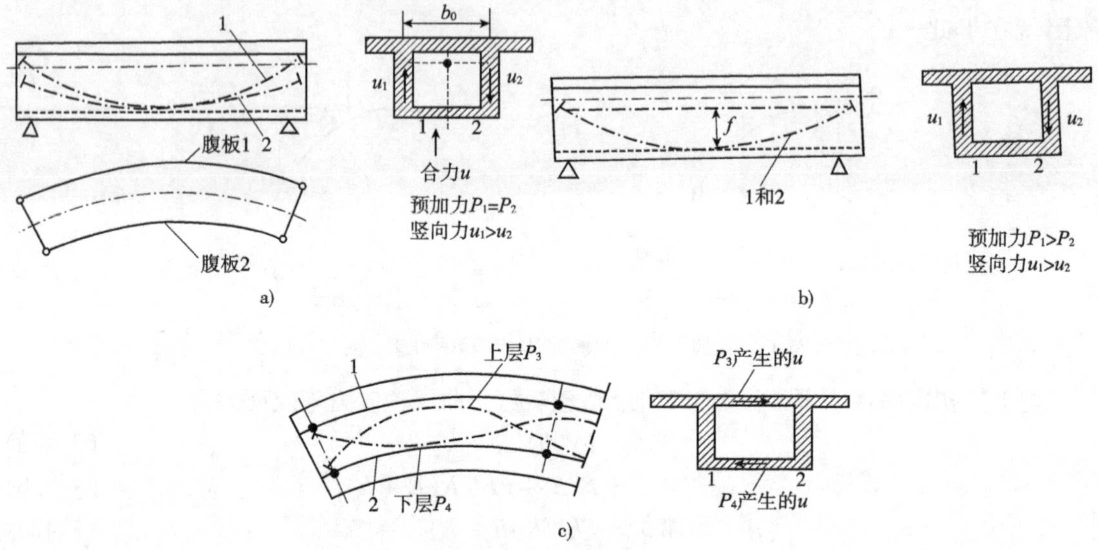


图 3-41　抵消扭矩的预应力束布置形式

4)曲线桥梁的预应力损失计算

由于平面曲率的存在,曲线桥中预应力钢筋的预应力摩阻损失要比直桥大,较长的钢束可能会超过 10% 。对于具有空间曲线形的预应力束,其摩阻损失计算仍可采用平面曲线预应力束的计算公式,但是张拉端至计算点之间的曲线包角 $\mu$ 必须用空间包角 $\beta$ 来代替,而空间包角的计算是很复杂的。经过研究比较,近似用下式计算 $\beta$ 可取得较好的精度:

$$\beta = \sqrt{\theta_{\mathrm{H}}^2 + \theta_{\mathrm{V}}^2} \tag{3-43}$$

式中:$\theta_{\mathrm{H}}$ ——空间曲线在水平面上的投影包角;

$\theta_{\mathrm{V}}$ ——空间曲线在竖向圆柱面展开面上的投影包角。

5)曲线桥的预应力筋防崩构造设计

由于受水平曲率的影响,在曲梁上施加预应力,预应力束将产生指向曲线内侧的水平荷载式(3-42b)。曲率半径越小、索力越大,所产生的水平力越大。如果预应力束在腹板中布置不当,就有可能将腹板崩裂。

腹板在预应力水平作用下的破坏有两种可能性。一是腹板总体侧向受弯破坏,可近似地将上述水平荷载作用在嵌固于顶底板之间的腹板上进行强度验算(图 3-42)。二是沿管道局部混凝土崩裂,当曲线内侧的保护层较小时,应沿预应力束设置局部防崩钢筋(图 3-43)。防崩钢筋的数量按照管道产生的局部外崩力全部由防崩钢筋承担计算,具体公式见《公路钢筋混凝土及预应力混凝土桥涵设计规范》(JTG D62—2004)9.4.8 条。从出现崩裂事故曲线板的情况看,防崩钢筋应紧靠预应力管道,并有足够的锚固长度才能较好地发挥作用。

在构造上应尽可能地将预应力束布置在腹板的外侧(图3-44),合理地设置一定数量的横隔板,以增加腹板横向刚度。为防止出现过大的水平力,在曲线桥的腹板中应避免采用大吨位的预应力索。

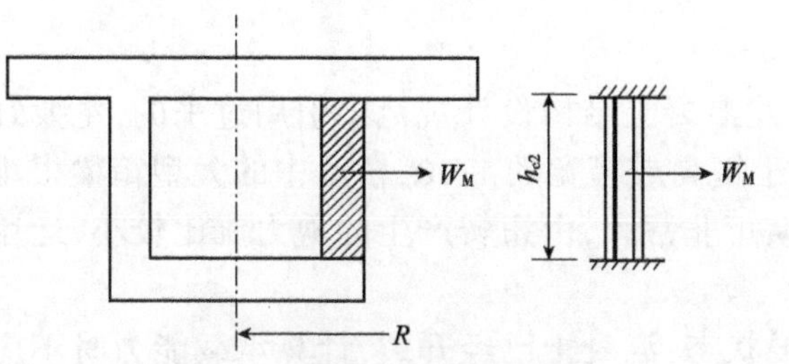

图3-42 曲梁腹板的横向弯曲计算

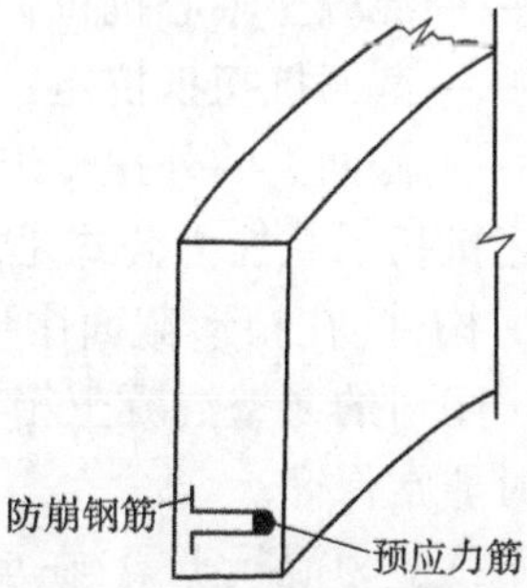

图3-43 曲梁腹板内的防崩钢筋

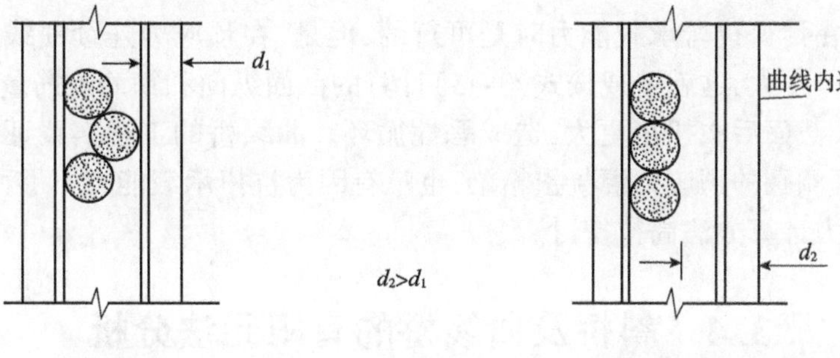

a)常规布置　　b)曲梁内尽量靠曲线外侧

图3-44 曲梁腹板内的预应力束布置

6)混凝土曲线箱梁的截面抗剪扭承载能力计算

曲线梁桥由于弯扭耦合,主梁除承受活载偏载产生的扭矩外,还要承担恒载产生的扭矩,因此,主梁抗扭是曲线桥设计中必须验算的内容。

在弯梁桥中,扭矩不能单独存在,它是伴随弯矩和剪力产生的。因此,曲线桥的主梁抗扭应按照剪扭构件考虑。剪扭构件的设计思路是:先按照抗弯、抗剪承载能力设计截面的抗弯剪能力,再按照受纯扭构件设计截面的抗扭剪能力,然后将抗弯剪与抗扭剪能力叠加。

目前截面抗纯扭承载能力计算有两种模型:变角度空间桁架模型和斜弯曲模型。纵向钢筋与箍筋形成的抗力矩为:

$$T_U = 2\sqrt{\zeta}\frac{f_{sv}A_{svl}A_{cor}}{S_v} \tag{3-44}$$

式中:$\zeta$——纵向钢筋与箍筋的配筋强度比;

$f_{sv}$——箍筋抗拉强度;

$A_{svl}$、$A_{cor}$——分别为单肢箍筋面积和箍筋包围的混凝土面积;

$S_v$——箍筋间距。

实践和试验研究证明,当梁内配筋较少时,上式偏于保守,而配筋率较大时又偏于不安全。因此,在《公路钢筋混凝土及预应力混凝土桥涵设计规范》(JTG D62—2004)编制时,考虑了混凝土本身也有一定的抗扭能力,同时,对钢筋抗扭能力进行了折减。最终抗扭承载能力为:

$$\gamma_0 T_d \leqslant 0.35\beta_a f_{td} W_t + 1.2\sqrt{\zeta}\frac{f_{sv}A_{svl}A_{cor}}{S_v} \tag{3-45}$$

式中：$\beta_a$——箱形截面壁厚折减系数；

$f_{td}$——混凝土轴心抗拉强度；

$W_t$——截面抗扭抵抗矩；

$\gamma_0 T_d$——截面上的外扭矩组合值。

上述抗扭承载能力公式是从原有工民建混凝土结构设计规范中引用过来的，主要针对小型截面构件，在箱形截面中要求壁厚大于箱高或箱宽的1/10，桥梁中的大型箱梁很难满足。对于闭口的薄壁混凝土箱梁，其抗扭惯矩非常大，由扭转产生的剪力流比较小，运用上述公式时非常保守。

对于预应力混凝土梁，在承载能力极限状态，混凝土已经开裂，计算承载能力时不应计入预应力的次内力。但是，我国《公路钢筋混凝土及预应力混凝土桥涵设计规范》(JTG D62—2004)，考虑到在承载极限状态时，预应力的次内力尚未完全消失，要求偏保守计入次内力。这在计算抗弯承载能力时是可行的，但是，在预应力连续曲线桥中，有时预应力产生的次扭矩非常大，这就造成按式(3-45)计算的截面纵向和箍筋配筋量非常大，甚至要加大截面，而加大截面后次扭矩更大，造成恶性循环。曲线桥的工程实践证明，即使是发生支座脱空，甚至是侧翻的预应力混凝土箱梁，也没有因为抗扭承载能力不够而破坏，因此，连续弯梁的承载能力计算方法尚待探讨。

## 3.4 斜桥及曲线桥的有限元法分析

斜桥及曲线桥均为空间结构，不能简化为平面结构来计算，因此手算比较复杂。随着有限元技术的发展，斜桥、曲线桥已经能够被比较准确地模拟分析。

早期为了提高计算效率，有很多学者研究了针对斜桥、曲线桥的特殊单元类型，如曲梁单元、斜板壳单元等，由于计算机硬件的进步，这些单元已经很少使用。目前桥梁设计分析中经常使用的单元类型主要是梁单元，如果桥梁较窄，用单梁模拟全截面，如果桥梁较宽则使用梁格来模拟。使用梁单元的好处是计算结果与目前的规范计算体系相适应。

随着有限元分析软件的发展，特别是前后处理技术的进步，板壳单元与实体单元在斜弯桥分析中的应用越来越多。这些单元的应用目前还存在一定的困难。首先是计算机容量的限制，虽然计算机速度与容量有很大进步，但是把全桥全部离散为板壳或实体单元仍然超出一般PC的容量。其次，采用板壳或实体单元的计算结果是应力，与目前的《公路钢筋混凝土及预应力混凝土桥涵设计规范》(JTG D62—2004)验算体系不相符，应用有较大困难，一般只能针对一些特殊工况进行局部分析。

### 3.4.1 梁格法求解斜桥及曲线桥

1)梁格法在斜桥及曲线桥中的应用

在空间分析方法中，梁格法是目前斜弯桥设计计算中常用的方法。它的基本单元是空间梁单元，它不仅适用于由主梁和横梁组成的格子梁桥，也适用于板式、肋板式及箱梁桥。其实质是用一个等效的梁格来代替桥梁上部结构(图3-45)，用矩阵位移法求解，因此不但可以进行纵桥向受力分析,也可以进行横桥向受力分析。梁格法不但可用于曲线桥,也可应用于斜桥的计算。

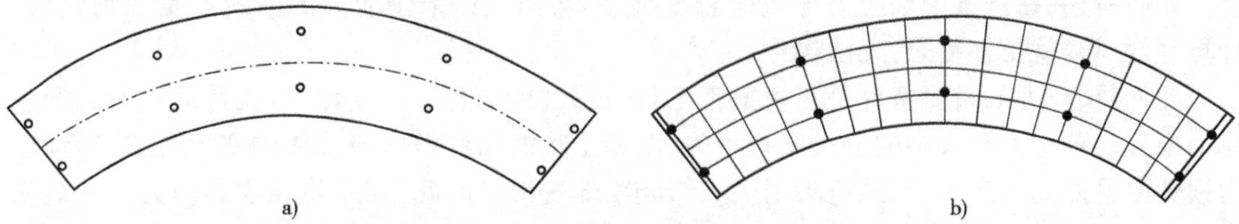


图 3-45　曲线梁的梁格模拟示意图

空间梁单元是有限元法中的基本单元,经过多年的发展已经非常成熟,根据单元节点变形协调的复杂程度,可以考虑截面翘曲的影响,也可以不考虑。对于混凝土桥的工程设计,忽略翘曲影响足够满足精度要求。

对于斜桥,一般将桥梁离散为直杆组成的梁格,而对于曲线桥,可以采用曲梁单元。这样可以降低对单元划分精度的要求,但是曲梁单元的形成复杂很多,而且在总体模型中的定位也比较困难。因此在计算机容量增加后,曲线桥分析中一般已不再使用曲梁单元,而是用折线代替曲线,当梁格划分的足够细时(纵桥向每跨 8 个梁格以上),采用直梁单元的折线形梁格精度并不比曲梁单元梁格低。

2)梁格划分及截面特性计算

整体板梁和肋梁,均能用梁格比较准确地离散。但是,用梁单元离散桥梁结构并不是单元划分得越细越准确,如果结合结构受力特性来划分梁格,就可以用较少的单元达到较高的计算精度。对于箱形截面梁桥,离散成单梁可以较好地模拟其总体受力特性,但是将箱梁离散成一个平面梁格,存在一定的困难,平面梁格很难在弯、扭、剪三个内力分量上均与原箱梁等效。以下是梁格划分的一般原则:

(1)梁格的纵、横向构件应与原构件梁肋(或腹板)的中心线相重合,通常沿切向和径向设置。

(2)每跨至少分成 4 ~ 6 段,一般应分成 8 段以上,以保证有足够的精度。

(3)连续弯梁的中间支承附近因内力变化较剧烈,故一般应加密网格。

(4)横向和纵向构件的间距必须接近,以使荷载分布较敏感。

(5)为配合悬臂部分的荷载计算,有时应在悬臂端部设置纵向构件(图 3-46)。

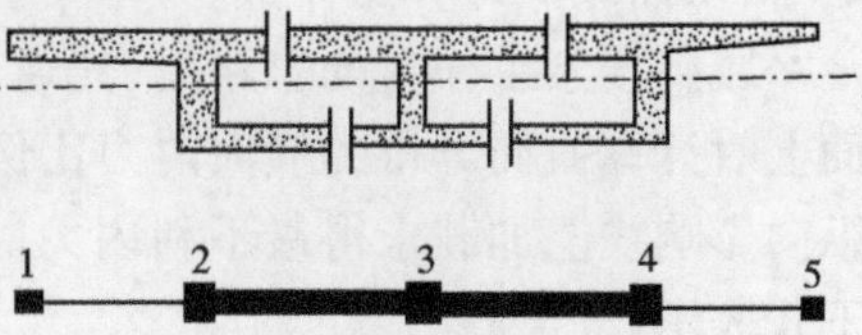


图 3-46　箱梁截面的离散

对于多肋式桥梁,梁格法的计算模型与实际结构较接近,每个肋梁的截面特性可以直接按截面形状计算。但是对于箱形截面,梁格法的计算模型与实际结构有一定差距。目前,梁格构件的截面特性计算常采用参考文献[4]所介绍的柔性梁格方法。经过分析比较证明,该方法对于弯矩和剪力的计算是比较准确的,但是扭矩有一定差距。梁格法模拟斜桥与曲线桥的关键是梁格的总体抗弯、剪、扭特性均与原桥相同。

## 3.4.2　空间预应力筋的模拟

对于预应力混凝土桥梁,预应力效应的分析是设计分析中的重要组成部分,如何将预应力施加到有限元模型中去就成为关键。在直线桥中，如果按照平面杆系结构简化，预应力的等效荷载比较简单，可以将预应力的等效荷载计算出来后，作为外荷载施加在单元或者节点上。如前所述，在弯梁中预应力等效荷载复杂很多，而且如果预应力的曲线不是规则曲线，计算等效荷载就更加复杂，无法操作。

此外，预应力的重要特性是在桥梁施工与使用过程中要发生变化，也就是通常所述的预应力损失。预应力损失中的分批张拉损失、混凝土收缩徐变损失与梁体的变形有关，即预应力损失由梁体变形产生，而预应力损失又影响梁体变形。因此，如果将预应力作为外荷载来模拟，无法准确计算预应力损失及其对梁体的作用。

要体现上述影响，必须将预应力筋作为结构的一部分，参与结构的变形协调。实现这一目的有两种思路：一是建立带有预应力筋的单元；二是将混凝土和预应力分别建单元，然后连成一体。

建立带有预应力筋的单元时，可以根据预应力筋在梁单元中的位置，将预应力筋对单元刚度的贡献计入单元刚度矩阵，预应力的张拉效应通过单元内部荷载转化为节点荷载作用在总体结构上，在结构求解完成后，再根据单元的变形获得预应力筋张力的变化。桥梁专用有限元软件很多是基于这一原理编制的。

将混凝土和预应力筋分别建单元是一种通用的做法，在任何通用有限元软件上均能在建模时实现，无需对软件进行专门设计。对于梁单元可以简单地通过刚臂将预应力筋与混凝土单元连接。对于板壳和实体单元需要通过预应力筋单元与所在位置的混凝土单元共节点来实现，对于复杂的预应力配筋，实现共节点有时是比较困难的。预应力张拉效应一般通过给预应力筋单元加初应变来实现。

### 3.4.3 斜桥及曲线桥的活载影响面加载

由于斜弯桥的空间不规则形状，其影响面在不同位置面形状不相似，因此不能使用纵向影响线加载后乘以横向分布系数的方法计算活载效应，必须直接在影响面上加载。

如果将桥梁上的活载直接在影响面上加载，很费时间，同时加载的结果并不一定符合桥梁上的实际情况，因为桥梁上的汽车是分车道行使的，不同车道上分别出现最不利荷载的概率非常低。所以，目前的影响面加载，一般都是通过桥面汽车荷载行驶的规律，将搜索范围缩小，从而减少计算工作量。

减少搜索工作量的思路是，先通过在影响面横截面上按不同车道求得荷载作用在该截面上时计算截面分得的横向内力比例系数，将该系数乘在单梁纵向影响线上，在乘有系数的纵向影响线上加载求得最不利内力。上述简化过程可以解释如下：广义的影响面加载可用下式表示：

$$S(x,y) = \sum_{x,y} P(x,y)\eta(x,y) \tag{3-46}$$

式中：$S(x,y)$ ——影响面加载结果；

$P(x,y)$ ——荷载分布；

$\eta(x,y)$ ——影响面值；

$x$——桥梁纵向；

$y$——桥梁横向。

将影响面转化为当前计算主梁的影响面纵截面 $\eta_1(x)$ 与影响面横截面比例值 $\eta_2(x,y)$ 的乘积,如图3-47所示。

$$\eta(x,y) = \eta_1(x) \cdot \eta_2(x,y) \qquad (3\text{-}47)$$

将荷载分布转化为车道荷载 $P(x)$ 与车道在横桥向分布 $\alpha_i(y)$ 的乘积,$\alpha_i(y)$ 的数量与车道数有关。

$$P(x,y) = \alpha_i(y)P(x) \qquad (3\text{-}48)$$

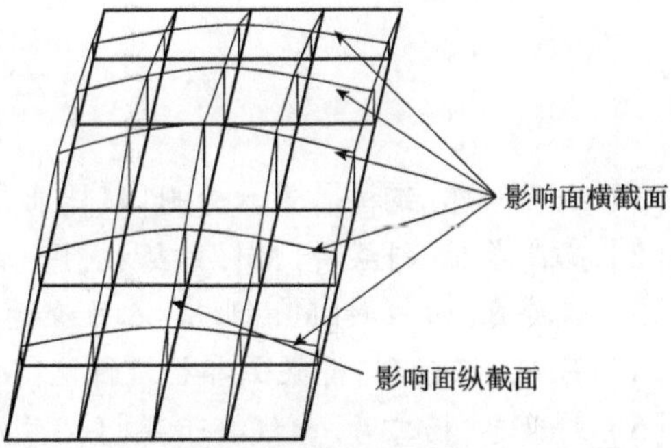

图3-47　影响面分解示意图

将式(3-47)和式(3-48)代入式(3-46)得:

$$\begin{aligned} S(x,y) &= \max_i \left[ \sum_{x,y} \alpha_i(y)\eta_2(x,y)P(x)\eta_1(x) \right] \\ &= \max_i \left[ \sum_x m_{ci}(x)P(x)\eta_1(x) \right] \end{aligned} \qquad (3\text{-}49)$$

式中:$m_{ci}(x)$——横向内力比例系数,$m_{ci}(x) = \alpha_i(y)\eta_2(x,y)$。

上述做法与直桥中的荷载横向分布系数方法有很大区别,由于假定影响面截面相似,直桥横向内力比例系数全桥均与跨中相同,可以看成荷载分配到某片主梁上的比例关系,因此称为荷载横向分布系数,加载过程用下式表示。

$$S(x,y) = m_c \sum_x P(x)\eta_1(x) \qquad (3\text{-}50)$$

式中:$m_c$——横向分布系数。

## 3.5　小　　结

斜桥体现出明显的空间受力特性,简化计算采用基于空间计算所得的图表进行。配筋时需要考虑主弯矩的方向、纵向分布以及钝角部位局部弯矩,支座设置时要详细分析反力分布以及活动方向,防止支座脱空、超载、剪坏,正确设置挡块防止桥面的平面内转动。

曲线桥的主要特点是弯扭耦合,使主梁挠度增大并发生趋向于曲线外侧的扭转,可能使支座脱空,严重时可能发生主梁侧倾,温度与扭转的联合作用也会使主梁发生向曲线外侧水平位移。曲线桥简化计算仍然可以采用曲线单梁计算与横向分布系数结合的办法进行。横向对称布置在弯梁中的预应力筋不会产生预应力初扭矩,但是要产生次扭矩,影响支反力的分布,此外预应力筋对腹板有向曲线内侧的径向力,可能造成腹板崩裂。

在计算机已十分普及的今天,空间效应强烈的斜桥与曲线桥结构计算均应采用有限元法进行。

## 思　考　题

1. 目前常用的斜板桥简化计算数表是基于什么原理编制的?
2. 曲线梁桥平面内的变形有什么特点?
3. 梁格法计算箱梁时单元的几何特性如何计算?

## 本章参考文献


[1] 小西一郎. 钢桥　第六分册[M]. 北京:人民铁道出版社,1981.

[2] 高岛春生. 斜梁桥[M]. 张德礼,译. 北京:中国建筑工业出版社,1978.

[3] 姚玲森. 曲线梁[M]. 北京:人民交通出版社,1994.

[4] E.C. 汉勃利. 桥梁上部构造性能[M]. 郭文辉,译. 北京:人民交通出版社,1982.

[5] 刘世忠,杨文奇. 曲线格子梁[J]. 兰州铁道学院学报,1994,13(1).

[6] 康俊涛,郑俊杰,王国鼎. 一种解决斜桥平面旋转的新途径[J]. 华东公路,2004(6).

[7] 许晓锋. 箱型截面曲梁的预应力分析[J]. 长沙交通学院学报, 1989(1).

[8] 石雪飞. 中间点铰支承连续弯梁桥受力分析[D]. 上海:同济大学,1990.

# 第4章

# 空间异型桥梁结构分析

## 4.1 概述

随着力学计算技术的进步,特别是计算机在力学分析中的广泛应用,结构计算已经不再成为桥梁设计控制因素,这使得桥梁可以采用不规则的复杂形状,从而能更好地满足使用功能要求,特别是美学要求。

不规则梁桥是较早采用的异型桥梁,主要体现在变宽、弯曲、不规则支承等几个方面,其中较规则的斜桥、弯桥的受力特点有较多的研究,已在上一章中阐述。斜支承、拱轴位于曲面上的拱桥也是早期出现过的异型桥梁。随着组合体系拱桥、索支承桥梁的广泛应用,出现了不对称拱轴拱桥、斜拱面拱桥、无背索斜拉桥、斜索面、曲线斜拉桥、悬索桥等各种形式的异型桥梁。这些异型桥梁的共同特点是用缆索体系辅助不规则的主梁受力,从而形成空间异型结构体系。塔、拱倾斜后,将使以承压为主的塔柱、拱圈承担很大的弯矩,使承载能力和稳定性大大降低,反过来要通过缆索依靠主梁来帮助塔柱拱圈受力。

异型桥梁均为空间超静定结构,很难采用解析法求解,必须借助于计算机进行数值求解,充分了解结构的受力特点、传力途径、熟悉施工过程对结构受力状态的影响是正确分析异型结构的关键。

桥梁设计中,要求传力途径明确,如梁、拱、索等,而复杂的异型桥梁,通过传统的结构分析很难准确找出其传力途径,因此工程师总是避免采用异型桥梁。从构件传力的角度看,以拉、压受力形式为主的结构是最经济的,而复杂的空间异型桥梁,往往存在承受很大弯矩、扭矩、剪力的构件,而且架设过程也比较复杂,因此,异型桥梁总体来说造价偏高,在大型桥梁中较少采用。相对来说,人行桥荷载小、规模小,异型桥梁的上述缺点不突出,且能带来突出的美学效果,常常在方案比选中胜出。

## 4.2 异型桥梁的形式及其受力特点

由于经济性和计算手段的限制,早期工程师很少选用异型桥梁方案,随着计算手段的突破,工程师已经有能力分析任意形状桥梁的受力行为,桥梁方案呈现出多姿多彩的趋势,本节介绍目前常见的异型桥梁体系。

### 4.2.1 异型梁桥

异型梁桥是较早被采用也是最早被研究的异型桥梁,主要有变宽度、不平行支承、多边支承等异型形式,它们常出现在高架桥分叉点、与地面道路或者河流斜交位置,一般为中小跨度梁桥,结构形式以整体现浇板或者预制拼装肋梁为主(图 4-1)。异型梁桥具有如下受力特点。

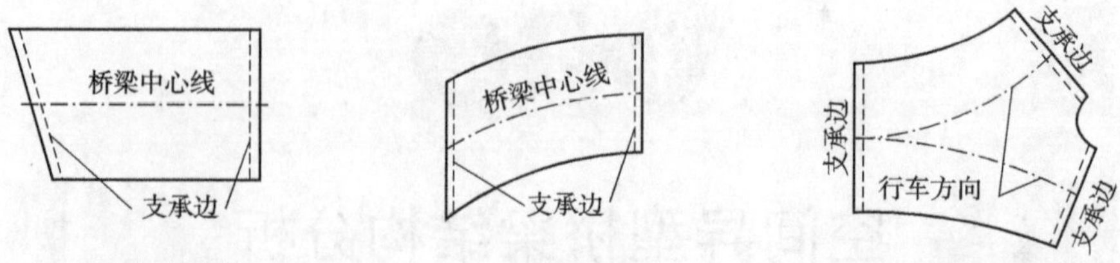

a) 不规则斜桥　b) 斜弯桥　c) 多边支承桥梁

图 4-1　异型梁桥

1) 受力的空间性

异型梁桥,由于变宽度或支承边不规则,且宽跨比较大,因此内力(应力)分布体现出明显的空间特点,不能将主梁简化为一根单梁乘以一个横向分布系数来求解。

2) 支承特点

异型梁桥的竖向支承反力很不均匀,某些支座反力远大于平均值,而另外一些支座反力远小于平均值,有时甚至会出现负反力,因此支座反力必须通过空间计算确定。

异型梁桥的平面内位移是平板围绕某一点的放大与缩小,支座水平位移约束布置必须保证围绕某一不动点的放射方向可以活动,否则,虽然布置了活动支座,但是并不能保证主梁自由活动,可能剪坏支座。

3) 主要传力方向

异型梁桥,特别是多边支承异型梁桥,主梁的主应力方向与支承边的方向、支座布置位置有关,必须通过空间分析得出主应力的走向,将主筋尽量布置在主应力方向上。

### 4.2.2　异型拱桥

常规拱桥的拱圈是对称曲线,且拱圈位于竖直平面内,平面的支承边界线应垂直于拱轴线,不符合上述条件的拱桥均为异型拱桥。

1) 斜支承拱桥

拱桥的拱轴内有很大的轴力,一般应使拱脚的支承垂直于拱轴,以免产生侧向位移。斜支承使拱圈处于空间受力状态,产生如下受力特点。

(1) 如果考虑拱脚的宽度,拱轴钝角处的推力远比锐角处大,拱的主应力有向两个钝角之间连线方向转动的趋势。

(2) 拱轴有比较大的侧移以及横桥向弯矩,因此,斜支承拱桥只能在小跨度的板拱桥中使用,不宜在大跨度肋拱桥中使用。

(3) 拱肋即使在对称荷载作用下也会产生扭转变形,因此横向分布不对称。

对图 4-2 所示的斜板拱桥,在恒载作用下,拱圈的应力及拱轴线的横向变形如图 4-3 所示,可见支承有斜角后,拱脚钝角处的正应力比正桥大很多,而锐角处小很多,因此钝角的推力也大很多,在建造斜拱桥时必须注意,同时拱轴线在两端斜向推力的作用下产生侧向位移。

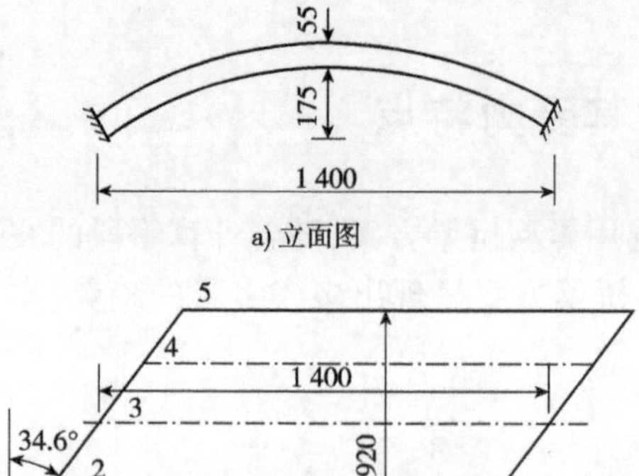

图 4-2　斜板拱桥(尺寸单位:cm)

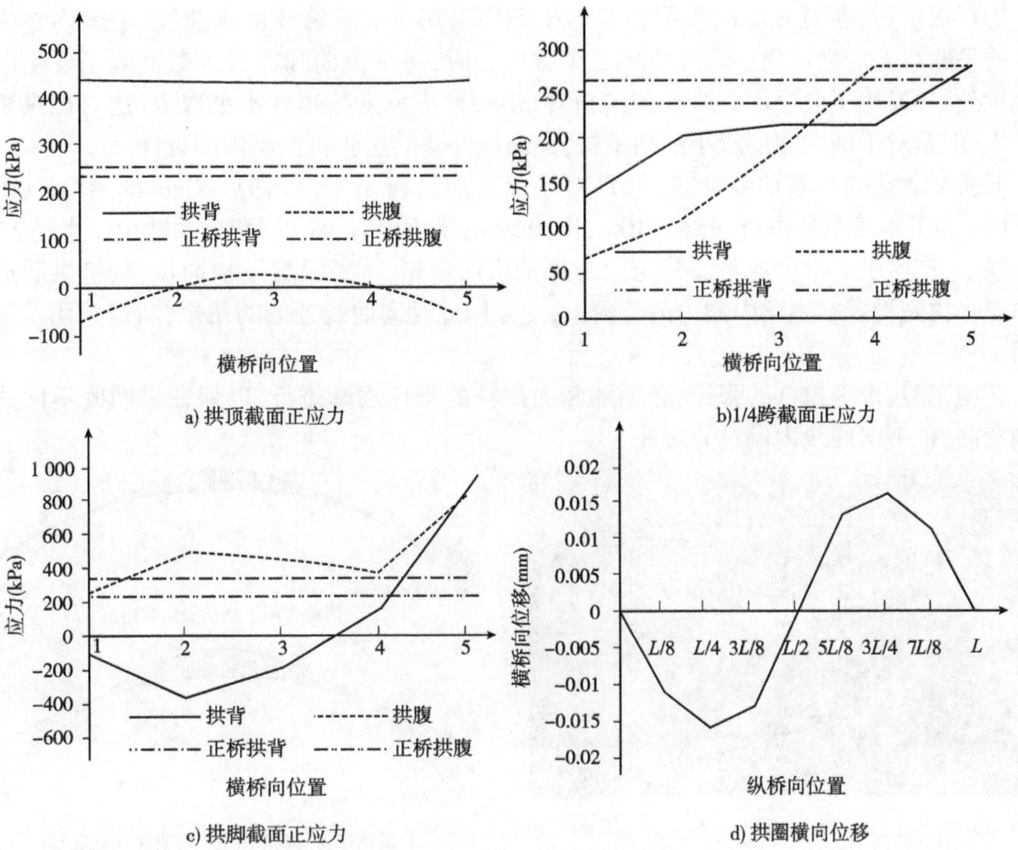


a) 拱顶截面正应力

b) 1/4跨截面正应力

c) 拱脚截面正应力

d) 拱圈横向位移

图 4-3　斜板拱的应力和位移

2)平面曲线拱桥

拱轴线一般位于竖直平面内,使两拱脚的推力相互平衡,为了满足道路线形与美学要求,有些桥不得不把拱轴线设置在平面曲线上,使拱轴成为一条空间曲线。由于两端拱脚之间存在夹角,在推力的作用下拱轴将产生向曲线外侧的横向弯曲,这成为曲线拱桥必须克服的关键问题。

我国早期建造过一些弯拱桥,基本上是石拱桥或者混凝土板拱桥,拱圈的横向刚度很大,推力造成的拱圈横向弯曲问题不突出,但是也可以看出这一趋势。图 4-4 是一座跨径

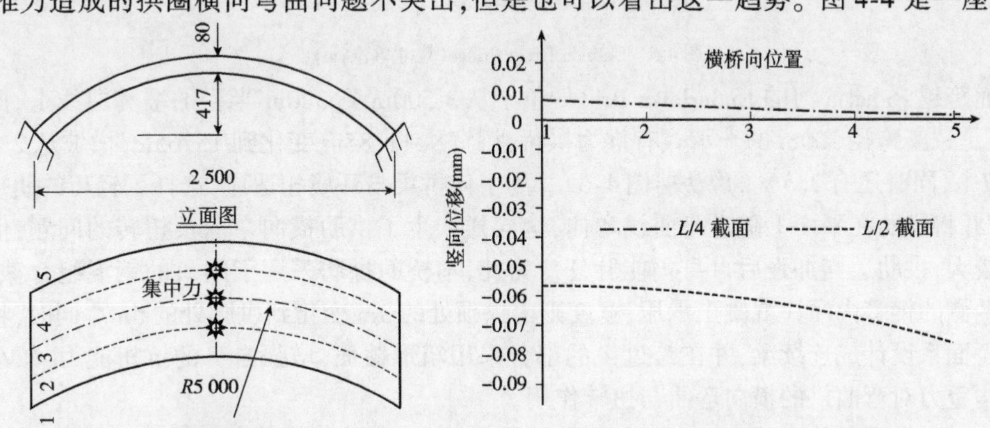


a)计算模型图

b)截面位移分布

图 4-4　弯板拱的位移(尺寸单位:cm)

25m 的弯板拱桥，桥宽 8.2m，拱圈在竖直平面内采用 1/6 矢跨比的圆曲线，平面内在半径 50m 的平曲线上。当拱顶中线处作用三个集中力时，跨中截面和四分点截面除了发生向下的挠度外，还发生了向平面曲线外侧的扭转，拱脚处将承受扭矩和水平弯矩，这对板拱桥影响不大，但是对于横向宽度较小的肋拱桥，向曲线外侧的扭转将控制拱圈设计。

西班牙建造的两座曲线肋拱桥，针对平面弯曲进行了专门研究。Galindo River Bridge（图 4-5）为下承式系杆拱桥，跨径 110m、桥宽 27m，横桥向有 5% 的超高，拱肋位于半径 250m 的曲线上，产生了非常大的平面弯矩。为抵消横向弯矩，本桥设置了横向拉杆，将拱肋从曲线内侧张拉到设置在主梁内侧边的悬臂上，主梁因此受向曲线外侧的扭矩，所以采用了箱形截面。

在施工时，水平拉杆的张拉，必须随竖向吊杆的张拉逐渐进行，以保证拱肋既不向曲线外侧弯曲，也不向曲线内侧过分弯曲。

a) 全桥透视图

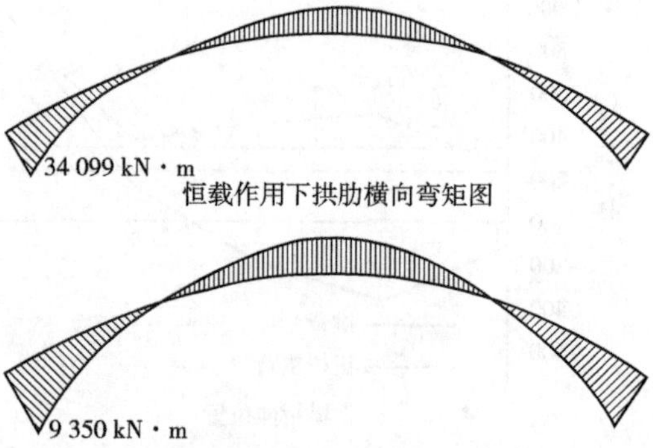


恒载作用下拱肋横向弯矩图

活载左侧偏载作用下拱肋横向弯矩图

b) 拱肋的横向弯矩

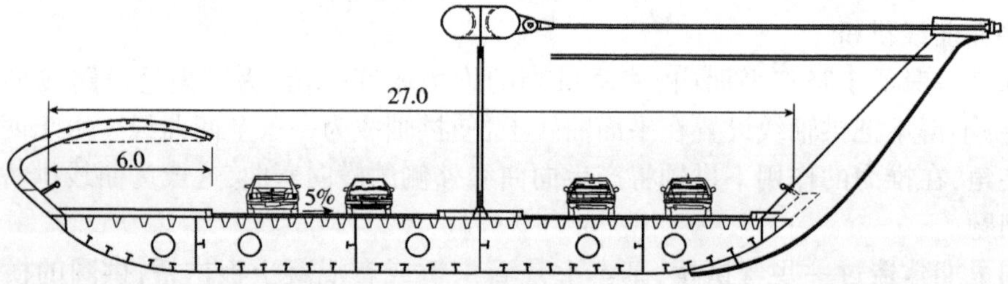


c) 横截面

图 4-5　Galindo River Bridge（尺寸单位：m）

而跨越 Bidasoa 河的 Endarlatsa Bridge 位于从 3 500m 到 320m 半径的缓和曲线上，曲率较大，是一座跨径 100m 的上承式有推力拱桥，桥宽从 11.85m 变化到 15.65m，横坡从 2% 变化到 7%，同时还有 2.5% 的纵坡（图 4-6）。为了使桥梁与环境相适应，选择了轻巧的肋拱桥方案，并将拱肋在平面上随道路曲线弯曲，这同样产生了拱肋横向弯曲及扭转的问题，但是半径较大，拱肋适当加强后自身仍能胜任。为此，本桥的拱肋采用了闭口的钢混组合截面，并在两侧的钢管内灌注混凝土承压，宽度则由拱顶处的 3m 变化到拱脚处的 5m。同时，将拱上的桥面系设计成连续梁，并在跨过拱的部分采用箱形截面，增强自身的抗扭能力，减小桥面结构重力对弯曲拱的横向弯曲与扭转作用。

3）不对称曲线异型拱桥

在垂直荷载作用下，拱桥的合理拱轴线为一跨内的对称曲线，对于上承式拱桥所有荷载均

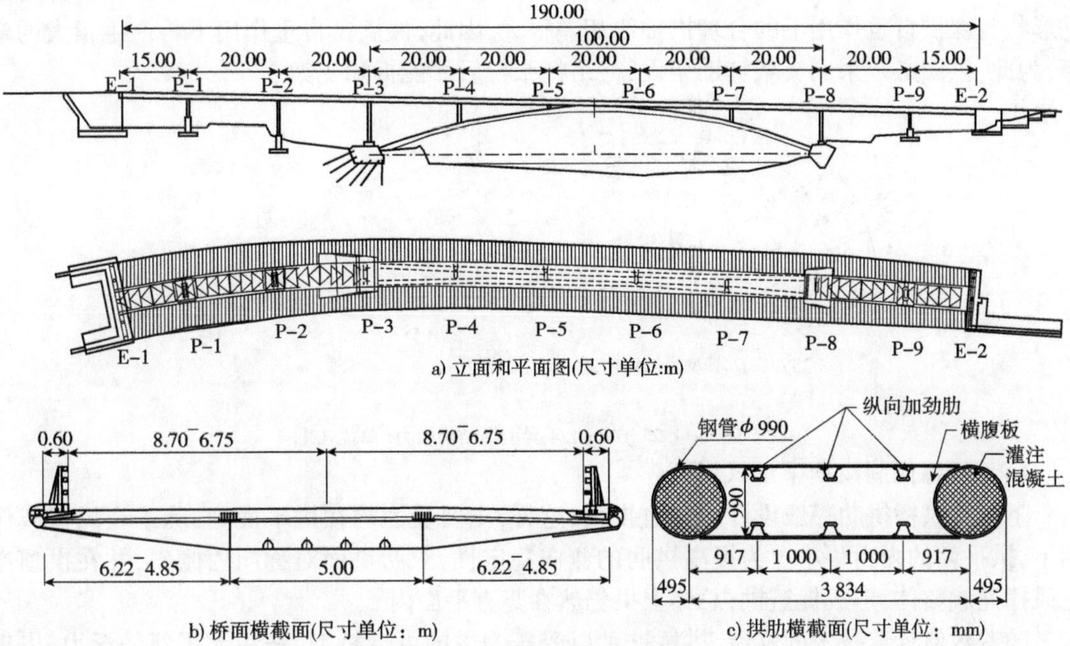


a) 立面和平面图(尺寸单位:m)

b) 桥面横截面(尺寸单位：m)

c) 拱肋横截面(尺寸单位：mm)

图 4-6 Endarlatsa Bridge

为垂直荷载,因此拱圈均采用对称曲线。对于系杆拱桥,如果用倾斜的吊杆连接拱肋和系梁,吊杆就给拱肋施加了斜向荷载。在斜向荷载作用下,也可以推导出只受压不受弯的合理拱轴线,其线形为不对称的,利用这一特点,可以建造具有特殊造型效果的不对称曲线异型拱桥。

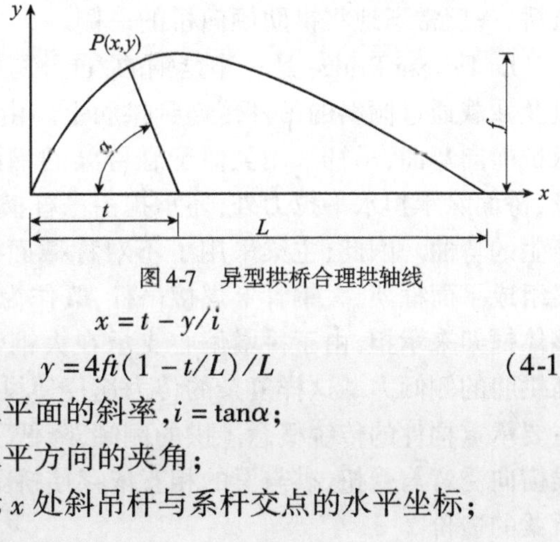


图 4-7 异型拱桥合理拱轴线

如图 4-7 所示,如果吊杆与水平面的夹角为 $\alpha$,当假定拱肋自重为均布荷载时,合理拱轴线的方程为:

$$x = t - y/i$$

$$y = 4ft(1 - t/L)/L \tag{4-1}$$

式中:$i$——吊杆与水平面的斜率,$i = \tan\alpha$;

$\alpha$——吊杆与水平方向的夹角;

$t$——水平坐标 $x$ 处斜吊杆与系杆交点的水平坐标;

$f$——矢高;

$L$——跨长。

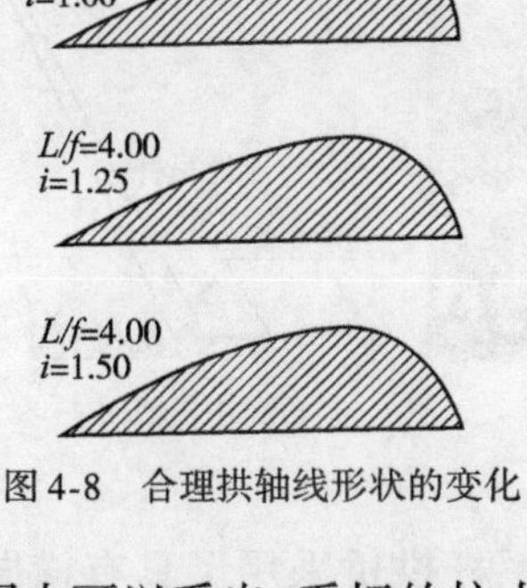


图 4-8 合理拱轴线形状的变化

不对称曲线拱桥合理拱轴线形状随吊杆斜角和矢跨比的变化而变化,图 4-8 为跨矢比为 4 时,合理拱轴线形状随吊杆倾角的变化规律。随着吊杆倾斜角度的增加($i$ 的减小),合理拱轴线拱顶向吊杆倾斜方向偏移,系杆的水平力沿跨径方向也不再是恒定拉力。当 $i < \frac{4f}{L}$时,较陡一侧的拱轴突出到跨径的外侧,同时附近的系杆也出现压力。图 4-9 为 $i = 1.25$ 时异型拱的轴力图,从图中可以看出,系杆的拉力和拱圈的压力在较陡一侧逐渐减小,而在较坦一侧逐渐增加。

异型拱桥的合理拱轴线是在吊杆的斜向拉力下得到的，施工过程中没有张拉吊杆时这一形状与裸拱自重作用下的合理拱轴线相差很大，因此，裸拱在自重作用下将产生很大的弯矩，为此，拱圈必须采用支架辅助架设，待吊杆张拉后才能拆除支架。

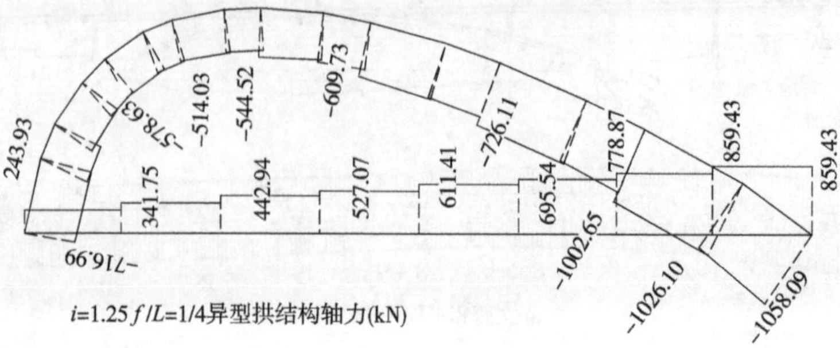


图 4-9　$i=1.25$，$f/L=1/4$ 异型拱结构轴力(单位：kN)

4）无风撑倾斜拱面下承式拱桥

下承式拱桥拱肋一般设计成竖直拱面，这样，主要受力均在拱平面内，除了在风荷载作用下，拱平面的内力很小。为提高拱肋的侧向稳定性，双肋拱面对称向内倾斜，并在拱顶通过风撑连成整体，形成提篮拱，总体上拱仍然在竖直平面内。

随着数值计算技术的发展，拱桥这种以受压为主的古老桥型，被注入了新的活力，出现了违反传统力学概念的无风撑倾斜拱面下承式拱桥。1991 年西班牙的建筑师、工程师 Calatralva 对 La Devesa Bridge 提出了一个不可思议的方案［图 4-10a）］，该桥是一座下承式单肋拱桥，一反常态地将拱肋倾向桥的一侧。

La Devesa Bridge 是一座全钢的人行桥，拱的跨径 44m，拱肋与水平面的夹角 66°，桥面自重及活载通过倾斜的吊杆传递到拱肋上。由于拱的倾斜，其自重使拱圈产生横桥向弯曲，为抵抗横向弯曲，吊杆采用类似于悬臂梁的钢梁制成［图 4-10b）］，悬臂根部固结在桥面的边缘，桥面除承担水平拉力外，还承担由吊杆横桥向弯曲产生的扭矩以及吊杆横桥向水平分力产生的弯曲。因此，主梁采用了不对称截面［图 4-10c）］，由大小两根钢管纵梁及变高度横梁组成平面框架，大钢管上焊接吊杆，既作为系梁受拉，也作为受扭构件抗扭，横向弯曲则由整体框架来承担，由于桥墩偏心支承在大钢管一侧，主梁的横向类似于悬臂梁，桥面重量平衡拱肋的侧倾力。这样复杂的传力途径使拱与梁相互依存，缺一不可，改变了拱桥中拱肋是主要承重构件的传统概念。拱的侧倾，降低了其在竖直平面内加劲主梁的效率，同时还使主梁横向受弯与受扭，拱与梁的相互依存使桥梁必须采用一次落架方法施工，这些都大大增加桥梁的造价。

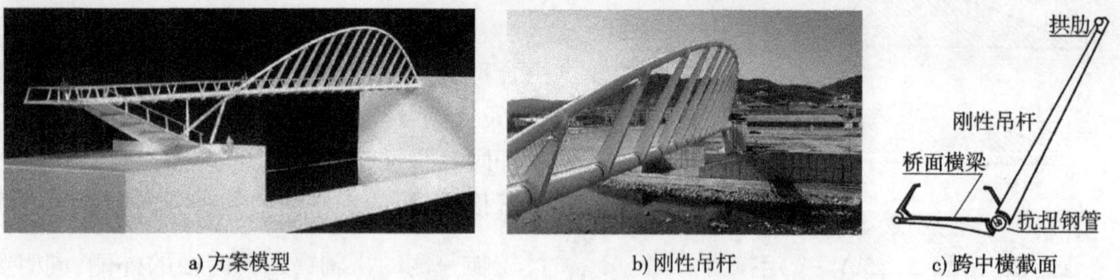


a) 方案模型　　b) 刚性吊杆　　c) 跨中横截面

图 4-10　La Devesa Bridge

拱的侧倾是人们对这种桥型的最大疑虑，因此早期的斜拱面系杆拱桥采用了具有横向刚度的刚性吊杆,这使得桥梁从某些角度看显得笨重。仔细分析侧倾的拱肋可以发现,拱肋主要承担两部分荷载,一是拱肋的自重,二是吊杆传递过来的主梁自重及活载,如图 4-11 所示。拱肋自重 $W$ 垂直向下,由于拱肋的侧倾外形,将产生横桥向力矩 $W \times e$,使拱向外倾覆[图 4-11a)]。而通过吊杆力 $T$ 传来的主梁及活载重力沿着吊杆方向,如果吊杆面与拱面重合,则不产生横桥向弯矩,拱肋仍然只承担自重产生的横桥向力矩 $W \times e$[图 4-11b)]。如果吊杆面在拱面内侧,则吊杆力的竖向分力 $v_2 = v_1$,仍然等于桥面的竖向荷载,而水平分力 $H_2 > H_1$,两者之差产生的力矩 $(H_2 - H_1)f$,将帮助拱肋向竖直方向回复[图 4-11c)]。如果 $(H_2 - H_1)f > We$,拱肋不但不会侧倾反而会变直,从而避免使用刚性吊杆。

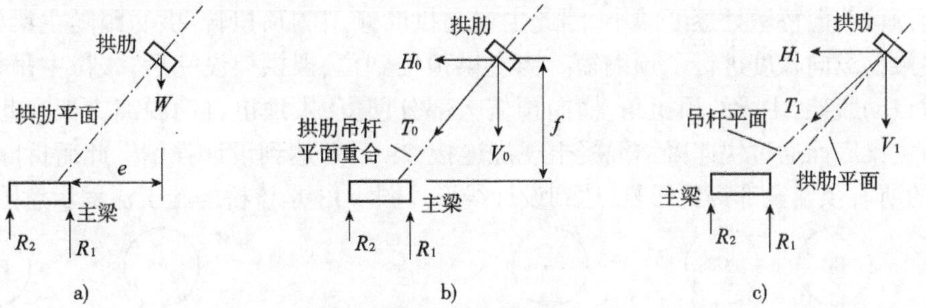


图 4-11 斜拱面与斜吊杆的作用

1996 年 Calatralva 类似的方案在法国 Orleans 跨越 Loirein 河的桥梁方案竞赛中胜出。该桥 2000 年建成,被命名为 Pont de l'Europe,如图 4-12 所示。主桥全长 378m,三跨连续,主跨 201.6m,中间部分是系杆拱,拱面与水平面夹角 68°,边跨各 88.2m。桥宽 25.74m,由四

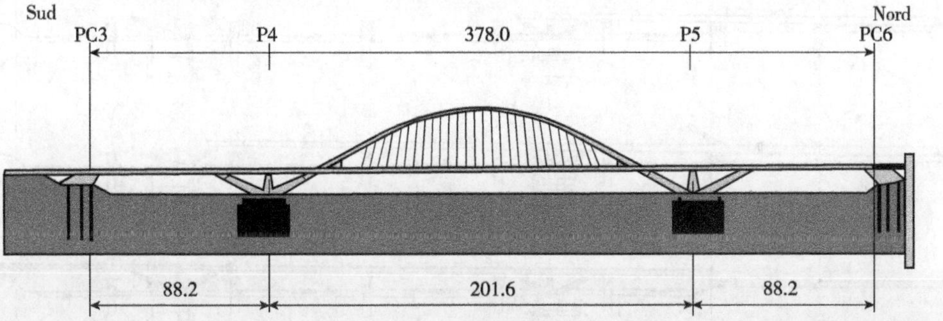


a)主桥立面布置

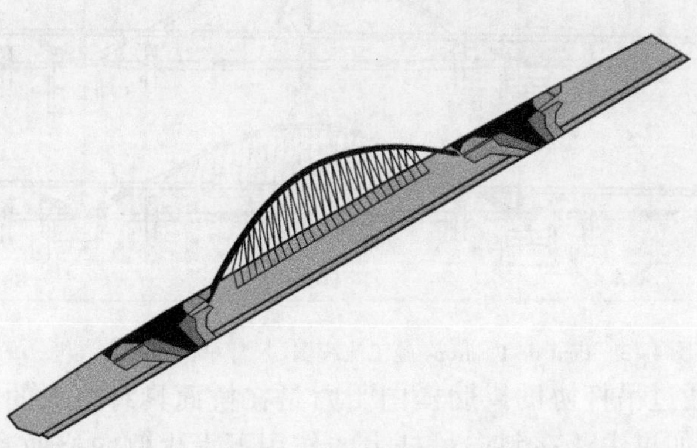

b)恒载下的应力及变形

图 4-12 Pont de l'Europe(尺寸单位:m)

个机动车道、两个自行车道和两个人行道组成。桥墩设计成树杈形状，外形如同拱肋在主梁之下的顺延。为了抵抗扭矩，主梁设计成流线型的梯形箱梁。系杆拱吊杆采用缆索而不是刚性吊杆，设置两个吊杆面，一个是在拱肋平面内侧的主吊杆，每根在施工过程中主动张拉400kN，另一个是一组设置在拱面外侧的辅助吊杆，防止拱肋向倾斜的反方向面外失稳，这些吊杆不张拉，被动受力。

本桥采用临时墩架设，主梁采用顶推法架设到位，在此过程中树杈状的桥墩与主梁完全脱离，再在跨中的侧边设临时墩架设拱肋。主梁、拱肋的安装设了空间预拱度：主梁跨中上游侧向上300mm、下游侧（拱肋倾斜侧）向上60mm，同时主梁向拱肋倾斜的反向水平预偏230mm，其他截面预偏值向桥墩处逐渐减小，因此主梁向拱肋倾斜侧预扭转，拱肋跟随主梁横向预偏，此外对主梁的纵向长度进行了预缩短。当主梁顶推到位、裸拱架设完后，张拉主吊杆，此时中间临时墩自动脱架，主梁的预扭角、横向预偏大部分回复，拱顶也自动脱离支架。此时将树杈状桥墩与主梁底面通过快速凝结混凝土现浇连接，2h后即达到设计强度。此后拆除其他临时墩，剩余的所有预偏全部得到回复，达到设计线形。图4-13是该桥的施工流程示意图。

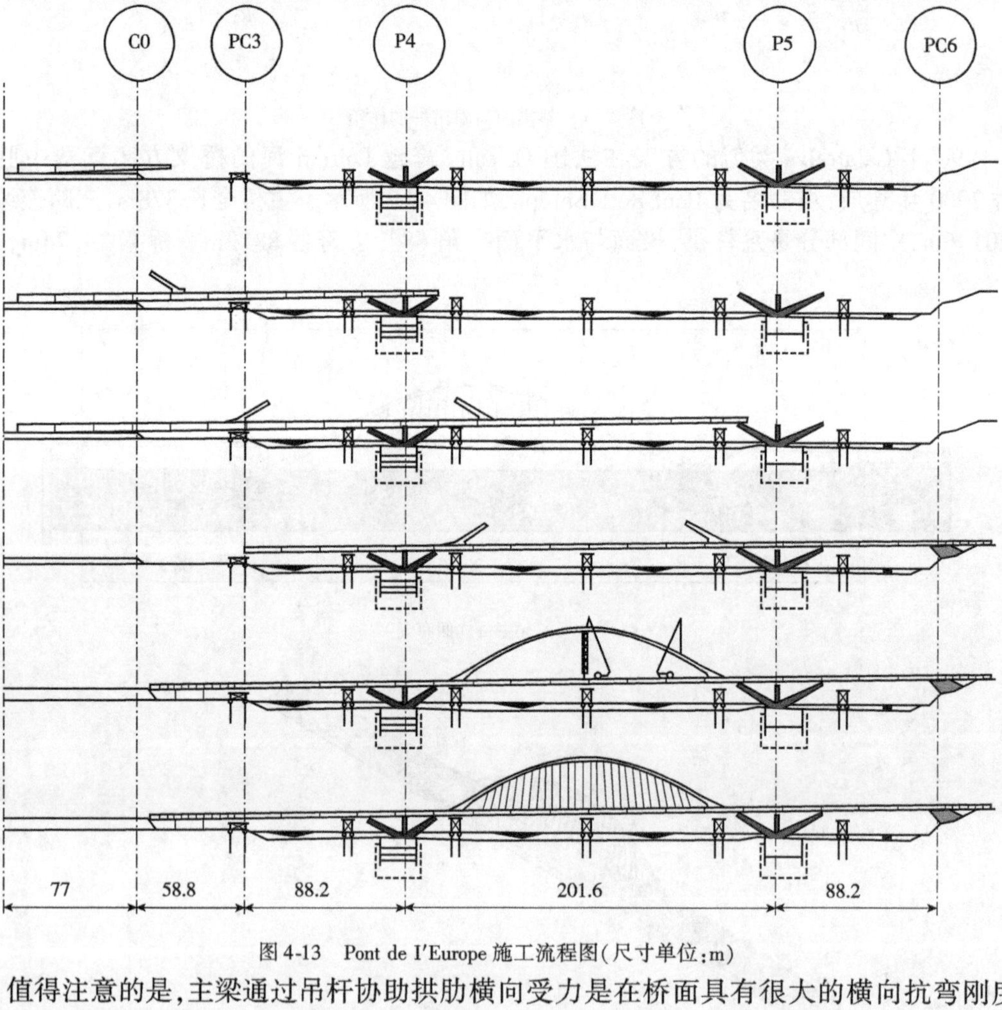


图4-13　Pont de I'Europe施工流程图（尺寸单位：m）

值得注意的是，主梁通过吊杆协助拱肋横向受力是在桥面具有很大的横向抗弯刚度和抗扭刚度前提下得到的。如果主梁在斜向吊杆力的作用下发生侧向挠曲和扭转，吊杆给拱肋施加的回复力 $H$ 将大大降低，拱肋就会倾覆。主梁承担的扭矩将传递到两侧的桥墩，拱肋倾斜一侧的支座反力大大增加，而另一侧的支座反力则减小，甚至出现负反力。Pont de l'Europe的树杈状桥墩,两个分枝在拱肋倾斜的一侧,另一侧只有一个分枝。因此对于这种倾斜拱面的下承式拱桥,主梁需要比常规拱桥主梁刚度大很多,这违背了拱桥以拱为主要承重构件的初衷,所以会增加造价。

丹麦哥本哈根跨过 Aagade 路的人行桥也是一座倾斜拱面的下承式拱桥,正跨径 65m,与前述几座桥不同的是该桥是一座有推力的拱桥,拱肋平面倾斜达到惊人的 45°角,如图 4-14所示。为了利用主梁平衡拱肋的侧倾力,采用了几项结构措施。①结合道路线形,将主梁设计成弯向拱对面的平面曲线形,形成半径 52.5m 的平面拱,抵抗吊杆传递给主梁巨大的水平力;②将吊杆面设计得高于拱面很多,使吊杆对拱肋侧倾的回复力加大;③设置复杂的支承系统:主梁两端分别设置拉压支座,以抵抗吊杆在主梁侧边张拉产生的扭矩,抗压支座同时还提供抗剪承载能力,以抵抗吊杆传来的水平分力,拱与主梁交界位置安装水平受压支座,防止拱平面向竖向转动;④主梁采用抗扭能力很强的钢箱梁。

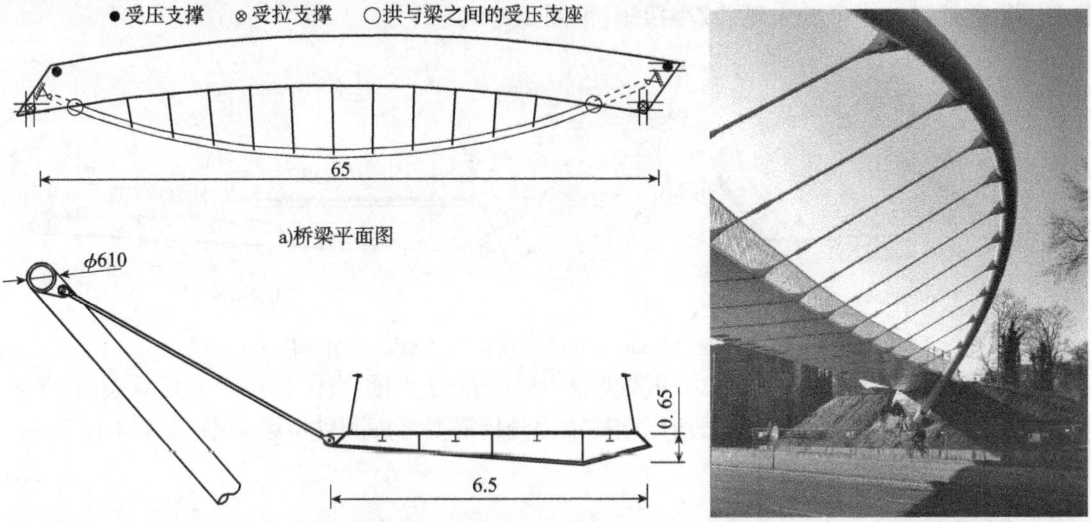


图 4-14 跨 Aagade 路人行桥(尺寸单位:m)

本桥同样采用支架一次落架施工,拱、梁均设置了空间预拱度。落架后拱面在吊杆水平力作用下向竖直方向变形,主梁发生挠曲的同时还发生扭转,如图 4-15 所示。

由于拱肋倾角非常大,拱对梁的竖向支承效率很低,同时存在很大的横向弯矩,拱圈只有 15% 的作用是受压,而 80% 的作用是受弯,只有 25% 的荷载由拱承担,而 75% 的荷载由梁承担。因此拱圈在靠近拱脚的位置壁厚达到 90mm。由此看出,倾斜拱面带来的视觉效果需要付出很大的经济代价,这在建设规模较小的人行桥上尚可接受。

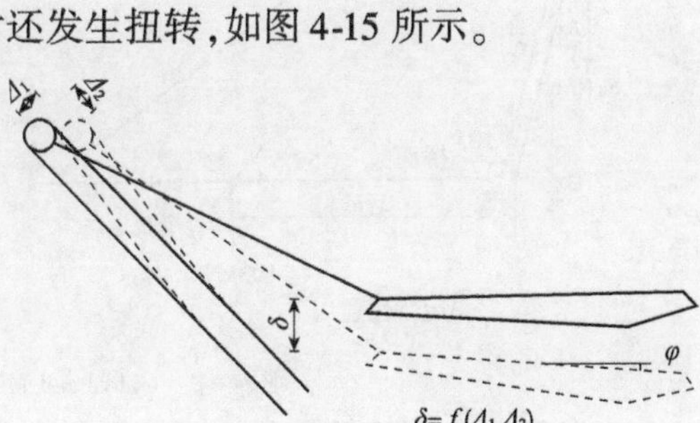


图 4-15 落架时拱和主梁的变形

拱面倾斜在降低竖向支承效率的同时,还使主梁承担较大的水平力,产生横向弯曲。为了抵抗水平力,将桥面弯曲形成平面拱是降低主梁横向弯矩的一个思路。这其中最具代表性的是 2001 年建成的英国 Gateshead Millennium Bridge。

Gateshead Millennium Bridge 跨径 105m,是一座偶尔需要开启的人行桥,工程师与建筑

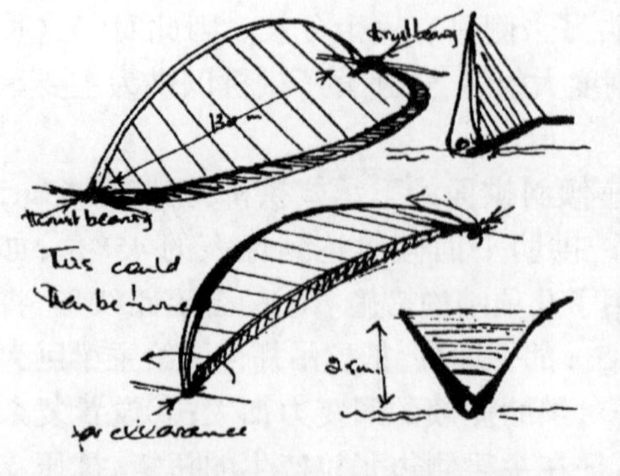

图 4-16　Gateshead Millennium Bridge 概念

师合作提出了拱与桥面均为拱形的可以绕拱脚连线转动的开启桥方案。当桥梁位于闭合状态时，平面拱形的主梁底离开水面 4. 5m，斜向吊索从曲线内侧，将主梁与后倾 15°的主拱连接，主梁与主拱在拱脚处交叉，并设有可以转动的滚轴，拱面与梁面形成 105°夹角。当桥梁开启时，拱面进一步后仰，同时主梁转变成一个斜拱面，从而在其下提供 25m 高的通航净空，见图 4-16。

主拱为抛物线形，高度 45m，截面为风筝形状，主要由 35mm 厚钢板组成，内设加劲肋和横隔板，吊索锚固在截面的圆端，见图 4-17a）。主梁由钢箱和附着在其上的悬臂梁组成，以使主梁的重心尽量靠近张拉吊杆的一侧，减小扭矩，见图 4-17b）。

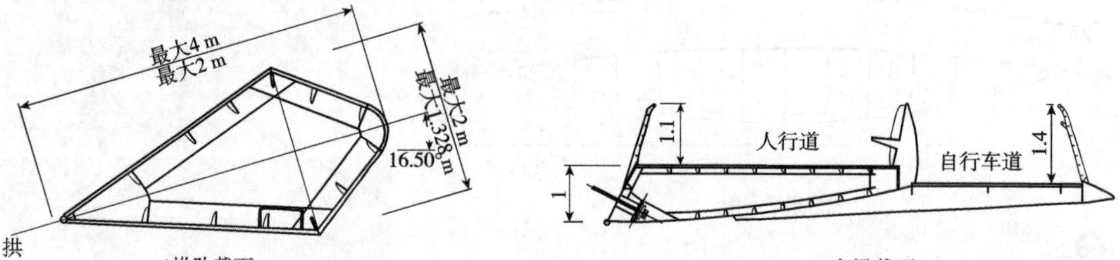


a)拱肋截面　　b)主梁截面

图 4-17　Gateshead Millennium Bridge 拱肋与主梁截面(尺寸单位:m)

当桥梁位于运营位置时，吊杆力需要克服主梁的重力，但是当桥梁位于开启状态时，吊杆几乎水平，变成拱与梁之间的扣索，所以结构内力分析需要考虑两种桥梁姿态，如图 4-18 所示。

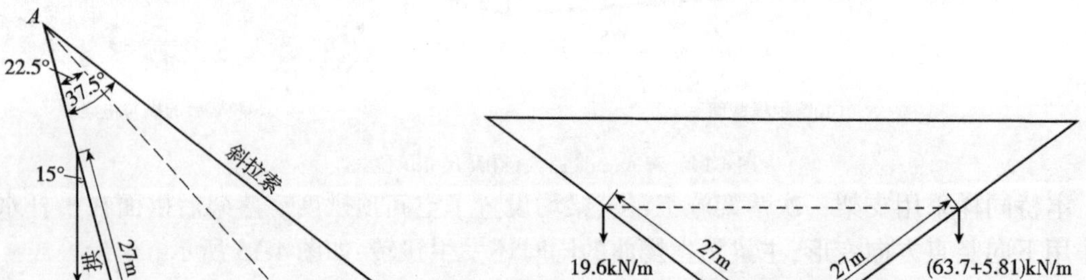


a)运营位置　　b)开启位置

图 4-18　Gateshead Millennium Bridge 计算模式

由于尽量减少现场施工，Gateshead Millennium Bridge 采用了整体预制吊装的施工方案，在钢结构加工厂内将主拱、主梁、缆索拼装成成桥体系，并在两拱脚间设置临时纵梁承担水平力，通过驳船浮运到现场，由 3 200t 级的浮吊安装到现场的转轴槽内，见图 4-19。

5）蝴蝶拱桥

以上都是单拱肋桥梁，如果将双拱分别向外侧倾斜，就能相互抵消吊杆给桥面施加的水平力，同时达到特定的造型。英国 1997 年在 Bedford 建成的 Butterfly Bridge 是一座双拱肋外倾的下承式拱桥，桥面宽度只有3m，虽然两拱肋的倾斜角度不完全相同，但是水平力基本相互抵消，整个造型类似于一只蝴蝶，受到好评。此后，2009年在我国南宁跨越邕江建成了蝴蝶系形杆拱桥——南宁大桥。

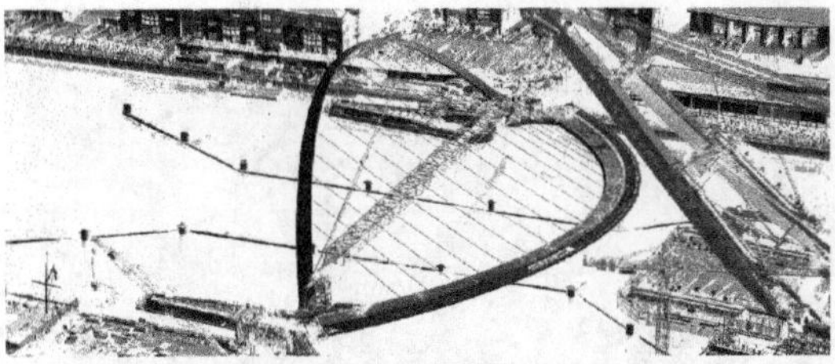

图4-19　Gateshead Millennium Bridge 吊装到位

南宁大桥是一座300m跨径的公路桥，主梁位于半径1 500m的曲线上，曲线外侧拱肋高82.92m、外倾31.3°，曲线内侧拱肋高86.74m、外倾33.5°。为了保证结构稳定，主梁和拱肋均采用钢箱截面，体外预应力系杆穿过钢箱，连接两拱脚。由于两拱肋矢高、外倾角度不同，吊杆水平力也不相同，因此体外预应力在箱梁内布置成曲线形，抵抗水平力差，如图4-20所示。

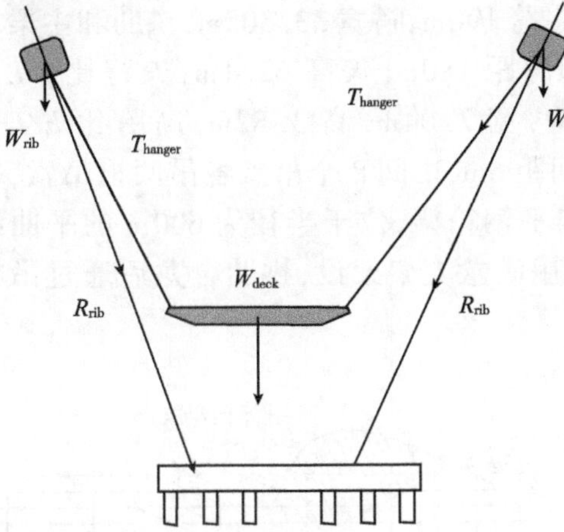


a)横向力平衡原理

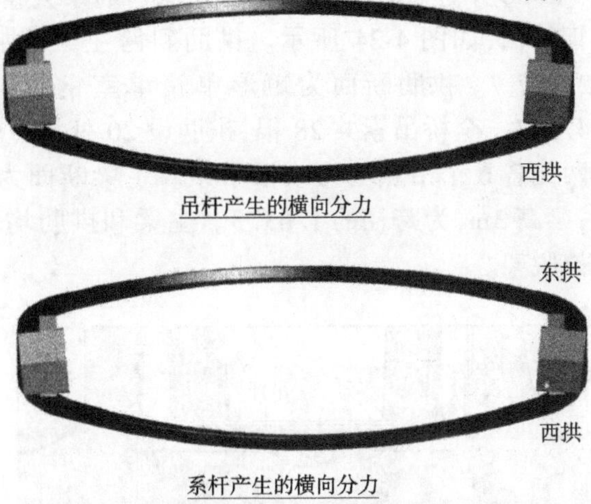


b)吊杆横向力与系杆横向力分布

图4-20　南宁大桥横向力平衡关系

由于跨径大，南宁大桥拱肋仍然采用临时塔斜拉扣挂方法悬臂拼装，为克服拱肋水平力，扣塔被设计得与两拱脚同宽，这样扣索面与拱肋有一定的水平夹角，给拱肋提供水平分力。此外，施工过程中两拱肋间设置了10道钢绞线拉杆和4道钢管桁架压杆，保证横向稳定。主梁采用节段吊装施工，由于两侧吊杆面不对称，所以在吊装过程中需设置临时吊杆，辅助控制节段的水平位置，如图4-21所示。待主梁架设完、张拉好梁内的体外预应力后，整个拱与主梁才能共同工作，形成相互依赖的空间结构。

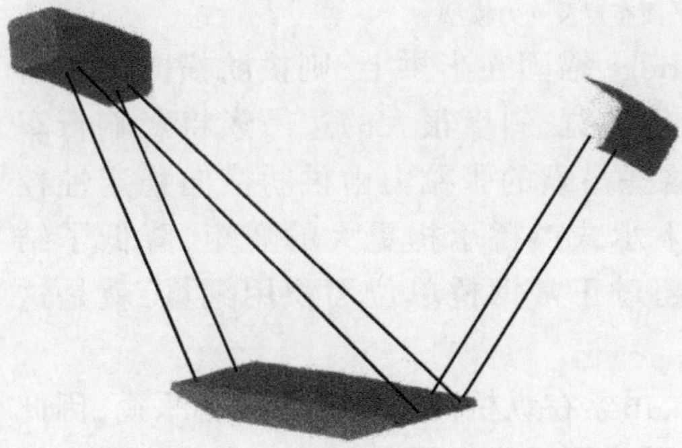

图4-21　南宁大桥主梁节段吊装示意图

由于拱肋外倾结构效率低，施工临时措施多，南宁大桥造价远远高于同等规模的常规拱桥，这也引起很大争议。

6）斜跨拱桥

1997年英国Manchester建成一座造型独特的下承式拱桥Hulme Arch Bridge，该桥拱肋从桥梁一端斜跨到桥梁的另一端，形成独特的景观，见图4-22。

图 4-22 Hulme Arch Bridge

该桥跨越 Princess Road，跨径 52m，桥宽 18m，拱圈为抛物线形，矢高 25m，大约为跨径的 1/2，截面从拱顶的 3m 宽、0.7m 高变化到拱脚 1.6m 宽、1.5m 高。两组 11 根吊杆分别从拱的两个半跨悬吊到主梁的两侧（图 4-23），因此拱肋受到很大的出平面弯矩，所以采用 1/2 的高跨比，减小拱轴推力，防止横桥向失稳，拱更像一个横向受弯构件。由于吊索纵向倾斜，桥面整体受到平面内的扭矩，为防止桥面平转，主梁支座两侧设置了导向挡块，限制主梁只能在纵桥向伸缩。

2008 年建成通车的河北省张家口通泰大桥，主跨 190m，桥宽 33.305m，拱肋和主梁均为钢结构，如图 4-24 所示。拱肋斜跨主梁，拱脚间距 180m，矢高 62.1m，矢跨比 $f/L=1/2.8977$。拱肋断面为矩形单箱单室钢箱结构，宽 7.04m，高 3.82m，高跨比 $h/L=1/47.37$。全桥吊索共 28 根，拱肋设 20 处吊点，间距 6m，中间 8 个吊点各吊两根吊索，东西两侧各 6 个吊点均为一根吊索。主梁断面为扁平钢箱梁，位于半径为 600m 的平曲线上，梁高 3m，为跨径的 1/63.3。主梁和拱肋均采用满堂支架架设，拱肋合龙后通过吊杆张拉脱架。

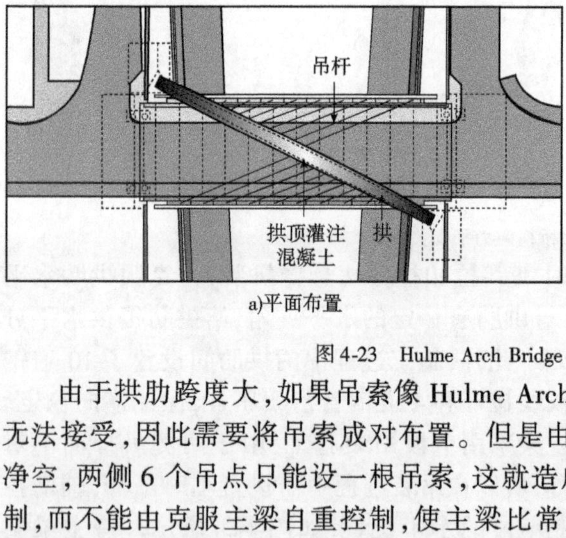


a)平面布置

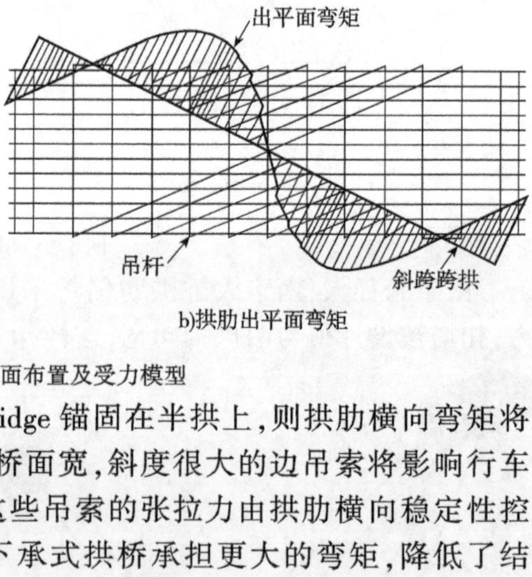


b)拱肋出平面弯矩

图 4-23 Hulme Arch Bridge 的平面布置及受力模型

由于拱肋跨度大，如果吊索像 Hulme Arch Bridge 锚固在半拱上，则拱肋横向弯矩将无法接受，因此需要将吊索成对布置。但是由于桥面宽，斜度很大的边吊索将影响行车净空，两侧 6 个吊点只能设一根吊索，这就造成这些吊索的张拉力由拱肋横向稳定性控制，而不能由克服主梁自重控制，使主梁比常规下承式拱桥承担更大的弯矩，降低了结构效率。本桥每平方米用钢量超过 1 500kg，远超过正常钢桥单位面积用钢量，就是这一问题带来的后果。

本桥位于曲线上，主梁除承担平面内的力矩外，吊索在纵桥向水平分力也不平衡，因此主梁两端除了设置横桥向限位装置外，在一端桥台还设置了纵向限位挡块。由于主梁两侧吊索张拉力不相同，主梁还要承受绕轴线的扭矩，这将使远离拱脚一侧主梁下的支座产生负反力。因此，在梁端远离拱脚角落配置了压重混凝土，防止支座脱空。

从上述分析可以看出，斜跨拱由于横向弯曲，不能像正拱一样完全承担桥面的重量，需要主梁承担弯矩，因此会增加材料用量。

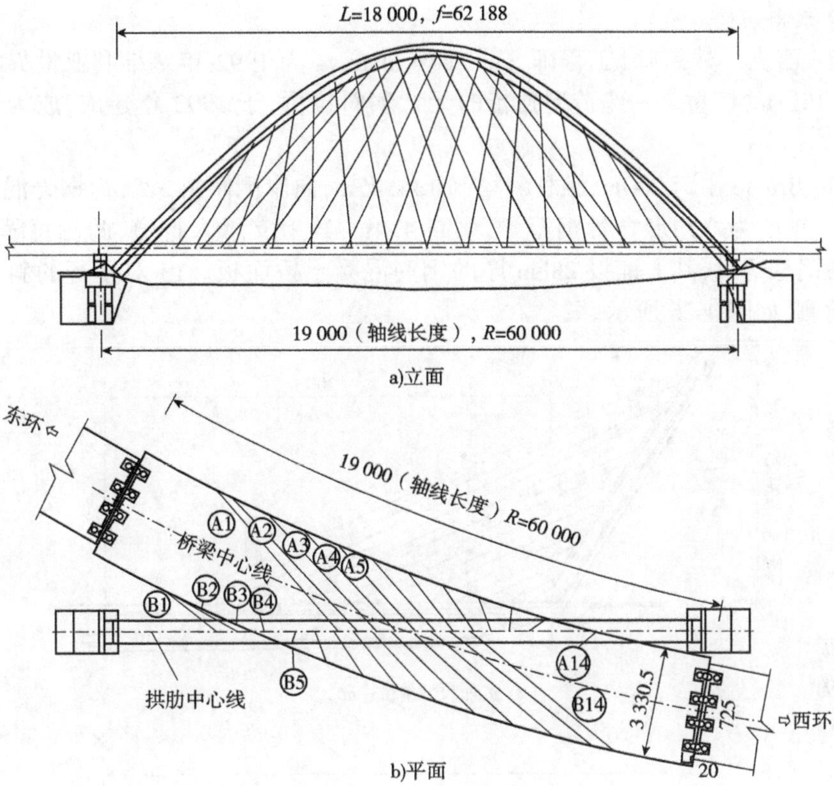


图 4-24　通泰大桥主要尺寸(尺寸单位:mm)

## 4.2.3　异型斜拉桥

斜拉桥通过拉索将主梁重量及其上作用的荷载传递到塔柱上。合理设计的斜拉桥,在恒载作用下塔柱两侧拉索的水平分力基本是平衡的,所以塔柱主要承受压力,主梁只承受很小的弯矩。活载作用在中跨时,塔顶向中跨弯曲,边跨最外侧的斜拉索,通常被称为背索,连接塔顶与边墩,限制塔柱的弯曲;而活载作用在边跨时,边墩支承在主梁端,从而减小塔柱向边跨的弯曲。因此,传统力学概念下,斜拉桥的合理结构形式是双塔三跨或独塔两跨布置,如图 4-25 所示。而截面上,拉索采用单索面或者双索面,对称于截面中心,这样主梁所受扭矩最小。

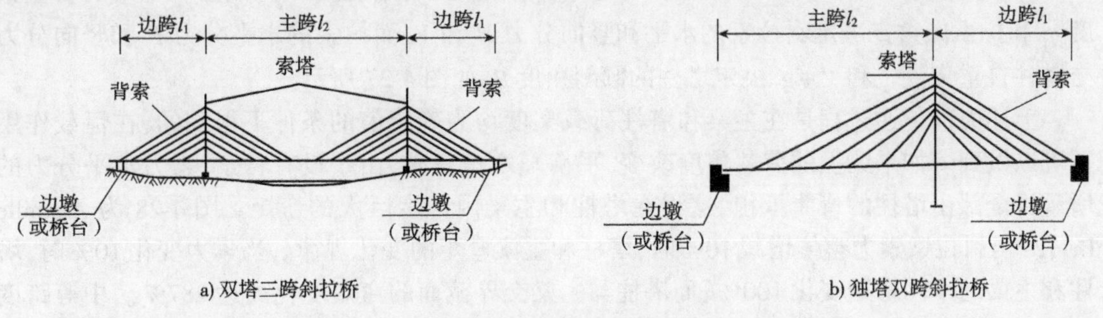


a) 双塔三跨斜拉桥　　b) 独塔双跨斜拉桥

图 4-25　斜拉桥的合理结构形式

打破上述合理体系就成为异型斜拉桥,常见的形式有无背索斜拉桥、曲线主梁斜拉桥、不对称斜索面斜拉桥等。

1）无背索斜拉桥

1989 年，西班牙建筑师、工程师 Santiago Calatrava 为 1992 年塞维利亚世界博览会设计了 Alamillo Bridge，该桥是一座造型独特的无背索斜拉桥，于 1992 年建成，成为当地的地标性建筑物。

Alamillo Bridge 主跨 200m，独柱斜塔高 134.25m，向岸侧倾斜 32°，为钢壳混凝土柱。主梁全宽 32m，中心为八角形脊骨钢箱梁，梁高 4.4m，其上支承人行道，两侧每隔 4m 设一道 13.2m 长的钢悬臂梁，其上铺设 23cm 厚的钢筋混凝土桥面板。13 对平行的斜拉索锚固在脊骨梁的两侧，如图 4-26 所示。

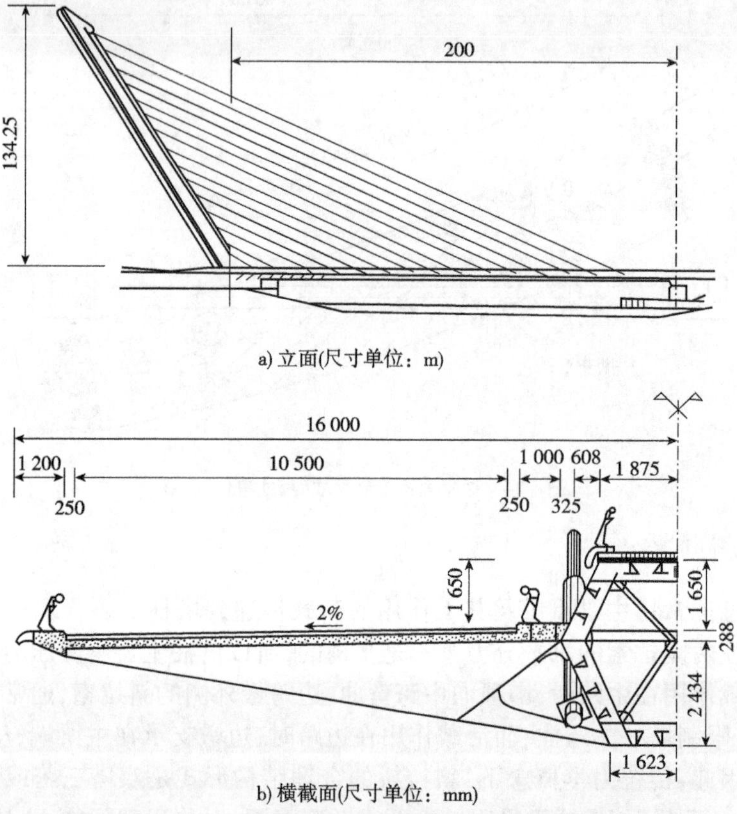


图 4-26　Alamillo Bridge 布置图

为了使拉索的水平力 $H$ 在塔柱内尽量不产生弯矩，将塔柱向岸侧倾斜。主梁的自重集度 $q_G$ 和拉索倾角 $\beta$ 决定斜拉索的水平和竖向分力 $H$ 和 $V$，而拉索的水平分力 $H$ 和竖向分力与塔柱自重集度之和 $V+g_T$ 决定塔柱的倾斜角度 $\beta$，如图 4-27 所示。

上述力的传递过程是在主梁和塔柱荷载集度均为确定值的条件下得到的，在恒载作用下可以做到。如果梁上的荷载集度改变，平衡随之被打破，由于没有背索，索力水平分力的增量将全部由塔柱的弯曲承担，这将在塔柱和主梁内产生巨大的弯矩。图 4-28 为 Alamillo Bridge 当斜拉索索力整体增减 10% 时，塔柱和主梁弯矩的变化规律。当索力变化 10% 时，塔柱和主梁的平均弯矩变化 100%，而塔柱与主梁交界截面的弯矩变化高达 287%。中等跨度斜拉桥活载索力占总索力的比例超过 10%，塔柱和主梁在运营过程中将产生很大的弯矩变幅。为了抵抗活载弯矩，塔柱内需要布置 794 根 $\phi 32$ 的钢筋，施工很困难，因而改用钢壳混凝土塔柱，钢壳可以有效地防止塔柱混凝土表面开裂，混凝土重力产生的弯矩则平衡主梁重量产生的弯矩。而主梁采用4.4m梁高（$L/45$）脊骨梁抵抗梁内的弯矩变幅，两侧悬臂端较低的梁高（2.7m，$L/74$）则改善视觉效果，不至于使主梁显得过于笨重，同时将人行道设置在脊骨梁顶面，巧妙地增加了行人的视野。此外，由于没有背索，全桥的活载刚度比常规斜拉桥低很多，也需要采用较大的梁高来减小活载挠度，如果采用常规斜拉桥1/100左右的主梁高跨比，刚度将无法满足要求。

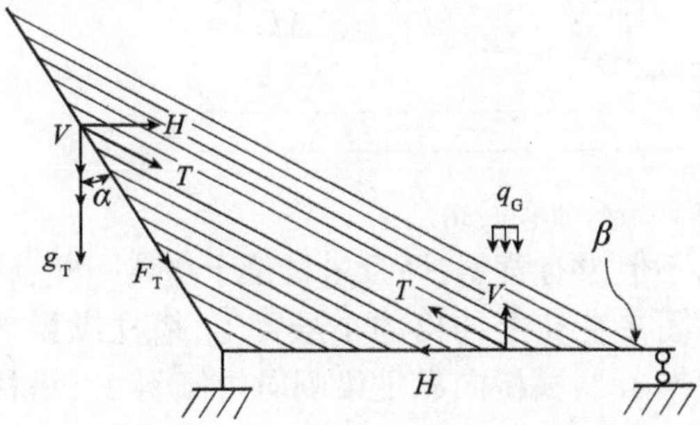


图4-27　无背索斜拉桥传力途径

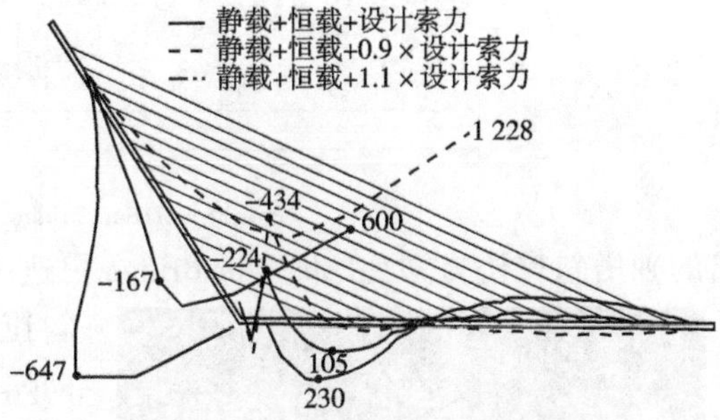


图4-28　索力变化10%的影响（单位：MN·m）

通过斜塔的重量平衡主梁重量也给桥梁的架设带来了困难，很难再采用悬臂施工方法。Alamillo Bridge主梁分8节段先在支架上拼装，塔柱分成17个节段，随斜拉索由下向上安装，先吊装钢壳，再浇筑内部混凝土，以控制塔柱施工过程中的弯矩。事实上，很多模仿Alamillo Bridge的无背索斜拉桥，主梁和塔柱均采用满堂支架架设，再张拉斜拉索脱架。

从上述分析可以看出，无背索斜拉桥，虽然利用塔柱的倾斜平衡了拉索的恒载水平力，但是，活载作用下缆索体系不能发挥作用，塔和梁将产生很大弯矩，同时不能采用平衡悬臂无支架施工，因此失去了斜拉桥在大跨度桥梁中的优势，这些都将大大增加造价。Alamillo Bridge虽然视觉效果优美，但是高昂的造价也广受争议。

1998年捷克Usti nad Labem市建成的跨过易北河的Marian Bridge（图4-29），也是一座无背索斜拉桥，主跨123.3m，但是抵抗索塔的单侧索力采用了不同的思路。①主梁采用与Alamillo Bridge类似的钢混组合脊骨梁（图4-30），降低主跨的重量。②设计了刚度巨大的塔身，抵抗单侧斜拉索水平分力产生的弯矩。③设置与塔柱连成一体的侧墙，将主梁与侧墙连成一体形成55.5m边跨，降低主墩基础顶面的弯矩。为抵抗巨大的弯矩，除基础以上7.5m范围采用钢筋混凝土结构外，其余塔柱，包括侧墙，均采用钢箱结构，板厚达50mm。

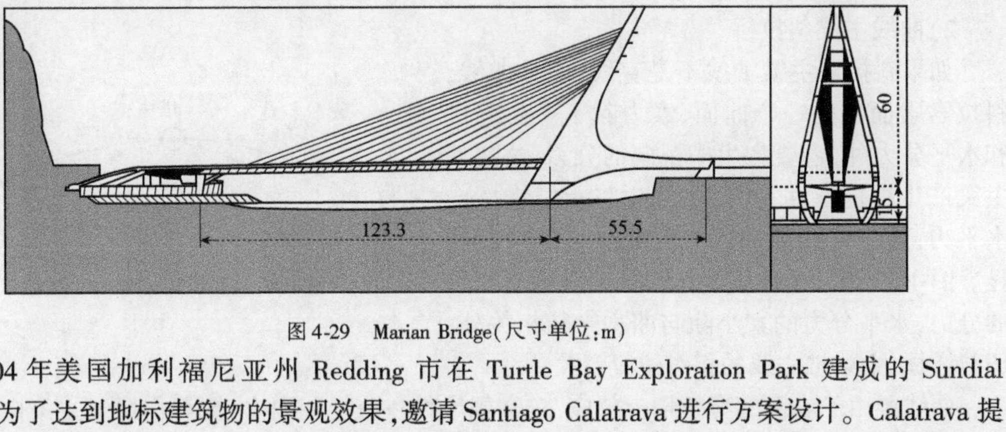


图4-29　Marian Bridge（尺寸单位：m）

2004年美国加利福尼亚州Redding市在Turtle Bay Exploration Park建成的Sundial Bridge，为了达到地标建筑物的景观效果，邀请Santiago Calatrava进行方案设计。Calatrava提

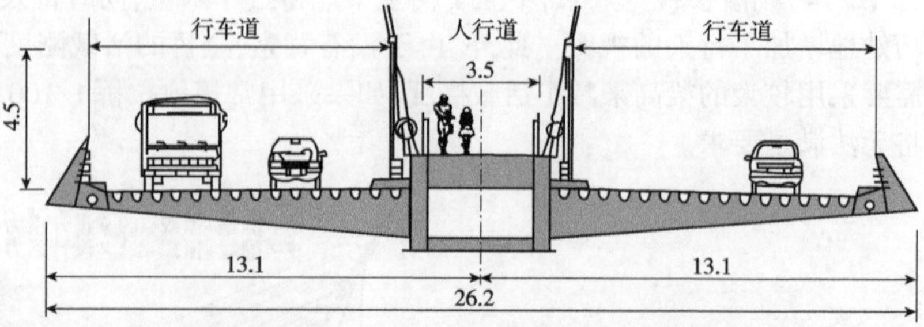


图 4-30 Marian Bridge 主梁横截面(尺寸单位:m)

出的独塔斜拉桥方案比 Alamillo Bridge 更进一步,不但没有背索,而且塔柱位于主梁一侧,将斜拉索锚固在塔柱上伸出的小悬臂上,塔柱纵桥向向岸侧倾斜 48°,横桥向靠主梁侧向内倾斜 2°,塔柱横截面呈梯形,在塔基纵桥向和与纵桥向呈 36°夹角方向,设置了与 Marian Bridge 类似的人字形侧墙。桥塔与桥头广场形成了形似古代计时工具日晷的造型,见图 4-31。

图 4-31 Sundial Bridge 模型

该桥全长 213m,塔柱前沿至对岸辅助墩的净跨径为 128m,主梁采用轻质的三角桁架。由于没有背索,且斜拉索通过小悬臂梁偏心锚固,塔柱承担很大的纵向、横向弯矩和扭矩,因此塔柱采用梯形钢箱截面,塔高 66m,相对于主梁,塔柱刚度很大,且人字形侧墙内必须灌注混凝土才能保持塔柱稳定。

本桥所跨河流不允许设临时墩,同时塔柱双向弯曲且受扭的特点,使塔、梁同时安装焊接的精度很难控制,所以本桥的安装采用先悬臂拼装斜塔,再利用斜拉索悬臂拼装主梁的施工方案,这使得塔柱在施工过程中承担很大的反向弯矩。

由于主梁很轻,刚度小,经过计算分析,如果没有斜拉索的协助,主梁最大挠度达 3m,因此,缆索体系对于本桥是必不可少的部分。无背索且横向偏心锚固使得塔柱弯矩和扭矩非常大,加之塔柱形状的独特,加工困难,使得 Sundial Bridge 的造价高达 2 350 万美元,是常规桥梁方案的 8 倍。

2)曲线主梁斜拉桥

如果斜拉桥主梁轴线不是直线,而是曲线,斜拉索索面将是一个曲面,索力除了产生竖向和水平分力外,还要产生横桥向的分力,这将使主梁产生横向弯曲,同时塔柱也将承担横桥向水平力,这一作用随曲率半径的减小越来越明显。图 4-32 为独塔曲线斜拉桥某一对索力产生的分力,水平分力的大小除与曲率半径相关外,还与塔柱、主梁轴心线的相对位置有关。

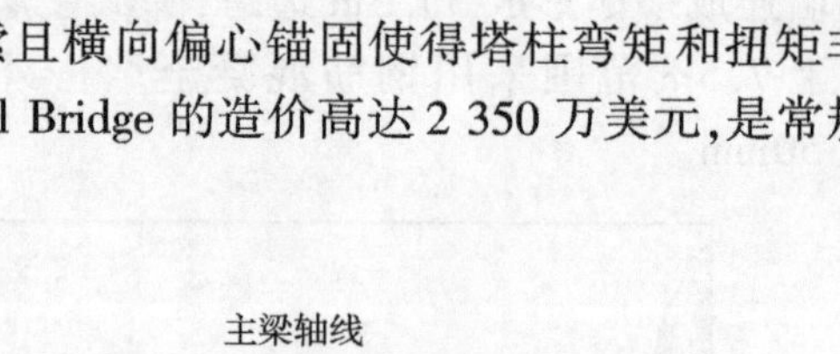


图 4-32 曲线斜拉桥索力的作用

曲线梁由于本身的弯扭耦合效应,在常规半径和跨径范围内,恒载作用下主梁向曲线外侧扭转,曲线外侧的支反力增大、内侧支反力减小。在曲线斜拉桥中,主动施加的斜拉索竖向分力也是弯扭耦合的，所以可以抵消主梁自重的弯扭耦合作用，但是，被动增加的桥面铺装索力，不能抵消主梁的弯扭耦合作用。

某独塔双索面斜拉桥跨径布置为150m + 150m，如图4-33所示，主梁采用曲线形闭口截面钢箱梁，桥塔采用H形混凝土桥塔，主梁处于3 400m半径的平曲线上。结构体系采用半飘浮体系，塔柱下横梁顶面设置混凝土挡块，钢箱梁底部设置牛腿，在混凝土挡块及钢牛腿间设置支座，约束纵向、竖向及横向位移，边墩处对钢箱梁进行横向及竖向约束。桥梁中线所对应的圆心角为5.047 8°，两跨分别设置22对斜拉索，斜拉索沿主梁纵向间距为12.8m。为研究主梁弯曲的影响，研究曲线半径对结构受力特点的影响，分别选取$R=\infty$（即直桥）、$R=3\ 400$m（设计值）和$R=1\ 000$m（高速公路最小半径）三种半径进行分析比较。

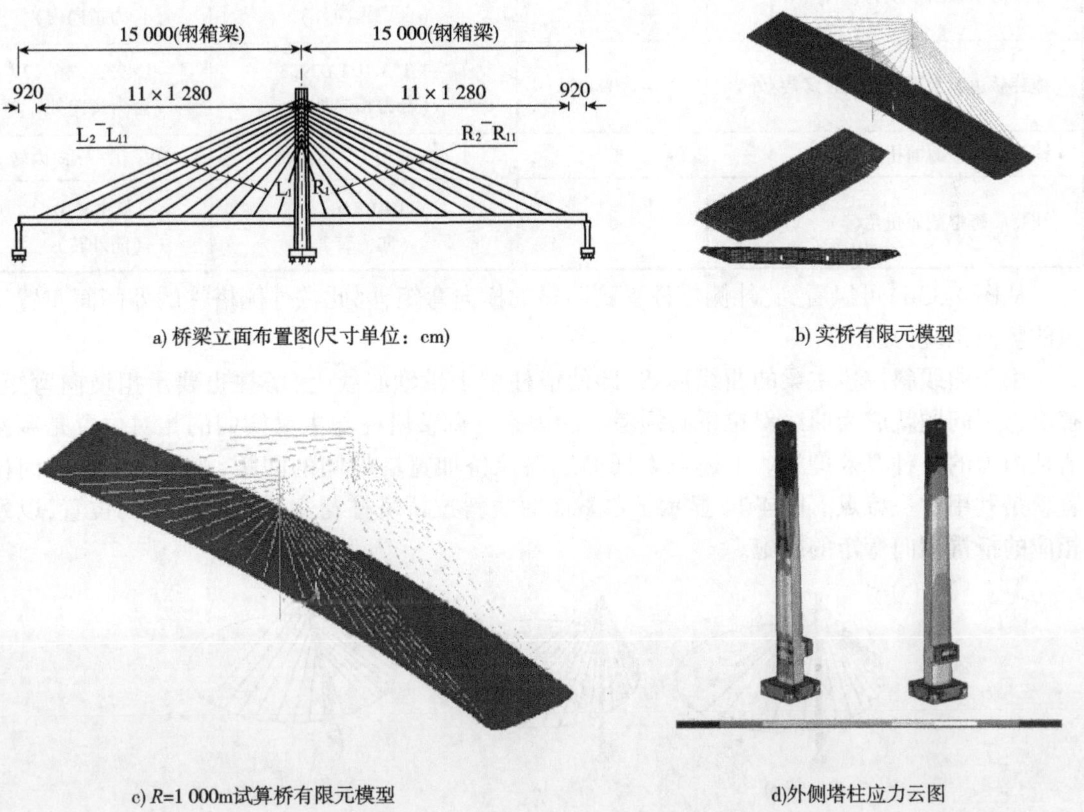

a) 桥梁立面布置图(尺寸单位：cm)　b) 实桥有限元模型

c) $R$=1 000m试算桥有限元模型　d)外侧塔柱应力云图

图4-33　150m + 150m 斜拉桥分析模型

本桥H形桥塔的一个塔柱位于曲线外侧，另一个位于曲线内侧，因此两塔柱横向弯曲受力不同，设计时有意加大了两塔柱间的距离，使主梁可以在两塔柱间横向移动，从而使曲线内外侧塔柱受力状态相近，便于设计。直桥主梁安装在两塔柱中间位置，设计桥（$R=3\ 400$m）位置向曲线外侧移动90cm，而$R=1\ 000$m时主梁安装位置需向外侧移动340cm（仅为分析假设）。

该桥在支架上架设主梁，张拉斜拉索脱架后，再铺设桥面铺装。为抵消主梁的恒载扭矩，在制定拉索成桥目标索力时，可以将曲线外侧索力设置得比内侧索力大。表4-1为主要工况下关键部位的内力值。

某两跨斜拉桥内力对比　表 4-1

| 内力 | 直桥（$R=\infty$） | 设计值（$R=3\,400$m） | 试算值（$R=1\,000$m） |
|---|---|---|---|
| 成桥外、内侧索力差（%） | 0% | 1.58%（外侧大） | 3.64%（外侧大） |
| 成桥外、内端支座反力差（%） | 0% | 16.15%（外侧大） | 19.77%（外侧大） |
| 成桥外侧塔柱横向弯矩（kN · m） | 7 592.8 | 11 249.2 | 16 770.0 |
| 铺装前中墩水平反力（kN）（内/外） | −15 302.2 | −15 342.1/15 301.3（合力指向外） | −15 171.5/15 568.6（合力指向内） |
| 铺装前边墩水平反力（kN）（内/外） | −1 350.8 | −1 420.8/1 274.1（合力指向外） | −1 723.8/933.2（合力指向外） |
| 铺装后中墩水平反力（kN） | −15 911.2 | −15 931.6/15 920.0（合力指向外） | −15 680.2/16 223.7（合力指向内） |
| 铺装后边墩水平反力（kN）（内/外） | −1 094.7 | −1 153.0/1 029.3（合力指向外） | −1 493.0/667.7（合力指向外） |
| 铺装前跨中截面扭角（°） | 0 | $1.654\times10^{-3}$（向内转） | $1.899\times10^{-3}$（向内转） |
| 铺装后跨中截面扭角（°） | 0 | $4.040\times10^{-5}$（向内转） | $-2.752\times10^{-3}$（向外转） |

从图 4-33d）可以看到，外侧塔柱受到明显的横向弯矩，因此在外侧塔柱的外侧面布置很多的竖向预应力筋。

由于曲线斜拉桥主梁的曲线形状，即使塔柱位于桥轴心线上，塔柱也要承担横向弯矩，解决这一问题就成为曲线斜拉桥必须考虑的因素。调整塔柱与主梁横向的相对位置是调整塔柱内力的一种有效措施。上述双索面曲线斜拉桥加宽塔柱间的间距，调整主梁的横向位置就是利用这一特点。图 4-34 显示了单索面曲线斜拉桥塔柱与主梁的几种不同位置，以及相应的抵抗横向弯矩的措施。

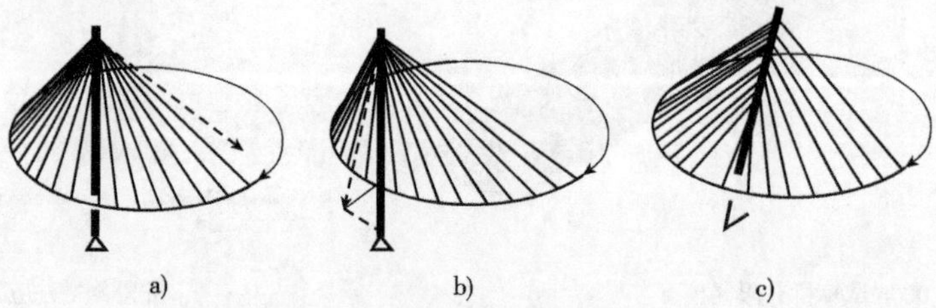


图 4-34　塔柱与主梁的相对位置

图 4-34a）为将塔柱设置在曲线内侧的情况，此时塔柱将承担向曲线外侧的弯矩，因此，可以采用图 4-35a）所示的设置横向锚索的办法克服横向弯矩。图 4-34b）为塔柱与主梁轴心重合的情况，此时塔柱向曲线内侧弯曲，曲线半径较小时，横向弯矩将控制设计，图 4-35b）显示了一种施加体外预应力抵抗横向弯矩的措施。

图 4-34c）为通过设置斜塔减小塔柱横向弯矩的方案，塔柱倾斜到某一个特定的位置时，某一对斜拉索力将位于塔柱平面内，该索产生的塔柱横向弯矩为零。但是全桥斜拉索并不位于同一个平面内，因此，该方法只能尽量减小塔柱的横向弯矩。这种类型的斜拉桥将在下一小结讨论。

曲线斜拉桥除了上述受力特点外，小半径时还应关注拉索切割车道的问题，如图 4-36 所示，桥梁

a) 曲线内侧的锚索

b) 曲线外侧的体外预应力索

图 4-35　抵抗塔柱横向弯曲的措施

设计时应验算曲线内侧车道的车辆通行净空。

3）不对称索面斜拉桥

传统斜拉桥索面均对称于主梁设置，双索面布置在主梁两侧，而单索面布置在桥面中心［图 4-37a)］，这样，主梁在恒载作用下不受扭。在景观人行桥中，为了避免拉索零乱现象，常采用单索面，而人行桥很窄，将索面布置在主梁中间将占用桥面空间，因此出现了不对称单索面斜拉桥，将索面布置在主梁的一侧，如图 4-37b)、c) 所示。拉索布置在主梁一侧带来的问题是桥面将承担很大的扭矩以及横向弯矩。

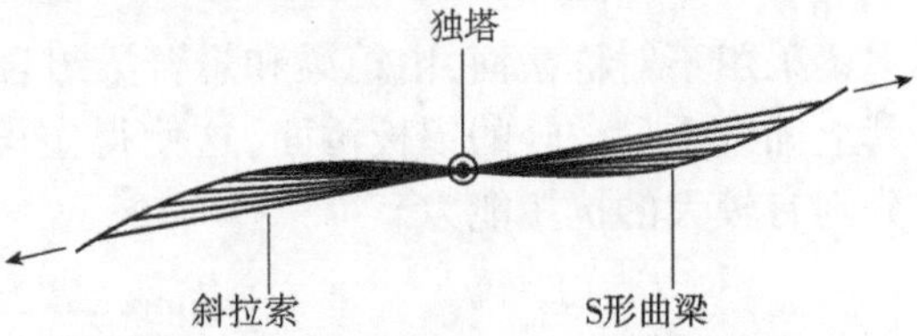


图 4-36　S 曲线斜拉桥拉索与主梁位置关系

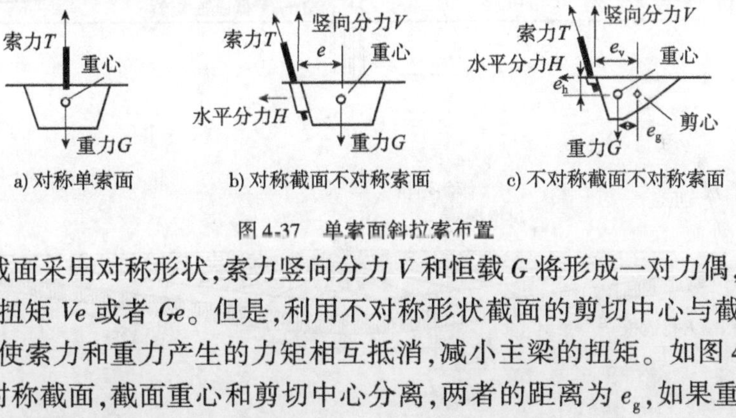


a) 对称单索面　　b) 对称截面不对称索面　　c) 不对称截面不对称索面

图 4-37　单索面斜拉索布置

如果主梁截面采用对称形状，索力竖向分力 $V$ 和恒载 $G$ 将形成一对力偶，如图 4-37b) 所示，给主梁带来扭矩 $Ve$ 或者 $Ge$。但是，利用不对称形状截面的剪切中心与截面重心不重合的特点，就可能使索力和重力产生的力矩相互抵消，减小主梁的扭矩。如图 4-37c) 所示，当设计适当的不对称截面，截面重心和剪切中心分离，两者的距离为 $e_g$，如果重心和拉索锚固点位于剪切中心同侧，则竖向分力 $V$ 和重力 $G$ 产生的力矩将相互抵消。此外，还可以调整拉索在截面上锚固的竖向位置，利用索力的水平分力 $H$ 来产生平衡竖向分力产生的力矩。单位长度梁段上的扭矩荷载为：

$$t = V \cdot e_v - G \cdot e_g - H \cdot e_h \tag{4-2}$$

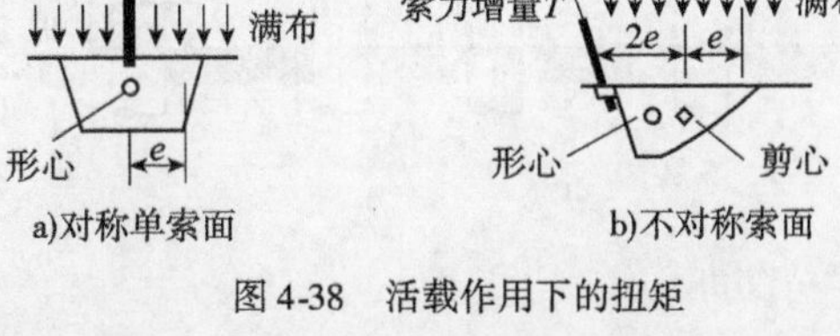


a)对称单索面　　b)不对称索面

图 4-38　活载作用下的扭矩

对于活载，其重心只与桥面布置相关。当满布在桥面上时，其重心位于桥面中心线，对称索面时不产生扭矩，而不对称索面时偏心的拉索力增量将仍然产生很大的扭矩。而当活载不对称布置时，索力增量与活载将形成的力矩，力偶臂是对称布置索面时的 300%，见图 4-38。无论是

图 4-39　Sail Bridge

否采用不对称截面，都不能减小活载扭矩，只能从加强主梁抗扭能力上去解决问题，因此，这种不对称布置单索面斜拉桥大部分采用抗扭性能好的闭口箱形截面。

2003 年在威尔士 Swansea 市建成的 Sail Bridge 是一座位于平面折线上的人行斜拉桥，跨径布置为 70m + 70m，宽度 4. 5 ~ 5. 5m，如图 4-39所示。单索面斜拉索锚固在主梁的边缘，为了减小塔柱的横向弯矩，塔柱向上游后仰 10. 5°，因此主梁承受竖向弯矩、轴向压力、扭矩和横向弯矩。为了克服单侧拉索带来的扭矩，主梁采用不对称截面，由箱梁和悬臂梁组合而成[图 4-40c)]，悬臂梁通过小纵梁连成一体，其上铺设重量较轻的铝板桥面，这使得主梁重心偏于斜拉索一侧，从而减小扭矩，而箱梁部分则有较大的抗扭能力。

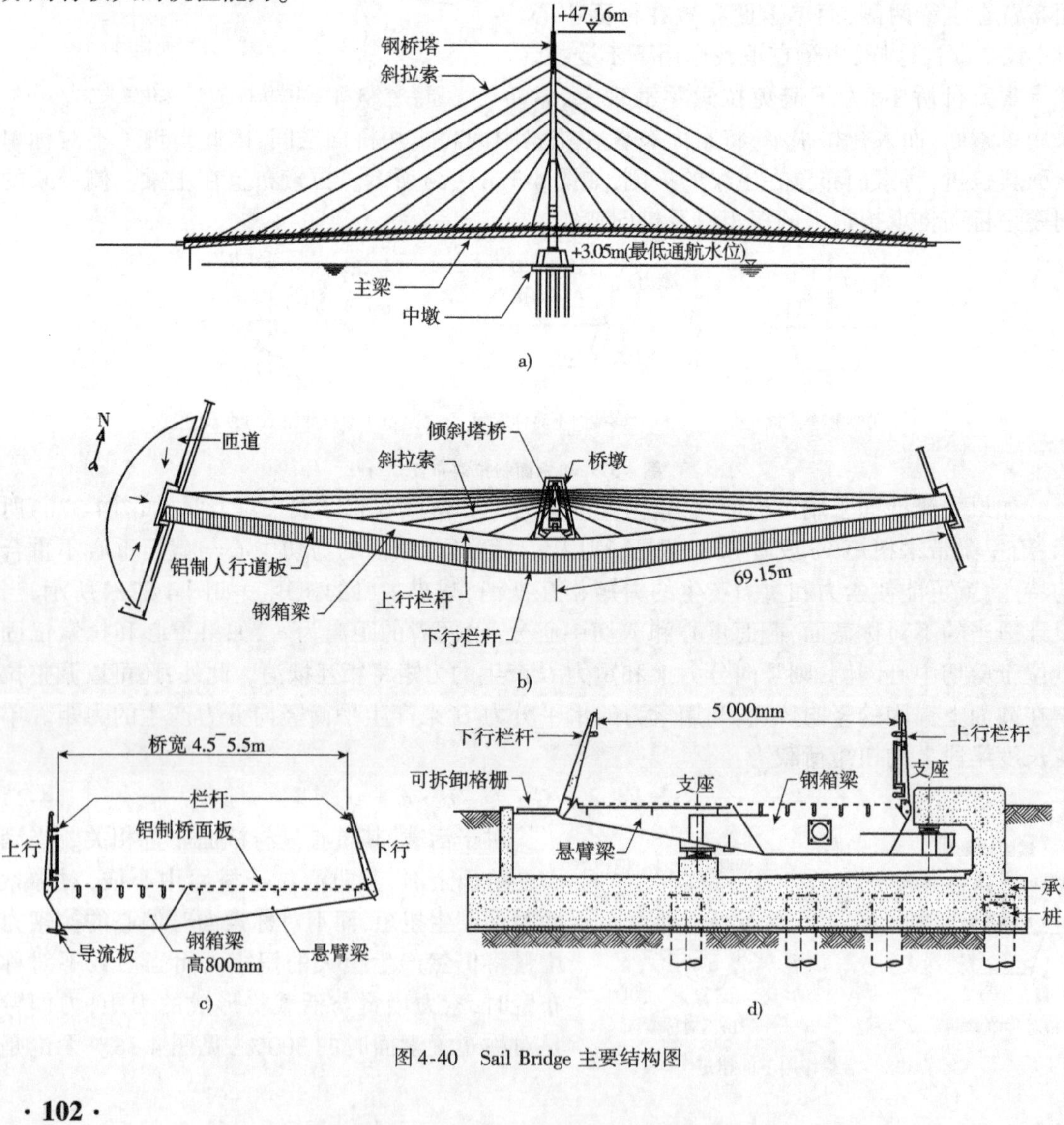


图 4-40　Sail Bridge 主要结构图

在两侧桥台处设置竖向、横向和扭转约束。如图 4-40d)所示，桥台一侧带有倒 L 形悬臂，以设置向上的反力支座，与另一侧的压力支座形成抗扭约束。向上和向下的支座均为普通单项活动抗压支座，横桥向不能滑动。

塔柱虽然位于主梁侧边，但是侧向伸出的悬臂通过球铰顶在主梁转折点处侧边，给主梁提供横向约束。紧靠塔柱的一对拉索和球铰之间的偏心，给主梁提供抗扭约束，因此，最内侧一对拉索的索力设置得明显比其他拉索高。

44m 高的塔柱由于在施工过程中和活载作用下承担较大的弯矩，因此采用钢箱截面，最厚钢板厚度达 44mm。

全桥先分 4 段悬臂拼装钢塔柱，然后分 11 段在支架上拼装主梁，再通过斜拉索的张拉使主梁脱架。

### 4.2.4 异型悬索桥

常规悬索桥中主梁通过吊索悬吊在主缆上，主缆只承担竖向力，即使如旧金山 Oakland Bay Bridge 的独柱双主缆悬索桥，虽然主缆具有空间曲线，桥梁总体仍然是对称结构。如果采用单主缆布置在主梁的一侧，就成为不对称的异型悬索桥。与倾斜单索面斜拉桥类似，主梁将承受水平力，为减少横向弯矩，主梁往往设计成曲线形，形成平面拱作用。

由林同炎国际公司 2005 年设计，2011 年建成的美国圣地亚哥 Harbor Drive Pedestrian Bridge 是一座跨越公路和铁路的人行桥，采用了独塔倾斜单吊索面自锚式悬索桥方案，悬索部分主梁长 168m，设 34 根吊索。为了抵抗斜吊索的水平分力，主梁设计成半径 176m 的曲线形，形成平面拱作用，使主梁横向弯矩最小，如图 4-41 所示。

该桥采用 40m 高、与竖直面倾斜 30°的混凝土塔柱，主梁悬挂在塔柱下方，因此采用两

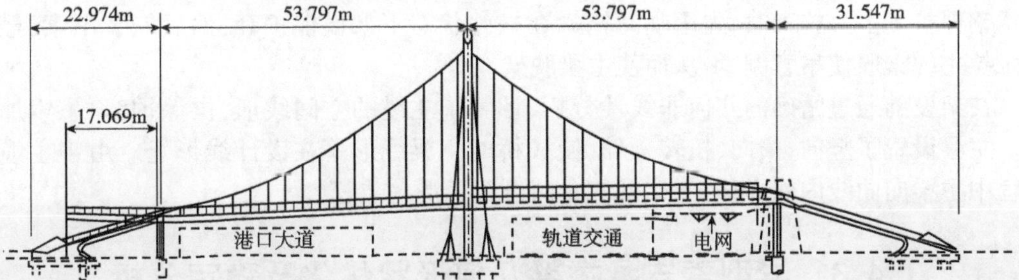


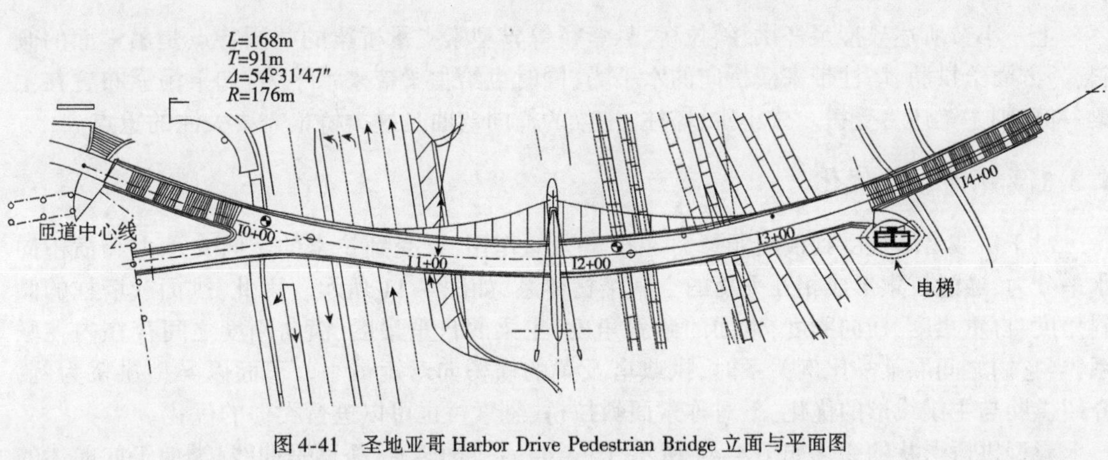


图 4-41 圣地亚哥 Harbor Drive Pedestrian Bridge 立面与平面图

根背索来平衡倾覆弯矩(图4-41)。主梁为预应力混凝土结构,为了减小单边吊索产生的扭矩,同样采用了不对称箱形截面,尽量将重心向吊索一侧靠拢,同时将吊索锚固在栏杆柱顶端,使吊索力线更加接近剪切中心,如图4-42所示。即使如此,箱梁内的扭矩仍然很大,为此,在栏杆扶手钢管内布置了纵向预应力筋,利用预应力指向曲线内侧的径向力$L_R$产生额外的平衡扭矩(图4-43)。

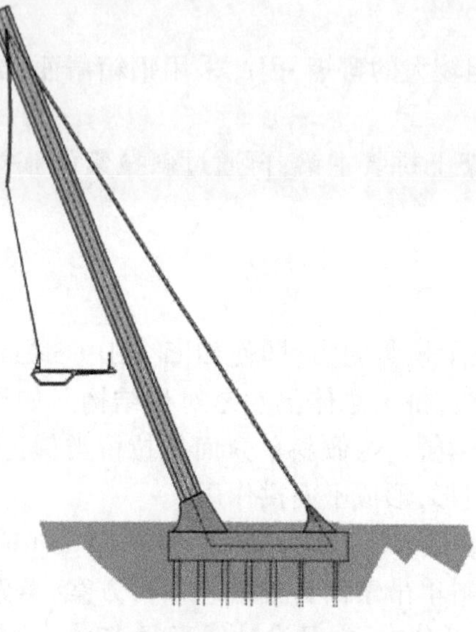

图4-42　横截面

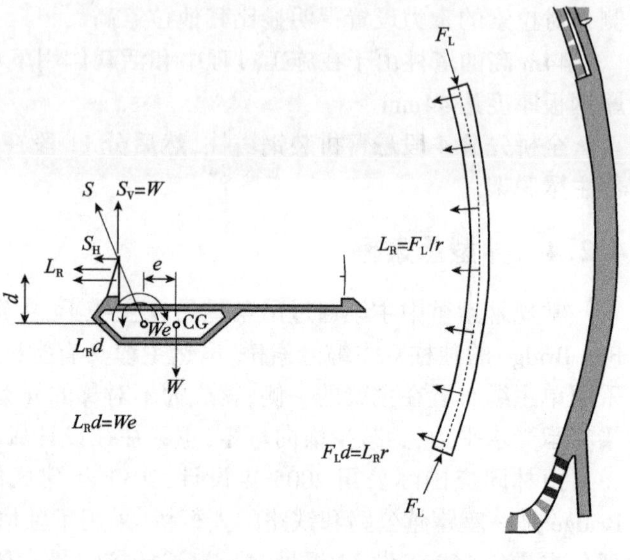


图4-43　主梁的扭矩平衡

该桥同样采用满堂支架现浇施工主梁,分四节现浇塔柱,为抵抗施工期间的倾覆弯矩,塔柱内配置了纵向预应力筋。主缆由36根钢绞线组成,穿在不锈钢保护套内,吊杆锚固在不锈钢保护套上。施工时,先用临时钢索在松弛状态下架设保护套,然后安装吊索,最后通过张拉主缆索股使吊索绷紧,从而使主梁脱架。

在架设前通过精确的几何非线性分析,计算了主缆的空间线形,供保护套、吊索加工使用。主梁设置了竖向、横向、扭转预偏,使成桥时主梁线形落在设计线形上。由于主缆张拉过程中主梁向曲线内侧平移,支架系统专门设置了滑动装置。

## 4.3　异型索支承桥梁几何形状优化及稳定分析

上一小节所述异型系杆拱、斜拉桥、悬索桥等异型索支承桥梁的共同特点是吊索面的倾斜,一方面给拱肋、塔柱带来横桥向的水平力,同时也给主梁带来水平力,如果吊索布置在主梁一侧,则主梁还将受扭。减小拱、塔柱、主梁的横向弯曲是这类桥梁需要关注的重点。

### 4.3.1　几何形状优化

对于拱或者塔柱受到横向倾覆力和拉索力的作用,梁受到拉索的竖向支承力和横桥向水平分力,通过拉索形成相互平衡的空间结构体系,如图4-11所示。因此,拱面或塔柱的倾斜角度、自重集度、横向刚度,索面的倾斜角度,主梁的自重集度、横向刚度之间存在内在联系,当它们之间取某一比例关系时,拱或塔及梁的横桥向弯矩最小。下面以异型拱桥为例,介绍拱肋与主梁线形的优化,不对称索面斜拉桥、悬索桥也可以进行类似的优化。

异型拱桥形状的变化如图4-44所示,图4-44a)拱面竖直、桥面呈曲线,类似于如前述的

Gateshead Millennium Bridge，主梁在吊索水平分力作用下是一个平面内的拱，选择主梁的平面曲线形状可以使其横向弯矩最小，但是拱将受到横桥向弯矩。图 4-44b）如果移动桥面与拱的相对位置，吊索的倾角随之改变，从而可以改变拱和梁的横向弯。图 4-44c）如果拱面倾斜一定的角度，当吊索面位于拱面内侧一定角度时，吊索水平力力矩正好抵消拱圈自重的侧倾力矩，此时拱圈不承担横向弯矩，但是梁需承担横向弯矩，前述的 Pont de I'Europe 属于这种情况。图 4-44d）综合上述三种情况，利用主梁平面拱的特性减小主梁横向弯矩，倾斜拱面并改变主梁与拱肋的相对位置改变吊索面的倾角，减小拱肋的横向弯矩，如果进一步将拱肋面设计成曲面，可以使拱肋达到空间合理拱轴线，从而横向和竖向弯矩均为零。

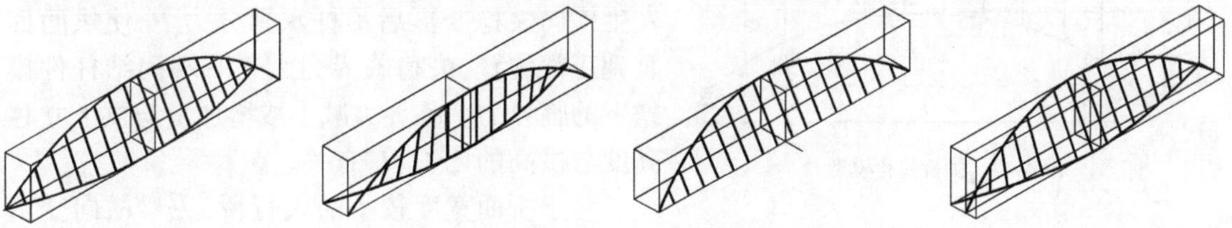

a）主梁的弯曲　　b）弯曲主梁的平移　　c）直梁斜拱面　　d）弯梁曲拱面

图 4-44　异型拱桥形状的变化

当确定了主梁和拱肋的截面形状、自重集度后，按照上述思路可以找到任意多组主梁线形、主拱线形、主梁与主拱相对位置关系，使主梁、主拱的弯矩最小。实际操作中可以先确定主梁线形、主拱面内线形，再通过主梁、主拱弯矩为零的条件，确定主拱平面线形和它与主梁的相对位置。图 4-45 显示了一座跨径 100m、矢高 20m 的 S 形主梁拱桥计算获得的主拱空间线形以及与梁的相对位置。

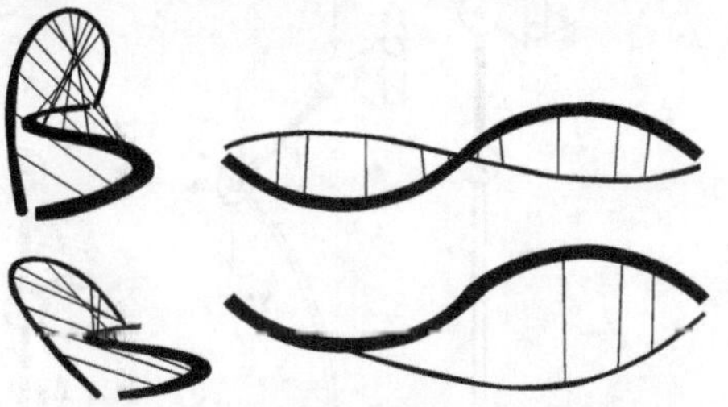

图 4-45　S 形主梁异型拱桥的合理形状

J. Schlaich 于 1997 年设计建造的 Ripshorst Foot Bridge 就是这样一座曲线桥面、空间曲线拱肋拱桥，如图 4-46 所示。该桥主拱跨度 78m，是一座上承式拱桥，其钢管立柱用不同的角度固结在直径 370～550mm 的钢管主拱肋上，形成一个空间曲面。

图 4-46　Ripshorst Foot Bridge

## 4.3.2　单吊索面异型桥梁的横向稳定

单吊索面桥梁，如单索面斜拉桥、悬索桥，特别是系杆拱桥，横向稳定性是设计必须充分注意的问题。如前所述，异型桥梁的塔柱、拱肋需要主梁的协同工作才能保证其横向平衡，主梁的变形，将影响其横向稳定性。这里以拱桥为例分析主梁对横向稳定的影响。

对于如图4-47所示的拱桥上承式与下承式拱桥。其横向稳定可以表示为如图4-48所示的简化分析模型。在主梁横向刚度相对于拱肋很大时，可以假定桥面只发生竖向变形。

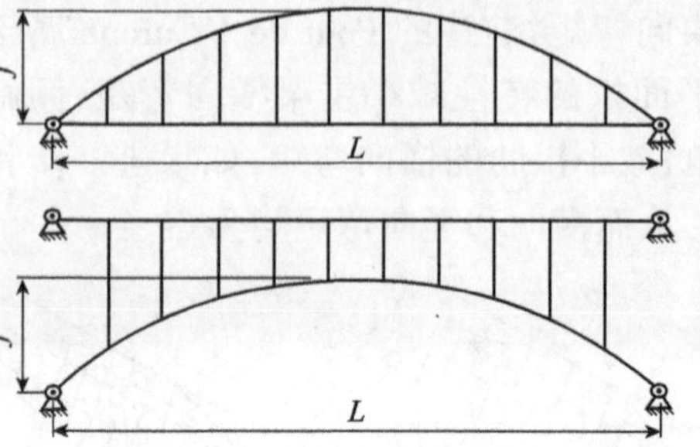

图4-47　拱桥简化模型

对于上承式拱桥，发生横向失稳变形后，拱上立柱传来的竖向力将产生水平分力 $P_H$，使失稳临界力小于一端固结杆件模式下的临界力。对于下承式拱桥，主梁重力通过吊杆拉力从下方传递给拱肋，发生横向失稳变形后吊杆水平分力 $P_H$ 使拱肋回复到正常位置，失稳临界力大于一端固结杆件模式下的临界力。临界力减小或增加量与拱上立柱高度与拱高的比 $L_2/L_1$ 有关。

对于桥面宽度较小的人行桥，主梁横向变形不能忽略，可以简化为如图4-48c)所示的模型，失稳变形后吊杆水平分力 $P_H$ 与主梁横向刚度 $K$ 有关，因此失稳临界力增加量除与 $L_2/L_1$ 相关外，还与 $K$ 相关。

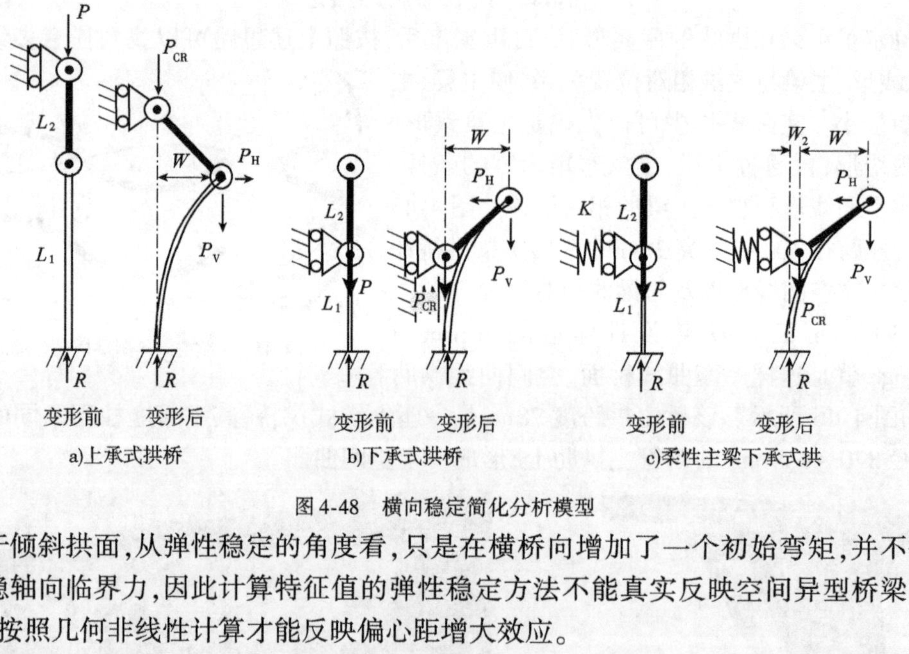

a)上承式拱桥　b)下承式拱桥　c)柔性主梁下承式拱

图4-48　横向稳定简化分析模型

对于倾斜拱面，从弹性稳定的角度看，只是在横桥向增加了一个初始弯矩，并不会影响拱肋失稳轴向临界力，因此计算特征值的弹性稳定方法不能真实反映空间异型桥梁的稳定性，必须按照几何非线性计算才能反映偏心距增大效应。

## 4.4　空间异型桥梁的有限元模型建模特点

空间异型桥梁的特点是不同程度的不对称，这就使得结构分析很难基于传统的平面结构简化分析方法进行，必须采用空间结构分析方法。空间分析使结构模型的超静定次数大大增加，基本上无法采用解析方法进行，基于有限元法的数值分析，是目前的最主要手段。随着计算机的出现，很快出现了有限元方法，并应用到工程结构分析中。随着计算机技术的发展，目前的有限元分析软件已经实现了可视化，无论是数据输入还是结果输出均可以表现成容易理解的力学图式。

### 4.4.1　有限元模型单元类型的选择

有限元方法的原理是将复杂的整体结构离散成众多的称为单元的小区域,这些单元只在节点上相互连接,每个单元自身都是一个规则的形状,它的变形可以近似地求解出来,而由单元连接而成的总体结构必须满足结构的总体平衡条件,由此求解出每个节点处的位移,进一步得到每个单元的内力。单元可以定义成不同的形状,它们自身的自由度不同,能表现不同的变形。目前常用的单元形式有桁架单元(只承担轴力)、梁单元、板壳单元、三维实体单元、间隙单元(只能单向受力,例如只能受拉的索,只能受压的支座)等。其中,桁架单元、梁单元自身的变形可以精确求解,因此,结构离散时单元划分的粗细对计算精度没有影响。而板壳单元、三维实体单元自身的变形都是近似求解的,因此,必须将单元划分得足够细才能保证计算精度。

任何结构物都是空间实体,他们都可以用三维实体单元来离散。但是,由于需要把单元划分得足够细,所以单元的数量非常多,计算量很大,超过个人计算机的计算能力。桥梁结构一般由细长构件组成,截面变形远小于总体变形,总体内力、变形计算可以简化为框架结构进行,采用桁架单元或者梁单元离散,这样,可以大大降低有限元模型的自由度,提高计算效率。

在需要考虑截面变形的情况下,一般需要采用板壳单元或者三维实体单元离散结构,为解决计算模型自由度过大的问题,可以建立由不同类型单元组成的模型,在需要关注局部变形的区段采用板壳单元或者三维实体单元离散,在远离该区段的区域(离开计算截面三倍截面宽度以上)采用桁架或梁单元离散。如果有多个区域需要关注局部受力行为,则轮流进行局部细化计算。图4-49为利用梁单元与板壳单元混合建立斜拉桥空间分析模型,总体结构采用梁与桁架单元建立,在需要分析主梁截面内力分布的区域采用板壳单元建立。

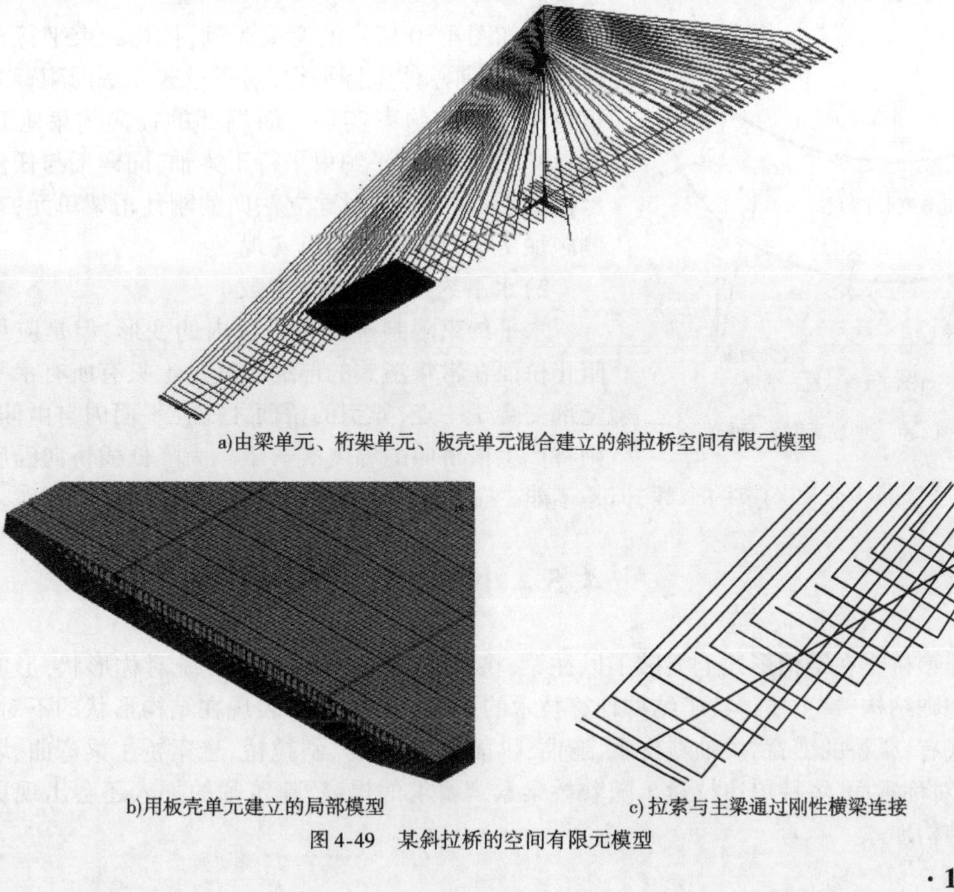

a)由梁单元、桁架单元、板壳单元混合建立的斜拉桥空间有限元模型

b)用板壳单元建立的局部模型　　　　c)拉索与主梁通过刚性横梁连接

图4-49　某斜拉桥的空间有限元模型

为了模拟空间缆索承重异型桥梁，必须准确建立缆索与梁的相对关系，而梁单元的节点位于截面形心，为此可建立虚拟的刚性梁单元连接缆索锚点与梁中心线，桥面被模拟成俗称的“鱼骨梁”，如图 4-49c）所示。纵梁单元的竖向、横向抗弯惯矩、抗扭惯矩、面积、竖向、横向剪切模量均通过实际主梁截面计算获得，而虚拟横梁完全是刚性的，但自重密度为零。缆索是只能受拉的构件，且有垂度，原则上应该用缆索单元模拟，但是缆索单元涉及非线性计算，比较复杂。在合理设计状态下，缆索承重桥的拉索只承受拉力，索力的变化只是拉力大小的改变，因此，缆索也可以采用能拉压得桁架单元模拟，但是必须保证计算过程中缆索不出现压力。而缆索的垂度可以通过弹性模量折减的办法实现。

### 4.4.2 边界条件的合理模拟方法

异型桥梁的特点是空间受力和变形，因此支承方向也是空间方向的，这远比平面杆系结构复杂，在模拟计算时容易产生多余的赘余约束问题，应注意以下方面问题。

1）支条件的方向

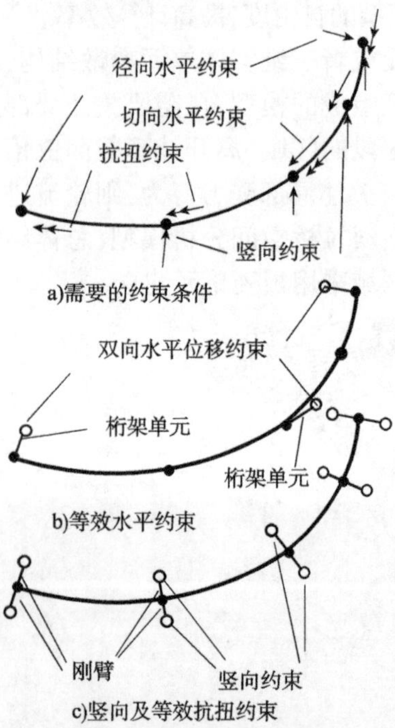


图 4-50　曲梁的等效边界条件

在平面杆系结构中只有竖直平面内的位移与转角约束，位移约束以竖向和水平约束为主，转角垂直于结构平面。对于空间结构，位移和转角都是空间的，除竖向约束外，横桥向、桥轴向位移、转角、扭角很多情况下处于空间任意方向。而有限元软件的约束方向一般都与总体坐标轴平行。为此空间模型的约束需要通过等效的办法建模。

以如图 4-50 所示的弯梁为例，抗扭约束平行于梁轴线，不与任何总体坐标平行，需通过建立法向刚臂并在其下设两个竖向约束实现。而端部的径向约束垂直于梁轴，中间的切向水平约束平行于梁轴，同样不与任何总体坐标轴平行，需要通过建立法向的刚性桁架单元，在其外侧施加两个方向位移约束实现。

2）水平约束的方向及个数

水平约束限制桥面在平面内的变形，但是应尽量不阻止桥面在常年温差的伸缩。理论上只有所有水平约束全部交会于一点，异型的桥面才能在平面内自由伸缩，否则将产生横桥向的温度次弯矩。为降低横桥向温度次内力，应尽量减少水平约束的个数，但是不能少于三个，否则桥面会发生飘移。

## 4.5 小　　结

异型桥梁在结构形式上突破了以往梁、拱、悬索等基本桥型的传统对称形状，形成了空间不规则结构，这主要得益于结构计算技术的发展。异型主要表现在结构形状的不对称，主要形式有：梁桥的变宽，拱轴斜支承、弯曲，拱面倾斜、斜跨，斜拉桥、悬索桥主梁弯曲、塔柱倾斜、不对称索面、塔柱单边拉索。随着桥梁景观要求的提高、建筑师的加入还会出现更加复杂的结构形式。

异型桥梁,尤其是索支承受力的异型桥梁,确定明确的传力途径是成功设计的关键,以往的支撑构件,如拱、塔等,不再保持垂直,需要依靠梁的共同工作才能保持稳定,需要巧妙的空间内力平衡。

桥梁结构体量大,受力性能是结构的关键,传统结构形式是经过千百年无数的验证所确立的,因而结构效率最高,大部分空间异型桥梁存在结构效率低的问题,对于总造价低的人行桥影响不大,而大型桥梁仍然应该以传统结构形式为主。

## 思 考 题

1. 异型拱桥有什么受力特点?
2. 异型斜拉桥、悬索桥有什么受力特点?
3. 布置空间异型桥梁的支承条件时应注意什么问题?

## 本章参考文献


[1] Manterola, Javier, Gil, MÁngel, Muñoz-Rojas, Javier. Spatial arch bridges over the galindo and bidasoa rivers[J]. Structural Engineering International, 2011, 21(1): 114-121.

[2] 王玮瑶,李生智,陈科昌. 异型系杆拱桥[J]. 中国公路学报, 1996, 9(1).

[3] Hoeckman, Wim. Bridge over the River Loire in Orleans, France[J]. Structural Engineering International, 2001, 11(2): 94-98.

[4] Cheng, Kwong M, Ketchum, Mark A, Drouillard, Francis. Nanning butterfly tied arch bridge over the Yong River in China[J]. Structural Engineering International, 2010, 20(3): 308-311.

[5] 施新欣. 无背索斜拉桥结构性能研究[D]. 上海:同济大学, 2005.

[6] 刘志权,等. 曲线箱梁斜拉桥结构性能分析[C]//第二十届全国桥梁学术会议论文集. 北京:人民交通出版社, 2012.

[7] Ko Takenouchi. Single pylons for curved cable-stayed bridges[J]. Structural Engineering International, 1998, 8(4): 269-272.

[8] Sanders P A, Firth I P T. Design and construction of the Sail Bridge, Swansea, UK[J]. Proceedings of the ICE-Bridge Engineering, 2005, 158(4): 143-153.

[9] Jorquera Lucerga J J, Manterola Armisén J. An iterative form-finding method for antifunicular shapes in spatial arch bridges[J]. Computers & Structures, 2012, 108-109: 42-60.

[10] Bergmeister Konrad, Capsoni Antonio, Corradi Leone, Menardo Andrea. Lateral elastic stability of slender arches for bridges including deck slenderness[J]. Structural Engineering International, 2009, 19(2): 149-154.

# 第 2 篇　混凝土桥梁分析设计理论

# 第5章

# 混凝土桥梁徐变、收缩及温度效应分析

## 5.1 概　　述

19 世纪 20 年代英国开始了波特兰(Portland)水泥即硅酸盐水泥的工厂化生产,从此混凝土结构在世界范围内发展起来。20 世纪初混凝土徐变、收缩现象被认识和重视,20 世纪 30 年代系统的研究逐步展开。早期最具代表性的成果是德国学者 Dischinger 提出的由混凝土徐变、收缩所导致的混凝土与钢截面应力重分布与结构内力重分配计算的微分方程解。然而,直到 20 世纪 40 年代后期,多数结构设计人员仍认为混凝土徐变、收缩只是一个属于材料科学范围的学术问题。19 世纪 20 ~60 年代,美国学者 Tröst 引入了当时被他称为松弛参数的概念,提出了由徐变导致的应力与应变之间关系的代数方程表达式。由于该方法适用范围广、计算简单且精度高,逐步替代了 Dischinger 方法。20 世纪 70 年代初美国学者 Bažant 对 Tröst 方法进行严密证明后,将它推广到变化的弹性模量与无限界的徐变系数,并提出了 Tröst-Bažant 按龄期调整的有效模量法。

经过几十年的研究积累和工程实践,混凝土徐变、收缩的机理已基本被揭示,徐变、收缩的结构效应分析方法也得到了很大发展。欧洲混凝土委员会——国际预应力协会提出的模式规范(CEB-FIP Model Code 1978,1990;*fib* Model Code 2010)及许多国家设计规范都对混凝土徐变、收缩给出了详细规定。目前,混凝土徐变、收缩的知识已经成为结构设计人员所应掌握的基本知识。同时,随着结构有限元分析方法和计算机技术的发展,复杂混凝土结构的徐变、收缩效应分析能够采用更逼近实际的数值模拟方法。

尽管混凝土结构发展了时间很长,但人们对混凝土温度效应的认识远晚于混凝土徐变和收缩。20 世纪 50 年代初期,德国学者从混凝土桥墩裂缝的调查分析中发现了温度作用问题,开始认识到温度应力对混凝土结构的重要性。在混凝土温度应力研究的起步阶段,国内外都以年温变化产生的均匀温度场为依据。随着混凝土结构因温度作用导致的裂损事故的持续出现,试验及理论研究的不断进展,混凝土内部温度场的非线性问题开始被认识。20 世纪 60 年代初,英国学者 Stephenson 将对温度应力的研究从一般气温作用引申到考虑日照作用的新阶段。20 世纪 70 年代中期,我国铁道部西南研究所对箱形桥墩等结构进行了大量实测试验研究,成果被纳入我国铁路桥梁设计规范。

混凝土结构温度效应分析需先确定混凝土内部的温度场,而分析自然环境中混凝土的温度场需要求解热传导微分方程及合适的边界条件,但求得微分方程的精确解却十分困难。因此,长期以来确定混凝土内部温度场基本采用现场实测和数值分析方法。我国水利水电科学研究院的朱伯芳院士,在采用数值分析方法研究混凝土热传导方面做出了许多成果。另一方面,由实测数据和简化理论相结合形成的经验公式,仍是目前设计规范普遍建议的实用方法。

20世纪90年代以来,混凝土桥梁的数量在我国得到了快速增长,随之而来的与混凝土徐变、收缩及温度作用相关的病害也大大增加。最近几年,远远超出计算预测的预应力损失、梁体下挠、混凝土开裂等问题一直困扰着我们,尽管这些问题普遍被认为与混凝土徐变和收缩有关,但至今却未能弄清它们之间相互作用的机理。另一方面,许多混凝土桥梁也出现了温度作用导致的裂损现象,成为了一种常见的病害。Leonhardt 曾指出:预应力混凝土箱形桥梁大都因温度应力而损害;在没有考虑温度作用的设计中,轻信计算荷载下结构无拉应力将会导致错误的设计。这也正是以往规范低估温度作用和一些设计人员忽视温度效应重要性的结果。

## 5.2 混凝土徐变、收缩效应分析

### 5.2.1 徐变、收缩的基本定义及特性

1)混凝土的应变

混凝土徐变是在应力作用下产生的,而混凝土收缩的产生则与应力无关。在实际混凝土结构中,徐变、收缩应变与温度应变是混杂在一起的,从实测应变中扣除温度和收缩应变才能得到徐变应变。在理论分析时,温度应变通常是单独考虑的,而徐变和收缩应变往往是一起考虑的。根据 *fib* 模式规范(*fib* Model Code 2010),在时刻 $t_0$ 承受单轴向、不变应力为 $\sigma_c(t_0)$ 的混凝土构件,在时刻 $t$ 的总应变 $\varepsilon_c(t)$ 可表示为:

$$\varepsilon_c(t)=\varepsilon_{ci}(t_0)+\varepsilon_{cc}(t)+\varepsilon_{cs}(t)+\varepsilon_{cT}(t) \tag{5-1}$$

$$=\varepsilon_{c\sigma}(t)+\varepsilon_{cn}(t) \tag{5-2}$$

式中:$\varepsilon_{ci}(t_0)$——加载时的初始应变;

$\varepsilon_{cc}(t)$——在时刻 $t>t_0$ 时的徐变应变;

$\varepsilon_{cs}(t)$——收缩应变;

$\varepsilon_{cT}(t)$——温度应变;

$\varepsilon_{c\sigma}(t)$——由应力产生的应变,$\varepsilon_{c\sigma}(t)=\varepsilon_{ci}(t_0)+\varepsilon_{cc}(t)$;

$\varepsilon_{cn}(t)$——由非应力产生的应变,$\varepsilon_{cn}(t)=\varepsilon_{cs}(t)+\varepsilon_{cT}(t)$。

在不包括温度应变时,混凝土的应变(图5-1)可进一步分解为:

$$\varepsilon_c(t)=\varepsilon_{ce}+\varepsilon_{cv}+\varepsilon_{ca}+\varepsilon_{cf,g}+\varepsilon_{cf,tr}+\varepsilon_{cs} \tag{5-3}$$

式中:$\varepsilon_{ce}$——初始瞬时弹性应变;

$\varepsilon_{cv}$——滞后弹性应变,属可恢复的徐变;

$\varepsilon_{ca}$——初始瞬时流塑应变,主要不可恢复;

$\varepsilon_{cf,g}$——基本徐变应变,不可恢复;

$\varepsilon_{cf,tr}$——干燥徐变应变,部分可能恢复;

$\varepsilon_{cs}$——收缩应变。

2)徐变系数

混凝土的徐变,通常采用徐变系数 $\varphi(t,t_0)$ 来描述。目前国际上对徐变系数有两种不同的定义。第一种定义的徐变系数采用混凝土在28d龄期的瞬时弹性应变为衡量标准,如在时刻 $t_0$ 开始作用于混凝土的单轴向常应力 $\sigma_c(t_0)$ 至时刻 $t$ 所产生的徐变应变为:

$$\varepsilon_{cc}(t,t_0)=\frac{\sigma_c(t_0)}{E_c(28)}\varphi(t,t_0) \tag{5-4}$$

式中：$E_c(28)$——龄期为28d的混凝土弹性模量。

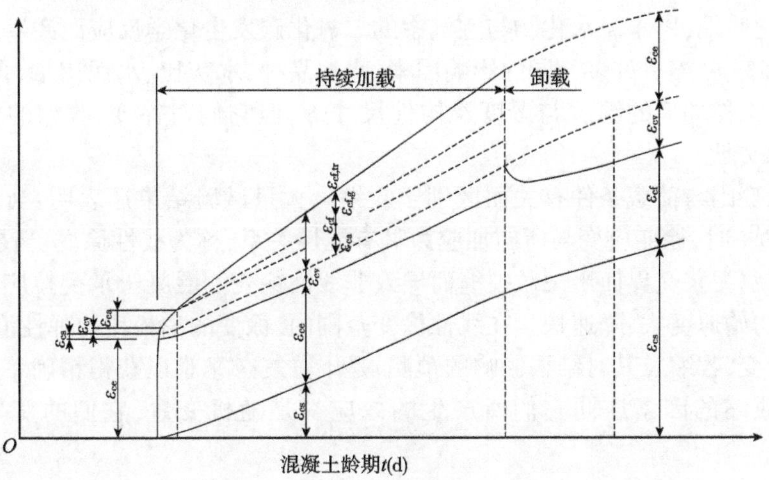


图5-1　混凝土应变随龄期变化曲线

*fib*标准模式规范及欧洲一些规范采用了这种定义。徐变系数的另一种定义是由美国ACI209委员会所建议的，采用龄期$t_0$时的瞬时弹性应变进行衡量，表示为：

$$\varepsilon_{cc}(t,t_0)=\frac{\sigma_c(t_0)}{E_c(t_0)}\varphi(t,t_0) \tag{5-5}$$

式中：$t_0$——混凝土徐变系数计算的标准龄期：混凝土潮湿养护时$t_0=7\text{d}$；混凝土蒸汽养护时$t_0=1\sim3\text{d}$；

$E_c(t_0)$——龄期为$t_0$的混凝土弹性模量。

基于上述两种徐变系数的定义，从时刻$t_0$至时刻$t$与应力相关的总应变分别为：

$$\varepsilon_{c\sigma}(t,t_0)=\sigma_c(t_0)\left[\frac{1}{E_c(t_0)}+\frac{\varphi(t_0,t)}{E_c(28)}\right]=\sigma_c(t_0)J(t,t_0) \tag{5-6}$$

$$\varepsilon_{c\sigma}(t,t_0)=\sigma_c(t_0)\left[\frac{1}{E_c(t_0)}+\frac{\varphi(t_0,t)}{E_c(t_0)}\right]=\sigma_c(t_0)J(t,t_0) \tag{5-7}$$

式中：$J(t,t_0)$——徐变函数，表示单位应力引起的总应变。

3）收缩应变

混凝土收缩是与应力无关的体积缩小，常用收缩应变表示。根据*fib*模式规范，收缩应变由下式中的自发收缩和干燥收缩两部分组成：

$$\varepsilon_{cs}(t,t_s)=\varepsilon_{cas}(t)+\varepsilon_{cds}(t,t_s) \tag{5-8}$$

式中：$t$——混凝土的龄期；

$t_s$——混凝土开始干燥时的龄期。

4）基本特性

徐变、收缩虽各有自身的特点，但它们都可以与混凝土内水化水泥浆的特性联系起来。徐变、收缩的机理在于混凝土水化水泥浆的物理结构，而不是在于水泥的化学性质。

混凝土徐变的主要机理一般可分为：在应力和吸附水层的润滑作用下，水泥胶凝体的滑动或剪切所产生的水泥石的黏稠变形；在应力作用下，由于吸附水的渗流或层间水转移而导致的紧缩；水泥胶凝体对骨架弹性变形的约束作用所引起的滞后弹性变形；由于局部发生微裂、结晶破坏以及重新结晶和新联结而产生的永久变形。

混凝土收缩的机理可归纳为：自发收缩，即在没有水分转移下的收缩，是一种水化反应所产生的固有收缩；干燥收缩，是混凝土内部吸附水的消失而产生的收缩，也是收缩应变的主要部分；碳化收缩，由水泥水化物与空气中的二氧化碳发生化学反应而产生。

混凝土徐变、收缩有许多相同的影响因素：水泥品种、水灰比、水泥用量、含水率、集料种类、养护条件、工作环境的温度与湿度及构件尺寸等，但它们对徐变、收缩的作用仍不尽相同。详见其他文献。

混凝土徐变因与荷载条件有关而区别于收缩。大量试验结果还表明：当混凝土应力小于其强度的50%时，徐变应变与所施加应力具有线性关系，称为线性徐变；当超过该应力后，因集料与凝固水泥浆交界面出现微裂缝而导致非线性徐变。混凝土承受拉应力时的徐变小于压应力，且初始速度大、降速快。在线性徐变范围内，徐变的泊松比与弹性泊松比相等。

混凝土徐变、收缩及其对结构影响的预测，是十分复杂又难以获得精确答案的问题。所有影响徐变、收缩的因素连同它们所产生的效应都是随机变量，它们的变异一般都超出15% ~20%。

### 5.2.2 混凝土弹性模量、徐变及收缩的数学表达式

1）弹性模量的数学表达式

在混凝土徐变分析中，混凝土弹性模量（亦即割线模量）是一个重要的参数，尤其在进行精度要求较高的徐变分析时。

根据美国ACI209委员会的建议，混凝土弹性模量及弹性模量随时间变化的表达式为：

$$E_{c}(28)=0.043\sqrt{\rho^{3}f'_{ck}} \tag{5-9}$$

$$E_{c}(t)=\sqrt{\frac{t}{c_{1}+c_{2}t}}E_{c}(28) \tag{5-10}$$

式中：$\rho$——混凝土密度；

$f'_{ck}$——龄期28d时混凝土的圆柱体抗压强度标准值；

$E_c(t)$——龄期为$t$d的混凝土弹性模量；

$c_1$、$c_2$——根据养护条件和水泥品种而定的常数；

其余符号意义同前。

根据*fib*模式规范，混凝土弹性模量和弹性模量随时间变化的表达式为：

$$E_{c}(28)=E_{c0}\alpha_{E}\left(\frac{f_{cm}}{10}\right)^{1/3} \tag{5-11}$$

$$E_{c}(t)=E_{c}(28)\{e^{s\left[1-\left(\frac{28}{t}\right)^{0.5}\right]}\}^{0.5} \tag{5-12}$$

式中：$E_{c0}$——取21 500MPa；

$\alpha_E$——集料种类对弹性模量的影响系数；

$f_{cm}$——龄期28d时混凝土的实际抗压强度；

$s$——与水泥强度等级有关的系数；

其余符号意义同前。

可见，以上两种混凝土弹性模量数学表达式的形式完全不同。事实上，由于决定混凝土弹性模量的因素复杂，随着试验的深入，同一规范的不同版本也会有一定变化。

2)徐变系数的数学表达式

徐变系数的数学表达式一般可分为两类:一类表示为若干系数乘积的形式,每个系数反映一个影响徐变的主要因素;另一类则表示为若干系数之和的形式。

Tröst 与 Rat 曾在 1967 年提出一种几个系数连乘的徐变系数一般表达式,用以考虑环境、混凝土成分及构件尺寸等因素的影响,各系数可通过图表查得或用公式计算。*fib* 模式规范(1990 年以后)、美国 ACI 209 委员会的建议等都采用了该类形式的表达式。其中,*fib* 模式规范的徐变系数表达式为:

$$\varphi(t,t_0)=\varphi_0\beta_c(t,t_0)=\Phi_{RH}\beta(f_{cm})\beta(t_0)\beta_c(t,t_0) \tag{5-13}$$

式中:$t$、$t_0$——分别表示计算徐变时的龄期、加载龄期;

$\varphi_0$——名义徐变系数;

$\beta_c(t,t_0)$——徐变随时间发展的系数;

$\Phi_{RH}$——环境相对湿度的影响系数;

$\beta(f_{cm})$——混凝土强度的影响系数;

$\beta(t_0)$——加载龄期的影响系数。

以上,$\Phi_{RH}$、$\beta_c(t,t_0)$除与环境相对湿度有关外,还与构件的名义厚度有关。水泥品种、养护温度对徐变的影响,是通过修正加载龄期 $t_0$ 加以考虑的。详见 *fib* 模式规范。

将徐变系数表示为若干系数之和的典型形式(CEB-FIP Model Code 1978)为:

$$\varphi(t,t_0)=\beta_a(t_0)+\varphi_d(t,t_0)+\varphi_f(t,t_0) \tag{5-14}$$

式中:$\beta_a(t_0)$——加载后最初期产生的不可恢复变形系数;

$\varphi_d(t,t_0)$——可恢复弹性变形系数或徐弹系数;

$\varphi_f(t,t_0)$——不可恢复流变系数或徐塑系数;

其余符号意义同前。

研究表明,混凝土徐变随加载龄期增长而单调衰减,又随着加载持续时间增加而单调增加,但增加的速度随时间延续而递减。目前,徐变系数随时间发展的函数形式,一般为指数函数或双曲函数。

1930 年和 1932 年,Glanville、Whitney 分别建立了老化理论的基础和数学公式,提出了采用指数函数表达徐变系数随时间发展的规律。1937 年 Dischinger 首先将老化理论用于复杂结构徐变效应分析,从此老化理论被称为 Dischinger 法,即

$$\varphi(t,t_0)=\varphi(\infty,0)\mathrm{e}^{-\beta t_0}[1-\mathrm{e}^{-\beta(t-t_0)}] \tag{5-15}$$

式中:$t$、$t_0$——分别表示计算徐变时的龄期、加载龄期;

$\varphi(\infty,0)$——$t=0\to\infty$的徐变系数,即徐变系数的极值;

$\beta$——徐变发展的速率。

1964 年,由 Branson 提出的双曲线幂函数徐变系数表达式是另外一个较有代表性的公式,也是美国 ACI209 委员会所建议的:

$$\varphi(t,t_0)=\frac{(t-t_0)^d}{B+(t-t_0)^d}\varphi(\infty,t_0) \tag{5-16}$$

式中:$\varphi(\infty,t_0)$——从 $t=t_0\to\infty$的徐变系数,即徐变系数的终值;

$B$、$d$——由试验确定的常数,美国 ACI209 委员会建议取 $B=10$、$d=0.6$;

其余符号意义同前。

*fib* 模式规范也用幂函数双曲函数描述徐变系数随时间发展的规律:

$$\varphi(t,t_0)=\varphi_0\beta_c(t,t_0)=\varphi_0\left[\frac{(t-t_0)}{\beta_H+(t-t_0)}\right]^{0.3} \tag{5-17}$$

式中：$\beta_H$——环境相对湿度相关的参数；

其余符号意义同前。

显然，上述徐变系数的数学表达式都是存在极限的。然而，关于徐变是否存在极限的问题，学术界仍有不同的意见。因此，认为徐变不存在极限者，多将徐变系数表示成幂函数或对数函数的形式。

3）收缩应变的数学表达式

收缩应变一般可表示为收缩应变终值与随时间发展函数的乘积。收缩应变的终值取决于环境的相对湿度、混凝土成分及构件理论厚度等因素。收缩应变随时间发展的表达式有如下几种形式。

美国 ACI 209 委员会建议用双曲线函数表示收缩应变随时间发展的规律：

$$\varepsilon_{cs}(t,t_s)=\varepsilon_{cs}(\infty,t_s)\frac{t-t_s}{A+(t-t_s)} \tag{5-18}$$

式中：$A$——与混凝土养护条件有关的参数；

其余符号意义同前。

收缩应变另一种随时间发展的规律是假定其发展速度同徐变一样，故常用指数函数表示：

$$\varepsilon_{cs}(t,t_s)=\varepsilon_{cs}(\infty,t_s)\left[1-e^{-\beta(t-t_s)}\right] \tag{5-19}$$

式中：$\beta$——收缩发展的速率；

其余符号意义同前。

*fib* 模式规范对自发收缩和干燥收缩随时间发展的规律，分别采用了指数函数和幂函数双曲函数形式：

$$\begin{aligned}\varepsilon_{cs}(t,t_s)&=\varepsilon_{cas}(t)+\varepsilon_{cds}(t,t_s)\\&=\varepsilon_{cas0}(f_{cm})(1-e^{-0.2\sqrt{t}})+\varepsilon_{cds0}(f_{cm})\beta_{RH}(RH)\left[\frac{t-t_s}{0.035h^2+(t-t_s)}\right]^{0.5}\end{aligned} \tag{5-20}$$

式中：$\varepsilon_{cas0}(f_{cm})$——自发收缩的名义应变；

$\varepsilon_{cds0}(f_{cm})$——干燥收缩的名义应变；

$\beta_{RH}(RH)$——考虑环境相对湿度影响的系数；

$h$——构件的名义厚度；

其余符号意义同前。

### 5.2.3 徐变、收缩的应变与应力关系方程

1）徐变的线性叠加原理

试验研究表明：只要总应力不超过混凝土强度的50%，混凝土的弹性应变和徐变应变都可认为与应力呈线性关系。因此，当工作应力在上述范围内时，分批施加应力所产生的应变可以采用叠加原理。但是，卸载或减载后的徐变恢复是否可叠加和如何叠加的问题是值得进一步探讨的，因为按叠加原理得到的徐变恢复一般大于实际情况。因此，叠加原理对递减荷载将会产生少量偏差。虽然存在上述缺点，叠加原理仍是一个有价值的工具。

按照叠加原理，在时刻 $t_0$ 施加初应力 $\sigma_c(t_0)$、又在不同时刻 $t_i(i=1,2,\cdots,n)$ 多次施加

应力增量 $\Delta\sigma_c(t_i)$ 的混凝土，在之后任何时刻 $t$ 的总应变（包含收缩应变）可表示为：

$$\varepsilon_c(t,t_0) = \frac{\sigma_c(t_0)}{E_c(t_0)}[1+\varphi(t,t_0)] + \sum_{i=1}^{n}\frac{\Delta\sigma_c(t_i)}{E_c(t_i)}[1+\varphi(t,t_i)] + \varepsilon_{cs}(t,t_0) \tag{5-21}$$

若上式等号右边第二项中的应力是连续变化的，则可用积分形式表示：

$$\varepsilon_c(t,t_0) = \frac{\sigma_c(t_0)}{E_c(t_0)}[1+\varphi(t,t_0)] + \int_{t_0}^{t}\frac{\partial\sigma_c(t_0)}{\partial t_0}\cdot\frac{1+\varphi(t,t_0)}{E_c(t_0)}\mathrm{d}t_0 + \varepsilon_{cs}(t,t_0) \tag{5-22}$$

对式(5-22)进行分部积分（注意 $t_0$ 是变量），并假定收缩应变的发展规律与徐变相似，即

$$\varepsilon_{cs}(t,t_0) = \frac{\varepsilon_{cs}(\infty,t_0)}{\varphi(\infty,t_0)}\varphi(t,t_0)$$

则式(5-22)可写成：

$$\varepsilon_c(t,\tau_0) = \frac{\sigma_c(t)}{E_c(t)} - \int_{t_0}^{t}\frac{\sigma_c(t_0)}{E_c(t_0)}\frac{\mathrm{d}\varphi(t,t_0)}{\mathrm{d}t_0}\mathrm{d}t_0 + \frac{\varepsilon_{cs}(\infty,t_0)}{\varphi(\infty,t_0)}\varphi(t,t_0) \tag{5-23}$$

式中：$\varepsilon_{cs}(\infty,t_0)$、$\varphi(\infty,t_0)$——分别为 $t=t_0\to\infty$ 的收缩应变和徐变系数；

其余符号意义同前。

2）应力、应变关系的微分方程

将徐变系数表达式代入式(5-23)，可推导出应力、应变关系的微分方程式。如对于 Dischinger 法，应力、应变关系的微分方程为：

$$\frac{\mathrm{d}\varepsilon_c}{\mathrm{d}t} = \frac{1}{E_c(t)}\frac{\mathrm{d}\sigma_c(t)}{\mathrm{d}t} + \frac{\sigma_c(t)}{E_c(t)}\frac{\mathrm{d}\varphi(t,t_0)}{\mathrm{d}t} \tag{5-24}$$

式中符号意义同前。

但是，有些徐变系数表达式导不出常微分方程，即不能利用微分方程求解徐变效应。正因如此，Dischinger 法被采用了很长时间，直到 20 世纪 60 年代后期才逐渐被其他方法取代。

3）应力、应变关系的代数方程

1967 年 Tröst 教授从混凝土应力—应变的线性关系和叠加原理出发，引入了松弛系数（后被 Bažant 改称为老化系数）的概念，并假定混凝上弹性模量为常数，推导出如下不变应力下由徐变、收缩导致的应变与应力之间关系的代数方程式：

$$\Delta\varepsilon_c(t,t_0) = \frac{\sigma_c(t_0)}{E_c}\varphi(t,t_0) + \frac{\Delta\sigma_c(t,t_0)}{E_c}[1+\chi(t,t_0)\varphi(t,t_0)] + \varepsilon_{cs}(t,t_0) \tag{5-25}$$

$$\varepsilon_c(t) = \frac{\sigma_c(t_0)}{E_c}[1+\varphi(t,t_0)] + \frac{\Delta\sigma_c(t,t_0)}{E_c}[1+\chi(t,t_0)\varphi(t,t_0)] + \varepsilon_{cs}(t,t_0) \tag{5-26}$$

从上式又可推导出如下由应变求应力的公式：

$$\Delta\sigma_c(t,t_0) = -\frac{\varphi(t,t_0)}{1+\chi(t,t_0)\varphi(t,t_0)}\left\{\sigma_c(t_0) - \frac{E_c[\varepsilon_c(t)-\varepsilon_c(t_0)]}{\varphi(t,t_0)} + \frac{E_c\varepsilon_{cs}(t,t_0)}{\varphi(t,t_0)}\right\} \tag{5-27}$$

$$\sigma_c(t) = \sigma_c(t_0)\left[1-\frac{\varphi(t,t_0)}{1+\chi(t,t_0)\varphi(t,t_0)}\right] + \frac{E_c}{1+\chi(t,t_0)\varphi(t,t_0)}[\varepsilon_c(t)-\varepsilon_c(t_0)-\varepsilon_{cs}(t,t_0)] \tag{5-28}$$

式中： $t$、$t_0$——分别表示计算徐变和收缩时的龄期、开始时刻的加载龄期；

$\Delta\varepsilon_c(t,t_0)$——从 $t_0$ 至 $t$ 徐变、收缩引起的应变增量；

$\sigma_c(t_0)$——$t_0$ 时刻施加的应力；

$E_c$——混凝土的弹性模量(假定为常数,近似取 $t_0$ 时刻的值)；

$\varphi(t,t_0)$——从 $t_0$ 至 $t$ 的徐变系数；

$\Delta\sigma_c(t,t_0)$——从 $t_0$ 至 $t$ 徐变、收缩引起的应力增量；

$\varepsilon_{cs}(t,t_0)$——从 $t_0$ 至 $t$ 的收缩应变；

$\varepsilon_c(t_0)$——$t_0$ 时刻由 $\sigma_c(t_0)$ 产生的应变；

$\chi(t,t_0)$——从 $t_0$ 至 $t$ 的松弛系数(1972 年被 Bažant 改称为老化系数),

$$\chi(t,t_0) = \sum_{t_i=t_0}^{t} \frac{\Delta\sigma_c(t_i)}{\Delta\sigma_c(t,t_0)} \frac{K_{t_i}}{K_{t_0}} \tag{5-29}$$

$\Delta\sigma_c(t_i)$——时刻 $t_i$ 由徐变、收缩引起的应力增量；

$\Delta\sigma_c(t,t_0)$——从 $t_0$ 至 $t$ 由徐变、收缩引起的应力增量；

$K_{t_i}$、$K_{t_0}$——加载龄期对徐变系数终值的影响系数；

其余符号意义同前。

1972 年 Bažant 教授对 Tröst 的公式进行了严密论证,将它应用于变化的弹性模量与无限界的徐变系数,并指出 Tröst 的“松弛系数”应该改称为“老化系数”,因为它主要反映了后期加载时混凝土老化的性质。同时,Bažant 还将如下公式定义为按龄期调整的有效模量：

$$E_\varphi(t,t_0) = \frac{E_c(t_0)}{1+\chi(t,t_0)\varphi(t,t_0)} \tag{5-30}$$

式中符号意义同前。

若将式(5-30)表示的按龄期调整的有效模量代入式(5-25)或式(5-26)中的第二项,则由徐变、收缩导致的应力增量所引起的应变如同弹性应变一样。

老化系数可由所采用的徐变系数表达式进行推算。如采用 Dischinger 法的表达式,则老化系数可以由下式表示：

$$\chi(t,t_0) = \frac{1}{1-e^{-\varphi(t,t_0)}} - \frac{1}{\varphi(t,t_0)} \tag{5-31}$$

式中符号意义同前。

### 5.2.4 徐变、收缩效应的分析方法

1)徐变、收缩效应的微分方程求解法

设结构所有构件的徐变与收缩特性相同,体系转换之前(前期)结构受到的荷载为 $q$、内力为 $X_1$,体系转换之后(后期)结构成为 $n$ 次超静定。假设：前期结构保留下来的、在后期结构多余未知力方向的初始内力为 $X_{j,1}(j=1,2,\cdots,n)$；体系转换时刻为 $t_0$,时刻 $t(t>t_0)$结构多余未知力方向的次内力为 $X_j(t,t_0)(j=1,2,\cdots,n)$。因此,采用结构力学的力法原理,在体系转换后的任何时刻 $t$ 的 $dt$ 时间内,结构在第 $i$ 个多余未知力方向的变形将由次内力增量引起的弹性变形、次内力引起的徐变变形增量、前期初始内力引起的徐变变形增量及混凝土收缩产生的变形增量所组成,并满足如下协调条件：

$$\sum_{j=1}^{n} \delta_{ij} dX_j(t,t_0) + \sum_{j=1}^{n} \delta_{ij} X_j(t,t_0) d\varphi(t,t_0) + \Delta_{i,1} d\varphi(t,t_0) + d\Delta_{i,cs}(t,t_0) = 0 \tag{5-32}$$

式中： $\delta_{ij}$——第 $j$ 个单位多余未知力在第 $i$ 个多余未知力方向产生的变形；

$\Delta_{i,1}$——前期结构的荷载和初始内力在第 $i$ 个多余未知力方向产生的变形；

$d\Delta_{i,cs}(t,t_0)$——从 $t_0$ 至 $t$ 的 d$t$ 时间内混凝土收缩在第 $i$ 多余未知力方向产生的变形；

其余符号意义同前。

假定收缩应变的发展规律与徐变相似，即

$$d\Delta_{i,s}(t,t_0)=\frac{\Delta_{i,cs}(\infty,t_0)}{\varphi(\infty,t_0)}d\varphi(t,t_0)$$

并将 $\Delta_{i,1}$ 表示为：

$$\Delta_{i,1} = \Delta_{i,q} + \sum_{j=1}^{n}\delta_{ij}X_{j,1} \tag{5-33}$$

式中： $\Delta_{i,q}$——荷载 $q$ 在第 $i$ 个多余未知力方向产生的变形；

$\Delta_{i,cs}(\infty,t_0)$——$t=t_0\to\infty$的混凝土收缩在第 $i$ 多余未知力方向产生的变形；

其余符号意义同前。

于是，式(5-32)可写成：

$$\sum_{j=1}^{n}\delta_{ij}\left[\frac{dX_j(t,t_0)}{d\varphi(t,t_0)}+X_j(t,t_0)+X_{j,1}\right]=-\left[\Delta_{i,q}+\frac{\Delta_{i,cs}(\infty,t_0)}{\varphi(\infty,t_0)}\right] \tag{5-34}$$

另一方面，若将相同的荷载和收缩应变瞬时作用在后期结构上，并设相应的弹性次内力为 $X_{j,2}(j=1,2,\cdots,n)$，则也可建立第 $i$ 个多余未知力方向的变形协调条件：

$$\sum_{j=1}^{n}\delta_{ij}X_{j,2}=-\left[\Delta_{i,q}+\frac{\Delta_{i,cs}(\infty,t_0)}{\varphi(\infty,t_0)}\right] \tag{5-35}$$

比较式(5-34)与式(5-35)可得到：

$$\frac{dX_j(t,t_0)}{d\varphi(t,\tau)}+X_j(t,\tau)+X_{j,1}=X_{j,2} \tag{5-36}$$

求解上式，再由初始条件：当 $t=t_0$，$X_j(t,t_0)=0$，$\varphi(t,t_0)=0$，得到第 $j$ 个多余未知力随时间变化的计算公式：

$$X_j(t,t_0)=(X_{j,2}-X_{j,1})\left[1-e^{-\varphi(t,t_0)}\right] \tag{5-37}$$

式中：$X_{j,1}$——前期结构在第 $j$ 个多余未知力方向的初始内力；

$X_{j,2}$——荷载和收缩应变瞬时作用在后期结构上得到的第 $j$ 个多余未知力方向的弹性次内力；

其余符号意义同前。

由上可见，微分方程求解法忽略了结构各构件在徐变、收缩等方面特性的差异，而经过体系转换结构的各构件之间几乎都存在一些差异；同时，微分方程求解多次超静定结构也是十分复杂甚至很难进行的。

2)徐变、收缩效应分析的代数方程求解法

同前类似，结构各构件的徐变、收缩特性相同，体系转换后为 $n$ 次超静定。根据 Tröst 教授提出的徐变、收缩导致的应变与应力之间关系的代数表达式，从体系转换时刻 $t_0$ 至时刻 $t(t>t_0)$，结构在第 $i$ 个多余未知力方向变形将由次内力引起的弹性变形、次内力引起的徐变变形、前期初始内力引起的徐变变形及混凝土收缩产生的变形所组成，其满足的相容条件为：

$$\sum_{j=1}^{n}\delta_{ij}X_j(t,t_0)\left[1+\chi(t,t_0)\varphi(t,t_0)\right]+\Delta_{i,1}\varphi(t,t_0)+\Delta_{i,cs}(t,t_0)=0 \tag{5-38}$$

式中：$X_j(t,t_0)$——从 $t_0$ 至 $t$ 在第 $j$ 个多余未知力方向产生的内力；

$\Delta_{i,cs}(t,t_0)$——从 $t_0$ 至 $t$ 混凝土收缩在第 $i$ 多余未知力方向产生的变形；

其余符号意义同前。

假定收缩应变的发展规律与徐变相似，即

$$\Delta_{i,s}(t,t_0)=\frac{\Delta_{i,cs}(\infty,t_0)}{\varphi(\infty,t_0)}\varphi(t,t_0) \tag{5-39}$$

将式(5-33)、式(5-39)代入式(5-38)，得到：

$$\sum_{j=1}^{n}\delta_{ij}\{[1+\chi(t,t_0)\varphi(t,t_0)]X_j(t,t_0)+X_{j,1}\varphi(t,t_0)\}=-\varphi(t,t_0)\left[\Delta_{i,q}+\frac{\Delta_{i,cs}(\infty,t_0)}{\varphi(\infty,t_0)}\right] \tag{5-40}$$

式中符号意义同前。

对照式(5-35)和式(5-40)，可得：

$$X_j(t,t_0)=\frac{\varphi(t,t_0)}{1+\chi(t,t_0)\varphi(t,t_0)}(X_{j,2}-X_{j,1}) \tag{5-41}$$

比较式(5-41)与式(5-37)，并使之相等，则：

$$\frac{\varphi(t,t_0)}{1+\chi(t,t_0)\varphi(t,t_0)}=1-e^{-\varphi(t,t_0)} \tag{5-42}$$

由此得到老化系数：

$$\chi(t,t_0)=\frac{1}{1-e^{-\varphi(t,t_0)}}-\frac{1}{\varphi(t,t_0)} \tag{5-43}$$

该式表示的老化系数是按 Dischinger 法的徐变系数推导的，这样的老化系数一般偏低。

如果结构的构件或节段具有不同的徐变、收缩特性，则式(5-38)及式(5-40)中 $\delta_{ij}$、$\Delta_{i,1}$、$\Delta_{i,cs}$ 等均应按徐变特性的变化分别或分段计算。

徐变、收缩效应代数方程求解法，不仅可选择合乎实际情况的徐变系数表达式，而且能考虑构件或节段徐变、收缩特性的差异，既简化了计算又提高了精度。但是，利用该方法求解外部约束变化问题时，只能是约束变化突然发生或约束施加的速度与徐变发展的速度相同。

3)徐变、收缩效应的逐步递推分析法

结合有限元分析方法，将结构的受力过程划分为若干个时段或工况，引入按龄期调整的弹性模量，就能实现徐变、收缩的逐步分析。但要精确计算每个时段或工况的有效弹性模量[采用式(5-29)计算老化系数，而不是用式(5-31)的近似值]需要记录完整的应力历史数据，故在结构复杂时计算机的储存空间占用和时间消耗都将很大。

为了弥补上述方法的不足，下面介绍一种利用递推公式计算徐变、收缩应变增量和进行徐变、收缩效应分析的方法。

(1)徐变、收缩应变增量递推计算公式

根据 fib 模式规范，混凝土徐变系数随时间发展规律可用如下公式表示：

$$\varphi(t,t_0)=\varphi_0\beta_c(t,t_0)=\varphi_0\left[\frac{t-t_0}{\beta_H+(t-t_0)}\right]^{0.3}$$

式中符号意义同前。

当环境相对湿度、构件名义厚度、混凝土强度等级及加载龄期已知时，$\varphi_0$ 和 $\beta_H$ 均为已知值，此时徐变系数为以 $t-t_0$ 为自变量的幂函数双曲函数。因此，若设 $x=(t-t_0)/\beta_H$，则有：

$$\varphi_c(t,t_0)=\varphi_0\left(\frac{x}{1+x}\right)^{0.3} \tag{5-44}$$

把上式拟合成以 e 为底的多项指数函数形式：

$$\varphi_c(t,t_0) = \varphi_0 \sum_{i=1}^{m} C_i e^{q_i x} \tag{5-45a}$$

即

$$\varphi_c(t,t_0) = \varphi_0 \sum_{i=1}^{m} C_i e^{q_i(t-t_0)/\beta_H} \tag{5-45b}$$

式中：$C_i(i=1,2,\cdots,m)$、$q_i(i=1,2,\cdots,m)$——拟合系数。

将结构从施工开始的受力全过程划分为若干计算阶段，每个计算阶段再分成几个适当的计算时段并表示成 $\Delta t_{j+1}=t_{j+1}-t_j$。在每个计算时段内，若假定结构以该时段的初始受力状态发生徐变，则构件截面应力变化路径可近似描述成如图 5-2 所示的台阶形的组合曲线。

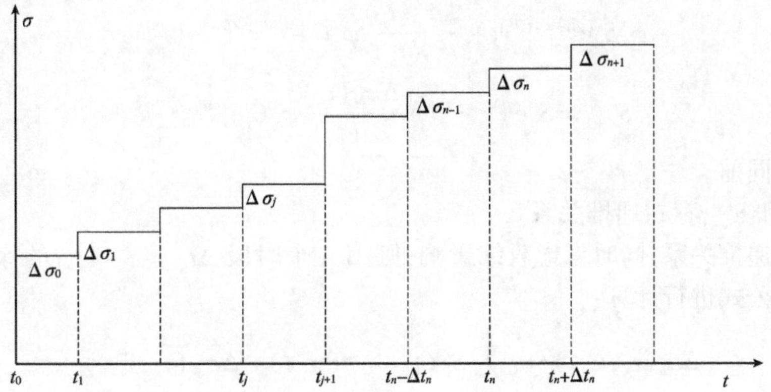


图 5-2　计算时段应力变化曲线

根据线性徐变理论，第 $n$ 个时段 $\Delta t_n=t_n-t_{n-1}$ 的徐变应变增量可表示为：

$$\Delta\varepsilon_{cc}(t_n,t_{n-1}) = \sum_{j=0}^{n-1}\frac{\Delta\sigma_c(t_j)}{E_c(t_j)}[\varphi(t_n,t_j)-\varphi(t_{n-1},t_j)] \tag{5-46}$$

式中：$\Delta\sigma_c(t_j)$——时刻 $t_j$ 的应力增量；

$E_c(t_j)$——时刻 $t_j$ 的弹性模量；

$\varphi(t_n,t_j)$——从 $t_j$ 至 $t_n$ 的徐变系数；

$\varphi(t_{n-1},t_j)$——从 $t_j$ 至 $t_{n-1}$ 的徐变系数。

把前面拟合的徐变系数表达式(5-45b)代入上式后得到：

$$\begin{aligned}\Delta\varepsilon_{cc}(t_n,t_{n-1}) &= \sum_{j=0}^{n-1}\frac{\Delta\sigma_c(t_j)}{E_c(t_j)}\varphi_j\left[\sum_{i=1}^{m}C_i e^{q_i(t_n-t_j)/\beta_H}-\sum_{i=1}^{m}C_i e^{q_i(t_{n-1}-t_j)/\beta_H}\right]\\ &= \sum_{j=0}^{n-1}\frac{\Delta\sigma_c(t_j)}{E_c(t_j)}\varphi_j\sum_{i=1}^{m}C_i e^{q_i(t_n-t_j)/\beta_H}(1-e^{-q_i\Delta t_n/\beta_H})\end{aligned} \tag{5-47}$$

式中：$\varphi_j$——龄期 $t_j$ 时的名义徐变系数；

其余符号意义同前。

对式(5-47)的累加项进行重组，并令：

$$S_n^i = \sum_{j=0}^{n-1}\frac{\Delta\sigma_c(t_j)}{E_c(t_j)}\varphi_j C_i e^{q_i(t_n-t_j)/\beta_H} \tag{5-48}$$

于是有

$$\Delta\varepsilon_{cc}(t_n,t_{n-1}) = \sum_{i=1}^{m}S_n^i(1-e^{-q_i\Delta t_n/\beta_H}) \tag{5-49}$$

同样，第 $n+1$ 个时段 $\Delta t_{n+1}=t_{n+1}-t_n$ 的徐变应变增量也可用如下相似方式表示：

$$\Delta\boldsymbol{\varepsilon}_{\mathrm{cc}}(t_{n+1},t_n) = \sum_{i=1}^{m} S_{n+1}^{i}(1 - \mathrm{e}^{-q_i\Delta t_{n+1}/\beta_{\mathrm{H}}}) \tag{5-50}$$

其中

$$S_{n+1}^{i} = \sum_{j=0}^{n} \frac{\Delta\sigma_{\mathrm{c}}(t_j)}{E_{\mathrm{c}}(t_j)}\varphi_j C_i \mathrm{e}^{q_i(t_{n+1}-t_j)/\beta_{\mathrm{H}}} \tag{5-51}$$

整理式(5-51)并与式(5-48)比较,可以得到如下关系:

$$\begin{aligned} S_{n+1}^{i} &= \sum_{j=0}^{n} \frac{\Delta\sigma_{\mathrm{c}}(t_j)}{E_{\mathrm{c}}(t_j)}\varphi_j C_i \mathrm{e}^{q_i(t_{n+1}-t_j)/\beta_{\mathrm{H}}} \\ &= \sum_{j=0}^{n-1} \frac{\Delta\sigma_{\mathrm{c}}(t_j)}{E_{\mathrm{c}}(t_j)}\varphi_j C_i \mathrm{e}^{q_i(t_n-t_j)/\beta_{\mathrm{H}}}\mathrm{e}^{q_i\Delta t_{n+1}/\beta_{\mathrm{H}}} + \frac{\Delta\sigma_{\mathrm{c}}(t_n)}{E_{\mathrm{c}}(t_n)}\varphi_n C_i \mathrm{e}^{q_i\Delta t_{n+1}/\beta_{\mathrm{H}}} \\ &= S_n^{i}\mathrm{e}^{q_i\Delta t_{n+1}/\beta_{\mathrm{H}}} + \frac{\Delta\sigma_{\mathrm{c}}(t_n)}{E_{\mathrm{c}}(t_n)}\varphi_n C_i \mathrm{e}^{q_i\Delta t_{n+1}/\beta_{\mathrm{H}}} \end{aligned} \tag{5-52a}$$

即

$$S_{n+1}^{i} = S_n^{i}\mathrm{e}^{q_i\Delta t_{n+1}/\beta_{\mathrm{H}}} + \frac{\Delta\sigma_{\mathrm{c}}(t_n)}{E_{\mathrm{c}}(t_n)}\varphi_n C_i \mathrm{e}^{q_i\Delta t_{n+1}/\beta_{\mathrm{H}}} \tag{5-52b}$$

式中符号意义同前。

可见,$S_n^i$ 和 $S_{n+1}^i$ 存在递推关系。

利用上述递推关系,同时考虑收缩影响,则第 $n$ 个时段 $\Delta t_n = t_n - t_{n-1}$ 的徐变、收缩应变增量可按如下公式进行计算:

$$\Delta\boldsymbol{\varepsilon}_{\mathrm{c}}(t_n,t_{n-1}) = \sum_{i=1}^{m} S_n^{i}(1 - \mathrm{e}^{-q_i\Delta t_n/\beta_{\mathrm{H}}}) + \Delta\boldsymbol{\varepsilon}_{\mathrm{cs}}(t_n,t_{n-1}) \tag{5-53}$$

$$\left.\begin{aligned} S_n^{i} &= S_{n-1}^{i}\mathrm{e}^{q_i\Delta t_n/\beta_{\mathrm{H}}} + \frac{\Delta\sigma_{\mathrm{c}}(t_{n-1})}{E_{\mathrm{c}}(t_{n-1})}\varphi_{n-1} C_i \mathrm{e}^{q_i\Delta t_n/\beta_{\mathrm{H}}} \quad (n>1) \\ S_1^{i} &= \frac{\Delta\sigma_{\mathrm{c}}(t_0)}{E_{\mathrm{c}}(t_0)}\varphi_0 C_i \end{aligned}\right\} \tag{5-54}$$

式中符号意义同前。

在有限元分析时,采用以上递推公式,就不再需要应力历史的记录,计算机储存消耗会大大减少、计算速度加快。

(2)徐变、收缩应变效应分析方法

下面将以空间实体单元为例,介绍配合以上递推公式的徐变、收缩应变效应分析方法。

研究表明,在线性徐变范围内,空间实体的徐变应变泊松比为常量,并等于瞬时弹性应变的泊松比。因此,结构在每个计算时段的徐变效应分析将与一般线弹性问题相似。

设第 $n$ 个计算时段 $\Delta t_n = t_n - t_{n-1}$ 空间单元的应力增量和应变增量分别为:

$$\Delta\boldsymbol{\sigma}_n = [\Delta\boldsymbol{\sigma}_{x,n} \quad \Delta\boldsymbol{\sigma}_{y,n} \quad \Delta\boldsymbol{\sigma}_{z,n} \quad \Delta\boldsymbol{\tau}_{xy,n} \quad \Delta\boldsymbol{\tau}_{yz,n} \quad \Delta\boldsymbol{\tau}_{zx,n}]^{\mathrm{T}}$$

$$\Delta\boldsymbol{\varepsilon}_n = [\Delta\boldsymbol{\varepsilon}_{x,n} \quad \Delta\boldsymbol{\varepsilon}_{y,n} \quad \Delta\boldsymbol{\varepsilon}_{z,n} \quad \Delta\boldsymbol{\gamma}_{xy,n} \quad \Delta\boldsymbol{\gamma}_{yz,n} \quad \Delta\boldsymbol{\gamma}_{zx,n}]^{\mathrm{T}}$$

式中,单元的应变增量表示为如下三部分:

$$\Delta\boldsymbol{\varepsilon}_n = \Delta\boldsymbol{\varepsilon}_{\mathrm{e},n} + \Delta\boldsymbol{\varepsilon}_{\mathrm{cc},n} + \Delta\boldsymbol{\varepsilon}_{\mathrm{cs},n} \tag{5-55}$$

式中:$\Delta\boldsymbol{\varepsilon}_{\mathrm{e},n}$——弹性应变增量列阵;

$\Delta\boldsymbol{\varepsilon}_{\mathrm{cc},n}$——徐变应变增量列阵;

$\Delta\boldsymbol{\varepsilon}_{\mathrm{cs},n}$——收缩应变增量列阵。

单元弹性应变增量可表示为:

$$\Delta\boldsymbol{\varepsilon}_{\mathrm{e},n} = \frac{1}{E_{\mathrm{c}}(t_{n-1})}\boldsymbol{A}\Delta\boldsymbol{\sigma}_n \tag{5-56}$$

其中 $$A=\begin{bmatrix}1 & -\mu & -\mu & 0 & 0 & 0\\ & 1 & 0 & 0 & 0 & 0\\ & & 1 & 0 & 0 & 0\\ & & & 2(1+\mu) & 0 & 0\\ & \text{对} & \text{称} & & 2(1+\mu) & 0\\ & & & & & 2(1+\mu)\end{bmatrix}$$

式中：$\mu$——材料的泊松比；

其余符号意义同前。

单元徐变应变增量为：

$$\Delta\boldsymbol{\varepsilon}_{\mathrm{cc},n}=\sum_{i=1}^{m}(1-\mathrm{e}^{-q_i\Delta t_n/\beta_{\mathrm{H}}})S_n^i \tag{5-57}$$

其中 $$S_n^i=[S_{x,n}^i\quad S_{y,n}^i\quad S_{z,n}^i\quad S_{xy,n}^i\quad S_{yz,n}^i\quad S_{zx,n}^i]^{\mathrm{T}} \tag{5-58}$$

可见，在空间单元中 $\boldsymbol{S}_n^i$ 为与应力分量对应的向量。

由式(5-55)和式(5-56)，应力增量列阵可按如下公式计算：

$$\Delta\boldsymbol{\sigma}_n=\boldsymbol{D}_n\Delta\boldsymbol{\varepsilon}_{\mathrm{e},n}=\boldsymbol{D}_n(\Delta\boldsymbol{\varepsilon}_n-\Delta\boldsymbol{\varepsilon}_{\mathrm{cc},n}-\Delta\boldsymbol{\varepsilon}_{\mathrm{cs},n}) \tag{5-59}$$

其中 $$\boldsymbol{D}_n=E_{\mathrm{c}}(t_{n-1})\boldsymbol{A}^{-1} \tag{5-60}$$

式中符号意义同前。

把单元应变增量与节点位移增量关系式 $\Delta\boldsymbol{\varepsilon}_n=\boldsymbol{B}\Delta\boldsymbol{\delta}_n^{\mathrm{e}}$ 和式(5-57)代入式(5-59)，得到：

$$\Delta\boldsymbol{\sigma}_n=\boldsymbol{D}_n(\boldsymbol{B}\Delta\boldsymbol{\delta}_n^{\mathrm{e}}-\boldsymbol{\alpha}_n-\Delta\boldsymbol{\varepsilon}_{\mathrm{cs},n}) \tag{5-61}$$

$$\boldsymbol{\alpha}_n=\sum_{i=1}^{m}(1-\mathrm{e}^{-q_i\Delta t_n/\beta_{\mathrm{H}}})S_n^i \tag{5-62}$$

式中：$\boldsymbol{B}$——单元几何矩阵；

$\boldsymbol{D}_n$——单元材料的本构关系矩阵；

其余符号意义同前。

有限元法的平衡方程组可表示为：

$$\int\boldsymbol{B}^{\mathrm{T}}\Delta\boldsymbol{\sigma}_n\mathrm{d}v=\Delta\boldsymbol{P}_n^{\mathrm{e}} \tag{5-63}$$

式中：$\Delta\boldsymbol{P}_n^{\mathrm{e}}$——单元外荷载增量列阵。

将式(5-61)代入式(5-63)，得到徐变、收缩效应分析的基本方程如下：

$$\boldsymbol{k}_n\Delta\boldsymbol{\delta}_n^{\mathrm{e}}=\Delta\boldsymbol{P}_n^{\mathrm{e}}+\Delta\boldsymbol{P}_{\mathrm{cc},n}^{\mathrm{e}}+\Delta\boldsymbol{P}_{\mathrm{cs},n}^{\mathrm{e}} \tag{5-64}$$

其中 $$\left.\begin{aligned}\boldsymbol{k}_n&=\int\boldsymbol{B}^{\mathrm{T}}\boldsymbol{D}_n\boldsymbol{B}\mathrm{d}v\\ \Delta\boldsymbol{P}_{\mathrm{cc},n}^{\mathrm{e}}&=\int\boldsymbol{B}^{\mathrm{T}}\boldsymbol{D}_n\boldsymbol{\alpha}_n\mathrm{d}v\\ \Delta\boldsymbol{P}_{\mathrm{cs},n}^{\mathrm{e}}&=\int\boldsymbol{B}^{\mathrm{T}}\boldsymbol{D}_n\Delta\boldsymbol{\varepsilon}_{\mathrm{cs},n}\mathrm{d}v\end{aligned}\right\} \tag{5-65}$$

式中：$\boldsymbol{k}_n$——单元刚度矩阵；

$\Delta\boldsymbol{P}_{\mathrm{cc},n}^{\mathrm{e}}$——徐变变形产生的当量荷载增量列阵；

$\Delta\boldsymbol{P}_{\mathrm{cs},n}^{\mathrm{e}}$——收缩变形产生的当量荷载增量列阵；

其余符号意义同前。

通过坐标转换，按节点序号将单元刚度矩阵、荷载列阵集成结构刚度矩阵和荷载列阵，形成结构平衡方程并可求解节点位移，然后将节点位移坐标转换后再由式（5-61）计算单元应力增量。

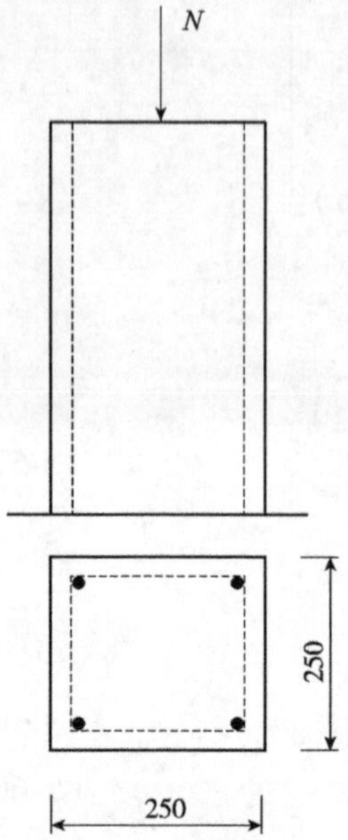

图 5-3　轴向受压钢筋混凝土短柱（尺寸单位：mm）

**【例 5-1】**　一根轴向受压钢筋混凝土短柱如图 5-3 所示。该柱的混凝土净截面面积 $A_c = 61\ 885\text{mm}^2$，钢筋截面面积 $A_s = 615\text{mm}^2$；钢筋与混凝土的弹性模量之比 $\alpha_{ES} = E_s/E_c = 7$（$E_c = 29\text{kN/mm}^2$，$E_s = 203\text{kN/mm}^2$）。该柱受到恒定的轴向荷载 $N = 520\text{kN}$，忽略柱的自重。已知从开始加载时刻 $t=\tau$ 到 $t=\infty$ 的徐变系数 $\varphi(\infty,\tau) = 3.0$，收缩应变 $\varepsilon_{cs}(\infty,\tau) = 20\times10^{-5}$。求解混凝土与钢筋截面的轴力、应力及分布情况。

**解**：利用 Dischinger 微分方程求解。

首先将截面上钢筋与混凝土看成相互脱离的自由体，它们之间的约束替代以沿钢筋轴线方向的相互作用力。

设：$F_s(t,\tau)$ 为轴向荷载作用下经过时间 $t-\tau$ 后钢筋与混凝土之间的相互作用力；$\varepsilon_{c1}$、$\varepsilon_{e1}$ 分别为当 $F_s = 1$ 时产生于混凝土和钢筋自由体上的轴向应变；$\varepsilon_{cN}$ 为荷载产生于混凝土自由体的轴向应变。

钢筋与混凝土在 d$t$ 时间内应变增量，分别由 $F_s(t,\tau)$ 增量引起的弹性应变、$F_s(t,\tau)$ 产生的徐变应变增量、$\varepsilon_{cN}$ 引起的徐变应变增量及混凝土收缩应变增量所组成，它们满足的相容条件为：

$$\mathrm{d}F_s(t,\tau)\varepsilon_{11} + F_s(t,\tau)\varepsilon_{c1}\mathrm{d}\varphi(t,\tau) + \varepsilon_{cN}\mathrm{d}\varphi(t,\tau) + \mathrm{d}\varepsilon_{cs}(t,\tau) = 0 \tag{5-66}$$

其中

$$\varepsilon_{11} = \varepsilon_{c1} + \varepsilon_{e1}$$

式中符号意义同前。

假定混凝土收缩应变的发展规律与徐变相似，即

$$\mathrm{d}\varepsilon_{cs}(t,\tau) = \frac{\varepsilon(\infty,\tau)}{\varphi(\infty,\tau)}\mathrm{d}\varphi(t,\tau) \tag{5-67}$$

将式（5-67）代入式（5-66），求解微分方程后得到：

$$\Delta\sigma_s(t,\tau) = \frac{F_s(t,\tau)}{A_s} = -\frac{A_c}{A_s}\left[\sigma_c(\tau) + E_c\frac{\varepsilon(\infty,\tau)}{\varphi(\infty,\tau)}\right]\left[1 - \mathrm{e}^{-\alpha\varphi(t,\tau)}\right] \tag{5-68}$$

式中：$\Delta\sigma_s(t,\tau)$——不变荷载作用下经过时间 $t-\tau$ 的钢筋应力增量；

$\sigma_c(\tau)$——开始加载时混凝土截面的初始应力；

$\alpha$——混凝土截面的相对刚度系数 $\alpha = \varepsilon_{c1}/\varepsilon_{11}$；

其余符号意义同前。

将数据代入公式计算如下：

开始加载时混凝土和钢筋的初应力：

$$\sigma_c(\tau) = \frac{520\times1\ 000}{61\ 885 + 7\times651} = 7.86(\text{MPa})$$

$$\sigma_s(\tau) = \alpha_{ES}\sigma_c(\tau) = 7\times7.86 = 55.02(\text{MPa})$$

混凝土截面的相对刚度系数：

$$\alpha = \frac{1}{E_cA_c}\bigg/\left(\frac{1}{E_cA_c} + \frac{1}{E_sA_s}\right) = 0.065$$

根据式(5-68),并考虑到 $\sigma_c(t,\tau)=-\sigma_s(t,\tau)A_s/A_c$,得:

$$\Delta\sigma_c(\infty,\tau)=-\left(7.86+\frac{29\times10^3\times20\times10^{-5}}{3.0}\right)(1-e^{-0.065\times3})=-1.73(\mathrm{MPa})$$

$$\Delta\sigma_s(\infty,\tau)=-\frac{A_c}{A_s}\Delta\sigma_c(\infty,\tau)=-\frac{61\ 885}{615}\times(-1.73)=174.08(\mathrm{MPa})$$

于是,当 $t=\infty$时,混凝土与钢筋截面的应力:

$$\sigma_c(\infty,\tau)=7.86-1.73=6.13(\mathrm{MPa})$$

$$\sigma_s(\infty,\tau)=55.02+174.08=229.10(\mathrm{MPa})$$

最后得到从 $t=\tau$ 至 $t=\infty$混凝土与钢筋截面受到的内力、应力及分布(表5-1)。

**混凝土与钢筋截面受到的轴力、应力及分布** 表5-1

| 时间 | $t=\tau$ | | | $t=\infty$ | | |
|---|---|---|---|---|---|---|
| 应力、轴力 / 截面 | 应力 | 轴力 | | 应力 | 轴力 | |
| | MPa | kN | % | MPa | kN | % |
| 混凝土 | 7.86 | 486.18 | 93.5 | 6.13 | 379.35 | 72.9 |
| 钢筋 | 55.02 | 33.82 | 6.5 | 229.10 | 140.65 | 27.1 |

可见,当 $t=\infty$时,钢筋应力增到初应力的4.16倍,而混凝土应力则降到其初应力的0.78倍。

**【例5-2】** 两个单悬臂梁在 $E$ 点合龙形成三跨连续梁,如图5-4所示。假定该连续梁的截面特征相同,梁上受到均布重力荷载 $g$;$AE$ 梁的徐变系数和老化系数分别为 $\varphi_{(\infty,\tau),AE}=1.0$、$\chi_{(\infty,\tau),AE}=0.6$,$ED$ 梁的徐变系数和老化系数分别为 $\varphi_{(\infty,\tau),ED}=2.5$、$\chi_{(\infty,\tau),ED}=0.75$。求从合龙时刻 $\tau$ 至 $t=\infty$支点 $B$、$C$ 处连续梁弯矩和支点反力的变化。

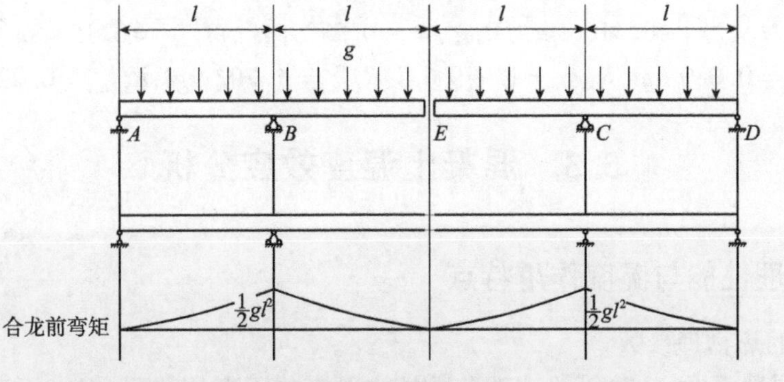


图5-4 两个单悬臂梁在 $E$ 点合龙形成三跨连续梁

**解**:采用Tröst代数方程求解。

(1)力法方程系数计算

取简支梁 $AB$、$BC$、$CD$ 为力法求解时上述连续梁的基本静定结构,多余未知力为 $B$、$C$ 处的截面弯矩。单位多余未知力与荷载引起在多余未知力方向的变形如下:

$$\delta_{BB}=\delta_{BB,AE}+\delta_{BB,ED}=\left[\frac{11l}{12E_cI}\right]_{AE}+\left[\frac{l}{12E_cI}\right]_{ED}$$

$$\delta_{BC}=\delta_{CB}=\delta_{BC,AE}+\delta_{BC,ED}=\delta_{CB,AE}+\delta_{CB,ED}=\left[\frac{l}{6E_cI}\right]_{AE}+\left[\frac{l}{6E_cI}\right]_{ED}$$

$$\delta_{CC}=\delta_{CC,AE}+\delta_{CC,ED}=\left[\frac{l}{12E_cI}\right]_{AE}+\left[\frac{11l}{12E_cI}\right]_{ED}$$

$$\Delta_{Bg}=\Delta_{Bg,AE}+\Delta_{Bg,ED}=-\left[\frac{13gl^3}{48E_cI}\right]_{AE}-\left[\frac{gl^3}{48E_cI}\right]_{ED}$$

$$\Delta_{Cg}=\Delta_{Cg,AE}+\Delta_{Cg,ED}=-\left[\frac{gl^3}{48E_cI}\right]_{AE}-\left[\frac{13gl^3}{48E_cI}\right]_{ED}$$

(2) $B$、$C$、$E$ 点处弯矩和各支点反力计算

根据力法计算的基本结构，从时刻 $t=\tau$ 至 $t=\infty$ 建立如下 $B$ 和 $C$ 点截面处的变形协调条件：

$$\Delta M_{B(\infty,\tau)}(\delta_{BB}+\delta_{BB,AE}\chi_{AE}\varphi_{AE}+\delta_{BB,ED}\chi_{ED}\varphi_{ED})+\Delta M_{C(\infty,\tau)}(\delta_{BC}+\delta_{BC,AE}\chi_{AE}\varphi_{AE}+\delta_{BC,ED}\chi_{ED}\varphi_{ED})+\Delta_{Bg,AE}\varphi_{AE}+\Delta_{Bg,ED}\varphi_{ED}=0$$

$$\Delta M_{B(\infty,\tau)}(\delta_{CB}+\delta_{CB,AE}\chi_{AE}\varphi_{AE}+\delta_{CB,ED}\chi_{ED}\varphi_{ED})+\Delta M_{C(\infty,\tau)}(\delta_{CC}+\delta_{CC,AE}\chi_{AE}\varphi_{AE}+\delta_{CC,ED}\chi_{ED}\varphi_{ED})+\Delta_{Cg,AE}\varphi_{AE}+\Delta_{Cg,ED}\varphi_{ED}=0$$

上式代入已知常数后得到：

$$1.706\ 25\Delta M_{B(\infty,\tau)}+0.745\ 83\Delta M_{C(\infty,\tau)}=0.322\ 92gl^2$$

$$0.745\ 83\Delta M_{B(\infty,\tau)}+2.768\ 75\Delta M_{C(\infty,\tau)}=0.697\ 92gl^2$$

求解联立方程，可得 $B$ 和 $C$ 点截面的弯矩增量：

$$\Delta M_{B(\infty,\tau)}=0.089\ 6gl^2,\Delta M_{C(\infty,\tau)}=0.227\ 9gl^2$$

于是，也可得到 $C$ 点截面弯矩和各支点的反力增量：

$$\Delta M_{E(\infty,\tau)}=0.158\ 8gl^2$$

$$\Delta R_{A(\infty,\tau)}=0.089\ 6gl,\Delta R_{B(\infty,\tau)}=-0.020\ 4gl$$

$$\Delta R_{C(\infty,\tau)}=-0.297\ 1gl,\Delta R_{D(\infty,\tau)}=0.227\ 9gl$$

当 $t=\infty$ 时，$B$、$C$、$E$ 点截面的弯矩和各支点的反力为：

$$M_{B(\infty)}=-0.410\ 4gl^2,M_{C(\infty)}=-0.272\ 1gl^2,M_{E(\infty)}=0.158\ 8gl^2$$

$$R_{A(\infty)}=0.089\ 6gl,R_{B(\infty)}=1.979\ 6gl,R_{C(\infty)}=1.702\ 9gl,R_{D(\infty)}=0.227\ 9gl$$

## 5.3 混凝土温度效应分析

### 5.3.1 热物理性能与温度作用特点

1)混凝土的热物理参数

混凝土的导热系数、比热等热物理参数的主要影响因素是其配合料，而混凝土的龄期与水灰比则对这些参数影响较小。集料对混凝土导热系数的影响较大，一般集料混凝土的导热系数为 1.86～3.49W/(m·℃)(约为黑色金属的 1/27)，而采用轻集料混凝土的导热系数约为 1.16W/(m·℃)。集料对混凝土比热的影响也较明显，普通集料混凝土的比热为 800～1 200J/(kg·℃)，约为轻集料混凝土比热的 1.6 倍。在常温范围内混凝土的线膨胀系数一般为常数，轻集料混凝土的数值较小。在一般工程计算中，普通集料的混凝土、钢筋混凝土及预应力混凝土的线膨胀系数均可采用 $1.0\times10^{-5}$℃$^{-1}$。

2)温度作用的特点

由于混凝土的导热系数较小，在外表温度急变的情况下，内部温度变化存在明显的滞后现象，导致从表至里每处混凝土得到或扩散的热量有较大差异，呈现出非线性状态。影响混凝土温度分布的外部因素主要是大气温度变化的作用，如太阳辐射、夜间降温、寒流、风、雨、

雪等各种气象作用;影响混凝土温度分布的内部因素,则主要由混凝土的热物理性能、构件的形状等决定。

混凝土构件的表面和内部各点温度随时都在发生变化。但就自然环境条件变化而产生的温度作用,一般可分为日照温度作用、骤然降温作用及年温变化作用三种类型。这三种温度作用的特点见表5-2。

**温度作用的特点** 表5-2

| 特点<br>温度作用 | 主要影响因素 | 时间性 | 作用范围 | 分布状态 | 对结构影响 | 复杂性 |
|---|---|---|---|---|---|---|
| 日照温度 | 太阳辐射 | 短时急变 | 局部 | 不均匀 | 局部应力大 | 最复杂 |
| 骤然降温 | 强冷空气 | 短时变化 | 整体 | 较均匀 | 应力较大 | 较复杂 |
| 年温变化 | 缓慢温变 | 长期缓慢 | 整体 | 均匀 | 整体位移大 | 简单 |

日照温度变化的主要因素是太阳辐射强度、气温变化及风速,但从设计控制角度考虑可简化为前两个因素。骤然降温一般只要考虑气温变化和风速这两个因素,可以忽略日辐射的影响。骤然降温作用的温度变化较日照作用缓慢、时间长。年温变化作用情况比较简单,该因素在工程设计中早已被考虑。

混凝土桥梁构件的构造对温度分布有明显的影响。一般情况下,箱形梁顶板表面的温度分布比较均匀,但腹板表面的温度分布则随时间而变;塔柱、墩柱等结构表面的温度分布,随朝向、太阳方位角的变化而改变。公路桥梁顶板上的沥青混凝土面层,当其较厚时对顶板有明显的减温作用,但较薄时因其吸热作用而对顶板不利。

钢筋对混凝土构件温度分布的影响较小,可不予考虑。

## 5.3.2 温度场的分析方法

给定时刻结构的内部与表面各点温度随空间位置的变化称为温度分布,而各点温度的集合即为温度场。结构的温度场是温度作用效应分析的依据。温度场的分析方法一般有三种:一是采用热传导微分方程求解;二是用近似数值计算解;三是使用半理论半经验公式。现介绍如下。

1)热传导微分方程及其边界条件

构件内部和表面的某一点,在某一瞬间的温度可用下式表示:

$$T = T(x, y, z, t) \tag{5-69}$$

该点的温度不仅与坐标 $x$、$y$、$z$ 有关,而且也与时间 $t$ 有关。

根据固体的热传导理论,对于均质、各向同性的混凝土,可得下列三维非稳态导热方程:

$$a\left(\frac{\partial^2 T}{\partial x^2} + \frac{\partial^2 T}{\partial y^2} + \frac{\partial^2 T}{\partial z^2}\right) - \frac{\partial T}{\partial t} + \frac{w}{c\gamma} = 0 \tag{5-70}$$

式中:$a$——混凝土的导温系数,$a = \lambda / c\gamma$;

$\lambda$——混凝土的导热系数;

$c$——混凝土的比热;

$\gamma$——混凝土的重度;

$w$——混凝土单位体积内放出的热量。

当不研究混凝土构件内部存在水化热时,式(5-70)中的 $w$ 可取0。

在热传导初始瞬时,温度场坐标$(x,y,z)$的已知函数为$T_0(x,y,z)$,即当$t=0$时,

$$T(x,y,z,0)=T_0(x,y,z) \tag{5-71}$$

在相当多的情况下,构件初始瞬时的温度可认为是常数。

在混凝土与岩基及新老混凝土之间的接触面上,初始温度往往不是连续的。

一般情况下,式(5-70)常用的边界条件由以下三种方式给出。

(1)第一类边界条件

混凝土表面(在边界$B$上)温度是时间的已知函数,即

$$T=T_B(t) \tag{5-72}$$

影响第一类边界条件的外部因素主要是太阳辐射强度、气温变化、风速等。混凝土与水接触时,表面温度为已知的水温,也属于这种边界条件。

(2)第二类边界条件

混凝土表面的热流密度是时间的已知函数,即:

$$-\lambda\frac{\partial T}{\partial n}=f(t) \tag{5-73}$$

式中:$n$——混凝土表面外法线方向。

若表面是绝热的,则:

$$\frac{\partial T}{\partial n}=0$$

(3)第三类边界条件

当混凝土表面(在边界$C$上)与空气接触时,经过表面的热流密度与表面温度和气温之差成正比,即

$$-\lambda\frac{\partial T}{\partial n}=\beta(T-T_C) \tag{5-74}$$

式中:$T$——混凝土表面的温度;

$\beta$——混凝土表面的放热系数;

$T_C$——气流的温度;

其余符号意义同前。

由上可见,对于不稳定热传导问题,温度场除应满足热传导方程式外,还必须满足初始条件和边界条件。但是,求解热传导微分方程在数学上是个难题,而要获得实际工程问题的解析解几乎是不可能的。有限元分析法是求解热传导问题最合适的方法。

2)温度场有限元分析法

根据变分原理,空间非稳态、无内热源的热传导问题可化为泛函的极值问题。取如下泛函:

$$\begin{aligned}II(T)&=\iiint_R F\left(T,\frac{\partial T}{\partial x},\frac{\partial T}{\partial y},\frac{\partial T}{\partial z},\frac{\partial T}{\partial t}\right)\mathrm{d}x\mathrm{d}y\mathrm{d}z+\iint_C G(T)\,\mathrm{d}s\\&=\iiint_R\left\{\frac{a}{2}\left[\left(\frac{\partial T}{\partial x}\right)^2+\left(\frac{\partial T}{\partial y}\right)^2+\left(\frac{\partial T}{\partial z}\right)^2\right]+\frac{\partial T}{\partial t}T\right\}\mathrm{d}x\mathrm{d}y\mathrm{d}z+\iint_C\frac{\beta}{c\gamma}\left(\frac{1}{2}T^2-T_C T\right)\mathrm{d}s\end{aligned} \tag{5-75}$$

式中,等式右边的第一项是温度场、温度梯度及温度时间变化率的函数,在求解域$R$中的体积分,第二项是温度场的函数。显然,泛函在区域$R$内满足热传导方程式(5-70),在初始时刻满足式(5-71),在边界$B$上满足式(5-72),在边界$C$上满足式(5-74)。

采用有限元法求解时,把区域$R$划分为有限个单元,泛函变成了在每个单元内的积分。

在单元足够小的条件下,可用各单元泛函值之和代表原泛函,即

$$II(T) \cong \sum_{e} II^{e}(T) \tag{5-76}$$

其中,单元内的温度分布由节点温度 $\boldsymbol{T}(t)^{e}$ 通过形函数 $\boldsymbol{N}$ 插值确定:

$$T(x,y,z,t) = [N_i(x,y,z),\quad N_j(x,y,z),\quad N_m(x,y,z)\quad \cdots]\begin{Bmatrix} T_i(t) \\ T_j(t) \\ T_m(t) \\ \vdots \end{Bmatrix}$$

$$= \boldsymbol{NT}(t)^{e} \tag{5-77}$$

把上式代入式(5-76)的等号右边式并对单元节点温度求偏导数,整理后得到:

$$\frac{\partial II^{e}}{\partial T_i} = \sum k_{ij}^{e} T_j + \sum r_{ij}^{e} \dot{T}_j + \sum q_{ij}^{e} T_j - f_i^{e} T_C \tag{5-78}$$

其中

$$\left.\begin{aligned} k_{ij}^{e} &= \iiint_{\Delta R} a\left(\frac{\partial N_i}{\partial x}\frac{\partial N_j}{\partial x} + \frac{\partial N_i}{\partial y}\frac{\partial N_j}{\partial y} + \frac{\partial N_i}{\partial z}\frac{\partial N_j}{\partial z}\right)\mathrm{d}x\mathrm{d}y\mathrm{d}z \\ r_{ij}^{e} &= \iiint_{\Delta R} N_i N_j \mathrm{d}x\mathrm{d}y\mathrm{d}z \\ q_{ij}^{e} &= \iint_{\Delta C} \bar{\beta} N_i N_j \mathrm{d}s \\ f_i^{e} &= \iint_{\Delta C} \bar{\beta} N_i \mathrm{d}s \end{aligned}\right\} \tag{5-79}$$

式中:$\Delta R$——单元 e 包含的子域;

$\Delta C$——单元在表面 $C$ 上的面积;

$\bar{\beta}$——$\bar{\beta} = \beta / c\gamma$;

其余符号意义同前。

为了使泛函 $II(T)$实现极小值,应有:

$$\frac{\partial II}{\partial T_i} \cong \sum_{e} \frac{\partial II^{e}}{\partial T_i} = 0 \tag{5-80}$$

将所有单元集合起来代入上式,得到有限元分析方程组:

$$\boldsymbol{KT} + \boldsymbol{R}\left\{\frac{\partial T}{\partial t}\right\} + \boldsymbol{QT} - \boldsymbol{f}T_C = 0 \tag{5-81a}$$

或

$$\boldsymbol{HT} + \boldsymbol{R}\left\{\frac{\partial T}{\partial t}\right\} + \boldsymbol{F} = 0 \tag{5-81b}$$

其中

$$\left.\begin{aligned} \boldsymbol{H} &= \boldsymbol{K} + \boldsymbol{Q} \\ \boldsymbol{F} &= -\boldsymbol{f}T_C \end{aligned}\right\} \tag{5-82}$$

因为式(5-81)对任意时间 $t$ 都成立,显然对 $t = t_n$ 及 $t = t_{n+1}$ 也成立,即

$$\boldsymbol{HT}_n + \boldsymbol{R}\left\{\frac{\partial T}{\partial t}\right\}_n + \boldsymbol{F}_n = 0 \tag{5-83}$$

$$\boldsymbol{HT}_{n+1} + \boldsymbol{R}\left\{\frac{\partial T}{\partial t}\right\}_{n+1} + \boldsymbol{F}_{n+1} = 0 \tag{5-84}$$

设

$$\Delta T_n = T_{n+1} - T_n = \Delta t_n \left\{\frac{\partial T}{\partial t}\right\}_{n+1} \tag{5-85}$$

有
$$\left\{\frac{\partial T}{\partial t}\right\}_{n+1} = \frac{1}{\Delta t_n}[T_{n+1} - T_n] \tag{5-86}$$
其中，$\Delta t_n = t_{n+1} - t_n$。

利用向后差分递推算法，将式(5-86)代入式(5-84)后得到：
$$\left(\boldsymbol{H} + \frac{1}{\Delta t_n}\boldsymbol{R}\right)T_{n+1} - \frac{1}{\Delta t_n}\boldsymbol{R}T_n + \boldsymbol{F}_{n+1} = 0 \tag{5-87}$$

在式(5-87)中，$T_n$、$F_{n+1}$是已知的，而 $T_{n+1}$是未知量，故其是关于 $T_{n+1}$的线性方程组，解之即得到各节点在 $t = t_{n+1}$时的温度 $T_{n+1}$。

3)温度场分析的简化

对一些重要结构或部位，温度场有限单元分析法是一种有效、可行的分析方法。然而，从混凝土桥梁温度效应分析的一般要求来看，这种方法则是不方便的或有时是没必要的。现场实测资料分析结果表明：在桥长方向的温度分布一般总是很均匀的，可以略去桥长方向微小的温差；在梁高较小时，垂直方向温度分布的非线性远远大于水平方向，往往可略去水平方向很小的非线性；对于梁高较大的箱梁，若忽略板壁结合区附近复杂的热传导问题，则可近似地采用垂直和水平两个方向的非线性分布温度的叠加。于是，一般情况下温度场分析主要研究一维热传导问题：
$$a\frac{\partial^2 T}{\partial x^2} - \frac{\partial T}{\partial t} = 0 \tag{5-88}$$
式中符号意义同前。

对于半无限厚板，假定气温变化为谐波形式，式(5-88)可解得满足第一类边界条件的解：
$$T(x,t) = A_0 e^{-\sqrt{\omega/2a}\cdot x}\sin(\omega t - \sqrt{\omega/2a}\cdot x) \tag{5-89}$$
式中：$A_0$——板表面温度的峰值；

$\omega$——圆频率；

$x$——计算点至板表面的距离；

$t$——计算时间。

由于混凝土的导热系数较小，靠近板表面浅层的非线性较明显，故以上公式也可近似用于一般厚度板壁类结构。

从结构设计的角度来考虑，通常都以某一特定时刻的最不利温度分布作为温度的控制作用，故式(5-89)可表示为如下温度分布：
$$T(x) = A_0 e^{-\sqrt{\omega/2a}\cdot x} \tag{5-90}$$

在工程实践中，英国的 Stephenson 采用了更简单的温度分布 $T(x) = A_0 e^{-c_x x}$($c_x$ 为试验参数)；新西兰的 Priestlay 在对高架桥箱梁进行模型试验后，也采用了类似的温度分布。

20 世纪 70 年代，我国铁道部原西南研究所根据桥梁实测资料分析结果，提出了如下温度分布：
$$T(x) = T_0 e^{-c_x x} \tag{5-91}$$
式中：$T_0$——导热方向两个表面的温差；

$c_x$——指数系数(统计参数)；

$x$——计算点至坐标原点的距离。

式(5-91)与之前国外公式的不同点是采用温差作为温度峰值，而不是直接用表面温度，其计算误差比国外公式小得多。常用截面形式的桥梁、桥墩等构件的温度分布均可参照该公式计算。

以上,式(5-90)、式(5-91)都是采用第一类边界条件的温度分布,国内外规范基本也以类似温度分布提出了有关简化计算公式。

### 5.3.3 温度分布的简化形式

考虑到年温变化和均匀温度变化作用比较简单且早已被结构设计考虑,而非线性分布温度的作用往往是设计的控制因素,故以下将着重论述日照、骤然降温等短时温度变化产生的非线性分布温度(或称梯度温度)作用及相应的应力。

1)温度分布的表达式

混凝土导热方向表面的温差 $T_0$,可根据地理纬度、大气透明度及表面方位角等因素决定,目前国内外一些规范以此制成了图表或提出了计算公式,具体情况可见有关规范。下面基于式(5-91)介绍桥梁上、下部结构的温度分布,并给出一般情况下的设计温差。

(1)T形与Π形梁

在日照作用下,T形与Π形梁底部很小范围的分布和肋板横向的温差一般被略去,沿梁高的温度分布近似简化为如下公式(图5-5):

$$T(y) = T_0 e^{-c_0 y} \tag{5-92}$$

式中:$T_0$——梁顶、底的温差(一般取20℃);

$c_0$——指数系数(一般取5)($m^{-1}$);

$y$——计算点至梁顶的距离(m)。

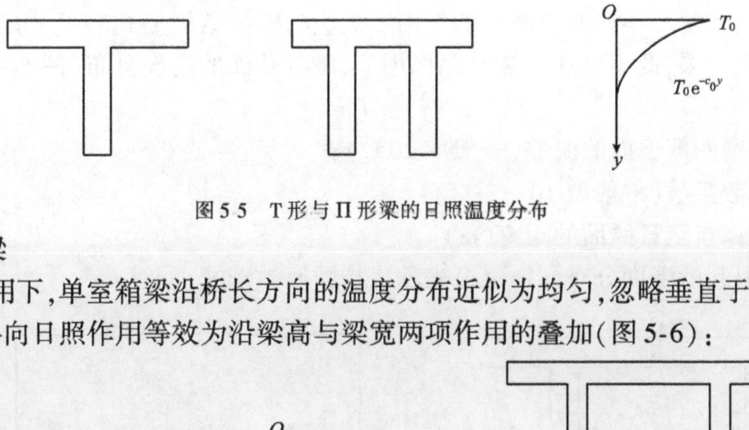


图5-5 T形与Π形梁的日照温度分布

(2)箱形梁

在日照作用下,单室箱梁沿桥长方向的温度分布近似为均匀,忽略垂直于温度作用方向的横向温差,斜向日照作用等效为沿梁高与梁宽两项作用的叠加(图5-6):

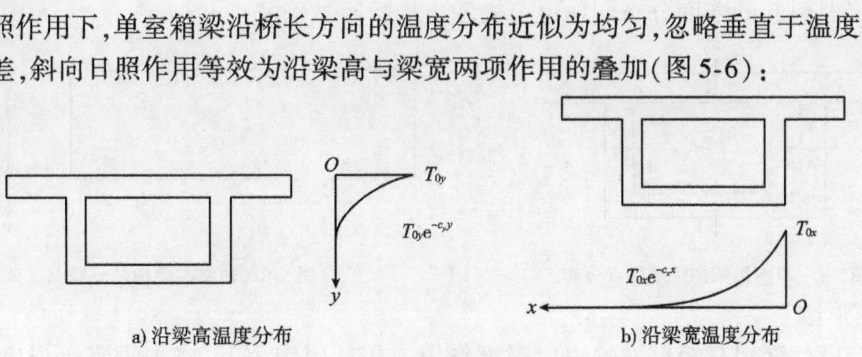


a)沿梁高温度分布　　b)沿梁宽温度分布

图5-6 单室箱梁的日照温度分布

$$T(y) = T_{0y} e^{-c_y y} \tag{5-93a}$$

$$T(x) = T_{0x} e^{-c_x x} \tag{5-93b}$$

式中:$T_{0y}$——箱梁顶、底的温差(一般取16℃,仅考虑沿梁高作用时取20℃);

$T_{0x}$——箱梁两外侧腹板外表面的温差(一般取16℃);

$c_x$、$c_y$——指数系数(一般取7,仅考虑沿梁高作用时 $c_y$ 取5)($m^{-1}$);

$y$、$x$——计算点至日照面的距离(m)。

相应以上温度分布,处于日照面的板厚度范围内的温度分布可采用如下公式:

$$T'(y) = T'_0 e^{-c'y} \tag{5-94a}$$

$$T'_0 = T_0(1 - e^{-c\delta}) \tag{5-94b}$$

式中:$T'_0$——计算板壁两侧表面的温差;

$c'$——指数系数(随板厚变化,一般取12)($m^{-1}$);

$y$——计算点至日照面的距离(m);

$\delta$——计算板壁的厚度(m);

其余符号意义同前。

根据实测资料,日照作用下双室和多室箱梁的温度分布规律与单室箱梁基本一致,唯有中腹板的温度分布略有不同,但仍可近似采用以上单室箱梁的温度分布。

在骤然降温作用下,单室箱梁各板壁厚度方向的温度分布(图5-7)可采用如下公式:

$$\overline{T}(y) = \overline{T}_0 e^{-\bar{c}y} \tag{5-95}$$

式中:$\overline{T}_0$——箱梁壁板的负温差(一般可取-10℃);

$\bar{c}$——指数系数(一般取14)($m^{-1}$);

$y$——计算点至降温面的距离(m)。

在骤然降温作用下,双室和多室箱梁外围板壁厚度方向的温度分布也可采用以上公式。

(3)薄壁柔性墩

日照和骤然降温对墩身的作用、上部结构因年温变化在墩身产生的作用,往往是薄壁柔性墩设计的控制因素。年温变化产生的作用及效应与整体结构型式有关,可通过上、下部结构整体分析得到结果,此不赘述。在日照作用下,墩身截面的温度分布(图5-8)为:

$$T(y) = T_0 e^{-c_0 y} \tag{5-96}$$

式中:$T_0$——墩壁两侧表面的温差(一般取20℃);

$c_0$——指数系数(一般取10)($m^{-1}$);

$y$——计算点至日照面的距离(m)。

骤然降温引起的温度分布同样也可表示成指数函数形式。

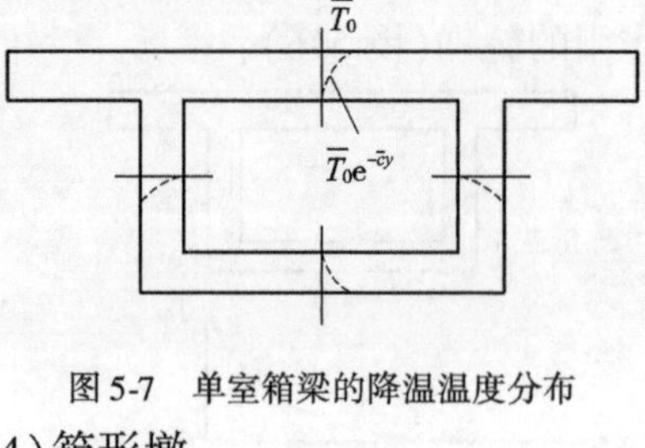


图5-7 单室箱梁的降温温度分布

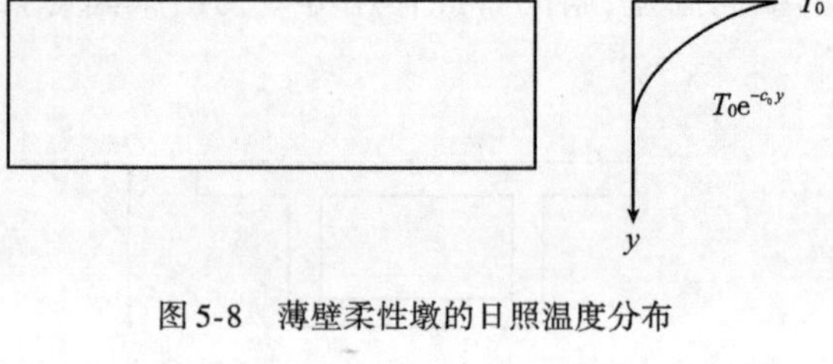


图5-8 薄壁柔性墩的日照温度分布

(4)箱形墩

日照与骤然降温是箱形墩的主要温度作用。在日照作用下,略去垂直于温度作用方向的横向温差和沿墩高方向温度分布的差异,斜向日照作用也表示成两个垂直方向作用的叠加(以 $y$ 方向为例,见图5-9):

$$T(y) = T_{0y} e^{-c_y y} \tag{5-97}$$

式中:$T_{0y}$——日照面箱壁的温差,$T_{0y} = t_1 - t_2$(一般取15℃,仅计算单向温度作用时取 20℃)；

$c_y$——指数系数(一般取 10)($m^{-1}$)；

$y$——计算点至日照面的距离(m)。

$x$ 方向温度分布规律和系数取值同上。

骤然降温作用的温度分布同前面的箱形梁。

2)主要规范的温度分布

(1)英国 BS 5400 规范

英国 BS 5400 桥梁设计规范关于温度作用的规定，是国外有关桥梁结构温度作用规定中较为详细的，它考虑了气温、太阳辐射、逆辐射等每日和季节变化的因素。

在 BS 5400 规范中，T 形与 Π 形梁沿梁高方向的日照温度分布如图 5-10 所示。

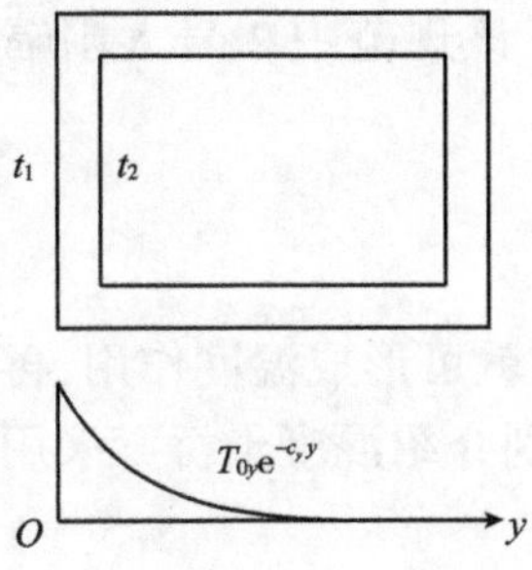


图 5-9　箱形墩的日照温度分布

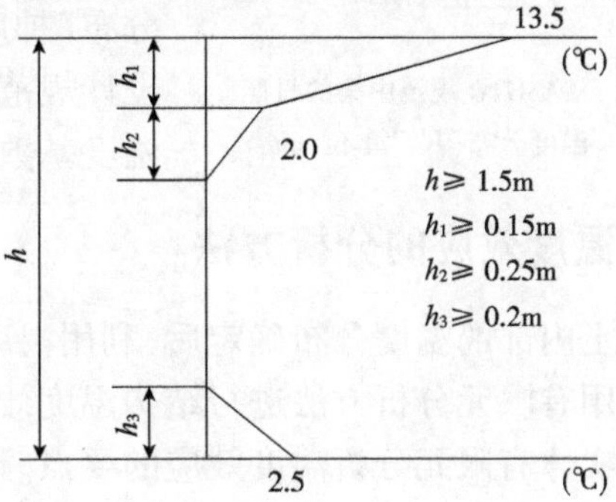


图5-10　BS 5400 规范中 T 形、Π 形梁的日照温度分布

箱梁沿梁高度方向的正、负温度分布如图 5-11 所示。

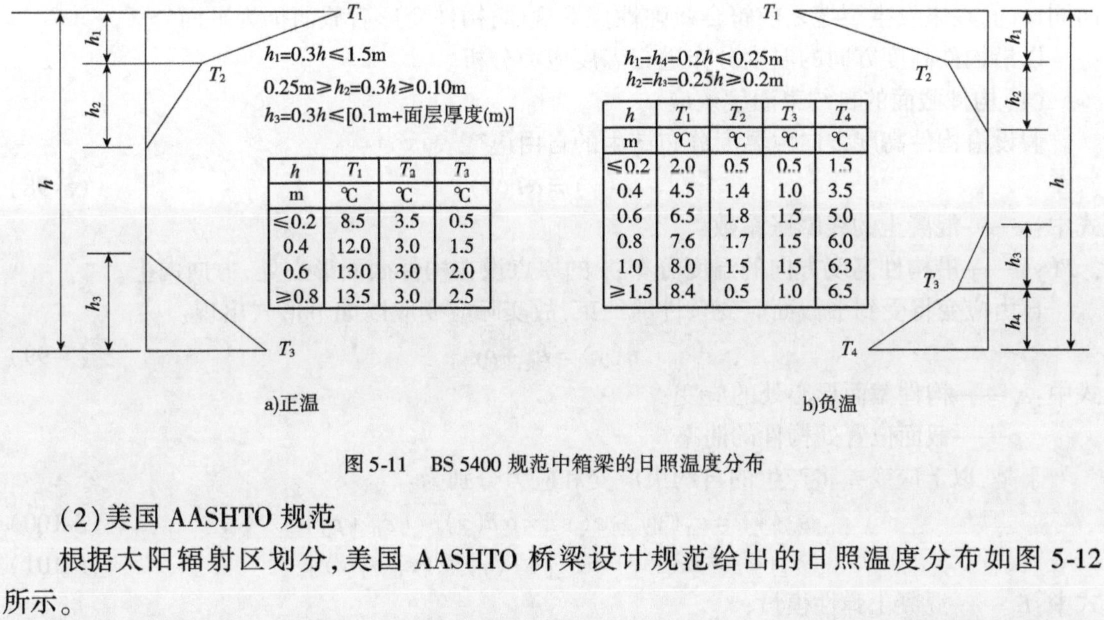


| h | $T_1$ | $T_2$ | $T_3$ |
|---|---|---|---|
| m | ℃ | ℃ | ℃ |
| ≤0.2 | 8.5 | 3.5 | 0.5 |
| 0.4 | 12.0 | 3.0 | 1.5 |
| 0.6 | 13.0 | 3.0 | 2.0 |
| ≥0.8 | 13.5 | 3.0 | 2.5 |

a)正温

| h | $T_1$ | $T_2$ | $T_3$ | $T_4$ |
|---|---|---|---|---|
| m | ℃ | ℃ | ℃ | ℃ |
| ≤0.2 | 2.0 | 0.5 | 0.5 | 1.5 |
| 0.4 | 4.5 | 1.4 | 1.0 | 3.5 |
| 0.6 | 6.5 | 1.8 | 1.5 | 5.0 |
| 0.8 | 7.6 | 1.7 | 1.5 | 6.0 |
| 1.0 | 8.0 | 1.5 | 1.5 | 6.3 |
| ≥1.5 | 8.4 | 0.5 | 1.0 | 6.5 |

b)负温

图 5-11　BS 5400 规范中箱梁的日照温度分布

(2)美国 AASHTO 规范

根据太阳辐射区划分，美国 AASHTO 桥梁设计规范给出的日照温度分布如图 5-12 所示。

图中的 $T_1$、$T_2$ 由按所属区域分别取值 30 ~ 21℃和 7.8 ~ 5℃，$T_3$ 则应由现场调查资料确定。由于现场实测结果对沥青铺装的隔热或导热作用给出明显不同的结论，故现行规范已不再考虑沥青铺装的任何隔热作用。在负温度分布分析时，混凝土和沥青面层分别按以上温度分布乘以 -0.3 和 -0.2 考虑。

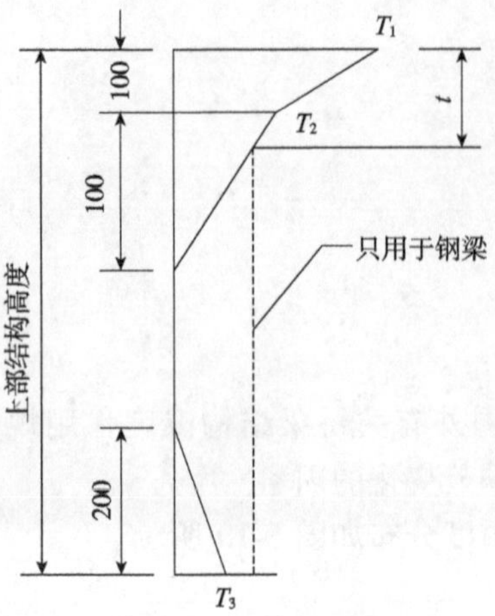


图 5-12　AASHTO 规范中梁的日照温度分布(尺寸单位:mm)

(3)我国规范

我国铁路桥梁设计规范在温度分布的规定,主要基于铁道部原西南研究所的成果,也就是前面介绍的有关内容。其中,混凝土导热方向表面的温差 $T_0$,个别设计时由地理纬度、大气透明度及构件表面方位角制成的图表中获得,标准设计时则由查表取值。详见有关规范。采用以 e 为底的指数函数表示温度分布虽略有不便计算,但它是在理论和实测研究基础上建立的,能够较好反映混凝土热传导特性。

我国公路桥梁设计规范因缺少基础资料,日照温度分布(梯度温度)参照了前一版本的美国 AASHTO 桥梁设计规范的规定,并选取了该规范中 2 号太阳辐射区的温度基数。

## 5.3.4　温度效应的分析方法

混凝土内部的温度分布确定后,利用混凝土的线膨胀系数就可形成温度作用,再采用简化计算或用有限元分析方法进行结构温度效应分析。下面分别介绍混凝土桥梁采用平面杆系和空间实体有限元分析温度效应的要点。

1)杆系结构温度效应分析

混凝土桥梁简化为平面杆系结构后,温度效应分析一般采用以下假定:沿构件长方向的温度分布是均匀的,并略去截面局部变化导致的温差分布微小差别;混凝土材料是均质、各向同性的,在未发生裂缝之前符合线弹性变形规律;构件变形后截面仍为平面。

以沿构件高度方向的温度分布进行温度应力分析。

(1)构件截面的自约束温度效应

假设沿构件高度方向由温度分布产生的自由应变表示为:

$$\varepsilon_{\mathrm{T}}(y)=\alpha T(y) \tag{5-98}$$

式中:$\alpha$——混凝土的线膨胀系数;

$T(y)$——沿构件高度方向的温度分布;$y$ 的原点设在构件截面形心处,方向向上。

自由应变将受到平截面应变条件的约束,故实际应变应以如下形式出现:

$$\varepsilon(y)=\varepsilon_0+\rho y \tag{5-99}$$

式中:$\varepsilon_0$——构件截面形心处的应变;

$\rho$——截面位置处构件的曲率。

于是,以上应变差将产生的自约束应变和应力分别为:

$$\varepsilon_{\sigma}(y)=\varepsilon_{\mathrm{T}}(y)-\varepsilon(y)=\alpha T(y)-(\varepsilon_0+\rho y) \tag{5-100}$$

$$\sigma_{\varepsilon}(y)=E\varepsilon_{\sigma}(y)=E_{\mathrm{c}}[\alpha T(y)-(\varepsilon_0+\rho y)] \tag{5-101}$$

式中:$E_{\mathrm{c}}$——混凝土弹性模量;

其余符号意义同前。

因为截面在自约束应力作用下处于自平衡状态,利用截面弯矩和轴力增量为零的平衡条件可解得 $\varepsilon_0$ 与 $\rho$,从而就能进行自约束应力计算。

温度作用产生的自约束效应将使构件发生变形并产生结构效应。若为静定结构时,将仅产生变形而不引起相应内力；但为超静定结构时，外部的多余约束将使结构产生多余内力。因此，超静定结构温度效应分析需要采用结构力学方法或有限元分析方法求解。

(2)温度效应的有限元分析

在平面杆系结构的有限元分析中，受温度作用单元的节点荷载可由如下方法确定。

如图5-13所示，取单元坐标系的原点在左节点 $i$、$x$ 坐标轴在其形心轴上，$y$ 和 $z$ 坐标轴在横截面的对称轴上。设单元横截面上的温度分布沿 $x$ 方向不变，只有在 $y$ 和 $z$ 两个方向变化且对称于 $y$ 轴。于是，单元截面内任一点的应变可由下式计算：

$$\varepsilon_x = \frac{\sigma_x}{E_c} + \alpha T \tag{5-102a}$$

$$\gamma_{xy} = \frac{\tau_{xy}}{G_c} \tag{5-102b}$$

式中：$\sigma_x/E_c$——应力 $\sigma_x$ 引起的正应变；

$\alpha T$——温度 $T$ 引起的正应变；

$\tau_{xy}/G_c$——应力 $\tau_{xy}$ 引起的剪应变；

$G_c$——混凝土的剪切弹性模量；

其余符号意义同前。

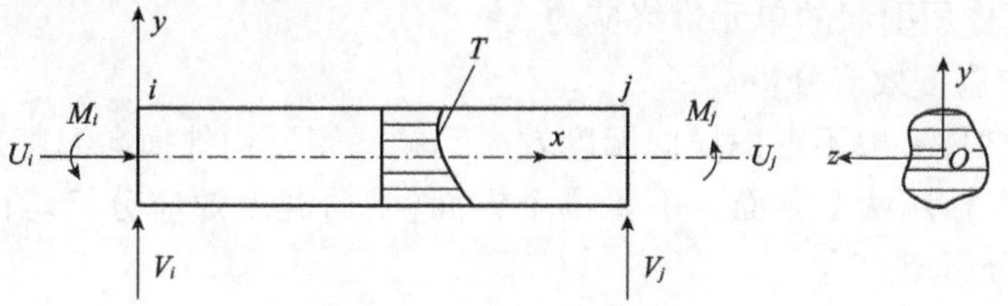


图5-13 平面杆系单元示意图

令单元两端节点 $i$ 和 $j$ 固结，则单元节点位移 $\boldsymbol{\delta}^e = \mathbf{0}$，即

$$u_i = v_i = \theta_i = u_j = v_j = \theta_j = 0$$

此时，单元内任一点的应变也为零 $\varepsilon_x = \gamma_{xy} = 0$，单元截面的应力可由式(5-103)得到：

$$\sigma_x = -E_c\alpha T, \quad \tau_{xy} = 0 \tag{5-103}$$

单元两端节点 $i$ 和 $j$ 处的节点力为：

$$\left.\begin{aligned}
U_i &= \int(-\sigma_x)\mathrm{d}A = \int E_c\alpha T\mathrm{d}A \\
V_i &= \int(-\tau_{xy})\mathrm{d}A = 0 \\
M_i &= \int\sigma_x y\mathrm{d}A = -\int E_c\alpha Ty\mathrm{d}A \\
U_j &= \int\sigma_x\mathrm{d}A = -\int E_c\alpha T\mathrm{d}A \\
V_j &= \int\tau_{xy}\mathrm{d}A = 0 \\
M_j &= \int(-\sigma_x)y\mathrm{d}A = \int E_c\alpha Ty\mathrm{d}A
\end{aligned}\right\} \tag{5-104}$$

式中的符号见图5-13或同前。

单元的节点荷载为单元对节点作用力的反力，故将符号改变后即为温度作用的节点荷载：

$$P_T^e = \begin{Bmatrix} X_i \\ Y_i \\ R_i \\ X_j \\ Y_j \\ R_j \end{Bmatrix} = \begin{Bmatrix} -U_i \\ 0 \\ -M_i \\ -U_j \\ 0 \\ -M_j \end{Bmatrix} \tag{5-105}$$

式中：$X_i$、$Y_i$、$R_i$ 和 $X_j$、$Y_j$、$R_j$——分别表示作用在单元节点 $i$ 和 $j$ 处的水平力、垂直力和力矩；

其余符号意义同前。

将受温度作用单元的节点荷载按结构整体坐标系集合，由如下平衡方程就可解得温度作用引起的位移：

$$\boldsymbol{K\delta} = \boldsymbol{P}_T \tag{5-106}$$

式中：$\boldsymbol{K}$——结构刚度矩阵；

$\boldsymbol{\delta}$——整体坐标系下温度作用产生的节点位移；

$\boldsymbol{P}_T$——整体坐标系下温度作用产生的节点荷载。

由上式中的节点位移求得相应的应力后，再叠加式(5-103)表示的单元两端固结时的应力，就能获得温度作用引起的单元最终应力。

(3)构件横向温度效应分析

T形与Π形构件一般不考虑横向温度效应问题。箱形构件横向温度效应分析分别有日照作用和骤然降温作用两个方面。不管哪个方面，横向温度效应分析均由自约束效应和框架约束效应两部分组成。

上述自约束效应是由沿箱形构件板厚方向的非线性温度分布引起的，可采用前面所述的方法进行分析，得到如式(5-100)、式(5-101)所示的板厚方向的自约束应力和应变。这里不再赘述。

箱形构件框架约束效应的分析方法与结构纵向外部约束效应分析方法相似，可按图5-14所示的计算图式采用结构力学的力法进行分析，箱形构件最终的横向温度效应由自约束效应和框架效应叠加而成。需要注意的是，自约束效应是沿板厚的非线性温度分布产生的，但日照作用的温度分布在部分板厚方向是均匀分布(与日照方向平行的板)的或存在一个基数温度(日照面的板)，它们不会产生自约束效应却会引起框架约束效应。因此，在框架约束效应分析时应计入这些温度作用。

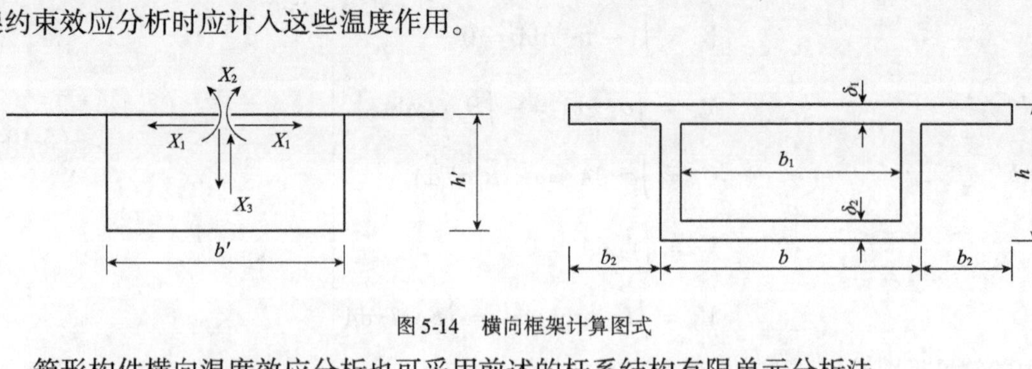


图5-14 横向框架计算图式

箱形构件横向温度效应分析也可采用前述的杆系结构有限单元分析法。

2)空间实体结构温度效应分析

在空间实体结构温度效应分析时，可以取用前述温度场分析得到的温度分布形成温度作用。但一般情况下仍然采用如下假定：混凝土材料是均质、各向同性的，在未发生裂缝之前，符合线弹性变形规律。

设空间单元的应力和应变分别为：

$$\boldsymbol{\sigma}=[\sigma_x \quad \sigma_y \quad \sigma_z \quad \tau_{xy} \quad \tau_{yz} \quad \tau_{zx}]^{\mathrm{T}}$$

$$\boldsymbol{\varepsilon}=[\varepsilon_x \quad \varepsilon_y \quad \varepsilon_z \quad \gamma_{xy} \quad \gamma_{yz} \quad \gamma_{zx}]^{\mathrm{T}}$$

其中，单元的应变表示为如下两部分：

$$\boldsymbol{\varepsilon}=\boldsymbol{\varepsilon}_{\mathrm{e}}+\boldsymbol{\varepsilon}_{\mathrm{T}} \tag{5-107}$$

式中：$\boldsymbol{\varepsilon}_{\mathrm{e}}$——弹性应变列阵；

$\boldsymbol{\varepsilon}_{\mathrm{T}}$——温度应变列阵。

单元弹性应变可表示为：

$$\boldsymbol{\varepsilon}_{\mathrm{e}}=\frac{1}{E_{\mathrm{c}}}\boldsymbol{A}\boldsymbol{\sigma} \tag{5-108}$$

式中符号意义同前。

由式(5-107)和式(5-108)，应力列阵可按如下计算：

$$\boldsymbol{\sigma}=\boldsymbol{D}\boldsymbol{\varepsilon}_{\mathrm{e}}=\boldsymbol{D}(\boldsymbol{\varepsilon}-\boldsymbol{\varepsilon}_{\mathrm{T}}) \tag{5-109}$$

$$\boldsymbol{D}=E_{\mathrm{c}}\boldsymbol{A}^{-1} \tag{5-110}$$

式中符号意义同前。

把单元应变与节点位移关系式 $\boldsymbol{\varepsilon}=\boldsymbol{B}\boldsymbol{\delta}^{\mathrm{e}}$ 代入式(5-109)，得到：

$$\boldsymbol{\sigma}=\boldsymbol{D}(\boldsymbol{B}\boldsymbol{\delta}^{\mathrm{e}}-\boldsymbol{\varepsilon}_{\mathrm{T}}) \tag{5-111}$$

式中：$\boldsymbol{B}$——单元几何矩阵；

$\boldsymbol{D}$——单元材料的本构关系矩阵；

其余符号意义同前。

有限元法的平衡方程组可表示为：

$$\int \boldsymbol{B}^{\mathrm{T}}\boldsymbol{\sigma}\mathrm{d}v=\boldsymbol{P}^{\mathrm{e}} \tag{5-112}$$

式中：$\boldsymbol{P}^{\mathrm{e}}$——单元的外荷载列阵。

将式(5-111)代入式(5-112)，得到基本方程如下：

$$\boldsymbol{k}\boldsymbol{\delta}^{\mathrm{e}}=\boldsymbol{P}^{\mathrm{e}}+\boldsymbol{P}_{\mathrm{T}}^{\mathrm{e}} \tag{5-113}$$

$$\left.\begin{aligned}\boldsymbol{k}&=\int \boldsymbol{B}^{\mathrm{T}}\boldsymbol{D}\boldsymbol{B}\mathrm{d}v\\ \boldsymbol{P}_{\mathrm{T}}^{\mathrm{e}}&=\int \boldsymbol{B}^{\mathrm{T}}\boldsymbol{D}\boldsymbol{\varepsilon}_{\mathrm{T}}\mathrm{d}v\end{aligned}\right\} \tag{5-114}$$

式中：$\boldsymbol{k}$——单元刚度矩阵；

$\boldsymbol{P}_{\mathrm{T}}^{\mathrm{e}}$——温度变形产生的当量荷载列阵；

其余符号意义同前。

通过坐标转换，按节点序号将单元刚度矩阵、荷载列阵集成结构刚度矩阵和荷载列阵，形成结构平衡方程并求解节点位移，然后将该节点位移坐标转换，再由式(5-111)计算相应单元应力。

3)关于混凝土桥梁温度效应的讨论

混凝土桥梁的温度效应是与构件材料的组成方式联系的。如钢梁—混凝土桥面板结合梁、钢管混凝土拱肋等，均应考虑不同材料热传导性能差异的影响。

温度效应分析也与结构体系相联系。如:传统混凝土拱桥主要以年温变化效应为主;混凝土拱式组合体系桥则主要考虑各构件之间温差作用;混凝土斜拉桥的温度效应分析包括:塔柱、主梁和拉索按各自线膨胀系数的年温变化作用,拉索与塔柱、主梁的温差作用,塔柱两侧的温差作用,以及与主梁截面形式和材料组成相关的温差作用等,以上温差作用效应在可能同时发生的情况下进行最不利叠加。

公路箱梁桥的桥面较宽,顶板完全敞开,顶、底板厚度相差较大,横截面竖向温差比铁路桥更大。公路箱形梁沿梁高的温差可能达到25℃以上,在温度的竖向效应和横向框架效应影响下,加之与其他作用效应的共同叠加,如果设计处理不当势必导致板壁混凝土开裂。

薄壁柔性墩中日照作用引起的拉应力分布区域很宽,有时可达到整个截面厚度的2/3。因此,薄壁柔性墩的日照温度效应是影响设计的一项重要因素,在与其他不利作用组合后可能决定设计的经济性与安全性。

箱形墩壁厚度方向的非线性温度分布较严重,温差可达到15℃以上。墩壁横向构造的约束作用,加上板壁结合附近的应力集中,导致裂缝发生的可能性较大。因此,箱形墩设计时应充分考虑温度作用的影响,并在构造处理上减少不必要的约束作用。

从日照温度作用角度考虑,即使墩顶设置了活动支座也总受到梁体的约束而非绝对活动,墩身温度变化引起的墩顶位移可能被支座摩阻力阻止。因此,在墩身温度效应分析时应考虑上端位移约束的可能性。

**【例5-3】** 已知一根单箱单室混凝土简支梁的简化横截面如图5-15所示,竖向受到日照温度分布 $T_y = T_{0y}e^{-c_y y}$ 的作用,混凝土材料的弹性模量为 $E$、线膨胀系数为 $\alpha$。求该温度分布作用下的箱梁顶板横向温度应力。

**解:**将顶板横向温度应力分解为自约束应力和横向框架约束应力两个部分。计算时忽略底板厚度范围内的温度分布。

(1)顶板自约束应力

沿箱梁纵向取一单位长度的梁段,顶板厚度范围的温度分布和横向应变关系如图5-16所示。

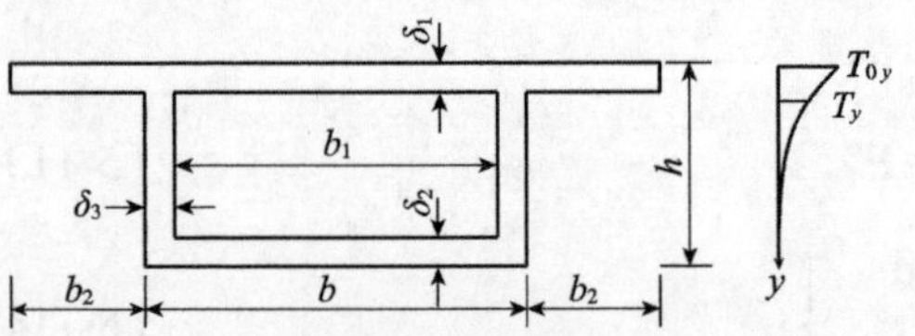


图5-15 横截面几何尺寸示意图

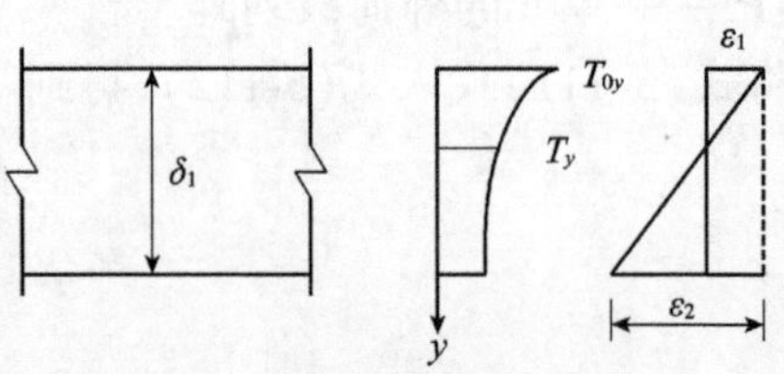


图5-16 顶板温差与应变关系

因温度引起的自由应变为 $\alpha T_y$,但发生变形后仍须保持为平截面,故顶板横向应变和自约束应力分别为:

$$\varepsilon_y = \varepsilon_1 - \varepsilon_2 \frac{y}{\delta_1} \tag{5-115}$$

$$\sigma_{y0} = E(\varepsilon_y - \alpha T_y) \tag{5-116}$$

在没有其他作用的情况下,由顶板截面内力平衡条件可求得上下缘应变,进而求得自约束应力 $\sigma_{y0}$。

由截面轴力平衡条件 $\sum N_y = 0$,得:

$$\int_0^{\delta_1} \sigma_{y0} \mathrm{d}y = 0$$

代入式(5-115)、式(5-116)可得：

$$\int_0^{\delta_1}\left(\varepsilon_1-\varepsilon_2\frac{y}{\delta_1}\right)\mathrm{d}y=\int_0^{\delta_1}\alpha T_y\mathrm{d}y$$

即

$$\varepsilon_1\delta_1-\frac{1}{2}\varepsilon_2\delta_1=\alpha T_{0y}\frac{1-\mathrm{e}^{-c_y\delta_1}}{c_y}$$

或

$$\varepsilon_1=\frac{\alpha T_{0y}K_1}{\delta_1}+\frac{1}{2}\varepsilon_2 \tag{5-117}$$

其中

$$K_1=\frac{1-\mathrm{e}^{-c_y\delta_1}}{c_y}$$

再由截面力矩平衡条件$\sum M_y=0$，得到：

$$\int_0^{\delta_1}\sigma_{y0}\left(y-\frac{\delta_1}{2}\right)\mathrm{d}y=0$$

代入式(5-115)、式(5-116)得：

$$\int_0^{\delta_1}\left(\varepsilon_1-\varepsilon_2\frac{y}{\delta_1}\right)\left(y-\frac{\delta_1}{2}\right)\mathrm{d}y=\int_0^{\delta_1}\alpha T_y\left(y-\frac{\delta_1}{2}\right)\mathrm{d}y$$

即

$$-\frac{\delta_1^2}{12}\varepsilon_2=\alpha T_{0y}\left[\frac{1-(1+c_y\delta_1)\mathrm{e}^{-a\delta_1}}{c_y^2}-\frac{\delta_1}{2}K_1\right]$$

或

$$\varepsilon_2=\frac{12\alpha T_{0y}K_2}{\delta_1^2}$$

其中

$$K_2=K_1\left[\frac{\delta_1}{2}-\frac{1-(1+c_y\delta_1)\mathrm{e}^{-c_y\delta_1}}{c_y(1-\mathrm{e}^{-c_y\delta_1})}\right]$$

由上推导，式(5-117)可表示为：

$$\varepsilon_1=\frac{\alpha T_{0y}K_1}{\delta_1}+\frac{1}{2}\varepsilon_2=\frac{\alpha T_{0y}K_1}{\delta_1}+\frac{6\alpha T_{0y}K_2}{\delta_1^2}$$

最后，式(5-116)表示的顶板自约束应力为：

$$\begin{aligned}\sigma_{y0}&=E\left(\varepsilon_1-\varepsilon_2\frac{y}{\delta_1}-\alpha T_y\right)\\&=\alpha T_{0y}E\left[\frac{K_1}{\delta_1}+\frac{12K_2}{\delta_1^3}\left(\frac{\delta_1}{2}-y\right)-\mathrm{e}^{-c_yy}\right]\end{aligned}$$

(2)横向框架约束应力

首先，由箱梁横截面顶板、腹板及底板的中心线建立框架计算图式。由于结构和温度作用的对称性，采用结构力学力法计算时的基本结构和单位未知力引起的内力如图5-17和图5-18所示。

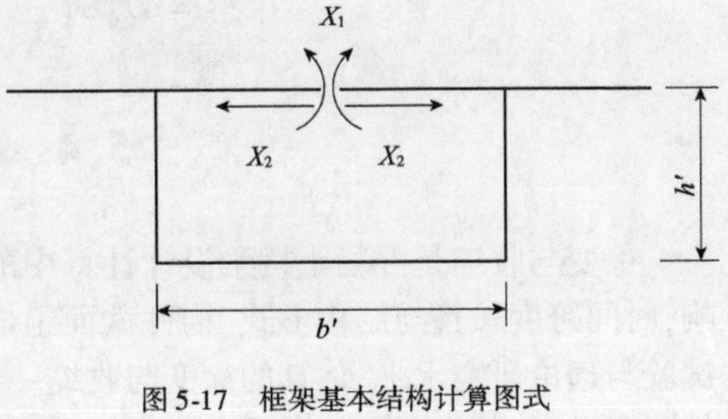

图5-17　框架基本结构计算图式

由力法原理，得方程组如下：

$$\begin{cases}\delta_{11}X_1+\delta_{12}X_2+\Delta_{1t}=0\\\delta_{21}X_1+\delta_{22}X_2+\Delta_{2t}=0\end{cases} \tag{5-118}$$

各系数或位移计算如下：

$$\delta_{11}=\frac{b'}{EI_1}+\frac{b'}{EI_2}+\frac{h'}{EI_3};\delta_{12}=\delta_{21}=\frac{b'h'}{EI_2}+\frac{h'^2}{EI_3}$$

$$\delta_{22}=\frac{b'h'^2}{EI_2}+\frac{2h'^3}{3EI_3}+\frac{b'}{EA_1}+\frac{b'}{EA_2};\Delta_{1t}=-\frac{\varepsilon_2 b'}{\delta_1};\Delta_{2t}=-\left(\varepsilon_1-\frac{\varepsilon_2}{2}\right)b'$$

$$b'=b-\delta_3;h'=h-\frac{\delta_1}{2}-\frac{\delta_2}{2};I_1=\frac{\delta_1^3}{12};I_2=\frac{\delta_2^3}{12};I_3=\frac{\delta_3^3}{12};A_1=\delta_1;A_2=\delta_2$$

式中的符号意义同前或参见图 5-18。

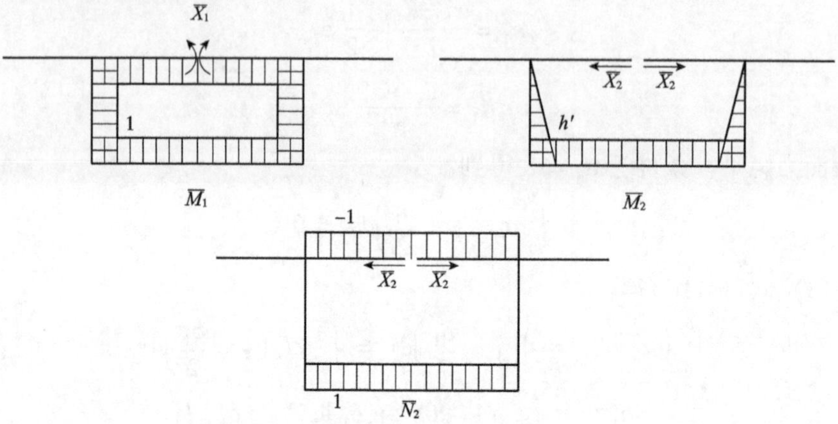


图 5-18　单位未知力引起的弯矩和轴力

以上系数或位移代入方程组式(5-118)后得到：

$$\begin{cases}\left(\frac{b'}{EI_1}+\frac{b'}{EI_2}+\frac{h'}{EI_3}\right)X_1+\left(\frac{b'h'}{EI_2}+\frac{h'^2}{EI_3}\right)X_2=\frac{\varepsilon_2 b'}{\delta_1}\\ \left(\frac{b'h'}{EI_2}+\frac{h'^2}{EI_3}\right)X_1+\left(\frac{b'h'^2}{EI_2}+\frac{2h'^3}{3EI_3}+\frac{b'}{EA_1}+\frac{b'}{EA_2}\right)X_2=\left(\varepsilon_1-\frac{\varepsilon_2}{2}\right)b'\end{cases}$$

由上式可解得 $X_1$、$X_2$，进而可求得顶板框架约束应力为：

$$\sigma_{y1}=\frac{M}{EI_1}y+\frac{N}{EA_1}=\frac{X_1 y}{EI_1}-\frac{X_2}{EA_1}$$

(3)顶板横向温差应力

将顶板横向温度自约束应力和框架约束应力叠加起来，顶板横向温度应力为：

$$\begin{aligned}\sigma_y&=\sigma_{y0}+\sigma_{y1}\\&=\alpha T_0 E\left[\frac{K_1}{\delta_1}+\frac{12K_2}{\delta_1^3}\left(\frac{\delta_1}{2}-y\right)-\mathrm{e}^{-c_y y}\right]+\frac{X_1 y}{EI_1}-\frac{X_2}{EA_1}\end{aligned}$$

## 5.4　小　　结

徐变与收缩是混凝土桥梁设计计算中的一个重要内容。徐变、收缩对混凝土桥梁的影响，时间跨度长且与结构形式、构件截面组成方式，以及施工方法等因素有关。根据目前的试验与理论研究水平，估算的徐变与收缩一般有 15% ~20% 的偏差。影响混凝土徐变、收缩的因素众多，其机理在于混凝土中水化水泥浆的物理结构。徐变、收缩有许多相同的影响因素，但收缩与混凝土的外加应力无关。表达徐变、收缩随时间发展的数学表达式不是唯一的，并随着研究的深入而不断改变，我国目前主要采用 *fib* 模式规范推荐的公式。徐变、收缩效应分析方法有三种：微分方程求解法、代数方程求解法及有限元逐步分析法。微分方程求解法适合采用老化理论假定的徐变系数表达式，其余两种方法不受徐变系数表达形式的限制。结构和施工过程复杂的混凝土桥梁的徐变、收缩效应分析，一般应采用有限元逐步分析法。本教材介绍的徐变、收缩效应有限元逐步分析法可作为软件编程的参考资料。

日照、骤然降温及年温变化这三种温度作用，都会在混凝土桥梁中产生温度效应，本教材主要介绍了前两种温度作用的效应。由于混凝土的热传导性能较差，内外温差大、分布呈非线性，故研究混凝土桥梁温度效应的关键在于确定温度场及最不利的温度分布。对于空间实体结构和结构重要部位的分析问题，可通过温度场有限元分析方法确定最不利的温度分布；对于平面杆系结构的分析问题，一般可将空间温度场简化为二维变量分离的最不利温度分布，亦即用两个一维的温度分布近似叠加。这也是许多国家规范普遍采用的方法。桥梁常用的温度效应分析，一般由纵向效应分析和横向效应分析组成，并根据各种温度作用同时发生的可能性进行叠加。日照、骤然降温作用对箱形构件的影响往往不亚于汽车荷载产生的效应，在设计计算中应给予足够的重视。

## 思 考 题

1. 混凝土徐变与收缩在什么情况下可以合起来计算？在什么情况下不能？

2. 混凝土徐变与收缩引起的预应力钢筋损失同预加力减小的效应完全等同吗？

3. 梯度温度作用下混凝土桥面铺装对梁体温度效应的影响应如何考虑？

4. 试采用 Tröst 代数方程法推导钢—混凝土组合梁截面徐变、收缩内力计算公式。

5. 试计算本章【例 5-2】连续梁跨中 $E$ 点的徐变挠度。

6. 按图 5-14 所示的箱梁截面，取尺寸 $b=4\text{m}$、$b_1=3.4\text{m}$、$b_2=2\text{m}$、$h=2\text{m}$ 及 $\delta_1=\delta_2=0.2\text{m}$。试计算 $T_{0y}=T_{0x}=15℃$、$c_x=c_y=7$ 时箱形截面的横向温差应力。

## 本章参考文献

[1] Bažant Z P, Wittmann F H. Creep and shrinkage in concrete structures[M]. John Wiley & Sons, 1982.

[2] 周履，陈永春. 收缩徐变[M]. 北京：中国铁道出版社，1994.

[3] 朱伯芳. 有限单元法原理与应用[M]. 2 版. 北京：中国水利出版社，2000.

[4] fib Model Code 2010, First Complete Draft, 2010.

[5] 刘兴法. 混凝土结构的温度应力分析[M]. 北京：人民交通出版社，1991.

[6] 朱伯芳. 大体积混凝土温度应力与温度控制[M]. 北京：中国电力出版社，1999.

[7] ACI. Building code requirements for structural concrete (ACI 318M-02) and commentary (ACI 318RM-02). ACI Committee 318: Farmington Hills, Michigan USA, 2004.

[8] AASHTO. AASHTO LRFD bridge design specifications, SI Units. 5th ed. American Association of State Highway and Transportation Officials: Washington USA, 2010.

# 第6章

# 混凝土的强度理论、有限元分析和压杆拉杆模型

## 6.1 概　述

钢筋混凝土和预应力混凝土桥梁构件的强度计算与验算,一般都是按设计规范的简化方法进行的。该方法以试验为基础、构件宏观效应为研究对象,构件受力均简化为单向或平面应力状态,并以单轴试验强度和构件强度控制结构强度。在通常情况下,这是实用设计的有效方法。然而,混凝土桥梁复杂的受力状况,单靠规范简化计算方法和构造措施是不能全面顾及的;一些特殊的强度分析问题也是不能按规范方法进行的。

随着计算机技术的快速发展,有限元方法等现代数值分析方法在混凝土结构分析中得到了越来越广泛的应用,并对混凝土结构的理论研究和设计计算都起着重要的作用。几十年来有限元分析对于钢筋混凝土结构研究的影响大致可以分为两个方面:一是以全过程仿真分析为代表的非线性有限元分析方法;二是以压杆拉杆模型(Strut-Tie-Model)为代表的结构设计方法。目前,这两种方法均已进入国外主要现行规范。

非线性有限元分析方法的计算模型是建立在结构所用材料本构关系的基础上的,对结构的力学行为进行全过程直至破坏的数值仿真,包括混凝土材料性能的非线性、开裂及开裂后应力的再分配,并通过材料的破坏准则判断结构的极限状态。在压杆拉杆模型设计方法中,钢筋被模拟为拉杆(即沿拉力线布置钢筋)、混凝土则表示为压杆,目的是关注混凝土结构中的力流,并以此作为配筋设计的依据。该方法可以溯源至20世纪30年代Ritter和Mörsch最先提出的混凝土构件抗剪计算的桁架模拟方法。德国学者Jörg Schlaich同Kurt Schäfer、Mattias Jennewein等人在1987年发表专题报告中,引入了通过有限元分析所得荷载传递路径建立压杆拉杆模型(STM)的基本概念,并介绍了大致的建模流程和设计方法。之后,在众多学者和研究人员的共同努力下,压杆拉杆模型设计方法已成为混凝土结构中不满足平面假定的局部区域配筋设计的常用方法。

## 6.2 混凝土强度理论和本构关系

### 6.2.1 应力张量和Haigh-Westergaad坐标系

1)应力张量

所谓张量是某些依赖于坐标系方向选择,随坐标系方向变换而以某种指点的形式作变换的量。物体内一点的应力状态由9个分量组成,6个独立分量决定。根据张量的定义,它可用一个对称的二阶张量 $\sigma_{ij}$ 表示如下:

$$\sigma_{ij}=\begin{pmatrix}\sigma_{11} & \sigma_{12} & \sigma_{13}\\ \sigma_{21} & \sigma_{22} & \sigma_{23}\\ \sigma_{31} & \sigma_{32} & \sigma_{33}\end{pmatrix}=\begin{pmatrix}\sigma_x & \tau_{xy} & \tau_{xz}\\ \tau_{yz} & \sigma_y & \tau_{yz}\\ \tau_{zx} & \tau_{zy} & \sigma_z\end{pmatrix} \tag{6-1}$$

式中,第一、二列为张量表达式,以便于公式推导,第三列为工程界常用表示法。

2)应力状态不变量

在空间直角坐标系中,物体内某代表点的单位向量为 $n_i(i=1,2,3)$,若截取的某面元以 $n_i$ 为法线,且该面元上只有正应力而无剪应力时,则向量 $n_i$ 为主方向。相应的正应力即为主应力 $\sigma$。根据微体平衡条件,正六面体应力与主应力满足:

$$(\sigma_{ij}-\sigma\delta_{ij})n_j=0 \tag{6-2}$$

式中,$\delta_{ij}=\delta_{ji}$,为 Kronecker 符号。当 $i=j$ 时,$\delta_{ij}=1$;当 $i\neq j$ 时,$\delta_{ij}=0$。式(6-2)是关于$(n_1,n_2,n_3)$的线性方程组,其有解的充要条件是系数行列式为0,即

$$|\sigma_{ij}-\sigma\delta_{ij}|=0 \tag{6-3}$$

展开后其为关于 $\sigma$ 的三次方程,即

$$\sigma^3-I_1\sigma^2+I_2\sigma-I_3=0 \tag{6-4}$$

其中

$$I_1=\sigma_{11}+\sigma_{22}+\sigma_{33} \tag{6-5}$$

$$I_2=\sigma_{11}\sigma_{22}+\sigma_{22}\sigma_{33}+\sigma_{33}\sigma_{11}-\sigma_{12}^2-\sigma_{23}^2-\sigma_{31}^2 \tag{6-6}$$

$$I_3=\sigma_{11}\sigma_{22}\sigma_{33}+2\sigma_{12}\sigma_{23}\sigma_{31}-\sigma_{11}\sigma_{23}^2-\sigma_{22}\sigma_{31}^2-\sigma_{33}\sigma_{21}^2 \tag{6-7}$$

如果所选坐标轴与主应力轴 $n_i$ 重合,则以上三式可简写成:

$$I_1=\sigma_1+\sigma_2+\sigma_3 \tag{6-8}$$

$$I_2=\sigma_1\sigma_2+\sigma_2\sigma_3+\sigma_3\sigma_1 \tag{6-9}$$

$$I_3=\sigma_1\sigma_2\sigma_3 \tag{6-10}$$

因主应力不随坐标系而变,$I_1$、$I_2$、$I_3$ 也不随坐标系而变,故 $I_1$、$I_2$、$I_3$ 称为应力状态 $\sigma_{ij}$的第一、第二及第三不变量。

通常将第一不变量的 1/3 称为平均应力或静水压力,记作 $\sigma_{\mathrm{m}}$,即

$$\sigma_{\mathrm{m}}=\frac{1}{3}(\sigma_1+\sigma_2+\sigma_3)=\frac{1}{3}I_1=\frac{1}{3}(\sigma_{11}+\sigma_{22}+\sigma_{33}) \tag{6-11}$$

将应力张量 $\sigma_{ij}$分解成静水压力 $\sigma_{\mathrm{m}}$ 和应力偏量 $s_{ij}$两部分,即

$$\sigma_{ij}=s_{ij}+\sigma_{\mathrm{m}}\delta_{ij} \tag{6-12}$$

或改写成:

$$s_{ij}=\sigma_{ij}-\sigma_{\mathrm{m}}\delta_{ij} \tag{6-13}$$

显然,应力偏量 $s_{ij}$也是二阶张量,其主应力偏量方向与主应力方向一致。因此,为求主应力偏量,采用前应力状态不变量的推导过程,类似应有:

$$|s_{ij}-s\delta_{ij}|=0 \tag{6-14}$$

其为一三次方程,可表示成:

$$s^3-J_1s^2-J_2s-J_3=0 \tag{6-15}$$

这里

$$J_1=s_{11}+s_{22}+s_{33}=0 \tag{6-16}$$

$$J_2=\frac{1}{6}[(\sigma_{11}-\sigma_{22})^2+(\sigma_{22}-\sigma_{33})^2+(\sigma_{33}-\sigma_{11})^2]+\sigma_{12}^2+\sigma_{23}^2+\sigma_{31}^2 \tag{6-17}$$

$$J_3=s_{11}s_{22}s_{33}+2s_{12}s_{23}s_{31}-s_{11}s_{23}^2-s_{22}s_{31}^2-s_{33}s_{21}^2 \tag{6-18}$$

同样,当所选坐标轴与主应力轴 $n_i$ 重合时,以上三式可简写为:

$$J_1=s_1+s_2+s_3=0 \tag{6-19}$$

$$J_2=\frac{1}{6}[(\sigma_1-\sigma_2)^2+(\sigma_2-\sigma_3)^2+(\sigma_3-\sigma_1)^2]=\frac{1}{2}(s_1^2+s_2^2+s_3^2) \tag{6-20}$$

$$J_3=s_1s_2s_3 \tag{6-21}$$

式中：$s_i(i=1,2,3)$——主应力偏量。

显然，$J_1$、$J_2$、$J_3$ 也不随坐标系而变，故 $J_1$、$J_2$、$J_3$ 称为应力偏量 $s_{ij}$ 的第一、第二及第三不变量。

3）主应力计算

为计算主应力需解一元三次方程。

令
$$s=r\cos\theta \tag{6-22}$$

将式(6-15)变换为
$$\cos^3\theta-\frac{J_2}{r^2}\cos\theta-\frac{J_3}{r^3}=0 \tag{6-23}$$

比较三角恒等式
$$\cos^3\theta-\frac{3}{4}\cos\theta-\frac{1}{4}\cos3\theta=0 \tag{6-24}$$

若取
$$\begin{cases}\dfrac{J_2}{r^2}=\dfrac{3}{4}\\ \dfrac{J_3}{r^3}=\dfrac{\cos3\theta}{4}\end{cases} \quad 即 \begin{cases}r=\sqrt{\dfrac{4J_2}{3}}\\ \cos3\theta=\dfrac{4J_3}{r^3}\end{cases} \tag{6-25}$$

则可由 $3\theta$ 在 $0\sim2\pi$ 内的三个角值，求得主应力偏张量 $s_i(i=1,2,3)$，进而可求出主应力：

$$\begin{Bmatrix}\sigma_1\\ \sigma_2\\ \sigma_3\end{Bmatrix}=\begin{Bmatrix}s_1\\ s_2\\ s_3\end{Bmatrix}+\sigma_m\begin{Bmatrix}1\\ 1\\ 1\end{Bmatrix}=\frac{2\sqrt{J_2}}{\sqrt{3}}\begin{Bmatrix}\cos\theta\\ \cos(\theta-\frac{2}{3}\pi)\\ \cos(\theta+\frac{2}{3}\pi)\end{Bmatrix}+\frac{1}{3}\begin{Bmatrix}I_1\\ I_2\\ I_3\end{Bmatrix} \tag{6-26}$$

4）八面体正应力与剪应力

在以主应力为直角坐标轴的主应力空间中，与主应力轴等倾的面共有 8 个，组成一个正八面体(图 6-1)。作用于等倾面上的应力称为八面体应力，将八面体应力分解为正应力和剪应力，称为八面体正应力和剪应力，常用 $\sigma_{oct}$ 与 $\tau_{oct}$ 表示。由微体平衡条件可以求得其与主应力及应力状态不变量的如下关系：

$$\sigma_{oct}=\frac{1}{3}(\sigma_1+\sigma_2+\sigma_3)=\frac{I_1}{3}=\sigma_m \tag{6-27}$$

$$\tau_{oct}=\frac{1}{3}\sqrt{(\sigma_1-\sigma_2)^2+(\sigma_2-\sigma_3)^2+(\sigma_3-\sigma_1)^2}=\sqrt{\frac{2}{3}J_2} \tag{6-28}$$

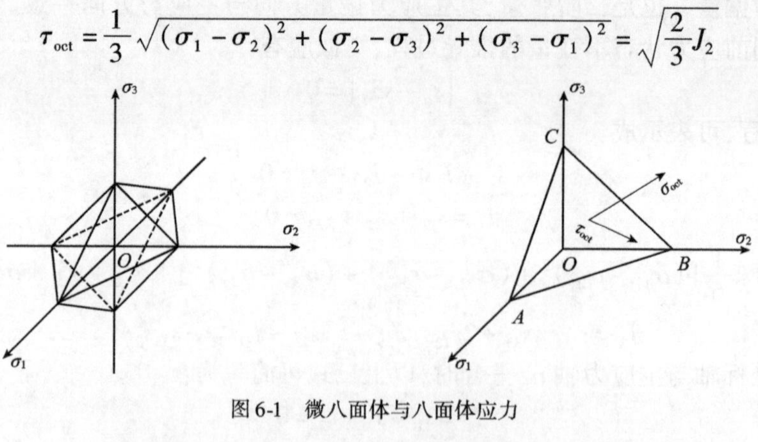


图 6-1 微八面体与八面体应力

5）应力状态和不变量的几何意义

在主应力空间中，某点的应力状态可用 $P(\sigma_1,\sigma_2,\sigma_3)$ 或向量$\overrightarrow{OP}$表示，见图 6-2a)。现在通过原点作一与三坐标轴夹角相同的直线 $Od$，在 $Od$ 直线上有：

$$\sigma_1=\sigma_2=\sigma_3 \tag{6-29}$$

且对应着静水压力状态，故直线 $Od$ 称为静水压力轴。在静水压力轴上应力偏量为 0。与静水压力轴相垂直的平面称为偏平面，通过原点的偏平面称为 π 平面。于是，将向量$\overrightarrow{OP}$分解为沿静水压力轴的向量$\overrightarrow{ON}$和偏平面中的向量$\overrightarrow{NP}$。显然，在静水压力轴上的向量$\overrightarrow{ON}$为：

$$\overrightarrow{ON}=[\sigma_m \quad \sigma_m \quad \sigma_m] \tag{6-30}$$

则$\overrightarrow{ON}$的长度 $\xi$ 为：

$$\xi=|\overrightarrow{ON}|=\sqrt{\sigma_m^2+\sigma_m^2+\sigma_m^2}=\sqrt{3}\sigma_m=\sqrt{3}\sigma_{oct} \tag{6-31}$$

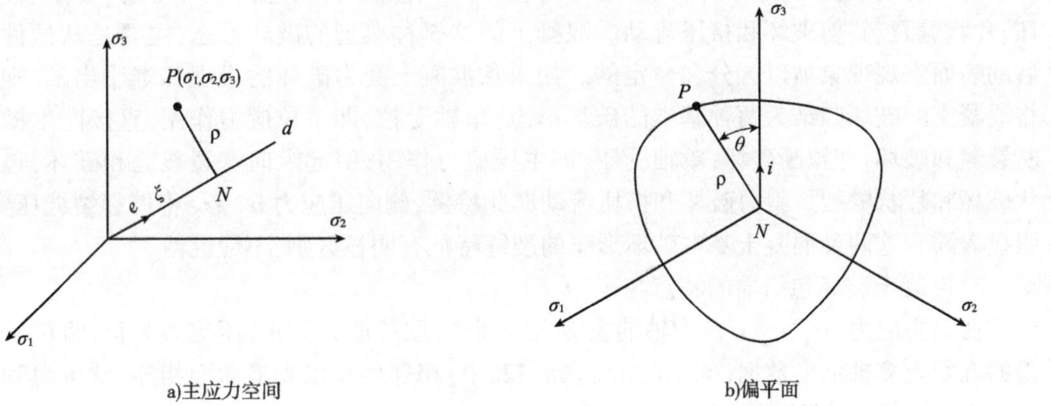


图 6-2　主应力空间与偏平面

$\overrightarrow{NP}$由下式确定：

$$\overrightarrow{NP}=\overrightarrow{OP}-\overrightarrow{ON}=[\sigma_1 \quad \sigma_2 \quad \sigma_3]-[\sigma_m \quad \sigma_m \quad \sigma_m]=[s_1 \quad s_2 \quad s_3] \tag{6-32}$$

$\overrightarrow{NP}$平方后得：

$$|\overrightarrow{NP}|^2=\rho^2=s_1^2+s_2^2+s_3^2=2J_2 \tag{6-33}$$

或

$$\rho=\sqrt{2J_2}=\sqrt{3}\tau_{oct} \tag{6-34}$$

由此可见，$\overrightarrow{NP}=[s_1 \quad s_2 \quad s_3]$是$\overrightarrow{OP}=[\sigma_1 \quad \sigma_2 \quad \sigma_3]$在偏平面的分量。

因为应力空间各应力主轴与偏平面的夹角均相同，故它们在偏平面上投影的夹角也彼此相同（2π/3 或120°）。在偏平面上，$\rho$ 与 $\sigma_1$ 的投影轴之间的夹角 $\theta$ 称为相似角，并以 $\sigma_1$ 轴投影方向的正向逆时针来度量［图 6-2b)］。因沿 $\sigma_1$ 在偏平面上的投影轴的单位向量在主应力空间中的分量为：

$$\bar{i}=\frac{1}{\sqrt{6}}[2 \quad -1 \quad -1] \tag{6-35}$$

于是

$$\overrightarrow{NP}\cdot\bar{i}=\rho\cos\theta \tag{6-36}$$

代入式(6-32)、式(6-35)，并利用式(6-19)，从而可得相似角 $\theta$：

$$\cos\theta=\frac{\sqrt{3}}{2}\frac{s_1}{\sqrt{J_2}}=\frac{2\sigma_1-\sigma_2-\sigma_3}{2\sqrt{3}\sqrt{J_2}} \tag{6-37}$$

由三个量 $\xi$、$\rho$ 和 $\theta$ 也可决定空间某点的应力状态。$(\xi,\rho,\theta)$实际上是一种柱坐标，这一坐标称为 Haigh-Westergaad 坐标，相应地它所表示的空间可称为 Haigh-Westergaad 坐标应力空间。用$(\xi,\rho,\theta)$来表示混凝土的破坏状态的包络曲面，显得非常直观。由式(6-31)、式(6-34)和式(6-25)可以得到$\xi$、$\rho$和$\theta$三个参数与应力不变量关系如下：

$$
\begin{aligned}
\xi &= \frac{I_1}{\sqrt{3}} = \sqrt{3}\sigma_m = \sqrt{3}\sigma_{oct} \\
\rho &= \sqrt{2J_2} = \sqrt{3}\tau_{oct} \\
\cos 3\theta &= \frac{3\sqrt{3}}{2}\frac{J_3}{J_2^{3/2}}
\end{aligned}
\tag{6-38}
$$

### 6.2.2 混凝土破坏准则

1)混凝土破坏形态

对所有混凝土多轴试验的试件进行分析，可归纳为5种典型的破坏形态：拉断、柱状压坏、片状劈裂、斜剪破坏和挤压流动。混凝土的这5种典型的破坏形态，主要是从试件破坏后的表面宏观现象加以区分和命定的。如果从混凝土受力破坏的机理和本质出发，则可以将混凝土的破坏归结为两种基本的破坏形态：单轴受拉，即主拉应力作用，直接产生横向拉断裂缝和破坏，即拉断破坏；单轴受压，即主压应力作用，引起纵向劈裂裂缝和破坏，包括柱状破坏和片状劈裂。斜剪破坏和挤压流动属此特例，侧向压应力$\sigma_1$、$\sigma_2$将劈裂裂缝压实，不明显表露。这两种混凝土基本破坏形态的裂缝特征有明显区别，不应混淆。

2)混凝土破坏包络面的特点与表达

在以主应力$(\sigma_1,\sigma_2,\sigma_3)$为轴的主应力空间中，取拉应力为正，压应力为负，将试验中获得的混凝土多轴强度数据$(\sigma_{1f},\sigma_{2f},\sigma_{3f})$标在其中，相邻各点以光滑曲面相连，就可得到一个混凝土的破坏包络面[图6-3a)]。

在破坏包络面上可找到一些反映特殊应力状态的点。混凝土的单轴抗压、抗拉强度$f_c$和$f_t$各有3个点，分别位于各主轴上；双轴等压、等拉强度$(\sigma_1=0,\sigma_{2f}=\sigma_{3f}=f_{cc})$和$(\sigma_3=0,\sigma_{1f}=\sigma_{2f}=f_{tt})$位于坐标平面内的两个坐标轴的等分线上，同样在3个坐标平面内各有一点；混凝土的三轴等拉强度$(\sigma_{1f}=\sigma_{2f}=\sigma_{3f}=f_{ttt})$只有一点，落在静水压力轴的正方向上。

破坏包络面与坐标平面的交线，即为混凝土的双轴强度包络线。偏平面与破坏包络面的交线为偏平面包络线；不同静水压力下的偏平面包络线构成一族封闭曲线[图6-3b)]。静水压力轴和一个主应力轴(如$\sigma_3$轴)组成的平面称为拉、压子午面，其与破坏包络面的交线定义为拉、压子午线[图6-3c)]。破坏包络面的三维立体图既不易绘制，更不便于分析和应用，一般改为用偏平面包络线和拉、压子午线来表示。

偏平面上的包络线为三折对称，有了夹角$\theta=0°\sim60°$范围内的曲线段就得全部包络线。包络线上的一点至坐标原点，即静水压力轴的距离，称为偏应力$r$。偏应力在拉子午线$(\theta=0°)$处为最小值$r_t$，随$\theta$而逐渐增大，至压子午线处$(\theta=60°)$为最大值$r_c$。

如果将图6-3c)的图形坐标原点逆时针方向旋转$90°-\alpha$，得到静水压力轴$\xi$为横坐标，偏应力$r$为纵坐标的拉、压子午线[图6-3d)]。于是，空间破坏曲面[图6-3a)]改为由子午面和偏平面上的包络线表示[图6-3d)、b)]。破坏面上的任一点的坐标$(\sigma_1,\sigma_2,\sigma_3)$改为$(\xi,r,\theta)$三个参数(圆柱坐标系)表示，其换算关系见式(6-38)。如果将图6-3d)的坐标缩小$\sqrt{3}$，即$\xi/\sqrt{3}=\sigma_{oct}$，$r/\sqrt{3}=\tau_{oct}$，就可以用八面体应力$\sigma_{oct}$和$\tau_{oct}$替代静水压力和偏平面应力坐标，绘制拉、压子午线和偏平面包络线。

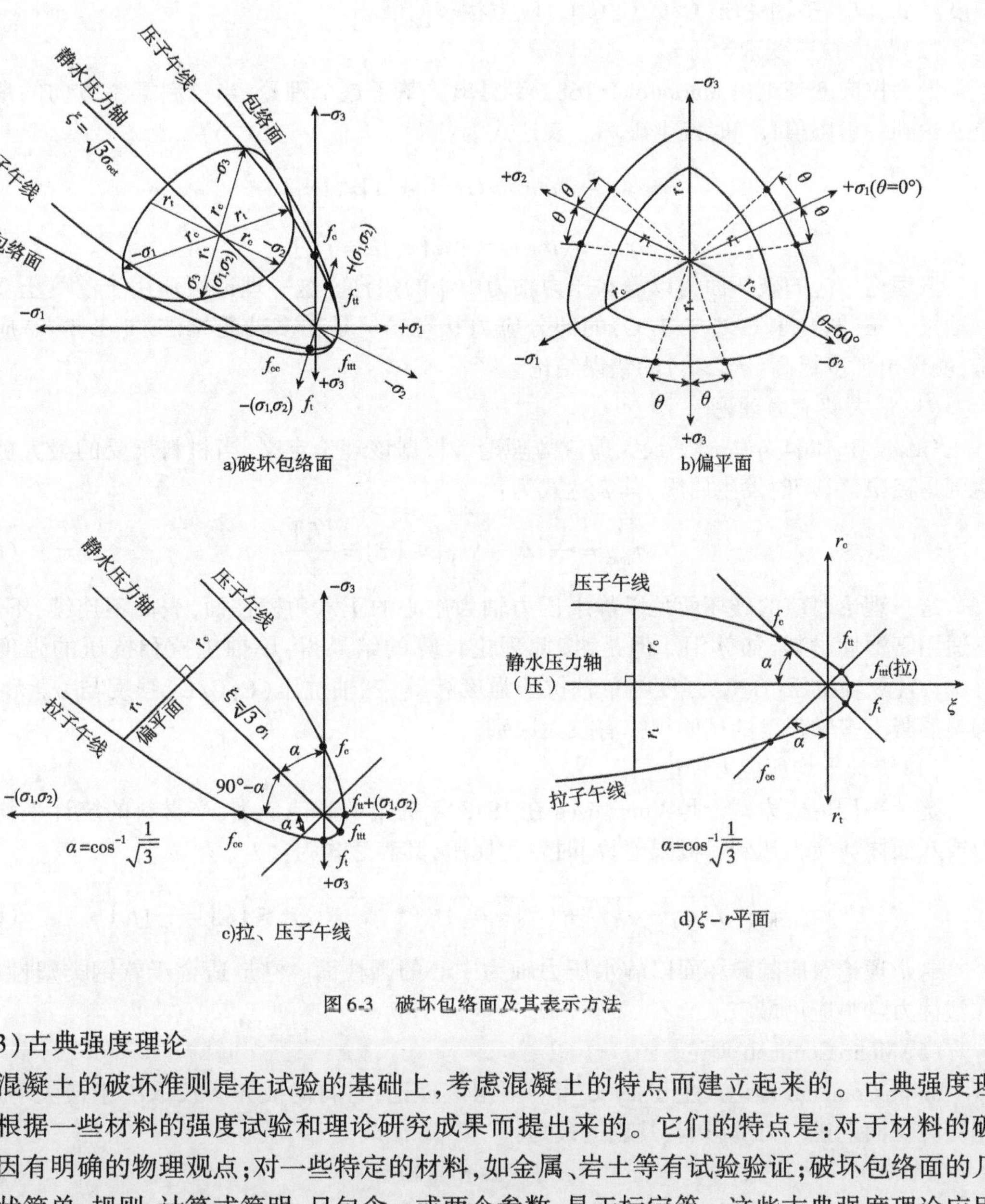


a)破坏包络面 b)偏平面

c)拉、压子午线 d)$\xi-r$平面

图 6-3 破坏包络面及其表示方法

3)古典强度理论

混凝土的破坏准则是在试验的基础上,考虑混凝土的特点而建立起来的。古典强度理论是根据一些材料的强度试验和理论研究成果而提出来的。它们的特点是:对于材料的破坏原因有明确的物理观点;对一些特定的材料,如金属、岩土等有试验验证;破坏包络面的几何形状简单、规则;计算式简明,只包含一或两个参数,易于标定等。这些古典强度理论应用于实际工程中,在其适用的材料强度分析时取得了较好的效果。

现对古典强度理论作一简介,并讨论其对混凝土材料的适用性。

(1)最大拉应力理论

最大拉应力理论是 Rankine 在 1876 年提出的。该理论认为,当材料承受的任一方向主拉应力达到一极限值$[f_t]$时发生破坏。其表达式为:

$$\sigma_1(\sigma_2,\sigma_3) \leqslant [f_t] \tag{6-39}$$

这一理论的破坏面为在主应力坐标的正方向,与坐标面平行且相距$[f_t]$的 3 个互相垂直的平面,组成以静水压力轴为中心的正直角锥。它适用于混凝土的单轴、双轴和三轴受拉(T,T/T,T/T/T)应力状态,但不能解释双轴和三轴压/拉(T/C,T/C/C,T/T/C)应力状态的强度降低,以及多轴受压(C/C,C/C/C)应力状态的破坏。

(2)最大拉应变理论

最大拉应变理论由 Mariotto 于 1682 年提出。基于这个理论,当材料某主方向的最大拉应变达到一极限值[$\varepsilon_t$]时发生破坏。表达式为:

$$\varepsilon_1 = \frac{1}{E}[\sigma_1 - \nu(\sigma_2 + \sigma_3)] \leqslant [\varepsilon_t]$$

或

$$\sigma_1 - \nu(\sigma_2 + \sigma_3) \leqslant [\varepsilon_t]E = [f_t] \tag{6-40}$$

该理论对应的破坏面为以静水压力轴为中心的角锥。这一理论可适用于混凝土双轴和三轴拉/压(T/C,T/C/C,T/T/C)的部分应力状态。但是在多轴受拉(T/T,T/T/T)应力状态,就导出强度提高($\sigma_{1f} > f_t$)的错误结论。

(3)最大剪应力理论

Tresca 于 1864 年提出了最大剪应力理论。根据该理论定义,当材料承受的最大剪应力达到一极限值[$\tau$]时发生屈服,其表达式为:

$$\tau_{max} = \frac{1}{2}|\sigma_1 - \sigma_3| \leqslant [\tau] = \frac{[f_t]}{2} \tag{6-41}$$

这一理论对应的破坏面是以静水压力轴为中心的正六角棱柱面,表面不连续、不光滑。它适用于塑性材料,如软钢。但是,按此理论计算的结果得:单轴抗拉和抗压的强度相等($f_t = f_c$),双轴抗压(C/C)强度与单轴抗压强度相等,三轴抗压(C/C/C)强度与 $\sigma_2$ 无关等,都与混凝土多轴强度的试验规律有较大区别。

(4)统计平均剪应力理论

统计平均剪应力理论是 Von Mises 在 1913 年提出的。他认为,当材料的统计平均剪应力或八面体剪应力达到一极限值[$k$]时发生屈服,其表达式为:

$$\tau_{oct} = \frac{1}{3}\sqrt{(\sigma_1 - \sigma_2)^2 + (\sigma_2 - \sigma_3)^2 + (\sigma_1 - \sigma_3)^2} \leqslant [k] = \frac{\sqrt{2}}{3}[f_t] \tag{6-42}$$

这个理论对应的破坏面以静水压力轴为中心的圆柱面。它最适合于软钢类塑性材料,在塑性力学中应用最广。

(5)Mohr-Coulomb 理论

Mohr-Coulomb 理论产生于 1900 年。根据该理论,材料的破坏不仅取决于最大剪应力,还受剪切面上正应力的影响,其表达式为:

$$\tau_{max} \leqslant \tau_0 + k\sigma \tag{6-43}$$

破坏面是以静水压力轴为中心的六角锥面,但拉、压子午线有不同的斜角($r_c > r_t$)。因而可以反映材料的抗拉强度和抗压强度不相等($f_c \neq f_t$)的情况,是对最大剪应力理论的重要改善,适用于脆性材料,如岩石、土壤等。此理论也不考虑第二主应力 $\sigma_2$ 的影响,故与最大剪应力理论同样得出双轴抗压强度与单轴抗压强度相等,三轴抗压强度与 $\sigma_2$ 无关等片面结论。

(6)Drucker-Prager 理论

Drucker-Prager 理论提出于 1952 年。这是前述两个理论的改进和综合:将 Von Mises 圆柱面的平行子午线改为 $r$ 随 $\xi$ 变化的斜直子午线;将 Mohr-Coulomb 在偏平面上的六角形改为连续光滑的圆形,得到以静水压力轴为中心的正圆锥形破坏包络面。该理论的破坏面外凸、连续、光滑和计算简单是本理论的优点。但是,直线子午线、圆形偏平面包络线($r = r_c = r_t = \text{const}$)等仍与混凝土破坏包络面有很大差别。

古典强度理论的计算式中只包含一个或两个参数,破坏曲面的形状都较简单,与复杂的混凝土包络面(图6-3)相差很大,不可能反映其主要几何特点。故从整体上估计,古典强度理论不适用于三维受力下的混凝土分析,但对于承受一维或二维的简单受力,仍具有较大实用价值。

4)混凝土破坏准则

随着混凝土多轴试验研究工作的开展和试验数据的积累,混凝土包络曲面的形状越显清楚,为建立经验回归公式和数学模型创造了条件。一些拟合混凝土破坏包络面较好的、具有代表性的准则如下:

(1)Willam-Warnke 五参数准则(1975 年)

这一理论的主要特点是将偏平面上的包络线看作由 6 段圆弧曲线连接而成,各段在 $\theta=0°$和 $\theta=60°$处都符合连续条件。按照椭圆方程推导得偏平面上应力 $r$ 随 $\theta$ 得变化方程:

$$r(\theta)=\frac{2r_c(r_c^2-r_t^2)\cos\theta+r_c(2r_t-r_c)\sqrt{4(r_c^2-r_t^2)\cos^2\theta+5r_t^2-4r_tr_c}}{4(r_c^2-r_t^2)\cos^2\theta+(2r_t-r_c)^2} \tag{6-44}$$

当 $\theta=0°$时,$r(\theta)=r_t$;当 $\theta=60°$时,$r(\theta)=r_c$,分别为同一偏平面上拉、压子午线点至静水压力轴的距离(图6-3)。

拉、压子午线的方程分别为:

$$\left.\begin{aligned}\theta=0°\qquad &\frac{\tau_{mt}}{f_c}=a_0+a_1\left(\frac{\sigma_m}{f_c}\right)+a_2\left(\frac{\sigma_m}{f_c}\right)^2\\ \theta=60°\qquad &\frac{\tau_{mc}}{f_c}=b_0+b_1\left(\frac{\sigma_m}{f_c}\right)+b_2\left(\frac{\sigma_m}{f_c}\right)^2\end{aligned}\right\} \tag{6-45}$$

式中有六个参数,即 $a_0$、$a_1$、$a_2$ 和 $b_0$、$b_1$、$b_2$,但拉、压子午线在静水压力轴相交于一点,独立参数减为五个。标定参数值取用五个特征强度值:单轴抗拉强度 $f_t$、双轴等压强度 $f_{cc}$ 和高静水压力状态下的两点,即 $\theta=0°$,$\sigma_m/f_c=-2.12$,$\tau_m/f_c=0.711$ 和 $\theta=60°$,$\sigma_m/f_c=-2.12$,$\tau_m/f_c=0.867$。其破坏包络面的形状是一个椭圆组合截面的抛物形曲面。

(2)Ottoson 四参数准则(1977 年)

Ottoson 准则采用薄膜比拟法,即当薄膜均匀受拉发生外凸变形时,其几何方程可由二阶偏微分方程求解。经转换后可得到混凝土破坏包络面的方程,其以应力不变量表达为:

$$a\frac{J_2}{(f_c)^2}+\lambda\frac{\sqrt{J_2}}{f_c}+b\frac{I_1}{f_c}-1=0 \tag{6-46}$$

当 $\theta\leqslant30°$或 $\cos3\theta\geqslant0$ 时,

$$\lambda=\frac{1}{r}=k_1\cos\left[\frac{1}{3}\cos^{-1}(k_2\cos3\theta)\right] \tag{6-47}$$

当 $\theta\geqslant30°$或 $\cos3\theta\leqslant0$ 时,

$$\lambda=\frac{1}{r}=k_1\cos\left[\frac{\pi}{3}-\frac{1}{3}\cos^{-1}(-k_2\cos3\theta)\right] \tag{6-48}$$

式中共有 4 个参数。其中,$a$ 和 $b$ 决定子午线得形状,$k_1$ 和 $k_2$ 则分别决定偏平面包络线($r$ 或 $\tau_{oct}$)的大小和形状。确定 4 个参数取用 4 个特征强度值:单轴抗压 $f_c$、单轴抗拉 $f_t$、双轴等压($f_{cc}=-1.16f_c$)和三轴受压($\theta=60°$,$I_1/f_c=-5.0$,$\sqrt{J_2}/f_c=2\sqrt{2}$)。该准则的破坏包络面为光滑外凸的抛物曲面,完全符合混凝土包络面的几何特性。

除上述混凝土破坏准则外,具有代表性的准则还有 Bresler-Pister(1958 年,三参数)、

Hsieh-Ting-Chen(1979,四参数)、Reimann(1956,四参数)、Kotsovos(1979 年,五参数)、Podgorski(1985 年,五参数)以及国内学者王传志、过镇海等提出的以八面体应力表示的五参数准则等,限于篇幅此不赘述。

在 Haigh-Westergaad 柱面坐标系中,可根据子午线和偏平面包络线的形状,将这些混凝土破坏准则,连同古典强度理论进行分类,见表 6-1。表中左上黑框内为古典强度理论,破坏曲面形状简单、规则,参数少;右下黑框内各破坏准则能较好地拟合混凝土的破坏包络曲面。其余准则属于过渡,曲面近似,在一定范围内适用。

破坏准则按子午线和偏平面包络线的形状分类　　表 6-1

| 偏平面包络线 \ 子午线 | 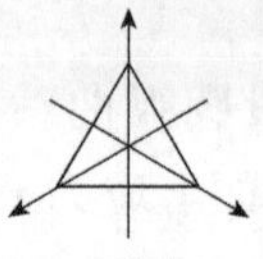 正三角形 | 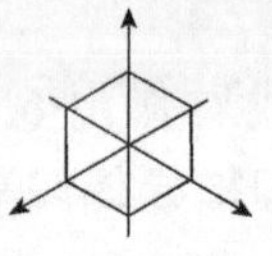 正六边形 | 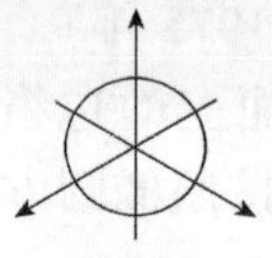 圆形 | 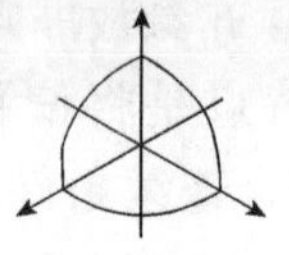 有尖棱 | 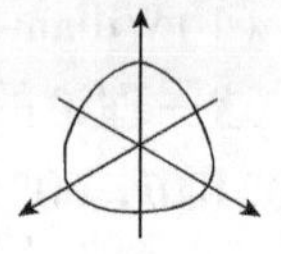 光滑外凹 |
|---|---|---|---|---|---|
| 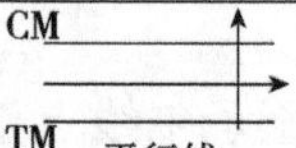 CM TM 平行线 | | Tresca (1) | Von Mises (1) | | |
| 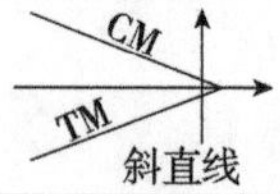 CM TM 斜直线 | Rankine (1) | Mohr-Coulomb (2) | Drucker-Prager (2) | | Willam-Warnke (1) |
| 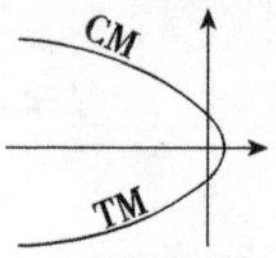 CM TM 光滑曲线 | | | Bresler-Pister (3) | Hsieh-Ting-Chen (4)<br>Reimann (4) | Ottosen (4)<br>Willam-Warnke (5)<br>Kotaovos (5)<br>Podgorski (5) |

注:括号内数字表示参数的数目。

### 6.2.3　混凝土的本构关系

在混凝土结构数值分析中,必须考虑混凝土结构组成材料的力学性能。其中,混凝土的本构关系,即在各种应力状态下的应力—应变关系,对钢筋混凝土结构的非线性分析有重大的影响。国内外学者经过多年的试验和理论研究,提出了多种多样的本构模型。由于混凝土材料的复杂性,至今还没有一种被公认可以完全描述混凝土材料性能的本构模型。

1)混凝土各类本构模型简介

按照力学理论基础的不同,已有本构模型可以分成四大类:线弹性、非线性弹性、塑性理论和其他力学理论。这里将上述四类本构模型作一简单介绍。

(1)线弹性本构模型

假设材料的应力与应变符合线性比例关系,加载和卸载都沿同一直线变化,卸载后材料无残余变形[图 6-4a)]。可适用于混凝土应力水平较低时的弹性阶段分析。

(2)非线性弹性本构模型

这类模型的特点是,材料的应力和应变不成正比,但有一一对应的关系。其主要特征反映了混凝土应变随着应力的增长而非线性增长的主要规律。但同时认为,卸载时材料应变沿加载线返回,并不留残余应变[图 6-4b)]。

这类本构模型显而易见的优点是,突出了混凝土非线性性能的主要特点,计算式由试验数据回归确定,在一次单调比例加载情况下有较高的计算精度。此外,模型的表达式简明、直观,因而在工程实践中应用最广。其主要缺点是,不能反映混凝土卸载和加载的区别,不能反映滞回环和卸载后存在残余变形[图6-5a)]。

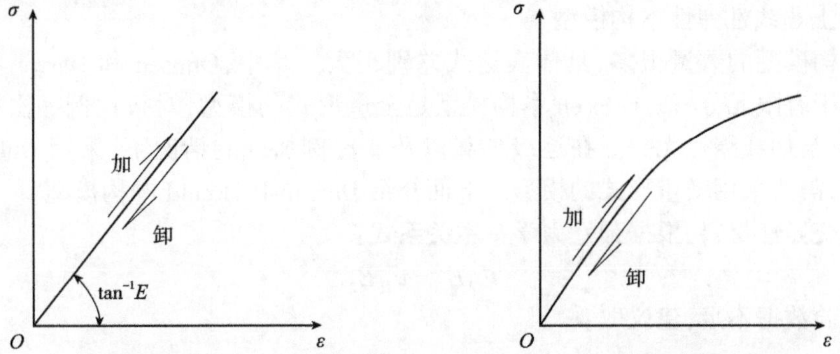


a)线弹性本构关系　　b)非线弹性本构关系

图6-4　线弹性和非线弹性本构关系

(3)弹塑性本构模型

经典塑性理论是针对理想弹塑性材料建立的,材料本构关系包含四方面的内容:屈服条件;判别加载和卸载状态的准则;强化条件或后续屈服面;塑性应力与应变关系的规律。

但是,混凝土材料与软钢等弹塑性材料,在力学性能和本构关系方面有重大区别(图6-5)。为此,许多学者作了很大努力,将弹塑性理论移植至混凝土后加以改造,使之适合混凝土材料的基本特性。这类弹塑性本构模型,能适用于卸载和再加载、非比例加载等多种情况。但仍存在一些重要的不足:形式复杂但仍不能反映混凝土变形的全部复杂特性;极难有效描述混凝土应变值随应力途径而变的性质;模型函数所包含的参数的试验数据不全、难以准确标定等。

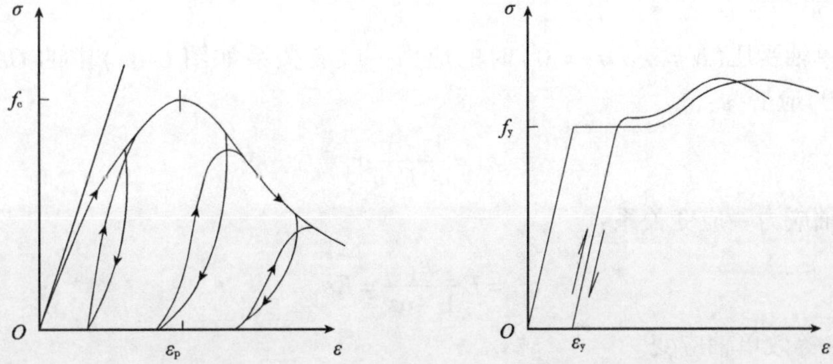


a)混凝土应力—应变　　b)软钢应力—应变

图6-5　混凝土与软钢单轴应力—应变关系比较

(4)其他力学理论模型

一些近期发展起来的新兴力学分支,几乎无一遗漏地被移植至混凝土结构的分析。为此建立了各种混凝土材料的本构模型,其主要有:基于黏弹性—黏塑性理论的模型,基于内时理论的模型,以及基于断裂力学和损伤力学的模型。还有些本构模型则是上述一些理论的不同组合。

这类本构模型一般都是利用原理论的概念、原理和方法,对混凝土的基本性能做出简化假设,推导相应的计算式,其中,所需参数由少量试验结果加以标定或直接给出。这类模型至今仍处于发展阶段,离工程实际应用有一定的距离。

从上述各类本构模型的简介和比较中可见，非线性类模型因其形式简单、应用方便，且具有一定的准确性，故它是目前适合工程普遍应用的混凝土本构模型。

2）混凝土非线性弹性本构模型

这类本构模型的数量很多，具体表达式差别很大。其中，Ottosen 和 Darwin-Pecknold 本构模型常用于有限元分析。Ottosen 本构模型是全量形式的模型，对按比例一次加载的条件是合适的，它与加载路径无关。在逐级加载以及非比例加载的情况下，采用 Ottosen 模型就不合适，这时需要采用增量形式的模型。下面介绍 Darwin-Pecknold 本构模型：

对于正交异性材料，根据弹性力学基本关系式：

$$\nu_{12}E_1 = \nu_{21}E_2 \tag{6-49}$$

由于试验数据不足，建议取：

$$\nu = \sqrt{\nu_{12}\nu_{21}} \tag{6-50}$$

于是，表示二维增量应力和增量应变关系的本构模型为：

$$\begin{Bmatrix} \mathrm{d}\sigma_{11} \\ \mathrm{d}\sigma_{22} \\ \mathrm{d}\sigma_{33} \end{Bmatrix} = \frac{1}{1-\nu^2}\begin{bmatrix} E_1 & \nu\sqrt{E_1E_2} & 0 \\ \nu\sqrt{E_1E_2} & E_2 & 0 \\ 0 & 0 & \frac{1}{4}(E_1+E_2-2\nu\sqrt{E_1E_2}) \end{bmatrix}\begin{Bmatrix} \mathrm{d}\varepsilon_{11} \\ \mathrm{d}\varepsilon_{22} \\ \mathrm{d}\varepsilon_{33} \end{Bmatrix} \tag{6-51}$$

以主应力和主应变表示（$\sigma_3=0$）则为：

$$\begin{Bmatrix} \mathrm{d}\sigma_1 \\ \mathrm{d}\sigma_2 \end{Bmatrix} = \frac{1}{1-\nu^2}\begin{bmatrix} E_1 & \nu\sqrt{E_1E_2} \\ \nu\sqrt{E_1E_2} & E_2 \end{bmatrix}\begin{Bmatrix} \mathrm{d}\varepsilon_1 \\ \mathrm{d}\varepsilon_2 \end{Bmatrix} \tag{6-52}$$

式中，切线弹性模量 $E_1$ 和 $E_2$、泊松比 $\nu$ 随应力状态和数值的变化而变化，按下述方法确定。

材料在单轴受压（$\alpha=\sigma_2/\sigma_1=0$）时的应力—应变关系如图 6-6a）中的 $OA$，双轴受压（$\alpha>0$，如 $OB$）应变为：

$$\varepsilon_1 = \frac{1-\alpha\nu}{E}\sigma_1 \tag{6-53}$$

等效单轴应力—应变关系：

$$\sigma_1 = E\frac{\varepsilon_1}{1-\alpha\nu} = E\varepsilon_{1\mathrm{u}} \tag{6-54}$$

式中：$\varepsilon_{1\mathrm{u}}$——等效单轴应变。

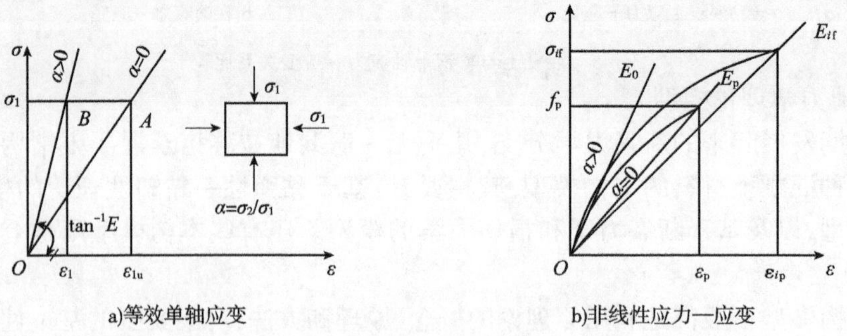


图 6-6　Darwin-Pecknold 本构模型

为求得切线弹性模量，混凝土单轴受压的非线性应力—应变关系取 Saenz 提出的公式：

$$\sigma = \frac{\varepsilon E_0}{1 + \left(\frac{E_0}{E_{\mathrm{p}}} - 2\right)\frac{\varepsilon}{\varepsilon_{\mathrm{p}}} + \left(\frac{\varepsilon}{\varepsilon_{\mathrm{p}}}\right)^2} \tag{6-55}$$

将上式中的应变 $\varepsilon$ 改写成等效单轴应变 $\varepsilon_{iu}$($i=1,2$)后,得双轴应力—应变关系[图6-6b)]:

$$\sigma_i = \frac{\varepsilon_{iu} E_0}{1 + \left(\frac{E_0}{E_{if}} - 2\right)\frac{\varepsilon_{iu}}{\varepsilon_{ip}} + \left(\frac{\varepsilon_{iu}}{\varepsilon_{ip}}\right)^2} \qquad (i=1,2) \tag{6-56}$$

对此式求导数就得到切线弹性模量:

$$E_i = \frac{\mathrm{d}\sigma_i}{\mathrm{d}\varepsilon_{iu}} = \frac{\left[1 - \left(\frac{\varepsilon_{iu}}{\varepsilon_{ip}}\right)^2\right] E_0}{\left[1 + \left(\frac{E_0}{E_{if}} - 2\right)\frac{\varepsilon_{iu}}{\varepsilon_{ip}} + \left(\frac{\varepsilon_{iu}}{\varepsilon_{ip}}\right)^2\right]^2} \qquad (i=1,2) \tag{6-57}$$

式中:$E_0$——混凝土的初始弹性模量;

$\varepsilon_{\mathrm{p}}$——单轴峰值应变;

$E_{if}$——$i(1,2)$方向的峰值割线模量,$E_{if} = \sigma_{if}/\varepsilon_{ip}$;

$\sigma_{if}$——双轴强度($\sigma_{1f},\sigma_{2f}$),按破坏准则计算;

$\varepsilon_{ip}$——双轴峰值应变($\varepsilon_{1p},\varepsilon_{2p}$),由经验公式计算。

Darwin 和 Pecknold 建议对于泊松比的取值:双轴受压时 $\nu=0.2$;一轴受压、一轴受拉或双轴受拉时:

$$\nu = 0.2 + 0.6\left(\frac{\sigma_2}{f_{\mathrm{c}}}\right)^4 + 0.4\left(\frac{\sigma_1}{f_{\mathrm{c}}}\right)^4 \tag{6-58}$$

双轴峰值应变 $\varepsilon_{ip}$ 可近似采用下式计算:

当 $|\sigma_{if}| \geqslant |f_{\mathrm{c}}|$ 时,

$$\varepsilon_{ip} = \varepsilon_{\mathrm{p}}\left(3\frac{\sigma_{if}}{f_{\mathrm{c}}} - 2\right) \qquad (i=1,2) \tag{6-59}$$

当 $|\sigma_{if}| < |f_{\mathrm{c}}|$ 时,

$$\varepsilon_{ip} = \varepsilon_{\mathrm{p}}\left[-1.6\left(\frac{\sigma_{if}}{f_{\mathrm{c}}}\right)^3 + 2.25\left(\frac{\sigma_{if}}{f_{\mathrm{c}}}\right)^2 + 0.35\left(\frac{\sigma_{if}}{f_{\mathrm{c}}}\right)\right] \qquad (i=1,2) \tag{6-60}$$

Darwin-Pecknold 本构模型是混凝土非线性有限元分析中应用最广的模型之一。

## 6.3 混凝土结构的弹塑性有限元分析

### 6.3.1 钢筋混凝土结构的有限元模型

通常构成钢筋混凝土结构的有限元模型主要有三种方式:分离式、组台式、整体式。现在分别介绍如下。

1)分离式模型

分离式模型把混凝土和钢筋作为不同的单元来处理。在平面问题中,混凝土可划分为三角形或四边形单元,钢筋也可分为三角形或四边形单元。但考虑到钢筋是一种细长材料,通常可将钢筋作为线形单元来处理。在分离式模型中,钢筋和混凝土之间可以插入联结单元来模拟钢筋和混凝土之间的黏结和滑移。这一点是组合式或整体式有限元模型办不到的。但若钢筋和混凝土之间的黏结很好，不会有相对滑移，则可视为刚性联结，这时也可以不用联结单元。

关于分离式单元的刚度矩阵，除了联结单元外，与一般的线形单元、平面单元或立体单元并无区别。这些单元刚度矩阵的推导可以很方便地在一般的有限元教材中找到。这里只对钢筋混凝土的双弹簧联结单元作一简要说明：

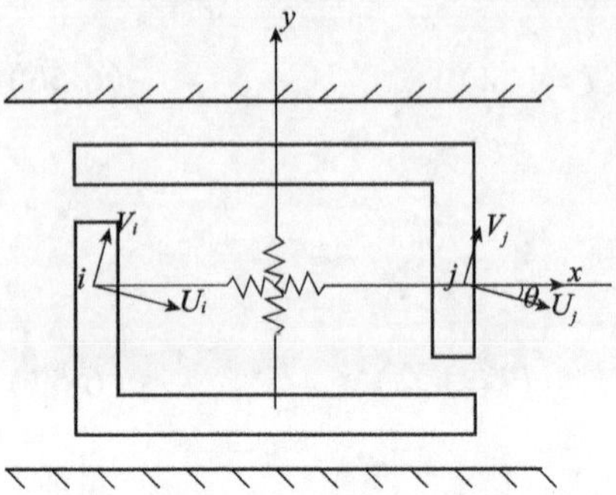


图 6-7　双弹簧联结单元

如图 6-7 所示，在垂直于钢筋和平行于钢筋表面方向设置互相垂直的一组弹簧。这组弹簧是设想的力学模型，它具有弹性刚度，但并无实际几何尺寸，所以它可放置在需要设置联结的任何地方。这种双弹簧单元，可以不计算弹簧中的应力而直接建立结点力与结点位移之间的关系，因为弹簧刚度经常用单位伸长所需要的力来表示。设结点 $i$、$j$ 在局部坐标系中产生位移差，可由结点位移表示为：

$$\Delta \boldsymbol{w}' = \begin{bmatrix} \Delta U' \\ \Delta V' \end{bmatrix} = \begin{bmatrix} (U_j - U_i)C + (V_j - V_i)S \\ -(U_j - U_i)S + (V_j - V_i)C \end{bmatrix} \tag{6-61}$$

用矩阵表示为

$$\Delta \boldsymbol{w}' = \begin{bmatrix} \Delta U' \\ \Delta V' \end{bmatrix} = \begin{bmatrix} -C & -S & C & S \\ S & -C & -S & C \end{bmatrix} \begin{bmatrix} U_i \\ V_i \\ U_j \\ V_j \end{bmatrix} = \boldsymbol{B\delta} \tag{6-62}$$

式中：$\Delta U'$、$\Delta V'$——分别表示沿 $x'$ 和 $y'$ 方向的位移差值。

若局部坐标轴 $Ox'$ 与整体坐标轴 $Ox$ 的夹角为 $\theta$，则上式中的 $C = \cos\theta$，$S = \sin\theta$。又设弹簧刚度在 $x'$ 和 $y'$ 方向分别为 $k_u$ 和 $k_v$，则内力和位移差之间的关系为：

$$\boldsymbol{N}' = \begin{bmatrix} N'_x \\ N'_y \end{bmatrix} = \begin{bmatrix} k_u & 0 \\ 0 & k_v \end{bmatrix} \begin{bmatrix} \Delta U' \\ \Delta V' \end{bmatrix} = \boldsymbol{D}\Delta \boldsymbol{w} \tag{6-63}$$

式中：$N'_x$、$N'_y$——分别为沿 $x'$ 和 $y'$ 方向弹簧中的内力。

利用虚功原理可以建立结点力与内力之间的关系：

$$\boldsymbol{F} = \boldsymbol{B}^{\mathrm{T}} \boldsymbol{N}' \tag{6-64}$$

$$\boldsymbol{F} = [X_i \quad Y_i \quad X_j \quad Y_j]^{\mathrm{T}}$$

将式(6-62)和式(6-63)代入，可得：

$$\boldsymbol{F} = \boldsymbol{B}^{\mathrm{T}} \boldsymbol{D} \Delta \boldsymbol{w} = \boldsymbol{B}^{\mathrm{T}} \boldsymbol{D} \boldsymbol{B} \boldsymbol{\delta} = \boldsymbol{K\delta}$$

式中：$\boldsymbol{K}$——联结单元的刚度矩阵。

具体乘出展开后可得显式表达如下：

$$\boldsymbol{K} = \begin{bmatrix} -C & S \\ -S & -C \\ C & -S \\ S & C \end{bmatrix} \begin{bmatrix} k_u & 0 \\ 0 & k_v \end{bmatrix} \begin{bmatrix} -C & -S & C & S \\ S & -C & -S & C \end{bmatrix}$$

$$
= \begin{bmatrix} k_u C^2 + k_v S^2 & & & \text{对称} \\ (k_u - k_v) CS & k_u C^2 + k_v S^2 & & \\ -k_u C^2 - k_v S^2 & -(k_u - k_v) CS & k_u C^2 + k_v S^2 & \\ -(k_u - k_v) CS & -k_u S^2 - k_v C^2 & (k_u - k_v) CS & k_u C^2 + k_v S^2 \end{bmatrix} \tag{6-65}
$$

其中，$k_v$ 与 $k_u$ 数值受到钢筋表面性质、直径和间距，混凝土的品种、强度，构件尺寸，单元划分等许多因素的影响，应从试验数据出发根据不同的具体情况确定。

2）组合式模型

当钢筋和混凝土之间的黏结较好，可以认为两者之间无滑移时，可采用组合式或整体式模型。分层组合式模型是最常用的组合式模型，即在横截面上分成许多混凝土层和若干钢筋层，并对截面的应变作出某些假定（如应变沿截面高度为直线分布是最广泛应用的一种假设）。根据材料的实际应力应变关系和平衡条件可以导出单元的刚度表达式（包括轴向刚度和弯曲刚度）。这种组合方式在杆件系统，尤其在钢筋混凝土板、壳结构中应用很广。

这一方法将混凝土分为许多条带，对钢筋则同一层钢筋分为同一钢筋条带。对一般受弯构件，将混凝土分为 7 ~ 10 层计算弯矩和曲率的关系即能满足工程要求。计算中，假定每一条带上的应力是均匀分布的。

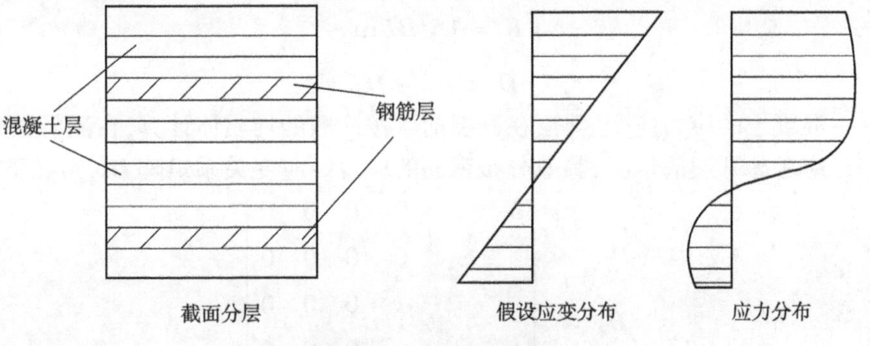


图 6-8　分层组合式模型

以受弯构件为例（图 6-8），实际计算可按下列步骤进行。

（1）加一级荷载 $\Delta M$，由刚度计算出曲率增量。

$$\Delta\varphi_k = \frac{\Delta M}{(EJ)_k}$$

$$\varphi_k = \varphi_{k-1} + \Delta\varphi_k$$

（2）计算每一条带的应变。

$$\varepsilon_{ci} = -Z_{ci}\varphi_k$$

$$\varepsilon_{si} = -Z_{si}\varphi_k$$

（3）由钢筋与混凝土的 $\sigma$-$\varepsilon$ 关系求出每一条带的应力 $\sigma_{ci}$ 和 $\sigma_{si}$。

（4）求出每一条带的作用力。

$$N_{ci} = \sigma_{ci} \cdot \Delta A_{ci}$$

$$N_{si} = \sigma_{si} \cdot A_{si}$$

求合力矩：

$$M_k = \sum_{i=1}^{n} \sigma_{ci} \cdot \Delta A_{ci} Z_i + \sum_{i=1}^{k} \sigma_{si} \cdot A_{si} \left( \frac{h}{2} - a' \right)$$

求合力：

$$N_k = \sum_{i=1}^{n} \sigma_{ci} \cdot \Delta A_i + \sum_{i=1}^{k} \sigma_{si} \cdot A_{si}$$

(5)检查。

$$N'_k = 0$$

$$M'_k = \Delta M_k + M_{k-1}$$

检查上式是否满足，满足了可加下一级荷载，不满足时应调节中和轴和曲率重新计算。轴向力大于零时，中和轴应稍向下调（增大压区面积），反之则向上调，当 $M_k$ 偏小时，应增加曲率，反之应减小，这一过程用手算是比较麻烦的，但由计算机进行还是相当迅速的。

3)整体式模型

在整体式有限元模式中，将钢筋分布于整个单元中，并把单元视为连续均匀材料，这样可以用有限元法直接求得单元刚度矩阵。与分离式不同，它求出的是综合了混凝土与钢筋单元的刚度矩阵。这一点与组合式相同，但与组合式不同之点在于它不是先分别求出混凝土与钢筋对单元刚度的贡献，然后组合，而是一次求得综合的单元刚度矩阵。在刚度矩阵计算公式中，应将其中的弹性矩阵改为由两部分组合，具体表达式为：

$$\boldsymbol{K} = \int \boldsymbol{B}^{\mathrm{T}} \boldsymbol{D} \boldsymbol{B} \mathrm{d}x$$

$$\boldsymbol{D} = \boldsymbol{D}_{\mathrm{C}} + \boldsymbol{D}_{\mathrm{S}} \tag{6-66}$$

式中：$\boldsymbol{D}_{\mathrm{C}}$——混凝土的应力应变矩阵，在开裂前可按一般的均质体计算，在混凝土开裂后，还应考虑开裂的情况，等效分布钢筋的应力—应变关系矩阵 $\boldsymbol{D}_{\mathrm{S}}$，可按下式求得：

$$\boldsymbol{D}_{\mathrm{S}} = E_{\mathrm{S}} \begin{bmatrix} \rho_x & 0 & 0 & 0 & 0 & 0 \\ & \rho_y & 0 & 0 & 0 & 0 \\ & & \rho_z & 0 & 0 & 0 \\ & & & 0 & 0 & 0 \\ & \text{对} & \text{称} & & 0 & 0 \\ & & & & & 0 \end{bmatrix} \tag{6-67}$$

式中：$E_{\mathrm{S}}$——钢筋的弹性模量；

$\rho_x$、$\rho_y$、$\rho_z$——沿 $x$、$y$、$z$ 方向的配筋率。

若 $\rho_x$、$\rho_y$、$\rho_z$ 不同，则单元刚度各向异性。

### 6.3.2 有限元模型中混凝土裂缝的处理方式

1)处理裂缝的主要方式

混凝土最重要的特征之一是它的抗拉强度很低，在很多情况下混凝土结构是带裂缝工作的。裂缝引起周围应力的突然变化和刚度降低，这是混凝土非线性分析的重要因素。裂缝处理的适当与否是能否正确地分析钢筋混凝土结构的关键问题。同时，也是较难处理的复杂问题。目前，处理裂缝的方法很多，常用的有三种方法：单元边界的单独裂缝；单元内部的分布裂缝；单元内部的单个裂缝，用断裂力学的方法来处理。处理裂缝的主要方式如图6-9所示。

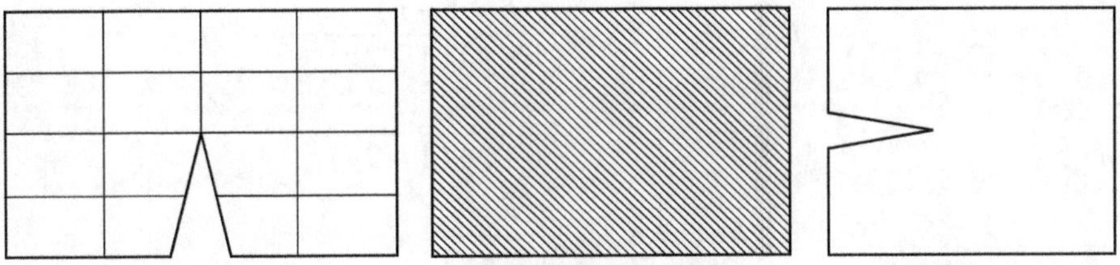

图 6-9　处理裂缝的主要方式

第一种方法把裂缝处理为单元边界，一旦出现新的裂缝就增加新的结点，重新划分单元，使裂缝处于单元和单元边界之间。这是初期钢筋混凝土结构有限元分析者常用的一种方法。运用这种方法，裂缝的发生和发展可以很自然地得到描述，甚至裂缝的宽度也可经过适当的运算加以确定。但是，由于裂缝的位置和方向并不能预先知道，所以，一旦有新的裂缝出现，就要重新划分单元，增加新的结点。这一调整工作是非常繁重的，使用计算机也很费时。因而这一方法以往在大型的或复杂的钢筋混凝土结构分析中较少用，仅在研究某一二条裂缝对结构性能的影响或者分析小型单个钢筋混凝土构件时才采用这一方法。目前，由于计算机计算速度增长很快，同时快速自动划分网格的技术已经成熟，因而这种方法又有被推广使用的趋势。

第二种处理裂缝方法的实质是以分布的裂缝来代替单独的裂缝。即在出现裂缝以后，仍假定材料是连续的，仍可用处理连续介质力学的方法来处理。这种方法假定：某一单元内的应力（实际上是某一代表点的应力）超过了开裂应力，则认为整个单元开裂。并且认为是在垂直于引起开裂的拉应力方向形成了无数平行的裂缝，而不是一条裂缝。也即是认为裂缝是分布于整个单元内部的、微小的、彼此平行的而且是“连续”的。这样，可以把开裂单元处理为正交异性材料。

这种处理方法由于不必增加结点和重新划分单元。很容易由计算机来自动进行，所以得到了广泛的应用。许多学者运用这一方法分析了各式各样的钢筋混凝土结构，如梁、柱、板壳、核反应堆压力壳、混凝土大坝等，都取得了良好的结果。

断裂力学是研究带裂缝材料的断裂韧度，研究带裂缝构件在各种条件下裂缝的扩展、失稳和止裂的规律。混凝土结构大多带有裂缝，许多学者试图用断裂力学的方法处理，并已取得不少成果。目前研究得比较多的单一裂缝的发展，大多数是处理纯混凝土中的裂缝。用断裂力学来处理成批的裂缝，尚有许多工作要做。这一领域，目前相当活跃，很多学者正在从事这方面的研究。

2）开裂混凝土单元的应力—应变关系矩阵

如前所述，在混凝土开裂以前，混凝土的应力—应变关系矩阵可表示如下：

$$\boldsymbol{D}_{\mathrm{C}}=\begin{bmatrix} d_{11} & d_{12} & d_{13} & 0 & 0 & 0 \\ & d_{22} & d_{23} & 0 & 0 & 0 \\ & & d_{33} & 0 & 0 & 0 \\ & & & d_{44} & 0 & 0 \\ & \text{对称} & & & d_{55} & 0 \\ & & & & & d_{66} \end{bmatrix} \tag{6-68}$$

如果材料是各向同性的，则矩阵中的各元素为：

$$
\begin{aligned}
d_{11} = d_{22} = d_{33} &= \frac{E_c(1-\nu)}{(1+\nu)(1-2\nu)} \\
d_{12} = d_{13} = d_{23} &= \frac{\nu E_c}{(1+\nu)(1-2\nu)} \\
d_{44} = d_{55} = d_{66} &= \frac{E_c}{2(1+\nu)}
\end{aligned}
\tag{6-69}
$$

式中：$E$——混凝土的即时弹性模量；

$\nu$——泊松比。

这一关系矩阵既可用于全量形式，也可用于增量形式。若取全量形式，则 $E$ 为割线模量；若取增量形式，则 $E$ 应取切线模量。

现在说明在混凝土开裂以后如何修改这一矩阵。如果在单元中某样本点的主应力按代数值大小排列 $\sigma_1 \geqslant \sigma_2 \geqslant \sigma_3$，其中，最大主应力大于混凝土的抗拉强度，则认为裂缝产生，并且假定裂缝方向垂直于 $\sigma_1$ 方向。开裂后，最大主应力 $\sigma_1$ 将被释放而应力重新分布。同时在应力应变关系矩阵中在这一方向的刚度系数将等于零（这里假定混凝土受拉时为脆性开裂）。

其应力—应变关系矩阵可修改为：

$$
\boldsymbol{D}'_{cf} = \begin{bmatrix}
0 & 0 & 0 & 0 & 0 & 0 \\
 & d_{22} - \dfrac{d^2_{22}}{d_{22}} & d_{23} - \dfrac{d^2_{23}}{d_{22}} & 0 & 0 & 0 \\
 & & d_{33} - \dfrac{d^2_{23}}{d_{22}} & 0 & 0 & 0 \\
 & & & \eta d_{44} & 0 & 0 \\
 & \text{对称} & & & d_{55} & 0 \\
 & & & & & \eta d_{66}
\end{bmatrix}
\tag{6-70}
$$

式中：$d_{11}$、$d_{12}$、$d_{66}$——与式(6-69)求法相同；

$\eta$——残留抗剪系数，这是考虑到虽有裂缝，但由于咬合、暗梢等作用，混凝土尚可保持部分抗剪能力；若 $\eta=1$，则和未开裂时一样，即抗剪能力不受开裂的影响；若 $\eta=0$，则混凝土的抗剪能力全部丧失；显然，应有 $0 \leqslant \eta \leqslant 1$，不同的学者应用了不同的数值，有的还建议随裂缝宽度而减小来计算 $\eta$ 的公式。

由于影响 $\eta$ 的因素很多，尚没有统一的结论。在没有更仔细的数据时，不妨先取 $\eta = 0.3 \sim 0.5$ 进行计算。

式(6-70)中的应力应变关系矩阵是按主应力方向为坐标轴方向而建立起来的。在求单元刚度矩阵时还要转到总体坐标系中去。如果在式(6-70)中的各主应力方向在总体坐标系中的方向余弦分别为 $l_i$、$m_i$、$n_i$（$i=1,2,3$），则可以利用下列坐标转换矩阵转到总体坐标中去：

$$
\boldsymbol{D}_{cf} = \boldsymbol{R}^{T}\boldsymbol{D}'_{cf}\boldsymbol{R}
\tag{6-71}
$$

式中：$\boldsymbol{D}'_{cf}$——在局部坐标系中应力—应变关系矩阵，由式(6-70)求得；

$\boldsymbol{R}$——$6 \times 6$ 阶坐标转换矩阵，其具体表达形式为：

$$
\boldsymbol{R}=\begin{bmatrix} l_1^2 & m_1^2 & n_1^2 & l_1m_1 & n_1m_1 & l_1n_1 \\ l_2^2 & m_2^2 & n_2^2 & l_2m_2 & n_2m_2 & l_2n_2 \\ l_3^2 & m_3^2 & n_3^2 & l_3m_3 & n_3m_3 & l_3n_3 \\ 2l_1l_2 & 2m_1m_2 & 2n_1n_2 & l_1m_2+l_2m_1 & n_2m_1+n_1m_2 & l_2n_1+l_1n_2 \\ 2l_2l_3 & 2m_3m_2 & 2n_2n_3 & l_2m_3+l_3m_2 & n_3m_2+n_2m_3 & l_3n_2+l_2n_3 \\ 2l_1l_3 & 2m_1m_3 & 2n_3n_1 & l_3m_1+l_1m_3 & n_1m_3+n_1m_3 & l_1n_3+l_3n_1 \end{bmatrix} \tag{6-72}
$$

对于局部坐标系表示的应变矩阵 $\boldsymbol{\varepsilon}'=[\varepsilon'_x,\varepsilon'_y,\varepsilon'_z,r'_{xy},r'_{yz},r'_{xz}]^{\mathrm{T}}$ 和整体坐标系表示的应变矩阵 $\boldsymbol{\varepsilon}=[\varepsilon_x,\varepsilon_y,\varepsilon_z,r_{xy},r_{yz},r_{xz}]^{\mathrm{T}}$，有：

$$
\boldsymbol{\varepsilon}'=\boldsymbol{R\varepsilon} \tag{6-73}
$$

在平面问题中，$\boldsymbol{\varepsilon}'=[\varepsilon'_x,\varepsilon'_y,r'_{xy}]^{\mathrm{T}}$、$\boldsymbol{\varepsilon}=[\varepsilon_x,\varepsilon_y,r_{xy}]^{\mathrm{T}}$，矩阵 $\boldsymbol{R}$ 退化为 $3\times3$ 阶矩阵：

$$
\boldsymbol{R}_{\mathrm{c}}=\begin{bmatrix} \cos^2\beta & \sin^2\beta & \cos\beta\sin\beta \\ \sin^2\beta & \cos^2\beta & -\cos\beta\sin\beta \\ -2\cos\beta\sin\beta & 2\cos\beta\sin\beta & \cos^2\beta-\sin^2\beta \end{bmatrix} \tag{6-74}
$$

3）混凝土开裂时释放应力的计算

在单元内最大主应力不超过抗拉应力时，应力—应变关系矩阵按应力状态（或应变状态）修改即可进行下一步的迭代计算。在最大主应力超过抗拉强度时，其应力—应变关系矩阵还应考虑开裂的影响，如上节所述改为 $\boldsymbol{D}_{\mathrm{cf}}$。另一方面，与受压时的非线性有所不同，在混凝土开裂后，其垂直于裂缝的方向不能再负担应力。这些应力将因开裂而释放，而且视开裂前受力状态不同，有以下几种情况：

（1）若为第一次开裂，不仅这一级应力增量被释放，而且连同以前逐级荷载所引起的累计应力也被释放。

（2）若混凝土已开裂，则在垂直于开裂方向的任何应力增量将在每次迭代中释放掉。

（3）若在某级荷载下形成的裂缝与先前的开裂并不在同一方向，则应释放互相垂直的两个方向的应力。

（4）若在某级荷载下，在垂直于开裂方向产生了压应力，则裂缝还可以闭合。

下面以二维问题为例，说明因开裂而释放的应力值的计算。

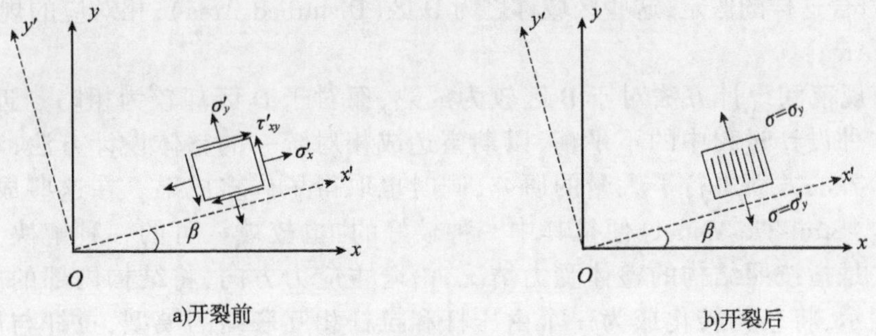


图 6-10　混凝土应力状态

如图 6-10 所示，在开裂前，混凝土某点应力状态为 $[\sigma']=[\sigma'_x\quad\sigma'_y\quad\sigma'_{xy}]$，这是用局部坐标系，也即主应力坐标系 $x'Oy'$ 来表示的。设 $\sigma_1=\sigma'_x$，若 $\sigma_1>f'_{\mathrm{t}}$（$f'_{\mathrm{t}}$ 为混凝土抗拉强度），则混凝土开裂。开裂后 $\sigma_1=\sigma'_x$ 将被释放，且因 $\sigma'_x$、$\sigma'_y$ 为主应力，故 $\sigma'_{xy}=0$。这时释放应力为：

$$\Delta\boldsymbol{\sigma}'_{\mathrm{r}}=\begin{bmatrix}\sigma'_x\\0\\0\end{bmatrix}=\begin{bmatrix}\sigma'_x\\\sigma'_y\\0\end{bmatrix}-\begin{bmatrix}0\\\sigma'_y\\0\end{bmatrix} \tag{6-75}$$

若用整体坐标系表示,则:

$$\Delta\boldsymbol{\sigma}_{\mathrm{r}}=\boldsymbol{R}\Delta\boldsymbol{\sigma}'_{\mathrm{r}}=\begin{bmatrix}\sigma_x\\\sigma_y\\\sigma_{xy}\end{bmatrix}-\sigma'_y\begin{bmatrix}\sin^2\beta\\\cos^2\beta\\-\cos\beta\sin\beta\end{bmatrix} \tag{6-76}$$

式中:$\boldsymbol{\sigma}'_y$——局部坐标系中 $y'$方向的正应力。

若用整体坐标系中应力来表示,应为

$$\sigma'_y=[\sin^2\beta \quad \cos^2\beta \quad -2\cos\beta\sin\beta]\begin{bmatrix}\sigma_x\\\sigma_y\\\sigma_{xy}\end{bmatrix}$$

代入式(6-76)后,可得计算公式为:

$$\Delta\boldsymbol{\sigma}_{\mathrm{r}}=\begin{bmatrix}\sigma_x\\\sigma_y\\\sigma_{xy}\end{bmatrix}-\begin{bmatrix}\sin^2\beta\\\cos^2\beta\\-\cos\beta\sin\beta\end{bmatrix}[\sin^2\beta \quad \cos^2\beta \quad -2\cos\beta\sin\beta]\begin{bmatrix}\sigma_x\\\sigma_y\\\sigma_{xy}\end{bmatrix} \tag{6-77}$$

在三轴的情况下,转换矩阵更为复杂,但运算的原理还是一样的,这里不再细述。

## 6.4 压杆拉杆模型(Strut-Tie-Model)

### 6.4.1 压杆拉杆模型的基本概念

1)压杆拉杆模型(Strut-Tie-Model)

现有规范对受力结构进行分析设计时针对的对象往往是结构中符合平截面假定的部分。而对于一个整体结构而言,那些应力流不连续,或者说存在应力紊流的区域(如集中荷载作用处),及几何上不连续的区域(如端部、转角、凹槽、牛腿、开洞或其他局部尺寸突变区域)显然不符合这样的假定,这些区域称之为 D 区(Disturbed Area),相对应的规则区域称为 B 区(Beam Area)。

现有的规范和设计方法对于 B 区较为成熟,而对于 D 区却较为粗略。近几十年来,为了消除这种设计过程中的不平衡,以期望达成相对统一的整体设计方法,在寻求 D 区可靠的设计方法方面进行了大量的研究,同时也取得了许多成果。在这些成果中,压杆拉杆模型法(Strut-Tie-Model)便是其中一种较好的,也较被认可的一种解决方法。压杆拉杆模型法是指按照结构的整体受力情况,沿着主应力方向,将结构内部的应力流用压杆及拉杆表示,将结构转化成为一个由压杆和拉杆相互联结的模型,拉杆与压杆联结处设置节点。其中,压杆可以表示结构中的混凝土受压构件,普通钢筋、预应力钢筋或者混凝土受拉构件由拉杆代替。这样的模型不仅使结构的受力状况更为清晰,而且为相关规范的归纳提供了方便。

在进行混凝土结构的设计计算时,可以通过有限元分析,将相邻点的主压应力和主拉应力方向相连,形成的图形表示了结构中应力的流动情况,这样的线条称为应力迹线。应力迹线代表了结构的受力情况，可以通过主应力的方向，判断结构可能出现的裂缝位置，进而对结构进行配筋和抗压验算等。这也给我们提供了一个思路，即通过主应力迹线来完成对结构的设计。但是应力迹线一般为曲线，较为复杂。为了对其进行简化，应力迹线由直杆代替，即将主压应力用混凝土承压柱形式的压杆承担，用钢筋代表的拉杆来抵抗主拉应力。压杆和拉杆的位置应该选择为相应截面上主应力的合力位置。压杆和拉杆相交的位置设置节点，该点表示多方向受力状态。注意，只有拉杆与压杆或者压杆之间相交才会设置节点，拉杆不可能相交。图6-11a）为混凝土结构受力后的应力迹线图，虚线为主压应力迹线，实线为主拉应力迹线；图6-11b）为相应的压杆拉杆模型。

压杆拉杆模型描述的一般是从结构支承点到D区与B区边界范围内的受力情况，其外荷载也主要是支点反力和B区边界的均布力。以图6-11为例，该部分上端连接B区，下部的受力为结构的支座区域或其他外力加载区（如预应力钢束的锚固），支座或锚垫板，其宽度为$a$。

压杆拉杆模型是对钢筋混凝土结构受力的抽象，表示了受力结构的传力机制，满足外部作用与内部抗力的平衡，即满足塑性下限定理（下限定理可表述为：与静力容许场对应的外荷载不大于真实的极限荷载。所谓静力容许场是指满足平衡方程和外力边界条件并且不违背屈服条件的应力场）。因此由压杆拉杆模型得到的设计结果是合理有效的。

部分国外规范引入压杆拉杆模型，并且给予了定义。美国ACI 318委员会给出的压杆拉杆模型的定义为：压杆拉杆模型是结构混凝土D区的桁架模型，由相交于节点的拉杆和压杆组成，能够把荷载传递到支座或是相邻的B区。

2）D区及其范围

B区、D区是按照是否符合平截面假定划分的，其中，B区为基本符合平截面假定的区域，其截面的应力状态可以通过内力平衡（弯矩、扭矩、剪力和轴力）及截面属性得到，可使用现有规范对其进行配筋设计和计算；D区相反，多指几何上不连续或者有集中荷载作用的区域，即出现应力紊流的区域，平截面假定在这样的区域不再适用。通常根据圣维南原理取距离集中荷载或几何不连续处一倍梁高的范围作为结构的D区。圣维南原理指出，若荷载在结构局部范围内是一个平衡力系，那么该组荷载只会在邻近的局部区域内产生显著的局部应力，超过一定范围后，这样的影响可以忽略不计。

Schlaich认为，B区和D区的划分在平面模型上已经足够，三维实体的受力可以看作是不同的正交平面结合起来的，可以将结构化为各自的平面，予以分别考虑。如图6-12所示，一根弯起预应力钢束在混凝土T形梁中的压杆拉杆模型，可以分别从腹板平面和翼缘平面的压杆拉杆模型进行考虑。图6-12中虚线为压杆，实线为拉杆。

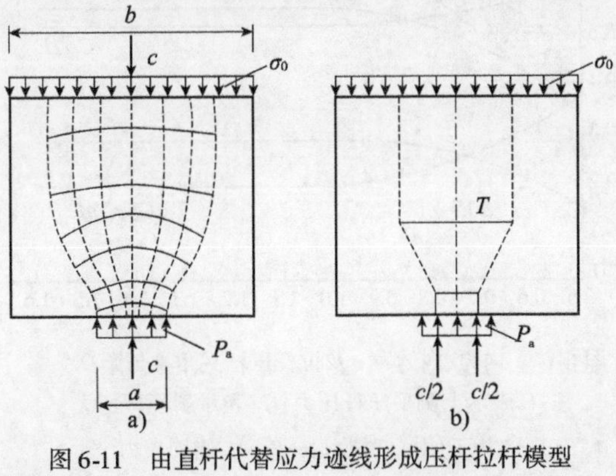


图6-11 由直杆代替应力迹线形成压杆拉杆模型

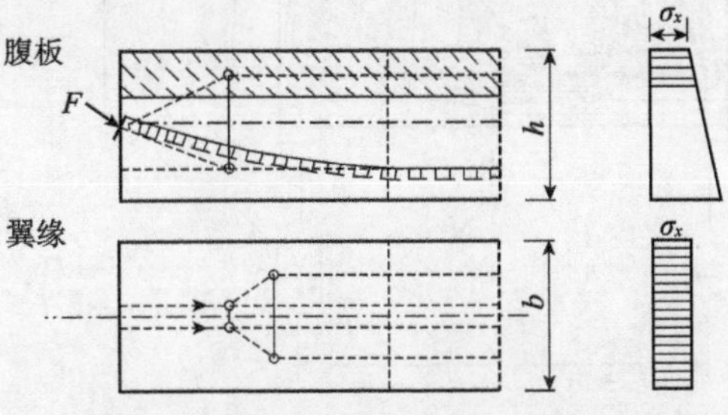


图6-12 混凝土T梁各平面压杆拉杆模型

### 6.4.2 构建压杆拉杆模型的基本方法和设计应用步骤

1)压杆拉杆模型的建立

压杆拉杆模型法的建立的基本假定为:拉杆钢筋在压杆压溃之前屈服;钢筋有适当的锚固;拉杆压杆仅承受轴力;忽略混凝土的抗拉强度。

下面简要讲述建立压杆拉杆模型的几种方法。

(1)应力迹线法

前文已经介绍,压杆拉杆模型的基础就是模拟结构真实的应力流情况,通过应力流确定结构的主应力方向,进而根据结构的主应力方向设置压杆与拉杆和相应节点,形成压杆拉杆模型,这种形成压杆拉杆模型的方法可以称为应力迹线法。

可以通过一个简支深梁了解结构的内部应力情况:梁高为 $d$,跨径为 $L$,支座宽度为 $a$;梁体上受到大小为 $p$ 的均布荷载,支反力为 $F$。得到的主应力迹线如图 6-13 所示。主应力迹线反应了结构的应力流走向,在任意一点主拉应力方向必定垂直于主压应力方向,应力迹线上任意一点的切线方向为该点的主应力方向。由迹线图可知,水平方向上,结构上部受压,下部受拉;竖直方向上基本受压,在接近下部时,压应力迹线存在角度,在接近均布荷载时,压应力分布已近均匀,可以认为与竖直方向没有夹角。

在建立模型时,首先将均布荷载转化为两个等效的集中荷载,作用于四分点处。取深梁中央截面做截面应力图,再次说明梁体上部受压,下部受拉。通过应力积分取上部压应力的合力,作用于该部分应力图形心处,由此确定水平压杆位置。同样方法可以通过应力积分取下部拉应力的合力,作用于拉应力图形形心位置,由此确定下部水平拉杆位置。延伸水平压杆与上部四分点处的集中荷载延伸线相交,形成两个节点。水平拉杆延伸线与下部支反力相交,形成节点。节点之间用压杆相连,压杆与水平方向存在夹角为 $\theta$。

图 6-14 给出了随着梁高增加,倾斜压杆与水平方向夹角、倾斜压杆内力、水平拉杆拉力等的变化情况。压杆倾斜角是建立压杆拉杆模型中比较关键的一步,由此可以定量化模型的几何构型,为之后的结构配筋和验算打下基础。

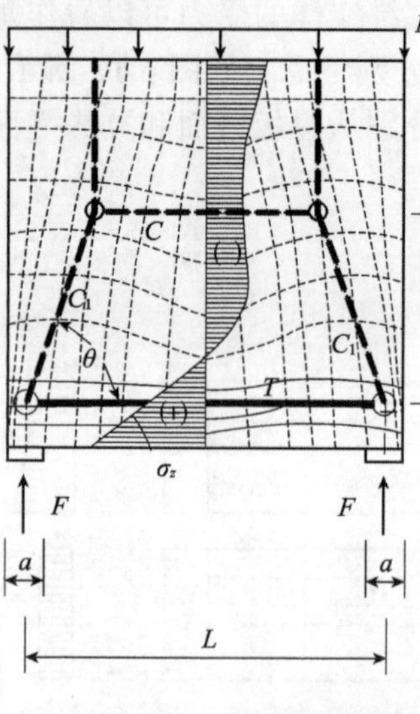


图 6-13　主应力迹线及压杆拉杆模型

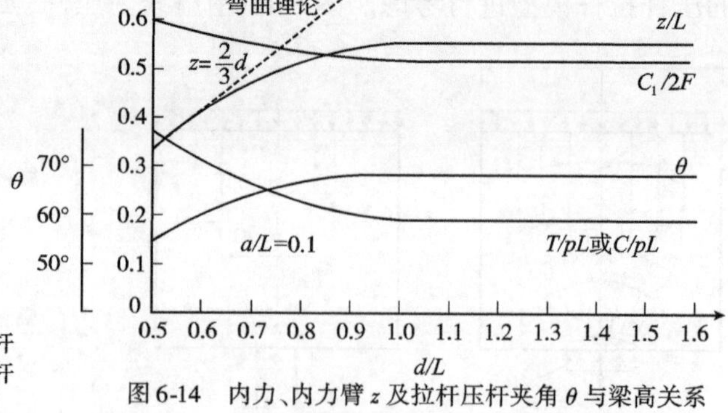


图 6-14　内力、内力臂 $z$ 及拉杆压杆夹角 $\theta$ 与梁高关系

注:$C$ 表示上侧平压杆压力;$C_1$ 表示斜压杆压力;$T$ 为下侧拉杆拉力;$p$ 表示上侧均布力

(2)荷载传递路径法

简而言之,压杆拉杆模型法的目的是设计并构造一种传递路径,将荷载由作用位置传递至支座或与D区相连的B区。因此用压杆、拉杆配合节点组成一个假想的拉压杆系统来模拟实际路径,自然就形成了该结构的压杆拉杆模型。

假设边界上应力呈线性分布,可以得到边界上的应力图。构造模型时,外荷载与边界力的连线(荷载路径)不交叉,路径起讫于两端应力图的重心点,用尽可能短的流线型路程连接两端,如图6-15所示。可能有些情况,应力图重心点的合力要大于对应的外荷载,那么这个差值可以视为大小相等、方向相反的力在结构中形成单独的回路,如图6-16中的*B*线。在绘出的荷载传递路径中的适当位置设置节点,节点间的曲线以直线简化,并在节点间增加一些压杆和拉杆来达到力的平衡,这样的压杆与拉杆也符合结构的真实受力。

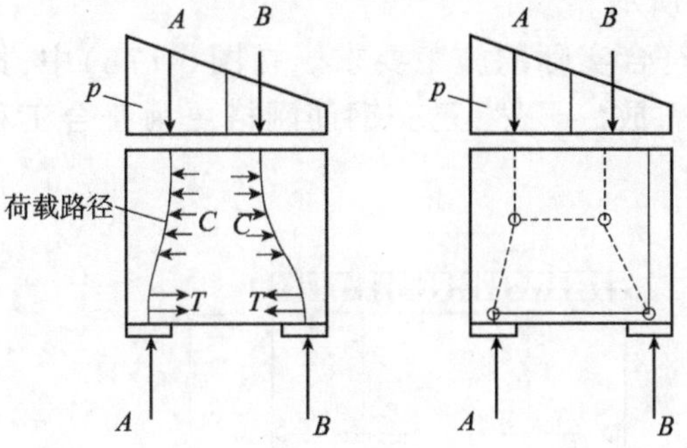


图6-15　荷载路径和压杆拉杆模型

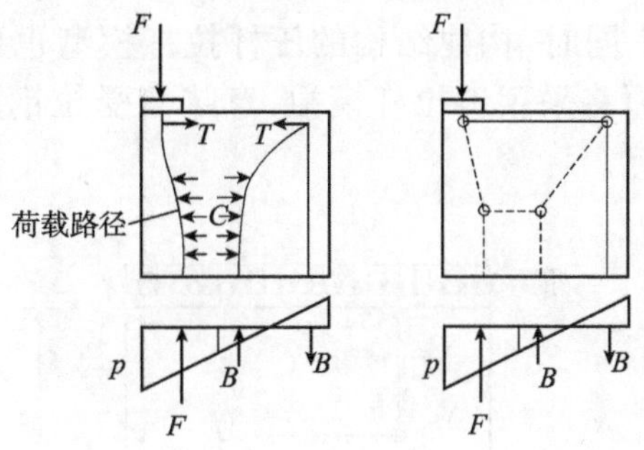


图6-16　荷载路径和压杆拉杆模型

荷载路径法是较为直观的一种模型构造方法,当然也要求有清晰的力学概念,需要对几种典型D区的传力途径有所了解。当对结构的受力情况不很明确时,也可以通过有限元方法对荷载路径进行辅助配合。

(3)拓扑分析法

对于某些复杂的受力结构,限于人为因素,应力迹线法和荷载传递路径的方法操作性不强,应用十分困难,在构建三维压杆拉杆模型时尤甚。这时,大型有限元软件可以作为辅助工具,配合上述两类方法,更明确地认识结构的受力状态。

近年来,各国学者一直在探讨利用计算机辅助生成结构压杆拉杆模型的问题。有学者认为最小化结构的应变能等同于极大化结构的总体刚度,从而将拉压杆的自动生成转化为连续体的拓扑优化问题。目前比较流行的拓扑方法为渐进结构优化方法,其概念较为简单,而且易于与有限元分析结合。计算机辅助压杆拉杆模型设计软件(computer-aided strut-and-tie,CAST)利用的就是这样的概念。渐进优化的原理是:通过逐步淘汰结构中应力较小的部分,保留应力较大的,最终得到结构的主要传力构架。

但是目前拓扑分析法尚处于发展阶段,对于力流扰动较大的区域,尚不能通过该方法形成清晰的压杆拉杆模型。

2)模型合理性的判断

由于主应力迹线非常复杂,并且在压杆拉杆模型构造时仅满足平衡条件和边界条件即可,没有变形协调条件的限制。所以在对结构进行简化建模的时候可能有多种选择,因此从某一结构得出的符合要求的压杆拉杆模型也同样有多个。需要对模型的合理性进行判断,以从中选择最为适当的一个。

判断模型的合理性一般依照下列准则进行：

(1)拉杆与压杆的方向尽量与主应力迹线的方向相契合。尽量减少压杆与主压应力迹线间的夹角，从而减小应力重分布。Schlaich 认为，D 区斜压杆与用弹性分析得到的压力合力方向保持在 ±15°以内是合适的。沿着主拉应力迹线方向设置拉杆，配置钢筋，可以有效防止开裂，提高结构的有效承载能力。

(2)最小势能原理，结构在荷载作用下产生的变形总是使结构总的应变势能最小，即结构中的荷载总是采取最小的力和最小应变的路径。当结构简化为杆件成为压杆拉杆模型时，仍有同样的规律限制，即$\sum F_i L_i \varepsilon_{mi} = \mathrm{Min}$。$F_i$ 表示第 $i$ 根杆件内力，$L_i$ 为杆件长度，$\varepsilon_{mi}$是杆件平均应变。在混凝土结构中，钢筋的刚度较大，变形能力较强，因此可以认为上式中的杆件主要是指钢筋拉杆，由此可推知，以使用的钢筋量最小、拉杆长度最短为选择最合理模型较合理的原则，压杆拉杆模型的比较如图 6-17 所示。

同时，构建结构的压杆拉杆模型也要注意符合实际的施工要求。在图 6-17b) 中，拉应力将采用斜拉杆模拟，意味着受拉钢筋将要斜放。显然，正交钢筋网格更为符合工程实际。

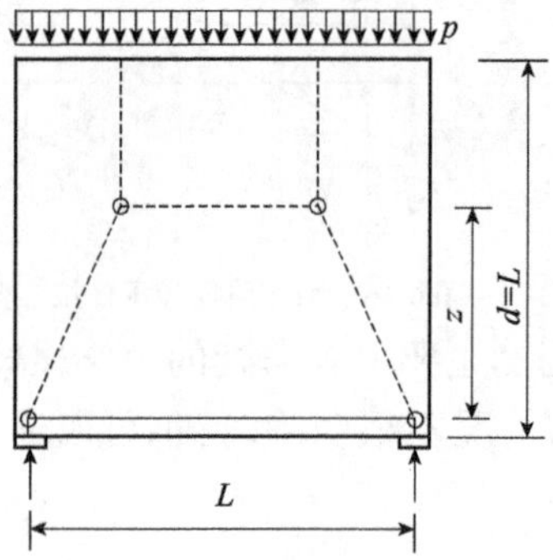

a)良好

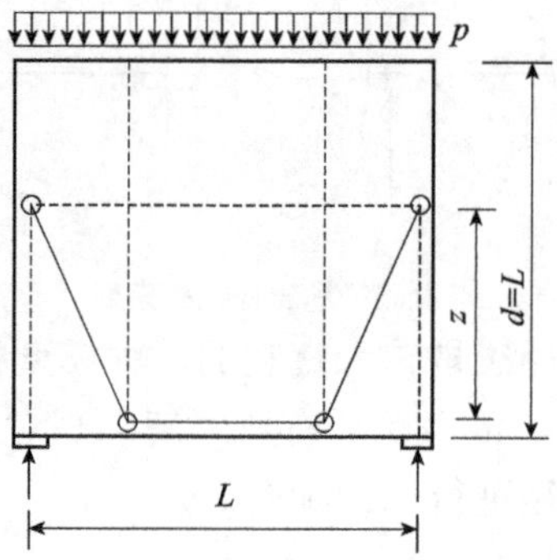
b)不好

图 6-17　模型的优良比较

3)压杆拉杆模型的组成：压杆、拉杆、节点

压杆拉杆模型作为模拟结构受力的传力体系，包括压杆、拉杆和节点三个部分。在进行结构设计计算时，需要验算压杆及节点的尺寸及拉杆钢筋数量能够使结构拥有足够的承载能力，拉杆处钢筋同时还要保证结构的抗裂要求。

(1)拉杆

模型拉杆一般指的是结构中配置的钢筋，钢筋的重心及范围需要与拉杆中心和范围一致。需要注意在受拉钢筋的设计中比较重要的因素是考虑钢筋在混凝土中的锚固长度，否则钢筋无法发挥其全部作用。

(2)压杆

压杆代表了节点之间压应力的杆件，是简化了的合力位置，它的强度要求符合混凝土的有效抗压强度，并且随着压杆类型的不同，其强度有着不同的系数规定。它在结构中一般具有两种作用，一是作为对角杆件将荷载传递至支点处，二是作为桁架的一部分以抵抗弯矩。

随着压力由两端向当中传播的同时会随之发散，形成扇形、瓶形或者棱柱形压杆，如图 6-18 和图 6-19 所示。

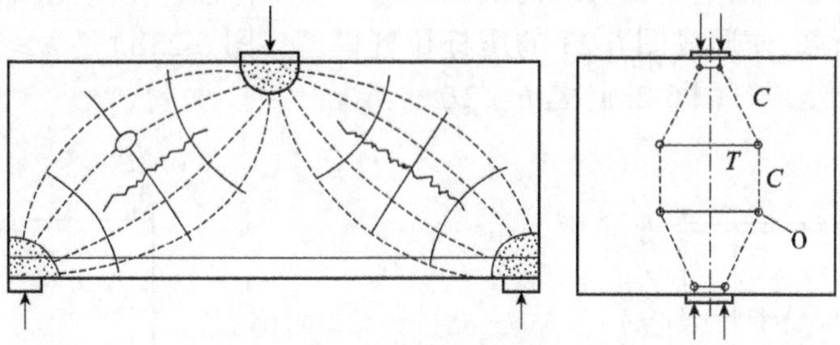


图 6-18　由于荷载发散形成的瓶形压杆

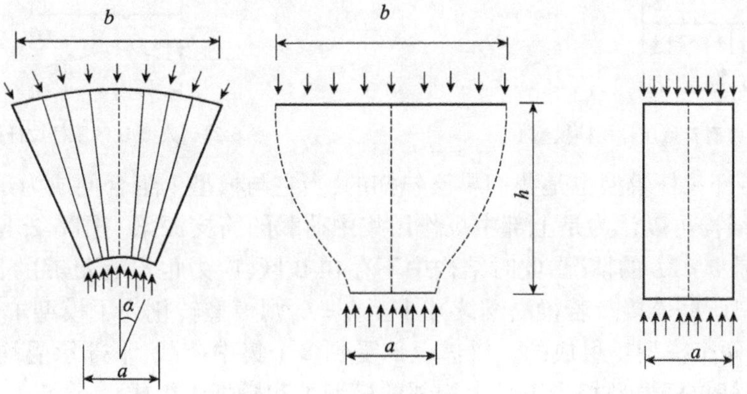


a)扇形　　b)瓶形　　c)棱形（平行应力场）

图 6-19　压杆的三种类型

在进行压杆有效强度计算的时候,需要得到压杆的有效截面面积,它主要取决于相邻节点处钢筋的锚固情况、支承边尺寸或者其周围的几何尺寸,不同规范中有相关规定。

(3)节点

节点是杆件相交或杆件与外荷载相交处的复杂受力点,为多轴受力情况,根据不同的拉压杆组合可以形成下列节点类型:*CCC* 型节点、*CCT* 型节点、*CTT* 型节点、*TTT* 型节点。*C* 代表压杆、*T* 代表拉杆,分别如图 6-20 所示。

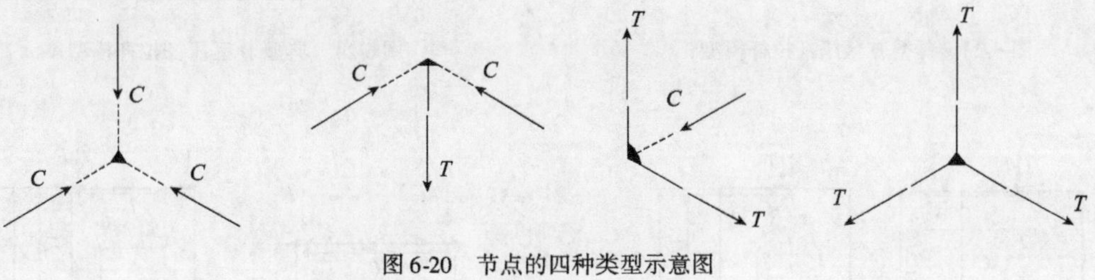


图 6-20　节点的四种类型示意图

4)典型 D 区的压杆拉杆模型及其变化应用

D 区具有一些典型的受力区域可以提炼出典型的压杆拉杆模型。引入最初的压杆拉杆模型,即单一集中荷载作用于梁体上部中心点的例子就是一个,见图 6-21,上部集中荷载传递至下部时,可以认为荷载已经均匀分布。结构上部高度为 $h = L$ 的范围内为 D 区,形成的内力臂 $z = L/2$。这样的受力情况我们经常能在分析局部承压区域的时候看到。当集中荷载没有作用在截面中心点而是上部边缘时的情况的典型压杆拉杆模型见图 6-22。若结构上下各作用一个集中荷载，便形成图 6-23 的压杆拉杆模型。图 6-23b）是 $h \geqslant 2L$ 时的情况，便相当于是两个模型 1 组成。图 6-23a）是 $h < 2L$ 的情况。

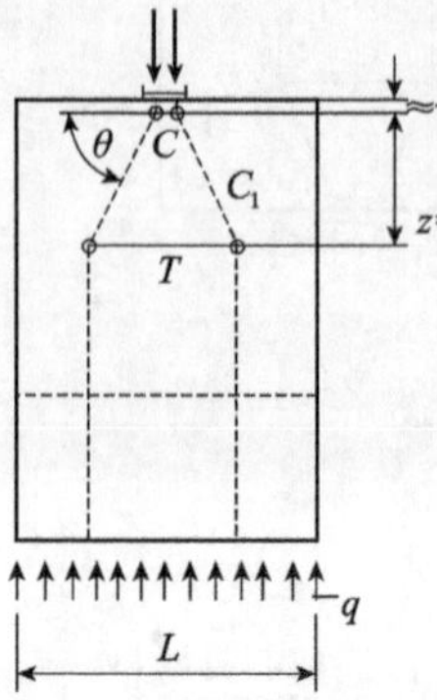


图 6-21　典型 D 区压杆拉杆模型 1

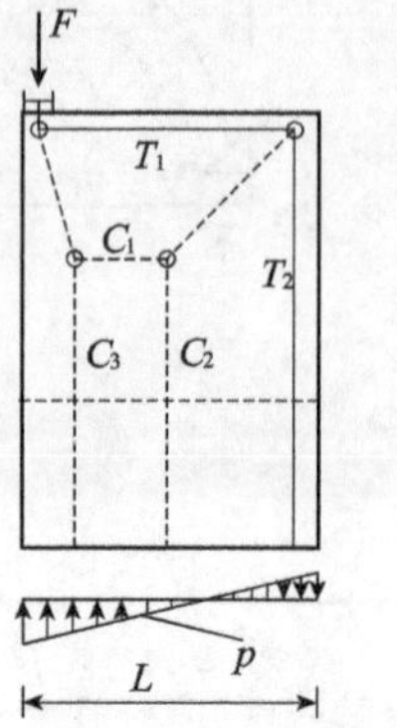


图 6-22　典型 D 区压杆拉杆模型 2

图 6-24 的压杆拉杆模型也是我们早已熟知的，当它与模型 1 组合便成为了图 6-25 中的模型 5。这样的结构可以认为是上部中央作用集中荷载的简支深梁。图 6-25b）是 $h \geqslant 2L$ 的情况，图 6-25a）是 $h < 2L$ 的情况，此时结构中不存在 B 区，应力也没有足够的长度达到均匀分布，节点间由斜压杆连接。若梁高继续减小至 $h = L$，则模型转化为了模型 1。同样图 6-26 中的模型 6 是由两个模型 4 组成的。梁体上部受到多个集中荷载，下部承受均布荷载，如图 6-27 所示。其压杆拉杆模型相当于是由相邻的模型 1 和模型 4 组成。

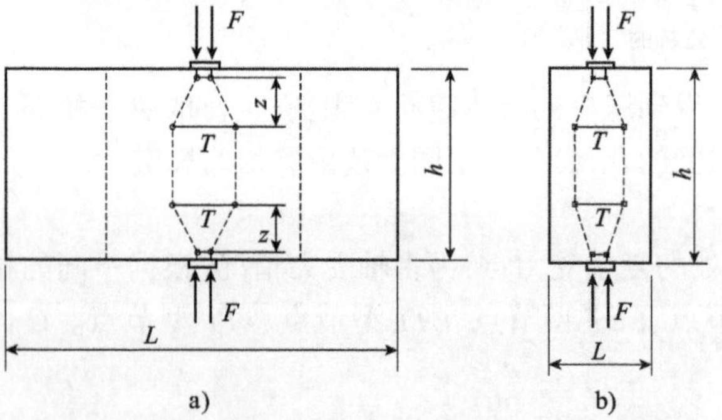


图 6-23　典型 D 区压杆拉杆模型 3

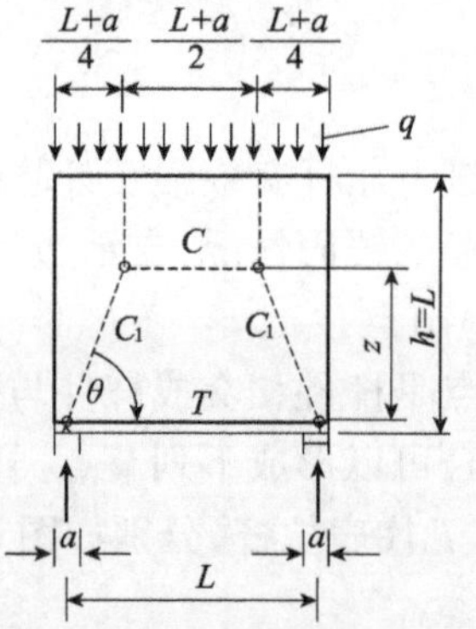


图 6-24　典型 D 区压杆拉杆模型 4

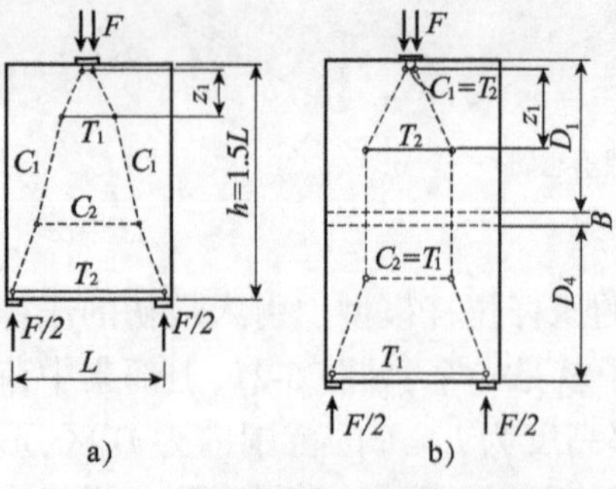


图 6-25　典型 D 区压杆拉杆模型 5

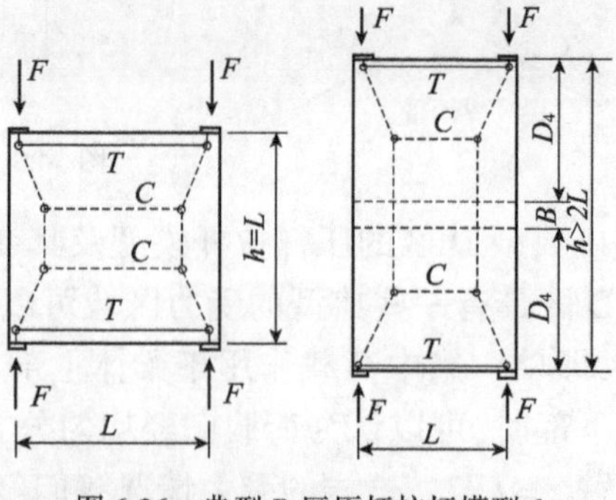


图 6-26　典型 D 区压杆拉杆模型 6

5)压杆拉杆模型的设计应用步骤

使用压杆拉杆模型法进行结构设计计算,一般采取以下步骤:

(1)根据结构的受力及边界情况,按照圣维南原理,划分B区与D区。

(2)按照规范、传统方法对B区进行设计计算。

(3)计算结构中D区范围内的支反力及边界受力。

(4)简化D区边界力,构建模拟D区实际受力情况的压杆拉杆模型,初步确定拉压杆尺寸。

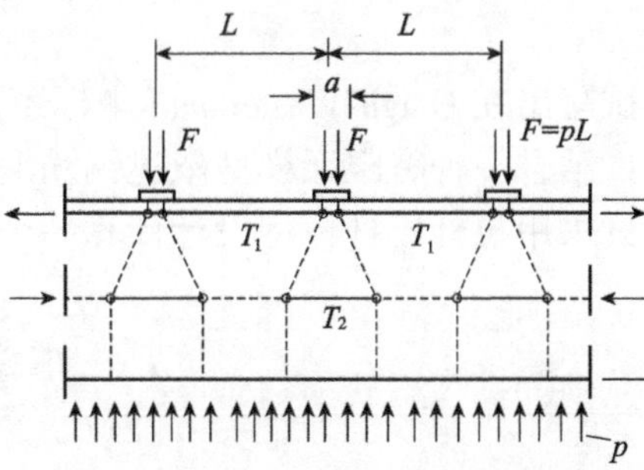

图6-27 典型D区压杆拉杆模型7

(5)通过外荷载及边界荷载求压杆拉杆模型中的杆件内力。

(6)对压杆拉杆模型的拉杆进行配筋,确定其有效截面面积。

(7)通过拉杆的有效截面进行验算。

(8)验算压杆和节点强度。

## 6.5 小 结

钢筋混凝土结构分析的前提是需建立钢筋、混凝土材料的本构关系。建立本构关系一般是在已有的理论框架中进行的,可以说凡是在固体力学中采用过的本构关系,都有学者将它引用于混凝土材料。但由于混凝土材料的变异性较大且受试验方法的影响,所以得到的本构关系、破坏准则、钢筋与混凝土的黏结关系,以及开裂后的数值处理方法,甚至数值模拟本身的精度,都会对非线性分析的结果产生影响。

钢筋混凝土非线性分析方法一般都能考虑结构内力重分布过程的,而这与采用截面法的现行规范是不同的。各国规范的正截面承载力验算均采用截面法,假定结构所有构件的各截面都是同时破坏的,各截面从弹性进入塑性或开裂也是同步的,不会产生刚度比变化和内力重分布效应。事实上,规范中的荷载项是采用弹性效应值乘以分项系数后得到的极限效应值。因此,采用有限元分析得到的极限值与规范采用的截面方法得到的极限值是两个完全不同的概念,前者反映了结构内力重分布过程后的破坏。

国内外现行规范体系主要是以杆系构件为基础的,即满足平截面假定。我国现行规范对受轴向力、受弯及两者兼有的偏心受力构件均有明确和详细的设计方法,但对于不满足平截面假定的D区(局部区域)却没有系统性的条文规定。压杆拉杆模型设计方法将混凝土结构分为B区和D区,将配筋与局部分析相联系,是具有工程实用价值的局部区域配筋设计方法,它也有助于年轻工程师认识和迅速了解结构内的力流传递规律和受力特征。

这里需要特别指出两点:一是基于压杆拉杆模型的分析是极限荷载下的应力分析,在局部区域(D区)同样采用了B区截面分析的基本前提,即不考虑混凝土开裂等引起的内力重分布;二是该方法是面向极限阶段的,是一种强度计算,并不建立使用阶段裂缝计算与钢筋应力的关系,这方面的问题仍需要进一步的研究。

## 思 考 题

1. 试写出在 Haigh-Westergaad 坐标系下的 Tresca 准则和 Von Mises 准则。
2. 试结合一种有限元模型叙述钢筋混凝土有限元分析的基本思路和过程。
3. 试采用拉杆压杆模型设计计算一个体外预应力锚固横梁。

## 本章参考文献


[1] 江见鲸. 钢筋混凝土结构非线性有限元分析[M]. 西安:陕西科学技术出版社,1994.

[2] 朱伯龙,董振祥. 钢筋混凝土非线性分析[M]. 上海:同济大学出版社,1984.

[3] Jörg. Schlaich, K. Schäfer. Strut-and-tie models for the design of structural concrete(Report). Institute for Structural Design, University of Stuttgart, Germany,1996.

[4] AASHTO LRFD bridge design specifications. 4th Ed. American Association of State Highway and Transportation Officials, Washington DC,2007.

[5] EUROCODE 2: Design of concrete structures——Part 1-1: General rules and rules for buildings. BS EN 1992-1-1:2004, 225.

[6] ACI Committee 318. Building code requirements for structural concrete and Commentary (ACI 318-05). American Concrete Institute, Farmington Hills, Mich,2005.

[7] 周履. 结构混凝土通向协调设计的压杆—拉杆模型[J]. 国外桥梁,2001(4).

[8] 周履. 压杆—拉杆模型在混凝土结构设计中的应用[J]. 世界桥梁,2002(2).

[9] 徐栋,孙远. 体外预应力锚固横梁拉应力域法配筋[J]. 同济大学学报,2010(7).

# 第7章 混凝土桥梁空间效应的实用精细化分析

## 7.1 概　述

桥梁结构的空间效应实质上是相对于我们熟悉的满足全截面平截面假定的、采用开口截面、仅考虑竖向剪应力的窄梁而言的。当桥梁结构的宽跨比较大时，则全截面的应变并非按同一个曲率满足平截面假定，即全截面的平截面假定不再适用，横截面不同位置的受力是不均匀的，各道肋（腹）板分配到的荷载也不相同。目前，常用的处理方法是借用“横向分布系数”概念，以寻找一个最大曲率，并将该曲率作为全断面的曲率，进行偏于安全的设计。“横向分布系数”是一种将空间计算简化为平面计算的方法，在空间计算尚不普及的时期被普遍使用甚至延续至现在，仍然没有实用的替代方法。但采用“横向分布系数”是有条件的，特别是对支承方式有严格要求的情况。多肋梁式结构“横向分布”的概念来源于简支结构，且每道肋板下均有支承，其显然与连续结构且不可能每道腹板下均设支座的多室宽箱梁结构相差甚远。

当翼缘板宽度较大时，板中的剪应力主要是水平的而非竖直的，且正应力分布有差异。常用的处理方法是采用“有效分布宽度”计入该影响，将复杂截面简化为简单截面，以一个包络值来考虑正应力的不同，但问题是只留下了竖向剪应力，而剔除了水平剪应力。“有效分布宽度”概念实际上仅适合承受竖向荷载的某种结构状态，对于有施工过程且体系有转换的预应力混凝土箱梁桥，成桥时的“有效分布宽度”与施工阶段是不相同的；同时，预应力作用实际上是轴向力的扩散，与受弯的剪力滞效应概念也不相同。如前所述，采用“有效分布宽度”意味着丢掉了桥面板面内的水平剪应力，它直接导致了现行规范对混凝土桥面板面内配筋方法的缺失，也造成了箱梁的顶板或底板在面内出现斜裂缝时发生无法判断、无从着手的情况。当截面为闭口箱形截面时，截面剪应力是超静定的，同时有截面的弯扭变形导致薄壁结构中的附加应力。常用的处理方法是直接采用一个“放大系数”考虑该影响，但对于承受不同荷载、采用不同桥面宽度的情况，将是无法估计一个统一的“放大系数”的。

上述“横向分布系数”、“有效分布宽度”和“放大系数”都是对于空间效应的近似处理方法，其目的都是相同的：即把复杂断面的桥梁简化为窄梁，从而可以采用现行规范的配筋和验算体系。这里将介绍能够完全反映箱梁受力特点的面内效应和面外效应的概念，并从混凝土箱梁桥调研的裂缝形式出发，分析目前常用的计算模型与这些裂缝的对应关系，指出现在常用的计算方法对应的验算应力方法实际上并没有完整反映空间效应，会错过混凝土箱梁结构可能产生裂缝的应力方向。在介绍箱梁截面各板件三层应力的基础上总结出设计计算中需要得到的完整验算应力，并进一步介绍实用精细化计算模型与完整验算应力的关系。重点介绍空间网格模型、折面梁格模型和七自由度模型的各自特点、适用范围，以及对相应的各验算应力的解析和表达方式。最后为混凝土桥梁实用精细化模型的应用，包括对比了空间网格模型与三维壳单元模型针对一个箱形截面简支梁梁桥的剪力滞、翘曲、剪力流等荷载效应的分析结果；对于一座单箱六室的连续箱梁桥的各道腹板，对比了采用折面梁格模型和常用的比拟正交异性板法的弯矩和剪力横向分布系数的计算结果；采用七自由度模型计算了直箱梁桥和弯箱梁桥的薄壁效应，并建议了三车道直箱梁桥的剪应力放大系数，以及如何进行箱梁体内体外配束的合理设计。

## 7.2　混凝土桥梁结构的空间效应

### 7.2.1　箱梁的薄壁效应、面内效应和面外效应

桥梁结构究竟有哪些主要的空间效应？这里的空间效应是相对于“窄梁”简单梁理论而言的，实质上是复杂截面内部超静定的分析问题。本章讨论在整体计算中需要关注的三个最关键的空间效应：箱梁薄壁效应、宽箱梁桥各道腹板的荷载横向分配、宽翼缘截面的剪力滞效应。

本书前述章节已对箱梁薄壁效应及其产生的应力有了较为深入的理论阐述，这里从另外一个角度来讨论这个问题。由前述章节对偏心荷载作用下箱梁截面的变形分析可以得出，混凝土箱梁桥的空间效应可以用箱梁截面纵、横两个方向上的应力来表示，即在箱梁的横截面上存在沿着桥梁纵向的正应力和剪应力：

纵向正应力：　$\sigma_Z = \sigma_M + \sigma_W + \sigma_{dW}$　(7-1)

纵向剪应力：　$\tau = \tau_M + \tau_K + \tau_W + \tau_{dW}$　(7-2)

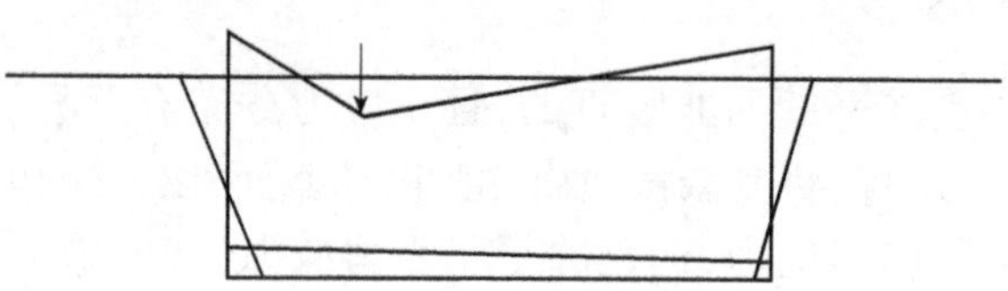

图 7-1　箱梁横向弯矩图

当车辆荷载作用在顶板时，除直接承受荷载的顶板产生横向弯曲外（图 7-1），由于横向框架的约束作用，也会引起截面其他板件的横向弯曲正应力 $\sigma_c$ 和剪应力：

横向正应力　$\sigma_e = \sigma_{dt} + \sigma_c$　(7-3)

式(7-1)和式(7-2)中的下标 M 表示弯曲应力、K 与 W 表示扭转应力、dW 和 dt 表示畸变应力。“薄壁”是指壁厚方向的应力分布是均匀的，即可认为是无厚度的，箱梁的薄壁效应反映的是箱梁的纵向效应。前述式(7-1)和式(7-2)反映的是薄壁效应，而式(7-3)则不是薄壁效应。

也可以用应力的“面内效应”和“面外效应”来区分箱梁截面的薄壁效应。箱梁截面的顶板和底板的薄壁效应可以用图 7-2a)表示，其特点是正应力和剪应力在厚度方向上是均匀分布的，并是在面内的；腹板效应如图 7-2b)所示，正应力和剪应力同样是均匀分布的，且是在面内的。

图 7-3a)和图 7-3b)分别表示图 7-1 中顶板和腹板受力特征，两者均为面外效应。这里应特别注意面内效应和面外效应剪应力方向的不同；面外效应剪应力的方向是出平面的。面内效应对应的是无厚度的“薄膜受力”(MEMBRANE)；而面外受力对应的则是大家熟知的“梁”(BEAM)的受力。

面外效应受力特性与熟知的梁的受力分析一致，即既有受拉区也有受压区，也就是说如果由于面外效应超标开裂，裂缝将不会贯通板件，总有受压区存在。而薄壁效应为面内效应，如果开裂，则引起开裂的是主拉应力，裂缝将会贯通板厚。

实际上，箱梁受力的特点即是面内受力和面外受力的组合：薄壁效应是面内受力，剪力

滞也是面内效应；而局部荷载将产生面外受力。了解了这点，那么就可以解析清楚箱梁结构的各种空间效应。

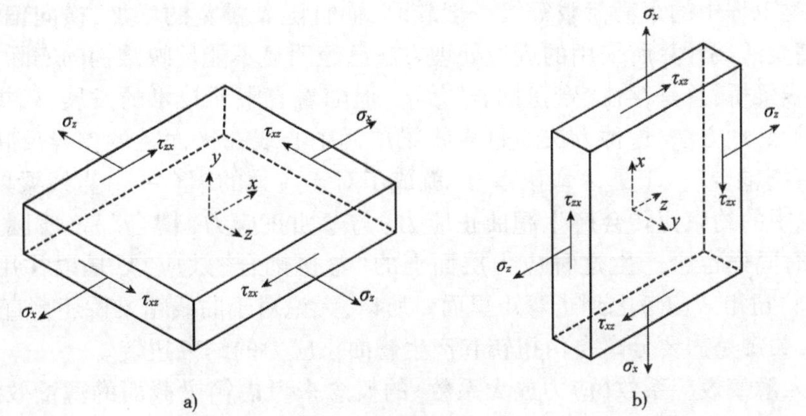


图 7-2　面内效应示意图

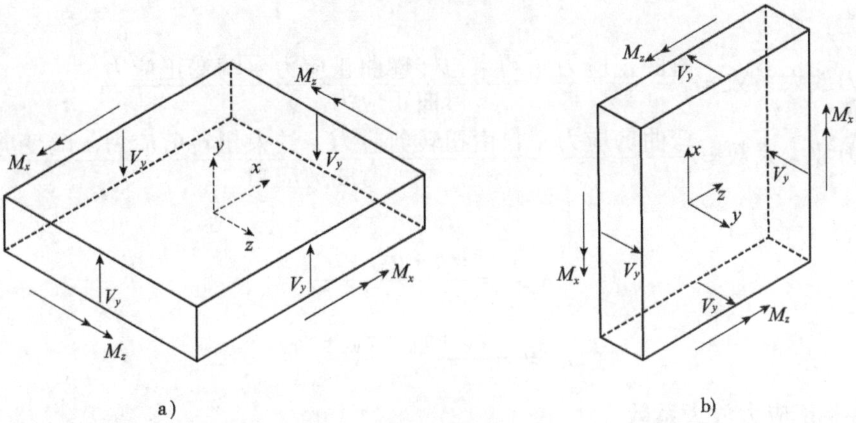


图 7-3　面外效应示意图

## 7.2.2　直箱梁桥和弯箱梁桥的薄壁效应系数

实际工程中，作用在箱梁上的主要荷载是恒载和活载，在这两种荷载作用下，不同线形箱梁（直线箱梁桥及曲线箱梁桥）的受力又从不同角度体现了箱梁的薄壁效应。对于直线箱梁桥而言，箱梁截面基本上是对称的，这样恒载也是对称作用的，所以不会产生偏心作用；而活载可以是对称的，也可以是不对称的。直线箱梁在偏心荷载的作用下，将产生如前所述的纵向弯曲、扭转、畸变及横向挠曲四种变形状态。相对于直线箱梁桥，曲线箱梁桥在受力特性上存在着很大的不同。曲线箱梁桥的主要力学特性就是“弯扭耦合”效应，即在对称的外荷载作用下，曲梁截面内产生弯矩的同时，也会有耦合扭矩产生；同理，曲梁截面产生扭矩的同时，也有耦合弯矩产生。在直线箱梁桥中，只有偏心荷载才能使梁体产生扭矩。

对于直线箱梁或者曲线箱梁，根据计算效应进行设计时，传统方法通过考虑不同的内力提高系数进行设计计算。一般认为，混凝土对称箱形截面，由于偏载引起的约束扭转正应力，约为相应的弯曲正应力的 15%；偏载引起的剪应力（包括自由扭转剪应力和约束扭转剪应力以及畸变剪应力），约为相应弯曲剪应力的 5%。基于以上的判断，在平面杆系法计算程序中，计算活载正应力通常考虑 15% 的放大系数，活载剪应力则通常考虑 5% 的放大系数。这是由于平面杆系有限元程序无法计算箱梁扭转效应，而采用的近似处理方法。但这些近似系数是许多年前采用的窄箱梁和较低的荷载等级计算得到的,由于现在薄壁箱形截面被广泛运用于城市快速路和城乡高速公路的桥梁部分,以及大中型跨越江河湖海的桥梁工程中。此类工程中的车辆荷载等级一般较高,而且随着桥宽的增加,横向偏载相对较大。因此,上述箱梁活载计算所采用的近似处理方法已经明显不能反映结构的实际受力情况。

对于曲线梁桥,总是存在"弯扭耦合"效应,但随着有限元技术的发展,用折线模型代替曲线是常用的处理方法,这种方法通过直线梁单元中心线在平面上的差异反映出曲线桥在内力上的"弯扭耦合"。于是,"弯扭耦合"就成了对于应力的耦合——直线梁单元弯矩和扭矩并存,而其中的约束扭转会产生翘曲正应力(与弯曲正应力"耦合")。实际上,直线桥承受活载偏载时同样也会产生这种应力层面上的"弯扭耦合"效应,只是以往用一个模糊的"放大系数"将扭矩效应考虑到了弯矩里面。所以,无论对于曲线箱梁桥还是直线箱梁桥,对于薄壁效应,关键是需要分离自由扭转和产生翘曲正应力的约束扭转。

这里引入薄壁效应系数(应力放大系数)的概念来考虑箱梁截面的薄壁效应,这样的放大系数既适用于直线箱梁桥,也适用于曲线箱梁桥。对于箱梁截面上的关注点,应力放大系数的定义为:

$$\text{正应力放大系数}=\frac{\text{弯曲正应力}+\text{约束扭转翘曲正应力}+\text{畸变正应力}}{\text{弯曲正应力}}$$

$$\text{剪应力放大系数}=\frac{\text{弯曲剪应力}+\text{自由扭转剪应力}+\text{约束扭转剪应力}+\text{畸变剪应力}}{\text{弯曲剪应力}}$$

即

$$\lambda_{\sigma} = = \frac{\sigma_{M} + \sigma_{W} + \sigma_{dW}}{\sigma_{M}} \tag{7-4}$$

$$\lambda_{\tau} = = \frac{\tau_{M} + \tau_{K} + \tau_{W} + \tau_{dW}}{\tau_{M}} \tag{7-5}$$

式中:$\lambda_{\sigma}$——正应力放大系数;

$\lambda_{\tau}$——剪应力放大系数。

由于混凝土箱梁的畸变效应较小,正应力放大系数和剪应力放大系数可以简化为:

$$\lambda_{\sigma} = = \frac{\sigma_{M} + \sigma_{W}}{\sigma_{M}} \tag{7-6}$$

$$\lambda_{\tau} = = \frac{\tau_{M} + \tau_{K} + \tau_{W}}{\tau_{M}} \tag{7-7}$$

这样,只要把荷载效应算清楚(弯矩、扭矩各自产生的正应力和剪应力),直线梁桥和曲线梁桥在计算模型上实际上是没有区别的,同样都是薄壁箱梁的空间效应问题,在设计实践中的代表参数即为正应力放大系数和剪应力放大系数。如果将产生翘曲的双力矩作为第七个梁端自由度,则就可以精确计算约束扭转效应。本章后续内容将详细讨论七自由度模型及其应用。

### 7.2.3 宽箱梁桥各道腹板的荷载分配

桥梁空间结构的近似计算方法,实质上是在一定的误差范围内,寻求一个近似的内力影响面去代替精确的内力影响面,把一个复杂的空间问题转化成平面问题进行求解。早期工程师们采用将空间问题转化为平面问题的横向分布理论来对桥梁进行分析验算。横向分布理论的研究,加深了工程师们对桥梁各种上部结构的力学性能的理解。

桥梁结构的近似空间计算方法,可以归纳为荷载横向分布的计算,荷载横向分布系数 $m$

就是结构在外荷载作用下某片主梁所分配到的最大荷载比例,表示了荷载在横向对各片主梁分配的概念。有了荷载横向分布系数 $m$,实质上就找到了受力最大的主梁,这样其他所有主梁均可以偏安全地按承受外荷载为 $mP$ 的单梁进行设计计算,于是就将空间桥梁简化为平面结构。在工程实践中,对于装配式空心板桥或实体板桥多采用铰接板法;对于多主梁的T梁桥或箱梁桥,常采用刚性横梁法或修正刚性横梁法;对于宽跨比大于0.5的宽梁桥,常采用G-M法(正交各向异性板法)。

对于箱梁结构,特别是如图7-4所示的宽箱梁结构,同样存在各道腹板的荷载横向分配问题,设计者也希望得到一个系数来反映各道腹板受力的不同之处,并寻找受力最不利的腹板。在单梁模型计算中,往往借用"横向分布"的概念,将各道腹板各看成一根梁,采用与多道梁式结构同样的横向分布计算方法来计算。图7-4中的阴影部分可能是受力最大区域,故设计者往往希望采用一个放大系数而将部分位置扩展至全断面,从而简化成单梁以适用习惯算法。但是,除了对荷载形式有要求外,实际上"横向分布"概念还有两个基本前提:即结构体系为简支结构,以及每道腹板下均设有支座。这两个基本前提实际上也是"横向分布"概念提出时的主流桥梁形式和支撑体系,而现代桥梁无论是结构形式还是支撑体系已经发生了很大的变化。连续箱梁结构的大量采用使"横向分布"概念的这两个基本前提:简支结构和每道腹板下均设有支座均发生改变。由于宽箱梁不可能在每道腹板下设支承且大都为连续结构,可见,其力学图式与图7-5的计算原型结构相差甚远,故采用常规方法计算宽箱梁各腹板的"横向分布系数"未必算得准,也未必包的住,甚至连横向分布概念本身都不适用。但由于没有更好的实用计算方法,所以这个概念才一直被借用于计算各道腹板的受力差异。

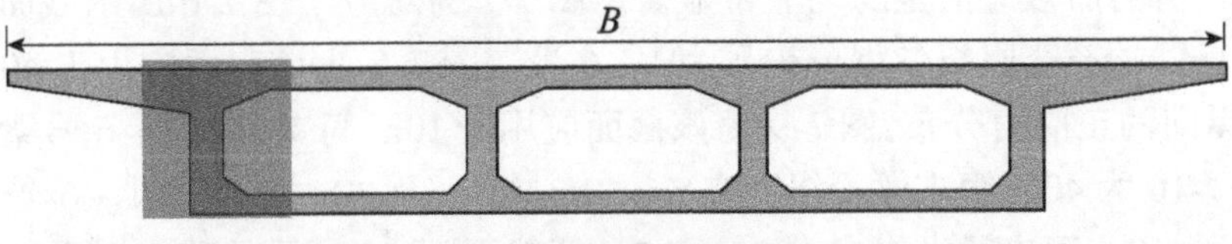


图7-4　多室宽箱梁截面

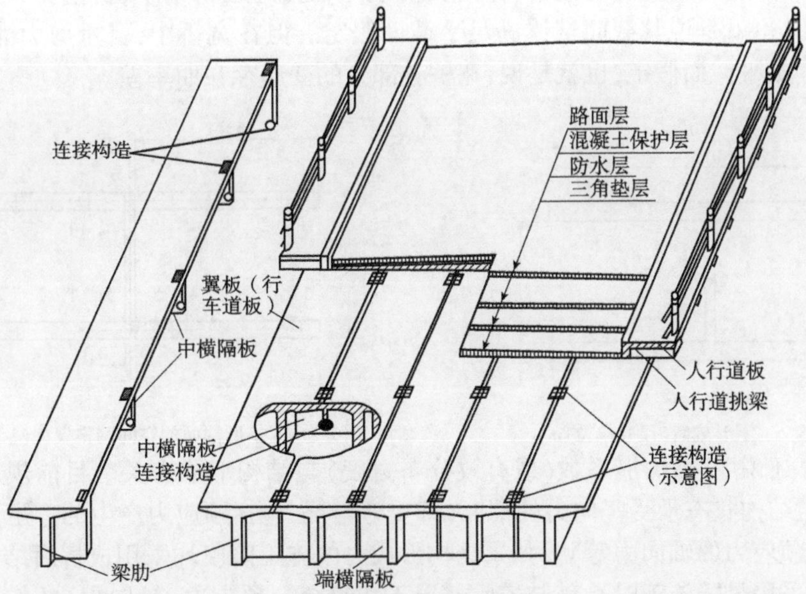


图7-5　多梁式简支梁桥

由上述分析可知,已有的横向分布计算理论已经不能满足实际工程中日益增多的复杂桥梁结构的空间效应分析,需要建立更加精细、实用的空间计算分析方法。本章提出采用的折面梁格方法是分析宽箱梁桥各腹板受力差异的有效手段。

### 7.2.4 宽翼缘桥梁的剪力滞效应

本书前述章节对剪力滞效应有过深入细致的介绍,但经典方法往往只对较为特殊的截面及较为特殊的荷载形式才能得到较为明确的解答,所以在实际工程中应用有较大局限性。当截面复杂,荷载形式改变后,特别是复杂桥梁中的混凝土收缩、徐变效应、预应力效应以及拉索传力等因素,使用传统方法计算剪力滞效应通常有困难。本节采用的空间网格模型是从根本上解决该问题的实用方法。

对于多腹板的宽箱梁桥,应用有效分布宽度(反映剪力滞效应)时就会出现如下问题:无法得到一个统一的、也较为准确的"有效分布宽度"。例如对采用图7-4所示截面的剪力滞效应,其施工过程中的结构自重及其预应力、拉索等作用下的剪力滞效应并不相同,规范实际上并没有统一依据可以采用。预应力钢束和斜拉索的剪力滞效应实际上已经转化为从荷载作用点到截面平均分布的荷载传递问题。

值得注意的是剪力滞效应在扁平宽梁中才比较明显,同样的截面应用于不同跨径其剪力滞效应相差较大。图7-6为一个10.3m宽的工字形截面,当该截面应用于跨径为40m(跨宽比为4.0,符合梁的概念)和10m时(宽跨比为1.0,为典型宽梁),剪力滞效应相差明显。当跨径为40m时,结构满足窄梁的特征,剪力滞效应除端部外非常有限;当跨径为10m时,结构变成宽桥,剪力滞效应沿全跨均非常显著。图7-7为对应于图7-6所示截面桥梁的空间网格模型,从悬臂端部至腹板各划分梁号为1~6号。图7-8为该截面应用于40m简支梁时1~6号梁沿纵向的正应力分布;图7-9为该截面应用于10m简支梁时1~6号梁沿纵向的正应力分布;图7-10为40m简支梁沿纵向在5m、10m、15m及20m处截面1~6号梁的剪力滞系数;图7-11为10m简支梁沿纵向在2m和5m处截面1~6号梁的剪力滞系数。由以上各图中数据可以看出:当结构满足梁的特征时,特别是在大跨径桥梁中,自重剪力滞效应除端部区域外很小,也就是说其截面整体满足平截面假定。但在宽桥中,自重剪力滞效应明显,整体截面不满足平截面假定,也就是说,宽桥各部分的变形存在曲率差。

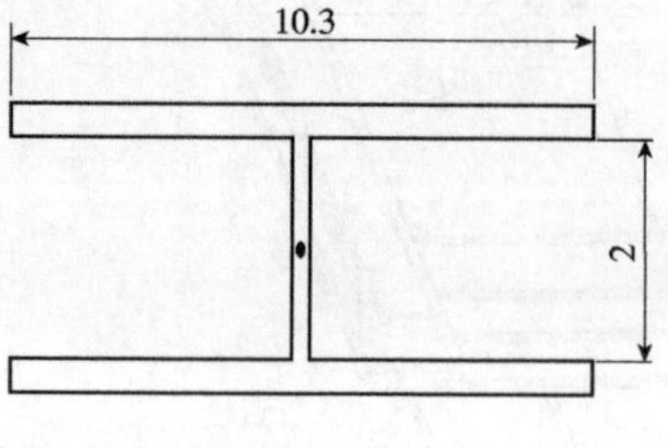


图7-6 工字形截面(尺寸单位:m)

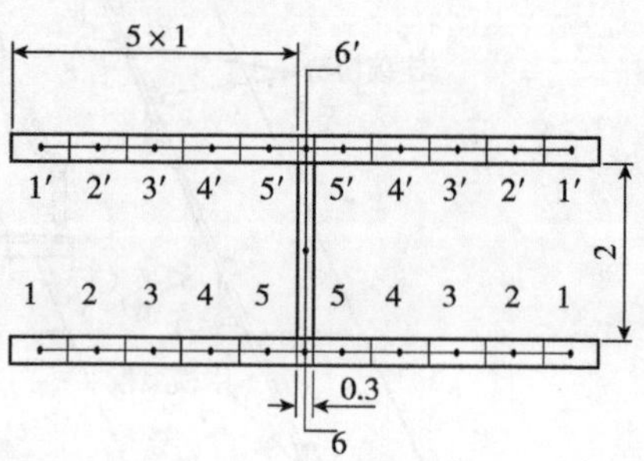


图7-7 工字形截面的空间网格模型(尺寸单位:m)

上述计算还说明:剪力滞系数(或有效分布宽度)与结构形成有关。目前规范方法仅适用于某种确定结构状态承受竖向力的情况(即受弯情况,包括预应力产生的弯矩),并不适用于水平力(如预应力的轴向力等)。如果结构形成时的施工阶段均采用成桥后结构的剪力滞系数(如结构采用悬臂施工时),就与实际情况不相符合。预应力(轴向力)的作用实际上是集中力的扩散效应，与受弯有效分布宽度的概念并不相干。图 7-12 为对于 40m 简支梁，当有轴力对称作用于四个角点（1 号梁和 1′号梁）时，沿纵向 1 ~6 号梁的正应力分布；图 7-13 为对于 10m 简支梁，当有轴力对称作用于四个角点（1 号梁和 1′号梁）时，沿纵向 1 ~6 号梁的正应力分布；图 7-14 为对于 10m 简支梁，当有轴力对称作用于中间点（6 号梁和 6′号梁）时，沿纵向 1 ~6 号梁的正应力分布。

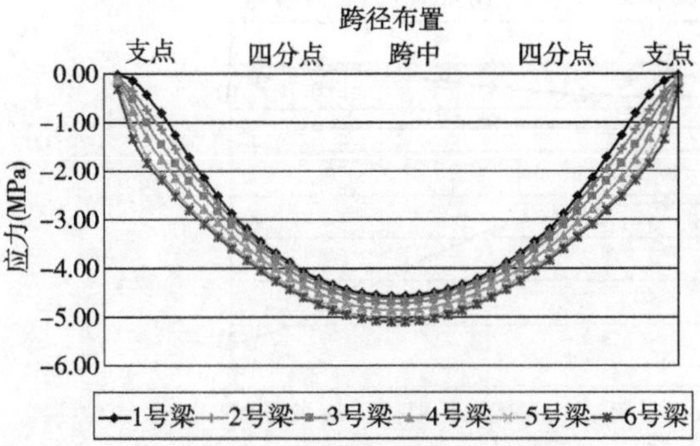


图 7-8　40m 简支梁各划分梁应力分布

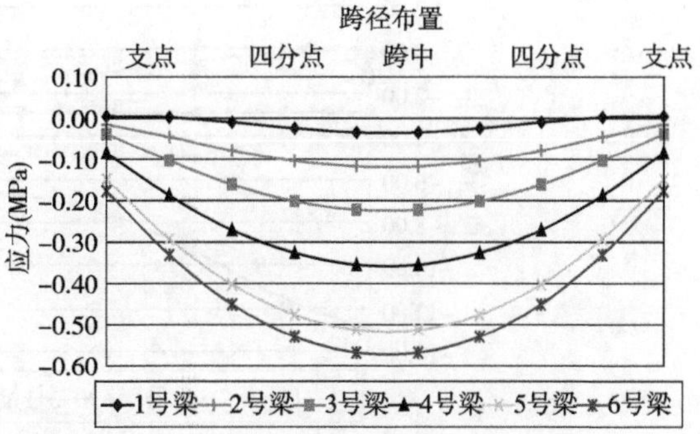


图 7-9　10m 简支梁各划分梁应力分布

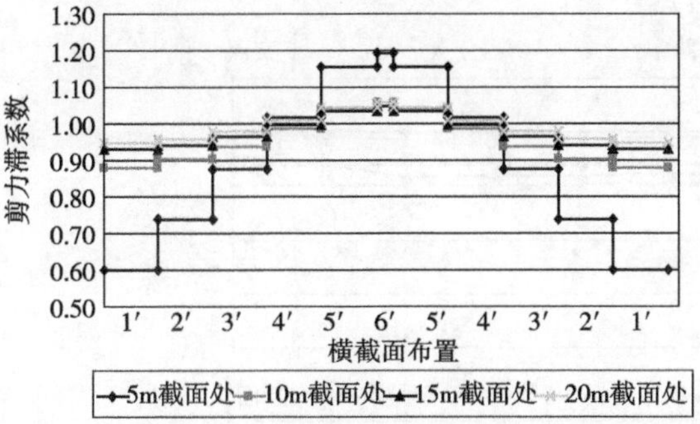


图 7-10　40m 简支梁纵向各截面剪力滞系数

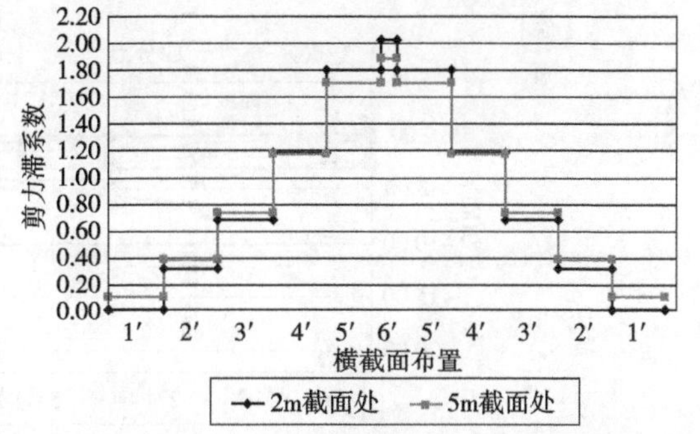


图 7-11　10m 简支梁纵向各截面剪力滞系数

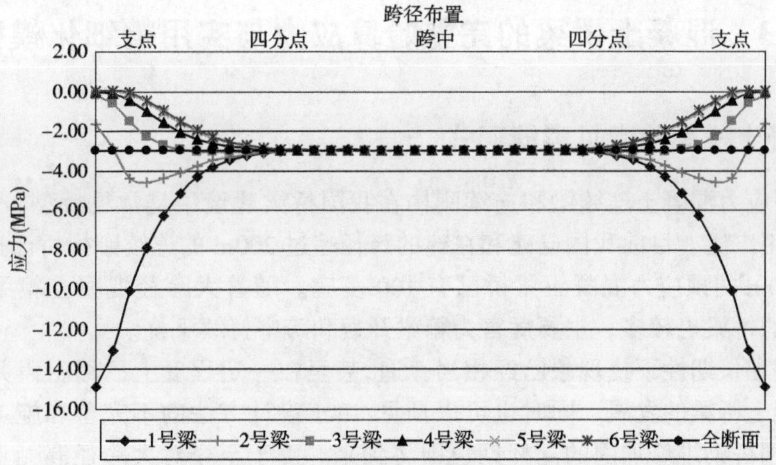


图 7-12　40m 梁轴力作用时的各梁应力分布

从上可以看出：对于 40m 跨径，结构为窄桥，预应力作用除端部大概一个梁宽外基本是均匀的，所以对于窄桥预应力钢束放在哪里都是一样的；而对于 10m 跨径，结构为宽桥，预应力钢束的位置对结构的受力有明显的影响。

同时,剪力滞现象说明混凝土顶底板的正应力分布沿横桥向的不均匀,由此产生面内主拉应力,并会导致面内斜裂缝出现。实际桥梁结构中存在顶底板中的斜裂缝,正是由于板面内主拉应力超标而引起的开裂,这一问题在采用初等梁理论的传统设计计算方法和验算应力里面均没有反映出来,在计算分析和配筋设计中需要特别加以注意。

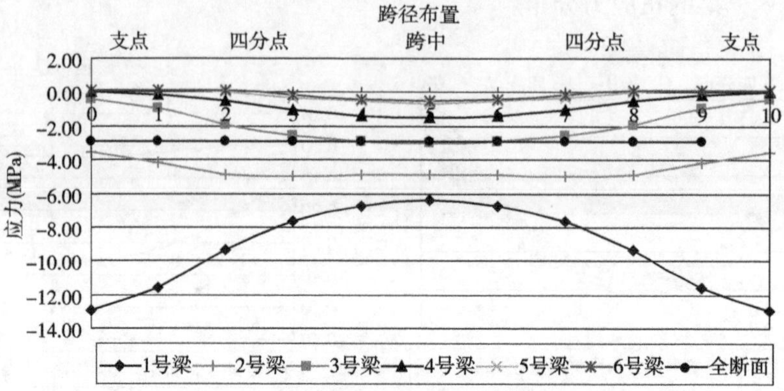


图 7-13　10m 梁轴力作用于 1 号梁时的各梁应力分布

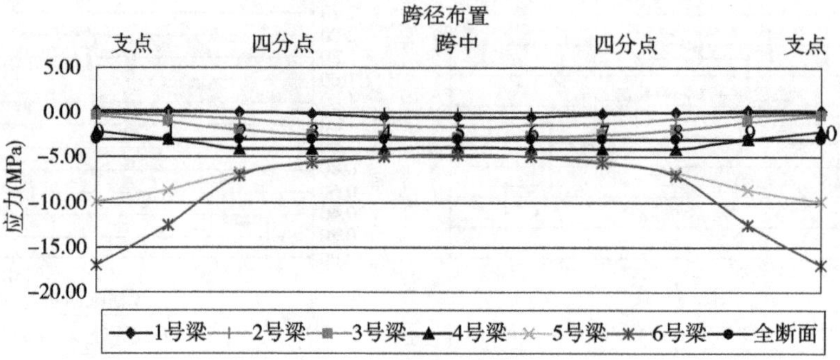


图 7-14　10m 梁轴力作用于 6 号梁时的各梁应力分布

## 7.3　混凝土桥梁的完整验算应力与实用精细化模型

### 7.3.1　混凝土桥梁的常见裂缝形式

大跨径预应力混凝土连续梁和连续刚构在我国桥梁建设中是常见桥型,不仅在数量上众多,而且应用广泛。目前我国已建和在建的跨径超过 200m 的连续刚构桥已达 20 多座,跨径在 100 ~ 200m 的预应力混凝土梁桥已有 100 多座。随着大跨径混凝土箱梁桥的大量修建,出现问题的桥梁也较多。主要病害为箱梁开裂和跨中持续下挠。

箱梁开裂和长期性下挠现象已经相当普遍,甚至在一定程度上已经阻碍并制约了大跨径预应力混凝土桥梁的发展。同时也可以预见,由于设计方法的不完善和施工质量缺陷的经常发生,我国桥梁维修加固的高峰期也即将到来。由于至今对大跨径混凝土箱梁桥的开裂下挠病害认识并不彻底,有些采用的加固方法可能并没有达到预期的加固效果,甚至可能蕴藏着潜在的危险,反而加重危旧桥梁的病害,故针对大跨径混凝土箱梁桥的建设更需要在设计计算方法的理论基础上有新的见解。对于结构分析而言,关键是先弄清楚箱梁结构开裂的成因。这里首先对箱梁中经常出现的裂缝进行汇总,见表 7-1。

**预应力箱梁常见裂缝的形态及位置** 表 7-1

| 裂缝性质 | 裂缝形态 | 常见位置 |
|---|---|---|
| 底板横向裂缝、腹板下缘竖向裂缝 | 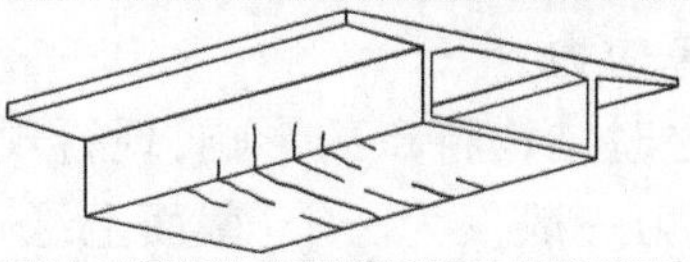 1 | 跨中附近底板及腹板 |
| 顶板横向裂缝、腹板上缘竖向裂缝 | 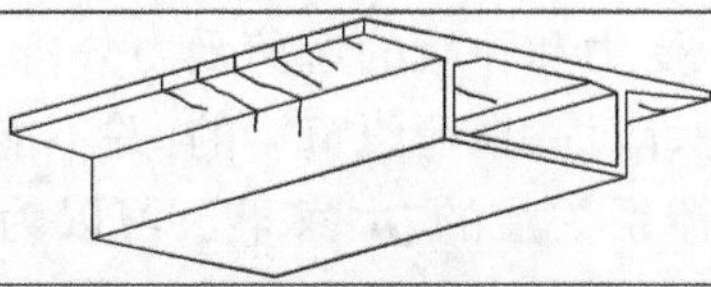 1 | 桥墩部位顶板及腹板 |
| 腹板中部斜裂缝 | 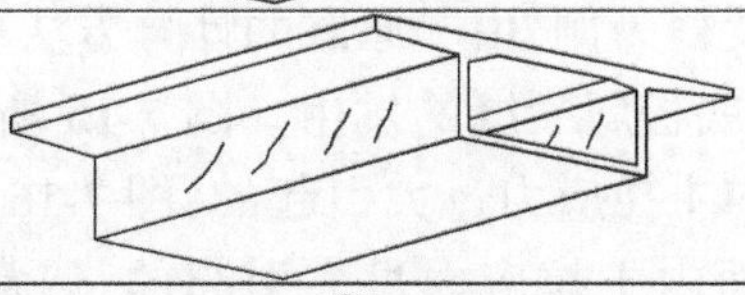 2 | $L/4$ 跨及梁端附近腹板 |
| 与底板横向裂缝贯通的腹板裂缝 | 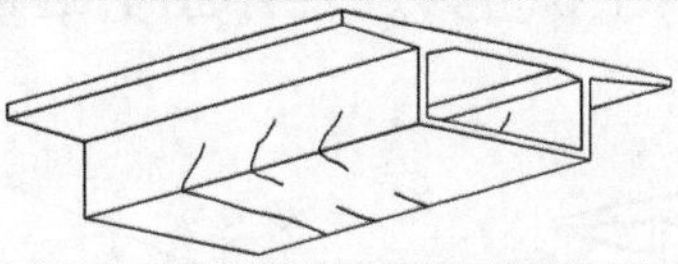 1/2 | 剪跨区内的底板及腹板 |
| 贯通腹板、底板的螺旋状裂缝 | 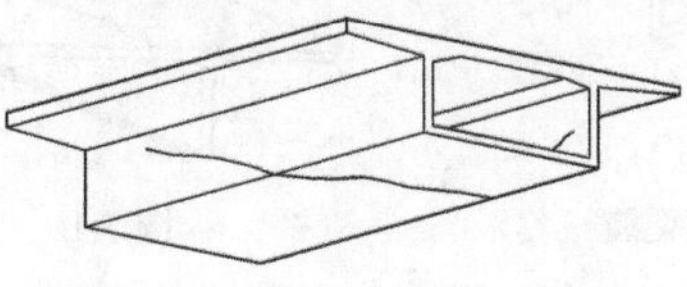 2/4 | $L/4 \sim 3L/4$ 区域的底板及腹板 |
| 顶、底板纵向裂缝 | 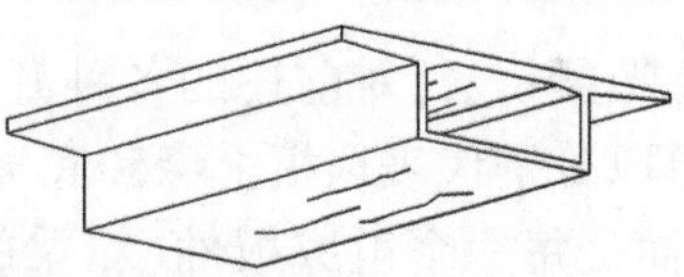 3 | 全桥顶板、底板中部、折角附近 |
| 齿板局部区域裂缝 | 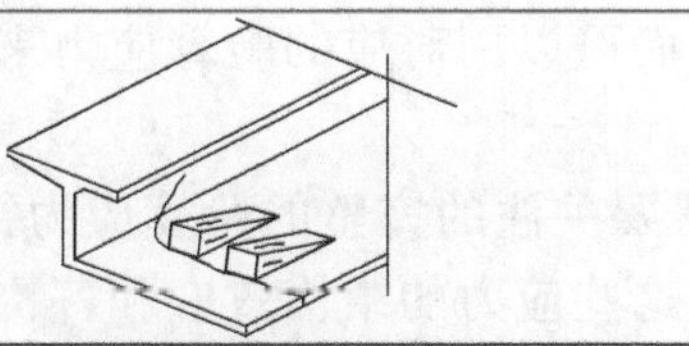 3/5 | 齿板与顶、底、腹板交界处，齿板侧面及前端纵向裂缝 |
| 底板层间横向裂缝 | 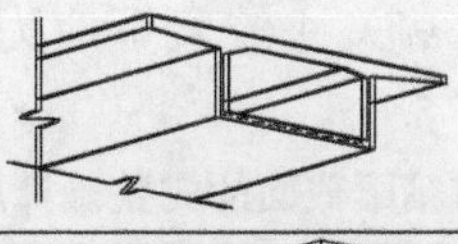 5 | 配有底板正弯束的跨中底板 |
| 锚下发散裂缝即沿预应力管道裂缝 | 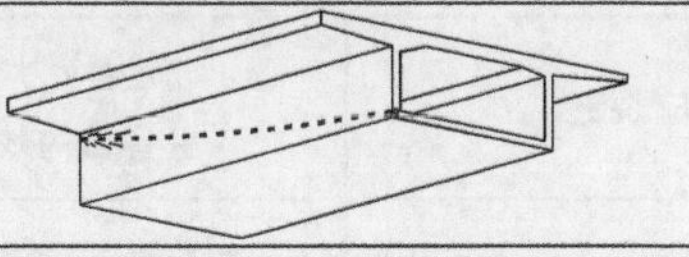 5 | 钢束锚固处，梁端及齿板 |
| 横隔板裂缝 | 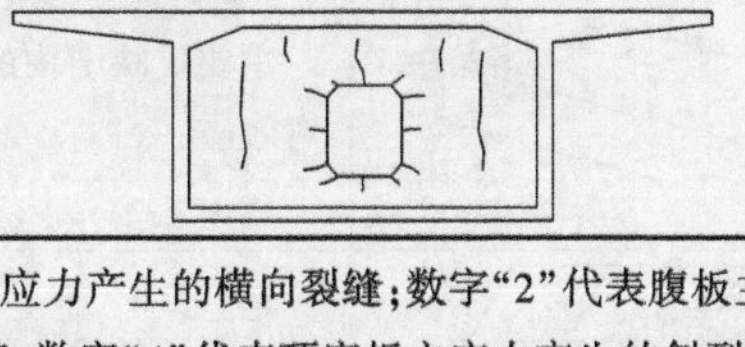 5 | 横隔板过人孔周边、正上方、两侧 |

注：1. 数字“1”代表顶底板纵向正应力产生的横向裂缝；数字“2”代表腹板主应力产生的斜裂缝；数字“3”代表顶底板横向正应力产生的纵向裂缝；数字“4”代表顶底板主应力产生的斜裂缝；数字“5”代表局部应力产生的裂缝。

2. 数字 1 ~4 为整体受力产生的裂缝，但从表中所述的裂缝情况看，有些是无法从现行规范的设计验算方法中找到相应的验算应力，从而造成有些常见开裂病害甚至无法从现有设计计算框架中找到答案的情况，这说明了目前设计方法中的验算内容是有缺失的，即一个箱梁结构需要验算的应力不能仅仅只有简单桥梁的截面上下缘正应力和腹板主应力，而需要包括更完整的验算应力。

## 7.3.2 混凝土桥梁的完整验算应力

1)原有计算方法及相应的验算应力

由于受桥梁结构设计规范建立时结构特点的影响,现行规范的配束配筋计算体系是针对柔细梁的,与规范相关的验算应力一般仅为三个:截面上缘正应力、截面下缘正应力和腹板主应力,即着重于顶底板的拉压受力和腹板的弯剪受力分析。

实际上,这三个验算应力仅是针对一根薄腹窄梁的,并不能反映现代复杂桥梁结构的真实受力情况,也就是说,现行规范体系关注的、大家早已习以为常的计算结果本身是存在漏洞和缺失的。以顶底板中的斜裂缝为例,由于原有的计算方法中对顶、底板的面内主应力关注较少,导致无法判断和预防顶底板斜裂缝的发生。图 7-15 所示的箱梁腹板和底板的螺旋状裂缝是由于腹板和底板的面内主拉应力过大引起的;图 7-16 所示的钢筋混凝土叠合梁桥面板斜裂缝同样也是桥面板的面内主拉应力过大引起的,通常情况下,这类斜裂缝会贯穿板厚。

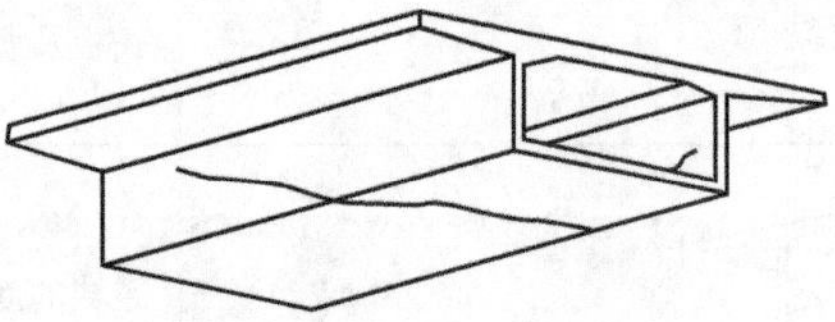

图 7-15　箱梁腹板和底板的螺旋状裂缝

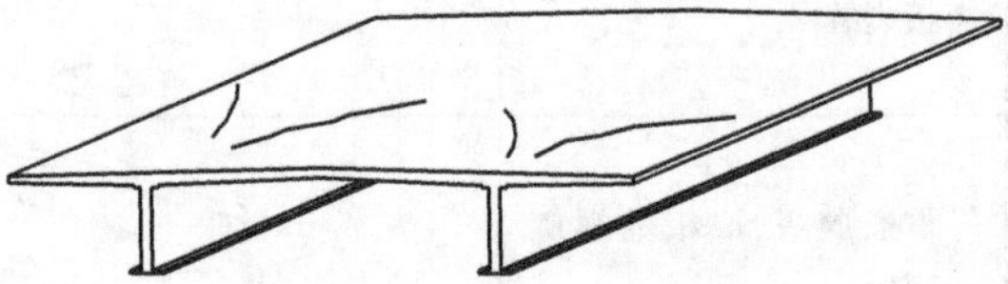

图 7-16　结合梁混凝土桥面板斜裂缝

2)完整的验算应力

对于一个典型的预应力混凝土箱梁桥,针对前述的各种开裂情况(表 7-1),结构在外荷载作用下的受力效应不能再仅简单以分别代表顶板上缘和底板下缘的“截面上下缘应力”及腹板的面内主应力作为验算应力,而是每一个组成板件(箱梁的顶板、底板和腹板)的上缘、下缘和面内主应力都需要关注,从而可以用对应的验算应力来反映该位置的受力情况及可能发生的开裂情况。

表 7-2 列出了一个箱梁结构需要关注的完整的验算应力,同时列出相应验算应力所对应的裂缝形式,表中还反映出产生这些应力的结构效应和各构件及构件各方向的设计受力状态,其中黑斜体字为现行设计计算方法通常关注的验算应力,在表中所有 11 个关注的验算应力(带括号的不控制,未计入)中仅占有 5 个。

**一个混凝土单箱单室箱梁截面的完整验算应力**　　表 7-2

| 需要关注的验算应力 | 部位 | 对应裂缝 | 产生应力的主要结构效应 | 设计受力状态 |
| --- | --- | --- | --- | --- |
| 顶板纵向面外正应力 | ***上缘*** | 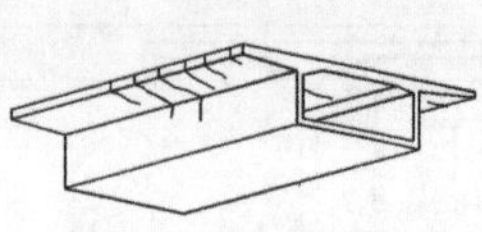 | 主要反映结构的整体受弯效应 | 配置纵向预应力,可以使混凝土在该方向不出现拉应力,即可达到全预应力状态 |
| | (下缘) | | | |
| 顶板横向面外正应力 | ***上缘*** | 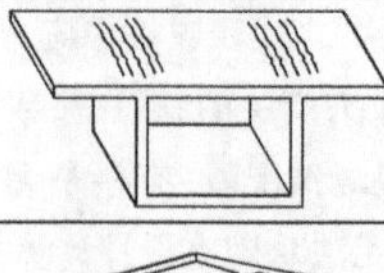 | 桥面板的受力特征可视作横向单向板,故主要承受局部效应,包括车辆活载 | 配置横向预应力,可以使混凝土在该方向不出现拉应力,即可达到全预应力状态 |
| | ***下缘*** | 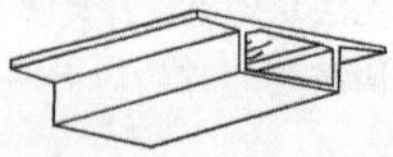 | | |

续上表

| 需要关注的验算应力 | 部位 | 对应裂缝 | 产生应力的主要结构效应 | 设计受力状态 |
|---|---|---|---|---|
| 顶板面内主应力 | 板厚方向 | 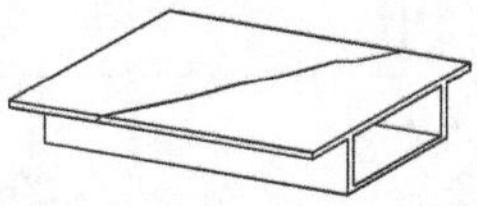 | 主要反映结构的整体效应(弯、剪、扭) | 一般主拉应力难以消除,为部分预应力或钢筋混凝土受力状态 |
| 底板纵向面外正应力 | (上缘) | 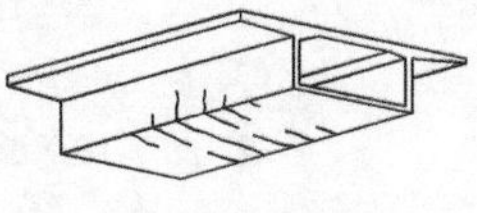 | 主要反映结构的整体受弯效应,以及预应力钢束锚固力产生的局部效应 | 一般为全预应力。但若底板锚固设计不合理,则局部区域为钢筋混凝土受力状态 |
| | **下缘** | | | |
| 底板横向面外正应力 | 上缘 | 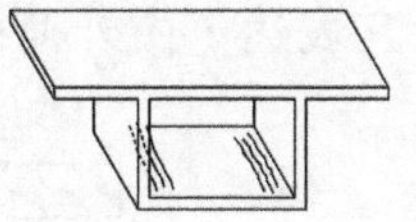 | 产生横向面外应力的箱梁畸变效应很小,故一般很少关注。但在变截面梁底板内布置的纵向预应力钢束会对底板产生“外崩力” | 箱梁底板横向一般是不配预应力的,所以底板的面外受力方向是钢筋混凝土受力状态 |
| | 下缘 | 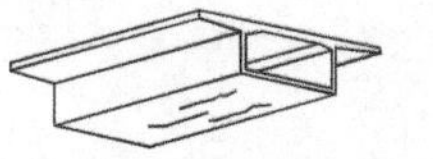 | | |
| 底板面内主应力 | 板厚方向 | 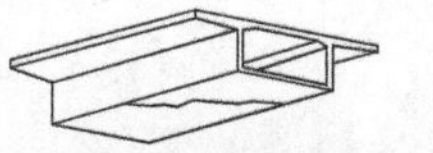 | 主要反映结构的整体效应(弯、剪、扭),以及底板预应力钢束锚固产生的面内剪应力 | 一般底板的面内受力方向是钢筋混凝土受力状态 |
| 腹板面外正应力 | 内侧 | 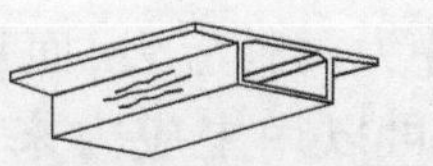 | 腹板面外应力由箱梁畸变或内外侧温差产生,但效应不大,故一般很少关注 | 腹板面外受力方向是钢筋混凝土受力状态 |
| | 外侧 | | | |
| 腹板面内主应力 | **板厚方向** | 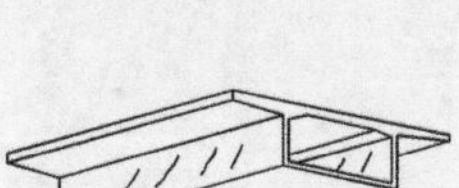 | 主要反映结构的整体效应(弯、剪、扭) | 配竖向预应力时可能做到全预应力;否则主拉应力难以消除,受力为部分预应力或钢筋混凝土状态 |

表 7-2 同样适用于由任何材料组成的桥梁结构截面,包括钢—混凝土叠合梁截面。设计者可以在设计之初就填写表 7-2,以明确所设计的结构各构件以及构件的各受力方向究竟是什么设计状态。另外,在讨论病害结构开裂原因之前,首先应将原始设计计算结果按表 7-2“对号入座”。

3)验算应力的表达方式——三层应力

箱梁需要关注的完整验算应力是实用精细化分析的重要新概念。以如图 7-17 所示的一个由板式构件组成的单箱单室薄壁箱形截面为例，来说明表7-2中的验算应力。表7-2中箱形截面的应力部位如图7-18所示，可以看出：图中的应力部位与表7-2的验算应力为一一对应关系。

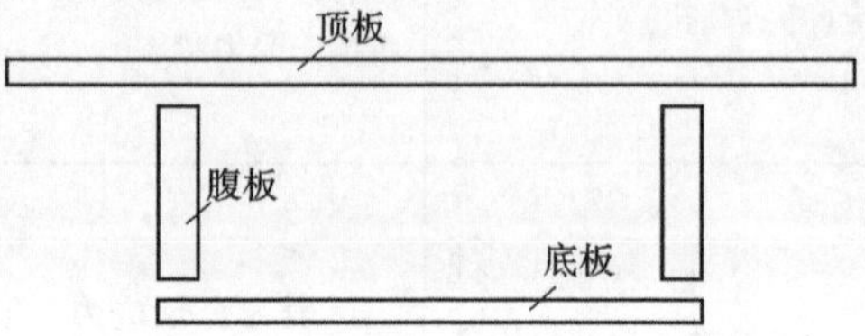


图7-17　由"板"表达的单箱单室箱梁截面

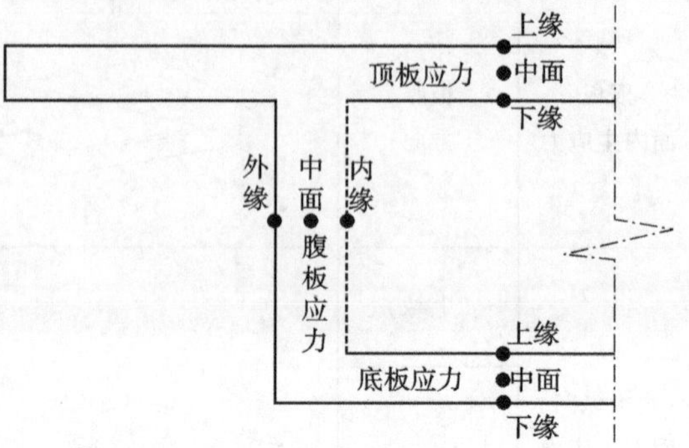


图7-18　验算应力位置示意图

一个箱梁的整体受力可以表征为：轴向力 $N$、两个方向的剪力 $V_x$ 和 $V_y$、两个方向的弯矩 $M_x$ 和 $M_y$ 以及扭矩 $T$ 共六个力。我们可以从应力角度在箱梁断面上对这"耦合"的六种受力方式进行归并和分解，如图7-19和图7-20所示，它表达了由外荷载产生的整体效应。

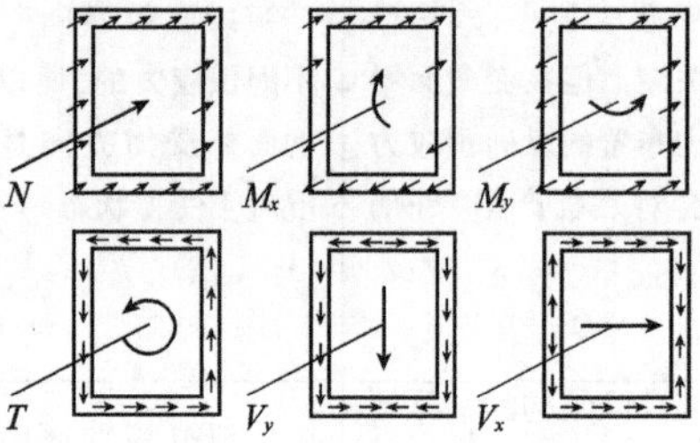


图7-19　外荷载的整体效应

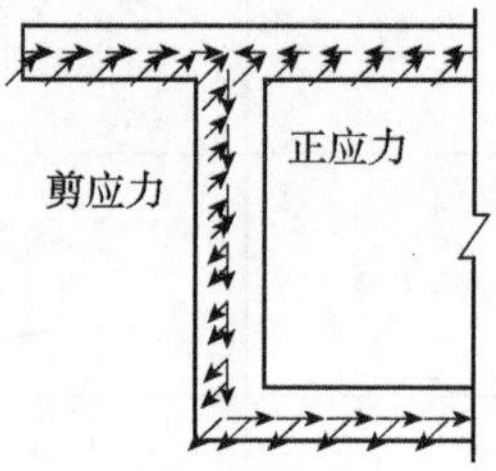


图7-20　薄壁箱梁中的面内应力

其中，轴向力和弯矩产生的是正应力，而剪力和扭矩产生的是剪应力，这些应力是可以相互叠加的。于是，最终在截面的各个组件（顶板、底板和腹板）各点的受力均只有正应力和剪应力，这样就将这六种受力归并为两种应力，而正应力和剪应力又可以合成为主应力。所以，归根到底，结构的受力均可以用主应力来衡量，正应力只是主应力的一种特殊情况（剪应力为0）。对应产生的中面应力是二维薄壁应力，如图7-21和图7-22所示。

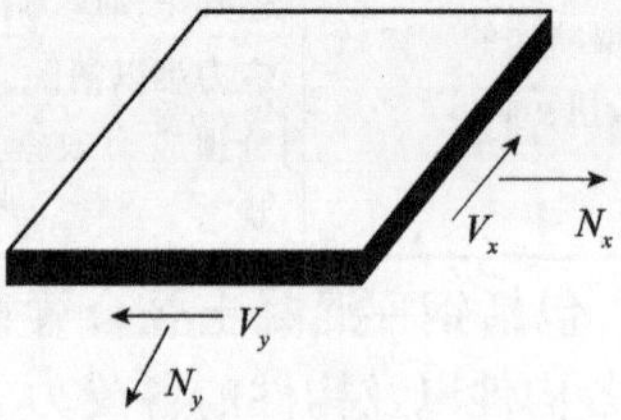


图7-21　板的受力

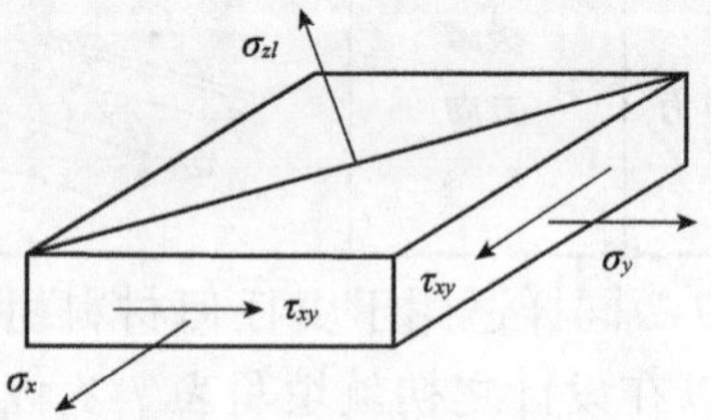


图7-22　板中面的薄壁应力

每块板的上下缘面外应力表达了局部荷载产生的局部效应，是一维应力，如桥面板计算中的车轮荷载，以及变高度箱梁的底板纵向预应力钢束产生的外崩力，如图7-23和图7-24所示。每块板件在局部荷载作用下的变形和应力分布如图7-25所示。

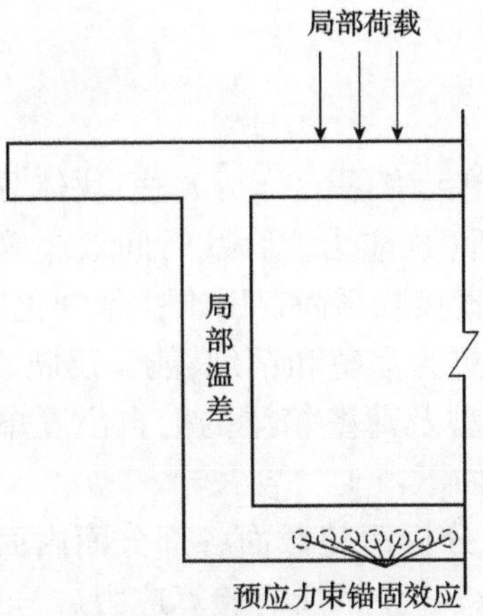


图 7-23　外荷载的局部效应

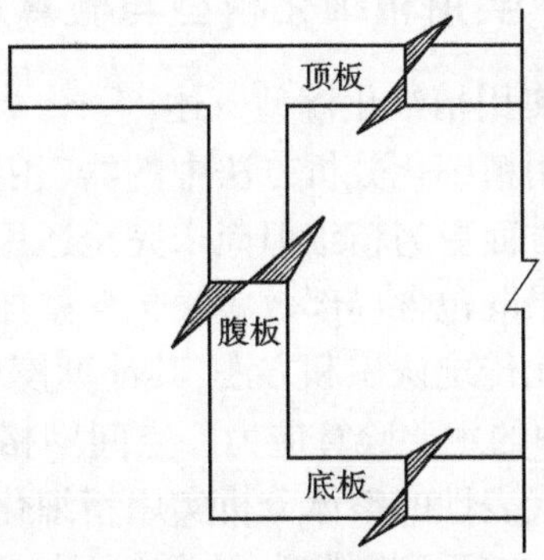


图 7-24　箱梁各板件上下缘面外应力

4）验算应力的基本单元

桥梁的桥面结构均可以分解成这两类的基本受力单元：中面面内应力单元承受正应力和面内剪应力，合成面内主拉应力和面内主压应力；上下缘面外应力单元主要承受正应力和面外剪应力，而面外剪应力相比面内剪应力一般是较小量。

图 7-21 和图 7-22 所示基本单元的受力效应对应于图 7-19 和图 7-20 中的整体荷载效应，即熟知的六个力（两个方向弯矩、扭矩、两个方向剪力和轴力，在直角坐标系内可以表达为 $N$、$M_x$、$M_y$、$T$、$V_x$、$V_y$）在截面上产生的效应。图 7-25 所示基本单元的受力效应对应于图 7-23 和图 7-24 中的局部荷载效应，即局部荷载产生的面外弯矩 $M_x$ 和 $M_y$。

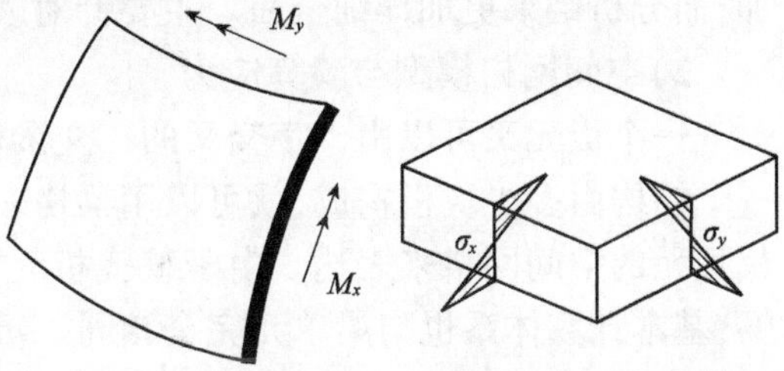


图 7-25　箱梁各板件面外效应变形及应力示意图

在前述 11 个完整验算应力的基础上，考虑到表 7-2 中箱梁腹板在腹板温差或其他荷载作用下产生畸变，在腹板的内外侧也有一维应力，但通常相对较小，不作为必须关注的验算应力，则可以将需要关注的应力指标精简至 9 个。表 7-3 为一个单箱单室箱梁结构应该关注的 9 个验算应力，其中，箱梁顶板和底板的面内应力在现行规范计算体系中没有包含，也造成相应的结构计算和配筋方法的缺失。

**箱梁结构应该关注的 9 个验算应力**　　表 7-3

| 构件/受力方向 | 部位 | 应力特征 | 与传统验算应力比较 |
|---|---|---|---|
| 顶板面外 | 上缘 | 纵向正应力 | 整体截面上缘应力 |
| | 上缘 | 横向正应力 | 另外进行桥面板局部计算 |
| | 下缘 | 横向正应力 | 另外进行桥面板局部计算 |
| 顶板面内 | 中面 | 主应力 | 没有包含 |
| 底板面外 | 下缘 | 纵向正应力 | 整体截面下缘应力 |
| | 上缘 | 横向正应力 | 主要为计算底板钢束的外崩力，简化计算方法不完善 |
| | 下缘 | 横向正应力 | |
| 底板面内 | 中面 | 主应力 | 没有包含 |
| 腹板面内 | 中面 | 主应力 | 腹板主应力 |

### 7.3.3 实用精细化模型与验算应力

1)实用精细化模型概述

实用精细化分析方法中的“实用”是为区别于块体单元有限元分析方法,块体分析虽然在某些方面更为精细但尚未完全适用桥梁结构整体分析(预应力、活载、时间效应等),而且分析结果既包含局部效应又包含整体效应,与配筋建立直接联系尚存困难;“精细化”是指其分析相比传统认识和方法,其计算模型和结构分析结果更为完整和精细,能够反映表7-2或表7-3中的主要验算应力。空间网格模型、折面梁格模型及薄壁箱梁的七自由度单梁模型是具有代表性的整体分析实用精细化模型,其各自特点如下:

(1)空间网格模型:最为全面的实用精细化模型,能分析清楚截面各部分面内面外受力情况,适用各种桥梁结构整体分析,全面反映表7-2或表7-3中的所有验算应力。

(2)折面梁格模型:针对截面在桥宽方向不同位置的受力,主要针对宽箱梁分析,模型中包含剪力滞效应,并可以计算得到各道腹板的荷载分配。主要针对表7-2或表7-3中的纵向正应力和腹板主应力。

(3)七自由度单梁模型:针对箱梁薄壁效应的单梁模型,可以分析清楚箱梁弯、剪、扭(包括自由扭转及约束扭转)效应;相比于传统的六自由度单梁模型,计算规模并未显著增加,而分析结果更加详细全面。主要针对表7-2或表7-3中的顶板、底板和腹板的主应力。

2)空间网格模型与验算应力

一个板元又可以由十字交叉的正交梁格来表达或替代,一片正交梁格就像是一张“网”,一个结构由多少块板构成,就可以用梁格表示成多少张“网”。这样,空间桥梁结构可以用替代板元的空间网格来表达。由于替代板元完全由梁构成,所以在计算方面与梁单元连接顺畅,基本计算体系也与梁单元完全相同。重要的是:桥梁结构的整体分析和局部分析在空间网格模型中可以由一个模型完成,而不用再去另外建一个计算模型。

针对图7-17所示的由板件组成的箱梁截面,可以采用熟知的空间六自由度梁单元组成空间网格模型,如图7-26所示。其中,图7-26是将箱梁结构分离成完全的板件单元,图7-27是将箱梁结构分离成梁+板件单元。前者已没有传统梁单元,适用于箱梁和薄壁桥墩等范围广泛的结构类型;后者认为腹板是满足平截面假定的一根梁,模型更为简洁,其应力计算方法与验算均同现行规范。

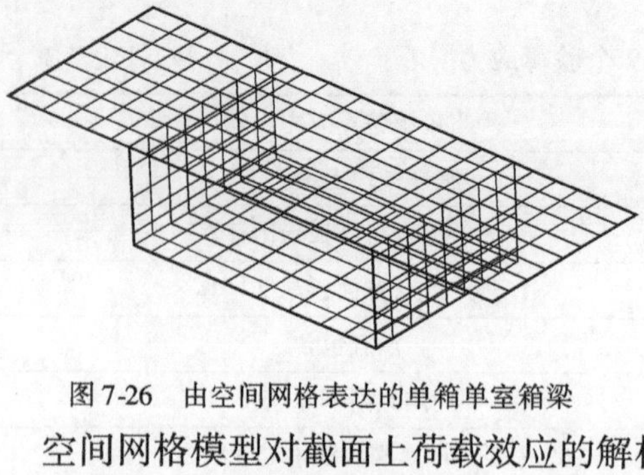

图7-26 由空间网格表达的单箱单室箱梁

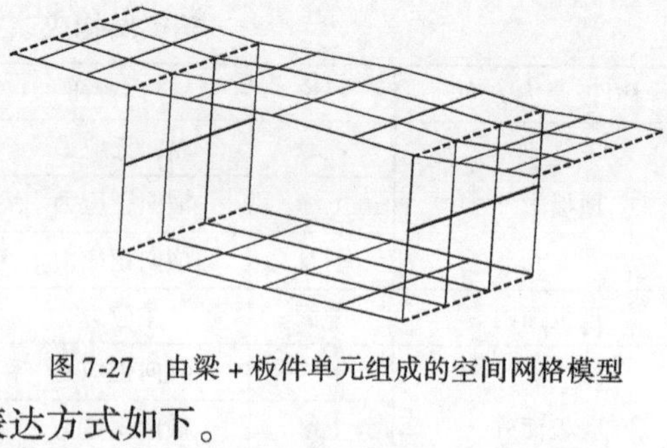

图7-27 由梁+板件单元组成的空间网格模型

空间网格模型对截面上荷载效应的解析和表达方式如下。

(1)正应力与剪力滞效应

箱梁截面上的轴向力及弯矩反映到分割后的各划分截面上均为各划分截面的轴力,即反映整体效应的正应力,是面内效应。各划分截面的正应力差异即反映剪力滞效应。由于划分出来的截面均是符合平截面假定的窄梁,所以各划分截面本身的正应力分布是均匀的。也就是说,空间网格计算模型是用"阶梯"型的应力分布模拟连续的应力分布的,如图 7-28 所示,图中的阶梯状折线即为空间网格模型的计算结果示意,连续实线为理论计算结果示意。

(2)剪应力

剪应力超静定是薄壁效应的主要特征,对于截面上得到的剪力、扭矩效应,空间网格模型通过转化为各个单元(顶板、底板及腹板已划分为多个单元)的剪力,来反映剪扭效应对应的剪力流。这样,顶底板的弯曲剪力流的零点位置、约束扭转剪力流和畸变剪力流就可以通过空间网格模型的分析精确的反映出来。

空间网格模型中的剪应力分布仍然是用"阶梯"型的应力分布模拟连续的应力分布的,图 7-29 所示为单箱单室箱梁截面的弯曲剪应力分布。图中的阶梯状折线即为空间网格模型的计算结果示意,实线为理论计算结果示意。

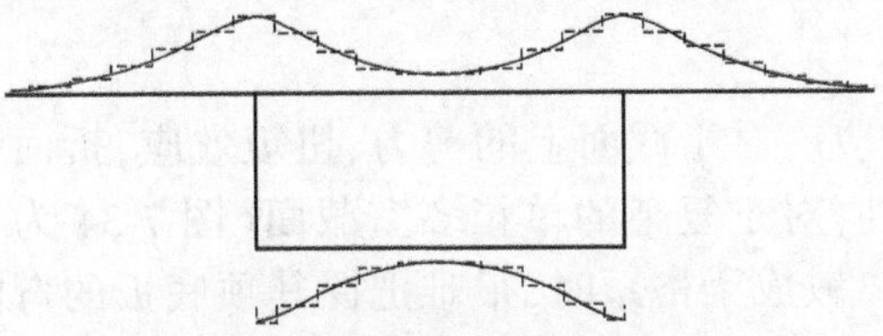
图 7-28 空间网格模型阶梯状的剪力滞效应

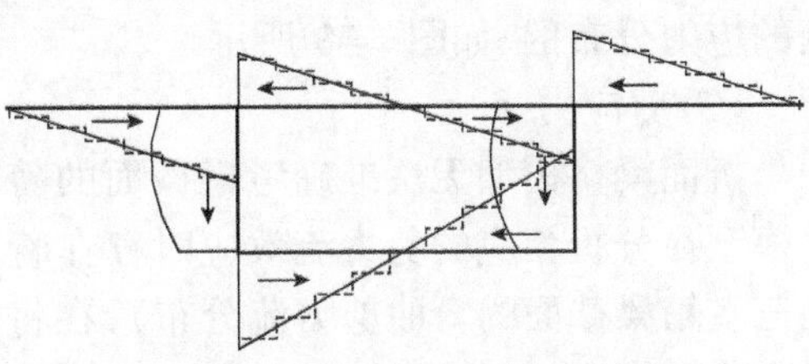
图 7-29 弯曲剪力流表达方法示意图

(3)薄壁效应(翘曲正应力)

空间网格模型中的翘曲正应力分布仍然是用"阶梯"型的应力分布模拟连续的应力分布的,图 7-30 所示为单箱单室箱梁截面的翘曲正应力分布。图中的阶梯状折线即为空间网格模型的计算结果示意,实线为理论计算结果示意。

(4)局部效应

空间网格模型中各划分截面上弯矩反映顶板、底板的局部受力,即可以得到顶板上下缘、底板上下缘由局部荷载引起的正应力,是面外效应。

3)折面梁格模型与验算应力

对如图 7-4 所示的宽箱梁截面,实际上与图 7-5 所示的多梁式桥同样,并不存在一个整体截面弯矩,结构分析的目的实际上是去寻找一个极值位置去偏安全地替代整体截面的受力,即寻找一个"横向分布系数"。前面已经讨论,由于传统的横向分布系数计算方法有一定的限制条件,故并不适用于现代常用的宽箱梁截面桥梁结构。

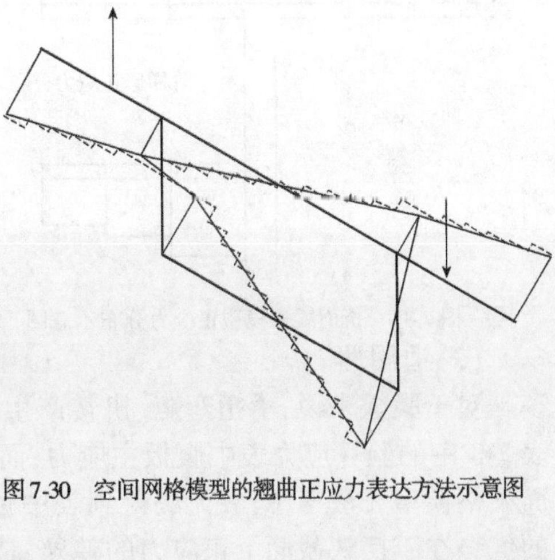
图 7-30 空间网格模型的翘曲正应力表达方法示意图

折面梁格模型便是适用于宽箱梁桥梁结构的计算模型。图 7-31 和图 7-32 分别为针对图 7-4 宽箱梁截面的两种折面梁格模型。前者采用致密划分,$b_1 \sim b_4$ 为 4 道腹板位置,无需另外考虑剪力滞效应;后者采用稀疏划分,$B_1 \sim B_4$ 为 4 道腹板位置,每根划分梁可能需要考

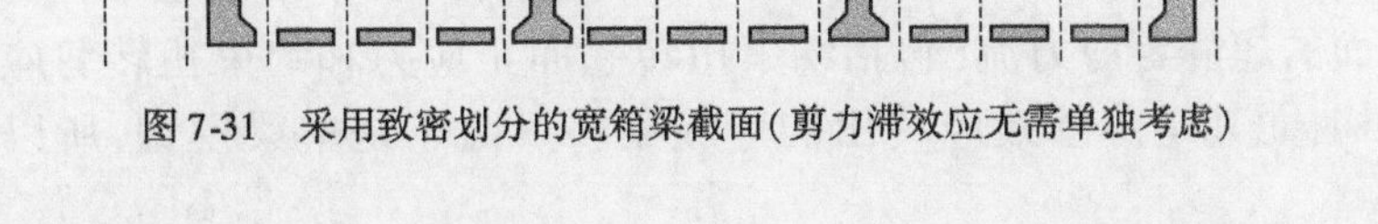

图 7-31 采用致密划分的宽箱梁截面(剪力滞效应无需单独考虑)

虑剪力滞效应。

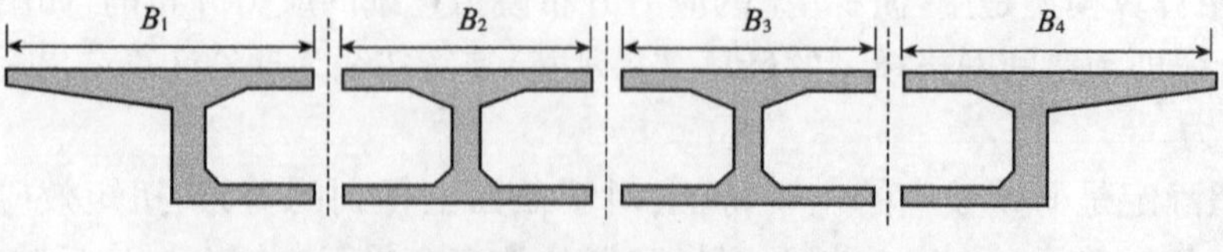


图 7-32 采用稀疏划分的宽箱梁截面(可能需要考虑剪力滞效应)

折面梁格模型对截面上荷载效应的解析和表达方式如下。

(1)正应力和剪力滞效应

截面上由轴向力及弯矩引起的正应力可以由折面梁格模型得到;但由于截面划分时将顶底板视为一根梁,反映顶板、底板局部受力的顶板上下缘、底板上下缘横向应力无法由折面梁格模型得到。折面梁格模型中顶、底板的正应力仍然是用"阶梯"形的应力分布模拟连续的应力分布的,如图 7-33 所示。

(2)剪应力

折面梁格模型无法准确考虑截面的剪、扭效应。对于截面上的剪力、扭矩效应,折面梁格模型在分析相应的剪力流效应时存在着局限性;对于复杂的单箱多室截面(图 7-34 为单箱三室箱梁截面的弯曲剪力流分布),在将截面离散成梁格系时,很难把握其顶底板的弯曲剪力流的零点位置,也就是说梁格法计算的顶底板弯曲剪力流结果存在一定近似性。而箱梁的自由扭转剪力流、约束扭转剪力流和畸变剪力流并不像弯曲剪力流存在零点或那么规则,故折面梁格是特别针对宽桥沿横截面各处正应力差异的。

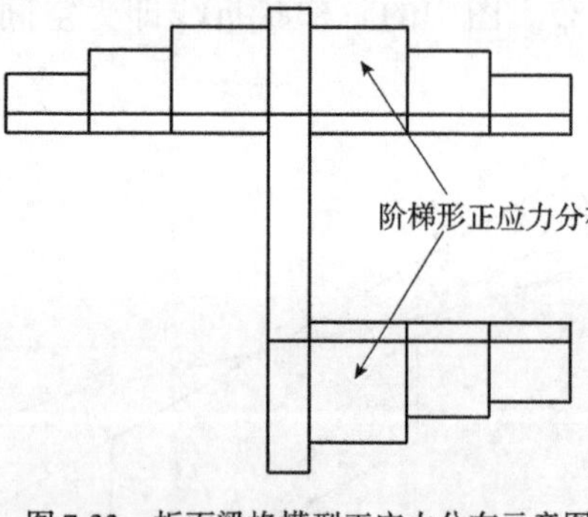


图 7-33 折面梁格模型正应力分布示意图

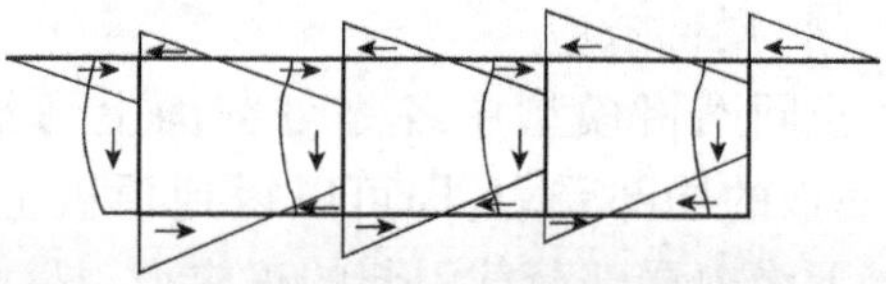

图 7-34 单箱三室箱梁的弯曲剪力流

(3)适用性

对于腹板来说,承担弯矩、扭转产生的竖向剪力,这时计算的剪应力可以得到表 7-2 或表 7-3 中的验算应力表中腹板主应力;而对于剪力、扭矩在箱梁顶板、底板产生的剪应力,折面梁格模型无法考虑,故无法得到表中顶板、底板的中面主应力。可以看出:折面梁格模型的优势在于反映截面上正应力的差异,是面向一维受力的,无法准确分析结构承受剪扭的二维受力,不能得到顶底板准确的剪力流数值。同时,折面梁格模型也无法考虑顶底板本身局部受力时的面外效应。

4)七自由度单梁模型与验算应力

传统的单梁模型分析方便,七自由度单梁模型便是一种实用精细化的单梁模型,它是在原来六自由度单梁模型基础上增加翘曲双力矩,与六自由度单梁模型唯一的区别是其解析了薄壁箱梁截面的超静定剪力流(包括约束扭转翘曲正应力和约束扭转剪应力),适用于箱形截面桥梁结构,尤其是薄壁效应突出的弯箱梁桥。由于是单梁模型,所以更具有模型简洁、计算直观、力学概念清晰的特点。

七自由度单梁模型对截面上荷载效应的解析和表达方式如下。

(1)正应力

截面上由轴向力、弯矩、及翘曲双力矩引起的正应力可以由七自由度单梁模型得到；但由于单梁模型中截面为一个整体，反映顶板、底板局部受力的顶板上下缘、底板上下缘横向应力无法得到。七自由度单梁模型除了可以得到与传统单梁模型同样的上下缘正应力以外，由于七自由度单梁模型可以解析约束扭转效应，故其可以通过计算精确得到沿桥梁轴线各处截面上的翘曲正应力，如图 7-35 所示。

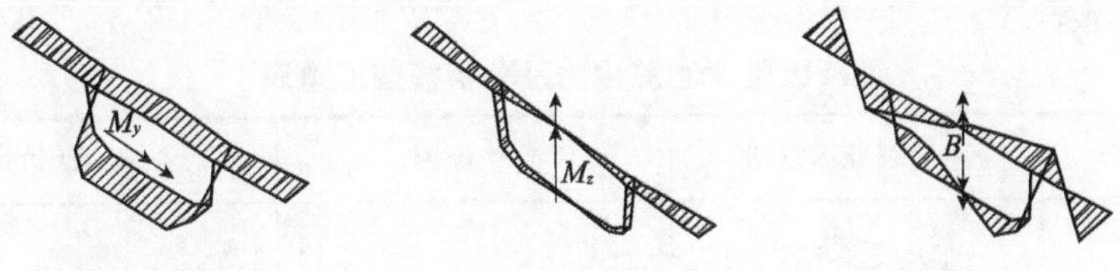

a)弯曲正应力（$M_y$）　b)弯曲正应力（$M_z$）　c)翘曲正应力

图 7-35　七自由度模型截面正应力分布示意图

(2)薄壁剪应力

剪应力超静定是薄壁效应的主要特征，对于截面上得到的剪力、扭矩效应，七自由度单梁模型运用薄壁理论进行截面特性计算来反映剪、扭效应对应的剪力流。这样，顶底板的弯曲剪力流、自由扭转剪力流、约束扭转剪力流，以及整个截面各个位置在不同荷载下的剪应力分布就可以通过七自由度单梁模型的分析精确的反映出来。由七自由度模型计算得到的单箱单室箱梁截面剪应力分布如图 7-36 所示。可以看出，采用七自由度单梁模型，便可以得到表 7-2 或表 7-3 验算应力表中腹板的主应力和顶板、底板的中面主应力。

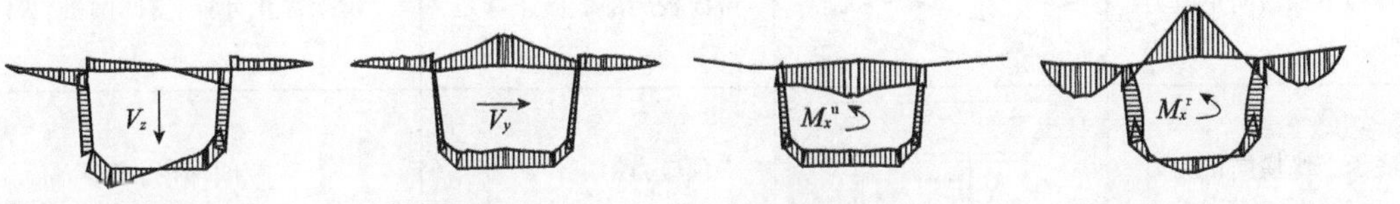

a)弯曲剪应力（$V_z$）　b)弯曲剪应力（$V_y$）　c)自由扭转剪应力($M_x^{\mathrm{u}}$)　d)约束扭转剪应力($M_x^{\mathrm{r}}$)

图 7-36　七自由度单梁模型分析效应剪应力图示

(3)适用性

七自由度弯梁桥模型是单梁模型，依然遵循截面刚性周边假定，遵循全截面的平截面假定。七自由度单梁模型适合于整体分析，但与六自由度计算方法一样，需要考虑剪力滞效应。对于产生面外效应的局部荷载，如桥面板分析、预应力钢束在箱梁底板产生的外崩力效应等，则需要另外计算。由于其模型规模小，计算成本低，通过七自由度单梁模型可以快速了解到不同类型直线箱梁桥和弯箱梁桥的受力特性，可以计算得到沿桥长的正应力放大系数(考虑约束扭转翘曲效应)和剪应力放大系数(考虑自由扭转和约束扭转效应)的精确值。将这些系数分别乘在弯矩和剪力上按规范计算，就可以直接用来进行截面配筋计算及全断面极限承载力计算。

5)分析模型与验算应力总结

经过上述对空间效应的梳理和分析，对平面分析中常用的笼统“放大系数”，便可根据空间效应的种类进行精确地分离：薄壁效应产生薄壁效应放大系数，可以由七自由度模型单独得到；“横向分布”的概念本身有缺陷，但采用折面梁格模型和空间网格模型便可以通过影响面加载得到各道腹板弯矩、剪力的真实分配；顶底板正应力分布不同产生的剪力滞效应（或有效分布宽度）在空间网格模型和折面梁格模型中自动反映出来。更为重要的是，荷载剪力滞效应、预应力效应在截面上分布不均匀体现的剪力滞效应，以及斜拉索力在截面上的分布不均匀体现的剪力滞效应，同样均可在模型中自动反映，而这些由不同因素产生的正应力分布的不均匀（剪力滞效应），现行规范方法是无法区分的。

表 7-4 为各种分析模型（包括上述的各种实用精细化模型）与表 7-2 或表 7-3 中的混凝土箱梁的验算应力的对应表，可以清晰了解验算位置、裂缝情况、产生原因和可以反映出该处受力情况的计算模型。

混凝土箱梁验算应力及分析模型汇总表

表 7-4

| 验算应力 | 对应裂缝示意图 | 产生原因 | 可采用的计算模型 |
|---|---|---|---|
| 顶板上缘纵向正应力 | 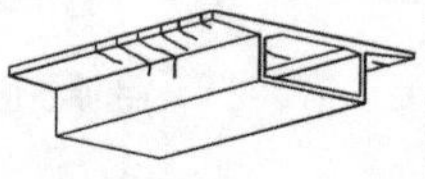 | 主梁截面负弯矩 | 单梁、折面梁格、空间网格、实体 |
| 底板下缘纵向正应力 | 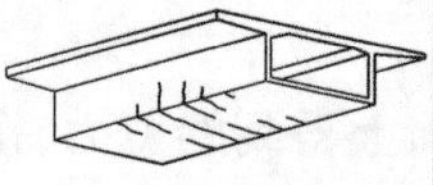 | 主梁截面正弯矩 | 单梁、折面梁格、空间网格、实体 |
| 顶板上缘横向正应力 | 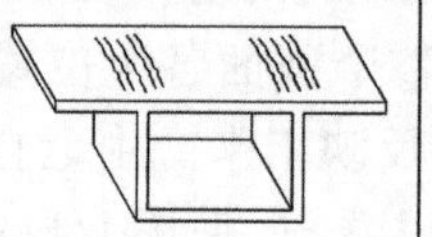 | 桥面板局部效应负弯矩 | 框架简化计算、空间网格、实体 |
| 顶板下缘横向正应力 | 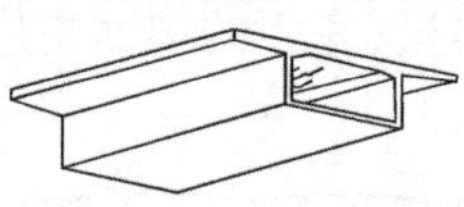 | 桥面板局部效应正弯矩 | 框架简化计算、空间网格、实体 |
| 底板上缘横向正应力 | 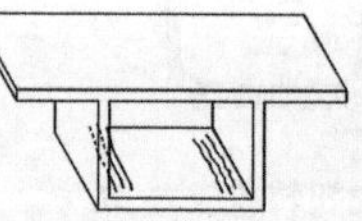 | 预应力钢束外崩力 | 空间网格、实体 |
| 底板下缘横向正应力 | 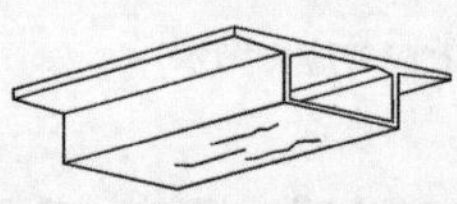 | 预应力钢束外崩力 | 空间网格、实体 |
| 顶板面内斜裂缝 | 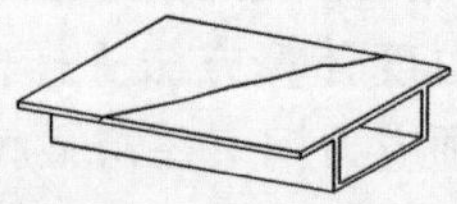 | 顶板主拉应力 | 七自由度单梁、空间网格、实体 |
| 底板面内斜裂缝 | 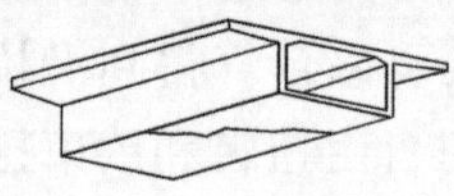 | 底板主拉应力 | 七自由度单梁、空间网格、实体 |
| 腹板面内斜裂缝 | 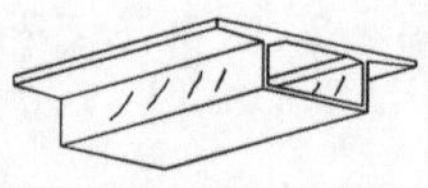 | 腹板主拉应力 | 单梁、梁格、空间网格、实体 |

注：表中“单梁”包括三自由度单梁模型、六自由度单梁模型和七自由度单梁模型。

## 7.4 混凝土桥梁实用精细化模型的应用

### 7.4.1 空间网格模型计算箱梁桥的完整验算应力

图7-37为一单箱单室箱形截面简支梁桥，分别采用空间网格模型和三维壳体单元有限元模型对其各空间效应进行分析。针对该桥建立的空间网格模型如图7-38所示，由于箱梁截面的对称性，只示意出一半横截面的离散情况。

为了考虑两种不同模型中的剪力滞效应，分析了简支箱梁在自重作用下的受力情况；为了对比两种不同模型中箱梁的薄壁效应（超静定剪应力分布及翘曲正应力分布），对简支箱梁在反对称均布线荷载下（$q=100\text{kN/m}$）受力情况进行了分析。图7-39表示自重作用下四个纵向位置（悬臂端部、腹板位置、顶板中点、底板中点）沿跨径方向的垂直挠度对比。图7-40表示自重作用下跨中及四分点沿横截面方向的垂直挠度对比。图7-41表示反对称荷载作用下跨中及四分点横截面变形对比。其中，括号内的数字表示壳体有限元的计算结果。图7-42表示自重作用下跨中及四分点位置横截面正应力对比（拉应力为正）；图7-43对比了两种模型中的剪力滞效应系数；图7-44表示反对称荷载作用下跨中及四分点位置横截面翘曲正应力对比（拉应力为正），图中壳体有限元模型的结果以实线表示，网格模型的计算结果由阶梯状虚线表示。

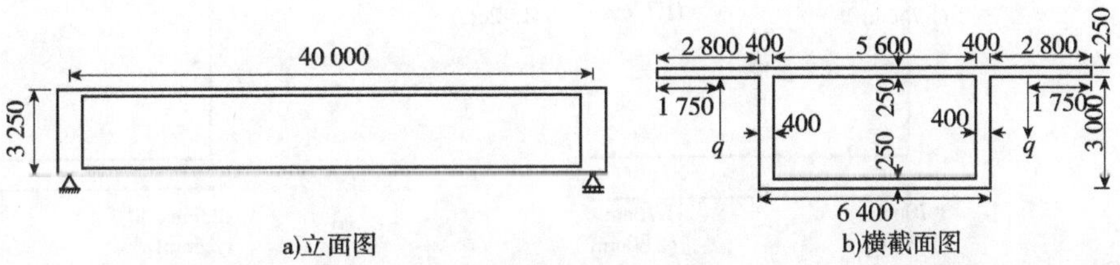

a)立面图　　b)横截面图

图7-37　简支箱梁桥（尺寸单位：mm）

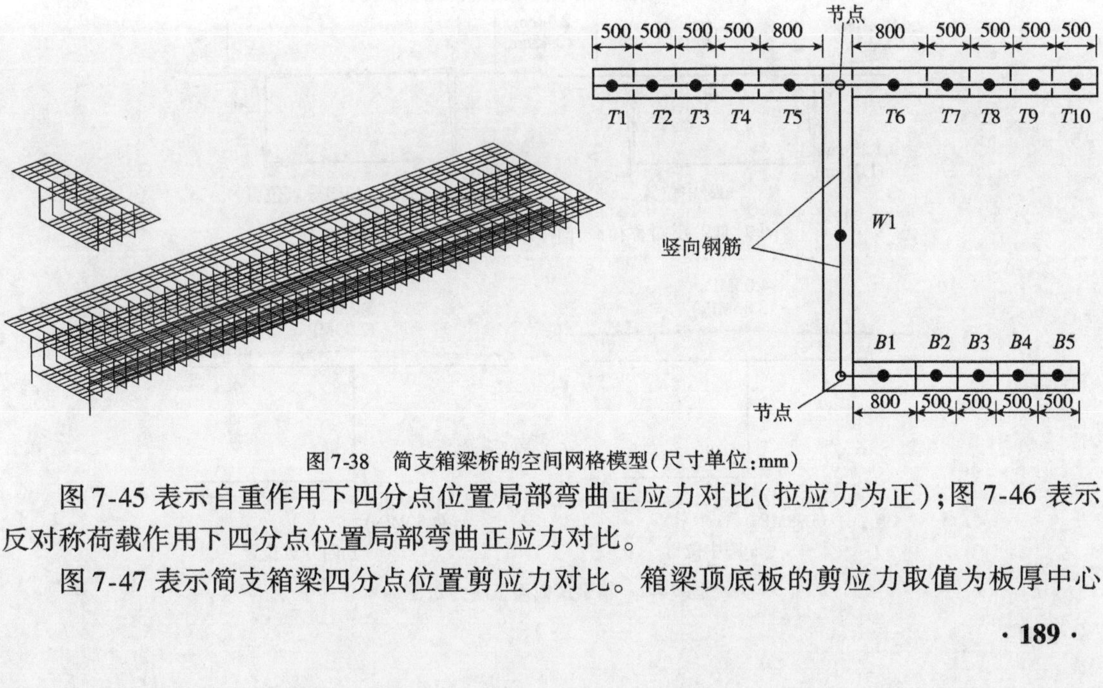

图7-38　简支箱梁桥的空间网格模型（尺寸单位：mm）

图7-45表示自重作用下四分点位置局部弯曲正应力对比（拉应力为正）；图7-46表示反对称荷载作用下四分点位置局部弯曲正应力对比。

图7-47表示简支箱梁四分点位置剪应力对比。箱梁顶底板的剪应力取值为板厚中心

位置处的剪应力值。图 7-47 中,壳体有限元计算结果以阶梯型连续实线表示,空间网格模型计算结果以阶梯状虚线表示。

可以看出,由这两种计算模型计算得到的整体荷载效应和局部荷载效应均基本相同。

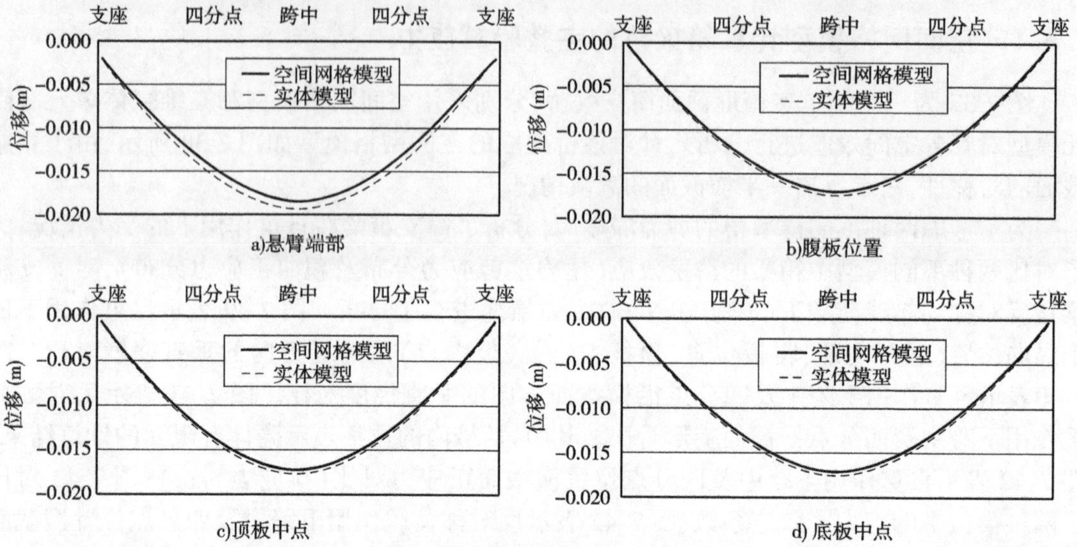


图 7-39 自重作用下竖向挠度对比

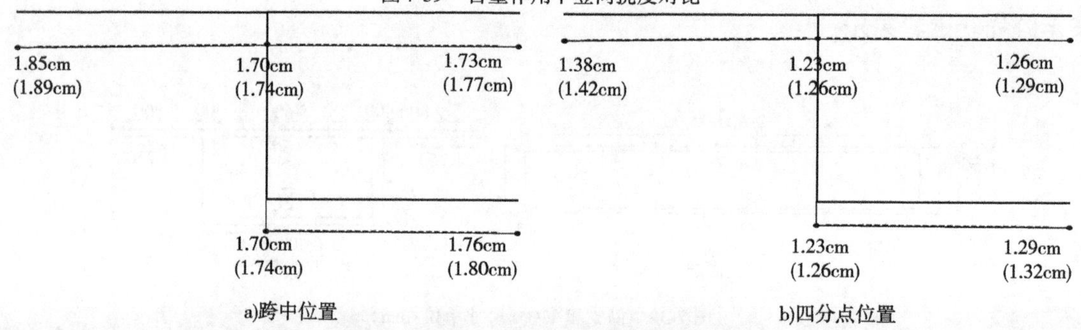


图 7-40 自重作用下横截面竖向挠度对比

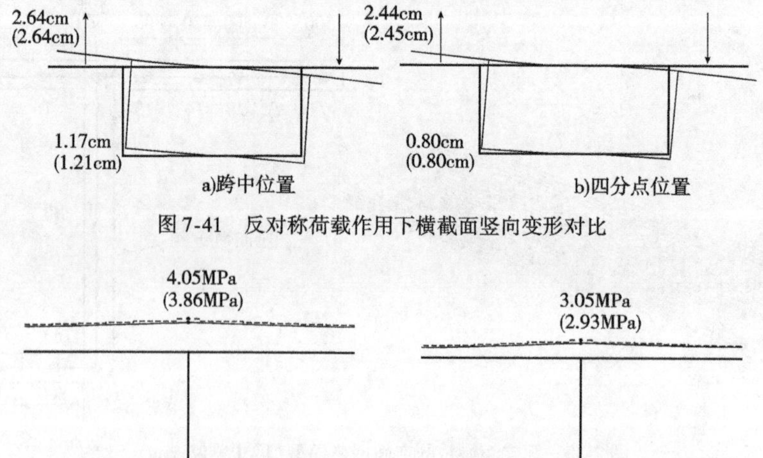


图 7-41 反对称荷载作用下横截面竖向变形对比

图 7-42 箱梁横截面正应力对比

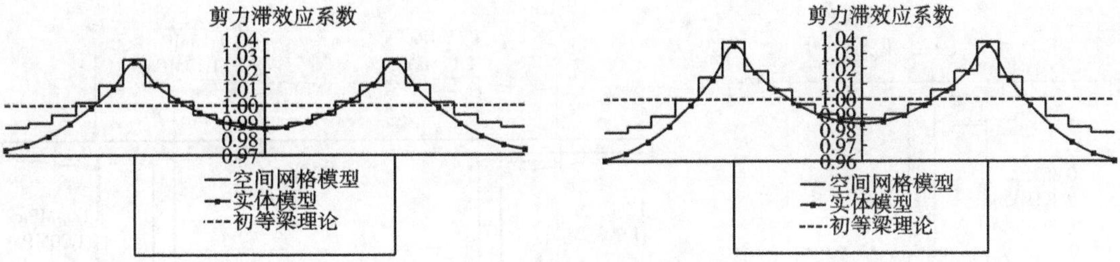


a)跨中位置　　b)四分点位置

图 7-43　箱梁顶板剪力滞效应系数对比

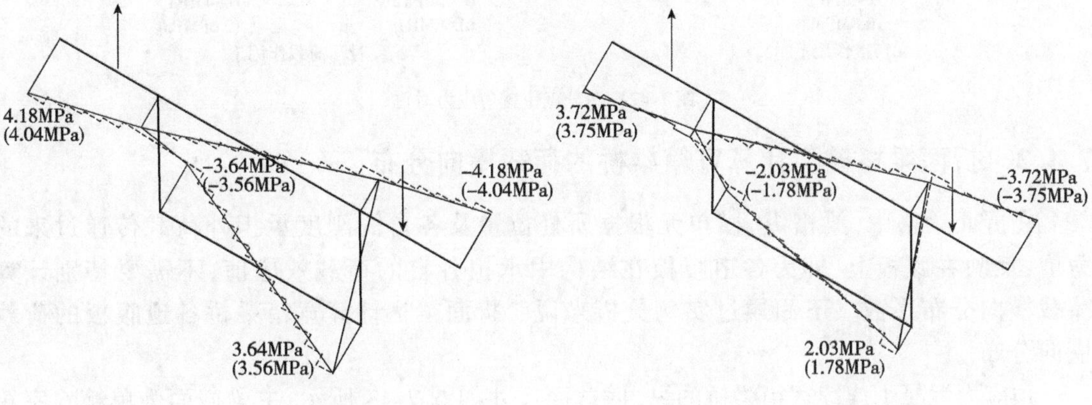


a)跨中位置　　b)四分点位置

图 7-44　箱梁横截面翘曲正应力分布对比

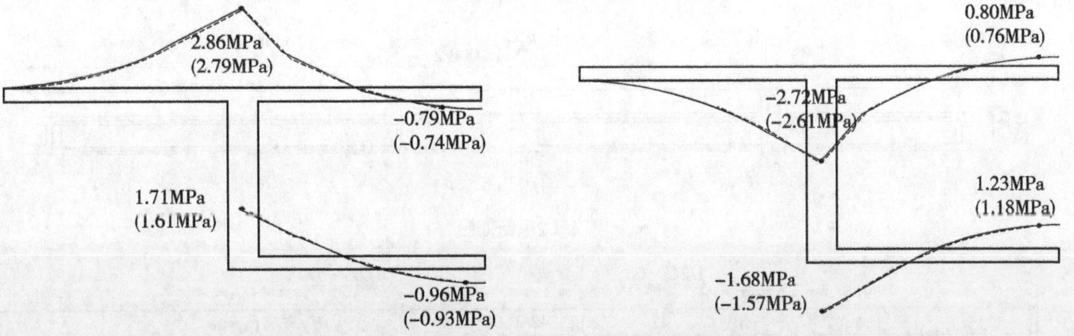


a)顶、底板的上层应力　　b)顶、底板的下层应力

图 7-45　自重作用下四分点横向弯曲应力对比

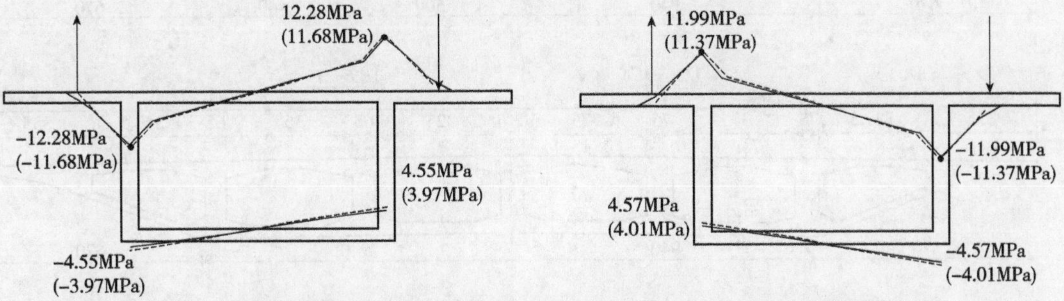


a)顶、底板的上层应力　　b)顶、底板的下层应力

图 7-46　反对称荷载作用下四分点横向弯曲应力对比

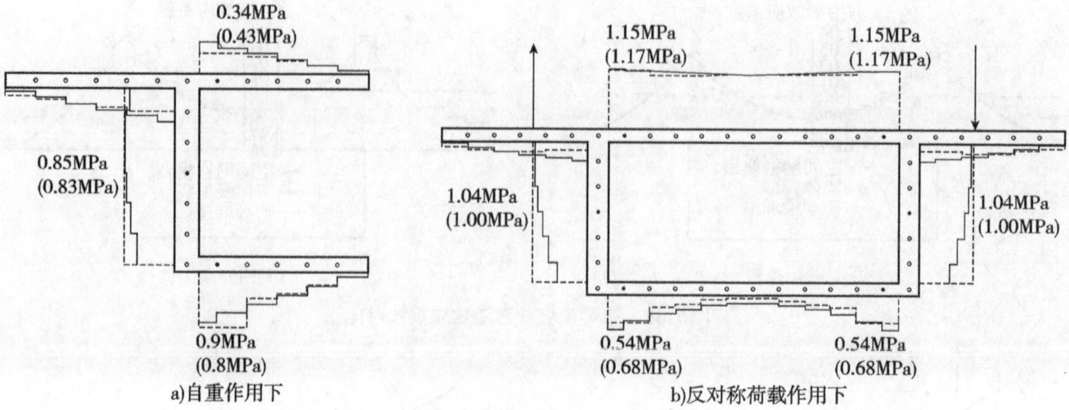


a)自重作用下　　b)反对称荷载作用下

图7-47　四分点位置剪应力对比

### 7.4.2　折面梁格模型计算宽箱梁桥的荷载横向分布

在折面梁格中，梁格纵、横单元根据所处位置及各自的刚度承担外荷载传递过来的力值，反映在腹板上，即为各道腹板在结构中承担各自的荷载效应值，不需要特别计算荷载横向分布系数。下面通过实例分析来说明折面梁格计算宽箱梁桥各道腹板的荷载横向分布。

预应力混凝土连续宽箱梁桥的纵、横截面尺寸如图7-48所示，主梁截面为单箱6室箱形截面，每跨跨长为$L=30$m，桥宽32.2m，支座布置见图7-49，该桥建立的折面梁格模型如图7-50所示。

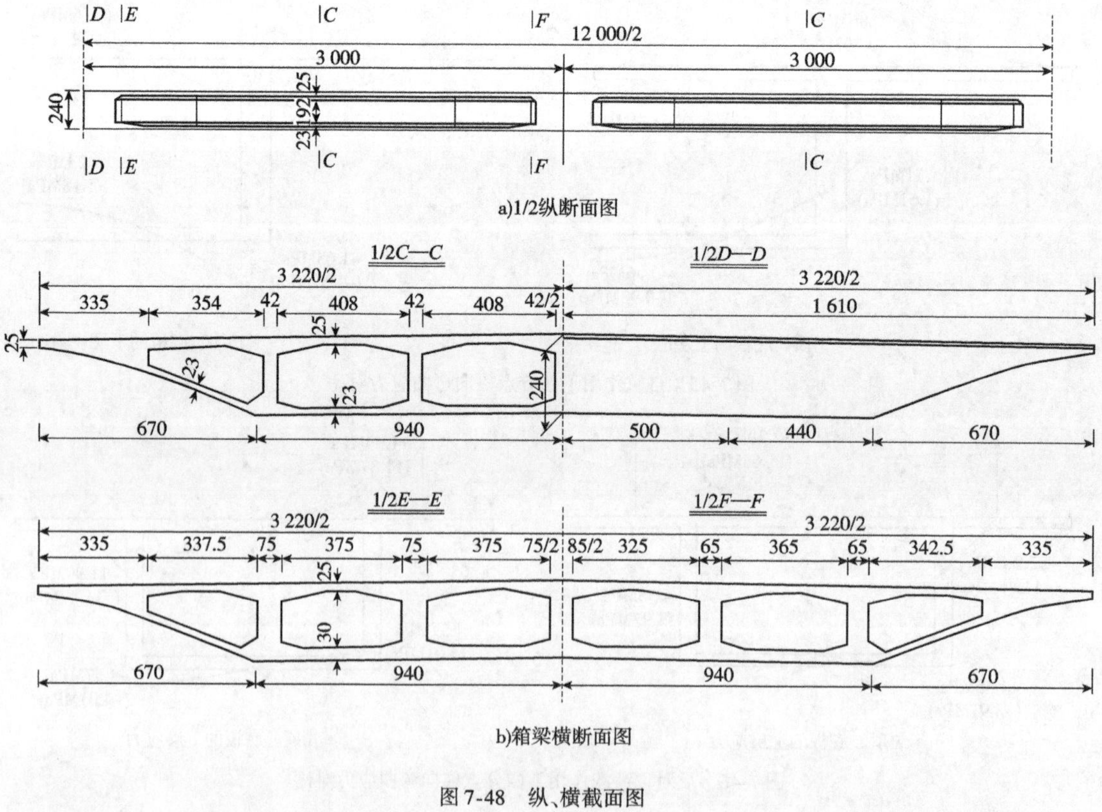


图7-48　纵、横截面图

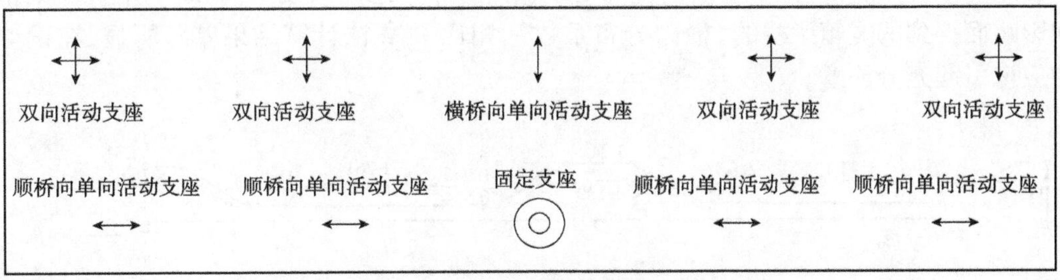


图 7-49　支座的布置

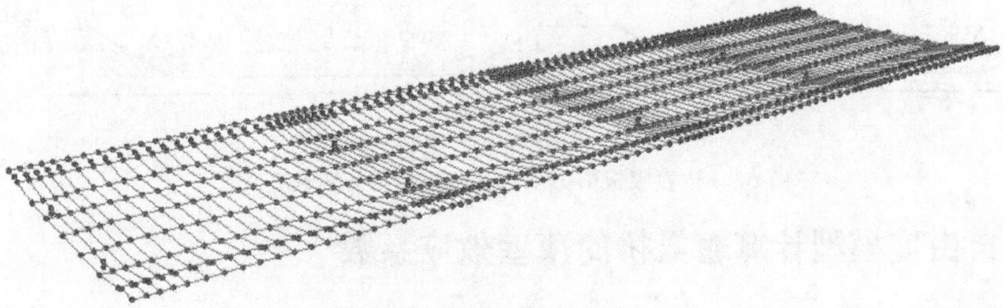

图 7-50　折面梁格模型

图 7-51 ~ 图 7-53 分别为沿桥长的中直腹板、边中直腹板和边直腹板，均分别采用折面梁格方法和比拟正交异性板法计算的弯矩横向分布系数；图 7-54 ~ 图 7-56 分别为沿桥长的中直腹板、边中直腹板和边直腹板，均分别采用折面梁格方法和比拟正交异性板法计算的剪力横向分布系数。

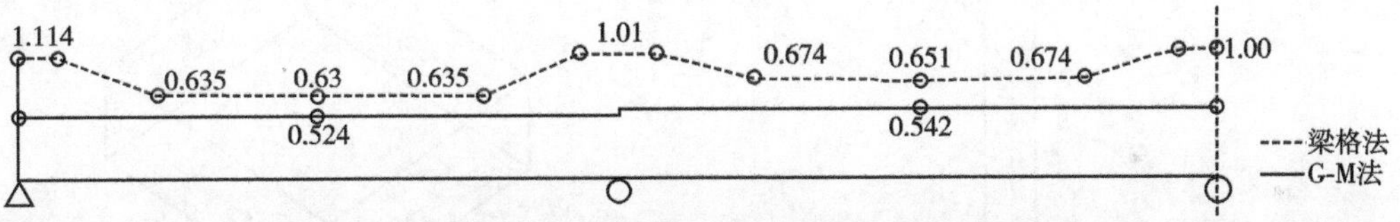


图 7-51　中直腹板弯矩横向分布系数沿半跨长变化图

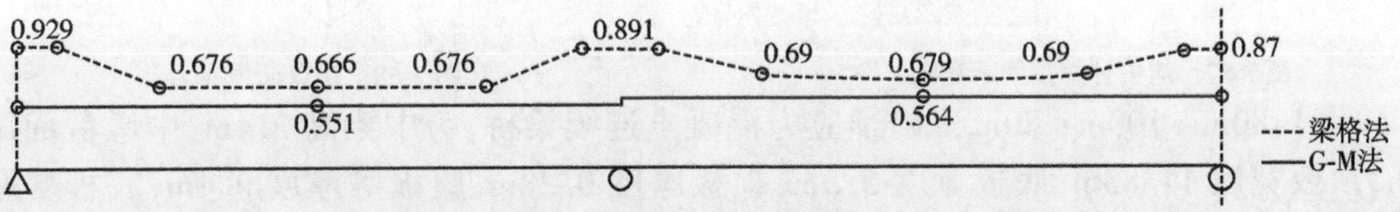


图 7-52　边中直腹板弯矩横向分布系数沿半跨长变化图

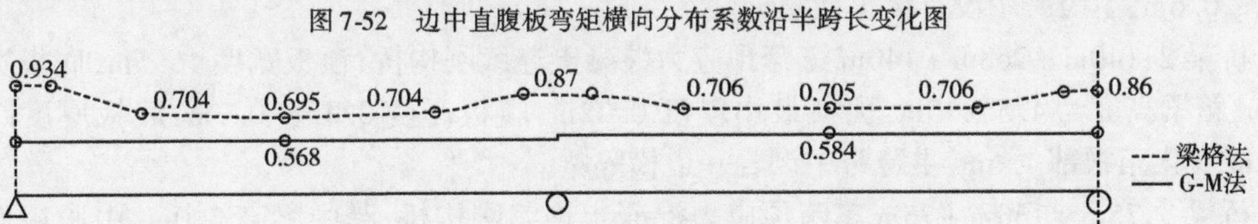


图 7-53　边直腹板弯矩横向分布系数沿半跨长变化图

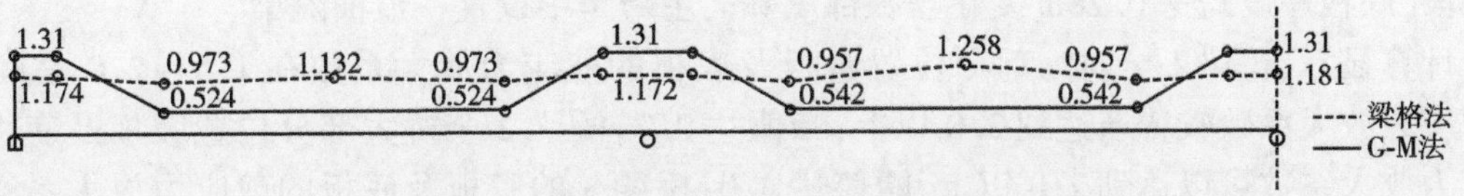


图 7-54　中直腹板剪力横向分布系数沿半跨长变化图

通过对比可以看出，由于支承条件与荷载横向分布概念的假设不同，故采用折面梁格法空间影响面得到的宽箱梁桥的“横向分布系数”，相比 G-M 法计算结果差异明显，在设计计算中应该引起充分注意。

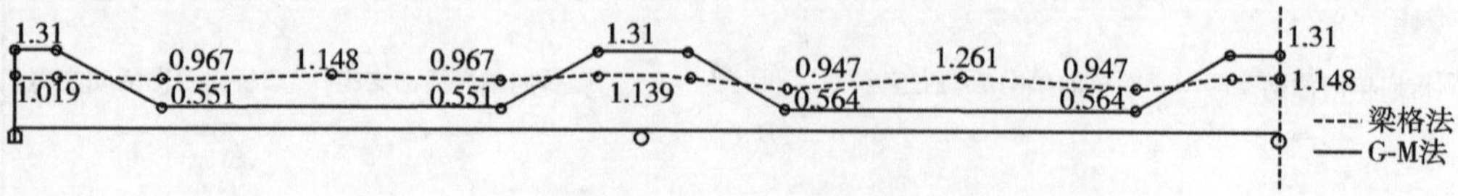


图 7-55　边中直腹板剪力横向分布系数沿半跨长变化图

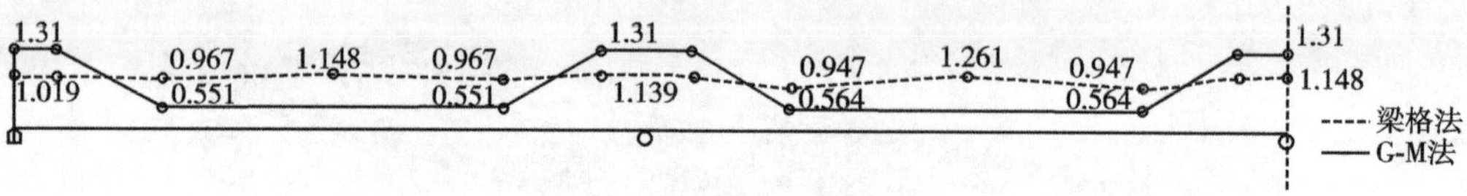


图 7-56　边直腹板剪力横向分布系数沿半跨长变化图

## 7.4.3　七自由度模型计算箱梁桥的薄壁效应系数

1）直线箱梁桥的薄壁效应系数

采用七自由度模型计算了三座桥宽分别为 11.85m、16.50m 和 16.75m 的单箱单室直线箱梁桥。车辆荷载均为三车道公路—Ⅰ级，均计算如图 7-57 的 *A*、*B*、*C*、*D* 所示四点位置。特别注意 *D* 点的剪应力为水平方向的，如图 7-58 所示。

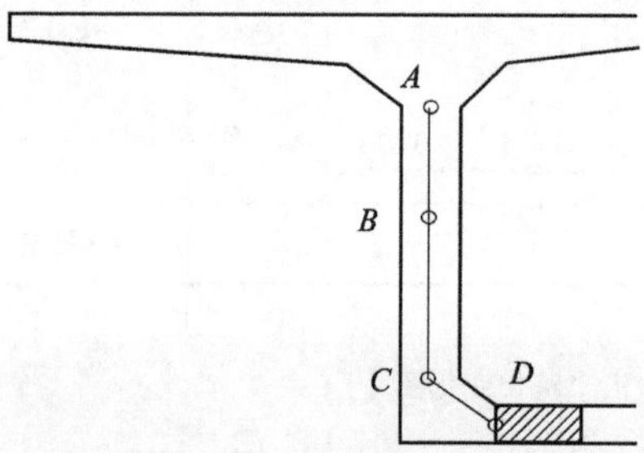


图 7-57　应力计算位置示意图

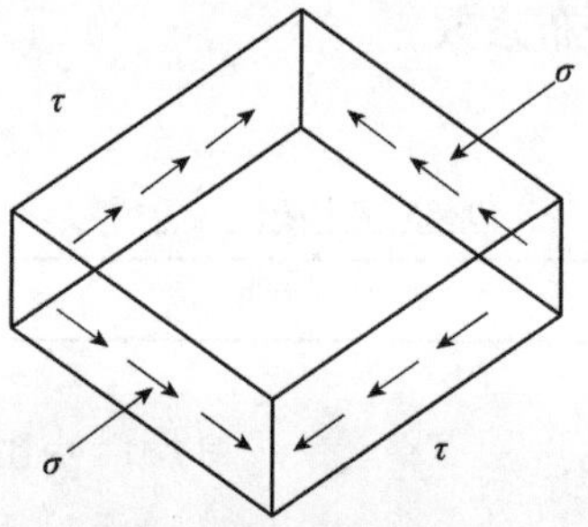


图 7-58　*D* 点面内应力

桥梁 1：80m + 100m + 80m 三跨预应力混凝土连续梁桥，跨中梁高 2.4m，中墩截面梁高 5.8m，顶板宽度 11.85m，底板宽度 5.5m，顶板厚度 0.28m，腹板等厚度 0.4m，底板变厚度 0.32 ~ 0.6m，主跨跨中没有设置横隔梁。

桥梁 2：140m + 268m + 140m 三跨预应力混凝土连续刚构桥，顶板宽度 16.5m，底板宽度 7.5m，箱梁高度为 4.5 ~ 15m，顶板最小厚度 0.32m，腹板厚度 0.45 ~ 0.7m，底板厚度跨中 0.32m 变化至根部 1.6m，主跨跨中设置一道横隔梁。

桥梁 3：75m + 130m + 75m 三跨预应力混凝土连续刚构桥，跨中梁高 3.0m，中墩截面梁高 7.8m，顶板宽度 16.5m，底板宽度 9.25m，顶板厚 0.25m，腹板厚度分 0.50m 和 0.70m 两个区段，底板厚度跨中 0.28m 变化至根部 1.0m，主跨跨中设置一道横隔梁。

计算显示，桥梁 1 全桥大部分位置腹板及底板的剪应力放大系数在 1.5 ~ 2.0 之间，*D* 点剪应力放大系数较普遍达到 2.0 以上，峰值达 2.7；桥梁 2 全桥大部分位置腹板及底板的剪应力放大系数可以达到 2.0 以上，峰值达 4.0；桥梁 3 的腹板及底板的剪应力放大系数平均值可以达到 2.5，局部峰值超过 4.0。

表 7-5 为对以上三座样本桥梁截面剪应力放大系数的计算结果。

**三座样本桥梁的截面剪应力放大系数** 表 7-5

| 工程 | 桥宽(m) | 活载剪应力放大系数平均值 | | | | |
|---|---|---|---|---|---|---|
| | | *A* | *B* | *C* | *D* | 总平均值 |
| 桥梁 1 | 11.85(三车道) | 1.37 | 1.41 | 1.55 | 1.75 | 1.52 |
| 桥梁 2 | 16.50(三车道) | 1.86 | 1.70 | 2.04 | 2.40 | 2.00 |
| 桥梁 3 | 16.75(三车道) | 1.92 | 1.87 | 1.95 | 2.10 | 1.96 |

可以看出,实际桥梁的活载剪应力放大系数远远大于常用的 1.05,桥梁 1 的平均放大系数达到 1.5,而桥梁 2 和桥梁 3 则达到 2.0,可见近似采用的 1.05 放大系数进行剪应力计算明显偏小。

2)曲线箱梁桥的薄壁效应系数

采用七自由度模型对某绕城高速公路互通立交中一段(跨径布置为 18.00m + 22.00m + 18.00m,平面弯曲半径为 60.00m,箱梁截面宽 8.45m)匝道弯桥进行分析,得到薄壁效应放大系数如图 7-59 和图 7-60 所示。显然,传统剪力活载放大系数 1.05 在弯桥结构上是严重偏低的。需要重点指出的是,这个算例是一座桥面宽度只有 8.45m 的双车道小跨径弯桥,随着车道数目的增加、跨径的增大以及弯曲半径的增加,活载剪力的放大系数也会明显增加。

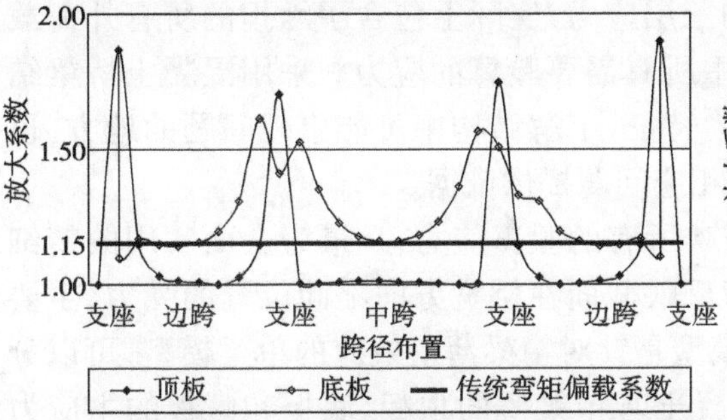


图 7-59 活载弯矩放大系数

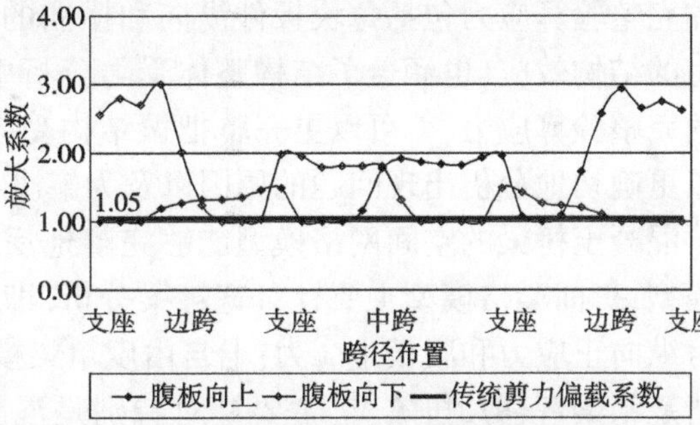


图 7-60 活载剪力放大系数

3)采用七自由度模型进行箱梁桥体内体外配束合理设计

薄壁剪应力由弯曲剪应力和扭转剪应力组成,其中,跨径越大,恒载产生的弯曲剪应力所占比重就越大。所以,配置合理的预应力钢束提供竖向分力以减小恒载剪力是最为有效的配束方式。

对于承受正应力 $\sigma_x$、$\sigma_y$ 和剪应力 $\tau$ 的构件,熟知的主拉应力计算方法为:

$$\sigma_{主} = \frac{\sigma_x + \sigma_y}{2} \pm \sqrt{\left(\frac{\sigma_x - \sigma_y}{2}\right)^2 + \tau^2} \tag{7-8}$$

采用如图 7-61 所示的途径可以减小主拉应力增强箱梁的抗裂性:

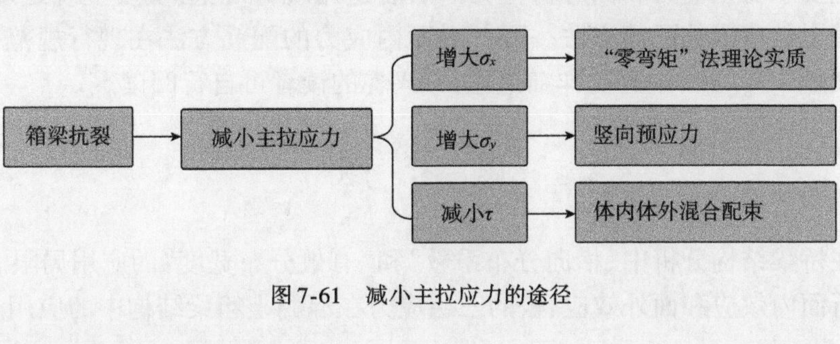


图 7-61 减小主拉应力的途径

在这些途径中,竖向预应力的施工质量较难保证,同时只对减小腹板的主拉应力有用,而对减小箱梁顶底板的主拉应力没有作用;“零弯矩”法提供全断面的正应力,故其减小的主拉应力是箱梁全断面的,而不仅仅是腹板的,对预防箱梁底板的剪切开裂是有利的,同时纵向预应力施工也更为可靠。但是,$\sigma_x$ 和 $\tau$ 相比,对减小主拉应力的贡献“迟钝”许多。需要更多的非结构受力构造尺寸或更大直径的钢束,从而会走入耗费材料的恶性循环。

通过减小剪应力 $\tau$ 来减小主拉应力效率最高,方法是寻找桥梁全长范围内最优的预剪力分布,从而通过减少自重剪力、提高预应力钢束预剪力的方法将桥梁全长范围内的剪应力降下来。参考文献[6]采用七自由度模型进行了详细的计算,并在此基础上建议了相关的体内体外合理配束方法。

## 7.5 小　　结

箱梁截面的混凝土桥梁可以划分成由若干板件组成的方式,在荷载作用下每块板件均有面内效应和面外效应。其中,面内效应由整体效应产生,即薄壁应力;面外效应由局部荷载产生,为弯曲应力,其特征是板件截面上有受压区。面内效应和面外效应在板件上体现为三层应力:中面应力即是面内效应,上下缘应力由面外效应和面内效应组合而成。混凝土桥梁的完整验算应力包括每块板件纵向和横向的三层应力,实际上包含了承担的所有外荷载产生的结构效应,也涵盖了结构整体受力分析中所有需要验算的应力。采用混凝土桥梁结构的完整验算应力,就可以更完整把握结构受力特征、了解结构中可能出现问题的地方,也可以更确切地分析出现问题的原因以及为解决相应问题提供依据。

混凝土桥梁的空间网格模型能够完整地反映所有的验算应力,是最为全面实用的精细化模型;折面梁格模型主要针对宽箱梁分析,即反映截面在桥宽方向不同位置的受力,主要针对纵向正应力和腹板主应力;七自由度单梁模型是针对箱梁薄壁效应的单梁模型,可以分析清楚箱梁弯、剪、扭效应,主要针对特别是混凝土弯箱梁桥的顶板、底板和腹板的主应力分析。

混凝土桥梁结构分析的最终目的是为了配筋,将混凝土结构的配筋和结构分析完全衔接的基础有两个:能够完整得到表7-2中的所有应力特征;能够建立针对表7-2中所有应力特征的配筋方法。也就是说,针对表7-2中的各项验算应力均要有相应的配筋设计方法。剪切配筋方法实质上就是针对主拉应力的配筋方法,现行规范中剪切配筋方法仅针对腹板竖向剪应力,而实际上箱梁截面的顶板、底板和腹板均是承受主拉应力的构件。

如前所述:混凝土箱梁结构可以分解成两类受力基本单元:图7-21所示中面面内应力单元承受正应力和面内剪应力,合成面内主拉应力和面内主压应力;图7-25所示上下缘面外应力单元主要承受正应力和面外剪应力。后者适用现行规范,实质上就是现行设计计算方法中针对轴力与弯矩的配筋方法。而针对面内应力的配筋方法在现行规范中是缺失的,相关研究在文献[9][10]中有更详细论述,有兴趣的读者可自行阅读。

## 思 考 题

1. 试述在桥梁结构分析中“横向分布系数”和“有效分布宽度”的应用局限。
2. 试分析面内效应和面外效应、板的三层应力在混凝土箱梁结构中的应用。

3. 试分析如图 7-62 所示的混凝土箱梁裂缝的性质、对应的计算部位、可能成因以及可取用的计算模型。

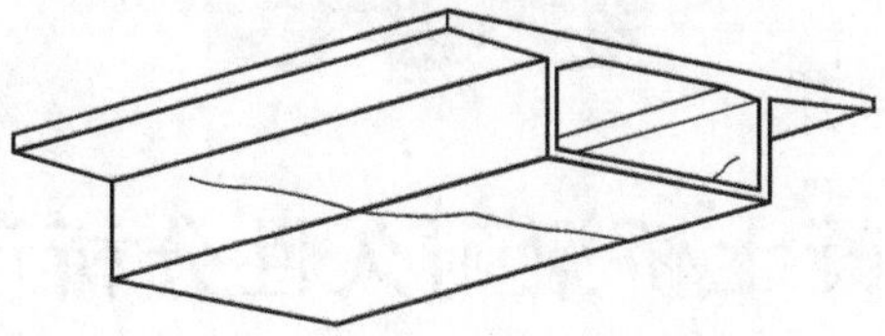

图 7-62

4. 实体单元分析结果与现行规范配筋方法联系的困难表现在哪里？为什么？

## 本章参考文献


[1] 项海帆,潘洪萱,张圣城,范立础,等. 中国桥梁史纲[M]. 上海:同济大学出版社,2008.

[2] 范立础. 桥梁工程[M]. 北京:人民交通出版社,1987.

[3] Hambly E C. Bridge deck behaviour. London: E&FN SPON, 1976.

[4] 郭金琼. 箱形梁设计理论[M]. 北京:人民交通出版社,1991.

[5] 张喜刚,等. 大跨径预应力混凝土梁桥设计施工技术指南[M]. 北京:人民交通出版社,2012.

[6] 徐栋. 桥梁体外预应力设计技术[M]. 北京:人民交通出版社,2008.

[7] 李宁. 混凝土弯箱梁桥空间分析与合理配束方法[D]. 上海:同济大学桥梁工程系,2011.

[8] 戴树才. 单层梁格计算方法若干问题研究[D]. 上海:同济大学桥梁工程系,2011.

[9] 刘超. 混凝土腹部适配筋梁抗剪理论与方法[D]. 上海:同济大学桥梁工程系,2006.

[10] 赵瑜. 混凝土结构抗剪配筋设计研究——“拉应力域”方法[D]. 上海:同济大学桥梁工程系,2012.

[11] 徐栋. 对桥梁结构一些“经典概念”的探讨[J]. 桥梁,2012(4).

# 第8章

# 混凝土桥梁耐久性分析设计

## 8.1 概　述

在正常的设计、施工、使用及维护条件下,在规定的时间内,结构性能随时间衰变后仍能满足预定功能的能力被称为结构的耐久性。混凝土材料曾被认为是一种耐久、经济的材料而广泛用于建筑与工程结构。然而,在20世纪中期,一些仅使用30~40年的混凝土结构因耐久性不足而出现了严重的性能退化,使人们对混凝土材料耐久性的认识逐渐发生了变化。

为了更好地开展耐久性研究,1957年,美国混凝土学会(ACI)就成立了“ACI 201委员会”,负责指导和协调耐久性方面的研究。1992年,欧洲混凝土结构委员会出版了《CEB耐久混凝土结构设计指南》。1996年,国际材料与结构试验研究联合会(RILEM)TC 130-CSL委员会的《混凝土结构服务寿命设计计算方法》报告,提出基于破坏概率设计理论的混凝土结构耐久性设计概念,引入了时间参数和环境对结构的作用。1998年5月成立的国际结构混凝土学会(fib),设立了C5结构使用寿命委员会。20世纪80年代起,混凝土耐久性问题在我国得到了日益重视,并逐渐形成了系统的研究。1990年,中国工程建设标准化协会成立了“全国建筑物鉴定加固标准委员会”;1991年,全国钢筋混凝土标准技术委员会成立了“混凝土结构耐久性学组”;1992年,中国土木工程学会混凝土及预应力混凝土分会成立了“混凝土耐久性专业委员会”。

混凝土碳化、钢筋锈蚀、混凝土开裂脱落、冻融破坏及材料性能下降等是混凝土结构耐久性损伤的病害特征。引起混凝土结构耐久性损伤的内因是混凝土的自身缺陷,它来自于设计、材料和施工方面的不足;导致混凝土耐久性损伤的外因则是自然和使用环境的作用。虽然外因是混凝土结构耐久性损伤的作用因素,但内因对结构寿命的影响更为明显。混凝土桥梁是占绝对多数的桥型,我国近几十年内建造的混凝土桥梁频繁出现了耐久性病害。由于我国混凝土桥梁的耐久性研究起步较晚,且早先的研究仍借助于建筑结构领域的研究基础,尚有许多问题没有得到很好解决。因此,面对大量耐久性能严重退化的混凝土桥梁,迫切需要对环境作用机理、材料性能退化机理、构件受力性能退化机理展开研究,揭示结构耐久性能退化和受力性能演变全过程的规律;建立能够预报结构寿命期耐久性状况,评价适用性能、安全性能及外观的方法,从而能在设计施工管养各阶段发现潜在的耐久性问题,提出减少或避免严重事故发生的预案。

## 8.2　材料的性能劣化机理与损伤规律

混凝土结构耐久性损伤的原因可分为内部和外部两个方面。内部原因是其自身的缺陷,如气泡、毛细管孔隙等,这些缺陷为空气中的二氧化碳、水分和氧气在混凝土中扩散提供了通道。一些混凝土中掺加的氯盐集料，会使混凝土中的钢筋锈蚀；混凝土的碱含量过高时，也会引起碱与活性集料反应，导致混凝土开裂。混凝土耐久性损伤的外部原因，是自然环境和使用条件的作用和恶化，如二氧化碳、环境温度与湿度、酸雨等作用，它们使混凝土中性化、钢筋锈蚀；海洋和沿海地区的氯盐、寒冷地区的冻害、腐蚀土壤及工业区酸碱作用，都将严重导致混凝土和钢筋腐蚀破坏。除了上述自然环境和使用条件的原因，引起混凝土结构耐久性损伤的原因还有构造设计不当、材料质量不合格、施工质量低劣等。混凝土结构在内、外部因素产生的化学、物理及生物作用下，发生材料劣化、结构损伤、性能衰变。

## 8.2.1 混凝土材料的劣化与损伤

1）混凝土的碳化机理

（1）碳化反应的过程

混凝土成型初期的 pH 值约为 13 的碱性状态，混凝土内钢筋的表面生成了一层氧化膜，钢筋处于受一定保护的钝化状态。但是，大气环境中的 $CO_2$ 可通过混凝土的孔隙向内部扩散并溶解于孔隙中，与水泥水化过程中产生的氢氧化钙和未水化的硅酸三钙、硅酸二钙等物质发生化学反应后生成 $CaCO_3$：

$$\left.\begin{aligned}&Ca(OH)_2+CO_2\longrightarrow CaCO_3+H_2O\\&3Ca\cdot 2SiO_2\cdot 3H_2O+3CO_2\longrightarrow 3CaCO_3+2SiO_2+3H_2O\\&3CaO\cdot SiO_2+3CO_2+\gamma H_2O\longrightarrow SiO_2\cdot \gamma H_2O+CaCO_3\\&2CaO\cdot SiO_2+2CO_2+\gamma H_2O\longrightarrow SiO_2\cdot \gamma H_2O+2CaCO_3\end{aligned}\right\}\tag{8-1}$$

式中：$\gamma$——结合的水数。

以上就是混凝土碳化反应的过程。碳化反应生成的 $CaCO_3$ 及其他固态物质堵塞在孔隙中，减弱了后续的 $CO_2$ 继续扩散，使混凝土的密实度和强度有所提高；但碳化反应也使孔隙水中的 $Ca(OH)_2$ 浓度和 pH 值下降，导致钢筋脱钝、失去保护而锈蚀。

通常，混凝土完全碳化时的 pH 值不大于 9，未碳化时的 pH 值不小于 12.5。

（2）影响碳化的因素

影响混凝土碳化的因素主要有如下几个方面：

①环境作用

环境中二氧化碳的浓度越大，二氧化碳越容易扩散至混凝土的孔隙中，化学反应也会越快；环境温度对碳化的影响较大，温度升高碳化速度快速增加；环境相对湿度通过温湿平衡决定孔隙的饱和度，既影响着二氧化碳的扩散速度又关系到碳化反应的快慢，相对湿度在 40% ~60% 范围内时，碳化速度较快。

②混凝土品质

水灰（胶）比是决定混凝土孔结构和孔隙率的主要因素，水灰（胶）比越大，孔隙率越大，二氧化碳在混凝土中的扩散程度越高，碳化速度越快；水泥品种决定着各种矿物成分在水泥中的含量、水泥水化物中碱性物质的含量及混凝土的渗透性，从而影响到混凝土碳化速度；水泥用量直接影响混凝土二氧化碳的吸收量，水泥用量越大碳化速度越小；集料粒径大小影响着集料与水泥浆黏结的质量，黏结较差的粗集料二氧化碳较易扩散；品质较差的集料或轻集料容易透过二氧化碳气体，碳化速度比普通集料快；添加粉煤灰可减少水泥熟料而使混凝土吸收二氧化碳能力降低，但混凝土早期强度降低、孔结构差则加速了二氧化碳的扩散速度；外加剂影响水泥水化，从而改变孔结构和孔隙率，引气剂将直接增加孔隙含量；混凝土强度是反映各种因素影响和品质的综合指标，混凝土强度越高抗碳化能力越强；施工质量对混凝土品质有很大影响，施工质量好、密实度高抗碳化性能好；养护情况不好、水泥水化不充分，表层混凝土渗透性增大、碳化加快。

③应力状态

应力状态对混凝土碳化的影响包括两个方面。混凝土硬化后未受力之前，水泥水化的化学和物理收缩使砂浆体积变化，在粗集料与砂浆的界面上产生不均匀分布的拉应力，从而导致界面产生许多微裂缝，再加上成型后泌水作用产生的界面微裂缝，最终成为混凝土内在的薄弱环节。混凝土受到外力作用后产生的拉应力很容易在微裂缝的尖端引起应力集中，导致微裂缝延伸、汇合并扩大，从而降低混凝土密实度、增加气体扩散、加速碳化；相反，当混凝土受到外加压应力作用时碳化速度将减小。

(3)混凝土碳化深度的预测模型

混凝土碳化深度的测定通常可采用试验室 X 射线衍射法、试验室或现场化学试剂测定法，但在设计阶段对混凝土碳化深度进行预测是必不可少的。预测混凝土碳化深度的数学模型约有十几种，主要可归纳为两大类：一类是基于碳化机理建立的理论模型；另一类是根据碳化试验成果建立的经验表达式。不论哪种模型，混凝土碳化深度基本都与碳化速度常数、碳化时间的平方根成正比关系，即

$$x = \alpha \sqrt{t} \tag{8-2}$$

式中：$\alpha$——碳化速度常数；

$t$——碳化时间。

代表性的理论模型之一是前苏联学者阿列克谢耶夫等人提出的。根据 Fick 第一定律，二氧化碳在混凝土孔隙中扩散可表示为：

$$N_{CO_2} = D_e^c \frac{d[CO_2]}{dx} \tag{8-3}$$

式中：$N_{CO_2}$——二氧化碳的扩散速度[mol/(m$^2$·s)]；

$D_e^c$——二氧化碳在已碳化混凝土孔隙中的有效扩散系数(m$^2$/s)；

$[CO_2]$——二氧化碳的摩尔浓度(mol/m$^3$)；

$x$——混凝土碳化深度变量。

若混凝土表面大气的二氧化碳摩尔浓度为$[CO_2]^0$，假定二氧化碳的浓度扩散深度呈线性减小，到达发生完全碳化反应界面处的二氧化碳浓度降低为零，则式(8-3)可写成：

$$N_{CO_2} = D_e^c \frac{[CO_2]^0}{x_c} \tag{8-4}$$

式中：$[CO_2]^0$——混凝土表面二氧化碳的摩尔浓度(mol/m$^3$)；

$x_c$——完全碳化的深度；

其余符号意义同前。

为了简化计算，不考虑混凝土完全碳化(pH≤9)与未碳化(pH≥12.5)之间的部分，即以完全碳化的边界为限。于是，在 d$t$ 时间内由孔隙扩散进入混凝土的二氧化碳，均被 d$x_c$ 长度内混凝土中的碳化物质吸收，即

$$M_{CO_2} dx_c = N_{CO_2} dt \tag{8-5}$$

代入式(8-4),并积分、整理后得到:

$$x_c(t)=\sqrt{\frac{2D_e^c\ [CO_2]^0}{M_{CO_2}}}\sqrt{t} \tag{8-6}$$

式中:$M_{CO_2}$——单位体积混凝土二氧化碳的吸收量($mol/m^3$);

其余符号意义同前。

基于以上理论模型和碳化的主要影响因素,通过实测与试验数据的修正,可以建立设计实用模型。在欧共体资助的耐久性研究项目 DuraCrete 的 General Guidelines for Durability Design and Redesign 中,碳化侵入深度设计值表示为:

$$x_c^d(t)=\sqrt{\frac{2C_{s,ca}^d}{R_{ca}^d}}\sqrt{t} \tag{8-7}$$

其中

$$R_{ca}^d=\frac{R_{0,ca}^c}{k_{e,ca}^c k_{c,ca}^c\left(\frac{t_0}{t}\right)^{2n_{ca}^c}\gamma_{R_{ca}}}$$

式中:$C_{s,ca}^d$——混凝土表面二氧化碳溶度的设计值;

$R_{ca}^d$——碳化抗力的设计值;

$R_{0,ca}^c$——基于配制试验确定的碳化抗力标准值;

$k_{e,ca}^c$——环境影响参数的标准值;

$k_{c,ca}^c$——养护影响参数的标准值;

$t_0$——配制试验时的混凝土龄期;

$n_{ca}^c$——混凝土龄期影响参数的标准值;

$\gamma_{R_{ca}}$——碳化抗力的分项系数;

其余符号意义同前。

以上式中,碳化抗力的设计值尚应考虑温度影响,而混凝土表面二氧化碳溶度的设计值即为标准值。

2)混凝土的氯离子侵蚀机理

(1)氯离子的侵入

混凝土是多孔性材料,混凝土的劣化主要是有害物质侵入其内部的结果,这些物质在混凝土内的传输机理可表现为扩散、渗透或吸收等。混凝土孔隙的大小、扭曲程度会影响氯离子的传输,孔隙溶液的成分及变化也会影响氯离子的扩散。

氯离子侵入混凝土的途径与环境条件有很大关系,而其在混凝土内部的传输是由孔隙溶液间的氯离子浓度差驱动的,离子通过无序运动从高浓度区向低浓度区迁移。当干燥或半湿的混凝土表面接触到含氯盐水分时,氯离子就会被毛细孔的表面张力吸收和扩散;混凝土处在水饱和状态时,孔隙溶液中的氯离子浓度差会引起纯扩散传输;当温度和压力变化时,混凝土毛细孔隙中的空气和水会与表面的含盐水发生对流传输。因此,在海洋浪溅区的混凝土,氯离子的侵入主要依靠干湿交替的表面吸收并通过内部孔隙水继续向里扩散;在海水中混凝土的氯离子侵入则主要通过扩散。

另外,氯离子进入混凝土的途径还有:掺用含氯离子外加剂、使用海沙、施工用水含氯离子、在含氯盐环境中拌制浇筑混凝土等;混凝土的宏观、微观缺陷,如密实性和工程质量差等原因造成氯离子轻易侵入混凝土。

随着氯离子不断侵入，一旦在钢筋表面的氯离子浓度逐渐累积到临界浓度时，钢筋表面的钝化膜被破坏、钢筋开始锈蚀。一般情况下，处在海水中的混凝土，钢筋脱钝所需的氯离子临界浓度会提高，锈蚀发展的速度会因水中缺氧而缓慢甚至停止；而在干湿交替氯盐环境中，引起钢筋脱钝的氯离子临界浓度降低，供氧供水充足，具备锈蚀发展的充分条件。

(2)氯离子侵入的影响因素

影响混凝土氯离子侵入的因素主要有如下几个方面。

①环境作用

近海、海洋或其他含氯环境，不仅表示混凝土结构所处环境的氯离子浓度的高低，而且也反映了氯环境作用的大小及其对混凝土侵入程度的重轻，但这种作用将随着温度和湿度的变化而改变。环境温度对氯离子侵入的影响较大，温度对氯离子侵入有显著影响，随着温度升高氯离子扩散速度加快，并能释放原来与水化物结合的氯离子；相对湿度也对氯离子侵入有较大影响，干燥环境下混凝土表面易吸收含氯水分并向内扩散，但随着混凝土水饱和程度减低至某个程度，氯离子扩散将降低甚至停止。

②混凝土品质

混凝土成分、施工振捣和养护的质量对氯离子侵入有重要影响。氯离子的扩散随水灰比和水化程度有关，水灰比越小，水化程度越高、扩散速度越低；适量的粉煤灰或矿渣掺和料将提高混凝土的密实度，有效降低氯离子的扩散速度，尤其是后期的扩散速度；水泥胶凝体与集料界面结合过渡区越薄弱扩散速度越快，孔隙越扭曲(如采用细砂)扩散速度越慢。施工质量对混凝土氯离子侵入的影响很大，加强施工振捣、保湿养护将有助提高混凝土的密实度，从而可有效减少氯离子的扩散速度。另外，氯离子扩散速度还随混凝土龄期增大而减小。

③应力状态

混凝土粗集料与砂浆界面上的初始微裂缝是氯离子侵入的薄弱环节。当混凝土受到外加拉应力作用时，微裂缝会延伸、汇合并扩大，从而降低了混凝土密实度、增加了氯离子扩散速度；但当混凝土受到压应力时，微裂缝也会被压密或减小，氯离子扩散速度将减小。

(3)混凝土氯离子侵入过程的预测模型

氯离子侵入混凝土内部后不仅有扩散，而且还有吸收、对流及部分氯离子在传输中与混凝土胶凝材料的水化物相结合。但是目前氯离子侵入过程一般用 Fick 第二扩散定律描述：

$$\frac{\partial C}{\partial t} = D\frac{\partial^2 C}{\partial x^2} \tag{8-8}$$

式中：$C$——氯离子浓度；

$D$——氯离子扩散系数；

$x$——距离变量；

$t$——时间变量。

假定混凝土为半无限体，并设表面处($x=0$)的氯离子浓度为定值、混凝土内的初始氯离子浓度为0，则式(8-8)可得如下解析解：

$$C(x,t) = C_s\left[1 - \mathrm{erf}\left(\frac{x}{2\sqrt{Dt}}\right)\right] \tag{8-9}$$

式中：$t$——氯离子作用的时间；

$C(x,t)$——时间 $t$ 时离混凝土表面深度 $x$ 处的氯离子浓度；

$C_s$——初始时刻混凝土表面的氯离子浓度；

erf——误差函数；

其余符号意义同前。

若混凝土材料的初始氯离子浓度为 $C_i$，则上式可写成：

$$C(x,t) = C_i + (C_s - C_i)\left[1 - \mathrm{erf}\left(\frac{x}{2\sqrt{Dt}}\right)\right] \tag{8-10}$$

由于混凝土表面接触氯环境后的氯离子浓度不可能立刻为定值且持续不变，故以上公式的使用必须通过现场实测及试验数据修正。

在 DuraCrete 的 General Guidelines for Durability Design and Redesign 中，氯离子浓度的设计值表示为：

$$C^d(x,t) = C^d_{s,Cl}\left[1 - \mathrm{erf}\left(\frac{x^d}{2\sqrt{\dfrac{t}{R^d_{Cl}(t)}}}\right)\right] \tag{8-11}$$

其中

$$R^d_{Cl}(t) = \frac{R^c_{Cl,0}}{k^c_{e,Cl}k^c_{c,Cl}\left(\dfrac{t_0}{t}\right)^{n^c_{Cl}}\gamma_{R_{Cl}}}$$

式中：$C^d_{s,Cl}$——混凝土表面氯离子溶度的设计值；

$x^d$——保护层厚度的设计值；

$R^d_{Cl}$——氯离子抗力的设计值；

$R^c_{cl,0}$——基于配制试验确定的氯离子抗力标准值；

$k^c_{e,Cl}$——环境影响参数的标准值；

$k^c_{c,Cl}$——养护影响参数的标准值；

$t_0$——配制试验时的混凝土龄期；

$n^c_{Cl}$——混凝土龄期影响参数的标准值；

$\gamma_{R_{Cl}}$——氯离子抗力的分项系数；

其余符号意义同前。

以上公式中混凝土表面氯离子溶度的设计值由下式确定：

$$C^d_{s,Cl} = A_{C_{s,Cl}}(w/b)\gamma_{C_{s,Cl}} \tag{8-12}$$

式中：$A_{C_{s,Cl}}$——描述混凝土表面氯离子溶度与水胶比关系的回归参数；

$w/b$——混凝土的水胶比；

$\gamma_{C_{s,Cl}}$——混凝土表面氯离子溶度的分项系数。

式(8-11)中，保护层厚度的设计值表示为：

$$x^d = x^c - \Delta x \tag{8-13}$$

式中：$x^c$——保护层厚度的标准值；

$\Delta x$——保护层厚度的附加量。

3）混凝土冻融破坏

混凝土冻融破坏是指混凝土在饱水和外界气温正负变化状态下，内部孔隙水反复受到冻融循环作用，最终发生从表面开始的层层剥蚀破坏。

（1）冻融破坏的机理

混凝土内的水分可分为化合水、结晶水和吸附水，前两者对冻融破坏无影响。对冻融破坏有影响的吸附水可分为毛细管水和凝胶孔水，毛细管是水泥水化后未被水化物填充的孔隙，而毛细管水是凝胶体外的毛细孔内所含的水。混凝土冻融破坏的机理目前尚无完全一致的定义。根据公认度较高的美国学者 Powers 的膨胀压和渗透压理论，吸水饱和的混凝土在冻融过程中遭受的破坏应力有两个部分组成。其一，当混凝土内的毛细孔水在某个负温下由水变为冰时，体积将膨胀（9%），但因毛细孔壁约束形成的膨胀压而使毛细孔周围的结构受到了拉应力；其二，当毛细孔水结冰时，凝胶孔中的过冷水在混凝土微观结构中迁移和重分布引起了渗管压。由于表面张力作用下混凝土毛细孔水的冰点随孔径减小而降低，而凝胶孔水形成冰的温度很低（-78℃），因而在冰和过冷水的饱和、蒸汽压差及过冷水之间盐分浓度差引起的水分迁移共同作用下形成了渗透压。

当毛细孔中含水率超过某一临界值时，水结冰的体积膨胀向邻近气孔排出多余水分时将产生很大的压力。对于毛细孔完全水饱和的水泥石，最大压力为：

$$P_{max} = 0.03\eta \frac{uR}{k}\varphi(L) \quad (10^{-1}\text{Pa}) \tag{8-14}$$

式中：$\eta$——水的黏结系数，在 -2℃时为 0.009Pa·s；

$u$——下降单位温度冻结水的增加率[（$cm^3$/（$cm^3$·℃）]；

$R$——温度下降的速度（℃/s）；

$k$——与水泥石渗透性有关的系数；

$\varphi(L)$——与气孔大小、分布有关的系数。

在混凝土冻融破坏过程中，密实度和强度下降是其宏观特性变化的反映。当压力超过混凝土强度时，混凝土的水化物结构由密实向松散转变，微孔含量逐步增加、孔径扩大，并伴随着微裂缝的出现、发展及相互连通，从而导致混凝土的宏观强度和密实度降低。

桥面使用除冰盐融雪将会加速混凝土冻融破坏。使用除冰盐后混凝土表面温度显著下降，造成了对混凝土的温度冲击作用，使混凝土面层开裂；同时，盐水渗入混凝土形成了明显的浓度梯度，水的融点差异也使各层混凝土冰冻时差加大，导致混凝土表面逐层剥落、破坏。

(2)冻融破坏的影响因素

影响混凝土冻融破坏的因素主要有如下几个方面。

①混凝土材料品质

水泥品种、水泥的矿物成分对混凝土抗冻融作用的影响较大，同时集料本身质量、渗透性及吸湿性也对抗冻性起重要作用。高质量的混凝土材料、高强度混凝土及低水灰（胶）比将提高混凝土的抗冻融破坏性能。

②外加剂

混凝土掺入引气剂或减水剂对改善混凝土内部孔隙结构有很好效果，从而可起到缓冲冻胀的作用、大大降低冻胀应力，达到提高混凝土的抗冻性能的目的。

③施工工艺和质量

混凝土的施工、硬化条件等都对混凝土的抗冻融性能有密切的关系，控制好混凝土中的单位用水量是影响混凝土抗冻融性能的一个重要因素。此外，混凝土的表面、边角和工作缝部位的混凝土施工质量也对抗冻融性能有很大的影响。

④表面受水环境

混凝土表面的受水环境对其抗冻融性能影响很大，寒冷季节混凝土表面水位变化会引起严重冻融破坏。

4)混凝土碱集料反应

混凝土碱集料反应是指混凝土中水泥、外加剂、掺和料及拌和水中的可溶性碱(钾、钠)溶于混凝土孔隙中,与集料中的有害矿物质发生膨胀反应,导致混凝土胀裂破坏。

(1)碱集料反应的机理

碱集料反应按有害矿物种类可分为碱—硅酸盐反应和碱—碳酸盐反应。

碱—硅酸盐反应是混凝土中微孔隙中的碱性溶液(主要为 KOH、NaOH)与集料中的活化 $SiO_2$ 矿物发生反应,生成吸水性碱硅凝胶,吸水膨胀产生压力,导致混凝土开裂等损伤。这种化学反应可表示为:

$$ROH + nSiO_2 \longrightarrow R_2O \cdot nSiO_2 \tag{8-15}$$

式中,R 表示碱(K 或 Na)。

碱—碳酸盐反应是含有泥质石灰质白云石的碳酸盐集料与混凝土孔隙中的碱反应,发生脱白云石 $MgCO_3$ 反应,在生成的水镁石 $Mg(OH)_2$ 晶体排列压力和黏土(包含在泥质石灰质白云石中)吸水膨胀下导致混凝土开裂。这种化学反应可表示为:

$$CaMg(CO_3)_2 + 2ROH \longrightarrow Mg(OH)_2 + CaCO_3 + R_2CO_3 \tag{8-16}$$

生成的碳酸碱 $R_2CO_3$ 进一步与水泥水化过程中产生的 $Ca(OH)_2$ 反应生成 ROH,使去白云石反应继续进行下去,直到 $Ca(OH)_2$ 与碱活性白云石被完全消耗,即

$$R_2CO_3 + Ca(OH)_2 \longrightarrow 2ROH + CaCO_3 \tag{8-17}$$

碱集料反应时间较为缓慢,短则几年、长则几十年才能被发现,给混凝土工程带来的危害相当严重。碱集料反应使混凝土内部产生自膨胀应变而开裂,材料的抗压强度、弹性模量等力学性能下降接近一半或超过一半;水泥浆体结构明显变化,加大了气体和液体渗透性,易让有害物质进入引起钢筋锈蚀。

(2)碱集料反应的基本条件

发生碱集料反应需要具有三个条件:首先是混凝土的原材料水泥、掺和料、外加剂和水中的含碱量高;第二是集料中有相当数量的活性成分;第三是潮湿环境,有充分的水分或湿空气供应。

## 8.2.2 混凝土中钢筋的锈蚀与损伤

混凝土碳化使 pH 值逐渐降低直至 9 以下,或氯离子侵入导致钢筋表面的溶度达到临界值,将破坏钢筋表面的钝化膜,在足够的水分和供氧的环境下钢筋便发生锈蚀。

1)钢筋锈蚀机理

(1)钢筋锈蚀过程

混凝土中钢筋的锈蚀是一个电化学反应过程。由于材质的差异、环境湿度的不同、盐溶液浓度的不一致,钢筋上某两点之间可能存在电位差,不同电位区段的两端形成了阳极和阴极。对应这两个电极,钢筋的锈蚀可分为两个独立的过程:

阳极过程。在钝化膜已被破坏的阳极区,钢筋表面处于活性状态,铁原子 Fe 失去电子 $e^-$ 成为二阶铁离子 $Fe^{2+}$,带正电的铁离子进入溶液,即

$$Fe \longrightarrow Fe^{2+} + 2e^- \tag{8-18}$$

阴极过程。阳极产生的多余电子通过钢筋流向阴极,在阴极与水和氧结合形成氢氧离子:

$$4e^- + O_2 + 2H_2O \longrightarrow 4OH^- \quad (8\text{-}19)$$

阴极产生的 $OH^-$ 通过混凝土孔隙溶液迁移到阳极，形成一个腐蚀电流的闭合回路，见图 8-1。

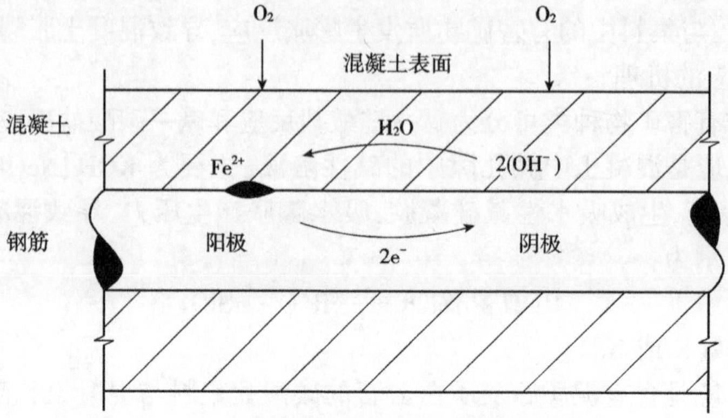


图 8-1　混凝土中钢筋电化学腐蚀示意

在阳极附近，$Fe^{2+}$ 与 $OH^-$ 结合形成难溶的氢氧化亚铁 $Fe(OH)_2$：

$$Fe^{2+} + 2OH^- \longrightarrow Fe(OH)_2 \quad (8\text{-}20)$$

在富氧条件下，氢氧化亚铁继续与水中的氧作用生成氢氧化铁 $Fe(OH)_3$：

$$4Fe(OH)_2 + O_2 + 2H_2O \longrightarrow 4Fe(OH)_3 \quad (8\text{-}21)$$

氢氧化铁脱水后，变成疏松、多孔的红锈 $Fe_2O_3$，即

$$2Fe(OH)_3 \longrightarrow Fe_2O_3 + 3H_2O \quad (8\text{-}22)$$

在少氧条件下，氢氧化亚铁氧化不完全，部分形成黑锈 $Fe_3O_4$，即

$$6Fe(OH)_2 + O_2 \longrightarrow 2Fe_3O_4 + 6H_2O \quad (8\text{-}23)$$

钢筋锈蚀产物的体积增加为原钢筋体积的 3～6 倍，产生的作用将导致混凝土开裂、脱层、剥落，其反过来又为水和有害物质侵入提供了便利的通道，从而加速了钢筋锈蚀进程。

(2)钢筋锈蚀的影响因素

①环境相对湿度

混凝土内钢筋所处部位的水分含量是影响氢氧离子 $OH^-$ 传输速度的主要因素。相对湿度较低时，$OH^-$ 传输速度低；相对湿度较高时，钢筋位置水分充足，$OH^-$ 传输速度顺畅。

②含氧量

混凝土内钢筋所在位置水溶液中溶解氧的含量是影响阴极反应速度的关键因素。如果氧在水溶液中扩散缓慢(相对湿度较高时)，将导致阴极反应供氧不足，从而影响阴极反应甚至整个锈蚀反应的速度。

③混凝土密实度

混凝土的密实度是影响水分、氧气及氯离子 $Cl^-$ 入侵的重要因素。提高混凝土的密实度，将破坏钢筋锈蚀的基本条件、阻碍锈蚀反应的速度。降低水灰比，采用优质掺和料，加强施工质量，可大大提高混凝土的密实度。

④氯离子含量

当钢筋表面氯离子浓度超过一定值后，钝化膜就可能遭到破坏，钢筋出现坑蚀。在氯离子的催化作用下，阳极的铁离子加速溶解，从而出现钢筋截面在局部明显减小的现象。

⑤混凝土裂缝

混凝土的裂缝将增大混凝土的渗透性，增加腐蚀介质、水分及氧的侵入，加剧钢筋腐

蚀的发展。

(3)钢筋锈蚀的危害

①材料受力性能劣化

钢筋锈蚀的截面损失超过10%后,材料的应力应变关系曲线将发生很大变化,没有明显的屈服点,屈服强度与抗拉强度非常接近,延伸率也已不能满足要求。

②混凝土保护层胀裂剥落

钢筋锈蚀伴随着体积膨胀,当钢筋截面损失0.5%~1.0%时,会引起沿钢筋纵向的裂缝,截面损失大于10%后将导致混凝土保护层剥落。

③钢筋与混凝土黏结性能退化

钢筋锈蚀初期虽因锈胀会使钢筋与混凝土的黏结强度有所提高,但随着锈蚀量增加,黏结强度将因锈蚀物的润滑作用、钢筋横肋机械咬合力的减弱及保护层的胀裂而降低。

④应力腐蚀导致脆断破坏

长期高应力作用的预应力钢筋,局部脱钝后的腐蚀可使钢材出现裂纹并穿过晶格,阳极过程将在裂纹根部发生,导致应力腐蚀断裂;阴极过程中间产生的氢原子也可能在钢材内重新结合成氢分子,使钢材内部产生很高的内压力而断裂。

2)钢筋锈蚀导致损伤的规律

钢筋锈蚀不仅使自身材料损失、截面削弱,而且由于锈胀作用导致混凝土开裂、保护层脱落。因此,预测混凝土构件中的钢筋何时开始锈蚀、何时将导致混凝土保护层开裂或破坏等,是耐久性设计的重要内容。

(1)钢筋开始锈蚀的时间

混凝土内的钢筋锈蚀是一种电化学腐蚀,钢筋锈蚀的先决条件是表面钝化膜破坏。在一般大气环境中,钢筋脱钝主要是混凝土保护层碳化引起的,而在近海和海洋环境中,钢筋脱钝则是氯离子侵入导致的。

①混凝土碳化引起的钢筋锈蚀

从理论角度来看,一般混凝土内钢筋开始锈蚀的时间常用碳化深度达到钢筋表面需要的时间定义。但大量现场调查发现,在碳化深度尚未到达钢筋表面之前,钢筋已发生锈蚀。事实上,未碳化混凝土的pH值为12.5左右,完全碳化区混凝土的pH值为8.5,钢筋开始产生钝化膜的pH值略低于10而形成完整稳定的钝化膜需要的pH值约11.5。因此,随着混凝土从外表面向内部碳化,由外至里pH值从12.5左右逐渐减小为8.5,当钢筋表面的pH值小于11.5后便进入了不完全稳定的钝化状态,钢筋的锈蚀也就逐渐发生。

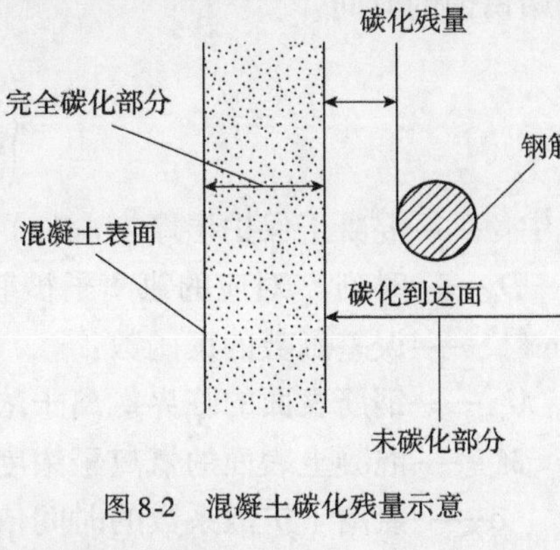

图8-2　混凝土碳化残量示意

为了预测钢筋开始锈蚀的时间,必须区分不同程度的碳化深度并建立其与钢筋锈蚀之间的关系。为此,日本学者岸谷孝一提出了“碳化残量”的概念,定义为钢筋开始锈蚀时完全碳化(用酚酞试剂测试)混凝土的前沿至钢筋外侧表面的距离,见图8-2。根据该定义,当混凝土碳化深度超过钢筋外侧表面时,碳化残量为负值。

根据一般大气环境下钢筋开始锈蚀的条件和混凝土碳化深度随时间变化的规律,钢筋开始锈蚀的时间可按下式表示:

$$t_i = \left(\frac{c - x_0}{k}\right)^2 \tag{8-24}$$

式中：$c$——混凝土保护层厚度；

$x_0$——碳化残量；

$k$——碳化系数。

钢筋开始锈蚀时的碳化残量与构件所处的环境状况、混凝土强度及保护层厚度等有关，其通常可由试验和实测数据统计回归得到。根据我国《混凝土结构耐久性评定标准》（CECS 220—2007），碳化残量表示为：

$$x_0 = D_c(1.2 - 0.35k^{0.5}) - \frac{6}{m + 1.6}(1.5 + 0.84k) \tag{8-25}$$

式中：$D_c$——与保护层厚度和碳化系数有关的参数；

$m$——局部环境系数；

其余符号意义同前。

当有碳化深度实测数据时，碳化系数可按下式计算：

$$k = \frac{x_c}{\sqrt{t_0}} \tag{8-26}$$

式中：$t_0$——碳化深度达到 $x_c$ 对应的时间。

在 DuraCrete 的 General Guidelines for Durability Design and Redesign 中，碳化引起的钢筋开始锈蚀时间的设计值的计算，可通过令碳化深度设计值等于保护层厚度设计值，并由式(8-7)、式(8-13)改写后得到：

$$t_i^d = \left[\frac{(x^c - \Delta x)^2 R_{0,ca}^c}{2C_{s,ca}^c k_{e,ca}^c k_{c,ca}^c t_0{}^{2n_{ca}^c} \gamma_{R_{ca}}}\right]^{\frac{1}{1-2n_{ca}^c}} \tag{8-27}$$

式中：$C_{s,ca}^c$——混凝土表面二氧化碳浓度的标准值；

其余符号意义同前。

②氯离子侵入引起的钢筋锈蚀

随着氯离子从构件表面侵入到混凝土内部，钢筋表面的氯离子浓度将逐渐累积，一旦该浓度达到使钢筋表面钝化膜破坏的临界值后，钢筋便开始锈蚀。

基于 Fick 第二扩散定律的解析解，考虑氯离子扩散系数的时间依赖性，我国《混凝土结构耐久性评定标准》（CECS 220—2007）给出了当钢筋表面氯离子浓度达到临界值，即钢筋开始锈蚀的时间：

$$t_i = \left\{\frac{c^2 \times 10^{-6}}{4D_0\left[\mathrm{erf}^{-1}\left(1 - \frac{M_{cr}}{M_s}\right)\right]}\right\}^{\frac{1}{1-\alpha}} \tag{8-28}$$

式中：$c$——混凝土保护层厚度（mm）；

$D_0$——时刻 $t_0$ 对应的氯离子扩散系数（$m^2$/年）；

$\mathrm{erf}^{-1}$——误差函数的反函数；

$M_{cr}$——钢筋表面的临界氯离子浓度（$kg/m^2$）；

$M_s$——混凝土表面的氯离子浓度（$kg/m^2$）；

$\alpha$——氯离子扩散系数的时间依赖系数。

以上公式中，$D_0$、$M_s$ 及 $\alpha$ 需要由实测方法获得或推断。

在 DuraCrete 的 General Guidelines for Durability Design and Redesign 中，氯离子侵入引起的钢筋开始锈蚀时间的设计值，可通过令钢筋表面氯离子浓度设计值等于临界浓度设计值由式(8-11)～式(8-13)改写后得到：

$$t_{\mathrm{i}}^{\mathrm{d}}=\left\{\left[\frac{2}{x^{\mathrm{c}}-\Delta x}\mathrm{erf}^{-1}\left(1-\frac{C_{\mathrm{cr}}^{\mathrm{c}}}{\gamma_{C_{\mathrm{cr}}}}\cdot\frac{1}{A_{\mathrm{C_{s,Cl}}}^{\mathrm{c}}(w/b)\gamma_{\mathrm{C_{s,Cl}}}}\right)\right]^{2}\frac{R_{\mathrm{Cl},0}^{\mathrm{c}}}{k_{\mathrm{e,Cl}}^{\mathrm{c}}k_{\mathrm{c,Cl}}^{\mathrm{c}}t_{0}^{\;n_{\mathrm{Cl}}^{\mathrm{c}}}\gamma_{\mathrm{R_{Cl}}}}\right\}^{\frac{1}{1-n_{\mathrm{Cl}}^{\mathrm{c}}}}\tag{8-29}$$

式中：$C_{\mathrm{cr}}^{\mathrm{c}}$——钢筋表面临界氯离子溶度的标准值；

$\gamma_{C_{\mathrm{cr}}}$——钢筋表面临界氯离子溶度的分项系数；

其余符号意义同前。

(2)混凝土中钢筋的锈蚀量

混凝土中钢筋的锈蚀量是确定保护层开裂、脱落时间的关键量。Bažant 根据钢筋锈蚀过程中反应物质的质量守恒定律、Fick 第一定律、Maxell 静电方程及化学反应速度方程建立了微分方程组，给出了海洋环境下混凝土结构钢筋锈蚀的物理方程；Morinaga 根据快速锈蚀试验，分别建立了混凝土碳化和氯离子侵入引起的钢筋锈蚀速度随环境温度和相对湿度、氧气浓度、氯离子含量等参数变化的经验公式。其他学者也采用理论推导或试验测试方法进行相关研究，提出了一些公式。理论公式虽考虑因素全面、能较好反映了化学、物理反应和作用机理，但许多参数很难确定，通过试验统计分析得到的经验公式反映了钢筋锈蚀的主要影响因素，却有局限性大、理论依据缺乏的问题。因此，目前主要采用基于理论分析结合试验研究的方法形成相应公式。

混凝土保护层开裂是钢筋锈蚀产物膨胀导致的，当体积膨胀产生的作用达到混凝土抗拉强度时，首先在钢筋附近的混凝土出现微裂缝，随着锈蚀程度的加深微裂缝进一步扩展，最终导致在混凝土表面沿钢筋纵向的裂缝开展直至保护层脱落。研究表明，混凝土强度越高、保护层厚度越大，锈蚀开裂时间越晚，且开裂时的钢筋锈蚀量越大；钢筋直径越小，锈蚀开裂越早，但开裂时的钢筋锈蚀量越大。另外，角区位置的钢筋开裂比其他位置钢筋早，且开裂时的锈蚀量较小；光圆钢筋开裂比变形钢筋晚，且开裂时的锈蚀量较小。目前，混凝土开裂时的钢筋锈蚀量，常用锈蚀深度、截面锈蚀率或损失率表示。利用回归分析方法建立混凝土钢筋锈蚀深度计算公式时，主要以混凝土强度、保护层厚度、钢筋直径作为基本变量，如我国《混凝土结构耐久性评定标准》(CECS 220—2007)、DuraCrete 的 General Guidelines for Durability Design and Redesign 等，它们的一般公式表示为：

$$\delta=a_1+a_2\frac{c}{d}+a_3f_{\mathrm{c}}\tag{8-30a}$$

或

$$\delta=a_1+a_2\frac{c}{d}+a_3f_{\mathrm{t}}\tag{8-30b}$$

式中：$\delta$——钢筋的锈蚀深度；

$a_1$、$a_2$、$a_3$——回归参数；

$f_{\mathrm{c}}$、$f_{\mathrm{t}}$——混凝土的抗压和抗拉强度；

$c$——混凝土保护层的厚度；

$d$——钢筋的直径。

有关钢筋位置和钢筋种类的影响，一般采用在以上公式上乘以修正系数或分别建立回归公式的方式加以考虑。

研究表明，混凝土保护层锈胀开裂前，钢筋的锈蚀深度或截面损失率较小，钢筋与混凝土之间的黏结力尚未明显下降。但当保护层开裂后,由于腐蚀介质更易接触钢筋而使其锈蚀速度大幅增加,使钢筋锈蚀深度增大、与混凝土的黏结性能快速退化,结果导致构件的承载能力下降。目前,钢筋开裂后的锈蚀深度计算公式常将裂缝宽度作为重要参数。在 General Guidelines for Durability Design and Redesign 中,钢筋锈蚀深度与裂缝宽度的关系表示为:

$$w^{d}=w_0+b^{d}(P^{d}-P_0^{d}) \tag{8-31}$$

式中:$w^{d}$——实际裂缝宽度的设计值;

$w_0$——初始可见裂缝的宽度;

$b^{d}$——与钢筋位置相关的参数;

$P^{d}$——钢筋锈蚀深度的设计值;

$P_0^{d}$——引起胀裂所需锈蚀深度的设计值;

其余符号意义同前。

(3)钢筋的锈蚀速度

根据混凝土内钢筋锈蚀的机理,影响钢筋锈蚀速度的因素除混凝土材料品质和环境作用外,最重要的是混凝土的电阻率,而电阻率又受混凝土成分和湿度的影响。Andrade 和Arteaga 提出了有关钢筋锈蚀速度与电阻率的参数方程,将其他主要影响因素以修正系数的方式加以考虑。Nilsson 和 Gehlen 给出了一个辅助方法,建立一个电解电阻率发展受材料与环境影响的模型,同时给出一个由相对湿度、温度及氯化物含量反映电阻率的参数方程。

General Guidelines for Durability Design and Redesign 在采用 Andrade 方法和 Nilsson 辅助方法时,将钢筋锈蚀速度的设计值表示为:

$$V^{d}=\frac{m_0}{\rho^{c}}\alpha^{c}F_{Cl}^{c}\gamma_{v} \tag{8-32}$$

其中

$$\rho^{c}=\rho_0^{c}\left(\frac{t_{hydr}}{t_0}\right)^{n_{res}^{c}}k_{c,res}^{c}k_{T,res}^{c}k_{RH,res}^{c}k_{Cl,res}^{c}$$

$$k_{T,res}^{c}=\frac{1}{1+K^{c}(T-20)}$$

式中:$m_0$——与电阻率相对的锈蚀速度常数;

$\rho^{c}$——电阻率的标准值;

$\alpha^{c}$——坑蚀系数的标准值;

$F_{Cl}^{c}$——氯盐腐蚀速度的标准值;

$\gamma_{v}$——锈蚀速度的分项系数;

$\rho_0^{c}$——潜在电阻率的标准值;

$t_{hydr}$——混凝土的龄期(最大值为 1 年);

$t_0$——配制试验时的混凝土龄期;

$n_{res}^{c}$——电阻率的龄期系数;

$k_{c,res}^{c}$——电阻率养护系数的标准值;

$k_{T,res}^{c}$——电阻率温度系数的标准值;

$k_{RH,res}^{c}$——电阻率湿度系数的标准值;

$k_{Cl,res}^{c}$——考虑有无氯离子的标准值;

$K^{c}$——反映导电率的温度相关系数的标准值;

$T$——摄氏温度。

由于钢筋发生锈蚀需要有足够的氧和水,如果不满足这些条件则锈蚀速度可忽略不计。

表达钢筋锈蚀速度的计算公式,也可依据主要影响因素,如环境湿度、温度、混凝土强度、保护层厚度等,通过试验方法回归拟合而成。

(4)混凝土保护层胀裂时间

混凝土保护层一旦开裂就有一定的宽度,一般肉眼可见裂缝在 0.1mm 左右,而采用放大镜观察时,可见裂缝宽度为 0.01 ~ 0.02mm。为了便于观察和用统一的裂缝宽度衡量保护层开裂,实际工程中一般将出现 0.1mm 裂缝宽度的时刻去定义保护层开裂时间。

①混凝土碳化钢筋锈蚀引起的保护层胀裂

基于混凝土保护层锈胀开裂的条件和开裂前的锈蚀量,我国《混凝土结构耐久性评定标准》(CECS 220—2007)给出的碳化引起保护层锈胀开裂时间的估算公式为:

$$t_{cr} = t_i + \frac{\delta_{cr}}{\lambda_0} \tag{8-33}$$

式中:$\delta_{cr}$——保护层开裂时的钢筋锈蚀深度(mm);

$\lambda_0$——碳化环境下保护层开裂前的钢筋锈蚀的年平均速度(mm/年);

其余符号意义同前。

在 General Guidelines for Durability Design and Redesign 中,碳化引起钢筋锈胀开裂时间的设计值表示为:

$$t_{cr}^{d} = t_i^{d} + \frac{P_d^0}{V^d w_t} \tag{8-34}$$

$$P_d^0 = a_1 + a_2 \frac{x^d}{d} + a_3 f_{c,sp}^{d}$$

式中: $t_i^d$——钢筋开始锈蚀时间的设计值;

$P_d^0$——保护层开裂时钢筋锈蚀深度的设计值;

$w_t$——湿润时间的比值;

$a_1$、$a_2$、$a_3$——回归参数;

$d$——钢筋的直径;

$f_{c,sp}^{d}$——混凝土劈裂抗拉强度的设计值;

其余符号意义同前。

②氯离子侵入钢筋锈蚀引起的保护层胀裂

基于氯离子侵蚀环境下混凝土中钢筋锈胀的机理,我国《混凝土结构耐久性评定标准》(CECS 220—2007)给出的氯离子侵入引起混凝土保护层锈胀开裂时间的估算公式为:

$$t_{cr} = t_i + \frac{\delta_{cr}}{\lambda_{Cl}} \tag{8-35}$$

式中:$\lambda_{Cl}$——氯离子侵蚀环境下保护层开裂前的钢筋年平均锈蚀速度(mm/年);

其余符号意义同前。

在 General Guidelines for Durability Design and Redesign 中,氯离子侵入引起钢筋锈胀开裂时间设计值的表达式,同碳化引起钢筋锈胀开裂时间设计值[式(8-34)]一样,但公式中所用参数和系数的量值与前不同。

(5)混凝土保护层脱落(或失去作用)时间

混凝土保护层锈胀开裂后,随着锈蚀量的不断增加,最终可能导致保护层脱落、混凝土截面损失及钢筋与混凝土之间黏结力退化。基于试验研究和理论分析,我国《混凝土结构耐久性评定标准》(CECS 220—2007)将混凝土表面出现2.0~3.0mm的锈胀裂缝作为可接受的最大外观损伤,该裂缝宽度是一个名义的保护层失去作用(相当脱落)的宽度。但在General Guidelines for Durability Design and Redesign中,认为当锈胀裂缝宽度达到1.0mm时混凝土保护层便发生剥落,锈胀裂缝宽度大于1.0mm时不再考虑保护层有承受荷载的能力,虽然这并不意味保护层已损失掉。

①混凝土碳化钢筋锈蚀引起的保护层脱落

在我国《混凝土结构耐久性评定标准》(CECS 220—2007)中,将碳化导致混凝土表面达到可接受的最大外观损伤的时间表示为:

$$t_{\mathrm{d}} = t_{\mathrm{cr}} + \frac{\delta_{\mathrm{d}} - \delta_{\mathrm{cr}}}{\lambda_1} \tag{8-36}$$

式中:$\delta_{\mathrm{d}}$——混凝土表面出现可接收最大外观损伤时的钢筋锈蚀深度(mm);

$\lambda_1$——碳化环境下保护层锈胀开裂后的钢筋年平均锈蚀速度(mm/年);

其余符号意义同前。

在General Guidelines for Durability Design and Redesign中,碳化导致混凝土保护层开始脱落时间的设计值表示为:

$$t_{\mathrm{d}}^{\mathrm{d}} = t_{\mathrm{cr}}^{\mathrm{d}} + \frac{w^{\mathrm{d}}}{b^{\mathrm{d}} V^{\mathrm{d}} w_{\mathrm{t}}} \tag{8-37}$$

其中

$$b^{\mathrm{d}} = b^{\mathrm{c}} \gamma_{\mathrm{b}}$$

式中:$w^{\mathrm{d}}$——混凝土保护层开始脱落时锈胀裂缝宽度的设计值,取1.0mm;

$b^{\mathrm{d}}$——取决于钢筋位置参数的设计值;

$b^{\mathrm{c}}$——取决于钢筋位置参数的标准值;

$\gamma_{\mathrm{b}}$——参数$b$的分项系数;

其余符号意义同前。

②氯离子侵入钢筋锈蚀引起的保护层脱落

在我国《混凝土结构耐久性评定标准》(CECS 220—2007)中,氯离子侵入导致混凝土表面达到可接受的最大外观损伤的时间估算公式同式(8-36),但锈胀开裂后钢筋年平均锈蚀速度与前有所不同。

在General Guidelines for Durability Design and Redesign中,氯离子侵入导致混凝土保护层开始脱落时间的设计值估算公式同式(8-37)。

## 8.3 锈蚀损伤构件的性能及承载力

钢筋锈蚀是导致钢筋混凝土结构损伤、力学性能衰变的主要因素。这种结构损伤和力学性能衰变主要反映在几个方面:钢筋受力截面缩小、力学性能劣化;混凝土保护层因钢筋锈胀而开裂甚至脱落,受力截面损失;钢筋与混凝土的黏结性能由于钢筋锈蚀而弱化,协同受力性能退化。上述问题将引起混凝土构件截面应力重分布、结构受力状态恶化,导致结构承载能力下降直至破坏。

### 8.3.1 构件受力性能退化的主要因素

下面主要从钢筋力学性能劣化、钢筋与混凝土之间黏结性能弱化这两个方面,解释钢筋混凝土构件受力性能退化的规律。事实上,混凝土在环境、荷载等持续作用下的力学性能劣化与损伤累积也将影响构件的受力性能,但有关这方面的研究仍有较大不足。

1)锈蚀钢筋的力学性能

通过对实际工程中的或经锈蚀试验的锈蚀钢筋进行拉伸试验可以得到有关力学性能。

(1)锈蚀钢筋的应力—应变曲线特征

随着锈蚀量的增加,钢筋的极限强度与屈服强度趋近,极限强度和屈服强度减低,屈服台阶逐渐缩短、塑性性能下降。由于锈蚀钢筋的强度和塑性性能下降,可能导致结构从有预兆的塑性破坏转变为无预兆的脆性破坏。

(2)锈蚀钢筋的屈服强度

锈蚀钢筋的屈服强度,定义为屈服荷载与实际截面面积的比值。当锈蚀钢筋的截面损失率小于5%且锈蚀较均匀时,屈服强度的下降一般可忽略;当截面损失率在5%~12%或小于5%但锈蚀不均匀时,我国《混凝土结构耐久性评定标准》(CECS 220—2007)给出了如下屈服强度计算公式:

$$f_{yc}=\frac{1-1.077\eta_s}{1-\eta_s}f_y \tag{8-38}$$

式中:$f_{yc}$、$f_y$——分别为钢筋锈蚀前和锈蚀后的屈服强度;

$\eta_s$——锈蚀钢筋的截面损失率。

若截面损失率超出上述范围时,应按有关研究结果确定。

(3)锈蚀钢筋的极限伸长率

试验结果表明,锈蚀钢筋的极限伸长率会明显下降。由于钢筋不均匀锈蚀导致截面局部削弱,在应力作用下,最薄弱的部位首先到达屈服强度,随着荷载增加,该部位将过早达到极限强度,而其余部位却尚未充分发生变形,最终导致总伸长量降低。依据有关试验数据,参考文献[7]给出了如下一个锈蚀钢筋和未锈蚀钢筋的极限伸长量之比与钢筋截面损失率关系的公式:

$$\alpha=0.874-0.012\eta_s \tag{8-39}$$

式中:$\alpha$——锈蚀钢筋和未锈蚀钢筋的极限伸长量之比;

其余符号意义同前。

2)钢筋与混凝土黏结性能

钢筋与混凝土之间的黏结力由化学黏着力、机械咬合力(带肋钢筋)及摩阻力组成。若混凝土中的钢筋发生了锈蚀,混凝土与钢筋界面上便生成了疏松的锈层,破坏了它们之间化学黏着力,并降低了钢筋与混凝土之间的摩阻力及机械咬合力(带肋钢筋)。一旦混凝土保护层锈胀开裂甚至脱落,钢筋外围的约束将明显下降。上述由钢筋锈蚀引起的问题,都将导致钢筋与混凝土之间黏结性能的退化。

(1)黏结性能退化规律

钢筋与混凝土黏结性能退化规律的研究,主要采用中心拔出试验、梁式或半梁式拔出试验。经对大量试验结果分析,得到的结论主要有:

①钢筋锈蚀初期($\eta_s<1\%$),锈蚀使钢筋表面粗糙、加大了钢筋与混凝土之间的摩阻力,

锈蚀产物也使钢筋与混凝土之间更密实,使钢筋与混凝土之间的黏结强度所有提高。

②锈蚀量逐步增大后,机械咬合力(带肋钢筋)损失,疏松的锈蚀产物在钢筋和混凝土之间起到了润滑作用。

③锈胀裂缝出现时,光圆钢筋与带肋钢筋的黏结强度分别高于和低于未锈蚀时的强度。锈胀裂缝使混凝土对钢筋的约束作用削弱,它们之间的黏结强度随之大幅下降,并随裂缝宽度增大而继续降低。当裂缝宽度达到约 2mm 时,钢筋与混凝土之间的黏结力仅为未锈蚀时的 5%(光圆钢筋)~10%(带肋钢筋)。

④在锈蚀深度相同的情况下,混凝土保护层厚度与钢筋直径比值越大,残余黏结强度越大。

(2)黏结滑移规律

根据试验研究和理论分析结果,锈蚀钢筋与混凝土之间黏结应力 $\tau$ 与相对滑移 $s$ 之间的关系可表示成四段曲线:滑移段、劈裂段、下降段及残余段,见图 8-3。该曲线反映如下特点:拉拔荷载较小时,钢筋与混凝土之间即出现了滑动,表明钢筋锈蚀已导致化学胶着力破坏;随着拉拔力的增大,混凝土与钢筋之间的摩阻和机械咬合作用不断损伤,直至沿钢筋纵向混凝土劈裂;拉拔力越过最大值后,黏结强度急剧下降、荷载陡降,最终维持一个残余黏结力。

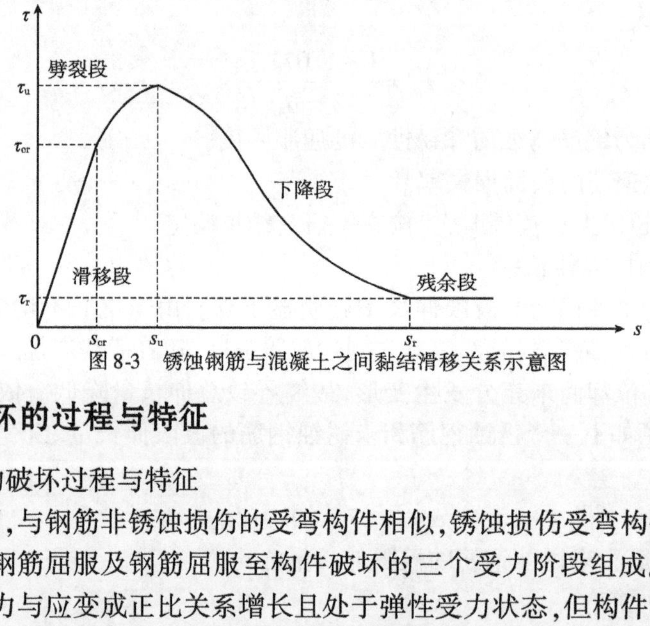

图 8-3 锈蚀钢筋与混凝土之间黏结滑移关系示意图

## 8.3.2 构件破坏的过程与特征

1)受弯构件的破坏过程与特征

试验结果表明,与钢筋非锈蚀损伤的受弯构件相似,锈蚀损伤受弯构件的破坏过程由构件开裂前、开裂至钢筋屈服及钢筋屈服至构件破坏的三个受力阶段组成。当构件受到的弯矩较小时,截面应力与应变成正比关系增长且处于弹性受力状态,但构件的挠度则因其刚度小于非锈蚀构件而略大;随着构件受拉区开裂,荷载挠度曲线出现转折,开裂截面的钢筋应力突增,构件挠度大于非锈蚀的状况;荷载增大后,裂缝宽度加大,中性轴上升但低于非锈蚀构件;继续加载后,受压区混凝土出现塑性变形,进而受拉钢筋出现屈服,中性轴进一步上升,受压区混凝土达到极限应变而被压碎,构件发生破坏。

锈蚀损伤受弯构件的破坏特征与钢筋锈蚀情况有很密切关系。构件未出现锈蚀裂缝时,弯曲破坏时的情况与未锈蚀构件没有区别;钢筋与混凝土之间的黏结力因锈胀裂缝的出现而削弱,受力裂缝比未锈蚀构件少、间距大且分布不匀;钢筋锈蚀达到一定程度后,钢筋与混凝土的黏结性能明显劣化,构件截面的应变不再协调,钢筋的强度和塑性性能无法发挥,构件由延性破坏转化为脆性破坏;损伤严重构件的开裂荷载与极限荷载的比值明显高于未损伤构件,钢筋锈蚀对承载能力的影响远超过对抗裂性能的影响。

2)受压构件的破坏过程与特征

钢筋锈蚀损伤大偏心受压构件的受力破坏过程也与钢筋非锈蚀损伤构件的情况相似。随着荷载增大,受拉区出现裂缝后并不断发展,随后受拉钢筋屈服,再后即受压钢筋屈服,最后受压区混凝土压碎。但若构件出现了锈胀裂缝,钢筋与混凝土之间的黏结强度已削弱,受拉区裂缝一般在锈蚀较严重的地方首先出现,且裂缝间距大于非锈蚀损伤构件。锈蚀钢筋截面损失率越大,构件的开裂荷载、屈服荷载与极限荷载的比值越大,受压区混凝土很快达到极限压应变,构件的承载力、延性及塑性性能明显降低。

钢筋锈蚀的小偏心受压构件的受力破坏过程同样与钢筋非锈蚀损伤构件的情况相似。随着荷载加大,截面基本受压而不出现裂缝,当受压钢筋达到屈服强度时混凝土随即被压碎,破坏有明显的脆性特点,钢筋锈蚀越严重脆性越明显。锈蚀钢筋截面损失率越大,构件承载力降低越大,受压区钢筋与混凝土之间的应力重分布程度越高。

锈蚀损伤偏心受压构件截面的平均应变分布与平截面假定有明显出入。钢筋锈蚀引起的截面面积缩小、屈服和极限强度降低是导致构件承载力下降的原因之一。锈胀裂缝导致混凝土保护层剥落,使构件混凝土截面有效面积减小,对受压构件尤其是小偏心受压构件的承载力有很大影响;锈蚀受拉钢筋与混凝土之间黏结性能的劣化也将影响构件的承载力。箍筋锈蚀很严重时,将影响受压钢筋达到其屈服强度。

## 8.3.3 构件截面的承载力

1)截面承载力的影响因素

根据锈蚀损伤构件的破坏形态建立承载力计算模型,是一个很复杂的问题。由于钢筋锈蚀对构件的影响主要反映在两个方面:混凝土截面损伤、钢筋截面损失和力学性能劣化;锈蚀钢筋与混凝土之间的黏结性能退化、协同工作性能下降。基于试验和理论研究成果,构件截面承载力计算时考虑上述影响的一般方法如下:

(1)对于受弯构件,若钢筋锈蚀小、混凝土保护层未开裂且外观完好,可以不考虑钢筋与混凝土之间黏结性能削弱对截面承载力的影响;若混凝土保护层已锈胀开裂,应同时考虑钢筋截面损失、钢筋屈服强度降低及钢筋与混凝土之间黏结力削弱对截面承载力的影响。

(2)对于受压构件,若钢筋锈蚀小、混凝土保护层未开裂且外观完好,可不考虑锈蚀对截面承载力的影响;若混凝土保护层已锈胀开裂,应同时考虑钢筋截面损失、混凝土保护层损伤、钢筋屈服强度降低对截面承载力的影响,大偏心受压构件尚应考虑钢筋与混凝土之间黏结力削弱的影响。

(3)对于受剪、受拉、受扭构件,若钢筋锈蚀少、混凝土保护层未开裂且外观完好,不考虑锈蚀对截面承载力的影响;若混凝土保护层已经锈胀开裂,应考虑钢筋截面损失、钢筋屈服强度降低对截面承载力的影响。

锈蚀引起的钢筋屈服强度降低可按本节前面介绍的方法计算,即根据《混凝土结构耐久性评定标准》(CECS 220—2007)的有关规定计算。

由于钢筋与混凝土黏结力削弱将使截面应变不再协调、受拉钢筋的极限应力达不到屈服强度,最终导致构件承载力下降,故目前一般采用钢筋协同工作降低系数(或强度利用系数)以计入该影响。

2)受弯构件截面承载力计算公式

基于无锈蚀损伤受弯构件截面承载力计算图式,综合考虑钢筋截面损失、钢筋屈服强度降低及钢筋与混凝土之间黏结力削弱的因素,容易得到锈蚀损伤受弯构件截面承载力计算公式。当受压区为矩形截面时,抗弯承载力计算公式为:

$$M_{su}=\alpha_1 f_c bx\left(h_0-\frac{x}{2}\right) \tag{8-40}$$

其中

$$x=\frac{\sum A_{si}f_y+\alpha_s\sum A_{sci}f_{yci}}{\alpha_1 f_c b}$$

式中:$\alpha_1$——混凝土强度修正系数;

$f_c$——混凝土轴心抗压强度;

$b$——受压区截面的宽度;

$x$——受压区截面的高度;

$h_0$——受拉钢筋合力点至截面受压边缘的距离;

$A_{si}$、$A_{sci}$——分别为未锈蚀和锈蚀钢筋的截面面积;

$f_y$、$f_{yci}$——分别为未锈蚀和锈蚀钢筋的屈服强度,可按式(8-38)计算;

$\alpha_s$——受拉钢筋协同工作降低系数(或强度利用系数)。

在《混凝土结构耐久性评定标准》(CECS 220—2007)中,受拉钢筋协同工作降低系数(或强度利用系数)可按配筋指标和钢筋锈蚀深度进行计算。详见该规程。

3)其他受力构件截面承载力计算方法

(1)受压构件

以无锈蚀损伤受压构件截面承载力计算图式为基础,考虑钢筋截面损失、混凝土保护层损伤、钢筋屈服强度降低的影响,大偏心受压构件再考虑钢筋与混凝土之间黏结力削弱的影响,容易得到构件截面承载力计算方法。

考虑保护层损伤的影响,构件的等效保护层厚度可表示为:

$$c_e=(1-a_{cc})c \tag{8-41}$$

式中:$a_{cc}$——保护层损伤系数;

$c$——保护层厚度。

在《混凝土结构耐久性评定标准》(CECS 220—2007)中,根据锈胀裂缝宽度 $w$ 可以计算保护层损伤系数。详见该规程。

大偏心受压构件的受压区同小偏心受压构件。

受压构件锈蚀钢筋考虑截面损失、屈服强度降低影响的计算方法,以及大偏心受压构件考虑钢筋与混凝土之间黏结力削弱影响的计算方法,均同受弯构件一样。

(2)受剪、受拉、受扭构件

对于混凝土保护层锈胀开裂的受剪、受拉及受扭构件,承载力计算图式与未锈蚀损伤的构件一样,一般考虑钢筋截面损失、钢筋屈服强度降低的影响,计算方法同受弯构件类似。

## 8.4 结构耐久性的预测与设计

在长期持续的环境、荷载等作用下,材料将逐渐老化、损伤累积,导致混凝土结构受力性能不断衰变。混凝土结构耐久性设计首先应根据建设单位的要求定义结构性能,确定设计使用年限及该年限终结点对应的失效事件。由于构件尺寸、材料性能、施工过程的不确定性,以及环境、荷载等作用的随机性,都将对结构的耐久性产生很大的影响,且这些不确定或随机因素对结构的影响均有明显的时间效应。因此,混凝土结构耐久性设计中涉及的可靠性问题是一个时变或动态可靠性问题。结构的使用年限是衡量其耐久性能的基本指标,根据考虑角度的不同,使用年限可分为物理年限(或称技术年限)、功能年限及经济年限。物理年限是指在正常使用和正常维护的情况下,结构维持其预定功能的使用年限,而现有结构尚能继续维持预定使用功能的时间则为剩余使用年限。

### 8.4.1 结构耐久性设计的理论基础

混凝土结构耐久性问题涉及的因素都是随机变量或随时间而变的随机过程,因此,耐久性设计理论必须建立在可靠性理论的基础上。

1)可靠性模型及可靠度

工程结构的可靠性模型通常可表示为:

$$g = R - S \tag{8-42a}$$

$$g(t) = R - S(t) \tag{8-42b}$$

$$g(t) = R(t) - S \tag{8-42c}$$

式中: $R$、$S$——结构的抗力与作用效应;

$R(t)$、$S(t)$——结构抗力和作用效应的随机过程;

$g$、$g(t)$——极限状态的随机变量和随机过程。

在式(8-42a)中,结构的抗力和作用效应均被视为随机变量,表示为一个与时间无关的可靠性模型;式(8-42b)和式(8-42c)分别考虑了作用效应或结构抗力的时间变异性,形成了一个随机过程,但其中的结构抗力或作用效应仍被看作与时间无关的随机变量。它们也被称为半随机过程的可靠性模型。

然而,在结构耐久性设计的问题中,作用效应和结构抗力的时间变异性是一个明显共存的问题。因此,应该采用全随机过程方法建立可靠性模型:

$$g(t) = R(t) - S(t) \tag{8-43}$$

式中符号意义同前。

为了在设计使用年限内确保耐久性能的可靠性,必须对结构可靠度的变化规律进行分析。基于以上表达式,在正常使用和正常维护的情况下,结构在设计使用年限$[0, T_s]$内完成其预定功能能力的可靠度表示为:

$$P\{g(t)\} = P\{R(t) - S(t) \geqslant 0\} \tag{8-44}$$

可见,该可靠度是时间的函数,故也被称为时变可靠度或动态可靠度。

图 8-4 为结构抗力和作用效应随时间变化规律的示意。

2)可靠性分析基本方法

全随机过程的结构时变可靠性分析是一个复杂的问题,其目的是对拟建结构系统的可靠性给出定性或定量的结论,为设计优化和制订维护计划提供理论依据。式(8-44)表明,在设计使用年限$[0, T_s]$内每一时刻的$R(t) \geqslant S(t)$时,结构才能处于可靠的状态,其相应的失效概率为:

$$P_f\{g(t)\} = P\{R(t) - S(t) < 0\} \tag{8-45}$$

根据设计需要检验的关键工况等时间点,若将设计使用年限$[0, T_s]$划分为$n$个时段,时段长度为$\Delta t_i = t_i - t_{i-1}$ $(i = 0, 1, 2, \cdots, n)$,则时变的结构抗力$R(t)$和作用效应$S(t)$可表示为离散在时刻$t_i$ $(i = 1, 2, \cdots, n)$的随机变量$R(t_i)$和$S(t_i)$。其中,$R(t_i)$可取对应时段

$\Delta t_i = t_i - t_{i-1}$内的均值或最小值；$S(t_i)$取该时段内的最大值。现以上述时刻作为结构可靠度的控制点，将式(8-45)改写成：

$$P_f\{g(t_i)\} = P\{R(t_i) - S(t_i) < 0, t_i \in [0, T_s]; i = 1,2,\cdots,n\} \tag{8-46}$$

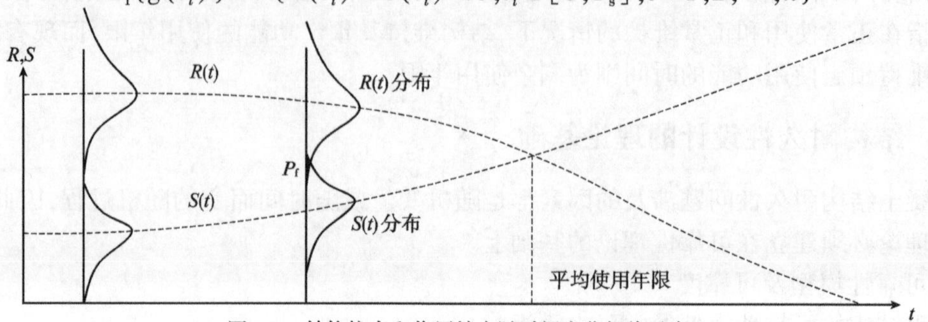


图 8-4　结构抗力和作用效应随时间变化规律示意

进一步再写成：

$$\begin{aligned} P_f\{g(t_i)\} &= P\min\{R(t_i) - S(t_i) < 0\} \\ &= P\{\bigcup_{i=1}^{n}[R(t_i) - S(t_i)] < 0, t_i \in [0, T_s]; i = 1,2,\cdots,n\} \end{aligned} \tag{8-47}$$

可见，式(8-47)相当于非等时段的$n$个串联系统的可靠度问题。但由于结构抗力$R(t_i)$和作用效应$S(t_i)$两者及其自身在各时刻的相关性，该式的计算将会很困难。

尽管结构时变可靠性分析方法有好几种，但目前较适合混凝土结构耐久性时变可靠性分析的实用有效方法是蒙特卡洛法。在可靠性分析时，可先按上述方法设定计算时间点，然后对各基本变量采用蒙特卡洛法形成相应子样，再计算不同时刻$t_i$的结构抗力$R(t_i)$和作用效应$S(t_i)$，最后通过求解各时刻的可靠度进而得到时变可靠度的变化规律。

## 8.4.2　结构使用年限的预测方法

混凝土结构耐久性分析的重要内容是预测拟建结构的使用年限和对现有结构的使用年限进行评估。由前所述，结构所处的环境、使用荷载等作用、结构构造、材料性能劣化机理等许多因素，将对结构使用年限产生综合影响。目前，预测结构使用年限的方法有几种类型，但能综合考虑多种因素的方法仍有待研究。

1)常用预测方法

混凝土结构使用年限预测方法有许多种，下面列出四种目前常用的方法。

(1)经验推理法

经验推理法是一种基于试验室和现场的实测数据及以往经验而建立的结构使用年限半定量预测方法，经验知识和推理技术是该方法的技术核心。它是目前结构使用年限评估标准和规程中常用的方法。

(2)快速试验法

快速试验法是指通过试验室加速试验获得材料性能的劣化规律去预测使用条件下结构使用年限的方法，建立短期加速试验结果与使用条件下长期数据的关系是该方法的难点。

(3)数学模型法

数学模型法是利用以往理论和试验研究建立的材料性能劣化规律数学模型对结构使用年限进行预测的方法，数学模型的可靠性和影响参数选取的合理性是该方法准确性的关键。

(4)概率分析法

概率分析法是考虑各种影响因素的随机性和时变性、基于概率分析而建立的结构使用年限预测方法,数学模型和影响因素概率分布的准确性是该方法的基础。

在上述结构使用年限常用预测方法中,后两种方法较多用于拟建结构。

2)环境、荷载等作用耦合的全过程预测方法

目前,混凝土结构使用年限预测方法一般仅考虑一种环境作用且与荷载等作用非耦合的情况,这种简单的处理方式与实际结构所处的作用状态有较大差异。事实上,混凝土结构由耐久性问题引起的受力性能衰变都是从混凝土和钢筋的材料性能劣化开始的,而荷载、环境作用及自身因素都可以引起材料性能劣化。材料性能改变、状态恶化或损伤将引起构件受力状态和性能的退化,并同时影响到整体结构的受力状态和性能,这种随时间发展的改变在结构使用年限内连续积累,导致结构受力性能不断衰变。因此,合理可靠的结构使用年限预测方法,应是一个基于考虑各种作用耦合、影响因素随机性、材料构件结构效应相互反应、时间全过程连续的随机过程模型。

(1)材料性能劣化的模拟及对构件性能的影响

环境、荷载等作用引起的混凝土构件性能退化,源于材料的物理和化学方面性能的劣化。混凝土构件材料性能劣化反映的问题,主要是损伤(混凝土保护层脱落、钢筋锈蚀)和材料力学性能下降,产生的影响反映在截面尺寸缩小和作用变化、截面应力释放与重分布、截面受力性能下降退化。建立混凝土构件性能退化与材料性能劣化之间的关系,首先需要通过试验和理论研究揭示材料性能劣化规律,形成反映主要影响因素的数学模型,本章的第8.2节已介绍了有关内容。材料性能劣化对构件性能的影响,是与构件表面受环境作用的状况和部位有关的问题,其不仅需要根据截面形式和细部构造的特点与材料性能劣化规律建立联系,且再由材料性能劣化产生的物理化学效应反映出对截面和构件性能的影响。因此,基于构件环境作用的部位及状况,确定材料性能劣化随时间发展规律的数学模型,就能建立材料性能劣化与构件性能退化的关系。

(2)构件性能退化的模拟及对结构性能的影响

混凝土构件因材料性能劣化导致的损伤和受力性能退化必然对整体结构性能产生不利影响。构件性能退化相关效应的模拟由几项内容组成:混凝土和钢筋损伤引起的截面削弱对几何特征的影响和截面损失产生的作用(重力)改变、损失截面的应力释放及导致剩余截面的应力重分布,以及剩余截面材料性能劣化对受力性能的影响。构件性能退化对结构性能的影响反映在:与截面削弱对应的作用,包括荷载(重力)等作用的变化;与损失截面的应力释放对应的作用,即剩余截面应力重分布导致内力作用点的变化;材料性能劣化产生的效应,如构件性能变化引起结构性能的改变。可见,构件性能退化对结构性能的影响,包含了外部作用的变化、内部相互作用效应及材料性能变化效应。

(3)结构性能全过程分析流程

根据以上介绍的内容,若已知结构环境荷载等作用工况、环境作用的部位和状况、材料性能劣化规律以及结构构造、施工过程等相关信息,就能进行结构性能时变过程分析。图8-5给出了混凝土结构性能全过程分析流程。

(4)结构性能检验及使用年限预测

基于结构性能全过程分析流程,可以对施工过程的安全性能、正常使用极限状态的适用性能及承载能力极限状态的安全性能进行检验,并根据设定的耐久性极限状态对结构的使

用年限进行预测。环境、荷载等作用下钢筋混凝土材料性能不断劣化,构件和结构的受力性能将随时间进程退化及衰变,但由于引起材料性能劣化的各因素都是随机变量,结构性能随时间衰变必然是一个随机过程。因此,上述结构安全性能、适用性能的检验和耐久性能的预测需要借助可靠性分析方法。通过这种分析,我们便能得到使用年限内任何时刻结构的安全性能和适用性能满足要求的可靠度,结构耐久性能失效的预测年限。图 8-6 给出了混凝土结构性能检验及使用年限预测流程。

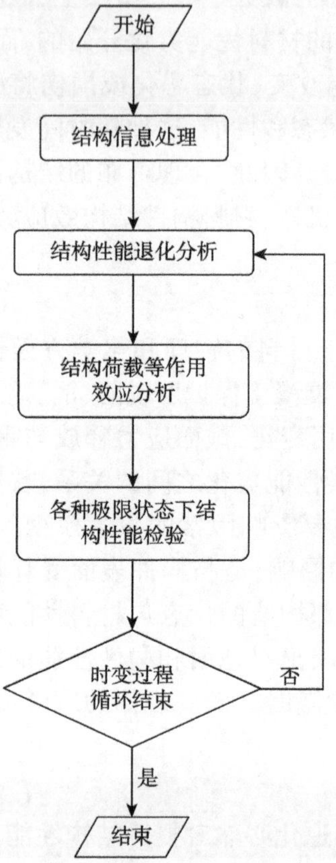


图 8-5　混凝土结构性能全过程分析流程

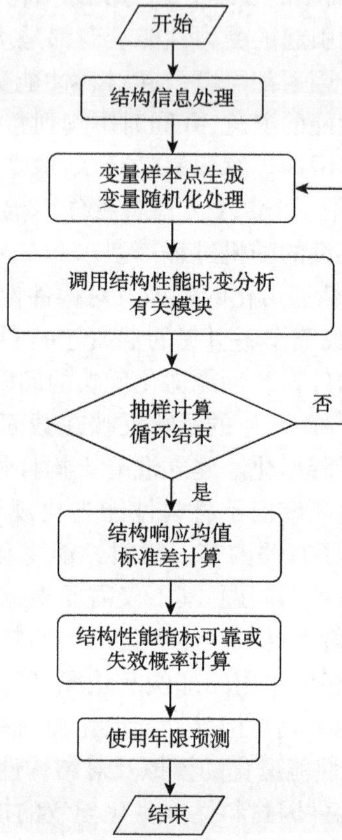


图 8-6　混凝土结构性能检验及使用年限预测流程

### 8.4.3　结构耐久性设计的实用方法

1)耐久性设计原则与内容

(1)设计原则

当环境作用能明显导致材料性能随时间劣化时,结构应进行耐久性设计。在耐久性设计时,结构的设计使用年限和失效标准是需要首先明确的问题。拟建结构的设计使用年限可根据设计标准选定,但结构耐久性失效标准仍未被广泛统一。目前,混凝土结构耐久性失效标志反映在两种状态:正常使用耐久性失效标准,钢筋锈蚀使混凝土出现顺筋裂缝或耐久性能退化导致变形不能满足正常使用要求;承载能力耐久性失效标准,结构性能衰变导致承载能力下降至极限状态。目前,混凝土结构耐久性设计主要根据结构构件所处的环境作用状况,对混凝土原材料和配合比选用、结构形式与构造设计、施工方法等给出具体规定,从而在宏观上把握结构的耐久性。

(2)设计内容

混凝土结构耐久性设计主要内容如下：

①原材料和配合比选择

根据环境作用状况、设计使用年限和耐久性等级要求，选择混凝土的原材料和配合比。如：冻融环境下的混凝土按年冻融次数选用合适的引气剂；氯盐或化学侵蚀环境下的混凝土选用合理的水胶比和掺和料等。

②结构构造设计

针对钢筋混凝土和预应力混凝土特点，分别按环境作用状况和设计使用年限取用合适的混凝土保护层厚度和规定钢筋最小直径；选用利于传力与应力分布的结构构造，优化设计易损构造，减少环境侵蚀不利影响；注意构件表面排水和防止积水。必要时考虑采用附加防腐措施。

③裂缝宽度控制

对允许出现裂缝的钢筋混凝土构件，应根据环境作用状况和耐久性等级要求确定设计控制裂缝宽度；对预应力混凝土构件一般应规定按不出现裂缝设计，处于潮湿或严重腐蚀环境时应严格规定不出现裂缝。

④施工要求

设计对混凝土的抗渗、抗冻、耐磨或化学腐蚀有特殊要求时，施工前应进行混凝土试配、选出最优的配合比，并在施工时抽样检查；混凝土浇筑前应对混凝土保护层厚度和钢筋位置仔细检查，确保在混凝土浇筑过程中不走样；混凝土浇筑后应尽量减少外露工作面，分次浇筑混凝土时应合理选择好施工缝位置；预先确定混凝土养护时间、拆模及支撑时间，避免出现裂缝。

⑤结构使用要求

设计对结构的正常使用界限应有明确的规定，包括使用期内需要维修和更换的部件及更换的时间；制订详细的养护计划，对环境作用严重结构和易损伤的构件提出定期检测的内容和要求。

⑥耐久性能验算与分析

根据混凝土结构材料在环境作用下性能劣化规律的数学模型，建立耐久性极限状态方程，按设计使用年限验算结构能否满足正常使用和承载能力极限状态的要求；或利用前述的混凝土结构性能全过程分析流程对结构性能衰变过程进行分析，获得使用年限内结构性能演变的规律，为使用期养护计划制订提供必要的理论依据。

2)耐久性极限状态设计方法

混凝土结构耐久性设计方法仍未完全统一，但极限状态设计法是其中常用的方法之一。在确定结构设计使用年限、工作环境和耐久性等级的前提下，建立结构抵抗环境作用的能力(抗力)大于环境作用效应的极限状态设计方程是耐久性极限状态设计的关键。

在 DuraCrete 的 General Guidelines for Durability Design and Redesign 中，耐久性极限状态设计法是在一般极限状态设计法的基础上建立起来的。

(1)设计方程

极限状态设计方程是一种具备区分完全满足、一个或多个不满足要求的状态函数，如果结构完全满足所有性能要求它即为正值。耐久性极限状态的设计方程可写成：

$$g(F^{d},f^{d},a^{d},\theta^{d},t)\geqslant 0 \tag{8-48}$$

式中：$F^{d}$——环境作用变量的设计值；

$f^{d}$——环境抗力变量的设计值；

$a^{d}$——几何参数的设计值；

$\theta^{d}$——模型不确定性变量的设计值；

$t$——时间。

(2)作用与抗力变量

在结构耐久性设计时，环境作用与抗力变量的定义是明确的，描述材料、构造等相关的变量被作为抗力变量，而描述环境的变量则为作用变量。如：对氯离子侵入情况，环境作用变量可用构件表面氯离子浓度表示，而环境抗力变量则可用混凝土保护层厚度、钢筋表面临界氯离子浓度等表示。

(3)变量的标准值和设计值

极限状态设计方法是一种基于概率的结构设计方法，它必须以统计数据为依据。但是，设计人员已习惯采用分项系数形式的设计方法，且混凝土结构耐久性方面的一些变量还没有足够的统计数据，故在用分项系数形式表示的极限状态设计法中，一些缺乏统计数据的变量将采用工程经验确定分项系数。

在分项系数设计方法中，变量的标准值为对应其概率分布达到某一概率的代表值。当有许多试验和实测数据时，可通过统计方法确定标准值，当无法用统计方法确定时往往采用经验规定值。变量的设计值可由如下公式表示：

$$\left.\begin{aligned} F^{d} &= \frac{F^{c}}{\gamma_{F}} \\ f^{d} &= \frac{f^{c}}{\gamma_{f}} \\ a^{d} &= a^{c} \pm \Delta a \\ \theta^{d} &= \gamma_{D} \text{ 或 } \frac{1}{\gamma_{D}} \end{aligned}\right\} \tag{8-49}$$

式中：$F^{c}$、$f^{c}$——分别为作用和抗力变量的标准值；

$a^{c}$、$\Delta a$——分别为几何参数的标准值和附加量；

$\gamma_{F}$、$\gamma_{f}$、$\gamma_{D}$——分别为作用、抗力和模型不确定性变量的分项系数；

其余符号意义同前。

在耐久性极限状态设计时，需要引入材料变量、环境变量、施工变量及取决于环境与材料的变量。在 General Guidelines for Durability Design and Redesign 中，材料变量的标准值定义为其5%的分位值；环境变量的标准值为其平均值，设计值由平均值和给定的分项系数确定；施工变量的标准值也取其平均值，变异则取决于施工控制水平；取决于环境与材料的变量的标准值同样为其平均值，也可用相近环境下同类结构的数据来确定。

耐久性设计时几何参数的标准值通常定义为平均值，设计值没有分项系数。当几何参数变异对结构性能有明显影响时，设计值可取用标准值与附加量的叠加。因此，混凝土保护层厚度的设计值表示为：

$$x^{d} = x^{c} - \Delta x$$

(4)验收标准

作用与抗力引入分项系数后，对结构耐久性极限状态设计提供了一定的可靠度。设计过程中对失效概率的限制，一般可用规定时间（如一年）内最大失效概率和结构设计使用年限内的最大失效概率表示。其中，前者是保证人身安全在合理的风险水平上得以控制，后者则是确保投资有保障。如果失效事件对人的生命构成威胁，应该对失效概率采取更严格的规定。

如果以往结构的耐久性已具备了合格的可靠度，那么类似结构的设计可靠度可在对以往工程实践研究的基础上确定；若以往结构的耐久性没有合格，则设计可靠度应由专家组对结构研究后确定。如在 General Guidelines for Durability Design and Redesign 中，钢筋锈胀裂缝的验收标准通常以 1.0mm 为限，对应的情况即为失效事件。选择该失效事件作为检验标准是因为钢筋发生了锈蚀并发展了一段时间，进一步会因混凝土剥落而导致结构承载力下降。

以上结构合格的可靠度取决于初期建设费用，即为了得到一定的可靠度水平所需投入的费用；合格的可靠度也取决于维修所需的费用，即维持一定的可靠度所需的费用。因此，在设计过程中，如果降低风险的费用低于维修的费用时，最好采用较高的可靠度水平；而若降低风险的花费高于修复时，则可取相对低的可靠度水平。

结构合格的验收标准的可靠指标表示为：

$$\beta = -\phi^{-1}(P_{\mathrm{f}}) \tag{8-50}$$

式中：$\phi^{-1}$——标准正态分布函数的反函数；

$P_{\mathrm{f}}$——设计使用年限内所考虑的失效事件发生的概率。

3）耐久性极限状态设计方法的应用

受到环境作用的混凝土结构，应采用有效的方法检验其内部钢筋的锈蚀诱发时间和锈蚀扩展时间，并使锈蚀扩展达到限值的时间大于设计使用年限。下面介绍 General Guidelines for Durability Design and Redesign 中有关碳化和氯离子侵入耐久性极限状态的设计方程和检验方法。

（1）混凝土碳化引起钢筋锈蚀、开裂及剥落

碳化使混凝土孔隙溶液的 pH 值下降，钢筋钝化膜破坏后的电化学腐蚀将导致截面不断减小，同时钢筋锈蚀产物的体积膨胀也使混凝土保护层开裂及最终剥落。

①钢筋开始锈蚀的设计方程

由混凝土保护层厚度的设计值 $x^{\mathrm{d}}$ 和由式（8-7）表示的混凝土碳化深度的设计值 $x_{\mathrm{c}}^{\mathrm{d}}$，可以建立如下钢筋开始锈蚀的设计方程：

$$g = x^{\mathrm{d}} - x_{\mathrm{c}}^{\mathrm{d}}(t) = x^{\mathrm{d}} - \sqrt{\frac{2C_{\mathrm{s,ca}}^{\mathrm{d}}t}{R_{\mathrm{ca}}^{\mathrm{d}}}} \tag{8-51}$$

式中符号的意义见式（8-7）。

根据前面几何参数标准值和附加量的定义，保护层厚度的设计值如前表示为 $x^{\mathrm{d}} = x^{\mathrm{c}} - \Delta x$。其中，保护层厚度的标准值 $x^{\mathrm{c}}$ 定义为平均值或设计确定的数值；附加量 $\Delta x$ 根据工程经验取值。

令上设计方程为零，可得到如式（8-27）所示的碳化引起钢筋开始锈蚀时间的设计值。

根据钢筋开始锈蚀时间的设计值，就能对结构在碳化作用下的耐久性进行检验和设计优化。

②混凝土开裂和剥落的设计方程

工程实践表明，混凝土锈胀开裂后通过放大镜和肉眼可见的初始裂缝宽度一般为 0.01 ~

0.1mm；而当锈胀裂缝大于1.0mm时混凝土便开始发生剥落，已可认为不再考虑保护层的受力作用。以上两种裂缝宽度被定义为裂缝宽度的临界值$w_{cr}$。因此，根据裂缝临界值$w_{cr}$和实际裂缝设计值$w^d$之间的关系，可以形成如下设计方程：

$$g = w_{cr} - w^d = w_{cr} - \begin{cases} w_0 & P^d \leqslant P_0^d \\ w_0 + b^d(P^d - P_0^d) & P^d > P_0^d \end{cases} \tag{8-52}$$

式中符号的意义见式(8-31)。

依照式(8-52)表示的设计方程，可得到如下碳化引起钢筋锈胀开裂和混凝土保护层开始脱落时间的设计值：

$$t_{cr}^d = t_i^d + \frac{P_d^0}{V^d w_t}$$

$$t_d^d = t_{cr}^d + \frac{w^d}{b^d V^d w_t}$$

式中符号的意义见式(8-32)、式(8-34)和式(8-37)。

有了以上钢筋锈胀开裂和混凝土保护层开始脱落时间的设计值，就能进行耐久性检验和设计优化。

(2)氯离子侵入引起钢筋锈蚀、开裂及剥落

当钢筋表面氯离子达到临界值后，钢筋表面的钝化膜破坏并开始发生电化学腐蚀，导致混凝土保护层锈胀开裂及最终剥落。

①钢筋开始锈蚀的设计方程

以钢筋表面氯离子浓度达到临界浓度设计值$C_{cr}^d$为条件，可以建立如下钢筋开始锈蚀的设计方程：

$$g = C_{cr}^d - C^d(x,t) = C_{cr}^d - C_{s,Cl}^d\left[1 - \operatorname{erf}\left(\frac{x^d}{2\sqrt{\dfrac{t}{R_{Cl}^d(t)}}}\right)\right] \tag{8-53}$$

式中符号的意义见式(8-11)和式(8-12)，保护层厚度的设计值也表示为$x^d = x^c - \Delta x$。

令上设计方程为零，可得到由式(8-29)表示的氯离子侵入引起的钢筋开始锈蚀时间的设计值：

$$t_i^d = \left\{\left[\frac{2}{x^c - \Delta x}\operatorname{erf}^{-1}\left(1 - \frac{C_{cr}^c}{\gamma_{C_{cr}}} \cdot \frac{1}{A_{C_{s,Cl}}^c (w/b)\gamma_{C_{s,Cl}}}\right)\right]^2 \frac{R_{Cl,0}^c}{k_{e,Cl}^c k_{c,Cl}^c t_0^{\,n_{Cl}^c} \gamma_{R_{Cl}}}\right\}^{\frac{1}{1-n_{Cl}^c}}$$

式中符号的意义见式(8-11)、式(8-12)及式(8-13)。

同样，根据以上钢筋开始锈蚀时间的设计值，就能对氯离子侵入作用下的结构耐久性进行检验和设计优化。

②混凝土开裂和剥落的设计方程

在General Guidelines for Durability Design and Redesign中，氯离子侵入引起钢筋锈胀开裂和剥落时间设计值的表达式，同碳化引起钢筋锈胀开裂和剥落时间设计值的一样，仅公式中参数和系数的量值有所不同。

以上给出的耐久性设计方程和检验方法虽以General Guidelines for Durability Design and Redesign为例，但基本思路和方法可被推广到混凝土桥梁的设计之中，仅将其中的公式替换为更合适的公式即可。

## 8.5 小　结

环境、荷载等作用下的混凝土结构将随着时间的延续而出现内部钢筋锈蚀、混凝土开裂脱落等耐久性损伤,若不采取必要的措施将会导致结构性能过度衰变、寿命缩短而不能在设计使用年限内达到预定的设计目标。耐久性损伤是从材料性能劣化累积起来的,并逐渐深入构件内部直至危害整个结构。目前,混凝土结构耐久性问题仍是一个未能很好解决的难题。环境、荷载作用和结构性质将随时间变化并伴随整个寿命期,时间已成为结构性能变化的基本参数。因此,揭示材料性能劣化机理及损伤规律、建立损伤构件的受力性能及其承载力分析方法,需要在理论、试验室和现场试验等方面投入大量的基础研究工作;为了能在设计阶段对拟建结构性能变化规律进行预测、提供使用期维护计划制订的依据并通过优化达到最佳的设计方案,迫切需要建立可靠的结构耐久性能全过程分析系统和实用的设计方法,以便对结构抵抗安全性能、适用性能的衰变及外观损坏的能力进行检验。

## 思 考 题

1. 影响混凝土结构耐久性的环境作用有哪些?
2. 混凝土碳化、氯离子侵入的机理及后果是什么?
3. 钢筋锈蚀的机理及破坏后果是什么?
4. 混凝土冻融破坏的机理是什么?
5. 混凝土桥梁耐久性设计的主要内容是什么?

## 本章参考文献


[1] Shamsad Ahmad, Bishwajit Bhattacharjee, Rajeew Wason. Experimental service life prediction of rebar-corroded reinforced concrete structure, ACI Materials, 1997(4).

[2] Nowak A S, Szerszen M M. Life-cycle deterioration models for concrete deck slabs [R]. Life-Cycle Performance of deteriorating structutres: Assessment, Design and Management. Reston, Virginia: ASCE, 2004: 133-140.

[3] DuraCrete. General guidelines for durability design and redesign [R]. Final Technical Report, 2000.

[4] fib Model Code 2010, First Complete Draft, 2010.

[5] 中国工程建设标准化协会标准. CECS 220—2007　混凝土结构耐久性评定标准[S]. 北京:中国建筑工业出版社,2007.

[6] 张誉,蒋利学,张伟平,等. 混凝土结构耐久性概论[M]. 上海:上海科学出版社,2003.

[7] 牛荻涛. 混凝土结构耐久性与寿命预测[M]. 北京:科学出版社, 2003.

[8] 赵国藩,贡金鑫,赵尚传. 工程结构生命全过程可靠度[M]. 北京:中国铁道出版社,2004.

# 第3篇　钢桥和组合桥梁分析理论

# 第9章

# 钢桥构件稳定性分析

## 9.1 概　　述

在钢桥的发展史上也有过许多因失稳而造成桥梁倒塌的例子。如加拿大的魁北克(Quebec)桥于1907年在架设过程中由于悬臂端下弦压杆失稳导致桥梁倒塌,此类破坏现象为构件整体失稳,类似原因导致桥梁倒塌的事故例子有前苏联的莫兹尔(Мозыр)桥等。1970年澳大利亚墨尔本附近的西门(West Gate)桥在架设拼拢整孔左右两半截面钢箱梁时,上翼缘板在跨中失稳,导致112m的整跨倒塌,此类破坏的原因是组成构件的板件翘曲失稳,类似原因导致桥梁倒塌的事故例子有奥地利维也纳的第四大努贝桥(Fourth danube)、英国威尔士米佛湾(Milford Haven)的克劳多(Cleddau)桥、德国科布仑茨(Koblenz)的莱茵(Rhine)桥等。

与桥梁相关的稳定理论研究已有悠久的历史。早在1744年,欧拉(L. Euler)提出了弹性压杆屈曲欧拉公式。恩格赛(Engesser)和卡门(Karman)分别基于切线模量理论和折线模量理论给出了受压杆件的弹塑性稳定理论解。1947年香莱(Shanley)丰富了切线模量理论。瓦格纳(H. Wagner)、符拉索夫(взвласов)、普兰特尔(L. Prandtl)和米歇尔(J. H. Michell)等研究了薄壁杆件的弯扭失稳。1891年布里安(Bryan. G. H) 分析了单向均匀受压简支矩形板的稳定,赛德尔(Seydel)研究了板的剪切稳定问题。卡门(karman)、依留辛(Iljuschin)研究了板的弹塑性稳定问题。铁摩森柯(Timoshenko)、巴伯莱( Barbre)等给出了加劲板的稳定计算方法。这些研究成果为钢桥稳定理论的发展奠定了基础。

## 9.2 轴心受压构件整体稳定

### 9.2.1 理想受压构件弹性屈曲

1)简支理想受压构件

如图9-1所示的两端简支理想受压构件,假设材料屈服强度为$f_y$,杆件长度为$L$,截面面积为$A$,抗弯刚度为$EI$,承受轴心压力$N$。如果构件受到某种干扰作用发生了微小弯曲变形$v(x)$,由挠曲方程,可以得到构件的平衡微分方程如下:

$$EI\frac{\mathrm{d}^2v}{\mathrm{d}x^2} = -Nv \tag{9-1}$$

满足方程(9-1)和边界条件$v(0) = 0$的解为:

$$v(x) = \delta\sin\frac{\pi x}{kL} \tag{9-2}$$

其中：

$$k = \frac{\pi}{L}\left(\frac{EI}{N}\right)^{1/2} \tag{9-3}$$

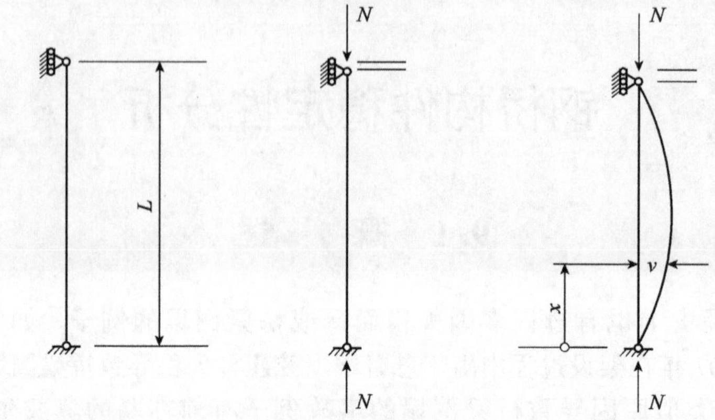

图 9-1　两端简支理想受压构件

$\delta$ 为弯曲变形的最大值，在失稳状态下 $\delta \neq 0$，且由边界条件 $v(L)=0$ 可得：

$$\frac{\pi}{k} = L\left(\frac{N}{EI}\right)^{1/2} = n\pi \tag{9-4}$$

由式(9-4)可以求得：

$$N = n^2\pi^2\frac{EI}{L^2} \tag{9-5}$$

当 $n=1$ 时，失稳状态下 $N$ 最小，即失稳欧拉荷载 $N_{cr}$ 为：

$$N_{cr} = \pi^2\frac{EI}{L^2} \tag{9-6}$$

由式(9-6)可以求得欧拉应力 $\sigma_{cr}$ 为：

$$\sigma_{cr} = \frac{N_{cr}}{A} = \frac{\pi^2 E}{\lambda^2} \tag{9-7}$$

式中：$\lambda$——受压构件的长细比，

$$\lambda = \frac{L}{i} \tag{9-8}$$

$i$——构件截面回转半径，

$$i = \sqrt{\frac{I}{A}} \tag{9-9}$$

设相对长细比 $\overline{\lambda}$ 为：

$$\overline{\lambda} = \sqrt{\frac{f_y}{\sigma_{cr}}} = \sqrt{\frac{Af_y}{A\sigma_{cr}}} = \sqrt{\frac{N_y}{N_{cr}}} = \frac{\lambda}{\pi}\sqrt{\frac{f_y}{E}} \tag{9-10}$$

欧拉应力 $\sigma_{cr}$ 还可以表达为：

$$\sigma_{cr} = \frac{f_y}{\overline{\lambda}^2} \tag{9-11}$$

由式(9-11)可知，欧拉应力与相对长细比的平方成反比。当 $\overline{\lambda} \geqslant 1$ 时，$\sigma_{cr} \leqslant f_y$，即欧拉应力小

于材料屈服强度,构件由弹性屈曲控制设计。

2)其他约束条件下的理想受压构件

采用同样的方法可以求得不同约束条件下受压构件的弹性屈曲欧拉荷载 $N_{cr}$,其结果如图 9-2 所示,引入压杆有效长度 $L_{cr}=\mu L$,将欧拉荷载表示为:

$$N_{cr} = \pi^2 \frac{EI}{L_{cr}^2} = \pi^2 \frac{EI}{(\mu L)^2} \tag{9-12}$$

则不同约束下受压构件有效长度 $L_{cr}$,如图 9-2 所示,$\mu$ 为压杆等效杆长系数。

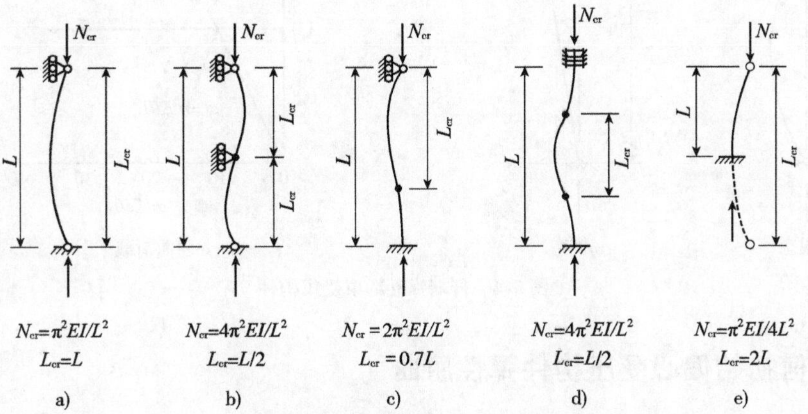


图 9-2　弹性屈曲欧拉荷载和压杆有效长度

如图 9-3 所示,假设构件中间有弹性支承约束,当弹性约束的刚度参数 $\alpha$ 满足下式条件时,

$$\alpha \geqslant \alpha_L = 16\pi^2 \frac{EI}{L^3} \tag{9-13}$$

弹性屈曲欧拉荷载 $N_{cr}$ 为:

$$N_{cr} = 4\pi^2 \frac{EI}{L^2} = \pi^2 \frac{EI}{(L/2)^2} \tag{9-14}$$

式(9-14)的弹性屈曲欧拉荷载与中间刚性支承的欧拉荷载相同,$\alpha_L$ 为中间弹性约束满足中间刚性支承的最小刚度参数。

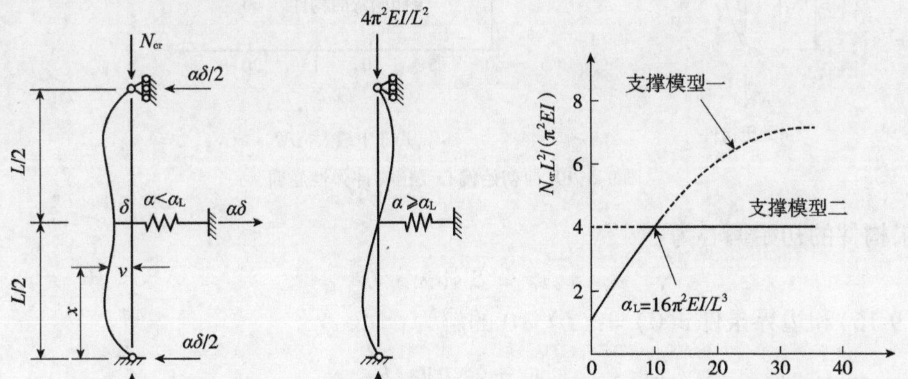


图 9-3　中间弹性支承约束的受压构件

同样,可以求出如图 9-4 所示的杆端弹性约束满足杆端刚性支承的最小刚度参数为:

$$\alpha_L = \pi^2 \frac{EI}{L^3} \tag{9-15}$$

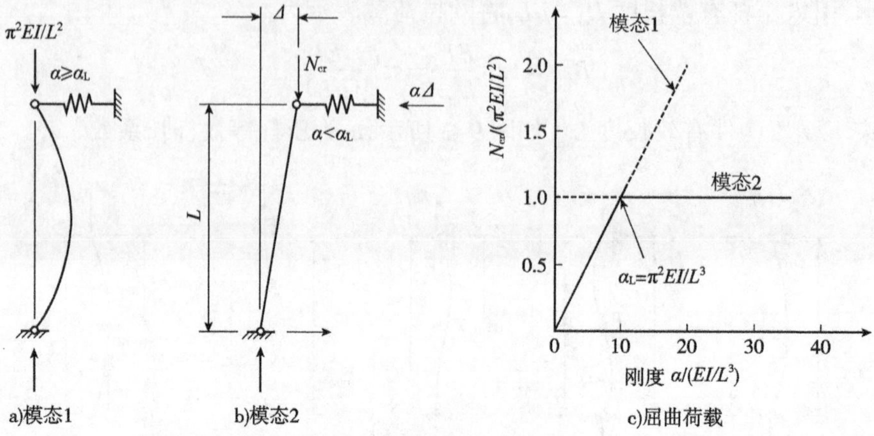


图 9-4　杆端弹性约束受压构件

## 9.2.2　几何初始偏心受压构件弹性屈曲

如图 9-5 所示,存在几何初始偏心的受压构件平衡微分方程可以表达为:

$$EI\frac{d^2v}{dx^2} = -N(v+v_0) \tag{9-16}$$

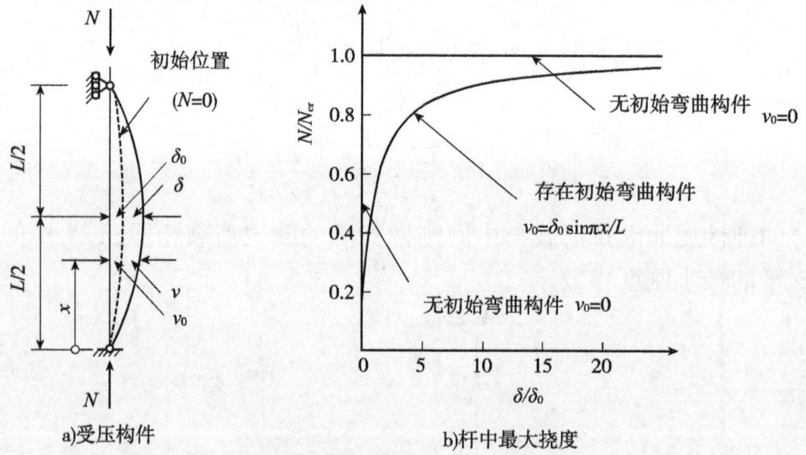


图 9-5　几何初始偏心受压构件弹性屈曲

如果构件的初始偏心为:

$$v_0 = \delta_0 \sin\pi x/L \tag{9-17}$$

满足式(9-16)和边界条件 $v(0)=v(L)=0$ 的解为:

$$v = \delta \sin\pi x/L \tag{9-18}$$

式中,

$$\delta = \delta_0 \frac{N/N_{cr}}{1-N/N_{cr}} \tag{9-19}$$

受压构件在轴力 $N$ 和二次弯矩 $N(\delta+\delta_0)$ 作用下,截面应力为:

$$\sigma_{max} = \frac{N}{A} + \frac{N\delta_0}{W_{el}} \frac{1}{1 - N/N_{cr}} \tag{9-20}$$

式中:$W_{el}$——截面模量;

$N_{cr}$——理想轴心受压构件的欧拉荷载。

设最大应力 $\sigma_{max}$ 达到材料屈服应力 $f_y$ 时构件能够承受的最大极限轴力为 $N_L$,由式(9-19)和式(9-20)可得:

$$f_y = \frac{N_L}{A} + \frac{N_L(\delta+\delta_0)}{W_{el}} = \frac{N_L}{A}\left[1 + \frac{A\delta_0}{W_{el}} \frac{1}{(1 - N_L/N_{cr})}\right] \tag{9-21}$$

设偏心率 $\eta$ 为:

$$\eta = \frac{\delta_0}{W_{el}/A} \tag{9-22}$$

将 $\sigma_{cr} = N_{cr}/A$ 和式(9-22)代入式(9-21),可以求得:

$$\frac{N_L}{f_y A} = \left[\frac{1 + (1+\eta)(\sigma_{cr}/f_y)}{2}\right] - \sqrt{\left[\frac{1 + (1+\eta)(\sigma_{cr}/f_y)}{2}\right]^2 - \frac{\sigma_{cr}}{f_y}} \tag{9-23}$$

将式(9-11)代入式(9-23),并假设:

$$\chi = \frac{1}{2}\left[1 + \frac{1}{\lambda^2}(1+\eta)\right] - \frac{1}{2}\sqrt{\left[1 + \frac{1}{\lambda^2}(1+\eta)\right]^2 - \frac{4}{\lambda^2}} \tag{9-24}$$

可以得到:

$$N_L = \chi f_y A \tag{9-25}$$

$$\sigma_L = \chi f_y \tag{9-26}$$

式(9-24)为大家熟知的 Perry 公式,$\chi$ 为几何初始偏心受压构件考虑二次弯矩影响的弹性屈曲承载力折减系数,有的文献也称为压杆稳定系数。EUROCODE-3 和我国《公路钢结构桥梁设计规范(报批稿)》(JTG D64)等的整体稳定承载力折减系数均采用了 Perry 公式的表达形式。

## 9.2.3 等截面轴心受压构件的弹塑性稳定

1)弹塑性稳定的切线模量理论

在 9.2.1 节中分析了理想弹性压杆失稳问题,它只适用于应力—应变呈线性关系的材料。对于如图 9-6 中所示的材料非线性结构,假设构件进入非线性阶段后,荷载微小变化时的应力—应变关系服从切线模量理论,可以用切线模量 $E_t$ 代替式(9-6)和式(9-7)中的弹性模量 $E$ 近似求解弹塑性稳定欧拉荷载 $N_{cr,t}$ 和欧拉应力 $\sigma_{cr,t}$。

$$N_{cr,t} = \pi^2 \frac{E_t I}{L^2} \tag{9-27}$$

$$\sigma_{cr,t} = \frac{N_{cr,t}}{A} = \frac{\pi^2 E_t}{\lambda^2} \tag{9-28}$$

通常,钢结构的切线模量小于弹性模量,采用切线模量理论求得的欧拉荷载 $N_{cr,t}$ 和欧拉应力 $\sigma_{cr,t}$ 小于理想受压构件之值。

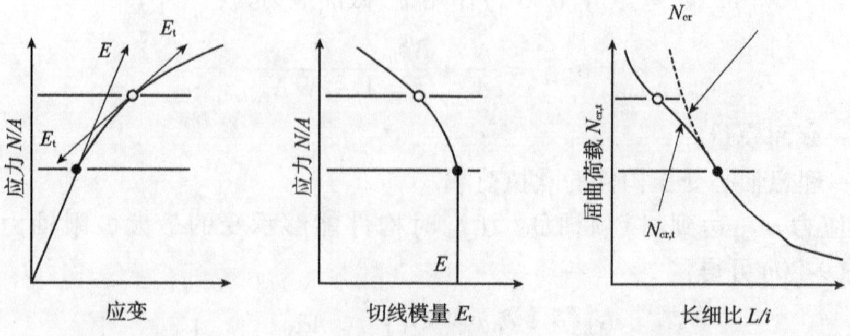


a)应力—应变关系　　b)应力—切线模量关系　　c)屈曲荷载—长细比关系

图 9-6　弹塑性稳定的切线模量理论

2)弹塑性稳定的等效模量理论

切线模量理论中,假设构件进入非线性阶段后无论应变增加还是减小,应力—应变关系均服从切线模量 $E_t$。但试验表明,钢材进入非线性阶段后应力—应变关系如图 9-7 所示,应变增加时应力—应变关系服从切线模量 $E_t$,应变减小时服从弹性模量 $E$。

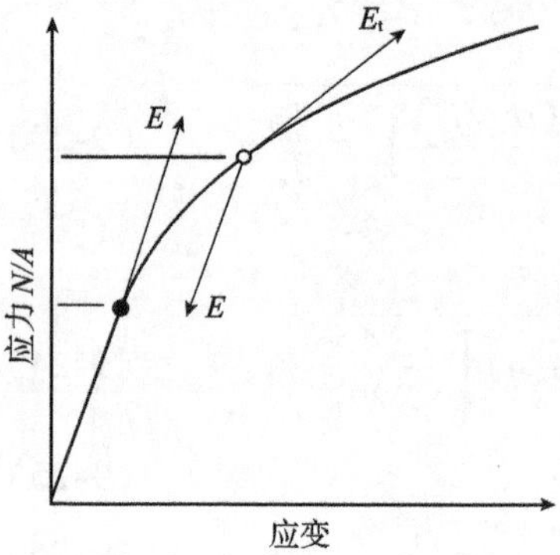


图 9-7　非弹性材料应力—应变关系曲线

如图 9-8 所示,假设一个矩形截面构件在轴力 $N$ 作用下,在 $y$ 方向发生弯曲屈曲,曲率为 $\kappa = -\mathrm{d}^2v/\mathrm{d}x^2$。在轴力和附加弯矩作用下的截面应变如图 9-8b)所示,随着弯曲变形的增加,压应变较大的一侧应变增加,材料进入屈服阶段,弹性模量为 0,另一侧应变减小,弹性模量为 $E$。此时,应力分布如图 9-8c)所示,由弯曲产生的截面应力的合力为 0 的平衡关系和几何关系 $b = b_c + b_t$ 可以得到:

$$\frac{1}{2}db_cE_tb_c\kappa = \frac{1}{2}db_tEb_t\kappa \tag{9-29}$$

$$\frac{b_c}{b} = \frac{\sqrt{E}}{\sqrt{E} + \sqrt{E_t}} \tag{9-30}$$

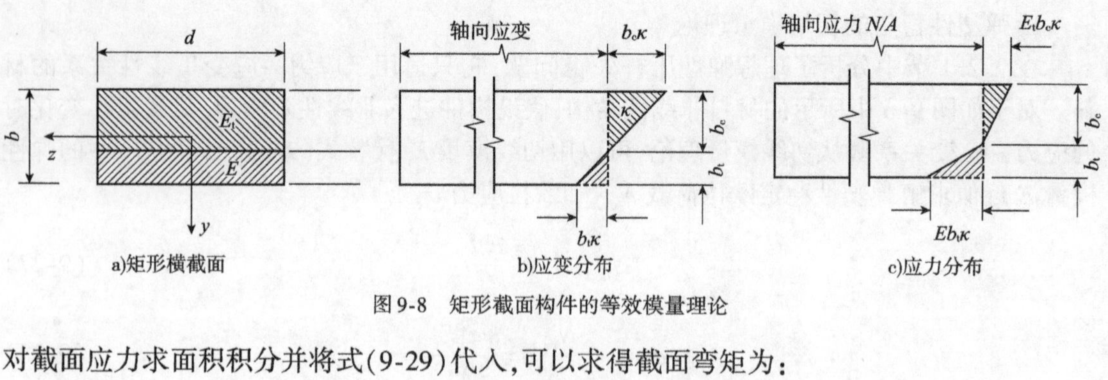


a)矩形横截面　　b)应变分布　　c)应力分布

图 9-8　矩形截面构件的等效模量理论

对截面应力求面积积分并将式(9-29)代入,可以求得截面弯矩为:

$$M = \frac{db_c}{2}E_tb_c\kappa\frac{2b_c}{3} + \frac{db_t}{2}Eb_t\kappa\frac{2b_t}{3} \tag{9-31}$$

将式(9-30)代入式(9-31)可得：

$$M = \frac{4b_c^2E_t}{b^2}\frac{db^3}{12}\kappa \tag{9-32}$$

假设等效模量为 $E_r$，根据初等梁理论可得受压构件失稳状态的挠曲微分方程为：

$$E_rI\frac{d^2v}{dx^2} = -M = -\frac{4b_c^2E_t}{b^2}\frac{db^3}{12}\kappa \tag{9-33}$$

注意到 $I=\dfrac{db^3}{12}$和 $\kappa=\dfrac{-d^2v}{dx^2}$，并将式(9-30)代入式(9-33)，可得等效模量 $E_r$：

$$E_r = \frac{4EE_t}{(\sqrt{E}+\sqrt{E_t})^2} \tag{9-34}$$

用 $E_r$代替式(9-6)和式(9-7)中的弹性模量 $E$ 可得等效模量理论的欧拉荷载 $N_{cr,r}$和欧拉应力 $\sigma_{cr,r}$：

$$N_{cr,r} = \pi^2\frac{E_rI}{L^2} \tag{9-35}$$

$$\sigma_{cr,r} = \frac{N_{cr,r}}{A} = \frac{\pi^2E_r}{\lambda^2} \tag{9-36}$$

3)Shanley 非弹性屈曲理论

切线模量理论虽然未考虑应变增加和减小时弹性模量的不同差异，但压杆稳定试验结果表明，切线模量理论的计算结果比等效模量理论更为精确。Shanley 认为，如果荷载迅速增加使得应变不出现减小现象，此时随着荷载的增加，应力和应变关系服从切线弹性模量 $E_t$。随着构件侧向挠度不断增大，轴向应变和弯曲应变也增大，材料的切线模量 $E_t$ 随之减少，相应的屈曲荷载最大值 $N_{max}$ 为构件的极限承载力。

由于切线模量 $E_t$ 比初始模量 $E$ 小，且 $E_t<E_r<E$，所以等效模量屈曲荷载值 $N_{cr,r}$介于切线模量屈曲荷载 $N_{cr,t}$和弹性模量屈曲荷载 $N_{cr}$之间。切线模量理论和等效模量理论分别给出了等截面压杆的弹塑性稳定欧拉荷载的最小和最大值。切线模量法不仅容易计算，而且计算结果更接近试验结果和偏于保守，切线模量理论被广泛地接受。

### 9.2.4 存在残余应力的受压构件弹塑性稳定

1)焊接残余应力

钢材焊接时在焊件上产生局部高温的不均匀温度场，焊接中心处可达 1600℃以上[图 9-9a)]。高温部分钢材的膨胀伸长较大，低温部分钢材的膨胀伸长较小，低温部分对高温部分形成约束作用，从而在焊件内引起较高的温度应力，并在焊接过程中随时间和温度不断变化，这种自平衡应力称为焊接应力。焊接应力较高的部位将达到钢材屈服强度而发生塑性变形，因而钢材冷却后将有残存于焊件内的应力[图 9-9b)]。

翼缘板边为轧制或剪切边的焊接工字形截面构件的截面纵向残余应力分布如图 9-10a)所示。翼缘板边为火焰切割边的焊接工字形截面构件的截面纵向残余应力分布如图 9-10b)所示。焊接箱形截面构件的截面纵向残余应力分布如图 9-10c)所示。

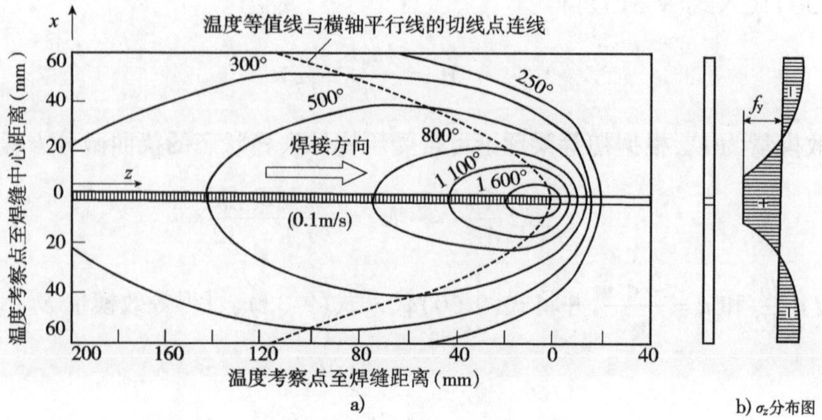


图 9-9 焊接时电弧附近温度场和纵向焊接残余应力

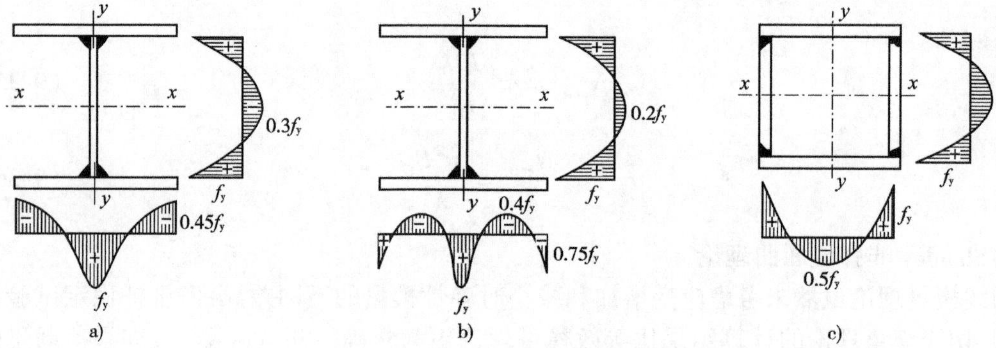


图 9-10 焊接构件纵向焊接残余应力 $\sigma_z$

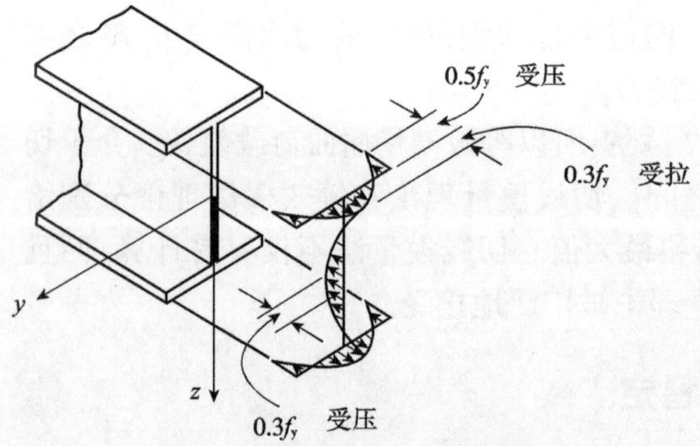


图 9-11 工字形截面焊接构件理想情况下的残余应力分布

2)欧拉荷载

假设工字形截面焊接构件理想情况下的残余应力分布如图 9-11 所示。如果将矩形截面翼缘板的残余应力简化为如图 9-12 所示的形式,则荷载 $N=0.5f_yA=0.5N_y$ 时,截面边缘开始屈服,随着荷载的增加,屈服区域不断扩大。对于理想弹塑性材料(即未屈服部分弹性模量为 $E$,屈服部分弹性模量为0),如果弹性核的高度为 $d_e$,对截面应力进行积分可得轴向力为 $N$:

$$N = f_yA\left(1-\frac{1}{2}\frac{d_e^2}{d^2}\right) \tag{9-37}$$

截面绕 $z$ 轴的弯曲刚度为:

$$(EI)_t = E\frac{b^3d_e}{12}+0\cdot\frac{b^3(d-d_e)}{12} = E\frac{b^3d_e}{12} = E\frac{b^3d}{12}\frac{d_e}{d} = EI\frac{d_e}{d} \tag{9-38}$$

对式(9-37)进行整理,并代入式(9-38)可得:

$$(EI)_t = EI\sqrt{2\left(1-\frac{N}{Af_y}\right)} \tag{9-39}$$

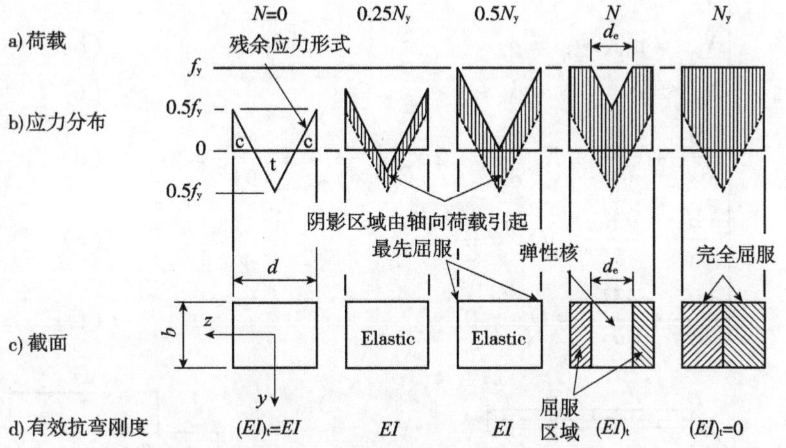


图 9-12　矩形截面翼缘的残余应力分布与屈服区域

采用切线模量法，将式(9-39)代入式(9-27)并整理可得失稳荷载 $N_{cr,t}$ 为：

$$N_{cr,t} = N_y \left(\frac{N_{cr}}{N_y}\right)^2 \left[\sqrt{1 + 2\left(\frac{N_y}{N_{cr}}\right)^2} - 1\right] \tag{9-40}$$

将式(9-10)代入式(9-40)并整理可得：

$$\frac{N_{cr,t}}{N_y} = \frac{1}{\lambda^4}\left(\sqrt{1 + 2\lambda^4} - 1\right) \tag{9-41}$$

## 9.3　薄板翘曲稳定

### 9.3.1　薄板弹性翘曲稳定分析基本方程

1)薄板弹性翘曲稳定微分方程

如图 9-13 所示，厚度为 $t$ 的等厚薄板，承受平行中面的均布轴向荷载 $p_x$ 和 $p_y$，以及面内剪切荷载 $p_{xy}$ 和 $p_{yx}$。采用小挠度理论计算薄板翘曲稳定荷载时作以下假定：

(1)板很薄，$z$ 向正应变 $\varepsilon_z$、剪应变 $\gamma_{zx}$ 和 $\gamma_{zy}$ 忽略不计，板的受力为二维平面应力问题。

(2)板翘曲失稳时板的挠度远小于其厚度，板翘曲失稳时中面产生的薄膜拉力很小，可忽略不计。

(3)板的任何一点的挠度只是坐标 $x$、$y$ 的函数 $\omega(x,y)$。

(4)板为各向同性的弹性体，应力—应变关系服从虎克定律。

以下采用平衡法推导薄板弹性翘曲稳定微分方程。从如图 9-13 所示的板件中取出如图 9-14 所示的微小弯曲变形板中的微元体 $\mathrm{d}x\mathrm{d}y\mathrm{d}z$，存在中面力 $N_x$、$N_y$、$N_{xy}$ 和 $N_{yx}$(图 9-15)以及弯曲产生的弯矩 $M_x$、$M_y$，扭矩 $M_{xy}$、$M_{yx}$ 和剪力 $Q_x$、$Q_y$(图 9-16)。

假设以上内力为单位长度的内力值，板的挠度为 $w$，基于薄板的基本假定可以得到板微元内外力平衡表达式：

$$
\begin{cases}
N_x = p_x, N_y = p_y & \text{(a)} \\
N_{xy} = p_{xy}, N_{yx} = p_{yx} & \text{(b)} \\
N_{xy} = N_{yx} & \text{(c)} \\
\dfrac{\partial Q_x}{\partial x} + \dfrac{\partial Q_y}{\partial y} + N_x \dfrac{\partial^2 w}{\partial x^2} + 2N_{xy} \dfrac{\partial^2 w}{\partial x \partial y} + N_y \dfrac{\partial^2 w}{\partial y^2} = 0 & \text{(d)} \\
\dfrac{\partial M_y}{\partial y} + \dfrac{\partial M_{xy}}{\partial x} - Q_y = 0 & \text{(e)} \\
\dfrac{\partial M_x}{\partial x} + \dfrac{\partial M_{xy}}{\partial y} - Q_x = 0 & \text{(f)}
\end{cases} \tag{9-42}
$$

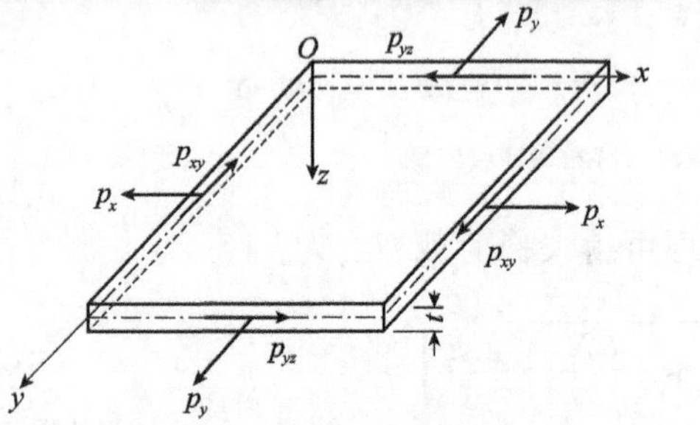

图 9-13　板的坐标和承受的荷载

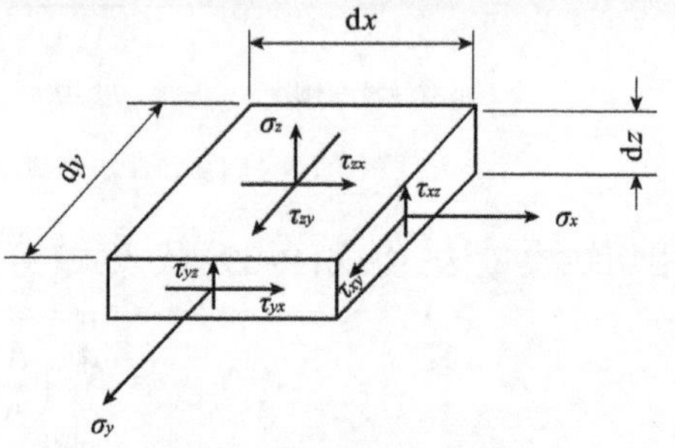

图 9-14　微元体上的应力

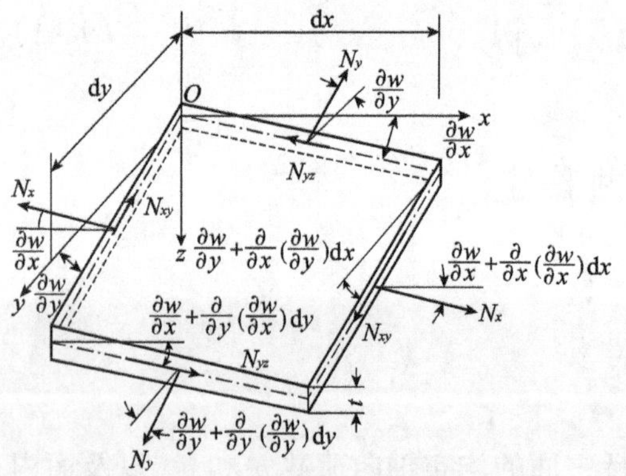
图 9-15　微元体的变形和中面力

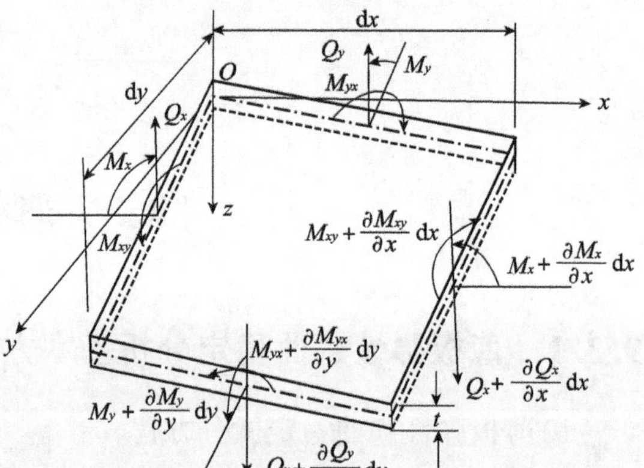
图 9-16　微元体上的弯矩、扭矩和剪力

式(9-42)中,式(e) 和式(f) 分别对 $y$ 和 $x$ 求偏导可得:

$$
\frac{\partial Q_y}{\partial y} = \frac{\partial^2 M_y}{\partial y^2} + \frac{\partial^2 M_{xy}}{\partial x \partial y}, \quad \frac{\partial Q_x}{\partial x} = \frac{\partial^2 M_x}{\partial x^2} + \frac{\partial^2 M_{xy}}{\partial x \partial y} \tag{9-43}
$$

将式(9-43)代入式(9-42)(d)可得

$$
\frac{\partial^2 M_x}{\partial x^2} + 2\frac{\partial^2 M_{xy}}{\partial x \partial y} + \frac{\partial^2 M_y}{\partial y^2} + N_x \frac{\partial^2 w}{\partial x^2} + 2N_{xy} \frac{\partial^2 w}{\partial x \partial y} + N_y \frac{\partial^2 w}{\partial y^2} = 0 \tag{9-44}
$$

假设薄板弯曲时,板微元体沿厚度方向距中面为 $z$ 处的应力—应变关系服从虎克定律,即

$$
\varepsilon_x = \frac{1}{E}(\sigma_x - \upsilon\sigma_y), \varepsilon_y = \frac{1}{E}(\sigma_y - \upsilon\sigma_x), \gamma_{xy} = \frac{2(1+\upsilon)}{E}\tau_{xy} \tag{9-45}
$$

对于小应变二维弹性平面应力问题,可得板变形的几何方程:

$$\varepsilon_x = -z\frac{\partial^2 w}{\partial x^2}, \varepsilon_y = -z\frac{\partial^2 w}{\partial y^2}, \gamma_{xy} = -2z\frac{\partial^2 w}{\partial x \partial y} \tag{9-46}$$

将应力沿板厚度方向积分就可以得到弯矩和扭矩的表达式：

$$\begin{cases} M_x = \int_{-t/2}^{t/2} \sigma_x z \mathrm{d}z = -D\left(\frac{\partial^2 w}{\partial x^2} + \upsilon\frac{\partial^2 w}{\partial y^2}\right) \\ M_y = \int_{-t/2}^{t/2} \sigma_y z \mathrm{d}z = -D\left(\frac{\partial^2 w}{\partial y^2} + \upsilon\frac{\partial^2 w}{\partial x^2}\right) \\ M_{xy} = \int_{-t/2}^{t/2} \sigma_x z \mathrm{d}z = -D(1+\upsilon)\frac{\partial^2 w}{\partial y \partial x} \end{cases} \tag{9-47}$$

式中：$D$——单位宽度板的抗弯刚度，

$$D = \frac{Et^3}{12(1-\upsilon^2)} \tag{9-48}$$

综合式(9-45)～式(9-47)，并代入式(9-44)可得到小挠度弹性薄板的挠曲微分方程：

$$D\left(\frac{\partial^4 w}{\partial x^4} + 2\frac{\partial^4 w}{\partial x^2 \partial y^2} + \frac{\partial^4 w}{\partial y^4}\right) = N_x\frac{\partial^2 w}{\partial x^2} + 2N_{xy}\frac{\partial^2 w}{\partial x \partial y} + N_y\frac{\partial^2 w}{\partial y^2} \tag{9-49}$$

2）边界条件

板的理想边界条件可分为简支、固定和自由三种，对于一块板而言，有多种组合，如两边简支两边自由、两边简支两边固定、四边简支等。以 $y=0$ 的边界为例进行说明：

(1）对于简支边：

$$挠度：w|_{y=0} = 0；\ 弯矩：M_y|_{y=0} = 0，即 -D\left(\frac{\partial^2 w}{\partial y^2} + \upsilon\frac{\partial^2 w}{\partial x^2}\right)\bigg|_{y=0} = 0 \tag{9-50}$$

因为 $w|_{y=0} \equiv 0$，所以$\left.\frac{\partial w}{\partial x}\right|_{y=0} = \left.\frac{\partial^2 w}{\partial x^2}\right|_{y=0} = 0$，则简支边边界条件为：

$$\left.\begin{array}{l} w|_{y=0} = 0 \\ \left.\frac{\partial^2 w}{\partial y^2}\right|_{y=0} = 0 \end{array}\right\} \tag{9-51}$$

(2）对于自由边：

$$弯矩：M_y|_{y=0} = 0，即 -D\left(\frac{\partial^2 w}{\partial y^2} + \nu\frac{\partial^2 w}{\partial x^2}\right)\bigg|_{y=0} = 0；\ 剪力：Q_y|_{y=0} = 0；扭矩：M_{yx}|_{y=0} = 0 \tag{9-52}$$

式(9-47)中 $M_x$ 对 $x$ 求偏导和 $M_{xy}$ 对 $y$ 求偏导后代入式(9-42)(f)，由 $Q_x=0$ 可得：

$$\frac{\partial^3 w}{\partial x^3} + (2-\upsilon)\frac{\partial w}{\partial x \partial y^2} = 0 \tag{9-53}$$

(3）对于固定边：

$$挠度：w|_{y=0} = 0；\quad 挠曲斜率：\left.\frac{\partial w}{\partial y}\right|_{y=0} = 0 \tag{9-54}$$

3）能量法

能量法中，需要建立板在微弯状态时的总势能。总势能是板的应变能和外力势能的和。对于如图 9-13 所示的矩形薄板，作用有均布压力 $p_x$、$p_y$ 和剪力 $p_{xy}$。板的应变能 $U$ 和外力势能 $V$ 的表达式如下：

$$U = \frac{1}{2}\iint_A \left(M_x \frac{\partial^2 w}{\partial x^2} + M_y \frac{\partial^2 w}{\partial y^2} + 2M_{xy} \frac{\partial^2 w}{\partial x \partial y}\right) \mathrm{d}A \tag{9-55}$$

$$= \frac{D}{2}\iint_A \left\{\left(\frac{\partial^2 w}{\partial x^2} + \frac{\partial^2 w}{\partial y^2}\right)^2 - 2(1-\upsilon)\left[\frac{\partial^2 w}{\partial x^2}\frac{\partial^2 w}{\partial y^2} - \left(\frac{\partial^2 w}{\partial x \partial y}\right)^2\right]\right\} \mathrm{d}A$$

$$V = -\frac{1}{2}\iint_A \left[P_x \left(\frac{\partial w}{\partial x}\right)^2 + P_y \left(\frac{\partial w}{\partial y}\right)^2 + 2P_{xy} \frac{\partial w}{\partial x}\frac{\partial w}{\partial y}\right] \mathrm{d}A \tag{9-56}$$

采用瑞利—里兹法建立一个标量泛函 $\Pi$,这里即是板的总势能。先假定符合板的几何边界条件的挠曲面函数为:

$$w = \sum_{i=1}^{\infty}\sum_{j=1}^{\infty} A_{ij} f(x,y) \tag{9-57}$$

将式(9-57)代入泛函表达式 $\Pi = U + V$ 中,积分后,根据势能驻值原理,建立一组线性代数方程组:

$$\frac{\partial \Pi}{\partial A_{11}} = 0, \frac{\partial \Pi}{\partial A_{12}} = 0, \cdots, \frac{\partial \Pi}{\partial A_{ij}} = 0, \cdots, \frac{\partial \Pi}{\partial A_{mn}} = 0 \tag{9-58}$$

它们有非零解的条件是此方程组的系数行列式为零,由此可解出临界荷载。

### 9.3.2 单向均匀受压薄板的弹性翘曲稳定

1)四边简支板

如图9-17所示,四边简支矩形板的几何尺寸为长 $a$、宽 $b$ 和厚 $t$,在 $x$ 方向承受单位长度的均布压力 $p_x$ 作用,在中面有 $N_x = -p_x, N_y = N_{xy} = 0$,板的平衡方程式(9-49)可写为:

$$D\left(\frac{\partial^4 w}{\partial x^4} + 2\frac{\partial^4 w}{\partial x^2 \partial y^2} + \frac{\partial^4 w}{\partial y^4}\right) + p_x \frac{\partial^2 w}{\partial x^2} = 0 \tag{9-59}$$

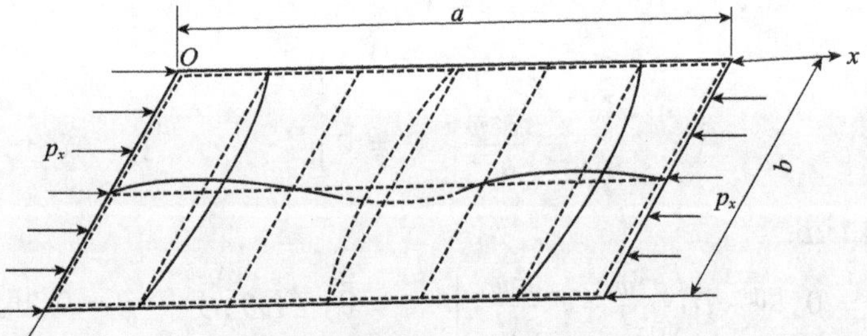


图9-17 单向均匀受压四边简支板

对于四边简支板,其边界条件为 $x=0$、$x=a$ 和 $y=0$、$y=b$ 各点的挠度和弯矩为零,即

$x=0$ 和 $x=a$ 时: $$w = 0, \quad \frac{\partial^2 w}{\partial x^2} = 0$$

$y=0$ 和 $y=b$ 时: $$w = 0, \quad \frac{\partial^2 w}{\partial y^2} = 0$$

满足以上边界条件的板的挠曲方程可用二重三角级数表示:

$$w = \sum_{m=1}^{\infty}\sum_{n=1}^{\infty} A_{mn} \sin\frac{m\pi x}{a} \sin\frac{n\pi y}{b} \tag{9-60}$$

式中:$m$、$n$——板翘曲失稳时在 $x$ 和 $y$ 方向的半波数,必须为整数。

将式(9-60)代入式(9-59)可得板翘曲时,$p_x$ 应满足的条件为:

$$p_x = \frac{\pi^2 D}{b^2}\left(\frac{mb}{a} + \frac{n^2 a}{mb}\right)^2 \tag{9-61}$$

当 $n=1$,即板凸曲时,沿 $y$ 方向只有一个半波时 $p_x$ 最小,设翘曲稳定系数 $k$ 为:

$$k = \left(\frac{mb}{a} + \frac{a}{mb}\right)^2 \tag{9-62}$$

翘曲失稳荷载 $p_{cr}$ 和翘曲失稳欧拉应力 $\sigma_{cr}$ 可写为:

$$p_{cr} = k\frac{\pi^2 D}{b^2} \tag{9-63}$$

$$\sigma_{cr} = \frac{p_{cr}}{t} = k\frac{\pi^2 D}{tb^2} \tag{9-64}$$

将式(9-48)代入式(9-64),弹性翘曲失稳欧拉应力可写为:

$$\sigma_{cr} = \frac{\pi^2 E}{12(1-\nu^2)}\frac{k}{(b/t)^2} = k\sigma_e \tag{9-65}$$

$$\sigma_e = \frac{\pi^2 E}{12(1-\nu^2)(b/t)^2} \tag{9-66}$$

由式(9-65)和式(9-66)可知,弹性稳定欧拉应力 $\sigma_{cr}$ 与稳定系数 $k$ 成正比,与宽厚比 $b/t$ 的平方成反比。

翘曲稳定系数 $k$ 与 $x$ 方向半波数 $m$ 和板的长宽比 $\alpha = a/b$ 的关系如图 9-18 所示。当板的长宽比 $\alpha$ 趋向无穷大(即板为狭长)时,翘曲稳定系数趋于最小值 4。

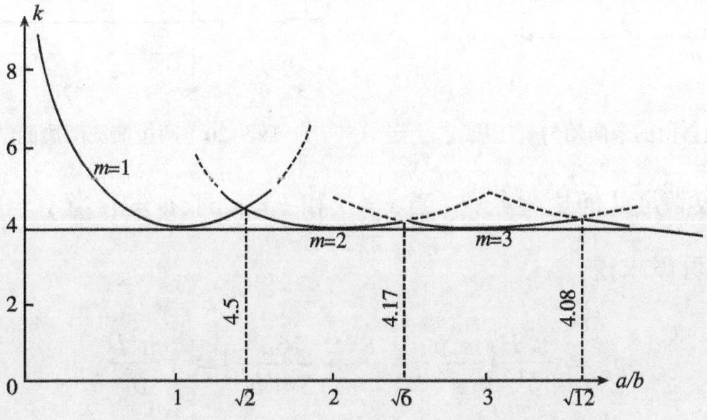


图 9-18 单向均匀受压四边简支板的翘曲稳定系数

2)三边简支一边自由薄板

如图 9-19 所示,板的两个加载边是简支的,非加载边一边简支一边自由,$p_y=0$,$p_{xy}=0$,假定板的挠曲面函数为:

$$w = w_0 y\sin\frac{m\pi x}{a} \tag{9-67}$$

式(9-67)的函数符合几何边界条件:当 $x=0$ 和 $x=a$ 时,$w=0$;当 $y=0$ 时,$w=0$;当 $y=b$ 时,$w\neq 0$。

用能量法求得总势能 $\Pi$,并根据势能驻值原理有:

$$\frac{\partial \Pi}{\partial f} = f\left\{\frac{Dm^2\pi^2 b}{a}\left[\frac{m^2\pi^2 b^2}{a^2} + (1 - \nu)\right] - p_x \frac{m^2\pi^2 b^3}{a}\right\} = 0 \tag{9-68}$$

由于 $w_0 \neq 0$,故求得当 $m = 1$ 时存在 $p_x$ 的最小值,取钢材的泊松比 $\nu = 0.3$,得到板的翘曲稳定荷载:

$$p_{cr} = (0.425 + b^2/a^2)\frac{\pi^2 D}{b^2} = k\frac{\pi^2 D}{b^2} \tag{9-69}$$

式(9-69)与式(9-63)的表达形式完全相同,弹性翘曲稳定欧拉应力也可写为式(9-65)的表达形式,但翘曲稳定系数 $k$ 为:

$$k = 0.425 + b^2/a^2 \tag{9-70}$$

当 $a \gg b$ 时,$k = 0.425$。

3)两边简支、两边固结的薄板

如图 9-20 所示,板的两个加载边为简支,另两个非加载边为固结,$p_y = 0$,$p_{xy} = 0$,假定板的挠曲面函数为:

$$w = w_0 y \sin\frac{m\pi x}{a}\sin^2\frac{\pi y}{b} \tag{9-71}$$

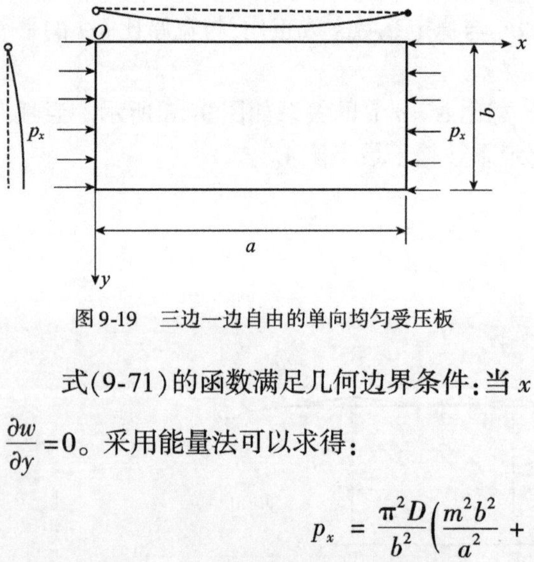


图 9-19　三边一边自由的单向均匀受压板

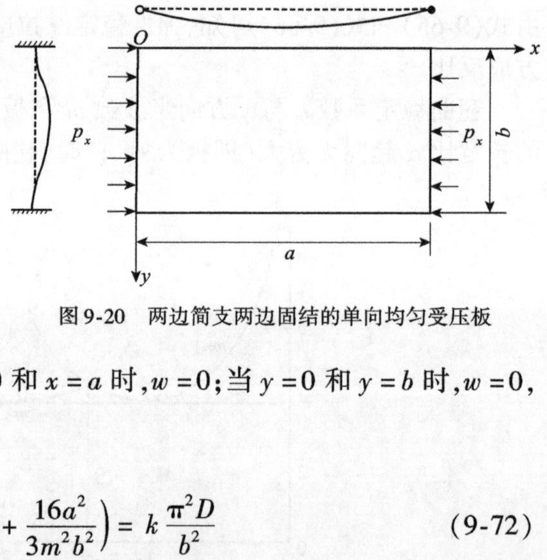


图 9-20　两边简支两边固结的单向均匀受压板

式(9-71)的函数满足几何边界条件:当 $x = 0$ 和 $x = a$ 时,$w = 0$;当 $y = 0$ 和 $y = b$ 时,$w = 0$,$\frac{\partial w}{\partial y} = 0$。采用能量法可以求得:

$$p_x = \frac{\pi^2 D}{b^2}\left(\frac{m^2 b^2}{a^2} + \frac{8}{3} + \frac{16a^2}{3m^2 b^2}\right) = k\frac{\pi^2 D}{b^2} \tag{9-72}$$

$p_x$ 具有最小值的条件是 $\frac{dp_x}{dm^2} = 0$,得到 $m^2 = \frac{4}{\sqrt{3}}\frac{a^2}{b^2}$,代入式(9-72)得到 $p_{cr} = 7.283\frac{\pi^2 D}{b^2}$。该解为板的挠曲面函数只取级数的一项时的近似解,如果挠曲面函数由一项增加到两项或更多项时,则可得到更精确的解。

$$p_{cr} = 6.97\frac{\pi^2 D}{b^2} \tag{9-73}$$

式(9-73)与式(9-63)的表达形式完全相同,弹性翘曲稳定欧拉应力也可写成为式(9-65)的表达形式,但翘曲稳定系数 $k$ 为:

$$k = 6.97 \tag{9-74}$$

## 9.3.3 单向非均匀受压简支板的弹性翘曲稳定

如图 9-21 所示的长宽比 $\alpha = a/b$ 的四边简支矩形板,在均匀压力和弯矩的共同作用下,其截面应力为线性分布,上边缘的最大压应力为 $\sigma_1$,下边缘的应力为 $\sigma_2$,截面上任一点的应力为 $\sigma$,计算时以压应力为正值,拉应力为负值。

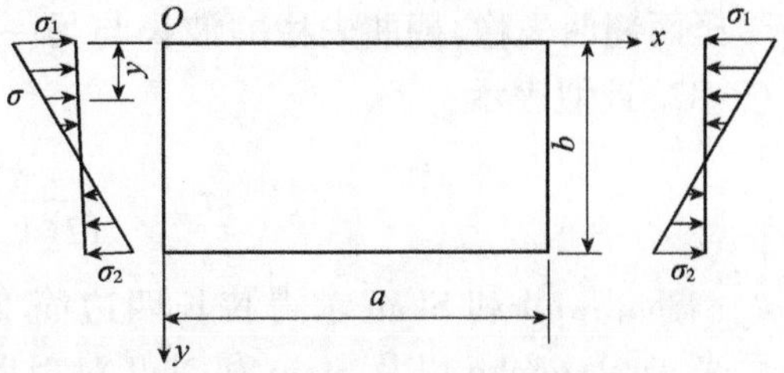

图 9-21 四边简支单向非均匀受压板

假设

$$\psi = \sigma_2/\sigma_1 \tag{9-75}$$

距上缘 $y$ 处的应力可以表示为:

$$\sigma = \sigma_1\left[1 - (1-\psi)\frac{y}{b}\right] \tag{9-76}$$

用里兹法求解板的翘曲失稳荷载时,对于四边简支板,假设符合边界条件的挠曲面函数为二重三角级数:

$$w = \sum_{m=1}^{\infty}\sum_{n=1}^{\infty} A_{mn}\sin\frac{m\pi x}{a}\sin\frac{n\pi y}{b} \tag{9-77}$$

为了得到近似解,Timoshenko S. P. 在计算板的翘曲失稳荷载时只取了式(9-77)中的前三项:

$$w = A_{11}\sin\frac{\pi x}{a}\sin\frac{\pi y}{b} + A_{12}\sin\frac{\pi x}{a}\sin\frac{2\pi y}{b} + A_{13}\sin\frac{\pi x}{a}\sin\frac{3\pi y}{b} \tag{9-78}$$

将式(9-78)代入总势能计算式,再由势能驻值原理,求解即可得到翘曲失稳荷载 $p_{x1} = \sigma_1 t$ 的表达式,由 $p_{x1}$ 的最小值可求得翘曲失稳荷载和翘曲失稳应力。

对于 $\psi = -1$ 的纯弯板,以最大压应力 $\sigma_1$ 表示的翘曲失稳荷载 $p_{\mathrm{cr},1} = \sigma_{\mathrm{cr},1} t$ 对应的翘曲失稳应力为:

$$\sigma_{\mathrm{cr},1} = \frac{\pi^2 E}{12(1-\nu^2)}\frac{k}{(b/t)^2} = k\sigma_{\mathrm{e}} \tag{9-79}$$

式中:$k$——纯弯板的翘曲稳定系数,

$$k = \frac{\pi^2(1+\alpha^2)(1+4\alpha^2)(1+9\alpha^2)}{32\alpha^2\sqrt{(1+\alpha^2)^2\times 9/625 + (1+9\alpha^2)^2\times 1/81}} \tag{9-80}$$

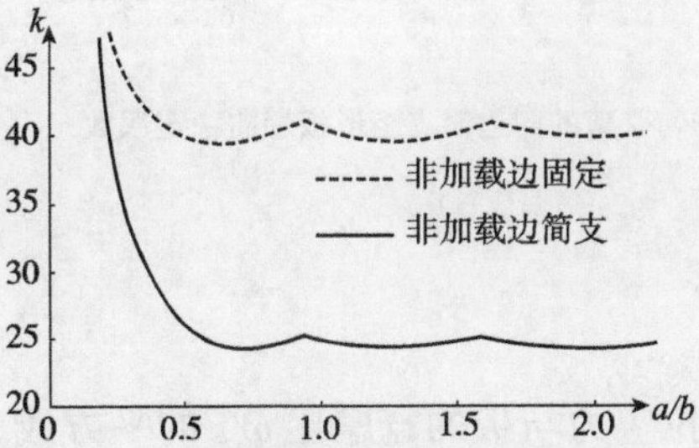

图 9-22 四边简支纯弯板的弹性翘曲稳定系数 $k$

$k$ 与长宽比 $\alpha = a/b$ 的关系如图 9-22 中的实线所示。当 $\alpha = a/b = 2/3$ 时,最小值 $k = 23.9$,$a/b$ 趋于无穷大时,$k$ 趋向于最小值 23.9。

采用同样方法,可以求得两加载边简支、两非加载边固定的纯弯板的翘曲稳定系数 $k$,其结果如图 9-22 中的虚线所示,$k$ 的最小值为 39.6。

对于 $a/b > 2/3$ 的四边简支板,且 $1 \geqslant \psi \geqslant -2$ 的线性分布不均匀压应力作用下的最小弹性翘曲稳定系数可由式(9-81)近似求得:

$$\begin{cases} k = \dfrac{8.2}{1.05+\psi}, & 1 \geqslant \psi \geqslant 0 \\ k = 7.81 - 6.29\psi + 9.78\psi^2, & 0 > \psi > -1 \\ k = 5.98(1-\psi)^2, & -1 \geqslant \psi \geqslant -2 \end{cases} \tag{9-81}$$

### 9.3.4 均匀受剪简支板的弹性翘曲稳定

图 9-23 所示的长宽比 $\alpha=a/b$ 的四边简支矩形板，在均匀剪力作用下，在其对角线方向受压而翘曲失稳，翘曲失稳的波长与另一对角线方向的拉力有关，其翘曲失稳应力可用式(9-82)近似表示：

$$\tau_{cr}=\frac{\pi^2 E}{12(1-\nu^2)}\frac{k}{(a/t)^2}=k\sigma_e \tag{9-82}$$

Southwell 和 Skan 求得狭长四边简支板在剪力作用下的翘曲稳定系数，即 $k_s=5.34$，后来 Timoshenko 以及 Stein 和 Neff 对矩形板相对中心点对称的翘曲失稳模态和反对称的翘曲失稳模态进行研究，给出了任意宽高比矩形板的剪切翘曲稳定系数，结果如式(9-83)和图 9-24 所示。

$$\begin{cases} k=5.34+4.0\,(b/a)^2, & a\geqslant b \\ k=4.0+5.34\,(b/a)^2, & a<b \end{cases} \tag{9-83}$$

Budiansky 和 Connor 采用 Lagrange 乘数法得到了四边固定受剪板的翘曲稳定系数 $k$，其结果如下：

$$\begin{cases} k=8.98+5.6\,(b/a)^2, & a\geqslant b \\ k=5.6+8.98\,(b/a)^2, & a<b \end{cases} \tag{9-84}$$

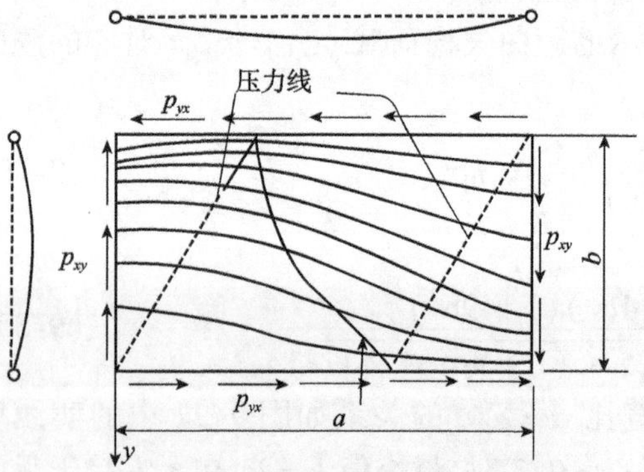

图 9-23 均匀受剪的四边简支板翘曲稳定

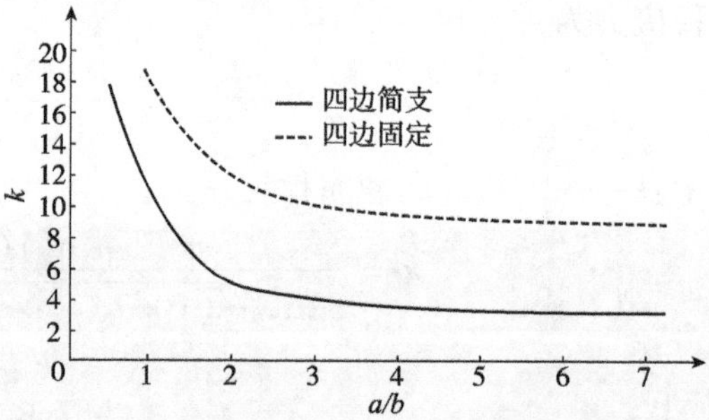

图 9-24 均匀受剪的四边简支矩形板翘曲稳定系数

### 9.3.5 加劲板的弹性稳定

1）加劲板的弹性翘曲失稳模态

通过前面的分析可知，单向受压板的弹性翘曲稳定欧拉应力与板的宽厚比 $b/t$ 的平方成反比。在平行于受力方向设置有足够刚度的加劲肋（称为纵向加劲肋）、减小板的宽厚比 $b/t$ 可以有效地提高板的弹性稳定承载力。

对于设置加劲肋的受压加劲板，失稳模态与加劲板的相对宽厚比、长宽比，加劲肋构造、间距、刚度等许多因素有关。根据加劲肋的尺寸与刚度不同，受压加劲板的失稳模态可以分为以下几类：

（1）母板连同纵、横加劲肋发生整体失稳（图 9-25）：纵、横加劲肋的相对刚度比均较小时，加劲肋会随着母板一起发生平面外的翘曲失稳，该失稳模态的纵、横加劲肋均为柔性加劲肋。

(2)母板连同纵向加劲肋在横向加劲构件间发生整体失稳(图9-26):纵向加劲肋的相对刚度比较小而横向加劲构件的相对刚度较大时,纵向加劲肋会随着母板一起发生以横向加劲构件为波节的翘曲失稳破坏,该失稳模态的纵向加劲肋为柔性加劲肋,横向加劲肋为刚性加劲肋。

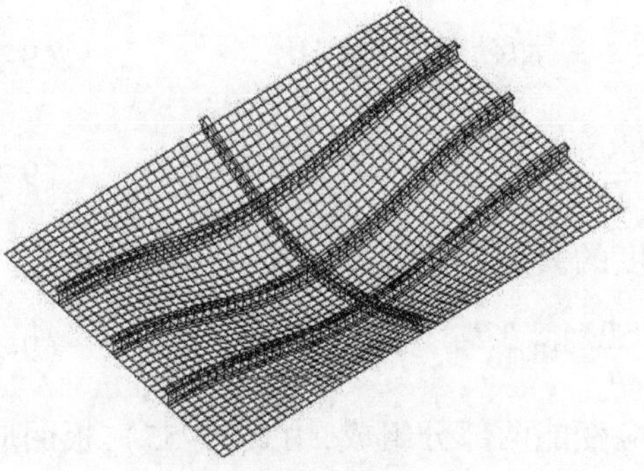

图9-25 母板连同纵、横加劲肋整体失稳模态

图9-26 母板连同纵向加劲肋在横向加劲构件间整体失稳模态

(3)加劲肋之间的母板发生局部失稳(图9-27):当纵、横向加劲肋的相对刚度比较大时,加劲肋之间的母板发生以纵、横加劲肋为波节的翘曲失稳破坏,该失稳模态的纵、横向加劲肋均为刚性加劲肋。

(4)加劲肋的自身失稳(图9-28):加劲肋有两种常见失稳模态,即加劲肋腹板的失稳、加劲肋的整体弯扭失稳。当加劲肋的翼缘和母板均较厚实、加劲肋腹板较薄柔时,加劲肋的腹板会发生失稳;当纵向加劲肋的侧弯刚度和扭转刚度很小时,加劲肋发生弯扭屈曲。

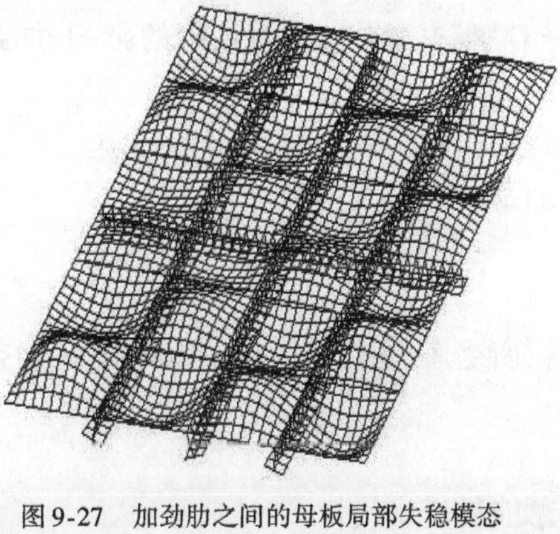

图9-27 加劲肋之间的母板局部失稳模态

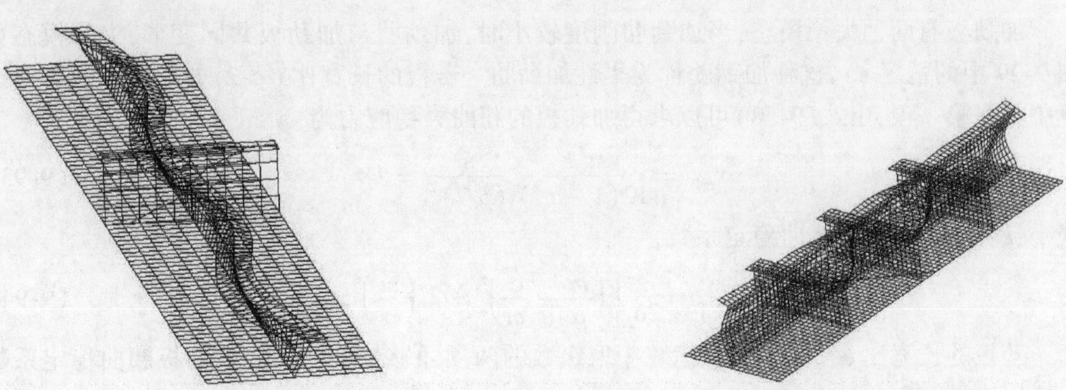

a) b)

图9-28 加劲肋局部失稳模态

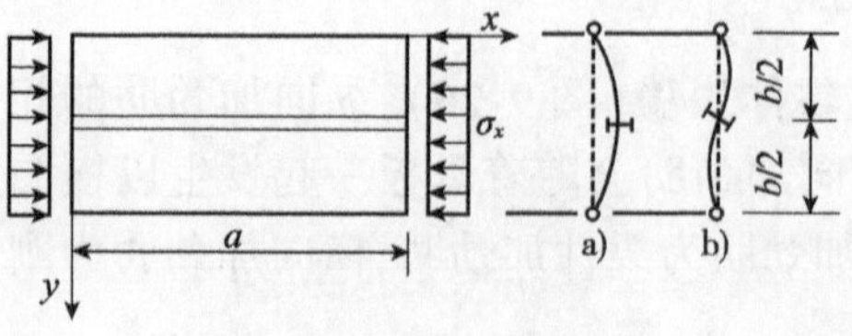


图 9-29　加劲板

2）仅设纵向加劲肋的受压加劲板弹性翘曲稳定

如图 9-29 所示的四边简支板，长宽比为 $\alpha = a/b$，纵向压应力为 $\sigma_x$。中央设一纵向加劲肋，加劲肋的面积为 $A_l$、加劲肋对于板与加劲肋连接线的惯性矩为 $I_l$。设加劲肋的面积比 $\delta_l$ 和抗弯刚度比 $\gamma_l$ 为：

$$\delta_l = \frac{A_l}{bt} = \frac{\text{一根加劲肋的截面积}}{\text{板的截面积}} = \text{加劲肋的面积比} \tag{9-85}$$

$$\gamma_l = \frac{EI_l}{Db} = \frac{\text{一根加劲肋的抗弯刚度}}{(\text{板的抗弯刚度})\times(\text{板宽})} = \text{加劲肋的抗弯刚度比} \tag{9-86}$$

用能量法来推导板的挠曲临界力与加劲板刚度的关系。假设加劲板的挠曲函数为：

$$w = \sum_m \sum_n C_{mn} \sin\frac{m\pi x}{a} \sin\frac{n\pi y}{b} \tag{9-87}$$

加劲板的挠曲变形应变能由板的应变能和加劲肋应变能两部分组成，由式(9-55)，板的应变能 $U_i^{\mathrm{P}}$ 可以表达为：

$$U_i^{\mathrm{P}} = \frac{D}{2}\int_0^a\int_0^b\left\{\left(\frac{\partial^2 w}{\partial x^2}+\frac{\partial^2 w}{\partial y^2}\right)^2 - 2(1-\nu)\left[\frac{\partial^2 w}{\partial x^2}\frac{\partial^2 w}{\partial y^2} - \left(\frac{\partial^2 w}{\partial x \partial y}\right)^2\right]\right\}\mathrm{d}x\mathrm{d}y \tag{9-88}$$

如果略去加劲肋扭转变形的影响，加劲肋的变形应变能 $U_i^{\mathrm{S}}$ 为：

$$U_i^{\mathrm{S}} = \frac{EI_{\mathrm{s}}}{2}\int_0^a \left(\frac{\partial^2 w}{\partial x^2}\right)^2\bigg|_{\left(y=\frac{b}{2}\right)}\mathrm{d}x \tag{9-89}$$

加劲肋所受压力为：

$$N_x = -\frac{A_{\mathrm{s}}\sigma_x}{2}\int_0^a \left(\frac{\partial w}{\partial x}\right)^2\bigg|_{\left(y=\frac{b}{2}\right)}\mathrm{d}x \tag{9-90}$$

板所受压力 $p_x = t\sigma_x$，由式(9-56)，加劲板外力势能 $V$ 为：

$$V = -\frac{t\sigma_x}{2}\int_0^b\int_0^a \left(\frac{\partial w}{\partial x}\right)^2\mathrm{d}x\mathrm{d}y \tag{9-91}$$

总能量泛函为：

$$\Pi = U_i^{\mathrm{P}} + U_i^{\mathrm{S}} + V \tag{9-92}$$

加劲板有两种失稳模态，当加劲肋刚度较小时，加劲肋与加劲板共同变形，失稳模态如图 9-29 中的情况 a)，这种加劲肋称为柔性加劲肋。若板的长宽比 $\alpha > 2$，并且在级数展开运算中只取第一项，由式(9-58)可以求得加劲板的翘曲失稳应力为：

$$\sigma_{\mathrm{cr1}} = \frac{\pi^2 E}{12(1-\nu^2)}\frac{k}{(b/t)^2} = k\sigma_{\mathrm{e}} \tag{9-93}$$

式中：$k$——加劲板的翘曲稳定系数，

$$k = \frac{1}{1+2\delta_l}\left[\left(\frac{m}{\alpha}+\frac{\alpha}{m}\right)^2 + 2\left(\frac{m}{\alpha}\right)^2\gamma_l\right] \tag{9-94}$$

若板的长宽比 $\alpha \leqslant 2$，则需在运算中取级数的两项才够精确，这时，加劲板翘曲稳定系数 $k$ 可由下式计算：

$$m^4(k\alpha)^2(1+4\delta_l) - m^2 k\alpha^2[(1+2\delta_l)(c+b) - 8m^4\gamma_l\delta_l] + cd - 4m^8\gamma_l^2 = 0 \tag{9-95}$$

$$c = (m^2 + \alpha^2)^2 + 2m^4\gamma_l, \quad d = (m^2 + 9\alpha^2)^2 + 2m^4\gamma_l \tag{9-96}$$

当加劲肋刚度足够大时，失稳状态下，加劲肋不变形，加劲板在加劲肋处形成结线，失稳模态如图9-29中的情况b），这种加劲肋称为刚性加劲肋。该失稳模态相当于加劲肋将加劲板分割为两个板件，加劲板的翘曲失稳应力 $\sigma_{cr2}$ 可以用式(9-93)的形式表达，加劲板的翘曲稳定系数 $k = 16$。加劲肋所需要的最小刚度可由 $\sigma_{cr1} = \sigma_{cr2}$ 的条件确定，由式(9-94)或式(9-95)中 $k_{min} = 16$ 的条件获得：

$$\begin{cases} \gamma_l^* = 8\alpha^2(1 + 2\delta_l) - \dfrac{1}{2}(1 + \alpha^2)^2, & \alpha > 2 \\ \gamma_l^* = 24 + 96\delta_l + 112\delta_l^2, & \alpha \leqslant 2 \end{cases} \tag{9-97}$$

当 $\gamma_l < \gamma_l^*$ 时，加劲板的翘曲稳定系数与板的长宽比 $\alpha$、肋板刚度比 $\gamma_l$ 以及面积比 $\delta_l$ 的关系如图9-30所示。图中虚线为刚性肋的界限，虚线以上为刚性肋区段。从图9-30中可以看出，当 $\gamma_l$ 增大时，翘曲失稳半波的长度增加，曲线亦逐渐向刚性肋区靠近。当 $\gamma_l = 24.4$ 时，曲线与水平线 $k = 16$ 相切。此时，不论 $\alpha$ 为何值，加劲肋总是刚性的。

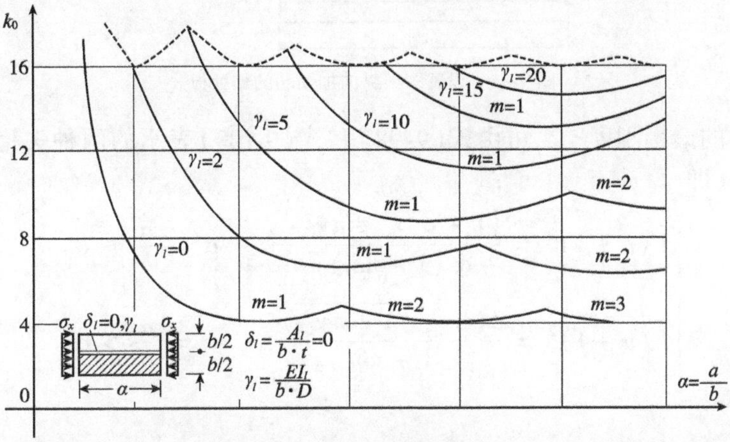


图9-30　加劲板的翘曲稳定系数

采用类似的方法可以求得如图9-31所示的多根纵向加劲肋等间距设置时，加劲板在均匀压应力作用下，加劲肋与加劲板共同变形失稳模态（如图9-26所示的柔性加劲肋失稳模态）的翘曲稳定系数 $k$ 近似表达式：

$$\begin{cases} k = \dfrac{(1 + \alpha^2)^2 + n\gamma_l}{\alpha^2(1 + n\delta_l)}, & \alpha = \dfrac{a}{b} \leqslant \alpha_0 \\ k = \dfrac{2\{1 + \sqrt{[1 + n\gamma_l]}\}}{1 + n\delta_l}, & \alpha = \dfrac{a}{b} > \alpha_0 \end{cases} \tag{9-98}$$

$$\alpha_0 = \sqrt[4]{1 + (n + 1)\gamma_l} \tag{9-99}$$

式中：$n$——受压板被纵向加劲肋分割的子板元数，$n = n_l + 1$；

$n_l$——等间距布置的纵向加劲肋根数；

$\alpha$——加劲板的长宽比，$\alpha = a/b$；

$a$——加劲板的长度（横隔板或刚性横向加劲肋的间距）；

$b$——加劲板的宽度（腹板或刚性纵向加劲肋的间距）；

$t$——加劲板的厚度。

当加劲肋刚度足够大时,失稳状态下加劲肋不变形,加劲板在加劲肋处形成结线,这种加劲肋称为刚性加劲肋(即 $\gamma_l \geqslant \gamma_l^*$,$\gamma_l^*$ 为满足刚性加劲肋的最小刚度)。该失稳模态(如图9-27所示的刚性加劲肋失稳模态)相当于加劲肋将加劲板分割为$(n+1)$个板件,加劲板的翘曲稳定系数 $k$ 为:

$$k = 4(n+1)^2 \tag{9-100}$$

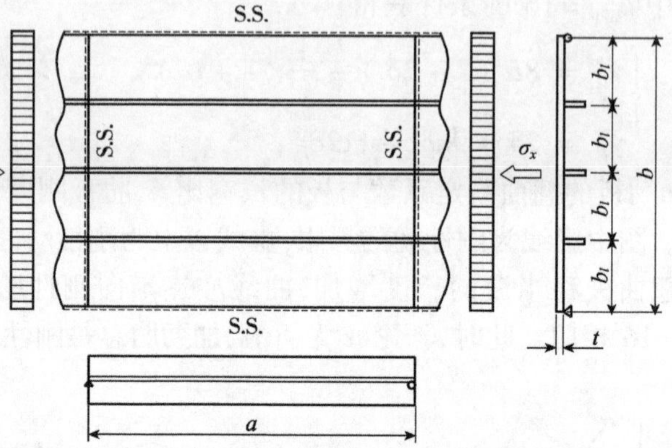


图 9-31　设置多根纵向加劲肋的加劲板

刚性加劲肋的最小刚度 $\gamma_l^*$,可由式(9-98)和式(9-100)表示的两种失稳模态的翘曲稳定系数相等求得,即

$$\begin{cases} 4(n+1)^2 = \dfrac{(1+\alpha^2)^2 + n\gamma_l^*}{\alpha^2(1+n\delta_l)}, & \alpha = \dfrac{a}{b} \leqslant \alpha_0 \\ 4(n+1)^2 = \dfrac{2(1+\sqrt{1+n\gamma_l^*})}{1+n\delta_l}, & \alpha = \dfrac{a}{b} > \alpha_0 \end{cases} \tag{9-101}$$

由式(9-101)可得:

$$\begin{cases} \gamma_l^* = \dfrac{1}{n}[4n^2(1+n\delta_l)\alpha^2 - (\alpha^2+1)^2], \alpha \leqslant \alpha_0 \\ \gamma_l^* = \dfrac{1}{n}\{[2n^2(1+n\delta_l)-1]^2 - 1\}, \quad \alpha > \alpha_0 \end{cases} \tag{9-102}$$

3)设纵横向加劲肋的受压加劲板弹性翘曲稳定

采用类似的方法可以求得如图9-32所示的纵横向加劲肋等间距布置的加劲板的弹性翘曲稳定系数 $k$ 近似计算式。

横向加劲肋的相对刚度满足式(9-103)的要求时,横向加劲肋可近似假设为简支边,弹性翘曲稳定系数 $k$ 按仅设纵向加劲肋的四边简支板计算,其中加劲板的长度按横向加劲肋的间距 $a_t$ 计算。

$$\gamma_t \geqslant \frac{1+n\gamma_l^*}{4(a_t/b)^3} \tag{9-103}$$

$$\begin{cases} \gamma_l^* = \dfrac{1}{n}[4n^2(1+n\delta_l)\alpha^2 - (\alpha^2+1)^2], \alpha \leqslant \alpha_0 \\ \gamma_l^* = \dfrac{1}{n}\{[2n^2(1+n\delta_l)-1]^2 - 1\}, \quad \alpha > \alpha_0 \end{cases} \tag{9-104}$$

$$\alpha_0 = \sqrt[4]{1+(n_l+1)\gamma_l} \tag{9-105}$$

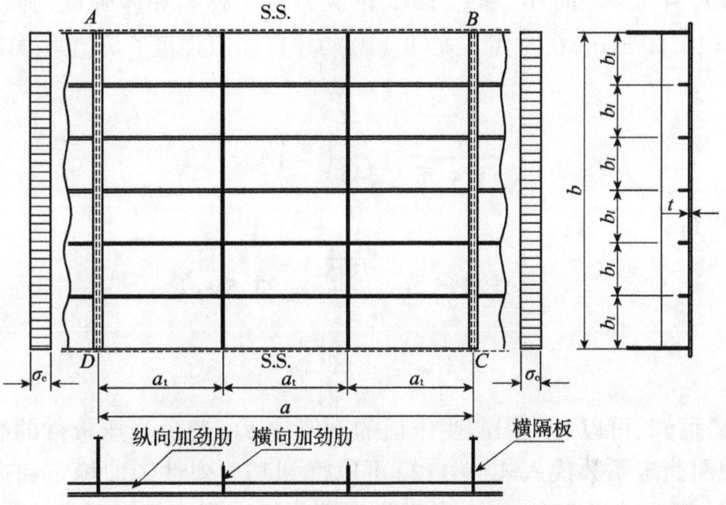


图 9-32　设置纵横加劲肋的加劲板

横向加劲肋的相对刚度不满足式(9-103)的要求,而且 $\gamma_l < \gamma_l^*$ 时,加劲肋会随着母板一起发生平面外的翘曲失稳(如图 9-25 所示的柔性加劲肋失稳模态),其弹性翘曲稳定系数 $k$ 可按下式计算:

$$\begin{cases} k = \dfrac{(1+\alpha^2)^2 + n\gamma_l + \alpha^4(n_t+1)\gamma_t}{\alpha^2(1+n\delta_l)}, & \alpha = \dfrac{a}{b} \leqslant \alpha_0 \\ k = \dfrac{2\{1+\sqrt{[1+n\gamma_l][1+(n_t+1)\gamma_t]}\}}{1+n\delta_l}, & \alpha = \dfrac{a}{b} > \alpha_0 \end{cases} \tag{9-106}$$

$$\alpha_0 = \sqrt[4]{(1+n\gamma_l)/[1+(n_t+1)\gamma_t]} \tag{9-107}$$

式中:$\gamma_t$——横向加劲肋的相对刚度,

$$\gamma_t = \frac{EI_t}{aD} \tag{9-108}$$

$I_t$——单根横向加劲肋对母板的抗弯惯矩;

$n_t$——等间距布置的横向加劲肋根数。

# 9.4　钢桥构件稳定实用计算方法

## 9.4.1　受压板件的翘曲稳定

1)受压板件宽厚比

由前面各节分析可知,薄板弹性翘曲失稳欧拉应力可写为:

$$\sigma_{cr} = \frac{\pi^2 E}{12(1-\nu^2)}\frac{k}{(b/t)^2} = k\sigma_e \tag{9-109}$$

根据边缘屈服理论,如果翘曲失稳状态下欧拉应力 $\sigma_{cr}$ 大于材料屈服应力 $f_y$,则理论上受压板件不会发生翘曲失稳。设受压板件相对宽厚比为 $\overline{\lambda}_p$,

$$\overline{\lambda}_p = \sqrt{\frac{f_y}{\sigma_{cr}}} = \frac{b}{t}\sqrt{\frac{f_y}{E}\frac{12(1-\nu^2)}{\pi^2 k}} \tag{9-110}$$

由式(9-110)可知，当 $\overline{\lambda}_p \leqslant 1$ 时，$\sigma_{cr} \geqslant f_y$，即欧拉应力大于材料屈服强度，弹性稳定不控制设计。将 $E=2.1\times10^5$MPa，$\nu=0.3$ 代入式(9-110)，并将屈服强度 $f_y$ 单位用 MPa 表示，由 $\overline{\lambda}_p \leqslant 1$ 可得：

$$\frac{1}{23.5\sqrt{k}}\sqrt{\frac{f_y}{345}}\left(\frac{b}{t}\right)\leqslant 1 \tag{9-111}$$

由式(9-111)可求得：

$$\frac{b}{t}\leqslant 23.5\sqrt{k}\sqrt{\frac{345}{f_y}}=23.5\varepsilon\sqrt{k} \tag{9-112}$$

式中，

$$\varepsilon=\sqrt{\frac{345}{f_y}} \tag{9-113}$$

由式(9-112)可知，可以通过限制受压板的宽厚比 $b/t$ 避免受压板件的翘曲失稳。将不同边界条件下翘曲稳定系数代入式(9-112)可以得到基于弹性翘曲稳定和边缘屈服理论的宽厚比限值，其计算结果列于表 9-1。由于弹性翘曲稳定理论值未考虑结构初始变形、残余应力、荷载偏心等因素的影响，表 9-1 的计算结果不能直接应用于实际钢桥的结构设计，应该考虑适当的安全系数和各种不利因素的影响，对理论宽厚比限值进行修正。

**加载边简支时单向均匀受压板的翘曲稳定系数及理论宽厚比限值** 表 9-1

| 非加载边支承条件 | 一边简支，一边自由 | 一边固定，一边自由 | 两边简支 | 一边固定，一边简支 | 两边固定 |
|---|---|---|---|---|---|
| 翘曲稳定系数 $k$ | 0.425 | 1.28 | 4.00 | 5.42 | 6.97 |
| 理论宽厚比限值 | $15.2\varepsilon$ | $26.3\varepsilon$ | $46.5\varepsilon$ | $54.1\varepsilon$ | $61.4\varepsilon$ |

钢桥常用的加劲肋如图 9-33 所示，板肋、L 形肋和 T 形肋的翼缘部分可以近似简化为三边简支一边自由的板件计算翘曲稳定，而闭口加劲肋和 L 形肋、T 形肋的腹板部分可以近似简化为四边简支的板件计算。为防止出现如图 9-28 所示的加劲肋自身失稳现象，我国《公路钢结构桥梁设计规范(报批稿)》(JTG D64)中规定，受压板件的加劲肋几何尺寸应满足以下要求。

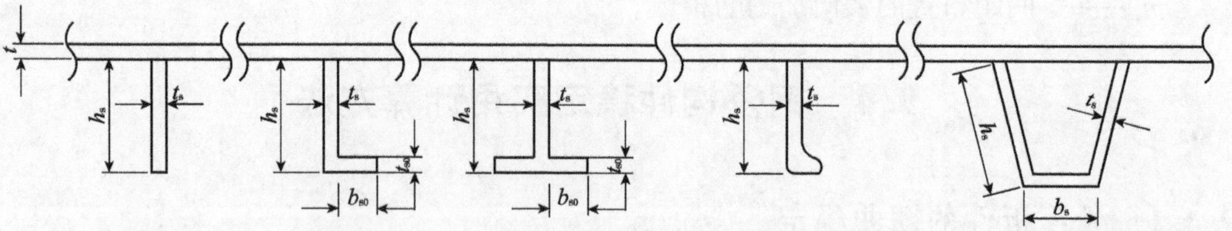


图 9-33 加劲肋尺寸符号

(1)板肋

$$\frac{h_s}{t_s}\leqslant 12\sqrt{\frac{345}{f_y}} \tag{9-114}$$

(2)L 形、T 形加劲肋

$$\frac{b_{s0}}{t_{s0}}\leqslant 12\sqrt{\frac{345}{f_y}} \tag{9-115}$$

$$\frac{h_s}{t_s} \leqslant 30\sqrt{\frac{345}{f_y}} \tag{9-116}$$

(3)符合《热轧球扁钢》(GB/T 9945)的球扁钢加劲肋

$$\frac{h_s}{t_s} \leqslant 18\sqrt{\frac{345}{f_y}} \tag{9-117}$$

(4)闭口加劲肋

$$\frac{b_s}{t_s} \leqslant 30\sqrt{\frac{345}{f_y}} \tag{9-118}$$

$$\frac{h_s}{t_s} \leqslant 40\sqrt{\frac{345}{f_y}} \tag{9-119}$$

2)受压板件翘曲稳定折减系数

受压板件极限承载力试验结果和不同学者与设计规范给出的翘曲稳定欧拉曲线如图9-34所示,试验结果表明:当$\overline{\lambda}_p<0.4$时,受压板件的极限承载力大于材料屈服强度,由强度控制设计;当$0.4\leqslant\overline{\lambda}_p<1.5$时,受压板件的极限承载力$\sigma_u$小于材料屈服强度$f_y$和欧拉应力$\sigma_{cr}$,说明受压板件在该相对宽厚比范围,结构的初始变形、残余应力、荷载偏心以及边界条件的非理想性等因素对板件抗压承载力的影响很大,实际结构抗压承载力小于理想构件的计算结果;当$1.5\leqslant\overline{\lambda}_p$时,受压板件的极限承载力$\sigma_u$与欧拉应力$\sigma_{cr}$计算结果较为接近甚至大于欧拉应力,由弹性稳定控制设计。

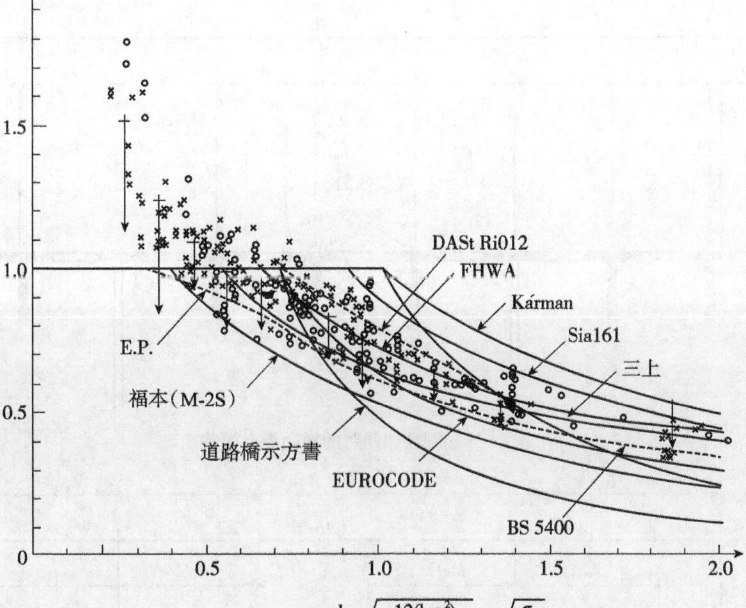


图9-34　板件翘曲稳定系数

如图9-34所示,受压板件极限承载力$\sigma_u$与相对宽厚比$\overline{\lambda}_p$密切相关,为便于钢桥设计的实际应用,$\sigma_u/f_y$可以近似表示为相对宽厚比$\overline{\lambda}_p$的函数。定义受压板件翘曲稳定折减系数$\rho$为:

$$\rho=\frac{\sigma_u}{f_y} \tag{9-120}$$

根据前面的分析，当 $\bar{\lambda}_p \leqslant 0.4$ 时，受压板件由强度控制设计，可以不考虑翘曲稳定对承载力的折减，即 $\rho = 1$。当 $0.4 < \bar{\lambda}_p$ 时，需要考虑翘曲稳定对承载力的折减，作者根据 383 个试验结果，通过回归分析得到的平均值减去 2 倍标准偏差的回归经验曲线见式(9-121)，该式已列入我国《公路钢结构桥梁设计规范(报批稿)》(JTG D64)。

$$\begin{cases} \bar{\lambda}_p \leqslant 0.4 \text{ 时：} \quad \rho = 1 \\ \bar{\lambda}_p > 0.4 \text{ 时：} \quad \rho = \dfrac{1}{2}\left\{1 + \dfrac{1}{\bar{\lambda}_p^2}(1 + \varepsilon_0) - \sqrt{\left[1 + \dfrac{1}{\bar{\lambda}_p^2}(1 + \varepsilon_0)\right]^2 - \dfrac{4}{\bar{\lambda}_p^2}}\right\} \end{cases} \tag{9-121}$$

$$\varepsilon_0 = 0.8(\bar{\lambda}_p - 0.4) \tag{9-122}$$

$$\bar{\lambda}_p = \sqrt{\frac{f_y}{\sigma_{cr}}} = 1.05\frac{b_p}{t}\sqrt{\frac{f_y}{Ek}} \tag{9-123}$$

式中：$t$——加劲板的母板厚度；

$f_y$——屈服强度；

$E$——弹性模量；

$\sigma_{cr}$——加劲板弹性翘曲失稳欧拉应力；

$b_p$——加劲板翘曲稳定计算宽度；

$k$——加劲板的弹性翘曲稳定系数。

3)考虑翘曲稳定影响的受压板件有效宽度和面积

如图 9-35 所示的受压板件，加劲肋满足式(9-114) ~ 式(9-119)的要求，截面面积 $A$ 为：

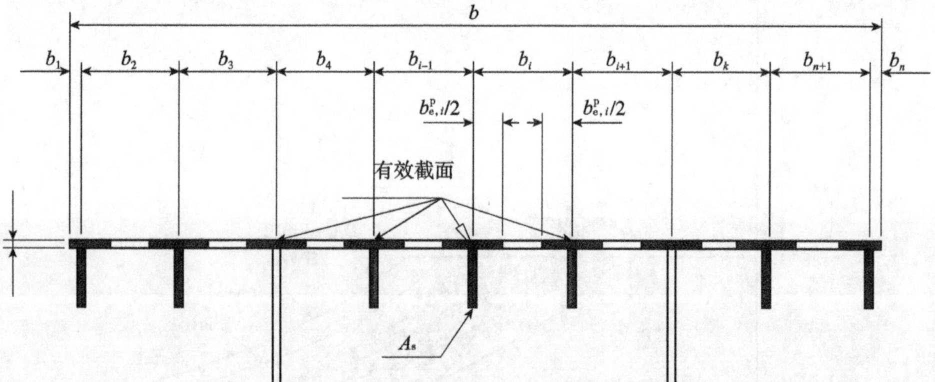


a)刚性加劲肋的加劲板有效截面

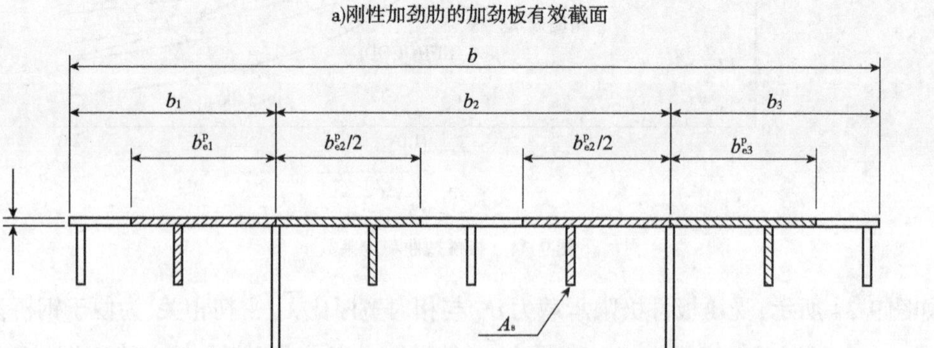


b)柔性加劲肋的加劲板有效截面

图 9-35 考虑翘曲稳定影响的受压加劲板有效宽度示意图

$$A = bt + \sum_j A_{s,j} = \sum_i b_i t + \sum_j A_{s,j} \tag{9-124}$$

根据加劲肋的刚度不同,受压加劲板可以分为刚性肋加劲板和柔性肋加劲板。

对于图9-35a)所示的刚性肋受压加劲板,翘曲失稳模态在加劲肋处形成波结线(图9-27),加劲肋不失稳,可以在加劲肋或腹板处将加劲板分割为 $n_p$ 个板段。设各板段的翘曲稳定承载力折减系数为 $\rho_i$,其值可由式(9-121)求得。由式(9-120),受压板件的极限承载力 $N_u$ 可以表示为:

$$N_u = \sum_{i=1}^{n_p} \rho_i b_i t f_y + \sum_j A_{s,j} f_y \tag{9-125}$$

设

$$b_{e,i}^p = \rho_i b_i \tag{9-126}$$

$$b_e^p = \sum_{i=1}^{n_p} b_{e,i}^p = \sum_{i=1}^{n_p} \rho_i b_i \tag{9-127}$$

$$A_{eff,c} = \sum_{i=1}^{n_p} b_{e,i}^p t_i + \sum_j A_{s,j} \tag{9-128}$$

式(9-125)可以写为:

$$N_u = A_{eff,c} f_y \tag{9-129}$$

式中:$b_e^p$、$A_{eff,c}$——分别为考虑翘曲稳定影响的受压板件有效宽度和有效面积。

对于图9-35b)所示的柔性肋受压加劲板,翘曲失稳模态如图9-25或图9-26所示,加劲肋与母板共同变形,可在腹板处将加劲板分割为 $n_p$ 个板段,各板段可以简化为正交异性板计算。设各板段的正交异性板弹性翘曲稳定系数为 $k$,代入式(9-121)可求得其承载力折减系数 $\rho_i$。由式(9-120),受压加劲板的极限承载力 $N_u$ 同样可以表示为式(9-129)的形式。有效宽度和有效面积的表示式也与式(9-126)~式(9-128)类似,但式中各符号的意义按图9-35b)取值,$\sum_j A_{s,j}$ 为有效宽度范围内的加劲肋的面积之和。

### 9.4.2 板件翘曲稳定与构件整体稳定的相关分析

在前两节中分析了钢桥结构的整体稳定和受压板的翘曲稳定,在9.2节的整体稳定分析中未考虑轴心受压构件中板件翘曲稳定的影响,在9.3节的板件翘曲稳定分析中也未考虑构件整体变形和稳定的影响。事实上,钢桥结构为型钢或钢板制作而成的薄壁结构,板件翘曲失稳有可能导致整体结构的破坏,钢结构的整体稳定与板件翘曲稳定是相互关联的,实际钢桥设计中应该考虑两者的耦联关系。

1)受压构件

由前面的分析可知,板件翘曲稳定极限承载力可采用有效面积方法由式(9-129)计算。对于可以不考虑整体稳定影响的短柱,当考虑板件翘曲稳定影响的有效截面的形心与构件的截面形心相同(如双对称截面)时,其短柱的极限承载力计算也可采用式(9-129)计算,式中的有效面积取各板件有效面积之和。

对于单轴对称或非对称截面,由于各板件的翘曲稳定折减系数不尽相同,有效截面的形心与构件的截面形心有可能不重合,导致极限状态下有效截面应力的合力不通过毛截面的

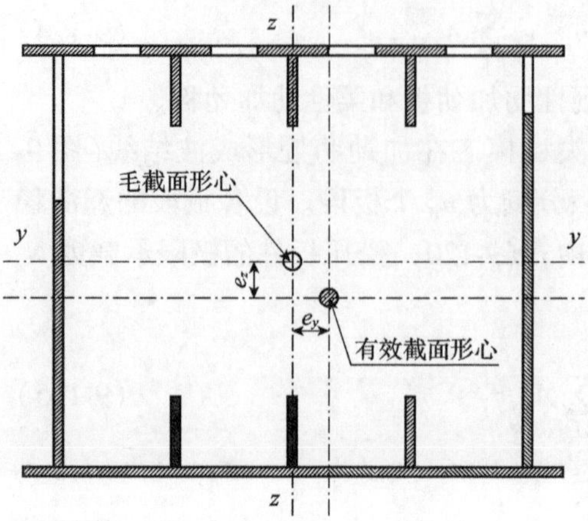


图 9-36　轴心受压构件有效截面偏心距

形心。如图 9-36 所示,假设有效截面的形心偏离构件毛截面形心坐标差值为 $e_y$、$e_z$,轴心受压构件的作用力 $N$ 通过构件毛截面形心,有效截面与构件截面不重合的影响可以用偏心弯矩 $\Delta M_y = Ne_z$、$\Delta M_z = Ne_y$ 计算。

由 9.2 节的分析可知,轴心受压构件的稳定可以表达为相对长细比的函数,同时极限承载力与结构的初始变形、残余应力、荷载偏心以及边界条件的非理想性等不确定因素有关。我国《公路钢结构桥梁设计规范(报批稿)》(JTG D64)推荐采用整体稳定折减系数方法按下式计算轴心受压构件的极限承载力。

$$\gamma_0\left(\frac{N}{\chi A_{\mathrm{eff,c}}}+\frac{Ne_z}{W_{y,\mathrm{eff}}}+\frac{Ne_y}{W_{z,\mathrm{eff}}}\right)\leqslant f_{\mathrm{d}} \tag{9-130}$$

式中:　$\gamma_0$——桥梁重要度系数;

$N$——轴心压力设计值,当压力沿轴向变化时取构件中间 1/3 部分的最大值;

$\chi$——轴心受压构件整体稳定折减系数,取两主轴方向的较小值;

$A_{\mathrm{eff,c}}$——考虑翘曲稳定影响的有效截面面积;

$e_y$、$e_z$——毛截面形心和有效截面形心之间在 $y$ 轴、$z$ 轴方向的距离,如图 9-36 所示;

$W_{y,\mathrm{eff}}$、$W_{z,\mathrm{eff}}$——考虑翘曲稳定影响的有效截面相对于 $y$ 轴和 $z$ 轴的截面模量。

轴心受压整体稳定折减系数,应根据构件的长细比、钢材屈服强度和表 9-2、表 9-3 的截面分类按下式计算,取截面两主轴稳定系数中的较小值。

$$\begin{cases}\overline{\lambda}\leqslant 0.2\ 时:\ \chi=1\\ \overline{\lambda}>0.2\ 时:\ \chi=\dfrac{1}{2}\left\{1+\dfrac{1}{\overline{\lambda}^2}(1+\varepsilon_0)-\sqrt{\left[1+\dfrac{1}{\overline{\lambda}^2}(1+\varepsilon_0)\right]^2-\dfrac{4}{\overline{\lambda}^2}}\right\}\end{cases} \tag{9-131}$$

其中,相对长细比 $\overline{\lambda}$ 按下式计算:

$$\overline{\lambda}=\sqrt{\frac{f_{\mathrm{y}}}{\sigma_{\mathrm{E,cr}}}}=\frac{\lambda}{\pi}\sqrt{\frac{f_{\mathrm{y}}}{E}} \tag{9-132}$$

$$\varepsilon_0=\alpha(\overline{\lambda}-0.2) \tag{9-133}$$

$$\sigma_{\mathrm{E,cr}}=\frac{\pi^2 E}{\lambda^2} \tag{9-134}$$

式中:$\sigma_{\mathrm{E,cr}}$——轴心受压构件弹性稳定欧拉应力;

$\lambda$——轴心受压构件长细比;

$\alpha$——参数,根据表 9-2 取值。

**轴心受压整体稳定折减系数的计算参数 $\alpha$**　　表 9-2

| 翘曲稳定曲线类型 | a | b | c | d |
|---|---|---|---|---|
| 参数 $\alpha$ | 0.2 | 0.35 | 0.5 | 0.8 |

**轴心受压整体稳定折减系数的截面分类** 表 9-3

| 截面形式 | | 限制条件 | | 屈曲方向 | 屈曲曲线类型 |
|---|---|---|---|---|---|
| 轧制截面 | 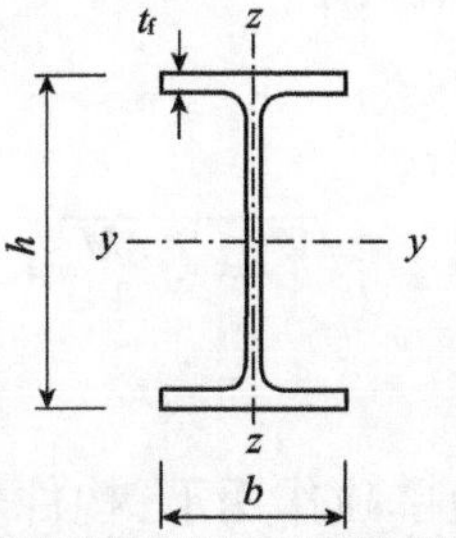 | $h/b>1.2$ | $t_f \leqslant 40mm$ | y 轴 | a |
| | | | | z 轴 | b |
| | | | $40<t_f \leqslant 100mm$ | y 轴 | b |
| | | | | z 轴 | c |
| | | $h/b \leqslant 1.2$ | $t_f \leqslant 100mm$ | y 轴 | b |
| | | | | z 轴 | c |
| 焊接 I 形截面 | 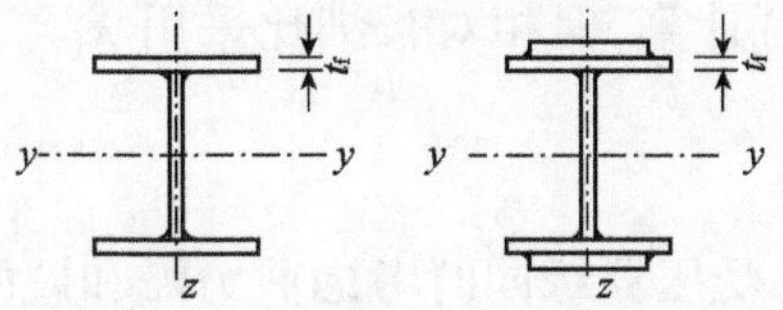 | $t_f \leqslant 40mm$ | | y 轴 | b |
| | | | | z 轴 | c |
| | | $t_f>40mm$ | | y 轴 | c |
| | | | | z 轴 | d |
| 空心截面 | 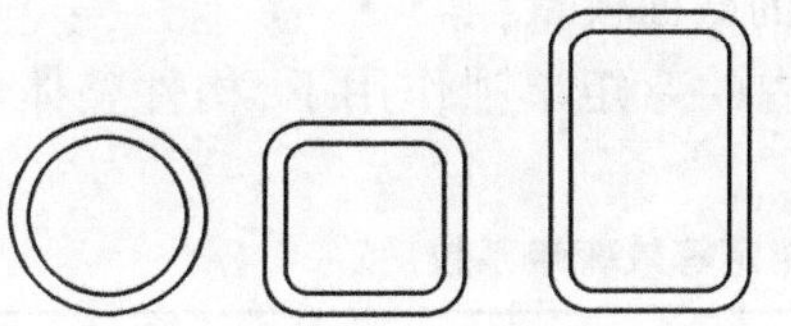 | 热轧 | | 任意 | a |
| | | 冷弯 | | 任意 | c |
| 焊接箱形截面 | 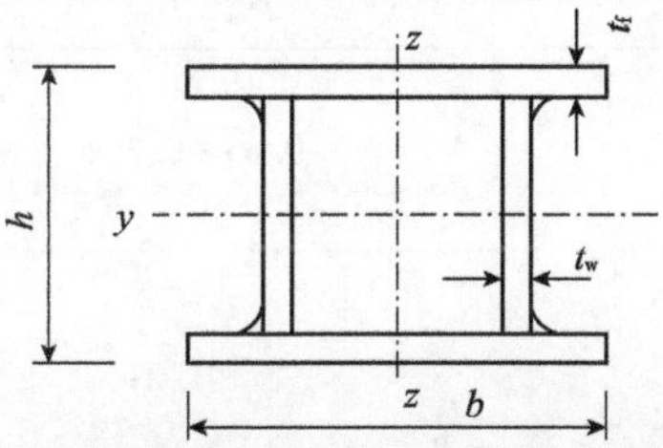 | 一般截面（空心截面除外） | | 任意 | b |
| | | $h_f>0.5t_f$<br>$b/t_f<30$<br>$h/t_w<30$ | | 任意 | c |
| 槽形、T 形截面 | 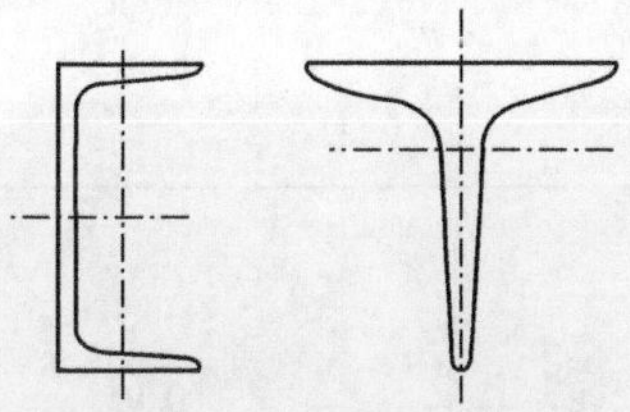 | 任意 | | 任意 | c |
| L 形截面 | 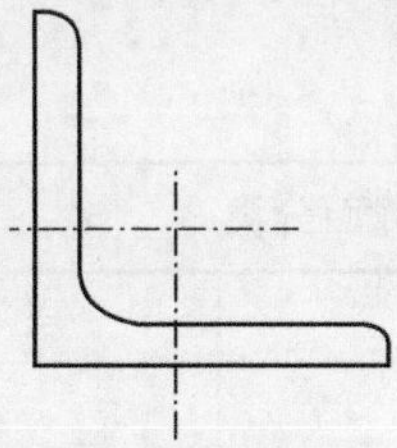 | 任意 | | 任意 | b |

2）等截面实腹式受弯构件

受弯构件的承载力计算，不仅要考虑剪力滞的影响，而且要考虑受压翼缘和腹板翘曲稳定的影响。同样，受压翼缘和腹板翘曲稳定的影响可以采用有效截面方法计算，我国《公路钢结构桥梁设计规范（报批稿）》（JTG D64）推荐的等截面实腹式受弯构件稳定计算公式如下：

$$\gamma_0\left(\beta_{m,y}\frac{M_y}{\chi_{LT,y}M_{Rd,y}}+\frac{M_z}{M_{Rd,z}}\right)\leqslant 1 \tag{9-135}$$

$$\gamma_0\left(\frac{M_y}{M_{Rd,y}}+\beta_{m,z}\frac{M_z}{\chi_{LT,z}M_{Rd,z}}\right)\leqslant 1 \tag{9-136}$$

$$M_{Rd,y} = W_{y,eff}f_d \tag{9-137}$$

$$M_{Rd,z} = W_{z,eff}f_d \tag{9-138}$$

$$\overline{\lambda}_{LT,y} = \sqrt{W_{y,eff}f_y/M_{cr,y}},\quad \overline{\lambda}_{LT,z} = \sqrt{W_{z,eff}f_y/M_{cr,z}} \tag{9-139}$$

式中：$M_y$、$M_z$——构件最大弯矩；

$\beta_{m,y}$、$\beta_{m,z}$——等效弯矩系数，可按表9-4计算；

$\chi_{LT,y}$、$\chi_{LT,z}$——分别为 $M_y$ 和 $M_z$ 作用平面内的弯矩单独作用下，构件弯扭失稳模态的整体稳定折减系数，可按式(9-131)计算，但相对长细比采用 $\overline{\lambda}_{LT,y}$、$\overline{\lambda}_{LT,z}$，截面类型见表9-5；

$\overline{\lambda}_{LT,y}$、$\overline{\lambda}_{LT,z}$——弯扭相对长细比；

$W_{y,eff}$、$W_{z,eff}$——受拉翼缘仅考虑剪力滞影响，受压翼缘同时考虑剪力滞和翘曲稳定影响的有效截面相对于 $y$ 轴和 $z$ 轴的截面模量；

$M_{cr,y}$、$M_{cr,z}$——分别为 $M_y$ 和 $M_z$ 作用平面内的弯矩单独作用下，构件整体弯扭弹性屈曲弯矩。

**压弯构件整体稳定等效弯矩系数** 表9-4

| 弯矩分布 | $\beta_{m,y}$，$\beta_{m,z}$ |
|---|---|
| 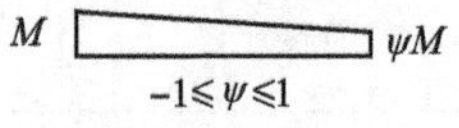 | $0.65+0.35\psi$ |
| 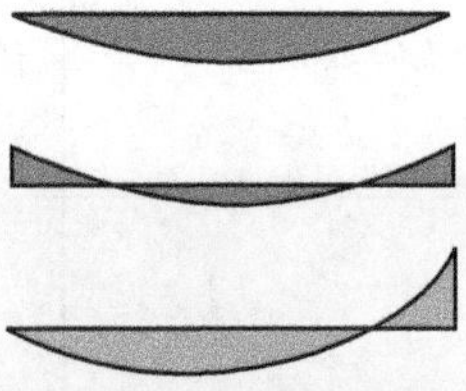 | 1.0 |
|  | 0.95 |

**受弯构件整体稳定系数的截面分类** 表9-5

| 横截面形式 | 适用条件 | 屈曲曲线类型 |
|---|---|---|
| 轧制I形截面 | $h/b\leqslant 2$<br>$h/b>2$ | a<br>b |
| 焊接I形截面 | $h/b\leqslant 2$<br>$h/b>2$ | c<br>d |
| 其他截面 | — | d |

3)实腹式压弯构件

压弯构件的承载力计算,除了需要考虑剪力滞、板件翘曲稳定、构件整体稳定的影响外,由于构件在弯矩和轴力作用下会发生弯曲变形,需要考虑轴力与弯曲变形作用产生的二次弯矩的影响。根据式(9-20),可用弯矩放大系数$\frac{1}{1-N/N_{cr}}$计算弯曲变形的二次弯矩影响。综合以上各因素的影响,我国《公路钢结构桥梁设计规范(报批稿)》(JTG D64)推荐的实腹式压弯构件的稳定承载力计算方法如下。

$$\gamma_0\left[\frac{N}{\chi_y N_{Rd}}+\beta_{m,y}\frac{M_y+Ne_z}{M_{Rd,y}\left(1-\frac{N}{N_{cr,y}}\right)}+\beta_{m,z}\frac{M_z+Ne_y}{\chi_{LT,z}M_{Rd,z}\left(1-\frac{N}{N_{cr,z}}\right)}\right]\leqslant 1 \tag{9-140}$$

$$\gamma_0\left[\frac{N}{\chi_z N_{Rd}}+\beta_{m,y}\frac{M_y+Ne_z}{\chi_{LT,y}M_{Rd,y}\left(1-\frac{N}{N_{cr,y}}\right)}+\beta_{m,z}\frac{M_z+Ne_y}{M_{Rd,z}\left(1-\frac{N}{N_{cr,z}}\right)}\right]\leqslant 1 \tag{9-141}$$

式中: $N$——所计算构件中间1/3范围内的最大轴力设计值;

$M_y$、$M_z$——所计算构件段范围内的最大弯矩设计值;

$\chi_y$、$\chi_z$——轴心受压构件绕$y$轴和$z$轴弯曲失稳模态的整体稳定折减系数;

$\chi_{LT,y}$——$M_y$作用平面内的弯矩作用下,构件弯扭失稳模态的整体稳定折减系数;

$N_{cr,y}$、$N_{cr,z}$——轴心受压构件绕$y$轴和$z$轴弯曲失稳模态的整体稳定欧拉荷载;

$\beta_{m,y}$、$\beta_{m,z}$——分别为相对$M_y$,$M_z$的等效弯矩系数,按表9-4计算;

$\chi_{LT,z}$——$M_z$作用平面内的弯矩作用下,构件弯扭失稳模态的整体稳定折减系数。

## 9.5 小　结

结构失稳是当作用于结构荷载达到临界荷载时,构件或结构的变形迅速增大导致结构失效的破坏形式。钢桥为高强薄壁结构,不仅要考虑结构的整体稳定,而且要考虑组成构件的板件翘曲稳定问题,两者相互关联。

埋想轴心受压构件的弹性屈曲欧拉应力与材料弹性模量成正比,与构件换算相对长细比的平方成反比,构件的截面形式、约束条件对受压构件的稳定有很大影响。增加约束、减小构件稳定计算的换算长度可以有效提高构件稳定承载力,当欧拉应力小于材料屈服强度时,构件由弹性稳定控制设计,提高材料强度难以提高构件的弹性稳定承载力。

实际钢桥结构不可避免的存在初始偏心和残余应力,使得受压构件的极限强度小于材料屈服强度和弹性屈曲欧拉应力。弹性屈曲理论值虽然未考虑结构和荷载初始偏心、结构残余应力等因素的影响,但概念明确、计算简单。钢桥稳定实用计算方法中,往往用弹性屈曲理论公式的表达形式,采用经验系数的方法进行修正,欧洲规范和我国《公路钢结构桥梁设计规范(报批稿)》(JTG D64)等均采用了Perry公式的表达形式计算压杆稳定系数。

板的弹性翘曲失稳欧拉应力与板件换算相对宽厚比的平方成反比,板的自由边界条件对板的稳定影响很大。设置有足够刚度的纵向加劲肋,可以有效提高板的弹性稳定承载力。加劲肋的抗弯刚度和间距不同,加劲板的失稳模态也不相同。当加劲肋的抗弯刚度较小时,板和加劲肋共同翘曲。但当加劲肋的刚度大到一定程度,满足刚性加劲肋的刚度要求时,加劲肋不发生变形,加劲肋可以近似简化为板的简支边,加劲板的翘曲稳定计算可以简化为由翼板、腹板和加劲肋分割成的子结构局部板件稳定的计算。残余应力、板件初始偏心等对板的翘曲稳定承载力有影响，欧洲规范和我国《公路钢结构桥梁设计规范（报批稿）》（JTG D64）等采用了有效截面方法计算。

## 思 考 题

1. 影响理想轴心受压构件弹性屈曲欧拉应力的主要因素有哪些？

2. 为何钢结构实际轴心受压承载力与理想轴心受压构件承载力不同？主要影响因素有哪些？

3. 钢桥设计中轴心受压构件承载力是如何计算的？如何提高钢桥结构的轴心受压承载力？

4. 影响薄板弹性翘曲失稳欧拉应力的主要因素有哪些？如何提高板的稳定承载力？

5. 加劲肋对板的失稳模态和稳定承载力有何影响？

6. 板件翘曲稳定与构件整体稳定有何关系？钢桥设计中是如何计算的？

## 本章参考文献


[1] 李国豪. 桥梁结构稳定与振动[M]. 北京：中国铁道出版社，1992.

[2] G. 毕尔格麦斯特，H. 斯托依普. 稳定理论[M]. 北京：中国工业出版社，1964.

[3] Eurocode-3. Design of steel structures[S]. 2006.

[4] Sukhen Chatterjee. The design of modern steel bridges[M]. 2nd ed. Sukhen Catterjee，2003.

[5] Trahair N S，Bradford M A，Nethercot D A，et al. The behaviour and design of steel structures to EC3[M]. 4th ed. New York：Taylor & Francis，2007.

[6] Charles G Salmon，John E Johnson. Steel structures-design and behavior[M]. 4th ed. Prentice Hall Inc. ，1996.

[7] Björn Åkesson. Plate buckling in bridges and other structures[M]. New York：Taylor & Francis，2007.

[8] 日本道路協会. 道路橋示方書・同解説（鋼橋編）[M]. 東京：丸善株式会社，2001.

[9] 日本土木学会（日）. 座屈設計ガイドライン[M]. 東京：丸善株式会社，1987.

[10] 小西一郎. 钢桥（第九分册）[M]. 北京：中国铁道出版社，1983.

[11] 沈祖炎. 钢结构基本原理[M]. 北京：中国建工出版社，2005.

[12] 吴冲. 现代钢桥（上册）[M]. 北京：人民交通出版社，2009.

[13] 交通运输部行业标准. JTG D64 公路钢结构桥梁设计规范（报批稿）.

# 第10章 钢桥抗疲劳分析

## 10.1 概　　述

钢桥由于疲劳而引起的恶性事故首推西弗吉尼亚的 Silver Bridge(图 10-1)。它在没有预兆的情况下突然倒塌,使人们意识到桥梁发生脆性断裂的严重性。为什么足够的强度保证不能阻止金属结构的破坏?究其原因是因为传统强度理论假定材料匀质各向同性且无缺陷,而这些假定与实际情况有很大差别。实际上,材料内部不可避免的缺陷或裂纹会在反复作用的低应力下扩展直至断裂。据美国 ASCE 疲劳与断裂分委员会 1982 年的调查结果,80% ~90% 的钢结构破坏与疲劳断裂有关。即使在人类对疲劳问题已有相当认识的今天,亦不断有钢桥疲劳破坏发生。

a) Silver Bridge原貌

b) Silver Bridge的残骸

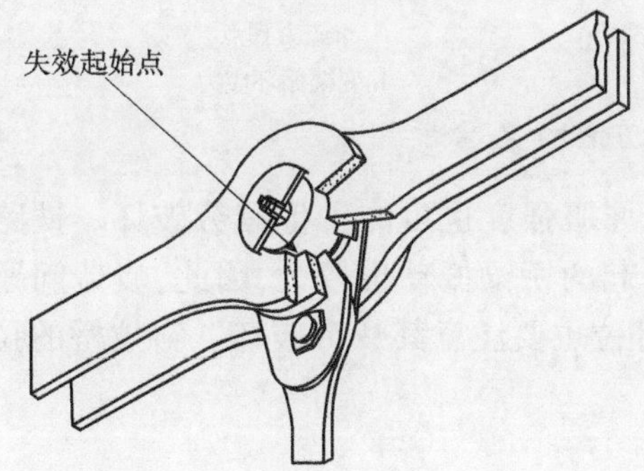

c) 眼杆的构造

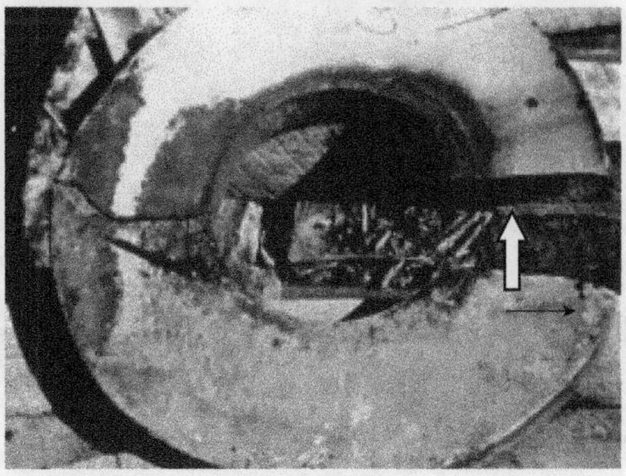
d) 应力腐蚀开裂

图 10-1　Silver Bridge 倒塌事故

疲劳是指在循环应力或应变作用下材料上某处(或若干处)产生局部组织永久变化,并在经历一定循环次数之后形成裂纹,继而不断扩展,最终使剩余受力结构发生断裂的过程。由于钢材的疲劳破坏必须有拉应力、应力反复和塑性应变三者的共同作用,故其与纯粹由局部拉应力高峰所造成的脆断破坏是有区别的。一般来说,钢材疲劳破坏分为裂纹萌生、扩展和失稳断裂三个阶段。

造成疲劳破坏的内因是钢材的材性和局部拉应力的集中程度,后者将取决于杆件截面的形状、连接方式和接头形式。外因则是应力反复的循环特征和次数。为此,在计算结构的疲劳强度和估计结构的使用寿命时,需要对材料的材质、缺陷、构造形式、荷载特点和接头细部的应力分布等诸因素进行研究。

## 10.2 疲劳分析的基本原理

### 10.2.1 若干重要概念

1)疲劳应力

桥梁结构在使用过程中所承受的车辆荷载、人群荷载、风荷载以及地震荷载都是变化的,它们在结构中所引起的应力也是变化的。人们把这种变化着的荷载称为疲劳荷载,所引起的相应应力称为疲劳应力,把应力随时间变化的曲线称为应力历程。一般来说,应力历程是随机的,幅值也是随机变化的。只有在特殊情况下才是常幅的,比如正弦曲线,如图 10-2 所示。图 10-2 中所示疲劳应力的一些重要参数如下:

$\sigma_{max}$为最大应力;$\sigma_{min}$为最小应力;$\sigma_m = \frac{1}{2}(\sigma_{max} + \sigma_{min})$,平均应力;$R = \sigma_{min}/\sigma_{max}$,应力比;$\Delta\sigma = \sigma_{max} - \sigma_{min}$,应力幅;$\sigma_a = \frac{1}{2}(\sigma_{max} - \sigma_{min})$,半应力幅。

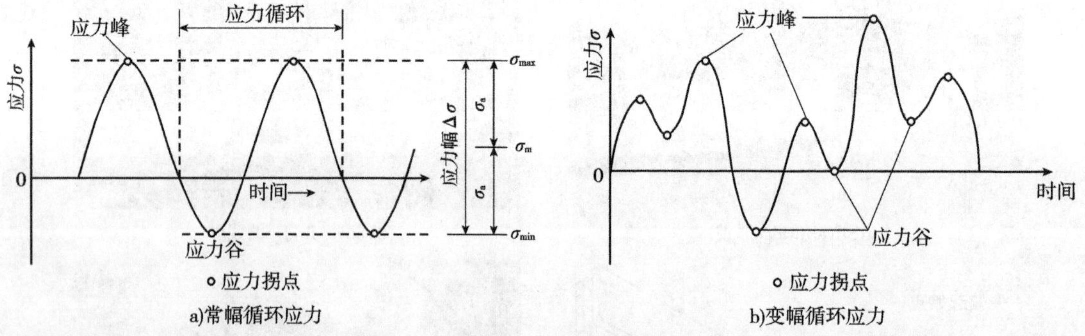


图 10-2 有关循环应力历程的定义、术语

疲劳应力幅值较大时,即使平均应力远小于屈服强度也可能发生疲劳破坏。铁路桥梁的车辆活载应力所占比重较公路桥梁大,列车引起的桥梁振动也较大,因此,疲劳问题就更为突出。公路桥梁中某些应力变化较大的连接部位也要注意其疲劳破坏。斜拉桥的拉索如果发生风致振动就会产生疲劳损伤。

2)疲劳抗力曲线

反映外加应力水平和疲劳寿命之间的关系曲线称为 $S$-$N$ 曲线,也叫韦勒曲线,它是由疲劳试验结果统计而得。一条完整的 $S$-$N$ 曲线如图 10-3 所示,由低周疲劳区、高周疲劳区和亚疲劳区组成。低周疲劳区对应 $N < 10^4$,疲劳强度几乎与静拉伸强度相同。当 $N$ 在 $10^4 \sim 10^7$时称为高周疲劳区,用公式可以写成:

$$S^m N = A \tag{10-1}$$

式中，$m$、$A$ 均为材料常数，将上式两边取对数，得：

$$m\lg S + \lg N = \lg A \tag{10-2}$$

即在对数坐标系中为一直线，$1/m$ 为 $S$-$N$ 曲线的负斜率。当 $N>10^7$ 时为亚疲劳区，水平线为常幅疲劳极限。$S$-$N$ 曲线的纵坐标，对于机械零件或非焊接结构常取最大应力 $\sigma_{max}$。但对于目前桥梁设计规范和焊接结构常取应力幅 $\Delta\sigma$。

上面所讨论的 $S$-$N$ 曲线属于单值关系。实际上，像钢材这样多晶体材料，各晶粒位向和性质以及受到应力作用各不相同，而疲劳源于薄弱缺陷处，因而引起疲劳寿命离散性很大。这一点与静力强度有所不同，在静力拉伸试验中材料有一个整体宏观塑性变形过程，应力发生重分布。因而微观缺陷是造成疲劳性能较大离散性的主要原因。

由于疲劳试验数据的离散性，所以疲劳寿命与所受应力之间的关系不再是一一对应的单值关系。一般认为当寿命恒定时，材料疲劳强度服从对数正态分布。在应力恒定的情况下，当 $N<10^6$ 时，疲劳寿命服从对数正态分布或威布尔分布，当 $N>10^6$ 时，疲劳寿命服从威布尔分布。将各个应力水平下相同存活率的数据点连接起来，就可以得到在某一存活率下的应力—寿命关系曲线，即 $P$-$S$-$N$ 曲线，如图 10-4 所示。

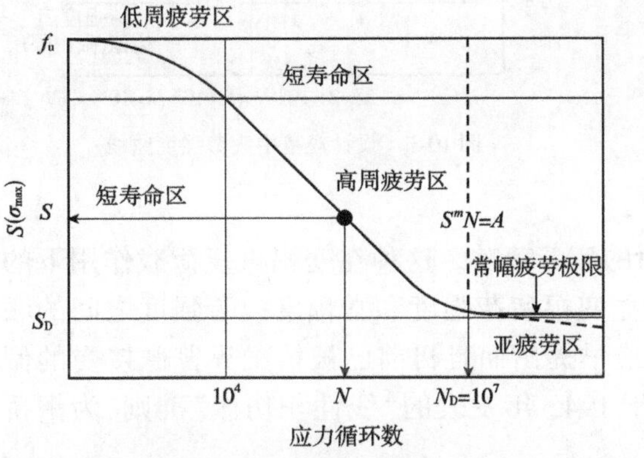


图 10-3　韦勒曲线及分区

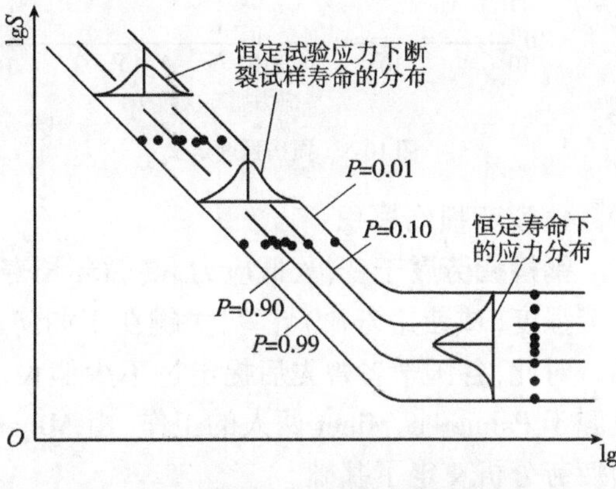


图 10-4　$P$-$S$-$N$ 曲线

3）疲劳极限

结构钢的 $S$-$N$ 曲线上具有水平段，与此水平段相应的最大应力 $\sigma_{max}$ 称为常幅疲劳极限。它意味着在与它相应的应力水平上，试样可以承受无限次循环而永不破坏。因此，可以把疲劳极限定义为：在没有特别指明的情况下，材料或构件在对称等幅应力（即应力循环特性 $R=-1$）作用下，疲劳寿命无穷大时的中值疲劳强度记为 $\sigma_{-1}$。结构钢的 $S$-$N$ 曲线转折点一般都在 $10^7$ 次以前，因此，一般认为，结构只要经过 $10^7$ 次循环不破坏，就可以承受无限多次循环而永不破坏。

Haibach 与后来许多学者研究发现，在变幅应力作用下，考虑疲劳损伤累积后，先前损伤将引起当前疲劳极限的下降，这个下降后的极限强度定义为损伤强度。它与当前损伤度的关系可以表达为：

$$\Delta\sigma_{th} = \Delta\sigma_D(1-D)^{1/2} \tag{10-3}$$

式中：$\Delta\sigma_{th}$——损伤强度；

$\Delta\sigma_D$——常幅疲劳极限；

$D$——当前损伤度。

根据这个公式，那些高于损伤强度的所有应力循环都会产生损伤。对于没有损伤的构造细节($D=0$),损伤强度等于常幅疲劳极限。损伤强度随损伤增加而逐渐减小,直到 $D=1.0$ 时变成零为止。考虑到这种情况,时间强度曲线将向下延伸,即图 10-5 中虚线表示的部分。在实际应用中,式(10-3)也可以这样来处理,小于疲劳极限可以假定一个减小斜率的疲劳强度曲线,并设一门槛值(截止限),小于它,不再产生疲劳损伤。这样做的优点是:应力幅的序列影响不起作用。在损伤累积计算过程中,总是考虑所有应力循环,不用一个个循环计算损伤,由此可以大大简化计算。按照 Haibach 的建议,在疲劳极限之下的曲线斜率 $m_D$ 可以由时间强度曲线的斜率求出,即 $m_D=2m-1$。由此得出所谓的运营强度曲线,此法被欧洲规范和我国规范(图 10-6)采用。

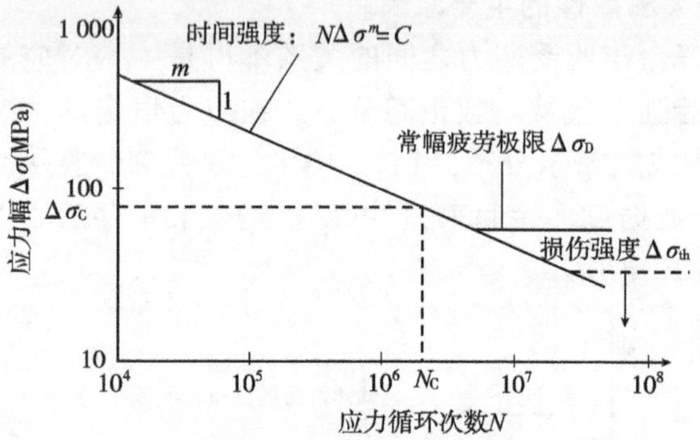


图 10-5　损伤强度定义

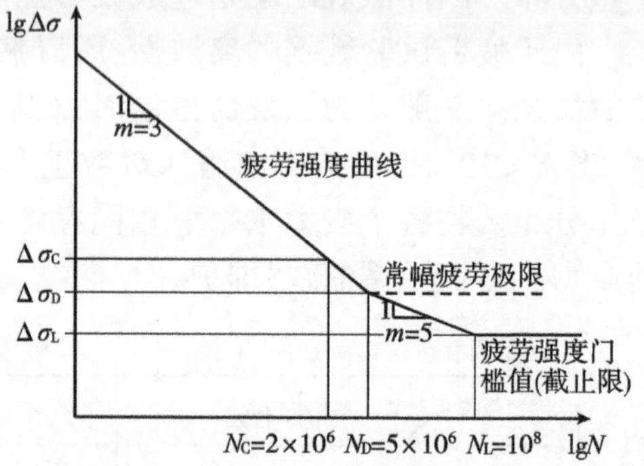


图 10-6　设计规范中疲劳强度曲线

4)疲劳损伤累积

钢桥疲劳属于变幅、低应力、高循环长寿命的疲劳范畴。这种在变幅重复荷载作用下的疲劳强度(或使用寿命)计算,关键在于如何建立变幅疲劳强度和常幅度疲劳强度之间的联系。对此,各国学者曾先后提出过不少假设。最早提出而且目前已被桥梁界普遍接受的假设源于 Palmgren、Miner 两人的工作,由 Miner 于 1945 年发表的"线性积伤律"准则,为钢桥的疲劳分析奠定了基础。

Miner 准则认为,变幅疲劳中各个应力幅 $\Delta\sigma_i$ 所造成的损伤可用 $\frac{n_i}{N_i}$ 来定量表示,且可以线性叠加。因此,对任意构件在变幅应力循环($\Delta\sigma_i, i=1,2,3,\cdots$)作用下的损伤度可定义为:

$$D=\sum\frac{n_i}{N_i} \tag{10-4}$$

式中:$n_i$——应力幅 $\Delta\sigma_i$ 作用的次数;

$N_i$——用 $\Delta\sigma_i$ 作常幅应力循环试验时的疲劳破坏次数,或由常幅疲劳强度曲线 $\Delta\sigma-N$ 中相应于 $\Delta\sigma_i$ 时的疲劳寿命(循环次数)。

若 $D\geqslant1$,则表明构件已疲劳破坏;若 $D<1$,则尚未破坏。$D$ 的大小由构件以往的应力经历而定。

试验证明,$D$ 值不为 1,而在 0.6~3.0 之间。针对线性累积损伤法则的不确定性,许多学者继续做了大量研究,认为没有考虑下面四方面影响:①加载顺序对疲劳强度的影响;②残余应力对疲劳裂纹的影响;③低于常幅疲劳极限的应力也能造成损伤;④某些应变时效材料的低应力锻炼作用。为此提出了一些非线性损伤累积理论,比如 Marco 和 Starkey 的损伤曲线法(DC 法)、Corten 和 Dolan 的指数损伤公式。但这些公式很少在桥梁工程中应用,不再赘述。线性累积损伤法由于形式简单,使用方便,因此至今仍在桥梁工程上广泛使用。

5)雨流计数法

将应力(变)历程转化为一系列完整应力(变)循环的过程,称为“计数法”。疲劳寿命估算的精度和可靠度很大程度上取决于应力谱的准确性,而应力谱的获得又与计数法的选用密切相关,目前已有的计数法有十多种,其中雨流法在计数原则上反映了一定的力学原理,在工程上应用较为广泛。

雨流法是由日本学者 M. Matsuishi 和 T. Endo 等人考虑了材料应力—应变行为而提出的一种计数法,该法认为塑性的存在是疲劳损伤的必要条件,而且塑性性质表现为应力—应变的滞回曲线,图 10-7 为一应变历程,而图 10-8 则是此应变历程所对应的应力—应变行为,图中显示出三个完整循环回线和三个半循环的应力—应变响应。

雨流法遵循以下几个基本原则:

(1)雨流始于一列谱的始点和每一峰值(谷值)的内侧。

(2)雨流止于其对面有较开始时更高的峰或更低的谷,亦止于遇到上面屋顶流下的雨滴。

(3)每条雨流的水平长度作为该荷载的半循环计数。

(4)荷载谱的每一部分必须确保计数,且只计一次。

对于图 10-7 所示的应变历程,雨水首先从谷点 1 开始流动,到达峰点 2 时往下流至点 2′,并继续往下流;从峰点 2 点流下的雨流,到 3 点后下落,中途遇到比峰点 2 更高的峰点 4 雨流便停止流动;从峰点 4 流下的水流,经过谷点 5 后流到 5′点,在此点遇到比峰点 4 低的峰点 6 流下的雨流,则此雨流停止,形成 5-6-5′应变循环;依次类推便可以得到图 10-7 所标的应变循环和半循环。

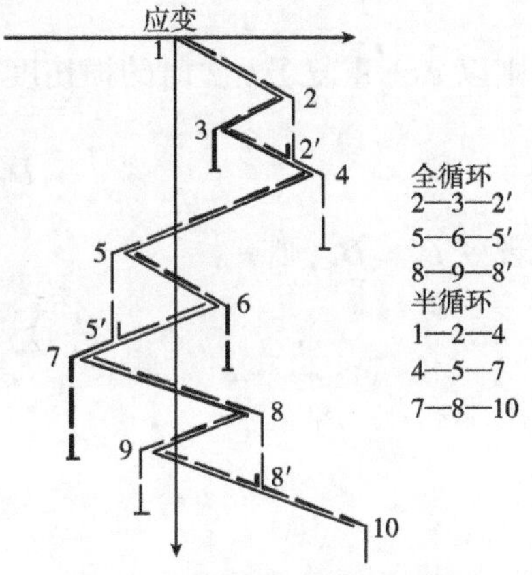

图 10-7　雨流计数法

按照上述基本原则,最终会留下类似于图 10-9 所示的发散—收敛波,这些应变历程点不能形成完整的循环,不能按上述基本原则进行计数,必须采取其他的措施,一种简便的方法是取出发散—收敛波的最大、最小值前面的部分接在原先波的后面,再用上面所述的基本原则进行计数,便可记录下完整的应变谱,依次循环操作,直到无法再获取完整循环为止。

上例叙述的是应变历程的计数,而工程上通常采用名义应力法分析疲劳问题,故常用应力历程表达构件疲劳受力特性,计数方法完全相同。应力历程经雨流法计数后可以得到:①各关注断裂临界截面的应力最大值;②用于传统疲劳损伤计算的应力谱——将雨流法计数后的应力幅归入不同应力分级中,并统计循环次数;③用于断裂力学剩余寿命计算的应力循环序列——记录封闭循环的最大、最小值,并按相应出现次序加以排列。

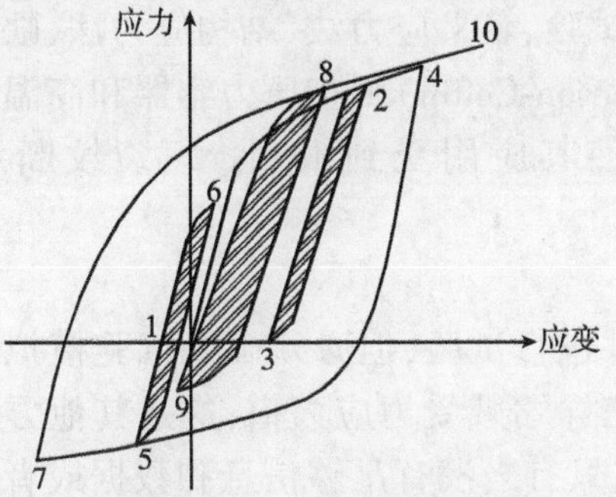

图 10-8　应力—应变滞回曲线

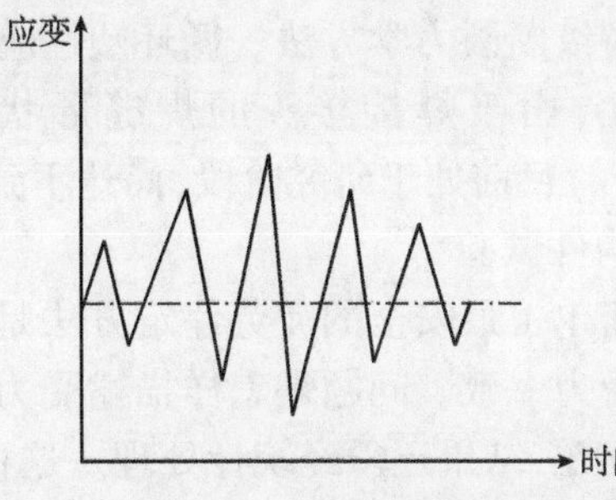

图 10-9　发散—收敛波

6)等效应力幅

所谓等效应力幅 $\Delta\sigma_E$ 的概念是:对于变幅应力循环 $\Delta\sigma_i$、$n_i(i=1,2,3,\cdots)$ 的重复荷载作用,可以运用 Miner 线性积伤律准则得到一个损伤度相同的常幅循环应力幅 $\Delta\sigma_E$,其循环次数为 $\sum n_i$,则称 $\Delta\sigma_E$ 为等效应力幅。

构造细部的常幅疲劳曲线方程为:

$$m\lg\Delta\sigma + \lg N = \lg A \tag{10-5}$$

由此可得该构造细部在 $\Delta\sigma_i$、$n_i(i=1,2,3,\cdots)$ 的重复荷载作用下的损伤度为:

$$D_b = \sum \frac{n_i}{N_i} = \frac{1}{A}\sum\left[n_i(\Delta\sigma_i)^m\right] \tag{10-6}$$

由式(10-5)可得该构造细部在等效常幅 $\Delta\sigma_E$ 应力循环作用下的疲劳破坏次数 $N_E$ 为:

$$N_E = \frac{A}{(\Delta\sigma_E)^m} \tag{10-7}$$

则以 $\Delta\sigma_E$ 重复 $\sum n_i$ 次时的损伤度为:

$$D_E = \frac{\sum n_i}{N_E} = \frac{1}{A}(\Delta\sigma_E)^m\sum n_i \tag{10-8}$$

现令 $D_b = D_E$,则有:

$$\frac{1}{A}\sum\left[n_i(\Delta\sigma_i)^m\right] = \frac{1}{A}(\Delta\sigma_E)^m\sum n_i$$

于是:

$$\Delta\sigma_E = \left\{\frac{\sum\left[n_i(\Delta\sigma_i)^m\right]}{\sum n_i}\right\}^{1/m} \tag{10-9}$$

$\Delta\sigma_E$ 即为等效应力幅。

如果采用双直线 $S$-$N$ 曲线进行疲劳设计,则根据损伤相同的原则用下式计算等代应力幅:

$$\Delta\sigma_E = \left\{\frac{\sum\left[n_i(\Delta\sigma_i)^{m_1}\right] + \Delta\sigma_D^{m_1-m_2}\sum\left[n_j(\Delta\sigma_j)^{m_2}\right]}{\sum n_i + \sum n_j}\right\}^{\frac{1}{m_1}} \tag{10-10}$$

式中:$(\Delta\sigma_i$、$n_i)$、$(\Delta\sigma_j$、$n_j)$——分别为 $m_1=3$ 和 $m_2=5$ 直线段范围内的应力谱。

## 10.2.2 疲劳的分析方法

针对疲劳问题目前发展了许多分析方法,图 10-10 给出了这些方法一览。其中大多数适合实际抗疲劳设计计算也已录入规范中,如构件试验、名义应力法、结构应力法、缺口应力法和长裂纹断裂力学方法。循环塑性应变方法(Manson-Coffin)则在压力容器和高温情况下得到应用,由于焊接接头的焊缝形状不规则而使其应用受到限制。短裂纹断裂力学(Kitagawa)目前处于研究阶段,尚达不到实用程度。

1)构件试验

最简单也最安全的疲劳评定方法是直接将构件进行试验,但必须确保试验模拟的应力与实际受力一致。问题是怎样描述受力过程以及怎样缩减受力应力谱,这是其他方法面临的同样问题,结果还须经统计处理。这种方法昂贵,只有当没有足够信息和数据或者考虑成本或重量必须优化尺寸时才去选择。

2）名义应力法

名义应力是由简单材料力学公式就能算出的截面平均应力。名义应力法由于原理简单，已成为许多规范的基本方法。但仔细思量，问题也是显而易见的，即必须具有每个构造细节的疲劳强度数据。但处于某级的各个细节相互之间差异不再区分时，就降低了多数细部、尺寸及焊接过程的变异个性。这样做的结果是，在多样性大幅减少时，数值的离散性和不安全性都在增加。这两个因素必须通过安全系数加以考虑。因此名义应力法部分导致不经济。另外一个问题是构件截面里可能的应力变化，如缺口、倒角等宏观几何形状改变导致的缺口效应则必须考虑。

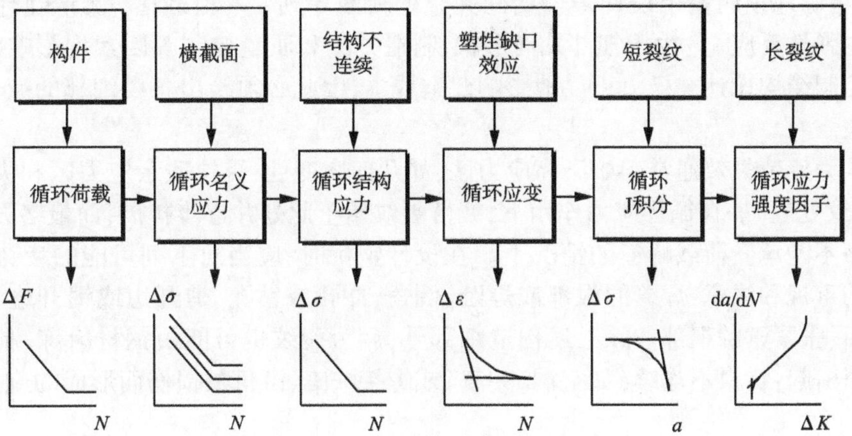


图 10-10　疲劳问题分析方法一览

3）结构应力法

结构应力包含了除焊缝形状之外的所有构造细节引起的缺口应力，即薄膜力和线性壳弯曲应力，但不含非线性应力峰。结构应力可以用有限元方法计算。为了能够直接测量结构应力，按照两个相邻应变片位置的测量值再外插至焊缝过渡区，从而得到所谓的热点应力。

这个方法的最大缺点是外插算法可能带来不安全性，而且实际上仅能评定焊缝过渡区部分。目前，这个方法被应用到圆管结构和船舶结构，且很成功。

4）缺口应力方法

机械工程中非常熟悉的缺口应力方法，不能直接应用到焊接接头。焊缝过渡段和焊缝根部的缺口不规则性使得缺口不好确定，过去几年里的研究表明，焊缝不规则的缺口可以用一个半径为 1mm 的有效缺口来替代，其结果在通常离散范围内是一致的，可以作为规范的依据。有效缺口应力可以采用有限元方法计算。

5）断裂力学方法

断裂力学方法用于评定裂纹和类裂纹缺陷。理论简单明了，困难在于应用。它要求知道初始裂纹大小、形状和裂纹区的缺口应力，像膜应力和弯曲应力以及非线性应力峰。另外还需要一个公式确定应力强度因子。

现行桥梁设计规范基本上都是名义应力法，基于足尺构件的疲劳试验统计结果。虽然它分级粗糙，且在长寿命区更不准确，但由于它简便实用，故仍作为桥梁抗疲劳设计的主要方法。目前，对既有桥梁疲劳寿命评估是研究热点之一，难点主要是疲劳应力的准确性、多轴应力作用下的材料疲劳性能以及合适的疲劳计算方法等。尤其在近 20 年来，基于断裂力学的分析方法在钢桥疲劳研究中发挥了重要作用，它为传统的经典疲劳分析方法提供了强有力的理论依据和补充。该法的最大特点是可以根据初始存在的裂纹来确定到断裂时所具有的剩余疲劳寿命,还可以判定初始裂纹在给定的应力状况下是否会扩展,故对于焊接结构的疲劳分析收到了良好的效果。

## 10.3 新建钢桥的抗疲劳设计方法

结构抗疲劳设计的目的是保证在一定使用可靠水平下整个设计寿命内的结构承载能力,使结构不会因疲劳而失效或修补。对于承受车辆荷载的钢桥的疲劳验算,通常要考虑下列因素:①精确地预测整个设计寿命期间完整的荷载序列——荷载谱。②精确计算在此荷载下的结构弹性反应。③由于细部几何形状、制造方法和质量控制等因素均影响疲劳强度,甚至可能控制结构设计并极大程度地影响建造成本,因此必须绘出各类细部的疲劳曲线,以供分析比较。

一般认为疲劳失效通常起始于高应力区,如几何突变处、受拉残余应力区和尖锐的不连续处(按裂纹处理)。在循环应力作用下,疲劳裂纹始于此处并逐步扩展,而最终失效则发生在剩余截面不能承受荷载峰值的情况下。在设计钢桥时,应当对下列可能的疲劳裂纹起始处有足够的重视和注意:焊缝的根部或焊趾、倒角、冲孔或钻孔、剪开边或锯开边、高接触压力下的表面、张紧索的根部。除上述构造细部外,疲劳裂纹也可能由钢材冶炼、制造和施工等其他原因引起:材料不连续(如空洞、夹渣)或焊接缺陷、由机械损伤而形成的刻痕或擦痕、腐蚀处。

引起疲劳的可能外因有:

(1)荷载具有较高的动静比,比如施工期间的运输工具、吊机、桥梁吊装等。

(2)荷载频繁作用:它导致应力循环次数增加;细长结构或构件由于其固有频率较低,故在脉动荷载(比如风荷载)或振动荷载作用下产生振动,放大了动应力,也能导致细节的疲劳。

(3)采用焊接:某些焊接细部具有较低的疲劳强度。

(4)复杂接头:复杂接头由于传力路径变化,常常导致较高应力集中,它们对受力的极限状态影响很小,但对疲劳强度影响很大,为此应当保证接头形状的光滑和简洁,以便能精确地计算和控制它的应力,并要求按照规范制造和检测。

(5)环境影响:在某些受热和化学腐蚀环境中,如果构件表面没有防护,疲劳强度要有所降低。

### 10.3.1 影响疲劳的主要因素

材料疲劳极限和 *S-N* 曲线只代表了光滑试件疲劳性能,而实际构造细节有着各种各样的尺寸、形状和表面缺陷状况等。因此,相同材料的足尺构件的疲劳性能与材料小试件之间差别有时非常明显。在大多数情况下,尽管所受应力相同,构件的真实寿命与试件相比偏小很多。

1)材料影响

对于无缺口光滑小试件,用弯曲或完全反向轴向加载试验,在高周($10^6 \sim 10^7$)处疲劳强度或疲劳极限 $\sigma_{-1}$ 与极限拉伸强度 $f_u$ 之间存在很强的相关关系。对于大多数钢材,疲劳极限约为拉伸强度的50%,即 $\sigma_{-1}=0.5f_u$。交变疲劳极限 $\sigma_{-1}$ 与拉伸强度 $f_u$ 之比称为疲劳比。对于碳钢和合金钢,绝大多数疲劳比数据为 0.35 ~ 0.6。对于 $f_u>1\ 400\text{MPa}$ 的钢材,疲劳极限增长很慢。

2)中值应力效应

1870年韦勒就认识到影响疲劳强度的第一因素是应力幅,并将其作为疲劳试验中主要加载变量。但是在非焊接细节中平均应力也有着重要影响,一般来说,拉伸平均应力减少疲劳寿命,而受压平均应力增加寿命。在疲劳设计中常采用平均应力折减系数计算等效应力幅。平均应力效应可以由平均应力本身和应力比 $R$ 作为参量来表达。$\sigma_m$ 和 $R$ 通过下式相关联:

$$\sigma_m = \sigma_a \frac{1+R}{1-R} \tag{10-11}$$

式中:$\sigma_m$——中值应力,$\sigma_m = (\sigma_{max} + \sigma_{min})/2$;

$R$——应力比,$R = \sigma_{min}/\sigma_{max}$;

$\sigma_a$——半应力幅,$\sigma_a = (\sigma_{max} - \sigma_{min})/2$。

对于非焊接细节,许多学者提出了拉伸平均应力对寿命线影响的经验公式(图 10-11)。

(1)1874 年,Gerber 抛物线:

$$\frac{\sigma_a}{\sigma_{-1}} + \left(\frac{\sigma_m}{f_u}\right)^2 = 1 \tag{10-12}$$

(2)1899 年,Goodman 直线:

$$\frac{\sigma_a}{\sigma_{-1}} + \frac{\sigma_m}{f_u} = 1 \tag{10-13}$$

(3)1935 年,Soderberg 直线:

$$\frac{\sigma_a}{\sigma_{-1}} + \frac{\sigma_m}{f_y} = 1 \tag{10-14}$$

Gerber 曲线与试验数据吻合较好,但有些数据点落在不安全区域,Goodman 直线代表了数据下限,而 Soderberg 直线是一个相对保守的下限,常常用于设计。三条曲线用于实际构件设计时应谨慎,因为缺口、表面状态、尺寸和环境的影响没有考虑在内。

由于形式简单,工程上常用直线公式。Soderberg 直线对大多数情况都是偏于保守的,Goodman 直线适用于脆性材料,对延性金属偏于保守。

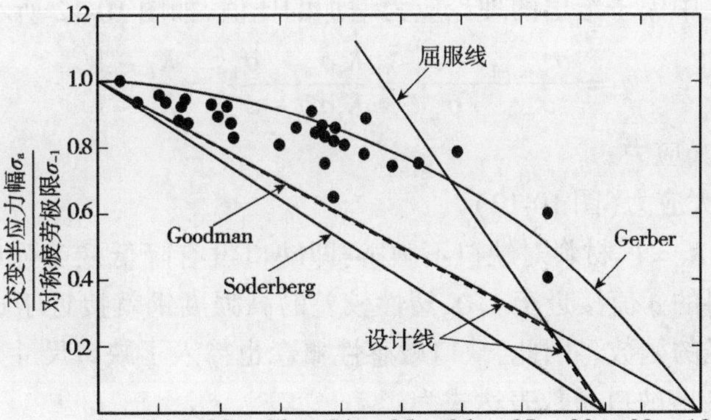


图 10-11　拉伸平均应力对寿命影响的各种经验公式的比较

3)缺口效应

某些构造细节存在开孔、倒角、圆弧过渡等截面突变,因而造成局部应力增大,即应力集中现象。应力集中对脆性材料静力强度影响较大,但对延性材料由于屈服产生应力重分布,受到应力集中的影响较小。但应力集中是疲劳强度主要的影响因素,疲劳源总是出现在应力集中的地方。定义理论应力集中系数 $K_t=\dfrac{\text{最大局部弹性应力}}{\text{名义应力}}$,反映应力集中程度。

疲劳是最弱链接过程,取决于小范围局部应力。缺口处较高应变对整个变形没有很大贡献,但裂纹可能在此产生并增长,最终导致断裂。因此必须计算局部应力并把它与缺口构件疲劳性能联系起来。第一次近似就是使用无缺口试件的 *S-N* 曲线,并除以 $K_t$ 系数减少抗力。这种做法推得的 *S-N* 曲线在高循环区拟合的非常好,但在短寿命区太过保守,真实疲劳强度的减少比采用除应力集中系数方法预测的要小得多。既然理论应力集中系数不能直接用于计算应力集中时疲劳强度的影响,故用疲劳缺口系数 $K_f$ 来代替。$K_f$ 定义为无缺口试件对有缺口试件疲劳强度的比值。

$$K_f=\frac{\text{无缺口试件疲劳强度}}{\text{缺口试件的疲劳强度}}$$

显然,$K_f$ 随疲劳寿命的不同而变化,因此 $K_f$ 通常定义为疲劳极限的比值。根据这个定义,$K_f$ 小于 $K_t$,意义是由应力集中带来的应力增加对疲劳的贡献不是全部有效。$K_f$ 和 $K_t$ 之间的差别由几种原因引起:第一,缺口处材料在疲劳加载过程中可能经受循环软化,局部应力减小;第二,缺口根部小范围材料受到由于周围材料约束引起的支持效应,以致临界区域的平均应变小于由弹性应力集中系数显示的数值。最后,存在一个统计上的不确定效应,缺口根部高应力区较小,存在缺陷的概率较小。

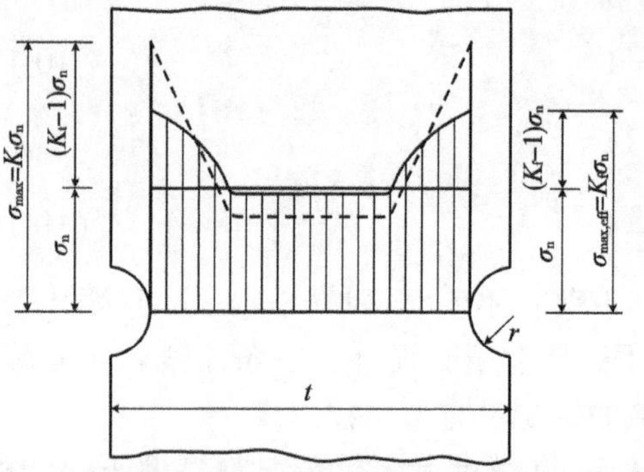

图 10-12　缺口效应及其描述参数

不同的材料对应力集中的敏感性也不相同,为此引入一个所谓的敏感系数 $q$ 表征材料对应力集中的敏感程度。缺口敏感性 $q$ 是缺口处材料对疲劳循环如何反应的度量,即 $K_f$ 如何与 $K_t$ 相关。$q$ 定义为由缺口引起的疲劳有效应力增加对由弹性应力集中因子给出的理论应力增加的比值,如图 10-12 所示。

$$q=\frac{\sigma_{max,eff}-\sigma_n}{\sigma_{max}-\sigma_n}=\frac{K_f\sigma_n-\sigma_n}{K_t\sigma_n-\sigma_n}=\frac{K_f-1}{K_t-1}\qquad(10\text{-}15)$$

式中:$\sigma_n$——截面名义应力;

$\sigma_{max,eff}$——有效最大应力(图 10-12)。

当 $q=0$ 时,$K_f=K_t=1$,材料对缺口不敏感,即缺口没有降低疲劳强度,比如含有大量杂质的铸铁。硬脆材料的 $q$ 值接近于 1.0,塑性较差的高强度钢就接近于这种情况。$q$ 一般为材料和缺口根部半径的函数。因此,缺口敏感性概念也掺入了缺口尺寸效应。

Neuber 给出的疲劳缺口系数表达式为:

$$K_f=1+\frac{K_t-1}{1+\sqrt{\rho'/r}}\qquad(10\text{-}16)$$

式中:$\rho'$——一个特征尺寸,超过它就不存在大的应力梯度。

Kuhn 和 Hardrath 制作了 $\rho'$ 和极限拉伸强度之间的关系曲线。Peteeson 则建议了另一表达式:

$$q=\frac{K_f-1}{K_t-1}=\frac{1}{1+a/r} \tag{10-17}$$

式中：$a$——一个材料常数(mm)，通过对钢材的研究给出相关公式如下：

$$a=0.025\left(\frac{2\ 070}{f_u}\right)^{1.8}=2.32\times10^4 f_u^{-1.8} \tag{10-18}$$

疲劳缺口系数一般在高周范围内应用。在短寿命区，$K_f$ 接近于1。

4)尺寸效应

因为 $K_f$ 随 $r$ 变化，所以尺寸效应是隐含在疲劳缺口系数当中。但是，在疲劳设计中还是经常采用尺寸折减系数。这个附加尺寸修正的需求是源自这样一个事实：当缺口根部半径大于3～4mm时，缺口尺寸效应就已经饱和，即 $K_f \to K_t$。然而，足尺构件疲劳试验表明，即使在无缺口情况下，它的疲劳强度随尺寸增加也会连续下降，且没有任何明显极限。引起尺寸效应的原因一般归为以下几种：①统计尺寸效应，即疲劳起裂的一个内在特征是最弱链接过程，当各种变量，如内外部应力、几何形状、缺陷尺寸和数量以及材料特性组合出最佳状况促使裂纹集结和增长时，一个裂纹就产生了。因此，尺寸增加就意味着弱点存在的较高可能性。②技术尺寸效应，由大小部件所经受的材料处理过程和制造过程的不同引起。不同的表面状态和残余应力是这类尺寸效应的重要方面。③几何尺寸效应，也称作应力梯度效应，厚截面与薄截面相比具有较低的应力梯度，如果一个形如表面刮痕或焊接缺陷，在两个不同的截面中具有相同深度，那么由于应力梯度的不同，厚截面中缺陷将承受较高应力。④应力增长效应，缺口微观尺寸不完全成几何比例，即缺口半径与其他尺寸不是同一比例。应力增长效应对焊接接头和螺纹连接非常重要。裂纹起裂的临界位置是焊趾和螺纹根部，在这两种情况下，局部应力是厚度(或直径)与缺口半径比值的函数。在焊缝处，趾半径由焊接过程决定，因此对不同尺寸的接头基本上是常值。$t/r$ 比值也因此增加，局部应力(当板较厚，但 $r$ 保持不变时)也增加，类似的情形在螺纹连接中也存在。螺纹根部半径是与纹深成比例，而不是与标准螺栓的直径成比例。由于纹深比栓径增加慢得多，因此结果是缺口应力随螺栓尺寸的增加而增加。对于螺栓以及焊接接头除了上面讨论的缺口尺寸效应之外，还增加了缺口锐度效应。结果造成这些构件由试验确定的尺寸效应比理论预测值还要强，欧洲规范EC3采用下列板厚尺寸效应的表达式：

$$C_z=\frac{\Delta\sigma_{cf}}{\Delta\sigma_c}=\left(\frac{t_0}{t}\right)^n \tag{10-19}$$

式中：$C_z$——尺寸系数；

$\Delta\sigma_{cf}/\Delta\sigma_c$——相对疲劳强度比；

$n$——直线斜率，尺寸修正指数；

$t_0$——参考板厚；

$t$——真实板厚。

研究结果表明，当 $n=1/4$ 时某些情况处于不安全侧。若采用 $n=1/3$ 则与测试数据吻合较好。对于非焊接板件和低应力集中的接头 $n=1/5$ 较合适。

5)表面加工的影响

几乎所有疲劳裂纹都在表面起裂，此外，简单断裂力学分析表明，表面缺陷或缺口是比相同尺寸的内部缺陷的损坏性要大得多。因此表面物理状态和应力状态对疲劳性能有着重要影响。其中，重要影响因素之一是表面加工，用平均表面粗糙度作为变量，记为 $R_a$。表面加工的影响是通过将某种表面加工的试件的疲劳极限与高抛光的标准试件相比较来确定。

表面折减系数 $C_r$ 定义为两种疲劳极限的比值。因为钢材随着强度的增高对缺口变得更加敏感，所以表面系数 $C_r$ 将随着拉伸强度 $f_u$ 的增加而减小。表面系数 $C_r$ 和表面粗糙度 $R_a$（μm）和 $f_u$（μPa）之间的关系式为：

$$C_r = 1 - 0.22(\lg R_a)^{0.64} \times \lg f_u + 0.45(\lg R_a)^{0.53} \tag{10-20}$$

6）残余应力的影响

残余应力或内应力的产生条件是，构件一个区域应变超过弹性极限，而其他区域仍保持弹性变形。当力或变形移去后，弹性变形的材料将回弹，且施加残余应力到塑性变形的材料上。屈服可以由热膨胀以及外力引起。残余应力是初加应力的反符号。因此，如果将一个缺口构件拉伸到屈服，那么卸载后，缺口根部将承受压应力。当焊接金属冷却收缩时，焊接残余应力就产生了，非常有害，但在制造中不可避免。残余拉压应力总是相互平衡。较高的焊接拉应力很大程度上使得焊接接头疲劳性能变差。

## 10.3.2 名义应力设计方法

1）无限寿命设计

无限寿命设计方法的出发点是，构件在设计应力下能够长期安全使用。对于等幅循环应力，即应力幅和平均应力不随时间变化的稳定交变应力状态，无限寿命设计方法的强度条件是：构件的工作应力等于或小于等幅疲劳极限。对于变幅循环应力，即随时间变化的不稳定交变应力状态，可按其最大应力幅小于构件的等效等幅疲劳极限强度的条件进行设计，如图10-13所示。按疲劳极限的定义，当构件的工作应力小于疲劳极限时，构件能够长期安全使用。

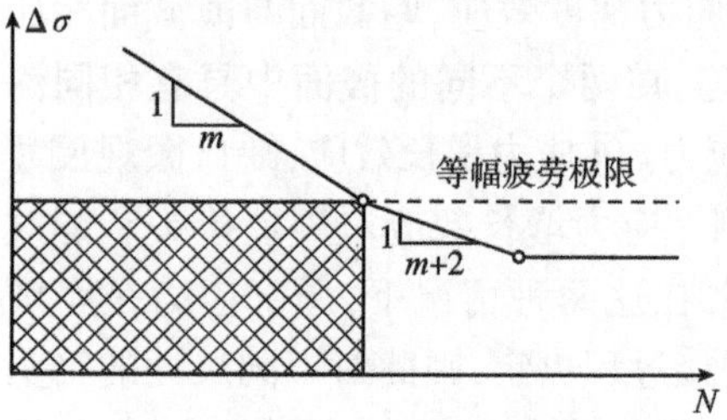


图 10-13　无限寿命设计思想

无限寿命设计法在英国规范 BS 5400 中的铁路桥疲劳验算中也称为简化法，它适用于对规定的构造细部级别并按标准荷载频谱受载的构件。按此法设计，无需考虑构件的疲劳损伤度。

2）安全寿命设计

安全寿命设计方法是保证结构在一定使用期内不发生疲劳破坏，因此允许构件的工作应力超过常幅疲劳极限，结构的重量可以比无限寿命设计方法轻。目前国际上大都采用这种设计思想进行抗疲劳设计。

安全寿命设计方法是无限寿命设计方法的直接发展，二者的基本设计参数都是名义应力，其设计思想也大体相似，都是根据细部疲劳的 *S-N* 曲线进行设计，所不同的只是无限寿命设计方法使用的是 *S-N* 曲线的常幅水平部分，亦即等幅疲劳极限；而安全寿命设计方法使用的是 *S-N* 曲线的左支和考虑损伤累积所引起的疲劳强度下降，亦即有限寿命部分。由于有限寿命的设计应力一般都高于疲劳极限，而 *S-N* 曲线斜线部分的疲劳寿命各不相同，故安全寿命设计方法不能再像无限寿命设计方法那样只验算最大应力不超过等幅疲劳极限即可，而需要按照一定的累积损伤理论估算总的疲劳损伤。目前在桥梁疲劳设计中都采用由 Palmgren-Miner 提出的线性损伤累积理论。

预测的结构营运历程常用加载序列和频率来表达，再分析潜在起裂处的应力历程，某些国家，例如英国的 BS 5400 规范，则可以通过典型车辆或列车的加载获得相应的应力谱。

采用安全寿命设计方法的条件是：构造细部的疲劳强度曲线必须已知，含潜在起裂处构件的制造质量要符合疲劳分级的定义。

应用安全寿命设计方法的计算过程如下(图 10-14)。

(1)得到一个设计寿命期内营运荷载序列的上限估计;

(2)计算潜在起裂处的应力历程;

(3)采用计算应力即名义应力时,要用一个适当的应力集中系数修正几何应力集中区的影响;

(4)采用计数法(如雨流法)将应力历程变成不同的应力幅 $\Delta\sigma_i$ 和相对应的循环次数 $n_i$;

(5)按应力幅 $\Delta\sigma_i$ 递减排列形成应力谱;

(6)对照构造细部分级,对相应的细部等级和应力幅 $\Delta\sigma_i$ 找出使用极限 $N_i$;

(7)使用 Miner 规则计算总损伤 $D$:

$$D = \sum \frac{n_i}{N_i} \tag{10-21}$$

(8)计算安全寿命 $T_s$:

$$T_s = T_L / D \tag{10-22}$$

式中:$T_L$——设计寿命。

(9)如果 $T_s < T_L$,即设计不满足要求时,可以进一步作如下选择:①重新设计构件,以减小应力水平;②改变细部设计,使其具有一个较高的疲劳等级;③采用损伤容限方法设计。

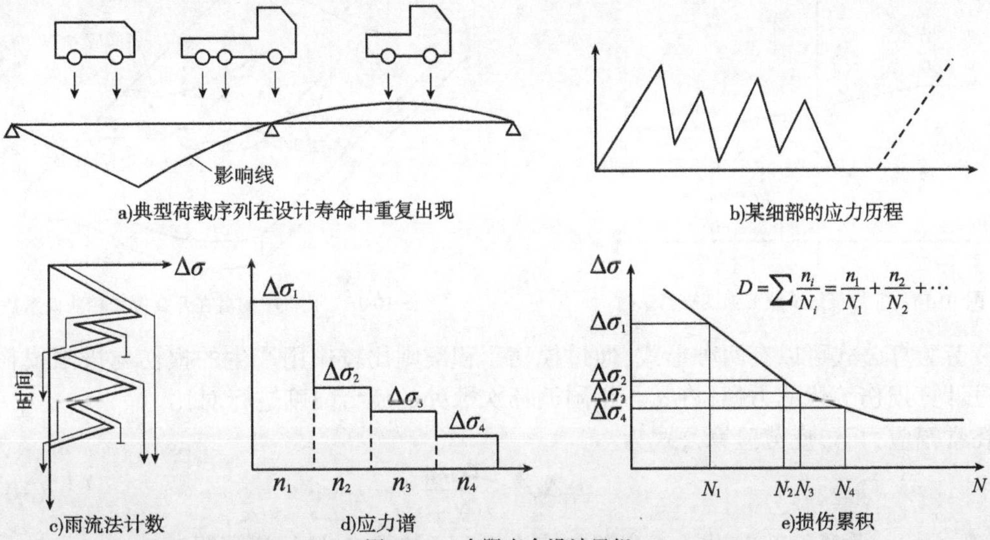


图 10-14　有限寿命设计思想

3)设计规范中的验算公式

采用欧洲规范进行疲劳设计时,所有名义应力必须处于弹性范围,且应力幅必须满足:

$$\Delta\sigma \leqslant 1.5 f_y \text{ 或者 } \Delta\sigma_c \leqslant \frac{1.5 f_y}{\sqrt{3}} \tag{10-23}$$

对于交替受载的构件,不需要进行疲劳验算的条件是:

$$\gamma_{Ff}\Delta\sigma \leqslant 26/\gamma_{Mf}(\text{MPa}) \text{ 或 } N \leqslant 2 \times 10^6 \cdot \frac{36/\gamma_{Mf}}{\gamma_{Ff}\Delta\sigma_{E2}} \tag{10-24}$$

式中:$\gamma_{Ff}$——荷载分项安全系数;

$\gamma_{Mf}$——疲劳强度分项安全系数,见表 10-1;

$\Delta\sigma_{E2}$——在 $2 \times 10^6$ 处的等效应力幅;

$\Delta\sigma_c$——验算疲劳细节在 $2 \times 10^6$ 处的疲劳强度曲线参考值。

或者，当最大应力幅 $\Delta\sigma$ 满足下列条件时：

$$\gamma_{Ff}\Delta\sigma \leqslant \sigma_D / \gamma_{Mf} \tag{10-25}$$

在欧洲规范中，给出了两种不同情况的分项安全系数，即对损伤容限结构构件局部失效不会导致整体结构的失效和对非损伤容限结构构件局部失效很快导致整个结构的破坏。

**疲劳强度分项安全系数$\gamma_{Mf}$**　　表 10-1

| 检测的可达性 | 损伤容限构件 | 非损伤容限构件 |
|---|---|---|
| 良好的可达性 | 1.0 | 1.25 |
| 较差的可达性 | 1.15 | 1.35 |

对于焊接细节，由于承受着较高的残余应力，因此可以假定：疲劳强度只与应力幅 $\Delta\sigma$ 而不是与应力水平和符号有关。但对于非焊接细节，疲劳强度与中值应力$\sigma_m$有关，规范规定按图 10-15 进行提高。

疲劳验算中采用的名义应力 $\Delta\sigma$ 和 $\Delta\tau$ 是在疲劳细节图中描述的裂纹位置处求得的应力。它既考虑由细节几何形状和焊缝成形造成的几何缺口效应，又考虑了由于焊接产生的金相缺陷位置。对于没有进入分级的细节，应将焊缝几何形状相对应的分级 $\Delta\sigma_c$ 和缺口系数（由于细节几何形状，如由于一个附加孔位于在潜在开裂位置）一起考虑——即几何方法（图 10-16）。

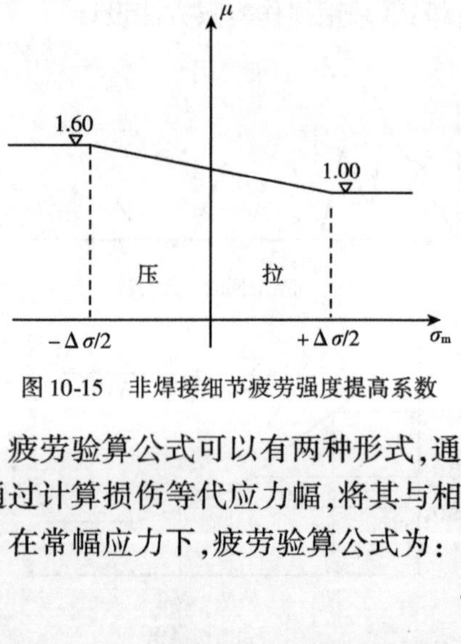


图 10-15　非焊接细节疲劳强度提高系数

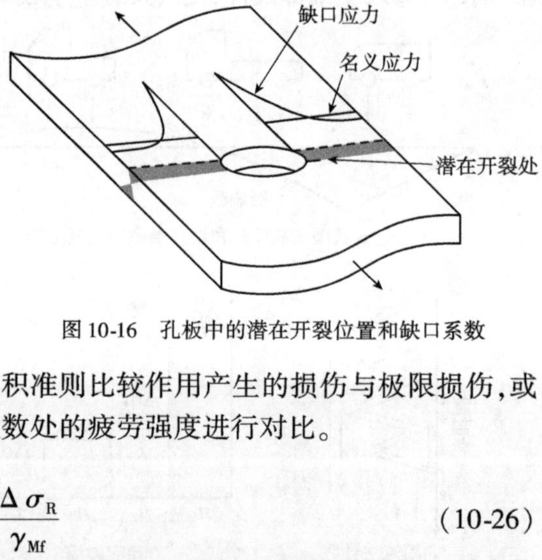


图 10-16　孔板中的潜在开裂位置和缺口系数

疲劳验算公式可以有两种形式，通过损伤累积准则比较作用产生的损伤与极限损伤，或者通过计算损伤等代应力幅，将其与相同循环次数处的疲劳强度进行对比。

在常幅应力下，疲劳验算公式为：

$$\gamma_{Ff}\Delta\sigma \leqslant \frac{\Delta\sigma_R}{\gamma_{Mf}} \tag{10-26}$$

式中：$\Delta\sigma_R$——验算细节在设计寿命期内应力循环总次数 $N$ 处的疲劳强度。

对于非常幅循环应力，当最大应力幅大于常幅疲劳极限时，疲劳验算必须根据 Miner 损伤累积原理进行。正应力疲劳验算公式为：

$$D_d = \sum \frac{n_i}{N_i} \leqslant 1 \tag{10-27}$$

式中：$n_i$——设计寿命期内应力幅 $\Delta\sigma_i$ 的循环次数；

$N_i$——验算细节从疲劳强度曲线由应力幅$\gamma_{Ff}\gamma_{Mf}\Delta\sigma$ 查得的循环次数。具体计算公式为：

$$N_i = \begin{cases} 5\times10^6 \text{ 或 } 2\times10^6\left(\dfrac{\Delta\sigma_c/\gamma_{Mf}}{\gamma_{Ff}\Delta\sigma_i}\right)^3, \gamma_{Ff}\Delta\sigma_i \geqslant \Delta\sigma_D/\gamma_{Mf} \\ 5\times10^6\left(\dfrac{\Delta\sigma_c/\gamma_{Mf}}{\gamma_{Ff}\Delta\sigma_i}\right)^5, \Delta\sigma_D/\gamma_{Mf} > \gamma_{Ff}\Delta\sigma_i \geqslant \Delta\sigma_L/\gamma_{Mf} \\ \infty, \gamma_{Ff}\Delta\sigma_i < \Delta\sigma_L/\gamma_{Mf} \end{cases} \tag{10-28}$$

若采用损伤等价应力幅形式，疲劳验算公式为：

$$\gamma_{Ff}\ \Delta\sigma_{E} \leqslant \frac{\Delta\ \sigma_{R}}{\gamma_{Mf}} \tag{10-29}$$

式中：$\Delta\sigma_{E}$——对应于给定应力循环次数且与设计应力谱具有相同损伤的等价应力幅；

$\Delta\sigma_{R}$——与 $\Delta\sigma_{E}$ 有相同循环次数，由验算细节疲劳强度曲线查得的疲劳强度值。

作为替代形式，也可以采用下式验算：

$$\gamma_{Ff}\ \Delta\sigma_{E,2} \leqslant \Delta\ \sigma_{c}/\ \gamma_{Mf} \tag{10-30}$$

由于剪应力疲劳强度曲线斜率 $m=5$，所以对应于剪应力疲劳强度曲线参考值的循环次数为：

$$N_{i} = \begin{cases} 2\times 10^{6}\left(\dfrac{\Delta\tau_{c}/\gamma_{Mf}}{\gamma_{Ff}\ \Delta\tau_{i}}\right)^{5}, \gamma_{Ff}\ \Delta\tau_{i} \geqslant \Delta\tau_{L}/\ \gamma_{Mf} \\ \infty, \gamma_{Ff}\ \Delta\tau_{i} < \Delta\tau_{L}/\ \gamma_{Mf} \end{cases} \tag{10-31}$$

在正应力和剪应力同时作用时，应在疲劳验算中考虑其组合效应。如果 $\Delta\tau_{E} < 15\%\Delta\sigma_{E}$，那么剪应力的影响可以忽略不计。当由相同荷载循环产生的正应力和剪应力同时变化时，或当最大主应力方向在循环内不发生较大改变时，在细节处采用最大主应力。当正应力和剪应力不相关地变化时，疲劳验算首先应按单个成分分开进行。

考虑组合效应的疲劳验算公式为：

$$D_{D,\sigma} + D_{D,\tau} \leqslant 1 \tag{10-32}$$

式中：$D_{D,\sigma}$——由 $\Delta\sigma$ 引起的损伤，$D_{D,\sigma} = \sum\frac{n_{i}}{N_{i}}$；

$D_{D,\tau}$——由 $\Delta\tau$ 引起的损伤，$D_{D,\tau} = \sum\frac{n_{i}}{N_{i}}$。

采用损伤等价应力幅，验算方程为：

$$\left(\frac{\gamma_{Ff}\ \Delta\sigma_{E}}{\Delta\ \sigma_{R}/\ \gamma_{Mf}}\right)^{3} + \left(\frac{\gamma_{Ff}\ \Delta\tau_{E}}{\Delta\ \tau_{R}/\ \gamma_{Mf}}\right)^{5} \leqslant 1 \tag{10-33a}$$

或者

$$\left(\frac{\gamma_{Ff}\ \Delta\sigma_{E,2}}{\Delta\ \sigma_{c}/\ \gamma_{Mf}}\right)^{3} + \left(\frac{\gamma_{Ff}\ \Delta\tau_{E,2}}{\Delta\ \tau_{c}/\ \gamma_{Mf}}\right)^{5} \leqslant 1 \tag{10-33b}$$

## 10.4 既有钢桥剩余寿命预测方法

### 10.4.1 线弹性断裂力学——应力强度因子（K 方法）

Westergaard、Irwin 和 Sneddon 在假定材料各向同性和线弹性条件下裂尖前端应力场可用下式描述：

$$\sigma_{ij} = \frac{K}{\sqrt{2\pi r}} f_{ij}(\theta) \tag{10-34}$$

式中：$\sigma_{ij}$——微元应力张量，位置由极坐标 $(r,\theta)$ 给出（图 10-17）；

$f_{ij}$——转角 $\theta$ 的无量纲函数；

$K$——应力强度因子，被视作趋近于裂尖的应力升高强度的度量。

如图 10-18 所示，不同的应力作用引起不同的裂纹展开类型：类型Ⅰ，正应力作用下的张开型裂纹；类型Ⅱ，面内剪切引起的滑开型裂纹；类型Ⅲ，面外剪切引起的撕开型裂纹。这三类裂纹有各自对应的应力强度因子$K_{\mathrm{I}}$（类型Ⅰ）、$K_{\mathrm{II}}$（类型Ⅱ）和$K_{\mathrm{III}}$（类型Ⅲ）。如果三种受力形式同时存在，那么式(10-34)变为：

$$\sigma_{ij} = \frac{K}{\sqrt{2\pi r}}\left[K_{\mathrm{I}} f_{ij}(\theta)^{\mathrm{I}} + K_{\mathrm{II}} f_{ij}(\theta)^{\mathrm{II}} + K_{\mathrm{III}} f_{ij}(\theta)^{\mathrm{III}}\right] \tag{10-35}$$

式中，$K$为未知量，且是一个难以确定的受力参数。它与裂纹体中应力$\sigma$、裂纹几何形状和物体几何形状有关，通常可以表达为：

$$K = \sigma\sqrt{\pi a}\,Y M_{\mathrm{K}} \tag{10-36}$$

式中：$\sigma$——作用的名义应力；

$a$——裂纹长度，在三维裂纹中为其深度；

$Y$——反映裂纹形状的函数；

$M_{\mathrm{K}}$——反映裂纹体几何形状的函数。

形状函数$Y$和$M_{\mathrm{K}}$可以从手册中去查找或采用试验方法与数值分析手段获得，但不全能满足使用要求，尤其是$M_{\mathrm{K}}$仅对几种标准空间情况有近似表达式。应力强度因子的应用，也称K方法，仅提供描述裂尖应力场的一种可能，是限制在线弹性变形性能内的方法。

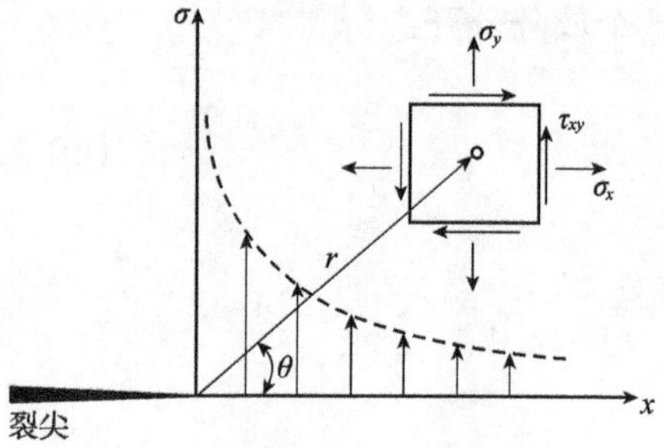


图10-17　裂尖应力分量及分布

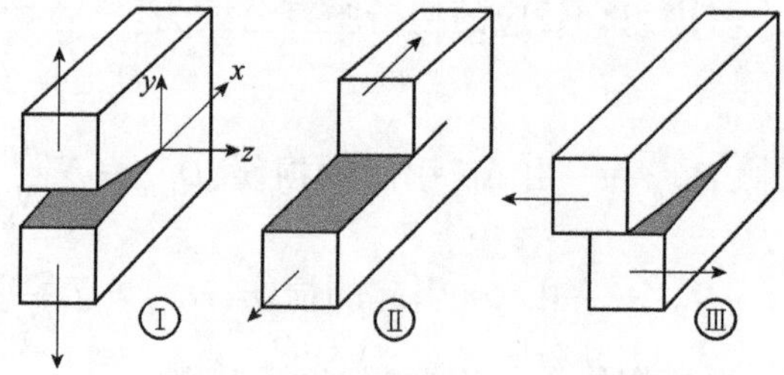


图10-18　裂纹受力类型Ⅰ、Ⅱ、Ⅲ

1）二维$K_{\mathrm{I}}$表达式

对于钢桥来说，类型Ⅰ裂纹较为重要，裂纹方向垂直于主应力方向。此时，公式(10-36)中$M_{\mathrm{K}}=1.0$。表10-2中列出了三种常见的开裂平板应力强度因子计算公式。

**三种常见开裂平板的应力强度因子计算公式**　　　　表10-2

| 类型 | 中间开裂拉伸 CCT<br>Center Cracked Tension | 单边开裂拉伸 SECT<br>Single Edge Cracked Tension | 双边开裂拉伸 DECT<br>Double Edge Cracked Tension |
|---|---|---|---|
| 图式 | 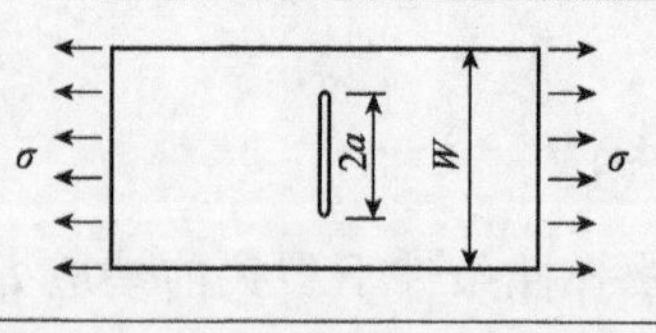 | 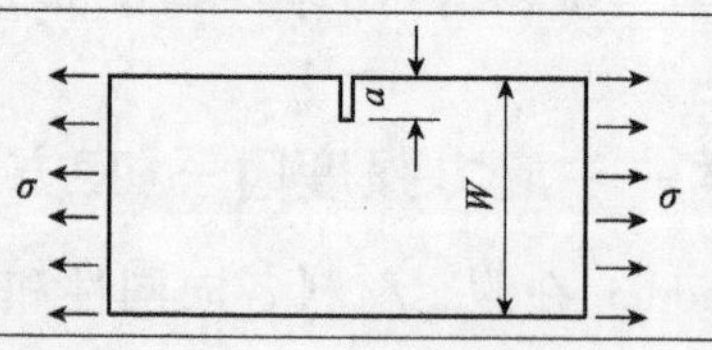 | 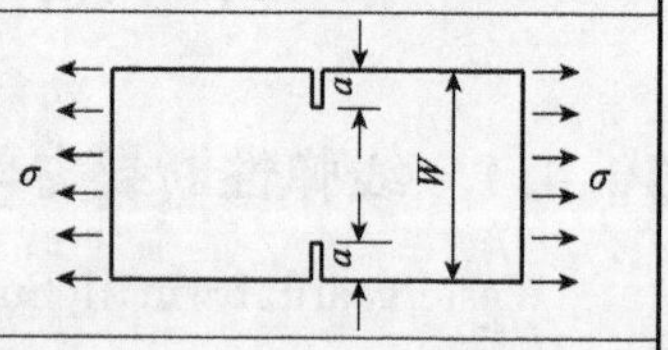 |
| $Y$ | $\left[1-0.025\left(\frac{2a}{W}\right)^2+0.06\left(\frac{2a}{W}\right)^4\right]\sqrt{\frac{1}{\cos\frac{\pi a}{W}}}$ | $1.12-0.231\frac{a}{W}+10.55\left(\frac{a}{W}\right)^2-21.72\left(\frac{a}{W}\right)^3+30.39\left(\frac{a}{W}\right)^4$ | $1.122-0.154\frac{2a}{W}+0.807\left(\frac{2a}{W}\right)^2-1.894\left(\frac{2a}{W}\right)^3+2.494\left(\frac{2a}{W}\right)^4$ |

更复杂开裂平板几何形状的应力强度因子计算公式可查阅相关手册。

2）三维$K_{\mathrm{I}}$表达式

通常钢板不会发生板厚方向均匀开裂，由于材料缺陷、施工缺陷或者外在损伤造成内部、表面或角部裂纹，它们近似以椭圆面形式扩展，如图10-19所示。几种典型三维裂纹的应力强度因子计算公式列于表 10-3 中。

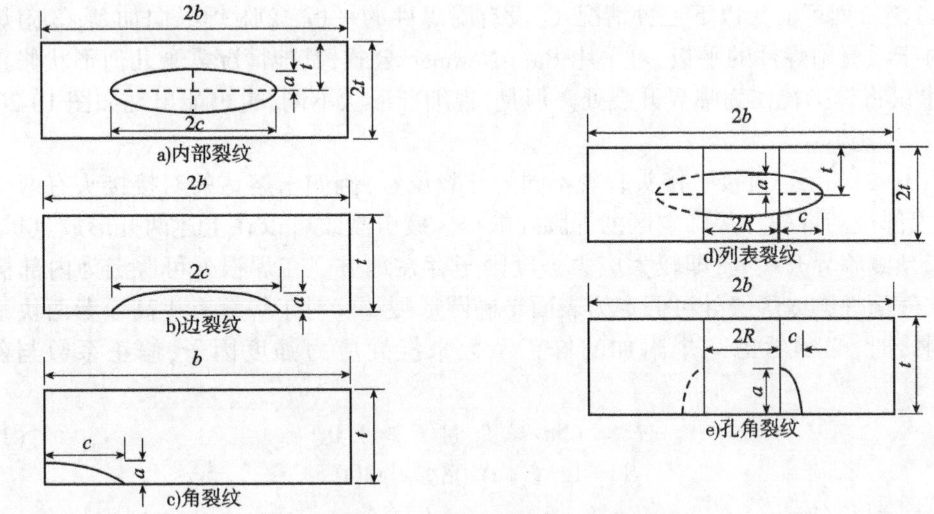


图 10-19　内部、表面和角裂纹形式

**几种三维裂纹应力强度因子表达式**　　表 10-3

| | | |
|---|---|---|
| 表面裂纹 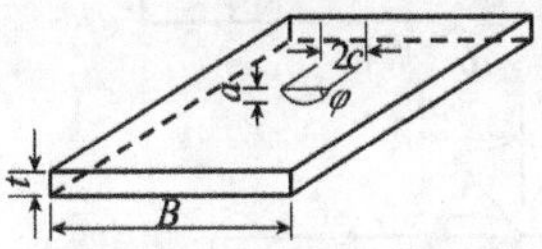 | $Y=\frac{F_s}{\sqrt{Q}}Q=1+1.464\left(\frac{a}{c}\right)^{1.65}$<br>$F_s=\left[M_1+M_2\cdot\left(\frac{a}{l}\right)^2+M_3\cdot\left(\frac{a}{l}\right)^4\right]\cdot g\cdot f_\varphi\cdot f_w$ | |
| 有效范围<br>$0\leqslant\frac{a}{c}\leqslant1,\frac{2c}{B}\leqslant0.5,$<br>$0\leqslant\varphi\leqslant\pi,0\leqslant\frac{a}{t}\leqslant1$ | $M_1=1.13-0.09\cdot\frac{a}{c}$<br>$M_3=0.5-\frac{1}{0.65+\frac{a}{c}}+14\cdot$<br>$\left(1-\frac{a}{c}\right)^{24}$<br>$f_\varphi=\left[\left(\frac{a}{c}\right)^2\cdot\cos^2\varphi+\sin^2\varphi\right]^{\frac{1}{4}}$ | $M_2=-0.54+\frac{0.89}{0.2+\frac{a}{c}}$<br>$g=1+\left[0.1+0.35\left(\frac{a}{t}\right)^2\right]\cdot(1-\sin\varphi)^2$<br>$f_w=\left[\frac{1}{\cos\left(\frac{\pi\cdot c}{B}\sqrt{\frac{a}{t}}\right)}\right]^{-1/2}$ |
| 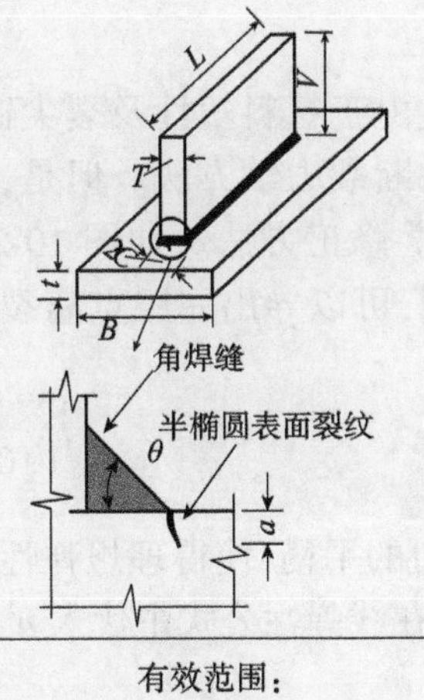 | $M_k=C\cdot\left(\frac{a}{t}\right)^k$,且 $M_k\geqslant1.0$ | |
| | $C=0.9089-0.2357\cdot\frac{T}{t}+0.0249\cdot\frac{L}{t}-$<br>$0.00038\cdot\left(\frac{L}{t}\right)^2+0.0186\cdot\frac{B}{t}-0.1414\cdot\frac{\theta}{45°}$<br>$k=-0.02285+0.0167\cdot\frac{T}{t}-0.3863\cdot\frac{\theta}{45°}+0.1230\cdot\left(\frac{\theta}{45°}\right)^2$ | |
| 有效范围:<br>$0.5\leqslant\frac{L}{t}\leqslant40,0.15\leqslant\frac{T}{t}\leqslant2,$<br>$2.5\leqslant\frac{B}{t}\leqslant40,30°\leqslant\theta\leqslant60°$ | | |

从几个标准焊接接头来看，临界细部主要是带有附焊加劲的受拉板，在钢桥中典型且常见。表 10-3 所列可能为以下三种情况：①没有附焊件的平板；②附焊纵向加劲；③附焊横向加劲。对于没有附焊件的平板，可采用 Raju-Newman 公式，其他情况需乘几何形状修正系数 $M_k$。表中仅将焊脚视作为临界开裂处。但是，视细部形状不同，也可能出现如图 10-20 所示的边裂纹（穿透）。

如图 10-21 所示，对接平接头有着不同的开裂位置，例如未熔透的对接接头有两个缺陷类型：焊根部位的劈裂和热影响区的焊脚处缺口。疲劳裂纹可以在上述两处形成且扩展，理论上可以预测临界开裂处，即较大应力强度因子存在地方。在焊根处可假定为内部椭圆形裂纹。在表面焊脚或焊缝处可假定为表面半椭圆形裂纹。对于焊缝有拱高或者两块不同厚度钢板对接时，必须考虑一个附加的修正系数来提高应力强度因子，修正系数与斜角 $\theta$ 有关：

$$F = (5a/t)^{-\beta}, 且 F \geqslant 1.0 \tag{10-37}$$
$$\beta = \lg(1 + 0.06\theta)/\lg200$$

式中：$\theta$——斜角（°）。

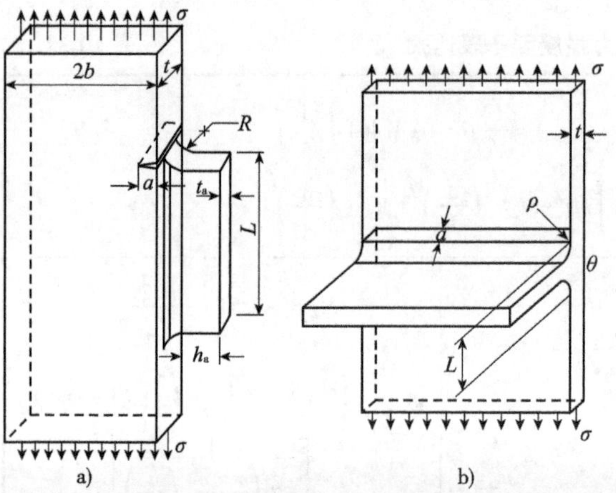

图 10-20　附焊件细节穿透裂纹

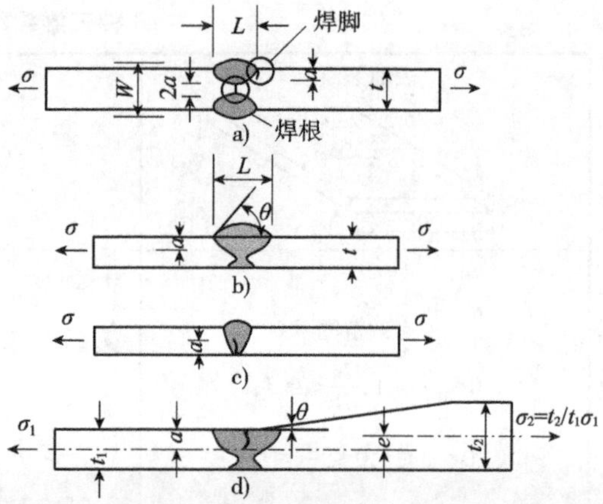


图 10-21　几种典型的对接焊缝形式

3）裂尖小范围屈服

按线弹性应力分析，尖锐裂纹尖端应力为无穷大，但实际上，由于材料塑性及裂尖钝化，尖端应力是有限的。如果发生大范围屈服，那么必须应用弹塑性断裂力学方法。但是，如果裂尖仅有小范围屈服，则可以采用 Irwin 提出的线弹性断裂力学修正方法。如图 10-22 所示，在单轴应力状态下，假定材料为弹性理想塑性，根据屈服准则，可以导出屈服点离裂尖的距离 $r_{pl}$：

$$r_{pl} = \frac{1}{2\pi}\left(\frac{K_I}{f_y}\right)^2 \tag{10-38}$$

由于裂尖应力不应超过 $f_y$，所以面积 $A$ 不存在。但必须保持力的平衡，使得理想弹性曲线向右移动，直到 $A = B$，满足这一条件时，$w = 2r_{pl}$。Irwin 认为，只要在线弹性公式中代入 $a + r_{pl}$，就完全可以按 K 方法进行断裂分析。

## 10.4.2　弹塑性断裂力学——J 积分（J 方法）

线弹性断裂力学的应用条件是，裂尖塑性区与剩余截面之比足够小，约为 1% ~2%，对于较大塑性变形以及非线性弹性材料，线弹性断裂力学不再适用，这时应采用J积分方法。

为了能够描述裂尖局部受力，Rice 提出了一个与积分路径无关的线积分（图 10-23），既适于线性材料也适于非线性材料，作为二维空间的裂纹场参数。

$$J = \int_{\Gamma}\left(w\mathrm{d}y - \boldsymbol{T}\frac{\delta \boldsymbol{u}}{\delta x}\mathrm{d}s\right) \tag{10-39}$$

式中：$\Gamma$——积分路径；

$w$——单位面积的变形能，$w = \int_0^{\varepsilon}\sigma_{ij}\mathrm{d}\varepsilon_{ij}$；

$\boldsymbol{T}$——沿积分路径 $\Gamma$ 的应力矢量，$\boldsymbol{T} = \sigma_{ij} n_{ij}$；

$\boldsymbol{u}$——沿积分路径 $\Gamma$ 的位移矢量。

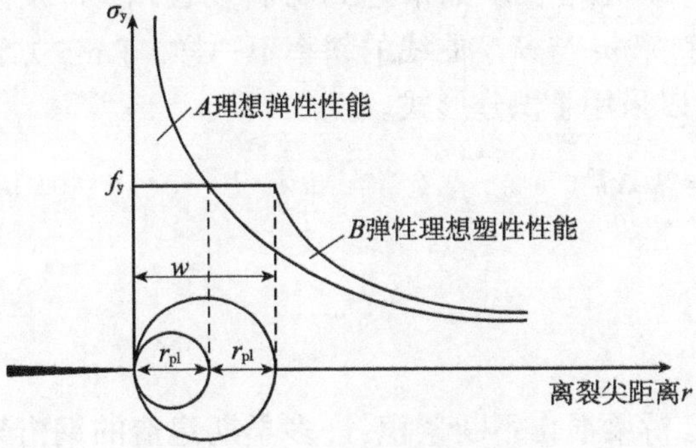


图 10-22　裂尖塑性区

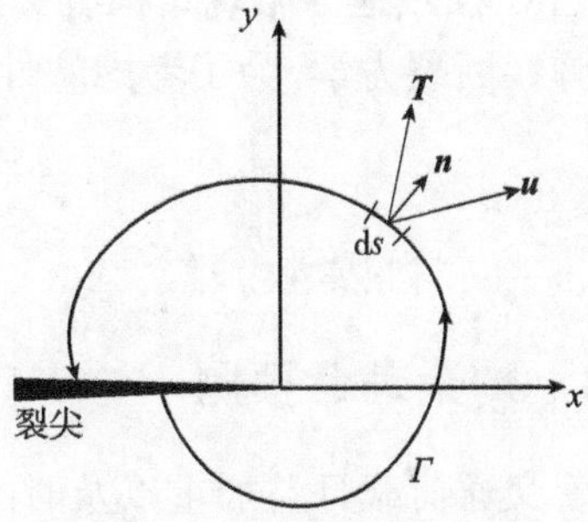


图 10-23　J 积分相关系数定义

J积分的路径无关性使得积分路径选取可以任意，且可以远离塑性区，只要内含裂尖即可。当材料为线弹性时，$K_{\mathrm{I}}$ 和 $J$ 之间是有下列转换关系：

$$J = \frac{K_{\mathrm{I}}{}^2(1-\nu^2)}{E} \tag{10-40}$$

对于一般受力情形，J积分为三种裂纹张开类型的叠加：

$$J = \frac{1-\nu^2}{E}(K_{\mathrm{I}}^2 + K_{\mathrm{II}}^2) + \frac{1+\nu}{E}K_{\mathrm{III}}^2 \tag{10-41}$$

## 10.4.3　疲劳裂纹扩展

在分析疲劳裂纹增长时，确定裂纹增长速率是关键，它表明开裂物体能够承受的循环总次数与作用应力有关。裂纹增长速率可以由下列关系表达：

$$\frac{\mathrm{d}a}{\mathrm{d}N} = f(\Delta K, R, H) \tag{10-42}$$

式中：$\mathrm{d}a/\mathrm{d}N$——一个循环应力引起的裂纹增长；

$\Delta K$——循环应力强度因子，由循环应力引起；

$R$——应力比；

$H$——考虑加载历史的影响项。

Paris 忽略掉 $R$ 和 $H$ 的影响，提出了下列公式：

$$\frac{\mathrm{d}a}{\mathrm{d}N} = c\,\Delta K^m \tag{10-43}$$

式中：$c$、$m$——相互关联的材料常数。

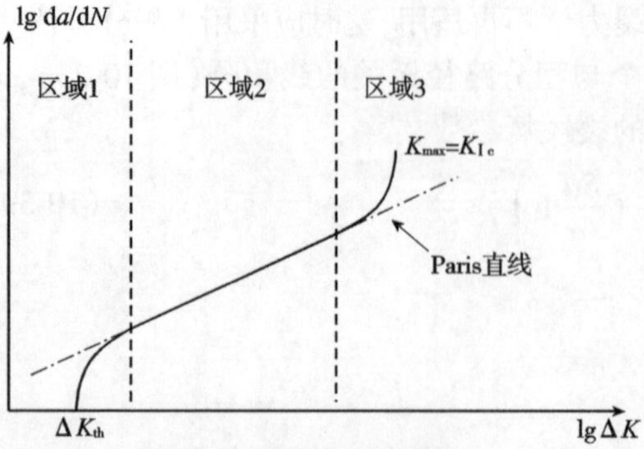

图 10-24　裂纹增长曲线

注：$\Delta K_{th}$——门槛值。

如果将裂纹增长率的试验数据绘于对数坐标系中，就得到如图 10-24 所示的曲线形式。增长曲线可以分为三个区域：区域 1，曲线接近于门槛值，裂纹扩展速度较慢，或者低于门槛值以下无裂纹增长。由于与结构材料微观特征相关，裂纹增长难于预测。区域 2，直线段，为稳定裂纹增长区，材料微观结构没有影响。用 Paris 方程能相对准确地描述裂纹增长。区域 3，裂纹增长速率很快，存在裂纹失稳增长。如果达到材料韧性$K_{Ic}$时，发生断裂失效。$K_{Ic}$强烈地与微观结构有关。注意：斜率 $m$ 与 $S$-$N$ 曲线的斜率不一样。Paris 方程适用于线弹性断裂力学，为了考虑塑性变形，可以采用 J 积分形式。

$$\frac{da}{dN} = k\,\Delta J^{n} \tag{10-44}$$

式中：$k$、$n$——材料常数。

### 10.4.4　剩余寿命预测

随着交通荷载日益加重以及时间的增长，桥梁损伤不断累积，许多早期建造的钢桁架桥的继续使用问题日益突出。已有许多研究人员依据韦勒疲劳曲线或断裂力学确定性地或概率性地作了探讨。问题的焦点最终都归结为：估计桥梁的剩余安全度与剩余使用寿命。一个检修过程可以分为下列步骤：①临界构件及细节的确定和检测；②计算剩余安全度；③对安全度不足的构件进行维修；④估计桥梁剩余寿命；⑤确定下一检测时间。

1）断裂临界构件

桁架桥安全评估的出发点首先是识别哪些构件的失效将导致桥梁的破坏倒塌，它们可分为四个等级：①串联构件：在纵向静定承受外荷载，在横向没有引起受力重分配的可能，例如上下弦杆和静定桁架的腹杆；②冗余构件：存在于超静定结构中，这些构件的破坏一般不会立即引起整座桥梁的倒塌，如复式桁架中的斜杆；③次要构件：传力到主要构件，例如平联，其破坏仅降低桥梁刚度，增加主要构件受力；④桥面系：其损坏仅限在某个局部。通过将构件按上述规则分级，可以决定安全分析是针对单个构件、整桥或者不进行。重要构件的破坏将引起整座桁架桥的倒塌，其识别过程如图 10-25 所示。

受压杆件通常要进行稳定验算。受拉杆件中裂纹的出现将可能导致突然断裂破坏，要用断裂力学方法进行分析。构件的破坏是否会引起整桥倒塌可以通过下列方法加以判断：如果只会引起结构内力重分布，且不存在对桥梁承载能力的威胁，则这个构件为非重要构件；如果导致整个结构的破坏则它是重要构件。由静力破坏模拟分析可以确定桥梁中的重要杆件。桁架桥中的上弦杆和端斜杆在恒活载作用下，截面应力均为压应力，可能破坏形式为失稳破坏，从而导致整座桥梁变为机构，进而丧失承载力；但正常使用状态下这些杆件不存在截面削弱和压应力大幅提高，因此这些杆件虽为重要杆件，但在进行剩余寿命计算时可不考虑这类杆件。下弦杆、吊杆和正向斜杆在恒活载作用下，截面应力均为拉应力，这些杆件受拉破坏时将导致整座桥梁变为机构而丧失承载力，这类重要杆件是采用断裂力学方法进行剩余寿命计算的主要对象。除正向斜杆之外的斜腹杆，按冗余构件分析，这类杆件的破坏会引起一定程度的内力重分布,使得某些杆件应力变号,但一般不会立即引起整座桥梁倒塌,为安全计,也将这些杆件视为重要杆件。

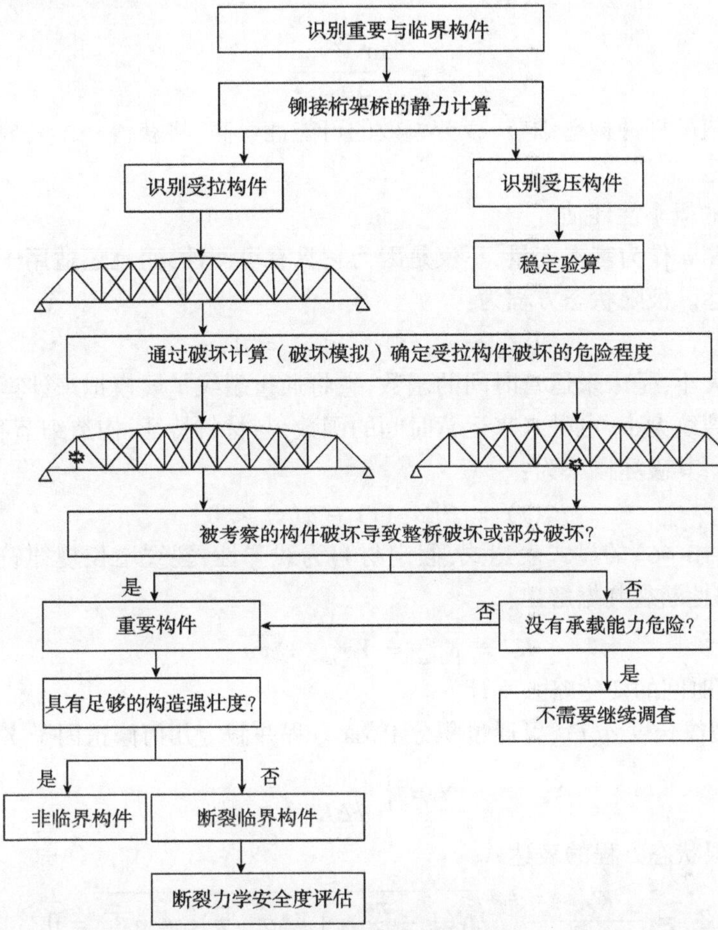


图 10-25　重要及临界构件识别

一旦重要构件被识别,其断面的危险性能够借助于强壮度计算加以判断。一个构件在丧失承载力之前,有足够长的时间显现它遭受疲劳裂纹带来的损伤,这个构件是强壮的。一个构件的强壮度强烈地受到截面形式、荷载状态、温度及材料特征的影响。铆接结构由钢板、角钢、工字钢与槽钢铆接起来,这种组合截面具有很好的阻裂特性。在铆接时代钢材较贵,而劳动力相对便宜,因此截面尺寸是根据受力大小来决定的。由于截面被同样地充分利用,一个截面成分的破坏将转嫁所受之力到其余成分上,通过简单计算就可以确定是否带来灾难后果。例如一个杆件的角钢失效,从而导致自身或其他杆件安全富裕度消失,则这个杆件为临界构件,不具有足够的构造强壮度,必须进行断裂安全评估;否则杆件为非临界构件,杆件截面被视为是强壮的,因此这个截面在进一步的安全分析中不被考虑,只要在正常检测间隔内能及时发现相关截面成分的损伤,它不会带来桥梁丧失继续承载的风险。此外节点板多半是一块板,没有足够的构造强壮性,因此验算它的断裂安全性是必需的,但试验证实,它后于杆件破坏。风撑、桥面系和其他附属杆件被视为次要构件。应该说明,栓焊桁架桥的主桁杆件都是由板件焊接而成的整体构件,不具有阻裂性能。因此,重要构件就是断裂临界构件。

在桁架桥杆件系统中，可以采用确定性方法计算疲劳关注优先级。定义一个所谓的使用系数$\gamma$，它是时间强度$\sigma_R$与相应等效应力幅$\sigma_E$之比，也可以在式中放入分项安全系数$\gamma_{Mf}$，即

$$\gamma = \frac{\Delta\sigma_R/\gamma_{Mf}}{\Delta\sigma_E} \tag{10-45}$$

具有最小$\gamma$值的杆件构造细节，疲劳失效的可能性最高，将获得一个需要继续监测的最高优先级。

2）剩余寿命的概率性评估

采用裂纹长度$a$作为基本变量，不仅是因为它具有可测性，而且还适用于线弹性和弹塑性问题的统一表达。极限状态方程为：

$$Z_a = a_{cr}(t) - a(t) = 0 \tag{10-46}$$

式中：$a$——裂纹大小，是未来运营时间的函数，它将通过裂纹扩展模拟来计算；

$a_{cr}$——临界裂纹大小，也是未来运营时间的函数，与材料特征、构造细节和受力有关。

对给定时刻$t$，其破坏概率为：

$$P_f(t) = P[a_{cr}(t) - a(t) < 0] \tag{10-47}$$

为了导出式(10-46)的显式表达式，假定材料为线弹性，裂纹增长规律符合 Paris 方程。因此，$a_{cr}$可由线弹性断裂判据解出：

$$K_C = K_{max} = Y\sigma_{max}\sqrt{\pi a_{cr}} \tag{10-48}$$

其中$K_C$与$\sigma_{max}$随时间的变化略去不计。

对$t$时刻的裂纹长度$a(t)$，可通过积分 Paris 方程并假定几何修正因子$Y$为常量得到：

$$N = \int_{a_0}^{a(t)} \frac{da}{c\Delta K^m} \tag{10-49}$$

最终得到极限状态方程的表达式为：

$$Z_a = \frac{K_C^2}{\pi Y^2 \sigma_{max}^2} - \sqrt[\frac{2-m}{2}]{N\left(1-\frac{m}{2}\right)c\left(Y\Delta\sigma\sqrt{\pi}\right)^m + a_0^{\frac{2-m}{2}}} = 0 \tag{10-50}$$

在式(10-50)中，$K_C$、$m$、$c$、$a_0$、$\sigma_{max}$和$\Delta\sigma$均视作随机变量。临界裂纹长度是一个推出随机量，采用断裂判据解出$a_{cr}$，其中主要用到$K_C$的分布。当构件韧断时，计算结果偏于保守。

由于基本随机变量较多，尤其在考虑了公路荷载的随机性以及裂纹增长模拟之后，不存在显式的数学关系式，应采用 Monte Carlo 模拟方法。

3）应用举例

某座单跨简支铆接钢桥横截面为双工字梁，跨径 20m。荷载简化为均布恒载与跨中集中活载$P = 200$kN。跨中下翼缘板为临界构件，有两种断裂可能性：出现边裂纹和中间由铆钉孔边开始的穿透裂纹。

基本变量的分布形式如下。

屈服应力$f_y$：正态分布，$\mu = 280$MPa，$\nu = 0.10$；

裂纹增长系数$c$：正态分布，$\mu = 2.5\times10^{-13}$，$\sigma = 1.5\times10^{-13}$；

裂纹增长指数$m$与裂纹增长系数$c$相关；

断裂韧度$K_C$：均匀分布，[2000 ~ 8000MPa $\sqrt{\text{mm}}$]；

门槛值$\Delta K_{th}$：正态分布，$\mu = 150$MPa $\sqrt{\text{mm}}$，$\sigma = 30$MPa $\sqrt{\text{mm}}$；

初始裂纹长 $a_0$：$F(a_0)=1-\frac{A}{a_0}(A=3.4\text{mm})$。

计算结果示于图 10-26 中。两种方法引起可靠指标的差别 $\Delta\beta\approx0.2$，另外模拟曲线下降较快是因为考虑了 $Y$ 随时间的变化。由图 10-26 中曲线查知，即使取较低的可靠性指标要求 $\beta_{要求}=1.5$，距下一检测间隔也只有 3～4 个月。其原因是初始裂纹假定太保守，只考虑到目视检测发现裂纹，从铆钉头开始计算可探测裂纹长度，而实际上裂纹是从钉孔开始的。为了提高桥梁检测间隔，降低桥梁使用等级，承受集中力 $P=100\text{kN}$，再采用较好的超声波探测方法，考虑裂纹从钉孔开始。计算结果表明，检测间隔将延长至 4.5 年。

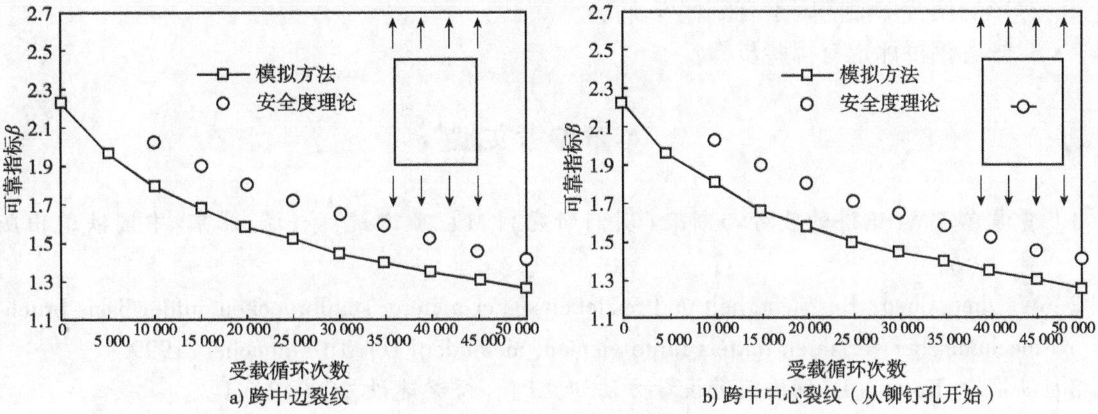


图 10-26　铆接钢桥剩余安全度曲线

通过数值研究，可得：

(1) 从老钢桥已长期运营的事实出发，假定结构构件已损伤或已存在裂纹，依据 Paris 方程，通过检测确定初始裂纹大小的计算值，应用断裂力学方法和可靠度理论计算老钢桥的剩余安全度，为老钢桥的继续使用提供了理论依据。剩余寿命是按结构安全度要求根据剩余安全度曲线来确定的。尽管应用断裂力学方法计算老钢桥的剩余安全度还有许多问题需要深入研究，但它与基于韦勒曲线的分析方法相比较，其优点是：每次检测结果可以通过对初始裂纹大小的假定反映到计算模型中，从而使得未来使用阶段的安全度水平得到回升。

(2) 各基本随机变量对剩余安全度的影响，按大小顺序依次为：①交通荷载，裂纹增长系数；②初始裂纹尺寸；③材料韧性特征。屈服极限和恒载应力的分散性对可靠度的影响可忽略不计。因此，要提高计算剩余安全度以达到加大检测间隔的目的，首先必须准确预测未来运营的交通荷载，其次应选用有效且准确的无损检测手段，降低初始裂纹长度。从另一方面看，真实桥梁要延长使用寿命，通过限载或加固来降低疲劳应力是最佳途径。

## 10.5　小　　结

钢桥疲劳是由于各种轻重车辆荷载反复作用所引起的累积损伤过程，除荷载之外，构造细部以及焊接质量（即残余应力场）对疲劳强度有重要的影响。现行的疲劳计算已经从基于宏观现象统计规律的唯象学进入分析力学的范畴，并能进一步确定构件乃至结构的积伤程度和剩余寿命。

疲劳计算所用的荷载应是一种车辆荷载谱，它是通过对典型线路的交通流量、车种构成、车辆轴数、轴重、轴距的调查,并经过分类、简化和分析,制定出可用于钢桥疲劳计算的标准车辆荷载频值谱,但耗时很长。

采用断裂力学方法,结合现代无损检测技术,可以较为准确地计算结构剩余寿命和确定检测间隔,从而实现对结构使用安全的控制。

## 思 考 题

1. 疲劳分析方法有哪些?
2. 影响疲劳寿命的因素有哪些?
3. 既有钢桥评定有哪些步骤?

## 本章参考文献


[1] 费希尔 J W. 钢桥的疲劳与断裂(实例研究)[M]. 项海帆,等,译. 北京:中国铁道出版社,1989.

[2] Weizhen Chen. Restsicherheit und restlebensdauer aelterer stahlbruecken aufder basis bruchmechanischer verfahren mittels finite element methoden[D]. Tu Muenchen,1999.

[3] 陈惟珍,Kosteas D. 钢桥疲劳设计方法研究[J]. 桥梁建设,2000(2):1-3.

[4] Dieter Radaj. Ermuedungsfestigkeit[M]. Springer Verlag,2002.

[5] 王自强,陈少华. 高等断裂力学[M]. 北京:科学出版社,2009.

[6] 解德,钱勤,李长安. 断裂力学中的数值计算方法及工程应用[M]. 北京:科学出版社,2009.

[7] 褚武扬,乔利杰,陈奇志,等. 断裂与环境断裂[M]. 北京:科学出版社,2000.

[8] Anderson T L. Fracture mechanics fundamentals and applications[M]. Taylor & Francis.

[9] 陈惟珍,王春生,徐磊. 上海市外白渡桥剩余寿命与使用安全[J]. 桥梁建设, 2002(2):6-10.

[10] 陈惟珍,等. 钢桁梁桥评定与加固[M]. 北京:科学出版社,2012.

# 第11章

# 正交异性钢桥面板分析

## 11.1 概　　述

正交异性钢桥面板(Orthotropic steel deck)就是在桥面盖板下表面焊接相互正交的纵向加劲肋和横向加劲肋来共同承担车辆荷载的桥面结构,由于其刚度在互相垂直的两个方向上有所不同,故造成构造上的正交异性,如图11-1所示。沿桥轴方向的加劲叫纵肋,与之垂直的加劲叫横肋,截面较大的那些横肋就特称为横梁,在箱梁中横隔板也起到横向加劲的作用。

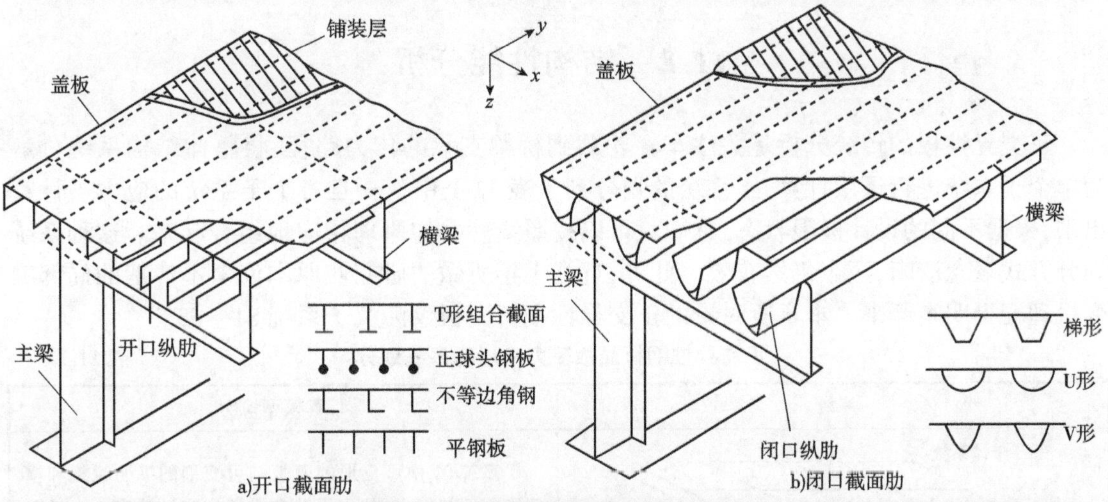


图11-1　正交异性钢桥面板结构示意图

正交异性钢桥面板是20世纪50年代德国开发的一种桥面结构,具有材料利用率高、适用范围广、承载能力大、行车舒适性佳、结构高度低、施工周期短等特点。由于这种结构性能优异、节省材料,缓解了二战后建筑钢材紧缺的困境,因而在世界各国得到广泛应用。

迄今为止,欧洲已建成正交异性板桥梁1 000余座,日本、北美的正交异性板桥梁也分别达到了250余座和100余座。中国的正交异性板研究与应用始于20世纪70年代,虽起步较晚,但也已建成超过30座正交异性板桥梁。

但是,正交异性桥面板最突出的缺点是易于疲劳开裂[图11-2a)]。最早发现开裂的桥是英国的Severn桥。该桥建于1966年,并分别于1971年和1977年发现了3种焊接细节疲劳开裂,距桥梁建成不超过6年时间。德国的Haseltal桥和Sinntal桥同样在投入使用不久就出现了疲劳裂纹。此后日本、美国等国家也相继发现了疲劳裂纹。虽然国内使用正交异性桥面板的历史较短,但由于交通量和车辆轮重都不断增加,也已在多座桥梁的钢桥面板中发现了疲劳裂纹。

正交异性钢桥面板开裂会诱发桥面铺装反射裂缝、坑塘等多种病害[图11-2b)],进而影响行车平顺和通行安全。而一旦正交异性钢桥面板出现开裂，桥面铺装不论是大修亦或是重新铺设均难免重蹈破坏的覆辙，甚至破坏得更为迅速。此外，钢桥面板裂纹修复难度大、费用高、工期长、效果差，但如不及时修复而放任疲劳裂纹继续扩展，则可能危害结构安全。因此，正交异性桥面板的抗疲劳是其应用中遇到的首要问题。

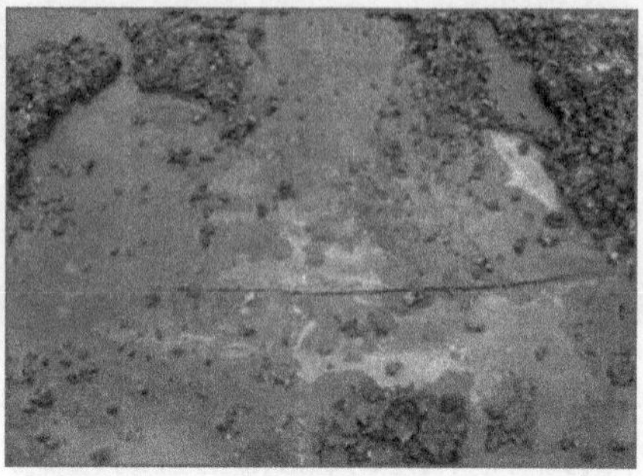

a)面板开裂

b)钢纤维混凝土铺装开裂

图 11-2　钢桥面板及铺装病害

## 11.2　结构性能分析

正交异性板的传统分析是关注车辆轮载到桥梁支承的传力路径，将整体结构系统分解为单个子系统进行逐层计算，子系统的划分列于表 11-1 中。一旦各个子系统的应力被计算出来，根据不同的设计极限状态，它们就可以按照线性叠加原理相应地组合起来。这种系统划分方式概念清晰，至今仍然有效。此外，近几十年所做的研究使原本许多不清楚的局部畸变机理变得明晰起来。本章所讨论的正交异性钢桥面板仅涉及子系统 S1 ~ S3。

**正交异性钢桥面板受力机理和系统划分**　　表 11-1

| 系统 | 计算模型说明 |
| --- | --- |
| 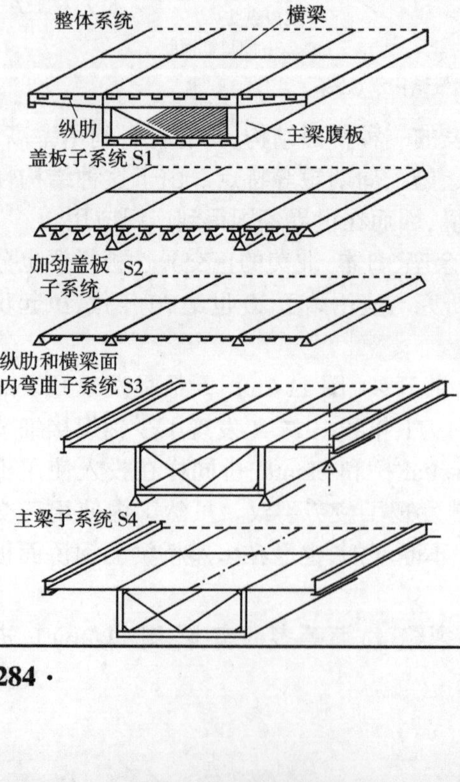<br> | 子系统 S1 由可变形的盖板与可变形的纵肋腹板和横梁腹板一起组成，其中纵肋和横梁挠度被约束。在轮载作用下，板变形且承受面内应力，故通常不必考虑承载能力极限状态。只通过对尺寸最小要求和板厚限制来控制，因为它直接承受了交通荷载 |
| | 子系统 S2 为盖板和纵肋组成的加劲板，刚性支承在横梁、主梁或纵梁上。它是连续的正交异性板，纵桥向为纵肋刚度，横桥向为盖板刚度 |
| | 子系统 S3 是由纵肋（实际可能还包含小纵梁）和横梁组成，但在主梁腹板处刚性支承 |
| | 子系统 S4 是最终的主梁系统，其中部分正交异性板的纵向单元包含在主梁翼缘有效宽度之中 |

## 11.2.1 盖板子系统

荷载传递始于将铺装上的局部轮载经由盖板传到支撑它的纵横肋腹板上,轮载通过铺装层向盖板扩散。受力响应受肋腹板间距和盖板厚度(抗弯刚度)的影响。值得注意的是该受力机制产生的应力是局部的,它对车轮着地尺寸非常敏感。一般来说,设计采用的标准疲劳车前轴单轮会使该机制产生最大响应,是 RD(Rib-Deck)疲劳细节(盖板和纵肋的连接焊缝)产生损伤的一个主要驱动因素,但一般不是强度极限状态所关心的。

## 11.2.2 加劲盖板子系统

子系统 S2 的分析需要研究面外加载下的钢桥面板双向荷载分配行为,早期分析方法是近似采用正交异性弹性板理论。平衡微分方程推导如下。

1)广义虎克定律

根据弹性力学,正交异性板的广义虎克定律为:

$$\left.\begin{aligned}\varepsilon_x &= \frac{\sigma_x}{E_x} - \nu_y \frac{\sigma_y}{E_y}\\ \varepsilon_y &= -\nu_x \frac{\sigma_x}{E_x} + \frac{\sigma_y}{E_y}\\ \gamma_{xy} &= \frac{\tau_{xy}}{G}\end{aligned}\right\} \tag{11-1}$$

或写成:

$$\left.\begin{aligned}\varepsilon_x &= \frac{1}{E_x}(\sigma_x - \nu_x\sigma_y)\\ \varepsilon_y &= \frac{1}{E_y}(\sigma_y - \nu_y\sigma_x)\\ \gamma_{xy} &= \frac{\tau_{xy}}{G}, \frac{E_x}{E_y} = \frac{\nu_x}{\nu_y}\end{aligned}\right\} \tag{11-2}$$

由式(11-2)可得:

$$\left.\begin{aligned}\frac{\varepsilon_x}{E_y} + \frac{\nu_x}{E_x}\varepsilon_y &= \frac{1}{E_xE_y}(1-\nu_x\nu_y)\sigma_x\\ \frac{\nu_y}{E_y}\varepsilon_x + \frac{\varepsilon_y}{E_x} &= \frac{1}{E_xE_y}(1-\nu_x\nu_y)\sigma_y\end{aligned}\right\} \tag{11-3}$$

2)单位宽度板截面上的弯矩和扭矩

图 11-3 表示一块承受竖向荷载 $q(x,y)$ 的正交异性板,从中取出 $dxdy$ 的矩形小块,和同性板一样,分析异性板时也引用如下三个假定:①平板内各水平层间的压力为零;②平板内与中面相垂直的直线,在平板挠曲后仍保持为直线,且与挠曲后的中面相垂直;③中面内各点仅有竖向位移,而水平方向的位移可忽略不计。据此,可导出:

$$\varepsilon_x = \frac{\partial u}{\partial x} = \frac{\partial}{\partial x}\left(-z\frac{\partial w}{\partial x}\right) = -z\frac{\partial^2 w}{\partial x^2} \tag{11-4}$$

$$\varepsilon_y = \frac{\partial v}{\partial y} = \frac{\partial}{\partial y}\left(-z\frac{\partial w}{\partial y}\right) = -z\frac{\partial^2 w}{\partial y^2} \tag{11-5}$$

$$\gamma_{xy} = \frac{\partial u}{\partial y} + \frac{\partial v}{\partial x} = \frac{\partial}{\partial y}\left(-z\frac{\partial w}{\partial x}\right) + \frac{\partial}{\partial x}\left(-z\frac{\partial w}{\partial y}\right) = -2z\frac{\partial^2 w}{\partial x\partial y} \tag{11-6}$$

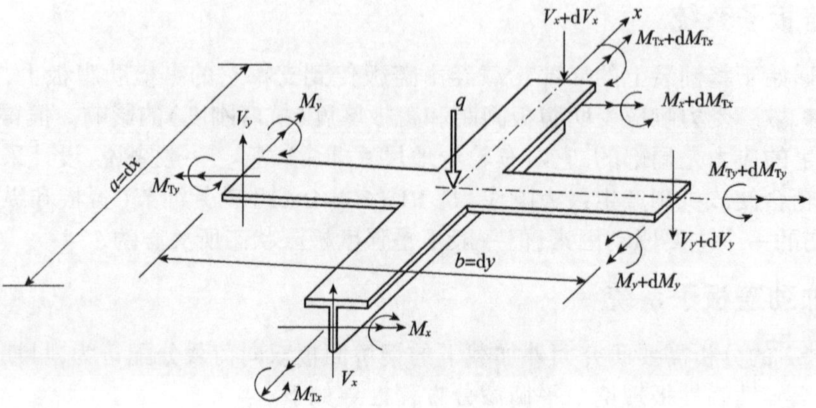

图 11-3　正交异性板微元受力

用式(11-2)及式(11-3)计算单位板宽上的弯矩及扭矩如下：

$$\begin{aligned}M_x &= \int_{-\frac{h}{2}}^{\frac{h}{2}} \sigma_x \times 1 \times z\mathrm{d}z \\ &= \frac{1}{1-\nu_x\nu_y}\int_{-\frac{h}{2}}^{\frac{h}{2}}(E_x\varepsilon_x + E_y\nu_x\varepsilon_y)z\mathrm{d}z \\ &= \frac{1}{1-\nu_x\nu_y}\int_{-\frac{h}{2}}^{\frac{h}{2}}\left(-E_x z\frac{\partial^2 w}{\partial x^2} - E_y\nu_x z\frac{\partial^2 w}{\partial y^2}\right)z\mathrm{d}z \\ &= \frac{1}{1-\nu_x\nu_y}\int_{-\frac{h}{2}}^{\frac{h}{2}}\left(-E_x z\frac{\partial^2 w}{\partial x^2} - E_y\nu_x z\frac{\partial^2 w}{\partial y^2}\right)z\mathrm{d}z \\ &= \frac{-E_x}{1-\nu_x\nu_y}\left(\frac{\partial^2 w}{\partial x^2}\right)\left(\frac{z^3}{3}\right)\Bigg|_{-\frac{h}{2}}^{\frac{h}{2}} - \frac{E_y\nu_x}{1-\nu_x\nu_y}\left(\frac{\partial^2 w}{\partial y^2}\right)\left(\frac{z^3}{3}\right)\Bigg|_{-\frac{h}{2}}^{\frac{h}{2}} \\ &= -D_x\frac{\partial^2 w}{\partial x^2} - D_y\nu_x\frac{\partial^2 w}{\partial y^2} \\ &= -D_x\frac{\partial^2 w}{\partial x^2} - D_x\nu_y\frac{\partial^2 w}{\partial y^2} \quad (\because E_x\nu_y = E_y\nu_x) \\ &= -D_x\left(\frac{\partial^2 w}{\partial x^2} + \nu_y\frac{\partial^2 w}{\partial y^2}\right)\end{aligned} \tag{11-7}$$

其中，$D_x = \dfrac{E_x h^3}{12(1-\nu_x\nu_y)}$，$D_y = \dfrac{E_y h^3}{12(1-\nu_x\nu_y)}$，$h$ 为板厚。

同理得：

$$M_y = -D_y\left(\frac{\partial^2 w}{\partial y^2} + \nu_x\frac{\partial^2 w}{\partial x^2}\right) \tag{11-8}$$

$$\begin{aligned}M_{xy} &= \int_{-\frac{h}{2}}^{\frac{h}{2}}\tau_{xy}\cdot 1\cdot z\mathrm{d}z = \int_{-\frac{h}{2}}^{\frac{h}{2}} G\cdot\gamma_{xy}\cdot z\mathrm{d}z \\ &= \int_{-\frac{h}{2}}^{\frac{h}{2}} G\left(-2z\frac{\partial^2 w}{\partial x\partial y}\right)z\mathrm{d}z = -2GJ_K\frac{\partial^2 w}{\partial x\partial y} = -2D_K\frac{\partial^2 w}{\partial x\partial y}\end{aligned} \tag{11-9}$$

其中，$J_K = \dfrac{h^3}{12}$，$D_K = GJ_K$。

3）平衡微分方程的推导

如图 11-4 所示，其中 $M_x'$是右侧截面上的单宽力矩，$M_x$ 是左侧截面上的单宽力矩，应有：

$$M'_x = M_x + \frac{\partial M_x}{\partial x}\mathrm{d}x \qquad (11\text{-}10)$$

同理 $$M'_{xy} = M_{xy} + \frac{\partial M_{xy}}{\partial y}\mathrm{d}y \qquad (11\text{-}11)$$

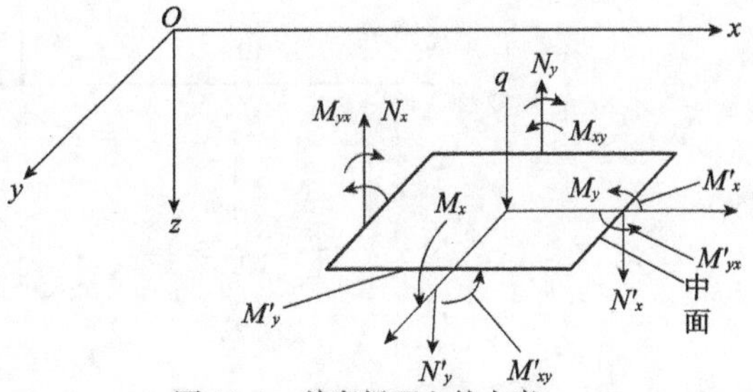

图 11-4 单宽板面上的力素

另有 $$\left.\begin{aligned} &\frac{\partial N_x}{\partial x} + \frac{\partial N_y}{\partial y} + q = 0 \\ &N_x = \frac{\partial M_x}{\partial x} + \frac{\partial M_{xy}}{\partial y} \\ &N_y = \frac{\partial M_y}{\partial y} + \frac{\partial M_{xy}}{\partial x} \end{aligned}\right\} \qquad (11\text{-}12)$$

将式(11-12)中的后两式代入第一式中,得:

$$\frac{\partial^2 M_x}{\partial x^2} + 2\frac{\partial^2 M_{xy}}{\partial x \partial y} + \frac{\partial^2 M_y}{\partial y^2} = -q(x,y) \qquad (11\text{-}13)$$

将式(11-7)~式(11-12)代入式(11-13)中得:

$$\frac{\partial^2}{\partial x^2}\left[-D_x\left(\frac{\partial^2 w}{\partial x^2} + \nu_y \frac{\partial^2 w}{\partial y^2}\right)\right] + 2\frac{\partial^2}{\partial x \partial y}\left(-2D_{\mathrm{K}}\frac{\partial^2 w}{\partial x \partial y}\right) + \frac{\partial^2}{\partial y^2}\left[-D_y\left(\frac{\partial^2 w}{\partial y^2} + \nu_x \frac{\partial^2 w}{\partial x^2}\right)\right] = -q(x,y)$$

或 $$-D_x\frac{\partial^4 w}{\partial x^4} - D_x\nu_y\frac{\partial^4 w}{\partial x^2 \partial y^2} - 4D_{\mathrm{K}}\frac{\partial^4 w}{\partial x^2 \partial y^2} - D_y\frac{\partial^4 w}{\partial y^4} - D_y\nu_x\frac{\partial^4 w}{\partial x^2 \partial y^2} = -q(x,y)$$

化简得:

$$D_x\frac{\partial^4 w}{\partial x^4} + (D_x\nu_y + D_y\nu_x + 4D_{\mathrm{K}})\frac{\partial^4 w}{\partial x^2 \partial y^2} + D_y\frac{\partial^4 w}{\partial y^4} = q(x,y)$$

令 $H = D_x\nu_y + 2D_{\mathrm{K}}$,代入上式可得:

$$D_x\frac{\partial^4 w}{\partial x^4} + 2H\frac{\partial^4 w}{\partial x^2 \partial y^2} + D_y\frac{\partial^4 w}{\partial y^4} = q(x,y) \qquad (11\text{-}14)$$

其中,$D_x$、$D_y$、$H$ 的数值,可根据正交异性板的材料及构造性质求算。

式(11-14)即为正交异性板在竖向荷载作用下的一次弯曲理论的平衡微分方程式,也称 M. T. Huber 方程,它是研究板弯曲内力状况的依据,是假设不存在板平面内力导出的。式(11-14)微分方程可通过将 $z$ 方向上的竖向位移 $w(x,y)$ 和竖向荷载 $p(x,y)$ 表达为傅里叶级数进行求解。但当纵肋在横梁处不连续或边界不确定时,求解该方程非常复杂。此外,带闭口肋的正交异性钢桥面板由于纵肋增加了扭转刚度使问题更加复杂化。

## 11.2.3 纵肋和横梁面内弯曲子系统

荷载通过子系统 S2 横向分配给各个纵肋后,下一传力路径就是纵肋将荷载沿纵向传递给横梁。这时,纵肋可视为离散弹性支承上的连续梁(图 11-5)。子系统 S2 只是将横梁当成刚性支承的理想状况下计算纵肋弯矩和剪力。但当横梁为弹性时,它将引起纵肋正弯矩增加和负弯矩减少,横梁正弯矩也同时减少。对于更复杂的情况,即在纵桥向纵肋连续通过横梁,横梁的柔性使其能跟纵肋相互作用,这时很难用简化方法去分析。例如,横梁处的剪切变形对纵肋纵向弯曲有很大影响,尤其当横梁在与纵肋交叉处有切口时更是如此,因为切口减小了横梁的整体剪切刚度。

针对横梁面内分析,Haibach 和 Plasil 提出了用于二维简化分析的等效空腹桁架模型(图 11-6),并被现行欧洲规范所采用。在这个模型中,上弦杆等效于实际盖板。竖杆由上

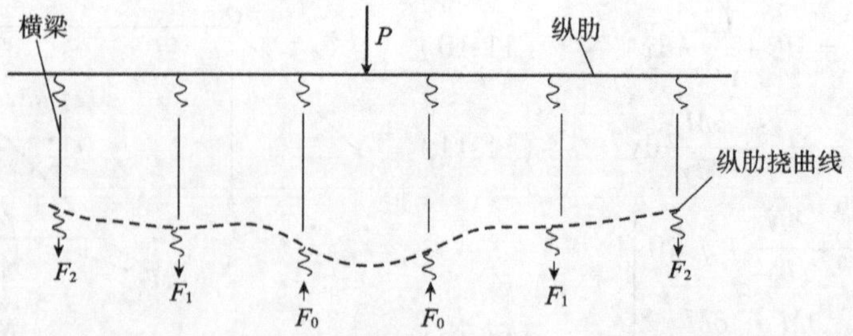


图 11-5　纵肋竖向弯曲变形——类似于支于弹性支承(弯曲横梁)上的连续梁

下两部分组成:上部分反映了切口底至盖板之间的横梁腹板区域,下部分反映了模型下弦和切口底之间的无切口腹板区域。竖杆承担了作用在齿上的水平剪力。下弦由横梁下翼缘和无切口腹板区域组成。这样,横梁应力计算就归结为杆件剪切和弯曲应力的简单分析。

尽管采用空腹桁架模型分析横梁面内受力既简单又直接,但它在切口自由边的应力分析精度有限。此外,它也不能提供切口端部应力,而该处是疲劳最关键的部位。因此,一般还是建议尽可能采用板壳有限元分析。

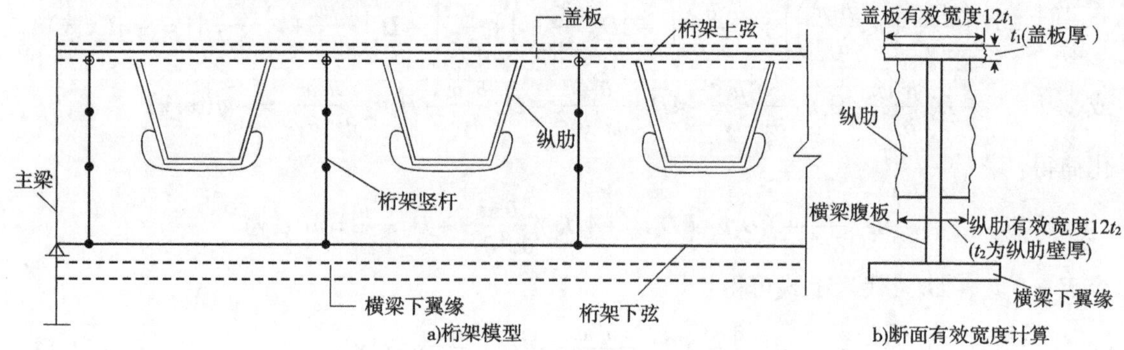


图 11-6　分析横梁竖向弯曲的空腹桁架模型

## 11.2.4　畸变

在过去 15 年里,工程界已经认识到正交异性钢桥面板设计最重要的并不是弄清轮载如何由邻近的纵肋分担,或纵肋在横梁跨中或近支点处的弯矩如何估计,而是应该关注在纵肋和横梁交叉处发生什么效应,以及这些效应是如何影响横梁面内应力和交叉细节的疲劳寿命。

1)横梁畸变

在横梁或横隔板里,局部受力引起的横梁腹板畸变有以下几种:①纵肋转动导致的面外畸变;②横向剪切导致的面内畸变;③齿竖向位移导致的面内畸变。下面简要叙述这些畸变对应力集中点的影响。

(1)纵肋竖向转动导致的面外畸变

如图 11-7 所示,当一个单轮沿纵肋行驶时,纵肋竖向下挠引起横梁腹板出平面变形,腹板中产生的弯曲应力大小与纵肋的转角(受纵肋刚度的影响)和腹板厚度有关。当车轮驶过横梁时,切口端部应力将反向。增加横梁腹板厚度可降低 RDF(Rib-Deck-Floorbeam)(横梁处纵肋与盖板的连接焊缝)处应力幅,但同时加剧了切口或其焊缝周围的应力。由于采用了切口,可能就不需要加大纵肋刚度就能降低纵肋与横梁连接部位应力,但它会使 RDF 处的受力性能变差。试验研究表明,精心选择几何尺寸的切口可使其面外应力降低到面内应力的 25% 以内。

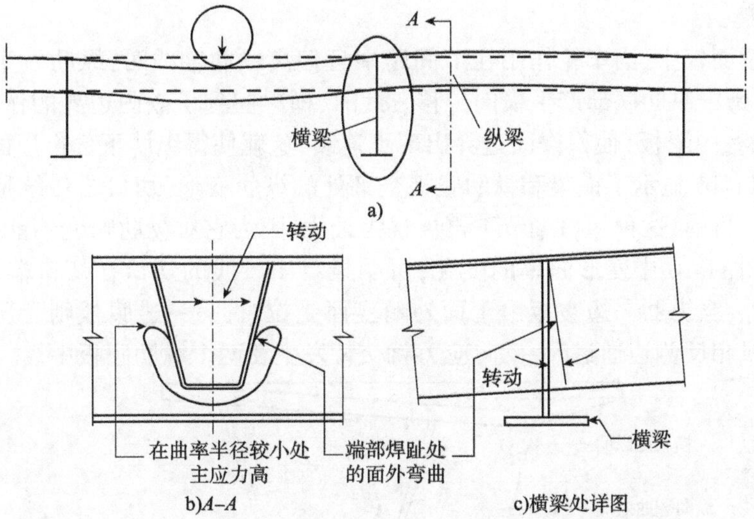


图 11-7　一个车轮经过时在横梁和纵肋交叉区域里横梁腹板和纵肋下缘变形

(2)横向剪切导致的面内畸变

当荷载垂直作用于某一构件时,其内部就存在着横向剪切效应。由材料力学得知,它由 $VS/I$(剪力/惯性矩)大小决定。由于纵肋穿过横梁腹板切口受力存在着不连续性,这就使得其剪切效应具有独特的形式。图 11-8 显示了简支横梁有无切口两种情况时的剪切效应。它引起横梁腹板齿的弯曲,导致齿底部和 RDF 处的应力集中。与无切口细节相比,有切口横梁中腹板面内刚度更弱,在切口处细节里的应力集中更严重。研究表明,切口越高,RDF 处应力集中越严重,而纵肋腹板中应力减小。在纵肋中设置内隔板虽能有效抵消在 RDF 处的疲劳应力,但它将应力集中转移到内隔板端部不连续处。

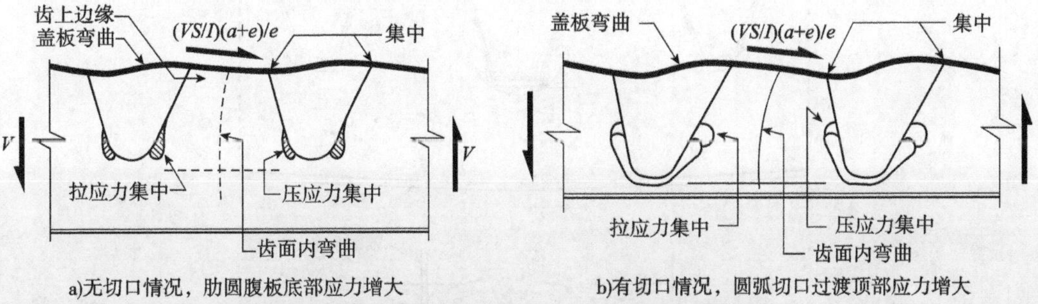


图 11-8　横梁齿间剪切效应下的盖板、横梁和纵肋变形

$V$-剪力;$S$-面积矩;$I$-惯性矩;$a$-纵肋开口宽;$e$-纵肋净距

(3)齿竖向位移导致的面内畸变

图 11-9 显示了轮载引起的齿间竖向位移差,以及由此产生的弯曲应力和压应力,这反过来又影响盖板与纵肋连接细节(RDF)的应力。

切口尺寸和横梁厚度对 RDF 处应力的影响可根据变形机理采用有限元分析得到。为了限制盖板的竖向位移,剩余齿宽尺寸 $D_t$ 应该尽可能大,在端部采用最小半径获得最小的切口,但要与 RDF 处的抗疲劳要求一致。增厚横梁齿能减小该影响,但增大了横梁腹板面外效应。

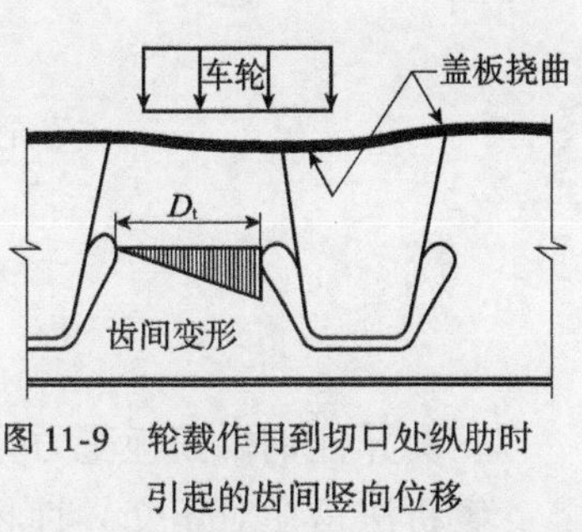


图 11-9　轮载作用到切口处纵肋时引起的齿间竖向位移

2)纵肋畸变

在闭口肋桥面板中,当车轮作用在节间跨中且偏离纵肋轴线时,纵肋发生扭转,绕其中心转动,随之在跨中纵肋底部产生横向位移。此时,横梁起到了嵌固边界的作用。由于切口的存在(有或没有内隔板)使得嵌固边界出现不连续,这就使得纵肋下部产生面外变形,形成较高应力。图 11-10 显示了横梁和纵肋腹板交叉处的纵肋变形,切口为传统形状,即 $h/3$ 高度有突然过渡。目前,这种切口细节不再被视为最优,因为它对纵肋畸变不能提供足够的疲劳抗力。观察图 11-10 中变形曲率的变化,可明显看出较浅的切口在切口端部将产生更严重的影响。此外,当纵肋一边腹板由于面外畸变而受拉时,另一边腹板则受压。因此,当车轮在纵肋中心线相反侧边通过时,反向应力就交替发生在两个纵肋腹板中。

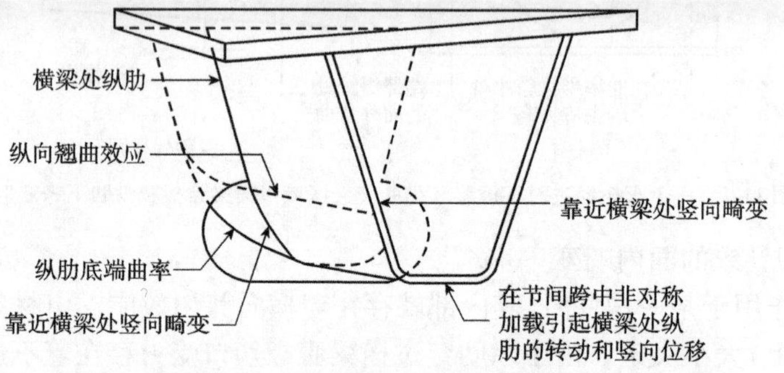


图 11-10 纵肋畸变效应[纵肋和横梁交叉处(RF)不同点的畸变]

纵肋的另一个畸变现象是,在与横梁交叉处正上方作用有轮载而使纵肋受弯时,与横梁腹板连接的纵肋腹板受到约束,但其余腹板则发生鼓出畸变(图 11-11)。

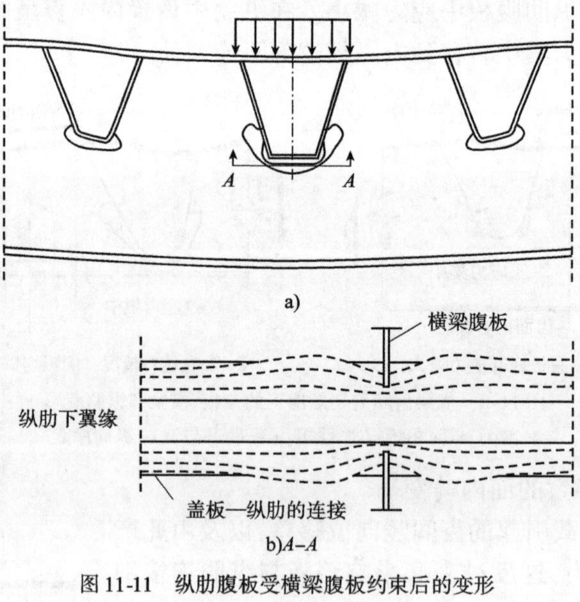


图 11-11 纵肋腹板受横梁腹板约束后的变形

## 11.3 分析理论和方法

正交异性钢桥面板受力分析方法主要分为解析法和数值法两种。

解析法是在对正交异性桥面板受力性能直接理解的基础上发展起来的。可以追溯到

1950 年,那时首次采用 Huber 的正交异性板微分方程优化 Kurpfalz 桥钢桥面板尺寸,以达到用钢量最省。这其中最值得一提的有:①H · Homberg 方法。此法把板从肋的中间分开,归并到纵横肋上去,构成格子梁体系来分析。②Pelikan-Esslinger 方法。此法将纵肋均分摊到盖板上,而将横肋作为刚性支承,求解后再将横肋的弹性支承计入。该法作为一种较为成熟的经典计算方法至今仍被多国现行设计规范采用。

随着计算机软硬件的迅速发展,数值分析方法中有限元方法逐渐成为正交异性钢桥面板受力分析的首选方法,它除了能够分析整体受力性能外,还主要用于细节局部疲劳应力的精细化分析。

### 11.3.1 Pelikan-Esslinger 法

1)Pelikan-Esslinger 法(简称 P-E 法)基本原理

如图 11-12 所示,对于纵横加劲肋等间距布置的钢桥面板,假定主梁腹板的抗弯刚度为无穷大,桥面板简化为由盖板和纵向加劲肋组成的正交异性板,简支于主梁腹板之上,而横肋或横梁处为弹性支承。

在 P-E 法中,以 Huber 方程[式(11-14)]为基础,将上述桥面板分两个阶段计算(图 11-12)。

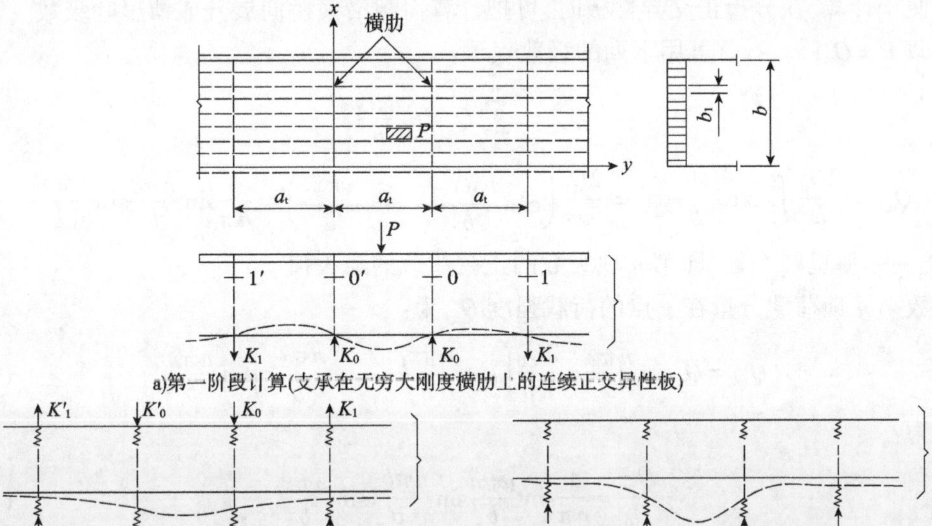


图 11-12 Pelikan-Esslinger 法

第一阶段:假定横肋的刚度为无穷大,纵肋与盖板组成正交异性板体系,刚性支承于横肋上[图 11-12a)],求纵肋内力和反力。由于纵向抗弯刚度 $D_y$ 远大于横向抗弯刚度 $D_x$,其比值 $D_y/D_x$ 通常为 500 ~ 2 000,故可认为 $D_x=0$。而开口纵肋加劲的正交异性板,其有效抗扭刚度 $H$ 也很小,同样可假定 $H=0$。据此,可做如下假定:①闭口纵肋加劲的桥面板 $D_x=0$;②开口纵肋加劲的桥面板 $D_x=0$、$H=0$。

第二阶段:计算横肋的弹性变形影响所产生的弯矩[图 11-12b)],然后再将第一阶段中求得的弯矩值加以修正[图 11-12c)]。在第二阶段的计算中,主要考虑横肋弹性变形的影响,纵肋扭转变形的影响也可忽略不计。因此,无论是开口还是闭口纵肋加劲桥面板均可以

假定 $D_x=0$、$H=0$。

2)荷载的傅里叶级数(Fourier)展开

如图 11-13 所示,车轮轮重为 $P$,横桥向和顺桥向的着地长度分别为 $2b_w$ 和 $2a_w$,车轮着地压力 $q_0$ 为:

$$q_0=P/(4b_wa_w) \tag{11-15}$$

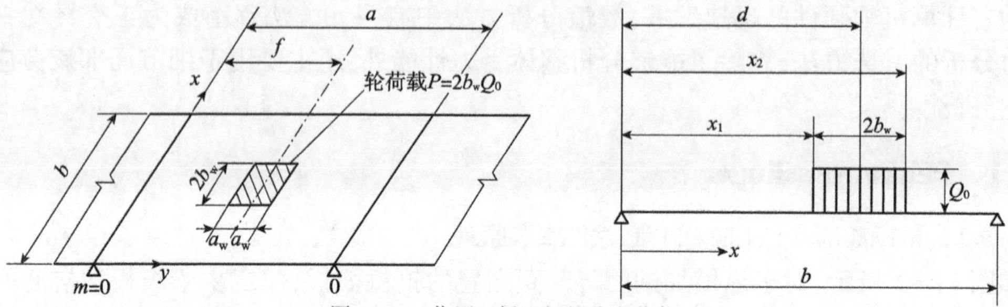


图 11-13 作用于桥面板的分布荷载

由于主梁腹板间距和横肋的间距往往比车轮着地长度大得多,车轮荷载可进一步简化为集中荷载或沿横桥向的线荷载 $Q_0$。

$$Q_0=P/(2a_w)=2b_wq_0 \tag{11-16}$$

为便于计算,在分析正交异性板时,可把计算荷载沿横桥向展开成傅里叶级数。

荷载 $P=Q_0(x_2-x_1)$ 可用下列的级数表示:

$$Q_x=\sum_{x=1}^{n}Q_n\sin\frac{n\pi x}{b} \tag{11-17}$$

$$Q_n=\frac{2Q_0}{b}\int_{x_1}^{x_2}\sin\frac{n\pi x}{b}\mathrm{d}x=\frac{2Q_0}{n\pi}\left(\cos\frac{n\pi x_1}{b}-\cos\frac{n\pi x_2}{b}\right)=\frac{4}{n\pi}\sin\frac{n\pi d}{b}\sin\frac{n\pi b_w}{b} \tag{11-18}$$

式中:$Q_n$——傅里叶系数,即第 $n$ 项级数的正弦荷载的最大值。

级数第 $n$ 项荷载分量在 $x$ 点的荷载强度 $Q_{nx}$ 为:

$$Q_{nx}=Q_n\sin\frac{n\pi x}{b}=\frac{2Q_0}{n\pi}\left(\cos\frac{n\pi x_1}{b}-\cos\frac{n\pi x_2}{b}\right)\sin\frac{n\pi x}{b} \tag{11-19}$$

或改写为:

$$\frac{Q_{nx}}{Q_0}=\frac{4}{n\pi}\sin\frac{n\pi d}{b}\sin\frac{n\pi b_w}{b}\sin\frac{n\pi x}{b} \tag{11-20}$$

式中的 $d$、$b_w$ 等值均如图 11-13 所示。

计算刚性支承的正交异性板或考虑横梁的弹性支承影响时,系数 $\frac{Q_{nx}}{Q_0}$ 均与荷载的布置形式有关,且取 $n=1$,计算精度已足够。

当更多轴重作用时,荷载的展开可参见相关文献。

3)刚性支承加劲盖板(子系统 S2)

(1)开口纵肋桥面板

对开口纵肋桥面板,因 $D_x=H=0$,由式(11-14)可得:

$$D_y\frac{\partial^4 w}{\partial y^4}=q(x,y) \tag{11-21}$$

为求得纵肋内力和横肋处的反力影响线,将一个集中荷载 $P$ 沿某根纵向加劲肋移动,此

时荷载 $P$ 的作用位置在 $x$ 方向保持不变,式(11-21)与梁的挠曲线方程形式相同,如果将作用于桥面板的荷载 $P$ 合理地分配到各个纵肋,正交异性板的计算可以变成一维刚性支承连续梁计算问题。

为了求得纵肋荷载分配系数 $\beta_r$,如图 11-14 所示,假设盖板刚性支承于纵肋,将盖板简化为多跨连续梁,用车轮荷载作用下连续梁纵肋处的支点反力近似作为该纵肋分配到的荷载。由初等梁理论,等跨等截面多跨连续梁支点反力影响线值 $\eta_R(y)$ 可以表示为:

单个集中荷载作用在跨度 0~1 内,

$$\eta_R(y)=\left(\frac{R}{P}\right)_{0\sim1}=\left[1-2.19\left(\frac{y}{b_1}\right)^2+1.1962\left(\frac{y}{b_1}\right)^3\right] \tag{11-22}$$

单个集中荷载作用在跨度 $m\sim(m+1)$ 内,

$$\eta_R(y)=\left(\frac{R}{P}\right)_{m\sim(m+1)}=(-0.2679)^{m-1}\left[-0.8038\left(\frac{y}{b_1}\right)+1.3923\left(\frac{y}{b_1}\right)^2-0.5885\left(\frac{y}{b_1}\right)^3\right] \tag{11-23}$$

如图 11-14 所示,将荷载简化为式(11-16)表示的线荷载,由式(11-24)可以求得各支点反力 $R_i$。

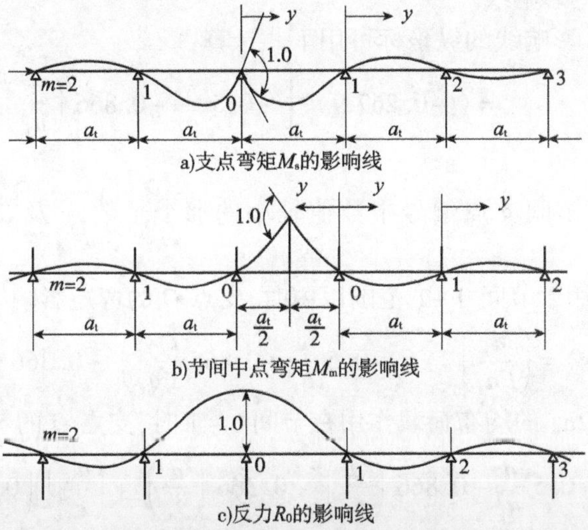

图 11-14 刚性支承连续梁的影响线

$$R_i=\int_{d-b_w}^{d+b_w}Q_0\eta_R(y)\,dy=\frac{P}{2a_w}\int_{d-b_w}^{d+b_w}\eta_R(y)\,dy \tag{11-24}$$

纵肋荷载分配系数 $\beta_r$ 和分配到的荷载 $P_i$ 为:

$$\beta_{r,i}=\frac{R_i}{P}\quad P_i=\beta_{r,i}P=R_i \tag{11-25}$$

设纵肋多跨连续梁弯矩影响线值为 $\eta_M(y)$,纵肋弯矩可由下式求得:

$$M_{r,i}=\int_{f-a_w}^{f+a_w}2b_wq_0\beta_r\eta_M(y)\,dy\approx P_i\eta_M(f) \tag{11-26}$$

等跨等截面多跨连续梁弯矩影响线值 $\eta_M(y)$ 可由三弯矩方程求得。

①纵肋的节间中点弯矩影响线 $\eta_{Mm}(y)$

当集中荷载 $P$ 作用于节间 0~0 范围内,节间中点 $m$ 处的弯矩 $M_m$ 的影响线纵距为:

$$\eta_{\mathrm{Mm}}(y)=\left(\frac{M_{\mathrm{m}}}{Pa_{\mathrm{t}}}\right)_{0\sim0}=0.1830\frac{y}{a_{\mathrm{t}}}+0.3170\left(\frac{y}{a_{\mathrm{t}}}\right)^2 \tag{11-27}$$

节间 0 ~ 1、0 ~ 2……$m\sim(m+1)$的影响线纵距则为：

$$\eta_{\mathrm{Mm}}(y)=\left(\frac{M_{\mathrm{m}}}{Pa_{\mathrm{t}}}\right)_{m\sim(m+1)}=(-0.2679)^m\left[-0.1830\frac{y}{a_{\mathrm{t}}}+0.3170\left(\frac{y}{a_{\mathrm{t}}}\right)^2-0.1340\left(\frac{y}{a_{\mathrm{t}}}\right)^3\right] \tag{11-28}$$

当 0 ~ 0 跨中 $y=\frac{a_{\mathrm{t}}}{2}$ 处作用一个分布轮荷载($2a_{\mathrm{w}}$)时，则纵肋 0 ~ 0 跨的跨中弯矩值 $M_{\mathrm{c}}$ 为：

$$\left(\frac{M_{\mathrm{c}}}{Pa_{\mathrm{t}}}\right)_{0\sim0}=0.1708-0.250\frac{a_{\mathrm{w}}}{a_{\mathrm{t}}}+0.1057\left(\frac{a_{\mathrm{w}}}{a_{\mathrm{t}}}\right)^2 \tag{11-29}$$

若荷载作用在其他跨度 $m\sim(m+1)$时，则轮重分布宽度($2a_{\mathrm{w}}$)的影响可以忽略。此时，纵肋节间中点弯矩 $M_{\mathrm{c}}$ 的影响线纵距为：

$$\left(\frac{M_{\mathrm{m}}}{Pa_{\mathrm{t}}}\right)_{m\sim(m+1)}=(-0.2679)^m\left[-0.183\frac{y}{a_{\mathrm{t}}}+0.317\left(\frac{y}{a_{\mathrm{t}}}\right)^2-0.134\left(\frac{y}{a_{\mathrm{t}}}\right)^3\right] \tag{11-30}$$

②纵肋的支点弯矩影响线

纵肋支点弯矩 $M_{\mathrm{s}}$ 影响线的纵坐标可用下式计算：

$$\eta_{\mathrm{Ms}}(y)=\left(\frac{M_{\mathrm{s}}}{Pa_{\mathrm{t}}}\right)_{m\sim(m+1)}=(-0.2679)^m\left[-0.5\frac{y}{a_{\mathrm{t}}}+0.866\left(\frac{y}{a_{\mathrm{t}}}\right)^2-0.366\left(\frac{y}{a_{\mathrm{t}}}\right)^3\right] \tag{11-31}$$

式中的 $m$，是加载节间支点编号中数值较小的那个号数，$y$ 及 $a_{\mathrm{t}}$ 如图 11-12、图 11-13 所示。

当集中荷载 $P$ 作用于节间 0 ~ 1 范围以内时，支点 $O$ 的弯矩影响线纵坐标为：

$$\eta_{\mathrm{Ms}}(y)=\left(\frac{M_{\mathrm{s}}}{Pa_{\mathrm{t}}}\right)_{0\sim1}=-0.5\frac{y}{a_{\mathrm{t}}}+0.866\left(\frac{y}{a_{\mathrm{t}}}\right)^2-0.366\left(\frac{y}{a_{\mathrm{t}}}\right)^3 \tag{11-32}$$

而当分布宽度为 $2a_{\mathrm{w}}$ 的均布荷载作用在节间 0 ~ 1 时，支点 $O$ 的弯矩 $M_{\mathrm{s}}$ 值为：

$$\eta_{\mathrm{Ms}}=\left(\frac{M_{\mathrm{s}}}{Pa_{\mathrm{t}}}\right)_{0\sim1}=-0.5\frac{d}{a_{\mathrm{t}}}+0.866\left(\frac{d}{a_{\mathrm{t}}}\right)^2-0.366\left(\frac{d}{a_{\mathrm{t}}}\right)^3+\left(\frac{a_{\mathrm{w}}}{a_{\mathrm{t}}}\right)^2\left(0.2887-0.366\frac{d}{a_{\mathrm{t}}}\right) \tag{11-33}$$

式中：$d$——荷载中心到支点 $O$ 的距离。

当$\frac{d}{a_{\mathrm{t}}}=0.3804$ 时，$M_{\mathrm{s}}$ 有最大值，即

$$\eta_{\mathrm{Ms}}=\left(\frac{M_{\mathrm{s}}}{Pa_{\mathrm{t}}}\right)_{\max}=-0.0850+0.1494\left(\frac{a_{\mathrm{w}}}{a_{\mathrm{t}}}\right)^2 \tag{11-34}$$

③纵肋的支点反力影响线

纵肋的支点反力影响线公式形式与式(11-22)和式(11-23)相同，但式中的 $x$ 和 $b_1$ 应分别用 $y$ 和 $a_{\mathrm{t}}$ 代替。

(2)闭口纵肋桥面板

对于闭口纵肋桥面板，因 $D_x=0$，式(11-14)变为：

$$2H\frac{\partial^4 w}{\partial x^2\partial y^2}+D_y\frac{\partial^4 w}{\partial y^4}=q(x,y) \tag{11-35}$$

桥面板在荷载作用下纵肋的内力，可由正交异性板的影响面求得。

①支承边弯矩影响面计算

根据虚功原理，可以把求内力影响面的问题转化为求解挠曲面。采用结构力学中用机动法作影响线的方法，在支承边上施加相对转角 $\theta_n = 1 \times \sin \dfrac{n\pi x}{b}$，求出的挠曲面(图 11-15)即为支承边的弯矩影响面。由连续板的三弯矩方程可求得单宽板的弯矩影响面。

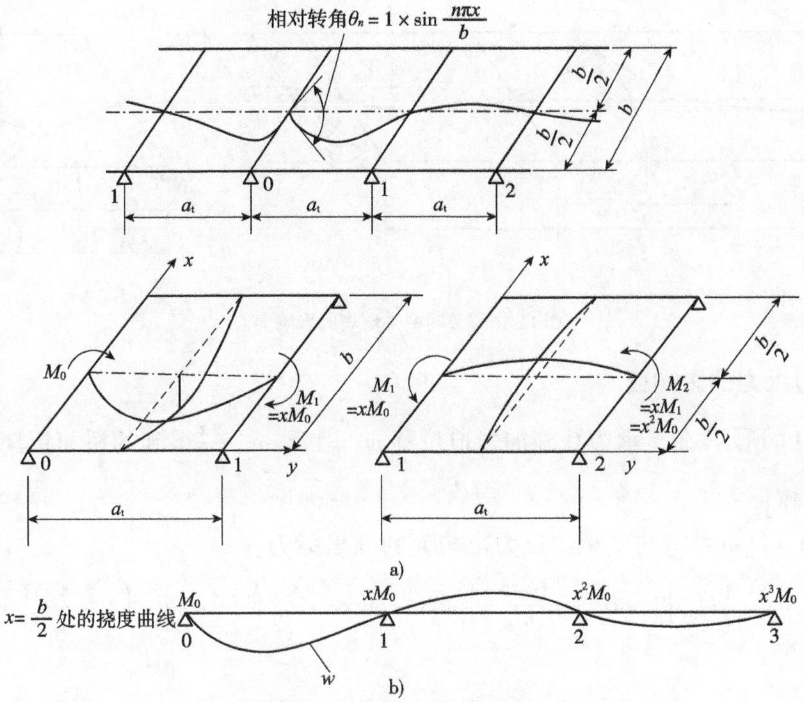


图 11-15 支承边上的弯矩影响线

板节间 $m \sim (m+1)(m \geqslant 0)$ 的支承边弯矩影响面的纵距：

$$\eta_{\mathrm{Ms},n}(x,y) = k^m M_{0s}{}^{*} \left[\frac{\mathrm{ch}\alpha a_t - k}{\mathrm{sh}\alpha a_t}\mathrm{sh}\alpha y - \mathrm{ch}\alpha y - (1-k)\frac{y}{a_t} + 1\right]\sin\frac{n\pi x}{b} \tag{11-36}$$

式中：

$$\alpha = \sqrt{\frac{2H}{D_y}\frac{n\pi}{b}} \tag{11-37}$$

$$k = -C + \sqrt{C^2 - 1}, C = \frac{\alpha a_t \mathrm{ch}\alpha a_t - \mathrm{sh}\alpha a_t}{\mathrm{sh}\alpha a_t - \alpha a_t} \tag{11-38}$$

$$M_{0s}^{*} = \frac{k}{1-k^2}\frac{a_t}{a^{*}}, a^{*} = \frac{\mathrm{sh}\alpha a_t - \alpha a_t}{\mathrm{sh}\alpha a_t} \tag{11-39}$$

②节间中央弯矩影响面

如图 11-16 所示，若在拟求弯矩的节间中央施以相对转角 $\theta_n = 1 \times \sin \dfrac{n\pi x}{b}$，则其挠曲面即为节间中央弯矩的影响面。

板节间 0 ~ 0 节间中央弯矩影响面的纵距为：

$$\eta_{\mathrm{Mm},n}(x,y) = \left[\frac{\mathrm{sh}\alpha y}{2\alpha \mathrm{ch}(\alpha a_t/2)} + M_{0m}^{*}(1 - \mathrm{ch}\alpha y + \mathrm{th}(\alpha a_t/2)\mathrm{sh}\alpha y)\right]\sin\frac{n\pi x}{b} \tag{11-40}$$

板节间 $m\sim(m+1)(m\geqslant1)$ 节间中央弯矩影响面的纵距：

$$\eta_{\mathrm{Mm},n}(x,y)=k^{m-1}M_{0\mathrm{m}}^{*}\left[\frac{\mathrm{ch}\alpha a_{\mathrm{t}}-k}{\mathrm{sh}\alpha a_{\mathrm{t}}}\mathrm{sh}\alpha y-\mathrm{ch}\alpha y-(1-k)\frac{y}{a_{\mathrm{t}}}+1\right]\sin\frac{n\pi x}{b}\tag{11-41}$$

$$M_{0\mathrm{m}}^{*}=\frac{k}{a^{*}(1-k)}\frac{a_{\mathrm{t}}}{2\mathrm{ch}(\alpha a_{\mathrm{t}}/2)}\tag{11-42}$$

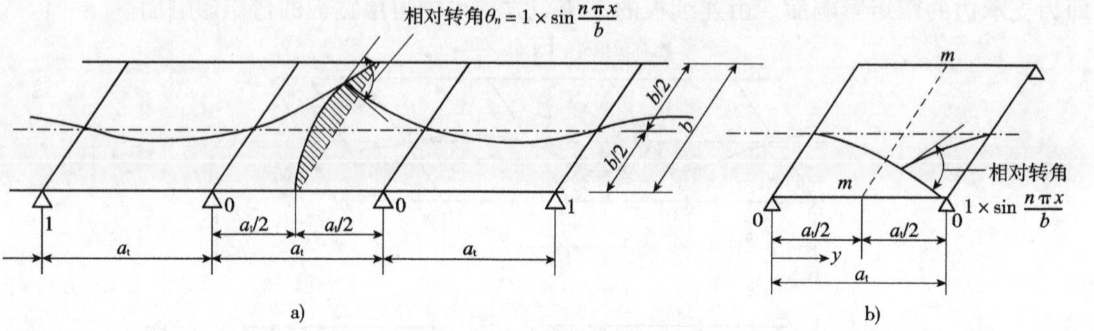


图 11-16　节间中央弯矩的影响面

③支承边反力的影响面

如图 11-17 所示，在支承边 0 施加强迫位移 $\overline{w}_n=1\times\sin\dfrac{n\pi x}{b}$ 得到的桥面板挠曲面即为支承边反力影响面。

板节间 $0\sim1(m\geqslant1)$ 的支承边反力影响面的纵坐标为：

$$\eta_{\mathrm{R},n}(x,y)=\left\{M_{0\mathrm{s}}^{*}\left[\left(\mathrm{ch}\alpha y+\frac{1-k}{2\mathrm{sh}\alpha a_{\mathrm{t}}}\right)\mathrm{sh}\alpha y-\mathrm{ch}\alpha y-\frac{3-k}{2}\frac{y}{a_{\mathrm{t}}}+1\right]+\left(1-\frac{y}{a_{\mathrm{t}}}\right)\right\}\sin\frac{n\pi x}{b}\tag{11-43}$$

板节间 $m\sim(m+1)(m\geqslant1)$ 的支承边反力的影响面的纵坐标为：

$$\eta_{\mathrm{R},n}(x,y)=k^{m-1}M_{1\mathrm{R}}{}^{*}\left[\frac{\mathrm{ch}\alpha a_{\mathrm{t}}-k}{\mathrm{sh}\alpha a_{\mathrm{t}}}\mathrm{sh}\alpha y-\mathrm{ch}\alpha y-(1-k)\frac{y}{a_{\mathrm{t}}}+1\right]\sin\frac{n\pi x}{b}\tag{11-44}$$

$$M_{1\mathrm{R}}^{*}=\frac{k(1-k)}{a^{*}(1+k)}\tag{11-45}$$

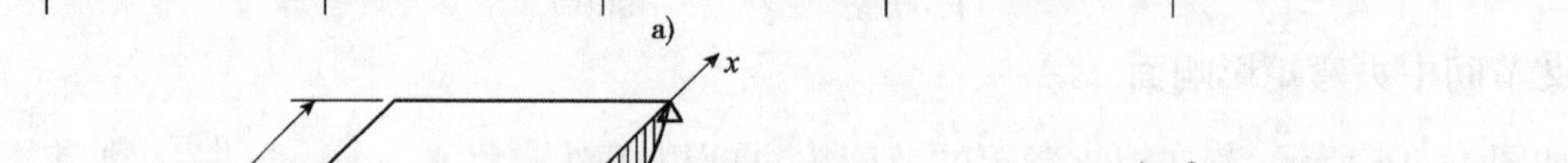


图 11-17　支承边 0 的反力影响面

④闭口截面纵肋的弯矩计算

在式(11-17)所示的正弦级数荷载作用下,桥面板任意位置 $x$ 处单位宽度上的弯矩可表示为:

$$\overline{M} = \sum_{n=1}^{\infty} Q_n \eta_{\mathrm{M},n}(x,y) \tag{11-46}$$

桥面板在如图 11-18 所示的轮重为 $P$ 的车轮荷载作用下,可以将作用于桥面的荷载展开成傅里叶级数形式,$x=f$ 处纵肋的弯矩 $M_{\mathrm{r}}$ 可由式(11-47)求得:

$$M_{\mathrm{r}} = \int_{f-b_l/2}^{f+b_l/2} \overline{M}\mathrm{d}x = \sum_{n=1}^{\infty} \int_{f-b_l/2}^{f+b_l/2} Q_n \eta_{\mathrm{M},n}(x,y)\,\mathrm{d}x \tag{11-47}$$

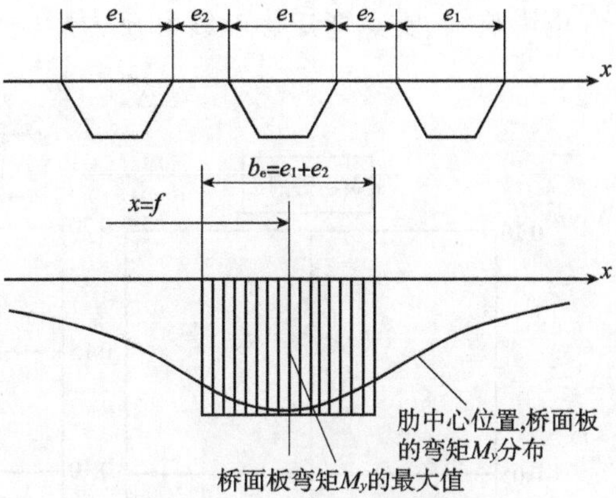

图 11-18　闭口截面肋的弯矩

4)横梁挠曲的影响

如前所述,在第二阶段的计算中无论是开口还是闭口纵肋加劲桥面板均可以假定 $D_x=0$、$H=0$,正交异性板的挠曲微分方程变成式(11-21),正交异性板的计算简图就变成如图11-19a)所示的一系列平行于 $y$ 轴、沿 $x$ 轴方向排列的纵肋所组成的梁排结构,梁排中的横梁对纵肋提供弹性支承。计算纵肋时,只要在 $x$ 轴方向满足任意处的支点反力与其挠度成正比且均相同时,则纵肋就可脱离开来按单根弹性支承连续梁来处理。

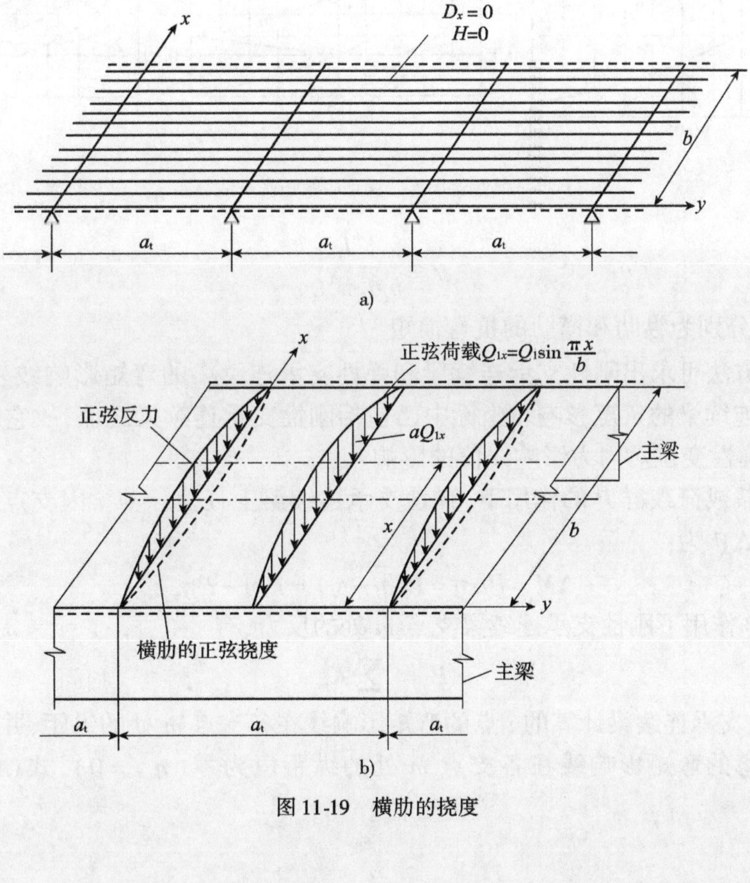

图 11-19　横肋的挠度

对于横肋简支于主梁上的钢桥面板，如果把作用荷载按前述的方法展开成 $x$ 方向上宽度为 $b$ 的正弦分布荷载 $Q_{nx}$，则简支横肋的挠度可用与之对应的正弦曲线来表达，而横肋处的反力也呈同样规律分布。因此，对于桥宽方向 $x$ 处的单宽板条（包括纵肋在内）可按照承受同一位置对应荷载 $Q_{nx}$ 的弹性支承连续梁来处理。

图 11-20、图 11-21、图 11-22 分别给出和相关刚度系数 $\gamma$ 有关的弹性支承连续梁的跨间弯矩影响线、支点弯矩影响线和反力影响线的纵距值。

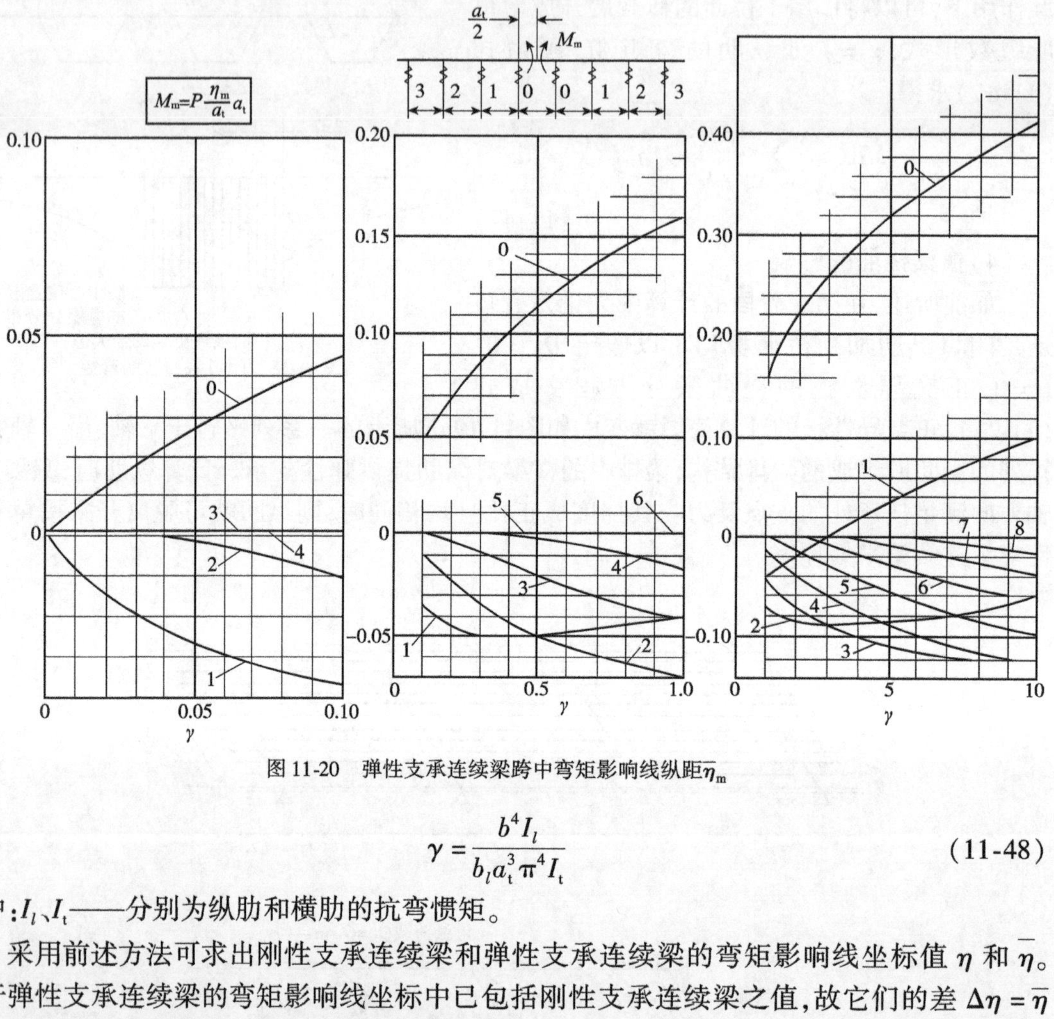


图 11-20　弹性支承连续梁跨中弯矩影响线纵距 $\bar{\eta}_m$

$$\gamma = \frac{b^4 I_l}{b_l a_t^3 \pi^4 I_t} \tag{11-48}$$

式中：$I_l$、$I_t$——分别为纵肋和横肋的抗弯惯矩。

采用前述方法可求出刚性支承连续梁和弹性支承连续梁的弯矩影响线坐标值 $\eta$ 和 $\bar{\eta}$。由于弹性支承连续梁的弯矩影响线坐标中已包括刚性支承连续梁之值，故它们的差 $\Delta\eta = \bar{\eta} - \eta$ 即为支点弹性变位对内力影响线值的影响。

在单一荷载或荷载群 $P$ 的作用下，弹性支承连续梁上任意一点 $i$ 因支点竖向变位而产生的弯矩增量 $\Delta M$ 为：

$$\Delta M = P\Delta\eta = P(\bar{\eta} - \eta) = P\bar{\eta} - P\eta \tag{11-49}$$

设 $K_m$ 为荷载 $P$ 作用下刚性支承连续梁支点 $m$ 处的反力，有

$$P = \sum K_m \tag{11-50}$$

设 $\bar{\eta}_{im}$ 为按弹性支承连续梁计算的 $i$ 点的弯矩影响线在各支点 $m$ 处的纵距，并且由于按刚性支承连续梁计算的弯矩影响线在各支点 $m$ 处的纵距恒为零（$\eta_{im} = 0$），式（11-49）可以表达为：

$$\Delta M = \sum K_m(\overline{\eta}_{im} - \eta_{im}) = \sum K_m \overline{\eta}_{im} = P\sum \frac{K_m}{P}\overline{\eta}_{im} \tag{11-51}$$

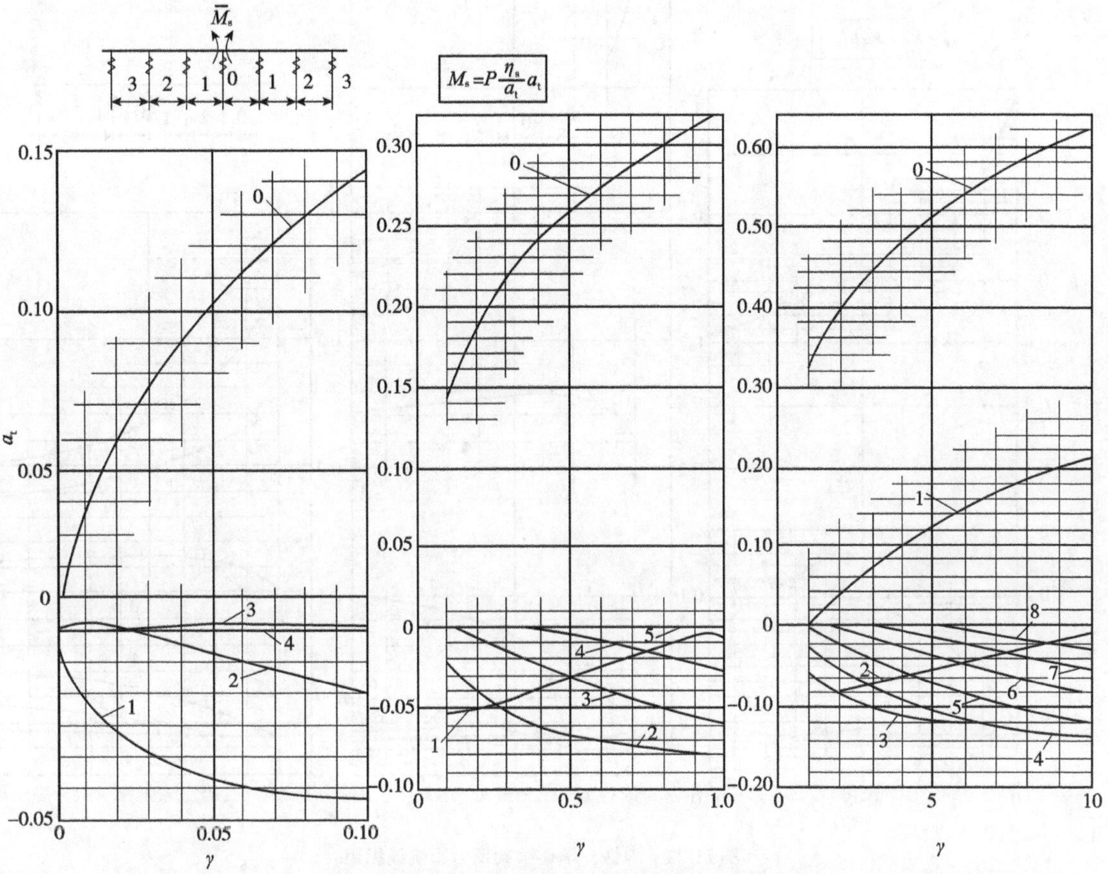


图 11-21　弹性支承连续梁支点弯矩影响线纵距$\overline{\eta}_s$

考虑横肋的挠曲影响计算纵肋弯矩时，先要把桥面板上的荷载 $P$ 按前述方法沿 $x$ 方向(横桥向)展开成正弦分布荷载的第一项分量 $Q_{1x}$。这样，计算点 $x$ 处纵肋上的荷载为同方向上第一项正弦荷载分量 $Q_{1x}$ 与纵肋间距 $b_l$ 之积，对开口纵肋为 $Q_{1x}b_l$。于是，纵肋的附加弯矩 $\Delta M_1$ 为：

$$\Delta M_1 = Q_0 b_1 \frac{Q_{1x}}{Q_0}\sum \frac{K_m}{P}\overline{\eta}_{im} \tag{11-52}$$

$\Delta M_1$ 在普通钢桥面板中应为正值，它使纵肋的跨中正弯矩增大，而支点的负弯矩减小。

P-E 法揭示了正交异性板在子系统 S2 下的响应主要受纵肋弯曲和扭转刚度影响。闭口肋与开口肋相比部分增大了扭转刚度，由此增强了力的分配，并减小了差异挠曲，使纵肋、盖板和铺装层应力变得较小。

P-E 法的缺点主要是忽略了盖板和纵肋的横向刚度，并且没有求解在横梁支承处的纵肋扭矩。另外，当设中横梁(并不是支撑在主梁上，仅将荷载传递到更多的纵肋)时，由于过于复杂而无法处理。每个闭口纵肋必须平摊到均匀板厚的理想板上，这样的简化可能导致错误的解答。该方法的主要价值是它提供了对正交异性钢桥面板的一个直接解法，可用于检算纵肋弯矩和剪力，也可为有限元整体受力分析提供一个基本参照。这类早期的分析方法是为了确定正常使用状态下的容许名义应力，那时对疲劳所知甚少，由于桥面板较高的极限承载能力，让人没有意识到局部问题的重要性。

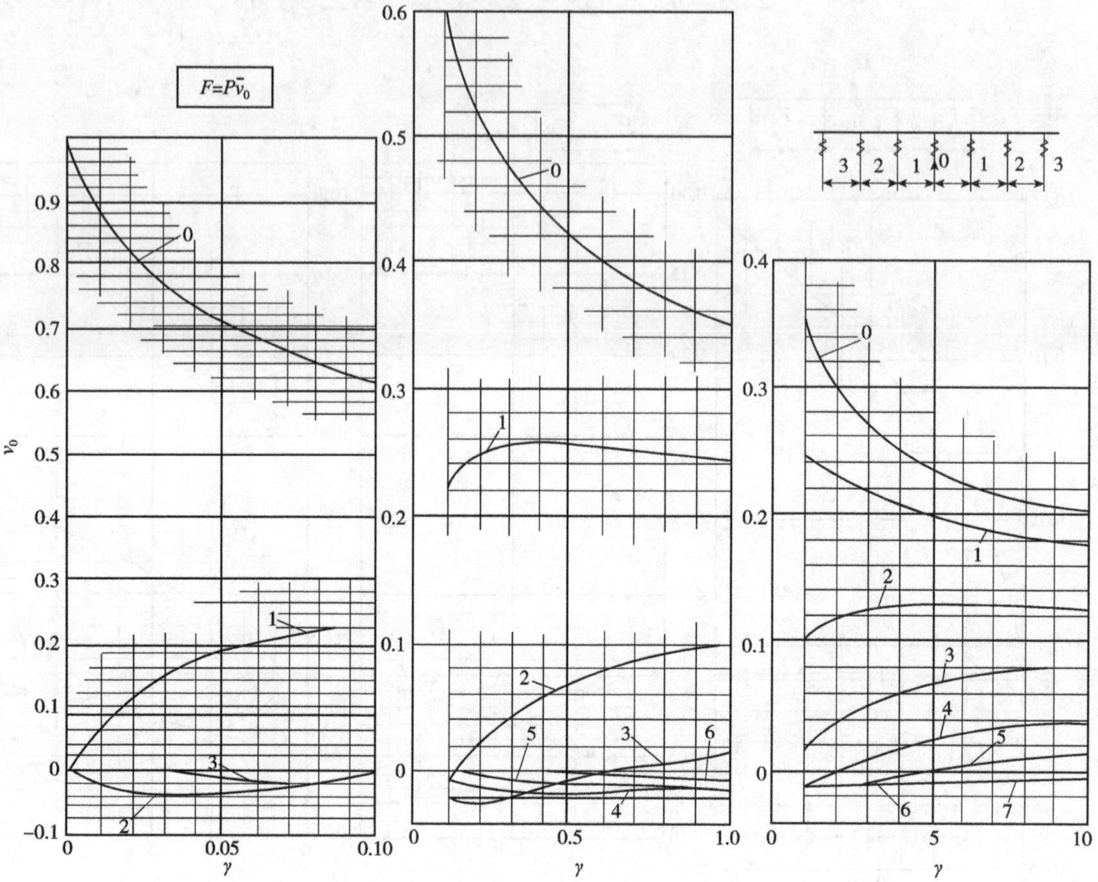


图 11-22　弹性支承连续梁反力影响线纵距$\bar{v}$

## 11.3.2　有限元分析方法

尽管正交异性钢桥面板的整体性能可用近似方法如 P-E 法合理预测，但这些近似方法没有一个能定量计算关键细节处的畸变应力和位移，而这恰恰是疲劳分析所关注的。

1）有限元网格划分

采用有限元方法分析钢桥面板时，只能采用三维建模技术。网格粗细一般采用三个级别：粗糙、中等（局部）和应力集中处的精细划分。

（1）粗网格划分

为了减少计算时间，远离应力集中部位或关注板块的部位采用大尺寸单元。尺寸的选择应能足够反映整体刚度，且要与所连接构件的网格划分协调一致。

（2）局部网格划分

通常它应用到需要研究应力集中的两到三个节间。网格大小由加劲肋宽或高、横梁高度等因素控制。

（3）应力集中处的精细划分

应力集中应被包含在一个高度精细化的模型中，通常包含两个加劲肋和相邻连接部分横梁。加劲肋的网格长度可取几个开口宽度，以便很好地与局部网格衔接。

一般情况下，如果采用壳单元划分盖板，其尺寸应与盖板厚度相当，但必须有不同级别尺寸大小逐步过渡到应力集中级别，以消除中间单元长宽比所引起的误差。在应力集中处和切口曲面部位需要高度细化的网格，在那里不可避免需要采用块单元。良好的网格划分总是尽量保持长宽比接近 1∶1。

从大比例的粗网格划分到应力集中处的精细网格划分，普通有限元程序都能给出两种基本选择：子结构和连续网格划分。一般地，大部分桥面板模型都采用壳单元划分，只在某些应力集中部位用体单元模拟，如图 11-23 所示。大多数有限元分析软件中都提供有三维体单元，包括块单元和棱柱单元。棱柱单元可用作从体单元到壳单元的过渡单元。当邻近单元的节点不重合时，应采用约束方程(也叫主从关系)。

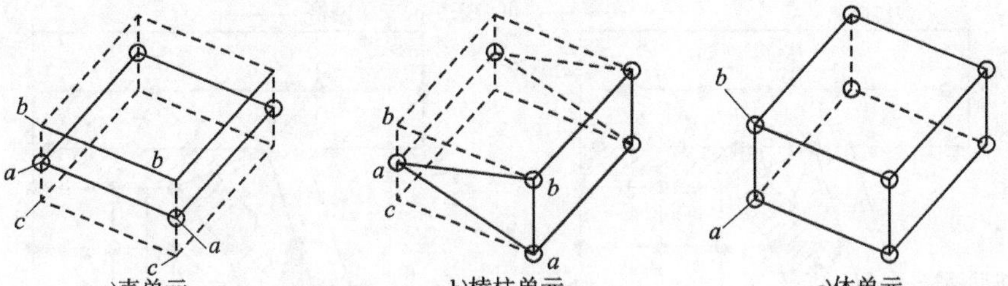


图 11-23　壳单元、棱柱单元和体单元

注：1. 壳单元：节点位于中面角点，所有伸缩和转动均假定发生在节点 $a$，角点 $b$ 和角点 $c$ 的转动假设与节点 $a$ 的转动相同。

2. 棱柱单元：从壳单元到体单元的过渡单元。

3. 块单元：8 节点，节点位于角点，有独立位移，包括节点处转动，如 a、b 节点。

正交异性板中需要精细分析的部位有(图 11-24)：①远离横梁的纵肋和盖板连接焊缝(RD)(模拟相对简单)，②横梁处纵肋和盖板连接焊缝(RDF)，③切口最大曲率处，④切口焊缝端部和内隔板焊缝端部，⑤无切口圆形纵肋与横梁交界围焊焊缝。

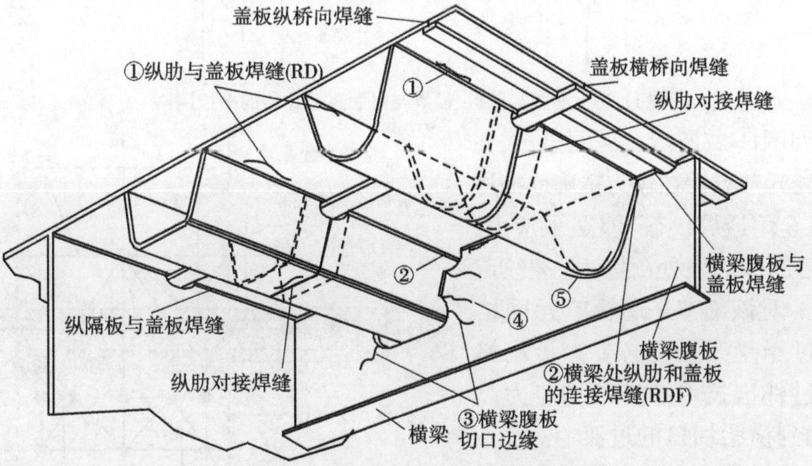


图 11-24　正交异性钢桥面板中疲劳细节

(1)横梁处纵肋和盖板的连接焊缝(RDF)

如图 11-25 所示为 RDF 部分熔透焊和完全熔透焊的壳单元网格划分。该应力集中的交界点是由两条交叉焊缝和三个交叉平面组成。在焊根或焊趾处需设一个节点，因为需要计算那里的疲劳应力，如图 11-26 所示。

有限元分析表明，一个相对较厚的横梁腹板能较好的降低齿前缘的应力集中，此处所受之力占了与盖板连接作用力的绝大部分。对于这个发生在物理节点上的分配，在该点处盖板应该完全

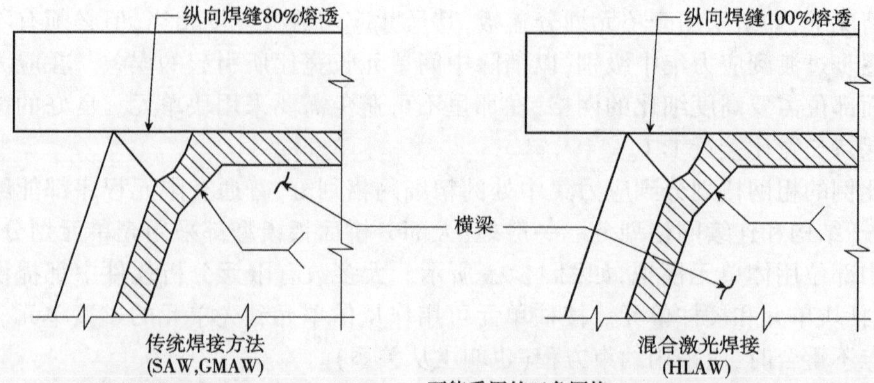


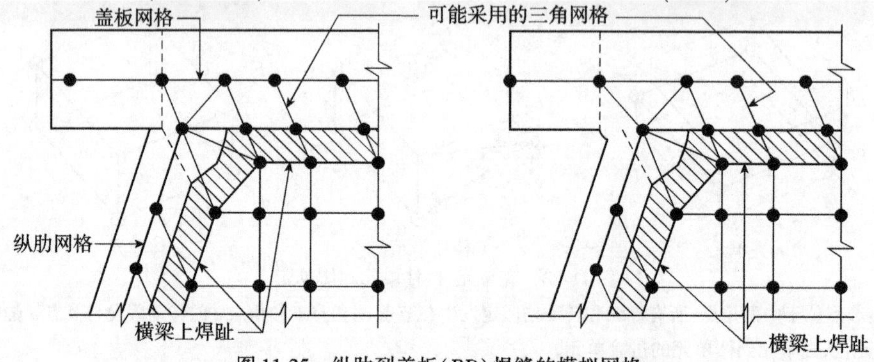


图 11-25　纵肋到盖板(RD)焊缝的模拟网格

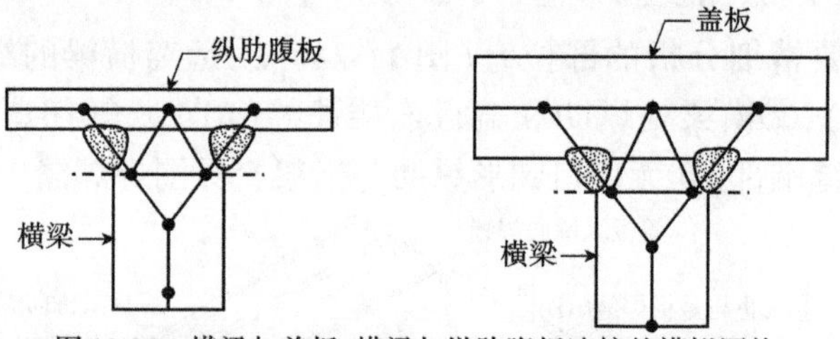


图 11-26　横梁与盖板、横梁与纵肋腹板连接的模拟网格

连接到横梁,如图11-27所示。该图显示,在盖板平面内,壳元节点旨在较为精确地描述该结点及其在全熔透焊状态下此处的应力,或者在80%熔透焊焊根处(假定为裂纹起裂处)的情况。对该细节采用块单元网格划分被认为过于复杂且没必要。该网格划分允许通过外推技术计算结构应力。

(2)纵肋到横梁切口的过渡

图11-28显示了过渡处壳单元和块单元的混合网格划分,该过渡适宜采用块单元划分网格。壳单元位于远离应力集中的地方。尽管应用壳单元的分析结果能令人满意,但它们对于此种情况过于保守。

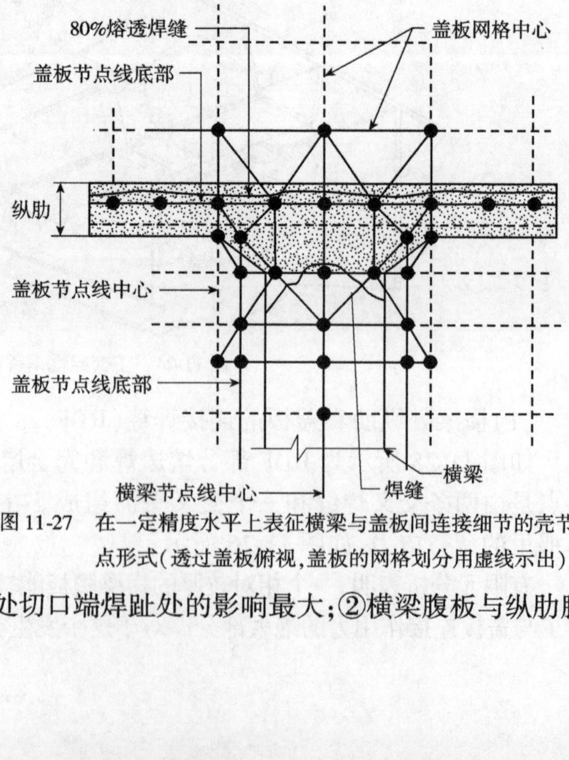


图 11-27　在一定精度水平上表征横梁与盖板间连接细节的壳节点形式(透过盖板俯视,盖板的网格划分用虚线示出)

该模型包含三个疲劳敏感区域:①横梁腹板切口曲线到纵肋的切线过渡,此处切口端焊趾处的影响最大;②横梁腹板与纵肋腹

板连接焊缝的焊趾;③横梁切口曲率最大区域的主应力。

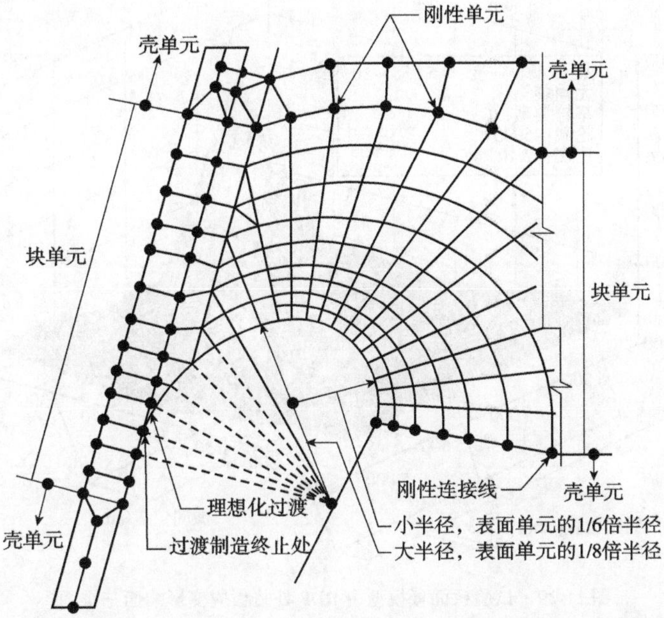


图 11-28　切口半径细节处沿切口曲线半径细化的壳单元与块单元网格过渡

2)影响面分析

准确有效地分析细节处疲劳应力应以影响面为基础。关键细节处应力响应往往对车轮加载位置的精准度非常敏感。由于正交异性钢桥面板的整体受力和许多细节中存在复杂的面内和面外效应,使得人们不容易判断加载的控制位置。关键细节的总应力通常是如前所述的多系统综合作用的结果,即当荷载作用在最不利位置时,一般来说不可能每个子系统都产生最大响应。此外,疲劳计算需要分析卡车通过时引起的全部应力历程。通过影响面形状可以容易判断在哪里加载能得到总响应最大或最小。图 11-29 示出了靠近 RDF 处盖板上表面应变影响面,轮载 50kN,车轮横桥向触地宽度为 50cm。从影响面可以看出,仅当荷载加在距关注点横向 300mm、纵向 5 000mm 处时,得到最大响应。影响面在任一方向的坡度都很陡,并围绕着一个尖峰。因此,对于应力分析,轮载应尽可能作用在由尖峰预测的精确位置,以得到最大的荷载效应。

3)焊缝处应力计算所采取的网格划分

当纵肋连续穿过横梁时,交叉处应力计算有两种较为精确的方法:有限元法和应变测量法(试验测试或现场实测)。前者被广泛接受,且使用高效。后一种方法同样有效,但必须按设计原型真实地制作模型和加载,也可以用在既有结构评定中。

在焊接结构中,如果焊缝完好且没有内部缺陷时,疲劳裂纹扩展一般从两个特征位置开始:焊趾和焊根。建模前要弄清所有应力集中较大的位置,并考虑几何形状的假设、受力性能(包括主要和次要效应)及在焊缝处的应力如何变化。

由于焊缝与母材的角度呈尖锐状且不连续,当使用有限元方法时,焊趾处的应力计算给分析者带来了技术困难。不连续将引起模型中关注点附近应力的急剧增长,计算出的应力分布与真实情况无论如何也不相同,再用它根据 *S-N* 曲线进行疲劳验算往往会带来较大误差,故必须绕过对这些区域的应力计算,而改为对其推测。目前使用最为广泛的是应力外推法。

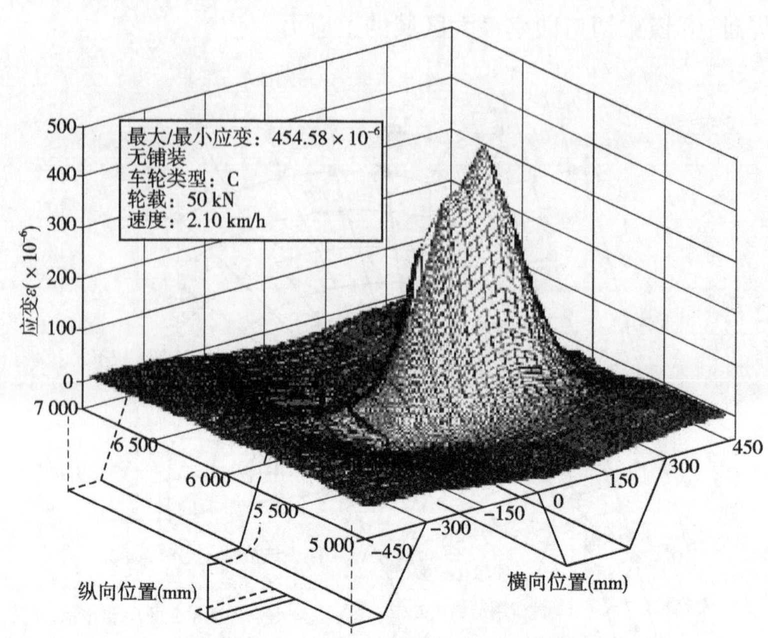


图 11-29　试验桥面板模型中 RDF 处盖板应变影响面三维图

[作用效应对轮载位置的敏感性(Jong, et al, 2004)]

一般来说,较薄板件在厚度方向产生的局部效应也较小。采用壳单元已足够反映结构整体和局部效应。当然,在应力分布复杂的部位也可以局部采用体单元来分析,以便得到更高的精度。分析时不必考虑材料和几何非线性的影响。

图 11-30 示出了一个突然过渡处焊趾应力集中处及连续角焊缝处的几种网格划分方法。在多数情况下,壳单元尺寸取为 $t \times t$,对确定焊趾应力是标准划分,此处"$t$"是较小单元的板厚。体单元常常在突然过渡处采用 $t \times t \times t$,如图 11-30b)所示(A. Hobbacher, IIW, 2007)。图 11-30 还给出了角焊缝模拟单元厚度的建议值。

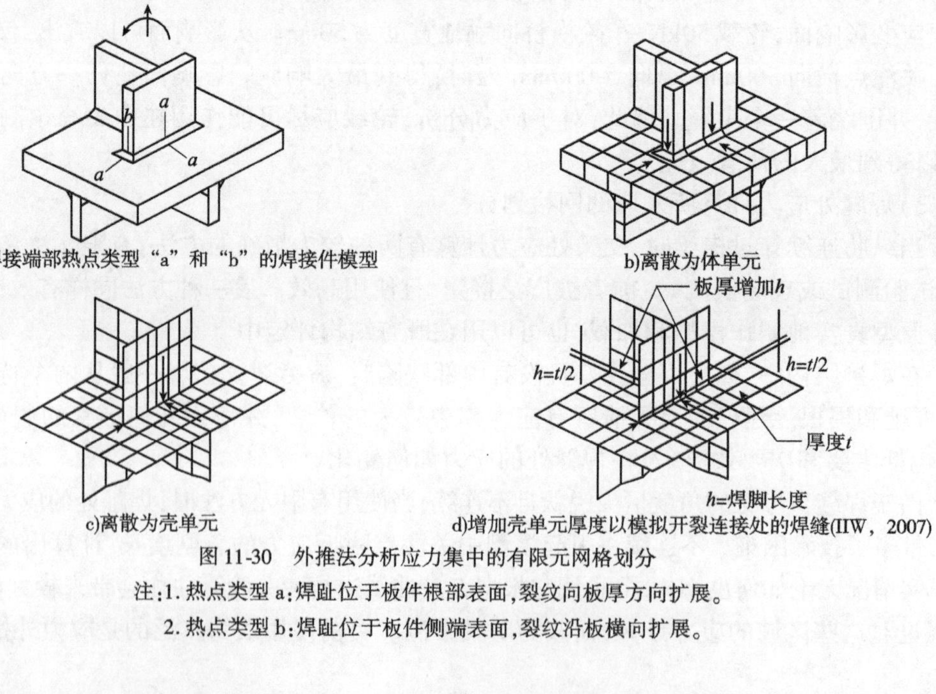


图 11-30　外推法分析应力集中的有限元网格划分

注:1. 热点类型 a:焊趾位于板件根部表面,裂纹向板厚方向扩展。

2. 热点类型 b:焊趾位于板件侧端表面,裂纹沿板横向扩展。

## 11.4 钢桥面板设计方法

正交异性钢桥面板应用荷载和抗力系数设计方法对不同的极限状态进行设计验算,包括强度、使用性、疲劳和可施工性。完整的设计需要考虑所有极限状态,但一般是由疲劳极限状态控制多数细节的设计。

### 11.4.1 设计水平和验算内容

经验表明,正交异性钢桥面板不是在所有情况下都可以采用构件设计的思路,由于正交异性桥面板的各个组成部分之间复杂的相互作用,局部应力不能在构件设计中准确得到量化,所以简化分析模型不能足够准确地分析某些疲劳敏感细节。因此,现行规范中常规名义应力法不能用于正交异性钢桥面板中某些细节的设计。为此,按照能得到试验数据的多少和精细化分析的程度,在美国新一版桥面板设计手册中设计被分为三个等级。

1 级设计——在很少或根本没有进行结构分析时,通过选用由试验(新的或以前的)验证其具有足够抗力的细节来完成设计。以前验证过的 1 级设计可直接用于新项目设计,无需额外的试验研究。

2 级设计——采用足够精度的简化方法分析某些桥面板细节,包括有限条模型、P-E 法、空腹桁架模型,或其他用试验数据校准过的计算方法。计算只考虑名义应力,而不考虑局部应力集中。该设计水平也可以通过对比分析,逐步改善先前测试过的细节。并非所有的细节都可以采用 2 级水平设计。

3 级设计——采用精细化的三维应力分析,量化所有构件和连接的应力达到预期的合理精度。计算中考虑易疲劳细节处的局部应力集中,这可能需要在整体模型内嵌入一个精细化的子模型。网格划分必须足够详细到能进行焊趾处应力外推和合理准确地描述加载区轮压作用。除特别的稳定分析或与铺装层的组合作用外,结构建模技术采用以下简化假设:线性弹性材料行为、小挠度理论、平截面假定、忽视残余应力以及忽视缺陷和焊缝几何特征的影响。

正交异性钢桥面板需要设计验算的极限状态分述如下:

强度极限状态指的是由几何形状和材料性质所控制的承载能力,即在正交异性板设计时必须考虑材料屈服强度与整体和/或局部稳定。试验测试结果显示,正交异性钢桥面板由于膜的作用表现出超乎寻常的承载能力,但该储备依赖于边界支撑条件。为简单起见,强度状态设计仅保守地限制应力到给定的最小强度或屈曲临界应力。具体设计计算内容如下:纵肋(包括盖板的有效部分)在横梁节间内的弯曲和剪切强度;横梁(包括盖板的有效部分)在主梁腹板之间的弯曲和剪切强度,同时还必须考虑纵肋穿过横梁腹板处横梁腹板的截面削弱。当桥面板是主梁的一部分时,验算面内抗压强度时应考虑稳定性的影响。

使用极限状态验算是保证桥梁使用寿命期间的可使用性,也是尽量减少维修费用和中断交通所带来损失的一种手段。此外,使用极限状态可能包括弹性和塑性变形和其他的由使用引起的退化,如表面铺装层的脱离或开裂。在基本使用极限状态中,各组合项的荷载系数均取 1.0。在 AASHTO 规范中,使用Ⅰ级极限状态必须满足所有变形限制条件,盖板(跨径/300)、纵肋(跨径/1 000)和相邻纵肋的相对挠度(2mm)。挠度限制是为了防止铺装层的过早退化。另一种适用的使用极限状态是对螺栓连接在超载情况下防滑设计的使用Ⅱ级极限状态,用于纵肋和横梁接头的设计。

疲劳极限状态验算是保证钢桥面板在使用期内不会由于疲劳而损坏。在 AASHTO 规范中，有两类抗疲劳等级：无限寿命设计（疲劳Ⅰ）和有限寿命设计（疲劳Ⅱ）。因为正交异性钢桥面板将经历数百万次车轮荷载的反复作用，从而经常按疲劳Ⅰ设计。也有一些规范并没有采用无限疲劳寿命方法，例如欧规（ECS，1992），而采用安全寿命设计方法，并给出了与AASHTO 规范不同的疲劳抗力曲线，该曲线在常幅疲劳极限之下还有一个下降斜线，据此来进行使用寿命估计。有限寿命设计在交通量不是很高时会带来良好的经济效益。

## 11.4.2　钢桥面板疲劳分析方法

如第 10 章所述，正交异性钢桥面板疲劳也有许多疲劳分析方法。但只有构件试验法、名义应力法和结构应力法达到工程实用的程度。

1）基于名义应力法的 2 级设计中的疲劳抗力模型

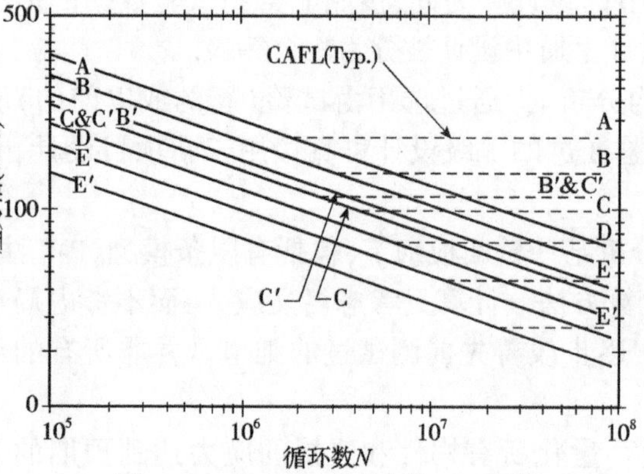

图 11-31　AASHTO 规范中的 S-N 曲线

正交异性钢桥面板 2 级设计水平中的抗疲劳设计就是采用名义应力法。图 11-31 中给出的是 AASHTO 规范采用的 S-N 曲线，其表达式为：

$$N = C/S_r^m$$

或
$$\lg N = \lg C - m\lg S_r \tag{11-53}$$

式中：$N$——疲劳寿命；

$C$——与细节分类有关的常数；

$S_r$——常幅疲劳应力；

$m$——斜率的倒数。

该疲劳抗力曲线是通过对大量足尺疲劳细节实施疲劳试验得到的。考虑到试验数据的离散性，为确保疲劳评定和设计的可靠性，在确定疲劳抗力时需要对 S-N 曲线采取必要的统计处理。一般来说，规范采用的曲线是在试验数据对数平均值的基础上减去 2 倍标准差后的结果，这种做法可以确保疲劳强度具有 97.5% 的置信度。

名义应力法适用于正交异性钢桥面板中局部变形很小，且名义应力易于确定的那些细节的疲劳设计或评定，如用纵肋中的纵向弯曲应力评定其连接是否适用。但是，此方法不适用于纵肋与横梁交叉连接处细节，因为此处存在面外变形且名义应力难以确定。在这种情况下，必须依据试验结果（1 级设计）或采用精细化分析（3 级设计）进行抗疲劳设计或评定。

2）基于结构应力法的 3 级设计中的疲劳抗力模型

实际焊接接头都是复杂的三维空间结构，几何构造与受力方式均较复杂，名义应力要么无法定义，要么没有简单公式可采用，而有限元分析得出的应力分布也无法导出名义应力。此外，由于结构细节构造形式变化多样，用于描述其疲劳性能的 S-N 曲线也难以一一确定。因此，作为名义应力法的补充，目前发展了一种主要针对焊接接头焊趾处疲劳的结构应力法，也称为热点应力法。

结构应力法就是应用焊趾处结构应力来表征不同焊接接头的疲劳强度。结构应力是指考虑宏观结构几何形状引起的应力集中在内，推算得到的焊趾前沿处局部应力。因此，热点应力是考虑结构几何构形变化所引起应力集中后焊趾处的一个虚拟应力。它在焊趾处达到最大，故此处称为热点，该点应力称为热点应力，如图 11-32 所示。

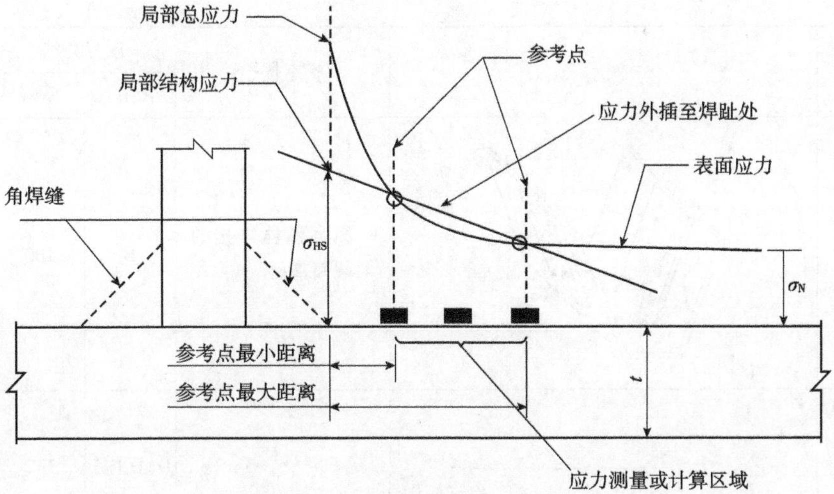


图 11-32　外推法确定局部结构应力

结构应力法基于下列两个假设:①焊趾处应力集中可分为两部分:一部分为整体结构及接头几何不连续导致的结构应力集中;另一部分为焊趾本身缺口效应引起的缺口应力集中。②结构应力法在应力分析中仅考虑结构应力集中,焊趾自身缺口效应则在 *S-N* 曲线中考虑。因此,对相同的焊缝类型可采用一条通用的 *S-N* 曲线。最新的研究显示,采用垂直于焊趾的局部应力以及采用 AASHTO 中的类别 C 曲线,对于正交异性钢桥面板中承受面外应力的焊缝焊趾开裂评定都是偏安全的。

## 11.4.3　疲劳细节类别

表 11-2 列出了正交异性钢桥面板中各疲劳细节的类别。由于纵肋与横梁交叉连接处的各细节疲劳性能比较复杂,下面就对其作一详细说明。

**正交异性板中疲劳细节类别**　　表 11-2

| 细节 | 图示 | 状态描述 | 疲劳类别 | | 设计水平 |
|---|---|---|---|---|---|
| | | | AASHTO | 欧规 | |
| 纵肋盖板焊缝(RD) | 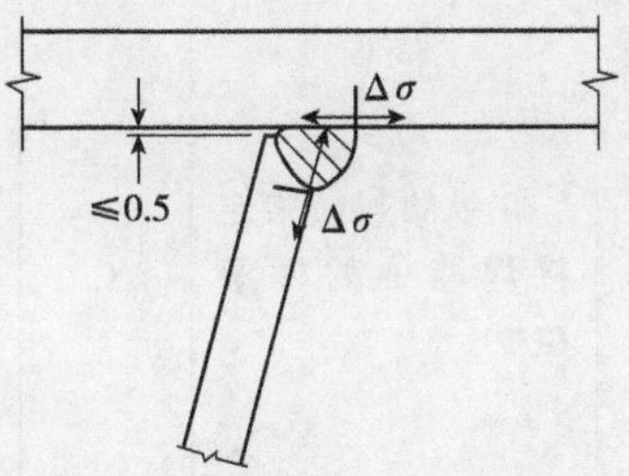 | 单面 80%(最少 70%)熔透焊。焊根间隙≤0.5mm | C | 71 | 1、2、3 |
| 纵肋对接焊缝 | 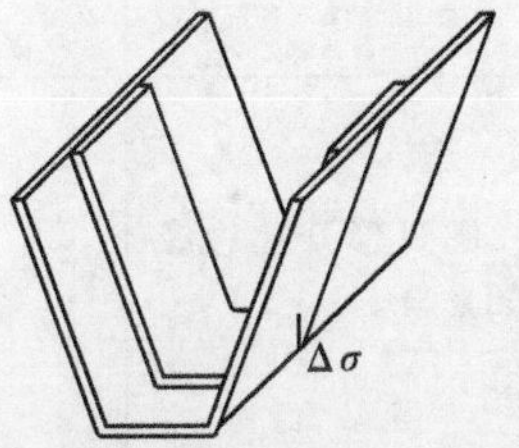 | 单边打磨角焊缝,设垫板,焊缝间隙 > 纵肋壁厚 | D | 71 | 1、2、3 |

续上表

<table>
<tr><th rowspan="2">细节</th><th rowspan="2">图示</th><th rowspan="2">状态描述</th><th colspan="2">疲劳类别</th><th rowspan="2">设计水平</th></tr>
<tr><th>AASHTO</th><th>欧规</th></tr>
<tr><td>纵肋高强螺栓拼接</td><td>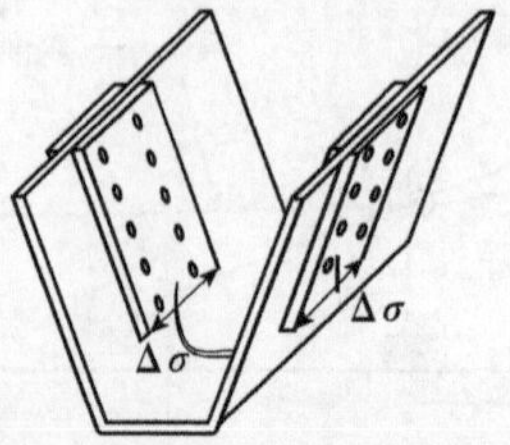</td><td>高强螺栓连接的毛截面基材</td><td>B</td><td>100</td><td>1、2、3</td></tr>
<tr><td rowspan="2">盖板对接焊缝</td><td rowspan="2">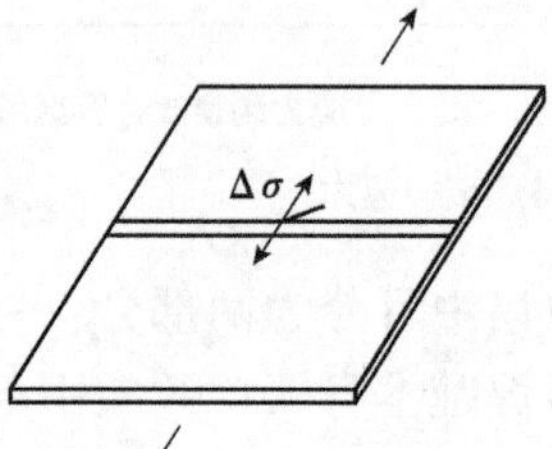</td><td rowspan="2">带有永久垫板的横向或纵向单面磨光对接接头</td><td>D(面内)</td><td>112</td><td rowspan="2">1、2、3</td></tr>
<tr><td>C(面外)</td><td>90</td></tr>
<tr><td>纵肋横梁连接焊缝(RF)之纵肋开裂</td><td>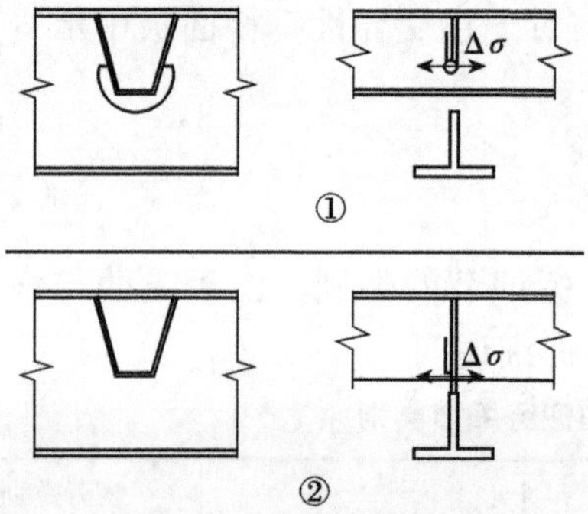</td><td>在纵肋横梁焊缝处的纵肋壁</td><td>C</td><td>80<br>71</td><td>1、2、3</td></tr>
<tr><td>纵肋横梁连接焊缝(RF)处横梁腹板开裂</td><td>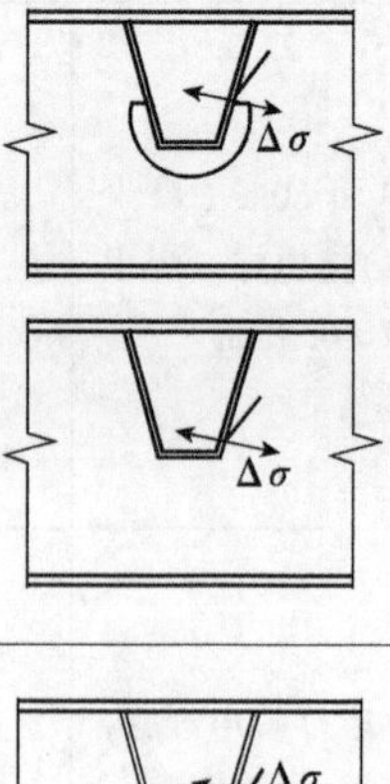</td><td>在纵肋与横梁连接焊缝处的横梁腹板</td><td>C</td><td>80</td><td>1、3</td></tr>
<tr><td>横梁腹板切口</td><td>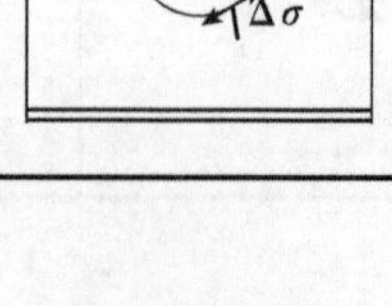</td><td>圆弧形开孔边缘的基材</td><td>A</td><td>36</td><td>1、3</td></tr>
</table>

续上表

| 细节 | 图示 | 状态描述 | 疲劳类别 | | 设计水平 |
|---|---|---|---|---|---|
| | | | AASHTO | 欧规 | |
| 横肋切口端部的纵肋腹板开裂 | 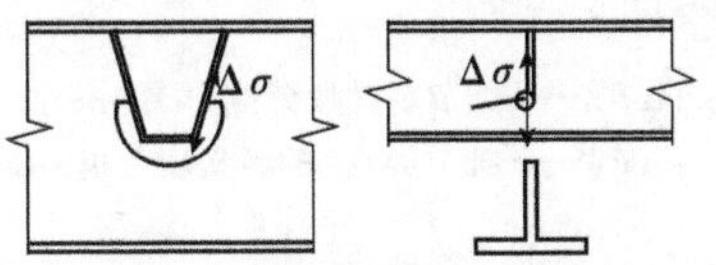 | 在纵梁与横梁连接焊缝处的纵肋腹板 | C | 80 | 1、3 |
| 横梁处的纵肋与盖板连接焊缝(RDF) | 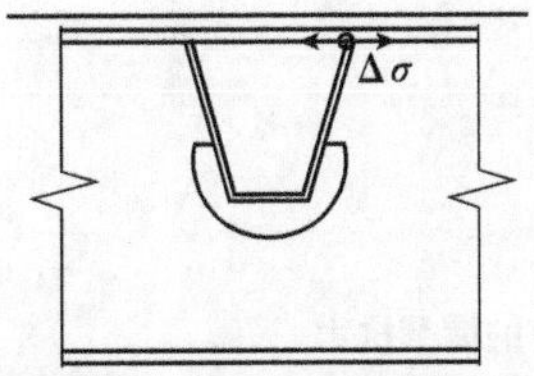 | 与 RD 角焊缝焊根相连的盖板基材 | C | 71 | 1、3 |

纵肋连续穿过横梁时,纵肋与横梁的连接方式有两种:①在纵肋下方的横梁腹板上开设切口;②在纵肋下方的横梁腹板不开切口,而采用围焊将纵肋与横梁腹板焊接起来。

1)横梁腹板有切口

带切口 RF 连接的疲劳抗力与焊缝类型有关:常见为双面角焊缝或端部经过光滑处理的 CJP 焊缝。角焊缝施工成本最低,但 CJP 焊缝具有更好的抗开裂能力。

(1)纵肋开裂

在纵肋与横梁连接处,纵肋腹板可能出现由弯曲应力引起的开裂,可以按 AASHTO 类别 C 进行验算。

(2)纵肋变形开裂

在纵肋与横梁连接的焊缝端部(焊缝止于横梁腹板切口处),往往由于纵肋变形而形成疲劳开裂。在大多数情况下,开裂始于焊趾。即使对焊趾采取磨光或增设内隔板等措施,因纵肋腹板还是会变形,这种开裂仍难以避免,原因是该处存在局部应力和纵向弯曲应力。因此,分析时应同时考虑两部分的应力。由于没有简化方法计算名义应力,故应采用结构应力法进行验算。取疲劳抗力为类别 C。

(3)横梁腹板开裂

疲劳裂纹也可能沿横梁腹板扩展。裂纹同样起源于纵肋与横梁连接的焊趾处。该处承受着面内与面外应力,难以用名义应力法分析。因此,只能采用 3 级设计方法。Kolstein 在对现有数据调查的基础上,建议采用欧洲规范中类别 71 进行分析(这个类别大致对应于 AASHTO 类别 D)。而根据在美国开展的相关试验,如果纵肋与横梁连接焊缝采用全熔透焊,其疲劳抗力可以提高到 AASHTO 类别 C。

(4)横梁腹板焊根处的开裂

开裂还可能发生在纵肋与横梁连接焊缝的焊根处,特别是在采用内隔板时。开裂的影响因素包括采用的焊缝是角焊缝还是 PJP 焊缝以及内隔板的厚度。由于加工困难,焊缝两端均难以除去先天的不平顺。对于此种情况,AASHTO 规范推荐采用 Frank-Fisher 公式修正,该公式包含三个参数,板厚 $t_p$,内缺口长度 $2a_i$,焊脚 $H$。图 11-33 中示意了该十字形接头涉及的参数以及用折减系数修正类别 C(焊趾开裂)得到新类别(焊根开裂)的具体公式。由于设置内隔板增加费用,且设计中往往忽视内隔板与横梁腹板对中困难等因素,设计时如果有其他选择,应优先选择不设置内隔板的构造。

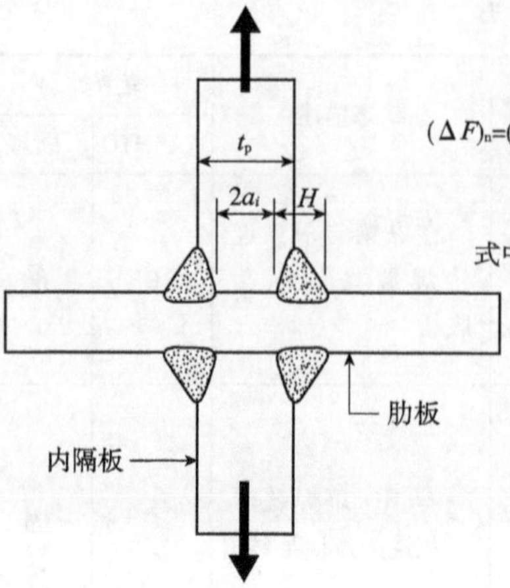


$$(\Delta F)_n=(\Delta F)_n^C\left(\frac{0.71-0.65\dfrac{2a_i}{t_p}+0.79\dfrac{H}{t_p}}{1.1t_p^{1/6}}\right)$$

式中：$(\Delta F)_n$——细节名义疲劳抗力(MPa)；

$(\Delta F)_n^C$——细节类别C的名义疲劳抗力(MPa)。

图 11-33　RF 焊根细节的疲劳抗力

(5)横梁腹板切口处开裂

由于应力场在横梁腹板切口边缘中断,故切口边缘承受着高应力幅,另外还有面外应力幅的增量,该处虽没有焊缝但却容易出现母材开裂。在 AASHTO 规范中没有该细节的相应类别。由于该细节同时承受着面内外弯矩,无法定义名义应力,故应采用 3 级设计。由于没有焊缝,切口边缘和表面可以看作基材,故有人认为应该属于基材的类别(类别 A)。但是,类别 A 要求细节打磨光滑,边缘顺直,主应力方向与边缘平行。如果切口表面经过检测且打磨光滑,那么可在类别 A 基础上考虑一个应力集中因子进行疲劳分析计算。切口处应力幅可采用有限元方法计算,或者由试验测试确定。

2)围焊

在纵肋和横梁连接处不在纵肋下方横梁腹板中设切口,而是采用角焊缝将连续穿过横梁腹板的纵肋与横梁紧密相连。如果焊接只采用了一条角焊缝,横梁腹板与纵肋间可能未熔透,而出现未焊合。这时,裂纹可能在横梁的面内应力驱动下沿焊根发展。然而,更常见的仍是焊趾处萌生再沿横梁腹板或纵肋扩展的裂纹。

一般而言,要采用围焊构造,横梁必须足够柔韧以适应纵肋转动时产生的变形。因此,该细节不适用于矮横梁情况。

(1)横梁腹板开裂

为了避免焊根(特别是在纵肋底缘)开裂,该细节应确保焊缝熔透。如果能熔透,那么焊趾开裂将是该细节的控制因素。因此,该细节可以依据与前面描述的切口细节相同的疲劳类别进行疲劳计算。但与横梁腹板采用切口形式的验算有所不同,这里需要对焊缝全长所有位置进行疲劳极限状态验算。验算时要考虑面内和面外垂直于焊趾的应力分量。

(2)应力集中处压应力与剪应力循环导致的开裂

在验算该细节疲劳时,必须考虑循环压应力,因为大多数车辆通过该细节时产生的都是压应力。如果焊缝处存在残余拉应力,则外加循环压应力与残余拉应力叠加可能导致焊缝的初始破坏。但是,开裂后由于应力释放而终止扩展。只有当存在超过恒载压应力的拉应力时才可能使裂纹进一步扩展。AASHTO 规范认为只有当活载产生的最大拉应力超过永久压应力两倍时才需要进行疲劳设计。然而,有些规范认为在所有情况下,压应力的影响都可以等同于拉应力。在正交异性钢桥面板中,纵肋底缘承受着复杂应力作用(图 11-34)。此时,为谨慎起见,宜将循环压应力看作与拉应力一样,具有相同的破坏能力。

在纵肋与横梁连接的底部，同时存在着正交的正应力和剪应力，且这些应力不同相，这种情况称为非比例加载。在这种复杂情况下，需要采用应力影响面来计算确定应力幅。

在横梁腹板与纵肋拐角相交连接焊缝处也存在着应力集中。该处的主应力并不垂直于焊趾。但进行疲劳验算采用的是垂直于焊趾的应力。目前对于该细节的抗力标准还有待完善。设计时应该谨慎地采用更保守的验算方法。

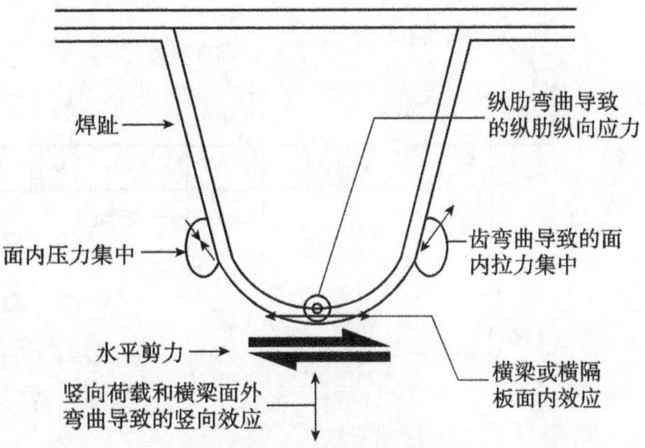

图 11-34　圆腹纵肋受力

## 11.4.4　抗疲劳设计计算

一般来说，正交异性板抗疲劳设计分为三个步骤：首先是计算车轮荷载作用下疲劳细节的名义应力幅或结构应力幅，再按照通过桥梁的交通量和车辆经过时的应力反复次数确定疲劳应力循环次数，最后根据相对应的 $S$-$N$ 曲线验算细节疲劳强度。

尽管在不同的规范中，对疲劳荷载车加载有着不同的规定，但一般都做了简化处理。AASHTO 将疲劳荷载车（HL-93）加载在正交异性板疲劳细节影响面最不利位置，计算疲劳细节名义应力或结构应力的最大值和最小值，由此得到该疲劳细节的最大应力幅。疲劳循环次数是利用日平均货车交通量和每辆货车通行时产生的循环数来计算。

$$N = 365 \times 75 \times n \times ADTT_{SL}$$

$$ADTT_{SL} = P \times ADTT \tag{11-54}$$

式中：$ADTT_{SL}$——在设计寿命期限内平均每日的单车道货车数，根据车道数和货车在交通量中占比确定；

$n$——一辆货车通过时形成的加载次数，对修正的 HL-93 连轴货车（AASHTO），对桥面板上的所有连接焊缝取 $n = 5.0$，其他构件取 $n = 1.0$；

$ADTT$——在设计寿命期限内平均每天的单向货车数；

$P$——单车道内货车交通量占比，按表 11-3 取用。

**单车道内货车所占的比重**　　表 11-3

| 能容纳的车道数 | 1 | 2 | 3 或更多 |
|---|---|---|---|
| $P$ | 1.00 | 0.85 | 0.80 |

在现行规范中，对于主梁、桁架等结构还从跨径、公路类型、车道布置、实际车辆载重等方面对等效常幅应力幅进行修正。但对于正交异性板这种主要承受局部荷载作用的构件，由于计算方式与其他构件不同，因此忽略对这些因素的修正。

## 11.4.5　算例

本算例仅示范怎样利用通用有限元分析程序的精细化分析来进行 3 级水平设计。

某桥纵向跨度为 30.48m + 42.67m + 30.48m，由四根横桥向间距为 3 360mm 的主梁组成。横梁间距为 3 048mm。纵肋穿过横梁处不设切口。各部尺寸如图 11-35 所示。

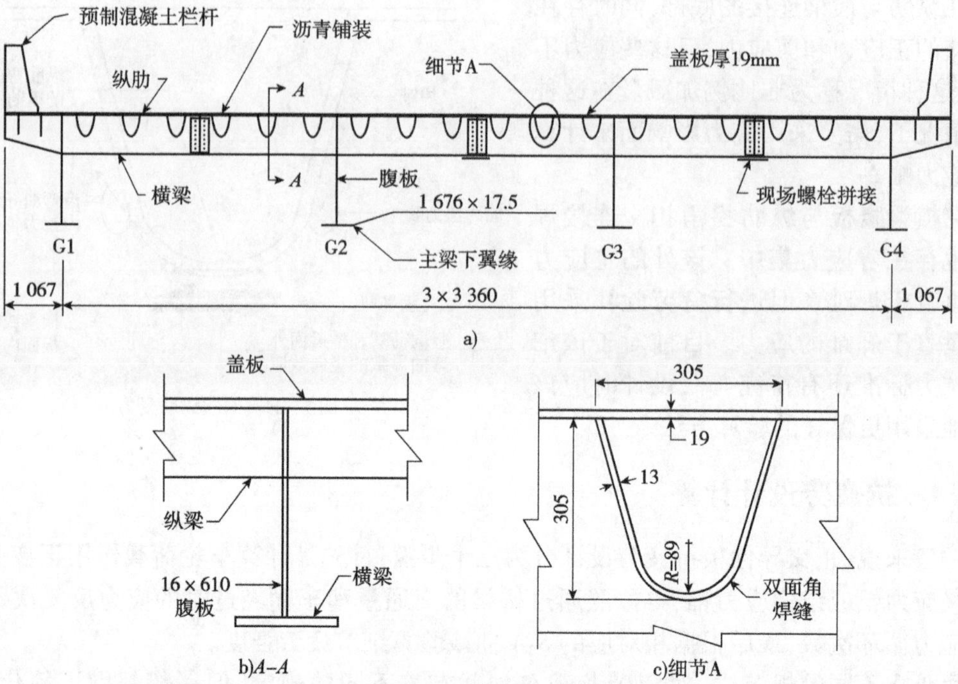


图 11-35　桥梁整体布置及各部尺寸(尺寸单位:mm)

在关注的第一个内支承附近范围以外采取粗网格划分(图 11-36),即只有盖板采用壳单元模拟,用正交异性材料考虑由纵向加劲肋带来的附加的面积与刚度。主梁采用与盖板连接的梁单元来模拟,并考虑适当的偏心来模拟中性轴位置的不同。横梁使用类似的方法来进行模拟。这种划分可使得模型大小处于可控规模,同时也可以得到所关注区域的精确应力。

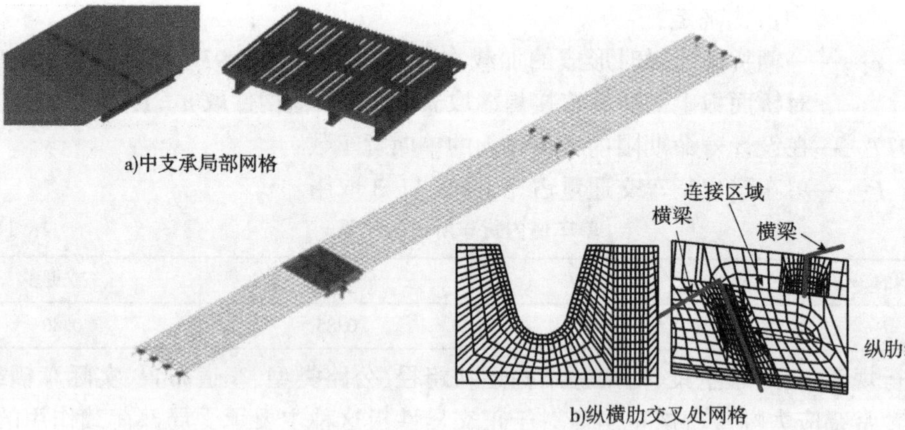


图 11-36　全桥有限元模型(粗网格、局部网格与精细化网格)

在中支承处的局部网格[图 11-36a)]中,主梁、横梁、纵肋及盖板都用壳单元模拟,其中在所关注的疲劳细节区域采用 8 结点厚壳单元进行精细网格划分,在一定范围外网格逐渐过渡到正常尺寸。图 11-36b)示出了纵肋和横梁腹板交叉处的网格划分。在贴近纵肋处的单元大小等于横梁腹板的厚度,为 16mm,在离肋两个单元内保持这个尺寸,这样可以方便应力外推。稍远处,网格过渡到较大的单元尺寸,这样可以减小整个模型的求解方程数。同样，不是所有的纵肋与横梁连接的焊缝区域都必须采用最精细的网格划分，只在可能出现最大应力的焊缝处才采取。与横梁交界的纵肋也采用同横梁类似的精细网格划分，此处也需要进行疲劳应力的计算。

由于纵肋厚度小于横梁厚度，所以在此处网格大小会不相同。处理方法是将单元宽度按横梁单元尺寸确定，单元沿纵桥向的长度（13mm）基于纵肋厚度。这一长宽比（≈1.25）会稍微影响到应力计算精度。

1）纵肋与盖板焊缝细节（RD）

施加 HL-93 单个前轮轮载于节间跨中，以得到 RD 焊缝处的最大应力幅值。计算结果表明，关注点的应力表现出相当好的线性关系，不需要使用外推法。RD 细节中盖板位置的名义应力为 21.6MPa，纵肋腹板为 13.1MPa，考虑无限寿命荷载系数为 2.25，冲击系数为 1.15，则得到各自应力幅分别为 55.9MPa 和 33.9MPa。都低于容许的应力幅值 69.0MPa（细节类别 C 的常幅疲劳极限）。

2）纵肋与横梁连接（RF）处纵肋焊趾细节

纵肋与横梁交叉连接处纵肋底缘最大应力的计算可以根据连续梁支撑处的弯曲影响线在纵肋上施加车轮荷载。轮载纵横向位置如图 11-37 所示。因为此处横梁腹板的不连续会导致应力集中，故需采用应力外推法。为找出最大应力，须在纵肋与横梁的整个交线周长范围内进行应力外推。分析得知在纵肋圆腹底部结构应力最大，外推节点 1 处的应力为 19.1MPa，节点 2 处的应力为 11.59MPa，则得到结构应力和用于无限寿命设计的疲劳应力分别为：

$$\sigma = 1.5 \times 19.1 - 0.5 \times 11.5 = 22.8(\text{MPa})$$

$$\gamma(\Delta f)_{纵肋@横梁} = 1.5 \times 1.15 \times 22.86 = 39.5(\text{MPa}) < 细节类别 C 常幅疲劳极限$$

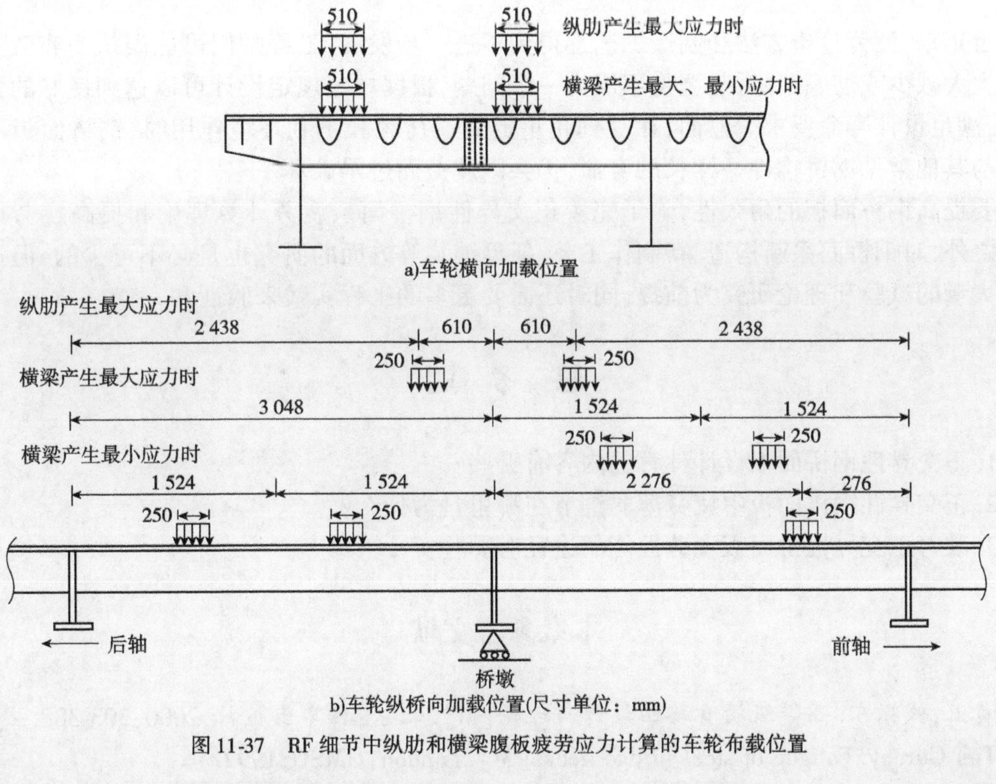


图 11-37　RF 细节中纵肋和横梁腹板疲劳应力计算的车轮布载位置

3)纵肋与横梁连接(RF)处横梁细节

以 50mm 的间隔施加一系列的车轮荷载来搜寻最大与最小应力的位置。车轮横向正对纵肋腹板的中心[图 11-37a)],而最大与最小加载时车轮的纵向位置则如图 11-37b)所示。最大应力发生在后轮荷载跨过横向 0.5 倍跨径处。最小应力发生在中间轴离横梁 0.5 倍跨径处,并且前轴位于横梁的另外一侧。最大应力发生的位置是纵肋底缘。由于此处与横梁连接的不连续效应,则应采用应力外推法计算结构应力和用于无限寿命设计的疲劳应力:

$$\sigma_{max}=1.5\times5.82-0.5\times4.02=6.72(\text{MPa})$$

$$\sigma_{min}=1.5\times(-8.97)-0.5\times(-7.52)=-9.7(\text{MPa})$$

$\gamma(\Delta f)_{横梁-焊缝}=1.5\times\{1.15\times[6.72-(-9.7)]\}=28.3(\text{MPa})<$ 细节类别 C 常幅疲劳极限

## 11.5 小　结

正交异性钢桥面板自发明以来经历了应用和不断完善的过程,早期建造的桥面板对细节和制造的研究还不太深入,在使用了 30 ~ 50 年之后就出现了疲劳开裂,并且修复比较困难。随着问题的不断出现和解决,正交异性桥面板中诸多细节构造得到了优化和改进。因此,正交异性钢桥面板尽管初始成本较高,但在生命周期成本上具有较高竞争优势。

随着计算技术的进步和更多的经验积累,正交异性钢桥面板的分析已经从早期整体宏观的直接理解发展到今天局部细观的精细化处理,诸如畸变等复杂的现象都能得到很好的模拟。

近年来,疲劳分析方法和制造工艺都得到了进一步发展,工程师们可能误认为疲劳开裂将会大大减少或彻底消除,甚至将不成为一个问题,根据规范规定设计可以达到良好的预期性能,满足设计寿命要求。然而,在受到超重的交通荷载和不利环境作用时,钢桥面板不能达到与其他常见钢桥构件一样长的寿命,仍会因疲劳而过早破坏。

要提高钢桥面板的耐久性,除了完善正交异性钢桥面系疲劳计算理论和提高疲劳计算精度之外,对钢桥面系新构造、新制作工艺、新型铺装等方面的研究也是必不可少的,但这需要以大量的试验和理论研究为前提,同时还需要更多的工程实践来验证和完善。

## 思　考　题

1. 正交异性钢桥面板设计计算的内容有哪些?
2. 正交异性钢桥面板中疲劳薄弱细节在哪里?为什么?
3. 改善正交异性桥面板疲劳性能的途径有哪些?

## 本章参考文献

[1] 黄卫,钱振东.高等级沥青路面设计与理论[M].北京:科学出版社,2000:303-388.
[2] Tim Gurney. Fatigue of steel bridge decks[M]. London:HMSO,1992.

[3] European committee for standardization. Eurocode 3: Design of steel structures [S]. ENV 1993-2:1997.
[4] 邓文中. 正交异性板钢桥面的一个新构思[J]. 桥梁,2007(4):10-16.
[5] 杨光. 钢桥面系抗疲劳设计关键问题研究[D]. 上海:同济大学,2008.
[6] US Department of Transportation Federal Highway Administration. Manual for design, construction and maintenance of orthotropic steel deck bridges. 2012.

# 第12章

# 组合桥梁分析

## 12.1 概　　述

古代桥梁所用的材料主要有土、石块、木材、藤、竹等天然材料，近代桥梁则主要使用铸铁、钢材、混凝土、铝合金、橡胶、塑料，近几年也有将各种纤维增强复合材料（FRP）应用到桥梁结构的。单独使用这些材料的结构一般用材料名称表述，譬如称为石结构、木结构、钢结构、混凝土结构等，而有许多结构是将其中两种或以上的材料混合使用的，譬如从古代起就有以石块为墩柱、上置木梁的梁式桥，以石块砌成拱肋、拱背填土的石拱桥等。

使用钢材、混凝土等建筑材料通过摩擦力、黏结力、机械咬合或连接件结合成一体并共同受力，从构件截面来看是异种材料的结合，故称为组合构件。将钢构件、混凝土构件及组合构件等两种或以上的构件通过连接件结合成一体，并能共同承担作用，从体系来看是异种构件的结合，则称为混合结构。组合构件与混合结构通称为组合结构，使用组合结构的桥梁称为组合桥梁。

组合构件的实例有钢板与混凝土板的组合桥面板、钢梁与混凝土板的组合梁、钢管混凝土墩柱、型钢混凝土墩柱等。组合构件的受力机理是充分利用钢材的抗拉强度及混凝土抗压强度大的特点，将其分别布置在受拉区及受压区，并通过钢材对混凝土的支援或混凝土对钢材的支援，使其结合性能超过两种材料简单叠合的力学性能。

混合结构的实例有钢梁与混凝土梁结合的混合梁、钢墩与混凝土墩结合的混合墩、钢拱肋与混凝土拱肋结合的混合拱等。混合结构的受力机理是充分利用钢材和混凝土的自重相差大以及强度不同的特点，将其构件分别布置在不同的受力位置，达到提高结构整体性能、方便施工的目的。

将钢材与混凝土组合、钢构件与混凝土构件混合使用，要发挥组合结构的性能最大化，关键是要确保异种材料或异种构件间的完全结合。但是任何两种材料或构件要达到完全结合极其困难，两者结合面间会不同程度地产生相对滑移，为此，就需要分析结合面间的连接作用机理，选择适当的连接结合方式构成合理的组合结构。组合桥梁设计中的另一难点，是混凝土不得已处于组合结构的受拉区时，如何采取措施降低混凝土的拉应力作用。

本章从异种材料与异种构件的结合作用机理分析各种组合构件、混合结构的力学特点；介绍了组合梁桥截面应力的计算方法；分析了焊钉连接件、开孔板连接件的力学性能和有限元模拟方法，以混合梁结合部、组合索塔锚固区为例论述连接件作用的有限元分析特点；并进一步分析支点负弯矩区的改善措施和连续组合梁桥计算方法。

## 12.2　组合桥梁结合性能分析

### 12.2.1　组合构件结合性能分析

作为组合构件有组合板梁、组合桁梁、钢管混凝土、型钢混凝土、组合索塔锚固区等，下面从如何确保钢与混凝土结合性能方面，分析各类组合构件的构造及力学特点[1]。

1)组合板梁桥

如图 12-1 所示，组合板梁桥通常是指 I 形截面或箱形截面钢梁与混凝土桥面板间，用型钢连接件、焊钉连接件或开孔板连接件结合在一起，两者间不能自由发生相对滑移、共同承担纵向弯矩的梁式构件。当把组合板梁用在正弯矩作用的跨中附近，即截面压缩区用抗压强度高的混凝土、截面拉伸区用抗拉强度高的钢材，能充分发挥两种材料的性能。同时，受弯纯钢梁一般是上翼缘压缩而发生反对称屈曲模态丧失承载能力，钢梁与混凝土桥面板完全结合后，混凝土板约束钢梁上翼缘的局部屈曲，组合后的材料性能进一步得到发挥。为此，要确保组合梁结合面性能的充分发挥，钢梁上翼缘板设置的连接件应具有足够抗剪强度承担剪力，并应具有抗拉拔性能承担掀起力。

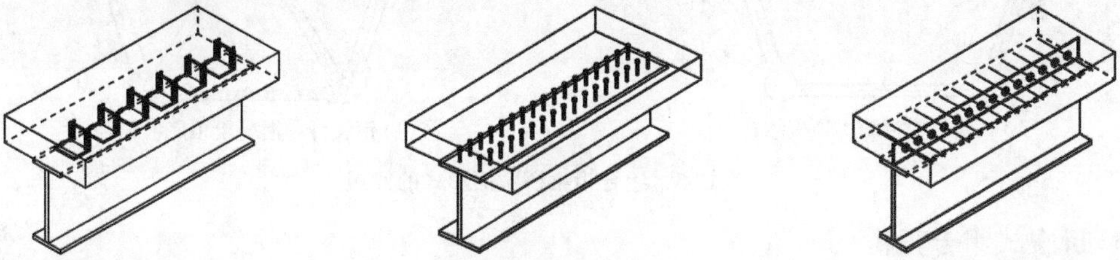


图 12-1　组合板梁

组合板梁桥承重体系近年来有了较大发展，在减少主梁间横向联系和腹板加劲肋的同时，采用预应力混凝土桥面板，把 2 车道桥的主梁由原来的 4 根减为 2 根，3 车道桥的主梁由 7 ~8 根减为 3 ~4 根。如图 12-2 所示，具有代表性的实例是法国于 1990 年完成的 Hopital 桥，2 根主梁的间距为 12. 6m，通过使用高强度混凝土桥面板及施加横向预应力来减少主梁根数。但是，随着主梁间距增大，腹板加劲肋与上翼缘板焊接的位置附近，上翼缘板较难随着混凝土桥面板变形，该处内侧及腹板正上方的连接件极易产生拉拔力。结合面连接件作用拉拔力，易造成混凝土桥面板局部开裂、同时将使连接件抗剪性能大幅度降低。

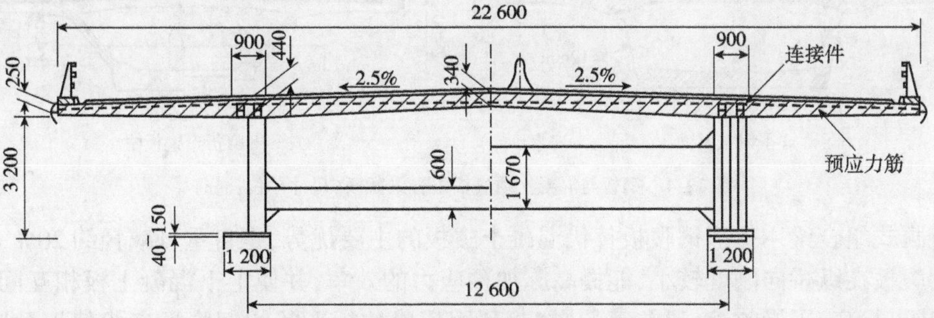


图 12-2　少主梁组合梁桥横截面(尺寸单位:mm)

2）组合桁梁桥

传统的组合桁梁桥是通过焊钉连接件把钢桁架上弦杆与混凝土桥面板结合，使两者成为一个整体共同受力。组合桁梁桥与组合板梁桥在受力上的最大不同在于，组合板梁主要受弯剪作用，轴力很小；而组合桁梁腹杆受到较大的轴力，由腹杆轴力所引起的弦杆与桥面板间的水平剪力较大。因而，组合桁梁桥在节点处附近的弦杆与桥面板间有两种水平剪力作用，即由截面剪力与腹杆轴力各自产生的集中水平剪力，为此节点处需要集中布置焊钉连接件。

如图 12-3 所示，近年来组合桁梁桥截面有两种发展形式，即不使用上弦杆，腹杆直接与混凝土桥面板结合；上下弦杆都不使用，腹杆直接与顶底板混凝土结合。传统的组合桁梁桥在正弯矩区上弦杆承受压力，钢杆件受压不利，而用混凝土桥面板代替上弦杆的作用，能够充分发挥混凝土桥面板的抗压性能。腹杆直接与顶底板混凝土结合的梁结构已不具备桁架结构的特性，它是由混凝土箱梁结构发展而来，通过使用钢杆件代替混凝土腹板达到改善混凝土箱梁性能的目的，为此称为桁腹式组合梁桥。

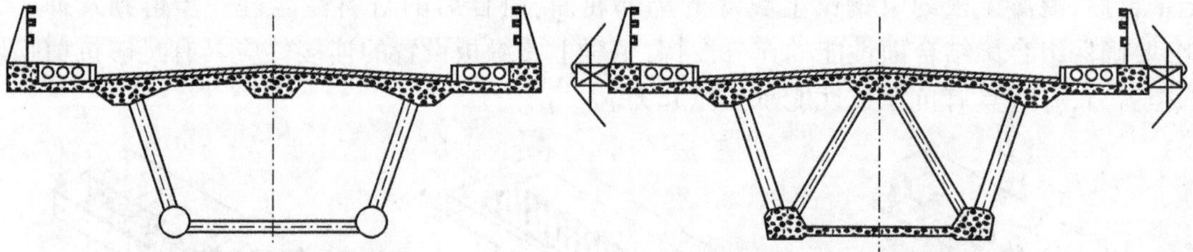

a) 钢腹杆与混凝土顶板结合　　b) 钢腹杆与混凝土顶底板结合

图 12-3　组合桁梁桥截面形式的发展

3）折腹式组合梁桥

混凝土箱梁桥的腹板与顶底板形成一体，顶底板的温度差及其腹板的干燥收缩引起的应力问题比较突出，经常出现各种各样的裂缝，严重地影响了承载性能及其耐久性。如图 12-4 所示，法国桥梁工程界提出用钢板与混凝土顶底板结合的组合梁截面形式。首先是提出用平钢腹板来代替混凝土腹板的箱梁结构，但是在施加纵向预应力时钢腹板损失了部分预应力，并且为防止发生局部屈曲必须焊接纵向加劲肋。进而提出用弯成折形形状的薄壁钢板来代替混凝土腹板，于 1986 年建成了跨度为 31m + 43m + 31m 的连续箱梁桥，随后于 1987 年、1995 年分别建成了 Maupre 桥、Dole 桥。

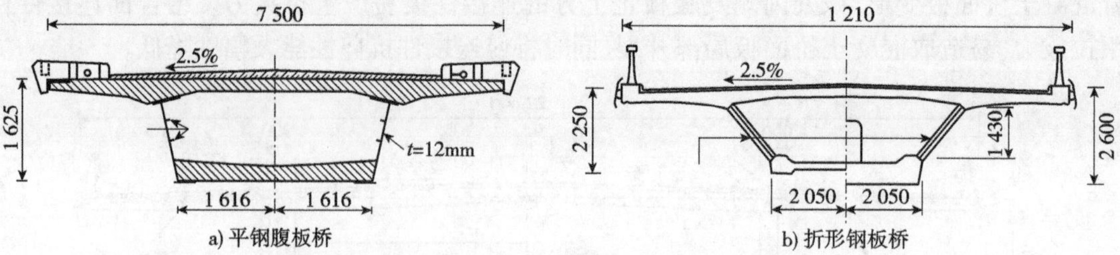


a) 平钢腹板桥　　b) 折形钢板桥

图 12-4　钢板与混凝土顶底板组合梁截面（尺寸单位：mm）

折腹式组合梁用折形钢腹板替代混凝土腹板的主要优势，是自重可减轻约 20% ~30%；折形钢腹板在纵桥向刚度较小，能提高施加预应力的效率，并使上下混凝土板相互间不受到约束，减小徐变、干燥收缩、温差等的影响；利用弯成波折形状的钢腹板来代替加劲肋，具有很高的抗剪强度;箱梁腹板制作可以实现工厂化,并且有减轻自重,架设施工较容易等特点。

4)组合墩柱

如图 12-5 所示,组合墩柱主要以钢管混凝土、型钢混凝土构成。圆形钢管混凝土墩柱在压缩荷载作用下,接近压坏时填充混凝土的泊松比由约 0.2 增大到约 0.5。由于钢管的约束,填充混凝土处在三向约束状态下,钢管混凝土墩柱的承载能力高于钢管与混凝土承载力的单独累加。钢管混凝土具有承载能力较大,同时不需要模板及其绑扎钢筋、工期能够缩短等优点。

型钢混凝土可分成实腹式与空腹式,作为墩柱使用时一般情况下不需要在型钢与混凝土间设置连接件,通过限制型钢的尺寸来提高两者间的接触面积,即黏结性能。在型钢混凝土墩柱中需设置纵向钢筋和横向箍筋,空腹式墩柱需限制型钢的长细比。采用型钢混凝土墩柱可以减少墩柱截面,同时混凝土对钢材可起到保护作用。

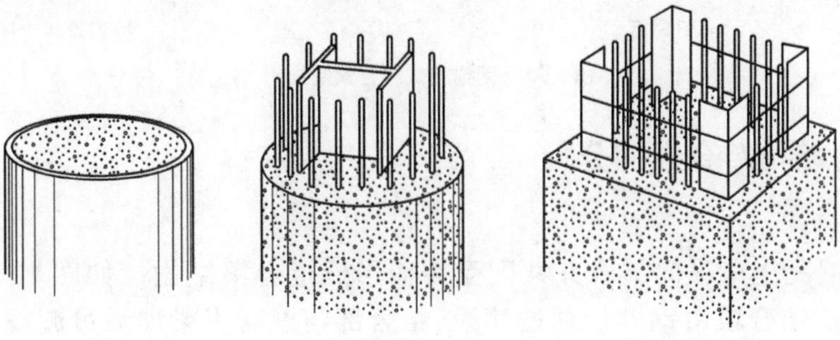


图 12-5　组合墩柱的构造

5)组合索塔锚固区

斜拉桥主塔的拉索锚固部位,是一个将拉索局部集中力分散到主塔全截面,并均匀地传递到锚固区以下塔柱的重要受力构造。拉索锚固部位的构造,与拉索布置形式、拉索张拉工法、主塔的构造等因素有关。近年来大跨径斜拉桥索塔锚固多采用组合索塔锚固,其特点是以钢结构承担拉索水平分力、以混凝土塔壁承担拉索竖向分力。

如图 12-6 所示,组合索塔锚固主要形式有钢锚梁式及钢锚箱式。钢锚梁组合索塔锚固是将钢锚梁沿顺桥向置于混凝土索塔内壁的牛腿上,牛腿有混凝土牛腿和钢牛腿两种形式。混凝土牛腿从索塔内壁凸出,与塔壁同时浇筑成一体;钢牛腿则焊接在钢壁板上,通过钢壁板背面设置的连接件,将斜拉索索力传递给混凝土塔壁。

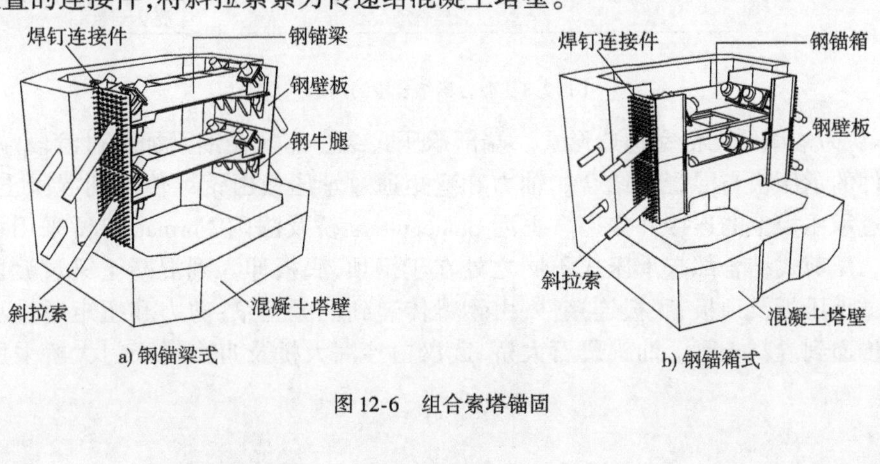


图 12-6　组合索塔锚固

如图12-7所示,依据钢锚箱在混凝土塔壁中的位置,可将钢锚箱组合索塔锚固分为外露式和内置式两种方式。外露式钢锚箱将混凝土塔壁分开,斜拉索的竖向分力由锚箱侧板的连接件传递到混凝土塔壁,通过塔壁的环形预应力提高侧板与混凝土塔壁结合面的压应力,确保连接件的传剪效果。内置式钢锚箱锚固区混凝土塔柱是完整的箱形结构,钢锚箱封闭在混凝土塔壁内部,斜拉索的竖向分力由锚箱端板上的连接件传递到混凝土塔壁,连接件处于钢端板与混凝土塔壁的受压状态中。

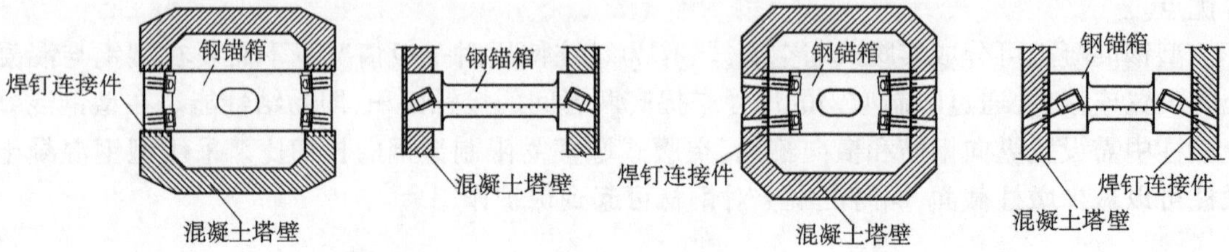


a) 外露式　　b) 内置式

图12-7　钢锚箱式组合索塔锚固

## 12.2.2　混合结构结合性能分析

1)混合梁

将钢梁与混凝土梁纵向结合并共同受力而形成混合梁结构。如图12-8所示,钢梁与混凝土梁间的结合段由钢梁加劲过渡段、结合部与混凝土梁加强过渡段构成,即在两侧分别加强钢梁和混凝土梁截面,形成钢梁加劲过渡段和混凝土梁加强过渡段,并在两过渡段交界面处布置连接件、承压板和预应力筋,形成结合部。结合部可分为无格室与有格室构造。

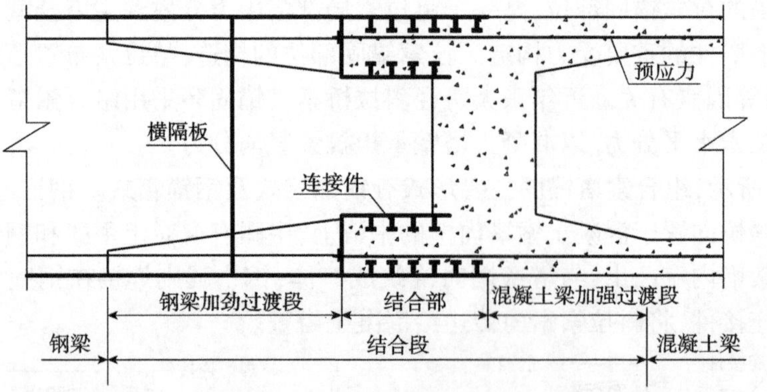


图12-8　混合梁结合段的构成

图12-9为常用的无格室构造形式。端部承压式结合部是在钢梁加劲过渡段端部,设置焊有连接件的承压板与混凝土结合。轴力和弯矩通过承压板由钢梁传递到混凝土梁,剪力和扭矩通过承压板上的连接件传递。香港Stonecutters桥及法国Normandy桥采用承压式结合部构造。压剪式结合部与承压式不同之处在于钢顶、底板伸入到混凝土梁过渡段。轴力和弯矩通过承压板及顶板、底板连接件,由钢梁传递到混凝土梁;剪力和扭矩通过承压板上的连接件传递到混凝土梁。汕头礐石大桥、武汉白沙洲大桥及舟山桃夭门大桥采用了类似的结合部。

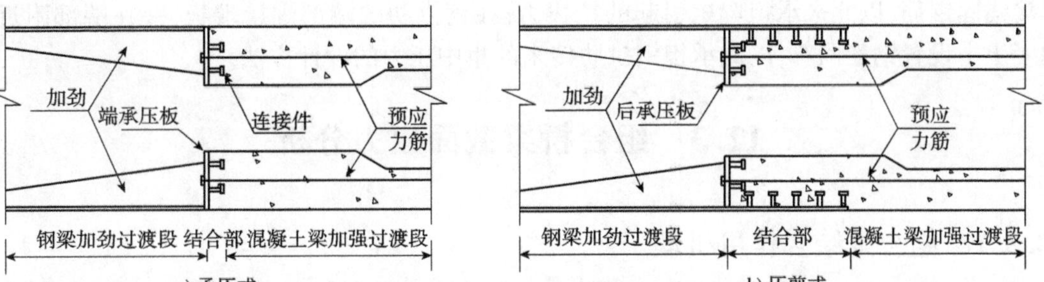


a) 承压式　　b) 压剪式

图 12-9　无格室结合部构造

图 12-10 所示为有格室结合部构造形式，依据承压板的位置有前承压板、后承压板及前后承压板三种方式。结合部轴力及弯矩由格室内的连接件和承压板传递，剪力及扭矩由承压板上的连接件传递。有格室结合部与无格室结合部相比，增强了结合段的整体性，增加了结合部的传力面；将结合部混凝土包裹于钢格室内，改善混凝土的抗裂性。有格室结合部构造形式在鄂东长江大桥、荆岳长江大桥、九江长江大桥等桥梁中得到应用。

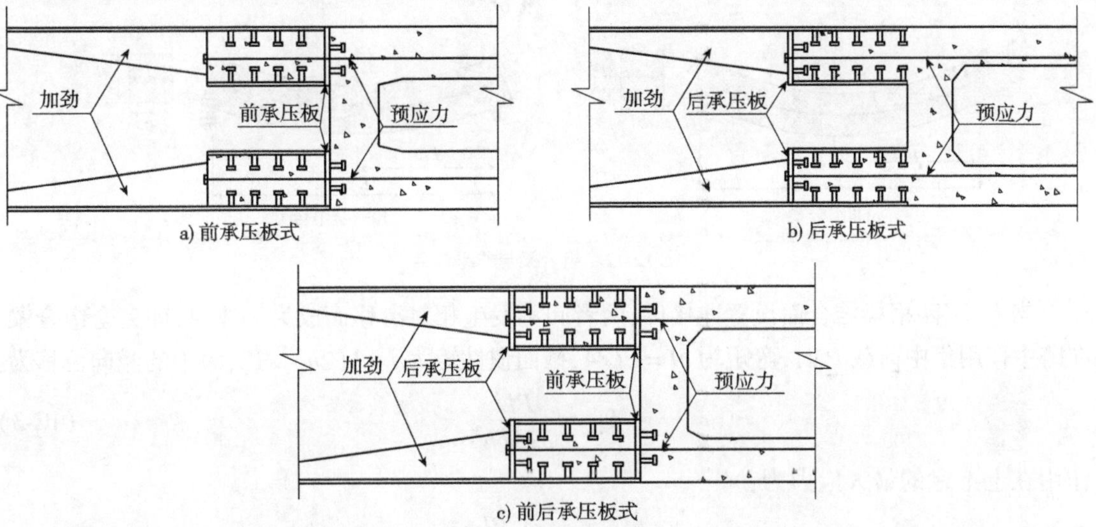


图 12-10　有格室结合部构造

2）混合拱

拱桥拱肋上作用轴压力较大，当采用钢拱肋结构时，由于承台或拱座截面尺寸通常要大于拱肋截面尺寸，钢拱肋上的集中力在承台或拱座中较容易扩散。当钢拱肋与混凝土拱肋直接连接时，钢拱肋上的集中力在混凝土拱肋中较难扩散，受力较复杂。

图 12-11 所示为广西南宁大桥混合拱肋结合部的构造形式，采用了将钢拱肋上作用的部分轴压力转换成通过连接件传递剪力的形式。从而改变了以往在设计钢拱肋与混凝土拱肋或拱座固结结合时，采取在埋入混凝土拱肋或拱座中的钢拱肋上

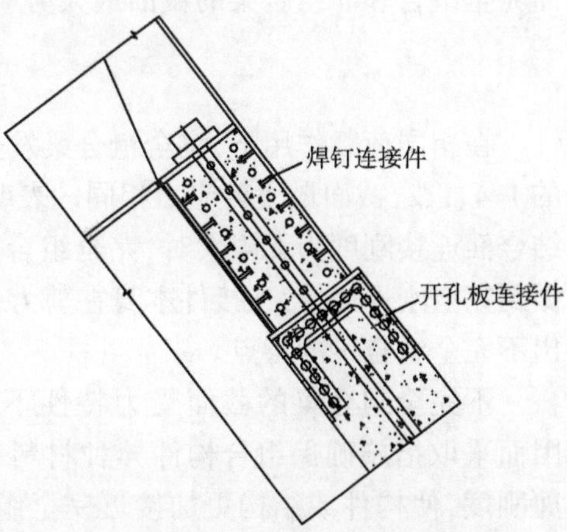


图 12-11　混合拱肋结合部构造

焊接锚固钢筋,以此来承担弯矩引起的拉拔力;在钢拱肋的端部焊接端板,并在端部附近的混凝土中设置钢筋网等,以此承担钢拱肋传来的集中压力的设计方法。

# 12.3 组合桥梁截面应力分析

## 12.3.1 组合梁结合作用机理

图12-12所示是把材料性质及其截面尺寸完全相同的两根梁叠合在一起,两者间连接件设置与否时的示意图[1]。当两根梁之间不设置连接件,即非组合梁,在跨中作用集中荷载 $P$ 时,每根梁跨中的弯矩为 $M=PL/8$,截面惯性矩为 $I=bh^3/12$,设 $E$ 为弹性模量,跨中的竖向位移为:

$$f_{\max}=\frac{PL^3}{8Ebh^3} \tag{12-1}$$

作用在上下缘的最大应力为:

$$\sigma_{\max}=\frac{3}{4}\frac{PL}{bh^2} \tag{12-2}$$

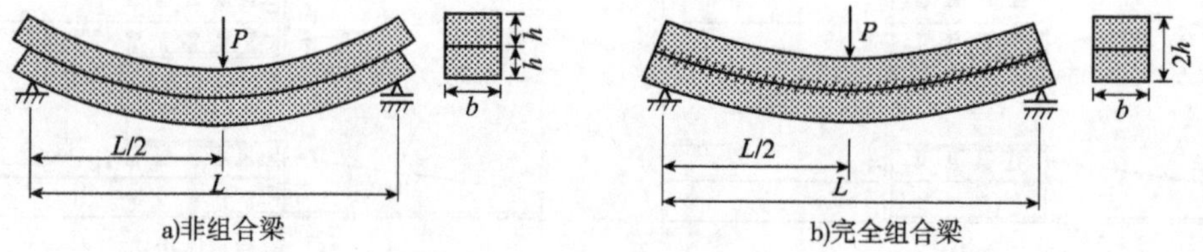


图12-12　组合梁与非组合梁

当上、下两根梁结合面设置连接件,两者间不发生相对滑移而成为一体时,即完全组合梁。在跨中作用集中荷载 $P$ 时,弯矩为 $M=PL/4$,截面惯性矩为 $I=b(2h)^3/12$,跨中的竖向位移为:

$$f_{\max}=\frac{PL^3}{32Ebh^3} \tag{12-3}$$

作用在上下缘的最大应力为:

$$\sigma_{\max}=\frac{3}{8}\frac{PL}{bh^2} \tag{12-4}$$

而完全组合和非组合梁的截面最大剪应力为:

$$\tau_{\max}=\frac{3}{8}\frac{P}{bh} \tag{12-5}$$

在相同荷载作用下,完全组合梁发生的最大竖向位移、最大截面正应力分别为非组合梁的1/4、1/2,截面最大剪应力相同。表明上、下梁完全结合与否在力学性能上的差异很大,当结合面连接刚度为无限大时,完全组合梁的性能就可以充分发挥。但是结合面的连接很难做到完全刚性连接,连接件本身在剪力作用下也会发生变形,因此实际梁的整体性能会表现出不完全组合梁的特点。

不完全组合梁的截面受力特性不符合平截面假定,在设计计算上增加了较大难度。因而采取措施确保组合构件异种材料、混合结构异种构件间结合的连接件具有足够的抗剪刚度,使构件或结构更加接近完全组合,这样可以采用应变平截面假定成立的计算方法进行设计。

## 12.3.2 组合梁荷载作用下截面应力分析

如图12-13所示,采用截面分力法将截面上作用的弯矩 $M$,分解成分别作用在钢梁与桥面板截面上的弯矩 $M_s$、$M_c$ 及其轴力 $N_s$、$N_c$,依据梁的计算理论按式(12-6)计算桥面板上、下缘及其钢板梁上、下缘的应力[1]。

$$\left.\begin{aligned}\sigma_{cu}&=\frac{N_c}{A_c}+\frac{M_c}{I_c}z_u, &\quad \sigma_{cl}&=\frac{N_c}{A_c}-\frac{M_c}{I_c}z_l\\ \sigma_{su}&=\frac{N_s}{A_s}-\frac{M_s}{I_s}z_c, &\quad \sigma_{sl}&=\frac{N_s}{A_s}+\frac{M_s}{I_s}z_t\end{aligned}\right\} \tag{12-6}$$

式中:$z_u$、$z_l$、$z_c$、$z_t$——分别表示钢梁与桥面板相对于各自中性轴的缘端距离。

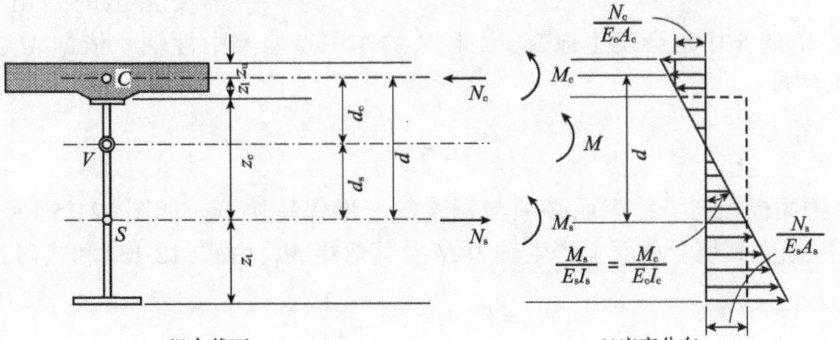


图12-13 截面分力法

截面上分解的作用力平衡式为:

$$\left.\begin{aligned}M_c+M_s+N_sd&=M\\ N_c&=N_s\end{aligned}\right\} \tag{12-7}$$

其截面转角与轴向变形的条件式为:

$$\left.\begin{aligned}\frac{M_c}{E_cI_c}&=\frac{M_s}{E_sI_s}\\ \frac{N_c}{E_cA_c}+\frac{N_s}{E_sA_s}&=\frac{M_s}{E_sI_s}d\end{aligned}\right\} \tag{12-8}$$

由上述组合截面的作用力平衡与位移条件式,推导出 $M_s$、$M_c$、$N_s$、$N_c$ 的计算式为:

$$M_s=\frac{I_s}{I_v}M \tag{12-9}$$

$$M_c=\frac{I_c}{nI_v}M \tag{12-10}$$

$$N_c=N_s=\frac{A_sd_s}{I_v}M=\frac{A_cd_c}{nI_v}M \tag{12-11}$$

式中:$n$——弹性模量比,即 $n=E_s/E_c$;

$I_v$——组合截面的惯性矩,依据钢梁与桥面板的截面积及其相对于各自中性轴的惯性矩计算。

其中,混凝土桥面板的压缩与钢梁的拉伸分别设为正。

## 12.3.3 组合梁长期作用下截面应力分析

1)混凝土板徐变引起的截面应力

组合梁在弯矩 $M$ 的作用下,混凝土桥面板截面上分担了弯矩 $M_c$ 及其轴力 $N_c$。在荷载的持续作用下,当混凝土徐变受到约束时就会发生附加应力。如图12-14所示,当桥面板不受到钢梁约束时,其截面中性轴上会因徐变而自由地产生应变 $\varepsilon_1$;当使桥面板的截面返回到当初的应变状态时,施加的拉力为 $N_1$。需要指出的是由于桥面板截面上的弯矩 $M_c$ 的作用也会发生徐变,因此 $N_1$ 的作用点偏离中性轴。依据 $M_c = N_c e_c$,求出偏心距的计算式:

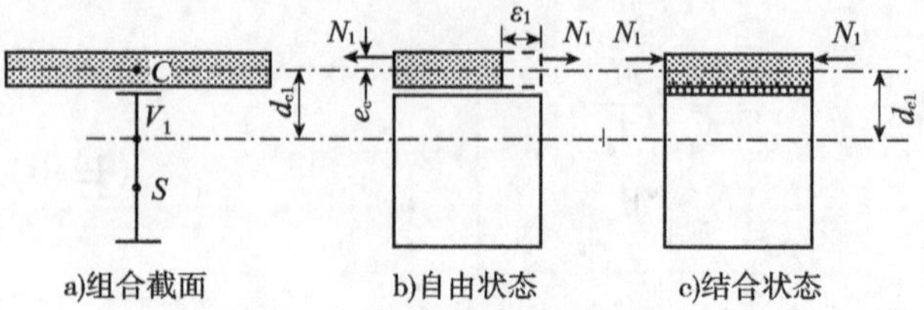


图 12-14 徐变的影响

$$e_c = \frac{I_c}{A_c d_c} \tag{12-12}$$

实际上桥面板受到了约束而必须与钢梁的变形保持协调。如图 12-15 所示,为此将拉力 $N_1$ 释放,因徐变其组合截面上产生轴力 $N_1$ 及其弯矩 $M_1$,由式(12-13)和式(12-14)计算:

$$N_1 = E_{c1} A_c \varepsilon_{c1} = \frac{2\varphi_1}{2+\varphi_1} N_c \tag{12-13}$$

$$M_1 = N_1 (d_{c1} + e_c) \tag{12-14}$$

$d_{c1}$ 为桥面板中性轴 $C$-$C$ 到考虑徐变后的组合截面中性轴 $V_1$-$V_1$ 的距离,徐变引起的最终应变 $\varepsilon_{c1} = \sigma_c / E_c \varphi_1$,$\varphi_1$ 为持续荷载作用下的徐变系数。在考虑徐变的影响时,混凝土的弹性模量为 $E_{c1} = E_c/(1+\varphi_1/2)$,钢与混凝土的弹性模量比为 $n_1 = n(1+\varphi_1/2)$。

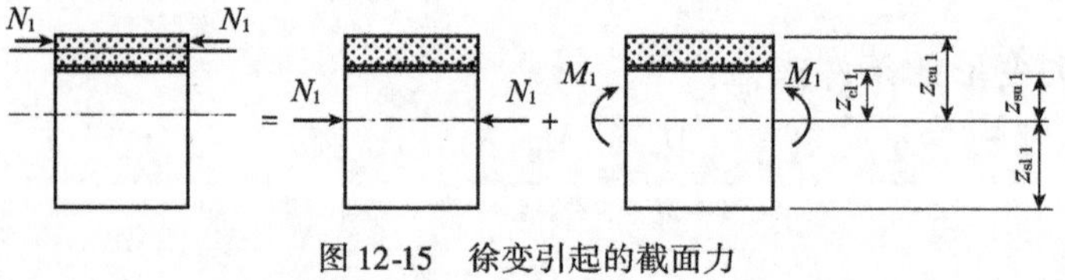


图 12-15 徐变引起的截面力

依据截面合力法计算由徐变引起的桥面板上、下缘及其钢板梁上、下缘所发生的应力:

$$\left.\begin{aligned}
\sigma_{cu1} &= \frac{2\varphi_1}{2+\varphi_1}\sigma_{cu} - \frac{1}{n_1}\left(\frac{N_1}{A_{v1}} + \frac{M_1 z_{cu1}}{I_{v1}}\right)\\
\sigma_{cl1} &= \frac{2\varphi_1}{2+\varphi_1}\sigma_{cl} - \frac{1}{n_1}\left(\frac{N_1}{A_{v1}} + \frac{M_1 z_{cl1}}{I_{v1}}\right)\\
\sigma_{su1} &= -\frac{N_1}{A_{v1}} - \frac{M_1 z_{su1}}{I_{v1}}\\
\sigma_{sl1} &= -\frac{N_1}{A_{v1}} + \frac{M_1 z_{sl1}}{I_{v1}}
\end{aligned}\right\} \tag{12-15}$$

式中: $I_{v1}$——考虑徐变后的组合截面惯性矩;

$z_{su1}$、$z_{sl1}$、$z_{cu1}$、$z_{cl1}$——分别表示钢梁与桥面板相对于考虑徐变后的组合截面中性轴 $V_1$-$V_1$ 的缘端距离。

2)混凝土板收缩变形引起的截面应力

收缩变形与徐变一样也是混凝土所特有的性质，伴随着收缩变形，徐变也相继发生。设徐变系数为 $\varphi_2$，则混凝土的弹性模量为 $E_{c2}=E_c/(1+\varphi_2/2)$，钢与混凝土的弹性模量比为 $n_2=n(1+\varphi_2/2)$。如图 12-16 所示，当桥面板不受到钢梁约束时，其截面中性轴上会因收缩变形而自由地产生应变 $\varepsilon_2$；当使桥面板的截面返回到当初的应变状态时，施加的拉力为 $N_2$。如图 12-17 所示，因收缩变形组合截面上产生的轴力 $N_2$ 及弯矩 $M_2$ 为：

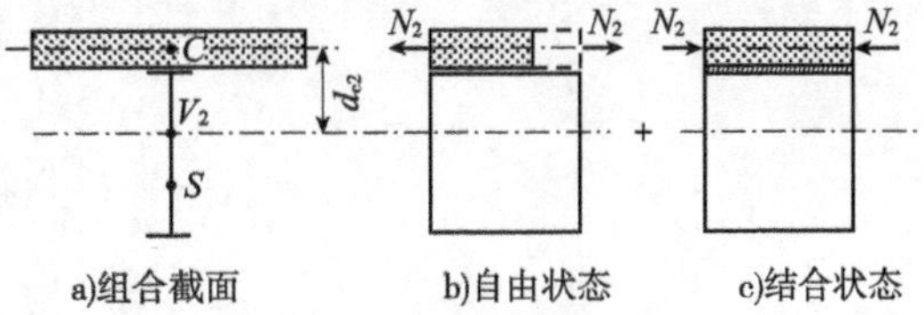


图 12-16　收缩变形的影响

$$N_2=E_{c2}A_c\varepsilon_2 \tag{12-16}$$

$$M_2=N_2d_{c2} \tag{12-17}$$

式中：$d_{c2}$——桥面板中性轴 $C$-$C$ 到考虑收缩后的组合截面中性轴 $V_2$-$V_2$ 的距离。

由收缩变形引起的桥面板上、下缘及钢板梁上、下缘所发生的应力为：

$$\left.\begin{aligned}\sigma_{cu2}&=\frac{1}{n_2}\left(\frac{N_2}{A_{v2}}+\frac{M_2z_{cu2}}{I_{v2}}\right)-\varepsilon_2E_{c2}\\\sigma_{cl2}&=\frac{1}{n_2}\left(\frac{N_2}{A_{v2}}+\frac{M_2z_{cl2}}{I_{v2}}\right)-\varepsilon_2E_{c2}\\\sigma_{su2}&=\frac{N_2}{A_{v2}}+\frac{M_2z_{su2}}{I_{v2}}\\\sigma_{sl2}&=-\frac{N_2}{A_{v2}}+\frac{M_2z_{sl2}}{I_{v2}}\end{aligned}\right\} \tag{12-18}$$

式中：　$I_{v2}$、$A_{v2}$——分别为考虑收缩变形后的组合截面惯性矩及其面积；

$z_{su2}$、$z_{sl2}$、$z_{cu2}$、$z_{cl2}$——分别表示钢梁与桥面板相对于考虑收缩变形后的组合截面中性轴 $V_2$-$V_2$ 的缘端距离。

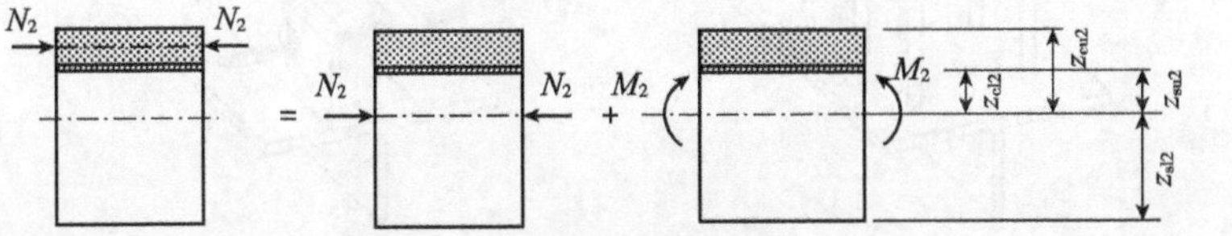


图 12-17　收缩变形引起的截面力

3)温差引起的截面应力

钢梁与桥面板两者间产生的温差的影响也不容忽视。即使对于简支组合梁的结构体系，钢梁与混凝土桥面板的温度升降不同，两者间必然产生温差 $\Delta T$，如图 12-18 所示。可以不考虑徐变的影响，即混凝土的弹性模量不因温差而改变。设钢材与混凝土的热膨胀系数都为 $\alpha$，因温差组合截面上产生轴力 $N_3$ 及弯矩 $M_3$ 为：

图 12-18　温差分布

$$N_3=E_cA_c\alpha\Delta T \tag{12-19}$$

$$M_3=N_3d_c \tag{12-20}$$

当桥面板比钢梁温度低的情况下，由温差引起的桥面板上、下缘及钢板梁上、下缘所发生的应力为：

$$\left.\begin{aligned}\sigma_{\mathrm{cu}\,3} &= \frac{1}{n}\left(\frac{N_3}{A_{\mathrm{v}}}+\frac{M_3 z_{\mathrm{cu}}}{I_{\mathrm{v}}}\right)-\alpha\Delta T E_{\mathrm{c}}\\ \sigma_{\mathrm{cl}\,3} &= \frac{1}{n}\left(\frac{N_3}{A_{\mathrm{v}}}+\frac{M_3 z_{\mathrm{cl}}}{I_{\mathrm{v}}}\right)-\alpha\Delta T E_{\mathrm{c}}\\ \sigma_{\mathrm{su}\,3} &= \frac{N_3}{A_{\mathrm{v}}}+\frac{M_3 z_{\mathrm{su}}}{I_{\mathrm{v}}}\\ \sigma_{\mathrm{sl}\,3} &= -\frac{N_3}{A_{\mathrm{v}}}+\frac{M_3 z_{\mathrm{sl}}}{I_{\mathrm{v}}}\end{aligned}\right\} \tag{12-21}$$

另外，计算因温差引起的截面应力时，采用相对于组合截面中性轴 $V$-$V$ 的参数，不考虑刚度随时间的变化。

## 12.4 组合桥梁连接件作用分析

钢与混凝土结合面间最常用的连接形式是设置焊钉连接件、开孔板连接件等，并通过计算结合面作用剪力和连接件抗剪强度进行设计验算。为此，了解连接件的基本力学性能及其组合构件、混合结构的结合面剪力计算方法极为重要。

### 12.4.1 连接件基本力学性能

连接件在钢与混凝土组合结构中的应用范围拓宽后，应用形式也呈多样化。按照形式分类大致有钢筋连接件、型钢连接件、焊钉连接件、开孔板连接件及组合连接件。如图 12-19 所示，主要介绍常用的焊钉连接件、开孔板连接件的基本力学性能。

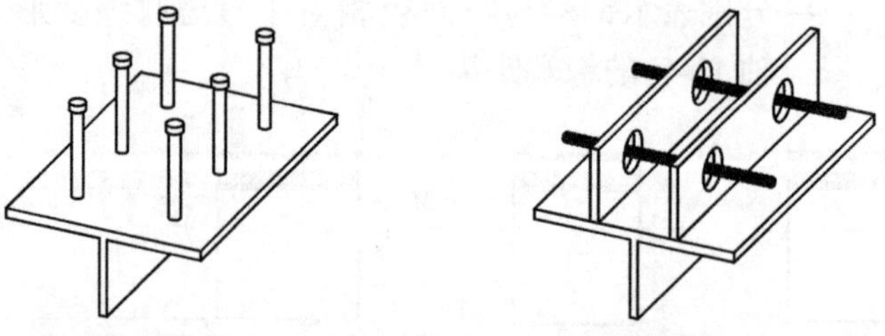

a) 焊钉连接件　　b) 开孔板连接件

图 12-19　连接件构造形式

焊钉连接件的力学性能不具有方向性，使用专用焊接机焊接，质量容易保证。焊钉的焊接过程是以母材的钢板为正极，焊钉为负极，在强电流作用下两者间放电起弧、金属熔化，此时焊枪将焊钉压入熔池，冷却后即完成了整个焊接。通过在焊接时使用瓷环，控制了焊缝的尺寸及形状，同时能够降低焊缝的冷却速度、防止焊缝出现裂纹。

焊钉的应用形式不仅局限在像组合梁中的焊钉头部朝上正立，而且还有头部倒立、侧立等各种类型。处于构件中不同位置的焊钉，其根部的混凝土密实度及其所受剪力的作用方向不同，其力学性能也会有差异。混凝土浇筑方向对初期刚度及其残余滑移量影响比较大，特别是处于侧立的焊钉，比其他形式的焊钉影响要大。这是因为对处于侧立的焊钉，混凝土自下而上浇筑时，不仅焊钉的根部，而且含有头部在内的整个焊钉下侧的混凝土密实度都较差，从而在载荷初期阶段影响就比较明显。

许多研究者对焊钉连接件在单个设置时的抗剪承载力进行了研究，依据试验结果也各自提出了计算方法，各计算公式反映的各种影响因素的程度不完全相同。文献[2]采用双折线模型拟合焊钉连接件抗剪承载力计算式，考虑焊钉杆部与混凝土的组合作用。通过焊钉连接件推出试验数据进行回归分析，得到焊钉连接件抗剪承载力计算式为：

$$\left.\begin{aligned} V_u &= 0.50A_s\sqrt{E_c f_{ck}}, & \sqrt{E_c f_{ck}} &\leqslant 700.0 \\ V_u &= 0.20A_s\sqrt{E_c f_{ck}} + 210.0A_s, & \sqrt{E_c f_{ck}} &> 700.0 \end{aligned}\right\} \tag{12-22}$$

式中：$E_c$、$f_{ck}$、$A_s$——分别为混凝土的弹性模量（MPa）、抗压强度（MPa）和焊钉杆部面积（$mm^2$）。

开孔板连接件是指依据钢板圆孔中的混凝土承担结合面作用力的连接形式，是沿着钢梁纵向设置，依靠圆孔中的混凝土加强两者间的连接。钢板的圆孔可以贯通钢筋。设置贯通钢筋可以进一步增大抗剪强度及变形能力。开孔板连接件在桥梁结构中主要有两种应用形式，即在钢构件加劲板上开孔；或直接在主要受力板件上开孔。开孔板连接件的作用机理主要有三个方面：一是依靠孔中混凝土的抗剪作用承担沿钢板的纵向剪力；二是依靠孔中混凝土的抗剪作用承担钢与混凝土间的分离力；三是与型钢连接件相同，依靠钢板受压承担面外的横向剪力。

各国学者依据试验认为影响开孔板连接件抗剪承载力的主要因素，有开孔孔径、混凝土强度、孔中钢筋的直径和强度，提出了不同的开孔板连接件抗剪承载力计算式。文献[3]基于试验结果，认为影响开孔板连接件抗剪承载力的主要因素是开孔板孔径、混凝土强度、孔中钢筋直径及屈服强度，其抗剪承载力由孔中混凝土、孔中钢筋以及孔中钢筋对混凝土约束三部分作用构成。为此，将孔中钢筋对混凝土的约束作用包含在孔中钢筋的作用中，对开孔板连接件抗剪试验数据进行回归分析，得到可同时适用于有、无孔中钢筋的开孔板连接件抗剪承载力计算式：

$$V_u = 1.38(d^2 - d_s^2)f_c + 1.24d_s^2 f_y \tag{12-23}$$

式中：$d$——开孔板孔径；

$f_c$——混凝土棱柱体抗压强度；

$d_s$、$f_y$——分别为孔中钢筋直径及屈服强度。

该式第二项包括孔中钢筋自身及其对混凝土约束作用两部分抗剪承载力。

### 12.4.2 组合桥梁有限元分析方法

焊钉连接件是组合结构的关键组成部分，精确地模拟连接件局部应力分布涉及复杂的材料非线性，十分困难。但对于工程结构分析，重点是获得荷载在组合结构不同材料间的分配关系及结合面存在滑移时结构的变形。组合桥梁结合面连接件可采用实体单元模拟，能较好地模拟结合面的性能，但由于计算容量限制，只适合对焊钉布置数目较少的组合结构进行分析。

模拟连接件的另一种方法是将连接件的受力分解，每个连接件用三个弹簧单元模拟，其中两个模拟连接件抗剪作用、一个模拟拉拔作用。这一方法可以直接采用推出试验的剪力-相对滑移曲线作为弹簧元非线性刚度。

连接件在空间结构中当采用正交三弹簧来模拟时，所连接的两点在空间位置上是相同的，只表示力学上的模型，无几何尺寸。连接单元的应变与应力的性质同平面问题一样，假设连接单元在局部坐标系中所连接的两点位移矢量为：

$$\boldsymbol{\delta} = \begin{bmatrix} u_i & v_i & w_i & u_j & v_j & w_j \end{bmatrix} \tag{12-24}$$

设连接单元与参考面距离为 $z$，根据应变与位移的关系：

$$\varepsilon_x = u_j - u_i, \varepsilon_y = v_j - v_i, \varepsilon_z = w_j - w_i \tag{12-25}$$

以矩阵形式表示为：

$$\boldsymbol{\varepsilon} = \boldsymbol{B\delta} \tag{12-26}$$

式中：$\boldsymbol{B}$——单元应变矩阵，具体表达式为：

$$\boldsymbol{B} = \begin{bmatrix} -1 & 0 & 0 & 1 & 0 & 0 \\ 0 & -1 & 0 & 0 & 1 & 0 \\ 0 & 0 & -1 & 0 & 0 & 1 \end{bmatrix} \tag{12-27}$$

根据材料的本构关系：

$$\boldsymbol{\sigma} = \boldsymbol{D\varepsilon} \tag{12-28}$$

其中，

$$\boldsymbol{D} = \begin{bmatrix} k_x & 0 & 0 \\ 0 & k_y & 0 \\ 0 & 0 & k_z \end{bmatrix} \tag{12-29}$$

则有：

$$\boldsymbol{\sigma} = \boldsymbol{DB\delta} \tag{12-30}$$

依据能量原理，可得单元节点位移与节点力的关系为：

$$\boldsymbol{F}_{\mathrm{e}} = \boldsymbol{K}_{0\mathrm{e}}\boldsymbol{\delta}_{\mathrm{e}} \tag{12-31}$$

式中：$\boldsymbol{K}_{0\mathrm{e}}$——单元在局部坐标系中的单元刚度矩阵。

$$\boldsymbol{K}_{0\mathrm{e}} = \boldsymbol{B}^{\mathrm{T}}\boldsymbol{DB} \tag{12-32}$$

关于连接件单元的刚度系数，通常是由试验来确定，根据已有的连接件的剪力 $V$—滑移 $s$ 曲线，即可以得到：

$$k_x = \frac{\mathrm{d}V}{\mathrm{d}s_x}, k_y = \frac{\mathrm{d}V}{\mathrm{d}s_y}, k_z = \frac{EA}{L}$$

式中：$E$、$A$、$L$——分别为连接件的弹性模量、截面面积及长度。

## 12.4.3 混合梁结合部有限元分析实例

如图 12-20 所示为混合梁结合部的格室构造。结合部钢格室内填充混凝土，设置焊钉和开孔板连接件，并在隔板圆孔内贯穿钢筋。格室高度为 850mm，结合部纵桥向长度为2 000mm，横桥向格室宽度为 1 740mm。在钢腹板共设置三排圆孔，开孔板孔径为 60mm，圆孔中心间距为 225mm，孔内贯通直径 20mm 的钢筋。格室顶板布置 2 ×5 根、底板布置5 ×5根焊钉连接件，其直径 22mm、高度 140mm。

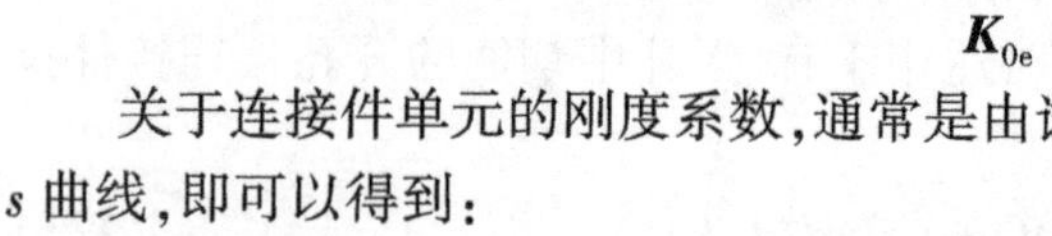

图 12-20 混合梁结合部格室构造(尺寸单位:mm)

如图 12-21 所示，针对结合部格室建立考虑连接件作用、相对接触和滑移的实体有限元模型。混凝土以及钢格室顶板、底板、隔板采用实体单元模拟。焊钉连接件采用实体单元模拟，并与钢格室间采用固结约束，焊钉与混凝土间设置接触单元，模拟焊钉与混凝土间的局部作用。开孔板连接件的隔板、孔中混凝土及横向贯通钢筋均采用实体单元模拟，钢板圆孔与孔中混凝土间设置接触单元，模拟开孔隔板对混凝土的局部作用。钢筋与孔中混凝土共用节点，以模拟钢筋对孔中混凝土的约束作用。钢格室、焊钉及开孔钢板，与混凝土结合面处设置接触单元，模拟钢与混凝土间的接触及相对滑移。

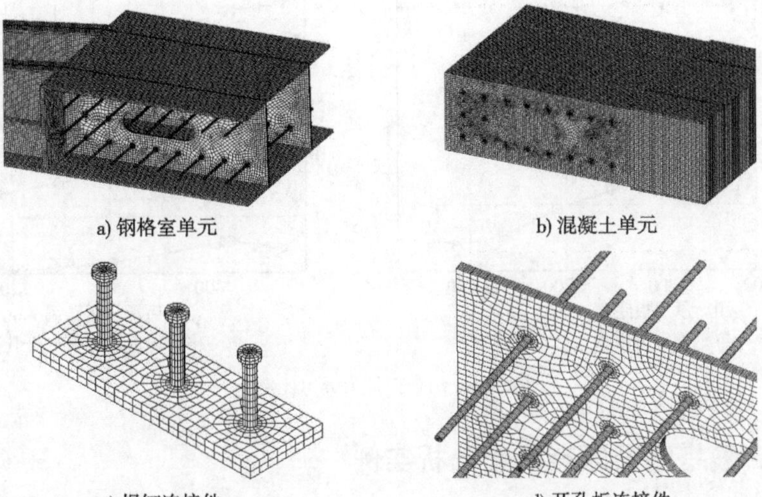

a) 钢格室单元　　b) 混凝土单元

c) 焊钉连接件　　d) 开孔板连接件

图 12-21　混合梁结合部有限元模型

图 12-22 为焊钉作用剪力沿格室长度的分布。沿纵桥向布置的 5 排焊钉，至后承压板距离由约 250mm 增大至约 1 300mm，作用剪力由约 7.5kN 增大至约 20kN。距离后承压板较近处，混凝土与钢板间相对滑移小，连接件受力较小；距离承压板较远处，相对滑移约束小，连接件受力较大。沿横桥向，格室中部焊钉受力较大，格室边缘处受开孔板连接件作用，焊钉的受力也较小。

格室隔板上设置 8 排 3 列开孔板连接件，上、下列分别距格室顶、底板较近，其作用剪力沿纵桥向的分布，如图 12-23 所示。连接件至后承压板距离，由 200mm 增大至约 1 800mm，格室顶板连接件作用剪力低于 45kN，格室底板约为 45 ~ 120kN。

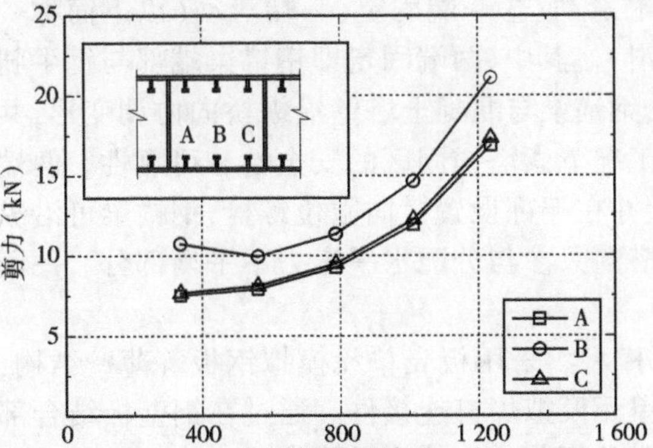


图 12-22　焊钉作用剪力

图 12-23　开孔板作用剪力

选取多个截面对正应力积分，得到格室各板件传递轴力的比例，如图 12-24 所示。钢梁段轴力通过承压板向混凝土梁段传递约55%,连接件将剩余轴力逐步向混凝土传递。在承压板附近板件内作用轴力为底板约25%、顶板约5%、隔板约20%。各板件内作用轴力大致呈线性变化,显示结合部传力平滑。

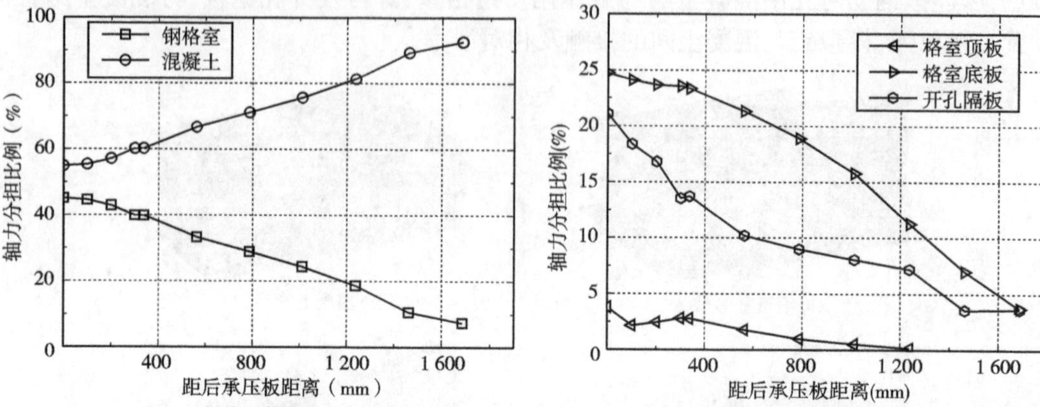


a) 钢格室与混凝土　　b) 格室顶板、底板和开孔隔板

图 12-24　结合部传力分担比例分析

## 12.4.4　组合索塔锚固区有限元分析实例

图12-25为钢牛腿式钢锚梁索塔锚固区构造。斜拉索直接锚固在钢锚梁两端的锚头上,其大部分水平索力由钢锚梁承担,小部分水平索力及全部竖向索力则通过钢牛腿传递给混凝土塔壁。钢牛腿焊接在钢壁板上,钢壁板背面设置焊钉连接件与混凝土塔壁结合。单节段锚固区平均配置326根$\phi22\times200$mm的焊钉连接件,水平向间距20cm,竖向间距12cm。焊钉连接件在有限空间里传递极大的竖向索力,并要承担钢壁板与混凝土塔壁分离作用,受力状态极为复杂。

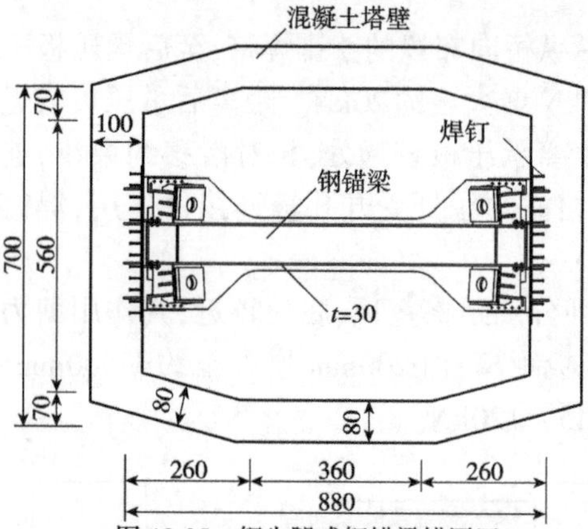


图 12-25　钢牛腿式钢锚梁锚固区构造(尺寸单位:mm)

设有三种钢锚梁端部约束情况:①两端固定;②两端滑动;③一端固定、一端滑动(以下简称一固一滑)。其中,两端固定即钢锚梁端部与钢牛腿焊接,钢锚梁与混凝土塔壁沿纵桥向协调变形,共同承担全部水平索力,可提高换索或断索极端工况下索塔锚固区的安全性和可靠性。两端滑动则是钢锚梁支承在钢牛腿顶面的四氟板上并在端部设置横向限位螺栓,钢锚梁可沿纵桥向滑动并承担水平索力平衡部分,而混凝土塔壁只参与分配水平索力不平衡部分。一固一滑的受力特点介于这两者之间。

图12-26为组合索塔锚固区的混合有限元模型。采用板壳单元模拟钢板等薄壁结构,实体单元模拟锚垫板及混凝土塔壁,三维弹簧单元模拟焊钉连接件。通过在钢壁板结合部建立接触单元,模拟钢壁板与混凝土塔壁的接触传压状态。模型总高度为82.43m,共包括23个钢锚梁节段。边界条件为塔柱底部固结,塔顶自由。计算荷载为运营阶段斜拉索力,等效为面荷载施加在钢锚梁锚垫板上,单根索最大索力设为6 390kN。焊钉连接件抗剪和抗拉拔刚度分别设为400.0kN/mm和250.0kN/mm。

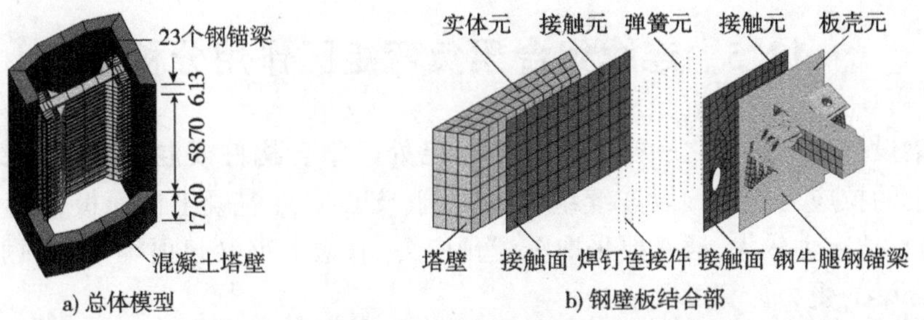


图 12-26　组合索塔锚固区计算模型(尺寸单位:m)

图 12-27 所示为某节段钢壁板焊钉连接件竖向剪力沿竖向及横向的分布。钢牛腿竖向剪力与混凝土塔壁压力共同作用,导致上下两端的焊钉连接件承受较大的剪力。各列焊钉连接件最大竖向剪力沿竖向呈双三角形分布,上端最大值 85.7kN,下端最大值 107.0kN,节段中上部存在剪力零点,上下端剪力方向相反。最下端同一行焊钉连接件竖向剪力沿横桥向呈凹形分布,两端最大值比平均值增大约 15%。钢锚梁端部支承形式对焊钉连接件竖向剪力的分布没有明显影响。若考虑竖向索力由节段内钢壁板焊钉平均分担,则单根焊钉连接件作用的平均竖向剪力约为 15.9kN,是最大值的约 15%,沿塔竖向分布极其不均匀。

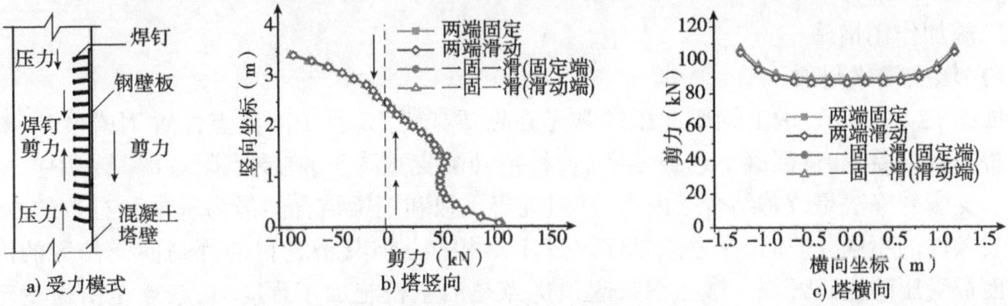


图 12-27　钢壁板焊钉连接件竖向剪力分布

图 12-28 所示为钢壁板焊钉连接件作用的拉拔力分布。偏心弯矩使钢牛腿顶面附近的焊钉连接件承受较大的拉拔力,而不平衡水平索力在塔壁上作用压力,将减小焊钉连接件的拉拔力。焊钉作用拉拔力沿竖向呈单峰波浪形分布,峰值出现在钢牛腿顶面附近。采用两端固定、两端滑动、一固一滑(固定端壁板焊钉)或一固一滑(滑动端壁板焊钉)时,焊钉连接件拉拔力峰值分别为 26.2kN、31.9kN、25.8kN 和 30.0kN,滑动端比固定端平均增大约 19%。钢牛腿顶面同一行焊钉连接件拉拔力沿塔横向呈马鞍形分布,滑动端与固定端的最大值分别比平均值增大约 62% 和 22%。

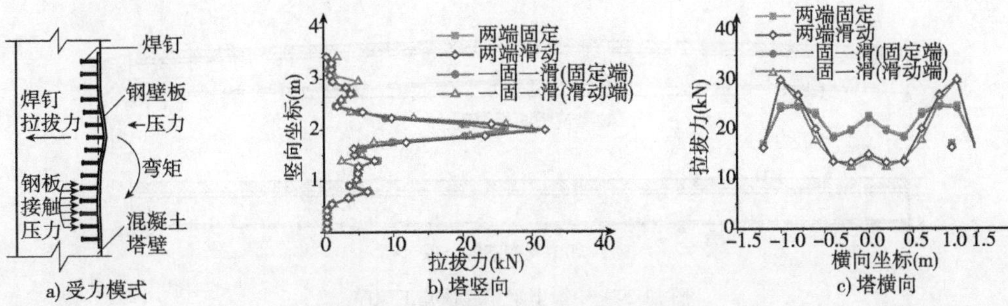


图 12-28　钢壁板焊钉连接件拉拔力分布

## 12.5 连续组合梁负弯矩区作用分析

组合桥梁设计中的难点之一是混凝土不得已处于组合构件或混合结构的受拉区时，如何降低混凝土的拉应力作用。以连续组合梁为例，支点附近混凝土桥面板在荷载、温差、收缩、徐变作用下拉应力较大，通常要采取配置预应力筋、墩上钢梁起顶等措施预加压应力，从而使连续组合梁的受力计算极其复杂。

### 12.5.1 负弯矩区性能改善措施分析

组合梁桥负弯矩区混凝土桥面板的裂缝控制方法，按照对结构的作用可分为施加作用措施、释放作用措施和加强抗力措施。施加作用措施是指通过对结构施加作用，产生纵桥向的预应力来控制负弯矩区混凝土板的裂缝，包括墩上钢梁起顶、分段浇筑、预加荷载、张拉预应力筋等。释放作用措施是指通过减弱混凝土板和钢梁的连接作用，来控制负弯矩区混凝土板受力状态，包括减弱连接刚度和采用预制混凝土板等。加强抗力措施是指通过增加钢梁和混凝土板的连接刚度来改善负弯矩区混凝土板的受力，包括加强连接件刚度、墩梁固结和设置墩顶横梁等。

1）施加作用措施

（1）墩上钢梁起顶

如图 12-29 所示，墩上钢梁起顶通常是在钢梁架设后，将中间支点位置钢梁顶升，然后浇筑桥面板混凝土，待混凝土达到强度后，将抬升的支点降下，在支点附近混凝土中产生预应力。支座升降法是改善结合梁内力，加强混凝土板和钢梁结合的最为基本和有效的方法。随安装条件的不同，施加预应力的具体过程不尽相同，但其最终目的都是使受拉区的混凝土桥面板受压防止其开裂。墩上钢梁起顶优点是沿全桥施加了预应力，缺点是由徐变产生的预应力损失较大，解决的方法可以是支点下降复位分数次施工，而不要一次完成；或者尽可能晚一些复位，使混凝土有充分的硬化时间。值得强调的是，升降边支点往往比升降中间支点更为方便。

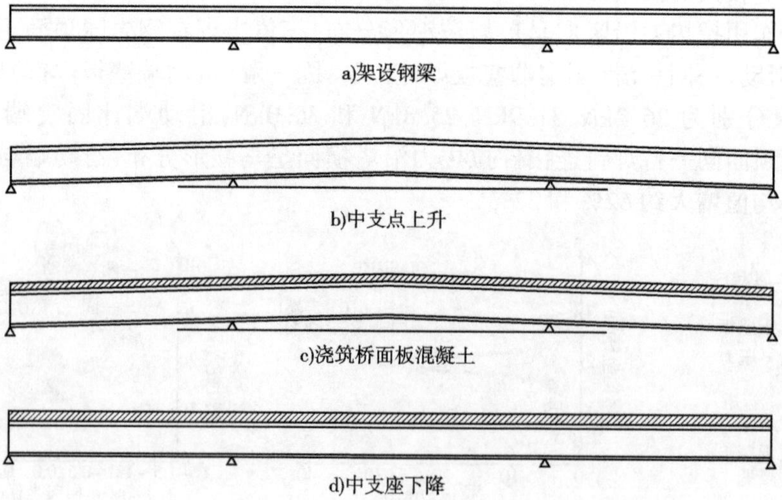


图 12-29　中墩上钢梁起顶施工顺序

(2)预加静载法

首先架设钢梁并浇筑受压区的混凝土,待其硬化后,在受压区预加静荷载,可以采用混凝土砌块、钢锭、砂、碎石、水袋等。在静荷载状态下,浇筑受拉区的混凝土,待其硬化后去除预加荷载,从而在受拉区混凝土中施加预应力。预加静荷载法施加预应力施工时必须将压重加在结构上,同时必须采取措施控制压重数值,需要间断地铺设桥面,给施工带来不便,工作量相当大。

(3)配置预应力筋

如图12-30所示,通过预应力筋对混凝土桥面板施加预应力,可以在桥面板与钢梁组合前施加,也可以在桥面板与钢梁组合后施加。一是混凝土板与钢梁分离,施加预应力后,待收缩徐变发展一段时间后再与钢梁组合,预应力施加效率很高。二是混凝土板与钢梁组合后施加预应力,施工方法是先架设钢梁,然后铺设混凝土板,再将混凝土板与钢梁结合在一起,在超静定体系中张拉预应力筋,但预应力施加效率较低。

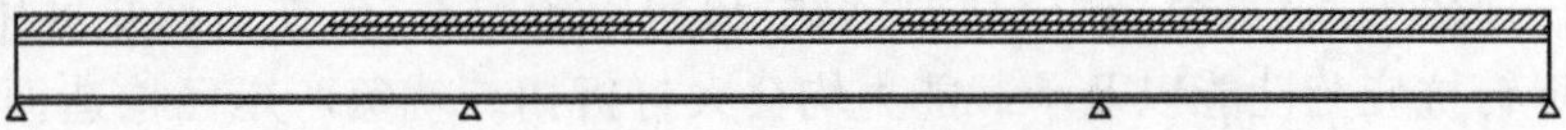

图12-30　混凝土桥面板内布置预应力筋

2)释放作用措施

(1)预制混凝土桥面板

预制混凝土板的做法为:在架好钢梁后,在钢梁上方拼装预应力预制混凝土板,将各预制板中伸出的钢筋搭接或焊接,再在这些纵、横向的拼接缝条带中工地现浇微膨胀混凝土。为了保证结构的整体性,预制板通常通过张拉纵向预应力筋连接在一起,在正常使用阶段防止拉应力的产生,亦可有效控制横向接缝的开裂。一般来说,预应力在浇筑连接件预留孔后再施加;如果不施加预应力,也可以在连接预制板施工横缝之前先将钢梁用千斤顶顶起,待横向接缝连接完成后回落,使预制混凝土板和横向接缝均处于受压状态。但该结构在接缝部位仍十分薄弱,很容易产生裂缝。

(2)减弱连接刚度

负弯矩区内若布置抗剪刚度较大的连接件,则中间支点附近的钢筋拉应力也较大,而负弯矩区采用柔性连接件可以有效地减小钢筋拉应力,有利于缓和混凝土板开裂。不过在跨中刚度较大连接件与柔性连接件的结合位置,钢筋应力会有一定程度的增大。负弯矩区采用柔性连接件对桥梁整体刚度有一定影响,使桥梁截面刚度减小,结构的挠度增大。

3)加强抗力方法

(1)墩梁固结

墩梁固结是指在连续梁桥中,桥墩和梁固结为一体。这样,荷载产生的中支座处负弯矩将会减小,有利于改善负弯矩处混凝土板受力。而墩梁固结中,结合部的技术特点是关键,合理的结合方式,使主梁的力能顺利传递到桥墩上,提高墩梁固结的有效性。

(2)设置支点横梁

如图12-31所示,对于中小跨径桥梁,在欧洲较为常见的一种做法是在支点处钢梁断开,钢梁直接插入支点混凝土横梁。

主梁采用焊接或者轧制钢截面,全部在工厂中制作加工。钢筋混凝土桥面板可以在工厂预制也可以现浇。横梁只设置在支点处,并且采用普通钢筋混凝土横梁。施工时先浇筑跨中段混凝土桥面板,后浇筑支承横梁和支点处混凝土桥面板。这种简易的施工方法避免了现场施焊。并且由于这是先简支后连续的结构形式，能够减小支座处的负弯矩，改善支座处混凝土板受力。

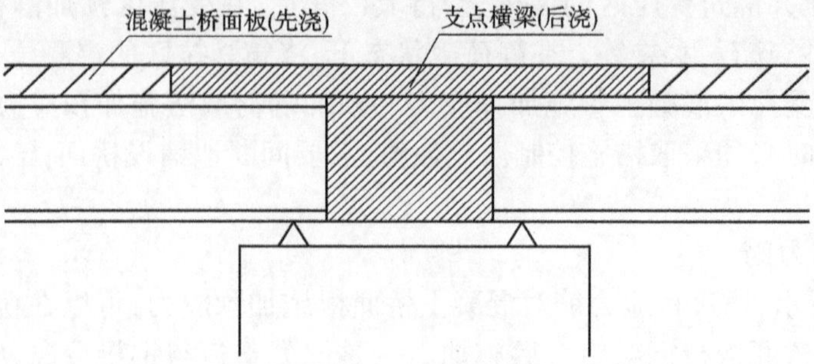


图 12-31　支点横梁示意图

(3)加强连接件刚度

以往连续组合梁桥中通常采用焊钉连接件来实现混凝土板与钢梁的连接，但焊钉是局部焊接，剪力传递较为离散，容易引起应力集中和初始疲劳裂缝，在负弯矩区中混凝土板受拉的状态下，焊钉抗疲劳性能以及承载能力均会大打折扣。就负弯矩区构造而言，控制桥面板拉应力的方法可以是将组合梁截面形心上移，使混凝土板受拉区中心与截面形心距离减小，这样的构造可以是钢梁上翼缘加厚，或者在钢梁上翼缘上焊接开孔加劲板作为连接件使用。如图 12-32 所示，开孔板连接件可以用通常焊接方法通过焊脚尺寸很小的连续角焊缝焊接到钢翼缘或其他钢截面上，连续的角焊缝焊接可靠，也能使剪力传递均匀。

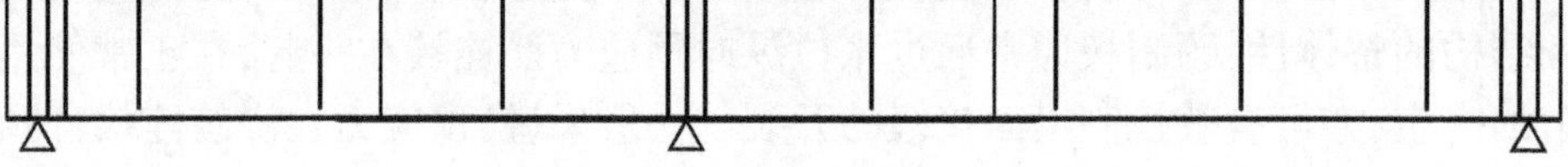

图 12-32　设置开孔板连接件的组合梁

## 12.5.2　连续组合梁桥计算分析

连续梁桥是超静定体系、结构性能好，但是在桥墩上受到很大的负弯矩作用，混凝土桥面板处于受拉区。将桥面板在此断开、即设置伸缩缝是可供选择的措施之一，可是不利于车辆行驶。为此，通过采取进一步措施来提高负弯矩区的抗弯性能，使混凝土桥面板与钢梁一样沿着桥梁全长连续，是比较理想的结构形式。

1)主梁内力计算

在初步拟定截面尺寸后，将桥梁结构设为由主梁、横梁构成的平面梁格体系进行内力计算。两根主梁桥的横梁，不具有横向分配因恒载及活载偏心而引起的荷载作用，可以不考虑荷载横向分布的影响，将各荷载直接作用在主梁上进行计算。

计算组合前恒载作用下的内力及变形时，混凝土桥面板还未发挥作用，这时仅仅考虑钢梁的截面刚度。在计算组合后恒载及活载作用下的内力及变形时，要考虑包括混凝土桥面板在内的刚度，即组合截面刚度，这时需要考虑桥面板的有效宽度，值得注意的是正弯矩区与负弯矩区的有效宽度不同。

关于负弯矩区截面刚度的计算有两种方法：一是设有效宽度内的混凝土桥面板完全有效；二是仅仅考虑有效宽度内的钢筋对截面刚度的贡献。从计算的方便性，在进行内力与位移的计算时，大都认为负弯矩区混凝土桥面板完全有效，表 12-1 是组合前后的主梁截面刚度的处理方法。

求出的跨内支座上的计算弯矩 $M$ 在支座上成尖形分布,考虑到支座宽度和梁高对弯矩折减的影响,组合梁桥设计用的计算弯矩应予折减。

**桥面板截面刚度的处理方法** 表 12-1

| 组合状态 | 主梁弯矩正负 | 桥面板截面 | 桥面板刚度 | 图示 |
|---|---|---|---|---|
| 组合前 | 正负 | 不考虑 | 不计算 | 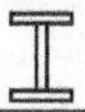 |
| 组合后 | 正 | 考虑 | 计算 | 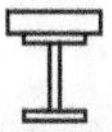 |
| | 负 | 考虑 | 计算 | |
| | 负 | 不考虑 | 仅钢筋计算 |  |

2)由徐变、收缩及温差引起的内力计算

由徐变引起的作用区间,依据组合后恒载作用时的弯矩分布来确定,即仅仅考虑正弯矩作用范围内的徐变影响。收缩变形基本上沿桥面板全长发生,但是当采用允许负弯矩区裂缝发生的设计方法时,收缩变形在负弯矩区的影响就很小,一般仅考虑正弯矩区混凝土桥面板收缩变形的影响。负弯矩区裂缝发生的范围一般认为在支座两侧跨度的15%,仅仅考虑在此范围以外的收缩变形也是方法之一。而温差的影响沿全长都需要考虑。

连续组合梁不同之处在于温差的影响要沿全长考虑,计算在负弯矩区引起的作用时,考虑的是钢筋与钢梁的温差。这种情况下,先以组合截面刚度计算混凝土桥面板是否处于受拉状态,再以钢筋与钢梁的截面刚度计算温差引起的作用。值得强调的是在计算徐变、收缩引起的作用时,需要考虑混凝土徐变对组合梁截面刚度的影响。

简支组合梁在由徐变、收缩、温差引起的作用下产生静定力,而连续组合梁同时还有超静定力作用。通过将荷载作用 $N_1$、$M_1$、$N_2$、$M_2$、$N_3$、$M_3$ 分别看成梁格计算模型节点上的集中力及集中弯矩,来计算所产生的静定力及超静定力。两根主梁桥不具有荷载横向分配的特点,容易计算由徐变、收缩等引起的作用力,为此以两根主梁桥为对象加以说明其计算原理。

收缩、温差引起的超静定弯矩分布形式与徐变的情况相同,仅静定弯矩有所不同。以徐变引起的静定及超静定弯矩的计算为例,如图12-33所示。

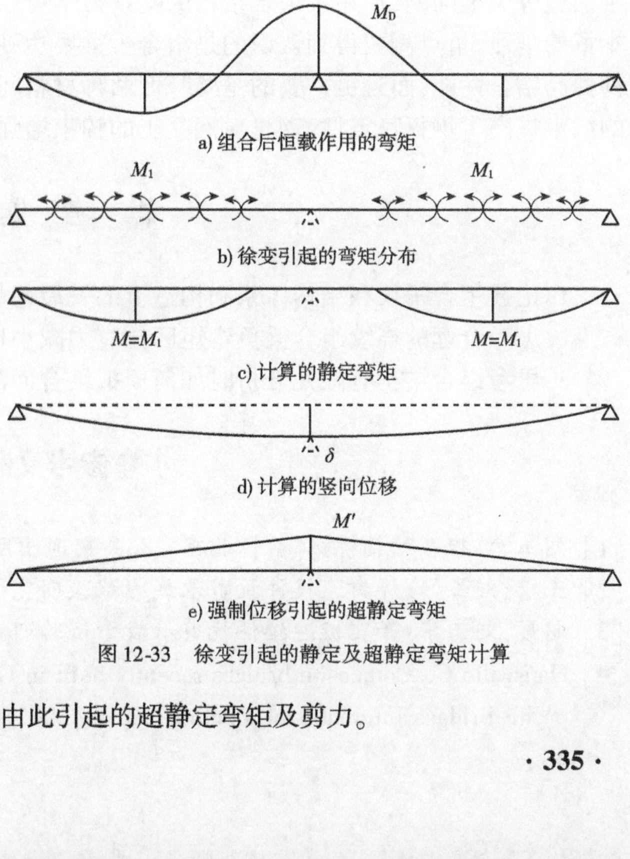


图 12-33 徐变引起的静定及超静定弯矩计算

计算连续组合梁由徐变、收缩、温差引起的作用力,按以下三个步骤:

(1)去除连续组合梁桥跨内支座,将全桥看成单跨简支梁。

(2)将由徐变、收缩、温差引起的作用 $N_1$、$M_1$、$N_2$、$M_2$、$N_3$、$M_3$ 分别作用在这个单跨简支梁上,计算静定弯矩、轴力及位移。

(3)给跨内各支座施加强制位移,使弯矩作用下的竖向位移返回到0,求出由此引起的超静定弯矩及剪力。

荷载作用弯矩引起静定弯矩 $M$ 及超静定弯矩 $M'$、剪力 $Q'$，轴力引起静定轴力 $N$、而不产生超静定轴力 $N'$。其中静定弯矩 $M$ 及轴力 $N$ 与荷载作用相等，譬如在考虑徐变时 $M = M_1$、$N = N_1$，在考虑收缩变形时 $M = M_2$、$N = N_2$，在考虑温差时 $M = M_3$、$N = N_3$。另外，超静定剪力一般与恒载作用下剪力的方向相反，偏于安全不加考虑。

## 12.6 小　结

钢与混凝土组合结构逐渐开始应用于桥梁结构中，从最初主要应用在梁式桥，到后来应用在拱桥、斜拉桥以及悬索桥。组合结构未来将会在更多的桥梁形式中得到使用，并将出现多种组合构件形式应用于同一座桥梁中的结构形式。组合桥梁在国外发展较快，建设了许多结构新颖、功能合理的桥梁。主要体现在积极采用高强、耐候等高性能钢材，以及轻质、纤维等高性能混凝土，从而增强桥梁耐久性能；合理使用钢管、折形钢板、体外索等与混凝土组合，从而提高截面受力性能；充分考虑两种材料的组合作用，减少加劲肋、横撑等非承重构件，来追求结构的体系简化。

组合桥梁要发挥结构性能的最大化，重要的是要确保钢材与混凝土、钢构件与混凝土构件间的充分结合。两种材料相互约束能充分发挥构件或结构的整体力学性能，但是两者间的弹性模量、热膨胀系数不同，相互约束又造成由收缩、徐变及温差效应产生的附加应力。组合桥梁设计的要点应是采取措施，将受到的作用"施"与"放"。"施"就是要通过混凝土配置预应力筋、钢梁起顶、分段配重等措施，给组合结构中处于受拉区的混凝土施加预压应力；"放"就是要通过采用预制混凝土板降低收缩、徐变的作用，通过设置强度大、刚度低的柔性连接件减少相互约束所产生的附加应力，依据积极的释放作用将能够更有效地施加作用。

为此，本章从组合桥梁的分析方法中，提炼出结合面剪力作用的计算和支点负弯矩区改善措施等关键问题，论述了组合结构的基本力学特点及设计中的"施"与"放"的理念。通过本章的学习，重点需要得到认识的是组合桥梁要达到合理设计：一是不仅要配置足够的连接件提高结合性能，而且更重要的是要降低两种材料间的相互约束；二是需考虑混凝土对钢材的约束提高了钢板稳定性、钢材对混凝土的约束增强了混凝土强度的组合作用机理。

## 思　考　题

1. 论述组合桥梁在结构体系和构造上的发展趋势。
2. 思考合理的连续组合梁负弯矩区拉应力减小措施。
3. 思考组合结构有限元分析时如何模拟结合面滑移的影响。

## 本章参考文献

[1] 刘玉擎. 组合结构桥梁[M]. 北京：人民交通出版社，2005.
[2] 王倩，刘玉擎. 焊钉连接件抗剪承载力试验研究[J]. 同济大学学报，2013，41(5).
[3] 赵晨，刘玉擎. 开孔板连接件抗剪承载力试验研究[J]. 工程力学，2012，29(12).
[4] Hanswille G. Composite bridges recently built in Germany[C]. Proceedings of the 3rd Composite Bridges International Meeting. Spain，2001.

[5] Dubois-R. Three recent composite bridges in France[C]. Proceedings of the 3rd Composite Bridges International Meeting. Spain,2001.
[6] Nakai H,Kitada T. Bridge engineering[M]. Morikita Shuppan,1999.
[7] Matteis D,Chauvel G,Cordier N,et al. Steel-concrete composite bridges sustainable design guide[M]. France,2010.

# 第 4 篇　大跨度桥梁结构分析理论

# 第13章

# 桥梁结构几何非线性分析

## 13.1 概　述

Oden 说过“我们生活在一个非线性世界里”。人们对非线性问题的认识可以上溯到 1673 年 C. Huygens 发现的单摆大摆幅对等时性偏离的非线性现象。19 世纪末,科学家发现,固体力学的经典理论在许多情况下并不适用,于是加强了对非线性力学问题的研究。20 世纪中叶,科学家奠定了非线性力学的理论基础。但由于计算繁复,许多非线性微分方程的边值问题无法求解,用解析法或半解析法求解非线性工程问题的近似解是计算机前时代许多力学家的追求。到了 20 世纪 60 年代末,有限元法与计算机相结合,才使工程中的非线性问题逐步得以解决。

线性理论基于三个基本假定:材料的应力—应变关系满足广义虎克定律;位移是微小的;约束是理想约束。这使得固体力学中三组基本方程(本构方程、几何运动方程和平衡方程)成为线性。当研究对象不能满足线性问题基本假定中任何一个时,就转化为非线性力学问题。表 13-1 给出了非线性问题的分类及基本特点。

**非线性问题的分类及基本特点**　　表 13-1

| 非线性问题 | 定 义 | 特 点 | 桥梁工程中的典型问题 |
|---|---|---|---|
| 材料非线性 | 由材料的非线性应力—应变关系引起基本控制方程的非线性问题 | 材料不满足虎克定律 | 混凝土徐变、收缩和弹塑性问题 |
| 几何非线性 | 放弃小位移假设,从几何上严格分析单元体的尺寸、形状变化,得到非线性的几何运动方程,由此造成基本控制方程的非线性问题 | 几何运动方程为非线性。平衡方程建立在结构变形后的位置上,结构刚度除了与材料及初始构形有关外,与受载后的应力、位移整体也有关 | 柔性结构的恒载状态确定问题,柔性结构的恒、活载计算问题;桥梁结构的稳定分析问题 |
| 接触问题 | 不满足理想约束假定而引起的边界约束方程的非线性问题 | 受力后的边界条件在求解前未知 | 悬索桥主缆与鞍座的接触状态;支架上预应力梁张拉后的部分落架现象 |

几何非线性理论是在线性理论中放弃小位移假设后出现的非线性问题,一般可以分成大位移、小应变即有限位移问题和大位移、大应变即有限应变问题两种。桥梁工程中的几何非线性问题一般都是有限位移问题。

几何非线性理论在桥梁工程中的发展,起于桥跨的长大化和柔性结构的应用。1888 年,Melan 在悬索桥结构分析中提出了挠度理论,在考虑主缆拉力影响的基础上将悬索桥的平衡方程建立在变形后的位置上。1908 年挠度理论开始应用于纽约的 Manhattan 大桥设计,此后的数十年中,它为悬索桥和大跨径拱桥的发展作出了巨大贡献。但是,挠度理论平衡微分方程的求解仍十分复杂。Timoshenko 于 1928 年提出了三角级数解,Godard 通过忽略后期荷载对结构刚度的影响提出了线性挠度理论,李国豪教授于 1941 年提出了用于悬索桥分析的等代梁法,将挠度理论中的非线性项等代于偏心受拉梁的弯矩减小系数,揭示了悬索桥的非线性受力本质。

现代桥梁工程的发展和跨径的增大,使得结构变柔变复杂,尤其是超大跨度斜拉桥和拱梁组合体系等结构的出现,使挠度理论求解无能为力。为此,工程界渴望出现更精确、更方便的理论和方法。20 世纪 60 年代初,M. J. Turner、Brotton 等发表了求解结构大位移、初应力问题的研究成果,Poskitti、Saffan 等也在此领域里作出了贡献。对存在轴向力的梁柱效应,Fleming 应用稳定函数法来修正梁单元的刚度矩阵,并用移动坐标(即 U. L 列式)迭代求解。这些理论方法都可归入几何非线性力学的有限位移理论。在建立以杆系结构有限位移理论为基础的大跨径桥梁结构几何非线性分析平衡方程时,考虑了三方面因素的几何非线性效应:单元初内力对单元刚度矩阵的影响,大位移对建立结构平衡方程的影响和用杆单元近似模拟索类构件,由索垂度引起的单元刚度变化。

今天,桥梁结构的有限位移问题一般都用有限元方法通过计算机程序来求解。因此,程序的编制也应看成是非线性计算理论和方法不可分割的一部分。20 世纪 70 年代末,国外相继推出了 ADINA、ANSYS、MARC、NASTRAN、ASKA、NON-SAP 等结构分析综合程序,可用于桥梁结构的部分非线性计算,但缺少许多桥梁分析必备的功能。国内学者根据规范要求和实际情况,开发了桥梁通用程序,如同济大学桥梁系开发的桥梁博士系统和 BAP 系统,已具备非线性计算功能。随着计算机技术的发展,桥梁结构分析软件也得到了迅速发展,经历了从单一化结构分析到将数据管理、用户接口、图形加工与管理和可视化技术融为一体的发展过程。

本章主要介绍桥梁结构非线性问题的分类和几何非线性问题;通过变形体的运动描述,介绍总体拉格朗日列式法和更新的拉格朗日列式法求解非线性问题的思想和适用范围;通过平面桁架单元的切线刚度矩阵的推导,说明 T. L 列式与 U. L 列式两者的统一性;针对桥梁工程,讨论结构分析中的几何非线性特殊问题。最后,给出非线性方程的求解和收敛准则的确定方法,为大跨径桥梁几何非线性分析奠定理论基础。

## 13.2 几何非线性有限元方法

本节以杆系结构为对象,讨论拉格朗日列式的大跨度桥梁几何非线性有限元方法。

任何变形体在空间都占据一定的区域,构成一定的形状,这种几何形状简称为构形,物体在问题求解开始时的构形称为初始构形,在任一瞬时的构形称为现时构形,物体位移的改变叫作运动。在下面讨论中,字母的左上标表示构形所处时刻。

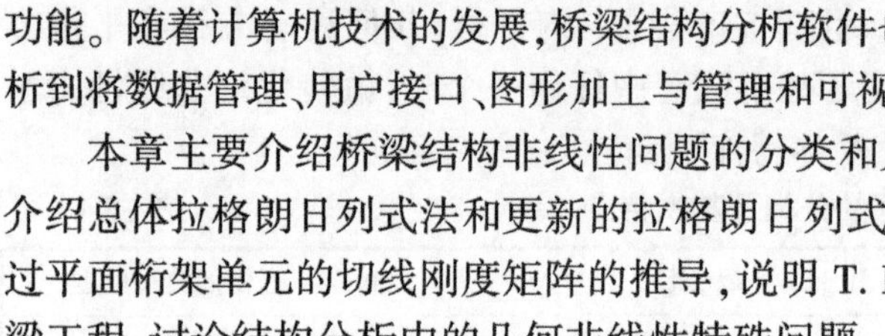


图 13-1　变形体的运动

图 13-1 中有一物体,在 $t={}^{0}t$ 时,物体有初始构形 ${}^{0}A$。物体中一点 ${}^{0}P$ 的坐标为 $({}^{0}x_1,{}^{0}x_2,{}^{0}x_3)$,在 $t={}^{n}t$ 时,物体运动有构形 ${}^{n}A$,点 ${}^{0}P$ 运动到 ${}^{n}P$,在 $t={}^{n+1}t={}^{n}t+\Delta t$ 时,物体运动有构形 ${}^{n+1}A$,点 ${}^{0}P$ 运动到 ${}^{n+1}P$。变形体及其上质点的运动状态,随不同坐标选取有不同的描述方法。

(1)参照描述:独立变量为任意选

择的参照构形中质点 $P$ 的当前坐标与时刻 $t$，这种描述法称为拉格朗日法（Lagrangian Formulation）。当选择 $t=0$ 时的构形为参照构形时，称总体拉格朗日描述（T. L Formulation）。

(2)相关描述：以 $^{n}t$ 为独立变量。参照构形与时间有关，取 $^{n}t$ 为非线性增量求解时增量步的开始时刻，则称为更新的拉格朗日描述(U. L Formulation)。

### 13.2.1 总体拉格朗日列式法(Total Lagrangian Formulation)

在整个分析过程中，以 $t=0$ 时的构形作为参考，且参考位形保持不变，这种列式称为总体拉格朗日列式。

任意应力—应变关系与几何运动方程，单元的平衡方程可由虚功原理推导得到：

$$\int_V \boldsymbol{B}^{\mathrm{T}}\boldsymbol{\sigma}\mathrm{d}V - \boldsymbol{f} = 0 \tag{13-1}$$

式中：$\boldsymbol{\sigma}$——单元的应力向量；

$\boldsymbol{f}$——单元杆端力向量；

$V$——单元体积分域，对 T. L 列式 $V$ 是变形前的单元体积域；

$\boldsymbol{B}$——应变矩阵，是单元应变与节点位移的关系矩阵，即

$$\boldsymbol{\varepsilon} = \boldsymbol{B\delta} \tag{13-2}$$

$\boldsymbol{\delta}$——杆端位移向量。

在有限位移情况下 $\boldsymbol{B}$ 是位移 $\boldsymbol{\delta}$ 的函数。$\boldsymbol{B}$ 矩阵可分解为与杆端位移无关的部分 $\boldsymbol{B}_0$ 和与杆端位移有关的部分 $\boldsymbol{B}_{\mathrm{L}}$ 两部分，即

$$\boldsymbol{B} = \boldsymbol{B}_0 + \boldsymbol{B}_{\mathrm{L}} \tag{13-3}$$

直接按式(13-1)建立单元刚度方程并建立结构有限元列式，称为全量列式法。在几何非线性分析中，按全量列式法得到的单元刚度矩阵和结构刚度矩阵往往是非对称的，对求解不利。因此多采用增量列式法。

将式(13-1)写成微分形式：

$$\int_V \mathrm{d}(\boldsymbol{B}^{\mathrm{T}}\boldsymbol{\sigma})\,\mathrm{d}V - \mathrm{d}\boldsymbol{f} = 0 \tag{13-4}$$

或

$$\int_V \mathrm{d}\boldsymbol{B}^{\mathrm{T}}\boldsymbol{\sigma}\mathrm{d}V + \int_V \boldsymbol{B}^{\mathrm{T}}\mathrm{d}\boldsymbol{\sigma}\mathrm{d}V = \mathrm{d}\boldsymbol{f} \tag{13-5}$$

根据式(13-3)和式(13-5)等式左边第一项可写成：

$$\int_V \mathrm{d}\boldsymbol{B}^{\mathrm{T}}\boldsymbol{\sigma}\mathrm{d}V = \int_V \mathrm{d}\,\boldsymbol{B}_{\mathrm{L}}{}^{\mathrm{T}}\boldsymbol{\sigma}\mathrm{d}V = {}^{0}\boldsymbol{k}_{\sigma}\mathrm{d}\boldsymbol{\delta} \tag{13-6}$$

另一方面，单元的应力—应变增量关系可表示成：

$$\mathrm{d}\boldsymbol{\sigma} = \boldsymbol{D}\mathrm{d}\boldsymbol{\varepsilon} \tag{13-7}$$

式中：$\boldsymbol{D}$——弹性矩阵。

当材料满足线弹性时，

$$\boldsymbol{\sigma} = \boldsymbol{D}(\boldsymbol{\varepsilon} - \boldsymbol{\varepsilon}_0) + \boldsymbol{\sigma}_0 \tag{13-8}$$

式中：$\boldsymbol{\varepsilon}_0$——单元的初应变向量；

$\boldsymbol{\sigma}_0$——单元的初应力向量。

将式(13-2)、式(13-3)代入式(13-7)得：

$$d\boldsymbol{\sigma} = \boldsymbol{D}(\boldsymbol{B}_0 + \boldsymbol{B}_L)\,d\boldsymbol{\delta} \tag{13-9}$$

于是,式(13-5)左边第二项可表示为:

$$\begin{aligned}\int_V \boldsymbol{B}^T d\boldsymbol{\sigma} dV = (&\int_V \boldsymbol{B}_0{}^T \boldsymbol{D}\boldsymbol{B}_0 dV + \int_V \boldsymbol{B}_0{}^T \boldsymbol{D}\boldsymbol{B}_L dV + \\ &\int_V \boldsymbol{B}_L{}^T \boldsymbol{D}\boldsymbol{B}_0 dV + \int_V \boldsymbol{B}_L{}^T \boldsymbol{D}\boldsymbol{B}_L dV)\,d\boldsymbol{\delta}\end{aligned} \tag{13-10}$$

记

$${}^0\boldsymbol{k}_0 = \int_V \boldsymbol{B}_0{}^T \boldsymbol{D}\boldsymbol{B}_0 dV \tag{13-11}$$

$${}^0\boldsymbol{k}_L = \int_V \boldsymbol{B}_0{}^T \boldsymbol{D}\boldsymbol{B}_L dV + \int_V \boldsymbol{B}_L{}^T \boldsymbol{D}\boldsymbol{B}_0 dV + \int_V \boldsymbol{B}_L{}^T \boldsymbol{D}\boldsymbol{B}_L dV \tag{13-12}$$

则式(13-5)最后可表达为:

$$({}^0\boldsymbol{k}_0 + {}^0\boldsymbol{k}_L + {}^0\boldsymbol{k}_\sigma)\,d\boldsymbol{\delta} = {}^0\boldsymbol{k}_T d\boldsymbol{\delta} = d\boldsymbol{f} \tag{13-13}$$

式(13-13)就是增量形式 T. L 列式的单元平衡方程。

式(13-13)中,${}^0\boldsymbol{k}_T$ 为三个刚度矩阵之和,称为单元切线刚度矩阵,它表示荷载增量与位移增量之间的关系,也可理解为单元在特定应力、变形下的瞬时刚度。${}^0\boldsymbol{k}_0$ 与单元节点位移无关,是单元弹性刚度矩阵,${}^0\boldsymbol{k}_L$ 称为单元初位移刚度矩阵或单元大位移刚度矩阵,是由大位移引起的结构刚度变化,是 $d\boldsymbol{\delta}$ 的函数。${}^0\boldsymbol{k}_\sigma$ 称为初应力刚度矩阵,它表示初应力对结构刚度的影响,当应力为压应力时,单元切线刚度减小,反之,单元切线刚度增加。

将各单元切线刚度方程按节点力平衡条件组集成结构增量刚度方程,即

$${}^0\boldsymbol{K}_T d\boldsymbol{\Delta} = d\boldsymbol{P} \tag{13-14}$$

式中:${}^0\boldsymbol{K}_T$——结构切线刚度矩阵,可以由单元切线刚度矩阵按常规方法进行组集形成;

$d\boldsymbol{P}$——荷载增量。

由于荷载增量一般取为有限值而不可能取成微分形式,结构在求得的位移状态下,抗力与总外荷载之间有一差量,即失衡力,结构必须产生相对位移以改变结构的抗力来消除这个失衡力。在计算中,一般通过迭代法来求解。

### 13.2.2 更新的拉格朗日列式法(U. L 列式)

在建立 $t + \Delta t$ 时刻物体平衡方程时,如果我们选择的参照构形不是未变形状态 $t = 0$ 时的构形,而是最后一个已知平衡状态,即以本增量步起始时的 $t$ 时刻构形为参照构形,这种列式法称为更新的拉格朗日列式法(U. L 列式)。

由于采用了 U. L 列式,平衡方程式(13-5)中的积分须在 $t$ 时刻单元体积内进行,且${}^t\boldsymbol{k}_L$ 的积分式是${}^t\boldsymbol{k}_0$ 的一阶或二阶小量,此点在 13.2.3 节将作进一步说明。因此,代表 $\boldsymbol{k}_L$ 的积分式可以略去。这是 U. L 列式与 T. L 列式的一个重要区别。最后增量形式的 U. L 列式平衡方程可写成:

$$({}^t\boldsymbol{k}_0 + {}^t\boldsymbol{k}_\sigma)\,d\boldsymbol{\Delta} = d\boldsymbol{P} \tag{13-15}$$

### 13.2.3 T. L 列式与 U. L 列式的异同及适用范围

T. L 列式与 U. L 列式是不同学派用不同的简化方程及理论导出的不同方法,但是,它们在相同的荷载增量步内其线性化的切线刚度矩阵应该相同,这一点已得到多个实际例题的证明。

T. L 列式与 U. L 列式的不同点见表 13-2。

**T. L 列式与 U. L 列式的不同点** 表 13-2

| 比较内容 | T. L 列式 | U. L 列式 | 注意点 |
|---|---|---|---|
| 计算单刚的积分域 | 在初始构形的体积域内进行 | 在变形后的 $t$ 时刻体积域内进行 | U. L 列式必须保留各节点坐标值 |
| 精度 | 保留了刚度矩阵中所有线性与非线性项 | 忽略了高阶非线性项 | U. L 列式的荷载增量不能过大 |
| 单刚组集成总刚 | 用初始时刻各单元结构总体坐标系中的方向余弦形成转换阵，计算过程中不变 | 用变形后 $t$ 时刻单元在结构总体坐标中的方向余弦形成转换阵，计算过程中不断改变 | U. L 列式中组集荷载向量也必须注意方向余弦的改变 |
| 本构关系的处理 | 在大应变时，非线性本构关系不易引入 | 比较容易引入大应变非线性本构关系 | U. L 方法更适用于混凝土徐变分析 |

从理论上讲，这两种方法都可以用于各种几何非线性分析，但通过表 13-2 的对比可以发现 T. L 列式适用于大位移、中等转角和小应变的几何非线性问题，而 U. L 列式除了适用于上述问题外，还适用于非线性大应变分析、弹塑性、徐变分析。可以追踪变形过程的应力变化。目前，国内使用的桥梁非线性分析程序，一般都采用 U. L 列式方法。

## 13. 3 桥梁结构分析常用单元的切线刚度矩阵

由前面讨论可知，T. L 列式下单元切线刚度矩阵可分为三个部分，即弹性刚度矩阵${}^0\boldsymbol{k}_0$、初位移刚度矩阵${}^0\boldsymbol{k}_{\mathrm{L}}$ 和几何刚度矩阵${}^0\boldsymbol{k}_\sigma$，而 U. L 列式下单元切线刚度矩阵只有${}^t\boldsymbol{k}_0$和${}^t\boldsymbol{k}_\sigma$ 两部分，本节进一步讨论桥梁结构分析中常用单元切线刚度矩阵的推导方法和具体表达形式。

### 13. 3. 1 平面桁架单元

下面用形函数法导出平面桁架单元平衡方程。

图 13-2 所示的桁架单元 $ij$，杆长为 $l$，截面积为 $A$，在外荷载作用下，$i$、$j$ 端发生了位移。

将桁架单元轴向应变由线性形式改写成大位移形式，

$$\boldsymbol{\varepsilon}_x = \frac{\mathrm{d}\boldsymbol{u}}{\mathrm{d}x} + \frac{1}{2}\left(\frac{\mathrm{d}\boldsymbol{v}}{\mathrm{d}x}\right)^2 \tag{13-16}$$

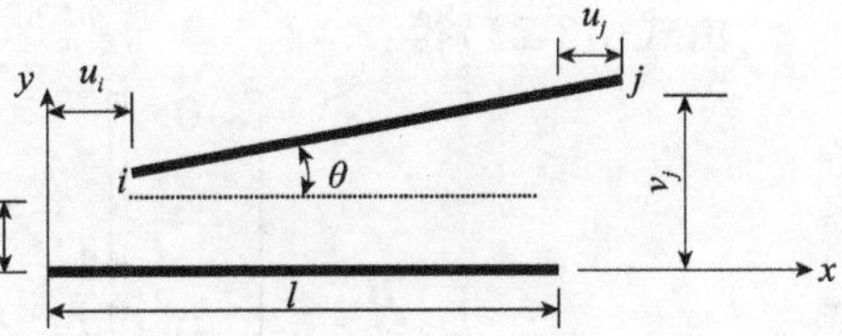

图 13-2 桁架单元

式中：$\frac{\mathrm{d}\boldsymbol{u}}{\mathrm{d}x}$ ——$\boldsymbol{\varepsilon}_x$的线性表达式；

$\frac{1}{2}\left(\frac{\mathrm{d}\boldsymbol{v}}{\mathrm{d}x}\right)^2$——大位移情况下 $\boldsymbol{\varepsilon}_x$ 由竖向位移引出的附加项。

取桁架单元的形函数矩阵为：

$$\boldsymbol{N} = \begin{bmatrix} 1-\dfrac{x}{l} & 0 & \dfrac{x}{l} & 0 \\ 0 & 1-\dfrac{x}{l} & 0 & \dfrac{x}{l} \end{bmatrix} \tag{13-17}$$

则单元上任意点的位移可写成：

$$\begin{bmatrix} u \\ v \end{bmatrix} = \boldsymbol{N\delta} \tag{13-18}$$

式中：$\boldsymbol{\delta}$——单元的节点位移向量。

将式(13-18)代入式(13-16)整理得：

$$\boldsymbol{\varepsilon}_x = \begin{bmatrix} -\frac{1}{l} & 0 & \frac{1}{l} & 0 \end{bmatrix}\boldsymbol{\delta} + \frac{1}{2}\left(\begin{bmatrix} 0 & -\frac{1}{l} & 0 & \frac{1}{l} \end{bmatrix}\boldsymbol{\delta}\right)^2 \tag{13-19}$$

$$\begin{aligned} \mathrm{d}\boldsymbol{\varepsilon}_x &= \begin{bmatrix} -\frac{1}{l} & 0 & \frac{1}{l} & 0 \end{bmatrix}\mathrm{d}\boldsymbol{\delta} + \begin{bmatrix} 0 & -\frac{1}{l} & 0 & \frac{1}{l} \end{bmatrix}\boldsymbol{\delta}\begin{bmatrix} 0 & -\frac{1}{l} & 0 & \frac{1}{l} \end{bmatrix}\mathrm{d}\boldsymbol{\delta} \\ &= (\boldsymbol{B}_0 + \boldsymbol{B}_{\mathrm{L}})\mathrm{d}\boldsymbol{\delta} \end{aligned} \tag{13-20}$$

其中，

$$\boldsymbol{B}_0 = \begin{bmatrix} -\frac{1}{l} & 0 & \frac{1}{l} & 0 \end{bmatrix} \tag{13-21}$$

考虑到

$$\begin{bmatrix} 0 & -\frac{1}{l} & 0 & \frac{1}{l} \end{bmatrix}\boldsymbol{\delta} = \frac{1}{l}(v_j - v_i) = \theta \tag{13-22}$$

$$\boldsymbol{B}_{\mathrm{L}} = \theta\begin{bmatrix} 0 & -\frac{1}{l} & 0 & \frac{1}{l} \end{bmatrix} \tag{13-23}$$

在 T. L 列式下，单元的局部坐标建立在变形前的初始状态，将式(13-21)代入式(13-11)得：

$$\boldsymbol{k}_0 = \frac{EA}{l}\begin{bmatrix} 1 & 0 & -1 & 0 \\ 0 & 0 & 0 & 0 \\ -1 & 0 & 1 & 0 \\ 0 & 0 & 0 & 0 \end{bmatrix} \tag{13-24}$$

将式(13-21)和式(13-23)代入式(13-12)计算，得：

$$\boldsymbol{k}_{\mathrm{L}} = \frac{EA}{l}\begin{bmatrix} 0 & \theta & 0 & -\theta \\ \theta & \theta^2 & -\theta & -\theta^2 \\ 0 & -\theta & 0 & \theta \\ -\theta & -\theta^2 & \theta & \theta^2 \end{bmatrix} \tag{13-25}$$

由式(13-23)得：

$$\boldsymbol{B}_{\mathrm{L}}^{\mathrm{T}} = \begin{bmatrix} 0 \\ -\frac{1}{l} \\ 0 \\ \frac{1}{l} \end{bmatrix}\frac{1}{l}(v_j - v_i) = \frac{1}{l^2}\begin{bmatrix} 0 & 0 & 0 & 0 \\ 0 & 1 & 0 & -1 \\ 0 & 0 & 0 & 0 \\ 0 & -1 & 0 & 1 \end{bmatrix}\begin{Bmatrix} u_i \\ v_i \\ u_j \\ v_j \end{Bmatrix} \tag{13-26}$$

将式(13-26)代入式(13-6)，并注意到

$$\int_V \boldsymbol{\sigma}\mathrm{d}V = Nl \tag{13-27}$$

得

$$\int_V \mathrm{d}\,\boldsymbol{B}_{\mathrm{L}}^{\mathrm{T}}\boldsymbol{\sigma}\mathrm{d}V = \frac{N}{l}\begin{bmatrix} 0 & 0 & 0 & 0 \\ 0 & 1 & 0 & -1 \\ 0 & 0 & 0 & 0 \\ 0 & -1 & 0 & 1 \end{bmatrix}\mathrm{d}\boldsymbol{\delta} \tag{13-28}$$

即
$$\boldsymbol{k}_\sigma = \frac{N}{l}\begin{bmatrix} 0 & 0 & 0 & 0 \\ 0 & 1 & 0 & -1 \\ 0 & 0 & 0 & 0 \\ 0 & -1 & 0 & 1 \end{bmatrix} \tag{13-29}$$

最后,T. L 列式下桁架单元的切线刚度矩阵为:

$$\boldsymbol{k}_\mathrm{T} = \boldsymbol{k}_0 + \boldsymbol{k}_\mathrm{L} + \boldsymbol{k}_\sigma \tag{13-30}$$

在 U. L 列式下,单元的局部坐标系建立在 $t$ 时刻,即变形后的位置上,其单元切线刚度矩阵为:

$${}^t\boldsymbol{k}_\mathrm{T} = {}^t\boldsymbol{k}_0 + {}^t\boldsymbol{k}_\sigma \tag{13-31}$$

下面我们来考察 T. L 列式与 U. L 列式两种切线刚度矩阵的等价性。

图 13-3 给出了桁架单元发生变形前、后的位置,其中${}^0x{}^0y$ 坐标系为变形前的单元局部坐标系,${}^tx{}^ty$ 为变形后的单元局部坐标系,两者夹角为 $\theta$,$xOy$ 为整体坐标系。用 U. L 列式法建立单元切线平衡方程时,局部坐标系是建立在${}^tx{}^ty$ 上的。

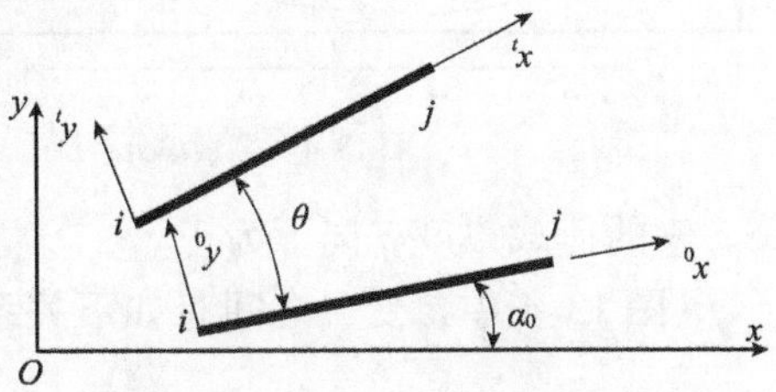

图 13-3 发生变形前、后的桁架单元

现将弹性刚度矩阵${}^t\boldsymbol{k}_0$ 从${}^tx{}^ty$ 坐标系变换到变形前的位置${}^0x{}^0y$ 上,考虑到 $\theta$ 角较小,则$\sin\theta \approx \theta$, $\cos\theta \approx 1$,其变换矩阵为:

$$\boldsymbol{T} = \begin{bmatrix} \cos\theta & \sin\theta & 0 & 0 \\ -\sin\theta & \cos\theta & 0 & 0 \\ 0 & 0 & \cos\theta & \sin\theta \\ 0 & 0 & -\sin\theta & \cos\theta \end{bmatrix} \approx \begin{bmatrix} 1 & \theta & 0 & 0 \\ -\theta & 1 & 0 & 0 \\ 0 & 0 & 1 & \theta \\ 0 & 0 & -\theta & 1 \end{bmatrix} \tag{13-32}$$

于是

$$\begin{aligned} \boldsymbol{k}_\mathrm{T} &= \boldsymbol{T}^{\mathrm{T}\,t}\boldsymbol{k}_0\boldsymbol{T} \\ &= \frac{EA}{l}\begin{bmatrix} 1 & \theta & -1 & -\theta \\ \theta & \theta^2 & -\theta & -\theta^2 \\ -1 & -\theta & 1 & \theta \\ -\theta^2 & -\theta^2 & \theta & \theta^2 \end{bmatrix} \\ &= \frac{EA}{l}\begin{bmatrix} 1 & 0 & -1 & 0 \\ 0 & 0 & 0 & 0 \\ -1 & 0 & 1 & 0 \\ 0 & 0 & 0 & 0 \end{bmatrix} + \frac{EA}{l}\begin{bmatrix} 0 & \theta & 0 & -\theta \\ \theta & \theta^2 & -\theta & -\theta^2 \\ 0 & -\theta & 0 & \theta \\ -\theta & -\theta^2 & \theta & \theta^2 \end{bmatrix} \\ &= {}^0\boldsymbol{k}_0 + {}^0\boldsymbol{k}_\mathrm{L} \end{aligned} \tag{13-33}$$

上述单元弹性刚度矩阵的变换说明:T. L 列式下,通过单元初位移刚度矩阵实现了平衡方程建立在结构变形后的位置上;而 U. L 列式下,是通过更新单元节点坐标来实现的。因此,T. L 列式和 U. L 列式的单元切线刚度矩阵具有等价性。

## 13.3.2 平面柔索单元的切线刚度矩阵

桥梁结构分析中，常遇到柔索构件。斜拉桥的斜拉索、悬索桥的主缆、施工中用的缆风和扣索等都可抽象成柔索。柔索的特点是抗弯刚度小，索的自重对结构平衡影响不可忽略，用拉压杆模拟柔索会引起误差。下面用直接平衡法建立柔索单元的刚度方程。

为讨论方便，且不影响计算精度，做如下假定：

(1)柔索仅能承受张力而不承受弯曲内力(抗弯刚度为0)；

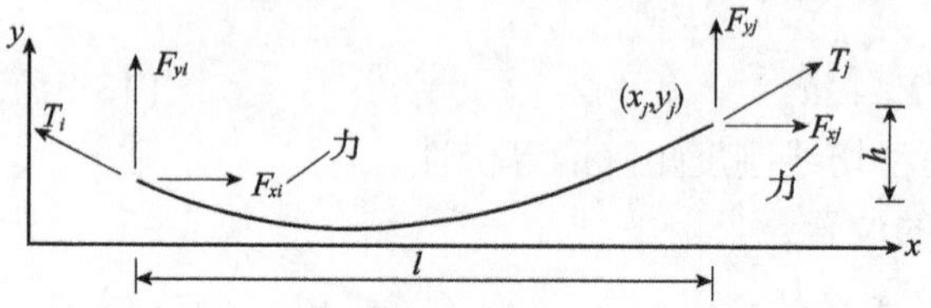


图 13-4 柔索单元

(2)柔索仅受索端集中力和沿索长均匀分布的荷载作用，荷载合力效应为 $q$；

(3)柔索材料符合胡克定律；

(4)局部坐标系取在柔索荷载合力平面内。

考察图 13-4 中的柔索，无应力索长为 $S_0$，索的荷载集度 $q$ 向下为正。

图 13-4 中参变量之间有如下关系：

$$\left.\begin{aligned} &l = x_j - x_i, h = y_j - y_i \\ &-F_{xi} = F_{xj} = H \\ &F_{yj} = -F_{yi} + qS_0 \\ &T_i = \sqrt{F_{xi}^2 + F_{yi}^2} = T_0 \\ &T_j = \sqrt{F_{xj}^2 + F_{yj}^2} = T_0 \end{aligned}\right\} \tag{13-34}$$

易导得各力素与几何变量之间的关系如下：

$$\left.\begin{aligned} l &= -F_{xi}\left(\frac{S_0}{EA} + \frac{1}{q}\ln\frac{T_i + F_{yi}}{T_j - F_{yj}}\right) \\ h &= \frac{S_0}{EA}\left(F_{yi} - \frac{qS_0}{2}\right) - \frac{T_j - T_i}{q} \\ &= \frac{1}{2EAq}(T_j^2 - T_i^2) + \frac{T_j - T_i}{q} \end{aligned}\right\} \tag{13-35}$$

对式(13-35)取全微分有：

$$\left.\begin{aligned} \Delta l &= \frac{\partial l}{\partial F_{xi}}\Delta F_{xi} + \frac{\partial l}{\partial F_{yi}}\Delta F_{yi} \\ \Delta h &= \frac{\partial h}{\partial F_{xi}}\Delta F_{xi} + \frac{\partial h}{\partial F_{yi}}\Delta F_{yi} \end{aligned}\right\} \tag{13-36}$$

于是，$i$ 端力和位移的增量关系可写成：

$$\left.\begin{aligned} \Delta F_{xi} &= \frac{B_2}{C}\Delta l + \frac{-A_2}{C}\Delta h \\ \Delta F_{yi} &= \frac{-B_1}{C}\Delta l + \frac{A_1}{C}\Delta h \end{aligned}\right\} \tag{13-37}$$

$j$ 端力和位移的增量关系可写成：

$$\left.\begin{aligned}\Delta F_{xj} &= \frac{-B_2}{C}\Delta l + \frac{A_2}{C}\Delta h \\ \Delta F_{yj} &= \frac{B_1}{C}\Delta l + \frac{-A_1}{C}\Delta h\end{aligned}\right\} \tag{13-38}$$

其中，

$$\left.\begin{aligned}\Delta l &= \Delta u_j - \Delta u_i \\ \Delta h &= \Delta v_j - \Delta v_i\end{aligned}\right\} \tag{13-39}$$

$$\left.\begin{aligned}A_1 &= \frac{1}{F_{xi}} + \frac{1}{q}\left(\frac{F_{yj}}{T_j} + \frac{F_{yi}}{T_i}\right) \\ A_2 &= B_1 = \frac{F_{xi}}{q}\left(\frac{1}{T_{\mathrm{j}}} - \frac{1}{T_i}\right) \\ B_2 &= -\frac{S_0}{EA} - \frac{1}{q}\left(\frac{F_{yj}}{T_{\mathrm{j}}} + \frac{F_{yi}}{T_i}\right) \\ C &= A_1 B_2 - A_2 B_1\end{aligned}\right\} \tag{13-40}$$

将式(13-37)~式(13-39)合并整理后写成矩阵形式：

$$\Delta \boldsymbol{F}^{\mathrm{e}} = \boldsymbol{k}_{\mathrm{T}}^{\mathrm{e}} \Delta \boldsymbol{\delta} \tag{13-41}$$

式中：

$$\Delta \boldsymbol{F}^{\mathrm{e}} = [\Delta F_{xi} \quad \Delta F_{yi} \quad \Delta F_{xj} \quad \Delta F_{yj}]^{\mathrm{T}} \tag{13-42}$$

$$\boldsymbol{k}_{\mathrm{T}}^{\mathrm{e}} = \begin{bmatrix} k_{11} & k_{12} & k_{13} & k_{14} \\ & k_{22} & k_{23} & k_{24} \\ & & k_{33} & k_{34} \\ \text{对称} & & & k_{44} \end{bmatrix} \tag{13-43}$$

其中，

$$\left.\begin{aligned}k_{11} &= k_{44} = -k_{33} = \frac{B_2}{C} \\ k_{12} &= -k_{14} = -k_{23} = k_{34} = \frac{A_2}{C} \\ k_{22} &= k_{24} = k_{44} = -\frac{A_1}{C} \\ \Delta \boldsymbol{\delta} &= [\Delta u_i \quad \Delta v_i \quad \Delta u_j \quad \Delta v_j]^{\mathrm{T}}\end{aligned}\right\} \tag{13-44}$$

式(13-41)即为柔索单元切线刚度方程，在索端平衡力已知的情况下，可直接计算柔索切线刚度矩阵；在索端平衡力未知的情况下，首先按单根柔索计算索端力，求解时先初估一个 $F_{xi}$ 和 $F_{yi}$，若式(13-35)自然满足，初估值即为真实值。否则，设估算值使式(13-35)产生的误差为：

$$\left.\begin{aligned}e_x &= l_0 - l \\ e_y &= h_0 - h\end{aligned}\right\} \tag{13-45}$$

式中：$l_0$——由估算的 $F_{x_i}$ 和 $F_{y_i}$ 计算出的柔索水平投影长；

$h_0$——由估算的 $F_{x_i}$ 和 $F_{y_i}$ 计算出的柔索垂直投影长。

下一次计算希望通过 $\Delta l$ 和 $\Delta h$ 的修正，使误差趋于零，即

$$\left.\begin{aligned}\Delta l + e_x = 0\\ \Delta h + e_y = 0\end{aligned}\right\} \tag{13-46}$$

将式(13-36)代入式(13-46)易得：

$$\left.\begin{aligned}\Delta F_{xi} = \frac{e_y A_2 - e_x B_2}{C}\\ \Delta F_{yi} = \frac{e_x B_1 - e_y A_1}{C}\end{aligned}\right\} \tag{13-47}$$

用 $\Delta F_{xi}$、$\Delta F_{yi}$ 修正 $F_{xi}$ 和 $F_{yi}$，再按照图 13-5 所示的流程迭代，就可以在已知 $l$、$h$、$q$、$E$、$A$、$S_0$ 的情况下，求出所有索端力。最后，计算切线刚度矩阵流程如图 13-6 所示。

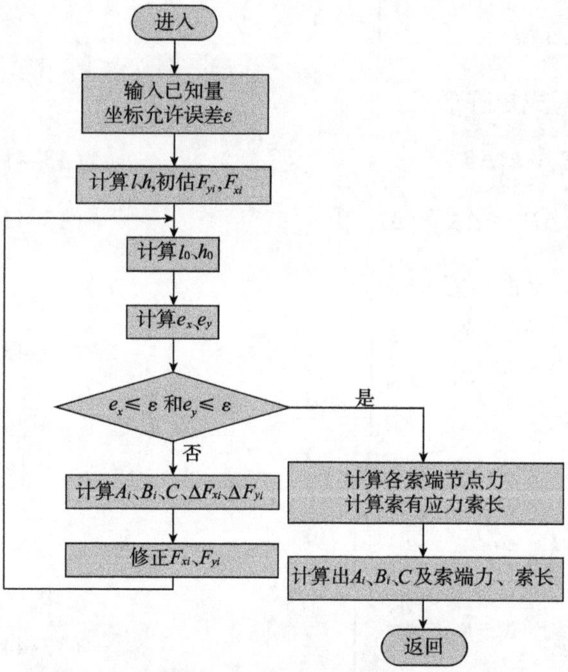


图 13-5　求索端力的计算流程

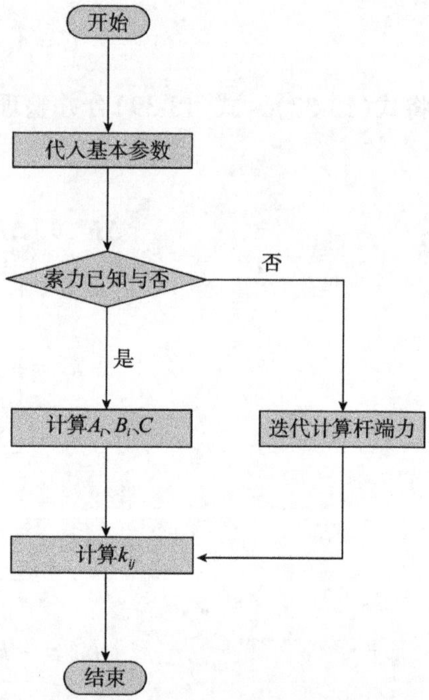


图 13-6　柔索单元切线刚度矩阵计算流程

用直杆代替柔索计算是常用的近似方法，柔索的垂度效应可用 Ernst 公式对弹性模量进行修正，这种方法在小位移、高应力水平下，具有较高精度。但如果索工作在大位移状态或应力水平不高的情况下，就会出现很大的误差。因此，采用近似方法计算时应慎重。还可以用多个直杆单元来模拟拉索，但要事先确定索的构形，且直杆单元的数量对计算精度有影响。

**【例题】** 用柔索单元计算如图 13-7 所示的柔索索端力与索端位置的关系。主缆在基准温度下的无应力长度为 100，线重度为 1，$EA$ 为 $3\times10^7$，线膨胀系数为 $6.5\times10^{-6}$，考虑 100 的温度变化。图 13-7 给出了柔索索端力与索端位置的关系。

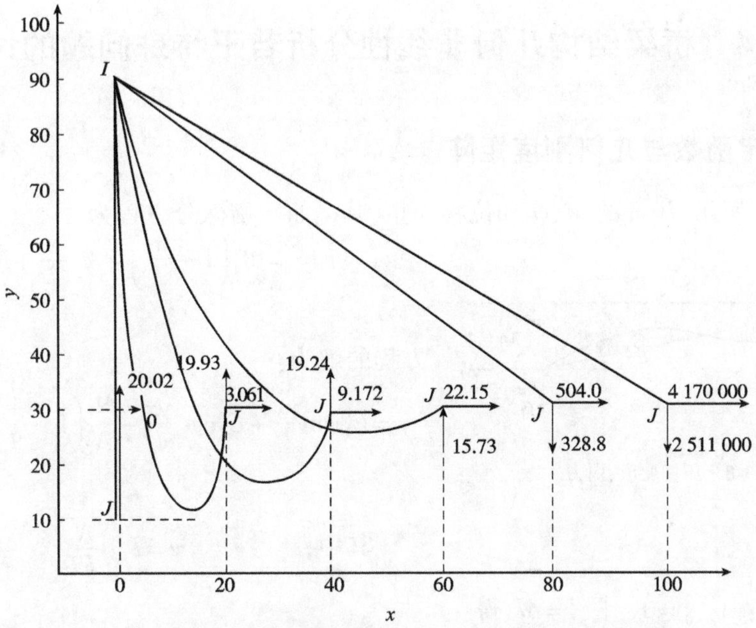


图 13-7　自重作用下索端力与索端位置的关系

### 13.3.3　平面梁单元的切线刚度矩阵

在桥梁结构分析中还经常会用到平面梁单元、空间梁单元等。与 13.3.1 中平面桁架单元一样，通过用形函数法给出合适的几何运动方程，由式(13-4)出发做相应的推导，就能得到各自的单元切线刚度矩阵，限于篇幅，这里不做推导地给出平面刚架单元 U.L 列式下的单元切线刚度矩阵。

平面受弯曲的梁单元，横截面积为 $A$，长度为 $l$，惯矩为 $I$，轴向位移用一次多项式插值，梁竖向位移和转角用三次多项式插值，可导出平面梁单元的弹性刚度矩阵为：

$$
{}^{t}\boldsymbol{k}_{\mathrm{e}}=\frac{E}{l^{3}}\begin{bmatrix}
Al^{2} & 0 & 0 & -Al^{2} & 0 & 0\\
 & 12I & 6Il & 0 & -12I & 6Il\\
 & & 4Il^{2} & 0 & -6Il & 2Il^{2}\\
 & & & Al^{2} & 0 & 0\\
 & & & & 12I & -6Il\\
\text{对称} & & & & & 4Il^{2}
\end{bmatrix}
\tag{13-48}
$$

平面梁单元的初应力刚度矩阵为：

$$
{}^{t}\boldsymbol{k}_{\sigma}=\frac{N}{30l}\begin{bmatrix}
0 & 0 & 0 & 0 & 0 & 0\\
 & 36 & 3l & 0 & -36 & 3l\\
 & & 4l^{2} & 0 & -3l & -l^{2}\\
 & & & 0 & 0 & 0\\
 & & & & 36 & -3l\\
\text{对称} & & & & & 4l
\end{bmatrix}
\tag{13-49}
$$

$N$ 是 $t$ 时刻梁单内的轴向力，受拉为正。

## 13.4 桥梁结构几何非线性分析若干特殊问题的讨论

### 13.4.1 稳定函数与几何刚度矩阵

如图 13-8 所示，压杆的 $M$、$Q$ 和位移为正，其挠曲平衡微分方程为：

$$-EIy'' = M_i\left(1-\frac{x}{l}\right) - M_j\frac{x}{l} + N(y-\alpha x) \tag{13-50}$$

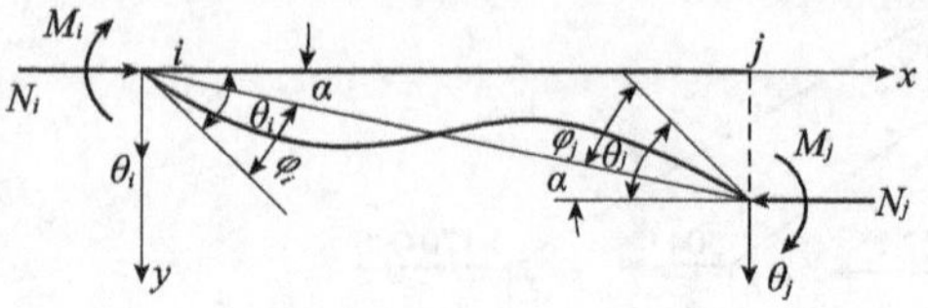


图 13-8 压杆变形、内力

方程的解为：

$$y = C_1\sin\frac{\gamma x}{l} + C_2\cos\frac{\gamma x}{l} - \frac{M_i}{N}\left(1-\frac{x}{l}\right) + \frac{M_j}{N}\frac{x}{l} + \alpha x \tag{13-51}$$

其中，
$$\gamma = l\sqrt{\frac{N}{EI}} \tag{13-52}$$

引入边界条件：$y|_{x=0}=0, y|_{x=l}=\alpha l$，得：

$$C_1 = -\frac{M_j + M_i\cos\gamma}{N\sin\gamma}, C_2 = \frac{M_i}{N} \tag{13-53}$$

$$y = \frac{M_i}{N}\left[\frac{\sin\gamma\left(1-\frac{x}{l}\right)}{\sin\gamma} - 1 + \frac{x}{l}\right] - \frac{M_j}{N}\left(\frac{\sin\gamma\frac{x}{l}}{\sin\gamma} - \frac{x}{l}\right) + \alpha x \tag{13-54}$$

于是，

$$\left.\begin{aligned}\theta_i &= \varphi_i + \alpha = \frac{dy}{dx}\Big|_{x=0}\\ \theta_j &= \varphi_j + \alpha = \frac{dy}{dx}\Big|_{x=l}\end{aligned}\right\} \tag{13-55}$$

$$\left.\begin{aligned}\varphi_i &= \frac{l}{EI}(cM_i - sM_j)\\ \varphi_j &= \frac{l}{EI}(sM_i - cM_j)\end{aligned}\right\} \tag{13-56}$$

其中，

$$\left.\begin{aligned}c &= \frac{1}{\gamma^2}\left(1-\frac{\gamma}{\tan\gamma}\right)\\ s &= \frac{1}{\gamma^2}\left(\frac{\gamma}{\sin\gamma}-1\right)\end{aligned}\right\} \tag{13-57}$$

如果轴力为拉力，则：

$$\left.\begin{aligned}c &= \frac{1}{\gamma^2}\left(\frac{\gamma}{\tanh\gamma}-1\right)\\ s &= \frac{1}{\gamma^2}\left(1-\frac{\gamma}{\sinh\gamma}\right)\end{aligned}\right\} \tag{13-58}$$

$c$、$s$ 为轴力影响下，杆端单位力矩引起的杆端角变形，$c$ 为力矩作用端的角变形，$s$ 为另一端的角变形。最后，可导出有初轴力的杆单元刚度方程：

$$\left.\begin{aligned} M_i &= \frac{EI}{l}[C\theta_i + S\theta_j - (C+S)\alpha] \\ M_j &= \frac{EI}{l}[C\theta_j + S\theta_i - (C+S)\alpha] \\ Q_i &= \frac{EI}{l^2}[(C+S)(\theta_i+\theta_j) - (2C+2S-\gamma^2)\alpha] \\ Q_j &= Q_i \end{aligned}\right\} \tag{13-59}$$

或

$$\begin{bmatrix} Q_i \\ M_i \\ Q_j \\ M_j \end{bmatrix} = \frac{EI}{l}\begin{bmatrix} \frac{2C+2S-\gamma^2}{l^2} & \frac{C+S}{l} & -\frac{(2C+2S-\gamma^2)}{l^2} & \frac{C+S}{l} \\ & C & -\frac{C+S}{l} & S \\ & & \frac{2C+2S-\gamma^2}{l^2} & -\frac{(C+S)}{l} \\ \text{对称} & & & C \end{bmatrix}\begin{bmatrix} u_i \\ \theta_i \\ u_j \\ \theta_j \end{bmatrix} \tag{13-60}$$

其中,$C=\frac{c}{c^2-s^2}$,$S=\frac{s}{c^2-s^2}$是轴力 $N$ 的函数,称为稳定函数,其值随 $\gamma$ 的变化而变化。以稳定函数表达的刚度系数包含了轴力对弯曲刚度的影响,相当于前面切线刚度矩阵中弹性刚度系数与几何刚度系数之和。图 13-9 给出了稳定函数与单元切线刚度系数随 $\gamma$ 的变化情况,说明 $\gamma\leqslant 1$ 时,二者基本一样,当 $\gamma<3$ 时,二者区别也不大。

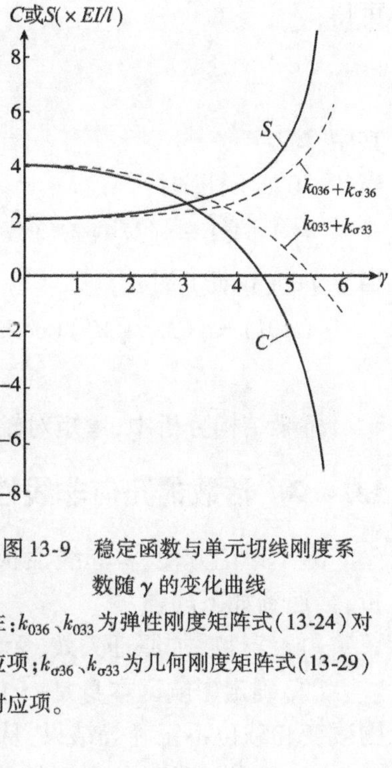


图 13-9　稳定函数与单元切线刚度系数随 $\gamma$ 的变化曲线

注:$k_{036}$、$k_{033}$为弹性刚度矩阵式(13-24)对应项;$k_{\sigma36}$、$k_{\sigma33}$为几何刚度矩阵式(13-29)对应项。

事实上,将 $C$ 展开成级数形式有:

$$C=4\left(1-\frac{\gamma^2}{30}-\frac{19\gamma^4}{5040}+\cdots\right) \tag{13-61}$$

而　$$\frac{l}{EI}(k_{033}+k_{\sigma33})=4\left(1-\frac{Nl^2}{30EI}\right)=4\left(1-\frac{\gamma^2}{30}\right) \tag{13-62}$$

对比表明,几何刚度矩阵系数就是稳定函数忽略高阶项的轴力影响系数。

从以上讨论可以看到:当 $\gamma>3$ 时,随着 $\gamma$ 的增大,几何刚度矩阵的误差也增大。但由于 $\gamma$ 与 $l$ 成正比,有限元分析中,只要减小单元长度,就可避免使用几何刚度矩阵产生的这种误差。

## 13.4.2　弯矩对轴向刚度的影响

杆单元的弯曲将引起杆件计算长度(杆件两端节点的距离)的改变,从而影响杆件的轴向刚度。在杆件微段上,弯曲引起的杆件轴线计算长度的改变量 $\mathrm{d}\delta$ 为:

$$\mathrm{d}\delta=\mathrm{d}s-\mathrm{d}x=\sqrt{\mathrm{d}y^2+\mathrm{d}x^2}-\mathrm{d}x \tag{13-63}$$

$$\mathrm{d}\delta/\mathrm{d}x=\sqrt{1+(y')^2}-1\approx\frac{1}{2}(y')^2 \tag{13-64}$$

$$\delta = \frac{1}{2}\int_0^l (y')^2 \mathrm{d}x \tag{13-65}$$

在外力作用下,杆件总的缩短量 $\Delta$ 为:

$$\Delta = Nl/(EA) + \frac{1}{2}\int_0^l (y')^2 \mathrm{d}x \tag{13-66}$$

因此

$$N = \frac{EA}{l}\beta\Delta \tag{13-67}$$

式中:$\beta$——弯矩引起的轴向刚度修正系数。

由于

$$y = \frac{M_i}{N}\left[\frac{\sin\gamma(1-x/l)}{\sin\gamma} + \frac{x}{l} - 1\right] + \frac{M_j}{N}\left(\frac{x}{l} - \frac{\sin\gamma x/l}{\sin\gamma}\right) \tag{13-68}$$

$$y' = -\frac{M_i\cos\gamma + M_j}{N\sin\gamma}\frac{\gamma}{l}\cos\frac{\gamma x}{l} - \frac{M_i}{N}\frac{\gamma}{l}\sin\frac{\gamma x}{l} + \frac{M_i + M_j}{Nl} \tag{13-69}$$

其中,$\gamma$ 由式(13-52)定义。将式(13-69)代入式(13-65)积分,由式(13-66)、式(13-67)可得:

$$\beta = \frac{1}{1 - EA/(4N^3l^2)(\phi M)} \tag{13-70}$$

其中,

当 $P>0$ (压杆)时:

$$(\phi M) = \gamma(M_i^2 + M_j^2)(\cot\gamma + \gamma\csc\gamma) - 2(M_i + M_j)^2 + 2\gamma\csc\gamma M_i M_j(1 + \gamma\cot\gamma) \tag{13-71}$$

当 $P<0$ (拉杆) 时:

$$(\phi M) = \gamma(M_i^2 + M_j^2)(\coth\gamma + \gamma\operatorname{csch}^2\gamma) - 2(M_i + M_j)^2 + 2\gamma\operatorname{csch}\gamma M_i M_j(1 + \gamma\coth\gamma) \tag{13-72}$$

桥梁结构分析中,弯矩对轴向刚度的影响较小,一般忽略不计。

### 13.4.3 活载的几何非线性分析

为了讨论方便,将非线性状态下荷载最不利加载区域称为影响区。活载几何非线性分析,会遇到如下问题:

(1)线性叠加原理失效,无法再用传统的影响线加载法进行活载分析。

(2)确定影响区本身是一个非线性问题。仅用恒载初始状态计算活载,会带来影响区范围改变和载位不正确等结果,从而引起误差。

(3)单位强迫变位产生的等效力很大,用机动法求解影响区将破坏指定状态结构影响区的真实形状。

考虑到结构在确定初始状态下,影响线函数的值仍代表单位荷载作用对关心截面计算参数的影响。因此,可以按如下方法计算非线性活载最不利响应:以结构恒载状态为初态,计算影响区函数,用相应的最不利活载作为试探,求出第一次近似,将前一次试探活载与恒载共同作用时的状态代替初态,重新计算影响区和最不利荷载。当本次活载效应与上次活载效应的误差落在某一允许范围时,计算收敛。这样,每迭代一次,都加强了活载对计算状态的影响。这一计算可归结为如下步骤:

(1)将结构恒载受力状态作为求解影响区的初始状态，计算出初始影响函数。

(2)用动态规划加载法，找出最不利加载位置，并做好记录。

(3)以恒载受力状态为计算初态，将活载按最不利载位一次性作用于结构，分析恒、活载共同作用下的结构受力状态和关心截面力学量。

(4)将恒、活载共同作用下的结构状态作为求解下一步影响区函数新的初态，重复(1)~(3)的计算。经过数次迭代计算就可以得到活载作用下关心力学量的最值。

求解活载影响区可用机动法，但单位强迫变位必须取用一个很小的数(如 $10^{-5}$)，这样可以保证确定的影响区不失真，使动态规划法找到的载位即为相应内力状态下的最不利载位。

## 13.4.4 几何非线性调值计算

桥梁结构在设计和施工计算中，常常遇到这样的问题：设计阶段，需要调整部分构件的内力或支点位移，来优化整个结构体系的受力状态，例如，调整斜拉索索力来优化斜拉桥结构恒载内力状态，调整预应力索张拉力来改善预应力体系关心截面应力状态，调整连续梁支座来改善全桥正负弯矩分配等；施工阶段，需要调整少量构件的内力或改变部分约束节点的位移来减少已建结构与控制目标的偏差，并使后期结构的施工状态最大限度地逼近目标；竣工后，结构也会遇到与前相仿的问题，如通过拱脚位移顶推来调整拱圈内力、斜拉索再张拉来调整使用多年的斜拉桥由于徐变和收缩引起的线形和内力改变等。

这些问题可归结为桥梁结构关心截面内力、位移、应力调值计算。一般情况下，要使关心截面中 $n$ 个独立参量调整为指定值，就必须改变施调截面中的 $n$ 个独立参量。

随着新技术和施工新工艺的应用与发展，调值计算问题在工程中越来越多，调值计算成了大型结构计算和结构优化设计必不可少的计算方法。

当几何非线性表现突出时，基于线性叠加原理的调值计算方法无法直接用于非线性结构的计算，下面讨论计入几何非线性影响的调值计算求解策略。

1)影响矩阵及其形成方法

为了方便讨论，首先作如下定义：

受调向量：结构物中关心截面上 $m$ 个独立元素所组成的列向量。这些元素一般由构件中的截面内力、应力或位移组成。它们在调值过程中接受调整，以期达到某种期望状态。受调向量记为：

$$\boldsymbol{D}=[d_1 \quad d_2 \quad \cdots \quad d_m]^{\mathrm{T}} \tag{13-73}$$

施调向量：结构物中指定可实施调整以改变受调向量的 $l$ 个独立元素($l \leqslant m$)所组成的列向量，记为：

$$\boldsymbol{X}=[x_1 \quad x_2 \quad \cdots \quad x_l]^{\mathrm{T}} \tag{13-74}$$

施调元素多为杆件内力或支座变位。

影响向量：施调向量中第 $j$ 个元素 $x_j$ 发生单位变化，引起受调向量 $D$ 的变化向量，记为：

$$\boldsymbol{A}_j=[a_{1j} \quad a_{2j} \quad \cdots \quad a_{mj}]^{\mathrm{T}} \tag{13-75}$$

影响矩阵：$l$ 个施调向量分别发生单位变化，引起的 $l$ 个影响向量依次排列形成矩阵，记为：

$$A = [A_1 \quad A_2 \quad \cdots \quad A_l] = \begin{bmatrix} a_{11} & a_{12} & \cdots & a_{1l} \\ a_{21} & a_{22} & \cdots & a_{2l} \\ \vdots & \vdots & \cdots & \vdots \\ a_{m1} & a_{m2} & \cdots & a_{ml} \end{bmatrix} \tag{13-76}$$

在影响矩阵中,元素可能是内力、应力、位移等力学量中的一个,影响矩阵是这些力学量混合组成的。

从理论上讲,只要将单位施调向量逐一加到结构上,分别求出相应的影响向量,便能形成结构的影响矩阵。但当受调向量为内力时,由于内力无法直接加在结构上,一般是通过先将相应构件从结构中“断开”,并在断开处施以一对大小相等方向相反的单位力来进行计算的。显然,这样做破坏了原有的结构形式,用有限元方法计算,则每计算一个影响向量,就要形成和分解一次结构刚度阵,是很不经济的。为了减少形成影响矩阵的计算量,可先将内力元素的影响向量用相应位置和方向上杆件的单位强迫变形影响向量来代替,这样就不必将构件断开,而可在同一力学模型上进行影响向量的计算。

用有限元法计算影响矩阵,可归结为如下步骤来进行:

(1)形成调值计算阶段结构总刚,并做 $LDL^T$ 分解。

(2)对施调元 $j$ 循环。

(3)令第 $j$ 号施调元调值量为 1(如果是内力,则用单位强迫变形代替)形成相应的结构荷载列阵。

(4)回代求相应的节点位移。

(5)对受调元 $i$ 循环,计算相应的受调元素 $d_i$,如果 $d_j$ 是位移,就从求解得到的位移向量中取出该调值点对应方向的位移作为 $j$ 列影响向量的第 $i$ 个元素 $a_{ij}$,如果 $d_i$ 是内力,就由位移向量求出相应调值截面对应方向的内力值作为 $a_{ij}$。如果 $d_i$ 是应力,则由内力求出相应点的应力值作为 $a_{ij}$。如果调值点又是受调点本身,在 $a_{ij}$ 中还需扣除单位强迫变位引起的单元的内力变化。

重复(2)~(4)各步,就可形成所有影响向量,从而形成影响矩阵 $\boldsymbol{A}$。

2)等变量的调值计算

设结构中 $n$ 个关心截面上期望的内力、应力、位移组成的向量为 $\boldsymbol{E}$,关心截面中现有相应向量为 $\boldsymbol{F}_d$,活载引起的相应向量为 $\boldsymbol{F}_L$,调值计算就是通过改变 $n$ 个施调元的力学量,使结构状态在关心截面处达到 $\boldsymbol{E}$。此时,结构受调向量为:

$$\boldsymbol{D} = \boldsymbol{E} - \boldsymbol{F}_d - \boldsymbol{F}_L \tag{13-77}$$

受调向量与施调向量的元素相等,这种调值计算称为等变量的调值计算。当结构满足线性叠加时,有:

$$\boldsymbol{AX} = \boldsymbol{D} \tag{13-78}$$

式(13-78)可唯一求得施调向量 $\boldsymbol{X}$,向量 $\boldsymbol{X}$ 表示:要使关心截面力学量达到 $\boldsymbol{E}$,必须使施调变量产生 $\boldsymbol{X}$ 的相应变化。

3)几何非线性调值计算

几何非线性对结构受力状态影响较大时,用式(13-78)求得的施调向量 $\boldsymbol{X}$ 作用于结构物,并不能使被调向量达到期望值。这就是几何非线性的调值计算问题。

几何非线性调值计算可以通过迭代法完成,具体步骤如下:

(1)以调值前结构状态为初态,计算广义影响矩阵 $\boldsymbol{A}$。

(2)求解方程(13-78),得到初始施调向量 $\boldsymbol{X}_0$。

(3)将施调向量 $\boldsymbol{X}_0$ 同时作用于结构,进行几何非线性分析,求得结构实际状态。

(4)提取相应的初始被调向量 $\boldsymbol{D}_0$,并求出受调差值向量:

$$\Delta \boldsymbol{D} = \boldsymbol{D} - \boldsymbol{D}_0 \tag{13-79}$$

(5)以第三步中得到的结构状态替代调值前初态,重复(1)~(4)的计算,直到 $\Delta \boldsymbol{D}$ 的范数 $\|\Delta \boldsymbol{D}\|$ 小于指定误差为止。

以上计算收敛较快,一般迭代 3~4 次就能满足工程精度要求。

## 13.5 非线性方程组的求解

### 13.5.1 增量法

增量形式的有限元列式方法具有一个共同的特点:将整个荷载变形过程划分为一连串增量段,每一增量段中结构的荷载反应被近似地线性化。简单增量法将每一级增量荷载下直接求得的状态变量视作结构平衡状态,计算相应的切线刚度阵,进而做下一级荷载计算,并不断累加其位移增量。图 13-10 描述了简单增量法的求解过程。

几何非线性问题的有限元分析最初多采用简单增量法进行,虽然这种求解方法对每一级荷载作用时的计算速度较快,但由于每一级荷载作用前结构并未精确地到达平衡位置,所求得的解会随着增量过程的继续而越来越偏离真实的荷载—变形过程。为了保证计算精度,常常将增量区间划分得相当小。此外,为了评价解的精度,一般要对同一问题在进一步细分增量区间后再次求解,通过两次解的比较判定是否收敛。这样就需要消耗大量的计算时间。

作为对这一方法的改进,可将不平衡力作为一种修正荷载并入下一级荷载增量。这就是有一阶自校正的增量法。一阶自校正增量法求解过程的示意图如图 13-11 所示。一阶自校正增量法具有较高的求解速度,同时也比简单增量法的计算精度高。这一方法在求解非线性问题特别是求解塑性问题时得到广泛的应用。

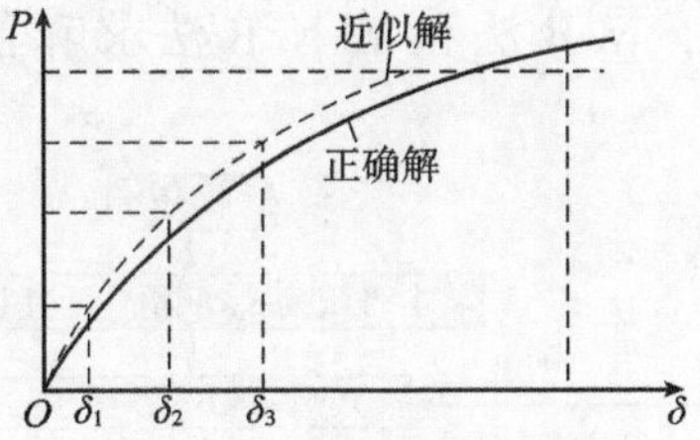


图 13-10 简单增量法的求解过程

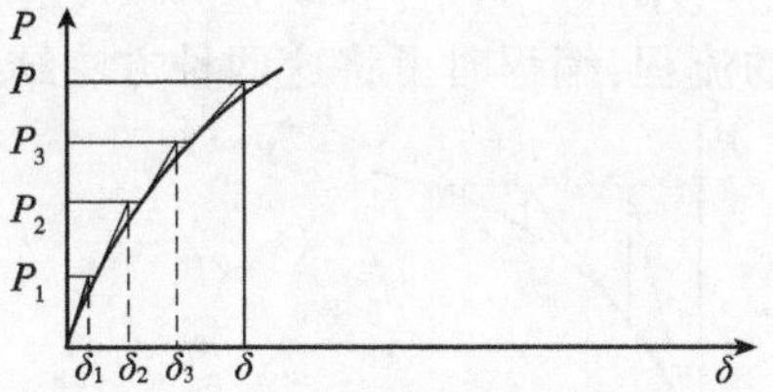


图 13-11 一阶自校正增量法的收敛过程

### 13.5.2 Newton-Raphson 法

对于式(13-80)给出的单自由度非线性平衡方程,

$$\varphi(\delta) = 0 \tag{13-80}$$

采用 Newton-Raphson 法,将 $\varphi(\delta)$ 在 $\delta_n$ 点展开成 Taylor 级数,取线性近似公式:

$$\varphi(\delta) = \varphi(\delta_n) + \left(\frac{\mathrm{d}\varphi}{\mathrm{d}\delta}\right)_n (\delta - \delta_n) \tag{13-81}$$

令 $\Delta\delta_{n+1}=\delta-\delta_n$，求非线性方程式(13-80)的根 $\delta$ 可按如下公式进行迭代计算。

$$\left.\begin{aligned}\Delta\delta_{n+1}&=-\varphi(\delta_n)/\left(\frac{\mathrm{d}\varphi}{\mathrm{d}\delta}\right)_n\\ \delta_{n+1}&=\delta_n+\Delta\delta_{n+1}\end{aligned}\right\}\tag{13-82}$$

单自由度非线性刚度方程一般为：

$$k(\delta)\delta=R\tag{13-83}$$

或

$$\varphi(\delta)=k(\delta)\delta-R=F(\delta)-R=0\tag{13-84}$$

将式(13-84)代入式(13-81)，有：

$$\left(\frac{\mathrm{d}\varphi}{\mathrm{d}\delta}\right)_n\Delta\delta_{n+1}=-\varphi(\delta_n)=R-F(\delta_n)\tag{13-85}$$

对式(13-84)求导，并注意到 $\frac{\mathrm{d}R}{\mathrm{d}\delta}=0$ 得：

$$\frac{\mathrm{d}\varphi}{\mathrm{d}\delta}=\frac{\mathrm{d}F(\delta)}{\mathrm{d}\delta}=k_{\mathrm{T}}(\delta)\tag{13-86}$$

式(13-86)即为体系在 $\delta$ 处的切线刚度表达式，求 $\delta$ 相应的迭代公式为：

$$\left.\begin{aligned}k_{\mathrm{T}}(\delta_n)\cdot\Delta\delta_{n+1}&=R-F(\delta_n)=\Delta R_n\\ \delta_{n+1}&=\delta_n+\Delta\delta_{n+1}\end{aligned}\right\}\tag{13-87}$$

$\Delta R_n$ 为失衡力，式(13-87)即为 Newton-Raphson 法（N. R 法）求解结构非线性问题的最简单形式，其收敛过程如图 13-12a)所示。

对于多自由度体系，同样可以导出相应的迭代公式：

$$\left.\begin{aligned}\boldsymbol{K}_{\mathrm{T}}(\boldsymbol{\delta}_n)\Delta\boldsymbol{\delta}_{n+1}&=\boldsymbol{R}-\boldsymbol{F}(\boldsymbol{\delta}_n)=\Delta\boldsymbol{R}_n\\ \boldsymbol{\delta}_{n+1}&=\boldsymbol{\delta}_n+\Delta\boldsymbol{\delta}_{n+1}\end{aligned}\right\}\tag{13-88}$$

这就是求解结构非线性平衡方程组的 N. R 方法。

由式(13-88)可见，N. R 法在每次迭代后都要重新形成 $\boldsymbol{K}_{\mathrm{T}}$，对于大跨度桥梁结构进行这一过程很费机时。为了减少形成总刚及其三角化分解的次数，有时用 $\boldsymbol{K}_{\mathrm{T}}(\delta_0)$ 代替 $\boldsymbol{K}_{\mathrm{T}}(\delta_n)$，这样，仅进行一次切线刚度阵和三角化分解计算，后面的迭代只是线性方程组的回代，这种方法称为修正的 N. R 法（M. N. R 法）。图 13-12b)给出了该方法的迭代过程。M. N. R 法在每次迭代中均用同一斜率，收敛较 N. R 差。图 13-13 给出了 N. R 法和 M. N. R 法求解非线性方程组的流程，编程时可将这两种方法结合使用。

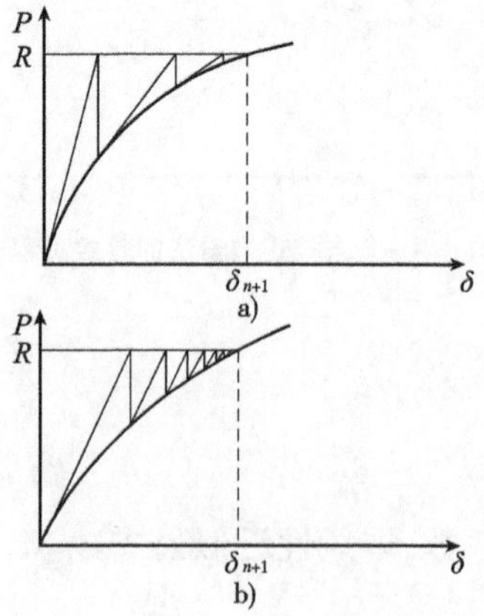


图 13-12　N. R 法的收敛过程

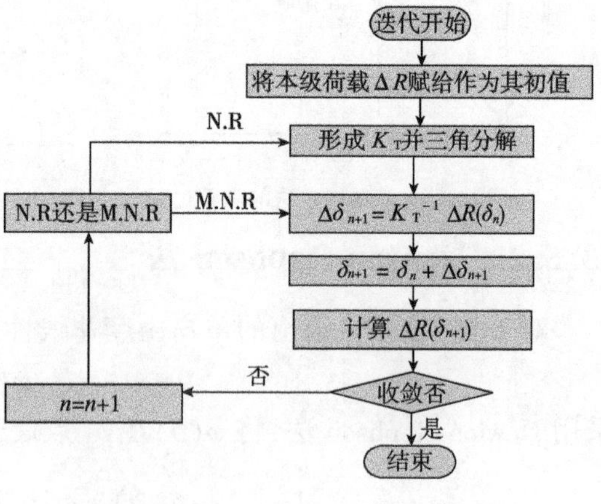


图 13-13　N. R 法和 M. N. R 法迭代流程图

### 13.5.3 收敛准则

在迭代计算中,为了中止迭代过程,必须确定一个收敛标准。在实际应用中,可以从结构的不平衡力向量和位移增量向量两方面来判断迭代计算的敛散性。

数的大小可以用其绝对值来衡量,而对于一个结构,无论其节点力还是节点位移都是向量,其大小一般用该向量的范数来表示。

设列向量 $\boldsymbol{V} = [V_1 \quad V_2 \quad V_3 \quad \cdots \quad V_n]^{\mathrm{T}}$,该向量的范数可以定义如下。

(1)各元素绝对值之和

$$\|\boldsymbol{V}\|_1 = \sum_{i=1}^{n} |\boldsymbol{V}_i| \tag{13-89}$$

(2)各元素平方和的根

$$\|\boldsymbol{V}\|_2 = \left(\sum_{i=1}^{n} |\boldsymbol{V}_i^2|\right)^{1/2} \tag{13-90}$$

(3)元素中绝对值最大者

$$\|\boldsymbol{V}\|_\infty = \max_n |\boldsymbol{V}_i| \tag{13-91}$$

这三个范数记为 $\|\boldsymbol{V}\|_P (P = 1, 2, \cdots, \infty)$,应用中可任选其中的一种。

有了列向量的范数,无论是节点力向量还是节点位移向量,其“大小”均可按其范数的大小来判断。所谓足够小就是指其范数已小于预先指定的某个小数。

取位移增量为衡量收敛标准的准则称为位移准则,若满足下列条件就认为迭代收敛:

$$\|\Delta\boldsymbol{u}_{i+1}\| \leqslant \alpha_{\mathrm{d}} \|\boldsymbol{u}_i + \Delta\boldsymbol{u}_{i+1}\| \tag{13-92}$$

式中: $\alpha_{\mathrm{d}}$——位移收敛容差;

$\|\Delta\boldsymbol{u}_{i+1}\|$——位移增量向量的某种范数。

实践证明,对有些问题,前后两次迭代所得到的位移向量范数的比值会出现剧烈跳动,导致收敛不可靠。

取不平衡结点力为衡量收敛标准的准则称为平衡力准则,若满足下列条件就认为迭代收敛:

$$\|\Delta\boldsymbol{P}_i\| \leqslant \alpha_{\mathrm{p}} \|\boldsymbol{P}\| \tag{13-93}$$

式中:$\boldsymbol{P}$——外荷载向量;

$\Delta\boldsymbol{P}_i$——不平衡力向量;

$\alpha_{\mathrm{p}}$——不平衡力收敛容差。

上面公式中取哪一种范数,按道理可以任选。有学者认为,在用平衡力准则时,取 $\|\Delta\boldsymbol{P}\|_2$ 比较好;在用位移准则时,取 $\|\Delta\boldsymbol{u}\|_\infty$ 更为方便。在非线性比较严重的问题中,用位移准则更合适。有的学者还用能量 $\boldsymbol{P}^{\mathrm{T}}\Delta\boldsymbol{u}$ 作为收敛标准,综合了力与位移两个方面,但要增加更多的计算量。

### 13.5.4 计算实例

如图 13-14a)所示,结构在图示荷载作用下假定杆件材料仍将处于线弹性工作阶段,弹性模量 $E = 2 \times 10^5$MPa,杆件截面面积 4cm$^2$,采用带有一阶自校正的增量法和 Newton-Raphson 方法对其进行几何非线性分析。

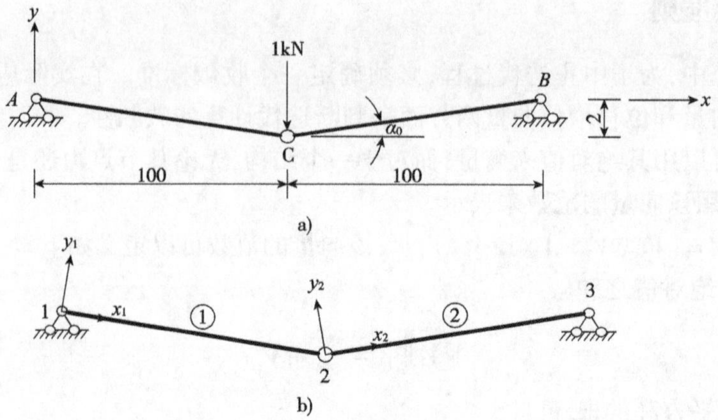


图 13-14　结构示意图(尺寸单位:cm)

**解**:杆件长度为 $l_0=\sqrt{100^2+2^2}\approx 100.02(\mathrm{cm})$,夹角为 $\alpha_0=\arcsin\dfrac{2}{100.02}$。单元编号及局部坐标系方向如图 13-14b)所示。

①号单元在局部坐标系下的刚度矩阵为:

$$\boldsymbol{k}_0^{1\mathrm{e}}=\frac{EA}{l_0}\begin{bmatrix}1&0&-1&0\\0&0&0&0\\-1&0&1&0\\0&0&0&0\end{bmatrix}$$

$$\boldsymbol{k}_\sigma^{1\mathrm{e}}=\frac{N}{l_0}\begin{bmatrix}0&0&0&0\\0&1&0&-1\\0&0&0&0\\0&-1&0&1\end{bmatrix}$$

$$\boldsymbol{k}_\mathrm{L}^{1\mathrm{e}}=\frac{EA}{l_0}\begin{bmatrix}0&\theta&0&-\theta\\\theta&\theta^2&-\theta&-\theta^2\\0&-\theta&0&\theta\\-\theta&-\theta^2&\theta&\theta^2\end{bmatrix}$$

其转换矩阵为:

$$\boldsymbol{T}=\begin{bmatrix}\cos\alpha_0&-\sin\alpha_0&0&0\\\sin\alpha_0&\cos\alpha_0&0&0\\0&0&\cos\alpha_0&-\sin\alpha_0\\0&0&\sin\alpha_0&\cos\alpha_0\end{bmatrix}$$

记 $c=\cos\alpha_0$,$s=\sin\alpha_0$,在总体坐标系下①号单元的刚度矩阵为:

$$\boldsymbol{k}_0^1=\boldsymbol{T}^{\mathrm{T}}\boldsymbol{k}_0^{1e}\boldsymbol{T}=\frac{EA}{l_0}\begin{bmatrix} c^2 & -sc & -c^2 & sc \\ -sc & s^2 & sc & -s^2 \\ -c^2 & sc & c^2 & -sc \\ sc & -s^2 & -sc & s^2 \end{bmatrix}$$

$$\boldsymbol{k}_\sigma^1=\boldsymbol{T}^{\mathrm{T}}\boldsymbol{k}_\sigma^{1e}\boldsymbol{T}=\frac{N_1}{l_0}\begin{bmatrix} s^2 & sc & -s^2 & -sc \\ sc & c^2 & -sc & -c^2 \\ -s^2 & -sc & s^2 & sc \\ -sc & -c^2 & sc & c^2 \end{bmatrix}$$

$$\boldsymbol{k}_{\mathrm{L}}^1=\boldsymbol{T}^{\mathrm{T}}\boldsymbol{k}_{\mathrm{L}}^{1e}\boldsymbol{T}=$$

$$\frac{EA}{l_0}\begin{bmatrix} s^2\theta_1{}^2+2sc\theta_1 & sc\theta_1{}^2+(c^2-s^2)\theta_1 & -s^2\theta_1{}^2-2sc\theta_1 & -sc\theta_1{}^2-(c^2-s^2)\theta_1 \\ sc\theta_1{}^2+(c^2-s^2)\theta_1 & c^2\theta_1{}^2-2sc\theta_1 & -sc\theta_1{}^2-(c^2-s^2)\theta_1 & -c^2\theta_1{}^2+2sc\theta_1 \\ -s^2\theta_1{}^2-2sc\theta_1 & -sc\theta_1{}^2-(c^2-s^2)\theta_1 & s^2\theta_1{}^2+2sc\theta_1 & sc\theta_1{}^2+(c^2-s^2)\theta_1 \\ -sc\theta_1{}^2-(c^2-s^2)\theta_1 & -c^2\theta_1{}^2+2sc\theta_1 & sc\theta_1{}^2+(c^2-s^2)\theta_1 & c^2\theta_1{}^2-2sc\theta_1 \end{bmatrix}$$

同理可得总体坐标系下②号单元的刚度矩阵为：

$$\boldsymbol{k}_0^2=\boldsymbol{T}^{\mathrm{T}}\boldsymbol{k}_0^{2e}\boldsymbol{T}=\frac{EA}{l_0}\begin{bmatrix} c^2 & sc & -c^2 & -sc \\ sc & s^2 & -sc & -s^2 \\ -c^2 & -sc & c^2 & sc \\ -sc & -s^2 & sc & s^2 \end{bmatrix}$$

$$\boldsymbol{k}_\sigma^2=\boldsymbol{T}^{\mathrm{T}}\boldsymbol{k}_\sigma^{2e}\boldsymbol{T}=\frac{N_2}{l_0}\begin{bmatrix} s^2 & -sc & -s^2 & sc \\ -sc & c^2 & sc & -c^2 \\ -s^2 & sc & s^2 & -sc \\ sc & -c^2 & -sc & c^2 \end{bmatrix}$$

$$\boldsymbol{k}_{\mathrm{L}}^2=\boldsymbol{T}^{\mathrm{T}}\boldsymbol{k}_{\mathrm{L}}^{2e}\boldsymbol{T}=$$

$$\frac{EA}{l_0}\begin{bmatrix} s^2\theta_2{}^2-2sc\theta_2 & -sc\theta_2{}^2+(c^2-s^2)\theta_2 & -s^2\theta_2{}^2+2sc\theta_2 & sc\theta_2{}^2-(c^2-s^2)\theta_2 \\ -sc\theta_2{}^2+(c^2-s^2)\theta_2 & c^2\theta_2{}^2+2sc\theta_2 & sc\theta_2{}^2-(c^2-s^2)\theta_2 & -c^2\theta_2{}^2-2sc\theta_2 \\ -s^2\theta_2{}^2+2sc\theta_2 & sc\theta_2{}^2-(c^2-s^2)\theta_2 & s^2\theta_2{}^2-2sc\theta_2 & -sc\theta_2{}^2+(c^2-s^2)\theta_2 \\ sc\theta_2{}^2-(c^2-s^2)\theta_2 & -c^2\theta_2{}^2-2sc\theta_2 & -sc\theta_2{}^2+(c^2-s^2)\theta_2 & c^2\theta_2{}^2+2sc\theta_2 \end{bmatrix}$$

考虑到结构对称性，有 $N_1=N_2=N,\theta_1=-\theta_2=\theta$，集成的总体刚度矩阵为：

$$\boldsymbol{k}_0=\frac{EA}{l_0}\begin{bmatrix} c^2 & -sc & -c^2 & sc & 0 & 0 \\ -sc & s^2 & sc & -s^2 & 0 & 0 \\ -c^2 & sc & 2c^2 & 0 & -c^2 & -sc \\ sc & -s^2 & 0 & 2s^2 & -sc & -s^2 \\ 0 & 0 & -c^2 & -sc & c^2 & sc \\ 0 & 0 & -sc & -s^2 & sc & s^2 \end{bmatrix}$$

$$\boldsymbol{k}_{\sigma}=\frac{N}{l_0}\begin{bmatrix} s^2 & sc & -s^2 & -sc & 0 & 0 \\ sc & c^2 & -sc & -c^2 & 0 & 0 \\ -s^2 & -sc & 2s^2 & 0 & -s^2 & sc \\ -sc & -c^2 & 0 & 2c^2 & sc & -c^2 \\ 0 & 0 & -s^2 & sc & s^2 & -sc \\ 0 & 0 & sc & -c^2 & -sc & c^2 \end{bmatrix}$$

$$\boldsymbol{k}_{\mathrm{L}}=\frac{EA}{l_0}\begin{bmatrix} s^2\theta^2+2sc\theta & sc\theta^2+(c^2-s^2)\theta & -s^2\theta^2-2sc\theta & -sc\theta^2-(c^2-s^2)\theta & 0 & 0 \\ sc\theta^2+(c^2-s^2)\theta & c^2\theta^2-2sc\theta & -sc\theta^2-(c^2-s^2)\theta & -c^2\theta^2+2sc\theta & 0 & 0 \\ -s^2\theta^2-2sc\theta & -sc\theta^2-(c^2-s^2)\theta & 2s^2\theta^2+4sc\theta & 0 & -s^2\theta^2-2sc\theta & sc\theta^2+(c^2-s^2)\theta \\ -sc\theta^2-(c^2-s^2)\theta & -c^2\theta^2+2sc\theta & 0 & 2c^2\theta^2-4sc\theta & sc\theta^2+(c^2-s^2)\theta & -c^2\theta^2+2sc\theta \\ 0 & 0 & -s^2\theta^2-2sc\theta & sc\theta^2+(c^2-s^2)\theta & s^2\theta^2+2sc\theta & -sc\theta^2-(c^2-s^2)\theta \\ 0 & 0 & sc\theta^2+(c^2-s^2)\theta & -c^2\theta^2+2sc\theta & -sc\theta^2-(c^2-s^2)\theta & c^2\theta^2-2sc\theta \end{bmatrix}$$

求解非线性有限元方程：

$$\boldsymbol{k}_{\mathrm{T}}\boldsymbol{\delta}=(\boldsymbol{k}_0+\boldsymbol{k}_{\sigma}+\boldsymbol{k}_{\mathrm{L}})\begin{bmatrix} u_1 \\ v_1 \\ u_2 \\ v_2 \\ u_3 \\ v_3 \end{bmatrix}=\boldsymbol{P}=\begin{bmatrix} 0 \\ 0 \\ 0 \\ -1 \\ 0 \\ 0 \end{bmatrix}$$

引入边界条件 $u_1=v_1=u_3=v_3=0$，考虑对称性有 $u_2=0$，并记 $\delta=v_2$，简化后的方程为：

$$\left(\frac{2EA}{l_0}\sin^2\alpha_0+\frac{2N}{l_0}\cos^2\alpha_0+\frac{2EA}{l_0}(\cos^2\alpha_0\theta^2-2\sin\alpha_0\cos\alpha_0\theta)\right)\delta=P$$

其中： $k_0=\frac{2EA}{l_0}\sin^2\alpha_0$，$k_{\sigma}=\frac{2N}{l_0}\cos^2\alpha_0\approx\frac{2N}{l_0}$，$k_{\mathrm{L}}=\frac{2EA}{l_0}(c^2\theta^2-2sc\theta)\approx\frac{2EA}{l_0}\theta^2$。

1）一阶自校正的增量法计算公式为：

$$\left.\begin{aligned} &P_{i+1}=P_i+\Delta P_i \\ &k_{\mathrm{T}}(\delta_i)\cdot\Delta\delta_{i+1}=P_i-F(\delta_i)=R_i \\ &\delta_{i+1}=\delta_i+\Delta\delta_{i+1} \end{aligned}\right\}$$

其计算步骤为：

（1）施加第 $i$ 阶段的荷载增量 $\Delta P_i$（取为 $P/50$），本阶段总外荷载为 $P_i=P_{i-1}+\Delta P_i$。

（2）由 $i-1$ 阶段的节点位移计算 $i$ 阶段单元转角：$\theta_i=\frac{\delta_{i-1}\cos\alpha_0}{l_0}\approx-0.01\delta_{i-1}$。

（3）由 $i-1$ 阶段的节点位移计算 $i$ 阶段单元轴力 $N_i$。

（4）重新计算几何刚度 $k_{\sigma i}$，大位移刚度 $k_{\mathrm{L}i}$，及总刚度 $k_{\mathrm{T}i}=k_0+k_{\sigma i}+k_{\mathrm{L}i}$。

（5）由 $i-1$ 阶段的节点位移计算 $i$ 阶段结构杆端力 $F_i$。

（6）计算节点不平衡力 $R_i=P_i-F_i$。

（7）计算本阶段位移增量 $\Delta\delta_i=\frac{R_i}{k_{\mathrm{T}i}}$，及累计位移 $\delta_i=\delta_{i-1}+\Delta\delta_i$。

（8）重复步骤（1）~（7）。

一阶自校正增量法求解过程见表 13-3。

一阶自校正增量法求解过程

表 13-3

| 加载级次 | $\Delta P$ (kN) | $P$ (kN) | $N$ (kN) | $F$ (kN) | $R$ (kN) | $K_\sigma$ (kN/cm) | $K_L$ (kN/cm) | $K_T$ (kN/cm) | $\Delta\delta$ (cm) | $\delta$ (cm) |
|---|---|---|---|---|---|---|---|---|---|---|
| 1 | -0.02 | -0.02 | 0 | 0 | -0.02 | 0 | 0 | 0.637 3 | -0.031 4 | -0.031 4 |
| 2 | -0.02 | -0.04 | 0.504 2 | -0.020 3 | -0.019 7 | 0.010 1 | 0.000 2 | 0.647 6 | -0.030 4 | -0.061 8 |
| 3 | -0.02 | -0.06 | 1.001 6 | -0.040 6 | -0.019 4 | 0.020 0 | 0.000 6 | 0.658 0 | -0.029 4 | -0.091 2 |
| 4 | -0.02 | -0.08 | 1.490 1 | -0.061 0 | -0.019 0 | 0.029 8 | 0.001 3 | 0.668 4 | -0.028 5 | -0.119 7 |
| 5 | -0.02 | -0.10 | 1.969 8 | -0.081 3 | -0.018 7 | 0.039 4 | 0.002 3 | 0.679 0 | -0.027 6 | -0.147 3 |
| 6 | -0.02 | -0.12 | 2.440 6 | -0.101 6 | -0.018 4 | 0.048 8 | 0.003 5 | 0.689 6 | -0.026 7 | -0.174 0 |
| 7 | -0.02 | -0.14 | 2.902 6 | -0.121 8 | -0.018 2 | 0.058 0 | 0.004 8 | 0.700 2 | -0.025 9 | -0.199 9 |
| 8 | -0.02 | -0.16 | 3.356 0 | -0.142 1 | -0.017 9 | 0.067 1 | 0.006 4 | 0.710 8 | -0.025 2 | -0.225 1 |
| 9 | -0.02 | -0.18 | 3.800 9 | -0.162 4 | -0.017 6 | 0.076 0 | 0.008 1 | 0.721 4 | -0.024 4 | -0.249 5 |
| 10 | -0.02 | -0.20 | 4.237 7 | -0.182 6 | -0.017 4 | 0.084 7 | 0.010 0 | 0.732 0 | -0.023 7 | -0.273 2 |
| 20 | -0.02 | -0.40 | 8.209 6 | -0.384 6 | -0.015 4 | 0.164 2 | 0.033 9 | 0.835 4 | -0.018 4 | -0.478 8 |
| 30 | -0.02 | -0.60 | 11.621 5 | -0.585 9 | -0.014 1 | 0.232 4 | 0.063 1 | 0.932 8 | -0.015 1 | -0.643 2 |
| 40 | -0.02 | -0.80 | 14.640 3 | -0.786 9 | -0.013 1 | 0.292 7 | 0.094 4 | 1.024 4 | -0.012 8 | -0.780 9 |
| 50 | -0.02 | -1.00 | 17.370 7 | -0.987 5 | -0.012 5 | 0.347 3 | 0.126 4 | 1.111 0 | -0.011 2 | -0.900 1 |
| | | | 17.630 7 | | | | | | | |

由表 13-3 可以看出：

(1)本例采用一阶自校正的增量法所求得的节点位移和杆件轴向力分别比精确值大 1.49% 和 1.75%。

(2)利用一阶自校正的增量法可以得到比较精确的荷载—变位曲线，而且计算工作量不大，因此一阶自校正增量法很合适于求解塑性问题等与路径有关的非线性问题。

(3)一阶自校正增量法要求在荷载—变位曲线非线性程度较大的区段采用较小的增量步。

2) Newton-Raphson 方法迭代公式为：

$$\left.\begin{aligned} k_T(\delta_i)\cdot\Delta\delta_{i+1} &= P - F(\delta_i) = R_i \\ \delta_{i+1} &= \delta_i + \Delta\delta_{i+1} \end{aligned}\right\}$$

其计算步骤为：

(1)施加全部荷载 $P$，计算位移增量 $\Delta\delta_0$，总位移 $\delta_0 = \Delta\delta_0$。

(2)计算 $\theta_i$、$N_i$。

(3)计算 $k_{\sigma i}$、$k_{Li}$、$k_{Ti}$。

(4)计算杆端力 $F_i$ 及不平衡力 $R_i = P - F_i$。

(5)计算本阶段位移增量 $\Delta\delta_i = \dfrac{R_i}{k_{Ti}}$，及累计位移 $\delta_i = \delta_{i-1} + \Delta\delta_i$。

(6)重复(2)～(5)，直到达到收敛条件 $\|\Delta\delta_i/\delta_i\| \leqslant 1\times10^{-3}$。

Newton-Raphson 方法求解过程见表 13-4。

Newton-Raphson 方法求解过程　　表 13-4

| 迭代次数 | $N$ (kN) | $F$ (kN) | $R$ (kN) | $K_0$ (kN/cm) | $K_\sigma$ (kN/cm) | $K_L$ (kN/cm) | $K_T$ (kN/cm) | $\Delta\delta$ (cm) | $\delta$ (cm) |
|---|---|---|---|---|---|---|---|---|---|
| 0 | 0.000 0 | 0.000 0 | -1.000 0 | 0.639 6 | 0.000 0 | 0.000 0 | 0.639 6 | -1.563 4 | -1.563 4 |
| 1 | 34.769 3 | -2.698 3 | 1.698 3 | 0.639 6 | 0.695 2 | 0.391 0 | 1.725 9 | 0.984 0 | -0.579 4 |
| 2 | 10.607 0 | -0.524 6 | -0.475 4 | 0.639 6 | 0.212 1 | 0.053 7 | 0.905 4 | -0.525 0 | -1.104 5 |
| 3 | 22.536 9 | -1.419 7 | 0.419 7 | 0.639 6 | 0.450 6 | 0.195 1 | 1.285 4 | 0.326 5 | -0.778 0 |
| 4 | 14.859 5 | -0.804 1 | -0.195 9 | 0.639 6 | 0.297 1 | 0.096 8 | 1.033 6 | -0.189 6 | -0.967 5 |
| 5 | 19.213 2 | -1.135 4 | 0.135 4 | 0.639 6 | 0.384 2 | 0.149 7 | 1.173 6 | 0.115 4 | -0.852 1 |
| 6 | 16.528 3 | -0.925 6 | -0.074 4 | 0.639 6 | 0.330 5 | 0.116 2 | 1.086 3 | -0.068 5 | -0.920 6 |
| 7 | 18.108 3 | -1.047 0 | 0.047 0 | 0.639 6 | 0.362 1 | 0.135 6 | 1.137 3 | 0.041 3 | -0.879 3 |
| 8 | 17.151 0 | -0.972 7 | -0.027 3 | 0.639 6 | 0.343 0 | 0.123 7 | 1.106 2 | -0.024 7 | -0.904 0 |
| 9 | 17.721 2 | -1.016 7 | 0.016 7 | 0.639 6 | 0.354 4 | 0.130 7 | 1.124 7 | 0.014 8 | -0.889 1 |
| 10 | 17.378 0 | -0.990 1 | -0.009 9 | 0.639 6 | 0.347 5 | 0.126 5 | 1.113 6 | -0.008 9 | -0.898 0 |
| 11 | 17.583 3 | -1.006 0 | 0.006 0 | 0.639 6 | 0.351 6 | 0.129 0 | 1.120 2 | 0.005 3 | -0.892 7 |
| 12 | 17.460 1 | -0.996 4 | -0.003 6 | 0.639 6 | 0.349 1 | 0.127 5 | 1.116 2 | -0.003 2 | -0.895 9 |
| 13 | 17.533 9 | -1.002 1 | 0.002 1 | 0.639 6 | 0.350 6 | 0.128 4 | 1.118 6 | 0.001 9 | -0.894 0 |
| 14 | 17.489 6 | -0.998 7 | -0.001 3 | 0.639 6 | 0.349 7 | 0.127 8 | 1.117 2 | -0.001 1 | -0.895 1 |
| 15 | 17.516 1 | -1.000 8 | 0.000 8 | 0.639 6 | 0.350 3 | 0.128 2 | 1.118 0 | 0.000 7 | -0.894 4 |
| | 17.500 2 | | | | | | | | |

由表 13-4 可见：

(1)采用 Newton-Raphson 方法经 15 次迭代运算已满足预定的位移收敛条件,此时节点位移和杆件轴向力的误差分别为 0.90% 和 1.01%。

(2)若需要得到精确的荷载—位移曲线,可以将荷载分成若干级进行迭代,使结构在每一级增量荷载下都达到平衡。

## 13.6 小　　结

几何非线性分析是大跨度桥梁设计计算中的一项重要内容。在几何非线性分析中,线性叠加原理不再适用,因此,一切基于叠加原理的桥梁计算理论和方法都不能在非线性分析中直接应用;结构初始内力和构形对本次作用下的结构平衡有很大影响,所以在几何非线性分析中,必须首先确定荷载作用前的结构状态。

基于杆单元导出的增量法是几何非线性分析中具有代表性的方法。与线性分析不同,几何非线性分析有多种方法,使用不同方法编制的非线性分析程序,其计算结果也有所不同。可以说几何非线性问题至今尚未完全解决,仍是一门正在发展的课题,主要表现在建立非线性有限元基本方程方面存在不同学派的争鸣,不平衡力的计算各有优缺点;几何非线性解法研究还处在发展阶段,尚未找到一种十分满意的适应性广、收敛快的解法。

# 思 考 题

1. 用 U. L 列式法求解第 13. 5. 4 节的问题。

2. 如图 13-15 所示，假定结构杆件始终处于弹性工作阶段，材料的弹性模量 $E = 2.0 \times 10^5$ MPa；杆件截面面积 $A = 4\text{cm}^2$。试采用 Newton-Raphson 方法计算结构在 $C$ 点的竖向位移以及杆件的轴向力。

3. 试分别采用一阶自校正增量法和 Newton-Raphson 方法计算如图 13-16 所示结构中点的水平位移。已知杆件为绝对刚性；弹簧铰的转动刚度为 $k = 20\text{kN} \cdot \text{m/rad}$。

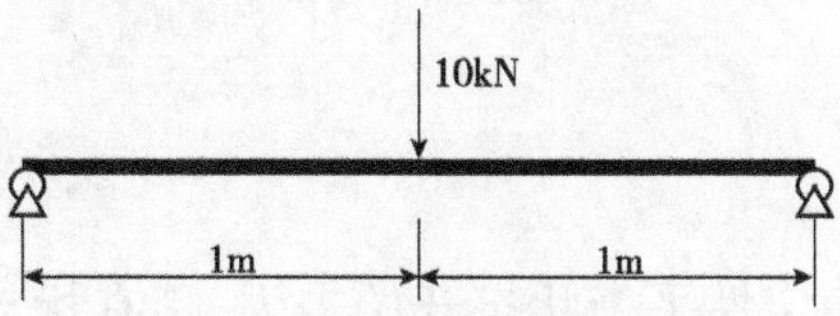


图 13-15　结构示意图

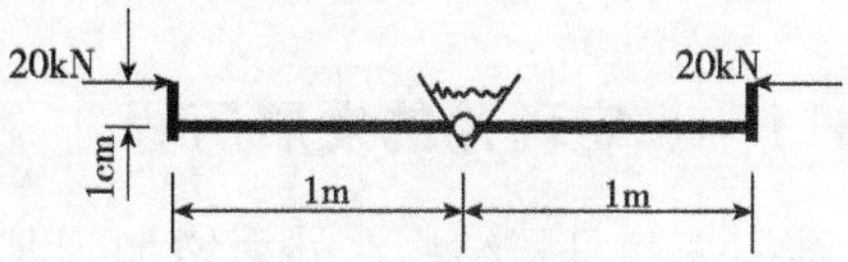


图 13-16　结构示意图

4. 试用 Newton-Raphson 方法编写平面桁架大位移分析的计算程序。

# 本章参考文献


[1] 李国豪. 桥梁与结构理论研究[M]. 上海：上海科技文献出版社，1983.

[2] 李国豪. 桥梁结构稳定与振动[M]. 北京：中国铁道出版社，1992.

[3] 周念先，肖汝诚，林志兴. 走向二十一世纪的斜张桥[J]. 铁道标准设计，1998(1).

[4] 肖汝诚，贾丽君，项海帆，等. 大跨径斜拉桥设计索力优化及计算施工张拉力的新方法[C]. 大型复杂结构的关键科学问题及设计理论研究论文集，1999.

[5] 罗喜恒，肖汝诚，项海帆. 几何非线性问题求解的改进算法[J]. 公路交通科技，2005，22(12).

[6] Fleming F. Nonlinear static analysis of cable-stayed bridge structures[J]. Inter. J. Computers & Structures，1979，10.

[7] Tanaka Hiroshi，Masahiro K，Masakatsa K. New cable tension adjustment method for suspended-span bridge [C]. The Second East-Pacific Conf. on Structural Engineering & Construction. Chiang Mai，1989.

# 第14章 大跨度桥梁的稳定分析

## 14.1 概　　述

### 14.1.1 稳定理论的发展历程

结构失稳是指结构在外力增加到某一量值时，稳定性平衡状态开始丧失，稍有扰动，结构变形迅速增大，使结构失去正常工作能力的现象。稳定问题是力学中一个重要分支，是桥梁工程中经常遇到的问题。随着桥梁跨径的不断增大，桥塔高耸化、箱梁薄壁化以及高强材料的应用，结构整体和局部的刚度下降，使得稳定问题显得比以往更为突出，并且与强度问题有着同等重要的意义。

历史上有过许多因桥梁失稳而造成事故的例子。例如，俄罗斯的克夫达（K евда）敞开式桥，于1875年因上弦压杆失稳而引起全桥破坏；加拿大的魁北克（Quebec）桥于1907年在架设过程中由于悬臂端下弦杆的腹板翘曲而引起严重破坏事故；前苏联的莫兹尔（Мозыр）桥，于1925年试车时由于压杆失稳而发生事故；澳大利亚墨尔本附近的西门（West Gate）桥，于1970年在架设拼拢整孔左右两半（截面）钢箱梁时，上翼板在跨中央失稳，导致112m的整跨倒塌。

桥梁结构的失稳表现为结构的整体失稳或局部失稳。局部失稳是指部分子结构的失稳或个别构件的失稳，局部失稳常常导致整个结构体系的失稳。常见的失稳现象如图14-1所示。

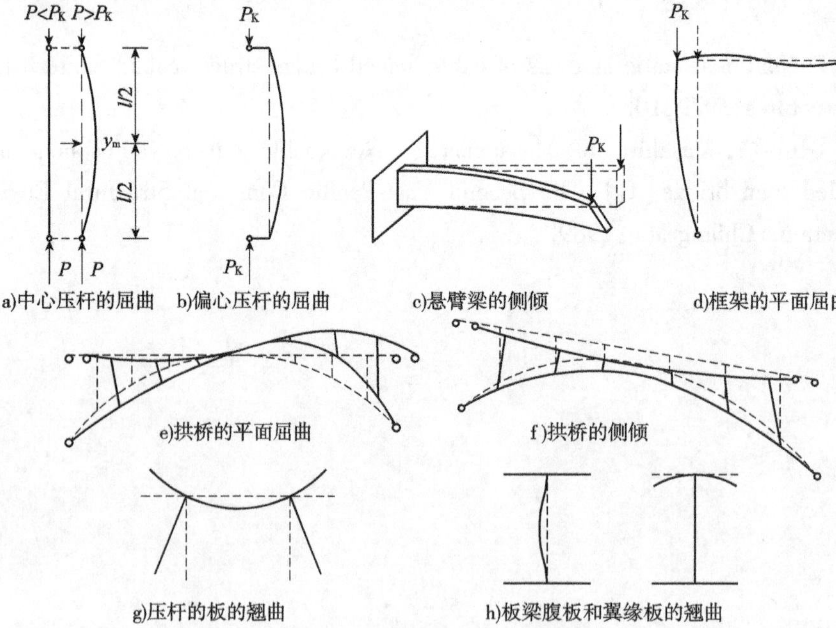


图14-1　桥梁结构中主要失稳形式

桥梁失稳事故的发生促进了桥梁稳定理论的发展。早在1744年,欧拉(L. Eular)就提出了压杆稳定的著名公式。恩格塞(Engesser)和冯·卡门(von Kárman)等根据大量中长压杆在压曲前已超出弹性极限的事实,分别提出了切线模量理论和折算模量理论。普兰特尔和米歇尔几乎同时发表了关于梁侧倾问题的研究成果。近代桥梁工程中由于采用了薄壁轻型结构,又为稳定问题提出了一系列新的实际课题。瓦格纳(H. Wagner,1929)及符拉索夫(B. 3. ВЛаСОВ,1940年)等人关于薄壁杆件的弯扭失稳理论,证明其临界荷载值大大低于欧拉理论的临界值。冯·卡门与钱学森于1939年研究了球壳,提出了与经典的小变形理论完全不同的新的屈曲理论,称为跃越理论。随着科学技术的发展,稳定理论与非线性理论的联系越来越密不可分。研究表明,只有通过对结构几何非线性和材料非线性本构关系的研究,才能深入揭示复杂稳定问题的实质。

### 14.1.2　三类稳定问题

如图14-2a)所示,两端铰支理想弹性直杆受荷载$P$作用,当$P<P_{cr}$时,结构的平衡状态是稳定的,即使杆件受到扰动,消除后杆件也能够恢复到原来的直线平衡状态;当$P>P_{cr}$时,直线和弯曲的平衡状态都是可能的,但直线形式的平衡是不稳定的,一旦扰动使杆件发生弯曲,即使消除了扰动,杆件也没有能力恢复原有的直线形态;当$P=P_{cr}$时,微小扰动可使杆件微弯,消除扰动后,杆件在微弯形式下维持平衡,即杆件处于随遇平衡,这种出现平衡分支的情况称为分支点失稳,是第一类稳定问题。使结构开始出现分支时的荷载称为屈曲临界荷载$P_{cr}$。图中$OABC$是结构屈曲后的荷载—位移关系。

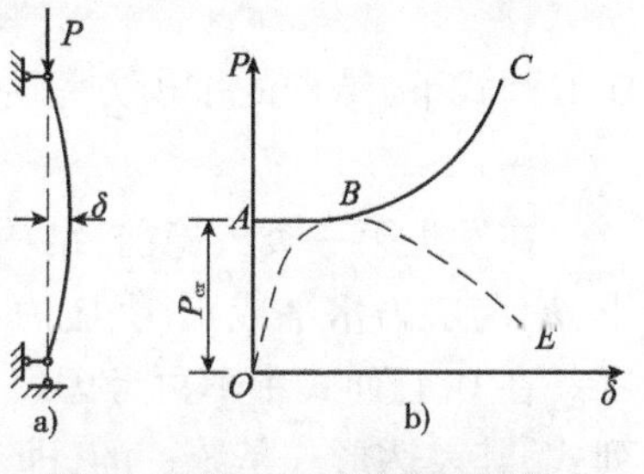

图14-2　第一、二类失稳示意图

如果图14-2a)的受压直杆有初始缺陷或荷载有初始偏心,在$P$力作用下会产生初始弯矩,则荷载—位移关系将如虚线$OBE$所示。当荷载逐渐增大而趋于某一数值[图14-2b)中的$B$点]时,结构中部分区域因出现屈服使原有变形急剧增大,致使结构丧失承载能力,这种失稳现象称为极值点失稳。是第二类稳定问题。使结构开始出现极值点失稳的荷载称为极限荷载。

如图14-3a)所示杆系结构,在荷载$P$作用下,当荷载持续加载至$A$点时,变形突然增加到$B$点,继续加载,则变形沿$BC$继续发展。若由此持续减载,则将通过$B$点沿$BD$线发展,到达与$D$点对应的荷载值时又急剧地减少到$E$点,如再继续减载,则沿$EO$发展。这种变形突然变化的现象称为跃越,是第三类失稳问题。受均布压力的扁球壳、坦拱等都有发生跃越现象的可能,但在桥梁工程中不太可能发生。

图14-3　跃越失稳示意图

桥梁实际工程中的稳定问题一般都表现为第二类失稳。但是,由于第一类稳定问题是特征值问题,求解方便,在许多情况下两类问题的临界值又相差不大,因此研究第一类稳定问题仍有工程意义。

研究压杆屈曲稳定问题常用的方法有静力平衡法(Eular 方法)、能量法(Timoshenko 方法)、缺陷法和振动法。由于桥梁结构的复杂性,不可能单靠上述方法来解决其稳定问题。普遍使用稳定问题的近似求解方法,归结起来主要有两种类型:一类是从微分方程出发,通过数学上的各种近似方法求解,如逐次渐近法。另一类是基于能量变分原理的近似法,如 Ritz 法,有限元方法可以看成是 Ritz 法的特殊形式。当今非线性力学将有限元与计算机结合,得以将稳定问题当作非线性力学的特殊问题,用计算机程序实现求解,取得了很大的成功。

本章首先根据稳定与平衡的关系,建立求解第一类稳定问题的控制方程,介绍桥梁结构第一类稳定问题的求解方法。然后,通过讨论圆弧拱稳定问题的解析解,给出计算拱桥稳定和考虑非保向力效应的实用方法。最后,通过讨论材料非线性问题,引出桥梁极限承载力及其全过程分析问题,并介绍其计算方法。

## 14.2 第一类稳定问题的弹性及弹塑性稳定分析

### 14.2.1 线弹性有限元分析

下面用有限元平衡方程来表达结构失稳的物理现象。T. L 列式下,结构增量形式的平衡方程为:

$$({}^0\boldsymbol{K}_0 + {}^0\boldsymbol{K}_\sigma + {}^0\boldsymbol{K}_\mathrm{L})\Delta\boldsymbol{u} = {}^0\boldsymbol{K}_\mathrm{T}\Delta\boldsymbol{u} = \Delta\boldsymbol{R} \tag{14-1}$$

U. L 列式下,结构的平衡方程为:

$$({}^t\boldsymbol{K}_0 + {}^t\boldsymbol{K}_\sigma)\Delta\boldsymbol{u} = {}^t\boldsymbol{K}_\mathrm{T}\Delta\boldsymbol{u} = \Delta\boldsymbol{R} \tag{14-2}$$

在发生第一类失稳前,结构满足线性假设,处于初始构形线性平衡状态。在小变形情况下,$\boldsymbol{K}_\sigma$与应力水平成正比,应力与外荷载也为线性关系,则式(14-1)中大位移矩阵${}^0\boldsymbol{K}_\mathrm{L}$应该为零。在 U. L 列式中不再考虑每个载荷增量步引起的构形变化,所以,不论 T. L 列式还是 U. L 列式,其表达形式是统一的,即

$$(\boldsymbol{K} + \boldsymbol{K}_\sigma)\Delta\boldsymbol{u} = \Delta\boldsymbol{R} \tag{14-3}$$

当结构处在临界状态时,即使 $\Delta\boldsymbol{R}\to 0$,$\Delta\boldsymbol{u}$ 也有非零解,按线性代数理论,必有:

$$|\boldsymbol{K} + \boldsymbol{K}_\sigma| = 0 \tag{14-4}$$

因此,若某种参考荷载$\overline{\boldsymbol{P}}$对应的结构几何刚度阵为$\overline{\boldsymbol{K}}_\sigma$,临界荷载为$\boldsymbol{P}_\mathrm{cr} = \lambda\,\overline{\boldsymbol{P}}$,那么在临界荷载作用下结构的几何刚度矩阵为:

$$\boldsymbol{K}_\sigma = \lambda\,\overline{\boldsymbol{K}}_\sigma \tag{14-5}$$

于是式(14-4)可写成:

$$|\boldsymbol{K} + \lambda\,\overline{\boldsymbol{K}}_\sigma| = 0 \tag{14-6}$$

式(14-6)就是第一类稳定问题的控制方程。稳定问题转化为求方程的最小特征值问题。

一般来说,结构的稳定是相对于某种特定荷载而言的,在大跨径桥梁结构中,结构内力一般由施工过程确定的恒载内力(这部分必须按施工过程逐阶段计算)和后期荷载(如二期恒载、活载、风载等)引起的内力两部分组成。因此,$\boldsymbol{K}_\sigma$也可以分成一期恒载的初内力刚度矩阵$\boldsymbol{K}_{1\sigma}$ 和后期荷载的初内力刚度矩阵$\boldsymbol{K}_{2\sigma}$ 两部分,当计算的是一期恒载稳定问题,则$\boldsymbol{K}_{2\sigma} = 0$,$\boldsymbol{K}_\sigma$可直接用恒载来计算,这样通过式(14-6)算出的 $\lambda$ 就是恒载的稳定安全系数。若计算的是后期荷载的稳定问题,则恒载$\boldsymbol{K}_{1\sigma}$可近似为一常量,式(14-6)改写成:

$$\left|K + K_{1\sigma} + \lambda K_{2\sigma}\right| = 0 \tag{14-7}$$

形成和求解式(14-7)的步骤可简单归结为：

(1)按施工过程，计算结构恒载内力和恒载几何刚度矩阵$K_{1\sigma}$。

(2)用后期荷载对结构进行静力分析，求出结构初应力(内力)。

(3)形成结构几何刚度矩阵$K_{2\sigma}$和式(14-7)。

(4)计算式(14-7)的最小特征值问题。

这样，求得的最小特征值λ就是后期荷载的安全系数，相应的特征向量就是失稳模态。

从上述讨论可以看出，第一类稳定问题是在线弹性范围内讨论的；桥梁第一类稳定安全度与其初始状态及其恒载模式有关，必须对桥梁所处各阶段初始状态(包括施工阶段和成桥阶段)及其最不利工况下的稳定安全性全面验算。

## 14.2.2 非线性稳定问题的近似求解

工程中经常会遇到如下两种情况：

(1)随着荷载的增加，在结构发生弹性失稳之前，部分构件已经进入了塑性变形。

(2)结构比较柔软，当荷载不断增加时，参考荷载的$\overline{K}_\sigma$与临界荷载的$K_\sigma$失去了线性关系。

在解决这类稳定问题时，既要利用第一类稳定求解的方便性，又要考虑上述两方面因素影响对线性稳定求解的失真度，可以将特征值问题与非线性分析结合起来求解。基本思路是：用考虑几何非线性和材料非线性的有限元方法，将荷载逐级施加到$\lambda_0 P$，$P$为参考荷载，$\lambda_0$为期望的最小稳定安全系数，求出结构的几何刚度矩阵作为$K_{1\sigma}$，在变形后的构形，由参考荷载按线性化稳定问题求出后期荷载的屈曲安全系数$\lambda_a$，检验结构在后期屈曲荷载作用下是否出现新的弹塑性单元，如果出现则作迭代修正重新计算$\lambda_a$，最后较精确的临界荷载为：

$$P_{cr} = (\lambda_0 + \lambda_a)P = \lambda P \tag{14-8}$$

式中：λ——结构在荷载$P$作用下的非线性稳定安全系数。

对于结构失稳前位移不大的刚性结构，往往忽略其大位移影响，于是问题就转化为第一类稳定的弹塑性问题，可以直接用如图14-4所示的框图计算。

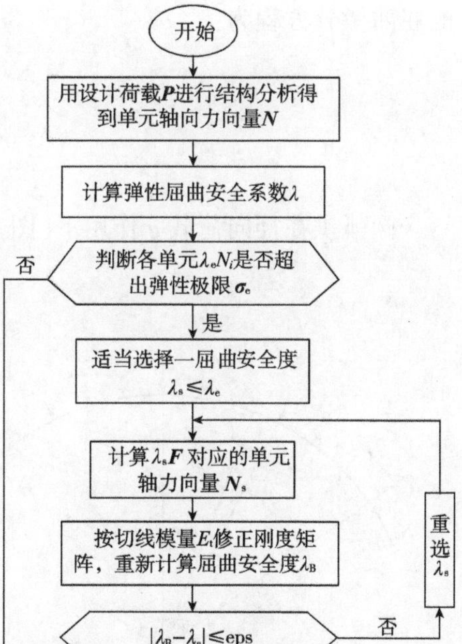


图14-4　第一类弹塑性稳定计算流程图

虽然第一类非线性稳定计算考虑了由于结构出现弹塑性和大位移对结构刚度及其分布的部分影响，但仍然是近似的，精确的数值计算方法将在后面介绍。

**【例14-1】**　某桥为下承式无风架系杆拱桥，设计计算跨径71.4m，矢跨比为1/5，主拱肋采用箱形截面，面积$A = 1.664\text{m}^2$，面内抗弯惯矩为$I_{yy} = 1.228\text{m}^4$，面外抗弯刚度为$I_{zz} = 0.480\text{m}^4$，$J = 0.4798\text{m}^4$，$G = 1.4 \times 10^4\text{MPa}$，计算其稳定临界荷载。

**解：**由弹性稳定分析程序算得其侧倾临界荷载为：$q_{cr} = 4276\text{kN/m}$，在此临界荷载作用下拱肋的最大压应力达到138.6MPa，远远超过材料的弹性极限，应当考虑弹塑性折减。按照第一类弹塑性稳定分析程序求得其侧倾临界荷载为：$q'_{cr}=880.9\text{kN/m}$，仅为弹性分析结果的0.2倍。

从该桥的计算结果可以看出，对中等跨径的钢筋混凝土拱桥，仅按弹性稳定理论计算临界荷载会得出十分不安全的结论。

## 14.3 拱桥稳定分析和非保向力效应

本节以解析法来阐述拱桥的第一类稳定计算。与数值法相比，虽然解析法引入了一些近似假定，应用也受到一定的限制，但通过解析法，可以直接将结构的临界荷载用结构设计参数来表达，这对于直观研究设计参数与结构稳定性的关系，优化结构稳定性，估算结构稳定安全系数，验证数值分析结果的正确性等都具有十分重要的意义。

研究拱桥屈曲问题可用静力平衡法(Euler方法)、能量法(Timoshenko方法)、缺陷法和振动法。为方便讨论，常将拱桥的稳定问题分解成面内稳定和侧向稳定两类问题来分别研究。

### 14.3.1 圆弧拱的平面屈曲

受径向荷载的圆弧拱，在矢跨比不大的情况下，可以近似地代表工程中受铅垂荷载的非圆形拱。圆弧拱的屈曲易于获得解析解，我们可以利用它来分析端支承情况和矢跨比对拱桥临界荷载值的影响。

如图14-5所示的圆弧拱，在均布径向荷载$q$的作用下，开始只有沿拱轴方向的弹性压缩变形。若忽略轴向变形的影响，拱轴线与压力线完全吻合，拱处于无弯矩状态。当荷载达到临界值时，拱发生微小的弯曲变形$v$，且在截面上存在弯矩$M$，在这一变形状态下可以导出它的屈曲微分方程为：

$$\frac{d^2v}{ds^2}+\frac{v}{R^2}=-\frac{M}{EI_x} \tag{14-9}$$

$$\frac{d^2v}{d\varphi^2}+v=-\frac{MR^2}{EI_x} \tag{14-10}$$

圆弧拱在径向荷载$q$作用下(图14-6)，其拱截面弯矩为：

$$M=Nv=qRv \tag{14-11}$$

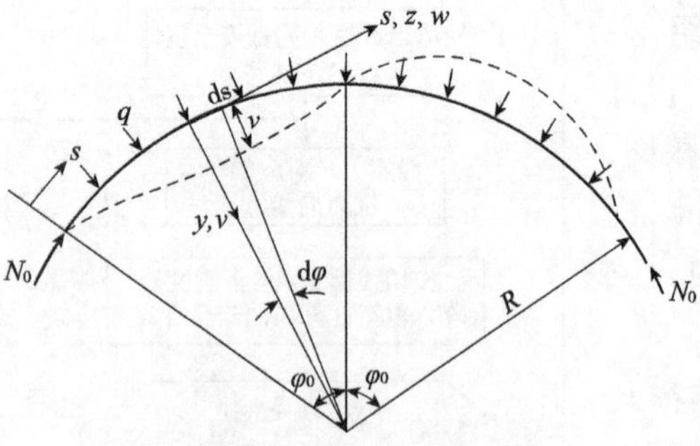


图14-5 均布径向荷载作用下的圆弧拱

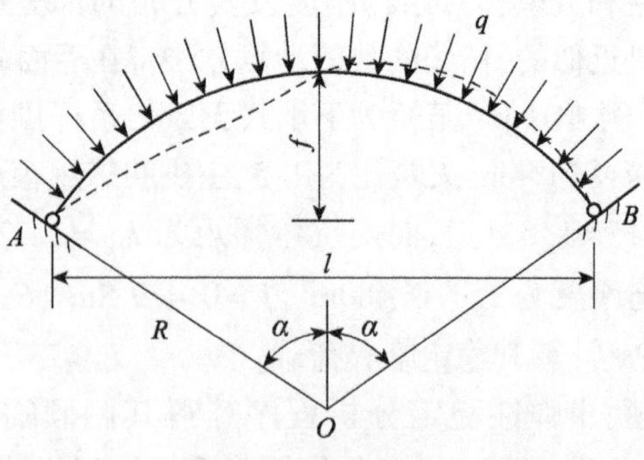


图14-6 受均布径向荷载的等截面双铰圆弧拱

代入式(14-10)，即得：

$$\frac{d^2v}{d\varphi^2}+k^2v=0 \tag{14-12}$$

其中，
$$k^2=1+\frac{qR^3}{EI_x} \tag{14-13}$$

这个常系数齐次方程的解为：

$$v=c_1\sin k\varphi+c_2\cos k\varphi \tag{14-14}$$

下面就两端不同边界条件讨论受均布径向荷载的等截面圆弧拱的屈曲临界力的计算。

边界条件：

$$\varphi=0,v=0,\quad 得\ c_2=0$$
$$\varphi=2\alpha,v=0\ ,得\ c_1\sin 2k\alpha=0$$

$c_1$不能为零,则必须有

$$\sin 2k\alpha=0 \tag{14-15}$$

由此得到

$$2k\alpha=n\pi(n=1,2,3,\cdots)$$

由于拱的两端不能移动,圆弧拱轴也假定不发生伸缩。因此 $n=1$ 相应的失稳模态是没有意义的。要求最小特征值时 $n=2$,拱的屈曲模态为：

$$v(\varphi)=c_1\sin\frac{\pi}{\alpha}\varphi \tag{14-16}$$

临界荷载值为：

$$q_{cr}=\frac{EI_x}{R^3}\left(\frac{\pi^2}{\alpha^2}-1\right)=K_1\frac{EI_x}{R^3} \tag{14-17}$$

式中:$K_1$——拱的临界荷载系数(或稳定系数),与夹角 $\alpha$ 有关,

$$K_1=\frac{\pi^2}{\alpha^2}-1 \tag{14-18}$$

式(14-17)也可写成中心受压直杆的欧拉公式的标准形式

$$N_{cr}=q_{cr}R=\frac{\pi^2EI_x}{R^2\alpha^2}\left(1-\frac{\alpha^2}{\pi^2}\right)=\frac{\pi^2EI_x}{S_0^2} \tag{14-19}$$

式中:$S_0$——拱的屈曲长度,

$$S_0=\frac{R\cdot\alpha}{\sqrt{1-\left(\frac{\alpha}{\pi}\right)^2}}=\frac{S/2}{\sqrt{1-\left(\frac{S}{2\pi R}\right)^2}}=\zeta\frac{S}{2} \tag{14-20}$$

$\zeta$——拱度影响系数,

$$\zeta=\frac{1}{\sqrt{1-\left(\frac{S}{2\pi R}\right)^2}}$$

式(14-19)表明,我们可以把拱看成当量的直杆来验算稳定,其自由长度等于半个拱弧长乘以拱度影响系数。

### 14.3.2 圆拱的面外稳定

平面拱轴侧倾后是一条空间曲线,其位移与几何关系用曲线坐标来描述。

拱侧倾变形后(图 14-7),任意截面 $S$ 在垂直于拱平面 $x$ 轴,指向拱轴法向的 $y$ 轴和同拱

轴切线重合的 $z$ 轴三个方向分别发生了线位移 $u$、$v$、$w$，并绕这三个轴发生了转角位移 $\beta$、$\gamma$、$\theta$。截面主轴 $x$、$y$、$z$ 也随着拱的侧倾产生了变位。研究相距 ds 截面的变形，可得拱绕 $y$、$z$ 轴转动的曲率关系。

$$\left.\begin{aligned}\chi_y &= \frac{\theta}{R} - \frac{\mathrm{d}^2u}{\mathrm{d}s^2}\\ \chi_z &= \frac{\mathrm{d}\theta}{\mathrm{d}s} + \frac{1}{R}\frac{\mathrm{d}u}{\mathrm{d}s}\end{aligned}\right\} \tag{14-21}$$

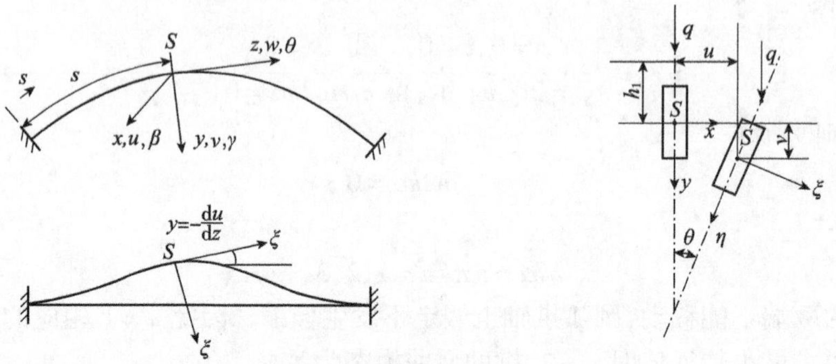


图 14-7　侧倾变形后的拱

下面用能量法研究两端固结、拱轴线长度为 $L$ 的圆拱的侧向稳定问题。

圆拱侧倾时，拱肋侧向弯曲变形能为：

$$V_{\mathrm{B}} = \frac{EI_y}{2}\int_{-L/2}^{L/2}\chi_y^2\mathrm{d}s \tag{14-22}$$

拱肋扭转变形能为：

$$V_{\mathrm{T}} = \frac{GJ}{2}\int_{-L/2}^{L/2}\chi_z^2\mathrm{d}s \tag{14-23}$$

拱肋轴力在侧倾时所作外力功为：

$$V_{\mathrm{D}} = -qR\int_{-L/2}^{L/2}\left(\frac{\mathrm{d}u}{\mathrm{d}s}\right)^2\mathrm{d}s \tag{14-24}$$

结构势能为：

$$\Pi = V_{\mathrm{B}} + V_{\mathrm{T}} + V_{\mathrm{D}} \tag{14-25}$$

设失稳模态为：

$$\left.\begin{aligned}u_{\mathrm{a}} &= A\left(1+\cos\frac{2\pi s}{L}\right)\\ \theta_{\mathrm{a}} &= B\left(1+\cos\frac{2\pi s}{L}\right)\end{aligned}\right\} \tag{14-26}$$

将式(14-21)~式(14-24)、式(14-26)代入式(14-25)，由

$$\frac{\partial\Pi}{\partial A}=0,\quad \frac{\partial\Pi}{\partial B}=0 \tag{14-27}$$

易得：

$$q_{\mathrm{cr}} = \frac{EI_y}{R^3}\,\frac{(4\pi^2-\alpha^2)^2}{\alpha^2(4\pi^2+\lambda\alpha^2)} \tag{14-28}$$

式中：$\lambda$——弯、扭刚度比例系数，$\lambda = \dfrac{EI_y}{GJ}$。

当式(14-28)确定的 $q_{\mathrm{cr}}$ 比相应面内失稳临界荷载小时，圆拱先出现侧倾失稳。

对于宽跨比较小的拱桥、侧向刚度相对较小和单承重面拱桥，都有可能发生侧倾弯扭失

稳,在设计时必须对这类结构进行侧倾失稳验算。

## 14.3.3 拱桥稳定与非保向力效应

1)拱桥的稳定问题

前面讨论的是拱圈的稳定问题,实际拱桥都带有拱上建筑,拱圈轴线形状各异,都受到竖向荷载作用,研究拱桥的稳定问题要抓住以下三点。

(1)确定拱轴线时,都力求拱肋受力以轴向受压为主,因此,可以将各类拱肋的稳定问题通过一定的等代关系转换成圆拱的稳定问题来研究。

(2)拱上建筑多以连续梁为主,梁的刚度增加了拱的稳定性,用能量法计算这类结构的稳定性比较方便。

(3)用解析法计算拱桥稳定问题比较复杂,一般都采用数值计算,可以从大量数值计算结果的规律中总结出常用拱桥的稳定计算近似公式。

比如拱桥的立柱刚度远比拱圈和梁的刚度小,为简化计算,可以假定各立柱上下端均系铰接。通过数值计算,可把这种简化结构的临界荷载近似地写成:

$$\left.\begin{aligned} q_{\mathrm{cr}} &= \overline{K}\frac{EI_{\mathrm{a}}}{l^3} \\ \overline{K} &= K\left\{1+\left[0.95+0.7\frac{f}{l}+\left(\frac{f}{l}\right)^2\right]\frac{I_{\mathrm{b}}}{I_{\mathrm{a}}}\right\} \end{aligned}\right\} \tag{14-29}$$

式中:$K$——只有拱肋时的临界荷载系数;

$I_{\mathrm{b}}$——加劲梁的抗弯刚度;

$I_{\mathrm{a}}$——拱平面抗弯刚度。

对于上承式柔拱刚梁组合体系,临界荷载可仿式(14-29)写成:

$$q_{\mathrm{cr}} = \left[0.95+0.7\frac{f}{l}+\left(\frac{f}{l}\right)^2\right]\frac{EI_{\mathrm{b}}}{l^3} \tag{14-30}$$

2)非保向力效应

研究拱桥的稳定问题,立柱、吊杆等传力构件的工作状态对稳定的影响不容忽略。图14-8a)是上承式拱桥的面内失稳,由于桥面抗弯刚度较小,当拱发生失稳时,立柱受到梁施加的水平约束变成倾斜,有加速拱肋失稳的趋势;在侧倾失稳时,立柱受到梁施加的侧向约束变成倾斜,产生的水平分力同样有加速其侧倾的趋势。而如图14-8b)所示系杆拱侧倾失稳时,吊杆受到梁施加的水平约束变成倾斜,产生的水平分力有减缓其发生失稳的趋势。

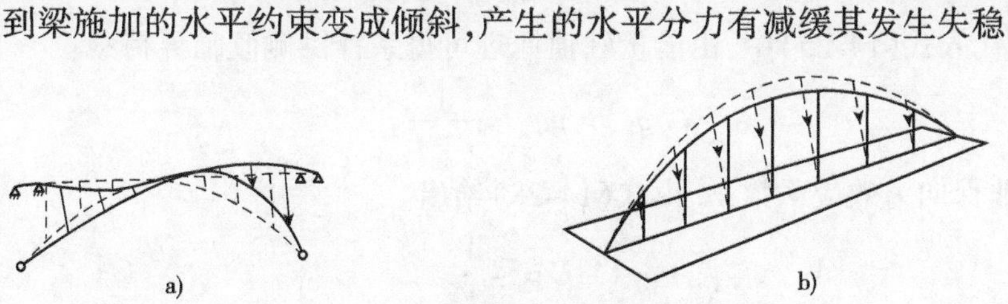

a) b)

图14-8 非保向力系对拱稳定的影响

以上情况有一个共同点,那就是传力构件随着结构的失稳而改变其传力方向,进而对结构的稳定性产生影响,若将拱肋作为研究对象,传力构件的作用就成了外力系,它们跟随结构变形而改变其方向,这种力系称为非保向力系。非保向力系对结构稳定性有正面效应,也有负面效应。

下面以单承重面系杆拱为例来讨论非保向力系对其侧向稳定的影响。

图 14-9 所示为单承重面系杆拱，作用了均布荷载 $q$，设吊杆的布置满足膜张力假定，则吊杆拉力为：

$$T = qa \tag{14-31}$$

式中：$a$——吊杆间距。

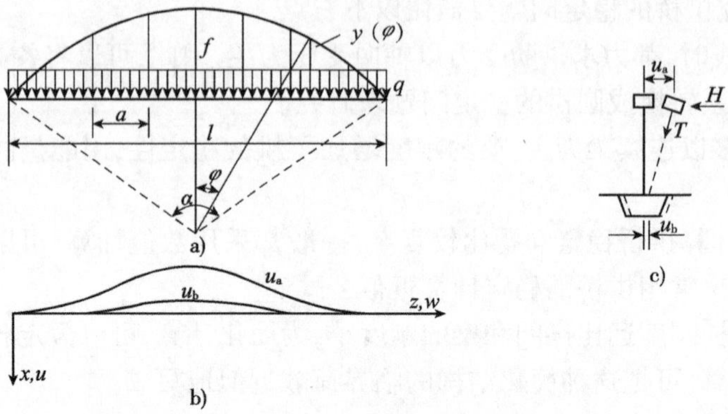


图 14-9　单承重面系杆拱

拱肋侧倾后，吊杆发生倾斜，其拉力 $T$ 对桥面产生了一个向外的水平分力，使之发生侧向弯曲变形 $u_b(x)$，而对拱肋产生了一个向内的水平分力 $H(x)$，这个恢复力就是非保向力效应，相当于一个侧向水平弹簧支承效应。由图 14-9 易得：

$$H(x) = T\frac{u_a - u_b}{y(x)} = k(x)u_a \tag{14-32}$$

式中：

$$k(x) = \frac{qa}{y(x)}\frac{u_a - u_b}{u_a} \tag{14-33}$$

考虑到桥面侧向刚度相对于拱肋要大得多，近似地取 $EI_{by} = \infty$，则式(14-33)简化成：

$$k(x) = \frac{qa}{y(x)} \tag{14-34}$$

当系杆拱发生侧倾时，其总势能除了前面式(14-22)~式(14-24)列出的三项外，还增加了考虑非保向力效应的虚拟弹簧支承变形能 $V_k$。

$$V_k = \frac{1}{2}\frac{k(x)}{a}\int_{-\frac{L}{2}}^{\frac{L}{2}} u_a{}^2 \mathrm{d}s \tag{14-35}$$

将式(14-35)代入式(14-25)中，由能量驻值原理可得系杆拱侧倾临界荷载：

$$q_{cra} = \eta q_{cr} = \frac{1}{1 - C}q_{cr} \tag{14-36}$$

式中：$\eta$——非保向力效应系数，$q_{cr}$ 由式(14-28)给出。

$$C = -\frac{V_k}{V_D} \tag{14-37}$$

对圆弧拱，偏安全地取 $y(x) = f$，则 $C$ 的下限为：

$$C = \frac{3}{4}\left(\frac{\alpha}{\pi}\right)^2\frac{R}{f} \tag{14-38}$$

根据不同的矢跨比 $f/l$，可算得 $C$ 和 $\eta$ 值，列于表 14-1。表 14-1 说明非保向力效应系数一般为 2.5 ~ 3.5。

不同矢跨比 $f/l$ 时的 $C$ 和 $\eta$ 值　　表 14-1

| $f/l$ | 1/3 | 1/4 | 1/5 | 1/6 | 1/7 | 1/8 |
|---|---|---|---|---|---|---|
| $C$ | 0.684 | 0.653 | 0.638 | 0.630 | 0.623 | 0.621 |
| 近似 $\eta$ 值 | 3.16 | 2.88 | 2.76 | 2.70 | 2.65 | 2.64 |
| 精确 $\eta$ 值 | 3.50 | 3.31 | 3.22 | 3.17 | 3.14 | 3.12 |

### 14.3.4 非保向力效应的有限元分析

用有限元分析屈曲问题可直接计入非保向力效应，以系杆拱为例，吊杆的非保向力由空间杆单元的几何刚度提供，而梁的侧向刚度提供吊杆在锚固端的侧向弹性约束。有限元分析完全按实际刚度计算，计算结果更加精确。

但是，常会遇到用有限元方法计算不出侧向失稳模态或计算结果不正确的问题。其原因是：不出现侧向模态是因为所计算的屈曲模态数不够。对于侧向稳定性好、要在若干种面内失稳发生后才发生侧向失稳的拱桥，会有这种情况。只要增加计算模态数便能解决。计算错误问题就比较复杂，但最常出现的原因是计算失稳用的吊杆力不正确或加劲梁侧向刚度有误。尤其是吊杆力，应对应着式(14-7)中的$\boldsymbol{K}_{1\sigma}$，切不可用一次落架的吊杆力代入计算。计算的结果可用式(14-38)进行验证。

**【例 14-2】** 某下承式无风架钢筋混凝土双肋拱桥，基本参数与[例 14-1]相同，计算其稳定临界荷载。

**解**：$l=71.4\text{m}$　　$f=14.28\text{m}$　　$\dfrac{f}{l}=\dfrac{1}{5}$

$L=78.79$　　$\dfrac{L}{l}=1.1035$　　$\alpha=1.522$

$R=51.765$　　$E=3.2\times10^4\text{MPa}$　　$I_y=0.4798\text{m}^4$

$G=1.4\times10^4\text{MPa}$　　$J=1.0111\text{m}^4$

由式(14-28)易得：

$$q_{\text{cro}}=\frac{EI_y}{R^3}\frac{(4\pi^2-\alpha^2)^2}{\alpha^2(4\pi^2+\lambda\alpha^2)}=1571.2\ \text{kN/m}$$

$$C=\frac{3}{4}\left(\frac{\alpha}{\pi}\right)^2\frac{R}{f}=0.638$$

$$q_{\text{cr}}=\eta q_{\text{cro}}=\frac{1}{1-C}q_{\text{cro}}=2.76\times1571.2=4336.5(\text{kN/m})$$

与有限元数值解 $q_{\text{cr}}=4276.0\text{kN/m}$ 十分接近。

## 14.4 材料非线性有限元方法

### 14.4.1 材料非线性问题

桥梁结构在经受超载作用时，会出现部分构件应力超过材料弹性极限的现象，这种现象虽然往往是局域性的，但破坏与损伤却由这些区域开始，导致结构失效。应力超过弹性极限后,材料弹性模量 $E$ 成为应力的函数,导致基本控制方程变为非线性,即材料非线性问题。研究材料非线性问题,对于分析结构极限承载能力,解决桥梁非线性稳定问题有着十分重要的意义。

凡是在本构关系中放弃材料线性关系假定的理论,均属材料非线性范畴。根据不同的材料性态,又可以分成表 14-2 给出的几种不同的材料非线性问题。

几种材料非线性问题　　表 14-2

| 材料非线性问题 | 特　征 |
|---|---|
| 非线性弹性 | (1)本构方程仅有应力、应变两参数;<br>(2)卸载后无残余应变存在 |
| 非线性塑性 | (1)本构方程仅有应力、应变两参数;<br>(2)卸载后有残余应变存在 |
| 金属蠕变与混凝土徐变 | 即使荷载不变,随着时间的变化,结构也会发生明显的变形 |
| 黏弹性 | (1)应力—应变关系为弹性性质;<br>(2)应力—应变关系与加载速率有关 |
| 黏塑性 | (1)超过屈服应力时,材料呈弹塑性性质;<br>(2)应力—应变关系与应变率有关 |

桥梁结构以钢和混凝土作为主要材料,因此,涉及的材料非线性主要是非线性弹塑性问题和混凝土徐变问题。

## 14.4.2　应力—应变关系与屈服准则

根据试验结果,单轴应力下材料的应力—应变关系如图14-10所示,可归结为如下几点。

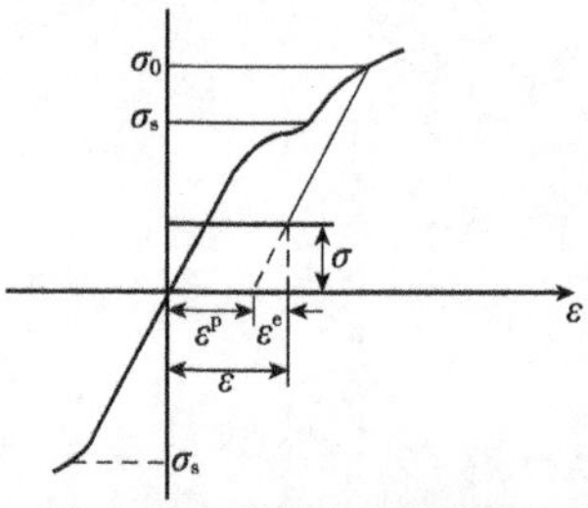

图 14-10　单轴应力下材料的应力—应变关系

(1)应力在达到比例极限前,材料为线弹性;应力在比例极限和弹性极限之间,材料为非线性弹性。

(2)应力超过屈服点,材料应变中出现不可恢复的塑性应变:

$$\varepsilon = \varepsilon^{e} + \varepsilon^{p} \tag{14-39}$$

应力和应变间为非线性关系:

$$\sigma = \varphi(\varepsilon) \tag{14-40}$$

(3)应力在某一应力 $\sigma_0$($\sigma_0 > \sigma_s$,$\sigma_s$ 为材料的屈服点)下卸载,则应力增量与应变增量之间存在线性关系,即

$$\mathrm{d}\sigma = E\mathrm{d}\varepsilon \tag{14-41}$$

为了判断是加载还是卸载,用如下加载准则:

当 $\sigma\mathrm{d}\sigma \geqslant 0$ 时为加载,满足式(14-40);

当 $\sigma\mathrm{d}\sigma < 0$ 时为卸载,满足式(14-41)。

(4)在卸载后某应力 $\sigma$ 下重新加载,则:

$$\sigma < \sigma_0 \quad 时,\mathrm{d}\sigma = E\mathrm{d}\varepsilon \tag{14-42}$$

$\sigma_0$为卸载前材料曾经受到过的最大应力值,称后屈服应力,若 $\sigma_0 = \sigma_s$,材料称为理想塑性的;若 $\sigma_0 > \sigma_s$,材料称为硬化的。

(5)从卸载转入反向力加载,应力—应变关系仍为式(14-41)或式(14-42),一直到反向屈服。在复杂应力状态下,判断材料是否屈服,可以用应力的某种函数表示:

$$F(\sigma_{ij})=0 \tag{14-43}$$

若以 $\sigma_{ij}$ 为坐标轴建立一坐标空间,则式(14-43)的几何意义为空间超曲面。任一应力状态在此空间中代表一个点,当此点落在屈服面之内时:$F(\sigma_{ij})<0$,材料呈弹性状态;$F(\sigma_{ij})=0$,材料开始进入塑性。

各向同性材料的屈服条件与坐标轴选取无关,屈服函数常以主应力函数形式表示:

$$F(\sigma_1,\sigma_2,\sigma_3)=0 \tag{14-44}$$

常用的屈服条件有:

(1)特雷斯卡(Tresca)屈服条件:假定最大剪应力达到某一极限值时,材料开始屈服,相当于材料力学中的第三强度理论。

(2)米赛斯(Von Mises)屈服条件:假定偏应力张量的第二不变量达到某一极限时,材料开始屈服,相当于材料力学中的第四强度理论。

此外还有 Drucker-Prager 屈服准则、Zienkiewicz-Pande 屈服准则等。

### 14.4.3 本构矩阵的增量表达式

由于弹塑性理论中增量理论能反映结构加载历程,也可考虑卸载情况,因此,在当前有限元分析弹塑性问题中得到广泛应用。研究弹塑性增量理论必须从本构矩阵开始。设屈服函数用下式表示:

$$F(\sigma_{ij},K)=0 \tag{14-45}$$

式中:$\sigma_{ij}$——应力状态;

$K$——硬化函数。

在增量理论中,把材料达到屈服以后的应变增量分为弹性增量和塑性增量两部分,即

$$\mathrm{d}\boldsymbol{\varepsilon}=\mathrm{d}\boldsymbol{\varepsilon}^{\mathrm{e}}+\mathrm{d}\boldsymbol{\varepsilon}^{\mathrm{p}} \tag{14-46}$$

其中弹性应变增量部分与应力增量之间仍服从虎克定律,即

$$\mathrm{d}\boldsymbol{\sigma}=\boldsymbol{D}_{\mathrm{e}}\mathrm{d}\boldsymbol{\varepsilon}^{\mathrm{e}} \tag{14-47}$$

式中:$\boldsymbol{D}_{\mathrm{e}}$——弹性矩阵。

塑性变形不是唯一确定的,对应于同一应力增量,可以有不同的塑性变形增量。若采用相关联的流动法则,塑性变形大小虽然不能断定,但其流动方向与屈服面正交。用数学公式表示这一假定,即可得:

$$\mathrm{d}\boldsymbol{\varepsilon}^{\mathrm{p}}=\lambda\frac{\partial \boldsymbol{F}}{\partial \boldsymbol{\sigma}} \tag{14-48}$$

将式(14-47)、式(14-48)代入式(14-46),则可得:

$$\mathrm{d}\boldsymbol{\varepsilon}=\boldsymbol{D}_{\mathrm{e}}^{-1}\mathrm{d}\boldsymbol{\sigma}+\lambda\frac{\partial \boldsymbol{F}}{\partial \boldsymbol{\sigma}} \tag{14-49}$$

对式(14-45)全微分得:

$$\mathrm{d}F=\frac{\partial F}{\partial \sigma_1}\mathrm{d}\sigma_1+\frac{\partial F}{\partial \sigma_2}\mathrm{d}\sigma_2+\cdots+\frac{\partial F}{\partial K}\mathrm{d}K=0 \tag{14-50}$$

或

$$\left(\frac{\partial \boldsymbol{F}}{\partial \boldsymbol{\sigma}}\right)^{\mathrm{T}}\mathrm{d}\boldsymbol{\sigma}-A\lambda=0 \tag{14-51}$$

其中，

$$A = -\frac{\partial F}{\partial K}\mathrm{d}K\frac{1}{\lambda} \tag{14-52}$$

将$\left(\frac{\partial \boldsymbol{F}}{\partial \boldsymbol{\sigma}}\right)^{\mathrm{T}}\boldsymbol{D}_{\mathrm{e}}$前乘式(14-49)，并利用式(14-51)消去$d\boldsymbol{\sigma}$可得：

$$\left(\frac{\partial \boldsymbol{F}}{\partial \boldsymbol{\sigma}}\right)^{\mathrm{T}}\boldsymbol{D}_{\mathrm{e}}\mathrm{d}\boldsymbol{\varepsilon} = \lambda\left[A + \left(\frac{\partial \boldsymbol{F}}{\partial \boldsymbol{\sigma}}\right)^{\mathrm{T}}\boldsymbol{D}_{\mathrm{e}}\frac{\partial \boldsymbol{F}}{\partial \boldsymbol{\sigma}}\right] \tag{14-53}$$

由此可得：

$$\lambda = \frac{\left(\frac{\partial \boldsymbol{F}}{\partial \boldsymbol{\sigma}}\right)^{\mathrm{T}}\boldsymbol{D}_{\mathrm{e}}}{A + \left(\frac{\partial \boldsymbol{F}}{\partial \boldsymbol{\sigma}}\right)^{\mathrm{T}}\boldsymbol{D}_{\mathrm{e}}\frac{\partial \boldsymbol{F}}{\partial \boldsymbol{\sigma}}}\mathrm{d}\boldsymbol{\varepsilon} \tag{14-54}$$

用$\boldsymbol{D}_{\mathrm{e}}$前乘式(14-49)，移项后得：

$$\mathrm{d}\boldsymbol{\sigma} = \boldsymbol{D}_{\mathrm{e}}\mathrm{d}\boldsymbol{\varepsilon} - \boldsymbol{D}_{\mathrm{e}}\frac{\partial \boldsymbol{F}}{\partial \boldsymbol{\sigma}}\lambda \tag{14-55}$$

将式(14-54)代入式(14-55)，即可得：

$$\mathrm{d}\boldsymbol{\sigma} = \left[\boldsymbol{D}_{\mathrm{e}} - \frac{\boldsymbol{D}_{\mathrm{e}}\frac{\partial \boldsymbol{F}}{\partial \boldsymbol{\sigma}}\left(\frac{\partial \boldsymbol{F}}{\partial \boldsymbol{\sigma}}\right)^{\mathrm{T}}\boldsymbol{D}_{\mathrm{e}}}{A + \left(\frac{\partial \boldsymbol{F}}{\partial \boldsymbol{\sigma}}\right)^{\mathrm{T}}\boldsymbol{D}_{\mathrm{e}}\frac{\partial \boldsymbol{F}}{\partial \boldsymbol{\sigma}}}\right]\mathrm{d}\boldsymbol{\varepsilon} = (\boldsymbol{D}_{\mathrm{e}} - \boldsymbol{D}_{\mathrm{P}})\mathrm{d}\boldsymbol{\varepsilon} = \boldsymbol{D}_{\mathrm{ep}}\mathrm{d}\boldsymbol{\varepsilon} \tag{14-56}$$

其中，

$$\boldsymbol{D}_{\mathrm{ep}} = \boldsymbol{D}_{\mathrm{e}} - \frac{\boldsymbol{D}_{\mathrm{e}}\frac{\partial \boldsymbol{F}}{\partial \boldsymbol{\sigma}}\left(\frac{\partial \boldsymbol{F}}{\partial \boldsymbol{\sigma}}\right)^{\mathrm{T}}\boldsymbol{D}_{\mathrm{e}}}{A + \left(\frac{\partial \boldsymbol{F}}{\partial \boldsymbol{\sigma}}\right)^{\mathrm{T}}\boldsymbol{D}_{\mathrm{e}}\frac{\partial \boldsymbol{F}}{\partial \boldsymbol{\sigma}}} \tag{14-57}$$

此式即为增量理论的弹塑性矩阵通式。其具体的数学表达式将由屈服函数确定。

这也正是我们在使用有限元综合程序进行桥梁材料非线性分析时常要选择应力—应变关系与屈服强度准则的原因。

**【例 14-3】** 导出等向强化米赛斯材料增量理论的弹塑性矩阵表达式。

**解**：对 Mises 屈服准则、等向硬化材料，其屈服函数可写成：

$$F = \overline{\sigma} - K = 0$$

式中：

$$\overline{\sigma} = \sqrt{3J_2} = \frac{1}{\sqrt{2}}\sqrt{(\sigma_1 - \sigma_2)^2 + (\sigma_2 - \sigma_3)^2 + (\sigma_3 - \sigma_1)^2}$$

$$= \frac{1}{\sqrt{2}}\sqrt{(\sigma_x - \sigma_y)^2 + (\sigma_y - \sigma_z)^2 + (\sigma_z - \sigma_x)^2 + 6(\tau_{xy}^2 + \tau_{yz}^2 + \tau_{xz}^2)}$$

设硬化法则与塑性功有关，即作功硬化，则：

$$K = \int \mathrm{d}W^{\mathrm{p}} = \int \sigma_{ij}\mathrm{d}\varepsilon_{ij}^{\mathrm{p}}$$

由

$$\frac{\partial \boldsymbol{F}}{\partial \boldsymbol{\sigma}} = \left[\frac{\partial \overline{\sigma}}{\partial \sigma_x} \quad \frac{\partial \overline{\sigma}}{\partial \sigma_y} \quad \frac{\partial \overline{\sigma}}{\partial \sigma_z} \quad \frac{\partial \overline{\sigma}}{\partial \tau_{xy}} \quad \frac{\partial \overline{\sigma}}{\partial \tau_{yz}} \quad \frac{\partial \overline{\sigma}}{\partial \tau_{zx}}\right]^{\mathrm{T}}$$

$$= \frac{3}{2\overline{\sigma}}[S_x \quad S_y \quad S_z \quad 2S_{xy} \quad 2S_{yz} \quad 2S_{zx}]^{\mathrm{T}}$$

得：

$$\boldsymbol{D}_{\mathrm{e}}\frac{\partial \boldsymbol{F}}{\partial \boldsymbol{\sigma}}=\frac{3E}{2(1+\nu)(1-2\nu)\overline{\sigma}}\begin{bmatrix}1-\nu & \nu & \nu & 0 & 0 & 0\\ & 1-\nu & \nu & 0 & 0 & 0\\ & & 1-\nu & 0 & 0 & 0\\ & & & \frac{1-2\nu}{2} & 0 & 0\\ & & & & \frac{1-2\nu}{2} & 0\\ & & & & & \frac{1-2\nu}{2}\end{bmatrix}\begin{matrix}S_x\\ S_y\\ S_z\\ 2S_{xy}\\ 2S_{yz}\\ 2S_{zx}\end{matrix}=\frac{3G}{\overline{\sigma}}\boldsymbol{S}$$

式中：$G$——剪切弹性模量，$G=\dfrac{E}{2(1+\nu)}$；

$\boldsymbol{S}$——应力偏量向量，$\boldsymbol{S}=[S_x \quad S_y \quad S_z \quad S_{xy} \quad S_{yz} \quad S_{zx}]^{\mathrm{T}}$。

另外，

$$\boldsymbol{D}_{\mathrm{e}}\frac{\partial \boldsymbol{F}}{\partial \boldsymbol{\sigma}}\left(\frac{\partial \boldsymbol{F}}{\partial \boldsymbol{\sigma}}\right)^{\mathrm{T}}\boldsymbol{D}_{\mathrm{e}}=\frac{3G}{\overline{\sigma}}\boldsymbol{S}\cdot\frac{3G}{\overline{\sigma}}\boldsymbol{S}^{\mathrm{T}}=\left(\frac{3G}{\overline{\sigma}}\right)^2\boldsymbol{S}\boldsymbol{S}^{\mathrm{T}}$$

$$\left(\frac{\partial \boldsymbol{F}}{\partial \boldsymbol{\sigma}}\right)^{\mathrm{T}}\boldsymbol{D}_{\mathrm{e}}\frac{\partial \boldsymbol{F}}{\partial \boldsymbol{\sigma}}=\frac{3G}{\overline{\sigma}}\boldsymbol{S}^{\mathrm{T}}\frac{\partial \boldsymbol{F}}{\partial \boldsymbol{\sigma}}=3G$$

将以上结果代入式(14-57)，可得等向强化的米赛斯材料的弹塑性矩阵表达式为：

$$\boldsymbol{D}_{\mathrm{ep}}=\frac{E}{1+\nu}\begin{bmatrix}\frac{1-\nu}{1-2\nu}-\eta S_x^2 & & & & & \\ \frac{\nu}{1-2\nu}-\eta S_xS_y & \frac{1-\nu}{1-2\nu}-\eta S_y^2 & & & & \\ \frac{\nu}{1-2\nu}-\eta S_xS_y & \frac{1-\nu}{1-2\nu}-\eta S_yS_z & \frac{1-\nu}{1-2\nu}-\eta S_z^2 & & & \\ -\eta S_xS_{xy} & -\eta S_yS_{xy} & -\eta S_zS_{xy} & \frac{1}{2}-\eta S_{xy}^2 & & \\ -\eta S_xS_{yz} & -\eta S_yS_{yz} & -\eta S_zS_{yz} & -\eta S_{xy}S_{yz} & \frac{1}{2}-\eta S_{yz}^2 & \\ -\eta S_xS_{zx} & -\eta S_yS_{zx} & -\eta S_zS_{zx} & -\eta S_{xy}S_{zx} & -\eta S_{yz}S_{zx} & \frac{1}{2}-\eta S_{zx}^2\end{bmatrix}$$

式中：

$$\eta=\frac{9G}{2\overline{\sigma}^2(A+3G)}$$

## 14.4.4 有限元方法

在弹塑性增量理论中，讨论仍限于小变形情况。于是，其应变—位移几何运动方程和平衡方程与线性问题相同，不需要作任何变动。需要改变的只是在塑性区范围内用塑性材料的本构关系矩阵 $\boldsymbol{D}_{\mathrm{ep}}$ 代替原来的弹性系数矩阵 $\boldsymbol{D}_{\mathrm{e}}$。因此，可直接得到弹塑性分析有限元平衡方程：

$$^{t}\boldsymbol{K}_{\mathrm{T}}\Delta^{t}\boldsymbol{u}=\Delta^{t}\boldsymbol{R} \tag{14-58}$$

$$^{t}\boldsymbol{K}_{\mathrm{T}}=\sum\int_V \boldsymbol{B}^{\mathrm{T}}\boldsymbol{D}_{\mathrm{ep}}\boldsymbol{B}\mathrm{d}V \tag{14-59}$$

$$\Delta^{t}\boldsymbol{R}=\Delta^{t}\boldsymbol{F}+\Delta^{t}\boldsymbol{T}+\Delta^{t}\boldsymbol{F}_{\mathrm{c}}-\Delta^{t}\boldsymbol{F}_{\mathrm{I}} \tag{14-60}$$

式中：$\Delta^t\boldsymbol{F}$、$\Delta^t\boldsymbol{T}$——分别表示与结构面荷载 $t$ 及体荷载 $f$ 对应的等效节点力增量；

$\Delta^t\boldsymbol{F}_c$——节点集中外荷载增量；

$\Delta^t\boldsymbol{F}_I$——初应力或初应变增量引起的外荷载增量。

以上各增量在 $t-\Delta t$ 至 $t$ 时间的增量为：

$$\Delta^t\boldsymbol{F} = \sum\int_V \boldsymbol{N}^T\Delta^t\boldsymbol{f}\mathrm{d}V \tag{14-61}$$

$$\Delta^t\boldsymbol{T} = \sum\int_V \boldsymbol{N}^T\Delta^t\boldsymbol{t}\mathrm{d}S \tag{14-62}$$

对于初应力问题，

$$\Delta^t\boldsymbol{F}_I = \sum\int_V \boldsymbol{B}^T\Delta\boldsymbol{\sigma}_I\mathrm{d}V \tag{14-63}$$

对于初应变问题，

$$\Delta^t\boldsymbol{F}_I = \sum\int_V \boldsymbol{B}^T\boldsymbol{D}_e\Delta\boldsymbol{\varepsilon}_I\mathrm{d}V \tag{14-64}$$

式(14-58)~式(14-64)给出了小变形弹塑性分析的有限元方程，式中 $\boldsymbol{K}_T$ 代表了荷载与位移增量的切线刚度，随不同加载历程而变化。求解这一问题的关键是计算单元的切线刚度矩阵和应力，由于本构关系 $\boldsymbol{D}_{ep}$ 是当前应力的函数，即当前位移的隐函数，所以计算时要引入一个材料模型的子程序来处理塑性问题。这个子程序的主要计算内容与步骤如下。

(1)由前边迭代结果的位移计算应变增量：

$$\Delta^t\boldsymbol{\varepsilon} = \Delta^t\boldsymbol{\varepsilon}(\Delta^t\boldsymbol{u}, {}^{t-\Delta t}\boldsymbol{u}) \tag{14-65}$$

(2)暂假定 $\Delta\boldsymbol{\varepsilon}$ 是弹性的，计算：

$$\Delta^t\boldsymbol{\sigma}_e = \boldsymbol{D}_e\Delta^t\boldsymbol{\varepsilon} \tag{14-66}$$

(3)由此推出新的应力状态为：

$${}^t\boldsymbol{\sigma} = {}^{t-\Delta t}\boldsymbol{\sigma} + \Delta^t\boldsymbol{\sigma}_e = {}^{t-\Delta t}\boldsymbol{\sigma} + \boldsymbol{D}_e\Delta^t\boldsymbol{\varepsilon} \tag{14-67}$$

(4)核对在第二步中的假设是否符合事实。将式(14-67)代入加载函数中，计算当前的加载函数值：

$${}^t\boldsymbol{F} = \boldsymbol{F}({}^t\boldsymbol{\sigma}, \boldsymbol{K}) \tag{14-68}$$

(5)若 ${}^t\boldsymbol{F} \leqslant 0$ 说明 $\Delta^t\boldsymbol{\varepsilon}$ 确定是弹性的，第二步、第三步中的计算正确，此子程序的执行可以结束。

(6)若 ${}^t\boldsymbol{F} > 0$，说明 $\Delta^t\boldsymbol{\varepsilon}$ 中包括了(甚至全部是)塑性变形，则执行以下计算。

(7)若本次迭代开始时的应力是弹性的，则本次迭代的应力增量中有一部分是弹性的而另一部分是弹塑性的。将弹性部分记为：

$$m\Delta^t\boldsymbol{\sigma}_e = m\boldsymbol{D}_e\Delta^t\boldsymbol{\varepsilon} \tag{14-69}$$

显然，$m<1$，将式(14-69)代入到加载函数中可解出 $m$。

$$F({}^{t-\Delta t}\boldsymbol{\sigma} + m\Delta^t\boldsymbol{\sigma}_e, \boldsymbol{K}) = 0 \tag{14-70}$$

(8)计算塑性部分应变增量及当前应力：

$$\Delta^t\boldsymbol{\varepsilon}^p = (1-m)\Delta^t\boldsymbol{\varepsilon} \tag{14-71}$$

$${}^t\bar{\boldsymbol{\sigma}} = {}^{t-\Delta t}\boldsymbol{\sigma} + m\Delta^t\boldsymbol{\sigma} \tag{14-72}$$

(9)计算应变增量中塑性部分 $\Delta^t\boldsymbol{\varepsilon}^p$ 引起的应力。由于材料刚度矩阵是非线性的，这一计算应是积分过程，作为数值计算，可改为逐段线性化求和。为此，将 $\Delta^t\boldsymbol{\varepsilon}^p$ 再细分为 $M$ 个小的增量：

$$\Delta(\Delta^{t}\boldsymbol{\varepsilon}^{\mathrm{p}}) = \Delta^{t}\boldsymbol{\varepsilon}^{\mathrm{p}}/\boldsymbol{M} \tag{14-73}$$

(10)在每一个小的子增量 $\Delta(\Delta^{t}\boldsymbol{\varepsilon}^{\mathrm{p}})^{(i)}$ 中，先根据子增量起始时的应力计算$\boldsymbol{D}_{\mathrm{ep}}{}^{(i)}$，而

$$\Delta(\Delta^{t}\boldsymbol{\sigma}) = \boldsymbol{D}_{\mathrm{ep}}{}^{(i)}\Delta(\Delta^{t}\boldsymbol{\varepsilon}^{\mathrm{p}})^{(i)} \tag{14-74}$$

于是新的应力状态为：

$${}^{t}\boldsymbol{\sigma}^{(i)} = {}^{t}\boldsymbol{\sigma}^{(i-1)} + \Delta(\Delta^{t}\boldsymbol{\sigma})^{(i)} \tag{14-75}$$

由${}^{t}\boldsymbol{\sigma}^{(i)}$可计算下一个子增量时的$\boldsymbol{D}_{\mathrm{ep}}{}^{(i+1)}$，并重复以上步骤，结果有：

$${}^{t}\boldsymbol{\sigma} = {}^{t}\bar{\boldsymbol{\sigma}} + \sum_{i=1}^{M}\boldsymbol{D}_{\mathrm{ep}}{}^{(i)}\Delta(\Delta^{t}\boldsymbol{\varepsilon}^{\mathrm{p}})^{(i)} \tag{14-76}$$

由此可形成最终状态的$\boldsymbol{D}_{\mathrm{ep}}$。

以上方法将平衡迭代与本构迭代分开，主步进行平衡迭代，子步进行本构迭代，故称之为子增量法。

## 14.5 桥梁结构的极限承载力

### 14.5.1 极限承载力和全过程分析

极限承载力是从“极限设计”的思想中引出的概念。传统的“强度设计”以构件最大工作应力乘以安全系数等于材料的屈服应力为依据。但是，一般情况下，构件某截面开始屈服并不能代表结构完全破坏，结构所能承受的荷载通常较构件开始屈服时的荷载大，为了利用这一强度富裕度，“极限设计”提出极限荷载的概念，即引起结构完全崩溃的荷载，并将结构的工作荷载取为极限荷载的一个固定部分。显然“极限设计”更具科学性。

桥梁结构的极限承载力是指桥梁失效前承受外荷载的最大能力。在这一点上，它和第二类稳定问题有着相同的力学意义。但是，第二类稳定问题研究对象是受压为主的结构，常常带有刚度与强度耦合失效的现象，而极限承载力不限于此，完全受拉的结构也在研究对象之列，第二类稳定问题是极限承载力问题的一个分支。

分析桥梁结构的极限承载力，不仅可以用于其极限设计，而且可以了解其结构破坏形式，准确地知道它在给定荷载下的安全储备或超载能力，为其安全施工和营运管理提供依据和保障。

全过程分析是用于桥梁结构极限承载力分析的一种计算方法，它通过逐级增加工作荷载集度来考察结构的变形和受力特征，一直计算至结构发生破坏。

从力学分析角度看，分析桥梁结构极限承载力的实质就是通过不断求解计入几何非线性和材料非线性的刚度方程，寻找其极限荷载的过程。桥梁结构在不断增加的外荷载作用下，结构刚度发生不断变化，当外荷载产生的压应力或剪应力使得结构切线刚度矩阵趋于奇异时，结构承载能力就到达了极限，此时的外荷载即为极限荷载。因此，从理论上讲，用我们前面学过的知识就能完成桥梁结构的极限承载力分析。但在有限元分析具体实施时，必须选择好的单元模式和破坏模式，并明确非线性方程的求解方法。

下面以塑性铰法为例，说明桥梁结构的极限承载力计算步骤：

(1)确定成桥状态的内力与构形。

(2)以成桥状态为初态,用单位计算荷载向量 $\boldsymbol{p}$ 进行结构分析。根据计算结果和极限弯矩,估算第一个塑性铰出现时的荷载增量倍数 $\bar{\lambda}_1$。

(3)以$\Delta \boldsymbol{P}_1 = \bar{\lambda}_1 \boldsymbol{p}$ 作用于结构,按全非线性进行结构分析,迭代形成第一个塑性铰和实际的荷载增量倍数 $\lambda_1$。

(4)检验结构是否成为机构,若是,给出极限荷载,计算结束。否则,估算出现下一个塑性铰时的荷载增量倍数$\bar{\lambda}_i$。

(5)以上次计算结束时的结构状态为初态,以$\Delta \boldsymbol{P}_i = \bar{\lambda}_i \boldsymbol{p}$ 作用于结构,按全非线性进行结构分析,迭代形成第 $i$ 个塑性铰和实际的荷载增量倍数 $\lambda_i$。

(6)重复(4)~(5)的计算,直至第 $n$ 个塑性铰出现时结构成为机构。此时,结构的极限荷载为:

$$\boldsymbol{P}_{\mathrm{p}} = \sum_{i=1}^{n} \lambda_i \boldsymbol{p} \tag{14-77}$$

## 14.5.2 单元模式与破坏形态的选取

桥梁结构分析以梁单元为主,用于极限承载力分析的梁单元模式主要有三种,一种是带有塑性铰的一般梁单元;一种是不分层的等参梁单元;常常沿梁轴向和横截面上取一定数量的高斯点来反映梁单元上不同点的应力、应变情况,单元刚度矩阵通过这些点的高斯积分来形成。这两种单元模式只适用于规则同材质的截面形式,因此,其应用受到限制。还有一种是分层梁单元,它可以克服前面的缺点,但输入数据和计算过程都较复杂,读者应根据实际情况选用。

破坏形态的模拟在分析中是十分重要的。当某个高斯点处出现裂缝时,其应力释放的计算比较麻烦。DR. J. Ower 和 E. Hinton 通过将梁单元取短,并假定单元内应力、应变沿轴向不变,即沿梁轴向仅取一个高斯点的方法来解决这一问题,这样,梁单元刚度矩阵可写成显式,一旦出现裂缝,梁单元便可退出工作。由此带来的求解规模的增加,可以通过试探法来解决,即先对结构进行一次预分析,找出可能出现塑性区或开裂的部位,对构件加密后再作极限承载力分析。相比之下,塑性铰法虽然精度差一些,但处理上述两个问题十分方便。

## 14.5.3 非线性方程的求解

一般结构的结构刚度矩阵在 $P-\delta$ 曲线上升段是正定的,在下降段为负定的。进行"全过程"分析过程中,当荷载接近极限值时,很小的荷载增量都会引起很大的位移,可能还未找到极限荷载就出现了求解失效现象。为了找到真实的极限荷载,克服下降段的不稳定现象,各国学者提出了许多算法,下面就常用的两种方法作一介绍。

1)逐步搜索法

对于只要求出极值荷载,而对 $P-\delta$ 下降段不感兴趣的情况,可采用逐步搜索顶点的算法。其基本思想是:加一荷载增量$\Delta P$,计算发散后,退回上级荷载状态并改用荷载步长$\Delta P/2$,若计算收敛,则再加一级荷载为$\Delta P/4$。若加$\Delta P/4$ 后计算发散,则再改用荷载步长为$\Delta P/8$。如此搜索,若原步长$\Delta P$ 预计为5%的破坏荷载,则$\Delta P/4$ 已接近1%的极限荷载,对桥梁结构来说,已可满足精度要求。当然还可向前再搜索一步到$\Delta P/8$。

2)位移控制法

如果在分析过程中不是控制荷载增量而是控制位移增量,则 $P-\delta$ 曲线的下降段部分便不难求得。

对于一般结构,我们可将刚度矩阵重新排列,使得要控制的位移(例如 $\bar{u}_2=\Delta u_2$)排到最后一项,同时将原刚度矩阵分块,其有限元方程变为:

$$\begin{bmatrix} K_{11} & K_{12} \\ K_{21} & K_{22} \end{bmatrix}\begin{bmatrix} \Delta u_1 \\ \Delta u_2 \end{bmatrix}=\Delta\lambda\begin{bmatrix} P_1 \\ P_2 \end{bmatrix}+\begin{bmatrix} R_1 \\ R_2 \end{bmatrix} \tag{14-78}$$

式中:$[P_1 \quad P_2]^{\mathrm{T}}$——参考荷载向量;

$\Delta\lambda$——控制荷载的步长系数;

$[R_1 \quad R_2]^{\mathrm{T}}$——求解迭代过程中的不平衡力向量。

改写方程(14-78)为:

$$\begin{bmatrix} K_{11} & -P_1 \\ K_{21} & -P_2 \end{bmatrix}\begin{bmatrix} \Delta u_1 \\ \Delta\lambda \end{bmatrix}=\begin{bmatrix} R_1 \\ R_2 \end{bmatrix}-\begin{bmatrix} K_{12} \\ K_{22} \end{bmatrix}\bar{u}_2 \tag{14-79}$$

这样,求解方程时可控制指定的 $\bar{u}_2$ 值,求出相应的位移 $\Delta u_1$ 及荷载增量比例因子 $\Delta\lambda$。由于 $K_{ij}$ 与位移有关,求解时需要迭代,使得 $[R_1 \quad R_2]^{\mathrm{T}}$ 值趋于零,以满足精度要求。

需要指出,方程(14-79)中的系数矩阵 $\begin{bmatrix} K_{11} & -P_1 \\ K_{21} & -P_2 \end{bmatrix}$ 不对称,也不呈带状,求解时需要的存储单元较多,这是该方法的一大缺点。

计算中还可以用强制迭代法、强化刚度法、弧长法等方法来克服下降段的不稳定现象,限于篇幅,本书不再赘述。

## 14.6 计 算 实 例

某上承式钢拱桥主跨 195m,桥宽 12m,矢跨比 1/5,桥梁设计荷载为汽车 20 级、挂车—100 级。拱上共设置 19 道立柱(或盖梁),通过立柱和帽梁安装桥面行车道系预制空心板。桥面系由 11 片跨径为 10.0m 的普通钢筋混凝土标准简支板梁组成。拱座为埋入式结构,两岸拱座均设置在新鲜的岩体上。采用通用有限元程序 ANSYS 对该桥进行极限承载力分析。

### 14.6.1 建立有限元模型

全桥按设计图纸在各类杆件连接处设置空间节点 452 个,划分各类单元 581 个,其中拱箱、箱中横隔板、拱上立柱、柱间横梁及盖梁均采用空间梁单元(BEAM188)模拟;简支桥面系采用释放转角自由度的空间梁单元(BEAM44)模拟;各种连接系采用空间梁单元(BEAM4)模拟。按照各构件的几何特性不同区分为 21 种单元,其中拱肋采用空间梁单元 3 种;拱箱中横隔板采用空间梁单元 1 种;拱上立柱采用空间梁单元 5 种;柱间横梁采用空间梁单元 2 种;盖梁采用空间梁单元 3 种;简支桥面系采用空间梁单元 5 种;各种连接单元 2 种。

在成桥状态下,首先按设计要求,将结构受力状态调整到设计状态,结构边界以及构件间的连接条件见表 14-3,该桥三维有限元分析模型如图 14-11 所示。

**大桥稳定分析边界及连接条件** 表 14-3

| 自由度 | $x$ | $y$ | $z$ | $\theta_x$ | $\theta_y$ | $\theta_z$ |
|---|---|---|---|---|---|---|
| 拱脚与基础之间 | 1 | 1 | 1 | 1 | 1 | 1 |
| 边墩与桥面系板梁之间 | 0 | 1 | 0 | 0 | 0 | 0 |
| 盖梁与桥面系板梁之间 | 1 | 1 | 1 | 0 | 0 | 0 |

在极限承载力分析中考虑了几何和材料双重非线性对结构极限荷载的影响，屈服条件采用工程上较为熟悉的 Von-Mises 屈服条件。

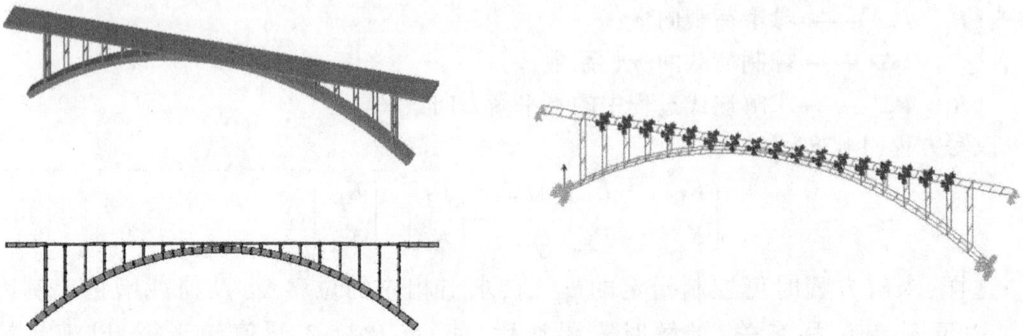

图 14-11 大桥三维有限元分析模型

## 14.6.2 极限承载力分析

恒载下大桥发生弹性屈曲以及达到极限承载力时安全系数的计算结果见表 14-4，弹性屈曲失稳及破坏时的结构变形如图 14-12 及图 14-13 所示。

**恒载下大桥安全系数比较** 表 14-4

| 分析内容 | 弹性屈曲分析 | 极限承载力分析 |
|---|---|---|
| 安全系数 $K$ | 12.740 | 4.675 |
| 拱顶竖向位移(m) | 0 | 0.686 |
| 失稳形式或破坏形式 | 面内反对称 | 面内正对称 |

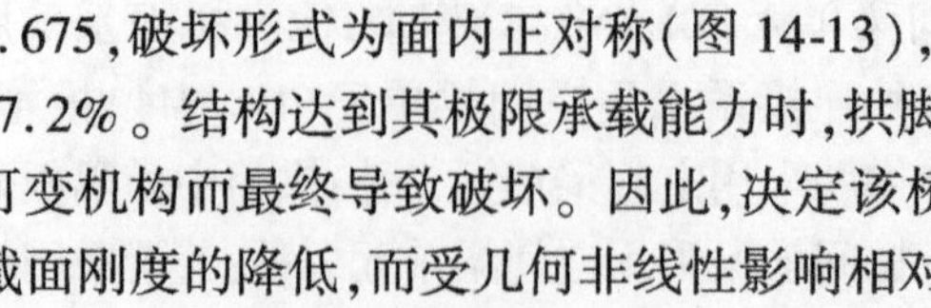

图 14-12 弹性屈曲时结构变形图

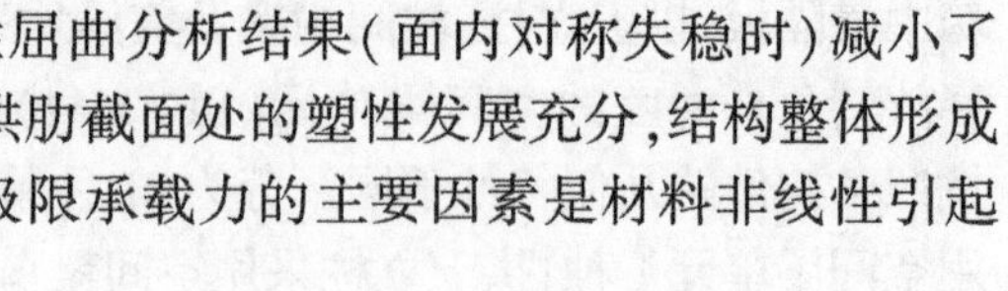


图 14-13 破坏时结构变形图

从计算结果可以看出，考虑双重非线性影响后，结构达到极限承载力时的安全系数为 4.675，破坏形式为面内正对称（图 14-13），较弹性屈曲分析结果（面内对称失稳时）减小了 77.2%。结构达到其极限承载能力时，拱脚、1/4 拱肋截面处的塑性发展充分，结构整体形成可变机构而最终导致破坏。因此，决定该桥结构极限承载力的主要因素是材料非线性引起截面刚度的降低，而受几何非线性影响相对较小。

## 14.6.3 破坏过程及破坏形式分析

进一步考察大桥拱顶的荷载—位移曲线（图 14-14）以及加载过程中拱肋塑性区发展情

况(图 14-15),可以揭示其破坏过程。图 14-15 中 $B$、$C$、$D$、$E$ 分别对应于图 14-14 中的 $B$ 点($K=4.563$)、$C$ 点($K=4.595$)、$D$ 点($K=4.664$)和 $E$ 点($K=4.675$)。

在荷载—位移曲线到达 $A$ 点($K=1.239$)之前,整个拱肋处于线弹性工作状态。从 $A$ 点开始,拱肋材料开始进入弹塑性阶段,随着荷载的增加,塑性区同时向长度方向和深度方向发展。到达 $B$ 点时,拱脚单元的上缘首先达到极限应力,随后,拱脚处的塑性区在长度方向发生收缩而向深度方向继续发展,塑性区在长度方向的收缩是与其相邻单元卸载造成的。到达 $C$ 点时,拱脚截面大部分已达到屈服,而此时,结构并未丧失承载能力,只是由于拱脚截面的屈服使得结构刚度大幅减小,结构内力重新分布。而后,荷载稍有增加,变形迅速增大并到达 $D$ 点,1/4 拱肋处单元的下缘也达到极限应力,在经历与拱脚塑性区相同的发展过程后到达 $E$ 点,这时,1/4 拱肋处截面也达到屈服状态,整个拱肋形成四铰机构而破坏,结构承载能力丧失。

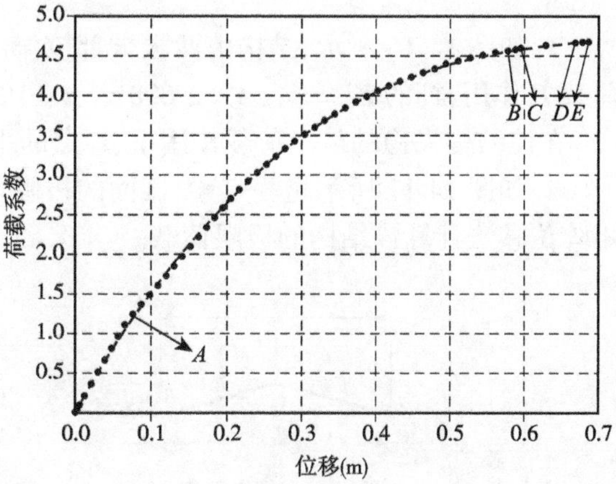

图 14-14 拱顶处的荷载位移曲线

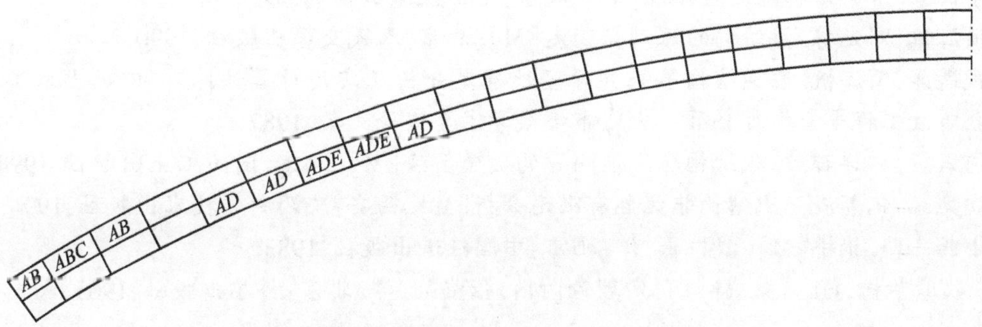

图 14-15 破坏过程中拱肋塑性区发展图

## 14.7 小 结

稳定问题是桥梁工程中经常遇到的,是设计中必须计算的内容。第一类稳定理论建立在理想的线弹性小位移理论基础上,计算方便,但对应的临界荷载值一般高于结构失稳的实际值,工程中用较高的安全系数($K=4\sim6$)与强度安全条件一起,来保证结构的安全;第二类稳定理论建立在大位移非线性理论基础上,通过全过程分析方法求解,得到的是强度与稳定统一的极限荷载,真正揭示出复杂稳定问题的实质。但全过程非线性分析繁复,本身还存在许多问题有待解决,而且,如何用极限承载力来判定结构安全也存在不同见解。

桥梁结构的稳定性与结构的约束、初始状态以及荷载作用形式有着密切关系,这就要求我们一方面要准确模拟结构及其约束条件,确定好结构受载前的初始状态,另一方面,要科学定出可能引起桥梁各种失稳模态的荷载形式,任何遗漏都可能为桥梁稳定问题留下隐患。

## 思 考 题

1. 如图 14-16 所示,结构由两根端部铰接的杆组成,结构关于 $C$ 点对称。$C$ 点承受集中荷载 $P$ 作用,杆的 $EI=\infty$,$EA=2\ 000\text{kN}$,$l=200\text{m}$,$h=0.01\text{m}$。(1)计算该结构的临界荷载;(2)在使结构失稳的最小荷载作用下,$C$ 点的平衡位置。

2. 如图 14-17 所示超静定梁,截面的极限弯矩 $M_p=5\text{kN}\cdot\text{m}$,忽略几何非线性效应,试用矩阵位移法计算该结构的极限荷载。

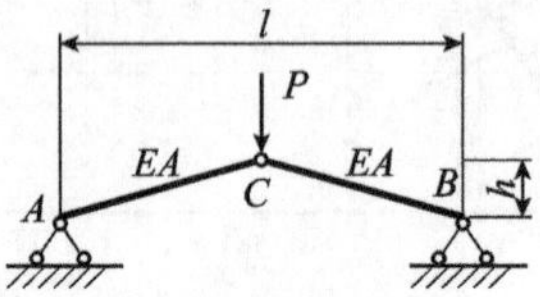

图 14-16 结构示意图

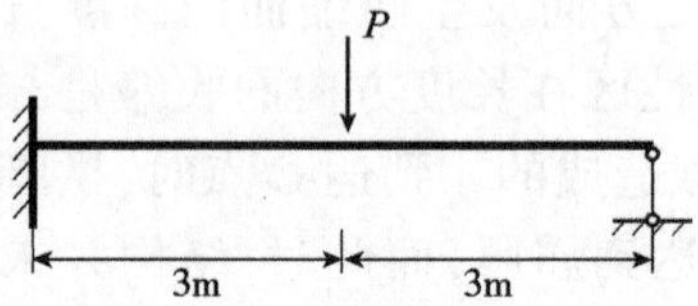

图 14-17 超静定梁

3. 用计算流程图表示使用塑性铰法计算桥梁结构极限承载力的计算过程。

## 本章参考文献

[1] 李国豪. 桥梁与结构理论研究[M]. 上海:上海科技文献出版社,1983.
[2] 李国豪. 桥梁结构稳定与振动[M]. 北京:中国铁道出版社,1992.
[3] 项海帆,刘光栋. 拱结构的振动与稳定[M]. 北京:人民交通出版社,1990.
[4] 钱莲萍,项海帆. 桥梁结构第一类弹塑性稳定分析及实用计算法[C]. 中国土木工程学会市政工程专业委员会第一次城市桥梁学术会议论文集,1987.
[5] 何君毅,林详都. 工程结构非线性问题的数值解法[M]. 北京:国防工业出版社,1994.
[6] 江见鲸. 钢筋混凝土结构非线性有限元分析[M]. 西安:陕西科学技术出版社,1994.
[7] 小西一郎. 钢桥[M]. 戴振蕃,译. 北京:中国铁道出版社,1983.
[8] S 铁摩辛柯,JM 盖莱. 弹性稳定理论[M]. 张福范,译. 北京:科学出版社,1965.

# 第15章

# 斜拉桥结构分析

## 15.1 概　述

斜拉桥诞生于17世纪。二战后,由于高强度材料及预应力技术的广泛应用、施工方法的改进和分析理论的发展,使得这一古老桥型焕发出了新的生命力。斜拉桥的复兴,成为战后桥梁发展史上最伟大的成就之一。在短短的五十多年间,斜拉桥有了飞速的发展,成为200～1 000m跨径范围内最具竞争力的桥梁结构形式之一,并且这一范围仍有扩大的趋势。

我国的斜拉桥设计建造技术已步入世界先进行列,1993年建成的上海杨浦大桥,跨度达602m,是世界瞩目的叠合梁斜拉桥。主跨1 088m的苏通长江大桥于2008年建成通车,使得斜拉桥跨入了千米级桥梁的行列。有理由相信,在大江河口的软土地基或不适合修建悬索桥的地区,可能修建超过1 200m的斜拉桥。

桥梁设计理论的进步对于斜拉桥的发展起到了促进作用。18～19世纪末斜拉桥发展初期,由于计算理论落后及材料强度较低,多座斜拉桥出现整体破坏,导致斜拉桥的发展停滞不前。1938年,Dischinger明确指出斜拉索应采用高强钢材,并提出拉索预张拉的理念,对后来第一座现代斜拉桥(瑞典Strömsund桥)的诞生具有极其重要的影响。随着密索体系斜拉桥的出现,拉索的索力与主梁、主塔的受力关系更加密切,在一定程度上,索力的大小决定着主梁和主塔的受力状态,因此索力优化与成桥合理状态的确定是斜拉桥设计计算所面临的一个关键问题,基于索力影响矩阵的调值优化原理与方法逐渐引入斜拉桥的成桥状态与施工过程前进计算分析中。1958年Leonhardt首创的用于斜拉桥施工计算的倒退分析法(Back Analysis)为确定斜拉索的初始张拉力开辟了一种方便、实用的计算途径。随着斜拉桥跨度的逐渐增大,结构的非线性效应越来越显著,为考虑斜拉索的垂度效应,1965年Ernst在Dischinger公式的基础上推导出等效割线模量,以考虑两端索力不一致的情况。1979年Fleming从产生斜拉桥几何非线性因素的根源出发,将其分为斜拉索垂度效应、$p-\delta$效应和结构大位移影响,并系统地导出了求解上述三类几何非线性的分析方法(等效模量、稳定函数、增量法与拖动坐标)。1990年Namzy将稳定函数法推广到3D空间梁单元,奠定了斜拉桥几何非线性分析的理论基础。索力优化、施工仿真分析及非线性理论的不断发展,使得斜拉桥计算理论走向成熟。

本章将首先介绍斜拉桥概念设计阶段的近似分析方法,用框图形式给出斜拉桥静力设计计算流程。根据斜拉桥先确定恒载状态,再确定施工状态的设计特点,介绍了斜拉桥恒载内力优化的概念和索力优化的影响矩阵法,讨论了斜拉桥的有限位移理论分析方法,给出了斜拉桥初始张拉力与施工预拱度的计算原理,最后,对斜拉桥的稳定分析方法进行了讨论。

## 15.2　概念设计阶段的近似分析方法

斜拉桥是塔、梁、拉索三种基本构件组成的缆索承重结构体系，一般表现为柔性的受力特性。斜拉桥的设计计算要根据其结构形式、设计阶段和计算要求来选用相应的力学模式和计算理论。

计算模式是设计计算的关键。在概念设计阶段，主要研究结构的设计参数，以求获得理想的结构布置，因此，对结构内力精度要求不高，可以采用平面杆系模式。在技术设计阶段，若仅仅计算恒、活载作用下结构的内力，仍可选用平面杆系模式，此时活载的空间效应用横向分布系数或偏载系数来表达；若要计算空间荷载（风载、地震荷载、局部温差等）作用下的静力响应时，一般选用空间杆系模式，如图15-1a）所示。选用这种模式，要特别注意实际结构与计算模式间的刚度等效性。若要计算全桥构件的应力分布特性，可选用空间板壳、块体和梁单元的组合模式，如图15-1b）所示。选用这类模式须特别注意不同单元结合部的节点位移协调性。为了研究斜拉桥结构中特殊部件（如斜拉索锚索区、塔梁固结区）的应力集中现象，可进行局部应力有限元分析。将特殊构件从整体结构中取出，细分结构网格，将整体结构在分离断面处的内力、位移作为被分析子结构的边界条件进行二次分析。总之，选取力学模式要力求简单、合理，并能抓住主要矛盾。

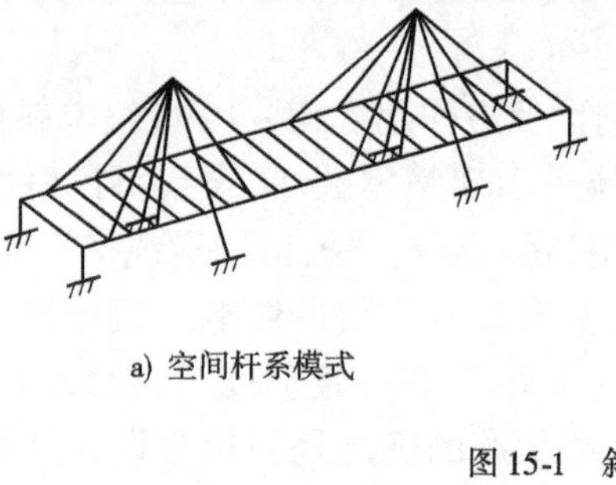

a) 空间杆系模式

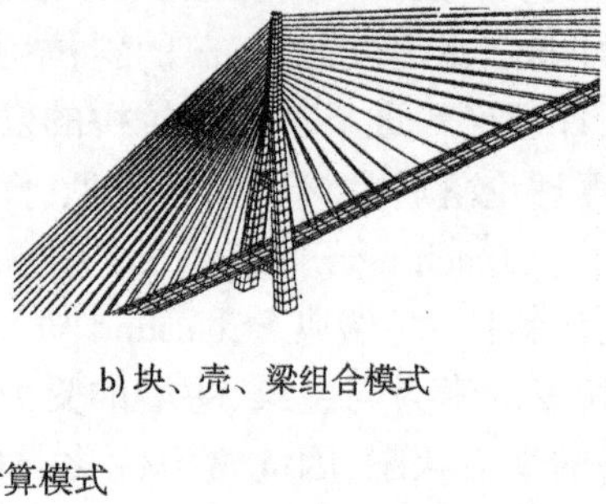

b) 块、壳、梁组合模式

图15-1　斜拉桥计算模式

计算理论的选用也是十分重要的。大跨径斜拉桥是柔性结构体系，设计中应该考虑几何非线性对结构内力分配的影响。非线性主要体现在材料非线性和几何非线性两个方面。

在概念设计阶段，主要研究成桥状态下宏观的力学响应特征，此时结构刚度较大，因此，计算可采用计入徐变、收缩的准非线性分析理论，对特大跨径柔性斜拉桥也可按线性二阶理论进行分析。为此，这里介绍一下考虑二阶效应的近似计算方法。

1）活载的线性二阶理论近似算法

斜拉桥的梁、塔都可看成是压弯梁，简单的压弯梁平衡微分方程可写成：

$$EIy'''' + N(x)y'' = q(x) \tag{15-1}$$

斜拉桥在活载 $q(x)$ 作用下，构件轴力 $N(x)$ 包含两项，一项是由恒载引起的，记为 $N_g(x)$，另一项是活载引起的，记为 $N_q(x)$。$N_q(x)$ 是活载 $q(x)$ 的函数，因此，式(15-1)成为非线性微分方程。

李国豪教授曾用线性化的方程解决了悬索桥二阶理论的非线分析问题，借鉴这一思想，也可简化斜拉桥的非线性分析。

从一些大跨径斜拉桥的非线性分析结果中可以发现，活载的几何刚度效应要比大位移刚度效应大，在几何刚度效应中，又以恒载几何刚度效应为主，这是由于大跨径桥梁中，恒载引起的轴力 $N_g(x)$ 要远比活载引起的轴力 $N_q(x)$ 大。因此，可以略去 $N_q(x)$ 的影响。于是微分方程式(15-1)就转变为线性微分方程。这时，线性叠加条件得以满足，整个计算可借用影响线的概念进行计算。

在已有桥梁线性分析程序中加入恒载几何刚度项，就可实现线性二阶理论的计算。这一方法的优点是整个计算无需迭代。

具体实施时，可以将优化得到的恒载内力状态作为初态来形成弹性刚度矩阵与几何刚度矩阵，并将它们进行叠加，作为结构切线刚度矩阵，然后按机动法求等效节点力向量，并直接求解线性方程组得到离散的影响线函数，最后进行动态加载，得到最不利内力响应。

必须指出，斜拉桥塔、梁中的轴力都为压力，有使结构刚度变小、构件弯矩增大的趋势。忽略 $N_q(x)$，用线性挠度理论算得的最不利荷载响应，一般都是偏小于真实解，因此，应用在实际工程中是偏危险的。

2）偏心增大系数修正法

由前面讨论可知，压弯构件的几何非线性可用偏心增大系数修正法来计算，偏心增大系数与杆件的压屈临界荷载的关系为：

$$\eta = \frac{1}{1 - \dfrac{N}{N_{cr}}} \tag{15-2a}$$

式中：$\eta$——偏心增大系数；

$N$——压弯构件的轴压力；

$N_{cr}$——压弯构件压屈临界荷载。

斜拉桥梁、塔的偏心增大系数，也可仿照式(15-2a)写出相应公式。对于加劲梁，其偏心增大系数为：

$$\eta(x) = \frac{1}{1 - \dfrac{1}{\lambda(x)}} \tag{15-2b}$$

式中：$\eta(x)$——加劲梁随 $x$ 变化的偏心增大系数；

$\lambda(x)$——$x$ 处的稳定安全系数，

$$\lambda(x) = 2\sqrt{EI(x)\beta(x)/N(x)}$$

斜拉桥加劲梁的偏心增大系数是随梁的位置变化而变化的。将线性理论算得的斜拉桥弯矩、挠度乘以相应的 $\eta(x)$，作为近似的非线性计算结果，就实现了斜拉桥近似的非线性计算。

在技术设计阶段，中等跨径的斜拉桥恒载分析仍以准非线性分析理论为主。超大跨径斜拉桥一般都要按有限位移理论进行验算。用有限位移理论计算的结果已自动计入了偏心受压构件的偏心增大系数，设计中不应重复计入。

斜拉桥要经历一个分阶段施工的过程。结构在施工过程中刚度远比成桥状态小，几何非线性突出。结构的荷载（自重、施工机具、预应力等）是在施工过程中逐级施加的，每一施工阶段都可能伴随结构构形变化；构件材料的徐变、收缩；边界约束增减；预应力张拉和体系转换。后期结构的受力状态和力学性能与前期结构有着密切联系。因此,施工阶段的结构分析一般采用有限位移理论。施工分析的最终结果就是斜拉桥成桥时的理论受力状态。

斜拉桥的设计自由度很大,可以通过斜拉索索力的调整来改变结构的受力分配,优化结构的受力。合理确定成桥索力是斜拉桥结构分析中一项十分重要的工作。

斜拉桥的静力计算可归结为如图 15-2 所示的流程。本章将以杆系结构模式为例,根据斜拉桥设计计算的要求,阐述斜拉桥的分析理论和方法。

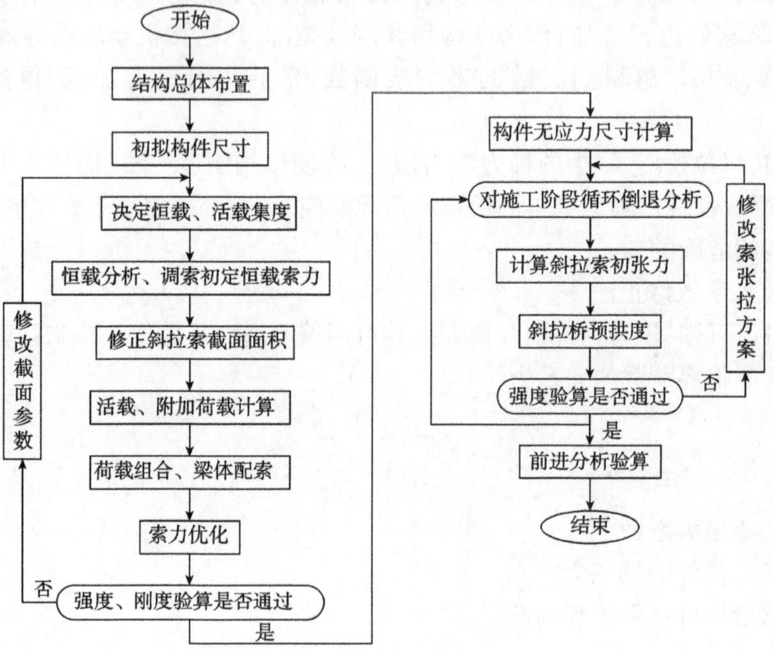


图 15-2 斜拉桥静力设计流程图

## 15.3 斜拉桥恒载受力状态的优化

普通斜拉桥成桥恒载内力分布好坏是衡量设计优劣的重要标准之一。恒载索力的优化过程也是设计过程。对于中跨、边跨不对称的斜拉桥结构,可以通过调整其恒载分布、改变边跨斜拉索锚固位置等方法来改善结构受力。由于受到设计施工中各种条件的限制,要求每座斜拉桥都满足零弯矩状态是不可能也是不现实的。但是,一旦斜拉桥结构体系被确定,总能找出一组斜拉索力,它能使结构体系在确定性荷载作用下,某种反映受力性能的目标达到最优。这组索力对应的成桥态就是对应目标下最优的成桥内力状态。求解这组最优索力,并在斜拉桥中加以实施,也就实现了斜拉桥的恒载受力优化。因此,在不改变结构参数的前提下,斜拉桥恒载状态的优化,也就转化为斜拉索力的优化问题。

但是,近年在工程中出现的部分斜拉桥,包括矮塔斜拉桥和索辅梁桥,因其主梁是主要受力构件,拉索的作用是辅助主梁受力,拉索布置范围和索力大小确定应该根据经济性和主梁受力需要来确定,不能直接采用本节方法。

### 15.3.1 索力优化的基本概念

计算斜拉桥最优索力的概念,可以用如图 15-3 所示的简单结构来说明。索梁组成的一次超静定体系,赘余力用拉索的张力 $N$ 表示,梁的弯矩为:

$$M = \frac{1}{2}q(lx - x^2) - \frac{N}{2}x \tag{15-3}$$

如果按变形协调条件计算赘余力,易得:

$$N = \frac{5ql^4/384EI}{l^3/48EI + h/EA} \tag{15-4}$$

为方便讨论,取$\frac{EI}{l^3}=1$,$\frac{EA}{h}=192$,式(15-4)变成 $N=\frac{ql}{2}$,相应梁的弯矩如图 15-4a)所示。这一状态对应于斜拉桥一次落架时的恒载内力状态。

为了优化梁的受力,可以根据需要拟定一个目标函数,现以梁上弯矩平方和为例来加以说明。目标函数为:

$$f = \int_0^l M^2(x)\,\mathrm{d}x \tag{15-5}$$

将式(15-3)代入式(15-5),使目标函数 $f$ 最小的赘余力为:

$$N = \frac{5ql}{8} \tag{15-6}$$

对应的弯矩如图 15-4b)所示。这一状况相当于优化后的斜拉桥恒载状态。

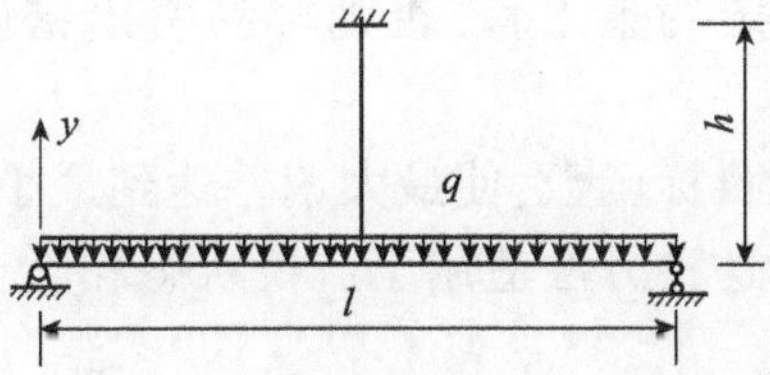

图 15-3 索梁组合一次超静定体系

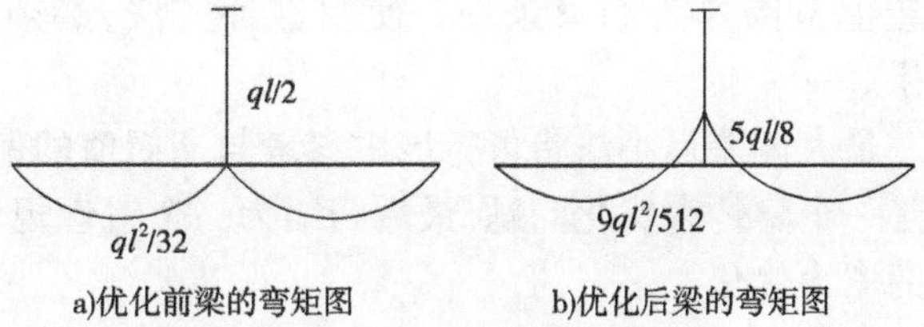

a)优化前梁的弯矩图　b)优化后梁的弯矩图

图 15-4 优化前后梁弯矩图

这时的内力状态是通过索的张拉来实现的,相应的索力不能使结构满足变形协调,正是这一张拉力,改善了梁的受力状况。

如果既要使结构内力达到优化状态,又要使梁在自重作用下为一直线,则在制造无应力梁时可设以合理的预拱度,正好抵消自重与吊杆力共同引起的变形。在斜拉桥设计施工中,也是用这种方法来实现结构内力优化与线形控制的。

### 15.3.2 斜拉桥索力优化方法评述

国内外有许多学者对斜拉桥的索力优化问题进行了研究,归结起来可分为三大类:指定受力状态的索力优化,无约束的索力优化和有约束的索力优化。下面分别介绍这些优化方法的原理,并作简要评述。

1)指定受力状态的索力优化法

这类方法的代表是刚性支承连续梁法和零位移法。刚性支承连续梁法将斜拉桥主梁在恒载作用下弯曲内力呈刚性支承连续梁状态作为优化目标。将梁、索交点处设以刚性支承进行分析，计算出各支点反力，利用斜拉索力的竖向分力与刚性支点反力相等的条件，就可容易地确定最优索力。这种方法的优点是力学意义明确，计算简单，且成桥索力接近"稳定张拉力"，可减小徐变对成桥内力的影响。但是，要通过施工来实现这种内力状态是困难的。因为跨中无索区的弯矩与一次张拉力无关（不计徐变时）。成桥后必须设法消除由中间合龙段及二期恒载引起的正弯矩效应，一般通过反复调索来实现。此外，刚性支承连续梁法只顾及了梁的受力状况，而忽略了塔的受力状况，结构布置稍有不当，就会在塔内引起较大的恒载弯矩。

零位移法以结构在恒载作用下梁的节点位移为零作为优化目标。对于支架上一次落架的斜拉桥，其结果与刚性支承连续梁法几乎一致（梁的 $EA \to \infty$ ）。因此，也会遇到与刚性支承连续梁法相似的问题。对于悬拼或悬浇的结构，零位移法是没有意义的。因为施工时梁的位移包括了刚体位移和梁体变形两部分，前者可以通过拼装方式进行调整，只有后者才与索力有直接联系。

2）无约束索力优化法

这类方法的典型例子是弯曲能量最小法和弯矩最小法。弯曲能量最小法是用结构的弯曲应变能作为目标函数，弯矩最小法是以弯矩平方和作为目标函数。有关文献中给出的这两种方法只适用于恒载索力优化，无法计入预应力索影响，且计算时要改变结构的计算模式。

3）有约束索力优化法

这类优化方法的典型例子主要有：用索量最小法和最大偏差最小法。

用索量最小法用斜拉桥索的用量（张拉力乘索长）作为目标函数，用关心截面内力、位移期望值范围作为约束条件。使用这种方法，必须合理确定约束方程，否则容易引出错误结果。

最大偏差最小法将可行域中参量与期望值的偏差作为目标函数，使最大偏差达到最小。这是一个隐约束优化问题，最后归结为一个线性规划问题，这种方法适用于成桥状态和施工中的索力优化。

斜拉桥受力性能的好坏要根据实际结构来评价，并不能用单一的目标函数来统一表示，因此，前述各种索力优化法都有其局限性。工程界期望在斜拉桥索力优化过程中，既能计入各种因素的影响，又能分别得到不同目标函数的优化结果，供设计者进行比选。为此，下面通过调值计算原理，介绍一种具备这种功能的索力优化方法。

## 15.3.3 索力优化的影响矩阵法

结构物的调值计算原理将在第五篇中给出。这里利用调值计算原理讨论成桥状态索力优化的影响矩阵法。

为了方便讨论，先以弯曲能量最小为目标函数推导索力优化的影响矩阵法，再通过讨论来认识这种方法对多种目标函数索力优化的统一性。

结构的弯曲应变能可写成：

$$U = \int_s \frac{M^2(s)}{2EI} \mathrm{d}s \tag{15-7}$$

对于离散的杆系结构可写成：

$$U = \sum_{i=1}^{m} \frac{L_i}{4E_iI_i}({}^{L}M_i^2 + {}^{R}M_i^2) \tag{15-8}$$

式中： $m$——结构单元总数；

$L_i$、$E_i$、$I_i$——分别表示 $i$ 号单元的杆件长度、材料弹性模量和截面惯矩；

${}^{L}M_i$、${}^{R}M_i$——分别表示单元左、右端弯矩。

将式(15-8)改写成：

$$U = {}^{L}\boldsymbol{M}^{T}\boldsymbol{B}{}^{L}\boldsymbol{M} + {}^{R}\boldsymbol{M}^{T}\boldsymbol{B}{}^{R}\boldsymbol{M} \tag{15-9}$$

式中：${}^{L}\boldsymbol{M}$、${}^{R}\boldsymbol{M}$——分别是左、右端弯矩向量；

$\boldsymbol{B}$——系数矩阵。

$$\boldsymbol{B} = \begin{bmatrix} b_{11} & 0 & \cdots & 0 \\ & b_{22} & \cdots & 0 \\ \text{对称} & & \ddots & \vdots \\ & & & b_{mm} \end{bmatrix}, \ b_{ii} = \frac{L_i}{4E_iI_i} \quad (i=1,2,\cdots,m) \tag{15-10}$$

令调索前左、右端弯矩向量分别为${}^{L}\boldsymbol{M}_0$、${}^{R}\boldsymbol{M}_0$，改变索力的施调向量为 $\boldsymbol{T}$，则调索后弯矩向量为：

$$\left.\begin{aligned} {}^{L}\boldsymbol{M} &= {}^{L}\boldsymbol{M}_0 + \boldsymbol{C}_L\boldsymbol{T} \\ {}^{R}\boldsymbol{M} &= {}^{R}\boldsymbol{M}_0 + \boldsymbol{C}_R\boldsymbol{T} \end{aligned}\right\} \tag{15-11}$$

式中：$\boldsymbol{C}_L$、$\boldsymbol{C}_R$——分别为索力对左、右端弯矩的影响矩阵。

将式(15-11)代入式(15-9)得：

$$\begin{aligned} U = C_0 &+ {}^{L}\boldsymbol{M}_0^{T}\boldsymbol{B}\boldsymbol{C}_L\boldsymbol{T} + \boldsymbol{T}^{T}\boldsymbol{C}_L^{T}\boldsymbol{B}{}^{L}\boldsymbol{M}_0 + \boldsymbol{T}^{T}\boldsymbol{C}_L^{T}\boldsymbol{B}\boldsymbol{C}_L\boldsymbol{T} + \\ &{}^{R}\boldsymbol{M}_0^{T}\boldsymbol{B}\boldsymbol{C}_R\boldsymbol{T} + \boldsymbol{T}^{T}\boldsymbol{C}_R^{T}\boldsymbol{B}{}^{R}\boldsymbol{M}_0 + \boldsymbol{T}^{T}\boldsymbol{C}_R^{T}\boldsymbol{B}\boldsymbol{C}_R\boldsymbol{T} \end{aligned} \tag{15-12}$$

式中：$C_0$——与 $\boldsymbol{T}$ 无关的常数。

要使索力调整后结构应变能最小，则：

$$\frac{\partial U}{\partial T_i} = 0 \quad (i=1,2,\cdots,l) \tag{15-13}$$

将式(15-12)代入式(15-13)并写成矩阵形式：

$$\boldsymbol{C}_L^{T}\boldsymbol{B}\boldsymbol{C}_L + \boldsymbol{C}_R^{T}\boldsymbol{B}\boldsymbol{C}_R\boldsymbol{T} = -\boldsymbol{C}_R^{T}\boldsymbol{B}{}^{R}\boldsymbol{M}_0 - \boldsymbol{C}_L^{T}\boldsymbol{B}{}^{L}\boldsymbol{M}_0 \tag{15-14}$$

至此，索力优化问题就转化为式(15-14)的 $l$ 阶线性代数方程求解问题。

式(15-14)给出了使整个结构弯曲能量最小时最优索力与弯矩影响矩阵的关系。通过讨论，容易得到如下结论。

(1)如果取弯曲应变能与拉压应变能之和为目标函数，则只要在式(15-14)左、右端增加构件拉压力与索力影响矩阵的关系项，就可得出相应的最优索力方程。

(2)如果索力优化时只将结构中一部分关心截面上的内力应变能作为目标函数，则式(15-14)左、右端的影响矩阵用索力相应于这些关心截面内力的影响矩阵取代就可得出相应的最优索力方程。用相似的方法还可定义许多有实际工程意义的目标函数，并通过变换得到与式(15-14)相似的索力优化方程。

(3)式(15-14)中的 $\boldsymbol{B}$ 矩阵可以看成单元柔度对单元弯矩的加权矩阵，对于变截面的斜拉桥，优化结果意味着刚度大的截面可适当多分担些弯矩。如果 $\boldsymbol{B}$ 矩阵可由用户任意调整，则可根据构件的重要性和自身特点，人为给出各构件在优化时的加权量。当 $\boldsymbol{B}$ 为单位矩阵时，优化目标函数就变成了弯矩平方和。显然，弯矩平方和作为目标函数，没有考虑到构件柔度对弯曲能量吸收的权，一般来说，优化结果不如用弯曲能量作为目标函数的结果合理。

(4)用恒载、活载共同作用下的弯曲能量作为目标函数进行索力优化，只需将内力组合后的结果替代式(15-14)中的 ${}^{\mathrm{L}}\boldsymbol{M}_0$ 和 ${}^{\mathrm{R}}\boldsymbol{M}_0$ 便可。

(5)在形成影响矩阵时，如果结构中已张拉了预应力索，则计算影响矩阵时，就自然包含了预应力的影响项，因此，用影响矩阵法进行索力优化，能自动计入预应力索对优化结果的影响。

(6)在优化整体内力的同时，如果还需指定某些关心截面上的内力为定值，索力优化问题变成了求条件极值问题。

令 $k$ 个断面($k < l$) 的内力指定值向量为 $\boldsymbol{P}$，调索前为 $\boldsymbol{P}_0$，施调索力向量为 $\boldsymbol{T}$，则：

$$\boldsymbol{P} = \boldsymbol{P}_0 + \boldsymbol{C}_k\boldsymbol{T} \tag{15-15}$$

式中：$\boldsymbol{C}_k$ —— 索力对应于内力指定值向量 $\boldsymbol{P}$ 的影响矩阵。

令

$$\boldsymbol{\psi} = \boldsymbol{P} - \boldsymbol{P}_0 - \boldsymbol{C}_k\boldsymbol{T} \tag{15-16}$$

用拉格朗日乘数法，易将式(15-13) 改写成：

$$\left.\begin{aligned} &\frac{\partial \mathrm{U}}{\partial \mathrm{T}_i} + \sum_{j=1}^{k} 2\lambda_j \frac{\partial \psi_j}{\partial T_i} = 0 \\ &\boldsymbol{\psi} = \boldsymbol{0} \end{aligned}\right\} \tag{15-17}$$

将式(15-15)、式(15-16)代入式(15-17)，令 $\boldsymbol{\lambda} = [\lambda_1 \quad \lambda_2 \quad \cdots \quad \lambda_k]^{\mathrm{T}}$ 易得：

$$\left.\begin{aligned} &\boldsymbol{C}_{\mathrm{L}}^{\mathrm{T}}\boldsymbol{B}\boldsymbol{C}_{\mathrm{L}} + \boldsymbol{C}_{\mathrm{R}}^{\mathrm{T}}\boldsymbol{B}\boldsymbol{C}_{\mathrm{R}}\boldsymbol{T} - \boldsymbol{C}_k^{\mathrm{T}}\boldsymbol{\lambda} = -\boldsymbol{C}_{\mathrm{R}}^{\mathrm{T}}\boldsymbol{B}^{\mathrm{R}}\boldsymbol{M}_0 - \boldsymbol{C}_{\mathrm{L}}^{\mathrm{T}}\boldsymbol{B}^{\mathrm{L}}\boldsymbol{M}_0 \\ &\boldsymbol{P} = \boldsymbol{P}_0 + \boldsymbol{C}_k\boldsymbol{T} \end{aligned}\right\} \tag{15-18}$$

求解 $l+k$ 阶方程，便可得到相应的最优索力向量 $\boldsymbol{T}$。

(7)对于限制一些控制变量在某一范围内的不等式约束问题，可先将这些控制变量用施调索力向量与影响矩阵表示，再引入松弛变量，参照(6)的方法，也能得到最优化索力方程。

对无约束优化问题讨论的五点结论对约束优化问题同样成立。

**【例题】** 下面用一个算例来说明斜拉桥成桥状态的各种确定方法，结构体系为塔墩固结、主梁漂浮，计算模型如图 15-5 所示。

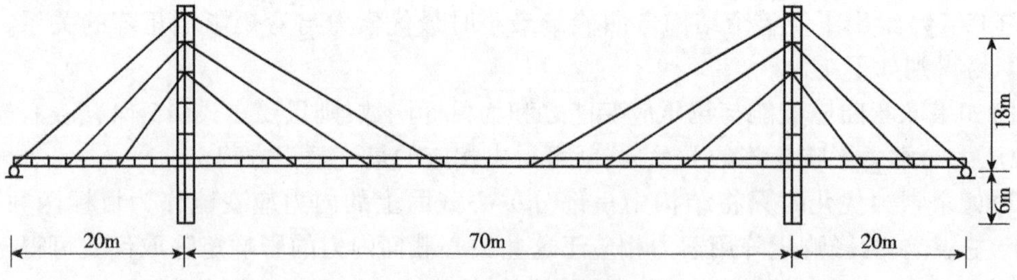


图 15-5 斜拉桥计算模型

**解**：全桥共 6 对索，单元编号从 44 号开始自左向右递增。各构件的材料、几何特性见

表 15-1。梁受竖向均布荷载 $q=50\text{kN/m}$ 作用。按如下目标调索：

(1)使塔根弯矩为零,并在索、梁交点处达到零位移。

(2)用弯矩平方和作为目标函数进行索力优化。

(3)用弯曲能量作为目标函数进行索力优化。

(4)对塔的弯曲能量权数增大 5 倍进行优化。

**结构材料、几何特性表**　　表 15-1

| 部位 | 弹性模量(MPa) | 惯矩($m^4$) | 面积($m^2$) |
|---|---|---|---|
| 梁 | $2.3\times10^4$ | 4 | 10 |
| 塔 | $2.2\times10^4$ | 20 | 14 |
| 索 | $2.0\times10^5$ | 0 | 0.005 |

四种情况的索力优化结果列于表 15-2,相应的弯矩图如图 15-6a)~d)所示。

**索力优化结果表**(单位:kN)　　表 15-2

| 索单元 | 情况 1 | 情况 2 | 情况 3 | 情况 4 |
|---|---|---|---|---|
| 44 | $0.5312\times10^3$ | $0.5425\times10^3$ | $0.5497\times10^3$ | $0.5534\times10^3$ |
| 45 | $0.3732\times10^3$ | $0.5381\times10^3$ | $0.4494\times10^3$ | $0.6141\times10^3$ |
| 46 | $0.5774\times10^3$ | $0.5378\times10^3$ | $0.5550\times10^3$ | $0.5110\times10^3$ |
| 47 | $0.1013\times10^4$ | $0.9428\times10^3$ | $0.9875\times10^3$ | $0.9251\times10^3$ |
| 48 | $0.7580\times10^3$ | $0.4815\times10^3$ | $0.6507\times10^3$ | $0.4769\times10^3$ |
| 49 | $0.1073\times10^4$ | $0.1377\times10^4$ | $0.1188\times10^4$ | $0.1389\times10^4$ |
| 50 | $0.1073\times10^4$ | $0.1377\times10^4$ | $0.1188\times10^4$ | $0.1389\times10^4$ |
| 51 | $0.7578\times10^3$ | $0.4815\times10^3$ | $0.6507\times10^3$ | $0.4769\times10^3$ |
| 52 | $0.1013\times10^4$ | $0.9428\times10^3$ | $0.9875\times10^3$ | $0.9251\times10^3$ |
| 53 | $0.5773\times10^3$ | $0.5378\times10^3$ | $0.5550\times10^3$ | $0.5110\times10^3$ |
| 54 | $0.3720\times10^3$ | $0.5381\times10^3$ | $0.4494\times10^3$ | $0.6141\times10^3$ |
| 55 | $0.5341\times10^3$ | $0.5425\times10^3$ | $0.5497\times10^3$ | $0.5534\times10^3$ |

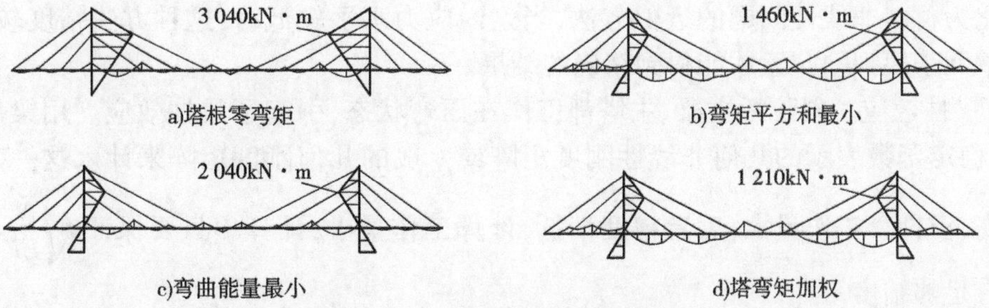


图 15-6　斜拉桥优化索力相应弯矩图

计算结果表明：

(1)指定受力状态的调索只能极端地强制个别截面上受力较好，而无法顾及整体结构的受力。要求塔根弯矩调零，出发点是希望塔内弯曲内力小些，而事实上得到的结果却相反：塔的最大弯矩上移，更不利于设计，最大弯矩达3 040kN·m，是四种情况中最差的。

(2)以弯矩向量模的平方为目标函数，与弯曲能量为目标函数优化的结果相比较，后者可以反映刚度对弯矩的权效应。本例塔的刚度较梁大，塔应比梁分担的弯矩为大，计算结果也说明了这一点。但本例并不说明后者结果优于前者，因为塔、梁是不同的受力构件。只有对同种受力状态的变截面构件，才能体现出后者的优越性。

(3)根据构件受力特点调整权量，可以充分发挥各种受力构件的特性。同样以弯曲能量为目标函数，本例情况4通过增大塔的权量，使最大弯矩从2 040kN·m降低为1 210kN·m。

(4)一个反映结构内力状况的目标函数的极值是由结构自身特性和荷载分布情况决定的。结构中一部分构件受力的优化，必然给另一部分构件带来受力的恶化。

## 15.4 斜拉桥有限位移理论分析

大跨径斜拉桥是高次超静定的柔性结构，在施工和正常使用阶段，结构工作在几何非线性状态。要精确分析结构在各种荷载下的静力响应，就必须按有限位移理论用程序计算。

引起斜拉桥几何非线性的因素主要有三个方面：

(1)索的垂度影响。在分析斜拉桥结构时，常将斜拉索模拟成桁架单元，由此带来了计算模型与实际结构之间的误差。通常可用Ernst公式修正索弹性模量。

$$E_{eq}=\frac{E}{1+\dfrac{\gamma^2 l_c{}^2}{12\sigma^3}E} \tag{15-19}$$

式中：$E_{eq}$——拉索等效弹性模量；

$\gamma$——拉索重度；

$E$——索材料的弹性模量；

$\sigma$——索中的拉应力；

$l_c$——拉索的水平投影。

由于$E_{eq}$是索端力的函数，导致了索端力与索端位移呈非线性。这是一种将几何非线性问题转化为材料非线性问题的近似方法，当索内应力水平较低时，这种方法精度较低，直接用柔索单元来模拟斜拉索才能得到精确的结果。

(2)梁柱效应。斜拉桥主梁、主塔都工作在压弯状态，引起了梁柱效应。用梁单元分析时，可用稳定函数表示的几何非线性刚度矩阵或一般的几何刚度矩阵来计入这一效应。前者精度高，但计算工作量大；后者精度稍低，计算工作量小，计算中只要保证$l\sqrt{\dfrac{N}{EI}}\leqslant 3$，工程问题就有足够精度。

(3)大位移效应。由于斜拉桥具有柔性结构特征，外荷载作用下结构变形较大，平衡方程必须建立在变形后的位置上。可以用大位移刚度矩阵或基于U. L列式的有限位移理论

(拖动坐标法)计入这一效应。

斜拉桥按有限位移理论计算时,恒载与附加荷载的非线性计算,以计算荷载作用前的状态为初态;活载的非线性计算以成桥态为初态,用影响区加载法计算。这两项计算的理论与方法已在本篇第12章中作了介绍,可以用程序来完成。本节将介绍基于U. L列式下的施工仿真分析理论和方法以及斜拉桥的空间效应分析。

## 15.4.1 施工仿真分析

施工仿真分析主要采用前进分析法和倒退分析法。前进分析法是一种计算斜拉桥施工过程中内力、构形,以保证施工的合理与安全为目的的仿真施工过程的分析方法;倒退分析法是一种将成桥状态作为目标,以计算斜拉桥拉索初张力和拼装节段高程等理想施工参数为目的的逆施工过程的分析方法。两种方法的非线性计算是斜拉桥有限位移理论计算的关键。

1)前进分析法

前进分析法是拓广的结构非线性有限元分析方法。用程序来完成前进分析,计算机首先应获取一组描述计算对象施工过程的数据信息。一般地,描述一座桥的施工过程需要如下信息:

(1)总体结构的信息;

(2)施工方式信息;

(3)各个施工阶段的荷载信息。

总体结构是指桥梁从施工到成桥的过程中,出现的“最大”结构。总体结构信息包括结构离散状态的节点、单元信息,几何材料信息,预应力索信息,构件的徐变、收缩信息,组合单元信息及刚臂信息等。

施工方式信息是指各个施工阶段中,在已建结构上新增加或拆除构件的数量及单元信息;新增加或拆除的支座信息;新张拉或放张的预应力索数和索号信息;临时铰的封结或临时固结的释放信息;徐变单元信息;构件截面几何特性、材料特性和受力特性的改变信息。

施工荷载信息是指一个施工阶段里,在已建结构上新增减的节点荷载、广义单元荷载、温变荷载、支座变位、预应力张拉力荷载及调值信息。

程序通过总体结构信息来识别整个结构体系,在其他信息输入前,结构只是一个无刚度、无荷载、无变形的虚拟结构。

真实结构由施工信息逐阶段生成。在同一施工阶段里,新安装的构件用激活相应的单元号来模拟,增减的支座用激活相应节点约束信息与放松节点约束信息来模拟,在拆除支座时,同时释放该支座的支反力,并将支反力转移给现有结构承受。新张预应力索通过激活结构中的相应虚拟索单元,并将张拉力扣除各微段上相应的各种预应力损失后等效作用于结构体系来模拟,在随后的施工过程中,预应力索将分体外索和体内索,以不同形式共同参与结构受力,以便自动计入其弹性损失和由于混凝土徐变、收缩引起的损失。临时索的拆除,通过将现阶段索退出工作,并将预应力索所受的力释放给已建结构来模拟。临时铰的封结和临时固结拆除通过改变单元连接信息来模拟。在临时固结拆除时,原截面内力将分配给剩余结构。构件材料、几何特性的改变通过改变单元材料特性码的方式来模拟。

为了模拟施工过程中斜拉索索力调整等施工步骤,程序中应设置调值计算功能。

了。其实这显然是不可能的，因为，成桥状态在合龙截面处一般都有一定的弯矩，而自由合龙时该截面弯矩为零。这说明了一次张拉法施工与倒退分析状态往往是不闭合的。要改变这种不闭合现象，必须调整施工方法，比如在施工中对合龙截面加预弯矩或对索力重复张拉。在对索力重复张拉时，最好使调整索数最少。对于上面的例子而言，可在第一和第二阶段中增加一个施工计算阶段，先改变其中一对索的索力，比如 $T_4^2$ 和 $T_5^2$，使得合龙断面 $A$、$B$ 两点弯矩为零，此时索力记为 $T_i^{2'}(i=1,\cdots,8)$，再拆除合龙段，得到索力 $T_i^3(i=1,\cdots,8)$。施工时，只要使斜拉桥合龙前索力达到 $T_i^3$，合龙后张拉 $T_4$、$T_5$ 达到 $T_4^2$、$T_5^2$，再加二期恒载，就能实现成桥状态。

在实际工程中，虽然存在计算状态不闭合现象，但如果索力和支反力值的不一致导致结构受力状态偏离优化受力状态较小，采用这一施工方案又能简化施工，则可用后者代替成桥内力状态，否则必须在结构合龙后实施索力调整，这一步工作必须作为一个施工步骤反映在确定初始张拉力与施工预拱度的分析过程中。

(2)结构预应力、徐变、收缩引起结构倒拆分析内力与实际施工内力的不闭合。

(3)斜拉索垂度效应和结构大位移效应等几何非线性引起的倒拆分析内力与实际施工内力的不闭合。

因此，单用倒退分析法确定的斜拉桥初始张拉力与施工预拱度往往是失真的，无法直接用于设计、施工。采用前进、倒退分析交互迭代法可以消除这些不闭合因素影响。

前进、倒退分析交互迭代法的主要内容有：

(1)合理处理索垂度引起的非线性效应。采用表观模量计算斜拉索的弹性模量时，首轮迭代用 $i-1$ 阶段的索力对索弹性模量进行 Ernst 公式修正，作为第 $i$ 阶段的模量，并在第 $i$ 阶段进行迭代，此后的计算则以上一轮相应阶段索力，作为本阶段索等代模量计算的依据。

(2)合理处理徐变迭代计算。混凝土徐变与结构形成过程中构件的应力历史有关。除了老化理论，倒退分析在理论上无法计算徐变。但在前进、倒退交互迭代计算中，第一轮分析可不计徐变收缩，然后以第一轮前进分析记录的应力历史作为第二轮倒退分析时徐变收缩计算的依据，逐阶段计入它们的影响，如此反复直至收敛。

前进、倒退交互迭代法以索力为主线，把施工过程与成桥状态串联起来，力学意义明确，在工程界应用较广。

### 15.4.2 斜拉桥的空间分析

在横向风荷载、汽车偏载以及其他空间荷载作用下，斜拉桥应按空间模式进行有限位移理论分析，一般将斜拉桥简化成空间杆系结构模式。主梁的杆系模式要根据具体的截面形式来定。

对自由扭转刚度较大的闭口箱梁断面，常选用“鱼骨”模式，如图 15-9 所示。主梁用位于其扭转中心的空间梁单元模拟，主梁的抗弯、抗扭刚度完全集中在这组梁单元中，主梁与斜拉索的联系通过主梁横向伸出的准刚性梁单元与斜拉索单元的连接来模拟。

具有两个分离箱梁的主梁断面，可以选用双梁式模型，一般将主梁截面的质量和刚度平均分配在两纵梁上，用刚性横梁或实际的横梁连接。在力学模型简化时，应注意分离箱梁竖向抗弯刚度提供的约束扭转刚度与实际结构的等效性。这种模型的缺点是难以模拟侧向抗弯刚度，计算侧向静风响应有较大误差。要计算侧向静风荷载响应时，最好采用三主梁模式。三主梁模式由桥轴线处的模拟中梁和位于索面处的两片边梁组成,三片梁通过刚性横梁或者节点之间的主从关系连接起来,并通过如下刚度分配原则来等效主梁刚度:

(1)主梁的面积和侧向抗弯刚度全部集中于中梁。

(2)主梁的竖向抗弯刚度兼顾竖向刚度与约束扭转刚度的等效性。

(3)自由扭转刚度和部分约束扭转刚度可集中于中梁。

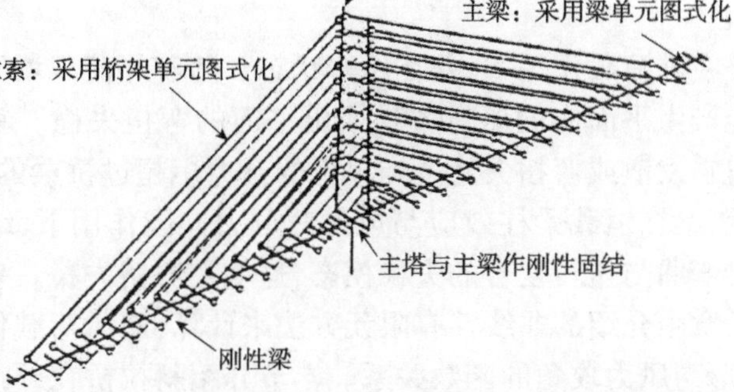


图 15-9　斜拉桥的"鱼骨"模式

斜拉索一般用杆单元模拟,通过采用等效模量法来考虑斜拉索的垂度效应。但随着斜拉桥跨度的增大,特别是当斜拉桥跨径突破 1 000m 大关后,斜拉索的非线性力学特性变得更加复杂,可以采用多个杆单元来模拟索曲线,通过多个杆单元节点来定义索中间点的运动,从而模拟索的非线性行为。理论上,当单元数量足够多时,用多段杆单元所模拟的斜拉索的力学性态就趋于其真实的力学性态。同时,这种方法规避了悬链线索单元刚度矩阵推导的繁琐过程,可以应用现有的非线性分析程序,而且对精度的要求可以通过增大拉索分段数目得到满足,因此在应用通用有限元分析程序的结构分析中得到了广泛的应用。

当然,也可以用板、梁、壳及其组合单元来仿真实际结构,但这种方法工作量大,处理混凝土徐变、预应力等方面比较麻烦。

对于外部约束的模拟,一般在主梁梁端及辅助墩处节点约束竖向位移、扭转位移,主塔塔底节点采用固端约束。需考虑桥梁下部结构的共同作用时,支座可采用非线性弹簧单元模拟。对于内部约束的模拟,在主梁和主塔交界处,根据结构体系不同采用不同的处理方式:全飘浮体系中在塔、梁节点间采用侧向和扭转同位移约束;半飘浮体系(支承体系)采用侧向、竖向和扭转同位移约束;固接体系对 6 个自由度全部同位移约束。

无论采用怎样的计算模式,与实际结构间都有一定差异,由此会带来模型误差。计算中应抓住主要矛盾,忽略次要因素的影响,减小模型误差。

空间非线性分析时,以成桥恒载状态作为参考状态,用 U. L 列式的有限位移理论就可以分析各种空间荷载的静力响应。

必须指出,大跨径斜拉桥的计算通常可以划分为三个层次。上面我们介绍的主要是第一层次上的计算,即结构整体分析。第二层次的计算是对主要构件的分析,如对梁和塔柱的三维应力分析,第三层次的计算是指对局部细节或构造的应力分析,如斜拉桥的索梁锚固构造等。后两个层次都可归结为构件的局部应力分析。

在拉索锚固区,截面变化较大或采用不同材料的构件相连接的区域,都会出现复杂的应力分布情况。局部应力分析一般采用子结构法,首先对整体结果进行分析,再将关心区域作为分析对象,用板、壳或实体等单元进行模拟,然后将最不利工况下结构在取出构件断面处的内力、变形作为分析对象力和位移的边界条件,最后分析出相应的局部应力。在这一过程中,必须注意消除引入近似边界条件对关心部位应力分布的影响。

## 15.5 斜拉桥的稳定分析

斜拉桥的梁、塔在外荷载作用下,处在压弯状态。随着外荷载增大,梁、塔压力增大到一定值时,斜拉桥可能产生平面内的压弯失稳或出平面的弯扭失稳。斜拉桥在静风三分力作用下,也可能出现扭转发散或弯扭失稳。当风力的升力矩超过桥梁的抗扭能力时,将导致加劲梁扭转发散。主塔梁在恒载梁柱效应与风的三分力共同作用下,结构的有效切线刚度降为零时,将导致主梁弯曲与扭转复合的失稳模态,这就是弯扭失稳。外荷载作用下的失稳精确分析可以用第 12 章中介绍的非线性有限元方法来计算,而风荷载作用下的横向稳定问题还必须考虑结构变形与风力攻角的函数关系。本节介绍斜拉桥在外荷载作用下的实用稳定计算方法和静风作用下的横向稳定分析。

### 15.5.1 加劲梁的面内稳定实用计算

首先考察如图 15-10 所示的两端铰接弹性支承梁,在轴压力超过临界值时,将屈曲成若干个半波,取其中一个半波作为研究对象,坐标原点取在半波的中央,近似假定其屈曲模态为余弦曲线。

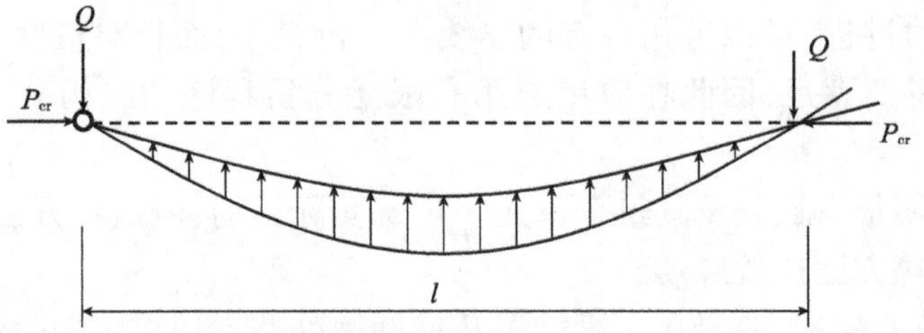


图 15-10 两端铰接的弹性支承梁一个半波

$$y = y_0 \cos \frac{\pi x}{l} \tag{15-20}$$

弹性支承的等效弹性介质系数可表示为:

$$\beta = \frac{k}{a} \tag{15-21}$$

弹性支承反力 $R$ 与挠度成正比:

$$dR = \beta y dx \tag{15-22}$$

波节点的剪力:

$$Q = \int_0^{\frac{l}{2}} \mathrm{d}R = \frac{\beta y_0 L}{\pi} \tag{15-23}$$

中点弯矩可写成：

$$\begin{aligned} M_0 &= p y_0 - \frac{Ql}{2} + \int_0^{\frac{l}{2}} x \mathrm{d}R \\ &= P y_0 - \frac{\beta y_0 l^2}{2\pi} + \beta y_0 l^2 \left( \frac{1}{2\pi} - \frac{1}{\pi^2} \right) \end{aligned} \tag{15-24}$$

利用边界条件

$$EIy'' \Big|_{x=0} = -M_0 = -EIy_0 \frac{\pi^2}{l^2} \tag{15-25}$$

得：

$$P = \frac{\pi^2 EI}{l^2} + \frac{\beta l^2}{\pi^2} \tag{15-26}$$

由 $\mathrm{d}P/\mathrm{d}l = 0$ 易得，$P$ 值最小时，

$$l = \pi \sqrt[4]{EI/\beta} \tag{15-27}$$

将式(15-27)代入式(15-26)得：

$$P_{\mathrm{cr}} = 2\sqrt{EI\beta} \tag{15-28}$$

斜拉桥的加劲梁可近似看成是弹性支承上的连续梁，因此，它的临界轴力 $N_{\mathrm{cr}}$ 就可仿照弹性支承梁的方式来导得。考虑到实际斜拉桥计算模型与上面研究的弹性支承连续梁有三个主要不同点：

(1)弹性支承梁的弯曲刚度为常量 $EI$，斜拉桥的弯曲刚度可能是水平坐标 $x$ 的函数$E(x)I(x)$。

(2)弹性支承梁的轴力为常量 $P$，斜拉桥的梁内轴力是 $x$ 的函数 $N(x)$。

(3)弹性支承梁的弹性介质系数 $\beta$ 为常量，斜拉桥的等效介质系数为 $x$ 的变量 $\beta(x)$。

斜拉索的等效弹簧刚度 $k$ 可参照图 15-11 的几何关系导得：

$$k = \frac{1}{\delta_1 + \delta_2} = \lambda \frac{E_{\mathrm{c}} A_{\mathrm{c}} \sin^2\alpha}{l_{\mathrm{c}}} \tag{15-29}$$

$$\lambda = \frac{1}{1 + \dfrac{\cos^2\alpha \gamma h}{3 l_{\mathrm{c}}}}$$

式中：$\alpha$——索与梁的夹角；

$\delta_1$、$\delta_2$ ——分别为单位力在 $A$ 点引起索伸长和塔弯曲所产生的竖向位移分量；

$l_c$——斜拉索长度；

$A_{\mathrm{c}}$、$E_{\mathrm{c}}$——斜拉索轴向拉伸刚度；

$\gamma$——索、塔刚度比，$\gamma = \dfrac{E_{\mathrm{c}} A_{\mathrm{c}} h^2}{E_{\mathrm{t}} I_{\mathrm{t}}}$；

$E_{\mathrm{t}} I_{\mathrm{t}}$——塔弯曲刚度。

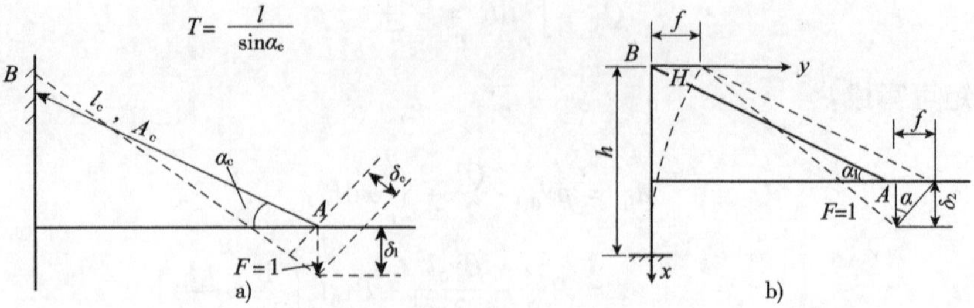

图 15-11 斜拉索变形的几何关系

根据式(15-29),由 $k$ 就可导出等效 $\beta(x)$ ,仿照式(15-28)的形式,可将斜拉桥主梁面内稳定临界轴力写成:

$$N_{cr}(x) = 2\sqrt{E(x)I(x)\beta(x)} \tag{15-30}$$

它是 $x$ 的函数,将某一 $x$ 代入式(15-36)得到的临界轴力称为名义临界轴力。名义临界轴力与该处梁的实际轴力之比称为该点的名义屈曲安全度,可取其最小值作为加劲梁的屈曲安全系数。

## 15.5.2 主塔的稳定估算

主塔在施工阶段和运营阶段都有可能出现失稳现象,因此,有必要验算塔在这两个阶段的稳定性。

在施工阶段,主要考虑塔柱上附有施工设备等荷载,斜拉桥尚未合龙时的情形。此时主塔可简化为一端固结的变截面受压柱,常常将塔换算成等截面受压柱来计算。设面内、面外较小的等效抗弯刚度为 $EI$,塔高为 $h$,于是,塔的临界荷载可近似地写成:

$$(qh)_{cr} = \frac{7.837EI}{h^2} \tag{15-31}$$

在运营阶段,斜拉桥塔与梁相比,塔纵向失稳的可能性较小,因此研究仅限于横向失稳。为了简化计算,且偏安全考虑,忽略塔柱间横向联系作用,假定每个索面与塔柱在同一平面内。由于塔柱与桥面系有强大的横向联系,可认为塔柱在横向失稳过程中由斜拉索传递的荷载,其方向是在不断改变的,说明斜拉索具有“非保向力效应”。其结果是提高斜拉桥塔的侧向稳定性,根据索的布置,可按能量法导出塔的横向稳定性计算公式。

## 15.5.3 斜拉桥稳定分析的有限元方法

前面分别讨论了斜拉桥梁、塔稳定分析的实用方法。在实际工程中,斜拉桥的失稳原因是十分复杂的。梁、塔在面内外的失稳可能是耦合的。要精确计算斜拉桥的稳定性,一般应采用有限元方法。

讨论结构的稳定性,必须将它与结构现有的应力水平以及拟施加的荷载联系起来。下面以斜拉桥成桥后施加桥面均布荷载的稳定问题为例来说明其屈曲稳定分析的有限元方法。首先将斜拉桥结构简化成杆系模式,确定布载前斜拉桥的成桥内力状态,这个状态应根据实际设计恒载状态通过施工仿真分析得到,此时结构的切线刚度矩阵可表达为:

$$\boldsymbol{K}=\boldsymbol{K}_0+\boldsymbol{K}_{\mathrm{G}} \tag{15-32}$$

式中：$\boldsymbol{K}_0$——结构的弹性刚度矩阵；

$\boldsymbol{K}_{\mathrm{G}}$——结构成桥内力的几何刚度矩阵。

在此基础上,再计算出单位桥面均布荷载引起的内力增量,相应于内力增量的几何刚度阵为 $\boldsymbol{K}_{\mathrm{q}}$,则斜拉桥桥面施加均布荷载的稳定问题,可由下式计算：

$$|\boldsymbol{K}_0+\boldsymbol{K}_{\mathrm{G}}+\lambda\,\boldsymbol{K}_{\mathrm{q}}|=0 \tag{15-33}$$

式中：$\lambda$——施加桥面均布荷载的稳定安全系数。

同样,计算施工阶段稳定问题,只要将施工阶段结构作为计算模式进行分析。对诸如活载、温变荷载、其他附加荷载及其组合荷载的稳定问题也可按相似的方法来求解,在此不再赘述。

### 15.5.4 静风作用下的横向稳定分析

在稳定气流中的主梁横截面如图 15-12 所示。假定平均风速以攻角 $\alpha_0$ 作用于主梁产生扭转角为 $\theta$。那么风的有效攻角 $\alpha_{\mathrm{j}}=\alpha_0+\theta$。作用于变形后主梁单位跨径长上的风力分量可按风速记作：

$$\left.\begin{aligned}D(\alpha)&=\frac{1}{2}\rho v^2A_{\mathrm{n}}C_{\mathrm{D}}(\alpha)\\L(\alpha)&=\frac{1}{2}\rho v^2BC_{\mathrm{L}}(\alpha)\\M(\alpha)&=\frac{1}{2}\rho v^2B^2C_{\mathrm{M}}(\alpha)\end{aligned}\right\} \tag{15-34}$$

式中：$D$、$L$、$M$——分别为单位跨长的平均阻力、升力和升力矩,它们都是攻角 $\alpha$ 的函数,如图 15-12 所示；

$\rho$——空气密度；

$B$——主梁宽；

$A_{\mathrm{n}}$——迎风投影面积；

$C_{\mathrm{D}}$、$C_{\mathrm{L}}$、$C_{\mathrm{M}}$——分别为风力方向上阻力、升力、升力矩的静力气动系数,是攻角的函数,如图 15-13 所示。

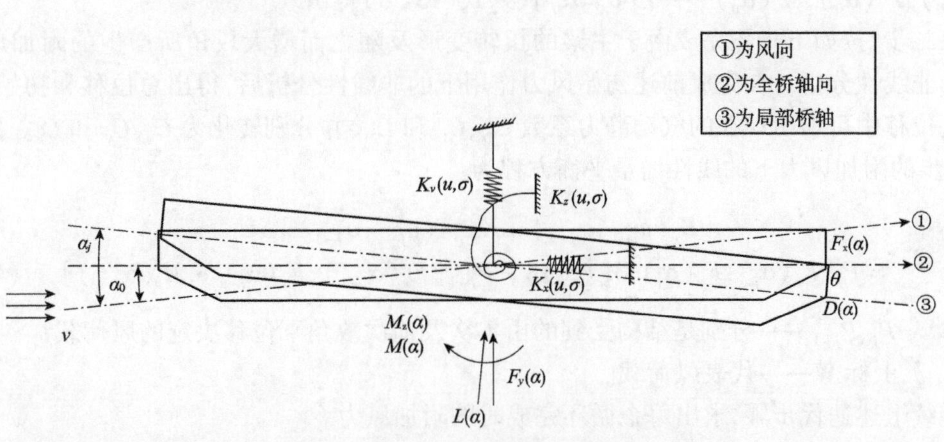


图 15-12　稳定气流中的主梁横截面

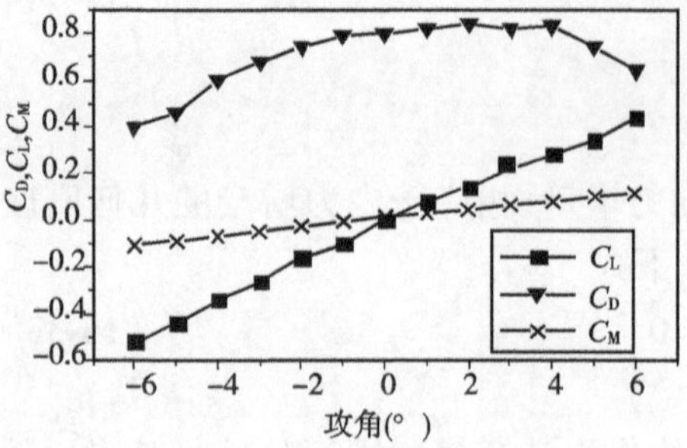


图 15-13　静力三分系数曲线

将风力可转换为全桥坐标轴上的风力，如图 15-12所示。

$$\left.\begin{aligned} F_x(\alpha) &= \frac{1}{2}\rho v_r^2 A_n C_x(\alpha) \\ F_y(\alpha) &= \frac{1}{2}\rho v_r^2 B C_y(\alpha) \\ M_z(\alpha) &= \frac{1}{2}\rho v_r^2 B^2 C_z(\alpha) \end{aligned}\right\} \tag{15-35}$$

其中，

$$\left.\begin{aligned} C_x(\alpha) &= \left[C_D(\alpha) - C_L(\alpha)\frac{B}{A_n}\tan\alpha_0\right]\sec\alpha_0 \\ C_y(\alpha) &= \left[C_L(\alpha) + C_D(\alpha)\frac{A_n}{B}\tan\alpha_0\right]\sec\alpha_0 \\ C_z(\alpha) &= C_M(\alpha)\sec^2\alpha_0 \\ v_r &= v\cos\alpha_0 \end{aligned}\right\} \tag{15-36}$$

式(15-36)和式(15-37)中的 $v_r$ 是全桥坐标系中的相对风速，$C_x(\alpha)$、$C_y(\alpha)$、$C_z(\alpha)$ 是全桥坐标系中的静力气动系数。

至此可建立起风荷载下的非线性稳定分析模型，包括如下两个步骤。

第一步，完成在给定风速 $v$ 以攻角 $\alpha_0$ 作用下的初始风力的分析。平衡方程如下：

$$[\boldsymbol{K}_e(u,\sigma) + \boldsymbol{K}_\sigma^G(u,\sigma)]\boldsymbol{U} = P_0[F_x(\alpha_0), F_y(\alpha_0), M_z(\alpha_0)] \tag{15-37}$$

式中：$\boldsymbol{K}_e$、$\boldsymbol{K}_\sigma$——分别是基于在重力荷载作用下产生的位移 $u$ 和应力 $\sigma$ 的结构弹性刚度矩阵和几何刚度矩阵；

上标 G——表示重力；

$\boldsymbol{U}$——位移矢量；

$P_0$——基于未变形的主梁结构的初始风力；

$F_x(\alpha_0)$、$F_y(\alpha_0)$、$M_z(\alpha_0)$——由 $\alpha = \alpha_0$ 代入式(15-35)得出。

第二步，按如下步骤完成由于主梁的扭转变形及随之而增大攻角所产生的附加风力作用下的非线性分析。在完成前述初始风力作用下的非线性分析后，得出总位移和初始内力。从这些位移中可求出现在的气动静力系数 $C_D$、$C_L$ 和 $C_M$，并分别转化为 $C_x$、$C_y$ 和 $C_z$。桥在受到第 $j$ 步的附加风力下的线性增量平衡方程为：

$$\begin{aligned} &[\boldsymbol{K}_e(u_{j-1},\sigma_{j-1}) + \boldsymbol{K}_\sigma^{G+W}(u_{j-1},\sigma_{j-1})]\Delta\boldsymbol{U}_j \\ &= P_j[F_x(\alpha_j), F_y(\alpha_j), M_z(\alpha_j)] - P_{j-1}[F_x(\alpha_{j-1}), F_y(\alpha_{j-1}), M_z(\alpha_{j-1})] \end{aligned} \tag{15-38}$$

式中：$P_j$、$P_{j-1}$——分别是结构受到的由本次及前次攻角下位移决定的风荷载；

上标 W——代表风荷载。

继续上述迭代步骤，求出每个循环完成时的附加风力。

当静力气动系数的欧几里得范数小于规定的容许值时，就得出给定风速下的收敛准则。欧几里得范数写作：

$$\left\{\frac{\sum^{N_a}[C_k(\alpha_j)-C_k(\alpha_{j-1})]^2}{\sum^{N_a}[C_k(\alpha_{j-1})]^2}\right\}^{\frac{1}{2}} \leqslant \varepsilon_k; \quad k = X,Y,Z \tag{15-39}$$

式中：$\varepsilon_k$——给定允许值；

$N_a$——承受位移决定的风荷载的节点数。

对于小于临界风速的任意给定风速，上述过程都会收敛。在每个迭代循环中，分析结构的切线刚度矩阵可得出结构是稳定的、不稳定的或随遇平衡的。

由于考虑了分析模型受到的由位移决定的风荷载的三个分量，既能分析其非线性横向弯扭失稳的安全性，也能研究其非线性扭转发散的安全性。如果在式(15-37)和式(15-38)中忽略阻力 $D$ 和升力 $L$ 的影响，就可计算结构的非线性扭转发散。如果攻角为0，即风向与桥面一致，那么风力 $F_x$、$F_y$ 和 $M_z$ 就分别等于 $D$、$L$ 和 $M$。

为了解桥梁在强风作用下的状况，除求得临界风速外，其相应临界位移(尤其是中跨中点)及由位移决定的相应的风荷载的三分力，还有实际失稳模式都有工程意义。在临界风速下，附加位移及因此带来的位移决定的附加风力都相当大。因此，可以将风速作为增量，结合第二步，按本篇第12章12.5节的方法进行逐级分析，直至找到临界风速为止。

## 15.6 计算实例

以某斜拉桥为算例，其主跨为1 088m，边跨每侧共设置3个桥墩，跨径布置为100m + 100m + 300m + 1 088m + 300m + 100m + 100m = 2 088m，如图15-14所示。

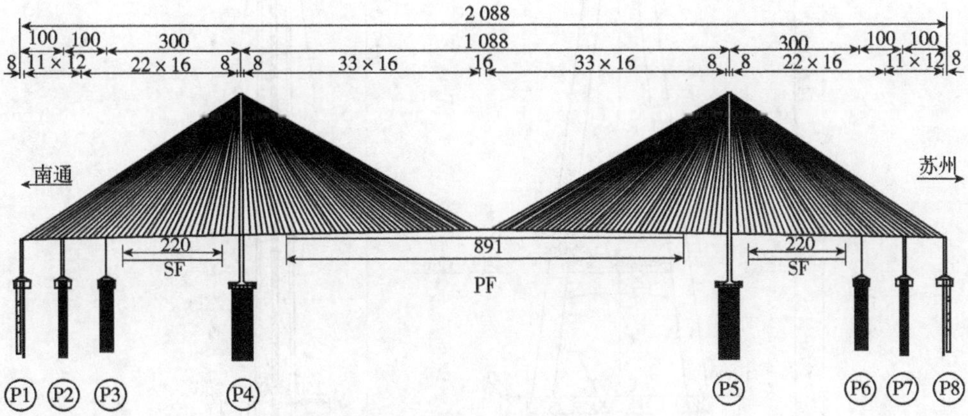


图15-14 某斜拉桥桥跨布置图(尺寸单位：m)

主梁采用扁平流线型钢箱梁(图15-15)，Q345-C全焊钢结构，含风嘴全宽41.0m，梁高4.0m，$E = 2.1 \times 10^5$MPa，$A = 1.768\text{m}^2$，$I = 4.795\text{m}^4$。索塔为倒Y形钢筋混凝土塔(图15-16)，承台以上塔高为297.7m。塔柱为单箱单室断面，桥面以上顺桥向宽9～13.5m，横桥向宽8～10m；下塔柱顺桥向宽度为13.5～15m，横桥向宽度为7～8m；$E = 3.5 \times 10^4$MPa，重度$\gamma = 26\text{kN/m}^3$，表15-3列出了主塔典型截面的几何特性。斜拉索采用低松弛高强度平行镀锌钢丝束，$E=1.9\times10^5$MPa，重度 $\gamma=84$kN/m$^3$，边跨索距为10m、16m，中跨索距为16m。斜拉索横向吊点间距为35.4m，全桥共设4×34对斜拉索。

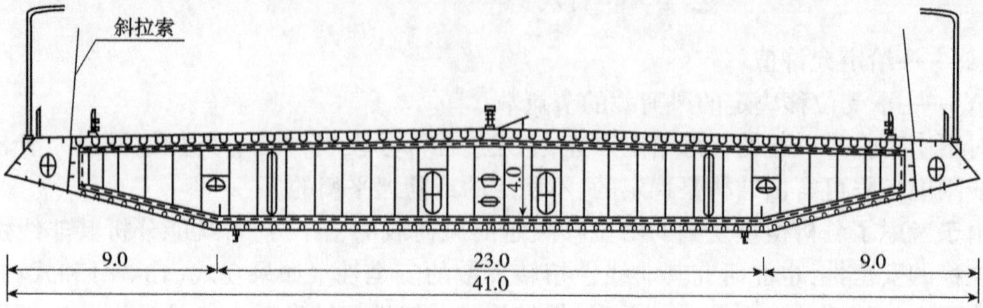


图15-15 主梁标准断面(尺寸单位:m)

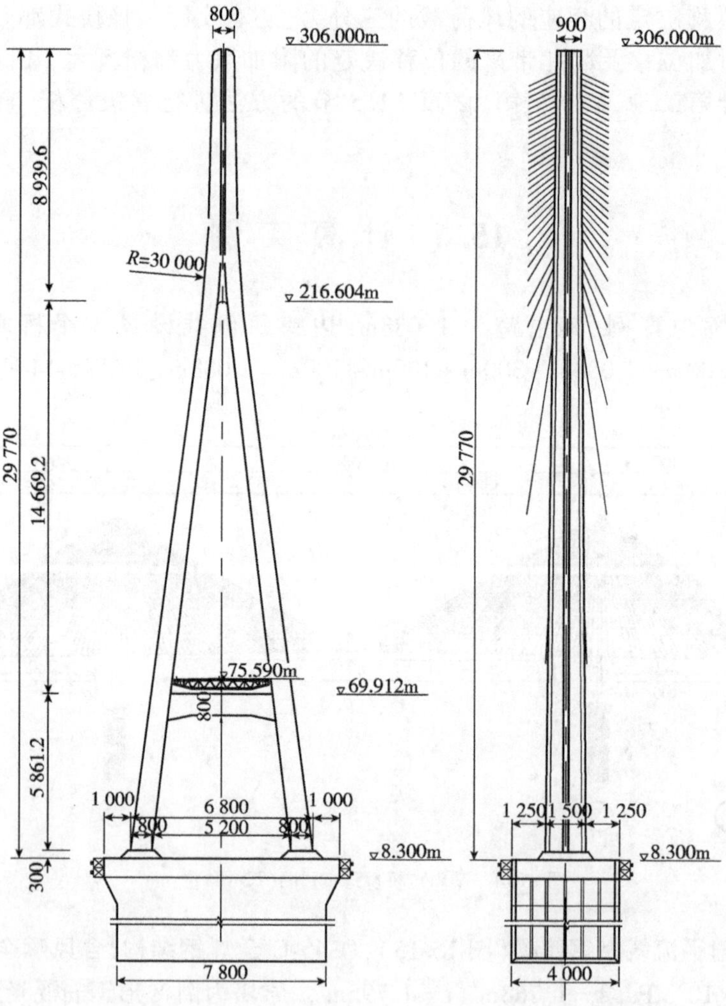


图15-16 主塔布置图(尺寸单位:cm)

主塔截面几何参数　　表 15-3

| 部位 | 面积($m^2$) | 纵桥向抗弯惯矩($m^4$) |
|---|---|---|
| 塔顶 | 33.740 | 336.227 |
| 主塔分叉处 | 34.825 | 456.855 |
| 主塔塔底 | 59.133 | 1479.56 |

根据本章介绍的理论方法,完成以下工作:

(1)确定斜拉桥成桥合理状态及施工状态计算;

(2)分析非线性对结构在恒载、活载作用下的影响。

## 15.6.1 成桥合理状态及施工状态计算

合理成桥状态的确定方法详见 15.2 节的算例。

斜拉桥施工索力的优化一般要分步实施,即从"中跨主梁弯矩→中跨索力→塔上斜拉索锚固点处索力水平分量平衡→边跨索力→边跨主梁弯矩"达到全桥优化结果。施工索力的优化要考虑具体施工方案的合理性,施工荷载的影响,并兼顾施工过程的结构安全。

采用前进分析法,以合理成桥状态作为施工完成三年后的状态目标,得到优化后的施工张拉力与成桥计算索力值见表 15-4,成桥计算索力和主梁弯矩与成桥理论值比较情况如图 15-17 和图 15-18 所示,其中拉索编号 A、J 分别表示边跨、中跨,距塔由近及远编号。

施工张拉力及成桥计算索力(单位:kN)　　表 15-4

| 索号 | 施工张拉力 | 成桥计算索力 | 索号 | 施工张拉力 | 成桥计算索力 | 索号 | 施工张拉力 | 成桥计算索力 | 索号 | 施工张拉力 | 成桥计算索力 |
|---|---|---|---|---|---|---|---|---|---|---|---|
| A1 | 2 677 | 3 255 | A18 | 3 834 | 4 577 | J1 | 2 668 | 3 033 | J18 | 3 762 | 4 154 |
| A2 | 2 791 | 3 470 | A19 | 3 828 | 4 104 | J2 | 2 765 | 3 001 | J19 | 3 817 | 4 171 |
| A3 | 2 378 | 2 961 | A20 | 4 215 | 4 359 | J3 | 2 528 | 2 700 | J20 | 3 893 | 4 179 |
| A4 | 2 151 | 2 513 | A21 | 4 402 | 4 511 | J4 | 2 479 | 2 641 | J21 | 4 265 | 4 555 |
| A5 | 2 369 | 2 563 | A22 | 4 340 | 4 547 | J5 | 2 460 | 2 507 | J22 | 4 200 | 4 612 |
| A6 | 2 579 | 2 788 | A23 | 4 316 | 4 627 | J6 | 2 557 | 2 625 | J23 | 4 144 | 4 612 |
| A7 | 2 654 | 2 888 | A24 | 4 106 | 4 485 | J7 | 2 691 | 2 835 | J24 | 4 141 | 4 618 |
| A8 | 2 747 | 3 031 | A25 | 4 398 | 4 862 | J8 | 2 721 | 2 928 | J25 | 4 268 | 4 769 |
| A9 | 2 844 | 3 151 | A26 | 4 731 | 5 234 | J9 | 2 821 | 3 078 | J26 | 4 408 | 4 910 |
| A10 | 2 928 | 3 273 | A27 | 4 727 | 5 226 | J10 | 2 830 | 3 105 | J27 | 4 520 | 5 011 |
| A11 | 3 319 | 3 150 | A28 | 4 440 | 4 898 | J11 | 2 997 | 3 242 | J28 | 4 674 | 5 146 |
| A12 | 3 506 | 3 361 | A29 | 4 689 | 5 151 | J12 | 3 154 | 3 378 | J29 | 4 936 | 5 414 |
| A13 | 3 727 | 3 712 | A30 | 4 953 | 5 301 | J13 | 3 503 | 3 833 | J30 | 5 061 | 5 533 |
| A14 | 3 734 | 3 845 | A31 | 5 215 | 5 708 | J14 | 3 452 | 3 795 | J31 | 5 238 | 5 737 |
| A15 | 3 784 | 4 024 | A32 | 5 414 | 6 035 | J15 | 3 601 | 3 974 | J32 | 5 353 | 5 886 |
| A16 | 3 946 | 4 343 | A33 | 5 663 | 6 384 | J16 | 3 864 | 4 339 | J33 | 5 533 | 6 134 |
| A17 | 3 935 | 4 468 | A34 | 6 119 | 6 961 | J17 | 3 481 | 3 858 | J34 | 5 796 | 6 590 |

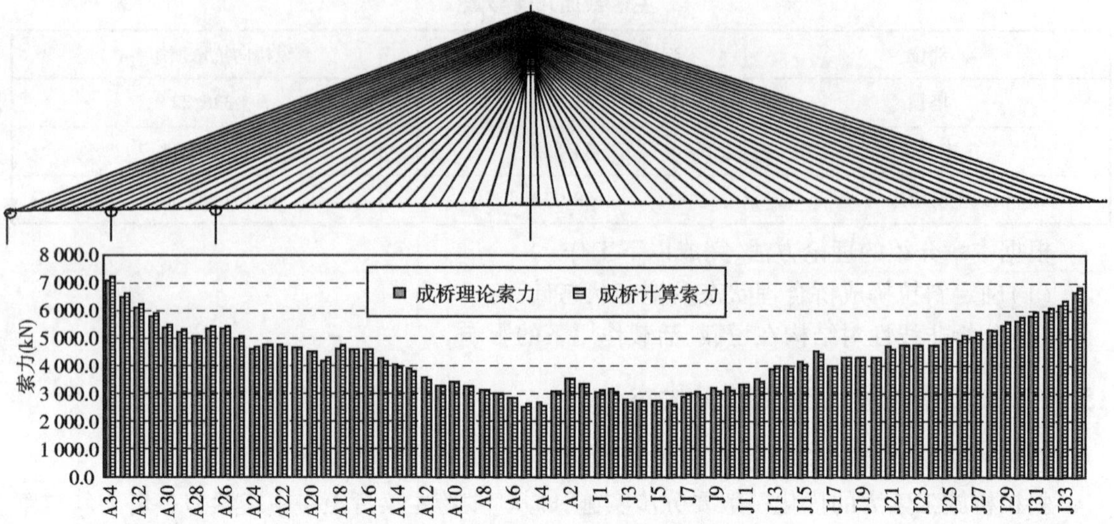


图 15-17　成桥计算索力与成桥理论值结果比较

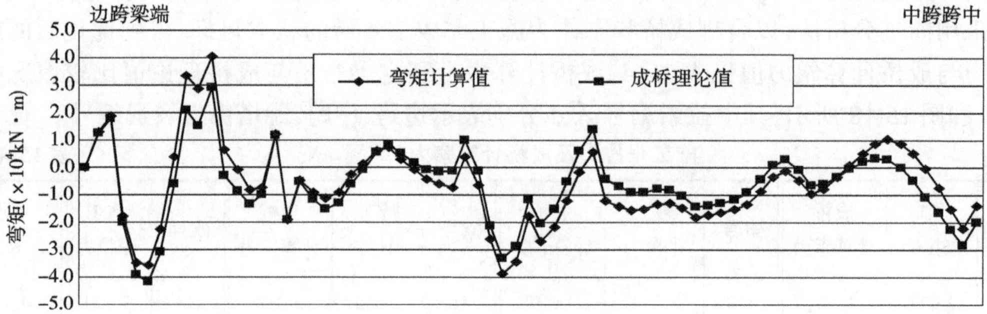


图 15-18　主梁成桥弯矩图比较

经过索力优化后,得到的成桥计算索力和主梁弯矩分布与合理成桥状态所确定出的理论值基本符合。拉索全部采用一次张拉法,除了受压重、辅助墩和截面刚度突变影响的局部位置外,成桥索力比较均匀,主梁弯矩较小,施工索力比较理想。因此,所确定出的各个施工状态即为理想施工状态。

## 15.6.2　静力非线性的影响

分别按表 15-5 所示三种方法,比较了几何非线性对成桥运营状态的影响。

**非线性计算比较方法**　　表 15-5

| 方法 | 考虑拉索垂度效应（8 段杆单元法） | 梁柱效应 | 大位移效应 | 剪切变形 | 备　注 |
|---|---|---|---|---|---|
| 1 | 不考虑 | 不考虑 | 不考虑 | 不考虑 | 完全线性理论 |
| 2 | 考虑 | 不考虑 | 不考虑 | 不考虑 | 拉索非线性 |
| 3 | 考虑 | 考虑 | 考虑 | 考虑 | 完全非线性 |

(1)恒载状态

一次落架恒载状态下三种方法得出的塔根弯矩,典型位移比较见表 15-6,其中以方法 3 确定出的理想梁端索力作为按各方法比较研究中索力输入的基准。

**三种方法塔根弯矩、典型位移比较**　　表 15-6

| 项目 | 方法 1 | 方法 2 | 方法 3 |
|---|---|---|---|
| 塔根弯矩(kN·m) | 77 427 | 5 409 | 2 685 |
| 塔顶纵向位移(mm) | 72 | -0.4 | -1.9 |
| 跨中竖向位移(mm) | -400 | 107.9 | 117.0 |

从表 15-6 中可以看出,在斜拉桥三项几何非线性影响因素中,拉索非线性效应非常显著,忽略该项影响,将导致结构的内力、位移响应严重失真。

(2)等效静阵风荷载效应

按方法 2 和方法 3 比较分析了纵桥向、横桥向等效静阵风荷载作用时结构几何非线性的影响,计算结果见表 15-7,其中塔梁纵向限位作用相当于具有间隙为 ±75mm 的弹性挡块约束。

**顺桥向等效静阵风荷载效应**　　表 15-7

| 项目 | 纵向飘浮体系 | | | 考虑塔梁纵向限位作用 | | |
|---|---|---|---|---|---|---|
| | 方法 2 | 方法 3 | 相对误差 | 方法 2 | 方法 3 | 相对误差 |
| 塔顶纵向位移(m) | 1.48 | 1.88 | -27% | 0.98 | 1.02 | -4% |
| 梁端纵向位移(m) | 1.36 | 1.71 | -26% | 0.88 | 0.90 | -2% |
| 塔根纵向弯矩(kN·m) | $2.15\times10^6$ | $2.56\times10^6$ | -19% | $1.56\times10^6$ | $1.58\times10^6$ | -1% |
| 主梁最大竖向弯矩(kN·m) | $8.43\times10^4$ | $1.09\times10^5$ | -29% | $3.75\times10^4$ | $3.28\times10^4$ | 14% |
| 阻尼器锁定力(kN) | — | — | — | $9.87\times10^3$ | $1.33\times10^4$ | -34% |

如表 15-7 所示,塔梁纵向约束方式对等效纵向静风工况下的几何非线性有非常显著的影响。设置限位装置后,不仅纵向风荷载下结构反应明显降低,由于装置生效后结构刚度的提高,按方法 2 的计算误差也相对减小。从表 15-7 中还可以看出,由于阻尼器单元属于状态非线性问题,其锁定力对单元两端相对位移非常敏感,须按方法 3 并考虑恒载变形对塔梁阻尼器预留间隙的部分补偿,以免结果失真。

表 15-8 为横桥向风作用下等效静风效应结果,其中塔处不设横向抗风支座为比较工况。结果表明,由于斜拉索对主梁横向变形起不到有效抵制作用,斜拉桥的整体横向刚度较弱,跨中位移较大,结构大位移效应也比较明显,方法 2 误差较大。塔处横向抗风支座可减小主梁横向受力下的支承间距,从而有效地提高了横向刚度,进而减小了几何非线性(主要是指结构大位移效应)的影响。

**横桥向等效静阵风荷载效应**　　表 15-8

| 项目 | 塔处不设横向抗风支座 | | | 塔处设横向抗风支座 | | |
|---|---|---|---|---|---|---|
| | 方法 2 | 方法 3 | 相对误差 | 方法 2 | 方法 3 | 相对误差 |
| 塔顶横桥向位移(m) | 0.285 | 0.299 | -5% | 0.268 | 0.273 | -2% |
| 跨中横桥向位移(m) | 5.887 | 7.712 | -31% | 2.142 | 2.404 | -12% |
| 塔根横桥向弯矩(kN·m) | $1.75\times10^4$ | $2.44\times10^4$ | -39% | $1.45\times10^4$ | $1.65\times10^4$ | -14% |
| 主梁跨中面外弯矩(kN·m) | $1.68\times10^6$ | $2.05\times10^6$ | -22% | $1.23\times10^6$ | $1.38\times10^6$ | -12% |
| 抗风支座反力(kN) | — | — | — | $1.62\times10^4$ | $1.70\times10^4$ | -5% |

(3)活载效应

活载加载模式按公路—Ⅰ级车道荷载加载，分别按以下四种方法进行活载效应计算比较：

线性理论——不考虑几何非线性，不计恒载刚度，活载按影响线加载、叠加计算。

线性二阶理论——考虑斜拉索的垂度效应和恒载初始刚度的影响，活载根据影响线叠加运算。

二阶理论——几何刚度中考虑活载的影响。

完全非线性理论——根据方法3考虑几何非线性，按累计荷载法考虑恒载对活载效应计算的影响，即恒载参与荷载的平衡迭代，活载按指定待求量的影响区一次加载后计算求解，不采用叠加原理。

根据上述四种方法计算出的活载特征包络值汇总见表15-9，相对误差为与完全非线性理论计算值相比较的结果。

**活载特征响应包络比较**　　表15-9

| 项目 | 位置 | 线性理论 | | 线性二阶理论 | | 二阶理论 | | 完全非线性理论 |
|---|---|---|---|---|---|---|---|---|
| | | 数值 | 相对误差 | 数值 | 相对误差 | 数值 | 相对误差 | |
| 水平位移（m） | 梁端 | −0.28 | −17.89% | −0.296 | −13.20% | −0.347 | 1.76% | −0.341 |
| | | 0.315 | −17.54% | 0.348 | −8.90% | 0.382 | 0.00% | 0.382 |
| | 塔顶 | −0.191 | −19.07% | −0.213 | −9.75% | −0.243 | 2.97% | −0.236 |
| | | 0.45 | −13.13% | 0.468 | −9.65% | 0.527 | 1.74% | 0.518 |
| 竖向位移（m） | 中跨 | 0.114 | −12.98% | 0.116 | −11.45% | 0.131 | 0.00% | 0.131 |
| | 跨中 | −1.367 | −10.48% | −1.475 | −3.41% | −1.558 | 2.03% | −1.527 |
| | 边跨 | 0.262 | −19.88% | 0.277 | −15.29% | 0.332 | 1.53% | 0.327 |
| | 极值 | −0.272 | −17.07% | −0.279 | −14.94% | −0.332 | 1.22% | −0.328 |
| 面内弯矩（kN·m） | 中跨 | −34 495 | −12.08% | −35 137 | −10.44% | −39 429 | 0.50% | −39 233 |
| | 跨中 | 98 689 | −9.57% | 104 696 | −4.06% | 110 011 | 0.81% | 109 128 |
| | 塔根 | −442 607 | −6.57% | −446 575 | −5.74% | −473 749 | 0.00% | −473 746 |
| | | 154 199 | −11.88% | 154 022 | −11.98% | 175 361 | 0.22% | 174 980 |
| 索力（kN） | 边跨 | −194 | −2.76% | −181 | −9.42% | −200 | 0.00% | −200 |
| | 背索 | 1 101 | 0.78% | 1 017 | −6.96% | 1 084 | −0.79% | 1 093 |
| | 中跨 | −303 | 5.20% | −269 | −6.69% | −291 | 0.94% | −288 |
| | 外索 | 1 205 | 0.15% | 1 136 | −5.55% | 1 193 | −0.80% | 1 203 |
| 支座反力（kN） | 过渡墩 | −2 034 | −1.37% | −2 025 | −1.82% | −2 062 | 0.00% | −2 062 |
| | | 1 514 | −1.18% | 1 415 | −7.65% | 1 523 | −0.65% | 1 532 |
| | 远塔 | −3 635 | −0.30% | −3 608 | −1.06% | −3 646 | 0.00% | −3 646 |
| | 辅助墩 | 3 046 | −10.20% | 3 193 | −5.89% | 3 374 | −0.52% | 3 392 |
| | 近塔 | −4 912 | −0.55% | −4 677 | −5.31% | −4 936 | −0.07% | −4 939 |
| | 辅助墩 | 4 617 | −2.02% | 4 539 | −3.67% | 4 749 | 0.78% | 4 712 |

其中线性二阶理论为目前常用的斜拉桥活载效应计算方法。以上结果表明,对特大跨斜拉桥,采用线性理论或线性二阶理论计算活载均会产生较大的误差,结果偏于不安全。按二阶理论计算误差很小,位移误差最大仅为 2.97%,内力误差不足 1%。因此,活载效应按二阶理论分析可满足工程设计的计算精度要求。

## 15.7 小　　结

大跨径斜拉桥是高次超静定的柔性结构,在施工和正常使用阶段,结构的几何非线性效应显著,要精确分析结构在各种荷载下的静力响应,就必须按有限位移理论用程序计算。

索力优化是寻找合理成桥设计状态的方法,影响矩阵法是索力优化方法中的一种。活载的非线性计算一般以成桥设计状态为初态,用影响区加载法计算;施工仿真分析的目的是寻找斜拉桥施工过程中的初始张拉力和施工构形,采用非线性的迭代方法可以获得良好的结果。以上这些计算理论和方法,仍在不断地发展之中。

斜拉桥的近似计算方法建立在简化和经典计算理论基础上,今天仍然具有实用价值。在概念设计阶段,可作为安全性认定估算之用;在设计阶段,还可与数值计算结果相互验证。

## 思　考　题

1. 如图 15-19 所示结构,塔、梁固结,主梁 $AB$ 的弹性模量为 $E$,惯矩为 $I$,面积为 $A$,重度为 $\gamma$,在 $C$、$D$ 两点受拉索支承。计算使得结构弯曲能量最小时的拉索索力。

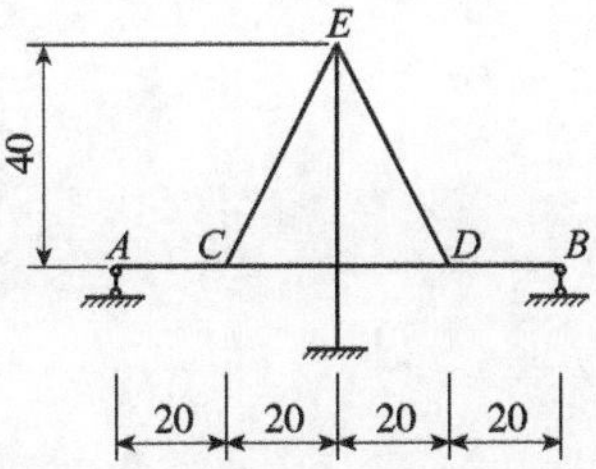


图 15-19　计算图示(尺寸单位:m)

2. 如何使用通用软件 ANSYS 对斜拉桥进行索力优化。

## 本章参考文献

[1] 李国豪. 桥梁与结构理论研究[M]. 上海:上海科技文献出版社, 1983.
[2] 李国豪. 桥梁结构稳定与振动[M]. 北京:中国铁道出版社, 1992.
[3] R Walther. Cable stayed bridge [M]. 2nd Ed. American Society of Civil Engineers (Thomas Telford, Ltd.), 1999.
[4] 小西一郎. 钢桥[M]. 戴振蕃,译. 北京:中国铁道出版社,1983.
[5] Bathe K J. Finite element procedures in engineering analysis[M]. Prentince-Hall Inc,1982.
[6] 肖汝诚,项海帆. 斜拉桥索力优化的影响矩阵法[J]. 同济大学学报:自然科学版,1998(3).

[7] 肖汝诚. 确定大跨径桥梁结构合理设计状态的理论与方法研究[D]. 上海:同济大学, 1996.
[8] 贾丽君,滕小竹,郭瑞,等. 超大跨度斜拉桥非线性因素影响分析研究[J]. 世界桥梁, 2006(3).
[9] 肖汝诚. 桥梁结构分析及程序系统[M]. 北京:人民交通出版社,2002.

# 第16章

# 悬索桥结构分析

## 16.1 概　　述

悬索桥是跨越能力最强的桥型之一,其雏形三千多年前已在我国出现。19 世纪末,悬索桥跨径突破 300m,当时遇到的问题是活载挠度过大,曾通过增大加劲梁刚度来解决这一问题,主梁高跨比用到 1/40 左右。1888 年挠度理论的诞生使人们对悬索桥结构的力学特性有了新的认识。进入 20 世纪后,由于材料(高强钢丝)、施工方法(AS 法和 PWS 法)和计算理论的发展,使悬索桥进入了一个朝低高度主梁、高强度材料和大跨径方向发展的阶段,期间建成了主跨 1 066m 的 George Washington 桥(1931 年)、主跨 1 280m 的金门大桥(1937 年)等。这些桥的加劲梁以桁架为主,梁的高跨比在 1/150 左右。主跨 853m 的美国塔科马桥,采用板式加劲梁,梁高 1.3m,高跨比仅为 1/656,于 1940 年 11 月 7 日因风振致毁。这一灾难性事件促使了关于桥梁空气动力稳定性的研究。二战后,悬索桥进入了新的发展时期,欧洲各国采用了抗风性能好的薄壁箱形截面加劲梁,其代表是 988m 的 Severn 桥(1966 年),此后这种桥型在美国、日本、挪威、丹麦等国家都得到广泛应用。现代悬索桥跨径仍在不断增大,我国已建成西堠门大桥(主跨为 1 650m),目前世界上已建成最大跨度的悬索桥为日本明石海峡桥(主跨为 1 991m),正在筹建的墨西拿海峡桥主跨跨度达到 3 300m。

悬索桥计算理论的发展与悬索桥自身的发展有着密切联系。早期,由于桥跨小,缆索自重较轻,结构刚度主要由加劲梁提供,结构分析采用线弹性理论。随着跨度的增加,梁的刚度相对降低,结构非线性突出,Ritter(1877 年)、Melen(1888 年)等人提出了考虑位移影响的"挠度理论",奠定了近代悬索桥分析的理论基础。Godard 忽略成桥后竖向荷载引起的主缆水平力改变对悬索桥静力响应的影响,提出了线性挠度理论。在此基础上,李国豪教授提出了等代梁法,使影响线加载原理得到有效利用。这些方法在悬索桥计算中取得了良好的效果,同时也促进了悬索桥跨径的长大化。

现代悬索桥跨度不断增大的同时,加劲梁相对刚度不断减小,线性挠度理论引起的误差已不容忽略。因此,基于矩阵位移理论的有限元方法应运而生。Brotton 把悬索桥视为平面构架,建立起刚度方程并用松弛法求解;Saafan 的构架大位移理论,Tezcan 的大位移矩阵构架分析法,将挠度的二次影响全包括进去,并建立起增量平衡刚度方程求非线性方程组的解;后藤茂夫首先提出钢索、吊杆为仅受轴力构件,导出结点位移与结点力之间的有限位移关系式;Schrefler 等把梁作为二维平面问题建立刚度方程,以解决索、梁组合体系的受力分析等。总之,应用有限位移理论的矩阵位移法,可综合考虑体系节点位移影响、轴力效应,把悬索桥结构非线性分析方法统一到一般非线性有限元法中,是目前普遍采用的方法。

本章将首先介绍悬索桥的受力特征,用框图形式给出悬索桥静力设计计算流程。然后,用解析法给出悬索桥在各种外荷载作用下的近似计算方法。最后,根据几何非线性理论,用先分析吊索恒载轴力,再求主缆平衡位置,最后确定主缆与鞍座切点位置的三步分析方法导出了计算悬索桥成桥真实索形的迭代计算方法。同时,还将介绍悬索桥施工状态的分析方法。

## 16.2 悬索桥的实用近似分析

1909 年,Moisseiff 将"挠度理论"应用在主跨为 448m 的 Manhattan 桥的设计中,考虑了主缆变形对主梁受力的改善,主缆成为主要的受力构件,加劲梁只起传递荷载的作用。为进行简化计算,Timoshenko、李国豪、Godard、Jennings 等提出了多种近似方法。挠度理论虽然忽略了吊索的伸长和主缆的水平变位,但由于具有较高的计算精度,至今仍为一种简单实用的悬索桥分析方法,本节将介绍基于挠度理论的悬索桥实用近似分析方法。

### 16.2.1 悬索桥的受力特征

悬索桥是由主缆、加劲梁、主塔、鞍座、锚碇、吊索等构件构成的柔性悬吊组合体系,其主要构成如图 16-1 所示。成桥时,主要由主缆和主塔承受结构自重,加劲梁受力由施工方法决定。成桥后,结构共同承受外荷载作用,受力按刚度分配。

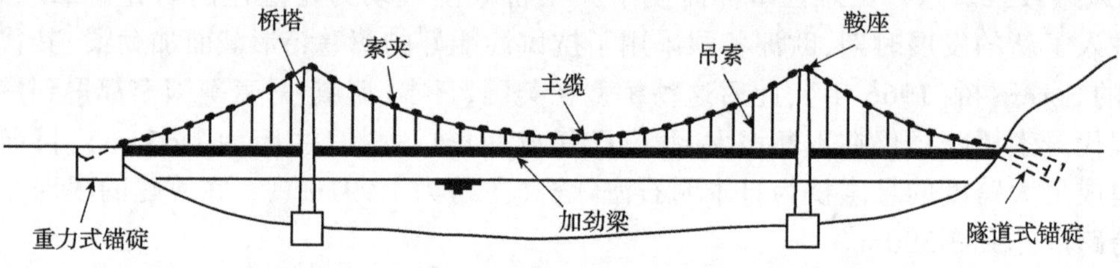


图 16-1　悬索桥主要构造图

主缆是结构体系中的主要承重构件,是几何可变体,主要承受张力作用。主缆不仅可以通过自身弹性变形,而且可以通过其几何形状的改变来影响体系平衡,表现出大位移非线性的力学特征,这是悬索桥区别于其他桥梁结构的重要特征之一。主缆在恒载作用下具有很大的初始张拉力,对后续结构形状提供强大的"重力刚度",这是悬索桥跨径得以不断增大、加劲梁高跨比得以减小的根本原因。

主塔是悬索桥抵抗竖向荷载的主要承重构件,在恒载作用下,以轴向受压为主;在活载作用下,以压弯为主,呈梁柱构件特征。由于主塔水平抗推刚度相对较小,塔顶水平位移主要由中、边跨主缆平衡条件决定。因而,塔内弯矩大小取决于塔的弯曲刚度。

加劲梁是悬索桥保证车辆行驶、提供结构刚度的二次结构,主要承受弯曲内力。由悬索桥施工方法可知,加劲梁的弯曲内力主要来自结构二期恒载和活载。大跨度悬索桥加劲梁的挠度是从属于主缆的,随着跨度的增大,加劲梁的功能退化为将活载传至主缆。其自身抗弯刚度对结构刚度的影响也逐渐减小。

吊索是将加劲梁自重、外荷载传递到主缆的传力构件,是联系加劲梁和主缆的纽带,承受轴向拉力。吊索内恒载轴力的大小,既决定了主缆在成桥状态的真实索形,也决定了加劲梁的恒载弯矩,是研究悬索桥成桥状态的关键。

锚碇是锚固主缆的结构,它将主缆中的拉力传递给地基,通常采用重力式锚碇和隧道式锚碇。重力式锚碇用自重抵抗主缆的垂直分力,用锚底摩阻力或嵌固阻力来抵抗主缆水平分力。隧道式锚碇则直接将主缆拉力传给周围基岩。在悬索桥结构分析中,常将主缆的锚固点作固定约束处理。

悬索桥成桥状态的确定与其结构分析有着同样重要的意义。对于小跨径悬索桥,由于主缆自重轻,成桥态主缆近似呈抛物线形,确定成桥状态采用抛物线法。随着跨度的增加,主缆自重增大,主缆线形呈多段悬链线组成的索多边形,计算主缆线形主要有非线性循环迭代法和基于成桥状态的反算法。

纵观悬索桥尤其是现代悬索桥的发展过程,可以看到:

(1)跨径朝越来越大的方向发展,从几十米发展到明石海峡大桥的1 991m。

(2)加劲梁的梁高不随主跨跨径的增加而增大,其本质是弹性支承梁,加劲梁的高跨比朝越来越小的方向发展,从1/40下降到1/300。

(3)随着跨度的不断增大,主缆的恒载拉力所占的比重也逐渐增大,如主跨712m的关门大桥的主缆恒载拉力占其允许拉力的83%,而明石海峡大桥则为91%;与此同时,主缆的安全系数却不断减小,从4.0下降到2.0。

这就要求我们在设计悬索桥时,要精确合理地确定悬索桥成桥内力状态与构形;合理确定悬索桥施工阶段的受力状态与构形,以期在成桥时满足设计要求;精确分析悬索桥在活载及其他附加荷载作用下的静力响应。

悬索桥的设计计算可归结为图16-2的流程图。本章结合悬索桥的设计、施工特点和结构受力特征,介绍悬索桥的实用计算方法和精确计算理论。

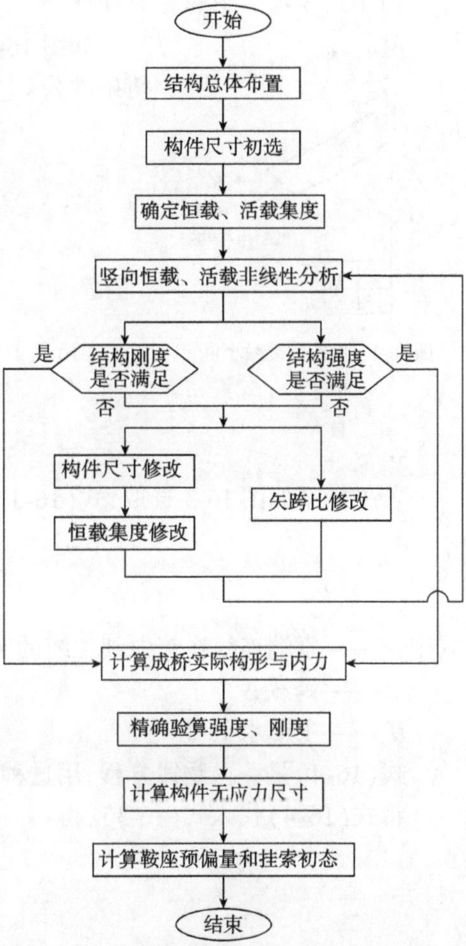


图16-2 悬索桥设计过程图

## 16.2.2 成桥状态的近似算法

成桥状态的计算,就是根据悬索桥布置形成的纵断面线形和由此确定的控制主缆几何线形基本点的位置,来分析主缆及其他构件成桥时的构形、受力状态,求出主缆、吊索的无应力索长和施工阶段鞍座的偏移量。成桥状态近似计算作如下基本假定:

(1)主缆为柔性索,不计其弯曲刚度;

(2)加劲梁恒载由主缆承担;

(3)在主缆吊梁段,主缆、索夹、吊杆和加劲梁自重都等效为沿桥长均布的荷载$q$,在无梁段，主缆自重沿索长均匀分布，这样就可以导出主缆成桥状态的索形、张力以及几何长度的计算公式，扣除加劲梁恒载作用下主缆产生的弹性伸长量，就得到主缆自由悬挂态的缆长，再在索鞍两边无应力索长不变的情况下，用主缆在空挂状态塔顶左、右水平力相等的条件求索鞍的预偏量，最后，由自由悬挂状态下的缆长扣除主缆自重产生的弹性伸长，得到主缆无应力长度。

下面以中跨为例，说明成桥状态的计算。

1）中跨主缆索形与张力计算

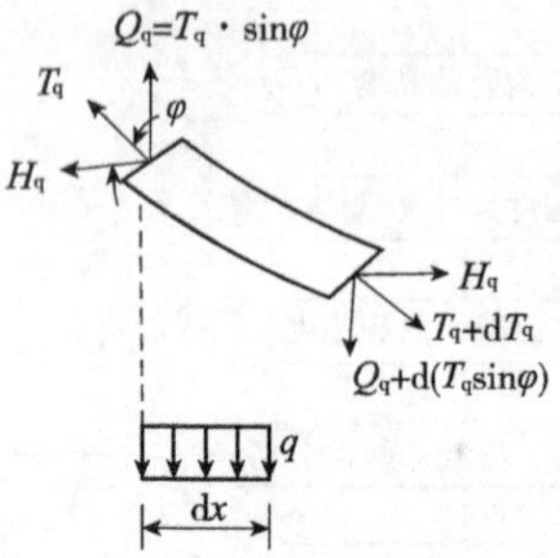

图 16-3　中跨主缆微小单元

如图 16-3 所示，中跨主缆微小单元 d$x$ 与主缆竖向分力的平衡条件为：

$$d(T_q\sin\varphi)+q\mathrm{d}x=0 \tag{16-1}$$

而

$$T_q\sin\varphi=\frac{H_q}{\cos\varphi}\sin\varphi=H_q\tan\varphi=H_q\frac{\mathrm{d}y}{\mathrm{d}x} \tag{16-2}$$

由式(16-1)和式(16-2)有：

$$H_q\frac{\mathrm{d}^2y}{\mathrm{d}x^2}=-q \tag{16-3}$$

若坐标系如图 16-3 选取，式(16-3)的解为：

$$y=\frac{4f}{l^2}x(l-x) \tag{16-4}$$

式中：$f$——索端连线在跨中到主缆的竖向距离，即矢高；

$l$——跨径；

$H_q$——主缆水平力。

式(16-4)是一抛物线方程，用这种方法计算主缆也称抛物线法。

将式(16-4)代入式(16-3)，得：

$$H_q=\frac{ql^2}{8f} \tag{16-5}$$

对于不吊梁的主缆段，不难导出其索形为悬链线，请读者作为习题完成。

2）中跨主缆成桥状态和自由悬挂状态的中心索长计算

根据中跨索形方程积分，可得成桥状态主缆中心线有应力索长为：

$$S=\frac{l}{2}(1+16n^2)^{1/2}+\frac{l}{8n}\ln[4n+(1+16n^2)^{1/2}] \tag{16-6}$$

将其展开为级数形式，则：

$$S=l(1+8/3\ n^2-32/5\ n^4+\cdots) \tag{16-7}$$

式中：$n$——矢跨比，$n=f/l$；

$S$——索长。

加劲梁自重作用下主缆产生的弹性伸长量为：

$$\Delta S_1 = \frac{H}{E_c A_c}\int_0^l (1 + y'^2)\,dx = \frac{Hl}{E_c A_c}\left(1 + \frac{16}{3}n^2\right) \tag{16-8}$$

式中：$H$——一、二期恒载引起的主缆近似水平拉力，$H = ql^2/8f$；

$E_c$——主缆弹性模量；

$A_c$——主缆面积。

成桥状态缆长扣除加劲梁自重引起的主缆弹性伸长量，可得自由悬挂状态的缆长为：

$$S_1 = S - \Delta S_1 \tag{16-9}$$

3）主缆与吊索的无应力索长计算

主缆自由悬挂状态下，索形为悬链线。取中跨曲线最低点为坐标原点，则对称悬链线方程为：

$$y = c\left(\mathrm{ch}\frac{x}{c} - 1\right) \tag{16-10}$$

$$c = H/q$$

式中：$H$——索力水平投影；

$q$——主索每延米重。

主缆自重引起的弹性伸长为：

$$\Delta S_2 = \frac{2H}{E_c A_c}\int_0^{\frac{l}{2}} \frac{1}{\cos\alpha}ds = \frac{2H}{E_c A_c}\int_0^{\frac{l}{2}} (1 + y'^2)\,dx = \frac{2H}{E_c A_c}\left(l + c\mathrm{sh}\frac{l}{c}\right) \tag{16-11}$$

则主缆无应力长度为：

$$S_0 = S - \Delta S_1 - \Delta S_2 \tag{16-12}$$

根据成桥状态主缆的几何线形、桥面线形，求得各吊索的有应力长度，扣除弹性伸长量，即得无应力长度。

4）鞍座预偏量的概念

为了保证成桥状态主塔不受弯，必须保证成桥状态下主缆中、边跨水平分力 $H_q$ 是自平衡的。如果在挂索初期就强迫将主索就位于成桥状态，塔顶两边索的不平衡水平力必将在塔内产生强大的弯矩，导致主塔失效或主塔发生很大的弯曲内力与变形。为了使主塔在施工过程中始终处于低弯矩状态，从挂索开始就必须使鞍座有一个预偏量，并在施工过程中对它进行不断调整。确定鞍座预偏量的原则是挂索初态索自重在塔两边引起的水平力相等。

根据索长、索力与索竖向投影和水平投影的关系，通过迭代计算，就可求出鞍座的预偏量，此点在16.3节中再作详细讨论。

### 16.2.3 加劲梁在竖向荷载作用下的近似分析

根据悬索桥加劲梁先铰接后固结的施工特点，加劲梁在一期恒载作用下一般没有整体弯矩，因此，加劲梁竖向荷载主要指二期恒载和活载等。如图16-4所示悬索桥，忽略梁体剪切变形、吊杆的伸缩和倾斜变形对结构受力的影响，将离散的吊杆简化为一连续膜。微小索段的平衡方程为：

$$H_q \frac{d^2 y}{dx^2} = -q_c \tag{16-13}$$

在成桥后竖向荷载 $p(x)$ 作用下,荷载集度由 $q_c$ 变为 $q_p$,外力作用下主缆和加劲梁产生挠度 $\eta$,主缆挠度由 $y$ 变为 $(y+\eta)$,主缆水平拉力 $H_q$ 变为 $(H_p+H_q)$,根据式(16-13)有:

$$(H_p + H_q)\frac{d^2(y+\eta)}{dx^2} = -q_p$$

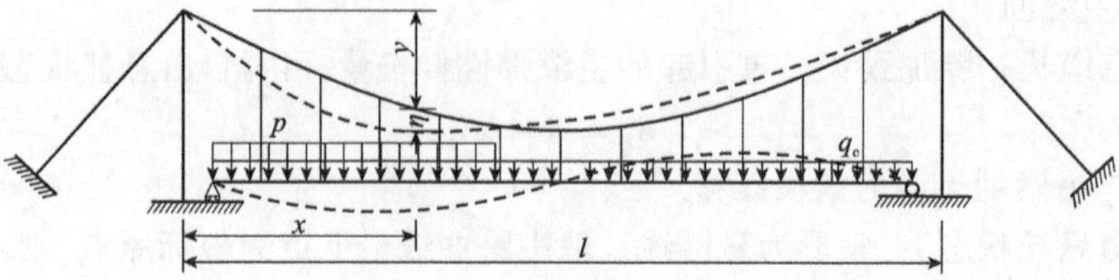


图 16-4 悬索桥计算模型

或

$$H_p\frac{d^2y}{dx^2} + (H_p + H_q)\frac{d^2\eta}{dx^2} = -q_p - H_q\frac{d^2y}{dx^2} \tag{16-14}$$

将式(16-13)、式(16-14)两式相减得:

$$H_p\frac{d^2y}{dx^2} + (H_p + H_q)\frac{d^2\eta}{dx^2} = -(q_p - q_c) \tag{16-15}$$

再以加劲梁为研究对象,在 $p(x)$ 作用下加劲梁上的竖向荷载为:

$$q(x) = p(x) + q_c - q_p \tag{16-16}$$

加劲梁的弹性方程为:

$$\frac{d^2}{dx^2}\left(EI\frac{d^2\eta}{dx^2}\right) = q(x) = p(x) + q_c - q_p \tag{16-17}$$

设 $EI$ 为常数,将式(16-17)代入式(16-15)整理得:

$$EI\frac{d^4\eta}{dx^4} - (H_q + H_p)\frac{d^2\eta}{dx^2} = p(x) + H_p\frac{d^2y}{dx^2} \tag{16-18}$$

式(16-18)就是挠度理论的基本微分方程。由于 $H_p$ 是 $p(x)$ 的函数,因此这一微分方程是非线性的。此外,方程中 $H_q$、$H_p$ 和 $\eta$ 均为未知,求解时还需要一个补充方程。

利用全桥主缆长度变化的水平投影为零这一边界条件:

$$\int_0^L \Delta dx = 0 \tag{16-19}$$

或
$$\frac{H_p}{E_cA_c}\int_0^L\frac{dx}{\cos^3\varphi} + \alpha t\int_0^L\frac{dx}{\cos^2\varphi} - \int_0^L\frac{dy}{dx}\frac{d\eta}{dx}dx = 0 \tag{16-20}$$

式中:$L$——两锚碇间的水平距离。

对式(16-20)中的第三项进行分部积分,并利用 $x=0$ 和 $x=L$ 时 $\eta=0$ 的边界条件,有:

$$\int_0^L\frac{dy}{dx}\frac{d\eta}{dx}dx = \eta\frac{dy}{dx}\bigg|_0^L - \int_0^L\frac{d^2y}{dx^2}\eta dx = \frac{8f}{l^2}\int_0^L\eta dx \tag{16-21}$$

将式(16-21)代入式(16-20)整理后得:

$$H_p = \frac{E_cA_c}{L_p}\left(\frac{1}{\gamma}\int_0^L\eta dx - \alpha tL_t\right) \tag{16-22}$$

$$\left.\begin{aligned}\frac{1}{\gamma} &= -\frac{d^2y}{dx^2} = \frac{8f}{l^2}\\ L_p &= \int_0^L \sec^3\varphi dx\\ L_t &= \int_0^L \sec^2\varphi dx\end{aligned}\right\} \tag{16-23}$$

式中：$\alpha$——线膨胀系数；

$t$——温度变化；

$E_cA_c$——主缆轴向刚度。

最后，非线性微分方程要通过式(16-18)和式(16-22)两式迭代才能求解，尚达不到实用计算的要求。针对大跨径悬索桥活载远比恒载小的特点，Godard 提出了在式(16-18)中只考虑恒载索力对竖向荷载的抗力，形成了线性挠度理论。此时线性叠加原理和影响线加载均可应用，使计算得到了简化。李国豪教授在此基础上于 1941 年提出了等代梁法和奇异影响线的概念，揭示了悬索桥受力的本质，使挠度理论变为实用计算成为可能。下面对等代梁法作一简要介绍。

如图 16-5 所示为一受拉、弯耦合作用的简支梁，其上受均布荷载 $p-\dfrac{q_cH_p}{H_q}$，两端拉力为 $H_q$，在 $x$ 截面处外荷载引起的挠度为 $\eta$，其弯矩为：

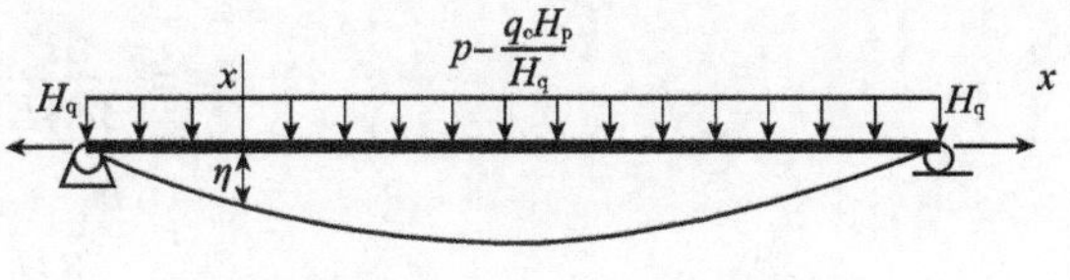

图 16-5　受拉、弯耦合作用的简支梁

$$\begin{aligned}M(x) &= -H_q\eta + \frac{xl}{2}\left(p - \frac{q_cH_p}{H_q}\right) - \left(p - \frac{q_cH_p}{H_q}\right)\frac{x^2}{2}\\ &= -H_q\eta + \left(p - \frac{q_cH_p}{H_q}\right)\left(\frac{lx}{2} - \frac{x^2}{2}\right)\end{aligned} \tag{16-24}$$

根据梁的理论，

$$EI\frac{d^2\eta}{dx^2} = -M(x) = H_q\eta - \left(p - \frac{qH_p}{H_q}\right)\left(\frac{lx}{2} - \frac{x^2}{2}\right) \tag{16-25}$$

对 $x$ 求两次导数，整理得：

$$EI\frac{d^4\eta}{dx^4} - H_q\frac{d^2\eta}{dx^2} = p - \frac{q_cH_p}{H_q} \tag{16-26}$$

将式(16-13)代入式(16-26)，则

$$EI\frac{d^4\eta}{dx^4} - H_q\frac{d^2\eta}{dx^2} = p + H_p\frac{d^2y}{dx^2} \tag{16-27}$$

式(16-27)与线性挠度理论的平衡微分方程完全一致。可见，悬索桥线性挠度理论可以用等效梁来进行计算，这种方法称为等代梁法。

应该指出：线性挠度理论忽略了竖向荷载本身引起的主缆水平力对加劲梁受力的影响，这将使计算结果绝对值增大。因而，用于设计加劲梁是偏安全的。

### 16.2.4 水平静风荷载作用下的实用计算

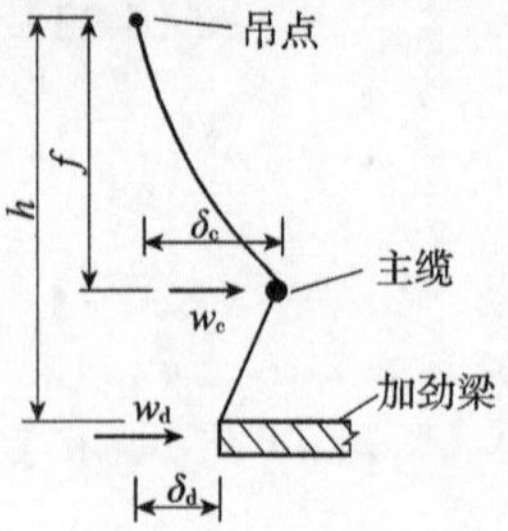

图 16-6 水平静风荷载作用下的悬索桥

水平静风荷载作用下悬索桥的变形如图 16-6 所示。风荷载在桥上的实际分布是相当复杂的,在静风计算中,一般假定风荷载为沿桥跨方向均布的已知荷载。这样,作用在悬索桥上的风荷载将分别通过主缆和加劲梁传到基础。风荷载在主缆与加劲梁之间的传递是由吊索完成的,其受力根据刚度分配。中小跨径悬索桥横向刚度以加劲梁为主,因而横向风力主要由加劲梁承担。特大跨悬索桥刚度以主缆的重力刚度为主,并且随着跨径的增大,主缆重力刚度与加劲梁横向刚度之比越来越大,主缆承担的风力也随之增大。可见研究静风荷载的计算问题,首先必须研究风荷载在主缆和加劲梁上的分配问题。简单的计算方法有均等分配法。

这种方法假定横向风荷载在加劲梁和主缆间产生的重分配力(实质上就是吊杆沿梁长每延米的水平分力)为沿梁长的均布荷载 $q$,索面和梁体在发生位移时保持刚性转动,如图 16-6 所示。于是,加劲梁和主缆跨中的水平位移 $\delta_d$和 $\delta_c$可写成:

$$\left.\begin{aligned}\delta_d &= \frac{5l^4}{384EI}(w_d - q)\\ \delta_c &= \frac{w_c + q}{8H}l^2\end{aligned}\right\} \tag{16-28}$$

式中:$w_c$、$w_d$——分别为索、梁横向风荷载集度;

$l$、$EI$——分别为悬索桥跨径和梁横向抗弯刚度;

$H$——主索水平拉力。

根据索面刚性转动的假定,有:

$$\frac{f}{h} = \frac{\delta_c}{\delta_d} \tag{16-29}$$

式中:$f$、$h$——分别为主缆的矢高,加劲梁形心到吊点距离。

由式(16-28)、式(16-29)得:

$$q = \frac{fl^2Hw_d - 9.6EIhw_c}{fl^2H + 9.6EIh} \tag{16-30}$$

将式(16-30)得到的 $q$ 值代回式(16-28),就可算出加劲梁和主缆的横向静风响应。

实际上风的重分配力 $q$ 并不会沿梁长均匀分布,而是梁长坐标 $x$ 的函数,记为 $q(x)$,索面和梁的位移也不满足刚性转动假定。因此,均等分配法的计算精度较差。

相比之下,弹性分配法就有较高的计算精度。按照弹性分配法,悬索桥在横向风荷载及重分配力 $q(x)$ 的作用下,主缆和加劲梁的平衡微分方程为:

$$\left.\begin{aligned}EI\frac{d^4\delta_d(x)}{dx^4} &= -[w_d - q(x)]\\ H\frac{d^4\delta_c(x)}{dx^2} &= -[w_c + q(x)]\end{aligned}\right\} \tag{16-31}$$

$q(x)$是一个未知荷载，可以根据梁、塔的位移协调条件，通过迭代计算求解。

## 16.3 主塔受力分析

悬索桥主塔不仅承受直接作用于塔身的自重、风荷载、地震荷载、温变荷载及由此产生的各种组合荷载，而且还承受由主缆传来的荷载作用。后者一方面改变加劲梁和主缆传至塔上的竖向荷载，另一方面将使塔顶产生顺桥向和横桥向的水平位移，当两根主缆受力不一致时，主塔还会受扭。鉴于主塔在悬索桥结构中受力的复杂性，对主塔提出合理的计算方法就显得尤为重要。

工程中主塔的设计流程如图16-7所示，下面结合设计流程逐一介绍主塔在纵向和横向荷载作用下的静力计算和稳定计算。

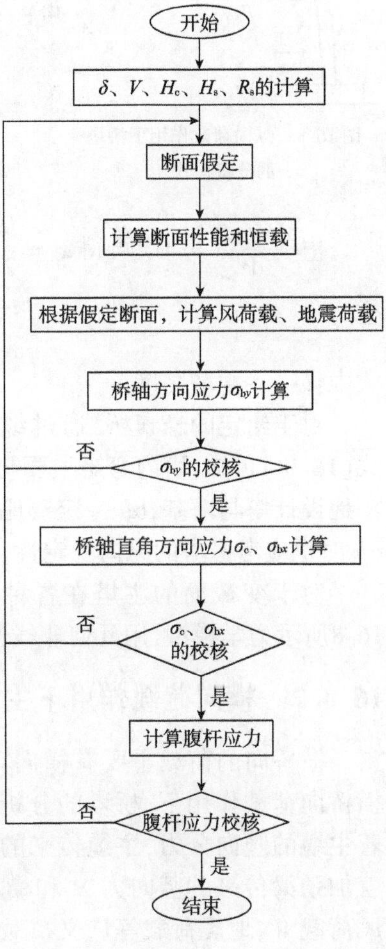

图16-7 主塔的设计计算流程图

### 16.3.1 纵向荷载下主塔实用算法

纵向荷载是指顺桥向的风荷载、地震荷载、加劲梁和主缆传到主塔的活载等。在活载作用下，桥塔将发生水平位移，由于主塔纵向抗推刚度相对较小，塔顶水平位移的大小，主要是由主缆重力刚度的水平分量决定，而与塔的抗弯刚度关系不大。因此，活载计算中常忽略塔的弯曲刚度，先求出主塔水平位移，再将它作为已知条件计算主塔内力。在计算中，必须考虑两种加载状态：

(1)最大竖向荷载与相应塔顶位移状态；

(2)最大塔顶位移与相应竖向荷载状态。

一般来说，后一种状态可能更为不利。

图16-8为纵向荷载作用下桥塔的分析模式。塔顶作用着主缆竖向分力$p$，活载或其他荷载引起的塔顶水平位移$\delta$、加劲梁传来的集中力$R_s$，此外还受塔自重、顺桥向风荷载或其他广义纵向荷载，用带有几何非线性的平面杆系程序，可以直接对塔进行分析。

为了定性分析，下面我们将塔自重集中于塔顶，讨论等截面塔在活载作用下的受力情况。

$x$处的弯矩为：

$$M(x) = Fx - P[\delta - v(x)] \tag{16-32}$$

式中：$F$——使塔顶位移达到$\delta$时的水平力。

由塔的弯曲平衡微分方程

$$EIv''(x) + M(x) = 0 \tag{16-33}$$

得：

$$EIv''(x) + Pv(x) = P\delta - Fx \tag{16-34}$$

令

$$\alpha^2 = \frac{P}{EI} \tag{16-35}$$

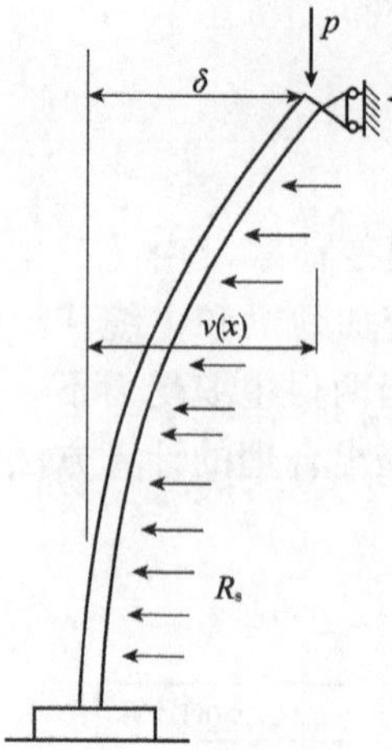


图 16-8　纵向荷载作用下桥塔的分析模式

式(16-34)的通解为：

$$v(x) = c_1\cos\alpha x + c_2\sin\alpha x + \delta - \frac{F}{P}x \tag{16-36}$$

利用三个边界条件

$$v\Big|_{x=0} = \delta,\quad v\Big|_{x=h} = 0,\quad v'\Big|_{x=h} = 0 \tag{16-37}$$

得：

$$\left.\begin{aligned} v(x) &= \delta\frac{\sin\alpha h - \sin\alpha x - (h-x)\alpha\cos\alpha h}{\sin\alpha h - \alpha h\cos\alpha h} \\ M(x) &= -P\delta\frac{\sin\alpha x}{\sin\alpha h - \alpha h\cos\alpha h} \end{aligned}\right\} \tag{16-38}$$

由 $\frac{\mathrm{d}M(x)}{\mathrm{d}x} = 0$，可得 $x = \frac{\pi}{2\alpha}$ 且小于 $h$ 时，弯矩最大：

$$M_{\max} = -\frac{\delta P}{\sin\alpha h - \alpha h\cos\alpha h} \tag{16-39}$$

式中：$h$——主塔高度。

对于给定的悬索桥，通过缆梁体系分析可以求得 $p$ 和 $\delta$，这里假定为一已知常量，由式(16-38)可知，塔内弯矩主要与分母有关，当 $EI$ 增大时，$\alpha h$ 减小，弯矩就急剧增大，为了经济地设计塔与塔基，$\alpha h$ 一定要比 $\pi/2$ 大，才能将塔内弯矩控制在较小的范围内。当然，确定 $\alpha h$ 时也应考虑塔的纵向稳定性。

对于变截面的主塔在各种荷载作用下的计算，也可按图 16-8所示力学模型，用几何非线性有限元方法进行计算。

### 16.3.2　横向荷载作用下主塔受力分析

横桥向的荷载主要有横向风荷载和横向地震荷载等。在横桥向荷载作用下，桥塔的分析模式如图 16-9 所示，塔顶作用着主缆的竖向分力，主缆传来的横向水平力 $H_c$，下横梁上作用着加劲梁传来的竖向力 $R_s$和横向水平力 $H_s$，塔上还受有横向风荷载 $W$、地震荷载等广义荷载 $\omega(y)$ 和主塔自重。其中风引起的主缆、加劲梁横向水平力可根据 16.2.4 节中介绍的方法算得。

由于主塔受到主缆传来的巨大竖向分力 $P$，因此分析时仍需用带有几何非线性的杆系程序。图 16-9 的分析模式中忽略了主缆对塔的水平约束作用，因此，其结果是偏安全的。

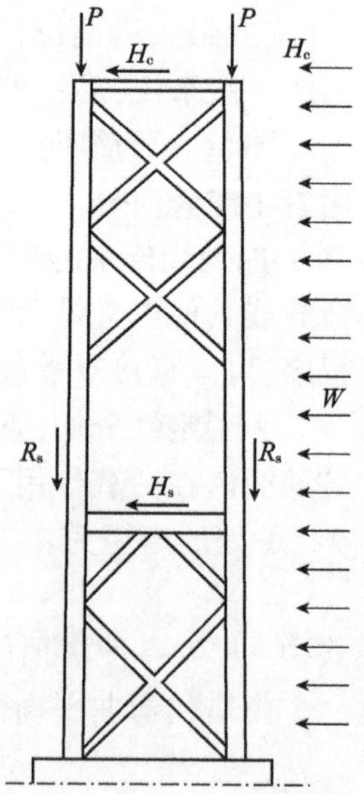


图 16-9　横向荷载作用下桥塔的分析模式

### 16.3.3　主塔的稳定分析

主塔在挂索前和成桥后作用纵向荷载时都有失稳的可能，必须对这两种状态进行稳定验算。在挂索前主塔可看成是一单端固定受自重作用的变截面柱。可将变截面柱问题等效成等截面柱问题来计算。令等效荷载集度为 $q$,等效刚度为 $EI$, 根据 Eular 稳定理论,易得:

$$(qh)_{cr}=\frac{7.837EI}{h^2} \tag{16-40}$$

式中:$h$ ——主塔高度。

在成桥状态下,必须考虑主缆对塔顺桥向失稳的约束作用。在计算中偏安全地将塔自重荷载移到塔顶作为集中荷载,在与主缆竖向分力共同作用下,令其合力为 $P$,根据 16.3.1 节的推导,主塔挠度由式(16-38)表示,当主塔失稳时,$v(x)\to\infty$,因此有:

$$\sin\alpha h-\alpha h\cos\alpha h=0 \tag{16-41}$$

解得:

$$P_{cr}=\frac{\pi^2EI}{(0.699h)^2} \tag{16-42}$$

此式与一端简支,一端固定的压杆临界荷载相一致。

对塔稳定问题更精确的计算,可按第 12 章有限元方法并考虑混凝土徐变、收缩及塔施工初始缺陷的不利因素影响进行求解,否则应在安全系数取值时加以考虑。

## 16.4 悬索桥成桥状态和施工状态的精确算法

确定悬索桥成桥和施工状态的关键是确定主缆在成桥时的线形,也就是在已知基本设计参数和施工方法的前提下,计算主缆与吊索交点位置及主缆与鞍座的切点坐标。

通过研究主缆、吊索、梁、塔等构件的受力特性可知,用先分析吊索恒载轴力,再求主缆平衡位置,最后确定主缆与鞍座切点位置的三步分析方法比较合适。

### 16.4.1 吊索在恒载作用下的轴力计算

吊索是联系加劲梁与主缆的纽带,吊索力可决定加劲梁的内力分配,反过来,加劲梁的受力状态也可确定吊索内力。给定加劲梁恒载受力状态,就可求出吊索轴力。吊索内力确定后,主缆的受力图式可以简化为主缆自重和吊索处作用的集中荷载。

在成桥状态,主缆的线形只有几个控制点的位置已知,因此,不能够通过一般的结构计算来获得吊索力。吊索力的确定一般需要结合具体的施工过程来确定。大部分悬索桥的加劲梁是按先铰接后固结的方法施工的,其吊索的恒载轴力可分为吊装时块件自重引起的轴力和桥面固结后二期恒载作用下根据刚度分配到各吊索上的轴力两部分。因此,一般认为一期恒载全部由吊索传递给主缆来承担,而二期恒载则由主缆和加劲梁共同承担。前者是确定的,只要计算二期恒载引起的那部分吊索轴力即可。

就同样矢跨比的悬索桥而言,均布荷载作用下索形误差对结构竖向刚度的影响较小,大量数值计算也证明了这一点,因此,可假定主缆为二次抛物线。以一期恒载内力为初内力,对结构进行二期恒载的非线性分析,就能计算出二期恒载作用下的吊索力。也可用类似的方法确定用其他方法施工的悬索桥的吊索内力。

### 16.4.2 真实索形的迭代计算

将悬索桥简化成如图 16-10 所示的力学模型。为了寻找主缆变形后在吊索力作用下的平衡索形，将铰支座设置在主、转索鞍的理论交点处，主缆被分割成独立的五部分。它们靠支座的左、右边竖向力和水平力的平衡条件取得联系。弯曲刚度忽略不计，吊索力、索夹自重力都以等效集中力 $P_i$ 方式作用在其相应位置。并注意到计算的是主缆有应力平衡位置，其变形已经完成，因此主缆在计算过程中不伸长。

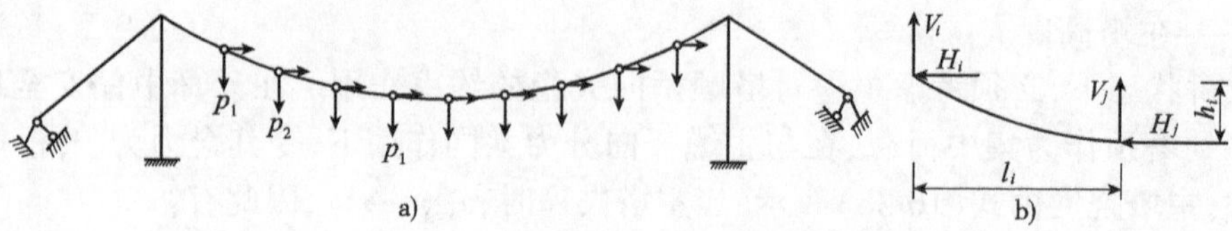


图 16-10　悬索桥索形力学模型简化图

取主缆吊杆间任一段无伸长自由悬索，其竖坐标为 $y$，向下为正，单位缆长重为 $q$，任一点处的 Lagrange 坐标为 $s$ ，相应的迪卡尔坐标为 $(x,y)$，则任意索自由索段端点力与坐标之间的函数关系为：

$$x(s) = \frac{H}{q}\left(\mathrm{sh}^{-1}\frac{V}{H} - \mathrm{sh}^{-1}\frac{V-qs}{H}\right) \tag{16-43}$$

$$y(s) = \frac{H}{q}\left[\sqrt{1+\left(\frac{V}{H}\right)^2} - \sqrt{1+\left(\frac{V-qs}{H}\right)^2}\right] \tag{16-44}$$

吊杆间任一索段都必须满足式(16-43)和式(16-44)，令 $V_i=V, H_i=H$，于是，

$$l_i = \frac{H_i}{q}\left(\mathrm{sh}^{-1}\frac{V_i}{H_i} - \mathrm{sh}^{-1}\frac{V_i-qs_i}{H_i}\right) \tag{16-45}$$

$$h_i = \frac{H_i}{q}\left[\sqrt{1+\left(\frac{V_i}{H_i}\right)^2} - \sqrt{1+\left(\frac{V_i-qs_i}{H_i}\right)^2}\right] \tag{16-46}$$

式中：$l_i$——$i$ 号梁段吊杆间距；

$h_i$——$i$ 号梁段主缆吊点高差。

对仅有垂直吊杆的情况，

$$H_i = H, V_i = V_{i-1} - (P_{i-1} + qs_{i-1}) \tag{16-47}$$

计算中，主缆恒载集度 $q$，中跨吊杆间距 $l_i$ 和矢高 $f$，鞍座上 IP 点坐标均已知，索形计算时先根据抛物线假定预估一个 IP 点处的 $H$ 和 $V$，通过式(16-45)，由 $l_i$ 计算出 $s_i$，通过式(16-46)，由 $s_i$ 计算 $h_i$。最后，$h_i$ 应满足如下几何边界条件：

$$\sum_{i=1}^{m} h_i = f, \sum_{i=1}^{n+1} h_i = \Delta y \tag{16-48}$$

式中：$m$、$n$——分别为左鞍座到跨中的吊杆数和吊索总数；

$\Delta y$——两个主鞍座 IP 点的 $y$ 坐标之差。

如果预估的 $H$、$V$ 不能使式(16-48)成立，设误差向量为：

$$e_f = \sum_{i=1}^{m} h_i - f, e_y = \sum_{i=1}^{n+1} h_i - \Delta y \tag{16-49}$$

实际的 $V$、$H$ 可通过影响矩阵法按如下步骤迭代求解。

(1)索端力产生单位增量,将 $V=V+1$ 和 $H=H+1$ 分别代入式(16-48),计算出相应的 $f$ 和 $\Delta y$ 的增量,从而得到影响矩阵:

$$\boldsymbol{C}=\begin{bmatrix} c_{11} & c_{12} \\ c_{21} & c_{22} \end{bmatrix} \tag{16-50}$$

矩阵式中第一列为 $V$ 引起的 $f$ 和 $\Delta y$ 改变量,第二列为 $H$ 引起的 $f$ 和 $\Delta y$ 改变量。

(2)求出 $V$、$H$ 的修正向量 $[\Delta V \quad \Delta H]^{\mathrm{T}}$。

$$\begin{bmatrix} c_{11} & c_{12} \\ c_{21} & c_{22} \end{bmatrix}\begin{bmatrix} \Delta V \\ \Delta H \end{bmatrix}=\begin{bmatrix} e_f \\ e_y \end{bmatrix} \tag{16-51}$$

(3)修正索端力 $V=V-\Delta V, H=H-\Delta H$,重新计算 $h_i$ 和 $e_f$、$e_y$。

由于方程是非线性的,整个计算可以按(1)~(3)步进行迭代。当式(16-49)的误差值落入收敛范围时,迭代计算结束。这样,不仅得到了 IP 点处真实的 $H$ 和 $V$,而且也得到了每段索的有应力长度 $s_i$ 和吊索作用点的竖坐标 $y_i$:

$$y_i = y_0 + \sum_{k=1}^{i-1} h_i \tag{16-52}$$

根据 IP 点处实际的 $H$ 和 $V$,可计算边跨主缆的成桥索形;根据主索鞍、转索鞍的设计半径,可计算主缆与鞍座的切点坐标;根据吊杆在主缆和桥面上的 $y$ 坐标,可计算吊索在成桥状态的长度。至此,整个悬吊部分的受力与几何形态都被唯一确定。

### 16.4.3 悬索桥施工状态分析

悬索桥施工状态是指从挂主缆开始到成桥各阶段悬索桥的构形和受力状态。确定施工状态主要解决三方面问题:①主缆各索段无应力索长;②空缆状态;③吊梁阶段的结构状态。

1)主缆各索段无应力索长的计算

无应力索长的计算必须从成桥合理状态的有应力索长反算而得。

对固定于 $A(0,0)$、$B(l,h)$ 两点的自由索,易得其方程为:

$$y=\frac{1}{c}\mathrm{ch}(cx+c_1)+c_2 \tag{16-53}$$

式中:

$$\begin{aligned} c &= \frac{q}{H} \\ c_1 &= \mathrm{sh}^{-1}\frac{hc}{2\mathrm{sh}(cl/2)}-\frac{cl}{2} \\ c_2 &= -\frac{\mathrm{ch}c_1}{c} \end{aligned} \tag{16-54}$$

索长:

$$S=\int_s \mathrm{d}s=\int_s\sqrt{1+y'^2}\mathrm{d}x=\frac{1}{c}[\mathrm{sh}(cl+c_1)-\mathrm{sh}(c_1)] \tag{16-55}$$

当 $\left|\dfrac{T(s)}{EA_0}\right| \ll 1$ 时：

$$S_0 = \int_s \left[1 - \frac{T(s)}{EA_0}\right] ds = S - \frac{H}{2EA_0 c}[cl + \text{sh}(2cl + c_1) - \text{sh}(2c_1)] \tag{16-56}$$

根据式(16-55)和式(16-56)可以完成以下计算。

(1)从锚碇到转索鞍索段的索长，根据悬链线索长计算公式可计算有应力索长，扣除成桥索力引起的伸长量便是无应力索长；这一区段内主缆的长度计算比较复杂。因为主缆每一层离开转索鞍的离开点都是不一样的。在计算中先计算出该索段的中心索长，再根据不同层和离开点位置对每一层索长进行修正。

(2)包裹转索鞍索段的索长。根据左、右切点及中心索转索鞍半径，可计算索段的有应力索长。根据成桥状态索段左、右段索的轴力，以及鞍座的实际摩阻系数，可以计算沿鞍座张角变化的索段应力，从而可计算出该索段的伸长量，有应力索长与伸长量之差便得该索段无应力索长。

(3)转索鞍到主鞍切点索段索长，该索段索长应根据桥跨布置来进行计算。

对于单跨悬索桥，该段索长可用悬链线索长计算公式。根据转、主索鞍切点坐标直接计算而得，扣除应力伸长量便得无应力索长。

对于三跨悬索桥，主缆与各吊杆的理论交点均已知，可分段将各吊索间的索段作为悬链线，计算出各段的有应力索长和无应力索长，累加得到该索段的总索长和无应力索长。

(4)包裹主鞍座索段的索长，可仿照(2)进行计算。

(5)中跨主鞍座两切点间索长计算，可参照(3)中三跨悬索桥的索长计算方法计算。

根据桥面高程、鞍座压力等参数，就可以确定塔高、吊索无应力索长等重要构件尺寸。从而完全得到了挂索初态所必需的基本参数。

**【例题】** 如图 16-11 所示，设一主缆跨径 $L = 1\ 490\text{m}$，弹性模量 $E = 2\times10^5\text{MPa}$，面积 $A = 1.03\text{m}^2$，线重度 $q = 78.7\text{kN/m}$，锚固在 $A$、$B$ 两点，在跨中 $C$ 处集中力 $P = 10^3\text{kN}$ 的作用下矢高为 $f = L/10 = 149\text{m}$。计算主缆线形和无应力长度。

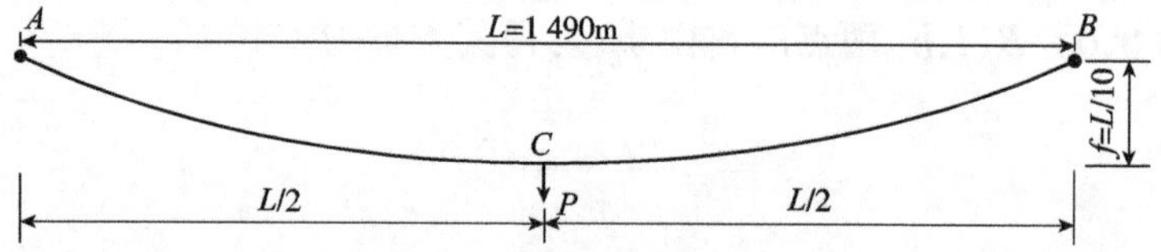


图 16-11　主缆计算简图

(1)主缆的无应力长度

设 $A$ 为坐标原点，向下为正。首先根据抛物线假定预估锚固点 $A$ 处的 $H$ 和 $V$，其中 $s$ 为主缆长度。

$$H = \frac{qL^2}{8f} = 146\ 640\text{kN}$$

$$s = L\left[1 + \frac{8}{3}\left(\frac{f}{L}\right)^2\right] = 1\ 529.733\text{m}$$

$$V = (Sq + P)/2 = 60\ 720\text{kN}$$

由式(16-45)可得：

$$s_i = \left\{V_i - \mathrm{sh}\left[\mathrm{sh}^{-1}\left(\frac{V_i}{H_i}\right) - \frac{ql_i}{H_i}\right]H_i\right\}/q \tag{16-57}$$

然后，按照16.4.2节介绍的计算步骤进行计算，计算结果见表16-1。跨中水平力和竖向力分别为$H_2$和$V_2$，$AC$和$CB$段主缆有应力长度分别为$s_1$和$s_2$，点$A$和点$C$高度差为$h_1$，点$C$和点$B$高度差为$h_2$。

**主缆计算结果** 表16-1

| 迭代步骤 | $H$ (kN) | $V$ (kN) | $s_1$ (m) | $h_1$ (m) | $H_2$ (kN) | $V_2$ (kN) | $s_2$ (m) | $h_2$ (m) | $e_f$ (m) | $e_y$ (m) |
|---|---|---|---|---|---|---|---|---|---|---|
| 1 | 146 640 | 60 720 | 765.494 | 153.349 | 146 640 | -549 | 765.597 | -153.865 | 4.349 | -0.516 |
| 2 | 150 922 | 60 677 | 764.382 | 149.110 | 150 922 | -505 | 764.392 | -149.161 | 0.110 | -0.051 |
| 3 | 151 048 | 60 680 | 764.354 | 149.006 | 151 048 | -500 | 764.355 | -149.010 | 0.006 | -0.004 |
| 4 | 151 055 | 60 680 | 764.353 | 149.000 | 151 056 | -500 | 764.353 | -149.001 | 0 | 0 |
| 5 | 151 056 | 60 680 | 764.353 | 149.000 | 151 056 | -500 | 764.353 | -149.000 | 0 | 0 |
| 6 | 151 056 | 60 680 | 764.353 | 149.000 | 151 056 | -500 | 764.353 | -149.000 | 0 | 0 |

将上述数据代入式(16-53)，可得$A$、$C$两点间主缆的方程为：

$$y = \frac{1}{c}\mathrm{ch}(cx + c_1) + c_2$$

式中：

$$c = \frac{q}{H} = \frac{78.733}{15\ 1056.2}$$

$$c_1 = \mathrm{sh}^{-1}\frac{hc}{2\mathrm{sh}(cl/2)} - \frac{cl}{2} = \mathrm{sh}^{-1}\frac{149c}{2\mathrm{sh}(372.5c)} - 372.5c$$

$$c_2 = -\frac{\mathrm{ch}c_1}{c}$$

对于$AC$段，有应力索长$s_1 = 764.353\mathrm{m}$。

无应力索长$s_0 = s_1 - \dfrac{H}{2EA_0c}[cl + \mathrm{sh}(2cl + c_1) - \mathrm{sh}(2c_1)] = 763.478\mathrm{m}$。

因此，主缆的无应力长度为$2s_0 = 1\ 526.956\mathrm{m}$。

(2)$P$作用前主缆的线形

取$AC$段进行分析，假设集中力$P$作用前锚固点$A$处的$H = 151\ 056\mathrm{kN}$，$V = qs_1 = 60\ 180\mathrm{kN}$，由式(16-57)求出此时$AC$段的有应力索长及$C$点与$A$点的高差$h_1$，代入式(16-55)和式(16-56)，求出无应力索长$s_0$。

然后按以下步骤计算：

(1)由上面计算得到的主缆无应力索长，求得误差$\Delta s_0$，若$\Delta s_0$不满足精度要求则进入下一步。

(2)通过影响矩阵法求得$H$和$V$的改变量，得到$A$点处新的一组$H$和$V$值。

(3)将修正后的$H$和$V$代入式(16-55)和式(16-56)，求出对应的无应力索长$s_0$。

重复上述(1)~(3)步骤,直到误差 $\Delta s_0$ 收敛为止,计算结果见表 16-2。

**$P$ 作用前主缆的线形计算结果**　　表 16-2

| 迭代步骤 | $H$ (kN) | $V$ (kN) | $h_1$ (m) | $s$ (m) | $s_0$ (m) | $\Delta s_0$ (m) |
|---|---|---|---|---|---|---|
| 1 | 151 056 | 60 180 | 146.652 | 763.898 | 763.023 | -0.456 |
| 2 | 150 658 | 60 578 | 148.888 | 764.355 | 763.483 | 0.004 |
| 3 | 150 661 | 60 575 | 148.867 | 764.351 | 763.478 | 0 |
| 4 | 150 661 | 60 575 | 148.867 | 764.351 | 763.478 | 0 |

将 $H=150\ 661\mathrm{kN}$、$h=148.867\mathrm{m}$ 代入式(16-53),即可求得 $P$ 作用前主缆线形的方程。

2)鞍座基准回退量及空索合理状态

鞍座基准回退量是指以满足成桥合理状态的各跨主缆无应力索长空挂于索鞍上,使左、右边空索水平拉力相等时索鞍的移动量。空索合理状态是指在鞍座具有基本回退量时主缆的形状与受力状态。

设想具有一定长度的悬链线挂在圆上,只要圆心位置确定,其平衡状态及水平拉力值也随之而定。改变圆心位置将改变其平衡状态及水平拉力的值。

实桥计算时,索是有应变的,应变量是水平力 $H$ 的函数,水平力一定,索长也就一定,这一问题就与无应变索的问题一致。计算时先根据索的无应变索长 $s_0$ 和水平拉力 $H$,初估一个有应力索长 $s$,用与计算无应变索长平衡相同的方法,计算出相应的平衡位置和水平力 $H$,再反算出对应的无应变索长,与 $s_0$ 相比较,反复修正 $s$ 的长度,直至 $s$ 的无应变索长与 $s_0$ 相等为止。根据这一原理就能精确计算基准回退量,即找出一组适当的鞍座中心位置和水平拉力 $H$,使索鞍两边悬索自由平衡。计算采用数值迭代法,通过图16-12所示流程由电算完成。

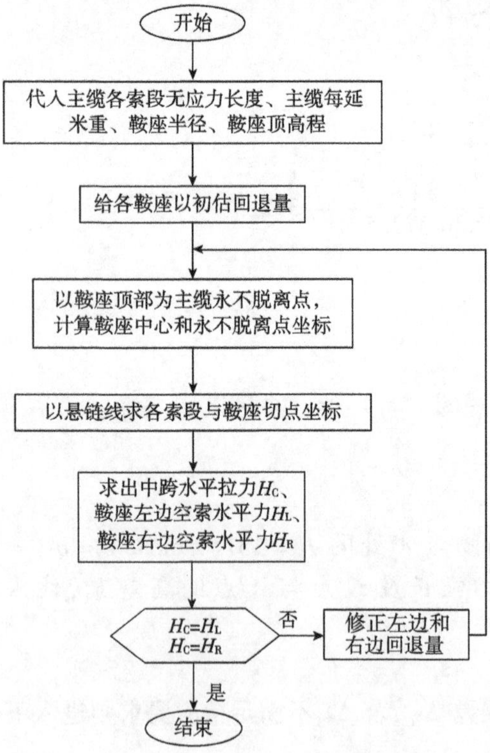


图 16-12　鞍座回退量计算流程图

当然,基本回退量的计算也可由成桥合理状态开始,进行非线性倒退分析。当所有缆上吊重卸除后,鞍座的偏移量就是其基本回退量。

在实际施工时,有时塔顶尺寸不允许鞍座有基准回退量那么大的偏移,柔性塔往往使塔在施工时预拉一水平位移来实现。事实上,挂索时,只要能将各跨算准的无应力索长安装到位,并保证主缆在鞍座上不滑动,基准回退量并不影响最终成桥时达到合理状态。

3)加劲梁安装阶段合理状态的确定

加劲梁的安装步骤是由施工设计确定的。要确定梁体上各块件在每次施工中的确切位置,从几何上讲仍是困难的,为此,可以从成桥合理状态开始,逆施工过程进行非线性倒退分析,计算每一施工阶段剩余结构的状态。

根据前面讨论可知,只要结构材料参数、几何参数是合理的、施工过程中不出现人为误差,从空索合理状态开始吊梁,则全桥加劲梁安装完毕,各块件将相互独立,固结后作用以二期恒载,就可以达到成桥的合理状态。

## 16.5 计算实例

以江阴大桥为例,计算图式如图16-13所示。图中给出了吊索、边跨索夹和加劲梁支座中心线的位置。表16-3给出了各控制点的坐标,坐标原点取在中跨跨中的高程零点处。加劲梁形心处的竖曲线半径为27 708.623m,圆心在中跨跨中南侧(即图16-13中的右侧)138.5m处。

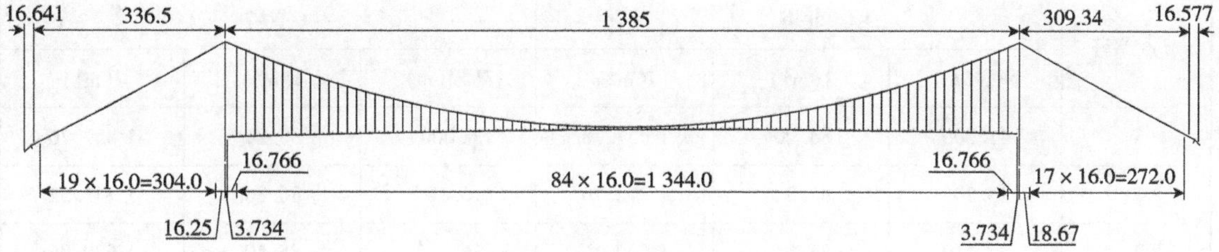


图16-13 江阴长江大桥计算图式(尺寸单位:m)

**主要控制点坐标** 表16-3

| 位置 | 北锚点 | 北散索鞍IP点 | 北塔顶鞍座IP点 | 南塔顶鞍座IP点 | 南散索鞍IP点 | 南锚点 | 中跨主缆跨中 | 中跨加劲梁跨中 |
|---|---|---|---|---|---|---|---|---|
| $x$(m) | -1 045.641 | -1 029.000 | -692.500 | 692.500 | 1 001.840 | 1 018.417 | 0.000 | 0.000 |
| $y$(m) | 19.356 | 34.500 | 196.236 | 196.236 | 46.768 | 31.554 | 64.331 | 60.501 |

主缆的弹性模量$E=2\times10^5$MPa,中跨主缆面积$A=0.965\text{m}^2$,线重度$q=77.451$kN/m(其中主缆自重为75.751kN/m),边跨主缆$A=1.010\ 66\text{m}^2$,$q=81.137$kN/m(其中自重为79.337kN/m),锚跨主缆面积与边跨相同,$q=79.337$kN/m。吊索采用钢丝绳,弹性模量$E=1.4\times10^5$MPa,面积$A=0.008\ 66\text{m}^2$,线重度$q=1.062$kN/m,计算时吊索下锚头锚口至加劲梁形心间按刚臂考虑,这一距离取为1.640m。

加劲梁断面如图16-14所示,弹性模量$E=2.1\times10^8\text{kN/m}^2$,$A=1.045\text{m}^2$,$I=1.724\text{m}^4$,一期恒载$q_1=139.290$kN/m,二期恒载$q_2=41.150$kN/m,刚臂单元的截面特性取加劲梁的100倍。南北主塔相同,为双柱加三道横梁的门式框架钢筋混凝土结构,弹性模量$E=3.5\times10^4$MPa,重度$\gamma=26\text{kN/m}^3$,表16-4列出了主塔节点高程及相应的截面特性,计算时单元的截面特性近似地取上节点处的数值,未考虑横梁重量的影响,也未考虑桩基础的影响。

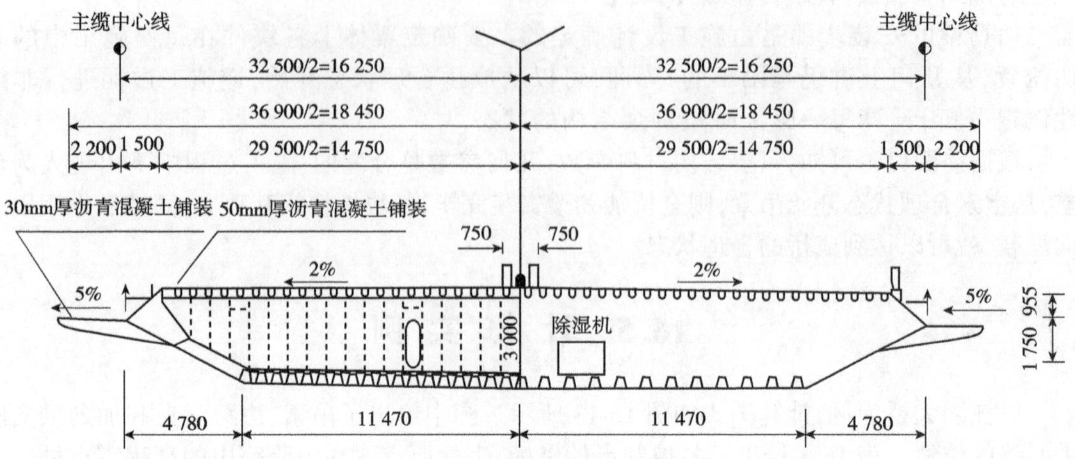

图 16-14　加劲梁断面图(尺寸单位:mm)

**主 塔 参 数 表**　　表 16-4

| 节点编号 | 北塔 | | | 南塔 | | |
|---|---|---|---|---|---|---|
| | 高程(m) | $A$($m^2$) | $I$($m^4$) | 高程(m) | $A$($m^2$) | $I$($m^4$) |
| 1 | 11.000 | 88.20 | 1 857.78 | 6.000 | 88.20 | 1 857.76 |
| 2 | 18.205 | 87.22 | 1 772.76 | 16.187 | 86.86 | 1 741.52 |
| 3 | 25.410 | 86.24 | 1 690.16 | 26.372 | 85.50 | 1 629.86 |
| 4 | 32.615 | 85.26 | 1 609.98 | 36.557 | 84.16 | 1 522.70 |
| 5 | 39.820 | 84.28 | 1 532.18 | 46.742 | 82.80 | 1 419.94 |
| 6 | 61.034 | 81.38 | 1 316.58 | 66.918 | 80.12 | 1 229.20 |
| 7 | 82.248 | 78.50 | 1 120.58 | 87.093 | 77.46 | 1 054.92 |
| 8 | 103.462 | 75.60 | 943.38 | 107.268 | 75.58 | 896.50 |
| 9 | 124.675 | 72.72 | 784.26 | 127.443 | 72.12 | 753.34 |
| 10 | 138.918 | 70.78 | 687.20 | 140.993 | 70.32 | 665.48 |
| 11 | 153.161 | 68.84 | 597.70 | 154.543 | 68.52 | 584.04 |
| 12 | 167.404 | 66.88 | 515.54 | 168.093 | 66.72 | 508.86 |
| 13 | 181.646 | 64.94 | 440.52 | 181.646 | 64.92 | 439.76 |
| 14 | 192.846 | 64.20 | 413.40 | 192.846 | 64.20 | 413.40 |

根据本章介绍的理论方法,完成以下工作:

(1)进行施工状态计算,得到各施工阶段及成桥状态的结构内力。

(2)求出各种状态下的鞍座偏移量、主缆控制点坐标及主缆长度。

1)江阴大桥各施工阶段及成桥状态的结构内力

表 16-5 给出了理想恒载状态求解的结果与设计值的比较,可见二者十分接近。

**理想恒载状态的计算结果比较** 表 16-5

| 位置 | 北散索鞍顶点 | | 北塔顶 | | 南塔顶 | |
|---|---|---|---|---|---|---|
| | $x$(m) | $y$(m) | $x$(m) | $y$(m) | $x$(m) | $y$(m) |
| 设计值 | -1 028.936 962 | 34.404 057 | -692.500 000 | 192.846 000 | 692.500 000 | 192.846 000 |
| 计算值 | -1 028.936 967 | 34.404 054 | -692.500 071 | 192.845 982 | 692.500 064 | 192.845 985 |
| 差值 | 0.000 005 | 0.000 003 | 0.000 071 | 0.000 018 | -0.000 064 | 0.000 015 |
| 位置 | 南散索鞍顶点 | | 主缆跨中 | | 主缆四分点附近 | |
| | $x$(m) | $y$(m) | $x$(m) | $y$(m) | $x$(m) | $y$(m) |
| 设计值 | 1 001.776 537 | 46.672 337 | -0.000 011 | 64.332 048 | -352.000 000 | 352.000 000 |
| 计算值 | 1001.776 542 | 46.672 334 | 0.000 000 | 64.331 000 | -352.000 012 | 351.999 995 |
| 差值 | -0.000 005 | 0.000 003 | -0.000 011 | 0.001 048 | 0.000 012 | 0.000 005 |
| 位置 | 加劲梁北四分点附近 | | 加劲梁跨中 | | 加劲梁南四分点附近 | |
| | $x$(m) | $y$(m) | $x$(m) | $y$(m) | $x$(m) | $y$(m) |
| 设计值 | -352.000 000 | 56.507 427 | 0.000 005 | 60.502 659 | 352.000 000 | 60.026 660 |
| 计算值 | -351.999 996 | 56.507 476 | 0.000 000 | 60.503 056 | 352.000 002 | 60.026 968 |
| 差值 | -0.000 004 | -0.000 049 | 0.000 005 | -0.000 397 | -0.000 002 | -0.000 309 |

表 16-6 给出了主缆水平力、吊索索力及加劲梁最大弯矩。

**理想恒载状态的计算结果比较** 表 16-6

| 计算状态 | | 主缆水平力(MN) | 吊索最大拉力(MN) | 加劲梁最大弯矩(MN·m) |
|---|---|---|---|---|
| 空缆状态 | | 150.8 | — | — |
| 一期恒载 | 加劲梁未刚接 | 413.4 | 271.8 | -5.341 |
| | 加劲梁已刚接 | 413.6 | 272.9 | -13.429 |
| 成桥状态 | | 480.1 | 301.7 | 4.780 |

注:表中主缆和吊索索力以受拉为正,加劲梁弯矩以下缘受拉为正。

图 16-15 给出了加劲梁在一、二期恒载作用下的弯矩图,包括加劲梁铰接和刚接时的情况。

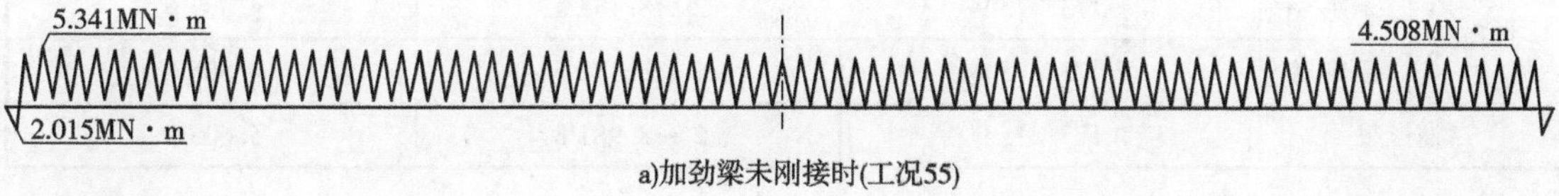


a)加劲梁未刚接时(工况55)

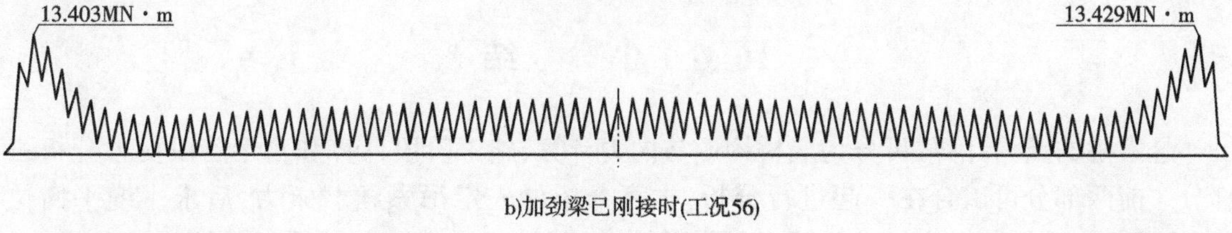


b)加劲梁已刚接时(工况56)

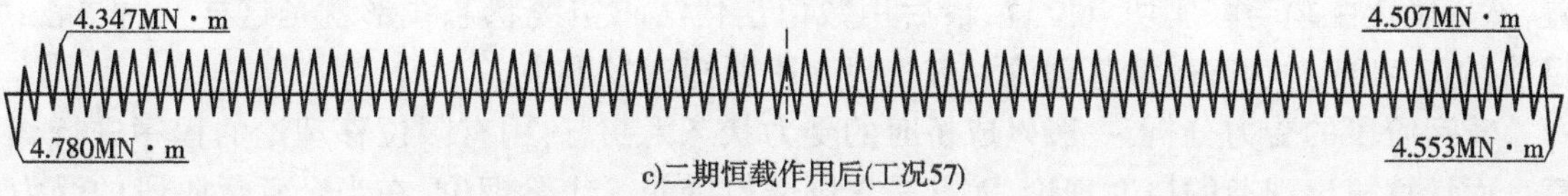


c)二期恒载作用后(工况57)

图 16-15 加劲梁在一、二期恒载作用下的弯矩图

2)江阴大桥各种状态下的鞍座偏移量、主缆控制点坐标及主缆长度

表 16-7 给出了鞍座的偏移量,塔顶鞍座偏移量是鞍座与主塔固结时的结果,表 16-8 给出了主缆控制点,表 16-9 给出了主缆中心处的长度。

**各种状态下的鞍座偏移量** 表 16-7

| 鞍座 | | 北散索鞍(rad) | 北塔顶鞍座(m) | 南塔顶鞍座(m) | 南散索鞍(rad) |
|---|---|---|---|---|---|
| 空缆状态 | | 0.008 875 | −1.162 9 | 1.023 6 | −0.008 893 |
| 一期恒载 | 未刚接 | 0.001 789 | −0.175 1 | 0.160 2 | −0.001 787 |
| | 已刚接 | 0.001 787 | −0.175 0 | 0.160 2 | −0.001 792 |
| 二期恒载 | | 0.000 001 | −0.000 1 | 0.000 1 | −0.000 001 |

**各种状态下主缆控制点坐标** 表 16-8

| 控制点位置 | | | 北边跨跨中 | 中跨跨中 | 南边跨跨中 |
|---|---|---|---|---|---|
| 空缆状态 | | $x$(m) | −859.268 0 | −0.065 9 | 845.935 8 |
| | | $y$(m) | 108.400 1 | 74.136 2 | 115.623 8 |
| 一期恒载 | 未刚接 | $x$(m) | −860.678 6 | −0.013 8 | 847.116 1 |
| | | $y$(m) | 112.377 3 | 66.138 6 | 118.976 8 |
| | 已刚接 | $x$(m) | −860.678 6 | −0.012 6 | 847.116 1 |
| | | $y$(m) | 112.377 6 | 66.139 2 | 118.976 8 |
| 二期恒载 | | $x$(m) | −860.749 9 | 0.000 0 | 847.170 0 |
| | | $y$(m) | 112.715 0 | 64.332 0 | 119.261 1 |

**各种状态下主缆中心处长度** 表 16-9

| 比较项目 | | 无应力长度(m) | 形状长度(m) | 弹性伸长量(m) |
|---|---|---|---|---|
| 空缆状态 | | 2 173.375 9 | 2 175.131 5 | 1.755 6 |
| 一期恒载 | 未刚接 | 2 173.375 9 | 2 178.183 5 | 4.807 6 |
| | 已刚接 | 2 173.375 9 | 2 178.182 5 | 4.806 6 |
| 二期恒载 | | 2 173.375 9 | 2 178.981 8 | 5.605 9 |

## 16.6 小　　结

悬索桥的结构计算,可分为成桥构形与内力计算、施工阶段计算和营运阶段受力分析三部分。前两部分可以合在一起进行分析,本章介绍的先定吊索恒载索力,后求主缆平衡位置,然后确定主缆与鞍座切点位置,最后用数值迭代法求空缆状态线形就是这样一种方法。目前,施工和成桥状态的计算理论和方法仍在不断探索发展中。

营运阶段的受力分析,一般以成桥时的受力状态为初态,用有限位移理论的程序进行计算。而计算机出现前的挠度理论,尤其是李国豪教授的等代梁理论,在当今营运阶段的受力分析中仍有十分重要的作用,可以作为我们验证数值计算结果的依据。

## 思 考 题

1. 设计悬索桥索塔刚度要注意哪些问题。

2. 根据所学知识,写出计算双塔单跨悬索桥主缆无应力索长及各股长度的计算流程。

## 本章参考文献

[1] 李国豪. 桥梁与结构理论研究[M]. 上海:上海科技文献出版社, 1983.

[2] 李国豪. 桥梁结构稳定与振动[M]. 北京:中国铁道出版社, 1992.

[3] 肖汝诚,项海帆. 大跨径悬索桥结构分析理论及其专用程序系统的研究[J]. 中国公路学报,1998(4).

[4] 肖汝诚. 确定大跨径桥梁结构合理设计状态的理论与方法研究[D]. 上海:同济大学, 1996.

[5] 严国敏. 现代悬索桥[M]. 北京:人民交通出版社, 2002.

[6] 肖汝诚. 桥梁结构分析及程序系统[M]. 北京:人民交通出版社,2002.

[7] 贾丽君. 大跨度悬索桥体系及其性能研究[D]. 上海:同济大学, 2009.

[8] Niels J Gimsing. Cable supported bridges concept & design[M]. 3rd ed. JOHN WILEY&SONS Ltd, 2012.

# 第 5 篇　桥梁施工控制理论

# 第17章

# 现代桥梁的施工控制

## 17.1 概　　述

古代在满堂支架上砌筑石拱桥时,工匠们已经认识到通过设置预拱度来抵消落架时拱圈在恒载作用下的压缩变形,以达到设计要求的拱轴线形。设置预拱度使拱圈轴线长度在制作时有所加长,其中已包含了在支架上进行"零应力制造"的思想。19 世纪静定体系悬臂钢桁架桥施工中,在杆件制作时也采用了零应力制作的概念,即将压杆加长、拉杆缩短,以体现设置预拱度的目的。

对于斜拉桥这样的高次超静定桥梁,要经过多个施工步骤,才能达到最后成桥状态。采用不同的施工步骤,得到不同的成桥状态。这就提出一个问题,施工中每个步骤达到什么状态,才能保证成桥后达到理想的设计成桥状态。为解决上述问题,德国的 F. Leonhardt 教授提出倒退分析方法。它的基本思想是:在成桥结构理想初始状态下,按前进分析的逆过程,对结构进行倒拆,分析每次拆除一个施工段对剩余结构的影响。按倒退分析得出的结构位移和内力状态便是各个阶段的理论施工状态,从计算结果中既得到了各构件的零应力制造线形,同时也得到了各阶段的安装位置。

由于大跨度桥梁施工步骤多,工艺复杂,在施工过程中出现一些误差是不可避免的,误差的不断累计将造成成桥时桥梁的受力状态或变形状态远远偏离设计确定的理想状态。这就提出了在施工过程中出现误差后如何进行调整的需求,以保证最后达到的成桥状态累计误差在允许范围之内。从 20 世纪 80 年代起,随着斜拉桥建造数量的增加,日本工程师运用现代控制理论,提出了理论分析与现场实测相结合的反馈施工控制系统,以控制和调整误差。

我国从 20 世纪 80 年代起开始大量建造斜拉桥,且多为预应力混凝土斜拉桥,由于混凝土的结构参数误差比钢的参数大,使施工中误差控制问题尤为突出。同济大学首先提出通过在施工过程中识别结构参数并不断修正计算模型参数的"自适应桥梁施工控制"思路。此后,很多学者对施工控制问题进行了研究,主要是斜拉桥的理想成桥状态、误差出现后的调整量计算方法、参数估计的各种算法,探索了从简单的手动到自动化的现场实测方法,逐渐形成了系统的自适应反馈施工控制方法。

20 世纪 90 年代,随着超大跨度钢斜拉桥的出现,考虑到钢构件的参数误差较小、而长拉索的几何形状(垂度)变化较大的情况,法国在 Normandy 桥施工中首次将拉索分段模拟以精确控制几何线形变化的思路,即所谓的"精确几何控制法"。

现代施工控制工作的基本工具是结构施工过程分析软件,施工控制方法的发展得益于计算机有限元软件的进步,特别是结构分析软件可视化大大方便了桥梁施工过程的模拟。

## 17.2 现代系统控制基本原理

控制理论作为一门技术科学,是随着导弹制导要求提出的,导弹的特点是其发射后在飞行过程中要对其飞行状态进行调整,从而精确击中目标,而以往的炮弹射出后就任其自己飞行,不进行控制。从 20 世纪 40 年代到 50 年代末,形成了经典控制理论。50 年代后期,随着计算机和数字计算技术的出现,贝尔曼(Bellman)等人提出使用状态空间法,1960 年卡尔曼(Kalman)在控制系统的研究中成功地应用了状态空间法,并提出了可控性与可观测性的新概念,于 1960 年前后开始形成现代控制理论。控制技术很快由军工领域转移到其他行业,甚至社会管理领域。本节介绍一些系统控制的概念,以帮助读者对后续章节桥梁施工控制的理解。

### 17.2.1 控制系统

1)离散型系统的状态空间表达式

系统的状态就是指系统的过去、现在和将来的状况。当系统的所有外部输入已知时,为确定系统未来运动所必要与充分的信息的集合叫做系统的状态。

线性离散时间系统在控制下运动,一般的状态表达式为:

$$\boldsymbol{x}_k = \boldsymbol{\phi}_{k,k-1}\boldsymbol{x}_{k-1} + \boldsymbol{P}_{k,k-1}\boldsymbol{U}_{k-1} + \boldsymbol{W}_{k-1} \tag{17-1a}$$

它表示系统在控制向量 $\boldsymbol{U}_{k-1}$ 的干预下,系统状态从 $\boldsymbol{x}_{k-1}$ 转移到 $\boldsymbol{x}_k$,$\boldsymbol{x}$ 为状态向量,$\boldsymbol{W}_k$ 为系统误差,如果没有系统外部干预将按照自己的规律变化。$\boldsymbol{\phi}_{k,k-1}$ 为系统转移矩阵,表征系统从前一状态到后一状态自身的转移规律,$\boldsymbol{P}_{k,k-1}$ 为控制转移矩阵,表征控制干预手段与系统状态之间的关系。

为了对系统进行控制,必须对系统的状态进行观测,有时系统状态不能直接被观测到,需要用间接指标推测状态,所以观测方程为:

$$\boldsymbol{Z}_k = \boldsymbol{H}_k\boldsymbol{x}_k + \boldsymbol{V}_k \tag{17-1b}$$

式中:$\boldsymbol{Z}_k$——观测输出向量;

$\boldsymbol{V}_k$——观测误差;

$\boldsymbol{H}_k$——观测转移矩阵,表征了系统状态与可观测的指标之间的关系。

上述方法可以用于表达任何系统的运行,但是,要赋予表达式一定的物理意义,有些系统的运行是比较容易表达的,但是很多复杂的系统尚未找到其变化规律,或者其规律太复杂,无法总结成数学表达式。桥梁施工系统就是一个非常复杂的系统,系统运行规律是我们所知的力学关系,控制手段是我们所知的施工措施,但是桥梁施工系统是一个高度时变的系统,系统中的力学问题尚未完全把握,同时观测的手段也有限,所以存在一定的控制困难,具体就体现在桥梁施工完成时的误差还比较大。

2)系统的可控性与可观性

任何系统的运行都可以用上述的状态空间表达式来表示。但是,并不是任何系统都能被控制,也就是说,系统的运行结果并不能在控制量的干预下达到希望的状态。因此,存在系统的可控性,定义为,给定一个系统和某一特定的初始状态 $x_0$,如果在控制函数 $U_0$ 的作用下,能将系统的状态引向终了状态 $x_1$,则称系统在 0 阶段的状态 $x_0$ 为可控的。如果系统的任意状态都是可控的,则称系统是状态完全可控的,简称系统是可控的。

为了控制系统状态,状态必须能被观测到,但是并不是所有状态均为可观的,因此存在可观性,定义为:

如果在一个有限的时间间隔内,系统的初始状态 $x_0$ 可以根据输入 $U_0$ 及所观测的输出 $Z_0$ 唯一地确定,则称系统的状态 $x_0$ 为可观测的。如果系统的任意状态都可观测,则称系统是状态完全可观测的,简称系统是可观测的。

系统的可控性与可观性是实现系统控制的必要条件。任何系统都有它自身运行的规律,只有找到了这个规律,系统才能可控,也就是要找到控制的手段 $U$。桥梁施工控制也是这样,只有能准确把握桥梁施工过程中每个工况之间的转化规律,以及找到能够干预工况转换的手段,才能对施工状态进行控制,最终使桥梁达到我们希望的成桥状态。但是桥梁的施工状态之间的转化规律还没有完全被掌握,比如徐变规律、非线性影响、系统的滞后效应等,系统状态的观测手段也不完全有效,目前只能通过位移、应变等有限的手段判断结构的受力状态。因此,施工控制最终需要解决的问题是如何准确计算结构在施工过程中的受力状态,同时寻找既方便又准确的检测手段,在此基础上使用一套好的控制对策。

## 17.2.2 最优控制系统基本原理

1)最优控制的定义

所谓系统控制就是要让系统在外界干预下,从一个状态转移到另一个状态,最终达到设定的目标状态。最优控制是常用的控制方法,其思路是用最小的干预量,达到最好的效果。这可以表达为:

$$\boldsymbol{V}_N = \min\left\{\frac{1}{2}\sum_{j=1}^{N}\left(\boldsymbol{x}_j^{\mathrm{T}}\boldsymbol{W}_j^{x}\boldsymbol{x}_i + \boldsymbol{U}_{j-1}^{\mathrm{T}}\boldsymbol{W}_{j-1}^{\mathrm{V}}\boldsymbol{U}_{j-1}\right)\right\} \tag{17-2}$$

式(17-2)是一个优化公式,$\boldsymbol{V}_N$为优化目标,$\boldsymbol{W}_j^x$ 为价值矩阵,表示状态向量到优化目标的转移关系,$\boldsymbol{W}_{j-1}^{\mathrm{V}}$为控制向量到优化目标的转移的价值矩阵,其目的是求出达到优化目标时每步的最小干预量 $\boldsymbol{U}_{k-1}$。比如桥梁施工控制系统,要求最终达到设计理想状态,同时也要求每一个施工状态与预计的状态接近,施工中需要调整的措施最少。

最优目标可以根据具体系统的物理意义来设置,主要有两种类型。

(1)最优化镇定(调节)系统,能以最小的误差维持平衡状态的系统。

(2)最优随动(跟踪)系统,能以最小的误差跟踪目标、希望轨迹或控制输入的系统。

桥梁施工控制系统即为最优跟踪系统,在建立了施工全过程每一步的目标后,希望桥梁的实际施工状态,在每一步均尽可能与控制目标值接近。

2)最优控制系统需解决的问题

从上述系统状态与最优控制的定义出发,需要解决以下几个方面的问题:

(1)控制方法。控制的目的是,给定一个系统,已知系统的状态和输入控制措施之间的关系,找出为实现某种要求的目标而改变状态所需要的控制量。根据控制措施是否为系统状态的函数,可以定义两类控制系统:如果是,系统是闭环控制系统;如果不是,是开环系统。

(2)状态估计。系统的状态通过测量手段获得,但是任何测量均有误差,如式17-1b)所示,对于给定的已知系统,测量到的观测值反映的是受测量误差影响了的系统状态。如果系统误差和观测误差的统计参数都知道，通过观测值确定的系统状态称为系统的“最优”估计状态。

(3)随机控制。问题1和问题2相结合就形成随机控制问题。如果测量数据够多，桥梁施工控制系统可以设计为随机控制系统。但是，大量的现场测量是有很大困难的，因此目前在桥梁施工控制系统中，通常的做法是将状态估计本身按随机处理，而得到最优状态后，按确定性方法进行控制量计算。

(4)参数估计。在许多系统中，系统的结构已知，但是系统参数是环境的函数，为此，控制过程中必须估计这些系统参数。对于给定的系统，如果系统结构预先了解，系统误差和测量误差的统计特性也已知，根据确定的控制措施量值和测量得到的系统反应值，可以估计系统某些参数的最优估计值。

(5)自适应控制。将问题1到4结合起来就形成自适应控制问题。其基本思路是假定系统结构已知，但是参数不一定准确，先通过参数估计方法确定系统合适的参数，在估计真实参数的基础上再对系统后续运行进行控制。

最优控制理论主要应用在工业自动控制领域，很多具体问题均有成熟的控制算法，可以保证系统的自动运行。但是，桥梁施工系统是一个高度时变的复杂系统，不但参数变化，而且系统的维数也不断变化，因此，桥梁施工控制系统尚没有能表征施工全过程的自动控制算法，目前，桥梁施工控制系统只是借鉴了自动控制系统的某些思路。

### 17.2.3 优化问题的求解

从前述的系统控制问题可以看出，无论是最优控制量计算、系统状态估计、系统参数估计均建立在优化问题的求解基础上。

最优化问题是研究怎样以最优可能的方式来做事情，它在控制理论的各方面均有应用。如果一个最优化问题的解不随时间变化，这个最优化问题被称作“静态最优或非线性规划”，对于一个物理系统，模型必须非常精确地逼近系统的实际状态，以便让所获得的解接近或越来越接近最优。描述利益的方程称之为“目标函数”，通常又叫做价值函数和性能函数，对于特殊的情况，当系统模型和目标函数二者都是线性方程组时，称之为“线性规划问题”。

在存在着物理意义的最优化问题中，问题的解必须满足模型所描述物理系统的条件，使目标函数达到极大或极小。这类问题称为“有约束最优化问题”，约束可以进一步分类为“等式约束”或“不等式约束”。在某些情况下，没有约束条件的一类问题(仅有目标函数)，通常称为“无约束优化问题”。

1)非线性规化问题的定义

非线性规化问题可以表达为：

$$\begin{aligned} &\min_{x} f(x) \\ \text{subject to}\quad & g_i(x) = 0; i = 1,2,\cdots,m < n \\ & h_j(x) \geqslant 0; j = 1,2,\cdots,r \end{aligned} \tag{17-3}$$

这里 $x=[x_1 \quad x_2 \quad \cdots \quad x_n]^{\mathrm{T}}$，$f$、$g_i$与$h_i$是可微函数。我们希望从满足所有$m$个等式$g_i(x)=0(i=1,2,\cdots,m<n)$和$r$个不等式$h_j(x)\geqslant 0(j=1,2,\cdots,r)$当中找到那样的特定集合(或多个，因为问题的解可以不唯一)$[x_1^* \quad x_2^* \quad \cdots \quad x_n^*]$，函数$f(x)$在其上取

得极小值。注意，$m$（等式约束数）必须小于$n$（变量数）；如果$m \geqslant n$，问题叫做“无解”，因为，这时候对最优化问题没有“自由度”了，自由度的大小是由$n-m$来确定的。

2）线性规化问题的定义

非线性规化问题中最重要的特殊形式线性规化可以表达为：

$$\begin{gathered}\min_{x} c^{\mathrm{T}} x \\ \text{subject to} \quad Ax \leqslant b \\ x_j \geqslant 0; j=1,2,\cdots,n\end{gathered} \tag{17-4}$$

这里$c$和$x$是$n$维向量，$b$是$m$维向量，$A$是$m \times n$矩阵。其物理意义也是在满足限制条件的情况下，找到一组$x^*$，使目标函数在其上取得最小值。

3）优化问题的求解方法

优化问题的求解是数学研究的一个专门分支，简单的目标函数可以得到解析解。但是对于多维的目标函数，无法求得解析解，只能采用搜索的方式求得数值解，一般要借助于计算机进行。为提高搜索效率，有很多缩小搜索范围的算法，已经成为标准算法。提高优化搜索效率问题仍然是应用数学领域的研究对象。

求解非线规化问题的常用方法有：

（1）一维搜索法；

（2）无约束梯度法；

（3）约束梯度法；

（4）罚函数法。

线性规划问题求解的常用方法是单纯形算法。

## 17.3　现代桥梁施工控制的总体思路

### 17.3.1　现代桥梁施工控制的目的与内容

1）桥梁施工控制的目的

大型桥梁，尤其是大跨径斜拉桥等高次超静定结构，理想的几何线形与合理的内力状态是相互关联的，设计时可以通过优化方法得到成桥时的最优状态，这就成为桥梁建造的最终目标，也是施工控制的努力方向。

桥梁的施工方案一般是根据桥梁建设的条件而选定的，在成桥理想状态确定后，可以采用多种施工方案，但是不管采用哪种方案，施工的结果都必须达到成桥理想状态。通过适当的算法，例如优化分析，可以计算出不同施工方案在每个施工步骤必须达到的状态。理论上通过多个施工状态的转换后，必然达到最后的成桥理想状态。但是施工误差和无法事先考虑的因素不可避免，多个施工状态误差的累积，将导致成桥状态的偏离。如何通过对施工过程的控制，在建成时得到预先设计的应力状态和几何线形，仍然是大跨度桥梁施工中非常关键和困难的问题。

施工控制的目的是：通过在桥梁设计过程中确定合理的成桥及施工目标，在施工过程中减小误差数量最大程度地达到成桥理想状态。同时，施工控制的结果为大型桥梁实行长期监测提供原始依据，是桥梁运营状态监测的起点。

在现场对施工中的结构进行状态监测，原本是施工控制中决定控制措施的一项辅助措施,实际操作证明,其数据也成为避免出现意想不到的极端施工事故的有力参考信息之一。虽然目前的监测手段仍然不很完善,但是其结果仍然能对意外事故起到预警作用。在某些桥型的施工中控制的重要性不很明显,但监测工作成为主要内容,其目的就是要保证施工安全,例如在大型拱桥施工中对稳定性的监控。

2)桥梁施工控制的内容

根据以上分析的施工控制的目的,施工控制概括起来包括以下两方面的内容:

(1)理论计算确定控制目标

根据选定的施工方法对施工的每一个阶段进行理论计算,求得各施工阶段施工控制参数的理论计算值,形成施工控制文件。文件包含下列内容:

①成桥时的理想控制目标值,包括线形和内力目标,例如:主梁高程、主塔垂度、斜拉索索力等。

②每个施工步骤中的分步控制目标值,例如:每个施工阶段主梁的高程、斜拉索张拉力等。

③成桥及施工过程中各目标值的精度标准。

(2)施工现场跟踪实际操作保证目标的实现

针对实际施工过程中由于种种因素所引起的理论计算值与实测值不一致问题,采用一定的方法在施工中加以控制。包括下列工作内容:

①现场对每个施工阶段的结构状态进行监测,获得结构行为的实测值,与施工控制文件中的理论值对比。

②当实测值与理论值偏差较大时,对实际结构进行调整,尽量保证每个施工阶段目标的实现。

③根据已经施工的结构行为调整施工阶段控制目标值,使之更加合理。

### 17.3.2 现代桥梁施工控制的各种思路

大型桥梁的施工工序多且复杂,在现代控制理论出现以前,人们对系统的概念没有一个总体的认识,只是从不同的角度去减小误差,这体现在两方面。一是提高计算的精度,这反映在结构有限元理论的发展上,在通用有限元理论的基础上,桥梁工程师针对桥梁施工的特点开发了可以模拟施工过程的有限元软件。另一方面在出现误差后纠正误差,提出了很多纠正误差的算法。随着现代控制理论及计算机技术的发展,日本学者首先引用的现代控制理论的算法被用到桥梁施工控制中来,建立了综合施工控制系统。我国学者在20世纪90年代也对施工控制系统进行了系统的研究。

目前,工程界应用的控制方法和理论很多,如"卡尔曼滤波法"、"最优控制法"、"灰色预测法"、"人工神经网络法"、"无应力状态法"、"最小二乘法"、"精确几何控制法"等,这些理论有些是从自动控制中来的,有些是桥梁工程师根据力学概念提出的。如果从系统的角度分析,这些都是控制系统中的一个部分,大部分是关于出现误差后如何调整的,都不是指导施工全过程的控制方法或思路。从现代控制理论角度出发,桥梁施工的误差控制可以看成一个控制系统,它含有控制问题的各个方面,比如控制目标设置、控制措施的选择与定量、施工中桥梁受力状态的估计、结构参数估计等。桥梁施工控制类似于自动控制中的随动(跟踪)控制问题,但是桥梁施工控制的特殊性是每个工况只能出现一次,所谓施工循环,也只是类似条件的重现,且桥梁施工控制必须关心已经施工完成的梁段，不能只关心最后合龙不出现高差，因此目前尚不存在一种算法，像导弹的制导一样，用一种系统的算法从施工开始一直控制到成桥。控制理论在桥梁施工中的应用目前还只是控制思路和局部算法上的应用。

类似于前述控制系统原理，可以将桥梁施工控制的总体思路分为三种类型：开环控制，反馈控制和自适应控制。近年来在自动控制领域出现了一些新的控制思路，如灰色预测控制、人工神经网络等，也被尝试应用到桥梁施工控制中来。

1）桥梁施工的开环施工控制

对于较简单的桥型施工，一般按设计中估计的预拱度施工，施工完成后的结构就基本上能达到设计所要求的线形和内力。这就是一个开环的施工控制过程，因为施工过程中控制是单向的，并不需要根据结构的反应来改变施工中的预拱度，如图 17-1 所示。

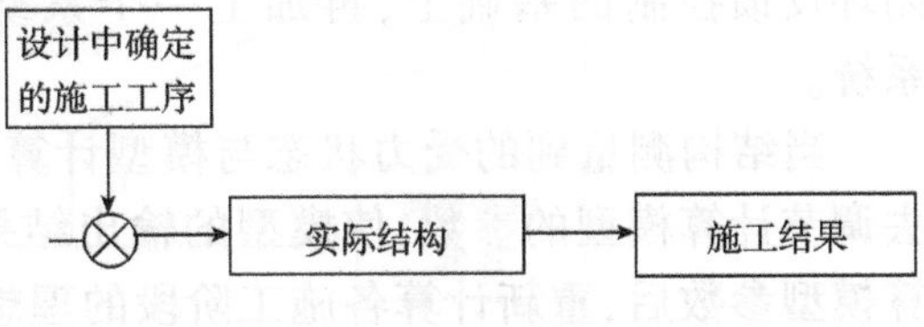

图 17-1　开环控制基本原理

对于早期的钢斜拉桥的施工，从理想的成桥状态通过施工过程的倒退分析，求得每个施工阶段主梁高程和索力，在施工过程中按这样的高程和索力安装，理论上即可达到理想的成桥状态，这也是一个开环控制过程。在各部件的制造和安装精度很高，且对结构的力学特性完全掌握的情况下，这种方法是可行的、方便的，钢桥的部件制造基本可以达到以上的要求。

大跨度的组合体系拱桥、悬索桥等桥型，由于施工中没有重复循环的过程，因此不可能根据实测值调整施工目标，所以施工的目标值在桥梁施工前必须预定下来，不得不采用开环控制的策略。

2）桥梁施工的反馈控制

如果施工状态和理想状态之间存在误差，随着施工过程的进展，误差积累，以致到施工结束时结构的线形和内力远远地偏离了理想的成桥状态。特别对于预应力混凝土斜拉桥，施工中的精度保证相对较低，完全按设计预定的高程和索力施工，很难得到满意的成桥状态。

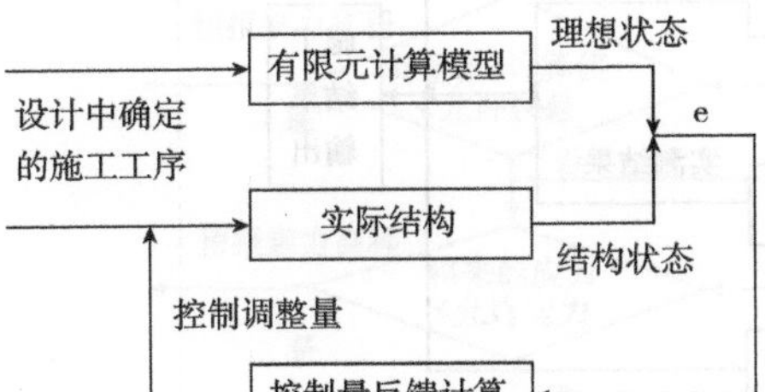

图 17-2　反馈控制基本原理

在出现误差之后就必须及时地纠正，而纠正的措施和控制量的大小是由误差经反馈计算所决定的，这就形成了一个闭环反馈控制过程，如图 17-2 所示。

实施反馈控制需要系统可控，也就是有干预结构状态的手段，桥梁施工中对结构形状和内力状态进行调整的措施主要有：①斜拉索的张拉力；②以后新增构件的高程增量；③预应力索的张拉力。施工现场进行力的控制调整比较困难，比如千斤顶的张拉读数控制精度比较低，测力需要比较复杂传感器，如果将力的控制转换为位移或张拉引伸量控制则比较容易操作，“精确的几何控制法”就是将张拉力控制量转化为引伸量控制的反馈控制。

反馈控制适合于结构参数本身比较准确的桥梁，比如钢斜拉桥。

3）桥梁施工的自适应控制

对于施工中每个工况的受力状态达不到设计所确定的理想目标的重要原因是有限元计

4)桥梁施工误差的其他控制思路

(1)灰色预测法

灰色系统是信息不完全、不确定的系统。20 世纪 90 年代,灰色系统理论被应用于大跨径桥梁的误差预测控制中。灰色系统理论是以灰关联空间为基础的分析体系,它以现有信息或原始数列为基础,通过灰过程及灰生成对原始数列进行数据加工与处理,建立灰模型(GM 模型)体系,来预测系统未来的发展变化。即通过前期和目前桥梁状态,如主梁高程等的测量值与计算值之间的误差,结合结构原有的系统关系,估计系统误差未来的发展规律,确定对现在误差的调整量,其最大特点是应用灰色模型而不是对系统内各项因素的分项分析。

从上述的灰色系统原理看,灰色控制不追求模型本身的问题,而是从总体误差上进行控制,只关心控制的最终结果,是反馈控制的一种变化应用。而桥梁施工控制是随动控制问题,必须关心所有施工历程和结果,所以灰色理论不太适合桥梁施工控制。

(2)人工神经网络法

人工神经网络(BP 网络)通过对若干样本的自学习,建立网络输入变量与输出变量之间的全局非线性映射关系,通过测试信息进行参数估计,进而推论其他未知信息输入下系统的输出。这与上述的自适应思路类似。

由于神经网络具备对包含某些随机因素和误差,甚至个别数据存在明显的不符合普遍规律的情形等样本的鉴别能力,网络的输出并非要求严格地等于各样本的期望输出,而是寻求对全部样本数据均有较好响应的非线性映射关系,因此该法具有鲁棒性。

将人工神经网络技术用于大跨径桥梁的施工控制是一种新的思路,其具体应用方法还有待于进一步研究。

## 17.4 设计阶段与施工控制相关的工作

施工控制的数据准备工作在设计阶段就开始了,要得到施工控制用的数据,需要进行三个方面的工作:确定成桥后的理想受力状态,根据成桥状态确定施工中的控制目标,对施工中误差影响进行分析。前两项国内外已经进行了大量研究,最后一项日本有相应的文章报道,但是尚待进一步研究。所有上述分析必须建立在桥梁施工过程模拟分析的基础上,尽可能准确地模拟施工过程。

### 17.4.1 施工过程模拟计算方法

施工过程模拟计算是桥梁施工控制系统的基础,现在一般用有限元法进行。

1)计算软件的基本功能

在基本有限元计算的基础上,通过软件的前后处理可以进行节段拼装、拆除、预应力钢筋张拉、结构体系转换、斜拉索或吊杆张拉、混凝土收缩徐变效应等各具体施工过程的详细模拟计算。国内的桥梁专用软件一般已经具备上述功能,程序的核心多为平面杆系有限元。近年来桥梁结构分析软件发展迅速,国外已经基本实现了空间有限元核心,且大部分可以进行混合单元的计算,对桥梁的不同构件采用不同类型的单元模拟。例如桥墩塔柱用空间梁单元、桥面用板壳单元、斜拉索吊杆用索单元等。我国目前桥梁专用分析软件可以进行空间梁系的分析。

2)非线性因素的考虑

对于超大跨径桥梁,结构的柔性增大,因此计算中应考虑几何非线性的影响,对于斜拉桥主要必须考虑索的垂度的影响和梁柱效应,对于悬索桥必须考虑大位移影响。由于施工控制中结构的应力状态一般处在低水平,所以材料非线性无需考虑。早期拉索采用一个单元模拟,垂度影响采用修正弹性模量考虑,目前采用几何非线性的索单元或者多段桁架单元模拟,垂度影响通过几何非线性计算自动考虑。

几何非线性比较精确的考虑方法一种是带有流动坐标的迭代法,另一种是总体的Lagrang列式法,这两种方法都要进行大量的迭代计算直到收敛。简单的办法是将每个工况的荷载分成若干级施加,每级荷载施加时根据前面的计算改变体系的坐标。

3)徐变影响计算

徐变计算目前有很多方法,在施工过程跟踪分析中较常见的是采用增量递推方法,把徐变系数拟合成一指数形式的公式,新一阶段的徐变计算只与上阶段的应力状态有关,而与整个应力变化的历史无关。

4)温度内力计算

在控制系统中无论温度引起的内力改变还是形状变化都应如实反映出来,但更重要的是几何变形,特别是日照温差的影响,它对施工中结构位移的准确测量有很大影响。

在杆系有限单元法中温度效应计算本身是简单的,但是计算的准确性依赖于温度场的输入,实时掌握全桥的温度场是非常困难的,因此,施工监控测量时一般要避免在日照强烈时进行,以减小日照温差的影响。

5)预应力效应的模拟

预应力效应的模拟早期采用等效荷载法,它的缺点是无法计算分批张拉和收缩徐变损失。在计算机容量不受限制后,预应力一般采用预应力筋单元来模拟。如果采用板壳单元或块体单元进行计算,在划分单元时应在预应力管道位置设置节点,预应力钢筋直接锚固在节点上。当采用梁单元时,预应力单元一般通过刚臂连接到节点上。

### 17.4.2 确定成桥后的理想受力状态的方法

对于内部超静定结构,例如斜拉桥、系杆拱桥等,索力或吊杆力有不同的张拉组合方案,这就存在最优方案的问题。这方面的研究体现在20世纪80年代对斜拉桥成桥最优索力上,常用的方法有:刚性支承连续梁法、优化方法和内力平衡法。

1)刚性支承连续梁法

早期的斜拉桥把斜拉索看成连续梁的跨中弹性支承,相当于在桥梁的跨内增加了多个弹性支承,如果这些跨内的弹性支承正好使全桥相当于多跨连续梁,主梁弯矩将最小,这样可以将全桥按照多跨连续梁计算,然后把中间支承的反力换算到斜拉索的方向,这就是使全桥处于多跨连续梁状态所需要的索力,如图17-6所示。

另一种做法是斜拉索索力作为未知数作用在主梁上,利用主梁在索点处位移等于0的条件直接求出斜拉索索力,它与上述做法的结果相同,这被称为零位移法。

刚性支承连续梁法只能提供合理索力的参考值,实际桥梁中不容易实现,除非边跨跨度是中跨的0.5倍,且索距相等时才能得到比较均匀的索力。但是随着密索体系斜拉桥的出现,这一办法的缺点就出现了,主要有两方面,一方面由于边跨小于中跨的0.5倍,索距不会全部相同,因此求得的各斜拉索的索力大小很不均匀,甚至出现压力,另外一方面由于施工合龙、主梁竖曲线水平分力的影响,实际上刚性支承连续梁的内力状态是不可实现的。

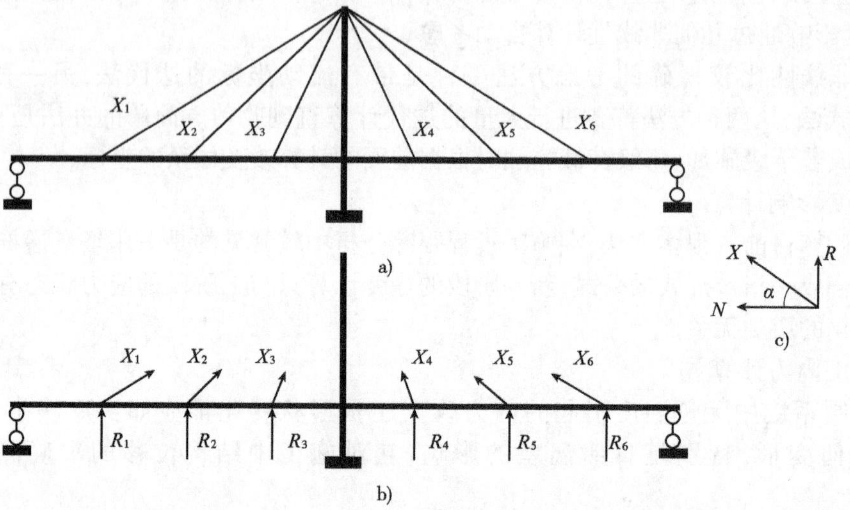


图17-6 斜拉索与多跨连续支承的等效

2)优化方法

目前较流行的做法是通过优化理论,选择某个优化的目标函数,使之达到最小时的索力即为理想的索力。下面是常用的几种目标函数:①以各单元弯矩的平方和为优化目标;②以静载作用下全结构的弯曲能量为目标;③以斜拉索的用量为目标;④直接以工程造价为优化的目标。以下是以全桥结构各单元的弯矩的平方和为优化目标的原理。

设斜拉索体系需要优化的索力为 $T(i)(i=1,\cdots,n)$,$n$ 为全桥拉索根数;全桥各构件在优化索力增量作用下的弯矩为 $\boldsymbol{M}_T(\mathrm{j})(\mathrm{j}=1,\cdots,\mathrm{m})$,m 为全桥构件的根数。如果结构是线性的,则有:

$$\overline{\boldsymbol{M}}_{\mathrm{T}}=\boldsymbol{A}_{\mathrm{TM}}\cdot\overline{\boldsymbol{T}} \tag{17-5}$$

式中:$\boldsymbol{A}_{\mathrm{TM}}$——索力增量对结构弯矩的影响矩阵,$n$ 行 $m$ 列,其数值是单位索力产生的各单元的弯矩。

目标函数为:

$$I=\min\int_s\Big[\sum_{j=1}^{n}M_{\mathrm{T0}}(j)+M_{\mathrm{T}}(j)+M_{\mathrm{g}}(j)\Big]^2\mathrm{d}s \tag{17-6}$$

式中:$M_{\mathrm{T0}}(j)$——初始索力作用下结构各构件的弯矩;

$M_{\mathrm{g}}(j)$——恒载作用下的结构各构件的弯矩。

将式(17-5)代入式(17-6)就可以得到各优化索力与全桥弯矩之间的关系。求解以上的无约束最优化问题即可求得全结构总体弯矩最小时的索力优化向量 $T$。

上述目标只考虑了结构的整体受力,很多情况下,还需要对某些不利断面和特殊断面的内力实行限制或调整,以兼顾结构的局部内力状况,使结构受力更为合理。这时需要在上述的无约束极小值问题上增加 $T$ 或 $M$ 的限制范围变为有约束极小值问题。例如：

$$\begin{aligned} 0 \leqslant T_0 + T_i \leqslant T_{imax} \\ M_{jmin} \leqslant M_{\mathrm{T}}(j) + M_{\mathrm{g}}(j) \leqslant M_{jmax} \end{aligned} \tag{17-7}$$

式中：　$T_{0i}$——初始索力；

$T_{imax}$、$M_{imin}$、$M_{imax}$——分别为索力的最高限值、各构件允许承载的最小与最大弯矩。

### 17.4.3　确定施工中的控制目标的方法

1）问题的提出

对于静定结构，最后成桥状态的内力由施工方法决定，确定了施工方法后，成桥时的内力随之确定，施工阶段结构的位置通过预拱度的概念来确定，即：

施工位置 = 设计成桥位置 + 施工中的位移累计值（反向）

但是超静定结构桥梁有时必须通过体系转换前施加外力才能达到希望的成桥状态。以如图 17-7 所示的拱桥为例，如果直接采用悬臂施工，在跨中合龙，得到的主拱弯矩将是类似于悬臂梁的弯矩，而不是一次落架施工拱的弯矩。一次落架拱的弯矩是理想成桥状态弯矩，在合理拱轴线情况下可以等于 0。为达到这个目标，必须在拱拼装和合龙前通过扣索将拱圈向上抬高后合龙，不同的抬高量得到不同的成桥拱圈内力，反过来，如果先确定希望的成桥拱圈内力，可以确定需要的施工阶段拱圈抬高量，进而确定施工阶段需要的扣索力。

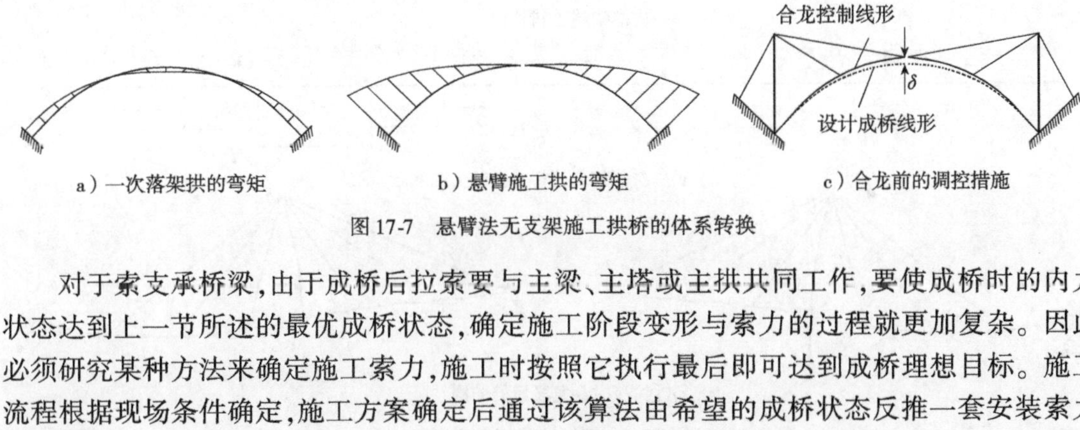


a）一次落架拱的弯矩　　b）悬臂施工拱的弯矩　　c）合龙前的调控措施

图 17-7　悬臂法无支架施工拱桥的体系转换

对于索支承桥梁，由于成桥后拉索要与主梁、主塔或主拱共同工作，要使成桥时的内力状态达到上一节所述的最优成桥状态，确定施工阶段变形与索力的过程就更加复杂。因此必须研究某种方法来确定施工索力，施工时按照它执行最后即可达到成桥理想目标。施工流程根据现场条件确定，施工方案确定后通过该算法由希望的成桥状态反推一套安装索力的方法。

理论上施工阶段的索力可以任意改变，但是，现场施工不允许太多的调索，早期人们希望，安装索力方案能使斜拉索只在该索安装时张拉调整，之后不再调整，成桥后桥梁即达到理想状态，这在小跨度情况下是可以的。但是，随着桥梁跨径的增大，主梁相对刚度逐渐减小，再加上前支点长挂篮的使用，节段重量较大，如果完全追求按成桥状态来反推施工的索力目标，可能导致施工阶段梁体应力过大，施工中应力控制在允许范围内的要求与达到成桥理想内力状态的要求发生矛盾，这时就必须将施工阶段的控制目标与成桥状态目标分开考虑，在全桥即将合龙时或合龙后进行一次调索，实现两个目标之间的转换。

2）根据成桥理想状态计算施工阶段控制状态的算法

从成桥状态确定施工安装索力及构件安装线形的算法从斜拉桥开始建设时就得到研究，倒退分析就是早期针对钢桥提出的，随着混凝土斜拉桥的建造，出现了更多的方法，

20世纪90年代我国学者发表了多篇论文。以下介绍几种主要的方法。

(1)倒退分析法

这是最早的方法,它的基本思想是:在成桥结构理想初始状态下,按实际施工步骤的逆过程,对结构进行倒拆,分析每次拆除一个施工段的结构构件对剩余结构的影响,直至所有构件全部拆完。倒退分析各个阶段得到的结构位移和内力状态便是结构施工到该阶段的理想状态,按照这些状态将所有构件全部正装回去,最后得到的就是理想成桥状态。

在线性假定条件下,倒退分析法能使结构安装完成后完全达到任意想要的成桥状态内力。但是,如果成桥理想状态是在一次落架条件下获得的,那么,桥梁构件安装过程中,在体系转换前要给结构施加强迫位移才能达到原先的成桥状态。例如,如图17-8所示的三跨斜拉桥,如果按照上述刚性支承连续梁法确定成桥理想状态,则跨中合龙梁段中存在拉力和弯矩。根据倒退分析方法,拆除合龙段后,两个悬臂端将向后退、向上翘,同时端部截面还有挠曲角。在正装合龙时,必须将合龙段拉长或者将两悬臂端拉近,且合龙段与悬臂端切线拼装,才能保证合龙后达到原先的成桥状态。很多情况下,特别是对于混凝土桥,这是无法实现的。

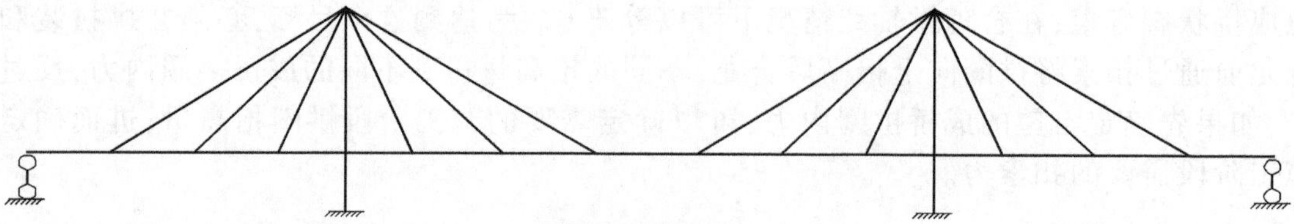

a)一次落架施工斜拉桥

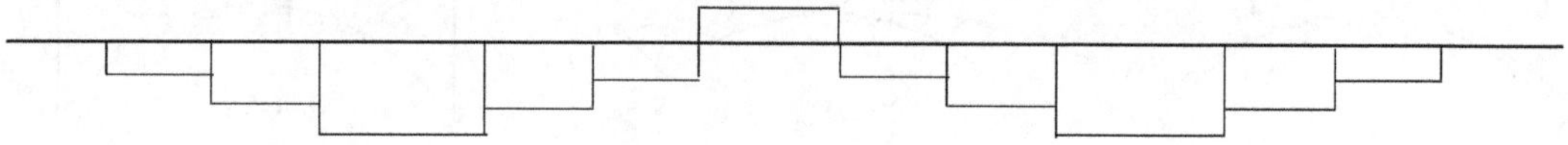

b)一次落架斜拉桥主梁轴力图

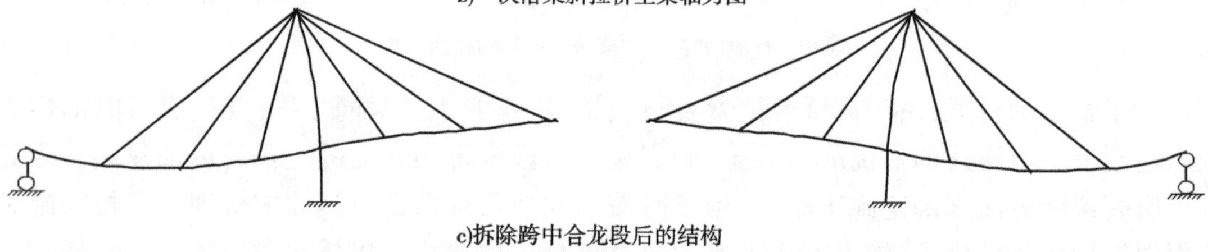

c)拆除跨中合龙段后的结构

图17-8　倒退法分析示意图

倒退分析法对于超大跨度或混凝土桥是不适合的,因为几何非线性和收缩徐变效应计算都与加载历程有关,无法反推。为此,国内学者提出了假定加载历程,进行反相迭代考虑非线性因素的倒退分析法,此法的问题是假定的历程可能不准确。为解决这一问题,又有学者提出倒拆、正装交替迭代法。其主要特点是:第一轮倒退分析可不计非线性和徐变收缩的影响,然后以第一轮前进分析记录的索力和应力历史作为第二轮倒退分析时索垂度和徐变收缩计算的依据,逐阶段计入它们的影响,如此反复直至收敛。本方法需要反复进行倒退和正装,迭代吻合后才能得到各施工过程的控制目标,计算工作量很大。

(2)无应力状态法

无应力状态控制法的基本思想是:在线性假定条件下,对一座已建桥梁进行解体,并将成桥时构件内的内力释放掉,就可以得到各构件的无应力状态。比如,斜拉索在成桥时是受拉的,将斜拉索从结构中解除下来,并释放拉力,拉索长度将缩短,同时拉应力为零,这个状态就称为拉索的无应力状态,其长度为无应力状态下的长度。同理,对于受弯构件,从结构上解除下来后,将反向弯曲,同时构件内的弯曲应力变为零,这个状态称为受弯构件的无应力状态。对于承受多种内力的构件,其无应力状态形状是将所有内力释放后的形状,例如,弯拉构件从结构上解除下来后将缩短,同时反向弯曲。

理论上,只要各按照上述的无应力长度制造构件,并按照原结构中各构件间的相对角度将所有构件安装回去,无论按什么程序恢复,还原后的结构内力和线形将与原结构一致。因此,可以根据桥梁体系及现场情况拟定施工步骤,将无应力构件的一端按照切线拼装方法安装到原来的位置上,用另一端与其要连接的节点间的距离,反算出施工中需要施加的力。例如,如图 17-9 所示的结构,各构件从结构中解除后得到无应力长度,当塔、梁按照原先的相对角度安装完成后,根据梁的悬臂端与塔顶间的距离,可以计算出斜拉索安装时所需要的索力。依次类推,可以计算出所有施工阶段各构件的安装位置与需要施加的安装力。

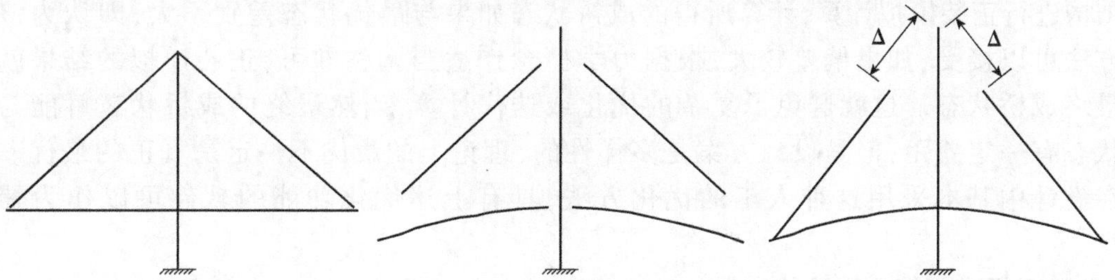

a)成桥结构　　b)各构件无应力状态　　c)安装位置与安装力计算

图 17-9　无应力状态确定控制数据原理

从上述过程可以看出,无应力状态法与倒退法的本质是同样的,得到的结果也完全相同。只不过一个是通过按无应力状态安装构件的过程中,无应力状态与安装后的状态之差计算安装索力与梁的安装位置。另一个(倒退法)是从拆除构件的角度,获得安装后状态与无应力状态之差,进一步得到安装索力与梁的安装位置。

因此,无应力状态法从成桥状态确定的每个施工步骤控制数据,在桥梁体系转换时仍然存在倒退法分析的问题,需要施加强迫力才能达到成桥状态。同时,对于混凝土桥也存在徐变分析困难的问题。

无应力状态法虽然不能解决需要强迫合龙的问题,但是,用来计算预制拼装结构构件的制造尺寸是非常简便的方法,得到广泛的应用。

(3)考虑施工过程的优化方法

前述的倒退分析法、无应力状态法都存在合龙时需要施加强迫变位的问题,对于有些桥型是必要的,例如拱桥。但是对于有些桥型,现场实施很困难,通过改变合龙缝的宽度可以实现合龙段按无应力长度安装,但是无应力转角很难实现。例如,在悬臂施工拱桥合龙时,可以通过将合龙缝顶开安装合龙段,只能保证合龙段按照无应力长度安装,不能保证合龙段与两侧悬臂端同时切线拼装,安装后的拱顶弯矩仍然与一次落架求得的弯矩不同。因此,无法在桥梁现场完全实现倒退分析或无应力状态分析得到的施工状态。

为避免上述问题必须改变直接按照成桥结构确定理想状态的设计方法,将成桥状态与施工过程同时考虑。通过优化方法可以实现上述目标。

在以上述优化方法确定理想成桥状态时，式(17-5)中的影响矩阵 $\boldsymbol{A}_{\mathrm{TM}}$ 是利用 $T_i=1$ 作用在成桥结构上计算获得的，如果将问题扩展，先按照桥梁现场可操作的原则拟定好施工步骤，建立正装分析模型，在计算 $\boldsymbol{A}_{\mathrm{TM}}$ 时考虑上述施工过程，即将 $T_i=1$ 作用在施工过程中，计算出斜拉索安装时单位索力的变化对成桥状态的影响，则优化结果得到的就是施工中的最优索力，按此索力施工，在无误差时可以直接得到成桥理想状态。与前述的成桥理想状态不同的是，该状态是可以通过现场可操作的施工过程实现的。

在这一方法中必须假定结构是线性的，对于大跨度，特别是混凝土桥梁可能不满足，但是由于计算的是优化增量，只要初始索力比较接近优化结果，非线性影响很小。

实际上斜拉桥的受力特点是比较明确的，即主梁弯矩接近连续梁就接近最优。根据这一特点可以人工从概念上确定施工过程中的索力方案。只要施工过程中斜拉索竖向分力等于悬臂节段重量，主梁就基本接近多跨连续梁，由此可以确定初张索力。索力确定后对结构进行正装模拟计算，计算所得的成桥状态如果与最优状态差别不大，即认为该索力方法可以接受，如果偏差较大，根据力学概念作适当调整即可，正装模拟的结果就作为最终成桥状态。这就避免了复杂的优化或迭代计算，当然最终的成桥状态可能与理想状态有一定差距，但是设计方案是多样性的，理论上的最优不一定是真正的最优。目前在设计中基本采用这种人工的优化方法，具有上述优化功能的软件可以作为辅助工具。

(4)现场常用简化算法的错误

目前很多斜拉桥、悬臂拼装拱桥或者自锚式悬索桥施工控制的实际工作中，存在一种简单做法，即直接按照设计成桥线形预制主梁或主拱节段，设计过程中，直接安装在成桥位置上，如果主梁或主拱偏离设计曲线，就通过拉索、吊杆将线形调整到设计曲线上。这是一种错误的做法，违背了按照无应力状态制造的原理，成桥时如果线形达到设计线形，内力状态肯定不是原来设计的状态。之所以能这样做的原因是斜拉桥、悬索桥、拱肋的抗弯刚度比较低，从无应力状态到成桥状态的弯矩不大。但是，这是一种不科学的控制方法，除非桥梁就是这样设计的。

3)施工目标数据的编制

根据以上介绍的算法可以得到桥梁施工全过程的仿真计算模型。根据模型计算结果可以得到桥梁在每个施工阶段的内力和变形，且成桥时就是所要的状态。至此，可以与静定结构桥梁一样，设置预拱度或者制造线形。将上述线形转换为桥梁实际坐标，就成为现场每个施工阶段的施工目标数据。

### 17.4.4 施工控制精度标准的确定方法

上述成桥及施工理想状态均是在无误差条件下确定的，但是桥梁的施工误差是不可避免的，这就提出两个问题：一是成桥时最优理想状态可以承受多大的误差，二是施工期间每个施工步骤可以发生多大误差，其成桥累计误差仍然在成桥允许误差范围之内。

如果系统本身没有错误，误差是随机量，通过随机有限元方法，可以计算输入量统计参数对输出量统计参数的影响。在此基础上可以通过可靠度反问题方法，计算输出结果要达到某种可靠度指标时,输入量的随机误差统计参数应该保持在什么范围之内。

1)随机误差传递法确定施工误差对成桥误差的影响

如果已知施工过程中节段重量、预应力效应等参数的统计指标(均值及方差),假定误差传递到成桥时的规律与上述变量本身对成桥结果(线形及内力)的影响规律相同,则可以用确定性的方法计算上述参数的施工误差对成桥误差的影响,从而预测成桥时的误差。借鉴可靠度指标,可以计算已知施工误差规律时结构在成桥时累计误差小于一定范围的保证率,反过来即可计算要使成桥误差小于某一范围有一定保证率时施工误差必须控制在什么范围内。这是一种正算的办法,计算施工阶段误差范围时必须进行试算。

2)可靠度反问题方法确定桥梁施工精度标准

为了避免通过试算确定施工阶段误差标准的工作,可以通过可靠度反问题方法,在预先设定成桥状态精度有一定保证率时,反求施工要求的精度标准。具体应用可靠度反问题方法时,可采用统一精度法,或统一参数法。

统一精度法将施工过程中各个阶段控制目标的精度标准统一设定为一个确定的范围,如规定在整个施工过程中,节段悬臂端倾角的误差均不能超过某一个范围 $\pm a$;阶段斜拉索的张拉力不超过设计张拉力的 $\pm b$ 倍。然后逐个施工阶段求一定保证率下的累计误差,要求到成桥后累计误差小于允许值,此时的 $a$ 或 $b$ 即为要求的统一精度。

统一参数法认为施工过程中索力张拉、主梁安装偏差的随机数字特征相同,按照误差传递法的计算思路考虑施工阶段误差的累积效应,这样得到考虑施工过程的功能函数,从而可以求出对不同施工阶段同样的参数(索张拉力、主梁安装位置)必须达到的不同精度标准。

3)大跨度桥梁成桥状态的容许误差

桥梁误差包括内力和线形误差,在小变形假定下,两者是分离的,内力误差关系到结构安全,而线形误差则主要影响使用。在大变形假定下,线形误差与内力是关联的。对线形误差的容忍程度还与构件受力形式有关。以受压为主的构件,例如塔柱、拱圈,偏心距增大明显影响内力,因此要比较严格控制误差。而以受弯为主的构件,例如主梁,线形误差本身对受力的直接影响较小,但是如果影响行车,就要用桥面铺装垫平,这将增加恒载而间接影响内力。

斜拉桥塔柱与拱圈根据施工能力及受力要求限制,一般要求与设计轴线的误差小于构件长度的1/3 000。而主梁的线形误差一般采用总体线形误差和相邻节段误差两个指标控制。总体误差影响道路纵曲线,对内力影响较小,只要纵曲线满足道路线形要求即可,可以适当放宽。而相邻节段误差,在后期必须用桥面铺装填平,增加恒载,所以必须严格控制。由 Leonhardt, Andrä und Partner GmbH 设计的香港汲水门(Kap Shui Mum Bridge)双塔斜拉桥,主跨为430m,允许的主梁整体高程施工误差范围为:

$$\delta(\mathrm{mm}) = \pm[150 - 0.003\,25\,(215 - L)^2]$$

其中 $L$ 为一半的主跨跨径,即215m,也就是施工误差为跨中为±150mm 的抛物线范围,另外局部的施工误差为:每个节段梁端允许相对误差10mm。我国苏通长江大桥1 088m主跨斜拉桥也采用类似的误差控制标准,最终跨中比设计线形高出209mm,大致按抛物线向两个桥塔处逐渐减小,图17-10显示了实测线形误差分布图。2009 年 10 月竣工的韩国

Incheon Bridge成桥后主梁预定控制目标值为 ±200mm。

内力误差影响桥梁安全，所以应该尽量严格控制，目前斜拉索成桥索力的与设计值的误差一般要求控制在10%以内。

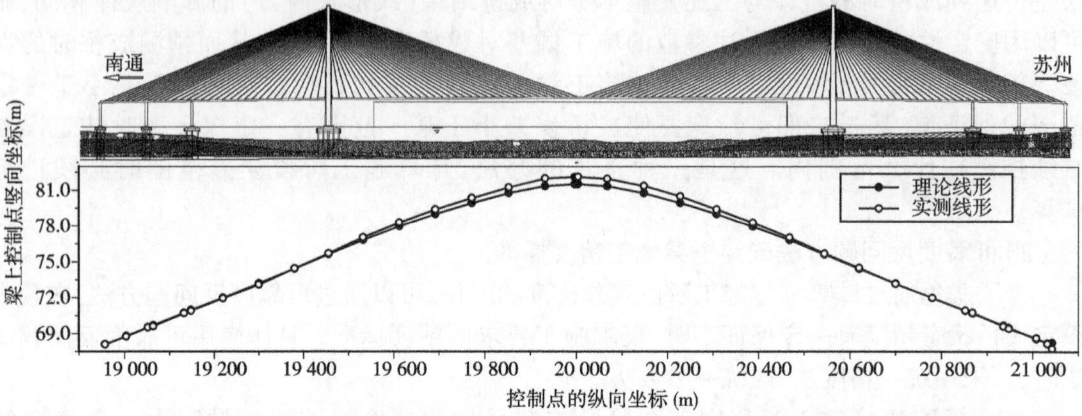


图 17-10　苏通长江公路大桥成桥后主梁理论线形与实测线形的对比图

如何确定合理的施工误差，仍然需要进一步研究，这牵涉两个方面的问题。首先是如何制定成桥理想状态本身的误差容忍度。目前，桥梁施工规范对于主梁线形的验收标准就很模糊。其次是，基于可靠度算法的误差传递分析得到结果只能定性确定施工要求的精度，不容易在施工现场落实。

## 17.5　施工现场控制阶段工作

现场控制阶段进行的工作是跟踪结构的施工过程，对施工中出现的误差进行及时的调整。根据前述的自适应控制思路，现场的跟踪分析有误差调整和误差原因辨识两方面的工作。它们都依赖于现场对施工中结构状态的观测，因此测试技术越来越成为施工监控的关键之一。

### 17.5.1　现场控制数据

1）施工各阶段的内力

根据施工过程的正装模拟计算结果，在每个施工阶段各构件的内力值等于该构件安装到结构中后的各施工阶段内力累计值，即

$$F_n(i,j) = \sum_{k=1,n} f_k(i,j) \tag{17-8}$$

式中：$F_n(i,j)$——第 $n$ 工况时，第 $i$ 构件上的第 $j$ 个内力累计值；

$f_k(i,j)$——该构件在第 $k$ 工况计算的内力值。对于在某一工况时尚未施工的构件，内力值为0。

2）施工各阶段的立模高程

施工各阶段的立模高程需根据正装模拟计算的累计位移，从成桥设计线形反推获得，对于只有简单几个工况的情况也就是在成桥设计线形上加上预拱度。对于有多个工况的情况，施工立模高程 = 设计成桥线形 - 施工中的位移累计值，即

$$h_{\text{inst}}(i) = H_{\text{fin}}(i) - \sum_{k=\text{inst},\text{fin}} d_k(i) \tag{17-9}$$

式中：$H_{fin}(i)$——第 $i$ 节点的设计成桥线形位置；

$h_{inst}(i)$——该节点的立模高程；

$d_k(i)$——从立模工况 inst 到成桥工况 fin 各工况的位移值。

从式(17-9)可以看出，某一节点的立模高程只与成桥线形和该节点安装到结构上以后的位移有关，因此，节点的立模高程是由后续工况变形决定的，要制定立模高程，必须完全确定全桥所有施工过程。

对于已经施工安装好的构件节点，其在以后各工况的高程为：

$$H_n(i) = h_{inst}(i) + \sum_{k=inst,n} d_k(i) \tag{17-10}$$

式中：$H_n(i)$——第 $i$ 节点在第 $n$ 工况时的高程；

$h_{inst}(i)$——该节点的立模高程；

$d_k(i)$——第 $n$ 工况的位移值。

### 17.5.2 参数估计的方法

参数估计是实现自适应控制思路的关键，它的任务是根据控制目标（索力、节点高程、塔垂度、应力等）的测量值与计算值间的误差，估计施工过程模拟计算中的参数（混凝土弹性模量、主梁自重集度、挂篮刚度、徐变系数等）。参数估计在工程各个领域内均有应用；在施工控制上应用的算法主要有两类：一类是基于误差最小化的算法，如最小二乘法，另一类是基于随机状态估计理论的算法，如卡尔曼滤波，其实质也是基于误差最小化，但是，可以利用系统状态不断转化时的数据。

1）利用扩展的卡尔曼滤波估计桥梁施工过程中的结构参数

在物理实验中的参数估计，为了避免测量误差，一是大量反复试验，二是增加测点。桥梁施工阶段参数估计的特点是参数的灵敏度低，无法在现场大量布置测点并反复测量。但是对于节段施工桥梁，有大量的循环工况，因此参数估计的算法应该利用这一特点。这里介绍的扩展卡尔曼滤波法能在测量数据较少的情况下，通过不同工况间的测量数据得到较准确的参数。

设结构系统的输入是作用在结构上的外力，输出是结构的位移，把结构的参数定义为系统的状态，由于参数不随时间变化，也不受结构输入的影响，所以状态方程可以写为：

$$\boldsymbol{X}_{k+1} = \boldsymbol{I}\boldsymbol{X}_k + \boldsymbol{W}_k \tag{17-11}$$

式中：$\boldsymbol{X}_k$——处理第 $k$ 组观测数据时的状态向量，它由 $n$ 个待辨识的参数组成；

$\boldsymbol{I}$——单位对角矩阵，$n \times n$ 维；

$\boldsymbol{W}_k$——$n$ 维随机噪声向量，它代表了状态方程的污染，一般取为白噪声序列。

结构的静力平衡方程为：

$$\boldsymbol{K}\boldsymbol{u} = \boldsymbol{f} \tag{17-12}$$

式中：$\boldsymbol{K}$——结构总刚度矩阵，$l \times l$ 维，它是待辨识参数向量 $\boldsymbol{X}$ 的非线性函数。

设只有有限个自由度的位移是被测量的，那么观测方程就是

$$\boldsymbol{y}_{k+1} = \boldsymbol{T}\boldsymbol{u}_k + \boldsymbol{v}_k \tag{17-13}$$

式中：$\boldsymbol{y}_k$——第 $k$ 组观测数据向量，它由 $m$ 个位移组成；

$\boldsymbol{u}_k$——进行第 $k$ 组观测时全结构的位移向量，$l$ 维；

$\boldsymbol{T}$——从$\boldsymbol{u}_k$到$\boldsymbol{y}_k$的转换矩阵,$m \times l$ 维;

$\boldsymbol{v}_k$——$m$ 维随机噪声向量,它代表了观测数据的污染,一般取为白噪声序列。

因为从式(17-12)有$\boldsymbol{u}_k = \boldsymbol{K}^{-1}\boldsymbol{f}$,所以式(17-13)变为:

$$\boldsymbol{y}_{k+1} = \boldsymbol{T}\boldsymbol{K}^{-1}(\boldsymbol{X}_k)\boldsymbol{f} + \boldsymbol{v}_k \tag{17-14a}$$

上式右端第一项为$\boldsymbol{X}_k$的非线性函数,所以可以写为:

$$\boldsymbol{y}_{k+1} = \boldsymbol{h}(\boldsymbol{X}_k) + \boldsymbol{v}_k \tag{17-14b}$$

状态方程式(17-12)和观测方程式(17-14b)就组成了扩展卡尔曼滤波法辨识参数$\boldsymbol{X}_k$的基本方程。只要在现场观测得到$\boldsymbol{y}_k$,就可以根据扩展的卡尔曼滤波算法得到参数$\boldsymbol{X}_k$。观测变量可以采用主梁高程、斜拉索索力、关键截面应力等。各参数的初始值可采用规范规定的值,随着施工中观测数据的不断采集,上述递推算法即可得到不断修正后的计算参数。因为静力观测的数据不可能进行很多次,可以在两次观测间插入局部卡尔曼滤波迭代以加快收敛。

2)利用结构概念提高参数估计精度

参数估计算法的精度取决于测量数据的数量,要取得较好的估计效果,必须采用自动测量措施,布置较多的测点,提高测量频率,但这在具体实施时由于成本限制,有很大困难。为解决这一问题,可以利用力学概念,简化参数估计的复杂性,典型的做法是参数分离,即通过设置不同的测量环节,减少需要估计的参数的个数。以悬臂浇筑的混凝土连续梁为例,施工系统中不准确的参数为:混凝土弹性模量,材料的相对密度,混凝土徐变系数和永存预应力,设在第 $s$ 个施工循环过程中,分别在以下六个时刻对 $n$ 个节点进行位移测量:

(1)挂篮移动定位立模前的时刻 $t_1^s$。

(2)挂篮移动定位立模后的时刻 $t_2^s$。

(3)节段混凝土浇筑前的时刻 $t_3^s$。

(4)节段混凝土浇筑后的时刻 $t_4^s$。

(5)张拉纵向预应力束前的时刻 $t_5^s$。

(6)张拉纵向预应力束后的时刻 $t_6^s$。

如果直接利用这六个工况的数据代入参数估计的算法,误差很大,但是可以进行如下假定:

(1)从时刻 $t_1^s$ 到时刻 $t_2^s$ 的位移预测误差主要是由于弹性模量不准确造成的。

(2)从时刻 $t_3^s$ 到时刻 $t_4^s$ 的位移预测误差主要是由于材料的相对密度不准确造成的。

(3)从时刻 $t_4^s$ 到时刻 $t_5^s$ 的位移预测误差主要是由于混凝土的徐变系数不准确造成的。

(4)从时刻 $t_5^s$ 到时刻 $t_6^s$ 的位移预测误差主要是由于预应力控制张拉力不准确造成的。

这样,把辨识的过程分为四个问题,每个问题只含有一个待辨识的参数,其他参数用上一个施工循环计算的值,这就实现了变量的分离,从而分别辨识出各参数,提高了结果的可靠性。

### 17.5.3 控制调整量计算方法

控制调整量计算的功能是根据结构实际状态与理想状态的偏差值,反算出需要施加的控制措施调整量,例如索力调整多少。这是斜拉桥施工控制中较早被讨论的问题,国内外学者对此均做了较多的研究。在控制目标比较少,如只控制梁端位移,控制措施量与控制目标数相同的情况下，如只调整最前端一对索，可通过联立方程求解控制调整量。对于控制措施多于控制目标时，如通过多根斜拉索调整梁端的位移时，就存在多方案的问题。控制调整量计算常采用优化方法，优化目标可以根据需要设定，如简单取梁体上某几个点的高程与设计目标误差最小，这就可以使用各误差的最小二乘之和作为目标函数，求目标函数最小时的一组索力。

控制调整量的计算，还可以采用系统控制的迭代算法，如"最优控制法（卡尔曼滤波法）"等，其思路是要将梁体上几个点的高程调整到某些位置，求需要的最优调整方案，在最优方案下，控制高程接近目标值，同时其他影响最小，例如增加的结构内能最小。

对于斜拉桥，调整大部分采用力来控制，最近，在大跨度斜拉桥上也有采用位移控制的做法，被称为"精确的几何控制"方法。

1）基于力的调整量算法

根据本章前述的，系统控制原理，考虑噪声后的控制系统状态方程和观测方程为：

$$\boldsymbol{x}_k = \boldsymbol{\phi}_{k,k-1}\boldsymbol{x}_{k-1} + \boldsymbol{P}_{k,k-1}\boldsymbol{u}_{k-1} + \boldsymbol{W}_{k-1} \tag{17-15}$$

$$\boldsymbol{Z}_k = \boldsymbol{H}_k\boldsymbol{x}_k + \boldsymbol{V}_k \tag{17-16}$$

式中：$\boldsymbol{x}_k$——系统状态向量，可以定义为桥梁待调整的状态，如主梁高程、塔顶位移等；

$\boldsymbol{u}_{k-1}$——系统的控制手段向量，如斜拉索的索力等；

$\boldsymbol{P}_{k,k-1}$——控制手段与状态向量之间的关系矩阵，如单位斜拉索张拉产生的主梁高程或塔顶位移变化量；

$\boldsymbol{Z}_k$——系统的观测向量，可以选择为主梁高程等；

$\boldsymbol{W}_{k-1}$、$\boldsymbol{V}_k$——分别为状态噪声和测量噪声，一般均可以取为白噪声序列。

随机最优控制的问题可以提为，当斜拉索索力 $\boldsymbol{u}_{k-1}$ 张拉多少时，主梁高程或塔顶位移从有误差的状态 $\boldsymbol{x}_{k-1}$ 最大可能地转移到控制目标状态 $\boldsymbol{x}_k$，同时使下述条件表达式达到最小：

$$V_N = E\left[\frac{1}{2}\sum_{j=1}^{N}(\boldsymbol{x}_j^{\mathrm{T}}\boldsymbol{W}_j^x\boldsymbol{x}_i + \boldsymbol{u}_{j-1}^{\mathrm{T}}\boldsymbol{W}_{j-1}^{\mathrm{U}}\boldsymbol{u}_{j-1})\right] \tag{17-17}$$

$V_N$可以定义为结构的调整变形能量等，具体含义通过矩阵 $\boldsymbol{W}_j^x$ 和 $\boldsymbol{W}_{j-1}^U$ 来定义。

某大桥已施工到悬臂端部，经过挂篮移动，索力张拉，吊梁安装，挂篮拆除等步骤后，即为桥面铺装。准备在铺装前对索力进行最后一次调整，期望在铺装后梁体内基本上达到刚性支承连续梁的内力要求。根据测量结果分析判断，只有将梁端高度提高 15cm，塔顶后倾 4.5cm，才能使梁、塔线形在铺装后达到最优状态，即

$$\boldsymbol{\delta}_0 = [-0.045 + 0.15]^{\mathrm{T}}$$

令 $\boldsymbol{x}_k$ 为第 $k$ 阶段塔顶的水平位移 $u_k$ 及梁端的垂直位移 $v_k$，即 $\boldsymbol{x}_k = \begin{pmatrix} u_k \\ v_k \end{pmatrix}$（2×1 矩阵）是随机变量。

$\boldsymbol{u}_{k-1}$ 为第 $k-1$ 索的索力调整值，是一个控制矢量，即 $\boldsymbol{u}_{k-1} = \begin{pmatrix} u_{k-1}^1 \\ u_{k-1}^2 \end{pmatrix}$（2×1 矩阵）是随机变量，$\boldsymbol{u}_{k-1}^1$ 为河跨索力调整值，$\boldsymbol{u}_{k-1}^2$ 为岸跨索力调整值。

$\boldsymbol{P}_{k,k-1}$ 为由第 $k-1$ 索力 $u_{k-1}$ 所引起的塔顶水平位移及梁端垂直挠度的线性变换。

由于塔顶及梁端的位移等于上一阶段塔顶及梁端位移加上由上阶段索力调整值引起的塔顶及梁端位移，故：

$$x_k = x_{k-1} + P_{k,k-1}u_{k-1} + W_{k-1} \tag{17-18}$$

式(17-18)即为所要求的状态方程。

用经纬仪及水准仪直接对 $x_{k-1}$ 的分量进行两个监测,可以建立观测方程如下:

$$Z_k = x_k + V_k \tag{17-19}$$

为了解决最优终点控制问题,必须对 $W_{j-1}^{U}$ 进行定义,将 $V_N$ 定义为结构由于 $u_0, u_1, \cdots, u_{N-1}$ 的作用而产生的内能,当 $V_N$ 值为最小时结构内力处于最优状态。经推导,

$$V_N = \frac{1}{2}\left(\sum u_{j-1}^{\mathrm{T}}\begin{bmatrix}\delta_{j-1}^{11} & \delta_{j-1}^{12}\\ \delta_{j-1}^{21} & \delta_{j-1}^{22}\end{bmatrix}u_{j-1}\right) = \frac{1}{2}\sum\left(u_{j-1}^{\mathrm{T}}W_{j-1}^{\mathrm{U}}u_{j-1}\right) \tag{17-20}$$

故 $W_{j-1}^{\mathrm{U}}$ 可定义为:

$$W_{j-1}^{\mathrm{U}} = \begin{bmatrix}\delta_{j-1}^{11} & \frac{1}{2}(\delta_{j-1}^{12} + \delta_{j-1}^{21})\\ \frac{1}{2}(\delta_{j-1}^{12} + \delta_{j-1}^{21}) & \delta_{j-1}^{22}\end{bmatrix} \tag{17-21}$$

因 $V_N > 0$,故式(17-21)是一个对称正定的矩阵,其中,$\delta_{j-1}^{11}$ 为 $u_{j-1}^{1}$ 力在 $u_{j-1}^{1}$ 方向的位移;$\delta_{j-1}^{12}$ 为 $u_{j-1}^{2}$ 力在 $u_{j-1}^{1}$ 方向的位移;$\delta_{j-1}^{21}$ 为 $u_{j-1}^{1}$ 力在 $u_{j-1}^{2}$ 方向的位移;$\delta_{j-1}^{22}$ 为 $u_{j-1}^{2}$ 力在 $u_{j-1}^{2}$ 方向的位移。以上四个位移可由结构计算资料获得。

由此就建立了一个最优控制问题,按照滤波迭代算法可以求出需要的索力调整量,在梁端和塔顶位移调整过来时,结构由于调整产生的内能最小。

2)精确的几何控制法

随着桥梁跨径的增大,结构线刚度相对减小,把力的控制转化为位移来控制则比较方便。韩国在建造主跨 800m 的 Incheon Bridge 时,建立了数据处理系统 SGCS,整个系统结构采用前述的反馈控制思路,因为钢桥参数比较准确,施工过程中采用不对计算参数进行调整的自适应分析。每个施工阶段发生误差后,用斜拉索张拉调整,调整量通过以下约束优化算法确定。

$$\min_{\Delta L_0}\prod = \frac{1}{2}\sum_{i=1}^{nm}\left[\frac{u_i^{\mathrm{C}} - u_i^{\mathrm{A}}(L_0 + \Delta L_0)}{\alpha_i \cdot (u_{i\max} - u_{i\min})}\right]^2 + \frac{1}{2}\sum_{j=1}^{nc}\left[\frac{T_j^{\mathrm{C}} - T_j^{\mathrm{A}}(L_0 + \Delta L_0)}{\beta_j \cdot (T_{j\max} - T_{j\min})}\right]^2 \tag{17-22}$$

约束条件为:

$$u_{i\min} \leqslant u_i^{\mathrm{A}}(L_0 + \Delta L_0) \leqslant u_{i\max} \tag{17-23}$$

$$T_{j\min} \leqslant T_j^{\mathrm{A}}(L_0 + \Delta L_0) \leqslant T_{j\max} \tag{17-24}$$

$$\Delta L_{0\min} \leqslant \Delta L_0 \leqslant \Delta L_{0\max} \tag{17-25}$$

式中: $u_i^{\mathrm{C}}$——结构 $i$ 点在某一工况的目标几何位置;

$u_i^{\mathrm{A}}$——该点该工况的实测位置;

$u_{i\min}$、$u_{i\max}$——分别为 $i$ 点最小与最大允许误差位置;

$T_j^{\mathrm{C}}$——第 $j$ 根斜拉索在该工况的目标索力;

$T_j^{\mathrm{A}}$——该索此时的实测索力;

$T_{j\min}$、$T_{j\max}$——分别为第 $j$ 号索的允许最大与最小索力;

$L_0$、$\Delta L_0$——分别为斜拉索的初始无应力长度和需要调整的引伸量;

$\Delta L_{0\min}$、$\Delta L_{0\max}$——分别为斜拉索可调节的最长与最短长度;

$nm$、$nc$——分别为选取的位移和索力检验点数;

$\alpha_i$、$\beta_j$——分别为各检验点的权系数,用以避免敏感度较差数据的测量误差。

用引伸量控制要求准确计算结构的变形,所以必须采用几何非线性计算,特别是将斜拉索采用多段桁架单元来计算斜拉索的垂度。

### 17.5.4 施工阶段现场测试

要实现反馈控制就必须对结构的受力状态进行测量,这包括各施工阶段的主梁高程、塔的垂直度、斜拉索索力、塔梁索温度场等,从反馈计算或从参数辨识的角度出发,希望每个工况内测量的节点数和测量的次数越多越好,这就大大地增加了测量的工作量。自动无线测量系统设备成本高,目前国内在施工控制中的测量还是以人工为主,但是在国外,尤其是在日本已经实现了自动测量系统。

在施工过程监测中常采集的数据有:结构关键节点的变形、关键构件的内力、关键截面的应力应变、结构温度场等。

1)结构关键节点的变形测量

结构变形是施工控制中反映结构性能最灵敏的参数,主要包括:基础变位、塔柱或桥墩垂直度、塔顶或墩顶水平位移、主梁或主拱高程、轴线位置等。平面位置的测量目前一般采用全站仪,高程测量采用水准仪。为了获得更多的测量数据,可以建立自动测量系统,平面位置测量可以采用自动全站仪,而主梁高程测量可以采用连通管方式或激光方式。

连通管方式是在每个测点布置一个连通管的竖管,并在竖管上布置电感调频液面高度读数传感器,参照点设在墩顶或主梁与塔柱交界处,当主梁发生挠曲时,各测点高程通过连通管的液面高程换算得到。激光方式是在墩顶或塔梁交界处设置可旋转的激光发射器,在主梁悬臂上的每个测点处设置激光接受标靶,并通过引线连接到计算机,激光发射器旋转一圈即可获得一组测量数据。

测量数据受日照温差的影响很大,而温度影响量的计算受温度场规律不容易掌握的困扰很难计算,因此目前主要采取避开日照影响进行测量的方法,即将测量时间安排在深夜或清晨,这有时与施工进度有一定矛盾。采用自动测量系统由于测量次数多,可以实测温度影响的规律,利用实测曲线修正今后测量数据。

2)关键构件的内力测量

关键构件的内力测量主要有斜拉索索力、吊杆力、支反力等的测量。

斜拉索索力或吊杆力的测量方法有:振动频率法、磁通量法、穿心式压力环法。

振动频率法通过传感器测量斜拉索的振动频率,由动态数据采集仪转换成各阶基频,将基频代入钢弦振动方程求解索力。其基本原理如下。

振动频率法基于弦振动理论,对于张紧的斜拉索,当其垂度的影响忽略不计时,斜拉索无阻尼时的自由振动方程为:

$$\frac{W}{g}\frac{\partial^2 y}{\partial t^2}+EI\frac{\partial^2 y}{\partial x^2}-T\frac{\partial^2 y}{\partial x^2}=0 \tag{17-26}$$

式中:$y$——横向坐标(垂直于索长度方向);

$x$——纵向坐标(沿索长方向);

$W$——单位索长的重量;

$g$——重力加速度;

$T$——斜拉索的张力;

$t$——时间；

$EI$——斜拉索的抗弯刚度。

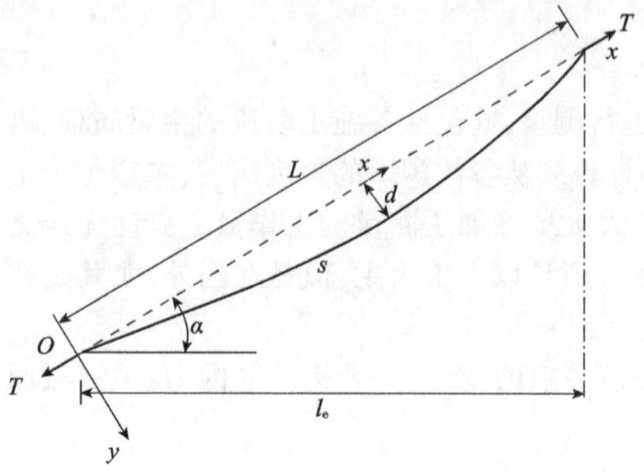


图 17-11　拉索的自由振动图式

各参数物理意义如图 17-11 所示。

如果斜拉索两端为铰支，并且不考虑其抗弯刚度，则上述方程的解为：

$$T = 4WL^2 f_n^{\ 2} / n^2 g \qquad (17\text{-}27)$$

式中：$L$——索的振动长度；

$n$——索的振动阶数；

$f_n$——索的第 $n$ 阶自振频率。

对于某一确定的拉索方程参数 $W$、$L$、$g$ 都是已知的，如果能精确地测定 $f_n$ 并确定相应的 $n$ 值，便可以求得索力 $T$。

如果考虑斜拉索的抗弯刚度，则上述方程的解为：

$$T = 4WL^2 f_n / n^2 g - EI\pi^2 n^2 / L^2 \qquad (17\text{-}28)$$

由于推导过程中忽略了斜拉索自重，认为索的两端为铰接、斜拉索振动中无阻尼等，实际工程中往往无法满足这些假设。因此，斜拉索边界条件、抗弯刚度、垂度效应和测试系统精度对索力测定精度有较大影响，实际测量时往往要做适当的修正。

这是目前最简单实用的方法，误差为索力的 3%，但是在护套与钢丝分离的钢绞线上误差较大。

磁通量法利用放在索中的小型电磁传感器，测定磁通量变化，根据索力、温度与磁通量变化的关系，推算索力。此法直接测量钢丝中的磁通量，与保护套无关，因此可以测量任意形式的斜拉索，但是目前的设备价格还比较高。穿心式压力环法在斜拉索安装时即安装上穿心式压力测试环，用压力环度数直接读出斜拉索的索力。该法的精度高，不受任何计算参数的影响，但成本高，可作为其他方法的标定法使用，法国的 Brotone 桥在所有斜拉索下均埋设了压力环。

支反力的测量一般采用压力盒传感器。

3）关键截面的应力应变测量

关键截面应力应变由于数据离散性较大、灵敏度不高，很难由此推断结构总体受力性能，因此，主要作为结构安全判断的辅助手段。

一般采用应变传感器测量应变后转换成应力，传感器有振弦式与差阻式，经过集成开发均能附带温度测量功能，读数可采用无线多点自动应变采集仪，精度 1με。应变测量必须考虑混凝土收缩、徐变的影响，在水利设施的测量中有无应力计补偿的措施，桥梁上目前采用理论计算扣除的办法。

4）结构温度场测量

温度场的测量有两个目的，一是为修正变形测量数据，二是为修正应变测量数据。前者要设置专用温度测量传感器，后者一般采用应变传感器附带功能进行。

## 17.6 小　　结

桥梁施工控制的目的是使桥梁建成时达到设计的成桥状态，早期桥梁体系并不复杂，通过简单的结构力学计算即可得到桥梁施工过程中的控制数据，如按无应力状态计算钢桁梁制造长度，就是保证桥梁建成后达到设计成桥状态的措施。随着斜拉桥等复杂体系桥梁的出现，就必须通过很多工况的建造才能达到设计状态，将施工过程与无应力状态相结合的倒退分析方法，就是使桥梁建成时达到设计成桥状态的有效办法。在现代控制理论中，自适应控制思路是桥梁施工控制最有效的控制方法，自适应控制包括确定成桥理想状态、确定施工分步目标、现场监测、模型参数修正、误差调整等主要工作。

## 思　考　题

1. 反馈控制与自适应桥梁施工控制的区别是什么？
2. 如何形成正装迭代优化计算的影响矩阵？
3. 随机振动法测量斜拉索索力的原理是什么？如何尽量避免测试误差？

## 本章参考文献


[1] 石雪飞. 斜拉桥结构参数估计及施工控制系统[D]. 上海：同济大学土木工程学院，1999.

[2] Sakai F, et al. Construction control system for cable - stayed bridges. IABSE Proc, IABSE, 1988, P-92/85:147-152.

[3] 石雪飞，项海帆. 斜拉桥施工控制方法的分类分析[J]. 同济大学学报，2001(1).

[4] Fritz Leonhardt. Die Spannbeton - Schrag - Kabel Bruken uber den Columbia River Zwischen Pasco und Kennawich in Etaat Washington, U. S. A. Beton und Stahllelonban. Heft, 1980:1-4.

[5] H Y Shin, D K Im, J K Yoo & C H Kim. Integrated geometry control system for cable stayed bridge: Application to Incheon bridge. Bridge Maintenance, Safety, Management and Life-Cycle Optimization [M]. Frangopol, Sause & Kusko (eds). London: Taylor & Francis Group, 2010.

[6] 林元培. 卡尔曼滤波法在斜拉桥施工中的应用[J]. 土木工程学报，1983, 16(3):7-14.

[7] 葛耀君. 分段施工桥梁分析与控制[M]. 北京：人民交通出版社，2003.

[8] 石雪飞，项海帆. 自适应控制思路在斜拉桥施工控制中的应用[C]. 中国土木工程学会桥梁及结构工程学会第十三届年会论文集(下册). 上海：同济大学出版社，1998.

[9] 史永吉，曾志斌. 大跨度钢斜拉桥施工精度控制目标值的建议[J]. 中国铁道科学，2001, 22(6):87-90.

[10] 沙丽新，石雪飞. 斜拉桥主梁静力可靠性反问题分析[J]. 哈尔滨工业大学学报，2004, 36(2):258-260.

[11] 石雪飞，孙建渊，项海帆. 桥梁施工控制对策分类分析[C]. 中国土木工程学会桥梁及结构工程学会第十四届年会论文集. 上海：同济大学出版社，2000.

# 第18章 各类桥梁的施工控制

## 18.1 概　述

第17章介绍了桥梁施工控制的原理,其目的是使桥梁建成时达到设计理想状态。为达到这一目标,施工控制工作从两个方面着手,一是确定一个合理的施工过程以及相应的阶段目标,二是在施工过程中对照上述目标,及时消除误差,保证在一定精度范围内实现目标。在各种桥型进行具体操作时,关注的问题各不相同,采取的具体措施也不同,本章针对不同桥型的结构特点,介绍前述施工控制原理是如何具体应用的,从而将理论应用到工程实践。

大跨度钢桁架连续梁桥,一般采用悬臂方法施工,由于钢材性能稳定,结构制造精度也高,内力状态不需要控制,主要关注成桥线形,只要注意设置预拱度即可。然而,对于预应力混凝土连续体系梁桥,由于徐变系数、预应力损失、实际自重离散性很大,多工况施工后累计误差较大,工后挠度预测误差很大。因此,控制预应力混凝土梁的长期变形就成为大跨度梁桥施工控制的主要任务。

大跨度拱桥一般采用无支架法施工,如何在成桥时尽量减小拱圈弯矩是关键,体系转换过程中需要施加一定的内力调整措施。在拱圈形成后,刚度较大,变形很小,后续施工主要关心拱圈的稳定性。因此,大跨度拱桥的施工控制应该主要关注拱圈的内力,通过设计合理的施工过程使成桥内力达到合理状态。

施工控制工作最早是针对斜拉桥提出的,施工状态多,要达到理想成桥设计状态比较困难,特别是对于混凝土主梁斜拉桥,施工过程中误差累计问题严重。对于现场浇筑混凝土斜拉桥,如何准确估计自重、构件刚度等结构参数是进行准确控制的关键;对于预制吊装斜拉桥,减小已施工主梁前端高程及方向角的误差是关键;对于混合梁斜拉桥,如何保证主塔两侧索力水平分力平衡是制定合理成桥状态的关键。

常规悬索桥由于独特的施工方法,成桥恒载内力接近于作用在主缆上的均布荷载,主梁几乎只承担吊杆间局部弯矩,需要控制的是主梁的线形。主梁线形取决于成桥主缆线形,计算成桥主缆线形及与之相应的空缆线形就成为悬索桥施工控制的关键,其中还必须考虑温度的影响。对于自锚式悬索桥,除主缆成桥及空缆线形计算外,如何将主梁通过吊杆均衡地悬吊到主缆上也是施工控制必须考虑的问题。

## 18.2　大跨度连续体系梁桥的施工控制

### 18.2.1　梁桥施工控制问题的提出

1)钢桁架连续梁

梁式桥架设过程中受力相对简单,线形本身并不影响主梁的内力,以往并不注重施工控制的问题,只是在设计时设置适当的预拱度即可。对于早期的大跨度连续钢桁梁桥,节点按照铰接设计,因此只要准确计算桁架各构件的无应力长度即可。在安装时因为桁架构件的刚度低,只要施加很小的力就可以恢复到有应力状态,因此安装过程各构件的位置计算并不很重要。由于钢结构的制造精度高,因此,施工过程中的误差累计问题也就不需要特殊考虑了。早期钢斜拉桥中使用的倒退分析法计算制造与安装线形是从这里发展而来的,倒退分析得到无应力制造线形的同时还得到安装位置。钢桥由于没有收缩徐变的影响,计算精度高,同时钢结构制造的精度也比较高,现场施工的误差小,因此,大跨度连续钢梁桥施工控制问题并不是一个突出的技术难点,一般不需要进行专门的施工控制。

2)大跨度预应力混凝土连续体系梁桥

大跨径预应力混凝土连续梁桥是在几十米至三百米范围内均具有竞争力的桥型,德国1953年建成的跨径114.2m的Worms桥是第一座采用平衡悬臂浇筑施工工艺建造的大跨径预应力混凝土梁桥,悬臂施工工艺与预应力技术的结合,使这种相对廉价的桥型很适合于建造大跨度桥梁,因此快得到了推广。在我国的高速公路建设高潮期间建设了数百座跨径超过120m的预应力混凝土连续梁(刚构桥),其中跨径超过200m的就有数十座。

对于平衡悬臂施工的预应力混凝土梁桥,其受力体系也是比较简单的,理论上只要自重控制较好和预应力施工质量有保证,桥梁的内力状态就能达到设计的内力状态,而线形则通过设置预拱度来实现。但是,随着时间的推移,已经建成的大跨度预应力混凝土梁桥普遍出现了过大的挠度,有些桥梁甚至还有很多裂缝伴随。这就使得这种经济实用的桥型受到广泛的关注。在调查研究中发现,很多桥梁在建造过程中主梁的线形就很不平顺,合龙缝两端的高差也较大。在全桥合龙后,为了使桥面平顺,采用加厚桥面铺装层的办法找平,这就大大增加了桥梁的自重集度。自重的增加使主梁的预应力度不足,从而导致长期变形的失控。

因此,如何保证悬臂施工的混凝土梁桥在成桥后的线形平顺就成为工程界普遍关心的问题。在斜拉桥实施专门施工控制的影响下,悬臂施工的大跨度混凝土连续梁桥近年来也开展了施工控制工作。

### 18.2.2 预应力混凝土连续体系梁桥的病害分析

随着工程应用数量及跨径的发展,大跨度预应力混凝土连续体系梁桥的过量下挠和开裂病害,近年来引起了工程界的广泛关注,病害成因及处置对策得到了广泛的研究。本节对病害的成因进行阐述,为后述的连续梁施工控制措施提供理论依据。

1)大跨度预应力混凝土连续体系梁桥过量下挠的理论原因

预应力混凝土梁桥所受荷载作用主要包括如下主要几个方面:

使用要求的外荷载,主要包括恒载和活载;其他外界因素,主要包括温度变化、基础沉降、混凝土的收缩和徐变。

这些作用,除了引起主梁的内力外,还要引起主梁的变形。预应力混凝土梁桥设计的主要任务就是通过配置预应力筋,使梁体在预应力和外荷载的共同作用下不出现或者少量出现拉应力,同时压应力不超过混凝土的允许压应力。在这样的目的下,预应力产生的梁体变形基本与外荷载产生的变形反向,因此,预应力作用会抵消一部分外荷载的变形。但是由于荷载的性质不同,当预应力抵消外荷载产生的拉应力时,一般情况下,不能完全抵消外荷载产生的变形,如下的应力成分可以看出这一特点。

混凝土由于预应力产生的应力为:

$$\sigma_y = \frac{N_y}{A} + \frac{N_y \cdot e \cdot y}{I} \tag{18-1}$$

式中：$\sigma_y$——预应力产生的应力；

$N_y$——预压力值；

$I$——截面惯矩；

$A$——截面积；

$e$——预应力筋偏心距；

$y$——计算点离形心的距离。

混凝土由外荷载产生的应力为：

$$\sigma_P = \frac{M_g \cdot y}{I} + \frac{M_P \cdot y}{I} + \frac{M_S \cdot y}{I} \tag{18-2}$$

式中：$M_g$——恒载弯矩；

$M_P$——活载弯矩；

$M_S$——其他外界因素的弯矩。

全预应力设计的主要任务是使 $\sigma_y - \sigma_P > 0$［《公路钢筋混凝土及预应力混凝土桥涵设计规范》（JTG D42—2004）要求 $\sigma_y > 1.1\sigma_P$］，也就是：

$$\frac{N_y}{A} + \frac{N_y \cdot e \cdot y}{I} > \frac{M_g \cdot y}{I} + \frac{M_P \cdot y}{I} + \frac{M_S \cdot y}{I} \tag{18-3}$$

式（18-3）中预应力是永久作用在桥梁上的，恒载也是永久作用在桥梁上，而活载是随机出现的，一般情况下出现的时间很短，其他外界因素引起的弯矩一般具有双重方向性。因此，预应力混凝土梁的长期变形主要由恒载和预应力产生。在梁桥中，只有预应力效应的偏心距部分产生挠曲变形，压力部分只产生轴向变形。因此长期变形实际上是预应力产生的挠度 $f(N_y \cdot e)$ 与恒载产生的挠度 $f(M_g)$ 决定的。如果 $f(N_y \cdot e) \geqslant f(M_g)$ 则主梁向上拱，反之则向下挠。

在小跨度梁桥中，活载占总荷载效应 30% 或者更多，但活载不长期作用在桥梁上，根据混凝土应力设计预应力筋时，要保证式（18-3）得到满足，相对恒载来说就要配置比较多的预应力才能满足要求。而相对长期而言，活载并不作用在桥上，因此，即使去除 $\frac{N_y}{A}$ 预应力弯矩产生的应力也比恒载产生的应力大，即 $\frac{N_y \cdot e \cdot y}{I} > \frac{M_g \cdot y}{I}$，所以，$f(N_y \cdot e) \geqslant f(M_g)$，即预应力弯矩引起的变形大于恒载引起的变形，主梁总体将向上拱。

而在大跨度混凝土梁桥中，活载所占总荷载效应比较小，超过 100m 跨度的梁桥，活载弯矩一般不超过总弯矩的 10%。针对应力设计预应力筋时，同样要满足式（18-3），这时，即使平时活载不作用在桥上，$\frac{M_g \cdot y}{I}$ 也很大，在预应力效应中扣除轴压应力 $\frac{N_y}{A}$，预应力的弯曲应力就比恒载弯曲应力小，即 $\frac{N_y \cdot e \cdot y}{I} < \frac{M_g \cdot y}{I}$。所以，$f(N_y \cdot e) \leqslant f(M_g)$，即预应力弯矩引起的变形小于恒载引起的变形，主梁总体将向下挠。

在梁桥的设计中，$f(N_y \cdot e)$ 与 $f(M_g)$ 的差值将通过预拱度来调整。由于混凝土徐变的存在，预拱度除了要体现弹性变形外，还要体现混凝土徐变对变形的增加量。简化的弹性加徐变总挠度计算公式为：

$$f_t = [1 + \phi(t, t_0)]f_0 \tag{18-4}$$

式中：$f_t$——时间 $t$ 时主梁的弹性和徐变总挠度；

$t$——计算时间点的龄期；

$t_0$——加载龄期；

$f_0$——初始弹性挠度（自重 + 预应力）。

从总体规律来看，徐变变形与弹性变形的方向是一致的，最终的预拱度应为弹性变形与徐变的总和。

从多年的工程实践看，上述变形的规律是正确的。我国梁桥建设过程中，小跨度预应力混凝土梁桥跨中长期向上变形，在预应力空心板和预应力 T 梁中，预应力使得主梁上拱，为了使桥面平整，需要设置向下的预拱度。而大跨度预应力混凝土梁桥中，预应力和恒载综合作用下主梁跨中仍然向下挠，需要设置向上的预拱度。

综上所述，预应力混凝土梁桥的长期变形是由于预应力弯矩与外荷载弯矩差形成的，由于活载的可变性，预应力混凝土梁桥的变形不可避免。

2）造成大跨径预应力混凝土梁桥过量下挠的因素

从理论上讲大跨度预应力混凝土梁桥长期下挠是不可避免的，因此要设置预拱度，如果预拱度计算准确，可以抵消这一不利因素。各国规范都规定了预拱度设置的公式，公式的内容大体相同，即预拱度等于恒载与预应力弯矩差引起的弹性和徐变变形加上活载变形的一半。但是，从工程实践的情况看，上述预拱度的设置误差很大，实际发生的变形有时甚至超出设计值的几倍，严重影响桥梁的运行。在大跨度桥梁中，主要是向下的长期挠度失控，并伴随着梁体的开裂，引起业主的广泛注意。其实，在小跨度预应力混凝土梁桥中，预拱度计算不准确的问题也普遍存在，一般情况下实际拱度比计算值大，影响桥面铺装的实施，但是对正常桥梁使用的影响不大，因此，不被注意。

从设计和施工的角度分析，过量挠度的产生有下列原因。

（1）自重

对于大跨度混凝土梁桥，自重是引起长期变形的主要荷载。从设计角度来说自重是比较容易准确把握的变量，只要精确计算截面尺寸即可，但是，工程实践表明，采用节段悬臂浇筑施工的大跨度连续体系梁桥，以下两方面原因均要引起超重。一是模板变形引起的截面尺寸增大，二是桥面线形不平顺，采用混凝土找平而额外增加的重量。

上述两种原因尤以桥面线形不平顺更加不利。截面尺寸增大按原截面增加一个百分比，因此超重在桥梁纵向的分布如图 18-1a）所示。而桥面不平顺找平的超重分布如图18-1b）所示，如果正常施工，接近均布荷载，如果施工中悬臂发生下挠，则找平带来的荷载分布在跨中更大。显然，这两种荷载作用在连续梁上，后者产生的弯矩更大。

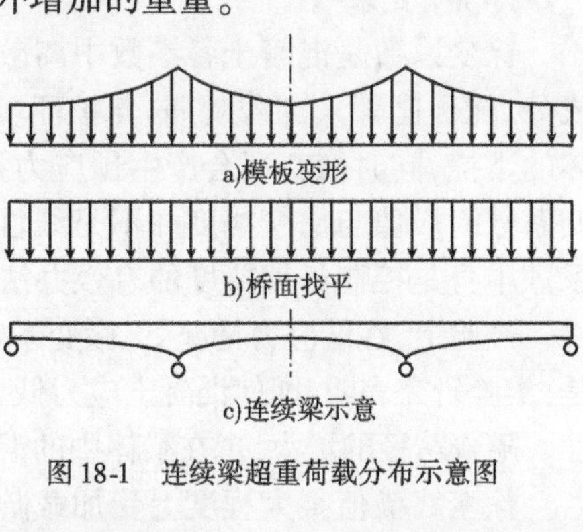

图 18-1　连续梁超重荷载分布示意图

如果梁体超重，则预应力相对不足而增加梁体弯矩，弯矩的增大又将导致徐变挠度增大，徐变变形的增大，还可能使预应力损失增大，如此恶性循环，因此，超重引起的变形与超重比例并不呈线性关系。根据测算，如果模板变形导致超重 1%，将使变形增大 1.3%，而如果桥面调平导致超重 1%，即使是均布在桥面上，引起的变形是模板变形超重的 3 倍，如果调平主要集中在跨中,则引起的变形还要大。

(2)预应力

预应力的作用正好与恒载反向,是抵抗预应力混凝土梁桥长期变形的主要因素。预应力对于长期变形的影响,体现在两个方面,一是预应力偏心产生的弯矩,二是预应力损失。

施加到梁体上的预应力由轴向压力和偏心压应力两部分组成[式(18-1)],但是只有偏心部分产生弯曲变形,要减小总体挠曲变形,就必须增加预应力的偏心弯矩。目前的设计只关注梁上的应力,只要压应力不超过混凝土设计允许应力,同时不出现拉应力就认为设计验算通过,并不关心截面上下缘应力差。根据上一小节的分析,跨径越大,梁体承受的弯矩就越大,长期挠度就越大,也就不容易控制。因此,很多设计者提出要控制截面上下缘的应力差,极端情况是完全不考虑预应力的压力部分,只用预应力的弯矩抵消外荷载弯矩,理论上这样设计梁体将只产生纵向压缩变形。这样的设计将使预应力配筋量大大增加,提高造价,太大的预压力还可能带来其他问题,近年来多座变截面预应力混凝土梁曲线底板被压溃就是在这样的设计思路下出现的副作用。因此,如何合理控制截面上下缘应力差还有待研究。

预应力损失由两部分组成:前期损失,在预应力施加阶段发生,其中主要是摩阻与锚口损失。后期损失主要是梁体混凝土发生收缩和徐变引起的。预应力损失的大小除了直接影响梁体的变形大小外,还产生二次效应,即预应力损失大,有效预应力小,混凝土的弹性变形随之增大,徐变变形也伴随增大,增大的徐变可能引起更大的预应力损失,周而复始,根据分析,长期挠度增加的程度是永存预应力减小程度的数倍。过大的预应力损失将导致预应力不能抵消外荷载产生的拉应力,从而使梁体开裂。

(3)混凝土弹性模量

混凝土弹性模量的主要问题是早期受力混凝土,其弹性模量比较低,随着龄期的增长,弹性模量才能逐渐增长,对于悬臂浇筑的大跨度预应力混凝土梁桥,施工进度一般是工程的主要控制因素之一,通过早强剂,可以很快提高混凝土的强度,但是弹性模量受早强剂的影响较小。因此预应力张拉时弹性模量比较低,对主梁的变形有很大影响,这在预应力简支梁上是非常明显的。但是,节段施工桥梁的荷载是随悬臂增长而增加的,龄期较早时混凝土受力并不大,龄期的影响并不是很大。

(4)徐变系数

徐变系数是混凝土各参数中离散性最大的,与混凝土本身的特性(主要是水灰比、水泥成分、配合比等)、加载龄期、养护环境、截面形状等多个参数有关。徐变作用自身将引起梁体的下挠,同时徐变还会产生预应力损失,减小有效预应力,从而进一步加剧下挠,因此,徐变系数终极值与徐变挠度并不是线性关系,徐变挠度增加速率比徐变终极值快。减小徐变系数本身是控制长期挠度的有效办法。

经验上,在低应力情况下,徐变系数与混凝土的应力无关,也就是所谓线性徐变假定。但是,实验研究表明,即使混凝土应力低于混凝土强度等级的50%,徐变系数也呈现明显的非线性。随着跨径的增大,现在梁体中的混凝土应力相对比较大,线性徐变的假定不一定能满足。

徐变终极值很大程度上受加载龄期的影响,但是,与施工中的混凝土弹性模量相同,节段施工大跨度连续梁,荷载是随悬臂增长而逐渐增加的,因此,某一节段的加载龄期对长期挠度的影响并不大。

(5)梁高

梁体抗弯惯矩也是影响梁桥变形的关键参数,惯矩越大变形越小,同时惯矩大,截面的应力小,混凝土的徐变变形也随之减小。影响截面抗弯惯矩的主要因素是梁高,增大梁高,不但可以增加截面刚度,同时还能加大预应力的偏心距,进一步减小总挠度。但是,加大梁高会增加自重,从而增加恒载弯矩。

根据对一座 122m + 216m + 122m 连续刚构桥变化梁高的试算,增加梁高可以明显使计算的长期挠度减小。如表 18-1 所示,原设计跨中梁高为中跨跨度的 1/49.1,不改变腹板厚度直接加高或减低梁高,跨中的长期挠度变化明显。如果增加梁高的同时,适当减小腹板厚度,保持自重集度不上升,则长期挠度减小的幅度更大。

**跨中挠度随梁高的变化** 表 18-1

| 跨中梁高/中跨跨度 | 长期挠度(cm) | $f_1/f_2$(1/49.1) |
|---|---|---|
| 1/20 | -4.48 | 0.395 |
| 1/30 | -6.93 | 0.611 |
| 1/40 | -9.29 | 0.819 |
| 1/49.1 | -11.34 | 1 |
| 1/60 | -13.68 | 1.206 |
| 1/70 | -15.8 | 1.393 |
| 1/80 | -17.85 | 1.574 |

### 18.2.3 预应力混凝土连续体系梁桥的施工特点及控制对策

1)预应力混凝土连续体系梁桥的施工特点

大跨度预应力混凝土连续体系梁桥(连续梁、连续刚构)一般采用平衡悬臂法施工,从不同桥墩上伸出的悬臂在跨中合龙,或者在跨中较短的区段内采用挂孔连接。由于合龙前进行内力调整很困难,悬臂端在合龙时并没有进行变形协调,因此,采用悬臂法施工的大跨度连续梁桥,主梁自重产生的弯矩其实很接近于悬臂梁,只有主梁合龙后增加的荷载才作用在连续梁体系上。

根据上述特点,采用悬臂法施工的大跨度连续体系梁桥,其成桥内力状态只与桥梁自重及施工过程有关,并且是一一对应的,不存在高次超静定结构内力多方案的优化问题,只要确定了截面尺寸和施工过程,内力状态就唯一确定。因此,悬臂法施工连续体系梁桥施工控制的主要任务是成桥时的主梁线形达到设计目标线形。

2)预应力混凝土连续梁(刚构)桥的控制对策

在理论计算确定完各施工阶段立模高程后,现场实施过程中如果出现了误差,对于已经施工完成的梁段,除张拉预备预应力束外,基本没有调整的余地,而这一调整措施的影响是非常有限的,因此,一旦出现线形误差,误差将永远存在。对于尚未施工的梁段,根据式(17-9),只与成桥线形与该节点安装完成后发生的位移有关,通过新节段与已建成节段之间的折角将新节段的前端定位在正确位置上,如果残余误差较大,则调整需经过几个梁段才能完成。

根据上述分析,悬臂浇筑连续梁桥施工中高程控制的一个特点是,已完成梁段的误差无法调整,对照图 17-4 自适应施工控制原理图中的下半环,即控制量反馈计算,在连续梁施工控制中一般不起作用。另一个特点是未安装梁段的立模高程只与该梁段出现后的模拟计算有关,与已完成梁段已有的误差基本无关,如果后续的模拟计算能准确反映现场情况,出现误差的可能性就小，对照图17-4自适应施工控制原理图中上半环的自适应部分，也就是现场参数估计特别重要。图18-2是根据自适应控制原理制订的悬臂施工大跨度连续梁桥施工控制流程图。

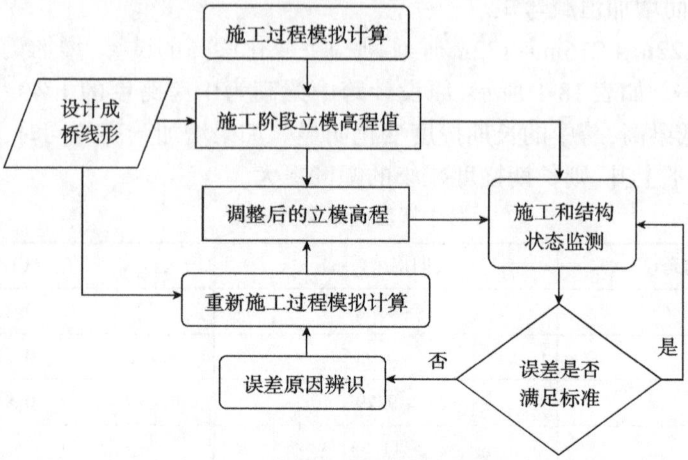


图18-2 连续梁桥施工控制流程图

提高悬臂施工连续梁桥控制精度应采取以下控制对策：

(1)在进行施工模拟计算时必须充分考虑各种施工因素，尽量使有限元理论计算与实际施工情况相一致。

(2)现场施工操作必须严格按照施工模拟计算工况进行，避免计算与施工过程脱节误差的出现。

(3)参数估计及对计算模型的修正显得尤为重要，只有与实际施工过程相吻合的计算模型计算出的预报高程才是可实现的，施工结果的误差才能减小，待估计的参数主要是主梁的自重集度、刚度、预应力效应、徐变效应，其中的徐变效应估计是比较困难的，这是连续梁桥出现线形误差的主要原因。

## 18.2.4 预应力混凝土连续体系梁桥施工控制重点关注问题

大跨度连续体系梁桥施工控制的要求是为了避免过量下挠和开裂而提出的，根据上节分析的病害机理，本节阐述施工控制应重点关注的问题。

1)设计阶段关键参数的取值

(1)合理控制预应力

随着大量桥梁出现了过量下挠的病害，设计人员普遍提高了大跨度预应力混凝土连续体系梁桥的预应力配束量。《公路钢筋混凝土及预应力混凝土桥涵设计规范》(JTG D62－2004)也将全预应力构件的定义，从《公路钢筋混凝土及预应力混凝土桥涵设计规范》(JTJ 023—1985)的预应力产生的压应力全部抵消外荷载产生的拉应力，改为预应力产生的压应力必须大于外荷载产生的拉应力的10%。

增加预应力有利于防止长期过量下挠，但是，过大的预压应力也带来了一些副作用。首先是推翻传统的概念，将大量增加材料用量。其次，目前大跨度预应力混凝土梁桥中混凝土的压应力接近设计强度，这使得原来的某些常规构造设计的安全性变得不确定，例如上述的曲线底板被压溃的问题。在高应力下，混凝土的徐变特性也可能发生不确定的变化，使理论计算的挠度更加不准确。

长期下挠主要是弯矩造成的，因此，要从控制截面上下缘的应力差的角度着手，而不能一味加大预应力。

(2)合理确定截面尺寸，降低自重集度

随着预应力的增加，混凝土的压应力成为设计的控制指标，于是必须增大截面尺寸，尺寸增大后，自重随之增加，反过来要求更大的预应力，如此恶性循环，这是设计中常见的弊病。自重是大跨度预应力混凝土连续梁桥的主要外荷载，合理选取截面尺寸是设计的关键。作用在跨中的荷载对弯矩最敏感，因此应尽量减小跨中截面的腹板厚度。目前世界上跨度最大的预应力混凝土连续刚构桥，Stolma 桥（主跨 301m）就在跨中区段采用比重为 $18kN/m^3$ 的轻质混凝土来建造。

(3)适当增加梁高

在不大量增加自重集度的前提下，应适当增加大跨度预应力混凝土梁桥跨中的梁高，增大梁高，可以增大截面抗弯惯矩，同时增大预应力筋的偏心距，有利于控制截面上下缘的应力差。铁路桥由于活载比例大，梁高普遍比较高，因此关于过量下挠的报道很少。我国高速铁路 168m 跨度连续梁桥设计时，为了控制长期挠度，跨中截面高度设计为跨径的 1/24，这样可以很好地控制恒载作用下截面上下缘应力差。

(4)混凝土质量要求

我国大跨度预应力混凝土梁桥普遍采用泵送混凝土，水灰比较大，将使徐变终极值大大增加。为了降低徐变，设计应该明确对水灰比的要求，有条件时应避免使用泵送混凝土。

(5)长期挠度预拱度的取值

鉴于目前长期挠度计算不确定性大的特点，设计时在不影响路线总体线形的条件下，应多留一些预拱度。目前国内普遍把长期变形预拱度取为跨径的 5/10 000 ~ 10/10 000。

2)节段施工阶段的控制

(1)严格对称施工

大跨度预应力混凝土连续体系梁桥在对称悬臂施工阶段，由于截面刚度很大，由主梁自身弯曲产生的变形很小，一般不超过 30mm，即使有误差对线形的影响也很小，所以很容易控制。但是，不平衡施工会产生很大变形，大悬臂时两端不超过 100kN 的不平衡力就会产生超过 10mm 的不对称变形，而一个节段的重量达数千千牛，因此平衡施工非常重要。由于内在的阻力，产生不对称变形后，撤销偏载并不能完全消除不对称变形，必须施加一定的反向偏载，这给控制带来很大困难。

(2)及时估计误差的原因

如前所述，悬臂施工的连续梁桥在出现误差后没有调整的手段，及时发现误差，并重新计算以后的立模高程显得非常关键。由于悬臂施工阶段变形小，施工还存在一定的随机误差，参数估计算法的应用比较困难，必须依靠结构概念实行变量分离。如果连续几个节段在浇筑混凝土后主梁向下的挠度大于计算值，则主梁有超重；如果连续几个节段在预应力张拉后主梁向上的位移小于计算值，则预应力损失比计算值大；如果连续几个节段浇筑混凝土时向下挠度和张拉预应力时向上位移均大于或小于计算值，则说明梁体刚度取值有偏差。

如果计算参数有偏差，将造成施工完成后的主梁线形在大范围内产生误差。

(3)控制超重

超重控制是防止连续梁过大变形的最重要的措施。引起超重主要有以下几个因素：①模板变形，主要是箱梁顶模刚度不够，造成桥面局部塌陷，成桥后要找平；②顶板横坡误差，这主要是顶模的支撑刚度不足或者支撑间距太大造成，成桥后要用混凝土补足；③挂篮过大变形，将造成主梁局部折点，将来也要用混凝土找平，原因主要是挂篮扣件安装不牢固、挂篮刚度低。这些因素会产生局部线形的误差，只能从加强施工管理消除。

(4)预应力张拉质量控制

预应力施加质量是预应力混凝土连续梁质量控制的关键，直接关系到施工阶段与成桥后的线形。减小施工阶段损失的措施主要有：加强预应力管道定位，保证预应力束线形顺畅；提高预应力管道材料质量，严格密封管道接头，防止管道漏浆；严格实行张拉力与引伸量双控；对于短束实行二次张拉，以减小锚口和摩阻损失。

(5)预应力张拉龄期控制

对于悬臂浇筑的预应力混凝土连续体系梁桥，每一节段上的预应力张拉是最早施加的荷载，为提高张拉时的弹性模量、减小徐变终极值，应尽量延长张拉的龄期，这就影响建桥的工期。目前我国工程师普遍认为第一次张拉时混凝土的龄期应达到7天。

(6)预制节段悬臂拼装施工控制的关键

预制节段悬臂拼装工艺比悬臂现浇有很多优势，它可以很好地控制梁体的超重，增加加载龄期，减小混凝土的收缩徐变。节段采用短线法或长线法预制，为避免预制误差对线形的影响，一般在拼装一定节段后设置一个现浇调节段。

预制拼装工艺线形控制的关键是梁段预制线形的控制，以及每个拼装首节段方向角的定位。

3)合龙阶段控制

悬臂施工连续体系梁桥，在平衡悬臂施工阶段的总体变形很小，但是在合龙阶段处于不对称施工状态，总体变形较大，即使不大的误差也将使成桥线形偏离设计线形。除尽量计算准确外，应采取避免大变形的控制思路。

(1)合龙顺序

除非条件限制，应尽量避免先中跨合龙后向边墩悬臂浇筑的合龙顺序，在双悬臂梁两侧悬臂浇筑将产生很大的悬臂端变形。正确的做法应该是在支架上现浇边跨超过1/2中跨长度的部分，然后与悬臂端合龙，这样不对称荷载作用在边跨的边墩附近，变形很小。

对于多跨连续梁桥，也应从两端逐渐向中间合龙，这样可以避免预应力轴力及混凝土收缩使主梁缩短。

(2)合龙预应力的施加顺序

悬臂施工连续体系梁桥的预应力束有两种，一是悬臂施工阶段的负弯矩束，伴随节段悬臂浇筑(拼装)时张拉，另一种是合龙后张拉的跨过合龙段的合龙束，以正弯矩束居多，主要用来抵抗桥面铺装恒载和活载弯矩。

边跨合龙后理论上可以将合龙束全部张拉完成，这将使边跨跨中上拱，同时使中跨悬臂端发生很大下挠，很容易造成误差。因此，理想的顺序应该是在边跨合龙后只张拉部分合龙束，待中跨合龙后再与中跨一起张拉全部合龙束。这样全桥已经连成连续梁，刚度大大提高，张拉将不会出产生很大变形，从而减小线形误差。

(3)合龙过程中应保证结构体系明确

在合龙阶段，连续体系梁桥要从多个T构转换为连续梁，这中间要拆除桥墩与主梁间的临时固结，用型钢将合龙的两悬臂端临时连接，过程中还包括挂篮拆除、施加压重、相邻跨合龙束张拉等加、减载工况。这些过程为不对称施工,理论上要产生较大的挠度,因此,在悬臂浇筑时必须反向预留这些变形,在合龙过程中这些预留值应得到恢复,否则就成为人为造成的误差。为保证恢复的准确,现场施工应保证每种工况的结构体系与计算时相同,应特别注意纵向变形不能被约束。在大位移的假定下,纵向位移被约束住,竖向位移将大大减小。例如,合龙段的临时固结必须在全部压重施加完成后再安装,否则压重使悬臂端产生的挠度将大大减小。

(4)合龙后的线形调整

大跨度连续体系梁桥的变形对自重非常敏感,在全桥合龙后,应根据桥面实际线形拟合成桥桥面曲线,尽量使桥面铺装厚度与设计值一致,减小额外超重。

## 18.3 大跨度拱桥的施工控制

拱桥是大跨度桥梁常用的桥型之一,在数十米到数百米跨径范围内均有竞争力。由于拱桥主要受力结构拱圈是偏心受压构件,可以采用价格便宜的只有受压性能好的建材来建造,比如石头、素混凝土等,在钢材出现前,拱桥几乎是建造大跨度桥梁的唯一桥型。

拱圈基本只受压是拱的形状和拱脚推力共同作用的结果,因此建造常规拱桥的地基必须能够承担很大的水平推力。在软土地区不具备这样的条件,可以通过水平拉杆将两拱脚水平力相互抵消,这就成为系杆拱桥,如果桥面与系杆结合可以承担一定的弯矩,就成为组合体系拱桥。

拱桥的建造有悠久的历史,早期的石拱桥及混凝土拱桥基本上都采用有支架施工工艺,施工过程中变形小,不太会因为误差累计造成很大的成桥误差,所以不需要进行专门的施工控制。而大跨度拱桥,多采用悬臂施工工艺,在设计中应充分考虑拱圈施工状态转换过程中的内力和线形变化,保证拱圈合龙后线形达到设计拱轴线,内力接近于一次落架拱桥内力。

随着斜拉桥施工监控工作优点的体现,专门的施工监控被引入到拱桥施工中来。除了保证顺利实现拱桥的设计内力状态外,主要目的是通过现场监测保证拱桥施工的稳定安全性。

### 18.3.1 拱桥的施工特点

1)大跨度拱桥的施工特点

大跨度拱桥主要受力构件是拱圈,拱上建筑或悬吊在拱上的桥面一般都是传力构件,因此拱桥的施工关键是拱圈的架设。

古代拱桥多为石拱桥,石块只有在形成拱后才具备跨越能力,因此,必须采用满堂支架施工。现代拱桥的拱圈多由钢筋混凝土建成,有一定的受拉能力,从而可以预制成较长的节段,采用少支架或无支架方法架设。

对于大跨度拱桥,支架本身就是一个很大的结构物,架设既困难也不经济,因此一般采用无支架法架设。采用无支架方法施工的拱桥,其拱圈必须有一定的抗弯能力,钢筋混凝土拱圈、钢拱圈都具备这个条件。钢材的受压和受拉性能均很好,可以承担施工过程中出现的拉应力,所以钢拱桥几乎全部采用无支架法施工。

拱桥无支架架设主要采用悬臂施工法，常用的转体施工是悬臂施工的发展。现代拱桥的悬臂施工主要采用扣索悬臂拼装工艺，类似于斜拉桥，在拱圈合龙后拆除临时扣索和扣塔。

无论是有支架或无支架施工，拱圈架设完成后，桥面及其支撑结构的架设都可以依附在拱上进行，从而避免跨越桥下障碍物的困难。合龙后的拱圈，刚度很大，变形很小，但是，承担集中荷载的能力较差，内力只能随桥面的施工被动增加。

对于组合体系拱桥，桥面纵梁既是水平拉杆，同时又通过吊杆与拱共同承担外荷载。组合体系拱桥的拱圈必须有拉杆抵抗水平力才能成为拱，因此，在中小跨度情况下采用满堂支架施工，且施工顺序为先梁后拱，通过吊杆和水平拉杆的张拉，逐步将桥面重量转移到拱上。大跨度或桥下搭设支架困难的组合体系拱桥大多采用无支架施工方法先架设拱圈。架设完成的拱圈在没有水平拉杆时，只是一根弯曲的梁，必须安装临时拉杆承担水平力才能形成拱。待桥面纵梁安装完成后，将水平力转移到纵梁中去，拆除临时拉杆。

2)拱桥施工控制需要关注的问题

拱桥在施工过程中变形小，且可以通过拱上立柱或吊杆长度调节桥面高程，不会因为调平的需要增加额外的恒载，正常施工条件下拱圈的线形误差不会对成桥后的内力产生很大影响，因此，线形不是拱桥施工控制的关键。

拱桥的最优成桥状态是拱圈的形状与荷载相配，这样可以保证拱圈基本受压。根据上一章的分析，除非满堂支架方法施工，施工完成的拱桥内力很难达到按照一次落架确定的内力。因此，拱桥施工控制应该关心如何通过体系转换过程中的调节措施，使拱的内力达到合理拱轴线情况下的内力。

根据上述特点，大跨度拱桥的施工控制应重点关注以下环节。

(1)拱桥的施工方法多样，而且重复的过程不是很多，因此不能采用自适应控制方法，只能实行开环控制，或者有条件时采用反馈控制，即在桥梁施工前完全制订好施工的全过程，在此基础上进行施工过程模拟分析，得到各阶段的内力和变形值，作为控制数据，现场严格按照设计的工序施工。

(2)拱轴线的设计要考虑拱桥的架设方法，不能简单按照以往合理拱轴线的方法设计。

(3)对于无支架方法架设的拱桥，在设计阶段就要充分考虑施工过程，特别要设计好拱在合龙前的内力状态、体系转换措施，尽量使建成后的拱达到合理拱轴线状态下的内力。

(4)设计好成拱后拱上建筑的施工顺序，保证拱的稳定安全。

## 18.3.2 施工过程对大跨度拱桥拱轴线的影响

1)拱轴线形状选择

拱轴线的形状直接影响到拱圈内的弯矩，在一次落架拱桥中，合理拱轴线必须与荷载相配，比如实腹拱采用悬链线，而对于均布荷载应该是二次抛物线。但是，对于无支架施工的拱桥，尤其是拱上建筑与拱圈同时承担外荷载的组合体系拱桥，自重并不完全等效于作用在拱圈上的外荷载，拱圈分担的荷载与架设过程有关。因此，拱轴线形状的选择应该根据试算确定。试算的过程如下：①确定初始拱轴线和架设过程；②按照架设过程进行正装模拟计算；③检查拱圈弯矩是否满足控制要求；④根据拱圈弯矩的大小及方向修改拱轴线，重新进行架设过程模拟;⑤反复上述过程直至拱圈弯矩满足要求为止。

2)拱圈的制造线形

为抵消弹性压缩变形,对于无支架拼装施工拱桥,拱圈的制造线形应该采用无应力线形。实际工作中,很多悬臂拼装的拱桥直接采用设计成桥线形为制造线形,这样在扣索的水平力作用下,悬臂将缩短,跨中合龙缝将比设计值长,现场往往将合龙段制作得比设计长度稍长,根据合龙缝的实测长度临时切割合龙段。

对于整体吊装的拱圈,必须按照无应力线形制造,简单的做法就是在拱圈设计线形上加一定的预拱度。

### 18.3.3 大跨度拱桥施工过程设计

1)大跨度拱桥架设过程的设计

采用无支架施工的大跨度拱桥,可以通过施工措施来调节拱的内力,因此就存在施工过程设计的问题,设计的目标往往是使成桥时拱的内力接近一次落架拱的内力。最简单的例子是图 17-7 中所述的拱桥在合龙前将悬臂端向上拉起的例子。这种合龙措施能大大减小由于悬臂施工产生的弯矩,但是由于悬臂端向上拉起后两侧端截面不平行,合龙段仍然不能完全按照无应力状态安装进去,因此成拱后的内力仍然不完全等于一次落架的拱。以下以重庆朝天门大桥为例,介绍如何通过施工过程的设计,使成桥后的内力达到设计要求。

重庆朝天门大桥是 190m + 552m + 190m 的三跨连续中承式钢桁系杆拱桥,如图 18-3 所示,除桥面钢纵梁承担水平拉力外,还配置了额外的体外预应力水平拉杆。

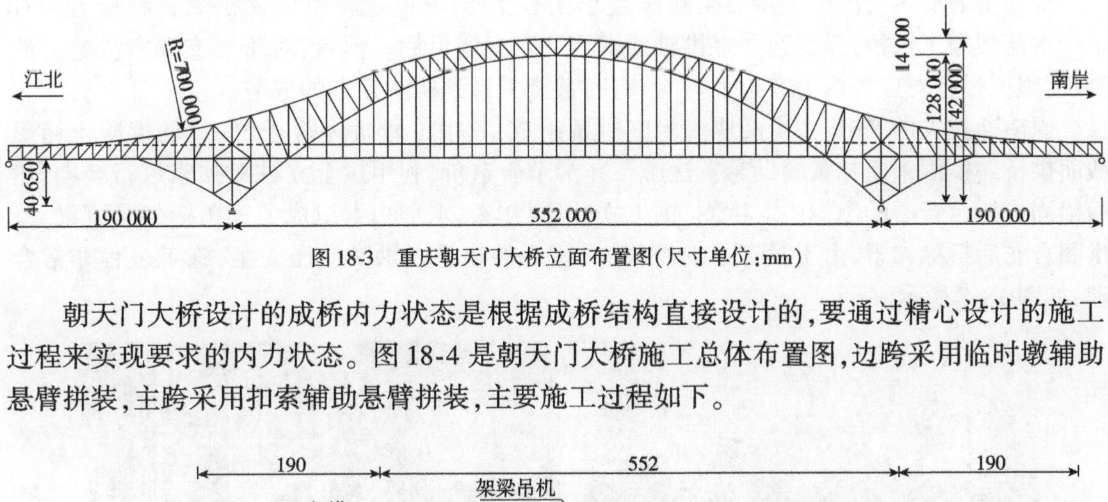


图 18-3 重庆朝天门大桥立面布置图(尺寸单位:mm)

朝天门大桥设计的成桥内力状态是根据成桥结构直接设计的,要通过精心设计的施工过程来实现要求的内力状态。图 18-4 是朝天门大桥施工总体布置图,边跨采用临时墩辅助悬臂拼装,主跨采用扣索辅助悬臂拼装,主要施工过程如下。

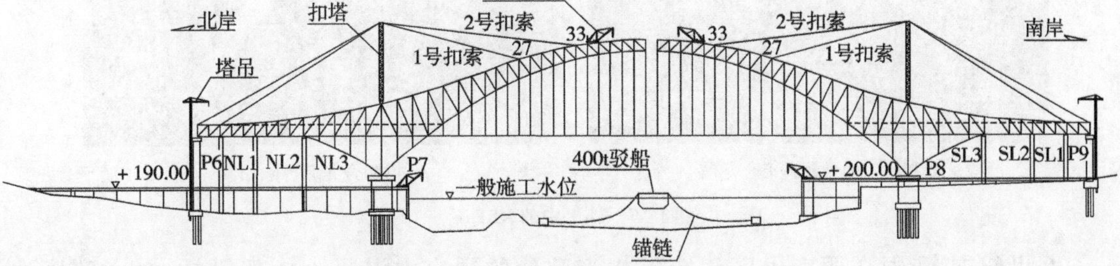


图 18-4 朝天门大桥施工总体布置图(尺寸单位:m)

(1)搭设满堂支架拼装边墩(P6、P9)与1号临时墩(NL1,SL1)之间的节段并在边墩墩顶节段压重,此后悬臂拼装到2号临时墩(NL2,SL2)并安装支座,然后再悬臂拼装到3号临时墩(NL3,SL3)并安装支座。

(2)在边墩顶顶升钢梁,使1号临时墩顶支座脱空后拆除1号临时墩,回落边墩墩顶钢梁,继续拼装钢梁至中墩(P7、P8)并安装支座。

(3)向中跨悬臂拼装拱圈,分别在拼装出2个和4个节段时,拆除2、3号临时墩,形成以边跨为锚梁的悬臂梁,根据预计的中跨合龙要求,调节主墩支座高度。

(4)继续向跨中悬臂拼装拱圈至跨中,在拼装到4分点和8分点附近时,安装辅助扣索,控制悬臂拱圈的挠度。

(5)通过升降边墩支座高度,调节中跨合龙缝的间距和方向,保证合龙段能够切线拼装,中跨拱圈合龙,安装临时拉杆,安装中跨桥面纵梁至跨中。

(6)通过升降边墩支座高度调节,使桥面纵梁合龙段能够切线拼装,合龙桥面纵梁,拆除临时水平拉杆,调节边墩顶主梁高度至设计高程,张拉纵向体外预应力束。

为使上述的多次体系转换后,全桥内力达到直接按成桥体系设计的内力,关键是所有构件都必须保持切线安装。困难之处在于每个支座(包括临时墩支座)都要正好零反力安装,中跨合龙段两侧都必须切线拼装。为此,在安装过程中边墩支座高度、主墩支座水平位移均可调节。根据施工过程模拟计算,边墩支座在安装之初必须下降2.3m,而主墩支座在安装过程中必须允许纵向移动1.5m范围。由于制造时没有考虑各杆件的无应力长度,体外预应力张拉后,主跨在成桥后的跨径比设计计算跨径短0.9m。

2)施工过程对成桥内力的影响

设计得好的拱桥的最大特点是拱圈是小偏心受压构件,这样可以使拱圈材料最省。对于一次落架施工拱桥,只要选择好拱轴线即可达到上述目标。但是,对于无支架方法施工的拱桥,施工过程对成桥内力有很大影响,有时甚至关系到桥梁建造的成败。

原南斯拉夫的KRK桥由两座大跨度拱桥组成,其中1号桥为跨径390m的混凝土箱形截面拱桥。拱圈采用扣索辅助悬臂法施工。为节省造价,利用拱上立柱对扣索进行转向,然后锚固在桥台背后的山体中。拱圈、拱上立柱、斜扣索、水平扣索组成了三角桁架悬臂梁,待拱圈合龙后拆除扣索,由于没有了斜拉杆,成桥后的体系以拱圈受压为主,施工过程非常合理,如图18-5所示。

a) 扣索辅助悬臂施工合龙前

b) 拱圈合龙后拆除扣索

图18-5 施工中的KRK桥

20世纪末,我国在西南山区建造了相当数量的预应力混凝土桁架拱桥,最大跨度达330m,采用悬臂拼装方法施工,其悬臂体系与施工中的KRK桥非常相像,但是,合龙后不进行体系转换,斜杆与桥面水平拉杆在运营阶段仍然保留,如图 18-6 所示。

a) 悬臂施工合龙前　　b) 运营阶段的桁架拱桥

图 18-6　某桁架拱桥

经过 10 多年的运营,这些大跨径桁架拱桥目前普遍出现了拱顶下挠、下缘开裂及斜杆开裂等病害,严重的成为危桥而被拆除。其原因主要是,斜杆及上弦杆不拆除,即使跨中合龙了,桥梁的受力状态其实仍然处于悬臂梁状态,长期的预应力损失造成拱顶下挠。有学者提出拆除斜杆,释放上弦的预应力,来使桥梁真正转化为拱桥,从而改善受力状态。

上述两座桥梁的例子充分说明了拱桥施工中体系转换对桥梁最终受力状态的巨大影响。对于超静定体系桥梁的设计,必须考虑如何在施工中实现桥梁最终的受力体系。

3)组合体系拱桥的张拉控制

组合体系拱桥的水平力由水平系杆承担,早期设计中系杆一般与桥面纵梁合二为一,在桥面纵梁中施加足够的预应力抵消拱脚传来的拉力,使其处于受压状态。后来发现预应力损失很难准确控制,不少桥梁系杆开裂,有些桥梁预应力筋逐渐锈蚀,全国已有多座系杆拱桥因系杆锈断而导致全桥垮塌。因此,把系杆与桥面分离的设计方案逐渐得到推广,这样系杆的状况容易观察,锈蚀严重时可以更换。

在常规有推力拱桥中,地基基本不变形,水平反力随自重的增加而增大,保证拱圈处于小偏心受压状态。组合体系拱桥的系杆刚度是有限的,随自重增加系杆内拉力也增大,但是系杆随之被拉长,相当于发生了桥台水平位移,拱圈将产生很大弯矩。为抵消这一影响,系杆必须张拉,只要张拉力与自重对桥台产生的推力相同,拱圈内的弯矩就基本与常规拱桥相同。如果系杆预先过大张拉,拉力大于自重对桥台产生的推力,将使拱脚相向位移,在拱圈内产生很大的反向弯矩。

在施工过程中自重是逐渐增加的,为控制拱圈弯矩,系杆力必须分级张拉,分级的原则是:拱圈能够承担任何一级自重增加和张拉力增加产生的弯矩。由于多次张拉影响工期,所以应尽量加大分级间隔。

组合体系拱桥的桥面有两种体系:一是吊杆支承连续的纵梁,横梁支承在纵梁上,再在横梁间铺桥面板;二是吊杆直接支承横梁,在横梁间铺桥面板,桥面板纵向连成整体。对于前者,吊杆张拉相当于在全桥连续的纵梁上施加集中力,将产生很大弯矩,所以每根吊杆一次张拉力不能过大,全桥吊杆交替分级张拉才能将桥面平顺地提起。对于后者,吊杆张拉相当于逐根吊起横梁,吊杆力就是横梁重量,无须分级,由于桥面板全部安装完成后再连成整体,桥面板重量将自动均分到各吊杆上。

4)拱上建筑安装控制

拱圈合龙后,拱上建筑依附在拱圈上安装。如前所述,拱轴线的线形是按照成桥后拱圈上承担的荷载设计的,针对于某种形式的均布荷载。而进行拱上建筑安装时,施加的大部分是集中荷载,或者集中在一定范围内的均布荷载,这使拱圈承受较大的弯矩,甚至超出成桥弯矩,因此,拱上建筑必须逐级分散安装才能保证施工过程中拱圈的稳定性。

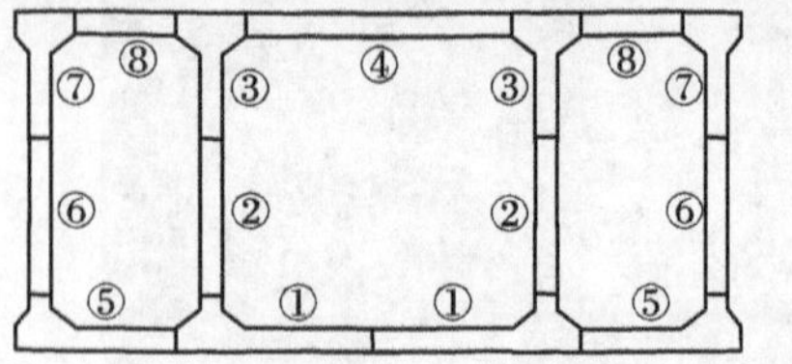


图 18-7　万县长江大桥混凝土拱圈浇筑顺序

万县长江公路桥是跨径 420m 的混凝土拱桥,拱圈为三箱截面,拱上建筑为跨径 30m 的 T 梁。架设时先拼装钢管劲性骨架拱圈,然后在钢管内灌注混凝土,再围绕劲性骨架浇筑混凝土形成箱形截面。如果一次浇筑,拱圈混凝土重力将使钢劲性骨架失稳。因此,混凝土分为 8 圈浇筑,先浇筑的混凝土与劲性骨架共同承担后浇混凝土重量。桥面 T 梁吊装也纵向分条进行,每次每孔只吊装 2 片 T 梁。图 18-7 是万县长江大桥混凝土拱圈的浇筑顺序示意图。

### 18.3.4　扣索辅助悬臂拼装拱圈的施工控制

大跨度拱桥无支架施工大部分采用扣索无支架拼装工艺,施工过程类似于斜拉桥的悬臂施工,但是,拱圈是曲线形的,且扣塔和扣索均为临时结构,有不同的特点。

1)扣塔高度

扣塔是拱桥拼装中的临时结构,在安全的前提下,造价越低越好。扣塔高度越高,扣索的垂直分力越大,越容易在拼装中控制拱圈线形。但是高度越高,扣塔的稳定安全就越不容易控制,使造价大大增加。扣塔高度由最长扣索的水平倾角控制,一般在 10°左右。倾角太低,最长扣索的垂度很大,水平分力将使拱圈在 1/4 跨附近向上弯曲而无法调节悬臂端的高程,如图 18-8 所示。扣塔可以因地制宜,利用边墩作为下塔柱,节省造价。

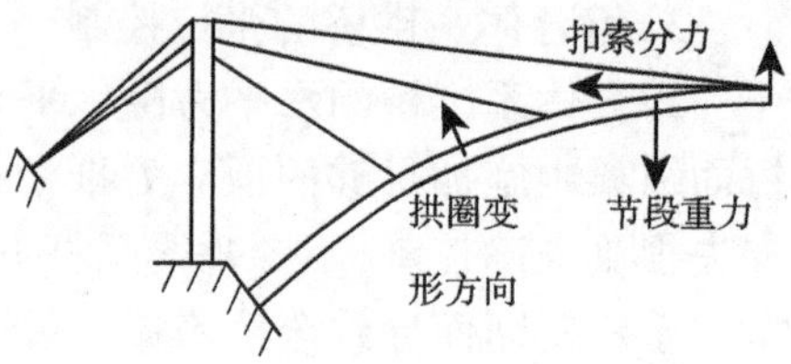


图 18-8　拱在扣索作用下的变形

2)扣索力的设计及高程控制策略

扣索力应根据拱圈合龙前希望达到的内力分布来设计。如果扣索力与拱圈自重合力产生的半拱内力与一次落架拱圈内力相同,则合龙松扣后拱圈内力不变。为抵消拱上建筑重量产生的拱轴弹性压缩弯矩,拱圈合龙前应该将弯矩分布调整为弹性压缩弯矩的反向。由此可以计算出所需要的扣塔高度及扣索力大小。前面介绍过的 Gustav Lindenthal 在 Hell Gate Bridge 两个半拱合龙前,在临时塔上使用千斤顶将悬臂高程向上张拉 570mm,从而使成桥后拱圈内力相当于一次落架内力,就是用这个思路计算得到的。

目前一般采用斜拉桥设计中常用的考虑施工过程的迭代方法计算所需扣索拉力。悬臂拼装阶段的拱轴线形与扣索索力是耦合的,根据施工过程正装模拟计算结果,采用 17.5.1 节介绍的方法可以编制现场控制数据,包括拱肋制造线形、安装位置、扣索初张拉力等,按照这套数据施工,在合龙前及成桥后拱圈线形及内力均能达到设计要求。

某些工程师在施工现场采用紧盯设计线形的控制策略,即每段拱轴均拼装在设计成桥拱轴线上(包含预拱度)。这是一种错误的理解,在早期不能进行详细施工过程模拟计算的条件下,是一种简单的计算控制数据的方法。理论上,随着拱圈的拼装,它的线形是不断变化的,变化的终点是成桥设计线形。如果在每个节段施工过程中紧盯设计曲线,需要对扣索力进行很多次的调整,而且合龙后的拱圈内力不一定是设计的拱圈内力,因为拱圈定位没有与扣索力耦合考虑。

3)拱脚设临时铰

由于铰的维护困难,大跨度拱桥一般采用无铰拱,但是悬臂施工中的拱桥,拱脚可以设临时铰。临时铰可以减小由于施工带来的拱脚截面弯矩,使封铰前已经施加的荷载产生的弯矩等于零,因此通过选择封铰时间可以调整成桥内力状态。例如:在拱圈合龙后封铰可以使拱圈自重作用下拱脚弯矩为0,在桥建成后封铰可以使恒载作用下拱脚截面弯矩为0。

有些工程师将设临时铰作为调整施工中拱轴线形的措施,在拼装过程中根据已拼拱圈的线形来随意调整临时铰封闭时间,这是一种错误的理解,将造成拱圈内力偏离设计值。如果拱脚有临时铰,将悬臂端向上张拉后合龙只会稍微改变一点拱轴线形,拱圈内力不变。

4)拱肋接头的处理

悬臂拼装拱桥的拱圈一般由几个拱肋组成,每个拱肋在纵桥向由多个节段组成。如果是钢拱肋,节段之间必须焊接,如果是混凝土拱肋,节段之间必须采用环氧砂浆或者现浇接头连接,连接完成后才能将重量由吊机转移到扣索上。完全连接接头需要较长的时间,重量长时间作用在吊机上有较大的安全风险。因此必须设计可以快速连接的临时接头,其强度可以满足施工阶段的要求。钢管拱肋可采用内法兰接头(图18-9),而混凝土拱肋采用预埋钢构件接头。

图18-9　太平湖大桥钢管的内法兰接头

接头的强度和刚度都没有永久接头高,因此,滞后吊装几个节段后必须转换为永久接头,临时接头的强度决定可以滞后的节段数。

5)提篮拱的安装

提篮拱的拱肋内倾,单根拱肋处于倾斜的平面上需要空间定位,为了避免定位困难,有条件的情况下应将双肋连成框架整体吊装,但是需要较大的起吊能力。如果采用单肋吊,起吊设备必须具有空中调整拱肋空间姿态的能力,单肋没有与相邻拱肋连成框架前必须设水平风缆保证横向不变形,同时承包商必须具备空间定位测量的能力。

6)扣索系统安全监测

扣索系统是拱桥无支架施工安全的控制因素,在拼装过程中应对关键部件进行监控。主要控制点有:扣塔底部受力最大构件的应力、塔顶水平位移、塔身弯曲程度、后锚点位移等。

## 18.4　斜拉桥的施工控制

斜拉桥结构具有跨越能力大、结构优美、可以采用悬臂施工等特点,是400~1 000m跨径范围的有力竞争桥型。如前所述,斜拉桥是高次超静定结构,需要经过很多状态转换才能达到成桥状态,如何经过多次状态转换达到成桥状态是斜拉桥建造的关键技术,现代桥梁施工控制工作就是从斜拉桥开始的。

### 18.4.1　斜拉桥的施工特点

1)斜拉桥的施工特点

无论是钢斜拉桥、结合梁斜拉桥或预应力混凝土斜拉桥一般均采用悬臂施工方法进行修建,也有一些小跨度斜拉桥采用满堂支架架设。

采用悬臂法施工的斜拉桥,塔柱开始施工时为静定结构,然后安装一对主梁、张拉一对斜拉索,转移到下一施工状态,超静定次数随之增加,之后再安装一对主梁、张拉一对斜拉索,如此往复循环,超静定次数不断增加,最后边跨合龙、中跨合龙,达到成桥结构。施工前需要确定每个施工状态主梁的高程和斜拉索的张拉力,使成桥时主梁线形和斜拉索索力均达到设计值。

采用满堂支架施工的斜拉桥,主梁在支架上架设,然后通过张拉斜拉索将主梁悬吊到塔柱上。施工前需要确定主梁在支架上的安装线形,同时确定各斜拉索的张拉顺序及张拉力,同样使成桥时主梁线形和斜拉索索力均达到设计值。

2)斜拉桥施工控制需要关注的问题

如前所述,斜拉桥施工过程中要经过多次状态转换,超静定次数不断增加,要使成桥结构达到设计理想成桥状态,必须解决两个问题:

一是确定每一个施工状态的理论目标值,如果没有误差,施工最终状态就是所需要的成桥状态。这部分工作在设计斜拉桥施工阶段时完成,常用方法在17.4节已经介绍。

二是消除施工中的积累误差,保证成桥时索力与主梁线形与设计值之间的误差小于允许值。对于节段悬臂施工的斜拉桥,自适应控制方法是最好的办法,控制原理在17.3节中已经介绍,关键工作是在现场估计结构真实参数、调整计算模型,其中的具体算法在17.5节中也已经介绍。对于满堂支架架设的斜拉桥,一般采用开环控制思路或反馈控制思路,现场一般不对计算模型进行调整。

针对不同材料的斜拉桥,具体应用上述方法时,要根据结构特点和现场的可操作性,灵活应用上述的思路。

## 18.4.2 悬臂浇筑混凝土斜拉桥

1)悬臂浇筑混凝土斜拉桥特点

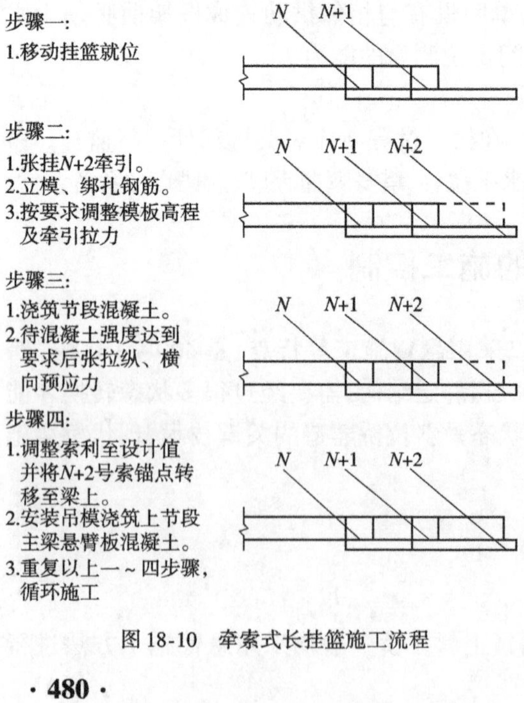


图18-10 牵索式长挂篮施工流程

悬臂浇筑混凝土主梁斜拉桥在400m跨度以下斜拉桥中经常采用,是我国比较多见的斜拉桥形式。悬臂浇筑的主要设备是挂篮,为充分利用斜拉桥的特点,一个施工循环完成两对斜拉索间的主梁,常采用牵索式长挂篮,在挂篮安装到位后,先用斜拉索临时锚固挂篮前端,待混凝土浇筑完成后,再将斜拉索转移锚固到主梁节段上,如图18-10所示。施工过程中悬臂端部节段内斜拉索水平分力提供的压力较小,不足以抵抗局部弯矩,因此需要配置纵向水平预应力束。

悬浇混凝土主梁斜拉桥的主要特点是:①结构参数的准确性较差,而且要等到节段施工完成后才能确定;②主梁的刚度较大,节段的局部变形很小,索力调整对局部线形的调整作用很小,调整范围受到混凝土应力的限制;③挂篮刚度对局部变形有较大影响;④未施工节段的立模高程可以任意确定,与已浇筑梁段无关。

2)施工步骤设计及控制目标值计算

对于悬臂浇筑的混凝土主梁斜拉桥,在设计施工步骤时,保证混凝土不出现拉应力、压应力不超标是主要的限制因素。在这一前提条件下,悬臂浇筑一段主梁后张拉一对斜拉索,直至全桥合龙。悬臂浇筑一个节段混凝土时,已完成的主梁承担负弯矩,而张拉斜拉索后,这个负弯矩消除甚至出现正弯矩。采用牵索长挂篮时,一个梁段的重量很大,为满足混凝土拉压应力,必须将一个节段的混凝土分两次或多次浇筑,同时也将斜拉索分多级张拉,每浇筑一次混凝土,张拉一次斜拉索。

成桥后在所有荷载组合下,主梁也要满足拉、压应力限制条件,为了承担活载,需要多储备一些索力,使主梁产生反拱。这些多张拉的索力一般在安装斜拉索时,直接加在安装索力中,而不在全桥合龙后再调整全部索力,这样可以简化施工工序。如果悬臂施工阶段主梁弯矩应力过大,则必须在合龙后再调整全部索力。

上述施工步骤设计需借助正装分析进行优化迭代计算,使成桥时的内力最优。迭代的最后一套施工过程数据,采用式(17-8)~式(17-10)即可得到各施工阶段斜拉索初张力、主梁立模高程、主塔垂直度预偏值、已施工节段的线形。挂篮变形可以通过将挂篮模拟成结构的一部分计入立模高程。斜拉索的下料长度则根据最后一个成桥状态时斜拉索的无应力长度确定。

3)现场跟踪控制策略

(1)当某一节段施工完成后,对于已建成梁段的线形误差在一定程度上可以通过斜拉索索力的调整来纠正,但是,由于主梁刚度较大,不可能通过索力调整纠正所有误差。残余的误差可以通过下一节段的立模高程来调整。因此,悬臂浇筑混凝土主梁的线形实际上是一条多点折线。

(2)及时识别误差产生的原因,估计计算模型参数的实际值,主要是混凝土的弹性模量、材料的比重、徐变系数等,重新计算未浇筑梁段的预拱度,修改后续施工阶段索力及相应的高程目标值,避免出现新的误差。

(3)由于立模高程可以随时调整,索力值应该作为控制的主要依据,悬臂阶段悬臂端的高程只要控制在允许范围之内即可认为满足要求。如果索力到达设计值时高程同时达到预计值,说明计算模型与实际结构是吻合的,否则,说明两者之间存在差异,必须对参数进行重新估计,经过几个阶段的参数估计后,索力与高程可以同时满足预设的精度要求。

(4)挂篮刚度影响正在浇筑的梁段高程,过大的挂篮变形将在主梁上产生局部折点,由于主梁刚度很大,此折点将永远存在于主梁线形中,不能通过索力调整消除,因此必须准确估计挂篮变形。

### 18.4.3 悬臂拼装混凝土斜拉桥

1)悬臂拼装混凝土斜拉桥特点

悬臂拼装混凝土斜拉桥的主梁在预制场预制完成,然后通过桥面吊机或浮吊吊装到位,张拉纵向预应力束与已拼装梁段连接,之后张拉斜拉索完成一个节段拼装。主梁的预制采用短线匹配法或长线法进行。

悬臂拼装混凝土斜拉桥特点是:①由于主梁每个节段后端必须与前一段前端紧贴,前端的定位高程必然位于已拼梁段切线方向上,只能通过接缝间的楔形垫片调节,余地很小;②全部节段的重量在拼装前可以通过节段称重预先获得;③没有挂篮变形的影响。

2)施工步骤设计及控制目标值计算

悬臂拼装的混凝土主梁斜拉桥,在设计施工步骤时,同样要保证混凝土不出现拉应力、压应力不超标。由于起吊能力的限制,两对斜拉索之间的主梁节段一般分2个小节段预制安装,一个为有索节段,另一个为无索节段,每安装一小节段,张拉一次已安装的斜拉索。这样也能将主梁的正负弯矩均控制在一定范围内。一个完整的主梁节段安装过程如图18-11所示,①安装 $N_2$ 节段,第一次张拉 $N$ 索;②安装 $(N+1)_1$ 节段,第二次张拉 $N$ 索;③安装 $(N+1)_2$ 节段,第一次张拉 $N+1$ 索;④安装 $(N+2)_1$ 节段,第二次张拉 $N+1$ 索,如此循环推进。

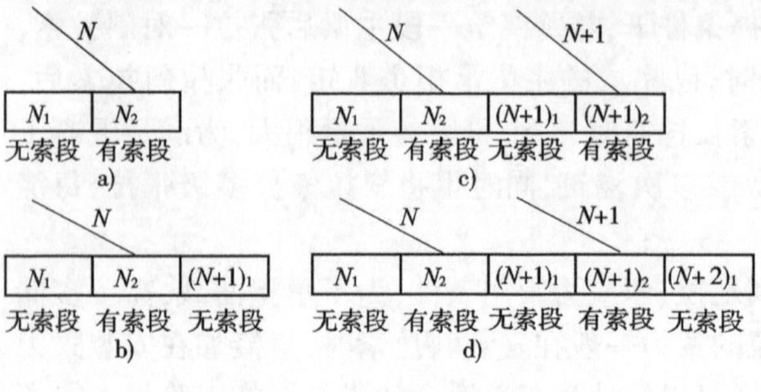


图 18-11 典型节段悬臂拼装流程

同样,为了在成桥后所有荷载组合下,主梁满足拉、压应力限制条件,承担活载,也需要多储备一些索力,使主梁产生反拱。这些多张拉的索力一般也在安装斜拉索时,直接加在安装索力中,避免在全桥合拢后再调整全部索力。

通过正装迭代优化分析,使成桥时内力最优,迭代的最后一套施工过程数据,仍然采用式(17-8)~式(17-10)得到各施工阶段的初张拉索力、立模高程、主塔预偏值、已施工节段的线形。而主梁的制造线形由最后一个成桥状态主梁的无应力线形确定,斜拉索下料长度仍然是此时的无应力长度。

3)现场跟踪控制策略

(1)在节段预制完成后进行称重,根据称重得到的实际重量,修正计算模型,重新制定所有斜拉索的安装索力。

(2)由于主梁必须切线拼装,前一节段主梁的高程误差将传递到下一节段,而前一节段端部的方向角误差,将放大下一节段端部的高程误差,拼装阶段的线形应该作为控制的主要依据,尽量使已安装节段端部高程与方向角与计算模型一致,如果有误差,则通过索力调整。

(3)如果高程到达设计值时索力同时达到预计值,说明计算模型与实际结构是吻合的,否则,说明两者之间存在差异,必须对计算参数进行重新估计,参数估计的对象主要是主梁的刚度及徐变系数,在估计后重新确定每阶段的张拉索力。

(4)尽最大可能提高第一个拼装节段的定位精度,保证其端部方向角准确。

(5)在预制一定数量的主梁节段后设置一个现浇节段,作为调整拼装方向角累计误差的预留措施。

(6)如果拼装方向角偏离计算值较大,可通过在节段间插入楔形垫片来调整。但是,应尽量避免使用垫片,插入垫片后节段之间的接缝宽度加大,必须加厚填缝胶,填缝胶的耐久性远低于混凝土,损坏后将造成纵向预应力筋的锈蚀。

## 18.4.4 钢主梁斜拉桥

1)钢主梁斜拉桥特点

钢主梁斜拉桥的主梁节段在工厂内制造,然后通过桥面吊机或浮吊吊装到位,焊接后张拉斜拉索完成一个节段拼装。主梁预制节段一般先在工厂内的胎架上预拼,并做好拼装对接标记。

钢主梁斜拉桥与节段拼装混凝土主梁斜拉桥有很多共同特点，主要有：切线拼装要求使前段误差，特别是方向角度误差，向后面的节段累计；全部节段的重量在拼装前可以通过节段称重预先获得；没有挂篮变形的影响。但也有以下不同点：如果节段之间采用焊接，通过调节顶底板焊缝宽度可以略微调整待拼装节段的方向角；钢梁的抗拉、抗压能力均较强，刚度也比混凝土梁小，索力对主梁高程比较敏感，可以通过索力调整高程。

2）施工步骤设计及控制目标值计算

钢主梁斜拉桥虽然单位长度重量较小，但是拉索间距比混凝土主梁斜拉桥大，受起吊能力限制，两对拉索间的主梁也要分为两个或两个以上小节段吊装，同样分为有索节段与无索节段。吊装与拉索张拉施工顺序基本与混凝土桥相同，但是，由于钢梁正负弯矩承载能力均较大，在吊装无索节段后可以不张拉斜拉索，这样就减少了一半拉索张拉次数，缩短工期。

在施工正装迭代优化计算完成后，主梁、拉索预制线形、塔柱预偏值、施工各阶段吊装高程、内力值等施工控制数据的计算均与拼装混凝土主梁斜拉桥相同。

钢梁节段是独立制造的，一般每个节段自身是直线形，应根据主梁的无应力线形，确定每个节段顶底板的纵向长度，钢梁的无应力长度还应考虑焊接收缩的影响。如果无应力线形曲率半径很大，则顶底板可以等长下料，完全利用焊缝宽度调节实现无应力线形。

钢梁的顶、底板带有众多的 U 形或 T 形加劲肋，在独立加工的梁段间准确焊接对接很困难，一般采用连接板和高强螺栓连接，连接板可以适当扩孔调节误差。

3）现场跟踪控制策略

（1）在节段预制完成后进行称重，根据称重得到的实际重量，修正计算模型，重新制定所有斜拉索的安装索力。

（2）拼装阶段的线形应该作为控制的主要依据，尽量使已安装节段端部高程与方向角与计算模型一致，如果有误差，则通过索力调整。

（3）如果高程到达设计值时索力同时达到预计值，说明计算模型与实际结构是吻合的，否则，说明两者之间存在差异，必须对计算参数进行重新估计，参数估计的对象对主要是主梁的刚度，在估计后重新确定每阶段的张拉索力。

（4）尽最大可能提高第一个拼装节段的定位精度，保证其端部方向角准确。

（5）严格控制节段间的焊接工艺，尽量减小不均匀焊接收缩造成折角。

（6）如果前一梁段高程及方向角有误差，不能通过索力调整消除，则通过设置顶底板不同宽度的焊缝来调整。如果超过焊缝的可调范围，必须通过磨短顶板或底板来调整，但这样做工作量很大，应尽量避免。

### 18.4.5 钢与混凝土结合梁斜拉桥

1）结合梁斜拉桥特点

结合梁斜拉桥有两种施工方法，一是在节段预制时将混凝土桥面板与钢梁结合成结合梁节段整体吊装，二是先悬臂拼装钢梁，再在拼装好的钢梁上安装预制的混凝土桥面。前者的施工特点基本与钢梁斜拉桥相同。后者有如下不同特点：

（1）钢梁节段一般采用高强螺栓节点板连接，主梁线形在钢梁预拼装阶段已经完全确定，现场拼装时节段之间相对位置几乎没有调整的余地。

(2)拼装阶段钢梁刚度很小,索力及荷载对高程的影响非常明显。

(3)混凝土板在钢梁吊装完成后安装,它与钢梁的连接时机可以调节。

2)施工步骤设计及控制目标值计算

结合梁斜拉桥的总体施工步骤与拼装混凝土梁或钢梁斜拉桥相同。对后装桥面板的结合梁斜拉桥,原则上桥面板吊装到钢梁上后应立即与钢梁连接,形成结合截面后再张拉斜拉索,但是,这样做现浇混凝土接缝将影响工期。因此,一般将混凝土板与钢梁的连接滞后一个节段,在吊装下一阶段钢梁时,再现浇混凝土接缝。施工过程正装计算时应先将桥面板作为荷载作用在钢梁上,混凝土接缝连接完成后才按组合截面计算,如图18-12所示。

此外,在设定施工张拉索力时,应先让钢梁承担一部分负弯矩,桥面板与钢梁连接后张拉斜拉索时给混凝土板施加一部分预弯预应力。

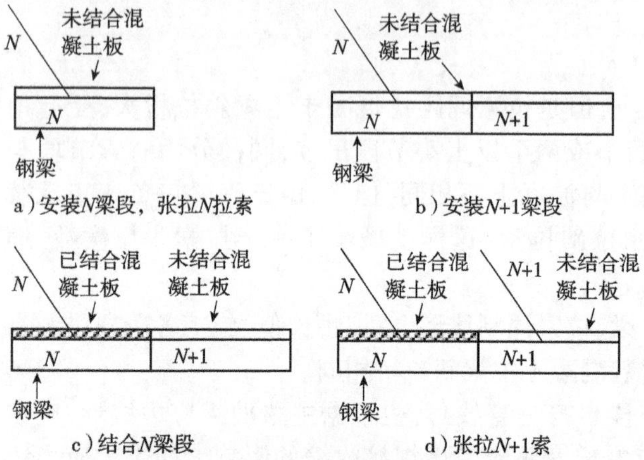

图 18-12　结合梁斜拉桥主梁安装顺序

施工过程正装迭代优化计算完成后,确定施工控制数据的方法与前述钢梁斜拉桥相同。

3)现场跟踪控制策略

(1)由于梁段间相对位置不能调整,拼装阶段的线形是控制的主要目标,必须在下一节段拼装前通过斜拉索力的调整来纠正已建成梁段的线形误差,而将索力控制在一定误差范围内,由于裸钢梁刚度小,索力的偏差不会很大。

(2)参数估计的对象对主要是主梁的刚度,特别是已安装好桥面板但尚未形成结合梁的梁段,此时的刚度实际上是处于裸钢梁与结合梁之间,需要通过参数估计算法来估计。

(3)在参数估计后应重新确定每阶段的张拉索力,如果不进行修正,则在以后每个阶段施工完成时索力与高程均不能同时达到控制目标,从而每次均需要高程调整,这将大大增加调索工作量。

(4)如果已安装节段的高程及方向角误差较大,且无法通过拉索调整,则需要通过扩大主梁或节点板的螺栓孔来调整。

### 18.4.6　钢与混凝土混合梁斜拉桥

为了提高斜拉桥的活载刚度,大跨度斜拉桥需要增加边跨的锚固刚度,有几种可以考虑的措施,比如缩小边跨跨度、增加边跨主梁刚度、设辅助墩等。将边跨主梁采用混凝土梁、中跨采用钢梁可以很好地达到要求,同时节省钢材用量。法国的诺曼底大桥、上海的徐浦大桥均采用了钢与混凝土混合主梁的方案。

混合梁斜拉桥施工控制与前述各种材料斜拉桥基本相同,不同点主要是边跨与主跨主梁的自重集度相差很大,设计合理成桥状态及施工过程是关键工作。斜拉桥合理的成桥状态应该保证主梁弯矩较小的同时,塔柱在恒载作用下弯矩也很小。在边跨与主跨材料相同、基本对称布置时,只要对称悬臂平衡施工就可以达到上述合理状态。边跨采用混凝土主梁时,自重集度比主跨钢梁大,因此纵桥向单位长度需要较大的斜拉索竖向力才能使主梁达到弹性支撑连续梁状态。如果边跨与主跨采用同样索距,则边跨拉索水平分力将比主跨大,从而导致塔柱向边跨侧弯曲。

要达到合理成桥状态,有两种思路,如图 18-13 所示:一是将边跨的跨度、索距减小,索力由主跨的自重集度确定,通过塔柱两侧总力矩平衡,结合边跨主梁自重集度确定边跨索距与跨径。另一种是在边跨增加辅助墩,索力通过主跨自重集度确定,边跨多余的自重由辅助墩与主梁自身承担。根据建桥的实际情况,也可以两种措施同时采用。因此,混合主梁斜拉桥的总体布置要将边主跨自重集度、边主跨索距、辅助墩综合考虑。

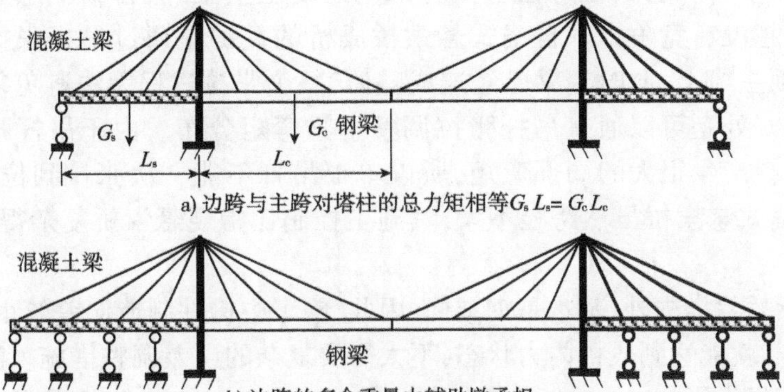

a) 边跨与主跨对塔柱的总力矩相等 $G_s L_s = G_c L_c$

b) 边跨的多余重量由辅助墩承担

图 18-13　混合主梁斜拉桥的合理布置形式

而混合梁斜拉桥施工阶段很难做到边主跨平衡悬臂安装,因此大部分边跨混凝土梁采用满堂支架浇筑,只有主跨钢梁采用悬臂拼装,这在边跨位于浅水区或岸上时比较方便。

## 18.5　悬索桥的施工控制

悬索桥也是一种古老的桥型,但古代悬索桥是柔性悬索桥。1808 年 James Finley 注册悬索系统专利,其特点是加劲梁与缆索系统共同受力,提高了桥梁刚度,并提出了计算方法,即悬索桥弹性理论,成为现代悬索桥的先驱。随高强度钢丝的应用,悬索桥很快超过其他桥型成为大跨度桥梁常用方案。1888 年 Melan 教授提出的挠度理论,在 Steinman 和Timoshenko改进后,推动现代悬索桥在 20 世纪初即达到千米跨径。

悬索桥虽然跨径大,但是由于独特的施工方法,在恒载作用下基本体系仍然是均布荷载作用下的缆索,并不复杂,而且传统悬索桥全部是钢桥,施工误差相对较小,所以施工控制问题并不需要特别重视。

由于施工监控在斜拉桥建设中的良好效果,施工监控工作也被引入到悬索桥中,对复杂体系悬索桥,特别是自锚式悬索桥的建造起到了推动作用。

### 18.5.1　悬索桥的施工特点及控制需要关注的重点

1)悬索桥施工特点

传统悬索桥的主要承重构件是主缆,塔柱和锚碇施工完成后,桥跨的架设从主缆开始,空中纺丝工艺使超大跨径悬索桥主缆架设成为可能,与拱桥类似,桥面加劲梁的架设依附在主缆上完成。主梁分节段通过吊杆悬挂在主缆下,保持铰接,在所有节段吊装完成后,再转换为刚接,因此,主梁自重完全是作用在主缆上的均布荷载,只是二期恒载和活载才由主缆与加劲梁共同承担。这就可以避免施工阶段进行大位移非线性计算。

主梁吊装前,空缆自然地成为悬链线,并且塔顶两侧主缆力的水平分力平衡。主梁吊装完成后,在均布荷载作用下,主缆的线形转化为抛物线,要保持塔顶两侧水平力平衡,主缆必须在塔顶发生滑移,否则塔柱将承受很大的弯矩。

自锚式悬索桥的主缆锚固在主梁两端,利用主梁平衡主缆水平力,可以省略锚碇,但是必须在主缆架设前先架设主梁,主梁不能依附主缆架设,需采用另一套架设系统——满堂支架架设或顶推,因此,除在跨径不大时采用混凝土主梁外,自锚式悬索桥总体是不经济的,跨径越大越没有竞争力。自锚式悬索桥成桥的关键是通过吊杆张拉将支承在支架上的主梁转移到主缆上,此时主梁已经连成整体,整个张拉过程无法避免复杂的几何非线性计算,带来的好处是可以通过吊杆张拉调整主梁弯矩分布。由于吊杆张拉是作用在主梁上的集中力,会产生很大的局部弯矩,所以单根吊杆不能一次张拉到位,必须逐根吊杆分级张拉。自锚式悬索桥虽然跨径不大,其施工控制比常规悬索桥复杂得多,没有计算机辅助很难完成。

大跨径悬索桥除塔柱外,基本是钢结构,因此,施工中构件制造误差较小,只要按照设计的施工步骤施工,就能达到成桥内力状态,不太需要复杂的误差调整措施。温度对大跨径悬索桥主缆线形有很大影响,施工中必须考虑温度修正。对于中小跨径混凝土主梁自锚式悬索桥,主梁超重是造成误差主要因素。

2)悬索桥施工监控的重点

对于常规悬索桥,由于主梁全部吊装后才连接成整体,自重均布悬吊在主缆上,不需要内力调整,因此,达到设计成桥状态的关键是准确计算成桥主缆线形、吊杆长度,这样就可以保证桥面线形。通过无应力状态反算,可以得到主缆和吊杆下料长度。无论按什么顺序吊装主梁,最终结果相同。为适应空缆线形与成桥主缆线形之差,减小塔柱的弯曲,需要准确计算主梁吊装过程中塔顶鞍座滑移量,因此必须准确计算空缆线形。只要重量、制作尺寸准确,悬索桥的成桥内力、线形状态就有保证。

由于自锚式悬索桥可以通过吊杆的张拉调节主梁的弯矩分布,所以成桥状态不一定是主梁自重均布悬吊在主缆上的状态,这就存在理想成桥状态的问题。理论上只要主梁、吊杆、主缆均按照无应力形状制造,无论吊杆按照什么顺序张拉,自锚式悬索桥最终均能达到设计成桥状态。受到梁抗弯能力的控制,吊杆需分级张拉,分级的原则是主梁局部弯矩不超标的前提下尽量减少张拉次数,降低工作量。

综上所述,悬索桥施工控制应重点关注以下问题:

(1)对于常规悬索桥,根据主梁重量(包括二期恒载)精确计算主缆成桥线形、主缆力、吊杆力,从而得到主缆、吊杆、主梁的无应力制造线形。根据主缆无应力长度,精确计算空缆线形,并得到主缆在塔顶的预偏位。

(2)对于自锚式悬索桥,可以通过吊杆力对主梁内力状态进行优化调整,得到最优成桥状态下的主缆线形、吊杆力和主梁内力,从而得到主缆、吊杆、主梁的无应力制造线形。

(3)要考虑温度对主缆形状的影响。

(4)及时识别混凝土主梁的重量,调整主缆成桥线形,修正吊杆的加工长度。

### 18.5.2 悬索桥设计与控制的计算

1)悬索桥计算的问题与解决思路

对于小位移结构计算,通常直接采用成桥状态结构形状建立计算模型,在其上加载得到结构内力,计算过程中结构形状变化的影响忽略不计。悬索桥主缆是大位移的几何非线性结构,计算必须从无应力状态开始,采用非线性分析方法,得到某一荷载作用下的内力和结构形状,而这一形状与无应力形状是有很大区别的。这就给设计计算带来了困难,我们要的是受力后的内力及形状,但是没有计算的起始状态,就没有办法计算。

解决这一问题有两种思路:一是基于最终成桥状态的内力与荷载的平衡关系直接计算出结构形状与内力;二是基于非线性有限元方法的迭代计算思路,先假定一个结构无应力形状,然后进行非线性加载内力计算,得到一个计算的成桥状态内力和形状,根据计算成桥形状与设计目标形状控制点(悬索桥选为主缆垂度)的差距,修正假定的无应力状态,如此反复直到计算结果达到设计目标形状。

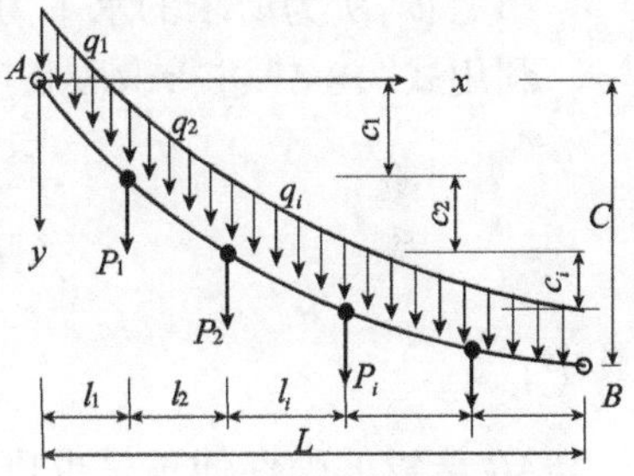

图 18-14 缆索计算示意图

上述第一种思路要将桥梁结构体系简化为一根主缆,其他所有构件均简化为通过吊杆传来的荷载,如图 18-14 所示。根据荷载复杂程度又分为无迭代与有迭代两种做法。无迭代法将所有荷载(主缆、主梁自重、二期恒载、吊索、索夹自重等)综合假定成一个作用在主缆上的分布荷载,例如均布荷载或均布荷载+悬链线荷载。在这样的假定条件下可以推导出主缆的形状及主缆力公式。迭代算法把主缆用吊索点分割为若干悬链线段,荷载简化为作用在吊索点的集中力和悬索间的沿弧均布荷载。先假定一个主缆水平力,根据力的平衡计算出各悬链线段的线形,通过计算出的线形与设计线形控制点(一般选垂度)之差,修正假定的主缆力重新计算,直到线形满足要求为止。主梁吊装阶段将节段临时铰接,待主梁吊装完成后再刚接的工艺,保证了荷载与计算假定的吻合。这种方法的缺点是对于复杂结构体系或荷载求解困难。

第二种思路是计算机出现后,基于非线性有限元分析的方法。该方法将主梁、塔柱、吊杆与主缆共同组成结构体系,而且考虑施工全过程,不但可以用于常规悬索桥计算,而且适合于自锚式悬索桥、空间主缆、斜吊杆悬索桥的计算。主缆、主梁协同计算更大的好处是可以通过吊杆的张拉,使主梁在成桥时有一定的预弯矩,不仅仅是均衡地悬吊在主缆上。迭代分析完成后,最后一次迭代计算的起点就是所要的施工起始数据,包括空缆线形、索鞍偏移量、吊索夹在空缆上的安装位置、吊杆长度等,计算的终点是成桥形状及内力。

本节介绍基于非线性有限元的迭代计算方法。

2)悬链线索基本方程

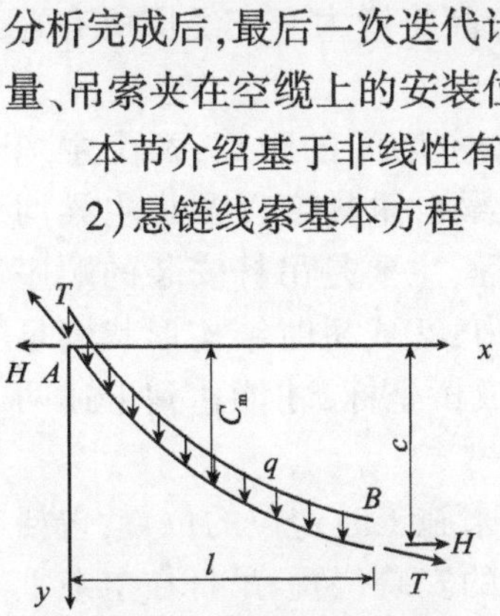

图 18-15 悬索受力示意图

对如图 18-15 所示两端固定的悬索 $AB$,索的自重集度为 $q$,水平投影长度为 $l$,$AB$ 端高差为 $c$,索的曲线方程为:

$$y = \frac{H}{q}\left[\text{ch}\alpha - \text{ch}\left(\frac{2\beta x}{l} - \alpha\right)\right] \tag{18-5}$$

式中:$H$——悬索拉力的水平分量。

$$\alpha = \text{sh}^{-1}\frac{c \cdot \beta}{l \cdot \text{sh}\beta} + \beta \tag{18-6}$$

$$\beta = \frac{ql}{2H} \tag{18-7}$$

式(18-5)~式(18-7)就是悬链线缆索计算的基本公式。桥梁设计中通常先拟定尺寸，一般拟定成桥后的跨径 $l$、矢高点坐标 $C_m$，然后计算与之相应的 $H$，从而获得全部线形，但是式(18-5)是超越方程，很难得到 $H$ 的解析解，可以用下列迭代法计算数值解。

第一步：假定一个水平力 $H'$；

第二步：通过式(18-7)、式(18-6)、式(18-5)计算跨中坐标 $C'_m$；

第三步：判断 $C_m$ 与 $C'_m$ 的误差，如果满足要求则跳至第七步；

第四步：水平力增加单位量：$H' = H' + 1$；

第五步：计算 $C_m$ 的增量 $\Delta C'_m$；

第六步：修正水平力 $H' = H' + \dfrac{C'_m - C_m}{\Delta C'_m}$，返回第二步；

第七步：$H'$ 为所求的水平力，通过式(18-7)、式(18-6)、式(18-5)计算所求悬链线。

利用式(18-5)进行微段长度的积分，即可得到 $AB$ 悬索的有应力索长：

$$s = -\frac{H}{q}\left[\mathrm{sh}\left(-\frac{q}{H}l + \frac{q}{H}t\right) - \mathrm{sh}\left(\frac{q}{H}t\right)\right] \tag{18-8}$$

其中，

$$t = \frac{\mathrm{sh}^{-1}\left(\dfrac{c \cdot \beta}{l \cdot \mathrm{sh}\beta}\right) + \beta}{2\beta} l \tag{18-9}$$

$AB$ 悬索的弹性伸长量也可利用式(18-5)对微段的变形进行积分得到：

$$\Delta s = -\frac{H^2}{4EAq}\left[\mathrm{sh}\left(-\frac{2q}{H}l + \frac{2q}{H}t\right) - \mathrm{sh}\left(\frac{2q}{H}t\right)\right] - \frac{Hl}{2EA} \tag{18-10}$$

悬索 $AB$ 的无应力索长等于索段有应力索长与索段弹性伸长量之差为：

$$L_{us} = s - \Delta s \tag{18-11}$$

3)基于非线性有限元的迭代计算

(1)迭代计算的目的

悬索桥主缆安装完毕后，吊装主梁及所有附属构件时，结构要发生以下变形：主塔及基础由于承受主缆传递的压力，将发生压缩变形；主梁由于承受主缆传递的轴力(常规悬索桥不承担)，主梁也将发生压缩变形，散索鞍的位置以及吊索的下吊点将发生变化；主缆在吊索力的作用下，主索鞍会向主跨方向发生位移，同时主缆被拉长，矢高将增大。在经历所有这些变形后，结构达到成桥线形。

进行设计时，需要拟定以下几个控制性结构几何参数：两个主塔间的距离，两个主缆锚点间的距离，同时还要拟定全桥各构件的截面尺寸。根据主梁自重集度以及将主梁均衡吊起的原则，可以计算各吊杆力。此外还要拟定一个施工过程，主要是吊杆安装的顺序及张拉力。结构计算应达到两个要求：①得到成桥时的结构内力；②成桥时结构形状满足控制几何参数。由于大位移影响，计算开始时的坐标应不同于成桥坐标，才能达到上述两个要求。

迭代计算的目的就是寻找结构计算起始坐标，该坐标就是将来施工时定位的位置，包括以下几个参数，主缆的无应力长度、吊杆的无应力长度、主散索鞍的安装位置、吊杆在空缆上的位置、主梁无应力线形。

（2）迭代计算过程

①主跨空缆线形

图 18-16 为加载前后的结构形状。假定三跨悬索桥主跨跨径为 $L_m$，成桥跨中矢高为 $C_m$，主塔及基础压缩变形为 $\Delta c_0$；主索鞍预偏量为 $\Delta l_0$；空缆主跨矢高与成桥状态矢高之差为 $\Delta C_m$；吊索上吊点纵向偏移量假设为 $\Delta l_i(i=1,2,\cdots,n)$，吊索下吊点纵向偏移量为 $\Delta b_i$。

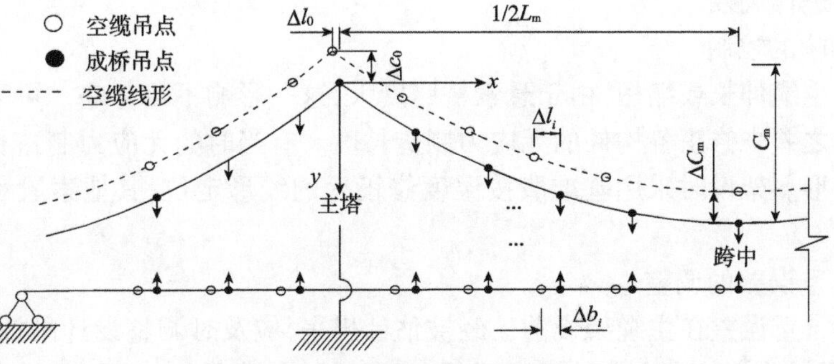


图 18-16　加载前后的结构形状

空缆的形状是一条悬链线，其跨长为：

$$L'_m = L_m + 2\Delta l_0 \tag{18-12}$$

空缆矢高为：

$$C'_m = C_m - \Delta C_m + \Delta c_0 \tag{18-13}$$

将局部坐标原点设在空缆 IP 点，通过上一小节的迭代计算得到空缆水平力 $H'$，由式(18-5)即可计算主缆任意点的坐标。

为保证成桥后吊索垂直，必须在空缆状态同时将吊索上下吊点预偏，假设第 $i$ 根吊索上吊点在成桥状态的坐标为$(x_i,y_i)$，空缆状态的坐标为$(x_i',y_i')$，则有：

$$x'_i = x_i + \Delta l_0 - \Delta l_i + \Delta b_i;i=1,2,\cdots,n \tag{18-14}$$

代入式(18-5)可得吊点在空缆上的竖向坐标 $y_i'(i=1,2,\cdots,n)$。

②边跨空缆线形

由于边跨主缆水平力与主跨相等，边跨水平力也是 $H'$，根据式(18-12)和式(18-13)的原理可以得到边跨空缆水平长度和两端高差，从而由式(18-5)得到边跨空缆线形计算公式。再根据保证边跨吊索垂直的要求，可计算边跨上吊点在空缆上的坐标。

③基于非线性有限元法的迭代计算

拟定结构尺寸后，以设计成桥时要求的主缆各跨长及矢高为参数，按照上述悬链线公式计算主缆各节点的坐标，根据设计曲线计算主梁节点坐标，建立全桥模型。根据主梁在成桥时的合理内力状态计算一组吊索力，并拟定一个施工过程。进行有限元几何非线性施工仿真分析，得到一个成桥状态。将此施工过程得到的缆、梁、塔变形量作为参数，按照上述的空缆线形公式，重新计算全桥在空缆状况下的坐标，按照同样的施工过程再次进行几何非线性施工仿真分析。经过多次迭代后，当计算得到的成桥状态主散索鞍位于设计位置、吊索垂直度可以接受、主跨矢高也达到设计拟定值时，终止迭代过程。

上述迭代得到一个有限元施工过程计算模型。计算起始时的坐标就是空缆状态时全结构的坐标，包括主跨空缆矢高、上下吊点位置，主散索鞍预偏量，主梁无应力长度。计算完成后，结构线形控制点坐标在设计成桥位置上，内力就是成桥内力，通过无应力反算可以得到所有构件的制造线形。每个工况的计算结果就是桥梁施工过程中的内力和线形状态。以上是施工控制需要的全部数据。

### 18.5.3 施工过程中的控制调整

悬索桥在施工过程中的容易造成误差的不确定因素主要是温度、主梁自重和鞍座偏位，在施工现场要进行调控。

1)温度影响的控制

温度将使主缆伸长或缩短，由于悬索桥跨度大，这一影响不可忽略。可采用下料时的温度与基准温度之差来修正各构件的无应力制造长度。有当时的无应力制造长度后可以很容易推算主缆线形。架设时采用基准股按温度修正后的线形定位，其他索股利用与基准股的相对位置定位。

2)主梁自重误差的调整

如果主梁自重误差在主缆架设前已经被估计出来，应及时调整设计吊杆力，从而调整空缆线形，可以保持成桥状态主缆的垂度不变，但成桥时主缆力会产生相应的变化。

如果主梁自重误差在主缆架设后被估计出来，由此引起的吊杆力改变将使主缆成桥线形发生改变，唯一的调整措施是调整吊杆的长度以适应这种变形。

3)保证鞍座滑移的措施

主缆在主梁吊装过程中要向主跨滑移才能保证塔柱两侧水平力平衡。构造上主缆在鞍座内是不能滑动的，因此一般在鞍座与塔顶间设滑动面。为保证施工过程中鞍座顺利滑动，应设置辅助顶推装置，克服滑动面的摩阻力。有些桥梁利用塔柱的柔度来顺应主缆的不平衡力，这需要在计算时，考虑塔柱刚度对主缆线形的影响。

4)现场控制策略

由于悬索桥主缆与主梁制造完成后，误差调整的有效措施是调整吊杆长度，因此，吊杆最终下料长度决定时间应尽量往后延。一般应在主缆基准索股架设完毕后，根据实测结果，确定吊杆的精确下料长度。

## 18.6 小　　结

桥梁施工控制的根本任务是使桥梁建成时达到设计成桥状态，不同类型的桥梁，由于体系、施工方法的不同，需要关注的重点不同，采取的对策也不同。

大跨度连续体系梁桥的线形误差本身不影响内力，但是找平带来的超重对桥梁成桥后的内力有很大影响。控制的关键是要及时估计超重和预应力效应，及时修改计算参数，重新计算未建造梁段的立模高程。

大跨度拱桥的施工过程对成桥内力有很大影响，设计一个合理的施工过程是控制的关键，现场只要严格按照这个过程施工就能顺利达到设计成桥状态。

大跨度斜拉桥是高次超静定结构，确定合理的成桥状态、拟定施工步骤及相应的控制目标、现场监测、在新参数基础上及时调整控制目标是关键。

悬索桥施工过程中是大位移非线性结构，但是成桥状态基本是均衡悬挂在主缆上的主梁，准确计算无应力线形是控制的关键，现场除吊杆长度外，基本没有可调控的措施。

施工控制工作介于设计和施工之间，设计一个合理的成桥状态以及相应的施工过程是控制的基础,现场在充分领会设计意图的基础上进行施工就能达到目的。

## 思 考 题

1. 悬臂浇筑大跨度预应力混凝土梁桥施工控制应主要关注什么问题?
2. 无支架施工大跨度拱桥时如何尽量使拱圈的内力接近一次落架内力?
3. 如何计算预制拼装斜拉桥主梁的制造线形?
4. 常规悬索桥与自锚式悬索桥计算有什么不同特点?

## 本章参考文献


[1] 石雪飞,徐刚,施礼勇,等. 福建石崆山、九砂溪高架桥的施工控制[C]. 中国公路学会桥梁和结构工程学会2002年全国桥梁学术会议论文集. 北京:人民交通出版社,2002.

[2] 石雪飞,高宝. 大跨高墩变截面曲线箱梁桥悬臂施工变形分析与控制[M]. 结构工程师,2004(2).

[3] 王法武,石雪飞. 大跨径预应力混凝土梁桥长期挠度控制研究[J]. 公路,2006(8).

[4] 康晋,段雪炜,徐伟. 重庆朝天门长江大桥主桥钢梁安装设计[J]. 钢结构,2011,26(3).

[5] 杨稚华,谢邦珠. 万县长江公路大桥的设计与施工[J]. 西南公路,1997(3).

[6] 石雪飞,孙建渊,项海帆. 桥梁施工控制对策分类分析[C]. 中国土木工程学会桥梁及结构工程学会第十四届年会论文集. 上海:同济大学出版社,2000.

[7] 范立础,潘永仁,杜国华. 大跨度悬索桥结构架设参数精细算法研究[J]. 土木工程学报,1999,32(6).

[8] 贺耀北,石雪飞,阮欣,等. 自锚式悬索桥施工控制空缆线形计算[J]. 结构工程师,2009,25(5).

# 第19章

# 总结与展望

桥梁结构理论实质上是力学原理在桥梁结构受力分析中的应用性理论。H. F. Girvin 曾经对结构分析理论的演变阶段进行过高度的概括，即从公元前300年对阿基米德(Archimedes)定理的证明，到公元500年的中世纪希腊文明，再到欧洲文艺复兴时代，最后发展到现代的静力学原理、动力学原理、材料强度理论和线弹性理论的建立[1]。一般认为，近代桥梁结构理论创立于从虎克(Hooke)定律诞生的1660年到前计算机时代的20世纪中叶，其中包括拱桥和悬索桥计算理论、桥梁稳定理论、桁架分析理论、混凝土结构设计理论、悬索桥的挠度理论和非线性分析、桥梁实用分析理论(例如剪力滞、梁格系计算、薄壁杆件扭转等)等；随着数字计算机的出现，桥梁结构分析理论和方法发生了本质的变化，诞生了以离散结构模型和矩阵运算方法为代表的有限元或边界元数值计算方法，有限元法与计算机的结合一方面不再需要对计算模型进行简化就可以求得各个部位的计算结果，另一方面极大地提高了结构分析的精度和效率，进入了以计算机应用、非线性分析和结构动力学为标志的现代桥梁结构理论阶段。

## 19.1 桥梁结构工程发展趋势

桥梁结构理论教学服务于桥梁专门人才培养，高等桥梁结构理论教学则服务于高级桥梁专门人才培养。因此，桥梁结构理论教学内容必须探索和适应未来桥梁工程师的各种需求，这种未来需求主要源自于桥梁工程师的未来使命、桥梁工程的可持续发展以及多学科交叉方法的发展需求。

### 19.1.1 土木工程师的未来使命

桥梁工程是土木工程的重要分支学科，桥梁工程师是土木工程师的重要群体。2006年6月，美国土木工程师学会(ASCE)在弗吉尼亚州兰德斯敦市举行了“土木工程未来峰会”，会议呼吁全世界土木工程同行一起努力采取行动，为21世纪初期的土木工程创造一个更加美好的明天。

会议形成了著名的《2025年的土木工程》[2]展望报告，报告明确指出：“土木工程师肩负着创造可持续发展世界和提高全球生活质量的神圣使命。为此，他们应具备专业合格技能、团队合作精神和职业道德观念，成为经济、社会和环境发展的规划者、设计者、建造者和运行者，自然环境和资源的管理者，公共、私人和学术领域理念及技术的创新者和集成者，自然灾害、突发事件和其他风险的管理者，以及讨论和决策公共环境与基础设施的领导者”。

《2025年的土木工程》[2]展望报告对土木工程师素质进行了重新定义，包括知识(Knowledge)、技能(Skill)和态度(Attitude)三个方面。土木工程师的知识体系应当包含作为工程基础的数学、物理、化学、生物学、力学和材料学等，结构、设施和系统的设计理论，不确定因素带来的风险及概率论和统计学，社会、经济和环境的可持续发展，公共政策和管理知识，商务基础知识，社会科学知识，职业道德准则等；土木工程师应具有的技能包括：应用基本工程工具，学习、评价和掌握新技术的能力，交往能力，合作能力，管理能力和领导能力；土木工程师应具有的执业态度是：创新和开拓精神，负责任态度，进取精神，诚实和正直，乐观精神，尊重和宽容态度，自律和执着精神等。

报告对2025年的土木工程进行了展望：第一，土木工程师将要面对一个可持续的世界，土木工程师有责任在全世界范围内推动可持续性和环境友好型，解决由于人口从农村到城市转移所带来的基础设施紧张的问题，满足可持续能源、洁净水、清洁空气及废弃物处理的基本要求，推广全寿命设计理念的实施，缩小发达国家和发展中国家的差距；第二，土木工程面对的主要研究与发展工作有规范公共决策程序和制订研究计划，制订纳米科学、纳米技术和生物技术等在土木工程中的应用研究计划，利用信息技术和数据管理最新技术不断改善设计、施工、养护的设备和技术；第三，土木工程师必须学会风险管理，引领控制和降低风险工作，研发和应用基于性能的设计规范和标准，推动多国、多边环境标准制定的全球性合作研究；第四，土木工程师必须具备创新能力和集成能力，促进在设计和施工中应用和集成新技术，改善项目管理，特别是虚拟团队管理；第五，土木工程师培养改革不仅包括宽广的专业技术知识的正规教育和注册前教育，而且包括作为决策者和实践者的专业注册教育与专业资格认证等。

### 19.1.2 可持续桥梁工程需求

自从18世纪英国人约翰·斯密顿宣称自己是世界上第一位土木工程师后，土木工程师们在每个世纪里都会面临新的历史使命和挑战。19世纪，土木工程师们发明了使用钢和混凝土等结构材料的有效方法，用来建造桥梁和房屋等土木工程构筑物。20世纪，人们发现这些构筑物的终身养护费用往往比最初的建造费用还要高，所以开发了桥梁养护和维修的有效方法，并作为结构设计、施工和运行时的一个重要组成部分加以考虑，这就是全寿命经济性。进入21世纪后，我们面临的挑战不仅有大型桥梁的全寿命周期性能，还有在桥梁寿命末期如何减小结构拆除影响的问题，这就是21世纪一个世界性的挑战问题——工程可持续性。

桥梁工程的可持续发展最早是由国际桥梁与结构工程协会（IABSE）提出的。1996年，国际桥协率先发表了“可持续发展宣言”，要求其会员在日常工作中尽可能减小对地球环境的破坏，并努力做到以下三点：“充分认识和理解所从事工作中对自然、结构和社会经济环境的综合要求；在结构施工和运营中，尽可能增加可更新和可循环利用材料的使用；积极开展环境影响的理性评价”[3]。2002年月，国际桥协又提出了“结构工程实践中的道德准则”，要求“国际桥协全体会员以公共设施的安全、健康和福利为最高利益”，“国际桥协会员誓言以可持续发展作为未来社会的基本要求”[4]；2004年国际桥协还在其会刊《国际结构工程》上刊登了题为“可持续工程——付诸实践”的系列专栏文章[5]，以推动可持续工程的研究和发展。

在2009年国际桥协学术大会和2010年第十九届全国桥梁工程学术会议上，同济大学应邀分别作了题为“桥梁工程可持续发展探索：中国的经验和教训”[6]和“桥梁工程可持续发展的理念与使命”[7]，采用数字序列方法来诠释大型桥梁工程可持续发展理念，如图19-1

所示。其中,可持续原则来源于古代林业中的一个自然规则,即:从森林中索取的木材一定要少于森林所能够生产的木材,显然,这一可持续性原则不仅适用于林业,也适用于农业、畜牧业、工业,甚至其他领域,这就是索取少于再生的原则;1987 年,联合国"布伦特兰委员会"发表了"我们共同的未来",第一次将可持续发展定义为"当前的需要不能损害后代发展的需要",1992 年,在里约热内卢举行的联合国首脑峰会上,"国际可持续发展工商理事会"再一次将可持续发展定义为"在地球承受能力的范围内保持长期协调发展的一种经济过程",长期协调增长和不损害后代发展成为可持续发展两项基本原则;国际桥协对可持续工程提出了三大评价指标,即生态可持续性,经济可持续性和社会可持续性;同济大学率先提出了可持续桥梁工程的四项要求,即结构安全性、构件耐久性、功能适用性和跨能延展性,结构安全性对于传统桥梁工程和可持续桥梁工程都是不容置疑的,构件耐久性体现了全寿命周期性,而功能适用性和跨能延展性则贯彻的都是可持续发展的理念;可持续桥梁工程与传统工程最大的差别,就是将桥梁结构的整个生命周期从设计和施工两个阶段拓展到五个阶段,即项目规划、结构设计、工程施工、运营管理和整体移除,并要求桥梁工程师承担起更加重大的责任。因此,大型桥梁工程可持续发展理念可以用一个原则(索取少于再生)、两个目标(长期协调增长和不损害后代发展)、三个指标(生态指标、经济指标和社会指标)、四个要求(安全可靠性、结构耐久性、功能适用性和跨能延展性)、五个阶段(规划、设计、施工、运营和移除)来描述。

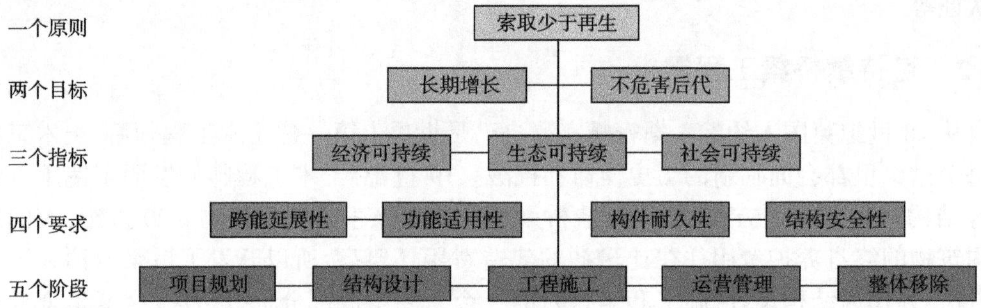

图 19-1　可持续桥梁工程框架

### 19.1.3　多学科交叉方法发展

现代大型桥梁建设离不开混凝土材料、钢材及其组合结构,由此引起的全部社会和经济影响包括移民、交通、建材、安全、环境、能源、风险、健康等,但未来需要更加重视气候变化和二氧化碳排放,这必须体现在桥梁的选型、材料的使用和施工方法的确定等各个方面。如何在未来的大型桥梁建设中综合体现所有这些技术、经济和社会因素?2009 年 5 月,丹麦科威公司总裁、国际桥协前主席奥斯坦恩菲尔德(Ostenfled)在国际桥协"当代大桥(Recent Major Bridges)"学术会议上所作的大会报告中给出了答案,提出了著名的"大型桥梁工程的多学科交叉方法"。

他以丹麦大海带大桥和连接丹麦与瑞典的厄勒松大桥为例,列举出了影响桥梁建设的非技术因素主要有政治需要、建设安全、环境影响、建设工期、投资安全、使用安全等,这些因素使得桥梁设计人员由从事非常简单的设计和计算的单一工作者拓展到了需要处理许多冲突因素的协调者,也就是依据各种标准进行评价、综合和加权的决策者。成功的决策来自于对所有因素,特别是未来不确定因素的合理协调,因此,决策者责任重大,几个月的设计将成为永久性的标志,必须经得起后人的评价。这就需要建立一套多学科交叉的大型桥梁项目决策方法。

他所构想的多学科交叉决策体系如图 19-2 所示。其中,任何一个桥梁工程项目的首要问题是满足交通功能的需求,即我们通常所说的"适用要求";大型桥梁工程美学要求往往很高,一般都希望建设成为当地地标性的建筑,不仅在总体结构布置方面,而且在构件选型上都应当考虑美学要求,这就是"美观要求";大型桥梁工程涉及许多环境保护问题,例如合理布置桥位和桥型结构以减小对自然环境(水体、海床或河床、水中生物等)影响、优化交通线路和桥梁布置以节省运营车辆能耗和减少尾气排放、优化施工方法和建筑材料以降低资源消耗、能源消耗和碳排放等,即"环保要求";大型桥梁工程不仅需要按照技术要求保证结构的安全性和可靠性,而且需要对运行过程中的各种风险进行分析,例如船撞风险,风险管理和控制主要涉及环境影响、投资规模、技术难度和风险控制成本等方面,确保结构和运行的"安全要求";全寿命周期分析和管理最主要的目标是优化总投资,包括初期投资和后期投资,当然还要兼顾碳排放,最直接的方法就是包含全部现状影响因素和未来退化因素,主要影响因素是结构耐久性问题,包括钢构件除湿、长期性能监测、振动控制以及健康监测系统等,最能够体现多学科交叉方法的创新理念和工程应用,可定义为"耐久要求";最后,所有大型桥梁工程项目都追求两个终极目标,即项目投资和使用寿命,虽然在工程的各个阶段所要考虑的因素不同,并且随着决策阶段的深入,需要考虑的因素会不断增加,但是追求全寿命周期投资效益是不变的主题,这就是全寿命"经济要求"。因此,归纳起来,采用多学科交叉方法所要达到的大型桥梁建设目标是:适用、安全、经济、美观、耐久、环保,在传统意义的八字方针"适用、安全、经济、美观"中,新增了"耐久、环保"两项新要求。

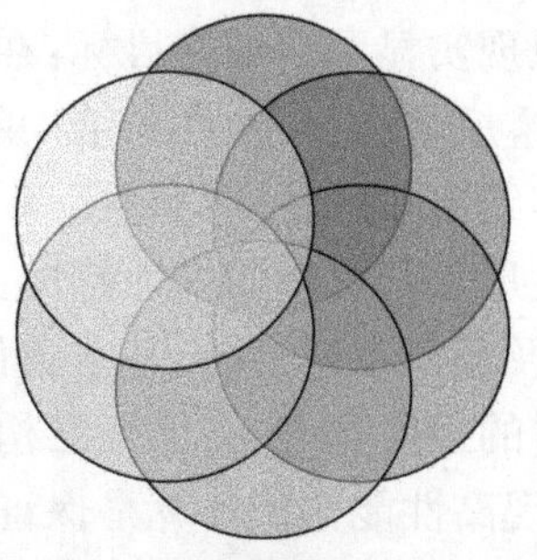


图 19-2 多学科交叉决策框架

## 19.2 桥梁结构理论发展展望

桥梁结构分析计算方法经历了近代桥梁结构理论和现代桥梁结构理论阶段,其未来发展是永无止境的,而发展方向与桥梁工程师的未来使命和桥梁工程的发展需求是密切相关的。桥梁工程师肩负着创造可持续世界和提高人类生活质量的神圣使命,前者需要遵循三个可持续工程原则和四项可持续工程要求去创造可持续桥梁工程,后者需要采用先进的多学科交叉视野和方法具体指导、实践和检验可持续桥梁工程。因此,高等桥梁结构理论作为未来桥梁工程师培养的基本理论,应当探索全寿命周期、可持续工程和多学科交叉的全新理论和方法。

### 19.2.1 三维精细化结构数值分析方法

第 1 篇桥梁空间分析理论包含了薄壁箱梁弯曲、扭转和畸变分析,斜梁桥及曲线梁桥分析和空间异形桥梁分析,是近代桥梁结构理论的精髓,总体上以二维结构分析方法为主,并且以杆件内力计算为目标。因此,其主要发展趋势应当是三维的、非线性的、全过程的、高性能数值分析方法,并且以空间应力计算为目标,这就是三维精细化结构数值分析方法。

三维精细化结构数值分析方法在建模理论与计算方法上,强调采用三维离散、分解模式或耦合数值方法建模,面向施工与建造过程和破坏与倒塌过程进行数值计算,以三维应力计算和虚拟现实显示为最终目标;在非线性效应分析中,全面考虑荷载、材料和几何的非线性效应,着重反映材料、构件和结构的不同非线性影响,通过结构非线性行为的大量"个性"问题研究归纳出非线性的"共性"问题,充分考虑钢筋、预应力筋和体外索(包括斜拉索)等几何非线性形状和材料非线性特性;在体现全过程分析方面,考虑结构多种失效模式的优化模型、算法及程序系统,计入基本条件与基本参数的随机性,精确控制实际结构的应力状况和构件材料的强度状态,在保证结构施工和运营安全的同时,确保结构在全寿命周期中的良好性能;实现高性能数值计算是保证三维、非线性、全过程分析的基础,主要通过并行计算、联网计算以及未来的云计算等手段来保证。

### 19.2.2 高性能复合材料组合结构分析方法

第2篇混凝土桥梁设计分析理论、第3篇钢桥和组合结构桥梁分析理论主要介绍以传统的钢材、混凝土材料及其组合方式桥梁结构的现代分析方法,除了钢桥、混凝土桥梁和组合结构桥梁分析理论本身的发展之外,其主要发展趋势是高性能材料在桥梁结构中的应用,其中包括高性能钢材、高性能混凝土、纤维复合材料等,必须建立与这些高性能材料应用相匹配的桥梁结构分析理论。

桥梁结构对材料的基本静力要求是强度、刚度、延性和耐久性。高性能钢材一般是指高强度钢材和高工作性能钢材,主要通过现代炼钢技术,提高钢材强度以及各种工作性能,例如焊接性能、疲劳性能、耐腐蚀性能等。用高性能钢材建造的桥梁结构一般只是在钢材强度和本构关系上与传统的钢桥有所差异,仍然可以采用现有的结构分析理论进行分析计算;高性能混凝土主要是指高强度混凝土、高延性混凝土和高耐久性混凝土,主要通过改变混凝土配合比、混入纳米材料或纤维材料制成,用高性能混凝土建造的桥梁结构不仅在材料强度和本构关系表现出与传统混凝土桥的较大差别,而且可能带来几何非线性(例如大变形)、时变非线性(例如徐变)、失效模式(例如静力稳定)等变化,应当考虑采用新的结构分析假定和方法;纤维复合材料主要有两种,即将FRP纤维混入混凝土得到的FRP纤维混凝土和用FRP纤维织成的FRP型材代替钢型材(例如钢筋和钢管),由于两种纤维复合材料在应力作用的变形性能和耐久性能存在很大差异,并且引起这种差异的机理还有待揭示,用复合纤维材料建造的桥梁结构必须采用全新的结构分析理论和方法。

### 19.2.3 结构试验和现场实测的验证作用

第4篇大跨度桥梁分析理论主要介绍了大跨度桥梁的几何非线性和稳定性分析方法以及斜拉桥和悬索桥分析方法,虽然这些方法都代表了现代桥梁结构理论中的最新研究成果,但是任何一种结构分析理论和方法离不开试验室结构试验的有效性验证以及实桥现场实测的可靠性验证,特别是随着桥梁跨度的不断增长,原有的"大跨度"桥梁结构理论是否适合于新的"大跨度"桥梁,必须通过结构试验和现场实测加以验证。因此,大跨度桥梁分析理论的主要发展趋势就是不断通过结构试验和现场实测验证、完善和拓展理论和方法。

试验室结构试验是检验桥梁结构分析理论有效性最主要的手段,目前结构试验除了振动台试验和风洞试验等结构动力试验之外,主要有结构材料本构关系试验、结构构件非线性试验、大型结构子结构试验和网络协同结构试验。其中，材料本构关系主要涉及复杂应力状态的多轴本构关系、重复加载履历中的材料非线性、多维材料蠕变或徐变性能等；构件非线性试验主要是指拉压、弯曲、剪切、扭转等复合受力情况下的非线性性能，特别是构件连接节点的非线性性能；解决大型复杂结构模型试验比例尺过小的有效途径是采用子结构试验方法以提高模型的比例尺，一般是将可能进入非线性或非线性较强的结构构件或节点作为试验子结构，而其余部分作为数值子结构，两种子结构之间的边界条件联系是子结构试验的关键；基于互联网通讯技术和异地试验室设备的网络协同结构试验是20世纪末发展起来的一项地震模拟试验新技术，随着网络通讯技术的不断普及和提高，能够更有效地应用于桥梁结构静力试验，该试验方法可提高各个试验室资源的利用率、避免不必要的重复投入。

实桥现场实测是检验桥梁结构分析理论可靠性最主要的手段，也是结构体系试验最理想的方法，传统的现场实测方法主要采用荷载试验来检测结构构件的强度和刚度，20世纪后期发展起来的健康监测系统已经成为目前主要的桥梁结构现场实测方法。桥梁结构健康监测是通过在结构上大规模布设传感器，现场实时监测结构的荷载、效应和性能，揭示结构构件真实的服役状态、累积损伤发展演化过程和抗力衰变规律，从而进行安全评定、可靠度预测和预警，并由此提供结构全寿命设计的信息。因此，桥梁结构健康监测同时能够验证现有结构分析理论和方法。

## 19.2.4 耐久性和全寿命结构设计理论与方法

第5篇桥梁施工控制理论主要涉及分段施工大跨度桥梁在施工过程中的受力和线形控制，一方面必须达到各个施工阶段特别是成桥状态结构内力和变形要求、满足安全要求，另一方面施工中结构内力和变形履历也最终决定了桥梁结构的质量、特别是混凝土结构的质量，由此决定了结构的耐久性和全寿命服役性能。因此，作为桥梁施工控制理论的延续，应当探索耐久性和全寿命结构设计理论及方法。

桥梁结构的耐久性是指抵抗自然风化、化学侵袭、机械磨损以及其他性能退化后的能力。一个耐久性好的钢结构或混凝土结构，当裸露于正常环境时，能够保持其初始的构件外形、结构质量和服役功能。我国现有的规范规定，桥梁结构的耐久性或使用寿命为100年，但实际上桥梁结构在规定使用期内就不得不重建，部分桥梁甚至在预期的一半寿命内就需要拆除重建。这些耐久性不足的桥梁，往往在使用期内首先表现出开裂、变形、下挠等耐久性问题，其中，混凝土斜拉桥的开裂、混凝土梁梁式桥的下挠和正交异性钢桥面的疲劳裂缝是桥梁耐久性研究中最常见也是最需要解决的问题。

大型桥梁工程的完整周期一般包括项目规划、结构设计、施工建造、运营管理和整体拆除等五个环节，被称为“现状设计”的现有设计方法仅仅能体现五个环节中的结构设计，从国际社会的可持续发展趋势、工程设计的全寿命评价要求和国内桥梁的建设现状出发，包含结构设计、施工建造和运营管理三个环节的全寿命结构设计方法以及未来的包含全部五个环节的可持续结构设计方法必将代替“现状设计”方法。桥梁全寿命结构设计理论与方法是以结构设计、施工建造和运营管理全过程为目标的结构设计理论和方法，除了“现状设计”中的单纯结构设计外，还涉及了施工建造、结构退化、运营养护和后期投资等。因此，必须从全寿命经济评价、桥梁施工建造控制、结构抗力退化分析、结构性能评价指标、桥梁运营管理系统和基于全寿命经济性设计等方面开展研究，并且重点突出设计荷载与作用的持续性、强调结构抗力与性能的衰变性、探讨性能评价与指标的适用性、重视桥梁运营与管理的系统性、体现结构全寿命设计的经济性。

### 19.2.5 可持续性评价指标体系与方法

桥梁工程可持续性研究既是为了桥梁工程师的未来使命和桥梁工程的发展需求，也是为了顺应国际社会的可持续发展趋势和工程设计的可持续性评价要求。目前，国际上工程可持续性的评价指标主要有三个，即生态环境可持续性、经济发展可持续性和社会生活可持续性。

可持续性桥梁结构设计要求对全寿命生态环境进行主动评价，是对桥梁工程在建设过程中和将来运行时对自然环境的整体影响，一般考虑三个方面，即资源消耗、能源消耗和环境排放。其中，资源消耗指标及计算应当以自然资源的体积或重量作为指标，考虑资源再生性的计算模型；能源消耗指标及计算应当以地球能源的转化值作为指标，包含建材生产、建造施工、运营使用、破坏拆除和废材处置等全过程的计算模型；环境排放指标及计算应当以二氧化碳（$CO_2$）排放量——简称碳排放作为指标，考虑资源再生性的计算模型。

经济发展可持续性评价一般采用全寿命经济效益评价方法，即按设计、施工、运营、维护等保证桥梁结构全寿命服役性能的总费用计算，一般包括初始造价、养护费用、检测费用、维修费用等。这四部分费用是有时效性的，初始造价最先投入、净现值最大，养护费用一般分年度使用和计算、贴现率不同、所以净现值也不同，检测和维修费用发生在投入使用之后的一定时间里，据此可以推算净现值。

社会生活可持续性直接关注的是人，包括人的安全与健康、工作与生活、环境与心态等。目前较有代表性的指标体系有四类，即项目具体指标体系、物质和精神指标体系、社会公平—公正—可持续性指标体系、项目—社区—发展—环境指标体系。工程项目对社会生活影响的指标又被分为三种，即对基础设施影响的指标、对人口影响的指标和对社会公平影响的指标，并赋予每一种指标许多具体含义和内容。社会生活可持续性评价采用定量与定性分析相结合，指标参数与经验判断相结合的方法。常见的有矩阵分析总结法、多目标综合评价方法和模糊综合评价法等。

## 19.3 结　　语

展望未来高等桥梁结构理论发展方向：三维的、非线性的、全过程的、高性能数值分析为主导的三维精细化结构数值分析方法；高性能钢材、高性能混凝土、纤维复合材料等高性能材料在桥梁结构中应用所必需的高性能复合材料组合结构分析理论和方法；结构试验、现场实测和健康监测等试验手段对桥梁结构理论的验证、完善和拓展；基于全寿命结构设计理论和方法的大型桥梁构件和结构耐久性设计方法；基于生态环境、经济发展和社会生活等可持续性评价指标体系与方法。

第三次工业革命后带来的知识经济时代，对未来桥梁工程发展提出了新的需求：首先，在桥梁规划和设计阶段，高度发展的计算机辅助手段使得有效、快速的优化和仿真分析成为可能，虚拟现实（Virtual Reality）技术可以十分逼真地再现桥梁建成后的外形、功能以及地震和台风袭击下的表现；其次，在桥梁制造和架设阶段，智能化的制造系统能在工厂内完成部件的加工，然后用全球定位系统（GPS）和遥控技术，在远离工地的总部管理和控制桥梁施工；最后，在桥梁运营和养护阶段，通过自动监测和管理系统，保证桥梁的安全和正常运行，一旦有故障或损伤,健康诊断和专家系统将自动报告损伤部位和养护对策。总之,知识经济时代的桥梁工程将和其他行业一样具有自动化、信息化和智能化的完善功能。

## 本章参考文献


[1] Girvin H F. Applied mechanics[M]. 2nd ed. International Textbook Company, 1951.

[2] ASCE. The vision for civil engineering in 2025[J]. Based on the Summit on the Future of Civil Engineering,2006, June 21-22.

[3] IABSE. IABSE declaration for sustainability development[EB/OL]. 1996. http://www. iabse. org.

[4] IABSE. Ethical principles for the practice of structural engineering[EB/OL]. 2002. http://www. iabse. org.

[5] Shun-ichi Nakamura. Sustainable engineering-Putting it into practice: an introduction[J]. Journal of Structural Engineering International,2004,14(3):176.

[6] Ge Y J,Xiang H F. Towards sustainable development of bridge engineering: Chinese lessons and experiences [C]. Keynote Paper in the Proceedings of the IABSE Symposium on Sustainable Infrastructure. Bangkok, Thailand, 2009.

[7] 葛耀君,项海帆. 桥梁工程可持续发展的理念与使命[C]. 第十九届全国桥梁学术会议论文集. 北京:人民交通出版社, 2010.

[8] Ostenfeld K H,Andersen E Y. Major bridge projects—A multi-disciplinary approach[C]//. Keynote Paper in the Proceedings of the IABSE Workshop on Recent Major Bridges. Shanghai, China, 2009.

